图　例

●	国家首都	——	地区界
◎	城市	……	军事分界线
┫	国界		珊瑚礁
- - -	未定国界		

比例尺　1:2500万

说明：本图上中国国界线系按照中国地图出版社1989年出版的1:400万《中华人民共和国地形图》绘制。

广西壮族自治区测绘局

国家测绘局地图图形审核批准号：（2004）325号

2004年5月

中国和东盟各国国旗及东盟旗

中国 China	 文莱 Brunei	 柬埔寨 Cambodia	印度尼西亚 Indonesia	 老挝 Laos	 马来西亚 Malaysia
 缅甸 Myanmar	 菲律宾 Philippines	 新加坡 Singapore	 泰国 Thailand	 越南 Viet Nam	 东盟 ASEAN

第13届中国—

第13届中国—

2016年9月11日，第13届中国—东盟博览会、中国—东盟商务与投资峰会开幕大会在中国广西南宁国际会展中心举行。中共中央政治局常委、国务院副总理张高丽，主题国越南总理阮春福，柬埔寨首相洪森，缅甸第一副总统敏瑞，老挝副总理宋赛，泰国副总理巴金，斯里兰卡工商部部长里沙德，文莱首相府部长兼外交与贸易部第二部长林玉成，马来西亚贸工部第二部长黄家泉，菲律宾参议院参议员辛西娅·维拉，新加坡贸工部兼国家发展部政务部部长许宝琨，印度尼西亚贸易部国家出口发展总司总司长阿琳达，东盟秘书长黎良明，中共广西壮族自治区委员会书记彭清华，中国商务部国际贸易谈判代表兼副部长钟山，中国国际贸易促进会副会长陈洲，中国阿里巴巴集团董事局主席马云等共同为大会启幕。中国和东盟国家的多个部委负责人，中国、东盟及周边国家外交使节，各国商协会会长、知名企业家、社会名流等出席开幕大会。

开幕大会在新启用的南宁国际会展中心金桂花厅举行。在装扮一新、恢宏华丽的金桂花厅，主题国越南民族乐团以“独弦琴”演奏暖场，巨型屏幕播放着彰显主题国魅力风情宣传片。以蓝白为主色调的主舞台，整体造型如同飞翔的双翼，寓意中国与东盟“比翼齐飞”。

9时30分，开幕大会开始。开幕大会由举办地中国广西壮族自治区主席陈武和博览会主题国越南工贸部副部长杜胜海共同主持，中共广西壮族自治区委员会书记彭清华、中国商务部国际贸易谈判代表兼副部长钟山、中国国际贸易促进会副会长陈洲先后代表举办地、共办方、商务与投资峰会致辞。中共中央政治局常委、国务院副总理张高丽发表主旨演讲，越南总理阮春福、柬埔寨首相洪森、缅甸第一副总统敏瑞、老挝副总理宋赛、泰国副总理巴金等发表演讲，斯里兰卡工商部部长里沙德、中国阿里巴巴集团董事局主席马云在会上致辞。

启幕环节设计独具创意。演员从描绘国际产能合作升级的屏幕画面造型中，取出象征传统产业的“齿轮”，嵌入汇聚11国人民智慧和愿景的智能“芯片”中，15台由“齿轮”“芯片”合成的“合作引擎”缓缓呈现主舞台之上。张高丽等15位启幕嘉宾共同启动“合作引擎”，寓意深远。“合作引擎”一经启动，工业化齿轮在舞台主屏幕和两侧大型景片上幻化为数字齿轮，全场能量聚合并以“北斗卫星”驱动“合作之翼”之势聚焦主舞台，“聚力升级，比翼齐飞”主题随即浮现屏幕，寓意中国—东盟命运共同体凝聚合作之力，借力信息化、智能化，将中国—东盟国际产能合作从传统产业向现代产业升级。在热烈掌声中，第13届中国—东盟博览会和商务与投资峰会拉开序幕。

第13届中国—东盟博览会和商务与投资峰会期间举办系列会议论

①

东盟博览会

东盟商务与投资峰会

坛和交流活动。在第13届中国—东盟商务与投资峰会框架下，举办中国—东盟信息港论坛、中国—东盟电子商务峰会、中国—东盟卫星导航合作论坛、第2届21世纪海上丝绸之路与推进国际产能和装备制造合作论坛、中国—东盟工商论坛、中国—东盟企业家合作高端对话会、首届中国—东盟商会领袖高峰论坛、越南国家领导人与中国企业CEO圆桌对话会等重要活动和系列论坛。

2016年第13届中国—东盟博览会设置商品贸易、投资合作、服务贸易、先进技术、“魅力之城”五大专题，分别在南宁国际会展中心、广西展览馆（农业展）、南宁华南城（轻工展）三个展区布展，总展览面积11万平方米，其中东盟国家和区域外国家展览面积3万平方米，比上届增长28.6%。参展企业2670家，增长21%，其中东盟国家及区外国家使用展位1590个，增长22.7%，柬埔寨、印度尼西亚、老挝、马来西亚、缅甸、泰国、越南7个东盟国家包馆。参展参会客商6.5万人，采购商团组89家，来自欧美、中东、南亚和非洲的国际买家超过400名，专业客商数量及质量提高。经贸对接成效突现。展会期间共举办经贸投资促进活动72场，促成一批如新型种植技术、农业机械、农村可再生能源、农业示范园区等领域达成合作意向；东盟投资及服务贸易展区通过加强对接，也吸引一批计划“走出去”的中国企业洽谈签约。国际产能合作取得新成果。围绕铁路、电力设备、电子通讯、工程机械展区、先进技术、建材、金融等领域的合作，在9月12日的国际经济合作项目集中签约仪式上，签署国际合作项目56项。区域合作成果显著。围绕建设“一带一路”合作、东西合作、东盟10+1地区合作的重要载体，中方与东盟国家达成合作项目13项，与港澳台地区合作项目32项，与亚太地区国家合作项目3项，与欧美国家合作项目8项。本土企业开展国际化经营成效明显。展会期间，中国广西的企业在口岸合作、物流合作、基础设施建设等方面达成对外投资项目11项（其中对东盟国家的投资项目9项），比上届增长10.2%。

① 第13届中国—东盟博览会、中国—东盟商务与投资峰会开幕大会主席台

② 第13届中国—东盟博览会、中国—东盟商务与投资峰会开幕大会会场

"帝稻"賣王之米
③
缅甸
Myanmar Trade Center
MTC
缅甸贸易中心
Myanmar Trade Promotion Organization
MyanTrade
缅甸贸易促进组织
UMFCCI
缅甸工商联合会
⑥
泰国
BRUNEI DARUSSALAM
文莱

③ 越南政府总理阮春福巡视展馆

④ 柬埔寨首相洪森巡视展馆

⑤ 缅甸副总统敏瑞巡视展馆

⑥ 老挝副总理宋赛巡视展馆

⑦ 泰国副总理巴金巡视展馆

⑧ 文莱首相府部长兼外交与贸易部第二部长林玉成巡视展馆

⑨ 马来西亚贸工部第二部长黄家泉巡视展馆

⑩ 菲律宾参议员辛西娅·维拉巡视展馆

⑪ 新加坡贸工部兼国家发展部政务部长许宝琨巡视展馆

⑫ 印度尼西亚贸易部出口发展总司总司长阿琳达巡视展馆

⑬ 中共广西壮族自治区委员会书记、自治区人大常委会主任彭清华巡视展馆

⑭ 中国广西壮族自治区主席陈武巡视展馆

第13届中国—东盟博览会农业展
共建海上新丝路
共享精彩东博会
17
2016 中国—东盟博览会旅游展
18
2016 中国—东盟博览会 林木展
第13届中国—东盟博览会轻工展
开展仪式
20
LIVINE
台湾精品
21
东博会合作伙伴精品展
23
24
MCKIP

㉖

㉗

㉘

㉙

㉚

㉛

㉜

㉝

㉞

⑮⑯ 南宁国际会展中心外景

⑰ 第13届中国—东盟博览会农业展

⑱ 2016中国—东盟博览会旅游展

⑲ 2016中国—东盟博览会林木展

⑳ 第13届中国—东盟博览会轻工展

㉑ 第13届中国—东盟博览会台湾精品展

㉒ 特邀贵宾国斯里兰卡馆开馆仪式

㉓ 中国—东盟博览会合作伙伴精品展

㉔ 越南采购商专场贸易对接会

㉕ 中马两国投资合作展区

㉖ 投资合作展区

㉗ 中国中车公司展台

㉘ 电动汽车展位

㉙ VR技术让观众体验虚拟世界

㉚ 3D打印产品展示

㉛ 海内外高端人才创新创业成果展

㉜㉝ 农业展展馆展品

㉞ 青年艺术品创作大赛获奖作品展

35 柬埔寨展馆

36 印度尼西亚展馆

37 老挝展馆

38 马来西亚展馆

39 菲律宾展馆

40 泰国展馆

41 越南商品展位

42 文莱商品展位

43 越南展馆

44 斯里兰卡商品展位

45 柳工集团展位

46 文莱展馆

47 48 农业展展馆和展位

49 50 中国台湾精品展展馆和展位

51 ~ 53 泰国商品展位

54 马来西亚商品展位

第13届中国—东盟博览会
THE 13th CHINA-ASEAN EXPO
INVEST IN
BRUNEI
DARUSSALAM
投资於汶莱
Vietnam
Singapore
新加坡
TAIWAN EXCELLENCE
台湾精品
SUNSHINE KINGDOM 我是榴恋
44
45
46
47
48
49
50
51
52
53
54

中国·福州
Fuzhou China
福来福往 有福之州
FUZHOU THE LAND OF BLESSINGS
Information
56
文莱
BRUNEI
柬埔寨
CAMBODIA
58
59
MYANMAR
MAWLAMYINE CITY
61
Philippines
62
singapore
泰国
64
Vietnam
越南

55 中国福州市展厅
56 文莱斯里巴加湾市展厅
57 柬埔寨戈公省展厅
58 印度尼西亚群岛展厅
59 老挝阿速坡省展厅
60 马来西亚登嘉楼州展厅
61 缅甸毛淡棉市展厅
62 菲律宾桑托斯将军城展厅
63 新加坡展厅
64 泰国曼谷市展厅
65 越南邦美蜀市展厅
66 越南政府总理阮春福与中国企业CEO对话圆桌会
67 第13届中国—东盟博览会签约仪式
68 第13届中国—东盟博览会投资合作圆桌会
69 第13届中国—东盟博览会中国驻东盟国家使领馆经商参赞与企业家交流会
70 中国东盟商事法律合作研讨会
71 第二届21世纪海上丝绸之路与推进国际产能和装备制造合作论坛
72 第四届中国—东盟技术转移与创新合作大会
73 2016中国—东盟卫星导航合作论坛

第18届南宁国际民歌艺术节

第18届南宁国际民歌艺术节暨第13届中国—东盟博览会、商务与投资峰会开幕晚会　2016年9月11日晚，开幕晚会“本色花山·大地飞歌”在广西体育中心举行。由南宁国际民歌艺术节组委会主办，来自东盟各国的嘉宾、中国—东盟博览会参展商及各界群众上万人观看演出。晚会以“风起南宁，丝路共鸣”为主题，分“风起南宁”“海上交响”“丝路共鸣”三大篇章，邀请李健、戴玉强、慕林林、陈永馨、罗宁娜、张丹峰、黄龄、黄英、杜氏青花等国内外优秀艺人，演唱国内外经典民族歌曲，奏响“一带一路”交响乐。

“风起南宁”“海上交响”“丝路共鸣”三大篇章，分别讲述广西的故事、中国与东盟的故事、中国与世界的故事。晚会序幕在壮族歌手花青燕与藏族、蒙古族歌手联袂演唱新编《大地飞歌》中拉开。“风起南宁”篇章采取南宁童谣与现代国际音乐相结合的形式，讲述南宁的故事。新创歌曲《南宁歌谣》将南宁童谣与流行、饶舌等音乐元素结合，展示南宁城市面貌的巨大变化。歌手师鹏演唱表达花山子民对骆越根祖和花山文化景观的眷恋的《蝶恋花》，唱出了美丽花山跨越几千年的情与画。歌曲《蝴蝶吻花山》《赶圩归来阿哩哩》《心想唱歌就唱歌》《什么结子高又高》《多谢了》《山歌牵出月亮来》等经典广西音乐陆续唱响，让观众感受到广西民歌的魅力。

“海上交响”篇章安排两个重头节目，一是重新演绎壮族经典歌曲《藤缠树》，寓意中国和东盟国家相互依靠、共同发展，同时展现中国拥抱世界的姿态。另一个是音乐情景剧《匆匆那年》，通过邀请东盟国家留学生共同演绎《匆匆那年》《睡在我上铺的兄弟》《青春纪念册》《因为爱情》等多首经典歌曲，反映东盟留学生在中国的生活、学习和情感交流，表现中国和东盟国家的深情厚谊。

“丝路共鸣”篇章则由戴玉强演唱新歌《美丽的南方》，由中国和东盟国家的少年共同演唱《大地之约》，突出“一带一路”倡议意义。

晚会融入“互联网+”思维，将民族艺术与“互联网+”融合，联手“唱吧”互联网音乐平台、“映客”互联网直播平台，在互联网上开展线上线下互动活动。从8月11日起就开展“全网民星唱”互动活动，选拔出6名优秀选手在民歌节晚会上演唱广西本土民歌，让本届民歌节晚会更具本土性。在晚会视觉设计上，围绕着花山、铜鼓、朱槿花等浓郁的广西元素来进行创作，着重营造“大家一起互动一起的感觉”，突出青春炫酷的元素。

“绿城歌台”群众文化活动　2016年9月12～16日，中国广西南宁市结合第13届中国—东盟博览会、中国—东盟商务与投资峰会举办，在辖区广设歌台，铺开“绿城歌台”群众文化活动。本届“绿城歌台”规模扩大，品质提升。整个活动分中心歌台、城区歌台、五县分歌台等三大板块13个歌台进行。

中心歌台　9月12日在南宁民歌湖水上舞台举行。作为“绿城歌台”中心歌台，承担着整个文化活动的开幕式文艺晚会。开幕式晚会以唱响民歌为主题，以传承民歌为主旨，以发扬民歌文化为主线，通过各地民族文化的精彩展现，打造一个热情似火的壮乡歌圩。晚会分迎客部分和舞台表演部分。其中，迎客部分主要以南宁县区的民俗表演为主，舞台表演区除邀请泰国、越南、俄罗斯、印度、乌克兰等国外优秀节目参演，还邀请中国新疆、西藏、宁夏、内蒙古、广东等优秀民歌手和新民谣乐队参加。通过“乘着歌声来赶圩”“民歌声声传四海”“民歌新韵颂和谐”三个篇章，以及“序：唱起山歌迎客来”和“尾声：壮乡歌海扬新帆”的有机串联，共同唱响民歌主旋律。

中心舞台舞美设计美轮美奂。晚会使用铜鼓形状LED环屏，结合民歌湖的秀美风光，巧妙地融入绣球、歌娃等壮乡民族元素，突出自然景观与人文景观的和谐统一，将一个风光秀美的壮乡歌圩呈现给观众。演出用台上唱台下和的互动模式，让现场观众与演员融为一体，让观众真正来到壮乡大歌圩。“绿城歌台”中心歌台活动至9月16日结束，共上演不同主题的文艺晚会6台。

兴宁区歌台　在兴宁区金桥农产品批发市场举办。演出以“感受家乡美”为主题，让观众感受兴宁区新面貌、新景象。9月12日开幕演出推出的舞蹈《团扇舞》《邕城酱香》《鼓的呼唤》融入壮锦、铜鼓、非遗项目等，展示浓郁地域风情。来自巴基斯坦、印度的艺术家们则带来原生态的民间音乐与热辣的歌舞，让观众领略到别具特色的异域风情。

青秀区歌台　在南湖南广场举行，9月12日首场演出吸引观众3000多人。首场开场舞《花开青秀》拉开青秀区歌台活动的帷幕。演出分为民歌风情、青秀神韵、盛世欢歌三个篇章，用文艺节目的形式诠释青秀区独特的文化内涵。根据“绿城飞歌”主题，青秀区邀请来自广东的著名青年歌手刘广生、张灵珊和自治区内著名歌手池一萃、杨利川、老男孩乐队等，同时还邀请俄罗斯等国家的文艺节目前来助兴。

江南区歌台　演出以“平话情韵·活力江南”为主题，以传承平话文化为主旨，通过新颖独创的载体、生动活泼的咏调、优美律动的舞姿、清新流畅的韵律和壮观大气的场面，描绘江南区充满活力与实力的幸福画卷，展示平话人热烈与欢乐的精神风貌。歌台汇集平话歌舞、器乐、平话

民俗表演和江南区平话文化旅游节主题歌演绎于一体，展示江南区特色文化，突出江南区平话民俗文化发源地定位。同时，融合异国风情节目，创新晚会主题和形式，打造歌台娱乐新亮点，引领民歌流行风向标，让观众领略到民歌新唱的独特魅力和外国节目的异域风情。

西乡塘区歌台 9月12日在西乡塘区“美丽南方”忠良村举行。此处歌台，除演出《铜鼓敲出壮乡情》《来年花开再牵手》《藤缠树》等节目外，还邀请魔术表演和斯里兰卡舞蹈表演，让观众在领略本土文艺经典魅力的同时，还品味到异国文化风采。

良庆区歌台 9月12日在良庆区那马镇坛板坡文化广场举行。广西本土艺术团体和泰国、尼日利亚的演员同台踏歌起舞，以歌传情，以舞会友，让群众享受到一场地方特色与异国风情相结合的歌舞大餐。其中，充满本土特色的开场舞《嘹啰迎客歌》、来自泰国的舞蹈《泰魅力》《美丽的芭提雅》、来自尼日利亚的舞蹈《团劲舞》等，受到观众的喜爱。

邕宁区歌台 9月13日在邕宁区新兴广场举行。以“激情八音·魅力邕宁”为主题，同时举办2016年邕宁壮族八音文化旅游节开幕式。开幕式上，舞蹈《顶蛳山星火》展示邕宁人民继承优良文化传统，共同追求幸福生活的情怀。八音风情表演《喜迎亲》，展示八音与邕宁民间嫁娶紧密相连，一脉相连；来自喀麦隆、泰国等优秀表演团队，为现场观众带来别具特色的演技。

武鸣区歌台 9月12日在武鸣会堂举行。演出以“壮乡歌圩”为主题。来自英国、老挝的外国艺术家与本土尼达妮壮语童声合唱团同台演出，一起赶起热闹的壮乡歌圩。广西尼达妮壮语童声合唱团的小尼达妮，清一色的蓝衣壮，黑色的麻花辫子，孩子们的壮语童声犹如天籁之音，让人陶醉，尽显壮乡特色。武鸣原生态壮语民歌《船从远处来》《壮乡到处都是歌》，老挝的《赞巴花》、英国的舞蹈等，热热闹闹地让观众赶了一场歌圩。

横县歌台 9月12日在横县中心广场举行。演出以“绿城歌台·醉美花乡”为主题。一曲《茉莉绽放》拉开演出序幕，来自喀麦隆的非洲之星乐队唱起热情奔放的喀麦隆民歌，尼泊尔塔奴舞Nepal舞团为观众奉上独具特色的尼泊尔舞蹈节目。最后，一曲《共同家园》把现场气氛推向最高点，整场演出也随之圆满落幕。

宾阳歌台 9月13日上午在宾阳县城文化广场举行。来自老挝、泰国等国及宾阳县的文艺表演者,同台献艺。本届宾阳歌台以“炮龙之乡·书香宾阳”为主题，在独具炮龙之乡特色的舞蹈《威风龙鼓》拉开序幕。歌台以壮锦为底蕴，以书香纽带，融入歌、舞、艺、书、荷、飞等本土特色元素，精选11个特色节目参加表演，包括露圩镇蓝衣壮合唱团的《三叉江欢歌》，本土歌曲《舞龙人》，水鼓舞表演《盛世惊鸿》等本地节目，以及老挝的歌舞《赞巴花》，泰国的《清迈的姑娘》《相思河畔》等歌曲。2000多人观看演出。

上林歌台 在上林县人民会堂举行。9月12日，以“壮族老家养生上林”为主题的开幕式演出在具有浓郁上林特色的原创歌舞《上林似锦》中拉开序幕。随后，精心编排的《板壮欢歌》《冉壮嫁女》《淘金姑娘》等上林原生态民俗歌舞节目陆续向八方宾朋展示。来自武鸣区的民间歌曲类节目《故乡》和以上林本土歌曲《三月木棉红》为背景音乐，让听众感受到壮乡美好的生活。通过流行与美声的完美融合，壮乡人民对故乡的眷恋和对美好生活的向往用歌声表达。来自尼泊尔塔努舞团的《塔努民族舞》，来自巴西圣保罗的《热情的桑巴舞》，把现场气氛燃到沸点。上林山歌《同心共筑中国梦》，以理论山歌的形式将学习政策理论知识与实现民族伟大复兴的中国梦紧密相连，赢得在场观众一致好评。

隆安歌台 在隆安县蝶城文化广场举行。9月12日，大型歌舞《那乡在飞歌》拉开“多彩那乡”隆安歌台的序幕。随后，马山县文化馆送上的《鼓之韵》、尼日尔舞蹈家带来的《寻找朋友》，体现壮乡男人阳刚与温柔的舞蹈《担·壮汉》，惊险而又融入民族特色的杂技表演等精彩节目逐一上演，引起现场气氛不断高涨。最后，大型歌舞《中国梦》为活动落下帷幕。

马山歌台 在马山县会鼓广场举行。9月12日，马山歌台在壮族会鼓节目《鼓之韵》震天的鼓声中开演。泰国演员跳起《泰魅力》，南非舞蹈演员也在欢快的打击乐中用欢乐的舞姿演绎《非洲时刻》《勇士的舞蹈》等具有南非风味的民族风情。

“风情东南亚”晚会 2016年第18届南宁国际民歌艺术节“绿城歌台”群众文化活动精品节目展演之大型歌舞秀“风情东南亚”晚会于9月13日晚在南宁市民歌湖水上舞台上演。“风情东南亚”晚会是最能体现东盟各国不同民俗、体现中国与东盟友好合作的文艺演出。本届“风情东南亚”晚会以“和谐、友谊”为主题，欢乐、绚丽为主调，以东盟各国的经典歌舞为主体，力争在节目创作编排上保持其原有的艺术风格及地域特点。由南宁国际民歌艺术节组委会主办，南宁市文化新闻出版广电局承办，南宁市群众艺术馆执行，南宁市艺术剧院有限责任公司演出。

在开场《你好》中，艺术家们身着中国、泰国、文莱、老挝、印度尼西亚、柬埔寨、菲律宾、越南、缅甸、新加坡、马来西亚等国的民族服饰携手登场，分别用各国语言向观众送上美好问候与温馨祝福。泰国风情节目《永恒的微笑》以华美服饰吸引了全场目光。武士男、烛台女、长甲女在佛像前的舞姿，充满古典美，予人神圣、安详、幸福的感觉。文莱风情节目《海岛情歌》将人们的思绪带到了洒满月光的海岛村落。马来西亚风情节目《拍手舞》不但重现马来西亚传统舞蹈的魅力，还加入时尚元素，整个节目青春律动、富有激情，引得全场观众为之拍手相和。柬埔寨风情节目《孔雀》，艺术家身披孔雀羽衣，模仿孔雀的动作而舞，姿态典雅，动作优美，静中有动，动中寓静，静动自如，宽舒洒脱。晚会还演出了以独弦琴与女子独舞凸显高山流水情怀的越南风情节目《山水吟》，节奏欢快、播撒热情的菲律宾风情节目《炫动的色彩》，曲曲经典、耳熟能详的印度尼西亚风情节目《印尼歌曲联唱》，展现色彩缤纷、琳琅满目的海洋画卷的新加坡风情节目《丹绒海角》，犹如仙子向人间抛撒芳香扑鼻的缅桂花的缅甸风情节目《敏阿拉吧》，既古朴自然又端庄文雅的老挝风情节目《美丽的老挝》等。广西原生态歌曲《生活美如霞》作为迎宾曲，也在“风情东南亚”晚会上唱响，尽显壮乡人民热情好客的淳朴民风。晚会结尾，全体艺术家携手同唱呼吁和平、表达祝福的晚会主题曲《阿依莎娜·妮娅》。

①② 第18届南宁国际民歌艺术节暨第13届中国—东盟博览会和商务与投资峰会开幕晚会演出场景

②

laoyou.tv
第18届
The 18th Nanning International Folk Song Arts Festival
南宁国际民歌艺术节
2016

③～㉔ 第18届南宁国际民歌艺术节暨第13届中国—东盟博览会和商务与投资峰会开幕晚会演出场景

㉕～㉝ 中心歌台演出场景
㉞㉟ 兴宁区歌台演出场景
㊱ 青秀区歌台演出场景
㊲ 江南区歌台演出场景
㊳ 西乡塘区歌台演出场景
㊴㊵ 良庆区歌台演出场景
㊶～㊸ 邕宁区歌台演出场景

36

37

2016年南宁国际民歌艺术节"绿城
西乡塘区香蕉文化旅游节、美丽南方休闲
开幕式
38

绿城歌台·2016
壮乡歌海
良庆区歌台
39

绿城歌台·2016
壮乡歌海
广场群众文化活动
40

南宁国际民歌艺术节组委会
南宁市旅游发展委员会
41

42

花婆送福
43

㊹ 武鸣区歌台演出场景
㊺ 横县歌台演出场景
㊻ ㊼ 宾阳歌台演出场景
㊽ 上林歌台演出场景
㊾ 隆安歌台演出场景
㊿ 马山歌台演出场景
51 ~ 53 风情东南亚晚会演出场景

中国—东盟年鉴

ZHONGGUO – DONGMENG NIANJIAN

2017

主　　编　李海荣

执行主编　谢林城　徐远征

线装书局

图书在版编目(CIP)数据

中国—东盟年鉴.2017/李海荣主编.—北京:线装书局,2017.12

ISBN 978-7-5120-3054-1

Ⅰ.①中… Ⅱ.①李… Ⅲ.①自由贸易区—中国、东南亚国家联盟—2017—年鉴 Ⅳ.①F752.733-54

中国版本图书馆CIP数据核字(2017)第305773号

中国—东盟年鉴

2017

主　　编:李海荣

责任编辑:程俊蓉

出版发行:线装書局

地　　址:北京市丰台区方庄日月天地大厦B座17层(100078)

电　　话:010-58077126(发行部)　58076938(总编室)

网　　址:www.zgxzsj.com

经　　销:新华书店

印　　制:广西民族印刷包装集团有限公司

开　　本:890mm×1240mm　1/16

印　　张:32.75

字　　数:1228千字

版　　次:2017年12月第1版　2017年12月第1次印刷

印　　数:0001—2000册

定　　价:260.00元

线装书局官方微信

编 辑 说 明

一、《中国—东盟年鉴》是一部国际综合性年鉴，着重收载中国和东盟各国的基本资料及区域内各国政治、外交、经济、文化、社会等方面的重要信息，旨在为海内外各界人士了解中国和东盟各国(包括国际组织)的基本情况及中国—东盟自由贸易区的建设进程提供一个窗口，以促进中国和东盟各国的相互了解和交流合作。《中国—东盟年鉴》面向国内外广大读者，面向中国—东盟博览会，为国内外读者和中国—东盟博览会与会人士提供相关资讯。

二、《中国—东盟年鉴》的编辑，坚持实事求是的科学精神，客观地反映有关各国情况，追求年鉴的科学性、权威性和实用性。

三、本年鉴从2004年起逐年编纂出版，2017年卷为第14卷。本卷年鉴着重记述2016年发生的事情并收入相关资料，其中部分内容为保持资料的完整性适当追溯历史，并收录一些历时性资料。为提高年鉴的时效，卷中大事记除记述2016年大事外，还记述2017年1~6月的大事。

四、本卷年鉴的主要栏目有：概况、动态、专题、新闻人物、大事记、文献、投资贸易指南、统计资料、附录等。专题栏目下设发展报告、东南亚国家联盟、中国—东盟自由贸易区、区域经济合作、中国和东盟及各成员国交往与合作、重要节会展会6个分目。年鉴中的概况和动态信息一般作条目化处理，专题栏目中的发展报告、中国和东盟及各成员国交往与合作以及某些附属资料则采用文章体。东盟各国资料的编排，依国际惯例按国名的英文字母顺序排列；一国之内发生的事情，在同一栏目中一般按时序编排。

五、本年鉴由广西社会科学院主办，广西东南亚研究会承办。供稿者均为专事东南亚研究的社会科学工作者，文献资料主要来自国内权威机关、传媒或网站，具有一定的权威性和较高的参考价值。

六、作为资料性工具书，本年鉴内容资料的选题选材和编排、条目的内容要素和记述程序等，都依年鉴的体例予以规范。为方便读者阅读、检索，本年鉴配备双重检索系统：书前刊有详细目录，书后备有索引。

七、由于资料采集艰辛和成书时间仓促，本卷年鉴难免有所疏漏和不足，欢迎国内外各界读者批评指正，我们将在今后的编纂工作中努力改进。

本年鉴在策划和编纂过程中，得到有关领导机关和社会各界人士的大力支持和帮助，谨表示衷心感谢！

《中国—东盟年鉴·2017》主创单位及人员

主 办 单 位　广西社会科学院

承 办 单 位　广西东南亚研究会

编委会主任　李海荣

编委会副主任　谢林城

编委会委员（以姓氏笔画为序）

刘建军　黄天贵

顾　　问　许家康　于向东　王士录　庄国土　孙璟涛　汪新生　陈乔之　张　雪　张锡镇　贺圣达　高伟浓　曹云华　杨保筠　韩　锋　廖少廉

主　　编　李海荣

执 行 主 编　谢林城　徐远征

副 主 编　陈红升　罗　梅　叶建维　张　磊

发 稿 编 辑　徐远征　罗　梅　叶建维　张　磊　颜　洁

主要撰稿人（以姓氏笔画为序）

马　静　马金案　韦朝晖　王翕哲　云　倩　叶建维　冯海英　左华兰　农立夫　李碧华　朱莹莹　杨　超　杨晓强　杨梦平　何　战　陈　文　陈红升　陈定辉　罗　梅　周明钧　林智荣　郭泉良　张　磊　祝湘辉　唐　卉　秦　羽　黄　韬　黄耀东　梁　薇　梁洁敏　普鹏飞　雷小华　廖亚辉　颜　洁

目 录 翻 译　乔　蕊

工 作 人 员　秋　敏　乔　蕊　朱莹莹

目　录

中国与东盟10国地理位置图 ………… 封二至前环
第13届中国—东盟博览会、第13届中国—东盟商务与投资峰会 …… 1
第18届南宁国际民歌艺术节 …… 5
广西壮族自治区地图　南宁市地图 …… 后环二至封三
编辑说明 …… 1
《中国—东盟年鉴·2017》主创单位及人员 …… 2

概　况

中　国 …… 1
国　名 …… 1
国　旗 …… 1
地　理 …… 1
国　民 …… 2
资源物产 …… 2
国体政体 …… 3
国家领导人 …… 3
行政区划 …… 3
经　济 …… 3
交通通信 …… 4
教　育 …… 4
传　媒 …… 4
文化体育 …… 4
医疗卫生 …… 4
科　技 …… 4
历　史 …… 5
文　莱 …… 5
国　名 …… 5
国　旗 …… 5
地　理 …… 6
国　民 …… 6
资源物产 …… 6
国体政体 …… 6
国家元首和政府首脑 …… 7
行政区划 …… 7
经　济 …… 7
交通通信 …… 7
教　育 …… 7
传　媒 …… 8
医疗卫生 …… 8
科　技 …… 8
历　史 …… 8
柬埔寨 …… 9
国　名 …… 9
国　旗 …… 9
地　理 …… 9
国　民 …… 9
资源物产 …… 9
国体政体 …… 9
国家元首和政府首脑 …… 10
行政区划 …… 10
经　济 …… 10
交通通信 …… 10
教　育 …… 10
传　媒 …… 11
医疗卫生 …… 11
历　史 …… 11
印度尼西亚 …… 11
国　名 …… 11
国　旗 …… 11
地　理 …… 11
国　民 …… 12
资源物产 …… 12
国体政体 …… 12
国家元首和政府首脑 …… 13
行政区划 …… 13
经　济 …… 13
交通通信 …… 13

教　育 …… 14
传　媒 …… 14
医疗卫生 …… 14
科　技 …… 14
历　史 …… 14
老　挝 …… 15
国　名 …… 15
国　旗 …… 15
地　理 …… 15
国　民 …… 15
资源物产 …… 16
国体政体 …… 16
国家领导人 …… 16
行政区划 …… 16
经　济 …… 16
交通通信 …… 17
教　育 …… 17
传　媒 …… 17
医疗卫生 …… 17
科　技 …… 17
历　史 …… 17
马来西亚 …… 18
国　名 …… 18
国　旗 …… 18
地　理 …… 18
国　民 …… 18
资源物产 …… 19
国体政体 …… 19
国家元首和政府首脑 …… 19
行政区划 …… 19
经　济 …… 19
交通通信 …… 20
教　育 …… 20
传　媒 …… 20
医疗卫生 …… 20
科　技 …… 20
历　史 …… 21
缅　甸 …… 21
国　名 …… 21
国　旗 …… 21
地　理 …… 21
国　民 …… 21
资源物产 …… 22
国体政体 …… 22
国家元首和政府首脑 …… 22
行政区划 …… 22
经　济 …… 22
交通通信 …… 23
教　育 …… 23
传　媒 …… 23
医疗卫生 …… 23
科　技 …… 24
历　史 …… 24
菲律宾 …… 24
国　名 …… 24
国　旗 …… 24
地　理 …… 24
国　民 …… 25
资源物产 …… 25
国体政体 …… 25
国家元首和政府首脑 …… 25
行政区划 …… 25
经　济 …… 25
交通通信 …… 26
教　育 …… 26
传　媒 …… 26
医疗卫生 …… 26
历　史 …… 26
新加坡 …… 27
国　名 …… 27
国　旗 …… 27
地　理 …… 27
国　民 …… 27
资源物产 …… 27
国体政体 …… 28
国家元首和政府首脑 …… 28
行政区划 …… 28
经　济 …… 28
交　通 …… 29
通　信 …… 29
教　育 …… 29
传　媒 …… 29
医疗卫生 …… 29
科　技 …… 29
历　史 …… 29
泰　国 …… 30
国　名 …… 30
国　旗 …… 30
地　理 …… 30
国　民 …… 30
资源物产 …… 31
国体政体 …… 31

国家元首和政府首脑 …… 31
行政区划 …… 31
经 济 …… 31
交 通 …… 32
教 育 …… 32
传 媒 …… 32
历 史 …… 32
越 南 …… 32
国 名 …… 32
国 旗 …… 32
地 理 …… 32
国 民 …… 33
资源物产 …… 33
国体政体 …… 33
国家领导人 …… 33
行政区划 …… 33
经 济 …… 34
交通通信 …… 34
教 育 …… 35
传 媒 …… 35
医疗卫生 …… 35
科 技 …… 35
历 史 …… 35

动 态

政治 …… 36
中国庆祝中国共产党成立 95 周年 …… 36
中国实施《中华人民共和国慈善法》 …… 36
中共中央总书记习近平会见中国国民党主席洪秀柱 …… 36
中国纪念孙中山先生诞辰 150 周年 …… 36
文莱举行庆祝苏丹 70 华诞系列活动 …… 37
文莱立法议会解散 …… 37
文莱举行系列活动纪念斯里巴加湾市易名 46 周年 …… 37
柬埔寨国会通过内阁改组方案 …… 37
柬埔寨知名政治评论家肯雷遇刺身亡 …… 37
柬埔寨救国党主席桑兰西被禁止入境 …… 37
印度尼西亚国会成立修订反恐法令草案特别委员会 …… 38
印度尼西亚政府首次支持召开“屠华事件”调研会 …… 38
印度尼西亚总统佐科宣布废除 3143 项地方条例 …… 38
印度尼西亚总统佐科改组内阁 …… 38
印度尼西亚总统佐科出席民族复兴党全国恳亲大会 …… 38
老挝人民革命党第十次全国代表大会召开 …… 38
老挝第八届国会议员全国投票选举结果揭晓 …… 39
老挝第八届国会首次会议选举产生新一届国家、国会、政府领导人 …… 39
老挝 17 个省和万象市恢复设立省(市)级人民议会 …… 39
老挝第 4 次修订《投资促进法》 …… 39
马来西亚三大反对党签署《希望联盟协议》 …… 39
马来西亚伊斯兰党宣布和民族联系党结盟组成“第三政治势力” …… 39
马来西亚国民阵线在雪兰莪州大港区和霹雳州江沙区国会议席补选中获胜 …… 39
马来西亚内阁改组 …… 40
马来西亚发生首起恐怖袭击事件 …… 40
马来西亚土著团结党成立 …… 40
马来西亚成立国家特别行动部队以应对恐怖袭击 …… 40
马来民族统一机构第 70 次党代表大会 …… 40
马来西亚希望联盟三党与土著团结党签署政治合作协议 …… 41
缅甸新政府进行政府部门改组 …… 41
缅甸推出并实施“百日计划” …… 41
缅甸若开邦成立和平发展委员会和中央工作委员会 …… 41
缅甸召开 21 世纪彬龙大会首次会议 …… 41
缅甸联邦议会通过新的《缅甸投资法》 …… 41
缅甸若开邦遭受恐怖袭击 …… 42
缅甸北部民族地方武装联军与缅甸政府军爆发冲突 …… 42
缅甸民盟法律顾问哥尼被刺杀 …… 42
杜特尔特就任菲律宾第 16 任总统 …… 42
菲律宾政府和菲律宾共产党领导的全国民主阵线签署联合声明 …… 42
新加坡国会通过《心智能力修正法案》和《烟草修正法案》 …… 42
新加坡武装部队成立陆军速应部队以加强防恐能力 …… 42
新加坡正式推出气候行动计划 …… 42
新加坡启动全国保家安民计划 …… 42
新加坡内政部修改集会条例 …… 43
新加坡改进政府数字服务 …… 43
泰国军政府解除政客出国禁令 …… 43
泰国政府禁止“红衫军”成立公投监督中心 …… 43

泰国全民公投通过新宪法草案 …………………… 43
泰国国王拉玛九世驾崩 ……………………………… 43
泰国玛哈·哇集拉隆功王储殿下正式即位 …… 43
越南共产党第十二次全国代表大会 …………… 44
越南新一届国家领导人宣誓就职 ……………… 44
越南举行第十四届国会代表选举 ……………… 44
越南继续加强反腐败斗争 ………………………… 44
越南官方宣布越南更新革命党为恐怖组织 …… 44
外交 ……………………………………………………… 44
中柬政府间协调委员会第三次会议 …………… 44
博鳌亚洲论坛2016年年会 ……………………… 45
中国国家主席习近平会见美国总统奥巴马 …… 45
中国国务院总理李克强出席第11届亚欧首脑会议 ……………………………………… 45
20国集团(G20)领导人第11次峰会在中国浙江杭州举行 ……………………………… 45
——20国集团 …………………………………… 45
中国国务院总理李克强出席在老挝万象举行的东亚系列峰会并对老挝进行正式访问 ……… 45
中国国家主席习近平对柬埔寨进行国事访问 ………………………………………………… 45
中共中央政治局常委、全国人大常委会委员长张德江率中国党政代表团对越南进行正式友好访问 ……………………………………… 46
中泰贸易、投资和经济合作联合委员会第5次会议 ……………………………………………… 46
文莱参与主持18国反恐演习 …………………… 46
文莱苏丹率团到俄罗斯索契出席会议 ………… 46
文莱接任东盟卫生部长会议主席国 …………… 46
柬埔寨国王诺罗敦·西哈莫尼对中国进行国事访问 ……………………………………… 46
欧盟暂缓对柬埔寨的援助,柬埔寨外交部发表声明回应 ……………………………………… 46
柬埔寨首相洪森会见到访的俄罗斯代表团 …… 46
柬越积极推进陆地边界划界工作 ……………… 47
柬老越发展三角区第9届峰会在柬埔寨暹粒举行 ……………………………………… 47
首届柬埔寨—中国企业家论坛 ………………… 47
柬埔寨首相洪森率团访问越南 ………………… 47
印度尼西亚总统佐科首次出访东帝汶并获最高荣誉勋章 ……………………………………… 48
印度尼西亚海军承办第15届西太平洋海军论坛年会 ……………………………………… 48
印度尼西亚总统佐科访问韩国 ………………… 48
印度尼西亚举办2016年太平洋伙伴关系联合军事演习 ……………………………………… 48
印度尼西亚总统出席二十国集团领导人杭州峰会并与中国国家主席习近平会谈 ………… 48
印度尼西亚总统佐科访问印度 ………………… 48
老挝人民革命党中央总书记、国家主席本扬访问中国 ………………………………………… 49
老挝担任东盟2016年轮值主席国并成功主办第28和29届东盟峰会 ………………………… 49
美国总统奥巴马访问老挝 ……………………… 49
老挝成为首个加入《巴黎气候协定》的东盟国家 …………………………………………… 49
老挝政府总理通伦访问中国 …………………… 49
马来西亚总理纳吉布访问美国 ………………… 49
中马“两国双园”联合合作理事会第3次会议 ……………………………………………… 49
马来西亚与印度尼西亚联合贸易与投资委员会第2次会议 ………………………………… 50
马来西亚和印度尼西亚签署协议放宽双方银行市场准入 ………………………………… 50
马来西亚总理纳吉布访问泰国 ………………… 50
马来西亚接待到访的伊朗总统鲁哈尼 ………… 50
马来西亚总理纳吉布对中国进行正式访问 …… 50
马来西亚总理纳吉布访问日本 ………………… 51
马来西亚新加坡举行非正式会议签署首个高铁项目协议 ………………………………… 51
缅甸总统廷觉会见俄罗斯总统普京 …………… 51
缅甸国务资政昂山素季访问泰国 ……………… 51
缅甸国务资政昂山素季访问中国 ……………… 51
缅甸国务资政昂山素季访问美国 ……………… 52
美国解除对缅甸的制裁 ………………………… 52
缅甸国务资政昂山素季访问印度 ……………… 52
缅甸国务资政昂山素季访问日本 ……………… 52
日本天皇访问菲律宾 …………………………… 52
菲律宾与越南加强战略伙伴关系 ……………… 52
菲马印尼三国防长会议在菲律宾举行 ………… 52
菲律宾总统杜特尔特访问文莱 ………………… 52
菲律宾总统杜特尔特对中国进行国事访问 …… 52
菲律宾总统杜特尔特访问日本 ………………… 53
第3届新中社会治理高层论坛 ………………… 53
新加坡总统李显龙访问缅甸 …………………… 53
新加坡武装部队军训学院与中国人民解放军国防大学签署合作备忘录 ………………… 53
新加坡与澳大利亚签署全面战略伙伴关系协定首批谅解备忘录 ………………………… 53
第7届俄新高层跨政府委员会会议 …………… 54
泰国公主诗琳通访问柬埔寨 …………………… 54
泰国商团访问俄罗斯和白俄罗斯 ……………… 54

亚洲合作对话第 14 次外长会在泰国曼谷举行 …… 54
泰国曼谷与中国上海缔结为友好城市 …… 54
泰国总理巴育访问俄罗斯 …… 54
“蓝色突击 - 2016”中泰海军陆战队联合训练在泰国举行 …… 54
泰国总理巴育访问印度 …… 55
泰国总理巴育出席第 71 届联合国大会 …… 55
亚洲合作对话第二次领导人会议在泰国曼谷举行 …… 55
越南继续广泛深度融入国际经济 …… 55
越南政府总理阮春福访问俄罗斯 …… 55
美国总统奥巴马对越南进行正式访问 …… 56
越南国家主席陈大光对柬埔寨进行国事访问 …… 56
越南国家主席陈大光对文莱进行国事访问 …… 56
印度总理莫迪对越南进行正式访问 …… 56
越南政府总理阮春福访问中国 …… 56
越南国会主席阮氏金银对印度进行正式访问 …… 57
经济 …… 57
亚洲基础设施投资银行开业仪式在北京举行 …… 57
——亚洲基础设施投资银行 …… 57
中国成为国际货币基金组织第三大股东 …… 58
中国宣布全面推进资源税改革 …… 58
中国成为全球第一大互联网市场 …… 58
“中国机器人”认证标志及首批认证证书发布 …… 58
中国最大邮轮母港投入使用 …… 58
文莱采用公私合营模式提供国民住房与供水服务 …… 58
文莱立法会通过 2016/2017 财年财政预算 …… 58
中国银行(香港)文莱分行开业 …… 58
文莱政府注重发展农业 …… 58
柬埔寨旅游部开始运作“电子旅游”系统 …… 59
柬埔寨生胶价格回升 …… 59
柬埔寨博彩业发展迅猛 …… 59
柬埔寨首家乳制品厂投产 …… 59
柬埔寨天睿农业经贸合作特区被确立为中柬国家级农业经贸合作特区 …… 59
印度尼西亚交通部签 12 项总值 2 万亿盾的战略合同 …… 59
印度尼西亚发售近 4 万亿卢比的零售债券 …… 59
印度尼西亚获得亚投行 2.16 亿美元贷款用于贫民窟改造工程 …… 59
中国—印度尼西亚企业家峰会在雅加达举行 …… 59
印度尼西亚获森林执法、管理与贸易(FLEGT)许可证 …… 60
“老挝一号”通信卫星正式投入商业运营 …… 60
老挝采矿业形成规模 …… 60
老中铁路全线开工 …… 60
老挝建成发电站 46 座 …… 60
旅游业成为老挝第二大创收行业 …… 61
马来西亚采取措施改善消费税制度 …… 61
马来西亚主要外资银行上调基本利率 …… 61
马来西亚禁止铝土出口 …… 61
马来西亚计划打造北根绿色工艺园 …… 61
马来西亚政府发行以美元计价的全球伊斯兰债券 …… 61
马来西亚推出吉隆坡国际机场航空城计划 …… 61
马来西亚全面调高最低薪金 …… 62
马来西亚外贸发展局推行的中型企业发展计划取得良好成效 …… 62
马来西亚货币大幅贬值 …… 62
缅甸中央银行放宽对外资银行的限制 …… 62
缅甸政府制定 12 项新经济政策 …… 62
美国 Affinion 公司在菲律宾设立首个呼叫中心 …… 62
菲律宾对外资仍有诸多限制 …… 62
菲律宾摩托车销量快速增长 …… 63
菲律宾入境旅游人数及收入创新高 …… 63
菲律宾汽车销量加速增长 …… 63
2016 年菲律宾农业产出下降 1.4% …… 63
2016 年菲律宾经济增速为 6.8% …… 63
新加坡创新机构正式推出 …… 63
2016 年新加坡经济增速为 2% …… 63
新加坡吸引投资减少近两成 …… 63
新加坡入境旅客和旅游收益创新高 …… 63
泰国橡胶价格跌至百年最低 …… 63
泰国政府支持泰南 3 市经济三角建设 …… 63
支付宝泰国生态伙伴大会在曼谷举行 …… 64
泰国签约建设生态农业工程项目 …… 64
泰国正大集团与中国阿里巴巴及蚂蚁金服达成战略合作 …… 64
越南新成立企业取得突破性增长 …… 64
越南停止宁顺核电站项目建设 …… 64
越南政府债务超过上限 …… 65
越南莱州水电站提前一年竣工 …… 65
越南接待国际游客突破 1000 万人次 …… 65
文化 …… 65
中国确定每年 4 月 24 日为“中国航天日” …… 65
中国广西左江花山岩画成功列入世界文化遗产名录 …… 65
中国长沙当选 2017 年“东亚文化之都” …… 66

中国女排时隔 12 年再夺奥运会冠军 …………… 66
中国“天宫二号”空间实验室发射成功 ………… 66
全球最大单口径射电望远镜在中国贵州
落成启用 ……………………………………… 66
中国“神舟十一号”载人飞船发射成功并与
“天宫二号”成功对接 ………………………… 66
中国“二十四节气”列入联合国人类非物质
文化遗产代表作名录 ………………………… 66
——中国“二十四节气” ……………………… 66
文莱大学与中国恒逸实业公司签署奖学金
协议 …………………………………………… 67
文莱培养的信息开发人才受国际认可 ………… 67
文莱苏丹主持国际学校新校园启用仪式 ……… 67
文莱大学与日本产业技术大学共同开发
亚洲专业教育网络 …………………………… 67
文莱大学在 QS 亚洲大学排名中有 5 个项目
进入前 20 名 …………………………………… 67
文莱政府持续推动马来文学习 ………………… 67
柬埔寨制造获国际消费电子展创新奖 ………… 67
柬埔寨夺得 2016“一带一路”U15 男子
国际足球锦标赛冠军 ………………………… 68
柬埔寨卫生部获世界卫生组织表彰 …………… 68
印度尼西亚现 11.8 万年前石器或为
“霍比特人”所造 ……………………………… 68
印度尼西亚获联合国世界旅游组织 3 个奖项 … 68
印度尼西亚玛中大学华文教育基金会
首届汉语比赛圆满落幕 ……………………… 68
老挝石缸平原出土古人类遗骸和文物 ………… 68
老挝华潘省帕灵洞穴发现距今 5 万年
历史的人类遗骸 ……………………………… 68
老挝万象塔銮进行第 4 次修缮 ………………… 68
厦门大学马来西亚分校开课 …………………… 69
马来西亚实施 6 项措施激励员工创新 ………… 69
马来西亚首个蓝海战略企业家新城镇
在沙捞越州古晋建设 ………………………… 69
马来西亚代表团在 2016 年巴西里约奥运会上
取得好成绩 …………………………………… 69
首届国际中医药创新发展论坛
在马来西亚举办 ……………………………… 69
马来西亚决定 2018 年后暂停举办
一级方程式赛车 ……………………………… 70
马来西亚 2016 年度汉字出炉 ………………… 70
世界佛教和平大会在缅甸举行 ………………… 70
缅甸—韩国平面设计交流展在缅甸仰光举行 … 70
中缅青年文化交流节在缅甸仰光举行 ………… 70
缅甸曼德勒大学举办科技展迎百年校庆 ……… 70
缅甸举行第 4 届掸手书文稿论坛与第 2 届
掸历史研究论坛 ……………………………… 70
菲律宾孔子学院举办“一带一路”图片展 ……… 70
菲律宾举行“欢庆春节 · 中国画展”活动 ……… 71
“四海同春”亚洲艺术团在菲律宾马尼拉
举行慰侨演出 ………………………………… 71
菲律宾影片获第 19 届上海国际电影节“
艺术贡献奖” …………………………………… 71
新加坡南洋理工大学成立三维打印中心 ……… 71
新加坡运动员获首枚奥运金牌 ………………… 71
新加坡设立新的奖学金以培养更多医生 ……… 71
新加坡政府为本地培训和成人教育领域推出
转型计划 ……………………………………… 71
新加坡互联网最高网速全球最快 ……………… 71
泰国与中国携手开展极地科研合作 …………… 71
泰国选手拉差诺 · 因达农成为羽毛球女单
世界排名第一 ………………………………… 72
泰国推行 15 年免费义务教育 ………………… 72
泰国举办世界旅游日活动 ……………………… 72
联合国将已故泰皇普密蓬生日定为“世界
土地日” ………………………………………… 72
越南多项传统文化获得保护 …………………… 72
越南首次夺得奥运会金牌和残奥会金牌 ……… 72
社会 ………………………………………………… 72
中国开始实施“全面二孩”政策 ………………… 72
中国人口达 13.73 亿 …………………………… 72
中国新批准 22 个“国家森林城市” …………… 73
中国 31 个省份全面取消农业户口 …………… 73
中国脱贫攻坚首战之年超 1000 万人告别贫困 …… 73
中国自然保护区发展 60 年成效显著 ………… 73
文莱首都斯里巴加湾生活质量位居东盟
第 3 位 ………………………………………… 73
文莱将 5 月第一个周日定为全国家庭日 ……… 73
文莱苏丹向 593 户居民发放住房钥匙 ………… 73
文莱实施新的外籍员工准证制度 ……………… 73
文莱在全球最健康国家排名第 21 位 ………… 74
柬埔寨金边增设 4 个“单一窗口办事处” ……… 74
柬埔寨政府叫停机场高速公路等项目 ………… 74
印度尼西亚遭受恐怖袭击 ……………………… 74
印度尼西亚自然灾害频发 ……………………… 74
印度尼西亚举办第 19 届全国运动会 ………… 74
印度尼西亚举行祈祷大会 ……………………… 74
老挝艾滋病病毒感染人数逾万 ………………… 74
老挝脱贫和扫盲工作取得明显成效 …………… 74
老挝破获毒品案 2508 件 ……………………… 75
马来西亚政府启动非法外劳重新雇佣计划 …… 75

马来西亚调涨外籍劳工人头税 …………………… 75
马来西亚中央政府强制多个州属和联邦
直辖区落实垃圾分类制 ……………………… 75
马来西亚物价上涨 ……………………………… 75
马来西亚采取措施推行“出租车业转型计划” …… 75
马来西亚政府投资700亿林吉特改善
公共交通系统 ………………………………… 76
马来西亚政府投入巨资应对海岸侵蚀 ………… 76
缅甸帕敢矿区发生大规模塌方险情 …………… 76
缅甸仰光省政府与中国和平发展基金会签署
关于职业技术领域合作的谅解备忘录 ………… 76
缅甸发生6.9级地震 …………………………… 76
亚洲开发银行批准1.233亿美元货款以改善
菲律宾马尼拉供水 …………………………… 76
菲律宾马尼拉市轻轨3号线3列轻轨车辆
投入运行 ……………………………………… 76
菲律宾大型戒毒中心落成 ……………………… 77
新加坡为网约车立规矩 ………………………… 77
新加坡销毁7.9吨走私象牙及象牙制品 ……… 77
新加坡中华总商会庆祝成立110周年 ………… 77
孙中山诞辰150周年纪念会在新加坡举行 …… 77
新加坡就业人数增速继续放缓 ………………… 77
泰国出现半个世纪以来最严重旱情 …………… 77
泰国4月气温为65年来最高纪录……………… 77
泰国庆祝泰王登基70周年……………………… 78
泰国南部8府发生连环爆炸 …………………… 78
泰国首批天然气公交车投入使用 ……………… 78
越南自然灾害频发造成巨大损失 ……………… 78
越南中部发生严重海洋环境污染事故 ………… 78
越南发生4起军用飞机坠毁事故 ……………… 78
越南“鱼露含砷事件”一度引发社会不安 ………… 78

专 题

发展报告 …………………………………………… 79
中国：2016年发展回顾与2017年展望 ……… 79
文莱：2016年发展回顾与2017年展望 ……… 83
柬埔寨：2016年发展回顾与2017年展望 …… 87
印度尼西亚：2016年发展回顾与2017年
展望 ……………………………………… 90
老挝：2016年发展回顾与2017年展望 ……… 95
马来西亚：2016年发展回顾与2017年展望 … 100
缅甸：2016年发展回顾与2017年展望 ……… 105
菲律宾：2016年发展回顾与2017年展望 …… 110
新加坡：2016年发展回顾与2017年展望 …… 113
泰国：2016年发展回顾与2017年展望 ……… 119
越南：2016年发展回顾与2017年展望 ……… 123
东南亚国家联盟……………………………………… 128
东南亚国家联盟简况………………………………… 128
东盟政治安全共同体建设…………………………… 129
东盟经济共同体建设………………………………… 130
东盟社会文化共同体建设…………………………… 131
东盟对外关系………………………………………… 131
第19届东盟旅游部长级会议 ……………………… 133
第15届东盟与中日韩10+3旅游部长会议 … 133
东盟—欧盟共同合作委员会第23次会议 …… 133
东盟—美国领导人特别峰会…………………… 133
首届东盟+3毒品监控网络工作组会议 ……… 133
东盟外长非正式会议………………………………… 133
第22届东盟经济部长非正式会议 …………… 134
第14届东盟—欧盟经贸部长磋商会议 ……… 134
东盟财长和央行行长系列会议……………………… 134
第41届东盟交通高官会 ……………………… 134
落实《南海各方行为宣言》第11次高官会 …… 134
第19届东盟与中日韩10+3财长与央行
行长会议…………………………………… 134
第24届东盟劳工部长会议 …………………… 135
东盟—俄罗斯建立对话关系20周年纪念
峰会……………………………………………… 135
第10届东盟国防部长会议 …………………… 135
第9届东盟教育部长会议……………………… 135
第3届东盟与中日韩10+3教育部长会议…… 135
第15届东盟社会文化共同体理事会会议 …… 136
东盟生态旅游论坛……………………………… 136
第49届东盟外长及系列会议 ………………… 136
第36届东盟国家警察首长会议 ……………… 136
第48届东盟经济部长会议及系列会议 ……… 136
第4次东亚峰会经贸部长会议………………… 137
《区域全面经济伙伴关系协定》(RCEP)第4次
部长级会议…………………………………… 137
东盟国家专业旅游互认条例国际会议………… 137
第7届东盟文化艺术部长会议………………… 137
东盟与中日韩10+3文化部长会议…………… 137
第16届东盟社会文化共同体理事会会议 …… 137
第28次、第29次东盟领导人会议 …………… 138
第19次东盟与中日韩10+3领导人会议 …… 138
第11届东亚峰会 ……………………………… 138
第34届东盟能源部长会议 …………………… 138
第9届东盟社会福利与发展部长级会议……… 138
第5届东盟与中日韩10+3社会福利与发展
部长级会议…………………………………… 139

第 37 届东盟议会联盟大会 …… 139
第 38 届东盟农业林业部长会议 …… 139
第 16 次东盟与中日韩 10+3 农林部长会议 …… 139
第 21 届东盟—欧盟部长级会议 …… 139
第 5 届东盟毒品问题部长级会议 …… 139
第 7 届东盟互联互通研讨会 …… 139
第 8 届柬老缅越首脑合作峰会 …… 140
第 9 届东盟科学技术部长非正式会议 …… 140
第 6 届东盟共同体统计系统委员会会议 …… 140
第 22 届东盟交通部长会议及系列会议 …… 140
第 16 届东盟电信和信息技术部长会议 …… 140
东盟—俄罗斯交通运输部长会议 …… 140
中国—东盟自由贸易区 …… 141
中国—东盟自由贸易区的历史沿革 …… 141
2016 中国—东盟新春联谊会 …… 142
中国—东盟发出企业界友好合作倡议书 …… 142
中国—东盟职业教育研究中心成立 …… 142
东盟海产品首次通过铁路专列进入中国内地 …… 142
“中国—东盟省市长对话”共同声明 …… 143
中国—东盟建立对话关系 25 周年国际研讨会 …… 143
第 17 次中国—东盟联合合作委员会会议 …… 143
第 22 次中国—东盟高官磋商会 …… 143
“北部湾港—缅甸—马来西亚”集装箱直航航线开通 …… 143
中国—东盟港口物流信息中心启用 …… 144
中国—东盟建筑业合作高峰论坛暨中国—东盟建筑行业委员会成立大会 …… 144
2016 中国—东盟产能合作高层论坛 …… 144
第 14 届东盟华商会 …… 144
首届中国—东盟民族文化论坛 …… 144
中国贸易促进委员会获中国—东盟自由贸易区优惠原产地证书签发权 …… 145
中国—东盟经济技术合作兰州论坛 …… 145
第 2 届中国—东盟产能合作高层论坛 …… 145
第 9 届中国—东盟教育交流周暨第 2 届中国—东盟教育部长圆桌会议 …… 145
第 15 次中国—东盟经贸部长会议 …… 145
东盟华商参与“一带一路”建设座谈会 …… 145
东盟峰会和东亚合作领导人系列会议 …… 145
首届中国—东盟商事仲裁合作论坛 …… 145
“一带一路”视野下中国与东盟合作新契机研讨会 …… 146
2016 中国—东盟友谊歌会暨“海丝天籁”音乐盛会 …… 146
首届中国—东盟旅游部门会议 …… 146
2016 年中国—东盟共建 21 世纪海上丝绸之路座谈会 …… 146
中国—东盟医药行业合作高峰论坛暨中国—东盟医药行业合作委员会成立大会 …… 146
中国(广东)—东盟产能合作系列会议 …… 146
“一带一路”背景下中国—东盟跨域公共问题与合作治理国际学术会议 …… 147
中国—东盟大学智库联盟成立 …… 147
中国江苏—东盟教育合作对话会 …… 147
中国—东盟国际产能合作妥乐论坛 …… 147
第 15 次中国—东盟交通部长会议 …… 148
第 11 次中国—东盟电信部长会议 …… 148
中国广东—东盟渔业合作研讨会 …… 148
第 4 届中国—东盟药品合作发展高峰论坛暨西太平洋地区草药协调论坛 …… 148
中国—东盟跨境电商平台正式启用 …… 148
首届中国—东盟企业家论坛 …… 149
中国—东盟中小企业合作会议 …… 149
中国与东盟多国铁路合作取得新进展 …… 149
中国与东盟多国电力项目合作取得重大进展 …… 149
中国与东盟金融合作实现新突破 …… 150
中马“两国双园”建设取得新进展 …… 150
中国—东盟双边贸易额达到 4522 亿美元 …… 150
区域合作 …… 151
“一带一路”建设合作 …… 151
“一带一路”建设合作发展概况 …… 151
中国积极推动“一带一路”建设 …… 151
印度尼西亚雅加达至万隆高速铁路开工 …… 151
中国与缅甸签署羌达风电项目开发协议 …… 152
天津港集团开通首条“一带一路”新航线 …… 152
“一带一路”专网正式上线 …… 152
新加坡星和与中国移动签署谅解备忘录 …… 152
天合光能科技(泰国)有限公司投产 …… 152
中国广核集团在马来西亚设立东南亚区域总部 …… 152
“一带一路”媒体传播联盟 …… 153
中国愿推动“21 世纪海上丝绸之路”倡议同文莱“2035 宏愿”发展战略对接 …… 153
中国建设银行与新加坡国际企业发展局签署战略合作备忘录 …… 153
泰国商品展示分销中心落户中国福州 …… 153
“一带一路”建设与网络媒体责任论坛 …… 153
泰国将推动“一带一路”基础设施建设 …… 153

留学、投资马来西亚论坛暨“一带一路”奖学金推介会 …… 153
第4届中国—南亚博览会暨第24届中国昆明进出口商品交易会 …… 154
2016西安“一带一路”沿线节点城市人文交流夏令营 …… 154
“一带一路”探路印尼产业“领航计划”高级工商管理人才项目开班 …… 154
“一带一路”媒体合作论坛 …… 154
“一带一路”国家药品监管与发展合作会议暨发展中国家药品监管领域部级研讨班 …… 154
中国建设银行新加坡分行发行10亿元“狮城债” …… 155
重庆西部物流园在新加坡发行5亿美元债券 …… 155
银联国际加快拓展印度尼西亚业务 …… 155
中国与老挝签署关于编制共同推进“一带一路”建设合作规划纲要的谅解备忘录 …… 155
中国华风集团携手东南亚电信共同推进“一带一路”气象信息服务 …… 155
德国邮政敦豪旗下的DHL新推多式联运线路 …… 155
中国南方电网与柬埔寨皇家集团公司签署电网投资合作谅解备忘录 …… 156
中国与菲律宾同意对接两国发展战略 …… 156
亚洲基础设施投资银行努力促进缅甸基础设施建设 …… 156
《“一带一路”大数据报告(2016)》新书发布会 …… 156
马来西亚愿同中国加强“一带一路”框架下的多领域合作 …… 156
中交疏浚与马来西亚依斯干达海滨控股公司签署合作意向协议 …… 157
首届柬埔寨—中国企业家论坛暨金融发展论坛 …… 157
中国已同40个国家和国际组织签署共建“一带一路”合作协议 …… 157
中国银行(泰国)股份有限公司呵叻分行开业 …… 157
中老铁路全线开工仪式 …… 157
大湄公河次区域经济合作 …… 158
大湄公河次区域合作发展历程 …… 158
大湄公河次区域禁毒合作机制边会 …… 159
大湄公河次区域(GMS)经济走廊省长论坛及省长圆桌会议 …… 159
大湄公河次区域交通论坛第20次会议 …… 159
第8届大湄公河次区域(GMS)经济走廊论坛 …… 160
大湄公河次区域电力调度运行与控制专业培训 …… 160
第7届伊洛瓦底江—湄南河—湄公河经济合作战略框架峰会 …… 160
首次世界经济论坛湄公河会议 …… 160
第9届柬埔寨—老挝—越南开发三角地区峰会 …… 160
大湄公河次区域经济合作第21次部长级会议 …… 160
第7届湄公论坛 …… 160
大湄公河次区域国家便利运输委员会联合委员会第5次会议 …… 161
湄公河流域执法安全合作机制成立5周年部长级会议 …… 161
中越“两廊一圈”区域合作 …… 161
中越“两廊一圈”区域合作概况 …… 161
中越“两廊一圈”区域合作新进展 …… 162
中越陆地边界联合委员会第6次会议 …… 163
中越陆地边界三份法律文件执行情况总结会 …… 163
中越“两廊一圈”公路建设 …… 163
中越“两廊一圈”铁路建设 …… 164
中越“两廊一圈”沿海港口和口岸建设 …… 164
中越“两廊一圈”运输便利化合作 …… 164
中越“两廊一圈”园区建设 …… 165
中越“两廊一圈”贸易和投资合作 …… 165
中越“两廊一圈”旅游合作 …… 166
中越“两廊一圈”能源合作 …… 167
中越“两廊一圈”环境保护合作 …… 167
中越“两廊一圈”文化交流合作 …… 167
中越“两廊一圈”反恐合作 …… 167
澜沧江—湄公河区域合作 …… 167
澜沧江—湄公河区域合作概况 …… 167
澜沧江—湄公河合作第3次高官会 …… 168
澜湄航空(柬埔寨)股份有限公司在柬埔寨金边注册 …… 168
澜沧江—湄公河合作首次领导人会议 …… 168
澜湄国家旅游城市(三亚)合作论坛 …… 169
首届澜沧江—湄公河次区域国家商品博览会 …… 169
澜沧江—湄公河旅游城市合作联盟工作推进会 …… 169

澜沧江—湄公河合作第 2 次外长会………… 169
泛北部湾区域经济合作……………………………… 170
泛北部湾区域经济合作发展概况………………… 170
第 9 届泛北部湾经济合作论坛暨中国—中南半岛经济走廊发展论坛……………………… 171
中国—东盟港口城市合作网络工作会议…… 171
中国—东盟航线及航线服务项目启用……… 172
中国—东盟港口城市合作网络项目启用…… 172
中国—东盟水上训练基地开工建设………… 172
中国和柬埔寨签署海洋领域合作文件……… 172
中国—柬埔寨海洋领域合作联委会第 1 次会议……………………………………… 172
第 4 届中国—东南亚国家海洋合作论坛…… 172
交往与合作………………………………………… 173
中国和东盟交往与合作………………………… 173
中国和文莱交往与合作………………………… 176
中国和柬埔寨交往与合作……………………… 178
中国和印度尼西亚交往与合作………………… 180
中国和老挝交往与合作………………………… 182
中国和马来西亚交往与合作…………………… 184
中国和缅甸交往与合作………………………… 186
中国和菲律宾交往与合作……………………… 189
中国和新加坡交往与合作……………………… 191
中国和泰国交往与合作………………………… 193
中国和越南交往与合作………………………… 196
重要节会展会……………………………………… 201
第 13 届中国—东盟博览会 ……………………… 201
第 13 届中国—东盟博览会招商招展 ……… 201
第 13 届中国—东盟博览会和商务与投资峰会开幕大会……………………………… 201
东盟国家政要巡视博览会展馆……………… 202
第 13 届中国—东盟博览会经贸活动成效显著………………………………………… 203
第 13 届中国—东盟博览会展区设置 ……… 203
第 13 届中国—东盟博览会农业展 ………… 203
第 13 届中国—东盟博览会轻工展 ………… 204
中国—东盟博览会旅游展……………………… 204
2016 中国—东盟博览会林木展 …………… 204
2016 中国—东盟博览会越南展 …………… 205
中国—东盟广播影视合作圆桌会议………… 205
中国—东盟矿业合作论坛……………………… 205
第 2 届中国—东盟警学论坛………………… 205
第 9 届中国—东盟智库战略对话论坛……… 206
中国—东盟科技创新与台风灾害应对研讨会…………………………………………… 206
2016 中国—东盟环境合作论坛 …………… 206
首届中国—东盟社会工作论坛……………… 206
2016 中国—东盟农资产业高峰论坛 ……… 206
第 5 届中国—东盟质检部长会议…………… 207
第 11 届中国—东盟文化论坛 ……………… 207
第 13 届中国—东盟博览会台湾精品展 …… 207
2016 年中国—东盟林业合作论坛 ………… 207
中国—印度尼西亚气象和气候领域合作联合工作组第一次会议……………………… 207
第 4 届中国—东盟技术转移与创新合作大会………………………………………… 207
2016 中国—东盟防灾减灾与可持续发展专家论坛…………………………………… 207
第 10 届中国—东盟青年艺术品创作大赛获奖作品展……………………………… 208
中国—东盟电力合作与发展论坛…………… 208
首届中国—东盟气象合作论坛……………… 208
2016 中国—东盟统计论坛 ………………… 208
第 5 届中国—东盟物流合作论坛…………… 208
第 2 届中国—东盟保险合作与发展论坛…… 209
第 13 届中国—东盟商务与投资峰会 ………… 209
中国—东盟商务与投资峰会概况…………… 209
第 2 届中国—东盟信息港论坛……………… 209
第 2 届 21 世纪海上丝绸之路与推进国际产能和装备制造合作论坛…………… 210
第 2 届中国—东盟工商论坛………………… 210
中国—东盟企业家合作高端对话会………… 210
首届中越跨境经济合作论坛暨广西东兴国家重点开发开放试验区专场推介会…… 210
中国企业“走出去”东盟金融合作洽谈会…………………………………………… 211
中国驻东盟国家使领馆商务参赞与企业家交流会……………………………………… 211
中泰两国四园推介活动……………………… 211
首届中国—东盟商会领袖高峰论坛………… 211
第 8 届中国—东盟金融合作与发展领袖论坛…………………………………………… 211
投资马六甲论坛……………………………… 211
斯里兰卡投资推介会………………………… 211
中国河南省情说明会暨项目签约仪式……… 212
越南政府总理阮春福与中国企业 CEO 圆桌对话…………………………………………… 212
中国百色市重点产业投资推介会暨项目签约仪式…………………………………… 212
越南投资推介会……………………………… 212
中国—东盟钢铁产业发展峰会暨第 9 届中国钢铁高峰论坛…………………………… 212

文莱国家推介会…………………………… 212
印度尼西亚展商专场贸易配对会………… 212
金色土地——缅甸国家推介会…………… 213
老挝—中国商贸投资论坛………………… 213
柬埔寨商机与投资论坛…………………… 213
菲律宾投资推广研讨会暨商务配对……… 213
中国广西凭祥重点开发开放试验区
推介会……………………………… 213
深圳(福田)专场投资推介会 ……………… 213
中国—东盟博览会东盟产业园区招商
大会………………………………… 213
中国电动车走进东盟商机说明会………… 213
首届世界桂商发展大会…………………… 214
中日韩青年科学家创新创业对话………… 214
第18届南宁国际民歌艺术节 ………………… 214
南宁国际民歌艺术节开幕晚会…………… 214
本色花山·大地飞歌晚会研讨会………… 215
“绿城歌台”群众文化活动 ……………… 215
“风情东南亚”晚会 ……………………… 216
东盟国家重要展会…………………………… 217
2016 文莱国际贸易消费展 ……………… 217
第7届柬埔寨国际电力能源展…………… 217
第5届印度尼西亚国际农业展…………… 217
马来西亚吉隆坡国际机床、金属加工、
工业自动化展……………………… 217
第4届缅甸国际矿业展览会……………… 217
第37届菲律宾国际电力展览会 ………… 217
2016 菲律宾国际食品展 ………………… 218
新加坡国际家具及酒店用品展览会……… 218
第33届东盟(泰国)国际机械展会 ……… 218
第26届越南(河内)国际贸易博览会 …… 218
第25届越南国际工业博览会 …………… 218
2016 越南国际服装展 …………………… 218

新闻人物

景海鹏…………………………………………… 219
陈冬……………………………………………… 219
金立群…………………………………………… 219
宋文骢…………………………………………… 220
南仁东…………………………………………… 220
张瑞敏…………………………………………… 220
官东……………………………………………… 221
张宝艳…………………………………………… 221
李莹诗…………………………………………… 221
蔡沙烈…………………………………………… 222
桑兰西…………………………………………… 222
钟万学…………………………………………… 222
本扬·沃拉吉…………………………………… 222
通伦·西苏里…………………………………… 223
巴妮·雅陶都…………………………………… 223
胜珐·厚拉努帕………………………………… 223
端姑·穆罕默德·法里斯·佩特拉(穆罕默德
五世) ……………………………………… 223
梁放……………………………………………… 224
廷觉……………………………………………… 224
昂山素季………………………………………… 224
敏瑞……………………………………………… 224
菲德尔·瓦尔德斯·拉莫斯…………………… 224
罗德里戈·杜特尔特…………………………… 224
纳丹……………………………………………… 225
陈祝全…………………………………………… 225
彭荣新…………………………………………… 225
斯库林…………………………………………… 225
普密蓬·阿杜德………………………………… 225
玛哈·哇集拉隆功……………………………… 225
班汉·西巴阿差………………………………… 225
阮富仲…………………………………………… 226
阮氏金银………………………………………… 226
陈大光…………………………………………… 226
阮春福…………………………………………… 226
黄春荣…………………………………………… 226

大 事 记

2016 年 ……………………………………… 227
2017 年 1 ~ 6 月 …………………………… 238

文 献

重要文件…………………………………… 245
澜沧江—湄公河合作首次领导人会议三亚宣言
——打造面向和平与繁荣的澜湄国家命运
共同体…………………………………… 245
澜沧江—湄公河国家产能合作联合声明……… 246
落实中国—东盟面向和平与繁荣的战略伙伴
关系联合宣言的行动计划(2016 ~ 2020) …… 247
中老联合声明……………………………… 252
中华人民共和国外交部关于坚持通过双边

谈判解决中国和菲律宾在南海有关争议的声明…… 254
中华人民共和国政府关于在南海的领土主权和海洋权益的声明…… 255
中华人民共和国外交部关于应菲律宾共和国请求建立的南海仲裁案仲裁庭所作裁决的声明…… 255
中国坚持通过谈判解决中国与菲律宾在南海的有关争议…… 256
中国和东盟国家外交部长关于全面有效落实《南海各方行为宣言》的联合声明 …… 264
中华人民共和国和缅甸联邦共和国联合新闻稿…… 264
第19次中国—东盟领导人会议暨中国—东盟建立对话关系25周年纪念峰会联合声明
——迈向更加紧密的中国—东盟战略伙伴关系…… 264
中国—东盟产能合作联合声明…… 265
中华人民共和国和老挝人民民主共和国联合公报…… 266
中越联合公报…… 266
中华人民共和国和柬埔寨王国联合声明…… 268
中华人民共和国与菲律宾共和国联合声明…… 269
中华人民共和国和马来西亚联合新闻声明…… 270
越南—菲律宾联合声明…… 272
柬老越发展三角区第九届峰会联合声明…… 272
澜沧江—湄公河合作首次外长会联合新闻公报…… 273
重要论文和研究报告…… 274
“一带一路”与东盟经济共同体 …… 274
建设东盟共同体与中国—东盟合作和发展…… 277
21世纪海上丝绸之路建设下中国—东盟金融合作法律机制的完善…… 279
21世纪海上丝绸之路建设与中国—东盟共建地区和谐海洋秩序…… 285
东盟海上互联互通及其与中国的合作
——以*21*世纪海上丝绸之路为背景 …… 288
中国—东盟关系:新的启航 …… 291
东盟崛起背景下的中国—东盟关系
——自我认知变化与对外战略调整…… 295
中国与东盟国家相互投资的现状、特点及展望…… 299
后东盟共同体时代的中国—东盟经贸关系
——基于新老东盟成员国越南、泰国的探究…… 303
“一带一路”框架下中国与东盟产能合作研究…… 308
亚洲基础设施投资银行向东盟互联互通建设提供融资的风险与对策…… 314
走向2025年的东盟经济共同体 …… 317
缩小东盟内部发展差距
——*21*世纪海上丝绸之路所扮演的角色 …… 322
东盟在区域合作中的中心地位评析…… 325
东盟的亚太一体化战略评析…… 328
变动中的亚太格局与应对之策…… 334
东南亚微区域合作与跨境安全…… 336
东盟网络安全合作现状与展望…… 340
南海问题引发的东盟对华关系新变化…… 344
东盟国家及组织对南海仲裁案的反应及政策走向…… 349
南海局势与东盟…… 355
论东盟惩治跨国有组织犯罪机制…… 357
“伊斯兰国”与东南亚恐怖主义的发展 …… 361
水资源治理与澜湄命运共同体建设…… 367
澜湄水资源合作:矛盾与解决路径 …… 371
论文摘要…… 375
重要研究成果题录…… 383
东盟国家形势回顾与展望…… 383
东盟国家政治…… 384
东盟国家外交…… 384
东盟国家经济…… 385
东盟国家社会…… 385
东盟国家文化、教育 …… 386
东盟国家历史…… 386
东南亚华人华侨…… 387
中国与东盟关系…… 387
中国与东盟经济合作…… 388
中国与东盟政治、外交合作 …… 388
中国与东盟文化、教育交流合作 …… 389
中国与东盟区域、次区域合作 …… 389
中国与东盟国家比较研究…… 389

投资贸易指南

中国投资贸易指南…… 390
文莱投资贸易指南…… 395
柬埔寨投资贸易指南…… 398
印度尼西亚投资贸易指南…… 402
老挝投资贸易指南…… 406
马来西亚投资贸易指南…… 409
缅甸投资贸易指南…… 414

菲律宾投资贸易指南 …… 418
新加坡投资贸易指南 …… 423
泰国投资贸易指南 …… 427
越南投资贸易指南 …… 432

统计资料

中国国民经济主要指标 …… 436
文莱国民经济主要指标 …… 437
柬埔寨国民经济主要指标 …… 438
印度尼西亚国民经济主要指标 …… 439
老挝国民经济主要指标 …… 440
马来西亚国民经济主要指标 …… 441
缅甸国民经济主要指标 …… 442
菲律宾国民经济主要指标 …… 443
新加坡国民经济主要指标 …… 444
泰国国民经济主要指标 …… 445
越南国民经济主要指标 …… 446
文莱部分经济指标(2012～2016年) …… 447
柬埔寨部分经济指标(2012～2016年) …… 447
印度尼西亚部分经济指标(2012～2016年) …… 448
老挝部分经济指标(2012～2016年) …… 448
马来西亚部分经济指标(2012～2016年) …… 449
缅甸部分经济指标(2012～2016年) …… 449
菲律宾部分经济指标(2012～2016年) …… 450
新加坡部分经济指标(2012～2016年) …… 450
泰国部分经济指标(2012～2016年) …… 451
越南部分经济指标(2012～2016年) …… 451
广西与东盟国家贸易统计(2014～2016年) …… 452
印度尼西亚与主要贸易伙伴进出口情况(2016年) …… 452
马来西亚与主要贸易伙伴进出口情况(2016年) …… 453
新加坡与主要贸易伙伴进出口情况(2016年) …… 453
泰国与主要贸易伙伴进出口情况(2016年) …… 454
印度尼西亚对中国出口主要商品构成(2015～2016年) …… 454
印度尼西亚自中国进口主要商品构成(2015～2016年) …… 455
马来西亚对中国出口主要商品构成(2015～2016年) …… 456
马来西亚自中国进口主要商品构成(2015～2016年) …… 456
新加坡对中国出口主要商品构成(2015～2016年) …… 457
新加坡自中国进口主要商品构成(2015～2016年) …… 458
泰国对中国出口主要商品构成(2015～2016年) …… 458
泰国自中国进口主要商品构成(2015～2016年) …… 459
中国与东盟国家贸易统计 …… 460
中国与东盟国家双边投资情况 …… 460
东盟国家的FDI净流入(2015年) …… 460
东盟分国家和地区FDI净流入 …… 461
东盟国家在华留学生与获奖学金人数 …… 461
中国与东盟各国互派学生总数(2015年) …… 461

附 录

中国驻东盟各国大使馆 …… 462
东盟各国驻中国外交机构 …… 462
中国驻东盟各国总领事馆 …… 463
东盟各国驻中国总领事馆 …… 464
中国和东盟各国简况 …… 465
中国和东盟各国自然状况简表 …… 466
中国与东盟各国货币名称 …… 466
中国—东盟领导人特别会议 …… 466
中国和东盟各国首都简况 …… 467
中国与东盟国家或地区通信代码与区号 …… 467
东盟国家独立时间及与中国建立外交关系时间 …… 468
历次中国—东盟领导人会议简况 …… 468
中国—东盟自由贸易区部分关税削减时间表 …… 468
东盟、欧盟、非盟、阿盟、北美自由贸易区简况 …… 469
中国和东盟各国主要港口及国际航空港名录 …… 470
中国和东盟各国重点风景名胜区名录 …… 470
中国和东盟国家世界文化遗产、世界自然遗产、世界文化和自然双重遗产名录 …… 471
东盟10国全球竞争力指数排行 …… 472
东盟各国家主要报纸 …… 472
中国和东盟各国主要通讯社、电台、电视台 …… 473
东盟各国贸促机构与商协会通讯录 …… 474

索 引

索 引 …… 475

China – ASEAN Yearbook · 2017
Contents

Overview ………… 1
The People's Republic of China ………… 1
Brunei Darussalam ………… 5
The Kingdom of Cambodia ………… 9
The Republic of Indonesia ………… 11
The Lao People's Democratic Republic ………… 15
The Union of Malaysia ………… 18
The Union of Myanmar ………… 21
Republic of the Philippines ………… 24
The Republic of Singapore ………… 27
The Kingdom of Thailand ………… 30
The Socialist Republic of Vietnam ………… 32
Annual Dynamics ………… 36
Politics ………… 36
Diplomacy ………… 44
Economy ………… 57
Culture ………… 65
Society ………… 72
Special Theme ………… 79
Development Reports ………… 79
A Review of China's Development in 2016 and its Prospect in 2017 ………… 79
A Review of Brunei's Development in 2016 and its Prospect in 2017 ………… 83
A Review of Cambodia's Development in 2016 and its Prospect in 2017 ………… 87
A Review of Indonesia's Development in 2016 and its Prospect in 2017 ………… 90
A Review of Laos' Development in 2016 and its Prospect in 2017 ………… 95
A Review of Malaysia's Development in 2016 and its Prospect in 2017 ………… 100
A Review of Myanmar's Development in 2016 and its Prospect in 2017 ………… 105
A Review of the Philippines' Development in 2016 and its Prospect in 2017 ………… 110
A Review of Singapore's Development in 2016 and its Prospect in 2017 ………… 113
A Review of Thailand's Development in 2016 and its Prospect in 2017 ………… 119
A Review of Vietnam's Development in 2016 and its Prospect in 2017 ………… 123
Association of Southeast Asia ………… 128
China – ASEAN Free Trade Area ………… 141
Regional Cooperation ………… 151
Construction and Cooperation of "the Belt and Road" ………… 151
Greater Meikong Sub – region Economic Cooperation ………… 158
"Two Corridors and One Circle" Regional Cooperation between China and Vietnam ………… 161
LantSang – Mekong Regional cooperation ………… 167
Pan – Beibu Gulf Economic Cooperation ………… 170
Communication and Cooperation between China and ASEAN Members ………… 173
Communication and Cooperation between China and ASEAN ………… 173
Communication and Cooperation between China and Brunei ………… 176
Communication and Cooperation between China and Cambodia ………… 178
Communication and Cooperation between China and Indonesia ………… 180
Communication and Cooperation between China and Laos ………… 182
Communication and Cooperation between China and Malaysia ………… 184
Communication and Cooperation between China and Myanmar ………… 186
Communication and Cooperation between China and the Philippines ………… 189
Communication and Cooperation between China and Singapore ………… 191
Communication and Cooperation between China and Thailand ………… 193
Communication and Cooperation between China and Vietnam ………… 196
Major Events and Exhibitions ………… 201
The 13th China – ASEAN Expo ………… 201
The 13th China – ASEAN Business & Invest – ment Summit ………… 209
The 18th Nanning International Folk Song Festival ………… 214
Major Fairs in ASEAN Countries ………… 217
Key Figures ………… 219
Memorabilia ………… 227
Literature Review ………… 245
Important Documents ………… 245
Important Articles and Research Repots ………… 274
Abstracts of Articles ………… 375
Bibliography of Important Research Achievements ………… 383
Investment and Trade Guide ………… 390
Statistic Data ………… 436
Appendices ………… 462
Index ………… 475

概　　况

中　国

国　名

中华人民共和国(The People's Republic of China),简称中国、中或华。

国　旗

中华人民共和国国旗为五星红旗。长方形,长宽比为3:2。旗面为红色,象征革命。旗面左上方的五颗黄色五角星,象征中国共产党领导下的革命人民大团结。五角星用黄色表示红色大地上呈现光明。四颗小五角星各有一个尖角正对大五角星的中心点,表示围绕着一个中心而团结,在形式上也显得紧凑美观。

地　理

位　置　中国位于亚洲东部。地处东经73°~135°、北纬4°~53°之间。东部和南部濒临太平洋,西靠中亚大陆,西南与中南半岛和南亚次大陆相接,北面紧邻蒙古高原和西伯利亚。疆域东起黑龙江和乌苏里江交汇处,西到帕米尔高原,北起漠河附近的黑龙江上,南至南海的曾母暗沙。

面　积　中国陆地面积960万平方千米,约占全球陆地面积的1/15;海洋面积299.7万平方千米。

疆界和邻国　陆上边界漫长,从东北与朝鲜交界的鸭绿江口起,经北面、西面,到西南与越南交界的北仑河口,全长2.28万千米,依次与朝鲜、俄罗斯、蒙古、哈萨克斯坦、吉尔吉斯斯坦、塔吉克斯坦、阿富汗、巴基斯坦、印度、尼泊尔、不丹、缅甸、老挝、越南等14个国家毗邻。大陆海岸线长1.8万余千米,领海宽广,东面与韩国、日本隔黄海、东海相望,东南面和南面隔南海与菲律宾、马来西亚、新加坡、文莱、印度尼西亚等国相望。

地形地貌　地形复杂多样,地球陆地上的山地、丘陵、高原、平原和盆地等5种基本类型都有分布。山地、丘陵和比较崎岖的高原约占陆地面积的2/3。地势东低西高,呈阶梯状分布:第一级是东部的平原、低山和丘陵,海拔一般在500米以下;第二级是中部、西部的高原和盆地,海拔大多在1000~2000米之间;第三级是青藏高原,平均海拔超过4000米。第一级阶梯的东面和东南面是浅海大陆架,坡度平缓。主要山脉和山系有:东西走向的南岭山脉、昆仑山脉、秦岭山脉、天山山脉和阴山山脉,东北—西南走向的台湾山脉、长白山脉、武夷山脉、大兴安岭山脉、太行山脉、巫山山脉和雪峰山脉,西南—东南走向的祁连山脉和阿尔泰山脉,南北走向的贺兰山脉和横断山脉,以及唐古拉山、图库斯山和喜马拉雅山等弧形山系。弧形山系中的喜马拉雅山脉是全球最高大、最雄伟的山脉,高峰林立,其中中国与尼泊尔边界上的珠穆朗玛峰海拔8844.43米,为世界第一高峰。丘陵主要分布于华东、华南和东北,有东南丘陵、两广丘陵、山东丘陵和辽东丘陵等。高原分布于华北、西北和西南,主要有黄土高原、内蒙古高原、云贵高原和青藏高原,其中面积最大的是青藏高原,约占全国面积的1/4。平原主要分布于东部和中部,有东北平原、华北平原、长江中下游平原三大平原以及珠江三角洲平原、成都平原、汾渭平原、台湾西部平原等,是主要农耕区。盆地主要分布于西北部和中部,主要有四川盆地、塔里木盆地、准噶尔盆地、柴达木盆地和吐鲁番盆地。其中塔里木盆地面积最大,该盆地中的塔克拉玛干沙漠是中国面积最大的沙漠;吐鲁番盆地地势最低，最低点低于海平面155米，是中国陆地上最低的地方。

江河湖泊　江河众多，其中流域面积超过1000平方千米的河流有1500多条。属太平洋水系的河流主要有黑龙江、辽河、海河、黄河、长江、钱塘江、闽江、珠江、澜沧江等，其中长江是中国第一大河、世界第三大河，干流长6300千米。属印度洋水系的河流有怒江和雅鲁藏布江。属北冰洋水系的有额尔齐斯河。此外，还有一些内流河，其中最长的是新疆南部的塔里木河，全长2179千米。湖泊有2.48万个，其中面积超过1平方千米的天然湖泊2800多个。主要湖泊有青海湖、洞庭湖、鄱阳湖、太湖、洪泽湖等。青海湖是中国第一大湖和最大的咸水湖。

海岸海岛　大陆东部和南部濒临渤海、黄海、东海和南海，其中渤海是内海，黄海、东海和南海是边海。大陆海岸线长1.8万余千米。海域分布有大小岛屿7600多个，其中面积超过700平方千米的有台湾岛、海南岛和崇明岛，台湾岛和海南岛分别是中国第一、第二大岛；其他较大的岛屿有舟山岛、东山岛、海坛岛（平潭岛）、长兴岛等。较大的群岛有舟山群岛、东沙群岛、南沙群岛、西沙群岛和中沙群岛。较大的半岛有辽东半岛、山东半岛和雷州半岛。

气　候　大部分地区属东亚季风气候区。全国冬季寒冷干燥，南北温差大；夏季普遍高温，降水较多。各地年平均降水量差异大，东南沿海可多达1500毫米以上，而西北部一些地方则少于50毫米。

风景名胜　重要的风景名胜有：长城，北京故宫、颐和园、天坛、明清皇室陵寝、周口店猿人遗址，河北北戴河、承德避暑山庄和外八庙，辽宁沈阳故宫，山东曲阜孔庙、孔府、孔林和泰山风景名胜区，陕西秦始皇陵、兵马俑，甘肃敦煌莫高窟，河南洛阳龙门石窟和白马寺、登封少林寺，江苏苏州古典园林，安徽黄山风景名胜区，江西庐山风景名胜区，广西桂林漓江风景名胜区，四川九寨沟风景名胜区和峨眉山—乐山风景名胜区，西藏布达拉宫，台湾日月潭，等等。

国　民

人　口　2016年年末中国全国人口138271万（不含香港、澳门两个特别行政区和台湾省人口）。按性别分，男性70815万人，女性67456万人；按城乡分，城镇79298万人，乡村58973万人。东部人口稠密，西部人口稀少。

民　族　有56个民族，即汉、蒙古、回、藏、维吾尔、苗、彝、壮、布衣、朝鲜、满、侗、瑶、白、土家、哈尼、哈萨克、傣、黎、傈僳、佤、畲、高山、拉祜、水、东乡、纳西、景颇、柯尔克孜、土、达斡尔、仫佬、羌、布朗、撒拉、毛南、仡佬、锡伯、阿昌、普米、塔吉克、怒、乌兹别克、俄罗斯、鄂温克、德昂、保安、裕固、京、塔塔尔、独龙、鄂伦春、赫哲、门巴、珞巴、基诺等族。

语　言　汉语是主要语言，少数民族也有本民族语言。现代汉民族的共同语言是以北京语音为标准音、以北方话为基础方言、以典范的现代白话文著作为语法规范的普通话。

宗　教　宪法规定公民享有宗教信仰自由。国民信仰的宗教有佛教、道教、伊斯兰教、基督教、天主教。

资源物产

土地资源　中国耕地面积13499.87万公顷（《2016中国国土资源公报》数据），区域分布不匀，人均土地资源占有量较少。

水资源　水能资源蕴藏量6.8亿千瓦，居世界首位。人均径流量约2200立方米，仅为世界人均径流量的24.7%。在各流域中，珠江流域人均水资源最丰富。水资源分布南方多北方少，水土资源配合欠佳。

生物资源　种类多、数量大。几乎拥有北半球的全部植被类型，有种子植物300科、2980属、2.4万种，其中被子植物2946属，占全球被子植物总属数的23.6%。有陆栖脊椎动物2070种，占全球陆栖脊椎动物种类的9.8%，其中兽类420种，鸟类约1170种，两栖类184种。海鱼约有1500种，淡水鱼约500种。

中国福建客家围龙屋　（百度网）

矿产资源　已发现矿种171种，其中探明储量的158种，包括能源矿产10种，金属矿产54种，非金属矿产91种，水气矿产3种。重要矿产资源有煤、石油、油页岩、天然气、铁、锰、钼、钒、钛、汞、磷、铜、钨、锑、锡、铬、铅锌、铝土、镍、稀土、银、金、菱镁、普通萤石、硫铁、钾、盐、芒硝、重晶石、石墨、玻璃硅原料、滑石、高岭土等。其中钨、锑、稀土、钼、钒、钛的探明储量在世界各国中居首位，煤、铁、铅锌、铜、银、汞、锡、镍、磷灰石、石棉等位居前列。

物　产　有谷物(小麦、稻谷)、棉花、油料(油菜籽、花生、油茶籽、芝麻)、麻类、糖料(甘蔗、甜菜)、大豆、茶叶、烟叶、水果(苹果、柑橘、香蕉、葡萄、西瓜)、大牲畜、肉类(猪、牛、羊肉)、奶类、羊毛(绵羊毛、山羊毛)、水产品(海水产品、淡水产品)等。其中谷物、棉花、花生、油菜籽、水果、肉类产量在世界各国中居首位,大豆、甘蔗、茶叶产量位居前列。还有松脂、中药材、桐油、生丝、漆、灵香草、八角、茴油、肉桂、荔枝、龙眼等特产。

国体政体

国　体　中华人民共和国是工人阶级领导的、以工农联盟为基础的人民民主专政的社会主义国家。社会主义是国家的根本制度。国家的一切权力属于人民,实行人民代表大会制度。

全国人民代表大会　国家的最高权力机关。常设机构是全国人民代表大会常务委员会。全国人民代表大会和全国人民代表大会常务委员会行使国家立法权。

国务院　即中央人民政府,最高权力机关的执行机关,最高国家行政机关。

中央军事委员会　全国武装力量领导机关。实行主席负责制度,对全国人民代表大会及其常务委员会负责。

最高人民法院　国家的最高审判机关。

最高人民检察院　国家的最高检察机关。

中国人民政治协商会议　由各党派、各阶层组成。宪法规定,中国共产党领导的多党合作和政治协商制度将长期存在和发展。

党　派　中国内地有9个党派:中国共产党、中国国民党革命委员会、中国民主同盟、中国民主建国会、中国民主促进会、中国农工民主党、中国致公党、九三学社和台湾民主自治同盟。其中,中国共产党是执政党,其他8个民主党派是参政党。

国家领导人

国家主席　习近平,2013年3月当选。

全国人民代表大会常务委员会委员长　张德江,2013年3月当选。

国务院总理　李克强,2013年3月任职。

中国人民政治协商会议全国委员会主席　俞正声,2013年3月当选。

国家中央军事委员会主席　习近平,2013年3月当选。

行政区划

一级行政区划　中国分为34个省、自治区、直辖市和特别行政区。即黑龙江、吉林、辽宁、河北、山西、山东、江苏、浙江、安徽、江西、福建、台湾、河南、湖北、湖南、广东、海南、云南、贵州、四川、陕西、甘肃、青海等23个省,广西、西藏、新疆、内蒙古、宁夏等5个自治区,北京、天津、上海、重庆等4个直辖市,香港、澳门2个特别行政区。

主要城市　首都北京市,位于华北平原西北端,周围被河北省和天津市所包围,是中国政治、经济、文化和国际交流中心,综合性产业城市,著名古都,重要航空港。全市面积16807.8平方千米。2016年年末全市常住人口2172.9万。其他重要城市有上海、天津、重庆、哈尔滨、长春、沈阳、大连、呼和浩特、太原、石家庄、济南、青岛、南京、苏州、杭州、合肥、福州、厦门、南昌、郑州、武汉、长沙、广州、深圳、南宁、桂林、海口、昆明、贵阳、成都、拉萨、乌鲁木齐、兰州、西安、西宁、银川、香港、澳门、台北、高雄等。

经　济

国内生产总值　2016年中国国内生产总值744127亿元,比上年增长6.7%。

产　业　第一产业包括农业、林业、畜牧业和渔业。种植业是农业的支柱,主要包括粮食作物种植业和经济作物种植业。粮食种植业主要种植小麦、水稻、玉米、薯类等作物,2016年粮食产量61624万吨,比上年减少520万吨,减产0.8%。经济作物种植业主要种植棉花、油料(花生、油菜、芝麻、油茶)、麻类、糖料(甘蔗、甜菜)、豆类、茶叶、水果等作物。2016年第一产业产值占国内生产总值的8.6%。第二产业包括工业和建筑业。工业门类齐全,主要有矿产采选、金属冶炼及压延加工、金属制品、机械制造、化学原料及制品、医药、纺织及服装制造、家具制造、食品加工和制造等行业。第二产业在国民经济中占主导地位,2016年第二产业增加值占国内生产总值的39.8%。第三产业包括地质勘查和水利管理、交通运输仓储邮电通信、批发和零售贸易、金融保险、房地产、社会财务、卫生体育和社会福利、教育文化艺术、广播电影电视、科学研究和综合技术服务等行业。第三产业在国民经济中地位不断上升,2016年第三产业增加值占国内生产总值的51.6%,比上年提高1.4个百分点。

财　政　2016年全国一般公共预算收入159552亿元,比上年增加6828亿元,增长4.5%。

金　融　主要银行有中国人民银行、中国建设银行、中国工商银行、中国农业银行、中国银行、中国农业发展银行、中国进出口银行、国家开发银行、交通银行、中国光大银行等,其中中国人民银行是国家中央银行。主要保险公司有中国人民财产保险股份有限公司、中国人寿保险股份有限公司、中国太平洋财产保险股份有限公司、中国太平洋人寿保险股份有限公司、中国平安财产保险股份有限公司、中国平安人寿保险股份有限公司、新华人寿保险股份有限公司等。证券交易所有上海证券交易所和深圳证券交易所。货币名称为人民币,单位为元。2016年年末国家外汇储备30105亿美元,比上年末减少3198亿美元。年末人民币汇率为

1 美元兑 6.6423 元人民币，比上年末贬值 6.2%。

进出口贸易　2016 年货物进出口总额 243386 亿元，比上年下降 0.9%。其中：出口 138455 亿元，下降 1.9%；进口 104932 亿元，增长 0.6%。货物进出口差额（出口减进口）33523 亿元。对"一带一路"沿线国家进出口总额 62517 亿元。其中，出口 38319 亿元，进口 24198 亿元。

交通通信

截至 2016 年底，中国铁路营业里程达 12.4 万千米，其中高速铁路运营里程超过 2.2 万千米；公路总里程 469.63 万千米，其中高速公路里程 13.1 万千米。2016 年货物运输总量 440 亿吨，比上年增长 5.7%。全年旅客运输总量 192 亿人次，下降 1.2%。年末全国民用汽车保有量 19440 万辆（包括三轮汽车和低速货车 881 万辆），增长 12.8%，其中私人汽车保有量 16559 万辆，增长 15.0%。民用轿车保有量 10876 万辆，增长 14.4%，其中私人轿车 10152 万辆，增长 15.5%。

沿海港口主要有大连港、营口港、秦皇岛港、天津新港、烟台港、威海港、连云港、上海港、宁波港、温州港、马尾港、厦门港、汕头港、黄埔港、湛江港、北海港、钦州港、防城港、海口港、香港、基隆港、高雄港等。内河港口主要有宜宾港、重庆港、万州港、宜昌港、武汉港、九江港、芜湖港、南京港、镇江港、张家港、南通港、上海港、广州港、梧州港、贵港等。

主要机场有北京首都机场、广州花都机场、上海浦东机场、上海虹桥机场、深圳宝安机场、昆明长水机场、成都双流机场、西安咸阳机场、厦门高崎机场、桂林两江机场、重庆江北机场、大连周水子机场、天津滨海机场、杭州萧山机场、青岛流亭机场、南京禄口机场、武汉天河机场、南宁吴圩机场、长沙黄花机场、乌鲁木齐地窝铺机场、拉萨贡嘎机场、香港机场、台北桃园机场等。

2016 年年末全国电话用户总数 152856 万户，其中移动电话用户 132193 万户。移动电话普及率上升至 96.2 部/百人。固定互联网宽带接入用户 29721 万户，比上年增加 3774 万户。其中：固定互联网光纤宽带接入用户 22766 万户，增加 7941 万户；移动宽带用户 94075 万户，增加 23464 万户。互联网上网人数 7.31 亿人，增加 4299 万人。其中手机上网人数 6.95 亿人，增加 7550 万人。互联网普及率达到 53.2%，其中农村地区互联网普及率 33.1%。

教　育

中国实行 9 年义务教育制度。现行学制为小学 6 年；初中 3 年，高中 3 年；高等专科教育 2～3 年，本科教育 4～6 年。

2016 年全国在校学生人数：普通小学 9913.0 万人，初中 4329.4 万人，普通高中 2366.6 万人，中等职业教育 1599.1 万人，普通高等教育专科、本科 2695.8 万人，在学研究生 198.1 万人。著名大学有北京大学、清华大学、复旦大学、浙江大学、南京大学、南开大学、中国科技大学、华中科技大学、上海交通大学、武汉大学、吉林大学、中山大学等。

传　媒

中国官方新闻社为新华社。主要报纸有《人民日报》《光明日报》《解放军报》《中国日报》《参考消息》《经济日报》《中国青年报》《工人日报》《中国文化报》《中国体育报》《中国妇女报》《经济参考报》《中国政协报》《科学时报》《健康报》《中国商报》等。主要电视台有中央电视台、中国教育台等。主要广播电台有中央人民广播电台、中国对外广播电台等。

文化体育

2016 年年末中国文化系统有艺术表演团体 2046 个；有文化馆 3338 个，公共图书馆 3172 个，博物馆 3060 个，档案馆 4193 个。有线电视实际用户 2.23 亿户，其中有线数字电视实际用户 1.97 亿户。年末广播节目综合人口覆盖率 98.4%，电视节目综合人口覆盖率 98.9%。出版各类报纸 394 亿份，各类期刊 27 亿册，图书 86 亿册（张）。

2016 年全国运动员在 23 个运动大项中获得 107 个世界冠军，创造 9 项世界纪录。在里约奥运会上，中国运动员共获得 26 枚金牌，奖牌总数 70 枚，位列奥运会金牌榜第三位，奖牌榜第二位。全国残疾人运动员在 17 项国际赛事中获得 237 个世界冠军。在里约残奥会上，中国运动员共获得 107 枚金牌，蝉联金牌榜和奖牌榜第一位。

医疗卫生

2016 年年末中国有医疗卫生机构 99.3 万个，其中医院 2.9 万个；基层医疗卫生机构 93.1 万个，其中乡镇卫生院 3.7 万个，社区卫生服务中心（站）3.5 万个，门诊部（所）21.7 万个，村卫生室 64.2 万个；专业公共卫生机构 2.9 万个，其中疾病预防控制中心 3484 个，卫生监督所（中心）3138 个。全国有卫生技术人员 844 万人，其中执业医师和执业助理医师 317 万人，注册护士 350 万人。医疗卫生机构床位 747 万张，其中医院 575 万张，乡镇卫生院 123 万张。全国参加城镇基本医疗保险人数 74839 万人，比上年增加 8257 万人。其中：参加职工基本医疗保险人数 29524 万人，增加 631 万人；参加城镇居民基本医疗保险人数 45315 万人，增加 7626 万人。全年资助 5620.6 万人参加基本医疗保险。基层医疗服务体系、重大疾病防治体系、全科医生培养基地建设加强，人均基本公共卫生服务经费达到 45 元。

科　技

中国主要科学研究机构有中国科学院和中国社会科学院。2016 年全国研究与试验发展（R&D）经费支出 15500 亿元，比上年增长 9.4%，与国内生产总值之比为 2.08%，其中基础研究经费 798 亿元。全年国家重点研发计划共安排42个重点专项1163个科技项目,国家科技重大专项共安排224个课题,国家自然科学基金共资助41184个项目。截至年底,累计建设国家重点实验室488个,国家工程研究中心131个,国家工程实验室194个,国家企业技术中心1276家。全年受理境内外专利申请346.5万件,授予专利权175.4万件。截至年底,有效专利628.5万件,其中境内有效发明专利110.3万件,每万人口发明专利拥有量8.0件。

2016年年末全国有产品检测实验室34487个,其中国家检测中心681个。有产品质量、体系认证机构312个,累计完成对15.25万家企业的产品认证。有法定计量技术机构3933个,全年制定、修订国家标准1763项,其中新制定1255项。

历　史

中国是世界文明古国,有5000年文字记载的历史。

原始社会晚期,中原一带出现部落,其中黄河流域以黄帝、炎帝和蚩尤为首的3个部落比较强大。后来华夏民族尊黄帝和炎帝为共同祖先。

公元前2070年,夏王朝建立,是为中国奴隶社会的开端。

公元前1600年左右,商王朝取代夏王朝。商代,青铜冶炼和青铜器铸造技术水平较高,还出现甲骨文。

公元前1046年,周王朝取代商王朝。自此到公元前476年,中国经历了西周(公元前1046年至公元前771年)、春秋(公元前770年至公元前476年)两个时期。

公元前475年,进入战国时期,封建社会逐步确立。此时诸侯争霸,社会不安;在思想领域出现百家争鸣的繁荣局面,形成儒、法、道、墨、名、农、杂等以后长期影响中国社会的学派。

公元前221年,秦始皇嬴政统一中原,建立秦王朝。后又统一西南、东南地区,形成统一的多民族的中央集权国家。秦始皇实行统一文字和度量衡等措施,对后世影响极大。

公元前206年,刘邦建立汉王朝取代秦王朝。汉代社会经济发展较快,科学文化事业繁荣,特别是汉武帝时进入鼎盛阶段,所开辟通往西域的丝绸之路,促进了中西经济文化交流。

公元220~589年,历经三国、两晋和十六国、南北朝3个时期。这3个时期的特点是国家分裂和中华民族大融合。

581年,隋王朝建立。当时,大运河凿通,促进了南北交通和经济文化交流;设立六部官制,实行科举考试制度,对此后中国政治、教育产生深远影响。

618年,唐王朝取代隋王朝。唐代经济社会全面发展。商业繁荣,形成长安、扬州、广州等商业中心。文化发达,出现李白、杜甫等一批伟大诗人。科学进步,发明火药、雕版印刷术、天文钟等,对世界文化和科学技术的发展有卓越贡献。

907年,唐王朝灭亡,中国出现封建割据局面,从907到960年,史称五代十国时期。

960年,宋王朝建立。宋代(分北宋、南宋两个时期),农业和工业技术都有所发展,尤其是造船技术和指南针的发明与应用,促进了海外贸易事业的繁荣。同时,中国北方先后建立辽、金、西夏、元等政权。

1279年,统一了北方的元消灭南宋,统一中国。元代,经济、文化继续发展。当时实行的行省制度一直沿袭至今。

1368年,明王朝建立。明代,江南出现资本主义萌芽,朝廷派郑和率船队七下西洋,西方传教士开始进入中国传教并传播西方科学技术。

1644年,清王朝取代明王朝。清代前期,国家强盛,经济、文化、科学技术发展;后期,朝廷腐败,国力衰弱。

1840年,英国发动侵略中国的鸦片战争,清王朝屈服,中国开始沦为半封建半殖民地社会。

1911年,辛亥革命爆发,清王朝被推翻。1912年,中华民国建立。

1921年,中国共产党在上海成立。中国共产党领导中国人民开展土地革命战争、抗日战争和解放战争,推翻压在中国人民头上的“三座大山”,取得新民主主义革命的胜利。1949年10月1日,中华人民共和国建立。

中华人民共和国建立后,历经清匪反霸,土地改革,抗美援朝,镇压反革命,“三反”“五反”,农业、手工业和资本主义工商业的社会主义改造,“大跃进”,人民公社化,社会主义教育(“四清”),“文化大革命”等运动。1978年中共十一届三中全会后,实行改革开放,致力于经济建设,经济快速发展,国力不断加强,社会稳定,人民生活水平不断提高。　(林智荣)

文　莱

国　名

文莱达鲁萨兰国(Negara Brunei Darussalam),简称文莱。

国　旗

文莱国旗呈横长方形,长宽比为2:1。由黄、白、黑、红四色组成。黄色的旗地上横斜着黑、白宽条。黄色是该国传统颜色,代表苏丹至高无上,黑、白斜条是纪念两位有功的亲王。国旗中央绘有国徽。国徽呈红色,一弯新月环抱着一根棕榈树干,其上为展开的双翼,双翼之上为一顶华盖和一面旗帜,象征文莱信奉伊斯兰教和苏丹至高无上。在新月中央用马来文写着“遵照真主的旨意行事”。中心图案两侧有两只手臂，表示人民向真主祈求，人民对苏丹和政府的拥护。国徽底部的饰带上写着“和平之邦——文莱”。

地　理

位　置　文莱位于亚洲东南部的加里曼丹岛（旧称婆罗洲）的西北部。地处北纬4°2′～5°3′、东经114°4′～115°22′之间。北面濒临南中国海和文莱湾。

面　积　陆地面积5765平方千米。

疆界和邻国　东、南、西三面与马来西亚的沙捞越州接壤，并被沙捞越州的林梦分隔为不相连的东、西两部分。北面隔海与菲律宾、中国和越南相望。

地形地貌　陆地海拔在300～500米之间，地势东高西低。北部是平原，南部是丘陵，东部多为沼泽地，西部沿海为狭长平原。东南部与马来西亚沙捞越交界的阿干山海拔1808米，为全国最高峰。

江　河　主要河流有马来奕河、都东河、淡布隆河和文莱河。这些河流发源于南部山区，由南向北流入大海。马来奕河为全国最大河流，全长32千米。

海岸海岛　海岸线长约161千米。有33个岛屿，总面积79.39平方千米。大部分岛屿分布在文莱河下游或河口地区。靠近海边的地带是遍布红树林的淡水沼泽，约占陆地总面积的10%。近海海底平缓，海水较浅，海面平静，素有“少女海”之称。

气　候　属热带雨林气候区。终年炎热多雨，没有明显的干旱季节。各地年平均降雨量在2500毫米以上。年平均气温28℃，各月温差不大。空气湿度较大，达到67%～91%。

风景名胜　首都斯里巴加湾市有历史悠久的水村——Kam Pong Ayer，东南亚最堂皇的清真寺——奥玛尔·阿里赛夫丁和苏丹文物纪念馆、文莱博物馆、苏丹皇宫、水晶公园等，马来奕区有陆上油井石油生产纪念碑和其他与石油生产有关的景观。

国　民

人　口　据文莱立法会12届1次会议2016年3月提供的数据，2016年文莱人口41.5万。71.2%的人口居住在文莱—穆阿拉区，15.4%在马来奕区，11.2%在都东区，2.3%在淡布隆区。

民　族　主要民族有20个。2011年，马来人（七大土著合称，包括文莱马来人、都东人、克达岩人、马来奕人、比沙雅人、姆鲁人和杜顺人）占总人口的65.7%，华人约占10.3%，其他种族约占24%。

语　言　主要语言是马来语，为国语。英语使用广泛。华语主要在华人中使用（多数讲闽南话，少数讲粤语）。

宗　教　宪法规定伊斯兰教为国教。大部分居民信奉伊斯兰教，少数信奉佛教、基督教、道教等。

资源物产

文莱的矿产资源主要有石油和天然气。据官方2010年公布的数据，石油蕴藏量11亿桶，天然气储量约3500亿立方米，是东南亚第三大产油国和世界第四大液化天然气生产国，产油量在东南亚仅次于印度尼西亚和马来西亚。除陆地油田外，有7个海上油田，90%石油和全部天然气出自海上油田。探明储量较大、具有经济价值的矿产资源还有金、煤、汞、锑、铅、矾土和硅。

耕地面积占国土面积的5%，土壤较贫瘠。主要农产品有稻谷、咖啡、橡胶、椰子、西谷米、胡椒、甘蔗、花生、玉米、日罗东胶（口香糖的主要原料）、蔬菜、香蕉、菠萝等。森林面积46.9万公顷，有11个森林保护区，总面积2355平方千米，占陆地面积的41%，多数森林保护区为原始森林。植物资源丰富，其中以木本植物居多，有5000多种。领海有丰富的海洋生物资源，主要河流盛产鱼、虾等水产品。陆栖野生动物有象、犀牛、野牛、猿、猴、野猪、鹿、鳄鱼、巨蟒、眼镜蛇、狐蝠、松鼠、蜥蜴、犀鸟、雨燕等。

国体政体

国　体　文莱是伊斯兰教绝对君主制国家。君主（苏丹）拥有行政、立法、司法全部权力，同时也是宗教领袖。设宗教、枢密、内阁、立法、世袭等5个委员会协助苏丹理政。

议　会　称立法委员会。1962年曾举行选举。1970年取消选举，议员改由苏丹任命。1984年2月，现任苏丹宣布终止立法会，法律以苏丹圣训方式颁布。2004年7月，苏丹宣布重开立法会；9月，立法会恢复运作，由议长卡马鲁丁和21名议员（其中当然议员6人，高官议员5人，委任议员10人）组成，均由苏丹任命。2005年9月，苏丹解散立法会，重新任命30名新议员，卡马鲁丁仍为议长。2015年2月11日，苏丹任命阿都拉曼为文莱立法会新议长。

政　府　本届政府于2015年10月由苏丹宣布改组。设首相署，国防部，财政部，外交与贸易部，司法部，教育部，交通部，宗教事务部，文化、青年和体育部，内政部，发展部，卫生部，首相署能源部，工业与初级资源部等机构。苏丹担任首相、国防部部长、财政部部长兼外交与贸易部部长。

司　法　司法体制以英国习惯法为基础。一般刑事案件在推事庭或中级法院审理，较严重的案件由高级法院审理，文莱民事案件最终可上诉至英国枢密院。最高法院由上诉法院和高级法院组成，中央设有司法会议，其主要职能是代表苏丹执行司法权力，各级法院的法官都由苏丹任命。审判机关实行审判独立原则，由最高法院、高等法院、上诉法院及地方法院组成。另设宗教法院，负责审理有关伊斯兰教的案件。

党　派　1985年5月30日，文莱苏丹宣布允许政党注册，随后出现文莱国家民主党和文莱国家团结党。1988年文莱政府取缔国家民主党，现仅存文莱国家团结党；另有国民觉醒党和国民进步党两个党派，均不参政。

国家元首和政府首脑

文莱国家元首是苏丹·哈吉·哈桑纳尔·博尔基亚·穆伊扎丁·瓦达乌拉，1967年10月5日继位。兼任首相、国防部部长、财政部部长兼外交与贸易部部长。

行政区划

一级行政区划　文莱行政建置分区、乡和村三级。全国划分为文莱—穆阿拉、马来奕、都东、淡布隆等4个区。区长和乡长由政府任命，村长由村民民主选举产生。

主要城市　首都斯里巴加湾市，位于文莱—穆阿拉区文莱河畔，是文莱的政治、经济、文化、交通中心，面积100.36平方千米，人口约14万(2011年)，从17世纪起即为文莱首都，曾被列为亚洲十佳生活城市之一。其他重要城市有马来奕、诗里亚、都东和邦加。

经　济

国内生产总值　2016年文莱国内生产总值11882亿美元，人均国内生产总值27818美元。

产　业　主要产业是石油和天然气开采业，2016年石油和天然气开采业增加值约占国内生产总值的65%和财政收入的90%，出口额占出口总额的95%。日均原油产量13.9万桶，天然气日产量3440.52万立方米。油气行业产值比2015年下降6.1%。文莱实行经济多元化战略，以减少对油气产业的依赖，2016年重点发展非油气产业和中小微企业，实施重工业和轻工业、制造业、科技、电子、运输通信、餐饮业、旅游业、游乐设施、社会福利等九大项目。由于受到国际油价下降的影响，文莱经济增速放缓，2016年国内生产总值比上年下降2.5%。截至2013年3月31日，全国有中小企业5486家。其中：中型企业1787家，占33%；小型企业3560家，占65%。农业基础薄弱，2011年农业产值为1.05亿美元，仅占国民生产总值的0.5%，国内稻米自给率不足3%。

财　政　财政收入主要依赖石油和天然气出口及公司税与政府财政收益(即政府在国内和国外投资所获得的收益)，这两项财源历年占财政总收入的比例均在96%以上。财政支出主要有固定支出、一般性项目支出、开发基金3项，其中经常支出约占财政总支出的76%。2016/2017财年(2016年4月1日至2017年3月31日)财政预算收入17.64亿文莱元，比上财年减少23.53亿文莱元，降幅57%；预算支出56亿文莱元，预算赤字38.36亿文莱元，赤字依存度高达68.5%。

金　融　不设国家中央银行，在财政部设货币局和金融局负责金融管理。全国有8家银行、5家金融公司、26家保险公司和1家证券交易公司(2006年)。银行总资产134.95亿文莱元(2003年)。货币名称为文莱元，与新加坡元实行1∶1汇率挂钩。2016年文莱元与美元平均汇率为1.4文莱元兑1美元。2016年外汇储备29.8亿美元。

进出口贸易　2016年进出口贸易总额80.5亿美元。主要出口原油、石油产品和液化天然气，进口机器、运输设备、食物、药品等。主要贸易对象是日本、英国、新加坡、泰国、马来西亚和美国。

外国投资　2015年9月，外商在文莱投资约65亿美元，外资主要来自英国、荷兰、日本和美国，主要投向石油勘探和开采、天然气液化工程、电力等领域。2015年文莱吸引外资1.7亿美元。

对外投资　长期以来，文莱依靠出口石油和天然气积累大量外汇，逐年增加对外投资。至2004年年底，文莱在海外的投资累计达到500亿美元，年盈利约20亿美元。2015年文莱对外直接投资0.6亿美元。

交通通信

公路交通　文莱公路总长3127.4千米。有注册车辆14.8万辆(2011年)。

水　运　水运是重要的运输方式。主要港口有穆阿拉深水港，此外还有斯里巴加湾港、马来奕港、卢穆港等，主要供外运石油和液化天然气使用。各港口与新加坡、马来西亚、中国香港、泰国、菲律宾、印度尼西亚和中国台湾有定期货运航班。2011年有各类注册船舶273艘，各港口共装卸货物101.8万吨。2014年文莱港口集装箱吞吐量12.8万标准箱。

民用航空　首都斯里巴加湾市有国际机场。2013年，文莱皇家航空公司拥有10架客机，辟有18条国际航线，2015年航空客运量115万人次，货运量11514.7万吨千米。

电　信　邮电通信业比较发达。建有卫星地面站3个，拥有全国性的数字交换网络。2011年固定电话用户7.98万户，互联网用户5.05万户，移动电话用户44.32万户。全国设有6个邮政局和1个邮电代理处。

教　育

文莱实行免费教育，国民享有11年(小学至高中)免费教育待遇。政府还资助出国留学。大多数学校由政府设立，另有少数教会学校和私立学校。文莱实行马来文和英文双语教育政策。2011年有各级各类学校 255 所，其中幼儿园、小学 200 所，中学 38 所，技术和职业专科学校 11 所，大学 6 所。在校学生 75278 人。各级各类学校有教师 8527 人。全国 9 岁以上人口识字率女性为 95%，男性为 97.5%。

教育制度主要按英国模式建立，并使用英国的教学大纲进行教学。小学学制 6 年，初级中学 3 年，中级中学 2 年，高级中学或大学预科 2 年。只有修完 13 年学业的青年，才有资格进入高等学校继续深造。

传　媒

文莱新闻社是官方新闻机构，创建于 1959 年。主要报纸：《婆罗洲公报》，日报（英文、马来文），创办于 1953 年，日发行量 7 万份；《文莱灯塔》，周报（马来文），创办于 1956 年，由政府的文化、青年和体育部新闻局主办，每周三出版，期发行量 4.5 万份；《文莱时报》，2006 年 7 月 1 日创刊；马来西亚中文日报《美里日报》《诗华日报》《国际时报》和《星洲日报》设有文莱新闻版，在文莱发行。

文莱广播电视台由政府主办，创建于 1957 年 5 月，是全国唯一的广播电视台。文莱电台拥有两个广播网，一个用马来语和方言广播，一个用英语、华语和廓尔喀语广播，每天播音超过 30 小时。电视台从 1975 年起开设彩色电视频道，播放马来语和英语节目。

医疗卫生

文莱国家财政每年拨出巨额资金用于医疗卫生事业，公民享受免费医疗保健服务。医疗体系分为三级：卫生诊所、卫生中心和医院。2013 年全国有 6 所医院，46 个医疗中心和诊所，共有 1134 张病床。医疗机构有医生 393 人，牙医 81 人，药剂师 42 人，护士 1915 人。人口平均寿命为 76.7 岁，其中女性 79.8 岁，男性 76.6 岁。

科　技

文莱约有科技人员 7000 名（2008 年）。由于科技人才有限，国内没有独立的研究机构，主要是通过与发达国家合作研究取得科技成果。

历　史

文莱建国于公元 4 世纪，有着悠久的历史。

从 4 世纪到 9 世纪，为独立王国时期，历 400 余年。这一时期，文莱国土辽阔，国力强盛，物产丰富，民众殷实。与中国的封建王朝常有往来，中国史籍称其为“婆罗国”或“浡泥”。

从 9 世纪中叶到 10 世纪后期，为室利佛逝王朝占领时期，约 150 年。文莱经济和社会遭到严重破坏，对外交往受到影响。

从 10 世纪到 14 世纪 30 年代，为恢复时期，有 300 余年。当时的文莱幅员宽广，人口众多，重视商业，崇尚佛教，国际贸易和交往频繁。

从 14 世纪中叶到 15 世纪初，为麻诺巴歇（又译满者伯夷）帝国占领时期，50 年左右。这一时期，文莱丧失大部分领土，成为麻诺巴歇的附属国。

15 世纪初，文莱国王遐旺·阿拉克·贝塔塔尔投向马来半岛南端信奉伊斯兰教的满剌加国；1414 年，他娶满剌加国苏丹的女儿为妻，被该国苏丹授予穆罕默德称号，因而皈依伊斯兰教，并将文莱改为苏丹国，从而成为文莱的第一世苏丹。以后的文莱君主都使用“苏丹”这一头衔。伊斯兰教从此传入文莱。

从 15 世纪末到 17 世纪初，即第五世苏丹博尔基亚到第九世苏丹哈桑在位的 100 多年，文莱国力强盛，成为当时东南亚较有影响的国家。

17 世纪后半期，文莱苏丹国开始进入长期衰弱时期，相继被葡萄牙、西班牙、荷兰、英国侵占，文莱苏丹对边远地区的统治名存实亡。

1847 年 5 月，英国迫使文莱签订不平等的《英国和文莱友好通商条约》，文莱由一个独立的主权国家沦为受英国支配的半殖民地。

1888 年 9 月，文莱沦为英国的保护国。

1941 年 12 月至 1945 年 6 月，文莱被日本占领。

1946 年，英国恢复对文莱的控制。1959 年，英国同意文莱自治。

1984 年 1 月 1 日，英国放弃其掌管的文莱外交和国防权力，文莱完全独立。

1984 年 1 月 7 日，文莱加入东南亚国家联盟。

1993 年 12 月 9 日，文莱加入关贸总协定。

1994 年 4 月 15 日，文莱成为世界贸易组织成员国。

文莱独立以后，政治社会稳定，经济持续发展，人民生活富裕。在外交方面，奉行不结盟和同各国友好的外交政策，至 2013 年，已与 161 个国家建立外交关

文莱大学校园一景　（百度网）

系，在 40 多个国家和国际组织设有使领馆、高级专员署或其他常驻机构。至 2013 年 6 月，驻文莱外交使团有 27 个。（马金案）

柬　埔　寨

国　名

柬埔寨王国（The Kingdom of Cambodia），简称柬埔寨。

国　旗

柬埔寨国旗呈长方形，长宽比为3∶2。由 3 个平行的横长方形相连构成，中间是红色宽面，上下均为蓝色长条。红色象征吉祥和喜庆，蓝色象征光明和自由。红色宽面中间有白底深红线条构绘的吴哥图案；吴哥是著名的婆罗门教建筑，象征柬埔寨悠久的历史和古老的文化。

地　理

位　置　柬埔寨位于中南半岛南部。地处北纬 10°20′～14°32′、东经 102°18′～107°37′之间。西南濒临暹罗湾。

面　积　陆地面积约 18.10 万平方千米。

疆界和邻国　东部、东南部与越南接壤，东部和东北部与老挝相邻，西北部与泰国交界。陆地边界线长约 2050 千米。

地形地貌　东、北、西三面地势高，中部和南部低缓。东部、北部、西部为高原，山地环绕。中部和南部是湄公河及其支流的冲积平原。平原、高原、山地分别占陆地面积的 46%、29% 和 25%。西南地区的豆蔻山山脉有全国最高峰奥拉山，海拔 1813 米。

江河湖泊　河流纵横密布。东南亚最大河流湄公河在境内流长约 500 千米，接纳境内绝大多数河流。连接洞里萨湖的洞里萨河是第二大河流，长 155 千米。洞里萨湖（又称大湖、金边湖）是中南半岛第一大湖，也是东南亚地区最大的天然淡水湖，湖面在旱季时约 2500 平方千米，雨季时约 1 万平方千米。

海岸海岛　海岸线长约 460 千米，岸线曲折、多岬角。沿海有不少岛屿和海港。戈公岛是最大的岛屿。

气　候　属热带季风气候区。各地年平均降雨量在 1000～1800 毫米之间，年平均气温 27℃。每年 5～11 月是雨季，降雨量约占全年的 80% 以上；12 月至次年 4 月是旱季，旱季又分凉、热两季。

名胜古迹　首都金边市有王城、塔仔山、国家博物馆等。暹粒市有列入世界文化遗产名录的吴哥古迹群。西哈努克市是著名的旅游、避暑胜地。

国　民

人　口　2016 年柬埔寨人口约 1576.2 万。人口密度 89.3 人/平方千米。城市人口 330.1 万，农村人口 1246.1 万。

民　族　有 20 多个民族。高棉族人口最多，约占总人口的 85%。人口较多的民族还有华族、占族、卜农族、老族、泰族、马来族、斯丁族、越族等。

语　言　高棉语和法语是柬埔寨的官方语言。

宗　教　小乘佛教是国教。高棉族人绝大部分信奉小乘佛教。占族人大多数信奉伊斯兰教。

资源物产

柬埔寨矿产资源主要有金、磷酸盐、宝石和石油。土地肥沃，盛产稻谷、橡胶、胡椒、糖棕、腰果、烟草及各种热带水果。橡胶是主要出口产品。所产林木 200 余种，柚木、铁木、紫檀、黑檀、白卯、观丹木等热带林木较为有名。渔业资源丰富，洞里萨湖是东南亚最大的天然淡水渔场。西南沿海渔场经济鱼类也较多。近年来，因生态环境失衡和过度捕捞，水产资源减少。

国体政体

国　体　柬埔寨是君主立宪制国家。实行民主多党制。立法、行政、司法三权分立。国王是终身国家元首、国家军队最高司令、国家统一和延续的象征，有权宣布大赦，根据首相的提议并征得国民议会主席同意后宣布解散国民议会。

议　会　由国民议会和参议院组成。国民议会是国家最高权力机关和立法机关，每届任期 5 年。2013 年 9 月，本届国会由大选中获得过半选票的人民党成立，救国党拒绝承认大选结果。经过两党努力，2014 年 8 月 5 日，反对党和救国党 55 名议员进入王宫，向国王宣誓就职，至此，结束长达 10 个月的抵制国会行动，国会工作进入正轨。参议院是国家立法机关，有权审议国会通过的法案，每届任期 6 年。本届参议院成立于 2012 年 3 月 24 日，由 61 名参议员组成。

政　府　设有首相府、农业部、商业部、工业部、文化部、内政部、国防部、教育部、外交部、财经部、计划部、旅游部等部门。本届政府于 2013 年 9 月成立。

司　法　法院为司法机关，分初级法院、中级法院和最高法院三级。各级法院设检察官，行使检察职能。

党　派　主要有柬埔寨人民党、柬埔寨救国党、奉辛比克党等。2013 年大选时有 8 个政党参选。

国家元首和政府首脑

国　王　诺罗敦·西哈莫尼,2004 年 10 月 29 日登基。

首　相　洪森,2013 年 9 月当选连任。

行政区划

一级行政区划　柬埔寨从 2014 年起分为 24 个省和 1 个直辖市。各省分别是:马德望省、贡布省、干丹省、磅湛省、磅清扬省、磅士卑省、磅同省、桔井省、波罗勉省、班迭棉芷省、暹粒省、上丁省、茶胶省、柴桢省、蒙多基里省、柏威夏省、国公省、奥多棉芷省、菩萨省、腊塔纳基里、西哈努克省、白马省、拜林省和特本克蒙省。直辖市为金边。

主要城市　首都金边市,位于柬埔寨南部,湄公河西岸,面积 290 平方千米,人口 146 万,是全国政治、经济、文化中心。其他重要城市有暹粒、西哈努克、白马、马德望等。

经　济

国内生产总值　2016 年柬埔寨国内生产总值 896214 亿瑞尔,约合 222 亿美元,比上年增长 7%;人均国内生产总值 1434 美元,增长 3.8%。

产　业　2016 年柬埔寨农林渔牧业增长 0.5%,主要农产品有稻米、橡胶、玉米、木薯等。工业增长 11.4%,主要行业是出口导向的成衣服装业。服务业增长 6.7%,旅游相关产业为主导产业。

财　政　2016 年预算执行收入 166174.28 亿瑞尔,约合 41.03 亿美元,比上年增长 40.7%,占 GDP 的 18.66%;预算执行支出 211519.85 亿瑞尔,约合 52.23 亿美元,增长 34.75%,占 GDP 的 23.76%;财政赤字 71699.28 亿瑞尔,约合 17.7 亿美元,占 GDP 的 8.8%。

金　融　柬埔寨货币名称为瑞尔。2016 年瑞尔与美元的汇率继续保持稳定,年平均汇率为4037:1。年末官方外汇储备 59.04 亿美元,比上年增长 19.85%。通货膨胀率为 3%。

进出口贸易　2016 年柬埔寨对外贸易总额 223 亿美元,比上年增长 8.6%。其中:出口 100 亿美元,增长 18%;进口 123 亿美元,增长 16%。主要出口产品为服装、鞋类、大米、橡胶和木薯等。其中:服装鞋类出口 70.44 亿美元,减少 1.8%,出口占比近七成;大米出口 3.22 亿美元,其他为 15.4 亿美元。主要进口产品为服装原材料、建材、汽车、燃油、机械、食品、饮料、药品和化妆品等。主要贸易伙伴为美国、欧盟、中国、日本、韩国、泰国、越南和马来西亚等。2016 年中柬双边贸易额为 51.09 亿美元,比上年增长 15.3%。其中:柬埔寨向中国大陆出口 6.09 亿美元,增长 50%;自中国大陆进口 45 亿美元,增长 16%。

投　资　2016 年投资总额 36 亿美元,比上年下降 21.7%。其中:国内投资 9.92 亿美元,占投资总额的 27.55%;外国投资 26.08 亿美元,占 72.45%。农业领域投资额 4.78 亿美元,比上年下降 1.04%;工业领域投资额 11.86 亿美元,增长 29.05%;旅游领域投资额 14.01 亿美元,增长 1150.9%;基础设施建设领域投资额 5.44 亿美元,下降 82.62%。排名前五位的外资来源国为:中国(占投资总额的 29.92%)、日本(占投资总额的 22.78%)、泰国(占投资总额的 4.61%)、韩国(占投资总额的 4.59%)、美国(占投资总额的 3.38%)。

交通通信

铁路交通　柬埔寨有两条窄轨铁路,总长约 665 千米。一条为南线,从金边市往西南,经过茶胶省、贡不省到西哈努克港,全长 265 千米。金边市—西哈努克港的铁路运输服务在停运 10 多年后于 2016 年 4 月 30 日正式恢复运营。另一条是北线,由金边市经磅清扬省、菩萨省、马德望省、班迭棉芷省通往西北柬泰边境的波贝,与泰国铁路连接,全长 400 千米,由于运输能力低下,目前只有货运,没有客运。

公路交通　截至 2014 年底,柬埔寨已建成道路 48841 千米,其中一级国道 2262 千米,二级国道 3360 千米,省级道路 6641 千米,村公路 36578 千米。公路网以首都金边为中心向四面辐射。通往柬越边界的国道为 1 号、2 号、3 号、8 号、21 号、72 号、74 号和 78 号,通往泰国的国道为 5 号、48 号、57 号、62 号、67 号和 68 号,通往老挝的国道为 7 号,4 号公路通往西哈努克港。柬埔寨现有 14 座跨河及跨海大桥。全国拥有汽车 30 多万辆。

水　运　以湄公河、洞里萨湖的航运为主。流经金边的湄公河,向北可通航老挝、泰国,向南经越南出海。有西哈努克港、金边港两个国际港口。西哈努克港是主要对外海港,可以停靠万吨级远洋货轮。金边港是最大的内河港口。2014 年港口集装箱吞吐量 28.9 万标准箱。

民用航空　柬埔寨主要航空公司有暹粒航空公司和吴哥航空公司。主要民用机场有金边国际机场(原名波成东机场)和吴哥机场(原名暹粒机场)。此外,西哈努克市、马德望省、腊塔那基里省、蒙多基里省、上丁省和国公省也建有简易机场。2015 年空运货物周转量 230.1 万吨千米,航空客运量 110.4 万人次。

电　信　2016 年,全国有 2 家固定电话公司、9 家移动通信公司以及 20 多家网络公司。移动电话用户 640 万户,固定电话用户 42 万户,网络用户超过 30 万户。

教　育

2013 年,柬埔寨有幼儿园 5807 所(其中公立 3184 所,私立 403 所,社区幼儿园 2220 所),3～4 岁儿童入学率 20.5%,5 岁儿童入学率 59.9%;小学 7236 所,学生207.38万人；初中1239所，学生53.86万人；高中531所，学生26.63万人；高等教育学校105所（其中公立39所，私立66所），在校大学生25.37万人。

传　媒

柬埔寨发行量较大的报纸有：《柬埔寨之光报》（柬文，日报），《人民报》（人民党党报，柬文），《和平岛报》（柬文，日报），《柬埔寨日报》（英文、柬文），《金边邮报》（英文，双周报），《柬埔寨时报》（英文、柬文，周报），《高棉时报》（英文、柬文）等。影响较大的中文报纸有《华商日报》《柬华日报》《金边晚报》和《星洲日报》；较有影响的英文报刊有3家，法文报刊1家。

柬新社（AKP）为官方通讯社，成立于1980年。全国有广播电台69家，其中FM103台属国家广播电台，每天播音18小时。国家电视台（TVK）建于1984年，以播出柬语节目为主。

医疗卫生

自20世纪80年代以来，柬埔寨政府采取措施逐步建立医疗体系，城镇医疗条件略有改善，各类流行疾病的防治工作，尤其是艾滋病的防治工作均取得成效。

历　史

柬埔寨是历史悠久的文明古国。建国于公元1世纪。在古代，历经扶南、真腊两个时期，其中9世纪至15世纪初叶的吴哥王朝国力强盛，创造了举世闻名的吴哥文明。从16世纪末叶开始，真腊走向衰落。至18世纪末，基本处于强邻暹罗的控制之下，成为暹罗的属国。

1863年8月，法国采取炮舰政策，强迫柬埔寨签订不平等的《法柬条约》，柬埔寨沦为法国的保护国。1884年6月，法国以逼宫方式获得柬埔寨的全部政治权利，柬埔寨沦为法国的殖民地。1940～1945年，柬埔寨被日本占领。日本战败后，法国重新控制柬埔寨。

1953年11月9日，柬埔寨获得独立。独立后的柬埔寨奉行积极的中立政策，经济发展迅速，成为当时东南亚较富庶的国家。

1970年3月18日，朗诺—施里玛达集团在美国支持下发动政变，推翻西哈努克亲王领导的王国政府，建立高棉共和国。同年3月23日，西哈努克亲王在中国北京宣布成立柬埔寨民族统一阵线；5月5日，成立以宾努亲王为首相、乔森潘为副首相的柬埔寨王国民族团结政府，致力于打倒朗诺政权。1975年4月17日，红色高棉攻占金边，高棉共和国垮台。

1976年1月，柬埔寨王国民族团结政府颁布新宪法，改国名为民主柬埔寨。民主柬埔寨政府大力推行合作社，取消货币，禁止商品交换，在对外事务方面，也执行一系列不适合国情的路线、政策。

1978年12月25日，越南出兵柬埔寨，扶持以韩桑林为首的金边政权。1982年7月，西哈努克亲王、乔森潘、宋双三派抵抗力量实现联合，组成民主柬埔寨联合政府。柬埔寨境内出现两个政权并立的局面。

1990年9月，柬埔寨抵抗力量三方同金边政权的代表在印度尼西亚雅加达会晤，宣布组成柬埔寨全国最高委员会。1991年10月23日，柬埔寨问题国际会议在法国巴黎举行，与会各方签署《柬埔寨冲突全面政治解决协定》。1993年5月23～28日，柬埔寨在联合国的监督下举行制宪会议大选。大选后，组成柬埔寨王国联合政府，恢复柬埔寨国名、国旗和国歌，恢复君主立宪制度，建立民主多党的政治制度和开放的市场经济制度，诺罗敦·西哈努克重新登上王位。

2004年10月29日，诺罗敦·西哈莫尼登基，接替诺罗敦·西哈努克成为柬埔寨国王。

柬埔寨于1999年4月30日加入东南亚国家联盟。

（梁　薇）

印度尼西亚

国　名

印度尼西亚共和国（The Republic of Indonesia），简称印度尼西亚或印尼。素有万岛之国、千岛之国、水中岛国、赤道翡翠、火山之国等别称。

国　旗

印度尼西亚国旗旗面由上红下白两个相等的横长方形构成，长宽比为3∶2。红色象征勇敢和正义，还象征印度尼西亚独立以后的繁荣昌盛；白色象征自由、公正、纯洁，还表达印度尼西亚人民反对侵略、爱好和平的美好愿望。

地　理

位　置　印度尼西亚位于亚洲东南部。国土横跨赤道。地处北纬6°至南纬11°、东经141°～95°之间。

面　积　陆地国土面积190.44万平方千米，居东南亚国家首位。

疆界和邻国　疆域辽阔，东西跨度5300千米，南北跨度2100千米。与其接壤的国家有巴布亚新几内亚、东帝汶、马来西亚，陆地边界线总长2830千米。隔海相望的国家有澳大利亚、新加坡、泰国、中国、菲律宾等。

地形地貌　国土由17508个岛屿组成。岛屿较为分散，主要有加里曼丹岛、苏门答腊岛、伊里安岛、苏拉威西岛和爪哇岛。各岛内多崎岖山地和丘陵，沿海有狭长的平原和沼泽，并有浅海和珊瑚礁环绕。加里曼丹岛，山地从中部向四面伸展，沿海平原广阔，南部多沼泽。苏门答腊岛，山脉自西北向东南斜贯，山脉东北侧为丘陵和较宽阔的沿海冲积平原，平原东部多沼泽。苏拉威西岛，大多为山地，沿海有狭窄平原。爪哇岛，北部是平原，南部是熔岩高原和山地，山间有宽广的盆地。伊里安岛，西部高山横亘，有全国最高峰查亚峰，海拔5030米；南部平原较宽广。由于地处亚欧大陆与太平洋板块的接触带，火山活跃，地震频繁。境内有火山400多座，其中活火山120多座，约占世界活火山总数的1/6。爪哇岛火山最多，地震最为频繁。

江河湖泊　河流众多，水量丰沛，但都比较短小。较大的河流有爪哇岛的梭罗河和加里曼丹岛的巴里托河、卡普阿斯河、马哈坎河，其中卡普阿斯河全长998千米。较大的湖泊有多巴湖、马宁焦湖、车卡拉湖、坦佩湖、托武帝湖、帕尼艾湖等，其中苏门答腊岛的多巴湖为全国第一大湖。

海岸海岛　海岸线约8.1万千米。岛屿之间构成许多海峡与内海，主要有巽他海峡、马六甲海峡、龙目海峡和爪哇海、苏拉威西海、弗洛勒斯海、阿拉弗拉海、班达海等。内海中，除爪哇海、阿拉弗拉海为浅海外，其余多为深海，其中班达海最深处达7000多米。海中珊瑚礁分布甚广，总面积2万平方千米。主要群岛有大巽他群岛、努沙登加拉群岛（又称小巽他群岛）、马鲁古群岛和伊里安查雅群岛。

气　候　大部分地区属热带雨林气候（努沙登加拉群岛上的平原、谷地属热带草原气候），终年高温多雨，湿度大。年平均气温25℃~27℃，温差很小，无寒暑季节变化。年平均降水量在2000毫米以上。爪哇岛是世界上雷雨最多的地区，有“雷都”之称。每年分旱、雨两季，一般4~9月为旱季，10月至次年3月为雨季，但各地不完全一致。

风景名胜　首都雅加达有雅加达博物馆、印度尼西亚缩影公园、茂物大植物园、查雅安佐尔寻梦公园、拉古南动物园、波格尔植物园、独立纪念碑、独立广场等景区景点。日惹有婆罗浮屠佛塔、普兰班南寺庙群、日惹苏丹王宫、恩藏高原等景区景点。巴厘岛有古打海滩、海神庙、金巴兰海滩、努瓦角海滩、爬行动物公园等景区景点。此外，还有北苏门答腊的多巴湖及湖心岛，西伊里安的查业维查亚山，小班他群岛，爪哇的苏腊卡尔塔、喀拉喀托火山、乌绒库伦自然保护区、三宝垄、巴淡岛等景区景点。

国　民

人　口　2016年印度尼西亚人口2.59亿，是世界第四人口大国。人口分布极不均衡，绝大多数居住在5个主要岛屿和30个较小的群岛上。全国人口密度144.1人/平方千米。

民　族　有100多个民族。人口较多的民族是爪哇族、巽他族、马都拉族和马来族，其中爪哇族、巽他族分别占总人口的45%和14%，马都拉族和马来族各占7.5%，其他占26%。

语　言　各民族语言有200多种。官方语言为印尼语。通用英语。

宗　教　国民中，约87%信奉伊斯兰教，是世界上穆斯林人口最多的国家；6.1%信奉基督教新教；3.6%信奉天主教；2%信奉印度教；1%信奉佛教。

资源物产

印度尼西亚的石油和锡在世界上占有重要地位，是东南亚石油储量和产量最大的国家。石油储量97亿桶，已探明的天然气储量为4.8万亿~5.1万亿立方米。非油气资源锡、煤、镍、金、银等矿产产量居世界各国前列。其中：煤炭资源潜在储量900亿吨，探明储量193亿吨；镍矿资源储量13亿吨，探明储量6亿吨；铜矿资源储量6600万吨，探明储量4100万吨；锡矿资源储量146万吨，探明储量46万吨。

森林面积1.2亿公顷，其中永久林区1.12亿公顷，可转换林区80万公顷。森林覆盖率67.8%。动植物种类繁多，其中包括苏门答腊虎、象、犀牛、巨蜥、黑猴、人猿、天堂鸟、袋貂、袋鼠、食火鸡、鹦鹉、鹿、倭水牛等珍稀物种。盛产各种香料、热带林木及热带经济作物。胡椒、木棉、金鸡纳霜产量居世界各国首位，天然橡胶、棕榈油产量居世界第二位，丁香、椰子、咖啡等产量居世界前列。加里曼丹和苏门答腊的铁木，努沙登加拉的檀木，爪哇和苏拉威西的乌木、柚木驰名于世。海域、江河、湖泊盛产鱼类、贝类、海参、珍珠等。

国体政体

国　体　印度尼西亚是单一的共和制国家。立法、行政、司法三权分立。实行总统内阁制。总统任期5年。自2004年起，总统和副总统由人民直选产生。总统任命内阁，但需征得国会同意。

人民协商会议　国家最高权力机构。由人民代表会议和地方代表理事会共同组成。负责制定、修改和颁布宪法及国家大政方针，并对总统进行监督。本届人民协商会议于2014年7月9日产生，成员692名（国会议员560名，地方代表理事会议员132名）。

人民代表会议　即国会。国家立法机构。行使除修宪和制定国家大政方针之外的一般立法权。人民代表会议无权解除总统职务，总统也不能宣布解散人民代表会议；但如总统违反宪法，人民代表会议有权建议人民协商会议追究总统责任。本届人民代表会议于

2014年10月20日选举产生560名新国会议员兼任人协成员,任期5年。设议长1名,副议长4名。

政　府　设有政治法律安全统筹部、经济统筹部、人民福利统筹部、内政部、外交部、国防部、司法与人权部、财政部、能源和矿产资源部、工业部、贸易部、农业部、林业部、交通部、海洋和渔业部、劳工和移民部、公共工程部、卫生部、国民教育部、社会部、宗教部、文化旅游国务部、研究技术国务部、合作社与中小企业国务部、环境国务部、妇女事务国务部、提高国家机构效率国务部、落后地区发展国务部、国家建设规划国务部、国营企业国务部、通信和信息国务部、人民住房国务部、青年和体育国务部等部门。本届内阁于2014年10月20日组成,有阁员34人。

司　法　司法机关为最高法院和最高检察院,均独立于立法和行政机关之外。最高法院正副院长由人民代表会议提名,总统任命。最高检察长由总统任免。

党　派　党派众多,主要有专业集团党、斗争民主党、建设团结党、民主党、民族觉醒党、国民使命党、福利公正党等。

国家元首和政府首脑

总　统　佐科·维多多,2014年7月当选,任期至2019年。

人民协商会议主席　西达尔托,2014年10月当选。

人民代表会议议长　塞特亚·诺凡多,2014年10月1日当选。

地方代表理事会主席　艾迪勒·费特里夏赫,2014年10月1日当选。

行政区划

一级行政区　印度尼西亚划分为2个地方特区、30个省和一个首都特区,分别是雅加达首都特区和日惹、亚齐达鲁萨兰地方特区,以及北苏门答腊、西苏门答腊、廖内、占碑、南苏门答腊、朋古鲁、楠榜、西爪哇、中爪哇、东爪哇、巴厘、西努沙登加拉、东努沙登加拉、北马鲁古、南马鲁古、巴布亚、北苏拉威西、中苏拉威西、东南苏拉威西、南苏拉威西、东伊里安查亚、中伊里安查亚、西伊里安查亚、邦加—勿里洞、万丹、哥伦打洛、东加里曼丹、中加里曼丹、南加里曼丹、西加里曼丹等省。

主要城市　首都雅加达,别称“椰城”,位于爪哇岛西部,面积650.4平方千米,人口958.8万,是全国政治、经济、文化中心。其他重要城市有泗水、万隆、棉兰、三宝垄、日惹等。

经　济

国内生产总值　2016年印度尼西亚国内生产总值(GDP)9322.6亿美元,比上年增长5%。人均国内生产总值3570.3美元。

产　业　农业以种植业为主,是世界主要热带经济作物生产国。全国耕地面积8000万公顷。2015年稻谷产量7490万吨,玉米产量1300万吨,大豆产量98万吨;2016年棕榈油产量2570万吨,橡胶产量310万吨,咖啡产量5.4万吨,可可产量150万吨。

采矿业为工业支柱产业。2011年全国采矿业创收108.22兆印尼盾(约合117.9亿美元),其中石油、天然气开采占主导地位。

服务业在国民经济中的比重逐年提高。全国约有1.2万家小型超市。旅游业是印度尼西亚第三大外汇来源。2015年全国接待外国游客1040.7万人次,国际旅游收入120.5亿美元。

外国投资　2015年印度尼西亚实际利用外资420亿美元。主要投资来源国为中国、新加坡、日本、美国、韩国等。

财　政　2014年财政收入1537.6万亿印尼盾,支出1764.6万亿印尼盾。2016年印度尼西亚收支预算(NPI)出现顺差120亿美元。

金　融　货币名称为印尼盾,2016年印尼盾对美元年平均汇率为13308.3∶1。2016年末印尼外汇储备1109.3亿美元。2012年银行业总资产4211万亿盾,2011年贷款总额2011万亿盾。

进出口贸易　2016年外贸进出口总额2801.4亿美元。其中,出口额1444.9亿美元,进口额1356.5亿美元,贸易顺差88.4亿美元。主要进口贸易伙伴是日本、中国、美国、新加坡、马来西亚等,主要出口贸易伙伴是中国、日本、新加坡、美国、泰国等。

交通通信

铁路交通　印度尼西亚铁路总长6458千米,75%在爪哇岛。其中,1～1.067米轨道5961千米(电气化线路125千米,复线250千米),0.75～1米轨道497千米。2014年铁路客运周转量202.8亿人千米,货运周转量71.7亿吨千米。

公路交通　全国公路总长43.78万千米(2009年)。截至2014年初,高速公路里程近1000千米。公路客运量和货运量分别占全国运输总量的90%和50%。公路交通网集中在爪哇岛和苏门答腊岛。

水　运　全国水运航道21579千米,有各类港口670个,其中主要港口25个。雅加达丹绒不碌港是全国最大的国际港,年吞吐量约250万标准箱,泗水的丹绒佩拉港为第二大港,年吞吐量为204万标准箱。

民用航空　有民用机场196个,其中国际机场29个。雅加达附近的苏加诺—哈达国际机场为国内最大机场。截至2009年底,拥有各型号飞机737架。主要航空公司有鹰记、鸽记、狮航、曼达拉、辛巴迪等。2015年空运货物周转量74747.3万吨千米,旅客空运量8868.6万人次。

电　信　2014年全国有移动电话用户2.1亿户。

教　育

印度尼西亚实行九年义务教育制度。学制为小学6年，初中、高中各3年，大学3～7年。2009年全国有小学165752所，在校学生2990.1万人；初中高中50423所，在校学生1800多万人；大学3533所，在校学生479.2万人。著名大学有雅加达的印度尼西亚大学，日惹的加查马达大学，泗水的艾尔朗卡大学、泗水工学院、阿伊兰卡大学，万隆的班查查兰大学等。2012年教育预算开支286万亿印尼盾，占财政总预算的20.2%。2011年小学入学率97.58%，初中入学率87.78%，高中入学率57.85%，15岁以上人口文盲率7.19%。

传　媒

印度尼西亚有各类报刊3000多种。主要印尼文报纸有《罗盘报》《专业之声报》《印尼媒体报》《共和国日报》《革新之声报》《印尼商报》等，英文报纸有《雅加达邮报》《印尼观察家报》等，中文报纸有《星洲日报》《国际日报》《世界日报》《华文邮报》（中文和印尼文互译）、《商报》《新生日报》《千岛日报》等。

通讯社有国营的安塔拉通讯社和私营的印尼民族通讯社。有地方电视台54座，国家电视网络11个。其中影响较大的有印度尼西亚共和国电视台、教育电视台、美都电视台等。官办的印度尼西亚共和国电视台有13个分台，395个转播器覆盖印尼全境。主要广播电台有印度尼西亚共和国广播电台，地方电台多达1800多个。

医疗卫生

2012年印度尼西亚卫生预算开支48万亿印尼盾。全国有医院1156所，妇产医院3426所，公共卫生中心8570个，卫生所23163个。婴儿死亡率为3.4%（2012年），人均预期寿命71.62岁。

科　技

印度尼西亚从事科技活动的主要是国家各部委的直属研究机构、非部级中央直属研究机构、各大学和国有企业以及私营企业的研究开发机构等。中央直属研究机构由总统直接领导，从事战略性、交叉和多学科的研究与开发，科技活动由研究与技术国务部部长统筹与协调；非部级中央直属研究机构有印度尼西亚科学院、国家核能机构、技术评价与应用署、国家航空航天研究机构等。全国拥有科技人员约5万。科技经费主要来自财政拨款。

历　史

印度尼西亚历史悠久。在古代长期处于封建割据状态，先后分为印度教王国、佛教王国两个时期。公元1世纪，佛教传入，印度尼西亚进入印度宗教文化影响时期。5世纪，出现最早的王国——加里曼丹东部的古戴王国和西爪哇的达鲁玛王国。7世纪，在苏门答腊的巨港出现强大的海上王国室利佛逝。13世纪末，拉登威查雅在爪哇建立强大的麻喏巴歇王国，统一印度尼西亚。自13世纪起，伊斯兰教逐步传入印度尼西亚。16世纪，伊斯兰教王国淡目灭掉麻喏巴歇，印度尼西亚进入伊斯兰王国鼎盛时期。

1511年，葡萄牙人为掠夺香料侵入印度尼西亚东部的马鲁古群岛。西班牙人也接踵而来。1596年，荷兰侵入。1602年，荷兰在印度尼西亚建立具有政府职能的东印度公司。1799年12月，荷属东印度公司宣布破产。1800年，殖民政府取而代之，通称“荷印政府”。1811～1816年，英国取代荷兰在印度尼西亚建立殖民政府。1816年后，荷兰逐渐恢复对印度尼西亚的殖民统治，至1903年征服亚齐，完全占有整个印度尼西亚。其间，印度尼西亚各地从未间断反抗荷兰的斗争，其中最著名的有1816～1818年马鲁古反荷起义、1825～1830年爪哇人民大起义、西苏门答腊反荷战争、1873～1903年亚齐战争等。

20世纪初，印度尼西亚出现民族觉醒运动。1927年，苏加诺等组建印度尼西亚民族联盟（1928年3月改名为印度尼西亚民族党），采取与荷兰不合作政策，争取民族独立。1942年，日本侵占印度尼西亚。1945年日本投降后，印度尼西亚爆发“八月革命”。

1945年8月17日，印度尼西亚共和国建立。1947年7月和1948年12月，荷军先后两次在印度尼西亚发动殖民战争。1949年11月，印荷双方签订《圆桌会议协定》，印度尼西亚成为联邦共和国，加入荷印联邦。1950年8月，统一的印度尼西亚共和国成立。同年8月27日，印度尼西亚加入联合国。

1954年8月，印度尼西亚宣布脱离荷印联邦。1950～1959年，印度尼西亚实行议会制；1959年起实行总统制。

印度尼西亚跳岛机场　　（百度网）

印度尼西亚是东南亚国家联盟创始成员国。

（云　倩）

老　挝

国　名

老挝人民民主共和国(The Lao People's Democratic Republic),简称老挝。

国　旗

老挝国旗旗面中间平行长方形为蓝色,占旗地一半,上下为红色长方形,各占旗地的1/4。蓝色部分中间为白色圆轮,轮的直径为蓝色部分宽度的4/5。蓝色象征老挝各族人民热爱和平、康宁和独立的精神,红色象征革命烈士的鲜血,白色圆轮代表满月,象征老挝人民纯洁的爱国之心。

地　理

位　置　老挝地处中南半岛北部,北回归线以南,北纬13°54′~22°30′、东经100°05′~106°38′之间。

面　积　国土面积23.68万平方千米。

疆界和邻国　东邻越南,南接柬埔寨,西与泰国、缅甸交界,北同中国云南省接壤。边界线长5180千米。

地形地貌　东南亚唯一的内陆国。疆域南北长、东西窄,南北最长处1050千米,东西最宽处500千米,最窄处105千米。国土面积6000平方千米为江河湖泊,23.08万平方千米为陆地,其中70%为山地和高原。平原主要分布在万象以南的湄公河沿岸。地势北高南低,由西北向东南倾斜。北部海拔500~1500米,局部地区超过2000米,号称“印度支那屋脊”;大多为山地且起伏大,湄公河沿岸峡谷陡峻。有会芬高原、川圹高原、查尔平原、班班平原、康开谷地等,其中川圹高原海拔2000~2800米,为老挝最高地区。全国最高峰普比亚山,海拔2817米,屹立于川圹高原南部。最低点只有70米,位于湄公河,平均海拔710米。中部、南部地区的东半部是长山山脉西坡的一系列中山和低山,地势和缓。山脉拥有一系列东西走向的山口和隘道,如骄诺山口、穆嘉关山口、老保山口等,为老挝与越南之间的交通要冲。山脉西侧南、北各有一片高原,北为甘蒙高原,海拔1000米,南为波罗芬高原,海拔在300~1000米之间。中部、南部地区的西半部,即万象以南的湄公河沿岸,主要有万象平原、沙湾拿吉平原和巴色低地。

江　河　有流程在200千米以上的河流20多条。湄公河干流纵贯国境,在境内流长1898千米(其中老挝与缅甸界河段长234千米,老挝与泰国界河段长919千米),水流湍急,多险滩;南塔河、南乌江、南俄河、南宾河、宾非河、色公河、宾汉河、色顿河、南卡定河、南坎河等13条支流,大多由东向西汇入干流。全国93%以上的地域属湄公河流域。

气　候　属热带亚热带季风气候区。各地年平均气温约为26℃,最凉月(1月)平均气温21℃左右,最热月(4月)平均气温29℃左右。2011~2015年,最高温和最低温均出现在琅勃拉邦,分别为33.4℃和20.1℃。分旱季(11月至次年4月)和雨季(5~10月)。2011~2015年,年平均降雨量最少年份是2015年的1030毫米(沙湾拿吉省),最多年份是2013年的2567.5毫米(占巴塞省)。高原和高山地区降水较多,季节差别大。

风景名胜　首都万象市有塔銮、凯旋门、玉佛寺、西萨格寺、香昆寺,琅勃拉邦省有皇宫博物馆、香通寺、普西山、光西瀑布,占巴塞省有孔埠瀑布和以瓦普神庙建筑群为主体的占巴塞文化景区。琅勃拉邦古城、占巴塞文化景区分别在1995年和2001年被联合国教科文组织列入世界文化遗产名录。

国　民

人　口　据2015年12月10日公布的老挝第四次人口普查结果,老挝全国总人口647.24万。人口平均密度27人/平方千米。人口自然增长率约1.45%。根据世界银行统计数据,2016年老挝人口约为675.84万,人口平均密度28.5人/平方千米,人口自然增长率约1.41%。人口平均预期寿命男性66岁,女性69岁。

民　族　2000年12月18日,老挝人民革命党中央政治局批复老挝建国阵线2000年11月7日第205号申请,同意消除国内老龙族、老听族、老松族三大民族的称呼,正式统称老挝民族,其中包括49个民族,分属四个语族,分别为老泰语族(8个民族)、孟—高棉语族(32个民族)、汉藏语族(7个民族)、苗瑶语族(2个民族)。实行民族平等政策,将“少数民族”等称呼改为“人口较少民族”。老挝现有华人接近30万,约占老挝人口的4.4%。

语　言　官方语言是老挝语。部分国民也使用泰语、华语。各民族均有自己的民族语言。老挝语和泰语大致可以交流。

宗　教　佛教是老挝的国教。佛教徒有440多万人,约占全国总人口的65%。寺庙5000多座,其中大乘佛教寺庙8座。信仰原始宗教的约120万人。基督教、天主教徒约12万人,教堂550多座。此外,还有部分穆斯林和巴莱教信徒。

资源物产

老挝的矿产资源主要有锡、铅、钾盐、铜、铁、金、石膏、煤、稀土等,迄今得到开采的有金、铜、煤、钾盐等。水力资源丰富,湄公河全长的44.4%流经老挝境内,该河60%以上的水力资源蕴藏在老挝,理论蕴藏总量约为3000万千瓦。老挝森林面积约为18.76万平方千米,覆盖率占陆地面积的81.29%。农业用地2.37万平方千米,可耕地面积1.53万平方千米。主要农产品有稻谷、玉米、薯类、咖啡、烟叶、花生、棉花等。

国体政体

国　体　老挝宪法规定:老挝人民民主共和国是人民民主国家,全部权力属于人民,各族人民在老挝人民革命党领导下行使当家做主的权力。

国　会　国家最高权力机构和立法机构,负责制定宪法和法律。本届(第8届)国会于2016年4月选举产生,国会议员149名。

政　府　国家最高行政机关。本届政府于2016年4月组成。设有18个部和3个直属机构,分别是计划投资部、外交部、公安部、国防部、教育体育部、劳动与社会福利部、公共工程与交通运输部、财政部、工业贸易部、新闻文化与旅游部、农林部、能源矿产部、卫生部、司法部、内政部、科技部、自然资源与环境部、邮电与通信部,以及央行、国家主席府、国家总理府。

司　法　最高人民法院是国家最高司法权力机关。最高人民检察院是国家最高检察机关。

老挝人民革命党　老挝人民民主共和国的执政党,也是老挝唯一的政党,成立于1955年,原名为老挝人民党,1972年在第二次代表大会上改为现名。2016年有党员25万人。本届(第十届)中央委员会于2016年1月产生,由69名中央委员组成,其中政治局委员11名。中央委员会总书记本扬·沃拉吉。

老挝建国阵线　老挝人民革命党领导下的民族统一战线组织,1956年1月成立,原名“老挝爱国战线”。现任主席赛宋蓬·丰威汉,常务副主席董叶陶。

国家领导人

国家主席　本扬·沃拉吉。2016年4月20日当选。

国会主席　巴妮·雅陶都(女)。2016年4月20日当选连任。

政府总理　通伦·西苏里。2016年4月20日当选。

行政区划

一级行政区划　老挝划分为17个省、1个直辖市,分别是:丰沙里省、琅南塔省、波乔省、乌多姆塞省、琅勃拉邦省、华潘省、沙耶武里省、川圹省、万象省、波里坎赛省、甘蒙省、沙湾拿吉省、沙拉湾省、色公(公河)省、占巴塞省、阿速坡省、赛宋奔省,万象直辖市。

主要城市　首都万象市,位于中部万象平原南端、湄公河左岸,北纬17°57′、东经102°36′之间,面积3920平方千米。2016年总人口82.09万。是全国政治、经济、文化中心,也是历史名城和佛教圣地。其他重要城市有琅勃拉邦、沙湾拿吉和巴色。

经　济

国内生产总值　2016年老挝国内生产总值(GDP)108.71万亿基普(约135.8亿美元),比上年增长6.9%。在经济结构中,农林业增长3%,占GDP的23.3%;工业增长9%,占GDP的28.8%;服务业增长8.5%,占GDP的39.8%。增长主要依靠水电、服务业和建筑业驱动。2016年老挝人均GDP为2408美元。

产　业　农业在国民经济中仍占较大比重。2016年农业增加值占国内生产总值的19.5%。农作物主要有水稻、玉米、薯类、咖啡等。2014年水稻种植面积97.93万公顷,稻谷产量400.24万吨;玉米种植面积24.34万公顷,产量141.24万吨;薯类种植面积8.13万公顷,产量187.22万吨;咖啡种植面积7.03万公顷,产量11.35万吨;蔬菜种植面积16.14万公顷,产量155.05万吨。

工业主要有电力、采矿、有色金属冶炼、水泥、木材加工、服装、食品、制药等行业。2015年全国能源与矿产行业产值18.93万亿基普,占工业总产值的12%。截至2016年12月,老挝建成发电站50座,总装机容量6385.41兆瓦,年发电量333.15亿千瓦时。

2016年接待入境旅游者500万人次,比上年增长4%,旅游业收入8.01亿美元。全国有旅游景点2104处,其中自然风光景点1194处,文化旅游景点628处,历史名胜景点282处。

财　政　2016年财政收入22.55万亿基普(约27.85亿美元),财政支出38.9亿美元,财政赤字约为11亿美元。

金　融　货币名称为基普。2016年底基普与美元汇率为8166∶1。主要银行有老挝外贸银行、老挝发展银行、农业发展银行,老越银行等。2016年外汇储备7.8亿美元。

进出口贸易　2016财年进出口总额80.92亿美元,比上年稍有提高。其中:出口33.52亿美元,进口47.39亿美元。对外贸易逆差13.87亿美元。老挝与全球范围内50多个国家有贸易往来,2016年与19个国家签署贸易协定。中国、日本、俄罗斯等35个国家(地区)向老挝提供优惠关税待遇。

外国投资　2016年全国吸收外国投资99.74亿美元,中国投资人在老挝的外国投资中排名第一。中国的合作和援助项目包括湄公河桥梁、琅勃拉邦国际机场、老挝国家体育馆、国家会议中心、党中央办公楼、灌溉系统、水电站和公路、铁路、卫星等，2011～2016年共投资160多个项目，投资总额超过27.5亿美元。

交通通信

公路交通　老挝交通运输以公路运输为主，承载80%的客货运量。2015年全国公路总里程为51597千米，其中水泥路310千米，高级沥青路814千米。有8条国道（全长2850千米）作为与东盟国家联通的公路。2016年5月从中国云南省到丰沙里北部的机动车捷径已经打通。

铁路交通　老挝第一条铁路全长3.5千米，于2008年2月20日同泰国铁路接轨，同年7月开始营运。2015年12月2日，老中铁路在万象市举行开工奠基仪式。2016年12月25日，老中铁路全线开工仪式在琅勃拉邦举行。该铁路北起中老边境磨憨—磨丁口岸，南至万象，全长417千米，投资总额近400亿元人民币，由中老双方按70%和30%的股份合资建设，建设期为5年。

水　运　内河航道总长4600千米，其中湄公河老挝境内河段通航里程1600千米，是全国水运干道；除万象到沙湾拿吉河段可全年通航外，其余河段因水流湍急、多瀑布险滩，须分段航行，可以分段通航载重20～200吨船只。

民用航空　国际机场有万象瓦岱机场、琅勃拉邦机场、沙湾那吉省色诺机场、丰沙里机场和巴色机场。瓦岱国际机场和琅勃拉邦机场改扩建业已完成，可起降和停靠波音747和空客320等大型飞机。开辟的航线有万象—中国昆明、万象—中国南宁、万象—中国广州、万象—中国海口、万象—泰国曼谷、万象—越南河内、万象—柬埔寨金边、万象—印度尼西亚吉隆坡、万象—新加坡、万象—韩国首尔等。2015年空运货物周转量135.6万吨千米，航空客运量118.1万人次。

电　信　电信产业运营商主要有LTC电信、ETL电信、STAR电信、Milicon电信、SKY电信、Beeline。LTC电信是老挝与泰国合资企业，主要从事移动和固网宽带数据通信业务的运营；ETL电信是老挝国内唯一全资国有运营商，从事移动宽带和国家光纤专网的通信业务运营；STAR电信是老挝与越南的合资企业，从事移动通信业务；Milicon电信是私营企业，从事移动通信业务；SKY电信也是私营企业，从事移动通信和固网业务。Beeline其前身是老挝Tigo公司，2011年俄罗斯Vimple Com电信公司完成对Tigo部分股权的收购。

教　育

老挝普通国民教育为12年制，其中小学5年，初中3年，高中4年。2015年全国有幼儿园2125所，小学8884所，中学1586所，大学5所。老挝国立大学是老挝最高学府，此外还有占巴塞大学和苏发努冯大学，另有各类专业学院154所，主要为私立学院。老挝政府鼓励发展私立学校。从2012学年起开办私立大专学院，设本科课程并培养学士。国立和私立学院可开设40个准学士（大专）教学专业，512个学士学位专业，57个硕士学位专业，3个博士学位专业。

传　媒

主要老挝文报纸有《人民报》（老挝人民革命党中央机关报）、《新万象报》《人民军报》《青年报》等。外文报刊有英文报《万象时报》《KPL新闻》和法文刊物《革新周刊》。巴特寮通讯社是官方通讯社，出版老挝文《巴特寮》日报以及英、法文《KPL新闻》。这些报纸的电子媒体发展迅速。大部分传媒由政府资金赞助。2000年开始出现私人刊物，现有62家双周刊、周刊和月刊，其内容主要集中在文化和娱乐方面，如《老挝文化》《老挝探索者》《目标》等。

2014年老挝有广播电台63家，其中中央11家，省级19家，县级33家。老挝国家广播电台对内用老挝语广播，对外用越、柬、法、英、泰等5种语言广播。电视台有老挝国家电视台、老挝卫视和各省（直辖市）电视台。2008年4月，老挝成立第一家民营电视台——老挝之星频道，主要介绍老挝文化和教育，属老挝民族艺术和文化促进俱乐部所有。

老挝数字电视有限公司是老挝最大，也是老挝目前唯一一家DTMB无线数字运营商。越南、法国和中国在老挝设有广播电台转播站。

医疗卫生

2014年，老挝有公立医院153所，其中中央公立医院5所，省级医院12所，区域医院4所，县级医院129所和医疗中心3所。卫生所892所，私人诊所1133所。全国有病床9950张。2015年老挝首个核磁共振成像中心在万象的友谊医院成立并开放。2016年老挝开始启动食品消费数据的调查和风险评估，以促进食品分析和食品安全监督检查。

科　技

老挝一号通信卫星项目于2012年12月1日正式启动，由中国亚太移动通信卫星有限责任公司总承包。这颗卫星于2015年11月21日0时7分在中国西昌卫星发射中心用长征三号乙运载火箭成功发射。2016年3月9日在轨交付，中老合资的老挝亚太卫星有限公司同时成立。2016年9月2日经老挝总理府批准，该公司和老挝计划投资部签署《特许经营协议》，开始提供SD及HD的54套卫星电视服务。目前，利用卫星KU转发器已经引入几十套中国、欧美、日韩的体育、少儿、综艺等电视节目，同时开展卫星通信、卫星电视直播、无线宽带接入和国际通信等服务，业务范围覆盖中国香港、老挝、缅甸和印度尼西亚等国家和地区。

历　史

老挝有悠久的历史。从公元1世纪到14世纪中叶，在今老挝疆域内曾先后出现过3个古国，即科达蒙、文单(或称陆真腊)和澜沧(亦译南掌,意为万象之邦)。1353 年,孟骚(今琅勃拉邦,澜沧的政治中心)的统治者法昂统一今老挝全境,建立澜沧王国,形成老挝历史上第一个多民族的封建国家。

18 世纪初叶,澜沧王国解体,分裂成为琅勃拉邦、万象、川圹、占巴塞等 4 个王国。从 18 世纪末叶到 19 世纪中叶,这些王国相继为暹罗所统治。1893 年,老挝成为法国保护国,法国取代暹罗的统治。1907 年,法国、暹罗签订《法暹条约》,规定老挝边界。1940 年 9 月,老挝被日本占领。

1945 年 8 月日本投降后,老挝开展独立运动,建立以佩差拉亲王为首的政府,并于 10 月 12 日宣布独立。

1946 年,法国再次入侵。1954 年 7 月,根据关于恢复印度支那和平的日内瓦协议,法国开始从老挝撤军。不久,美国入侵。1962 年,老挝成立以富马亲王为首相、苏发努冯亲王为副首相的联合政府。1964 年,美国支持亲美势力破坏联合政府,进攻解放区。

1973 年 2 月,老挝各方签署关于在老挝恢复和平与民族和睦的协定。1974 年 4 月,成立以富马为首相的新联合政府和以苏发努冯为主席的政治联合委员会。

1975 年 12 月,老挝人民民主共和国成立,宣布废除君主制。

1997 年 7 月,老挝加入东南亚国家联盟。

(杨梦平)

马 来 西 亚

国 名

马来西亚联邦(Union of Malaysia),简称马来西亚。

国 旗

马来西亚国旗呈横长方形,长宽比为 2∶1。主体部分由 14 道红白相间、宽度相等的横条组成。左上方有一深蓝色的长方形,上有一弯黄色新月和一颗 14 个尖角的黄色星。14 道红白横条和 14 角星象征马来西亚的 13 个州和联邦政府。蓝色象征人民的团结,黄色象征王室,新月象征马来西亚的国教伊斯兰教。

地 理

位 置 马来西亚位于北纬 1°~7°、东经 97°~120°之间。国土被南中国海分隔成东、西两部分。西马位于马来半岛南部,东临南中国海,西濒马六甲海峡;东马位于加里曼丹岛北部。

面 积 陆地国土面积 33.04 万平方千米。

疆界和邻国 陆上疆界 2669 千米。西马北与泰国接壤,南与新加坡隔柔佛海峡相望。东马则与印度尼西亚、菲律宾、文莱相邻。

地形地貌 西马地势南低北高,东西两侧沿岸为冲积平原,中部为山地。大汉山海拔 2185 米,为西马最高峰。东马沙巴州西部为沿海平原,内部为山地,克罗克山脉纵贯南北,其主峰基纳巴卢山海拔 4101 米,为全国最高峰,也是东南亚地区最高峰。沙捞越州沿海为冲积平原,内地为丘陵和山地。

江 河 境内河流密布,但大河很少。位于东马的拉让河是全国第一大河,卢帕河是全国最宽的河流。

海岸海岛 海岸线曲折,总长 4192 千米。西马西南部是著名的马六甲海峡,水道狭长,是连接太平洋与印度洋之间的重要海上通道。岛屿众多,有 1007 个岛屿,但大部分面积较小。著名岛屿有兰卡威岛、刁曼岛、乐浪岛、邦喀岛等。

气 候 属热带海洋性气候。内地山区年均气温 22℃~28℃,沿海平原 25℃~30℃。马来半岛西岸每年 9~12 月为雨季,西马东岸、沙巴、沙捞越等地雨季为每年 10 月至翌年 2 月。

风景名胜 吉隆坡市内主要景点有世界著名的高楼——双峰塔、苏丹亚都沙末大厦、独立广场、苏丹王宫、国家清真寺、杰姆清真寺、湖滨公园、胡姬花公园、国家博物馆、国家动物馆、天后宫、黑风洞等。槟城有圣乔治教堂、康华利斯堡、大会堂、钟楼、龙山堂、极乐寺、蛇庙、郑和庙、卧佛寺、马里安曼寺、雅哲清真寺、甲必丹武吉清真寺等。马六甲有荷兰红屋、三保山、三保庙、三保井、圣保罗教堂、古城门、葡萄牙村、马六甲文化博物馆等。沙捞越姆禄国家公园、沙巴京那巴鲁国家公园被列为世界自然遗产;马六甲、乔治等马六甲海峡的历史名城,玲珑谷地的考古遗址被列为世界文化遗产。此外,还有兰卡威岛、刁曼岛、乐浪岛、邦喀岛、大汉山国家公园、京那巴鲁公园、尼亚国家公园、姆鲁国家公园、金马伦高原、云顶高原等旅游景区。

国 民

人 口 2016 年马来西亚人口 3118.7 万,城市人口 2350.6 万。人口平均密度 94.9 人/平方千米。

民 族 有 30 多个民族。马来人、华人、印度人人口较多,分别占总人口的 68.6%、23.4% 和 7%,其他人口占 1%。少数民族主要有尼格列多族(又称矮黑人)、塞诺伊族、原古马来族、海达雅克族(又称伊班族)、陆达雅克族(又称比达育族)、米兰诺族、卡达山族、穆鲁特族、巴查乌族、印度尼西亚族等。

语 言 马来语为国语,通用英语,华语使用也较广泛。

宗 教 国民信奉的宗教主要有伊斯兰教、佛教、印度教和基督教等。伊斯兰教为国教。

资源物产

马来西亚自然资源丰富。锡矿品位高,储藏量居世界各国第二位。沿海蕴藏着丰富的石油和天然气,石油储藏量5.45亿吨,天然气储量2.35万亿立方米(截至2012年1月探明)。铁矿品位较高,含铁量超过50%,储藏量1亿多吨。此外,还有铜、金、钨、煤、铝土、锰等矿产。

动植物种类繁多,被列为世界12个最大生物多样化国家之一。森林覆盖率在75%以上,盛产热带硬木。是橡胶、油棕、胡椒、可可、椰子等热带经济作物的重要产地,橡胶、棕油、胡椒的产量和出口量居世界前列,其中棕油产量居世界首位。

国体政体

政 体 马来西亚政体为君主立宪联邦制。最高元首和州的苏丹分别是国家和州的立宪君主。宪法规定,马来西亚设最高元首作为国家权力即君主的象征。最高元首还是伊斯兰教领袖兼武装部队统帅。正、副最高元首由统治者会议从9个世袭苏丹中选举产生,任期5年,轮流执政,不能连任。

统治者会议 由柔佛、彭亨、雪兰莪、森美兰、霹雳、丁加奴、吉兰丹、吉打、玻璃市9个州的世袭苏丹和马六甲、槟州、沙捞越、沙巴4个州的州元首组成,其职能是在9个世袭苏丹中轮流选举产生最高元首和副最高元首(4个州的州长没有选举权和被选举权),并对国家的政策、法律和宗教问题进行审议。

联邦议会 也称国会,是国家最高立法机构。由上议院(参议院)和下议院(众议院)组成。上议院议员任期3年,有70个议席;下议院议员任期5年,有222个议席。本届国会于2013年5月全国大选后组成。

内 阁 联邦政府采用责任内阁制,内阁是马来西亚最高行政机关,由选举中得票占半数以上的政党组成。政府首脑为总理,由最高元首任命。本届内阁于2016年6月27日进行改组,设有24个部门。

各州国家机关 各州设有州政府,享有内政独立的自主权。君主立宪制原则适用于9个有世袭苏丹的州。槟榔屿州、马六甲州、沙巴州、沙捞越州等4州州长由联邦政府任命。

司法机关 最高司法机关为联邦法院。西马、东马分别设有马来亚高级法院和婆罗洲高级法院。各州设有地方法院和推事庭。此外,还有特别军事法庭、伊斯兰教法庭和审理苏丹刑事、民事案件的特别法庭。

政 党 马来西亚注册政党有40多个,多党联盟执政一直是马来西亚政党政治的特点。现执政的国民阵线由马来民族统一机构(又称巫统)、马来西亚华人公会、马来西亚印度人国大党、人民运动党、马来西亚人民进步党、沙捞越土著保守统一党、沙捞越人民联合党、沙捞越国民党、沙捞越达雅克族党、沙巴自由民主党、沙巴人民团结党、沙巴民主党、沙巴团结党等13个政党组成。其他政党均为反对党,主要有人民公正党、伊斯兰教党、民主行动党等。2008年4月,反对党人民公正党、民主行动党和伊斯兰教党联合组成人民联盟。2015年6月16日,伊斯兰党和民主行动党断交,人民联盟分裂。2015年9月22日,反对党人民公正党、民主行动党和国家诚信党组成新联盟——希望联盟。2016年9月9日,马来西亚土著团结党正式成立。2016年12月13日,希望联盟与土著团结党签署政党合作协议。

国家元首和政府首脑

最高元首 端姑·穆罕默德·法里斯·佩特拉,2016年10月14日当选最高元首,2016年12月13日宣誓就任。

政府总理 达图·斯里·纳吉布·敦·拉扎克,2013年5月6日连任,为马来西亚第七任总理。是国民阵线主席、巫统主席。

行政区划

一级行政区 马来西亚行政区划为13个州和3个直辖区。其中包括西马的柔佛州、吉打州、吉兰丹州、马六甲州、森美兰州、彭亨州、槟榔屿州、霹雳州、玻璃市州、雪兰莪州、丁加奴州、吉隆坡直辖区和布特拉加亚直辖区,东马的沙巴州、沙捞越州和纳闽联邦直辖区。

主要城市 首都吉隆坡,位于马来半岛南部,西濒马六甲海峡,面积243.65平方千米,人口约172.5万,是全国政治、经济、文化、交通中心。其他重要城市有马六甲、槟城、古晋、怡保、新山、巴生、山打根等。

经 济

国内生产总值 2016年马来西亚国内生产总值2963.6亿美元,比上年增长4.2%。人均国内生产总值9502.6美元。

产 业 农业以种植业为主,渔业也有一定规模。2016年农业从业人员167.7万,产值1008.09亿林吉特。工业主要有电子、汽车、钢铁、石油化工、纺织和采矿等行业,从业人员912万,产值4450.36亿林吉特。制造业发展较快,在国民经济中占有重要地位。服务业发达,从业人员535.36万,产值6663.25亿林吉特。其中,旅游业是国民经济的重要支柱。2016年外国入境游客2675.73万人次,比上年增长4%。旅游业收入约821亿林吉特。

财 政 2016年财政收入2125.95亿林吉特,财政支出约2071.26亿林吉特。

金　融　有商业银行35家，外资银行办事处36个，证券银行12家，伊斯兰银行20家，金融公司25家。中央银行是Bank Negara Malaysia。货币名称为林吉特。2016年年底，林吉特兑美元汇率为4.47∶1。国家外汇储备964亿美元。

进出口贸易　2016年进出口总额3578.1亿美元，其中出口额1894.1亿美元，进口额1683.9亿美元。主要贸易对象是中国、新加坡、日本、美国、泰国，主要出口产品有电子电器产品、棕油、石油、橡胶及制品、液化天然气等，进口产品有机电产品、矿物燃料、机械设备、运输设备、塑料及制品等。

交通通信

铁路运输　马来西亚铁路干线纵贯马来半岛南北，主要铁路线有国际线和东海岸铁路线。铁路总长2418千米。2013年全国铁路客运量270.3万人次。

公路运输　拥有良好的公路网。连接马来半岛南北的高速公路（亦称南北大道）和穿越中央山脉的东西高速公路是马来半岛交通的主动脉。至2012年公路总长18.3万千米。2014年，马来西亚每千人汽车拥有量为395辆，其中绝大部分为私人拥有，2013年马来西亚注册机动车2381.9万辆。2016年汽车总销售量为58.01万辆。

水　运　有商务航运船4700艘，其中1000艘为国际贸易用途。2016年全国船只注册容积总吨位800万吨，载重吨位900万吨。有港口33个，主要有巴生港、槟城港、关丹港、新山港、马六甲港、古晋港、纳闽港等，其中巴生港和槟城港是最繁忙的港口。内河运输主要集中在东马地区。2014年，马来西亚港口集装箱吞吐量2271.9万标箱。

民用航空　有机场118个，其中国际机场8个，包括吉隆坡国际机场、槟城机场、兰卡威机场、哥打基那巴鲁机场和古晋机场。民航主要由马来西亚航空公司和亚洲航空公司经营。马来西亚航空公司拥有飞机89架，辟有113条国际航线。亚洲航空公司拥有飞机188架，辟有航线83条。2015年民航客运量5034.7万人次，空运货物周转量200597.9万吨千米。

电　信　截至2014年年底，马来西亚固定电话用户441.02万户；移动电话用户4492.86万户，普及率149%；有互联网用户2014万户，普及率67.5%。

教　育

马来西亚教育法令规定政府中小学实行9年义务教育，不分种族，提供免费教育。小学学制6年，初中学制3年；高中学制4年，其中含2年大学预科；大学学制4～5年。全国有小学7084所，在校学生283万人，每18名小学生配备1名教师，小学适龄儿童入学率98.5%；中学1538所，在校生172万人，每16名中学生配备1名教师；公立高等院校20所，私立学院662所。著名大学有马来亚大学、马来西亚理工大学、马来西亚博特拉大学（原农业大学）、国际伊斯兰大学、马来西亚北方大学、国民大学等。

国家财政教育经费支出占国民生产总值的6.2%。15岁以上成人识字率99%。

全国有470多个公共图书馆，藏书总量1130万册。

传　媒

马来西亚国家新闻社（简称马新社）是半官方性质的新闻机构，成立于1968年，在亚太地区设有32家分社。

全国约有50种报纸和杂志，用8种文字出版。主要马来文报纸有《马来前锋报》《马来西亚使者报》《每日新闻》和《祖国报》，主要英文报纸有《新海峡时报》《太阳报》《星报》和《马来邮报》，主要华文报纸有《南洋商报》《星洲日报》和《中国报》。

主要广播电台有马来西亚广播电台和马来西亚之声。其中：马来西亚广播电台为官办，建于1946年，拥有6个广播网，用马来语、英语、华语和泰米尔语广播；马来西亚之声建于1963年，用马来语、阿拉伯语、英语、印尼语、缅甸语、他加禄语、泰语等8种语言对外广播。主要电视台有马来西亚电视台、第三电视台、城市电视、国民电视、第七电视台、美佳电视台、寰宇电视台，有169个电视频道可供选择。其中马来西亚电视台（包括第一电视台和第二电视台）为官办，建于1963年，播放马来语、英语、华语和泰米尔语节目。

医疗卫生

马来西亚有公立医院128所（2006年，下同），病床3.09万张；县、乡级医务所2726个。2014年全国有4.7万名注册医生，医生与人口比例为1∶633。全国有医护人员15万人。2012年，每1000人拥有病床1.9张。2013年，马来西亚医疗卫生总支出占GDP的比重为4%。人口平均预期寿命男性72.7岁，女性77.3岁；婴儿死亡率3‰；人口自然增长率1.51%。

科　技

马来西亚科技体系分政府机构、高等教育研究机构和私人机构3种。内阁科学技术委员会为马来西亚科学技术政策的最高决策机构，由总理兼任主席，成员包括科学技术与环境部、国际贸易与工业部、教育部、财政部和人力资源部的部长。科学技术与环境部下属科研机构主要有环境局、化工局、气象局、野生动物和国家公园局、核技术研究所、微电子系统研究所、原子能许可委员会、马来西亚标准研究所、太空研究局和国家生物工艺学委员会。高等教育研究机构设在各大学中，博特拉大学（原农业大学）、科学大学、技术大学、马来亚大学、国民大学等高等院校均设有科研机构。马来西亚国家科学研究与开发理事会为协调机构，也是马来西亚政府科学技术方面的全国性顾问组织。2011年，研究和开发开支占国民生产总值的比重为

1.0%，每百万人中有科研人员1643人。

历 史

距今1万年前的旧石器时代，马来半岛已有人类居住。

公元之初，马来半岛出现羯荼、狼牙修等古国。15世纪初以马六甲为中心的满剌加王国统一马来半岛的大部分，伊斯兰教也因此传播开来。

16世纪开始先后被葡萄牙、荷兰、英国占领。20世纪初完全沦为英国殖民地。沙捞越、沙巴历史上属文莱，1888年两地沦为英国保护地。第二次世界大战中，马来亚、沙捞越、沙巴被日本占领。战后英国恢复殖民统治。

1957年8月31日，马来亚联合邦宣布独立。1963年9月16日，马来亚联合邦同新加坡、沙捞越、沙巴合并组成马来西亚联邦（新加坡于1965年8月9日退出）。

马来西亚是东南亚国家联盟创始成员国。

（韦朝晖）

缅 甸

国 名

缅甸联邦共和国（Republic of the Union of Myanmar），简称缅甸。

国 旗

2010年缅甸政府根据2008年通过的《缅甸联邦共和国宪法》有关国家标志的规定，修改国旗图案。2010年10月21日正式启用新国旗。国旗样式为长方形，比例为16:9。由自上而下宽度相同的黄、绿、红三色横条组成，正中是一颗白色大五角星，覆盖三色横带并指向上方。黄色代表统一、智慧、欢乐和各民族亲密团结，绿色代表土地肥沃、和谐、安宁、苍翠的国家，红色代表勇敢、果决，白色代表纯洁、正直、友善和力量。白色五角星代表联邦永久长存。

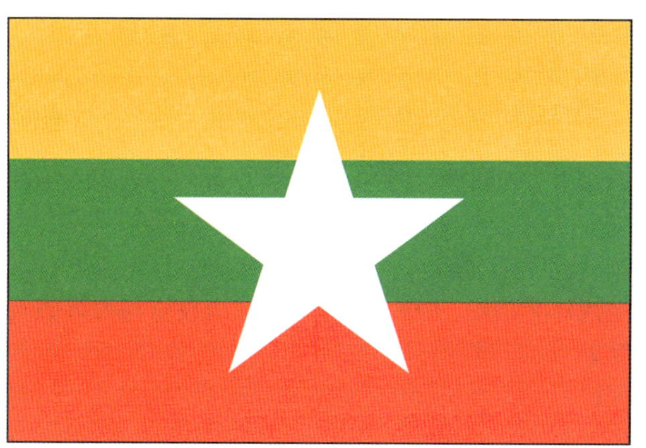

地 理

位　置　缅甸位于中南半岛西部。地处东经92°20′~101°11′、北纬9°58′~28°31′之间。西南濒临孟加拉湾和安达曼海。

面　积　陆地国土面积67.66万平方千米。

疆界和邻国　东北与中国接壤，西北与印度、孟加拉国接壤，东南与老挝、泰国接壤。陆地边界线长5876千米。有木姐（对中国瑞丽）、九谷镇（对中国畹町）、八莫（对中国章凤）等口岸与中国对接。

地形地貌　地势大体上是两边高，中间低，北边高，南边低。东面是掸邦高原，西面为西部山地，中部是伊洛瓦底江谷地。伊洛瓦底江的中下游地区为平原，称为中央大平原，是缅甸经济较发达的地区。大部分国土是山地和高原。

江　河　大多为南北走向。主要河流有伊洛瓦底江和萨尔温江。伊洛瓦底江发源于中国的青藏高原，纵贯缅甸南北，全长2200千米，注入印度洋的安达曼海，流域面积43万平方千米。东部的萨尔温江与伊洛瓦底江大致平行，发源于中国的唐古拉山脉，它的上游是中国的怒江。萨尔温江在缅甸境内流长1660千米，是缅甸第二大河，流域面积20.5万平方千米。钦敦江是缅甸第三大河。茵都基湖是最大的天然湖泊。

海岸海岛　海岸线长3200千米，均在南部。可划分为3段：北段是阿尔干海湾，中段是伊洛瓦底江三角洲，南段是丹那沙林海岸。面积最大的岛屿为兰里岛。

气　候　属热带季风气候区。分热、雨、凉三季。3~5月为热季，6~9月为雨季，10月到次年2月为凉季。年平均气温27℃，年平均降雨量3000~5000毫米。平原和丘陵地区炎热潮湿，山区比较凉爽。

风景名胜　主要有仰光大金塔、文化古都曼德勒、蒲甘佛塔群（有4000座佛塔）、波巴山、茵都基湖风景区、茵莱湖风景区、额不里海滩、昌达海滨、避暑胜地彬乌伦等。还有世界第一大石书——曼德勒碑林，世界第一大的“敏贡”大钟，古若开王朝的首都妙乌城等。2014年6月，缅甸骠国3个古遗址列入联合国世界文化遗产名录。

国 民

人　口　2016年缅甸人口为5292万，城市人口1832.5万。人口密度81人/平方千米。劳动力约占人口总数的2/3。

民　族　有135个民族。缅族是主体民族，约占全国人口的65%。人口较多的民族还有掸族、克钦族、钦族、克伦族、孟族、若开族、勃欧族、佤族、克耶族等。华侨华人约164万，占全国人口总数的3%。印度人后裔也比较多。缅族大多居住在平原，华人主要居住在仰光一带，其他民族大多居住在山区。

语　言　各民族都有自己的语言，缅甸语为国语。缅族、克钦族、克伦族、掸族、孟族等民族有自己的文字。英语在城市常用。

宗　教　85%以上的国民信仰佛教(小乘佛教)。男性青少年都要出家为僧一段时间。各地佛塔林立，号称“万塔之国”。佛教文化是缅甸文化的重要组成部分，佛教教义规范着缅甸人民的社会生活。8%的国民信奉伊斯兰教；约5%的人信奉基督教；约0.5%的人信奉印度教；1.21%的人信仰泛灵论。

资源物产

缅甸是著名的“稻米之国”和“森林之国”。稻谷盛产于伊洛瓦底江三角洲和锡唐河河谷一带。2015年，全国森林覆盖率44.5%，拥有林地3412万公顷，出产柚木、花梨木、丁纹木、鸡翅木、黑檀木、铁木等名贵木材和竹子、藤类。矿产资源主要有石油(储量32亿桶)、天然气(储量2832万亿立方米)、宝石、玉石、锡、钨、锌、铝、铜、锑、锰、金、银等，宝石和玉石享誉世界，煤炭储量2.7亿吨。最好的翡翠产于克钦邦的帕敢地区。水力资源蕴藏量1800万千瓦。近年不断发现新的石油和天然气资源，在果敢地区发现金矿，在东北部发现铅锌矿。已耕种土地只占可耕种土地的1/3强。生物物种资源十分丰富。自然保护区占全国面积的7%。

国体政体

国　体　缅甸是联邦制国家。

联邦议院　分为人民院和民族院。

联邦政府　国家最高行政机关。设有国防部、内务部、外交部、商务部等部门。

司法机关　法院、检察院均分为4级，第一级是最高法院和最高检察院，省邦、县、镇三级法院和检察院依次为第二、三、四级。

党　派　现主要党派有联邦巩固与发展党、全国民主联盟、若开民族发展党、民族团结党、掸族民主党、勃欧民族组织、谬族(克密族)团结协会、拉祜族发展党、克伦族人民党、全国民主力量党、果敢民主团结党等。最大政党是联邦巩固与发展党，党员1800万。

国家元首和政府首脑

国家元首　2011年缅甸大选后实行总统制，总统为国家元首和政府首脑。现任总统廷觉，2016年3月30日就职。2015年11月8日，缅甸举行总统选举；2015年11月20日，缅甸选举委员会公布大选最终结果，昂山素季领导的缅甸全国民主联盟在1150个联邦议会和省邦议会议席中共获得886个席位，其中在联邦议会人民院获得255席，在民族院获得135席，在省邦议会共获496席，赢得大选。2016年3月15日，缅甸联邦议会举行例会，选举产生新一届国家总统与第一、第二副总统。民盟资深议员廷觉获得360票，当选为半个多世纪以来首位民选总统。

行政区划

一级行政区划　缅甸划分为7个省、7个少数民族邦和2个中央直辖市。7个省和7个少数民族邦分别是：德林达依省、仰光省、勃固省、曼德勒省、实皆省、马圭省、伊洛瓦底省，克伦邦、克钦邦、克耶邦、掸邦、孟邦、钦邦和若开邦；2个直辖市为内比都、仰光。

主要城市　首都内比都，面积725平方千米，人口92.36万。仰光市位于缅甸南部，面积696.71平方千米，人口约600万，是全国经济、文化中心。其他重要城市有曼德勒(缅甸古都，市区人口逾百万)、毛淡棉、勃生、蒲甘等。仰光、曼德勒、蒲甘、茵莱湖是四大古城。

经　济

国内生产总值　2016年缅甸国内生产总值674.3亿美元，比上年增长6.5%。人均国内生产总值1275美元。

产　业　农业在国民经济中占较大比重，2016年农业增加值占国内生产总值的28.2%。农业劳动力1890多万人，约占全国劳动力总数的70%。以种植业为主，除水稻外，还种植小麦、甘蔗、玉米、花生、芝麻、棉花、豆类、油棕、烟草、黄麻等。可耕地面积约1800万公顷，2014年水稻种植面积776.33万公顷，稻谷产量2877.6万吨。渔业较发达，水产品出口数十个国家和地区。热带水果品种较多。畜牧业有牛、羊、猪、鸡、鸭养殖等，2016年肉类产量301.81万吨。

工业主要行业有农产品加工、油气开采、小型机械制造、纺织印染、木材加工、制糖、造纸、化肥、制药、电力、采矿等。2016年工业增加值占国内生产总值的28.2%，企业超过10万家，职工约500万人。全国有18个工业区，职工170多万人；仰光莱达雅工业区是最大的工业园区，也是缅外合资的工业区。国有工业企业将逐步转交给私人经营。陆地油田有18个(其中蒲甘、宫达臣、坦德宾为三大油田)，海上、陆地天然气田3个。年发电量60亿千瓦时，65%为天然气发电。与中国云南电网实现互联互通。

服务业发展较快，2016年服务业增加值占国内生产总值的42.3%。旅游资源丰富，2016年接待外国旅客约1290万人次，比上年减少35%。排名前三位的旅游客源国是泰国、中国和日本。缅甸旅游公司是国有企业。2011年，缅甸被评为世界第3最佳旅游目的地。

金　融　国有银行5家，较大的私人银行19家。货币名称为缅甸币，单位为元。2016年缅元对美元平均汇率为1234.9∶1。允许私营企业和外资进入金融领域，有16个外国银行办事处开展信用卡业务。2016年，外汇储备约46.2亿美元，缅甸东乡等6家银行可经营外汇业务。中国工商银行、越南投资与发展银行等20多家外资银行在缅甸有代表处。2015年1月，缅甸议会通过《缅甸银行和金融机构法》，该法案规定银行存款准备金率为5%，资本金不低于200亿缅币，对银行资本金和存款准备金等方面提出更高要求。

进出口贸易　2016/2017财年外贸进出口总额288亿美元，其中出口116.2亿美元，进口171.8亿美元，贸易逆差55.6亿美元。2016/2017财年，缅甸边境贸易总额为71.52亿美元，中缅边境的木姐口岸为缅甸最大边境贸易点，2016/2017财年木姐边境贸易额为49.06亿美元，比上财年减少3.7亿美元，其中进口15.58亿美元，出口33.47亿美元。2016/2017财年，泰缅边境贸易额为13.69亿美元。主要贸易伙伴是中国、泰国、新加坡、印度、日本和马来西亚。主要出口商品有天然气、服装、水产品、橡胶、皮革、虾类、柚木、硬木、矿产品、粮食、宝石、珍珠、水果等。2015/2016财年大米出口140多万吨，80%销往中国；2016/2017财年头10个月出口120万吨。进口商品有燃油、工业原料、化工产品、机械及运输设备、精炼矿物油、纺织品、一般金属及金属制品、棕榈油、电子设备及电器、塑料、药品、消费品等。2016/2017财年，中缅贸易额达122.8亿美元，比上年下降18.6%，其中缅甸出口41亿美元，进口81.9亿美元。2014年4月起，禁止原木出口。

外国投资　2016/2017财年，外国投资额70.35亿美元。其中：中国投资额4.83亿美元，新加坡投资额38.18亿美元，泰国投资额4.23亿美元，中国香港投资额2.13亿美元，韩国投资额0.66亿美元，日本投资额0.6亿美元，英国投资额0.54亿美元。2016年10月，缅甸颁布新的《投资法》，并于2017年4月1日正式生效。

交通通信

公路交通　缅甸有公路515条，总里程22.21万千米。毛淡棉—仰光—南坎的公路为主干道，路况较好。2011～2014年进口汽车近30万辆（多为二手车）。仰光—内比都—曼德勒之间正在建设高速公路。主要出境公路联通中国的瑞丽、泰国的湄赛和仁廊。3.1%的人口拥有汽车，38.7%的人有摩托车。

铁路交通　铁路总里程5800多千米，在建铁路近3000千米，主要是窄轨铁路。拥有内燃机车270台。纵贯南北的仰光—密支那线是铁路主干线，但火车速度较慢；仰光至曼德勒有客运特快列车。新建的内比都火车站达现代化标准。

水　运　内河航道总里程1.47万千米，其中正常通航的8000千米。主要航线在伊洛瓦底江。沿江各大城市都有班轮运输。拥有各种船只500多艘，其中远洋货轮25艘。可供远洋货轮停靠的港口主要有仰光港、勃生港、实兑港、若开港、毛淡棉港等28个港口，其中仰光港是最大的海港。2015年2月，中缅开通上海至仰光货轮直航。

民用航空　有机场73个，其中主要的是仰光机场、内比都机场、曼德勒机场、黑河机场、蒲甘机场和丹兑机场。仰光机场、内比都机场和曼德勒机场为国际机场。主要航空公司有缅甸航空公司、缅甸国际航空公司、仰光航空公司、曼德勒航空公司和蒲甘航空公司（后3家航空公司为私营）。国际直达航线联系20多个国家和地区，有航班通往中国的北京、昆明、广州、南宁和香港等地。国内航线有17条，大城市和主要旅游景点均已通航。2015年空运货物周转量336.6万吨千米，航空客运量202.9万人次。

管道运输　石油管道110多千米，天然气管道2200多千米。2015年1月30日，中缅油气管道全线贯通并运营。

电　信　缅甸有3家电信运营商：缅甸电信公司、卡塔尔电信公司和挪威电信公司。2015年固定电话用户逾400万户。2008年开通3G网络，国内电信网络快速发展。仰光的中央电话和电报局及邮政总局是办理国际通信的主要机构。2013年4月，政府以摇号方式向民众出售SIM卡。至2015年4月，近3000万人拥有手机。3.5%的人有电脑。上网人数约290万。

教　育

缅甸教育分学前教育、基础教育和高等教育。基础教育学制为10年，实行小学义务教育制度。现有基础教育学校40876所，大学与学院108所，其中师范学院20所，科学与技术大学63所，部属大学和学院22所。2012年以来普通高校本科由3年制改为4年制。主要大学有仰光大学、曼德勒大学和毛淡棉大学。全民识字率94.75%。除学校教育外，还有寺庙教育，并逐步开展远程教育。仰光大学与中国多所高校建立关系，并建有中国馆。

传　媒

缅甸国家通讯社是缅甸通讯社，缅甸之声是唯一广播电台，建于1937年，用缅甸语、英语和8种少数民族语言广播。

缅甸官方报纸有《缅甸新光报》《缅甸镜报》；私营报刊主要有《缅甸时报》《七日周刊》《声音周刊》《新闻周刊》等。《首都报》《曼德勒日报》《雅德那榜》报是地方报纸。杂志和期刊约有180种。较著名的杂志是《妙瓦底》（缅文）、《保卫》（英文）、《视野》《财富》《威达意》等。《金凤凰》是唯一的中文期刊。中国缅文杂志《吉祥》在缅甸仰光设有分社。

全国有6家电视台，109个电视转播台。境内大部分地区都能收看到电视节目，比较著名的为缅甸电视台、妙瓦底电视台。2013年，中国广西人民广播电台与缅甸国家广播电视台签署合作协议。2014年4月1日，中缅签署中国向缅甸提供电视片协议。4月3日，中缅合拍电视剧《舞乐传奇》在缅甸首映。

医疗卫生

缅甸有医院839所（不含14所中医医院），其中拥有300张以上病床的医院114所。最好的医院是仰光的亚洲皇家医院和仰光市总医院。此外,还有农村卫生所1468所。全国有医生2万多人。药品高度依赖进口。

缅甸传统的民族医药是缅医和缅药。政府提倡缅医与西医相结合。

科 技

缅甸有科研机构12个。另有科技大学3所、技术学院26所、计算机学院2所、航空工程和海事学院2所,这些高等学院也从事科学研究。近年来,信息技术发展较快。

联邦政府科技部负责管理全国的科学技术工作。

农业科学和应用科学在国家科技事业中占有重要地位,各地重视推广先进的种植技术。工业领域不断改进技术,开发新产品。

历 史

缅甸于公元1044年形成统一的多民族国家。历经蒲甘、东吁、贡榜3个封建王朝。

19世纪,英国殖民主义者以武力占领缅甸,并将缅甸划为英属印度的一个省。1937年,实行印缅分治,由英国直接统辖缅甸。缅甸人民从1920年开始争取民族解放斗争。1932年,我缅人党成立,开展大规模的反英运动。1942年5月,日军占领缅甸,缅甸人民开展抗日斗争。1945年3月举行全国总起义,缅甸光复。不久,仍被英国控制。缅甸人民继续开展民族独立运动。

1948年1月4日,缅甸脱离英联邦而独立,成立缅甸联邦,组成以吴努为首的政府,实行多党议会制。

1962年,奈温将军发动政变,推翻吴努政府,成立革命委员会执政。1974年1月,将国名改为缅甸联邦社会主义共和国,并颁布新宪法,成立人民议会,组建以奈温为主席的社会主义纲领党。1988年7月,因经济形势恶化,爆发全国性游行示威,奈温和吴山友(总统)辞职。

1988年9月18日,时任国防部部长的苏貌将军率军队接管政权,成立国家恢复法律和秩序委员会,宣布废除宪法,解散人民议会和政府机构。同年9月23日,军政府将国名改为缅甸联邦。1990年5月在全国举行大选。1993年1月,缅甸政府召开制宪国民大会。

1997年11月15日,国家恢复法律和秩序委员会改名为国家和平与发展委员会。此后10多年来,缅甸政府奉行民族和解与合作政策,实行民族自治,国内民族矛盾逐渐缓和。2008年5月,全国举行宪法公投通过新宪法。2010年举行大选。2011年3月,国家和平与发展委员会将权力移交给新的国家机构,并更改国名为缅甸联邦共和国。2012年举行议会补选,民盟成为最大反对党。此后,改革步伐加快。

1997年,缅甸联邦加入东南亚国家联盟。

(张 磊)

菲 律 宾

国 名

菲律宾共和国(The Republic of the Philippines),简称菲律宾。

国 旗

菲律宾国旗呈横长方形,长宽比为2∶1。靠旗杆一侧为白色等边三角形,中间是放射着8束光芒的黄色太阳,3颗黄色的五角星分别在三角形的3个角上。旗面右边是红蓝两色的直角梯形,两色的上下位置可以调换。平时蓝色在上,战时红色在上。太阳和光芒图案象征自由;8道较长的光束代表最初起义争取民族解放和独立的8个省,其余光芒表示其他省。3颗五角星代表菲律宾的三大地区:吕宋、萨马和棉兰老。蓝色象征忠诚、正直,红色象征英勇、胆量,白色象征和平、纯洁。

地 理

位　置　菲律宾位于亚洲东南部。地处北纬4°35′~21°08′、东经116°55′~126°37′之间。西濒南中国海,东临太平洋。

面　积　陆地面积29.97万平方千米。

疆界和邻国　疆域从北到南跨度达1000千米。北面、西面与中国隔海相望,南面与印度尼西亚、马来西亚隔海相望。

地形地貌　陆地国土由7107个岛屿组成,素有“千岛之国”之称。按照地形和岛屿排列情况,菲律宾群岛通常分为吕宋岛(第一大岛,面积4.08万平方千米)、维萨亚群岛、棉兰老岛(第二大岛,面积3.69万平方千米)、巴拉湾群岛、苏禄群岛五大部分。地貌复杂多样,山地面积占陆地总面积的2/3。群岛上横亘7座山脉,其中谢拉马德雷山脉最长,从北到南纵贯吕宋岛东部。最高峰是锕阜山(休眠火山),海拔2955米,位于棉兰老岛。最有名的平原是吕宋平原,有“菲律宾粮仓”之称。海拔最高的地区是吕宋岛北部的奔贵高原。海岸线蜿蜒曲折,总长1.85万千米,颇多天然良港。马尼拉湾是世界上最好的港湾之一，水域达770平方千米。位于棉兰老岛东面海域的菲律宾海沟深达10540米，为世界最深的海沟。由于地处太平洋边缘的火山地震带，常发生地震。境内有火山50多座，其中活火山11座。吕宋岛上的活火山马荣火山在1616～1968年间共喷发30余次。

江河湖泊　群岛河流遍布，最长的河流是卡拉延河。吕宋岛的内湖是最大的淡水湖。

气　候　属热带海洋性气候区。分干、湿两季：5～10月为湿季，高温多雨；11月至次年4月为干季，炎热干燥。由于国土南北跨度大和东西有山脉分隔，南部与北部、东海岸与西海岸的气候有较大差别。全国年平均气温26.6℃。年降水量2000～3000毫米。东面海域是台风发源地，境内常受台风影响。

风景名胜　主要旅游景点有百胜滩、蓝色港湾、碧瑶市、马荣火山、伊富高省原始梯田等。

国　民

人　口　2016年菲律宾人口1.033亿，城市人口4576万。人口密度346.5人/平方千米。

民　族　有80多个民族。其中，马来族（包括他加禄人、伊洛戈人、邦班牙人、比萨亚人、比戈尔人等）约占全国人口的85%，华人（约150万）、印度尼西亚人、阿拉伯人、印度人、西班牙人、美国人等族群约占5%。还有为数不多的原住民。

语　言　有175种语言。通用语是以他加禄语为基础的菲律宾语。官方语言为英语。西班牙语也较流行。

宗　教　约82.9%的国民信奉天主教，5%信奉伊斯兰教，少数人信奉独立教和基督教新教。华人多信奉佛教。原住民多信奉原始宗教。

资源物产

菲律宾探明储量的金属矿有13种，非金属矿29种。储量较大的金属矿有铜、金、银、铁、铬、镍和铝土，其中铜矿储量37.16亿吨，镍矿1.27亿吨，金矿1.36亿吨。非金属矿主要有石灰石、大理石等。地热资源丰富，估计有相当于20.9亿桶原油的热能资源。巴拉望岛西北部海域石油储量约3.5亿桶。

有可耕地1400万公顷，占土地总面积的46.9%。粮食作物主要是水稻和玉米。经济作物主要有椰子、甘蔗、蕉麻、烟草、香蕉、菠萝、橡胶、咖啡、杧果、木薯等，其中椰子产量和出口量均占世界总量的60%以上。森林面积1581万公顷，森林覆盖率41%，有红木、樟木等名贵木材。经济鱼类有2400多种，金枪鱼资源量居世界各国前列。开发的海水、淡水鱼场面积2080平方千米。

国体政体

国　体　菲律宾是共和制国家。立法、行政、司法三权分立。实行总统内阁制。总统由人民直接选举产生，任期6年。

国　会　国家最高立法机构。由参、众两院组成。参议院议员24名，由全国直接选举产生，任期6年，每3年改选1/2，可连任2届。众议院议员295名，其中238名由各省、市按人口比例分配，从全国各选区选出；其余57名个别少数民族的政党代表，按每个政党总选票的2%为一个席位选举产生，但每个政党代表最多不得超过3个席位。众议员任期3年，可连任3届；现众议员人数已超过菲律宾宪法规定的250名。本届国会于2016年7月选举产生。

政　府　由总统、副总统和内阁成员组成。设住房和城市发展协调委员会、执行部、外交部、财政部、司法部、农业部、国防部、贸易与工业部、公共工程与公路部、教育文化与体育部、劳工与就业部、社会经济计划部、卫生部、土地改革部、警察总监、内务与地方政务部、环境与自然资源部、交通与运输部、社会福利部、预算与管理部、科技部、旅游部、能源部等部门。现任总统、副总统于2016年5月当选，内阁于同月组成。

司法机构　司法权属最高法院和各级法院。最高法院拥有最高司法权，有1名首席法官和14名陪审法官，均由总统任命；下设上诉法院、地方法院和市镇法院。检察工作由司法部检察长办公室负责。

政　党　有政党100余个，大多数为地方性小党。主要政党有自由党（执政党）、基督教穆斯林民主力量党（简称拉卡斯，最大政党）、民族主义人民联盟、摩洛民族解放阵线、摩洛伊斯兰解放阵线、共产党、民主行动党、地方发展优先党、改革党、民主战斗党、民族党等。

国家元首和政府首脑

菲律宾总统是国家元首、政府首脑兼武装部队总司令。现任总统罗德里戈·杜特尔特，2016年5月当选。

行政区划

一级行政区划　菲律宾划分为吕宋、维萨亚、棉兰老三大部分，行政区划为首都地区、科迪勒拉行政区和棉兰老穆斯林自治区，以及伊罗戈区、卡加延谷区、中吕宋区、南塔加罗格区、比克尔区、西维萨亚区、中维萨亚区、东维萨亚区、西棉兰老区、北棉兰老区、南棉兰老区、中棉兰老区、卡拉加区等17个地区。下设81个省和117个市。

主要城市　首都大马尼拉市，位于吕宋岛南部，人口约2000万（2009年），是全国政治、经济、文化、交通中心。其他重要城市有马尼拉、奎松、达澳、宿务、卡洛奥坎、三宝颜、帕萨伊、巴戈洛德、伊洛伊洛、卡加延德奥罗等。

经　济

国内生产总值　2016年菲律宾国内生产总值3049.1亿美元，比上年增长6.9%。人均国内生产总值2951.1美元。

产　业　农业增加值占国内生产总值的9.7%。农业以种植业为主。工业增加值占国内生产总值的30.8%,工业以农、林产品加工业为主,制造业发展迅速。服务业增加值占国内生产总值的59.5%,从业人员约1970.3万(2014年),约占全国就业人数的54.1%。

财　政　2016年财政收入462亿美元,财政支出537亿美元。

金　融　主要银行有首都银行、商业银行等。货币名称为比索。2016年比索与美元平均比价约为47.49:1。国家外汇及黄金储备807亿美元,2016年末外债总额748亿美元。

对外贸易　菲律宾与150个国家和地区有贸易往来。2016年外贸进出口总额1426亿美元,其中出口额563.1亿美元,进口额862.9亿美元。出口商品主要有半导体、电子产品、运输设备、服装、椰子油、铜制品、金属配件、石油产品、水果,进口商品主要有电子产品、矿物燃料、运输设备、机械设备、化工产品、塑料制品、谷物、钢铁、纺织品。

交通通信

民用航空　菲律宾航空业比较发达。全国有机场163个,在用民用机场86个。主要机场有尼诺·阿基诺国际机场、宿务麦克坦国际机场、达澳国际机场、苏比克国际机场、克拉克国际机场和拉瓦格国际机场,其中马尼拉的尼诺·阿基诺国际机场是全国最大的航空港。国内航线通达40多个城市。国际航线较多,与30多个国家签有国际航运协定。2015年空运货物周转量4.84亿吨千米,航空客运量3223.1万人次。

铁路交通　铁路总里程1200千米,集中在吕宋岛。铁路网以马尼拉为中心,北达圣费尔南多,南到黎牙实比。

公路交通　公路总里程32.5万千米(2014年)。注册机动车辆808.12万辆(2014年)。

水　运　航道总长3219千米。全国有港口数百个,商船千余艘。主要港口有马尼拉、宿务、怡朗、达沃、卡加延、三宝颜等。2014年港口集装箱吞吐量586.9万标准箱。

教　育

菲律宾的学前教育可自由选择。初等教育(即小学教育)为义务教育,学制6年(一些私立学校为7年)。中等教育(即中学教育)学制4年,免费教育但非义务教育。学位制高等教育学制一般为4年(工程学、法律、医学等专业需要至少5年的在校教育)。鼓励私人办学。全国成人识字率95.6%(2008年)。

全国有中、小学62618所(2014～2015学年),适龄儿童入学率95.24%(2012～2013学年);中学入学率64.61%(2012～2013学年)。高等教育主要由私人举办;有高等院校2180所,其中公立537所,私立1523所(2010学年);在校生总数243万人,年毕业生60多万人。著名高等院校有菲律宾大学、阿特尼奥大学、东方大学、远东大学、圣托玛斯大学等。

传　媒

菲律宾通讯社为官方通讯社。新闻出版组织有菲律宾全国新闻记者俱乐部、菲律宾新闻摄影家协会、菲律宾出版者协会等。全国有出版机构257家。广播电台1342家,电视台3010家(2014年)。在菲律宾广播电台、电视台中,除人民电视台为官办外,其余均为私人举办;所播节目主要是英语、他加禄语、华语节目。主要英文报纸有《马尼拉公报》《菲律宾星报》《菲律宾询问日报》《自由报》《马尼拉时报》和《马尼拉纪事报》,主要菲文(他加禄语)报纸有《消息报》和《菲律宾快报》,主要华文报纸有《世界日报》《商报》《菲华时报》《联合日报》和《环球日报》。

医疗卫生

菲律宾有医院1708所(其中公立640所,私立1068所,2001年),医师2983人,牙医2072人,护士5596人(2012年),助产士16948人(2012年);村镇医疗站18673个,农村医疗单位1879个(2001年)。2011年人均预期寿命71.94岁,人口出生率19‰,死亡率4.98‰。

历　史

菲律宾历史悠久。最早生活在菲律宾群岛上的居民是尼格列多人。西班牙入侵之前,菲律宾存在许多土著部落和马来族移民建立的割据王国,其中最著名的是14世纪70年代兴起的海上强国苏禄王国。

1521年,麦哲伦率领西班牙远征队到达菲律宾群岛。1531年,西班牙远征队在比萨亚群岛(今宿务港)

菲律宾城市轻轨　　(百度网)

登陆，宣布占领该群岛。1543年，入侵的西班牙军队以其国王菲律普二世名字命名该群岛，这是“菲律宾”称呼的由来。

1565年，西班牙占领菲律宾全境，并开始对其实行长达300多年的殖民统治。

1898年6月12日，菲律宾起义者借美（国）西（班牙）战争之机，宣告独立，成立菲律宾历史上第一个共和国。同年12月，美国通过美西战争后签订的《巴黎条约》占领菲律宾，菲律宾又沦为美国的殖民地。

1935年11月，菲律宾成立自治政府。

1941年12月8日，日本入侵菲律宾。

1945年，美国恢复对菲律宾的殖民统治。

1946年7月4日，菲律宾宣告独立。菲律宾独立后，自由党和国民党轮流执政。

1965年，马科斯就任第六任总统，并3次连任。

1983年8月，反对党领导人贝尼格诺·阿基诺被谋杀，导致政局动荡。1986年2月7日，提前举行总统选举，贝尼格诺·阿基诺的夫人科拉松·阿基诺在民众、天主教会和军队的支持下出任总统。

1992年6月，拉莫斯按宪制当选为菲律宾总统。

1994年6月，埃斯特拉达当选菲律宾总统。

1996年9月2日，菲律宾政府与最大的反政府组织摩洛民族解放阵线签署和平协议，其南部长达24年的战乱局面结束。

2001年1月，埃斯特拉达因受贿丑闻被迫下台，副总统阿罗约继任总统。

2004年6月，阿罗约总统获得连任。

2010年5月，菲律宾举行大选，贝尼尼奥·阿基诺三世当选菲律宾总统。

2016年5月，罗德里戈·杜特尔特当选菲律宾第16任总统。

菲律宾是东南亚国家联盟创始成员国。

（陈红升）

新　加　坡

国　名

新加坡共和国（The Republic of Singapore），简称新加坡。

国　旗

新加坡国旗由上红下白两个相等的横长方形组成，长与宽之比为3:2。左上角有一弯白色新月和五颗白色五角星。红色代表人类的平等，白色象征纯洁和美德；新月象征国家，五颗星代表国家建立民主、和平、进步、公正和平等的思想。新月和五颗星的组合紧密而有序，象征着新加坡人民的团结和互助的精神。

地　理

位　置　新加坡位于亚洲东南部的马来半岛南端。地处北纬1°09′～1°29′、东经103°36′～104°25′之间。南面为太平洋与印度洋之间的航运重要通道——马六甲海峡的东部出入口。

面　积　719.1平方千米（2015年）。

邻　国　北隔柔佛海峡与马来西亚为邻，南隔新加坡海峡与印度尼西亚相望。

地形地貌　陆地国土由新加坡岛和63个小岛组成。大部分土地为低地，这些低地已开发为市区和工业区。海岸平缓，沿岸大多经过人工改造。新加坡岛占全国陆地面积的88.5%。新加坡本岛以外的其他岛屿，较大的有大德光岛（24.4平方千米）、乌敏岛（10.2平方千米）和圣陶沙岛（3.5平方千米），其中圣陶沙岛和乌敏岛是旅游景点，大德光岛是工业基地。

气　候　属热带海洋性气候。常年高温潮湿多雨。年平均气温24℃～32℃，日平均气温26.8℃。年平均降水量2345毫米。年平均湿度84.3%。

风景名胜　主要有牛车水、小印度、鱼尾狮公园、裕廊飞禽公园、新加坡植物园、花柏山、圣淘沙岛、乌敏岛等。

国　民

人　口　2016年新加坡人口560.7万，其中公民和永久居民390.2万。人口密度7908.7人/平方千米。

民　族　种族多元。在国民中华人占75%左右，其余为马来人、印度人和其他种族。

语　言　马来语是国语。英语、华语、马来语和泰米尔语为官方语言。英语是行政语言，使用最为广泛。大多数新加坡人都会讲母语、英语两种语言。

宗　教　佛教、道教、基督教、伊斯兰教在新加坡均有较大影响。各类宗教信徒约占全国10岁以上人口的86%。华人大多信奉佛教，马来人多信奉伊斯兰教，印度人多信奉印度教。

资源物产

新加坡自然资源匮乏。除在本岛中部、北部及大、小德光岛等几个岛屿有花岗石外，至今尚未发现其他矿藏。虽然四面环海,但渔业并不发达,海产品年产量仅 1 万余吨。

植物资源比较丰富,品种有 2000 多种,多属热带低地常绿植物。普遍种植热带观赏花卉胡姬花(即兰花),品种繁多,娇美艳丽,四季盛放。所产胡姬花大量出口欧洲各国及美国、日本等国家和地区。

国体政体

国　体　新加坡是议会制国家。宪法规定,总统为国家元首,原经议会选举产生,1992 年国会颁布民选总统法案,规定从 1993 年起总统由全民选举产生,任期由 4 年改为 6 年。

国　会　国家的立法机构。由议会和总统组成。实行一院制,任期 5 年。国会可提前解散,大选须在国会解散后 3 个月内举行。年满 21 岁的新加坡公民都有投票权。国会议员分为民选议员、非选区议员和官委议员。其中民选议员从全国 12 个单选区和 15 个集选区中由公民选举产生。集选区候选人以 3 ~6 人一组参选,其中至少 1 人是马来族、印度族或其他少数种族。同组候选人必须同属一个政党,或均为无党派人士,并作为一个整体竞选。非选区议员从得票率最高的反对党未当选候选人中任命,最多不超过 6 名,从而确保国会中有非执政党的代表。官委议员由总统根据国会特别遴选委员会的推荐任命,任期两年半,以反映独立和无党派人士意见。本届国会 2015 年 9 月 11 日选举产生,有 89 名民选议员,其中人民行动党 83 人,工人党 6 人。

政　府　内阁是国家行政权力机关。由总理、副总理、各部部长组成。总统委任国会中多数党领袖为总理。根据总理提名,总统任命内阁部长。总理、部长都必须是国会议员。设有国防及安全统筹部、律政部、内政部、外交部、国防部、交通部、贸工部、新闻通讯及艺术部、教育部。本届内阁于 2015 年 9 月 28 日组成,2016 年 10 月改组。

司　法　设最高法院和总检察署。最高法院由最高法庭和上诉庭组成。最高法院大法官由总理推荐、总统委任。总检察长公署下设立法处、刑事处、民事处 3 个部门。总统根据总理建议任命总检察长。

政　党　注册的政党有 24 个。主要有人民行动党、工人党、新加坡民主党等。人民行动党从 1959 年至今一直保持执政地位。李光耀长期任该党秘书长,1991 年吴作栋接任;2004 年 12 月,李显龙接替吴作栋出任该党秘书长。

国家元首和政府首脑

总　统　陈庆炎,2011 年 9 月 1 日就职。

政府总理　李显龙,2004 年 8 月 12 日任职。2006 年 5 月、2011 年 5 月、2015 年 9 月分别连任。

行政区划

新加坡是一个城市国家。在地理上分为中央区、内市区、外市区、新镇、内郊区、外郊区等 6 个地区。选举时分为 75 个选区。不设区政权机构,由中央各部直接管理各项事务。设有公民咨询委员会、民众联络所、人民协会等社区组织,担负起准地方政府的任务,作为沟通政府与居民之间的桥梁。

首　都　新加坡市,位于新加坡岛东南部,南临新加坡海峡。是东南亚最大的海港、重要商业城市和转口贸易中心,也是国际金融中心、航空中心。市容整洁美观,到处树木葱茏,绿草如茵,百花娇艳,被誉为“世界花园城市”。

经　济

国内生产总值　2016 年新加坡国内生产总值 2969.7 亿美元,比上年增长 2%。人均国内生产总值 52960.7 美元。

产　业　农业在经济中所占比重很小,产值不足经济总量的 0.1%。主要由园艺种植、家禽饲养、水产养殖和蔬菜种植等构成。工业化程度较高,主要行业是制造业和建筑业,2015 年产值 980 亿新元,占国内生产总值的 25%。制造业产品包括电子产品、化学与化工产品,以及生物医药、精密机械、交通设备、石油产品等,是世界第三大炼油中心。服务业发达。2015 年服务业产值 2619.5 亿新元,占国内生产总值的 70.4%。包括零售与批发贸易、旅游、交通与电信、金融服务、商业服务等行业。旅游业兴旺,被誉为“亚洲旅游王国”。2015 年接待外国游客 1640 万人次,比上年增长 7.7%;旅游业收入 248 亿新元。

对外贸易　2016 年进出口贸易总额 6129.5 亿美元,比上年减少 4.7%。其中,进口额 2830.4 亿美元,出口额 3299.1 亿美元。主要贸易伙伴是中国、马来西亚、欧盟、美国和印度尼西亚。主要出口电子真空管、加工石油产品、办公及数据处理机零件、数据处理机和电讯设备等,进口电子真空管、原油、加工石油产品、办公及数据处理机零件等。

财　政　2015 年财政收入 636 亿新元,支出 610 亿新元,财政盈余 26 亿新元。

金　融　由金融管理局负责制定和实施各项金融政策,负责监督与管理商业银行及其他金融机构的经营活动,实际上执行着中央银行的职能,但不发行货币。拥有 1000 多家金融机构。货币名称为新加坡元。2016 年新加坡元与美元平均比价为1.4:1。2016 年,国家外汇储备 2443.7 亿美元。

外国投资　吸引外国投资是新加坡的基本国策。2016 年,新加坡吸引海外直接投资 539.1 亿美元,外资相对集中在金融服务业、制造业和批发零售业。欧盟、美国和日本是新加坡投资的主要来源地。

对外投资　2016 年,新加坡对外直接投资总额 238.9 亿美元,主要集中在金融服务业和制造业。截至 2012 年,新加坡对中国累计实际直接投资 593 亿美元,投资项目20231个;两国间重要合作项目有苏州工业园区、天津生态城、中新广州知识城、无锡工业园和大连港集装箱码头等。

交　通

铁路交通　新加坡的铁路交通以地铁为主,全长109.4千米,有地铁站65个。1999年11月建成轻轨铁路,全长28.8千米,与地铁相连,设31个站。

公路交通　形成以8条快速公路为主线,众多普通道路为支线的公路网络,覆盖全岛每个角落。新加坡公路总长3297千米,其中高速公路153千米,一级公路613千米。2010年底,车辆总数94.6万辆,其中私人轿车58.4万辆,货车15.8万辆。

水　运　新加坡港是世界最繁忙的港口和亚洲主要转口枢纽,也是世界最大燃油供应港口。有200多条航线连接世界600多个港口。有4个集装箱处理码头,集装箱船泊位54个,年集装箱处理能力3500万标准箱。2015年港口处理货运总量5.75亿吨,集装箱吞吐量3092万标准箱。

民用航空　新加坡是亚洲地区重要的航空运输枢纽。主要有新加坡航空公司及其子公司胜安航空公司。新加坡樟宜机场连续多年被评为世界最佳机场,已开通至60个国家188个城市的航线,各国81家航空公司平均每周提供约4400班次的定期飞行服务。2015年航班起降34.1万架次,客运量5483万人次,货运量221.63万吨。

通　信

电　话　新加坡固定电话用户185.9万户,固定电话普及率40.7%。移动电话用户561.9万户,移动电话普及率123%。

互联网　政府高度重视网络基础设施建设,并将其纳入提升国家知识型经济层次和国际竞争力的发展战略。全国宽带用户326.5万户,宽带互联网普及率52%。

邮　政　邮政网络有66处邮局,26处投递站,32处邮务代办所,分布在全国各主要区域。

教　育

新加坡教育发展经历两个阶段。第一阶段从1959年到1979年,偏重于普及性和职业教育,为工业化初级阶段的经济发展培养熟练劳动力。第二阶段从1979年至今,重点发展高等普通教育和高等职业技术教育,培养高层次专业技术人才。

实行精英教育。青少年一般必须接受10年正规教育,其中小学6年,中学4年。强调双语、体育、道德教育,创新和独立思考能力并重。双语政策要求学生除学习英文外,还要通晓母语。政府推行资讯科技教育,促使学生掌握电脑知识。全国有小学170所,中学154所,初级学院14所。大学主要有新加坡国立大学、南洋理工大学、新加坡管理大学和新加坡科技大学。此外,还有4所理工学院和33所技术/商业训练学院。

传　媒

新加坡主要有两大媒体集团:新加坡报业控股和新传媒。报业控股是私营上市公司,旗下有用4种语言出版的15家报纸,其中英文的《海峡时报》(The Straits Times)和中文的《联合早报》在新加坡颇具影响力。新传媒是一家官营公司,旗下有新传媒电视、新传媒电台、新传媒新闻网、新传媒报业、新传媒出版、新传媒制作、新传媒互动等7个集团。新加坡电视台有6个频道,并开通有线电视网和卫星电视。

医疗卫生

新加坡政府通过财政投入建立完善的社区医疗卫生中心,社区医疗服务覆盖所有居民。医疗机构分两种:一种是个人出资兴办的营利性综合全科医院,一种是政府和慈善机构建立的非营利性医院。政府推行"三重安全保健网"(即保健储蓄计划、保健双全计划、保健基金),以确保国民都有求医受诊的能力和机会。

2007年底,新加坡有7所医院、6个专业中心、18个医疗中心和3个特殊医疗研究机构,每万人拥有18名医生。国民平均预期寿命82岁。

科　技

新加坡在重要领域具备科研能力的机构有13个。这13个研究机构由两个研究理事会直接管理,其中生物医药研究理事会管理5个从事生物和医药研究领域的研究所,科学与工程研究理事会管理其他8个研究所。科学技术研究局、经济发展局、资讯通信管理局、国际企业发展局、标准及生产力与创新局等政府机构在科研体系中发挥重要作用。科学技术研究局的工作以科研院(中心)、大学、医院等公共科研机构为工作对象,着眼发展公共科研机构的科研人力资源,并为他们提供科研资金;经济发展局以公司为工作对象,负责支援公司的研究和创新项目,并为新的起步公司提供资金。国家财政科研经费支出约占国内生产总值的2%。

历　史

新加坡古称淡马锡,公元8世纪建国,属印度尼西亚的室利佛逝王朝。10世纪前后,成为繁荣的港口。13世纪中叶,随着室利佛逝王朝的衰落,淡马锡改称信诃补罗。到14世纪中期,信诃补罗成为连接东西方的一个著名国际贸易港口。1350年后,屡遭爪哇的麻喏巴歇王朝和暹罗的大城王朝侵略,于14世纪末灭亡并变成暹罗的属地。18～19世纪,是马来西亚柔佛王国的一部分。

1819年,英国殖民地开拓者莱佛士登陆新加坡。1826年新加坡沦为英国殖民地。英国一直把新加坡作为远东转口贸易的重要商埠和在东南亚的主要军事基地。第二次世界大战期间,新加坡被日本占领。

1945 年日本投降后，英国恢复其在新加坡的殖民统治。随后，新加坡人民展开各种形式的斗争，迫使英国殖民当局改变统治方式。1954 年 2 月，英国发表《伦德尔宪调查报告书》，提出在新加坡成立一个有 32 个席位的立法议会（7 席由官方委任，25 席由民众选举产生），并在此基础上成立民选政府。1955 年，内阁式的政府成立，但重要的部长职位仍属于殖民当局。1956 年 3 月 12～18 日，在要求结束殖民统治的“独立运动周”中，20 多万新加坡居民在独立意见书上签字。在此形势下，英国政府 3 次邀请新加坡各派政治力量到伦敦谈判，讨论新加坡政治地位问题。

1958 年 4 月 18 日，英、新代表签订《关于新加坡自治宪法草案》，英国同意新加坡成立自治邦，实行内部自治，但保留国防、外交、修宪和颁布紧急法令权，并驻有军队。1959 年 5 月 30 日，举行新立法议会选举，人民行动党获胜。1959 年 6 月，新加坡成立自治邦，实行内部自治，英国保留国防、外交权利。

1963 年，新加坡与马来西亚、沙捞越和沙巴组成马来西亚联邦。1965 年 8 月 9 日退出联邦，成立新加坡共和国。

新加坡共和国是东南亚国家联盟创始成员国。先后与 175 个国家建立外交关系。（罗　梅）

泰　国

国　名

泰王国（The Kingdom of Thailand），简称泰国。

国　旗

泰国国旗呈长方形，长宽比为3:2，由红、白、蓝三色的五个横长方形平行排列构成，上下方为红色，蓝色居中，蓝色上下方为白色，蓝色宽度相等于两个红色或两个白色长方形的宽度，红色代表民族和象征各族人民的力量与献身精神。泰国 90% 以上人口信奉佛教，白色代表宗教，象征宗教的纯洁。泰国是君主立宪制国家，国王至高无上，蓝色代表王室。蓝色居中象征王室在各族人民和纯洁的宗教之中。

地　理

位　置　泰国位于中南半岛中南部。地处北纬 5°37′～20°27′、东经 97°22′～105°37′之间。东南濒临泰国湾，西南面向印度洋的安达曼海。

面　积　陆地国土面积 51.31 万平方千米。

疆界和邻国　东与柬埔寨毗连，东北与老挝交界，西面和北面与缅甸为邻，南与马来西亚联邦接壤。陆地边界线长 3400 千米。

地形地貌　地势北高南低，由西北向东南倾斜。地形复杂，全国大体分为 5 个地形区：（1）北部和西部内陆山区。北部山区山脉、河流众多，是湄南河的发源地。主要山脉有登劳山、坤丹山、匹邦南山和琅勃拉邦山，平均海拔 1600 米，是全国地势最高的地区。清迈的因他暖峰海拔 2576 米，是全国最高峰。西部山区多为山岭、峡谷。（2）东北部高原。也称柯叻高原，包括东北部 17 个府的广大地区。整个高原由西向东南方向倾斜，构成柯叻、沙功那空两个盆地。（3）中部流域平原。包括湄南河流域以及夜功河、他真河和挽巴功河流域的中、下游地区，是泰国最大的冲积平原和水稻主产区，素有“泰国粮仓”之称。（4）东南沿海地区。包括巴真武里、差春骚、春武里、罗勇、占他武里和达叻 6 个府的狭小地区。（5）南部半岛。包括马来半岛的一部分以及连接半岛和大陆的克拉地峡。

海岸海岛　海岸线长 2616.4 千米。东南沿海海岸线曲折，近海有阁昌、阁谷、阁锡昌等岛屿。南部半岛地区西海岸为下沉海岸，大陆架狭窄，海岸线曲折破碎且多为岩岸，主要岛屿有普吉岛（全国最大岛屿，面积 500 多平方千米）、象岛、苏梅岛、PP 岛、沙美岛、道岛和希美兰岛等；东海岸平坦开阔，多沙滩，少海湾。

江河湖泊　境内河流纵横。主要河流有湄南河和湄公河。湄南河注入泰国湾，河谷宽阔，倾斜度很小，雨季常形成水患。湄公河在境内流长 930 千米，部分河段水深流急，礁石起伏，交通不便。南部半岛的宋卡湖是全国最大湖泊。其他湖泊有波拉碧湖、农汉湖、公博哇丕湖、农雅湖等。

气　候　大部分地区属于热带季风气候区，全年分为热、雨、凉三季。2 月中旬到 5 月中旬为热季，5 月到 10 月中旬为雨季，11 月、12 月和次年 1 月、2 月中旬为凉季。凉季和热季少雨，因此也合称干季或旱季。南部半岛地区属热带雨林气候区，终年炎热多雨。全国年平均降水量约 1550 毫米，年平均气温 24℃～30℃。由于地形不同，各地的降水、气温有较大差别。

风景名胜　主要风景名胜区有曼谷、清迈、芭堤雅、普吉岛、象岛、苏梅岛、沙美岛、道岛和希美兰岛等。

国　民

人　口　2016 年泰国人口 6886.4 万。城市人口 3549.2 万。人口密度 134.8 人/平方千米。

民　族　有30多个民族。泰族是主体民族，占总人口的75%。人口较多的民族还有华族、马来族和高棉族，分别占总人口的14%、3.5%和2%。

语　言　泰语为国语。分为中部方言、南部方言、北部方言、东北部方言4种方言，其中中部方言为全国通用的标准泰语。

宗　教　90%以上的国民信仰佛教，少数信奉伊斯兰教（马来族）、基督教新教、天主教和印度教。佛教为国教，对泰国的文化影响甚深。按照传统，上至国王下至百姓，男子一生中皆得出家一次，时间不等，以获得社会尊重。

资源物产

泰国主要矿产资源有钾盐、锡、褐煤、油页岩、天然气、铅锌、钨、铁、锑、铬、重晶石、宝石、石油等。其中：钾盐储量4367万吨，居世界各国首位；锡矿储量150万吨，占全世界的12%。

全国可耕地面积约占国土总面积的41%。主要农产品有稻谷、玉米、木薯、橡胶、甘蔗、绿豆、亚麻、烟叶、咖啡豆、棉花、棕榈油等，是世界大米主产国和第一出口大国。水产品产量大，虾产量居世界各国首位。盛产各类热带水果，主要有榴莲、山竹、荔枝、龙眼、椰子等。

国体政体

国　体　泰国是君主立宪制国家。宪法规定：实行以国王为元首的民主政治制度；国王为国家元首和王家武装部队最高统帅，神圣不可冒犯，任何人不得指责或控告国王。国王通过国会、内阁和法院分别行使立法、行政和司法权。

国　会　由上议院、下议院组成。具有立法、审议政府施政方针和国家预算、对政府工作进行监督等职能。议员均直接来自民选。上议院议员不得隶属任何政党，不得担任阁员。下议院议员担任内阁职务须辞去议员职务。

内　阁　国家最高行政机关。政府总理来自下议院，由国会主席兼下议院院长提名，经下议院表决并获半数以上票数通过，由国会主席呈报国王任命。总理在解散议会前须得到内阁同意并报国王审批，在不信任案期间不得解散议会。设有总理府、国防部、财政部、外交部、旅游与体育部、社会发展和人类安全部、农业和合作社部、交通部、自然资源与环境部、信息技术和通讯部、能源部、商业部、内政部、司法部、劳工部、文化部、科技部、教育部、卫生部等部门。

司　法　最高人民法院为最高司法权力机关。最高人民法院院长坎潘·西提丹帕，最高人民检察院机构为司法委员会，由8名委员组成。司法系统由宪法法院、司法法院、行政法院和军事法院构成。检察机关实行垂直领导，分为最高检察院、区域检察院、府级检察院。

国家元首和政府首脑

国　王　泰国国王玛哈·哇集拉隆功。2016年12月1日即位。

政府总理　巴育·占奥差。2014年5月22日，泰国皇家陆军总司令巴育·占奥差宣布发动军事政变，组建国家维持和平秩序委员会接管国家权力。泰国军方随即宣布由陆军司令巴育兼任代理总理。2014年8月21日，泰国国家立法议会召开会议选举临时总理，巴育以全票当选。8月25日，泰国国王普密蓬签署御令，任命国家维持和平秩序委员会主席、陆军司令巴育·占奥差为泰国第29任总理。

行政区划

一级行政区划　泰国划分为76个府（府级直辖市是曼谷）。各府分别是：素可泰、彭世洛、甘烹碧、披集、碧差汶、那空沙旺、素攀、北榄、龙仔厝、夜功、那空那育、曼谷、暖武里、巴吞他尼、阿育陀耶、北标、华富里、红统、信武里、猜纳、乌泰他尼、佛统、清迈、清莱、夜丰颂、程逸、帕夭、喃邦、喃奔、难、帕、孔敬、那空帕农、乌汶、也梭吞、庵纳乍仑、呵叻、廊开、莫拉限、吗哈沙拉堪、沙功那空、莱、黎逸、廊磨喃普、胶拉信、四色菊、素辇、猜也奔、武里喃、乌隆、春武里、罗勇、哒叻、尖竹汶、巴真武里、北柳、沙缴、来兴、北碧、佛丕、叻丕、巴蜀、惹拉、沙敦、普吉、甲米、攀牙、拉农、董里、宋卡、陶公、素叻他尼、洛坤、春蓬、博他仑、北大年。

主要城市　首都曼谷市，位于泰国中部，是全国政治、经济、文化、交通中心，人口约800万，市区面积1568平方千米。其他重要城市有清迈、清莱、大城、普吉等。

经　济

国内生产总值　2016年泰国国内生产总值4068.40亿美元，比上年增长3.2%，人均国内生产总值5907.9美元。

产　业　农业较发达，农产品出口是外汇收入的重要来源。制造业在国民经济中占较大比重，主要工业行业有采矿、纺织、电子、塑料、食品加工、玩具、汽车装配、建材、石油化工等。旅游业发展较快，设施完善，服务质量较高。2016年泰国接待外国游客3257万人次，比上年增长8.86%，其中中国游客877万人次，增长10.56%。

金　融　货币名称为泰铢，2016年平均汇率为35.3泰铢兑1美元。主要银行有：盘谷银行、泰京银行、开泰银行、暹罗商业银行、泰华农民银行、大城银行。2016年国家外汇储备1641.5亿美元，政府未清偿债务总额1689亿美元。

进出口贸易　据泰国海关统计，2016年泰国货物进出口总额4094.4亿美元，比上年下降1.82%。其中：出口2144.4亿美元，增长0.45%；进口1950亿美元，下降3.9%。贸易顺差206.59亿美元。

美国、中国和日本是泰国前三大贸易伙伴。2016年泰国对美、中、日3国分别出口243.35亿美元、235.82亿美元和204.24亿美元。泰国自上述3国分别进口121.28亿美元、422.62亿美元和308.64亿美元。中国香港是泰国最大的贸易顺差来源地，2016年泰国对香港出口总额为113.95亿美元。

交　通

铁路交通　泰国铁路总长4451千米，主要是窄轨铁路。2014年铁路货运周转量24.6亿吨千米，铁路客运周转量75亿人千米。

公路交通　公路总长16万千米，其中国道1.79万千米。公路四通八达，各府、县都有公路相连。

水　运　湄公河、湄南河为泰国两大水路运输干线。曼谷是最重要的港口，全国95%的出口和几乎全部进口商品都在此吞吐。此外，还有廉差邦港、梭桃邑港、宋卡港和普吉港等。海运航线可达中国、日本、美国、欧洲和新加坡。2014年港口集装箱吞吐量828.4万标准箱。

民用航空　2006年下半年投入使用的曼谷素万那普国际机场每天进出旅客超过10万人次，是东南亚地区重要的航空枢纽，国际航线可通达欧洲、美洲、亚洲和大洋洲的40多个城市。其他国际机场还有清迈机场、普吉机场和合艾机场。2015年空运货物周转量21.4亿吨千米，航空客运量5426万人次。

教　育

泰国中小学教育学制为12年，即小学6年、初中3年、高中3年。中等专科职业学校为3年制。大学一般为4年制，医科大学为5年制。

2014年全国各级各类在校学生共1315.88万人，其中，学前教育167.85万人，小学教育486.55万人，中学教育376.80万人（初中235.44万人，高中141.45万人），高等教育271.45万人（学士及大专248.47万人，大学课程班5451人，硕士19.75万人，硕士课程班1442人，博士2.54万人）。

2014年全国各类高等院校166所，其中公立院校94所（综合性大学28所、皇家师范大学40所、理工大学9所、专业性院校7所、军事院校10所），私立院校72所（其中综合性大学41所）。著名的学府有朱拉隆功大学、法政大学、农业大学、玛希顿大学、清迈大学、孔敬大学、宋卡王子大学、易三仓大学、亚洲理工学院等。

传　媒

泰国主要泰文报纸有《泰叻报》《民意报》《每日新闻》《国家报》《沙炎叻报》《经理报》等，主要华文报纸有《新中原报》《中华日报》《星暹日报》《亚洲日报》《世界日报》和《京华中原日报》等，主要英文报纸有《曼谷邮报》《民族报》等。广播电台有230多家，其中由政府民众联络厅掌管的59家。泰国国家广播电台为官方电台，设有国际部，用泰、英、法、华、马来、越、老、柬、缅、日等语言广播。电视台主要有6家，都设在曼谷。

历　史

泰国史称“暹罗”。公元1238年建立素可泰王朝，是泰国历史上第一个王朝。之后，经历泰国历史上持续时间最长的王朝——阿瑜陀耶王朝和短暂的吞武里王朝以及延续至今的曼谷王朝。

从16世纪起，泰国先后遭到葡萄牙、荷兰、英国、法国的入侵。19世纪末，曼谷王朝五世王大量吸收西方经验进行社会改革。1896年，英国、法国签订条约，规定暹罗为英属缅甸和法属印度支那之间的缓冲国，暹罗成为东南亚唯一没有沦为殖民地的国家。

1932年6月，民党发动政变，建立君主立宪政体。1938年，銮披汶执政，1939年6月改称泰国，意为“自由之地”。1941年泰国被日本占领，泰国宣布加入轴心国。

1945年，日本投降后恢复暹罗国名。1949年5月又改称泰国。

泰国是东南亚国家联盟创始成员国。

（唐　卉）

越　南

国　名

越南社会主义共和国（The Socialist Republic of Viet Nam），简称越南。

国　旗

越南国旗为长方形，长与宽之比为3:2。国旗旗底为红色，旗中心有一枚五角金星。红色象征革命和胜利，五角金星象征越南共产党对国家的领导，五星的五个角分别代表工人、农民、士兵、知识分子和青年。

地　理

位　置　越南位于中南半岛东部。地处北纬8°30′～23°22′、东经102°～109°29′之间。东和东南濒临南中国海。

面　积　陆地面积32.9万平方千米。

疆界和邻国　北、东、东南与中国为邻，西与老挝交界，西南与柬埔寨接壤，南面隔海与马来西亚相望。陆地边界线长3927千米。

地形地貌　地形狭长，呈S形。南北最长处约1640千米；东西最宽处约600千米，最窄处仅48千米。地势是西北高、东南低。山地和高原占全国陆地面积的3/4。有红河三角洲、湄公河三角洲两大平原，面积分别为2万平方千米和5万平方千米，是主要农业区。

江　河　河流密布，其中长度在10千米以上的有2860条。较大的河流有红河、湄公河（九龙江）、沱江（黑水河）、泸江、太平河等。

海岸海岛　海岸线长3260千米。沿海有岛屿2000多个，其中面积在10平方千米以上的20多个。较大的岛屿有盖宝岛、吉婆岛、昆仑岛、富国岛等。

气　候　属热带季风气候区。北部四季分明，多数地区年平均气温23℃～25℃。南部分为旱季（10月至次年3月）和雨季（4～9月），多数地区年平均气温26℃～27℃。空气湿润，雨量充沛，全国年平均降雨量1500～2000毫米。

风景名胜　在北方，首都河内有还剑湖、西湖、巴亭广场、胡志明陵、文庙、二征夫人庙、三岛山等景点，海防有涂山海滨风景区，广宁省有被称为“海上桂林”、列入世界自然遗产名录的下龙湾，老街省有避暑胜地沙巴。在中部，有被列入世界文化遗产名录的古都顺化，列入世界自然遗产名录的风雅洞，以及会安古城、美山占婆文化遗址等。在南方，胡志明市有旧总统府、古芝地道等景点。其他地区有芽庄海滩、大叻避暑风景区、滨海旅游胜地头顿、天涯海角名城河仙等。

国　民

人　口　2016年越南人口9270.1万。其中，城市人口3173.7万，农村人口6096.4万。人口密度299人/平方千米。人口平均预期寿命73.4岁。

民　族　有54个民族，其中人口在50万以上的有京族（也称越族）、岱依族、傣族、华族（即华人）、高棉族、芒族和侬族。主体民族京族占总人口的80%以上。

语　言　各民族的通用语言是越南语。英语和华语广泛使用。

宗　教　国民受儒家思想影响较深。部分人信奉佛教、天主教、和好教、高台教等。祖先神灵崇拜在国民生活中占有重要地位。每年中国农历三月初十是祭雄王日。民间传说，雄王是越南的国祖。许多家庭都立有祖先的牌位，每逢初一、十五进香祭拜。

资源物产

矿产资源　越南已发现矿种90多种，其中探明储量40多种。重要矿产资源有煤、石油、天然气、铁、锰、铬、钛、锆、铝、铜、镍、铅锌、锡、铍、金、稀土、磷灰石、石墨、瓷土、膨润土、重晶石、宝石等，其中煤储量65亿吨，铝土储量4.5亿吨。

生物资源　动植物种类繁多。有爬行动物约300种，禽类1000多种，鱼类1000多种。陆栖野生动物主要有象、犀牛、虎、豹、熊、鹿、猴、白眉猿、孔雀、翡翠鸟、金丝鸟等。2014年，种植林面积达到22.62万公顷，其中，用材林20.26万公顷，防护林2.22万公顷，特种林1400公顷。

物　产　主要粮食作物有水稻、小麦、玉米、高粱、薯类等。经济作物有茶、橡胶、咖啡、可可、槟榔、油桐、胡椒、八角、烟草、棉花、花生、甘蔗、麻类等。药材有党参、何首乌、通草、苍耳、砂仁、桂皮、三七、巴戟、黄连等。盛产菠萝、香蕉、椰子、杧果、菠萝蜜、柚子、荔枝等热带水果和格木、柚木、楠木等名贵木材。

国体政体

国　体　越南社会主义共和国宪法规定：越南是社会主义国家，越南共产党是领导国家和社会的力量，国家一切权力属于人民，实行人民代表大会制度。

国　会　国家最高权力机关，行使国家立法权。国会代表以普选制投票产生。

政　府　国家最高行政机关。由总理、若干名副总理和有关部门组成。设有国防部、公安部、文化体育旅游部、内务部、国家银行、劳动荣军与社会部、司法部、建设部、政府办公厅、工贸部、财政部、教育培训部、外交部、农业与农村发展部、国家民族委员会、资源环境部、科学技术部、通信新闻部、交通运输部、卫生部、监察部、计划投资部等机构。

最高人民法院　国家最高审判机关。

最高人民检察院　国家最高检察机关。

越南共产党　越南社会主义共和国的执政党，也是越南唯一的政党。中央委员会总书记阮富仲，2016年1月当选。

越南祖国阵线　由各阶层组成，参政议政。

国家领导人

国会主席　阮氏金银，2016年7月当选。

国家主席　国家元首，统帅武装力量，由国会选举产生。现任国家主席陈大光，2016年7月当选。

政府总理　阮春福，2016年7月当选。

越南祖国阵线中央委员会主席　阮善仁，2013年9月5日当选。

行政区划

一级行政区划　越南设5个直辖市和58个省，并按地域划分为6个大区：(1)红河平原11省（市），分别是河内、海防、永福、北宁、广宁、海阳、兴安、河南、南定、太平和宁平，面积21260.3平方千米，人口2113.38万（2016年，下同），人口密度994人/平方千米。(2)北部丘陵和山区14省，分别是河江、高平、老街、北浒、谅山、宣光、安沛、太原、富寿、北江、莱州、奠边、山罗、和平，面积95222.3平方千米，人口1198.43万，人口密度126人/平方千米。(3)中部14省(市),分别是清化、义安、河静、广平、广治、承天—顺化、岘港、广南、广义、平定、富安、庆和、宁顺和平顺,面积95871.3平方千米,人口1979.88万,人口密度207人/平方千米。(4)西原5省,分别是昆嵩、嘉莱、多乐、多农和林同,面积54508.0平方千米,人口569.32万,人口密度104人/平方千米。(5)南部东区6省(市),分别是胡志明、平福、西宁、平阳、同奈和巴地—头顿,面积23552.6平方千米,人口1642.43万,人口密度697人/平方千米。(6)湄公河平原13省(市),分别是隆安、同塔、安江、前江、永隆、槟椥、坚江、芹苴、后江、茶荣、朔庄、薄寮和金瓯,面积40816.3平方千米,人口1766.07万,人口密度433人/平方千米。

主要城市 首都河内市,中央直辖市,位于红河三角洲平原中部,2016年面积3358.9平方千米,人口732.84万,人口密度2182人/平方千米,是全国政治、文化中心,面积第一大城市。中央直辖市还有胡志明市、海防市、岘港市、芹苴市。其他重要城市有下龙、太原、越池、南定、顺化、头顿、大叻、芽庄、河仙等。胡志明市面积2061.4平方千米,2016年人口829.75万,是全国人口最多的城市,也是最大的工商业中心;海防市是北方重要工业、港口城市,全国第三大城市;岘港市是中部港口、工业城市;下龙市是重要煤炭基地和著名旅游胜地。

经 济

国内生产总值 2016年越南国内生产总值2026.2亿美元,比上年增长6.21%。人均国内生产总值约2185.7美元。

产 业 农业以种植业为主。2016年粮食总产量4880万吨,比2015年减产150万吨;水产品产量约672.86万吨,比上年增长2.7%。工业主要有能源、机械、化工、建筑材料、钢铁、纺织、鞋类加工、食品等行业。旅游业发展迅速,全年接待入境游客1001万人次,比上年增长26%。

财 政 2016年财政总收入约943.3万亿越盾,财政总支出约1135.5万亿越盾。

金 融 货币名称为越南盾。2016年年末越南盾与美元比价为22700:1。主要银行有越南国家银行(亦称中央银行)、越南工商银行、越南农业和农村发展银行、越南投资发展银行、越南外贸银行、越南国际贸易股份银行等。

进出口贸易 2016年越南进出口总额3507.4亿美元,比上年增长7.1%。其中:出口1766.3亿美元,增长9%;进口1741.1亿美元,增长5.2%;贸易顺差25.2亿美元。外资企业进出口总额2262.1亿美元,比上年增长8.9%。其中:出口1239.3亿美元,增长12.1%;进口1022.8亿美元,增长5.2%;贸易顺差216.5亿美元。国内企业进出口总额1211亿美元。

越南出口最大宗商品是各种电话及零件,出口额343.2亿美元,第二大出口商品是纺织服装,出口额238.4亿美元,第三大出口商品是计算机、电子产品及零件,金额为189.6亿美元。

中国是越南最大的贸易伙伴国。根据中国海关统计数据,2016年中越贸易总额982.3亿美元。其中,中国对越南出口611.0亿美元,从越南进口371.3亿美元。越南向中国出口主要商品有大米、果蔬、橡胶、煤炭等。中国仍然是越南最大的商品进口来源国。越南从中国进口的主要商品有计算机、机械设备和零配件、布料、各类钢材、化肥、燃气等。

外国投资 2016年越南吸引外资项目2556个,新办企业注册资金151.8亿美元,原有企业增资57.6亿美元,外国投资者出资购买2547家企业、经济组织的股份34.25亿美元。实际利用外资158亿美元,比上年增长9%。工业和建筑业仍然是外资企业投资的重点领域。

交通通信

铁路交通 越南铁路总长2530千米,主要是窄轨铁路(2128千米),有7条干线。铁路运输量占全国客货运输总量的7%左右。2015年铁路货运周转量41.3亿吨千米,客运周转量42.3亿人千米。

公路交通 2015年公路总长21.82万千米,其中柏油和水泥路面公路11.37万千米;国道1.95万千米,省道3.58万千米,县道16.28万千米。2016年公路旅客运输量33.98亿人次。

水 运 内河运输主要集中于湄公河三角洲、红河三角洲平原地区,有内河营运货船2130艘、客船1600艘。能够停靠万吨级以上轮船的港口有鸿基港、

越南岘港山茶半岛风景　（百度网）

盖邻港、海防港、鸿罗港、岘港、归仁港、头顿港、西贡港等,全国有海轮1081艘,总吨位310万吨。2014年港口集装箱吞吐量953.1万标准箱。

民用航空　有内排、新山一、岘港3个国际机场。至2012年10月,越南民航拥有95架客机。2015年空运货物周转量3844万吨千米,2016年航空客运量3860万人次。

电　信　2016年全国电话用户1.3亿户,其中移动电话用户1.2亿户。互联网宽带用户803.2万户。

教　育

越南拥有完善的教育体系。基础教育学制12年,其中小学5年,初中4年,高中3年。在高中教育阶段,还有中等职业教育。大学教育学制3~6年。大学后教育,分为硕士研究生、博士研究生两个阶段。2000年宣布完成扫盲和普及小学义务教育,2001年开始普及9年义务教育。

2016~2017学年,全国有幼儿园14863所,幼儿教师25.08万人,在园幼儿440万人。小学15052所,在校生780.16万人,小学教师39.71万人。初中10155所,在校生523.55万人,初中教师31.1万人。高中2391所,在校生247.72万人,高中教师15.07万人。2016年全国有高等院校229所,在校生180万人,大学教师7.23万人。其中:公立大学169所,在校生151.55万人,教师5.72万人;私立大学60所,在校生24.4万人,教师1.51万人。大专院校201所,中专303所。越南著名高等院校有河内国家大学、国民经济大学、胡志明市国家大学、胡志明市开放大学、荣市大学、太原师范大学等。

传　媒

越南有定期出版物563种,报社约150家。主要报刊有《人民报》(越共中央机关报)、《人民军队报》(越南人民军总政治局机关报)、《大团结报》(祖国阵线中央机关报)、《西贡解放报》(越共胡志明市委机关报)、《共产主义》(越共中央政治理论月刊)、《全民国防》(越南人民军理论月刊)等。2016年出版发行图书3.34亿册。

国家通讯社为越南通讯社,1945年创立,在全国各省(市)均设有分社,国外分社有16个。国家广播电台为越南之声广播电台,成立于1954年,对内广播用越南语及多种少数民族语言播音,对外广播用中国普通话、中国广东话、俄语、英语、法语、西班牙语、日语、泰语、老挝语、柬埔寨语、印尼语、马来语等播音。越南中央电视台成立于1971年,可同时播送4套节目。

医疗卫生

2016年越南有医疗机构13591个,其中医院1077家,疗养和体力恢复医院62家,护肤医院22家,妇产科医院9家,多科防治医院609家,乡镇、机关、企业医务站(室)11812个。全国有病床30.57万张,医生7.75万人,医士5.72万人,护士10.67万人,助产士2.88万人,高级药剂师1.02万人,中级药剂师2.15万人,司药员1300人。

科　技

越南有科学研究和技术发展组织1150多个,直接从事科研工作的人员约2.2万。全国具有大专以上文化程度的人口200多万,其中博士1.4万人,硕士1.6万人。2012年国家财政科技事业经费支出64830亿越盾。

2014年全国有图书馆731家,其中国家图书馆1家,其余为各省市图书馆。共有藏书1893.2万册。

历　史

越南境内发现多处旧石器时代、新石器时代文化遗址。主体民族越族的直接祖先,是起源于古代居住在从中国南方一直到红河三角洲地区的百越族群的一个分支——雒越。雒越人在公元前3世纪之前的很长时间里,就居住在今越南北部红河流域的中下游地区。有关越南的古籍中有"文郎国""瓯雒国"的记载,反映古代雒越人原始部落社会的一些情况。

从公元前214年至公元10世纪初,今越南北部一直在中国封建王朝的管辖之下。939年,安南人(当时中国人对越南居民的泛称)吴权赶走中国官吏,自立为王。吴权死后,安南地区出现"十二使君"(即12个封建主)割据纷争局面。968年,安南人丁部领削平"十二使君",统一安南,建立大瞿越国,随后派遣使者向中国北宋王朝请封,宋太祖封丁部领为检校太尉、交趾郡王。学术界一般将丁部领建大瞿越国作为越南建立自主封建国家的开始。

此后,越南先后经历前黎朝(980~1009)、李朝(1010~1225)、陈朝(1225~1400)、胡朝(1400~1407)、后黎朝(1428~1784)、西山朝(1788~1802)、阮朝(1802~1945)等封建朝代。1802年,越南最后一个封建王朝的开国皇帝阮福映依惯例向中国清王朝请封。清王朝于次年封阮福映为越南国王。这是"越南"作为国名的开始。

19世纪下半叶,越南沦为法国的殖民地。

1945年,越南人民取得"八月革命"胜利,同年9月2日,越南宣告独立,越南民主共和国诞生。

越南独立不久,法国人卷土重来,重新占领越南,越南人民再次进行抗法战争。1954年5月7日,越南人民赢得奠边府战役胜利,法国军队撤离越南,越南开始南北分治。20世纪50~60年代,美国人支持南越政权,越南人民展开抗美战争。1973年美国军队撤离越南。1975年,越南南北统一。

1976年,越南民主共和国改称越南社会主义共和国。

1995年,越南社会主义共和国加入东南亚国家联盟。

(农立夫)

动　　态

政　　治

中国庆祝中国共产党成立 95 周年

2016 年 7 月 1 日上午，庆祝中国共产党成立 95 周年大会在北京人民大会堂举行。中共中央总书记、国家主席、中央军委主席习近平在会上发表重要讲话强调，中国共产党已经走过了 95 年的历程，要永远保持建党时中国共产党人的奋斗精神，永远保持对人民的赤子之心。一切向前走，都不能忘记走过的路；走得再远、走到再光辉的未来，也不能忘记走过的过去，不能忘记为什么出发。面向未来，面对挑战，全党同志一定要不忘初心、继续前进。

中国实施《中华人民共和国慈善法》

2016 年 9 月 1 日《中华人民共和国慈善法》正式施行，为弘扬中华民族传统美德、发展慈善事业搭建了更加广阔的平台。《中华人民共和国慈善法》对慈善活动进行明确界定，同时在规范慈善组织设立运营、慈善财产来源和使用、开展慈善服务、促进慈善事业发展等方面做出规定，明确每年 9 月 5 日为“中华慈善日”。

中共中央总书记习近平会见中国国民党主席洪秀柱

2016 年 11 月 1 日，中共中央总书记习近平在北京人民大会堂会见洪秀柱率领的中国国民党大陆访问团。洪秀柱是 2005 年后，到大陆与中国共产党总书记进行国共两党最高领导人会面的第四位在任国民党主席。习近平在会见中强调，海峡两岸是割舍不断的命运共同体。坚持体现一个中国原则的“九二共识”政治基础，维护台海和平稳定，维护两岸关系和平发展，是两岸同胞的民意主流。确保国家完整不被分裂，维护中华民族根本利益，是全体中华儿女共同意志。实现民族复兴，再创中华盛世荣景，是不可阻挡的历史潮流。洪秀柱表示，国共两党应继续在“九二共识”，反对“台独”的基础上，加强沟通机制，推动扩大两岸经贸和民间交流往来，促进两岸青年交流，发扬灿烂的中华文化，支持大陆台商发展，积极探讨推动两岸和平制度化，共同维护两岸关系和平发展，增进同胞福祉，开创中华民族复兴的光明前景。

中国纪念孙中山先生诞辰 150 周年

2016 年 11 月 11 日，纪念孙中山先生诞辰 150 周年大会在北京人民大会堂举行。孙中山是中国伟大的民主革命开拓者，为了改造中国耗尽毕生的精力，为中华民族做出了彪炳史册的贡献。也为后继者留下珍贵的政治遗产。中国国家主席习近平发表重要讲话强调，中国共产党人是孙中山先生革命事业最坚定的支持者、最忠诚的合作者、最忠实的继承者。我们对孙中

11 月 11 日，纪念孙中山先生诞辰 150 周年大会在北京人民大会堂举行

（新华网）

山先生最好的纪念，就是团结一切可以团结的力量，调动一切可以调动的因素，把孙中山先生等一切革命先辈为之奋斗的伟大事业继续推向前进，把近代以来一切仁人志士为之奋斗的伟大事业继续推向前进，把近代以来中国人民和中华民族为之奋斗的伟大事业继续推向前进。

文莱举行庆祝苏丹 70 华诞系列活动

2016 年文莱的政治大事是现任苏丹诞辰 70 周年，文莱政府成立庆祝苏丹 70 华诞最高庆祝委员会。2016 年 2 月 18 日，最高庆祝委员会召开会议，商讨部署庆祝苏丹陛下 70 华诞事宜。会议要求文莱摩拉区、都东区、马来区和淡布隆区各自成立区庆委会，策划各区的庆祝活动。系列庆祝活动从 7 月 1 日起展开，当天上午，在斯里巴加湾市苏丹哈山纳波基亚商业中心广场举行升国旗仪式。文莱政府要求全国从 7 月 1 日起至 31 日止，在住家、商店、工厂、公共建筑物等各处升挂国旗。7 月 17 ~ 24 日，在全国 4 个区举行庆祝活动，文莱苏丹亲临各区与民同乐。7 月 28 日，举办通读可兰经 70 遍活动，文莱苏丹和王室成员参加活动。同日，文莱金融管理局发售一套纪念币。9 月 18 日，由文莱文化青年体育部主办的苏丹 70 华诞跑步活动在全国 4 个区举行。

文莱立法议会解散

2016 年 8 月 12 日，文莱首相署辖下的国家议会局宣布立法议会解散。立法议会解散已于 8 月 6 日起生效。文莱国家议会局公告说，立法议会解散是根据 1959 年文莱宪法中关于休会及解散的第 55（1）条文做出的。该条文规定，文莱苏丹有权在任何时间，通过以政府宪报颁布的方式，宣布国会休会或解散。

文莱举行系列活动纪念斯里巴加湾市易名 46 周年

2016 年是文莱首都斯里巴加湾市易名 46 周年。文莱首都原名文莱市，经文莱苏丹批准，1970 年 10 月 4 日易名为斯里巴加湾市，以纪念已故前任苏丹（第 28 任）奥玛阿里赛福汀在统治文莱的 17 年间（1950 ~ 1967 年）对国家发展、社会建设及国民幸福所做出的贡献。斯里巴加湾市市政局展开一系列纪念活动。10 月 1 日在皇陵举行追思已故苏丹父皇与母后仪式，10 月 2 日下午在奥玛阿里赛福汀伊斯兰教教堂举行诵经 46 篇及感恩祷告仪式，10 月 10 日举行集体献血活动，11 月举行大规模的城市清洁活动，12 月举行大规模的城市跑步活动。

柬埔寨国会通过内阁改组方案

2016 年 4 月 4 日，柬埔寨国会对首相洪森提出的内阁改组方案进行投票表决。全体 123 名议员中有 107 名议员参加会议，最终以 70 票赞成、24 票反对和 13 票弃权的结果通过这一方案。根据改组方案，年逾八旬的副首相吉春不再任职，同样年逾八旬的柬埔寨副首相兼外交与国际合作部部长贺南洪也不再担任部长一职，仅保留副首相职务。而柬埔寨外交与合作部部长一职改由邮电部部长布拉索昆接任。柬埔寨商务部部长孙占托调任柬埔寨公共工程和运输部部长，商务部部长一职改由班守萨接任。洪森表示，本次中期改组主要是为了使内阁成员的个人才能与职务相匹配，充分发挥官员的才华，同时使内阁成员年轻化。但反对党救国党认为这次改组换汤不换药，因为“都是老面孔”。媒体评述，担任首相 30 余年的洪森改组内阁较为罕见，此举着眼于两年后的国会选举，以期落实改革措施，改善执政党形象。

柬埔寨知名政治评论家肯雷遇刺身亡

2016 年 7 月 10 日上午，柬埔寨知名政治评论家肯雷在金边市一家加油站便利店遭一名男子开枪射杀。行凶男子后被警方逮捕，称因债务问题引发此次枪杀，但随后被害者妻子否认存在债务纠纷。肯雷遇刺事件在柬埔寨各界闹得沸沸扬扬，护送肯雷棺椁回其老家茶胶省的当天，各界群众自发出来夹道为他送行。10 月 16 日，肯雷治丧委员会与支持者展开游行活动，护送肯雷塑像前往其茶胶省的家乡安置。当天约有 5 万人参加护送活动，包括肯雷家属、僧人、非政府组织成员及民众等。

柬埔寨救国党主席桑兰西被禁止入境

2016 年 10 月 12 日，柬埔寨内阁事务部致函柬埔寨移民总局，指示移民总局采取措施，禁止救国党主席桑兰西入

7 月 15 日，文莱在斯里巴加湾市举行传统阅兵仪式，庆祝文莱苏丹哈桑纳尔·博尔基亚 70 岁生日。图为文莱苏丹车队驶入庆祝仪式场地　（百度网）

境柬埔寨。据柬埔寨内阁事务部所发的函件披露，来自柬埔寨民航局、航空公司、机场、移民局和海关的高层曾举行会议，决定采取数项措施禁止桑兰西入境，包括各航空公司拒绝桑兰西登上任何飞往柬埔寨的客机；若其已登机，有关客机必须折返，不得进入柬埔寨；若客机已在柬埔寨降落，桑兰西将被禁止离开客舱，而有关客机也必须马上返回其出发地。据悉，桑兰西此番流亡海外，是由于逃避金边法院对他的各项制裁。2016年，柬埔寨金边市初级法院，就7年前桑兰西诽谤副首相贺南洪的案件向他发出通缉令。桑兰西共涉及8起诽谤和伪造公文罪，包括诽谤洪森脸书上的点赞数据作假、诽谤洪森贿赂柬埔寨"网红"提淑万塔女士、诽谤国会主席韩桑林、诽谤柬埔寨"网红"提淑万塔女士、合谋篡改柬越边界协议、因指责执政党杀害柬埔寨知名政治评论家甘磊而被判诽谤和煽动罪等。

印度尼西亚国会成立修订反恐法令草案特别委员会

2016年3月25日，印度尼西亚国会协商机构会议决议成立修订反恐法令特别委员会，委员会成员由国会第一委员会委员和第三委员会委员组成，国会领导、党系领导和委员会领导出席此次会议。

印度尼西亚政府首次支持召开"屠华事件"调研会

2016年4月18～19日，印度尼西亚首次召开题为"剖析1965年悲剧"的研讨会，此次研讨会首次得到政府支持，由印度尼西亚总统顾问委员会及国家人权委员会主办，由印度尼西亚安全部部长潘查伊坦主持，超过200名这场反共屠华事件的幸存者、军方、政府官员和学者面对面讨论1965年开始的反共屠杀，目的在于检讨这段长达50多年的禁忌话题。

印度尼西亚总统佐科宣布废除3143项地方条例

2016年6月14日，印度尼西亚总统佐科宣布废除3143项有问题的地方条例。佐科表示政府在审查地方首长条例和地方政府条例后，发现有3143条地方条例或地方首长条例存在问题，这些条例阻碍地方经济的发展，使官僚行政复杂化，与更高的条例互相冲突。佐科表示，废除这3143项地方条例有助于印度尼西亚在越发激烈的国际竞争中保持经济快速发展。

印度尼西亚总统佐科改组内阁

2016年7月27日，印度尼西亚总统佐科在雅加达独立宫正式公布第二次重组的工作内阁成员名单，这是其一年多以来第二次改组内阁。此次新任或转换岗位的部长共13人，其中9人为新入阁成员，4人调动职位。佐科表示此次内阁改组旨在促进解决包括贫穷、经济差距以及地区间差距等问题，改组内阁将加强内部团结并且有利于政府在关键领域效用最大化。

印度尼西亚总统佐科出席民族复兴党全国恳亲大会

2016年11月12日，印度尼西亚总统佐科出席在雅京北区安卒举行的民族复兴党全国恳亲大会，民族复兴党中央理事会总主席慕海敏·伊斯甘达陪同。此次大会由全国各地伊斯兰学者和神职人员参加，旨在为国家和民族安全祈祷，以缓解国内愈发紧张的政局。

老挝人民革命党第十次全国代表大会召开

2016年1月18～22日，在老挝首都万象召开，代表全党252879名党员的685(女83)名代表与会。大会选举产生由69名正式委员和8名候补中央委员组成的十届中央委员会。十届中央委员会委员较九届多9人，而候补中央委员则是自1996年老挝人民革命党"六大"以来恢复设立。

老挝人民革命党十届一中全会1月22日选举产生由本扬·沃拉吉、通伦·西苏里、巴妮·亚陶都(女)、本通·吉马尼、潘坎·帕维万、占西·普西坎、赛宋潘·丰威汉、占沙蒙·占雅腊、坎潘·蓬马塔、辛拉冯·库派吞和宋赛·西潘敦11人组成的十届中央政治局，本扬当选老挝人民革命党中央委员会总书记。一中全会还选举产生由本扬·沃拉吉、本通·吉马尼、潘坎·帕维万、占西·普西坎、坎潘·蓬马塔、盛暖·赛雅腊、吉乔·凯坎皮吞、宋乔·西拉翁和维来·拉坎丰9人组成的中央书记处，潘坎·帕维万当选中央书记处常务书记。

1月18日，老挝人民革命党第十次全国代表大会在万象开幕　（新华网）

老挝第八届国会议员全国投票选举结果揭晓

老挝第八届国会议员全国选举投票自 2016 年 3 月 20 日上午7:00开始至17:00结束,全国共设置 18 个选区,全国有选举权的人 3733932(女 1851987)人,实际参加投票 3657026(女 1797319)人,占具有选举权总人数的 97.9%。3 月 28 日投票结果揭晓,全部候选人 210 人,当选 149(女 41)人。当选的 149 人中,来自中央 55(女 16)人,地方 94(女 25)人;原为七届议员 39(女 18)人;来自国企 2(女 0)人,来自私企 6(女 2)人。各选区当选议员人数:万象市 17 人,丰沙省里 5 人,南塔省 5 人,乌多姆赛省 7 人,波乔省 5 人,琅勃拉邦省 10 人,沙耶武里省 8 人,华潘省 7 人,川圹省 6 人,万象省 9 人,波里坎赛省 6 人,甘蒙省 8 人,沙湾拿吉省 19 人,沙拉湾省 8 人,占巴塞省 14 人,色贡省 5 人,阿速坡省 5 人,赛宋本省 5 人。

老挝第八届国会首次会议选举产生新一届国家、国会、政府领导人

2016 年 4 月 20 日,老挝第八届国会首次会议在万象举行,会议选举产生新一届老挝国家、国会和政府领导人。

国家主席:本扬·沃拉吉。

国家副主席:潘坎·维帕万博士。

国会主席:巴妮·亚陶都(女,连任)。

国会副主席(4 人):盛暖·赛雅腊(兼国会党委书记)、宋潘·平坎米(连任)、本宝·布达纳翁、西赛·李叠门颂(女,兼国会党委副书记)。

政府总理:通伦·西苏里。

政府副总理(3 人):本通·吉马尼(分管政府监察署和中央反贪委员会)、宋赛·西潘敦(分管政府行政管理)、宋迪·东迪(兼任财政部部长,分管财政金融与计划投资)。

老挝第八届政府于 2016 年 4 月组成,设有 17 个部和 3 个直属机构。分别是国防部、公安部、内政部、外交部、计划与投资部、农林部、能源与矿产部、工贸部、新闻文化与旅游部、教育与体育部、劳动和社会福利部、公共工程与运输部、自然资源与环境部、司法部、卫生部、邮电通信部和科技部、政府办公厅、政府监察署和国家银行。

坎山·苏冯和坎潘·西提丹帕分别连任最高人民检察院检察长和最高人民法院院长。

老挝 17 个省和万象市恢复设立省(市)级人民议会

2016 年5 ~7 月,根据新修订的《宪法》和《省级人民议会法》,老挝 17 个省和万象市先后完成本省(市)级人民议会的设立,这是 1991 年取消地方议会 25 年后恢复设立。省(市)级人民议会设主席、副主席、常委会、秘书长及委员若干,首届议会主席一般由省(市)委第一副书记出任并兼任议会常委会主席。根据《省级人民议会法》第 57 条规定,省(市)级人民议会须在老挝国会首次会议后的 30 天内举行第一次会议,职责包括选举和免除省长、万象市市长以及审议和批准副省长、万象市副市长和省(市)厅局长的任命,审议通过省(市)经济社会发展及预算计划等。

老挝第 4 次修订《投资促进法》

2016 年 10 月 24 日至 11 月 18 日,老挝第八届国会二次会议审议并通过包括《投资促进法》在内的 15 部法律(含修订)。其中《投资促进法》自 1988 年颁布以来分别于 1994 年、2004 年和 2009 年进行 3 次修订,此次是第 4 次修订。修订条款多达 64 条,新增 28 条,保留 14 条。修订后的《投资促进法》由 13 部分、17 章和 106 条组成。其中引人关注的有三点:一是修订后将老挝投资优惠年限从 99 年缩短为 50 年,但根据需要也可以延长。二是新增加的第 40 条对投资者转让其投资项目的条件做出规定。三是明确规定 3 个层级的投资鼓励政策,即在特别贫困地区的教育、卫生和农业领域投资将免除 10 年乃至更长时间的营业税。

马来西亚三大反对党签署《希望联盟协议》

2016 年 1 月 9 日,马来西亚三大反对党——人民公正党、民主行动党及国家诚信党正式签署《希望联盟协议》。协议涵盖共同决策、建立政治团结、纠纷处理、共同政纲、大选议程、政府和反对党议程及有效结盟等内容。协议是在首次召开的党主席理事会会议中产生的,是三党坚守的原则,也明确规范三党的关系及决策原则。这是马来西亚历史上首次有这样的协议。希望通过协议使新成立的反对党阵营能整合成一个强大的政治联盟。

马来西亚伊斯兰党宣布和民族联系党结盟组成“第三政治势力”

2016 年 3 月 16 日,马来西亚反对党伊斯兰党宣布和多元种族政党民族联系党正式结盟,组成“第三政治势力”。两党已达成政治上的共识,即要改变政府体制,解决日益严重的贪污、贫穷及经济问题。两党尚未决定新联盟的名称。两党结盟会以劝导或进谏的方式监督政府。

马来西亚国民阵线在雪兰莪州大港区和霹雳州江沙区国会议席补选中获胜

2016 年 6 月 18 日,马来西亚雪兰莪州大港区和霹雳州江沙区举行国会议席补选。马来西亚执政党联盟国阵大港区候选人布迪曼和江沙区候选人马丝杜拉分

别以领先对手9191票和6969票的较大差距获胜。双补选成绩显示，国民阵线不仅在马来区继续获得支持，华人选票也回流国阵，这对其未来参加全国大选将产生正面影响。

马来西亚内阁改组

2016年6月27日，马来西亚总理纳吉布宣布改组内阁。在这次内阁改组中，有3名部长和6名副部长职位变动，新内阁设35名部长和33名副部长，其中在总理署，设9名部长及3名副部长。马华与民政党的入阁维持不变。原任总理署部长的马袖强，调任种植及原产业部部长；原任财政部副部长蔡智勇改任贸工部副部长；原任国际贸易及工业部副部长李志亮改任财政部副部长；第二财政部部长阿末胡斯尼以私人理由辞职，其职位由财政部原任副部长佐哈利担任；原任城市和谐、房屋及地方政府部部长阿都拉曼达兰调任总理署掌管经济策划单位，取代上议员任期届满的阿都华希；农业及农基工业部前部长诺奥玛重返内阁，出任城市和谐、房屋及地方政府部长。这也是纳吉布总理自2013年全国大选后，第三次改组内阁。

马来西亚发生首起恐怖袭击事件

2016年6月28日凌晨，马来西亚吉隆坡市郊一家名为蒲种的酒吧遭到手榴弹袭击，致使8人受伤。马来西亚警方在凌晨2时15分左右接到公众报警后，立即赶往现场进行调查，到场时8名伤者仍在现场。6月28日下午，一名自称是马来西亚恶名昭著的IS分子阿布韩查者在脸书上贴文，声称此次爆炸案是该组织在马来西亚首都吉隆坡首次发动的袭击行动。马来西亚警方在事后逮捕15名IS分子，其中2人涉及蒲种酒吧恐袭，继而证实该起袭击是恐怖袭击，并与“伊斯兰国”有关。这是马来西亚境内发生的首起与“伊斯兰国”相关的袭击事件。马来西亚当局开始加强对人员密集地区的安保。

马来西亚土著团结党成立

2016年9月9日，马来西亚土著团结党（简称土团党）正式获得社团注册局发出的批准信，成为马来西亚最新政党，即日起可开始招收党员。该党由马来西亚前总理马哈蒂尔及前副总理穆希丁共同发起成立。2016年2月29日，马哈蒂尔不满巫统处理一个马来西亚发展公司贪污问题和对巫统领导人产生不同看法，宣布退出巫统。6月24日，马来西亚前副总理穆希丁和马哈蒂尔的儿子慕克里被巫统开除党籍。8月5日，马来西亚前总理马哈蒂尔及前副总理穆希丁等人讨论决定成立新党，由穆希丁到马来西亚行政中心布特拉加亚社团注册局总部提呈成立新政党申请，新党名为马来西亚土著团结党。9月9日，社团注册局批准该党成立。根据土团党党章，总主席和主席的任期为3年一届，但不能连任或分开担任超过3届。两个党高职的任期最长9年。土团党将在2017年举行首届党大会及选举，除总主席和主席，党中央高层包括一名署理主席、三名副主席和15名理事，他们必须从3年一度的党选中选出。该党妇女组、青年团和女青年团主席则担任副主席，其他要职包括总秘书、总财政及宣传主任。土团党现任总主席由马哈蒂尔担任，主席由穆希丁担任，副主席由慕克里担任，秘书长由沙鲁丁担任。土团党开放让西马、沙巴和沙捞越所有土著和马来人申请入党，也接受其他种族加入成为附属党员，但只有土著党员有选举与被选举权。

马来西亚成立国家特别行动部队以应对恐怖袭击

2016年10月27日，马来西亚总理纳吉布在吉隆坡宣布成立一支由马来西亚武装部队、皇家警察及海事执法机构组成的国家特别行动部队，以应对恐怖袭击。这支部队共有17名军官及170名成员，已进行6个月的训练。国家特别行动部队的唯一责任，就是确保人民和国家安全。马来西亚当局根据国家安全理事会法令而成立这支跨部门部队。这支部队是第一线的应急先遣部队，可迅速应对任何突发情况。

马来民族统一机构第70次党代表大会

2016年12月1~3日，马来民族统一机构（巫统）第70次党代表大会在马来西亚首都吉隆坡太子贸易中心举行。包括马来西亚总理兼巫统主席纳吉布、巫统副主席阿末扎希、马来西亚前总理敦阿都拉·巴达威在内的2643名党内代表出席大会。马华总会长廖

马来西亚当局加强对人员密集地区的安保，防范恐怖袭击。图为全副武装的军人在马来西亚吉隆坡街道上巡逻（新华网）

中莱、总秘书黄家泉，国大党主席苏巴玛廉，民政党主席马袖强、总秘书梁德明，沙捞越人联党主席沈桂贤、民统党代主席威弗烈、土保党副主席兼沙捞越副首长道格拉斯等国阵其他党派代表，109 名来自 19 个国家 27 个政党的代表，巫统海外俱乐部 78 名代表及 35 名国内代表出席大会。中共黑龙江省委常委、统战部部长孙尧作为中共代表出席巫统党代会。孙尧向巫统秘书长阿德南递交中共中央致巫统最高理事会的贺信，介绍中共十八届六中全会精神。马来西亚总理兼巫统主席纳吉布在大会的演讲中，对巫统多名领袖退党进行抨击，呼吁党员团结迎战未来大选。在大会上，从中央代表到中央领袖，都表示全力支持纳吉布的领导。

马来西亚希望联盟三党与土著团结党签署政治合作协议

2016 年 12 月 13 日，马来西亚在野的希望联盟(简称希盟)三党与土著团结党签署一项政治合作协议，以在未来全国大选时联手对抗执政党联盟国阵。这份协议分别由公正党主席旺阿兹莎、人民行动党秘书长林冠英、诚信党主席莫哈末沙布和土团党主席穆希丁签署。根据协议，希盟与土团党将成立一个遴选候选人联盟，以候选人的胜算作为决定代表希盟与土团党上阵因素，以一对一方式与国阵候选人竞争。他们也将会在未来大选时使用相同的竞选宣言和标志。此外，他们将会在大选前成立一个反对党联盟，以便能在大选后组成联合政府。

缅甸新政府进行政府部门改组

2016 年 3 月，执政后的民盟对缅甸政府部门进行改组。中央部委由登盛时期的 36 个缩减为 21 个。其中裁撤 3 个部门，分别为合作部、科技部和体育部；合并组建 8 个部门，将总统府六部合并组建为总统府部，电力部和能源部合并为电力能源部，国家计划和经济发展部和财政部合并为计划财政部等；增设民族事务部。

缅甸推出并实施“百日计划”

2016 年 5 月 20 ~ 30 日，缅甸少数民族事务部、交通和通信部、计划和财政部、外交部、内政部、教育部等分别推出并实施“百日计划”，其中少数民族事务部明确其主要任务是保护少数民族权益，发展少数民族传统和文学；内政部加大打击毒品力度，取消探监限制日；外交部大幅延长海外公民回国居留期，取消缅甸公民因政治因素被禁回国的规定；农业部提高农田补助 50% 并拟增 9000 亿缅元(约合 7.7 亿美元)农业贷款；宣传部举行例行新闻发布会，将仰光省永盛镇区图书馆改造为民众交流社区活动中心；教育部推动全国 5 ~ 6 岁儿童入学计划，并在内比都、仰光和曼德勒开设职业技工培训班；工业部发展工业与开发人力资源，以提供就业机会。

缅甸若开邦成立和平发展委员会和中央工作委员会

2016 年 5 月 30 日，缅甸总统廷觉签发总统府 2016/23、24 号令，组成若开邦和平发展委员会和中央工作委员会。该委员会主席为缅甸国务资政昂山素季，副主席为边境事务部部长和若开邦政府首席部长，成员为各部联邦部长和外交部副部长等。该工作委员会主席由内政部联邦部部长担任。

缅甸召开 21 世纪彬龙大会首次会议

2016 年 8 月 31 日，21 世纪彬龙大会首次会议在缅甸首都内比都举行，缅甸国务资政昂山素季、国防军总司令敏昂莱、民族联合联邦委员会主席恩板腊、联合国秘书长潘基文等在开幕仪式上致辞，缅甸总统廷觉、中国外交部亚洲事务特使孙国祥等出席开幕式。昂山素季在会上表示：政府与各少数民族武装之间要相互增进了解与信任，消弭误解与分歧；政府致力于将所有少数民族组织都纳入全国停火协议中，构建共识性协议，以实现全国范围内的和平。此次和平大会是民盟政府成立后举行的第一次全国性的和平大会，共有 17 支少数民族武装组织参加，会议规模空前，共有 1600 人参会。

8 月 31 日，21 世纪彬龙大会首次会议在缅甸内比都举行 （百度网）

缅甸联邦议会通过新的《缅甸投资法》

2016 年 10 月 5 日，缅甸联邦议会通过新的《缅甸投资法》。将 2012 年颁布的《缅甸外商投资法》和 2013 年颁布的《缅甸国民投资法》合并，参照国际投资准则以及缅甸与部分国家签订双边投资条约的实际情况对原法律进行补充修订，以规范国内外投资的操作流程，提高外商投资缅甸的积极性。新《缅甸投资法》适用于在缅投资的外国人、缅甸公民、依法注册成立的企业实体、分支机构等，均可享受新《缅甸投资法》规定的优惠政策。新的《缅甸投资法》主要内容包括外资在农业、工业生产和基础设施、旅游业、国内生产技术转让、对欠发达地区的投资等8个领域享受优惠政策并享有7年的免税政策，超过10亿缅元(约100万美元)的投资需要获得议会批准等。

缅甸若开邦遭受恐怖袭击

2016年10月9日，罗兴伽武装分子攻击位于缅孟边界貌多、拉代当镇区的3所缅甸边防站，并抢劫50支枪和数以千计的子弹，造成9名警察和8名袭击者死亡。袭击发生后，缅甸政府军、警方在若开邦北部地区实施清剿行动，与袭击者多次交战。根据缅甸官方媒体数据，截至10月16日，共有32名安全部队人员在行动中牺牲，共击毙100多名袭击者。11月3日，若开邦孟都镇区边防站再次被恐怖分子偷袭，导致1名警员身亡。

缅甸北部民族地方武装联军与缅甸政府军爆发冲突

2016年11月20～30日，缅甸果敢同盟军、德昂民族解放军、若开军、克钦独立军4支民族地方武装组成缅北联合军队，纠集近千人力量对缅甸北部的勐古街、棒赛、105码检查站等地的缅甸政府军和警察哨所发动进攻，冲突造成14人死亡、50人受伤。死者包括3名警察、1名民兵和10名平民，伤者主要为平民。

缅甸民盟法律顾问哥尼被刺杀

2017年1月29日，缅甸全国民主联盟法律顾问哥尼在仰光国际机场遭刺杀身亡。哥尼是民盟法律委员会委员，是一名从业约40年的职业律师，在法律界享有较高声誉，为民盟和民盟主席昂山素季提供法律事务咨询服务。民盟谴责此类恐怖主义暗杀，同时呼吁使用非暴力手段、和平应对这一事件。

杜特尔特就任菲律宾第16任总统

2016年6月30日，菲律宾新总统罗德里戈·杜特尔特在菲律宾总统府马拉卡南宫正式宣誓就职，成为菲律宾第16任总统。当天中午12时，杜特尔特身穿菲律宾传统民族服装巴隆，在菲律宾最高法院法官雷耶斯的主持下，宣誓就任总统，任期6年。杜特尔特在2016年5月9日的菲律宾全国大选中以1660多万张选票胜出。

菲律宾政府和菲律宾共产党领导的全国民主阵线签署联合声明

2016年8月26日，菲律宾政府和菲律宾共产党领导的全国民主阵线，在挪威首都奥斯陆签署联合声明，双方达成停火协议，一致同意实施无限期停火。根据协议，双方一致同意加快和平进程，致力于在6个月内就经济和社会改革问题达成第一份有实质内容的协议，并计划就政治和宪法改革问题取得一致，为签署旨在结束武装冲突的最终协议铺平道路。双方谈判团队还一致同意于2016年10月8～12日在奥斯陆继续举行谈判。

新加坡国会通过《心智能力修正法案》和《烟草修正法案》

2016年3月14日，新加坡国会通过《心智能力修正法案》和《烟草修正法案》。心智能力修正法案的通过可以更好地保护那些失去心智能力的人，包括委任专业的获授权人和代理人，协助没有家人照顾的年长者打理事务。该项法令扩大法庭权力，帮助那些被获授权人和代理人剥削的失去心智能力者。按照新的《烟草修正法案》，新加坡零售商不能公开展示香烟，他们只能在顾客询问价格时提供一份只有文字、没有图片的价格表。商家也不能通过大众媒体包括互联网进行促销或刊登任何广告。

新加坡武装部队成立陆军速应部队以加强防恐能力

2016年6月30日，新加坡武装部队成立新单位——陆军速应部队(Army Deployment Force，简称ADF)，ADF由正规军人组成，负责在恐怖袭击发生后赶往事发地点封锁现场、管控人流，防范威胁扩散。新加坡国防部也设立新机构，促进军警单位的反恐协调工作。

新加坡正式推出气候行动计划

2016年7月10日，新加坡总理公署国家气候变化秘书处正式推出两大"气候行动计划"。两大计划分别以"打造一个节能减排的新加坡"和"打造一个有能力应对气候变化的新加坡"为主题，目标包括节能减排以及应对气候变化的措施。行动计划的实施由隶属总理公署的国家气候变化秘书处、环境及水源部和国家发展部共同牵头。

新加坡启动全国保家安民计划

2016年9月24日，新加坡启动全国保家安民计划，以呼吁民众勇敢面对恐怖威胁，齐心协力应对可能出现的紧急事态。随着全球恐怖威胁形势的加剧，新加坡近年来进行一系列反恐部署,全国保家安民计划是一项在全国社区大规模展开的反恐应急行动计划。根据这一计划,政府首先将确保新加坡每户家庭至少有一人懂得如何辨识可疑的人和事物,在遇到恐怖袭击或紧急事故时能及时反应,保障自己与家人安全。10 月 17 ~ 18 日,新加坡开展为期两天、逾 3200 人参加的全岛反恐演习,这次反恐演习是新加坡历来最大规模的反恐演习。新加坡全国公交车转换站、地铁站、邻里中心和商业区等超过 360 个地点部署巡视人员,防止可疑人物发动攻击。新加坡武装部队人员在林厝港进行关于如何搜索和逮捕嫌疑犯的演练。

新加坡内政部修改集会条例

2016 年 10 月 22 日,新加坡内政部修改集会条例,规定外国机构和组织必须获得准证,才能在芳林公园演说者角落举行集会或游行。赞助、宣传或动员参加相关活动也须获得批准。本地机构或非政府组织则无须申请准证就能在演说者角落举办活动。新条例于 2016 年 11 月 1 日起生效。

新加坡改进政府数字服务

新华网 2016 年 10 月 25 日报道,新加坡成立政府科技局,以信息通信新技术引领政府部门的数字化变革,与其他机构合作推出一系列以公民为核心的新服务。新加坡政府科技局隶属于通讯及新闻部,由原资讯通信发展管理局改组而成。新加坡政府科技局集结了由 1800 名数据科学家、技术人员和工程师组成的团队,并面向新加坡乃至海外招徕人才,将在应用开发、数据科学、政府基础设施建设、地理空间技术、网络安全、传感器与物联网 6 个关键方面深入钻研,为变革和创新数字服务提供智力支持。

泰国军政府解除政客出国禁令

除了泰国前总理英拉等负案在身的少数政治家之外,泰国于 2016 年 6 月 1 日起解除对 155 名政治家和活动家的出国禁令。这项禁令已实施超过两年,泰国政府在过去几个月开始放松其对政治活动的一些严格限制。此举被视作缓解国内紧张气氛的信号而受到称赞。

泰国政府禁止“红衫军”成立公投监督中心

2016 年 6 月 19 日,泰国反独裁民主联盟(反独联)支持者“红衫军”准备在曼谷一个商场举办针对新宪法公投的全国公投监督中心新闻发布会,宣布其策划的公投监督中心全国各分点成立,并进行电视直播。此举遭到泰国政府阻止,禁止“红衫军”进行政治活动。警方在发布会前包围商场,通过交涉,“红衫军”决定取消发布会和直播。反独联在 6 月初宣布成立公投监督中心,称是为了防止公投中的舞弊、暗箱操作行为,包括威胁和误导选民。泰国政府此前已多次表示,政府的选举委员会负责新宪法公投事务,具有监督公投的职能。反独联设立监督中心不合法。泰国总理巴育 6 月 18 日向反独联发出最后通牒,称“泰国法律禁止 5 人以上的政治集会,政府不允许反独联建立所谓的监督中心,相关部门将对其采取法律行动”。

泰国全民公投通过新宪法草案

2016 年 8 月 7 日,泰国选举委员会公布的初步计票结果显示,新宪法草案及其附加问题在当天全民公投中获得通过。新宪法草案于 2016 年 1 月由制宪委员会拟定,其核心内容和精神基本反映巴育政府对泰国未来选举制度乃至政治体制的设计。此次公投选票上设有两个问题,第一个问题为:你是否同意 2016 年的新宪法草案?第二个问题,即附加问题为:你认为在国会选举之后的 5 年内,上议院是否有权与下议院一起,参与决定总理人选?结果显示,此次投票率为 59.4%,投票者中,61.35% 的人赞成新宪法草案,第二个问题的支持率为 58.07%。根据新宪法草案,第一个问题获得通过,意味着新宪法草案将取代 2014 年政变之后采用的临时宪法,正式生效成为泰国第 20 部宪法,根据泰国政府此前宣布的路线图,泰国将于 2017 年依据此部宪法举行政变之后的第一次国会选举;第二个问题的通过,则意味着由军方“全国维持和平秩序委员会”任命的 250 名上议院议员将与民选产生的 500 名下议院议员一同决定总理人选。

泰国国王拉玛九世驾崩

2016 年 10 月 13 日下午 15 时 52 分,泰国国王普密蓬·阿杜德陛下在泰国曼谷诗丽吩医院驾崩,享年 89 岁。消息传出后全泰国万民悲戚,举国同哀。普密蓬国王 1927 年出生,1946 年继位,1950 年加冕,在位 70 年,是当今世界在位时间最长的国王,也是曼谷王朝的第九位国王。1950 年,他与诗丽吉王后结婚,育有一子三女。普密蓬国王学识过人、多才多艺。在位期间,他的足迹遍及泰国各个角落,了解百姓生活疾苦,并为提高人民生活水平竭尽全力,广受泰国人民爱戴。普密蓬国王生前积极推动泰中关系,曾接待过多位到访泰国的中国领导人。在泰王驾崩后,泰国总理府公告:所有政府机构、学校等机构降半旗,为期 30 日;泰国进入国丧期,所有政府公务员、政府行政机构服孝为期一年;所有单位停止娱乐活动 30 日;普通公民自愿服孝。国丧期自 2016 年 10 月 14 日起。

泰国玛哈·哇集拉隆功王储殿下正式即位

2016 年 12 月 1 日,泰国玛哈·哇集拉隆功王储殿下在律实宫正式登基,成为拉玛十世皇。哇集拉隆功生于 1952 年 7 月 28 日。他是普密蓬国王和诗丽吉王后唯一的儿子。1972 年 12 月 28 日,他被确立为第一王位继承人。哇集拉隆功当天在大皇宫主持普密蓬先王逝世 50 天的国丧赠经法会后,在律实宫赐见临时摄政王炳廷素拉暖上将、政府总理巴育、立法议会主席蓬贝及最高法院院长威拉蓬。在蓬贝的恭请下,哇集拉隆功继位。在诸位官员见证下,哇集拉隆功在普密蓬先王和诗丽吉王后御像前行礼,正式登基成为拉玛十世。当晚,蓬贝和巴育接连发表讲话,宣布泰国进入拉玛十世时代,宫务处发布拉玛十世的头衔名号。

越南共产党第十二次全国代表大会

2016 年 1 月 20 ~ 28 日在越南河内召开,1510 名代表出席会议。大会对上届中央委员会的工作给予充分肯定,对革新开放 30 年的发展历程进行回顾总结,提出今后一个时期越南国家建设发展的目标和任务。选举产生越共十二届中央委员会正式委员 180 名,候补委员 20 名。阮富仲再次当选越共中央总书记。大会确定全面推进革新开放事业,继续完善社会主义方向市场经济体制,建设具有浓郁民族特色的先进文化,主动积极融入国际社会,努力实现民富国强,社会民主、公平、文明,到 2020 年把越南基本建设成为面向现代化的工业国。提出 2016 ~ 2020 年经济社会发展的主要指标等。

越南新一届国家领导人宣誓就职

2016 年 3 月 21 日至 4 月 12 日,越南第十三届国会第十一次会议召开。通过表决,阮氏金银当选越南第十四届国会主席,公安部原部长陈大光当选新一任越南国家主席,政府原副总理阮春福当选新一届政府总理。越南国会还完成 5 位政府副总理和 21 位部长的新内阁成员的选举。阮氏金银、陈大光、阮春福和最高人民法院院长被选举通过后,依照 2013 年宪法的规定举行宣誓就职。越南新一届国家领导层基本完成换届选举,越南权力核心完成更替。

根据越南《政府组织法》和《国会组织法》,越南第十三届国会无权选举产生新一届国家领导人。因此,新领导人又在 2016 年 7 月召开的第十四届国会第一次会议上被选举通过并进行宣誓就职仪式。越南新一届领导人被两次选举的现象体现了越南政治体制“灵活多变”的特点。

越南举行第十四届国会代表选举

2016 年 5 月 22 日,2016 ~ 2021 年任期第十四届国会和地方各级人民议会代表选举投票在越南各地举行。越南共 6700 多万选民参加投票(占全国选民总数的 99%),从 870 名国会候选人中选出 500 名国会代表。越南国家选举委员会公布的数字显示,在 870 名候选人中,中央推荐的候选人 197 人,地方推荐的候选人 662 人,自荐候选人 11 人。选举结果有 496 人当选国会代表,其中中央推荐的当选代表 182 人,地方推荐的当选代表 312 人,自荐的当选代表 2 人。国会选举结果揭晓后,越南国家选举委员会对当选代表进行资格再认定,结果有 2 名当选代表的资格未被认可,符合第十四届国会代表资格的代表有 494 名。

越南继续加强反腐败斗争

2016 年,越南处理多起严重经济犯罪和贪污腐败案件,多起干部人事管理工作上的违纪违规行为曝晒在阳光下,多名高级干部受到处分。越南共产党对净化党员干部队伍体现高度政治决心。2016 年 10 月召开的越共十二届四中全会出台《关于加强建设和整顿党,防止和遏制政治思想、道德和生活作风堕落及党内“自我演变”“自我转化”现象的决议》,并开始通过多项具体有力的举措加以实施,赢得广大党员干部和人民群众的拥护。

越南官方宣布越南更新革命党为恐怖组织

2016 年 10 月 7 日,越南公安部在网站发布声明称,基地设在美国加利福尼亚州的越南更新革命党(越新党)为恐怖组织。美国《纽约时报》称这是越南官方首次将越新党的恐怖组织定性向外界宣布。据美联社 10 月 7 日报道,多年来,越新党招募并训练成员掌握使用武器技能,共派遣 246 名武装成员从泰国经老挝和柬埔寨进入越南,建立秘密基地,从事恐怖活动。此外,越新党还组建有“K9 暗杀小分队”,搞恐吓和暗杀活动。

外　　交

中柬政府间协调委员会第三次会议

2016 年 2 月 4 日在北京举行。会议由中国国务委员杨洁篪与柬埔寨副首相兼外交国际合作部大臣贺南洪共同主持。双方一致同意要认真落实两国领导人重要共识,按照本次会议确定的规划推进双方各领域合作,推动中柬全面战略合作伙伴关系不断向前发展。双方就下阶段各领域合作进行规划部署,达成广泛共识。两国将继续保持高层交往,进一步加强战略沟通,在涉及彼此核心和重大利益问题上相互支持,在国际和地区问题上加强协调配合;加强经贸合作,促进共同发展,落实好经贸投资、基础设施、农业水利等领域合作项目;扩大人文交流,夯实民意基础,加强教育、文化、卫生、旅游等领域合作,扩大媒体、智库交流;深化安全合作,实现共同稳定,推动防务和执法能力建设取得更大进展。会后,杨洁篪与贺南洪共同出席会议纪要签字仪式。

博鳌亚洲论坛2016年年会

2016年3月22～25日在中国海南博鳌举行。主题为“亚洲新未来:新活力与新愿景”。设置88场讨论,包括1场开幕大会、51场分论坛、15场圆桌会议、5场主题餐会、10场创业者对话和6场电视辩论。中国国务院总理李克强出席开幕式,并发表题为《共绘充满活力的亚洲新愿景》的主旨演讲。年会代表总数2100人,分别来自62个国家和地区。比利时首相米歇尔、柬埔寨首相洪森、老挝总理通邢、立陶宛总理布特克维丘斯、尼泊尔总理奥利、泰国总理巴育、印度尼西亚副总统卡拉、大韩民国副总理兼企划财务部长官柳一镐、俄罗斯联邦副总理德沃尔科维奇等国家政府领导人12人,94位国际组织负责人和部长级官员,1122位中外企业家代表,世界500强企业的200多位高管参会。本届年会议题涉及创业创新、“互联网+”、重大事件、宏观经济的新问题、新现象、行业热点六大方向,其中,众筹、互联网金融、共享经济、供给侧结构性改革、人工智能等话题备受关注。

中国国家主席习近平会见美国总统奥巴马

华盛顿时间2016年3月31日,中国国家主席习近平在华盛顿会议中心会见美国总统奥巴马,就中美关系发展及共同关心的国际和地区问题深入交换意见。双方同意继续深化各领域合作,加强在国际事务中的沟通协调,巩固扩大中美共同利益,推动两国关系继续沿着健康稳定的轨道向前发展。

中国国务院总理李克强出席第11届亚欧首脑会议

2016年7月15日,中国国务院总理李克强出席在蒙古国乌兰巴托举行的第11届亚欧首脑会议,并发表题为《亚欧伙伴命运与共 合作升级再谱新篇》的引导性发言。李克强首先对在法国尼斯袭击事件中遇害人员表示哀悼,对伤者和遇害者家属表示慰问,并提出三点建议:一是创新亚欧合作理念,二是增添亚欧合作动力,三是夯实亚欧合作人文基础。会议期间,李克强会见老挝总理通伦、越南总理阮春福、柬埔寨首相洪森、缅甸总统廷觉。

20国集团(G20)领导人第11次峰会在中国浙江杭州举行

2016年9月4～5日,20国集团(G20)领导人第11次峰会在中国浙江杭州举行。这是中国首次举办G20首脑峰会。峰会主题为“构建创新、活力、联动、包容的世界经济”。20国集团成员和嘉宾国领导人及有关国际组织负责人应邀与会。中国国家主席习近平出席并主持会议。峰会期间,与会人员就加强宏观政策协调、创新增长方式,更高效的全球经济金融治理,强劲的国际贸易和投资,包容和联动式发展,影响世界经济的其他突出问题等议题展开讨论。

·链接资料·

20国集团

20国集团(G20)是一个国际经济合作论坛,于1999年9月25日由8国集团(G8)的财长在德国柏林成立,第一届G20峰会在美国华盛顿举办,属于非正式对话的一种机制,由原8国集团以及其余12个重要经济体组成。

20国集团(G20)宗旨是为推动已工业化的发达国家和新兴市场国家之间就实质性问题进行开放及有建设性的讨论和研究,以寻求合作并促进国际金融稳定和经济持续增长。按照以往惯例,国际货币基金组织与世界银行列席该组织的会议。20国集团成员涵盖面广,代表性强。该集团的GDP占全球的90%,贸易额占全球的80%。G20已取代G8成为全球经济合作的主要论坛。

中国国务院总理李克强出席在老挝万象举行的东亚系列峰会并对老挝进行正式访问

2016年9月6～9日,中国国务院总理李克强出席在老挝万象举行的东亚系列峰会。7日,李克强出席第19次中国—东盟10+1领导人会议暨中国—东盟建立对话关系25周年纪念峰会并讲话。会议通过《中国—东盟建立对话关系25周年纪念峰会联合声明》《中国—东盟产能合作联合声明》、“中国与东盟国家应对海上紧急事态外交高官热线平台指导方针”和“中国与东盟国家关于在南海适用《海上意外相遇规则》的联合声明”;同日,李克强出席第19次东盟与中日韩10+3领导人会议并发表讲话,就下阶段“10+3”合作提出6点建议。8日,李克强出席第11届东亚峰会,在会上阐述中方在南海问题上的原则立场,会后出席《区域全面经济伙伴关系协定》联合声明发布仪式。

中国国家主席习近平对柬埔寨进行国事访问

2016年10月13～14日,中国国家主席习近平对柬埔寨进行国事访问。10月12日,在对柬埔寨王国进行国事访问前夕,习近平在柬埔寨《柬埔寨之光》报发表题为《做肝胆相照的好邻居、真朋友》的署名文章。访问期间,习近平会见西哈莫尼国王并在莫尼列太后陪同下向西哈努克纪念雕像献花篮;与柬埔寨首相洪森举行会谈,并出席两国政府和企业合作协议签字仪式,为金边中国文化中心项目揭牌等。在习近平和洪森的共同见证下,中柬双方共签署31份合作文件。

中共中央政治局常委、全国人大常委会委员长张德江率中国党政代表团对越南进行正式友好访问

2016年11月8～11日，应越南共产党中央政治局委员、国会主席阮氏金银邀请，中共中央政治局常委、全国人大常委会委员长张德江率中国党政代表团对越南进行正式友好访问，分别会见越共中央总书记阮富仲、越南国家主席陈大光、总理阮春福，与阮氏金银举行会谈，会见祖国阵线主席阮善仁。会见会谈中，张德江向越方领导人介绍中国共产党十八届六中全会的情况。访问期间，张德江出席中越人民友好交流活动和第3届中越青年大联欢并致辞，还考察中越友谊宫项目建设情况，访问岘港市、广南省。

中泰贸易、投资和经济合作联合委员会第5次会议

2016年12月9日在北京举行。中国国务委员王勇与泰国副总理颂奇共同主持会议。会议旨在落实两国领导人达成的重要共识，深化各领域合作，深入推动“一带一路”建设，加强两国基础设施建设合作，连通“互联网+”，发展物流，讨论泰中铁路合作项目进展，提高工业建设水平，包括泰国东部经济走廊项目将作为连接柬老缅越的重要港口。王勇表示，“中泰一家亲”深入人心，两国合作前景广阔。建议双方进一步加强在旅游、金融、地方经贸及区域经济一体化等方面的务实合作，推动双方合作更上一层楼。颂奇表示，泰方积极支持、参与“一带一路”建设，愿与中方紧密合作，提升在基础设施、产业集群、信息通讯技术、科技和能源等重点领域的合作水平。会后，中泰双方共同签署中泰经贸联委会第5次会议纪要、中泰经贸合作五年发展规划延期和制定共同行动计划议定书、铁路合作谅解备忘录、农产品电子证书技术合作安排等文件。

文莱参与主持18国反恐演习

2016年东盟与对话伙伴国海上安全及反恐演习于5月1～10日分阶段在文莱与新加坡举行，由文莱与新加坡两国联合主持。在为期10天的反恐演习中，有18个国家的3000名海军和特种部队官兵参演。5月3～7日，有18艘战舰、17架反潜直升机及两架固定翼反潜飞机参加的大型演习在文莱摩拉海军港口举行，文莱苏丹到场视察。参与联合演习的除美军导弹驱逐舰史塔森号外，还有满载排水量8700吨的俄罗斯反潜驱逐舰维诺格拉多夫海军上将号、中国新型052C型导弹驱逐舰等。

文莱苏丹率团到俄罗斯索契出席会议

2016年5月19日，文莱苏丹·哈吉·哈桑尔·博尔基亚·穆伊扎丁·瓦达乌拉率领政府代表团到俄罗斯索契出席俄罗斯—东盟建立对话伙伴关系20周年纪念峰会，俄罗斯总统普京会见文莱苏丹。

文莱接任东盟卫生部长会议主席国

2016年8月9日，文莱从越南接过东盟卫生部长会议主席国的任务。由文莱卫生部副常任秘书哈芝哈诗琳娜负责。当天文莱主持举行第11届东盟医疗卫生发展高级官员会议及相关系列会议。

柬埔寨国王诺罗敦·西哈莫尼对中国进行国事访问

2016年6月2～4日，柬埔寨国王诺罗敦·西哈莫尼对中国进行国事访问。6月3日，中国国家主席习近平在北京人民大会堂同诺罗敦·西哈莫尼举行会谈。会谈时，习近平用“情同手足”“肝胆相照”形容两国关系。习近平在会谈时强调，中柬应当保持密切交往，加强战略沟通。希望两国领导人继续像走亲戚一样常来常往。两国政府、政党、议会、地方省市要加强交往，推动中柬关系实现全方位、多领域、深层次发展。对于双方要深化务实合作，实现互利共赢，习近平还提出相关的合作倡议：加紧商签共建“一带一路”政府间合作文件，落实好产能和投资合作谅解备忘录，争取实现早期收获；加快推进农业水利、基础设施建设、信息通信等领域合作，帮助柬埔寨加快发展，让柬埔寨民众从两国合作中得到更多实惠。西哈莫尼国王表示，中国是柬埔寨的伟大朋友，柬方高度评价并将继续推进由西哈努克太皇同中国几代领导人培育起来的柬中传统友谊和团结，感谢中方长期以来给予的支持和帮助，赞同习主席关于深化柬中关系的主张，柬方愿同中方深化各领域务实合作。

欧盟暂缓对柬埔寨的援助，柬埔寨外交部发表声明回应

2016年6月9日，欧盟表决一项决议，暂缓对柬埔寨的援助，并呼吁柬埔寨撤销对反对党领袖的指控和释放维权组织人员。6月12日，柬埔寨外交部发表一份声明，对欧盟此项决议表示惊讶和遗憾。该声明称，欧盟根据不实信息做出上述表决。声明表示，作为一个主权国家，柬埔寨不受外国机构托管，柬埔寨也不接受外国干涉国内事务，同时反对在人权和一些案件上的偏见。

柬埔寨首相洪森会见到访的俄罗斯代表团

2016年是柬埔寨和俄罗斯建交60周年。2016年11月2日，柬埔寨首相洪森在金边和平大厦会见到访的俄罗斯通信部部长尼古拉·尼基福罗夫、鞑靼斯坦共和国总统明尼哈诺夫和包括直升机制造商、卡车生产商等大型企业代表所组成的代表团，双方就加强两国各领域合作关系和区域问题进行会谈。洪森对俄罗斯代表团的到访表示欢迎，称俄罗斯是柬埔寨的老朋

友，自两国60年前建交以来，俄罗斯便积极协助柬埔寨推动国家建设，包括修路、建学校和医院等，他希望更多的俄罗斯投资者到访柬埔寨，以拓展商机。尼古拉·尼基福罗夫也对两国合作关系给予高度评价，表示通过此访，希望争取到更多合作项目。鞑靼斯坦共和国总统明尼哈诺夫对柬埔寨文化和历史古迹表示钦佩，他表示，此次陪同他到访的有鞑靼斯坦共和国的大型企业，他们与柬埔寨商界进行交流，以加强双方经贸合作。

柬越积极推进陆地边界划界工作

2016年11月初，柬越边境联合委员会工作组在金边举行会议，讨论两国划界和确立界碑问题。这是两国边境联合委员会官员继10月18～20日在越南胡志明市举行会议后，在1个月内进行的第2次会晤。在金边举行的会议上，两国特别工作组积极推进位于柬埔寨蒙多基里省和柴桢省4块界碑正确位置的确定工作，并力争尽快在该位置竖立界碑。之前两国曾多次针对上述4个界碑位置进行商讨，直到在胡志明市的会议时双方再度复核边境线后，越方才最终同意柬方提出的界碑位置方案。柬越两国接壤的陆地边界线全长约1228千米，柬埔寨有9个省份和越南交界，柬越划界工作完成83%，陆地边界线的划界工作仍有许多问题待双方商讨和解决。

柬老越发展三角区第9届峰会在柬埔寨暹粒举行

2016年11月23～24日，柬老越发展三角区第9届峰会在柬埔寨暹粒举行。在峰会前夕，举行柬老越发展三角区高官会和协调委员会为峰会做好筹备工作。本届峰会集中围绕柬老越三国首相和总理在上一届峰会时所达成的各项协议落实情况、本地区今后合作方向等问题展开讨论。越老柬三国工作组也在峰会中完成谈判并签署《柬老越发展三角区贸易促进和便利化协定》。柬埔寨首相洪森、越南总理阮春福和老挝总理通伦在会后签署越老柬发展三角区第9届峰会的联合宣言。

11月23～24日，柬老越发展三角区第9届峰会在柬埔寨暹粒举行
（《越南画报》）

首届柬埔寨—中国企业家论坛

2016年12月1日在柬埔寨首都金边举行。由中国民生投资集团（中民投）牵头举办，主题为"柬埔寨，'一带一路'沿线充满机遇的国度"。柬埔寨首相洪森、中国驻柬埔寨大使熊波、柬埔寨国家银行行长谢占托、柬埔寨工业部部长占普拉西及相关部门负责人和企业家共600余人出席。柬埔寨首相洪森在论坛上表示，要进一步加强柬中经济合作，共同推动"一带一路"建设。他说，柬埔寨的发展离不开所有友好国家的援助支持，尤其是中国多次提供的发展援助资金、无偿援助和优惠贷款等，为柬埔寨发展发挥重要作用。他表示，中国是为柬埔寨援建道路最长的国家。过去14年间，柬埔寨的电力供应增长了11倍，就是得益于中方投资者"建设—经营—转让（BOT）"模式水电投资项目的大幅增加。中国驻柬埔寨大使熊波表示，中柬进一步扩大深化经贸合作具备天时、地利、人和的有利条件。洪森首相与熊波大使还共同见证中柬双边重大合作项目中柬友谊城和"一带一路"产业投资基金战略合作备忘录的签署。

柬埔寨首相洪森率团访问越南

2016年12月20～21日，应越南政府总理阮春福的邀请，柬埔寨首相洪森率代表团访问越南。访越期间，柬埔寨首相洪森同越南总理阮春福举行会谈，并分别拜会越共中央总书记阮富仲、越南国家主席陈大光，会见越南国会主席阮氏金银，向各位英雄烈士敬献花圈并入陵瞻仰胡志明主席遗容，还访问胡志明市和同奈省。在洪森首相与阮春福总理的会谈中，两国高层领导就柬越友谊、全面合作关系以及双方共同关心的国际和地区问题广泛深入交换意见。有关边界问题，双方同意责成两国勘界立碑联合委员会以公平合理、双方均能接受的措施配合解决，旨在尽早完成陆地边界勘界立碑工作，根据现有的机制和本着两国睦邻友好的精神有效解决两国边界线上发生的问题。双方强调维护南海和平、稳定和安全，保持克制，不使用武力或以武力相威胁以及通过符合包括1982年《联合国海洋法公约》在内的国际法等得到广泛认可原则的和平方式解决争端的重要性。双方承诺共同配合努力充分有效落实《南海各方行为宣言》，力争尽早达成"南海行为准则"。双方承诺继续保持彼此之间以及同湄公河委员会、湄公河—澜沧江合作机制和湄公河其他合作框架成员国的紧密合作,旨在保障湄公河水资源可持续管理和利用。洪森和阮春福还见证了《柬埔寨王国政府与越南社会主义共和国政府关于刑事司法互助的协定》《柬埔寨王国与越南社会主义共和国关于移交被判刑人的协定》和《柬埔寨王国礼仪和宗教事务部与越南社会主义共和国民族委员会合作协议》等合作文件的签署。

印度尼西亚总统佐科首次出访东帝汶并获最高荣誉勋章

2016年1月26日,印度尼西亚总统佐科和夫人伊莉亚娜对东帝汶进行正式访问。这是佐科首次对东帝汶进行访问,此次访问主要围绕加强贸易、增加能源与基础设施建设的投资,以及加速解决两国边界问题进行会谈,旨在加强两国关系,肯定印度尼西亚愿成为东帝汶重要的发展伙伴。访问期间,东帝汶政府授予印度尼西亚总统佐科该国的最高荣誉勋章 Grande Colar de Ordem de Timor Leste,体现东帝汶政府对来访外国元首的敬意。2015年4月,东帝汶总统曾访问印度尼西亚。

印度尼西亚海军承办第15届西太平洋海军论坛年会

2016年4月13日,由印度尼西亚海军承办的第15届西太平洋海军论坛年会在印度尼西亚巴东举行。21个论坛成员国和4个观察员国以及2个申请成为论坛观察员国的共27国海军领导人和代表参会。年会介绍和确认未来西太平洋海军论坛活动安排,围绕"发展海上伙伴关系、维护西太平洋地区稳定"这一论坛主题展开研讨交流。于1987年成立的西太平洋海军论坛是西太平洋地区唯一定期开展多边对话与合作的海军交流平台。

4月13日,由印度尼西亚海军承办的第15届西太平洋海军论坛年会在印度尼西亚巴东举行 (百度网)

印度尼西亚总统佐科访问韩国

2016年5月15~17日,印度尼西亚总统佐科访问韩国。5月16日,韩国总统朴槿惠在青瓦台总统府会见佐科。佐科表示希望贸易成为两国伙伴关系的主要焦点,欢迎两国增加新的海事协议来加强渔业合作,同时还赞扬韩国政府在保护印度尼西亚工人方面做出的努力。此外,两国领导人还就目前比较紧张的朝鲜半岛局势进行讨论,同意加强合作打击恐怖主义,加强两国执法机构信息和情报交换。

印度尼西亚举办2016年太平洋伙伴关系联合军事演习

2016年8月19~31日,近3000名印度尼西亚和美国士兵在西苏门答腊举行一年两次的太平洋伙伴关系联合军事演习。1609名印度尼西亚士兵和1102名美国士兵成立一个联合工作组,希望通过这次联合演习提高印度尼西亚军队卫生人员对灾害的应急预案和处理能力。

印度尼西亚总统出席二十国集团领导人杭州峰会并与中国国家主席习近平会谈

2016年9月2日,印度尼西亚总统佐科出席二十国集团领导人杭州峰会,并与中国国家主席习近平进行会谈。习近平强调,中国和印度尼西亚拥有广泛的共同利益,两国关系发展方向和势头良好。双方要继续加强高层沟通,积极对接21世纪海上丝绸之路倡议和"全球海洋支点"构想,中方将继续坚定支持东盟团结和东盟共同体建设,愿同印度尼西亚方一道在联合国、亚太经合组织、二十国集团等多边组织中加强沟通和协调,共同维护发展中国家利益。佐科表示,印度尼西亚方支持中方举办本届二十国集团峰会,支持探讨21世纪海上丝绸之路倡议和"全球海洋支点"构想对接,愿深化同中国在贸易、投资、金融、基础设施等领域合作。会见结束后,佐科参观位于杭州市余杭区的阿里巴巴集团总部。

印度尼西亚总统佐科访问印度

2016年12月12~13日,印度尼西亚总统佐科访问印度,并分别与印度总理纳伦德拉·莫迪和总统普拉纳布·慕克吉举行双边会晤。印度是印度尼西亚在南亚的最大贸易伙伴和世界第四大合作伙伴,此次访问,佐科总统旨在探索印度尼西亚对印度的更多样化的出口,讨论扩大印度对印度尼西亚原材料工业投资。两国发表联合公报，并将中国与东南亚部分国家的南海争议写入联合公报，受到印度媒体的关注。

老挝人民革命党中央总书记、国家主席本扬访问中国

2016 年 5 月 3～5 日，应中国共产党中央委员会总书记、国家主席习近平邀请，老挝人民革命党中央总书记、国家主席本扬对中国进行正式友好访问。5 月 3 日，中国共产党中央委员会总书记、国家主席习近平在北京人民大会堂同老挝人民革命党中央总书记、国家主席本扬举行会谈。会谈后，两国元首共同见证有关合作文件的签署。5 月 4 日，中国国务院总理李克强会见本扬。

老挝担任东盟 2016 年轮值主席国并成功主办第 28 和 29 届东盟峰会

老挝是东盟 2016 年轮值主席国，7 月和 8 月先后主办第 49 届东盟外长会议和第 48 届东盟经济部长会议，9 月 6～8 日成功主办第 28、29 届东盟峰会和东亚领导人峰会。第 28 届东盟峰会讨论推进东盟共同体建设，宣布正式启动《东盟互联互通总体规划 2025》和《东盟一体化工作计划第三份倡议》，东盟国家领导人还签署应对区域内外灾害的宣言，接纳智利、埃及和摩洛哥 3 国加入《东南亚友好合作条约》。第 29 届东盟峰会讨论东盟与外部的关系和发展方向，并就共同关注的国际和地区问题交换意见。

美国总统奥巴马访问老挝

2016 年 9 月 5～7 日，美国总统奥巴马对老挝进行国事访问并出席在万象举行的东亚峰会，成为美国历史上首访老挝的在任总统。美老发表联合声明，宣布将两国关系定位为“综合合作伙伴关系”。奥巴马访老时宣布将在未来 3 年增加对老援助 9000 万美元用于勘查和清除未爆炸弹。

老挝成为首个加入《巴黎气候协定》的东盟国家

2016 年 9 月 7 日，老挝总理通伦向联合国秘书长潘基文交存《巴黎气候协定》批准书，成为首个加入此协定的东盟国家。

老挝政府总理通伦访问中国

2016 年 11 月 28 日至 12 月 1 日，应中国国务院总理李克强邀请，老挝政府总理通伦对中国进行正式访问。这是通伦当选以来的首次访华。11 月 28 日，中国国务院总理李克强在北京人民大会堂与老挝政府总理通伦举行会谈。会谈前，李克强在人民大会堂北大厅为通伦举行欢迎仪式，全国政协副主席王正伟等参加。会谈后，两国总理共同见证中老经济贸易等领域双边合作文件的签署。当日下午，通伦前往天安门广场，向人民英雄纪念碑敬献花圈。11 月 29～30 日，通伦到中国湖南考察访问，中共湖南省委书记杜家毫会见通伦一行。在湖南期间，通伦参观考察远大住工麓谷二期生产制造基地及城市地下综合管廊展厅。

马来西亚总理纳吉布访问美国

2016 年 2 月 11 日，马来西亚总理纳吉布出访美国。这次为期 7 天的工作访问的重点，是出席在美国加州安纳伯格庄园举行的美国—东盟领导人峰会。马来西亚是 2015～2018 年美国—东盟关系协调国，马来西亚总理纳吉布在美国—东盟领导人峰会开幕式上致辞。在出席峰会之前，纳吉布会见旅居洛杉矶的马来西亚侨民及留学生。在峰会结束后，纳吉布前往三藩市会见美国基金经理和著名企业家，拜访苹果及 Tesla Motors 两大科技公司，希望吸引更多投资和先进科技到马来西亚。

3 月 28 日，中马“两国双园”联合合作理事会第 3 次会议在中国广西钦州举行（百度网）

中马“两国双园”联合合作理事会第 3 次会议

2016 年 3 月 28 日在中国广西钦州举行。中国商务部副部长高燕和马来西亚国际贸易与工业部副部长李志亮共同主持会议。会议旨在更好地推动两个园区的发展，加强园区互补性，在通关便利、物流方面加强合作，给予投资者更多的便利。会上宣布马中关丹产业园 8 个潜在投资项目，其中 7 个是中国企业投资项目，投资总额 24.8 亿林吉特。广西仲礼集团与马中关丹产业园签署投资意愿协议书，将投资 20 亿林

吉特在关丹产业园建厂生产陶瓷相关产品。马来西亚政府十分重视关丹产业园的发展，联邦政府投资15亿林吉特用于改善园区的基础设施。关丹产业园以及关丹港扩建项目已吸引投资135亿林吉特，预计创造1.6万个就业岗位，成果惠及当地民众。为进一步推动“两国双园”的发展，关丹市4月1～3日举行“钦州日”活动，产业园的公路也更名为“钦州公路”。

马来西亚与印度尼西亚联合贸易与投资委员会第2次会议

2016年7月在印度尼西亚雅加达举行。马来西亚贸工部部长穆斯塔法率团出席，并与印尼贸易部部长托马斯伦邦共同主持会议。会议讨论两国跨境商贸和马来西亚清真产品出口印尼等议题。印度尼西亚和马来西亚计划修订两国数十年前签订的边境贸易协定，希望借此增加双边贸易额。印度尼西亚和马来西亚在1970年签署跨边境贸易协定，允许持有特别跨境身份证的印尼人跨入边境同马来西亚伙伴进行贸易，每个月贸易最高限额为600林吉特。印尼促请马来西亚将每月贸易限额增至1500美元，理由是当年所定下的每月贸易限额，不足以支持现有的两国边境贸易活动。会议就此进行商讨。其间，马来西亚贸工部部长穆斯塔法会见印尼商家和在印尼的马来西亚侨民，介绍马来西亚的商业与投资机会。

马来西亚和印度尼西亚签署协议放宽双方银行市场准入

2016年8月2日，印度尼西亚金融监管机构以及马来西亚央行的负责人在雅加达签署协议，同意放宽双方银行进入对方市场的条件。协议旨在根据互惠原则，通过允许满足一定条件的银行在两国开展业务，减少在市场准入以及两国银行业活动方面的失衡。根据协议，每国允许组建3家可获得当地银行待遇的银行集团，对于马来西亚的银行而言，这3家银行集团包括已经在印尼运营业务的银行集团。马来西亚联昌国际集团和马来亚银行已在印尼开展业务。对于印尼而言，包括万自立银行、印尼庶民银行、印尼国家银行等核心资本在30兆印尼盾以上的印尼国有银行，将获得在马来西亚运营业务的国民待遇，上述3家银行扩展业务成本将降低。如对印尼银行业的管理费率将由1040万林吉特降至520万林吉特；对自动提款机所收取的费用从每次交易4林吉特降至1～2林吉特。但是银行年费并未降低，仍需14.4万林吉特，比马来西亚国内银行4.2万林吉特年费高很多。此举是东南亚经济体间为更全面整合做出的努力之一，或将该地区两家最大的伊斯兰银行体系联结起来，并可能使马来西亚的银行在进入印尼市场方面占据先机。

马来西亚总理纳吉布访问泰国

2016年9月9日，应泰国总理巴育邀请，马来西亚总理纳吉布抵达泰国曼谷，开始对泰国进行正式友好访问。纳吉布此次访问泰国，是为了参加第6次马泰常年会议。会议深入讨论包括边境管理、打击跨国犯罪和恐怖袭击、解决泰国南部边境地区局势等各项事宜。在会后的联合记者会上两国领导人宣布，马来西亚与泰国同意探讨建设吉隆坡—曼谷高铁的可行性，以加强两国的经济联系。隆曼高铁将是吉隆坡—新加坡高铁的延伸。双方也同意研究衔接巴东勿刹与合艾电动火车计划的可行性。此外，两国同意加强情报收集与共享，以打击跨境恐怖主义活动。双方就在两国接壤的边境建筑与扩建围墙进行讨论，有关细节有待敲定。马泰接壤的边界线长650千米，一直存在人口贩运、毒品和武器走私等跨境犯罪问题。双方还讨论加快签署合作打击人口贩卖以及加强农业和教育合作备忘录的问题。

马来西亚接待到访的伊朗总统鲁哈尼

2016年10月8日，应马来西亚总理纳吉布的邀请，伊朗总统鲁哈尼到马来西亚进行为期2天的正式访问，这是鲁哈尼自2013年出任总统以来首次访马。鲁哈尼总统此访的主要目的是进一步加强伊朗与马来西亚的合作关系。在马期间，马来西亚总理纳吉布会见鲁哈尼总统，双方同意加强贸易、金融、旅游、汽车工业等领域的合作。同时宣布，马来西亚棕油局决定2017年在德黑兰开设办事处。会见结束后，纳吉布总理和鲁哈尼总统出席两国《引渡罪犯协定》签署仪式。

马来西亚总理纳吉布对中国进行正式访问

2016年10月31日，应中国国务院总理李克强邀请，马来西亚总理纳吉布到中国进行为期7天的正式访问。这也是他就任马来西亚总理以来第3次访华，中马双方都高度重视。访问期间，中国国家主席习近平、国务院总理李克强分别设宴款待纳吉布总理，习近平主席、李克强总理、张德江委员长分别同纳吉布总理会见、会谈。两国领导人就双边关系及共同关心的问题深入交换意见，并共同出席双边合作文件签字仪式。在华期间，马来西亚总理纳吉布出席在北京举行的马来西亚—中国商务论坛并致辞；率领马方代表团，搭乘京津城际高铁往返北京和天津，体验安全快速的中国高铁，并与中共天津市委书记李鸿忠会晤，参加天津开发区管委会与马来西亚恩纳社集团先达（天津）海水资源开发有限公司海水淡化及综合利用工程项目正式签署经营协议仪式。纳吉布还到访河北固安和张家口等地。在北京见证中国交建与马来西亚铁路衔接公司进行马来西亚东部沿海铁路项目商务合同的签署。纳吉布此行,中马双方签署总额为342.5亿美元(2318.3亿元人民币)的14份协议,其中引人注目的是马来西亚从中国购买4艘巡逻舰。纳吉布宣布2017年将在中国增设8个新航站、11条新航线,每周新增35个航班,由中国直飞马来西亚;同时对华延长免签政策至2017年年底,游客在马国内购买奢侈品不再受限;马来西亚政府正式聘请阿里巴巴董事局主席马云担任马来西亚电子商业顾问,并现场推介马来西亚在中国的电子旅游馆。纳吉布还在《人民日报》发表署名文章。通过此次访问,马中两国关系达到新的高度。

马来西亚总理纳吉布访问日本

2016年11月15日,马来西亚总理纳吉布应日本首相安倍晋三邀请,赴日本进行为期3天的访问,这也是纳吉布对日本的第4次工作访问。11月16日下午,纳吉布与安倍晋三在日本首相官邸进行会谈,安倍承诺向马来西亚海警提供日本海上保安厅退役的两艘长90米的大型巡逻船,将于2017年向马来西亚移交。此外,为提高马来西亚的海上警备能力,日本还将为其提供7亿日元的无偿贷款。围绕南海问题,两国同意"以和平的方式解决"争端,并强调"法治原则"。纳吉布访日主要围绕经济贸易合作展开,马新高铁事宜也是重点之一。在马新高铁项目招标问题上,安倍大力推销,向纳吉布呼吁采用新干线方案。纳吉布向安倍保证,高铁项目的招标将公正透明。纳吉布虽然对新干线投标表示欢迎,高度评价其安全性,但同时表示"(马新高铁)是马来西亚的最大基建项目,费用是关键"。纳吉布还与日本国土交通大臣石井启一会面,重点讨论双边合作,以及区域事务和双方共同感兴趣的话题。

马来西亚新加坡举行非正式会议签署首个高铁项目协议

2016年12月13日,在马来西亚行政中心布特拉加亚,马来西亚总理纳吉布与到访的新加坡总理李显龙举行第7次马新领袖非正式会议。双方代表在遵循原有合作发展原则基础上商讨两国关注议题。在李显龙到访期间,马来西亚总理署部长阿都拉曼达兰与新加坡基础建设统筹部长兼交通部长许文远共同签署隆新高铁项目双边协定,纳吉布与李显龙共同见证协议的签署。隆新高铁项目预计耗资600亿~650亿林吉特(约合人民币1000亿~1087亿元),原定竣工日期因跨国工程的挑战性从2020年推迟至2027年。双边协定签署后各项招标与建设工程陆续展开。该高铁项目完工通车后,吉隆坡—新加坡往返为90分钟。全长约350千米的新隆高铁共设8个站,位于裕廊东的新加坡终站、柔佛州的依斯甘达布蒂里站,以及距离吉隆坡市中心约4千米的马来西亚城终站,都将设有关税、移民及检疫设施。由于新马出入境检疫同设一处,旅客离境时通关一次即可。沿线的另外5个高铁站则设在布城、芙蓉、爱极乐、麻坡和峇株巴辖。

缅甸总统廷觉会见俄罗斯总统普京

2016年5月19~20日,缅甸总统廷觉出席在俄罗斯举行的俄罗斯—东盟建立对话伙伴关系20周年纪念峰会。5月19日,缅甸总统廷觉会见俄罗斯总统普京,双方就加强缅俄两国之间的友谊,加强两国在政治、经济、军事技术和文化方面的合作,俄罗斯企业家在缅投资,增进两国人民之间的交流等事宜进行讨论。

缅甸国务资政昂山素季访问泰国

2016年6月23~25日,缅甸国务资政昂山素季访问泰国。昂山素季到达泰国的第一站是沙没沙空的缅甸劳工聚集地。6月24日,昂山素季在泰国曼谷会见泰国总理巴育,双方讨论给予在泰缅甸劳工教育和健康的平等待遇、难民营的缅甸公民回国、两国边境地区发展、实施土瓦深水港和经济特区项目、促进两国关系等事宜。两国相关部长签署劳工合作备忘录、雇佣劳工协议及泰缅跨境协议。6月25日,昂山素季探访泰国叻丕府9个边境难民庇护所的其中之一。

缅甸国务资政昂山素季访问中国

2016年8月17~21日,缅甸国务资政昂山素季访问中国。8月18日,中国国务院总理李克强与缅甸国务资政昂山素季就中缅关系及密松项目、两国合作项目以及基础设施建设等进行讨论。李克强表示:中方愿同缅方巩固政治互信,加强政府、议会、政党、军队、地方、社会团体等交流与合作;加强发展战略对接,更好规划重点领域合作,妥善推进中缅油气管道、密松水电站等大项目合作,提升基础设施建设和互联互通水平;促进经贸、农林业等领域合作;扩大文化、教育、卫生交流,筑牢两国民心相通的桥梁。推动中缅关系在新时期取得更大发展,共同促进地区和平、稳定与繁荣。会谈后,李克强与昂山素季共同见证有关双边合作文件的签署。8月19日,中国国家主席习近平在钓鱼台国宾馆会见缅甸国务资政昂山素季。习近平欢迎昂山素季访华,高度赞赏昂山素季追寻先辈足迹、致力于推进中缅友好事业。昂山素季表示,缅中是友好邻邦,缅甸人民珍视同中国人民之间质朴、深厚的"胞波"情谊。感谢中方长期以来支持缅甸经济社会发展和民生建设,特别感谢中方为缅甸农业、卫生、教育事业提供的宝贵帮助。缅方愿同中方共同努力,密切两国高层交往,增进两国人民友谊,加强两国各领域互利合作。缅甸愿与中方共同努力维护缅中边境地区稳定,也不会允许出现影响缅甸与邻国友好关系的事情。缅甸民盟和中国共产党都是代表广大人民的执政党,赞同加强两党交流。

缅甸国务资政昂山素季访问美国

2016年9月14日,缅甸国务资政昂山素季访问美国,与美国总统奥巴马进行会谈。9月15日,昂山素季在美国国会大厦会见美国众议院少数党领袖南希·佩洛西,双方就促进缅美两国关系、增强两国合作、美国国会继续对缅甸民主转型提供帮助等问题交换意见。

美国解除对缅甸的制裁

2016年10月7日,美国总统奥巴马发布行政命令,宣布美国终止实施针对缅甸的《国家应急法》,并由此解除针对缅甸的相关制裁措施。美国财政部代理副部长亚当·舒宾在声明中说,解除对缅甸的经济和金融制裁将进一步支持缅甸贸易和经济发展。美国财政部将继续与缅方合作,执行强有力的反洗钱措施以保证缅甸金融系统安全。美国对缅甸的制裁始于1997年。2011年以来,美国逐步放松对缅甸的制裁。解除经济制裁将引来更多外国企业在缅甸的投资,也将促进美国与缅甸之间的贸易和投资合作。

缅甸国务资政昂山素季访问印度

2016年10月16~18日,缅甸国务资政昂山素季访问印度,印度给予她"国家元首级别"的待遇,为其举行包括检阅三军仪仗队和鸣礼炮等仪式。昂山素季会见印度总统慕克吉、总理莫迪、外交部部长斯瓦拉杰。在与印度总理莫迪会见时,双方就加强农业、边防、人力资源等领域的合作以及印度对缅甸提供就业机会、提供电力能源、通过建设教育和卫生基础设施帮助缅甸发展等内容交换意见。之后,两国签署有关保险和电力及金融领域的合作谅解备忘录。

缅甸国务资政昂山素季访问日本

2016年11月1~5日,缅甸国务资政昂山素季访问日本。11月2日,日本首相安倍晋三举行检阅仪式欢迎昂山素季访日并与其会谈,双方就深化两国经贸合作达成一致。日本政府宣布将在5年内援助缅甸8000亿日元(约77亿美元),用于实现全国和解、城市和乡村同步发展等领域。缅日两国政府就日本派遣青年志愿者到缅甸以帮助缅甸开发人力资源签署合作谅解备忘录。

日本天皇访问菲律宾

2016年1月26~30日,日本天皇明仁和皇后美智子访问菲律宾。虽然明仁与美智子在1962年身为太子、太妃时代访问过菲律宾,但这次访问不仅是他登基28年来首次,更是历代日本天皇中,首位访问菲律宾的日本天皇、皇后。此次访问行程包括到菲律宾总统府拜会阿基诺三世总统以及到菲律宾英雄公墓与日本纪念公园献花。但就有关第二次世界大战期间日军在菲律宾的战争暴行,日菲双方只字未提。

菲律宾与越南加强战略伙伴关系

2016年4月11~12日,菲律宾外交部部长亚敏沓斯访问越南。这是亚敏沓斯自2016年3月接任菲国外长以来首次出访。11日亚敏沓斯在越南首都河内与越南政府副总理兼外交部部长范平明举行会谈,越南政府总理阮春福会见亚敏沓斯。菲律宾外交部称,菲律宾与越南再度确认双方此前缔结的"战略伙伴关系",承诺加强海上安全合作。亚敏沓斯与越南官员就进一步推进菲越战略伙伴关系进行讨论,双方同意就制定《2017~2022年菲律宾—越南行动计划》进行协调,在贸易投资、防务安全、农渔业、科技、文化、人文交流等领域进一步开展合作。双方一致认为,加强在应对海上安全、自然灾害、食品安全、恐怖主义及跨国犯罪等问题上的合作,对互为战略伙伴的两国来说也很重要。

菲马印尼三国防长会议在菲律宾举行

2016年6月20日,菲律宾、马来西亚和印度尼西亚三国国防部长会议在菲律宾首都马尼拉举行,菲律宾国防部部长加斯明与马来西亚国防部部长希沙姆丁、印尼国防部部长里亚米扎尔德出席。会议讨论三国共同关注海域日益增加的安全挑战。2016年以来,菲律宾境内极端组织"亚武沙耶"的武装分子频频在海上袭击、绑架马来西亚和印尼公民,并把受害者挟持至菲律宾南部藏匿、勒索赎金,引发广泛关注。2016年5月,菲律宾、马来西亚、印尼三国外交部部长及国防部部长曾在印尼举行会议,承诺联手应对影响三国的地区海上及安全挑战。三国决定在苏禄海和西里伯斯海联合巡逻。三国也同意建立热线,以便在紧急情况下较快建立通讯联系。

菲律宾总统杜特尔特访问文莱

2016年10月17日,菲律宾总统杜特尔特访问文莱,并与文莱苏丹举行会谈。两国领导人在会谈中认为,两国于1984年建立外交关系以来,两国关系在各个领域持续发展,包括国防、经济、贸易、农业、教育、卫生、能源、人力资源、交通、通讯及多媒体等方面的交流与合作取得显著成绩,同时在东盟扮演重要角色。

菲律宾总统杜特尔特对中国进行国事访问

2016年10月18~21日,应中国国家主席习近平邀请,菲律宾总统罗德里戈·杜特尔特对中国进行国事访问。中国是杜特尔特上任后除东盟国家外,第一个访问的国家。杜特尔特访华随行人员有菲律宾外交部、财政部、农业部等部长级官员，以及数百名企业界人士和大型媒体访华团。中国外交部部长王毅到机场迎接。访华期间，中国国家主席习近平与杜特尔特举行会谈，习近平在会谈时指出，中方愿同菲方一道努力，不断增进政治互信、深化互利合作、妥善处理分歧，做睦邻友好伙伴。在会谈后，两国元首共同见证中菲在经贸、投资、产能、农业、新闻、质检、旅游、禁毒、金融、海警、基础设施建设等领域共13个双边合作文件的签署。中国国务院总理李克强、全国人大常委会委员长张德江分别会见杜特尔特。访华期间，杜特尔特还同中国国务院副总理张高丽共同出席中菲经贸合作论坛，访问中国银行总部，见证菲方与中国银行签署《促进中菲中小企业跨境贸易与投资战略合作协议》。

菲律宾总统杜特尔特访问日本

2016年10月25～27日，菲律宾总统杜特尔特访问日本。这是杜特尔特就任菲律宾总统后首次到访日本。10月26日，杜特尔特与日本首相安倍晋三在首相官邸举行首脑会谈，并在会谈后举行记者会。首脑会谈后，日菲两国签署约210亿日元（约合2亿美元）的贷款协议。贷款协议包括帮助菲律宾强化海上执法能力，日本向菲律宾提供两艘大型巡逻船，并向杜特尔特的家乡棉兰老岛提供50亿日元政府开发援助资金支持当地农业发展。10月27日，杜特尔特与日本天皇举行会晤。

第3届新中社会治理高层论坛

2016年5月17～18日在新加坡举行。中共中央政治局委员、中央政法委书记、中央综治委主任孟建柱与新加坡副总理兼国家安全统筹部部长张志贤共同主持开幕式并致辞。

孟建柱在致辞中表示，中国政府高度重视多样化条件下社会治理，积极探索推进系统治理、依法治理、综合治理、源头治理，努力走出一条符合中国国情、体现时代要求、顺应人民期待的社会治理现代化之路，促进社会既安定有序又充满活力。孟建柱就提高多样化条件下社会治理水平提出三点建议：坚持开放、包容，为社会治理创新提供广阔空间；坚持合作、互通、共享，增强社会治理的系统性、整体性、协同性；坚持民主、自治，打造社会治理人人有责、人人尽责的命运共同体。

5月17～18日，第3届新中社会治理高层论坛在新加坡举行。图为与会人员合影 （百度网）

张志贤在致辞中介绍了新加坡治理多元化社会的理念和做法，表达了加强两国在社会治理领域交流合作的愿望。

新加坡总理李显龙访问缅甸

2016年6月7～9日，新加坡总理李显龙访问缅甸。6月7日，缅甸总统廷觉在内比都会见李显龙。双方就避免双重课税协定和启动双边投资协定、促进两国投资、加强航空联系、发展旅游业合作等事宜进行讨论。同日，李显龙会见缅甸国务资政昂山素季，李显龙呼吁昂山素季在国际层面和国际事务中代表东盟发挥领导作用。双方就新加坡和缅甸公民30日停留期免签达成协议。

新加坡武装部队军训学院与中国人民解放军国防大学签署合作备忘录

2016年7月4日，新加坡武装部队军训学院与中国人民解放军国防大学在北京签署合作备忘录。在这项合作计划下，两所学府的师资和学员将相互访问，增进交流。

新加坡与澳大利亚签署全面战略伙伴关系协定首批谅解备忘录

2016年10月11～13日，新加坡政府总理李显龙访问澳大利亚。10月13日，新加坡政府总理李显龙与澳大利亚总理特恩布尔在澳大利亚国会大厦签署4份谅解备忘录和相关协定，包括修订新澳自由贸易协定、新加坡在澳大利亚的军事训练和军训区发展、新澳创新与科研合作以及共同打击跨国贩毒行动。在防务合作方面，新加坡在澳大利亚的军训区扩大至新加坡总面积的10倍。新加坡每年派往澳大利亚受训的部队人数从原来的6000人增至1.4万人，训练期从6周延长至最多18周。两国共同开发新军训区，并修建先进的军训设施。

第 7 届俄新高层跨政府委员会会议

2016 年 11 月 25 日在新加坡举行，由新加坡副总理兼经济及社会政策统筹部部长尚达曼和俄罗斯第一副总理舒瓦洛夫共同主持，双方探讨如何加强在多个领域的广泛合作并签署一系列合作协议。两国同意加快新加坡与欧亚经济联盟的自由贸易协定谈判进程。双方在 2015 年的会议上启动该协定谈判程序。协定一旦谈成，将为新加坡开拓拥有 1.8 亿人口和 4.2 万亿美元（约 5.98 万亿新元）国内生产总值的欧亚市场。

俄罗斯与新加坡轮流主办的高层跨政府委员会会议是 2009 年设立的。会议旨在促进新加坡与俄罗斯在农业、教育、文化、治理、律政、信息与通讯、贸易投资等领域的双边合作。

泰国公主诗琳通访问柬埔寨

2016 年 2 月 22 ~ 24 日，泰国公主诗琳通应柬埔寨首相洪森邀请，对柬埔寨进行友好访问。访问期间，诗琳通公主拜会柬埔寨国王诺罗敦·西哈莫尼，还赴柬埔寨几个省份出席泰国援助柬埔寨的几个项目的动工及移交仪式，包括与洪森共同主持位于实居省的技术学院动工仪式、与柬埔寨教育部部长洪尊那隆共同主持磅同省科技学院太阳能室移交仪式以及出席拉达那基省一所医疗中心的剪彩仪式。此外，诗琳通还走访一些省份的小学。洪森对诗琳通公主的此次访问，对其在教育和卫生领域为柬埔寨提供的援助表示衷心感谢。

泰国商团访问俄罗斯和白俄罗斯

2016 年 2 月 22 ~ 27 日，泰国副总理兼国防部部长巴逸、副总理兼内阁经济小组组长颂奇，带队出访俄罗斯和白俄罗斯，洽谈扩大双方贸易与投资往来事宜，并为泰国总理巴育 5 月的正式访问做准备。泰国商业部为增加俄罗斯从泰国进口大米和橡胶的谅解备忘录签定量，带领由 37 人组成的商团与俄罗斯进行接洽。颂奇主持“一对一会议”以及“泰俄商务圆桌会议”，与俄罗斯 10 家民企展开洽谈，拓展双方民营机构之间的贸易与投资往来。此外，代表团还拜访白俄罗斯副总理，与白俄罗斯国家石化委员会主席及大型橡胶贸易公司高管接洽商谈，设法扩大双方贸易合作。

亚洲合作对话第 14 次外长会在泰国曼谷举行

2016 年 3 月 10 日，亚洲合作对话（ACD）第 14 次外长会在泰国曼谷举行，来自 34 国的外长或外长代表应邀出席。亚洲合作对话于 2002 年由泰国倡议成立，是目前唯一面向全亚洲的政府间对话与合作机制。泰国总理巴育出席会议开幕式并致辞。会议重点讨论 ACD 机制建设、重点领域合作和愿景规划等议题，通过主席声明并决定将成果文件《亚洲合作对话：前行之路》提交 ACD 第二届领导人会议审议。

泰国曼谷与中国上海缔结为友好城市

2016 年 5 月 10 ~ 11 日，由中共中央政治局委员、上海市委书记韩正率领的中国共产党代表团访问泰国。访问期间，韩正会见泰国总理巴育等泰国政要，出席上海与曼谷建立友好城市协议签署仪式，考察上海企业在泰国的合作项目，推动上海与泰国重要城市之间在金融、制造、文化等领域的交流合作。在曼谷，韩正还会见曼谷市长素坤潘·博力帕亲王。会见后，双方共同出席上海与曼谷缔结友好城市协议签署仪式。根据协议，上海与曼谷将在经贸、科技、教育、文化等各领域开展友好合作。

泰国总理巴育访问俄罗斯

2016 年 5 月 17 ~ 21 日，泰国总理巴育应俄罗斯总理梅德韦杰夫的邀请，偕夫人及内阁一行对俄罗斯展开正式访问。俄罗斯是巴育总理进行双边访问的首个亚洲以外的国家，此行旨在增进各领域合作，填补两国在近 11 年内的外交空白，访问期间，巴育与梅德韦杰夫签署 14 份协议，涵盖政府与民营企业各个领域的合作。随后，巴育出席在俄罗斯索契举行的俄罗斯—东盟峰会，并会晤俄罗斯总统普京。

“蓝色突击—2016”中泰海军陆战队联合训练在泰国举行

2016 年 5 月 21 日上午 10 时，“蓝色突击—2016”中泰海军陆战队联合训练开幕式在泰国梭桃邑海军陆战队司令部举行。此次联训是继“蓝色突击—2010”“蓝色突击—2012”之后举行的第 3 次中泰海军陆战队联合训练，主题是“中泰海军陆战队人道主义救援联合行动”，包括反恐背景下的两栖作战、在发生冲突地区撤离人员、救灾，以及舰艇战术机动、协同通信等课目和内容。其兵力规模、装备种类、科目内容均超以往。中泰双方参训总兵力超过 1000 人。中方首次派舰艇和飞机参训，参训官兵 500 多名。开幕式上，双方代表团团长共同检阅参训部队。随后，中方展示了擒敌拳、棍术、长刀等军事技能，泰方进行泰拳表演。中方代表团团长、中国海军副司令员王海表示，此次联训充分体现两国两军牢固的传统友谊和务实的军事合作与交流。联训顺应当前国际海上安全形势发展对海军陆战队军事行动能力的需求，彰显两国海军陆战队共同打击恐怖主义、捍卫地区与世界和平的决心、意志和能力。泰方代表团团长、泰国海军作战舰队司令纳里斯·巴图苏望表示，中泰友谊源远流长，本次联训旨在通过知识和经验的交流,提高参训官兵能力素质,推动中泰两国海军进一步密切合作。

泰国总理巴育访问印度

2016年6月17日,泰国总理巴育访问印度,期间,与印度总理莫迪、印度外交部部长苏诗玛举行会晤,促进两国在文化领域的交流。两国均表示希望能就陆海空交通实现互联互通展开合作,特别是海上运输方面。之后,两国总理共同见证《2017~2019年泰国—印度文化交流项目执行计划》《清迈大学与那加兰邦大学合作谅解备忘录》的签署。泰国总理巴育强调,希望印度能将泰国当作进入东盟市场的大门。

泰国总理巴育出席第71届联合国大会

2016年9月18日下午,泰国总理巴育携政府高官抵达美国纽约,出席第71届联合国大会。泰国总理巴育在联合国大会上发表主题为"长期发展目标,国际压力改变我们的世界"的演讲。表示泰国重视长期发展,成立国家级工作委员会,制定第12份经济和社会发展计划,以及20年国家发展战略,重视提高人民的生活品质,减少贫富差距,为人民提供全方位的基础设施服务。

亚洲合作对话第二次领导人会议在泰国曼谷举行

2016年10月9~10日,亚洲合作对话第二次领导人会议在泰国曼谷举行,亚洲34个国家和地区领导人出席,泰国总理巴育主持会议并致辞。亚洲合作对话是目前唯一面向全亚洲的官方对话与合作机制,于2002年设立,主要推动各成员之间农业、能源、扶贫等领域交流与合作,旨在开展亚洲对话、推动亚洲合作、促进亚洲发展。本次会议的主题是"多元化实力,同一个亚洲"。会议推动六大领域合作:外交、科技与创新、教育与人力资源开发、食品和水及能源的安全与稳定、文化与旅游、全面与均衡开发。会议通过《亚洲合作对话亚洲合作愿景2030》《曼谷宣言》和《关于通过互联互通伙伴关系提振亚洲增长的声明》三份成果文件,并接受土耳其和尼泊尔为新成员国。

10月9~10日,亚洲合作对话第二次领导人会议在泰国曼谷举行　（百度网）

越南继续广泛深度融入国际经济

2016年2月4日,包括越南在内的12个成员国的经贸部长在新西兰奥克兰市签署《跨太平洋伙伴关系协定》(TPP),标志着各国正式完成全部谈判进程,并开始进行各国的国内批准程序;10月5日,《越南与亚欧经济联盟自由贸易协定》正式生效。基于美国大选后政治变化,越南停止提交国会批准《跨太平洋伙伴关系协定》,2016年11月17日越南政府总理阮春福在越南第十四届国会第二次会议接受质询时表示,越南已经准备了各种必要条件参加TPP并随时准备着送交国会批准,但是美国已经宣布暂停将TPP送交国会审议,因此越南没有提交批准此案的充分条件,无论有没有TPP,越南经济都将继续广泛深度融入国际经济。

越南政府总理阮春福访问俄罗斯

2016年5月16~20日,越南政府总理阮春福对俄罗斯进行正式访问,这是阮春福4月当选总理后首次出访。俄罗斯总理梅德韦杰夫与阮春福举行会谈,双方一致同意加强在贸易、能源、多边合作、军事技术、科技、教育培训、文化、旅游、劳务等领域的合作。双方对两国政治互信不断增强表示满意,并同意将加强两国各层级代表团的互访,有效维护现有对话和磋商机制。会谈后阮春福总理和俄罗斯总理梅德韦杰夫见证两国多项合作文件签署,其中包括:越南国有资本投资经营总公司与俄罗斯直接投资基金的合作谅解备忘录;越南国家油气集团与俄罗斯天然气工业股份公司关于电气领域的合作备忘录、在越南和第三国开展石油勘探开采领域合作的备忘录、关于培训合作协议的延期文件;越南国家油气集团与俄罗斯石油公司战略合作协议;越南TH乳制品集团与俄罗斯卡卢加州关于投资兴建奶牛养殖与高科技乳制品加工和绿色蔬果玻璃温室大棚综合项目合作协议;越南国家油气集团与VSP/PVEP/Bitexco/Sovico承包商联合体关于16-01/15石油块区的产品分成合同。此外,阮春福还会见俄罗斯联邦共产党中央委员会主席久加诺夫、俄罗斯联邦国家杜马主席谢尔盖·纳雷什金,出席越俄企业论坛。19~20日出席于俄罗斯索契举行的东盟—俄罗斯建立对话伙伴关系20周年纪念峰会。

美国总统奥巴马对越南进行正式访问

2016年5月23~25日，美国总统奥巴马对越南进行正式访问。这是越美两国关系正常化以来第三位对越南进行正式访问的美国在任总统。越南国家主席陈大光同奥巴马举行会谈，双方强调要大力促进经贸、科技、教育培训、应对气候变化等领域的合作，同时在清除橙剂和爆炸物等战争遗留后果、人道主义救援和自然灾害救助等方面加强合作。会谈后，双方发表联合声明，一致同意促进两国全面伙伴关系实质、深入和务实发展。两国领导人见证越捷航空向美国波音公司购买100架波音737MAX200型客机合同、越南工贸部与美国通用电气公司关于合作开发越南风能备忘录等文件的签署。在此后举行的新闻发布会上，奥巴马宣布美国将全面解除对越南出售杀伤性武器禁令。访越期间，奥巴马就美越关系在越南国家会议中心发表演讲；在胡志明市与越南工商界人士和东南亚青年领袖倡议的成员见面和交流。

越南国家主席陈大光对柬埔寨进行国事访问

2016年6月14~16日，越南国家主席陈大光对柬埔寨进行国事访问。访问期间，陈大光与柬埔寨国王诺罗敦·西哈莫尼举行会晤，分别会见柬埔寨参议院主席赛冲、国会主席韩桑林、政府首相洪森、柬埔寨佛教大宗派狄旺僧王和佛教法宗派布格里僧王。双方在会谈中表示，将继续本着“睦邻友好、传统友谊、全面合作、长期稳定”的方针巩固和发展两国关系，相互尊重独立主权和领土完整，互不干涉内政，并且不允许任何敌对势力利用本国领土威胁对方国家安全，通过和平谈判解决两国之间发生的问题；双方将完善相关机制和协议促进两国间经贸、投资、教育、培训等领域的合作，推动尽早签署《避免双重征税协定》，制定两国经济，尤其是边境经济发展合作计划，力争实现两国贸易额达到50亿美元的目标；越方希望柬方继续重视解决旅柬越南侨民的困难，尤其是其法理地位问题，营造便利条件让旅柬越南侨民稳定生活；双方同意将于2017年举行各项活动，庆祝越柬建交50周年。6月16日，访问结束后，双方发表联合声明。

越南国家主席陈大光对文莱进行国事访问

2016年8月26~28日，越南国家主席陈大光对文莱进行国事访问，文莱苏丹哈桑纳尔·博尔基亚在努鲁伊曼王宫举行仪式欢迎陈大光访问文莱，随后，哈桑纳尔·博尔基亚与陈大光举行会谈。会谈中，双方一致同意两国开展协作，加强高层互访，推进民间交流以及举行多项活动纪念两国建交25周年；强调进一步加强经贸与投资等领域合作，实现到2025年两国贸易额达5亿美元的目标。双方同意加强双边防务合作以及各军兵种，尤其是海军之间的合作；双方还同意研究谈判签署两国政府间合作防范和打击跨国犯罪协定、刑事司法协助协定、引渡协定、移交罪犯协定等文件。此外，双方希望推动农业、水产业、油气、劳务、旅游、教育培训、交通运输等潜力巨大的领域的合作。8月28日，双方发表联合声明。

印度总理莫迪对越南进行正式访问

2016年9月2~3日，印度总理莫迪对越南进行正式访问，这是印度总理15年来首次正式访问越南。越南政府总理阮春福与莫迪举行会谈。莫迪还分别会见越共中央总书记阮富仲、国家主席陈大光、国会主席阮氏金银。越方再次强调一贯支持印度实施“向东行动”政策并在地区与世界扮演更加重要的作用。莫迪表示越南是印度“向东行动”政策的一个重要支柱。双方一致同意将两国关系由战略伙伴关系提升至全面战略伙伴关系。会谈后，两国总理见证《越南和印度政府间关于和平开发利用宇宙的合作框架协定》《避免双重征税协定修订议定书》《维护和平领域合作计划》《越南外交部和印度外交部关于纪念2017“友谊年”议定书》《医疗合作备忘录》《信息技术合作备忘录》等12份合作文件的签署仪式。双方发表关于政治和国防安全关系、经贸与投资合作、能源、互联互通、科技、培训、医疗、文化、旅游和民间交流、地区和国际合作等领域合作的联合声明。

9月3日，越南总理阮春福与到访的印度总理莫迪在越南河内举行会谈

（百度网）

越南政府总理阮春福访问中国

2016年9月10~15日，越南政府总理阮春福对中国进行正式访问，这是越共十二大之后越南最高级别领导人对中国进行访问。访问期间，中共中央总书记、中国国家主

席习近平，全国人大常委会委员长张德江，全国政协主席俞正声分别会见阮春福。中国国务院总理李克强同阮春福举行会谈，双方在友好、坦诚的气氛中，相互通报各自党和国家的情况，就新形势下进一步深化中越全面战略合作伙伴关系及共同关心的国际地区问题深入交换意见，达成广泛共识。双方认为，中越友谊是两党两国和两国人民的宝贵财富，应共同继承、维护和发扬好。双方就海上问题坦诚深入交换意见，一致同意继续恪守两党两国领导人达成的重要共识和《关于指导解决中越海上问题基本原则协议》，寻求双方均能接受的基本和长久解决办法。会谈后，两国总理共同见证双方经贸、产能、基础设施、教育、旅游等领域合作文件的签署。阮春福还出席第13届中国—东盟博览会和中国—东盟商务与投资峰会，并访问广西和香港特别行政区。

越南国会主席阮氏金银对印度进行正式访问

2016年12月8～11日，越南国会主席阮氏金银对印度进行正式访问。12月9日，阮氏金银在印度国会大厦同印度人民院议长马哈詹举行会谈。双方表示近年来越印两国立法机关之间关系不断得到巩固和发展，希望通过加强立法领域，两国国会友好议员小组、立法机关交流，进一步加强两国国会关系；强调加强两国经贸、教育、文化、考古等领域的合作。会谈结束后，阮氏金银和马哈詹签署越南国会和印度人民院之间合作协议，共同见证《越南政府与印度政府有关合作和平利用核能协定》《越南电力集团与印度国家能源服务公司合作备忘录》《越捷航空与印度航空公司有关开通越南至印度各大城市航线，当前开通胡志明市到新德里航线的备忘录》等两国有关部门各项合作协议的签字仪式。

访问期间，阮氏金银还分别会见印度总理莫迪、印度总统普拉纳布·慕克吉、印度国大党主席索尼娅·甘地、印度共产党总书记雷迪等。在会见印度总理莫迪时，阮氏金银表示，越南支持并鼓励印度石油公司参与越南大陆架开放区块的投资，并建议印度伙伴研究其他合作机会，希望印度为越南参与在印度或第三国的石油项目合作提供便利。

经　济

亚洲基础设施投资银行开业仪式在北京举行

2016年1月16日，历经800余天筹备，由中国倡议成立、57国共同筹建的亚洲基础设施投资银行在北京正式开业运营。中国国家主席习近平出席开业仪式并致辞。习近平强调，中国是国际发展体系的积极参与者和受益者，也是建设性的贡献者。倡议成立亚投行，就是中国承担更多国际责任、推动完善现有国际经济体系、提供国际公共产品的建设性举动，有利于促进各方实现互利共赢。中国作为亚投行倡议方，将坚定不移支持其运营和发展。除按期缴纳股本金之外，还将向银行即将设立的项目准备特别基金出资5000万美元，用于支持欠发达成员国开展基础设施项目准备。

·链接资料·

亚洲基础设施投资银行

亚洲基础设施投资银行(*Asian Infrastructure Investment Bank*，简称亚投行，*AIIB*)是一个政府间性质的亚洲区域多边开发机构，重点支持基础设施建设，成立宗旨在于促进亚洲区域的互联互通建设和经济一体化进程，并加强中国与其他亚洲国家和地区的合作。总部设在北京，法定资本*1000*亿美元。

*2013*年*10*月*2*日，中国国家主席习近平提出筹建亚洲基础设施投资银行倡议。*2014*年*10*月*24*日，中国、印度、新加坡等*21*个首批意向创始成员国的财长和授权代表在北京签约，共同决定成立亚洲基础设施投资银行。*2015*年*4*月*15*日，亚投行意向创始成员国确定为*57*个，其中域内国家*37*个、域外国家*20*个。*2015*年*6*月*29*日，《亚洲基础设施投资银行协定》签署仪式在北京举行，亚投行*57*个意向创始成员国财长或授权代表出席签署仪式。*2015*年*12*月*25*日，亚洲基础设施投资银行正式成立，全球迎来首个由中国倡议设立的多边金融机构。*2016*年*1*月

*1*月*16*日，亚洲基础设施投资银行开业仪式在中国北京举行　（百度网）

16～18日，亚投行开业仪式暨理事会和董事会成立大会在北京举行。

亚投行的治理结构分理事会、董事会、管理层三层。理事会是最高决策机构，每个成员在亚投行有正副理事各一名。董事会有12名董事，其中域内9名，域外3名。管理层由行长和5位副行长组成。

中国成为国际货币基金组织第三大股东

2016年1月27日，国际货币基金组织（IMF）宣布，《董事会改革修正案》已于1月26日生效，这意味着中国正式成为IMF第三大股东。该修正案是IMF推进份额和治理改革的一部分。根据方案，约6%的份额将向有活力的新兴市场和发展中国家转移，中国份额占比从3.996%升至6.394%，排名从第六跃居第三，仅次于美国和日本。

中国宣布全面推进资源税改革

2016年5月10日，中国财政部、国家税务总局联合行文，宣布自2016年7月1日起，中国全面推进资源税改革，这是继5月1日全面推开营业税改增值税试点后，中国推出的又一重大税制改革。

此次资源税改革将全面推开从价计征方式，同时，将全面清理收费基金，以解决企业税费重叠问题。为避免统一税率造成企业结构性负担增加，此次改革由中央统一规定矿产品的税率幅度。在规定的税率幅度内，省级人民政府可对主要应税产品提出具体适用税率建议，报国家财政部、国家税务总局确定核准后实施。

中国成为全球第一大互联网市场

2016年9月22日，联合国宽带委员会发布的《2016年全球宽带状况报告》显示，中国以7.21亿网民人数成为全球第一大互联网市场，比位居第二的印度网民人数多3.88亿。

“中国机器人”认证标志及首批认证证书发布

2016年11月2日，在中国上海举办的“2016国际机器人检测认证高峰论坛”上，中国国家发展改革委、国家质检总局、工业和信息化部、国家认监委向全球发布“中国机器人”认证标志，同时颁发首批中国机器人产品认证证书，这标志着中国正式建立实施机器人检测认证制度。

根据中国国家统计局数据，2015年中国工业机器人产量为3.3万台（包括外资品牌），比上年增长21.7%；2016年1～9月继续保持高速增长，产量达到5.09万台，比上年同期增长30.8%，比2015年全年增长率高出约9个百分点，年均增速远高于全国工业和装备制造业增速。

中国最大邮轮母港投入使用

2016年11月12日，中国最大的邮轮母港——深圳蛇口邮轮母港正式开港投入使用。深圳蛇口邮轮母港规划形成包括22万吨级大型国际邮轮泊位在内的各类泊位17个，可以停泊世界最大的邮轮，设计通过能力为760万人次/年，预计10年全部建成。占地9.4平方千米的中国邮轮旅游发展实验区也同时在深圳蛇口成立，旨在打造集旅游运营、餐饮购物、免税贸易、酒店文娱、港口地产、金融服务等于一体的邮轮产业链。有数据显示，2015年中国邮轮旅游达到248万人次，其中母港出境游客222万人次，占亚洲邮轮市场总量的40%。

文莱采用公私合营模式提供国民住房与供水服务

2016年3月17日，文莱发展部部长拿督巴赫林在第12届立法会上表示，受原油价格暴跌影响，文莱财政收入大幅萎缩，2016/2017财年财政赤字依存度接近70%，绝大部分政府部门预算被削减，其中，发展部预算仅为2.35亿文莱元，比上财年减少21%。文莱采取多种策略应对财政预算紧缩问题，其中包括采用公私合营模式（PPP）将国民住房和供水等具备条件的公用事业和公共服务部门进行公司化、私有化改革，以减轻政府财政负担。

文莱立法会通过2016/2017财年财政预算

2016年3月22日，文莱第12届第1次文莱立法会议通过2016/2017财年财政预算，总预算为56亿文莱元，比上财年减少8亿文莱元。其中：财政收入预算17.64亿文莱元，减少23.53亿文莱元；预算赤字38.36亿文莱元，赤字依存度高达68.5%。本财年来自油气产业的财政收入预算仅为8.54亿文莱元，在财政收入中的占比大幅降至48.4%。

中国银行（香港）文莱分行开业

2016年12月20日，中国银行（香港）文莱分行在斯里巴加湾开业，文莱内政部部长阿布·巴卡尔、中国驻文莱大使杨健以及中国银行副行长许罗德、中银香港副总裁林景臻出席开业仪式。这是中银香港在文莱成立的第一家中资银行。

文莱政府注重发展农业

2016年，文莱政府采取措施发展农业。一是增加农业投资。文莱政府2016年对水稻种植项目的投入超过30万文莱元。文莱政府将有关农业项目的拨款列入国家发展计划的专项中，拨款预算超过530万文莱元，分阶段投向农业基础设施、肥料、农药、机械设备等领域，帮助农民提高产能。二是引导农民改进经营方式。利用先进技术,发展商业规模种植,选用高产的种子或种苗,增加农产品产量,提高农产品的竞争力。三是拓展多元投资渠道。鼓励外资、本国企业和个人等投资农业。

柬埔寨旅游部开始运作“电子旅游”系统

2016年年初,柬埔寨旅游工业网站和柬埔寨导游网站开始正式运作,这两个网站隶属于柬埔寨旅游部推出的电子旅游系统,旅游业者(如酒店、客栈、餐厅和娱乐场所)及导游可以上网注册及上传资料,快捷便利。据柬埔寨旅游部部长唐坤介绍,推出“电子旅游”系统,是要鼓励现有业者向旅游部注册,让旅游部得以更好地管理和监督业者的服务质量,提高行政服务效率,提升旅游业服务质量。柬埔寨旅游部积极推动国内景点规范化建设,要求旅游景点必须办理旅游执照,获得旅游执照,才能正式接待外国游客。柬埔寨全国共有旅游景点1429个,其中335个旅游景点拥有或正在申请柬埔寨旅游部的旅游执照。

柬埔寨生胶价格回升

2016年4月,随着国际生胶价格回暖,柬埔寨生胶价格开始回升,当地橡胶种植园开割积极性明显提高。据柬埔寨橡胶出口部主管杭世镇介绍,柬埔寨胶价随着世界胶价涨落,胶价跌至谷底时的生胶出口价格是1050美元/吨,2016年一季度出口价格每吨已经上涨300~400美元。橡胶是柬埔寨的重要经济作物之一,前几年由于国际橡胶价格走低,影响了当地胶农的积极性,一度出现有橡胶园停割的现象。如今胶价上涨,促使更多的越南商人到柬埔寨收购初加工后的生胶片,带动了柬埔寨的橡胶生产。

柬埔寨博彩业发展迅猛

2006年在香港主板上市的柬埔寨赌博公司金界控股(03918. HK)2016年4月发布季度运营数据,2016年头3个月贵宾厅的泥码较上年剧增65%,博彩收入增长35%。根据金界控股的财务报告,2015年博彩收入4.81亿美元,比上年增长26%;净利润1.73亿美元,增长27%。金界控股收入和净利润上升已经持续多年,不仅博彩收入逐年增加,与之相关的酒店、娱乐及购物收入也水涨船高。

柬埔寨首家乳制品厂投产

2016年5月25日,由柬埔寨BPC公司和越南乳制品公司合资成立的吴哥乳制品有限公司,在金边举行落成投产仪式,这是柬埔寨第一家也是目前唯一一家乳制品生产厂,生产线满足国际食品安全和环境标准。该厂投资总额约2300万美元,其中越方持股51%,厂址设在金边经济特区,占地面积近3万平方米。项目一期年产量为液态奶1900万升、酸奶6400万盒,炼乳8000盒;二期预计增产1倍,以满足柬埔寨人民对乳制品日益增加的需求。

柬埔寨天睿农业经贸合作特区被确立为中柬国家级农业经贸合作特区

2016年10月10日,中国农业部副部长屈冬玉访问柬埔寨。访问期间,屈冬玉代表中国农业部与柬埔寨农林渔业部部长荣沙坤举行会谈,会谈中就有关“天睿(柬)农业经贸合作特区是中柬国家农业部共同确认的国家级合作项目,双方将大力支持天睿农业经贸合作特区项目的建设发展”等多项具体事宜达成合作共识,双方同意共建集研发、培育、种植到收购、仓储、加工再到销售、物流、服务等上中下游产业链一体化的中柬国家级农业经贸合作特区项目,会谈后双方签署《中国—柬埔寨农业合作会议纪要》。10月19日,柬埔寨农林渔业部与天睿(柬)农业经贸合作特区有限公司签署合作备忘录,中柬国家级农业经贸合作特区正式确立。项目建成后将大幅度提升柬埔寨农业生产的技术水平,促进和完善从农业生产到农产品加工、再到仓储物流、国际商贸等全产业的建设发展。

印度尼西亚交通部签12项总值2万亿盾的战略合同

2016年1月18日,印度尼西亚交通部在雅加达交通部大楼举行签署仪式,仪式上签署12个项目总值2.07万亿盾的战略合同,印度尼西亚总统佐科参加此次仪式。该12项战略合同是交通部2016年预算年中共273项合同的一部分,其中包括陆运2项、海运4项、空运3项、铁路2项、人力资源开发1项。

印度尼西亚发售近4万亿卢比的零售债券

2016年5月,印度尼西亚政府发售零售债券集资3.92万亿卢比,此债券为储蓄债券,不能提前提取,也不能在二级市场卖出,且利率是波动的,最低为7.50%,2018年到期。有11900人购买该债券。

印度尼西亚获得亚投行2.16亿美元贷款用于贫民窟改造工程

2016年6月25日,亚洲基础设施投资银行批准印度尼西亚2.16亿美元的贷款请求,该项贷款用来支持印度尼西亚的贫民窟改造工程。

中国—印度尼西亚企业家峰会在雅加达举行

2016年12月6日,中国—印度尼西亚企业家峰会暨中国(浙江)—印度尼西亚产业对接洽谈会在雅加达举行。此次峰会由中国贸易促进委员会、印度尼西亚工商会馆中国委员会、浙江省贸易促进委员会共同主办。中国和印度尼西亚两国官员和工商界嘉宾、企业家共500余人与会。印度尼西亚投资协调委员会副主席希玛万·哈里尤加表示，印度尼西亚非常欢迎中国企业、浙江企业前来投资发展，特别是在共同建设“一带一路”中，两国存在很多的合作机会。中方表示，在贸易方面，两国可以继续加强在纺织服装、机械电子、现代农业以及资源能源开发、基础设施建设、高端工业制造等方面的合作，并拓展新的发展领域。在投资领域，两地企业家可以积极探索合资合作、股份合作等多种形式，在农业生产等方面取得新的突破。在峰会开幕式上，中国浙江省贸易促进委员会与印度尼西亚工商会馆中国委员会签署友好合作协议。

12月25日，老中铁路全线开工仪式在老挝琅勃拉邦省蓬赛村新湄公河大桥选址一端举行。图为嘉宾在开工仪式上敲钟　（百度网）

印度尼西亚获森林执法、管理与贸易（FLEGT）许可证

2016年12月20日，印度尼西亚驻伦敦大使馆宣布，印度尼西亚成为第一个获得森林执法、管理与贸易（Forest Law Enforcement, Governance and Trade，简称FLEGT）许可证的国家，可向欧盟28个国家出口木制品。2017年年初印度尼西亚向英国出口拥有FLEGT许可证的首批木制品，标志该许可证正式生效。

“老挝一号”通信卫星正式投入商业运营

继2016年3月9日在轨交付后，9月2日老挝亚太卫星有限公司（中老合资）与老挝计划与投资部签署《特许经营协议》，开始提供SD及HD的54套卫星电视服务。同时，开展卫星通信、卫星电视直播、无线宽带接入和国际通信等服务，业务范围覆盖中国香港、老挝、缅甸和印度尼西亚等国家和地区。位于万象市郊的卫星地面测控站已成为老挝的科普基地，对人才的培养发挥着重要作用，老挝相关部门拟利用卫星开展远程授课和远程医疗服务。

老挝采矿业形成规模

2016年10月18～20日举行的老挝2015～2016年度矿产投资管理协商会议信息显示，老挝有657家企业从事矿产业，正在勘察和开采的项目942个。其中：中央政府审批的企业226家共392个项目，地方政府审批的企业431家550个项目。已经从事开采的企业511家693个项目，其余项目处于编制可研报告阶段。

2011～2015年，老挝能源矿产部门创造的总产值943423.9亿基普，比2006～2010年增长9.22%，占GDP的12%。

老中铁路全线开工

2016年12月25日，老中铁路全线开工仪式在老挝琅勃拉邦省蓬赛村新湄公河大桥选址一端正式举行，老挝总理通伦率老中双方代表挥铲破土并亲自鸣锣9响。该铁路北起中老边境磨憨—磨丁口岸，南至万象，全长417千米（其中60%以上路段为桥梁和隧道），投资总额400亿元人民币，由中老双方按70%和30%的股比合资建设，建设期5年。设计时速160千米，全线32个车站。该铁路是第一个以中方为主投资建设、共同运营并与中国铁路网直接连通的境外铁路项目，全线采用中国技术标准、使用中国设备。老中铁路将使老挝“陆锁国”变“陆联国”战略得以实现，成为今后老挝经济增长的重要支柱。

老挝建成发电站46座

截至2016年，老挝已建成发电站46座，其中水电站45座、火电站1座，投资总额100多亿美元（多数为外国投资），累计装机容量630.8万千瓦，其中供应国内210万千瓦，其余出口，年发电量333.15亿千瓦时。2016年建成并发电的项目主要有红沙火力发电厂（装机容量187.8万千瓦）、南坎2号水电站（13万千瓦）、会兰庞水电站（8.8万千瓦）等。老挝共有输变电站53座，输电线路长50000余千米；全国148个县均已通电，其中85.54%的村庄和90%的家庭普及用电。老挝计划到2020年发电站总数达到75座，装机容量1077.5万千瓦，年发电量555.82亿千瓦时。老挝国家电力公司拟在2015～2025年建设变电站38座。其中：115/22千伏安15座，230/115/22千伏安11座以及500/230/115/22千伏安12座，增建高压输电线路6000千米。

旅游业成为老挝第二大创收行业

2016 年,老挝入境游客 423.91 万人次,虽较上年减少约 40 万人次,但旅游业已成为第二大创收行业。游客主要来自泰国、越南等东盟国家以及中国、日本、韩国、澳大利亚、法国、英国和德国。

老挝全国有旅游景点 1916 个,其中自然景点 1093 个,文化景点 541 个,历史景点 282 个。有 236 家旅行社及代理机构从事旅游业务。

马来西亚采取措施改善消费税制度

2016 年 1 月 1 日,马来西亚采取多项措施改善消费税制度。这些措施包括:一是从 1 月 1 日开始,将所有 A、B、C 及 D 组别的受管制药物以及包括治疗癌症、糖尿病、高血压、心脏病药物等 95 个非处方药物列入消费税免税清单。这项措施将免税药物从原有的 4215 种增至 8630 种。二是把一些食品列入消费税免税清单。包括以豆奶和有机牛奶为基础的婴儿和儿童奶粉,以鹰嘴豆、绿豆、白豆为基础的印度豆糊,莲藕、马蹄、芥末子、椰糖、沙捞越哥罗面面条等食品,都被列入免税清单。三是把消费税制度下的固定税率起征点,从原来的年收入 10 万林吉特降低至 5 万林吉特,以便让更多小农户登记,为他们增加 2% 的销售额,用来应对他们需要缴付的进项税。四是为航空航天工业提供调整、维修及保养服务的公司,获准参与核定贸易商计划,进口商品豁免消费税。五是在油气工业方面,重新进口因出租、抵押而被出口的器材,如石油钻井平台、浮动平台等,免征消费税。六是为了落实技术职业训练计划而采购的教学材料和器材也享有免税优惠。七是所有马来西亚籍手机预付服务用户,2016 年获得所缴付消费税的回扣,直接汇入手机用户的预付账号。

马来西亚主要外资银行上调基本利率

2016 年 1 月,马来西亚 3 家主要外资银行调高基本利率及基本借贷利率。马来西亚华侨银行将基本利率调高 7 个基点至 3.99%,基本借贷利率上调至 6.92%,2016 年 1 月 2 日开始生效。马来西亚大华银行调高 11 个基点,即基本利率上调至 4%,基本借贷利率上调至 6.96%,1 月 8 日开始生效。马来西亚汇丰银行则上调 15 个基点,基本利率上调至 3.9%,基本借贷利率上调至 7%,1 月 15 日开始生效。3 家主要外资银行的动作主要是利率正常变化,并不是马来西亚所有银行利率趋升预兆。

马来西亚禁止铝土出口

2016 年 1 月,马来西亚开始禁止出口铝土。此后,分别在 4 月、7 月、9 月宣布连续延长禁令,将暂停铝土矿开采活动的期限延至 12 月 31 日。过去两年,马来西亚基本处于无监管状态的铝土矿开采业迅猛发展,但疯狂的开采导致公众强烈不满,很多人抱怨水污染和环境破坏。为减少环境污染,从 2016 年 1 月起,马来西亚暂停铝土矿开采活动,禁止出口铝土。铝土市场受此影响,价格走高。

马来西亚计划打造北根绿色工艺园

2017 年 3 月 19 日,马来西亚北根绿色工艺园开工建设,马来西亚总理纳吉布出席北根绿色工艺园动工仪式。北根绿色工艺园是马来西亚首家绿色工艺园,是马来西亚政府推动绿色工业发展的代表性项目。北根绿色工艺园计划耗资逾 15 亿林吉特,占地 25 公顷,将分 7 个阶段工程进行,预计在 8 年内全面竣工。第一阶段工程于 3 月动工,计划年底竣工,园内的首家造纸厂预计在 2017 年第一季度投入运营。该工艺园第一阶段工程计划通过绿色工艺,把原棕油废料变为商品,如棕油树的空果壳串将成为制造纸浆的原料,也可制造纸巾及动物饲料,既环保又经济,每年将有 2 亿棵树被免于砍伐作为造纸原料,同时可为当地居民带来额外收入。北根绿色工艺园全部建设完成后将创造 5000 个就业岗位。

马来西亚政府发行以美元计价的全球伊斯兰债券

2016 年 4 月,马来西亚政府发行两种总额 15 亿美元的全球伊斯兰债券,该债券分 10 年期和 30 年期两种,10 年期债券的收益率是 3.179%,30 年期债券的收益率是 4.08%。这两种全球伊斯兰债券已吸引超过 63 亿美元的订单,认购率超出 4.2 倍。认购 10 年期债券的投资者中,亚洲投资者占 65%,中东投资者占 19%,欧洲占 11%,美国占 5%。30 年期的债券投资者,亚洲投资者占 54%,美国占 24%,欧洲和中东投资者分别占 12% 和 10%。这是马来西亚政府第 5 次成功发行以美元计价的全球伊斯兰债券。

马来西亚推出吉隆坡国际机场航空城计划

2016 年 5 月 23 日,马来西亚政府宣布推出吉隆坡国际机场航空城计划。该航空城计划将围绕现有的吉隆坡国际机场而建,占地预计 100 平方千米,计划有三大发展重点:航空货运与物流,航天和航空,会展中心及休闲业,旨在把马来西亚打造成本区域的宇航枢纽。这项计划由马来西亚机场控股公司负责,是马来西亚机场控股公司 5 年商业计划,即“2020 年迈向成功航道”蓝图中的主要关键策略之一。航空城将集合航空运输、货运物流,以及宇航服务于一体,希望在未来 15 年内,为国家带来 300 亿林吉特的收入,吸引 70 亿林吉特的国内外投资,创造 5.6 万个就业岗位。吉隆坡国际机场航空城建成后,预计马来西亚航空货运量可从 2016 年 72.6 万吨,提升到 2050 年的 2500 万 ~ 3500

万吨;吉隆坡国际机场乘客量从每年4500万人次,提高到每年1.4亿人次;成为槟城和东马的中转站,成为本区域的客运物流中心。航空城建设除航空物流业外,还涵盖商务区、独立商业区、主题公园、酒店、会议中心、展览馆、自然保护区、绿色旅游区等。

马来西亚全面调高最低薪金

2016年7月1日,马来西亚政府全面调高最低薪金。西马最低月薪从900林吉特提高到1000林吉特,即每小时4.81林吉特;东马从800林吉特提高到920林吉特,即每小时4.42林吉特。在马来西亚,雇用6名及以上雇员的雇主,从2013年1月1日开始就采用最低薪金制。2014年1月1日政府全面实施最低薪金制,最低薪金制每两年调整一次。

马来西亚外贸发展局推行的中型企业发展计划取得良好成效

2016年9月22日,马来西亚国际贸易与工业部官员称,马来西亚外贸发展局推行的中型企业发展计划取得良好成效,参与该计划的中型企业业绩均有较大提高。中型企业发展计划由马来西亚对外贸易发展局推行,旨在促进中型企业在全球市场的增长,以提高国家收入及增加国民就业机会。它是一项为期9个月的培训计划,协助中型企业开拓新市场、传授新科技及提供资金周转率,提高企业在国际市场的竞争力。这项计划也协助中型企业通过合作伙伴关系、收购公司及设置新业务等方式,进一步开发市场,获得有效的销售渠道。政府通过成本和资源共享方式,协助中型企业进军新市场及提高市场知名度。马来西亚的中型企业是指年营业额在5000万林吉特至5亿林吉特之间并从事制造业的公司,或是涉及服务业且年营业额在2000万林吉特至5亿林吉特之间的企业。马来西亚有9900家中型企业,只占全国企业总数的1%,却贡献了国内生产总值的30%,员工占劳动力市场的22%,涉及领域包括电器及电子产品、汽车零部件与组件、石油及天然气等。鉴于中型企业拥有较大的发展潜能,因此马来西亚外贸发展局于2014年开始推行中型企业发展计划,至2016年已进入第三期。三年来共有152家中型企业通过该项计划,提高了企业的业绩。

马来西亚货币大幅贬值

马来西亚货币林吉特经过2015年的大幅贬值后,2016年年初有所反弹,但从第二季度开始,受到国际油价回跌、英国脱欧经济前景不明朗、美联储升息等因素的影响,林吉特汇率再次下跌。之后,特别是在特朗普当选美国总统后,全球金融市场风险效应加速发酵,外资抛售马来西亚政府债券,加上投机者伺机炒作,林吉特兑美元在岸外汇价一度猛贬4.7%至4.5395林吉特兑换1美元,为1998年以来18年的最低值。后虽然采取措施,但至2016年底,林吉特兑换美元的汇率仍在4.5∶1的低位。

缅甸中央银行放宽对外资银行的限制

根据2016年通过的《缅甸银行和金融机构法》,缅甸逐步放宽对外国投资者和银行业务的限制,对外国银行的限制也会放宽。2015年缅甸中央银行批准9家外资银行在缅开设分行,2016年3月缅甸中央银行再次批准4家外资银行在缅甸设立分行,分别为越南的投资发展银行,中国台湾的玉山商业银行,韩国的新韩银行和印度国家银行。至此,包括中国工商银行在内的13家外资银行均获得在缅甸开设分行的许可。

缅甸政府制定12项新经济政策

2016年7月30日,缅甸政府公布12项国家经济政策,主要内容有:通过透明、优良稳定的公共财政体系来增加财政资源;对国有企业改革的同时也为中小型企业提供帮助;优先发展电力、道路交通、港口码头等基础经济设施建设,并建立数据身份证系统、数字政府战略与电子政务系统;为国内公民和归国公民创造更多就业机会;推行农业、畜牧业、工业领域平衡经济模式;促进民营领域发展,制定相应政策吸引外资增加投资;推进专利(产权保护)及法治事宜;为确保财政稳定,建设可长期持续性发展的货币体系;推进与环境相符合的城镇化建设,增加保护文化遗产的力度;建立真实有效平等的税收制度,出台保护知识产权的体系和规则;关注东南亚地区及其他地区发展和变化情况等。

美国 Affinion 公司在菲律宾设立首个呼叫中心

2016年4月,总部在美国的Affinion呼叫中心公司在菲律宾和亚太地区成立的第一家呼叫中心正式运营,该呼叫中心位于文尼法寿环球城,拥有200个席位。丰富的人力资源和较低的运营成本是Affinion公司选择菲律宾的主要原因。

菲律宾对外资仍有诸多限制

据菲律宾《商业世界报》报道,经济合作与发展组织2016年5月发布首份菲律宾投资政策报告,指出尽管菲律宾经济增速是亚太地区最快的经济体之一,其外资政策却是世界范围内最不开放的国家之一。菲律宾对电信、交通、公共电力设施、农林渔业、建筑业、广告业、私人广播以及不动产等行业的外资股比限制,是菲律宾被列入排名“外资政策限制指数”65个经济体中最高的主要原因。此外,菲律宾要求外国投资者至少投入20万美元的最低资本要求也位居世界最高,这对中小外国投资者来说是一个难以逾越的障碍。

菲律宾摩托车销量快速增长

2016 年上半年,菲律宾摩托车销量从 2015 年同期的 38.26 万辆,上升到 54.47 万辆,大幅增长 42%。出售的轻便摩托车型号或弯梁摩托车的销量达到 20.56 万辆;商用摩托车 17.1 万辆,自动摩托车 12.55 万辆,街道摩托车 4.21 万辆。全年摩托车销量有望超过 100 万辆。

菲律宾入境旅游人数及收入创新高

据菲律宾旅游部官方网站数据,2016 年菲律宾接待境外游客 596.7 万人次,比上年增长 11.3%。其中韩国游客 147.5 万人次,比上年增长 10.1%,是菲律宾境外游客第一大来源地;美国游客 86.95 万人次,增长 11.6%,是第二大来源地;中国超过日本成为第三大游客来源地,访菲游客 67.57 万人次,增长 37.7%,增幅为所有游客来源地首位;日本、澳大利亚分别以 53.5 万人次和 25.1 万人次的游客数位居第 4、第 5 位。2016 年,菲律宾旅游业收入 2301.3 亿比索(约 328 亿元人民币),比上年增长 42.1%。

菲律宾汽车销量加速增长

菲律宾汽车制造商协会(CAMPI)和卡车制造商协会(TMA)公布的联合报告显示,这两个行业组织在 2016 年共销售汽车 35.96 万辆,比上年增加 7.1 万辆。CAMPI 和 TMA 的汽车销量自 2012 年以来连续 5 年保持两位数增长。2016 年,商用车销量 22.63 万辆,增长 31.4%。轻型商用车和亚洲多用途车的销量分别为 14.59 万辆和 6.64 万辆,均比上年增长 30%。

2016 年菲律宾农业产出下降 1.4%

菲律宾《商业镜报》报道,据以不变价格(2006 年价格)计算,2016 年菲律宾农业产值 7780 亿比索,比上年下降 1.4%。其中种植业产值 3843 亿比索,下降 5.3%;家禽业产值 1235 亿比索,增长 1.4%;畜牧业产值 1385 亿比索,增长 4.6%;渔业下降 4.2%。水稻产量 1760 万吨、玉米 720 万吨,分别下降 3.32% 和 3%。

2016 年菲律宾经济增速为 6.8%

据菲律宾统计署网站数据,2016 年菲律宾经济增长率为 6.8%,四个季度分别增长 6.9%、7%、7% 和 6.6%,超过中国的 6.7% 和越南的 6.2%,居亚洲经济体 2016 年经济增长率首位。强劲的国内需求是菲律宾经济保持高速增长的主要因素。

新加坡创新机构正式推出

2016 年 11 月 22 日,新加坡举行创新机构启用仪式,新加坡副总理兼经济及社会政策统筹部部长尚达曼主持启用仪式。这是 2016 年年初在新加坡财政预算案中提出的项目,目的是鼓励企业家多采纳以科技为主导的创意。

2016 年新加坡经济增速为 2%

据新加坡贸易和工业部公布的数据,2016 年新加坡经济增速为 2%,高于此前预估的 1.8%,也略高于 2015 年的 1.9%。数据显示,占新加坡经济比重约 1/5 的制造业 2016 年增速为 3.6%,扭转了 2015 年下滑 5.1% 的状态,这主要得益于电子业、生物医学制造集群的拉动。主要受私人领域建筑活动持续低迷影响,2016 年新加坡建筑业增速仅为 0.2%,低于 2015 年 3.9% 的增速;服务业增长 1.0%,增速低于 2015 年的 3.2%。

新加坡吸引投资减少近两成

据新加坡经济发展局发布的数据,2016 年新加坡吸引固定资产投资额达 94 亿新元,比上年下降 18.3%。这是新加坡吸引投资连续第 4 年下跌,是 10 年来的最低水平。

新加坡入境旅客和旅游收益创新高

据新加坡旅游局公布的数据,尽管面对多项挑战,包括新加坡爆发兹卡疫情及一些旅客来源国的经济表现疲弱,2016 年新加坡入境旅客和旅游收益不减反增,双双创下历史新高。全年入境旅客人数 1640 万人次,比上年增长 7.7%。中国、印度、印度尼西亚、德国等国家的游客人数呈上升趋势,增幅在 3% ~36% 之间。2016 年新加坡旅游收益总额 248 亿新元,比上年增长 13.9%。旅客在购物、住宿和餐饮方面的花费是带动旅游收益增长的主要原因。

泰国橡胶价格跌至百年最低

2016 年 1 月,泰国国内橡胶价格跌至仅 30 多铢/千克,是近 100 年来最低价。

泰国政府支持泰南 3 市经济三角建设

2016 年 7 月 25 日,泰国总理巴育视察泰南三府,并在陶公府主持召开南疆三府经济及社会发展思路大会。当地政府官员、南疆管理指挥中心负责人以及民间代表出席会议。会上,巴育听取南疆管理指挥中心的报告后,表示希望通过经济发展来解决泰南问题,实现地区经济繁荣发展,改善民众生活,从而营造更为和平、稳定的社会氛围。泰国内阁已经基本确定泰南城市发展的基调,即稳定、繁荣和永续发展的“黄金三角”示范城市发展模式。泰国政府制订未来 5 年发展目标——让泰南穆斯林民众生活水平和繁荣水平得到巨大提高。政府已经确立北大年府是以农业为发展基调的示范城市，也拉府的勿洞市是可持续能源发展示范城市，陶公府的素岸哥洛市是以发展边境跨国贸易中心为主的示范城市。

支付宝泰国生态伙伴大会在曼谷举行

2016年9月9日，支付宝在泰国举行生态伙伴大会，宣布在泰国正式推进"Alipay+"计划，通过招募并赋能合作伙伴的形式，布局海外的移动服务生态。泰国的Ascend、Counter Service、GHL、KasiKorn Bank、KTC、PaysBuy、PrayaPay等机构和服务商已加入该计划。截至2016年8月，支付宝在东南亚已经接入1.2万家线下商户门店，其中泰国接入的商户门店已有万家。

泰国签约建设生态农业工程项目

2016年12月6日，泰国双赢地产开发有限公司与中国铁建（东南亚）有限公司签订泰国生态农业工厂项目施工总承包合同，内容主要包括设计和建造预制装配式钢结构种植养殖厂房300栋，总建筑面积约270万平方米。该项目建成后将成为东南亚最大的生态农业工程项目。中铁建承建的这个泰国生态农业工厂项目响应泰国普密蓬先王提出的适度经济理念，得到泰国政府的支持。生态农业一直以来就是泰国政府大力倡导和积极鼓励的现代化农业项目之一，是运用生态和经济协调发展的原则指导农业生产，使农村经济全面可持续发展的农业模式。该项目第一期将在泰国东部呵叻府开建，整个项目在泰国多个府的省会选址，建成后将惠及当地农民。

泰国正大集团与中国阿里巴巴及蚂蚁金服达成战略合作

2016年12月28日，泰国正大集团与中国阿里巴巴集团、蚂蚁金服集团在武汉举行战略合作签约仪式。三方基于良好的信任，着眼各方长远发展战略，强强联合，共同携手，在农牧食品、电子商务、金融服务、农业服务、物流、商业零售及精准扶贫方面达成战略合作关系。三方将深化在饲料、养殖、屠宰、加工等领域的合作，共同探索在畜、禽、蛋、奶等农牧产业链一体化项目合作中的创新模式，共同推广"政府+企业+金融+农户"的"四位一体"农村开发模式，通过在当地投资、提供就业岗位等方式，助力当地贫困人口就业脱贫。同时，三方在零售业务上也进行项目合作和创新商业模式探讨。物流方面，泰国正大集团充分发挥自身在农牧板块全产业链的独特优势，阿里巴巴牵头协调菜鸟物流，充分发挥菜鸟物流平台优势，共同探讨符合各方业务需要的包括但不限于冷链物流、活畜物流等特色物流合作模式。

12月28日，泰国正大集团与中国阿里巴巴集团、蚂蚁金服集团在中国湖北武汉举行战略合作签约仪式（百度网）

越南新成立企业取得突破性增长

2016年5月16日，越南政府出台《关于到2020年扶持和发展企业的决议》。这是越南政府首次出台专门针对企业的决议。决议提出，力争至2020年越南全国至少有100万家企业，其中包括规模大、资源强的企业。该决议提出值得注意的一项原则是"国家确保所有企业之间的平等权利，任何类型、任何经济成分的企业在获得资金、资源、土地和投资经营等方面得以平等对待"。并强调企业是政府服务的对象。越南政府宣布最大限度地为企业解绑，不容忍虚设项目乱收费，打击利益集团。在此背景下，越南新成立企业实现突破性增长。2016年，新成立企业11.01万家，比上年增长16.2%；注册资金891.1万亿越盾，增长48.1%，平均每家新成立企业达到80.9亿越盾，增长27.5%。全国恢复生产的企业2.67万家，增长24.1%。凭借改善企业成立、纳税手续和用电条件，越南在世界银行2016年营商环境全球排名中位居第82位，比2015年的第90位提升8位。

越南停止宁顺核电站项目建设

2016年11月22日，越南第十四届国会第二次会议通过《关于停止实施投资宁顺核电站项目的决议》。越南表示停止核电站项目建设的主要原因：一是从越南国会决定建设该项目以来国内外经济社会条件发生巨大变化，譬如由于经济放缓，越南电能需求下降；二是当今越南科学技术水平仍未适合发展核电站；三是该项目经济效益没有得到保证，核电生产成本比其他发电能源成本高；四是越南财政紧缺。2009年11月，越南国会通过决议决定在越南南部宁顺省投资建设首座核电站。

越南政府债务超过上限

2016 年，越南国会年中会议报告显示，越南政府债务首次超过 2015 年占 GDP 比重 50% 的上限。2016 年年底，该比例增至 53.2%，使得越南政府请求国会放宽2016～2020 年政府债务上限占 GDP 比重 54%。2016 年，越南政府借债增加主要用于弥补财政赤字，偿还公债，支出发展投资以及担保国有企业借贷等。在还债负担加大的背景下，越南政府实行严格的开支、投资纪律以保障中长期财政安全。2016 年 11 月，越南第十四届国会第二次会议通过2016～2020 年国家财政计划和中期公共投资计划。据此，2016～2020 年越南国家财政赤字占 GDP 比重不超过 3.9%。每年公债占 GDP 比重上限不超过 65%，政府债务占 GDP 比重不超过 54%，国家的国外债务占 GDP 比重不超过 50%。

越南莱州水电站提前一年竣工

2016 年 12 月 20 日，越南莱州水电站正式运营发电。莱州水电站工程于 2011 年 1 月动工建设，越南国会决议预期 2017 年完工。越南莱州水电站位于莱州省孟得县，投资总额 35.7 万亿越盾（约合 18.3 亿美元），包括 3 台机组，装机总容量 1200 兆瓦（3×400 兆瓦），年均发电量约 47 亿千瓦时，而且在雨季防洪，旱季向北部平原供水。莱州水电站是越南在沱江上建设的第三大水电工程，位居山罗和和平水电站之后。至此，越南在沱江上建设的水电站总装机容量达到 6500 兆瓦，年均发电量约 250 亿千瓦时，占越南全国水电发电量的近 1/3。

越南接待国际游客突破 1000 万人次

2016 年，越南旅游业首次实现一年内接待国际游客 1000 万人次，比上年增长 25%。接待国内游客6200 万人次。旅游业总收入 400 万亿越盾。提前 4 年实现《至 2020 年越南旅游发展战略和 2030 年展望》提出的目标，这是越南旅游业发展进程中的重要里程碑。2016 年，为了提高越南旅游业的吸引力和竞争力，在开展“改变越南旅游形象”运动中，越南旅游总局决定撤销 36 家三星级至五星级酒店的星级标志。2017 年 1 月 16 日，越共中央政治局出台《关于把旅游业发展成为经济拳头产业的决议》，该决议提出争取到 2030 年，旅游真正成为经济拳头产业，大力促进其他行业的发展，使越南成为东南亚旅游业最发达国家之一。

文　　化

中国确定每年 4 月 24 日为“中国航天日”

2016 年 3 月 21 日，中国国务院批复同意自 2016 年起，将每年 4 月 24 日设立为“中国航天日”。1970 年 4 月 24 日，中国第一颗人造地球卫星“东方红一号”发射成功，拉开了中国人探索宇宙奥秘、和平利用太空、造福人类的序幕。以此为标志设立“中国航天日”，旨在宣传中国和平利用外层空间的一贯宗旨，大力弘扬航天精神，科学普及航天知识，激发全民族探索创新热情，唱响“发展航天事业、建设航天强国”的主旋律，凝聚实现中国梦航天梦的强大力量。苏联、德国等国家都有“航天日”，中国作为航天大国之一，设立“航天日”对展示航天事业取得的成就，推动中国从航天大国向航天强国迈进，具有重要的意义和作用。

中国广西左江花山岩画成功列入世界文化遗产名录

2016 年 7 月 15 日，在土耳其伊斯坦布尔举行的第 40 届联合国教科文组织世界遗产委员会会议，审议并通过中国广西左江花山岩画文化景观项目。该项目成功列入世界文化遗产名录，填补了中国岩画类世界遗产名录的空白。至此，中国的世界遗产总数已达到 49 处，继续保持世界第二的地位。

7 月 15 日，中国广西左江花山岩画成功列入世界文化遗产名录。图为左江花山岩画景观　（百度网）

中国左江花山岩画密集分布在广西崇左市境内的左江及其支流明江两岸 200 多千米的崖壁上。由岩画密集分布的、最具代表性的 3 个文化景观区域组成，包含 38 个岩画点（共 109 处岩画，4050 个图像），岩画所在的山体和对面的台地，以及约 105

千米左江、明江河段，面积总计6621.6公顷。经研究，该岩画是战国至东汉时期壮族先民骆越人群体祭祀遗留下来的遗迹，距今有2000多年的历史，和与其依存的山体、河流、台地共同构成左江花山岩画文化景观。世界遗产委员会认为，左江花山岩画文化景观展示出独特的景观和岩石艺术，生动地表现出公元前5世纪至公元2世纪期间，当地古骆越人在左江沿岸一带的精神生活和社会生活。这是目前对该传统的唯一见证。

中国长沙当选2017年“东亚文化之都”

2016年7月25日，在北京举行的“东亚文化之都”评选活动终审工作会议上，中国长沙以93.4375分第一名的成绩成功当选2017年“东亚文化之都”城市。

“东亚文化之都”评选是中日韩领导人机制下创建的中日韩三国文化领域的重要品牌，自2013年启动以来，已顺利开展3届。本届“东亚文化之都”当选城市将在2017年一年内，以“东亚文化之都”名义开展形式多样的文化活动，重点通过文化交流与合作、文化产业合作、非物质文化遗产保护与传承、公共文化服务体系建设经验交流与共享，带动城市和市民更积极地参与东亚区域文化合作，带动城市文化建设，激发城市活力，扩大城市的国际知名度、美誉度，切实实现以文惠民，以文兴城。

长沙具备“东亚文化之都”的文化气质，屈子行吟，文脉深远，比如端午文化对日本、韩国影响很深；长沙注重用文化意识撬动幸福城市，长沙幸福指数很高，这种幸福感来源于这座城市的文化态度。

中国女排时隔12年再夺奥运会冠军

2016年8月21日，中国女子排球队在里约奥运会女排决赛中，在先失一局的情况下连扳三局，以3:1的比分逆转塞尔维亚女子排球队，在2004年拿到雅典奥运会冠军后，时隔12年再次获得奥运会冠军，这也是中国女排第三次获得奥运会金牌。

中国“天宫二号”空间实验室发射成功

2016年9月15日22时4分，中国载人航天工程“天宫二号”空间实验室在中国酒泉卫星发射中心发射成功。“天宫二号”是中国第一个真正意义上的太空实验室，采用实验舱和资源舱两舱构型，全长10.4米，最大直径3.35米，太阳翼展宽约18.4米，重8.6吨，设计在轨寿命2年。发射“天宫二号”空间实验室，主要目的是：接受“神舟十一号”载人飞船的访问，完成航天员中期驻留，考核面向长期飞行的乘员生活、健康和工作保障等相关技术；接受天舟一号货运飞船的访问，考核验证推进剂在轨补加技术；开展航天医学、空间科学实验和空间应用技术以及在轨维修和空间站技术验证等试验。

全球最大单口径射电望远镜在中国贵州落成启用

2016年9月25日，有着超级“天眼”之称的500米口径球面射电望远镜（Five hundred meters Aperture Spherical Radio Telescope，简称FAST），在中国贵州省平塘县的喀斯特洼坑中落成，开始接收来自宇宙深处的电磁波，这标志着中国在科学前沿实现重大原创突破。该工程由中国天文学家于1994年提出构想，从预研到建成历时22年，是具有中国自主知识产权、世界最大单口径、最灵敏的射电望远镜。“天眼”工程由主动反射面系统、馈源支撑系统、测量与控制系统、接收机与终端及观测基地等几大部分构成。主动反射面是由上万根钢索和4450个反射单元组成的球冠型索膜结构，其外形像一口巨大的锅，接收面积相当于30个标准足球场。与德国波恩100米望远镜相比，“天眼”的灵敏度提高约10倍；与美国阿雷西博350米望远镜相比，“天眼”的综合性能也提高约10倍。“天眼”能够接收到137亿光年以外的电磁信号，观测范围可达宇宙边缘。

中国“神舟十一号”载人飞船发射成功并与“天宫二号”成功对接

2016年10月17日7时30分，中国载人航天飞船“神舟十一号”由长征2F遥十一火箭成功发射升空。这是中国自2013年完成神舟十号载人飞行任务之后，时隔3年再次进行载人航天发射。“神舟十一号”飞船搭载景海鹏和陈冬两名男性航天员在轨工作、生活33天，将创造中国载人航天在轨飞行时间的新纪录。“神舟十一号”飞船入轨之后，于10月19日凌晨与“天宫二号”成功实施自动交会对接。在交会对接形成组合体后，中国航天员景海鹏和陈冬进驻“天宫二号”，组合体在轨飞行30天。其间，两名航天员按照飞行手册、操作指南和地面指令进行工作和生活，按计划开展有关科学实验。完成组合体飞行后，“神舟十一号”于北京时间11月17日12时41分与“天宫二号”空间实验室成功分离，于11月18日返回至着陆场，两名航天员景海鹏和陈冬身体状态良好。“天宫二号”转入独立运行模式。

中国“二十四节气”列入联合国人类非物质文化遗产代表作名录

2016年11月30日，联合国教科文组织保护非物质文化遗产政府间委员会第十一届常会经过评审，正式通过决议，将中国申报的“二十四节气——中国人通过观察太阳周年运动而形成的时间知识体系及其实践”列入联合国教科文组织人类非物质文化遗产代表作名录。

·链接资料·

中国“二十四节气”

中国“二十四节气”是中国人通过观察太阳周年运动,认知一年中时令、气候、物候等方面变化规律所形成的知识体系和社会实践。中国古人将太阳周年运动轨迹划分为24等份,每一等份为一个“节气”,统称“二十四节气”。具体包括:立春、雨水、惊蛰、春分、清明、谷雨、立夏、小满、芒种、夏至、小暑、大暑、立秋、处暑、白露、秋分、寒露、霜降、立冬、小雪、大雪、冬至、小寒、大寒。“二十四节气”指导着传统农业生产和日常生活,是中国传统历法体系及其相关实践活动的重要组成部分。在国际气象界,这一时间认知体系被誉为“中国的第五大发明”。

文莱大学与中国恒逸实业公司签署奖学金协议

2016年2月22日,中国恒逸实业公司根据文莱大学与浙江大学石化工程人才联合培养计划,再与17位文莱大学学生签署奖学金协议。中国恒逸实业公司与文莱大学和浙江大学联合设立化学工程奖学金项目,全额承担文莱学生在浙江大学为期一年半的后期培训费用。该计划包括安排学生在中国石化企业亲身体验实际运营环境。完成学业后,学生有机会在恒逸实业公司就业。这是文莱大学与浙江大学奖学金项目下的第三批学员。在2014年,恒逸已资助13位文莱学生前往中国浙江大学学习。在同样的计划下,该公司于2015年赞助14名文莱学生。第一批学生已回到文莱继续他们毕业前最后学期的学习。

文莱培养的信息开发人才受国际认可

据文莱政府2016年4月12日提供的信息,由文莱政府和微软(Microsoft)合办的文莱解决方案开发中心(Brunei Solutions Development Centre 简称 BSDC)自2013年设立以来,已有11名文莱人取得 Microsoft Certified Solutions Developer(MCSD)认证,该项认证在国际上广受认可。文莱解决方案开发中心的设立,旨在培育新一代本地技术企业人才,进而推动国内信息通信技术产业的发展和壮大。该中心实施 CAMP 培训计划,最新一批结训的有8名青年,在结训仪式上,文莱首相署能源及工业部部长丕显拿督哈芝莫哈末亚斯敏向8名青年颁发证书。据首相署副常任秘书墓哈末诺沙菲依在致辞时指出,8名结训者中,6人已成立自己的IT公司,并参与相关构如发展部和经济策划及发展局等的工程项目竞争。

文莱苏丹主持国际学校新校园启用仪式

2016年4月19日,文莱国际学校位于甘榜双溪汉清、沙兰比加路路旁的现代化新校园正式启用,文莱苏丹主持启用仪式。文莱国际学校新校园是文莱第一所获环保认证的学校,该校获得文莱建筑物和建筑业管理局授予的“绿色标志”,是婆罗洲唯一获“绿色标志”认证的学校。占地近9公顷的文莱国际学校新校园附设环境和谐、充满文化气息、有利于创新学习的宿舍,为师生们提供寄宿和求学的便利。文莱国际学校有来自46个国家的1269名学生,其高素质的教学人员也来自世界各地。文莱国际学校有超过50年的历史,原来面积1.4公顷的旧校园坐落在巴拉卡斯地区的拿督哈芝阿末路。

文莱大学与日本产业技术大学共同开发亚洲专业教育网络

2016年5月4日,文莱大学与日本产业技术大学院大学签署亚洲专业教育网络—日本东盟一体化基金项目合作谅解备忘录。亚洲专业教育网络—日本东盟一体化基金项目包括两个子项目,一是建立综合性专业高等教育体系的规范模式,二是在日本和东盟建立中小企业共同评估系统。

文莱大学在 QS 亚洲大学排名中有5个项目进入前20名

2016年6月14日,文莱大学在新发表的 QS 亚洲大学排名中,有5个评估项目名列前20名。这是文莱大学第三年被列入 QS 亚洲大学排名,2014年其整体排名是第171~180名,2015年升至第118名。

文莱政府持续推动马来文学习

2016年,文莱文化青年体育部通过语文图书局在国内大力推动马来文的学习和应用,以强化马来文作为国文的地位。语文图书局与文莱公立机构或非政府组织,甚至私人企业合作,每年在国内举办各种语文周、阅读月、读书周、马来文研习会等,吸引更多的人参加学习。文化青年体育部和教育部合作,让学生从小开始大量接触正确的马来文知识,并在日常生活中使用马来文。

柬埔寨制造获国际消费电子展创新奖

2016年1月6~9日,在美国拉斯维加斯举办的国际消费电子展中,一批由柬埔寨工程师团队精心打造的高级军械培训材料项目产品(Advanced Ordnance Training Materials Program, AOTM)获创新奖。这项在名为“科技让世界更美好”类别中获奖的 AOTM 产品,由美国提供研发经费,在柬埔寨有最大3D印刷设备的金西人道基金会(Golden West Humanitarian Foundation, GWHF)设计实验室制作。该 AOTM 项目产品主要用于改进处理人道主义扫雷及未爆破弹药的材料质量。GWHF 应用技术总监 Allen Tan 表示,柬埔寨团队赢得这项国际奖项十分不易,是非常光荣的事,这是世界对柬埔寨产品的认可。据悉,在拉斯维加斯举办的国际消费电子展是世界最大的消费类电子产品展会。

柬埔寨夺得 2016“一带一路”U15 男子国际足球锦标赛冠军

2016 年 8 月 27 日,2016“一带一路”U15 男子国际足球锦标赛决赛在中国江阴举行,柬埔寨队以 3:2 的成绩最终战胜哈萨克斯坦队,赢得该组比赛的冠军。此次参赛队伍来自日本、哈萨克斯坦、马来西亚、巴基斯坦、西班牙、柬埔寨、新加坡和东道主中国等 8 个国家,柬埔寨队一路过关斩将,最终赢得比赛的胜利。8 月 25 日开始的第一场比赛中,柬埔寨队以3:0击败中国队;随后的第二场比赛中,柬埔寨队以 27:0 大败马来西亚队。到第三场比赛,柬埔寨队以 1:1 战平新加坡队。进入四分之一决赛后,柬埔寨队以3:3 战平日本队,最后柬埔寨队在点球大战中以5:4 战胜本场比赛的对手,成功晋级。

8 月 27 日,柬埔寨足球队夺得 2016“一带一路”U15 男子国际足球锦标赛冠军。图为获奖后队员欢呼场面 (百度网)

柬埔寨卫生部获世界卫生组织表彰

2016 年 10 月 10 日,世界卫生组织为柬埔寨卫生部颁发奖状,以表彰柬埔寨在消除象皮病工作上的不竭努力。柬埔寨卫生部门在 2004 年开始与世界卫生组织携手在柬埔寨国内开展消除象皮病工作,经过多年努力,终于成功消灭这种疾病,令柬埔寨人民免受传染。

印度尼西亚现 11.8 万年前石器或为“霍比特人”所造

2016 年 1 月,科学家们在印度尼西亚的苏拉威西岛上发现 311 件石器,大多是由一种坚硬的石灰岩构成的,其中包括 11.8 万年前的石器,可能是矮小史前人种留下来的。但由于还没有相关的人类化石能够证明这些石器与人类有联系,所以石器制造者的身份依旧是个谜。

印度尼西亚获联合国世界旅游组织 3 个奖项

2016 年 1 月 20 日,在联合国世界旅游组织总部西班牙首都马德里举行的颁奖典礼上,印度尼西亚获联合国世界旅游组织颁发的公共政策与治理创新等 3 个旅游奖项。印度尼西亚东爪哇省外南梦县获联合国世界旅游组织公共政策与治理创新奖冠军,印度尼西亚鹰航和可口可乐公司获企业创新奖亚军;致力于生态保育的印度尼西亚卡拉扬基金会获得非政府组织创新奖亚军。

印度尼西亚玛中大学华文教育基金会首届汉语比赛圆满落幕

2016 年 11 月 27 日,印度尼西亚玛中大学华文教育基金会在李政道多功能会议室举办首届汉语比赛。本次比赛共分汉字听写、汉字硬笔书法和汉语演讲 3 部分,共有 48 名来自玛中大学各系的学生参加比赛。

老挝石缸平原出土古人类遗骸和文物

老挝《巴特寮新闻》2016 年 3 月 3 日报道:老挝和澳大利亚的考古学家在川圹省石缸平原发掘出三具古人类遗骸和一些可追溯到 2500 ~ 3000 年前的文物。考古学家在石缸平原考古地址 1 号坑地下 70 厘米深处发现两具古人类遗骸,在距离其 13 米的地方发现第三具遗骸。这是老挝新闻文化与旅游部下属国家遗产司考古部门与澳大利亚国立大学的第三次合作考古发掘。三具古人类遗骸和文物位于距离丰沙湾县中心 8 千米处,出土的古人类遗骸和文物保存在川圹省博物馆。

老挝华潘省帕灵洞穴发现距今 5 万年历史的人类遗骸

据 2016 年 4 月 4 日万象举办的新闻发布会消息:华潘省帕灵(Phaling)洞穴发现的距今有 5 万年历史的人类遗骸和一些文物在万象国家博物馆内妥善保管。来自老挝、法国和美国的考古学家过去的 20 年里在不同考古地点发掘了数量庞大的人类遗骸和文物。一位法国的古人类学家 Fabrice Demeter 博士在新闻发布会上表示,这些年代久远的人类遗骸以前从未在东南亚找到过。

老挝万象塔銮进行第 4 次修缮

老挝万象塔銮从 2016 年 9 月 4 日起进行第 4 次修缮,10 月 31 日举行塔銮修缮竣工仪式,老挝国家主席本扬出席。此次修缮是为了迎接一年一度的塔銮节，塔銮节是老挝规模最大、场面最隆重的传统宗教节日，在每年佛历12月（公历11月）举行。塔銮建成已有450年历史，是老挝最著名的佛塔，塔身高大雄伟，金碧辉煌，也是老挝国家的象征。

厦门大学马来西亚分校开课

2016年2月22日，中国厦门大学马来西亚分校新生开学典礼在该校多功能大楼内举行。马来西亚总理对华特使兼马中商务理事会主席黄家定、中国驻马来西亚大使黄惠康、厦门大学校长朱崇实教授、副校长叶世满、马来西亚分校校长王瑞芳教授、马华副总会长何国忠、马来西亚首富兼谢嘉里集团董事长郭鹤年代表郭孔华、IOI集团执行主席李深静、杨忠礼集团执行主席杨忠礼和征阳集团执行主席戴良业等出席开学典礼。中国驻马来西亚大使黄惠康在典礼上宣布，中国大使馆将在厦大马来西亚分校设立“中国大使奖学金”，在每个学年结束时，颁发给10名表现优异的学生。厦门大学马来西亚分校，是厦大首所“走出去”的分校，坐落雪兰莪沙叻丁宜，于2015年12月开始招生，有187名新生报读该校，分别修读新能源科学与工程、中医学、中文、新闻、会计、金融、国际商务等7个学士学位课程。2016年4月和9月该校分别招收预科生和学位生，首次通过高考在中国14个省份招收440名学生，其中有63%选修理工科、26%选修商科、11%选修文科。这是马来西亚高校第一次如此大规模招收中国学生。厦门大学马来西亚分校2016年实际招生人数远超原计划的500人，其中外国学生占1/3。分校预期到2022年，学生总数5000人，最终约1万人。生源将主要来自马来西亚、中国和其他国家，尤其是东盟国家，营造多元校园文化。

马来西亚实施6项措施激励员工创新

2016年5月3日，为实现培养创新文化的目标，马来西亚政府实施6项措施鼓励员工创新。这6项措施包括：一是改造技术教育与培训和职业培训。政府加强技术和职业培训，提高毕业生的就业能力，提升公司的品牌形象，吸引大众对有关培训的兴趣。以满足在2020年新增150万技术职位就业机会，达到社会对技术岗位的60%需求。二是提高劳动力技能。政府将继续为有意自我提升技能的员工提供贷款，包括技职发展基金机构拨出每人750～24000林吉特的贷款，让员工提升技能。三是推选改善劳工法令及有关劳资关系的措施。包括落实跨太平洋伙伴关系协定，使本地职工有更多自主权。四是通过最低薪金制、学前资历认可计划及技术教育与培训，提高工资、生产效率和完善收入分配。五是推行社会保险和就业保险制度，构建社会安全网。六是推行《2016～2020年职业安全及卫生大蓝图》强化职业安全和健康文化。

马来西亚首个蓝海战略企业家新城镇在沙捞越州古晋建设

2016年6月20日，在马来西亚总理纳吉布见证下，马来西亚财政部与沙捞越发展机构签署备忘录，在古晋民达华“Borneo 744”地区打造马来西亚首个蓝海战略企业家新城镇。该城镇将作为年轻企业家开拓商机、社交、设立网络及市场营销的平台，参与者将获得15年免租金的优惠。项目占地4.05公顷，距离古晋市中心11千米，政府投资2000万林吉特将多个废置的货仓进行改装和修葺，用于多种用途，包括乡村手工艺品、工作室、剧院、视频及农业公园和展览馆等。此外，还设有通信技术、生物科技、文艺表演、创意美食和休闲住宿等项目。马来西亚全球革新与创意中心也将在此设立分局。“Borneo 744”地区的5座旧货仓已经改造成为现代化创作空间，约有100多名青年企业家计划组建公司入驻。今后政府还将把企业家新城镇的概念拓展至其他州属。

马来西亚代表团在2016年巴西里约奥运会上取得好成绩

2016年8月，第31届夏季奥林匹克运动会和第15届夏季残疾人奥林匹克运动会在巴西里约热内卢举行。马来西亚派出有32名运动员的代表团出征本届巴西里约奥运会，参加羽毛球、跳水、高尔夫球、游泳、射箭、田径、场地自行车、帆船、射击和举重等10个项目的比赛。最终马来西亚代表团选手李宗伟夺得羽毛球单打银牌，吴蔚升与陈蔚强夺得羽毛球男子双打银牌、陈炳顺与吴柳萤夺得羽毛球混合双打银牌，潘德丽拉与张俊虹夺得女子双人10米跳台跳水银牌，阿兹祖·哈斯尼·阿旺夺得场地自行车男子竞轮赛铜牌。在随后举行的残奥会上，马来西亚代表团选手莫哈末里祖安夺得男子T36级（脑性麻痹）100米短跑金牌，并打破残奥会纪录；莫哈末兹亚夺得男子F20级（学习障碍）铅球金牌，并打破世界纪录；阿都拉迪夫夺得男子T20级（智障）跳远金牌，并打破世界纪录；西蒂·诺拉蒂雅·依斯迈夺得T20级（学习障碍）女子跳远铜牌，并打破亚洲纪录。此次里约奥运会，马来西亚代表团共获得4枚银牌1枚铜牌；并在残奥会上夺得3枚金牌1枚铜牌，还创造两项世界纪录、两项亚洲纪录和一项残奥会纪录，取得马来西亚征战奥运会的历史最好成绩。

首届国际中医药创新发展论坛在马来西亚举办

2016年11月20日，首届国际中医药创新发展论坛暨中医药特色技术交流与合作学术会议在马来西亚吉隆坡举办，本届论坛由马来西亚中医师公会、中国中医药信息研究会、泰国中医药联合总会等单位联合主办。论坛主题是:“传承中医药创新发展,推动中医药走向世界”,目的是为了发展和弘扬中医药学,加强中、泰、马来西亚等国中医药界学者、专家的学术交流,开阔广泛的中医药合作领域,推动中医药走向世界。马来西亚中医总会总会长杨伟雄参加论坛并发言。“庞泰和堂”中医世家第十一代传承人庞世斌和十二代传承人庞雷等中国中医专家应邀参加论坛,来自马来西亚、中国和泰国的中医药界学者、专家进行中医经验分享和探讨。

马来西亚决定2018年后暂停举办一级方程式赛车

2016年11月22日,马来西亚旅游与文化部部长纳兹里在新闻发布会上宣布,为了节省昂贵的经费支出,马来西亚政府决定在2018年后暂停举办一级方程式(F1)赛车。从1999年起,马来西亚的雪邦国际赛车场每年都会举办F1大奖赛,每年举办F1赛车的经费至少要3亿林吉特。然而,此项赛事的门票出售情况和电视转播收视率都一直在下降,2016年马来西亚站比赛,能容纳12万名观众的看台却只有4.5万人,上座率不到一半,比赛回报一直不太理想,而且马来西亚没有专属的F1赛车手。马来西亚与F1的合约(2016~2018年)届满后,马来西亚将不再续约。

马来西亚2016年度汉字出炉

2016年12月4日,马来西亚年度汉字揭晓,当选的汉字是“贪”字。在本年度的评选中,马来西亚年度汉字工作委员会收到744个提名表格,总计有1541个提议汉字。10月16日从中宣布10个候选汉字,分别为:忧、恐、一、贪、乱、税、累、奥、银、金。在第二阶段的评选中,为了让年度汉字投选更全面、更广泛、更深入民间,主办单位特意增加“年度汉字微信公众号”“年度汉字Facebook页面”两种投选方式,使投选方式从原本的5种增加至7种,即只要年满16岁或以上的马来西亚公民,都可以通过马来西亚年度汉字官方网站、电邮、传真、短信、年度汉字微信公众号、年度汉字Facebook页面以及使用报章所提供的二维码进行投选。马来西亚年度汉字评选活动已举办6年,得到马来西亚社会热烈响应,成为马来西亚华社重要的年度活动。

世界佛教和平大会在缅甸举行

2016年1月22~24日,世界佛教和平大会在缅甸实皆举行,缅甸总统登盛出席会议并发表讲话。本届世界佛教和平大会共有来自全球的宗教界领袖和学者231人,以及缅甸国内僧侣宗教界学者领袖和观察员300多人参会,有52个国家的宗教界学者向大会上提交论文54篇及和平祈祷文18篇。

缅甸—韩国平面设计交流展在缅甸仰光举行

2016年7月30日至8月5日,缅甸—韩国平面设计交流展在缅甸仰光举行,缅甸平面设计师索温念、茂茂拉明、明茂觉、茂茂昂、索茂、温明乌、觉敏茂、登隋基、敏维昂、索明茂等的作品及韩国设计师的作品同时展出。此次交流展为缅韩两国设计师提供了良好的互动和交流平台。

中缅青年文化交流节在缅甸仰光举行

2016年8月9日,由仰光外国语大学、仰光中国学生学者联合会主办,东方语言与商业中心和福星孔子课堂协办的中缅青年文化交流节在仰光外国语大学举行。活动内容包括中缅友谊图片展、剪纸、中国结、书法等文化展示,中缅两国学生也联合演出中缅特色歌曲。节庆活动的主要目的是为了让缅甸大学生进一步了解中国文化,加强中缅两国青年的文化交流。

缅甸曼德勒大学举办科技展迎百年校庆

2016年12月23日,缅甸排名第二的缅北第一大学府——曼德勒大学迎来百年校庆,当日曼德勒大学科技展在该校大礼堂内举行。曼德勒省省长佐敏貌、缅甸高教局副局长索温、曼德勒大学校长、副校长,曼德勒各大学校领导,曼德勒市市长以及省市政府领导、各中学师生参加活动。中国驻曼德勒总领事馆副总领事刁明、印度总领事、福庆学校孔子课堂缅中方主任等也应邀出席科技展开幕式。曼德勒大学校长杜迪达温致辞表示,首次举办科技展,其宗旨是想鼓励年轻一代,发扬敢于创新的精神,走出东南亚,融入世界,造福国家与社会。

缅甸举行第4届掸手书文稿论坛与第2届掸历史研究论坛

2016年12月27日,第4届掸手书文稿论坛与第2届掸历史研究论坛在缅甸金多堰举行。缅甸高僧丹玛达弥、缅甸僧侣最高领导委员会副主席百雅逦达,曼德勒省僧侣领导委员会副主席威盛鲇毕稳大,金多堰慈善总会永远荣誉主席周天凤及缅北各地的僧侣代表约250人,善男信女近600多人参加开幕仪式。

菲律宾孔子学院举办“一带一路”图片展

2016年1月30日,菲律宾洪溪礼斯大学孔子学院举办“一带一路”图片展暨“喜迎金猴”新春系列活动。“一带一路”图片展共展出60余幅摄影作品,展现古丝绸之路和当今“一带一路”上重要节点城市的人文历史、自然风貌、文化遗存和民俗风情。此次活动在菲律宾洪溪礼斯市举行,该市市长帕名图安出席开幕式并为活动剪彩。

本次新春系列活动持续10天，特设中华文化体验展台，分为中国书法、传统茶艺、中国结、剪纸、教材展、传统兵器等板块。

菲律宾举行“欢庆春节·中国画展”活动

2016年2月1日，“欢庆春节·中国画展”系列活动在菲律宾计顺市罗宾森Magnolia商场开幕。本次画展由菲律宾雅典耀大学孔子学院、国际中国艺术研究会、菲律宾菲华电视台和罗宾森Magnolia商场联合举办。雅典耀大学孔子学院外方院长黄淑琇、中方院长梁广寒、国际中国艺术研究会会长黄人杰、孔子学院国画老师庄永安以及菲律宾高校中国研究协会创始人许经旋等嘉宾致辞并剪彩。本次画展展出中国国画作品逾50幅，作者均为雅典耀大学孔子学院国画班学生；现场还有精美的中国传统服饰展。

本次画展及中国服饰展持续至2月9日。2月6~8日雅典耀孔子学院与罗宾森Magnolia商场合作邀请中国艺术家到菲演出，进行中国传统艺术如糖人制作、皮影戏和姓名艺术绘画现场表演。此外，还开设皮影戏基础操作工作坊、猴脸谱彩绘工作坊以及中华厨艺擂台赛等活动。

“四海同春”亚洲艺术团在菲律宾马尼拉举行慰侨演出

2016年2月29日，“文化中国·四海同春”亚洲艺术团在菲律宾首都马尼拉举行慰侨演出。本场“文化中国·四海同春”春节慰侨大型杂技晚会由中国国务院侨务办公室、中国海外交流协会、中国驻菲律宾大使馆、菲华各界联合会联合主办。演出在菲律宾国际会议中心会场举行，共表演顶碗、小车技、抖杠、绸吊、柔术转毯、高台顶技等12个杂技节目。中国驻菲律宾大使赵鉴华、菲华各界联合会主席许中荣致辞。

菲律宾影片获第19届上海国际电影节“艺术贡献奖”

2016年6月19日，第19届上海国际电影节金爵奖各奖项逐一揭晓。菲律宾影片《雾》获“艺术贡献奖”。

新加坡南洋理工大学成立三维打印中心

2016年5月，新加坡南洋理工大学成立新加坡第一所三维打印中心。这所中心能够为新加坡建筑业打造建筑组件如房间和梁柱，比建筑业目前使用的模具铸造技术更具成本效益和更环保。中心未来10年将获得国立研究基金会资助4200万元的研究经费，以及其他政府机构和私人业界合作伙伴提供的4100万新元资金。

新加坡运动员获首枚奥运金牌

2016年8月12日，新加坡游泳选手约瑟林以50秒39的成绩在里约奥运会男子100米蝶泳决赛中夺冠，并打破该项目的奥运会纪录。这是新加坡历史上的首枚奥运金牌。新加坡总统陈庆炎、总理李显龙对约瑟林表示祝贺，祝贺他完成历史性突破。

新加坡设立新的奖学金以培养更多医生

从2016年9月开始，新加坡公共服务委员会和卫生部联合增设两项新奖学金。新增设奖学金的目的是为了培养更多医生特别是口腔科医生。

新加坡政府为本地培训和成人教育领域推出转型计划

2016年11月3日，新加坡高等教育和技能部公布为本地培训和成人教育领域制订的五年转型计划。该计划由成人教育与培训技能理事会协同150名专家共同编制。计划涉及三个主要领域：重新定位产业部门以推动增长，优化培训供给的体系与流程，积极应对人力和技术需求。计划提出的建议包括测量培训是否满足工作场所对技能的需求，更新学习基础设施以支持创新，提升教育者的技能等。转型计划的重点之一是协助业内人士为自己重新定位，为未来的发展机遇做好准备。

新加坡互联网最高网速全球最快

2016年美国科技公司Akamai第三季的调查报告显示，新加坡网速在网络连接高峰时段，最快可达到每秒162兆比特，不仅比前一季快了3%，也比全球平均快3倍以上。平均网速也比前一季加快5.3%，达到每秒18兆比特，是全球平均网速的近3倍。不过，新加坡的平均网速还是落后于韩国和中国香港。

泰国与中国携手开展极地科研合作

2016年4月6日，中国极地研究中心与泰国国家科技发展局等机构在北京签署备忘录，携手推进极地科研合作。当天，中国极地研究中心与泰国国家科技发展局、朱拉隆功大学、泰国东方大学、国立发展管理学院、泰国国家天文研究所签署《极地科学研究合作谅解备忘录》。备忘录旨在推进中泰两国在极地领域实质性合作，进一步加强双方在极地海洋生物学、海洋学、大气与天文学、地球物理学和地球化学等领域的长期合作。签约仪式上，中国极地研究中心主任杨惠根与泰国国家科技发展局执行副局长查得玛斯代表中泰双方签署备忘录，泰国诗琳通公主见证备忘录签署。近年来，中泰极地科考合作提速发展。泰国诗琳通公主曾于2013年访问中国极地研究中心，并登上“雪龙”号极地科考船。此后，在两国政府支持下，泰国先后派出5人次参加中国南极长城站和中山站科学考察，获取南极水样和沉积物样品，开展生物学和海洋学研究。中泰在极地领域的合作是极地亚洲论坛机制下推进亚洲地区极地合作的典范。

泰国选手拉差诺·因达农成为羽毛球女单世界排名第一

2016年4月21日，羽毛球世界联合会更新世界排名榜单，新加坡羽毛球公开赛女单决赛，泰国选手拉差诺·因达农以84708的积分正式成为羽毛球女单世界排名第一，比第二名的西班牙选手马林多出478积分，排名第三的是中国选手李雪芮。拉差诺·因达农曾在2014年登上泰国《@曼谷》杂志，入选“泰国年度风云人物”。

泰国推行15年免费义务教育

2016年6月15日，泰国推行15年免费义务教育计划正式生效，覆盖从幼儿园到高中或高等职业教育，以及特殊教育和福利教育。泰国国家维稳委员会主席、总理巴育使用临时宪法第44项条款赋予的特别权力下达第28条命令，宣布正式实行15年免费义务教育计划。重要内容包括由政府划拨预算，作为15年基础教育的支出，免费项目包括学费、书本费、校服费、文具费、课外活动费等获内阁认可的费用。15年免费义务教育政策覆盖学童年龄层为幼儿园4~6岁、小学7~12岁、初中13~15岁、高中16~18岁。

泰国举办世界旅游日活动

2016年9月26~29日，2016年世界旅游日纪念活动在泰国曼谷和孔敬府举行。本次世界旅游日主题是“人人平等，每个人都可以享受旅游”。9月27日，泰国总理巴育出席世界旅游日活动并致辞，同时详细介绍泰国20年旅游促进发展战略及规划。本次纪念活动主要由泰国旅游与体育部主办，活动在泰国首都曼谷举行开幕式后，还邀请世界旅游组织亚太区执行长、亚太旅游协会负责官员和一百多个国家的旅游业领导人共赴孔敬府参加系列庆祝活动。庆祝活动包括参观泰丝制作园区、欣赏东北部文化特色表演和领略泰国东北夜市文化等。

联合国将已故泰皇普密蓬生日定为“世界土地日”

2016年10月28日，美国当地时间10点（曼谷时间21点）联合国举行特殊会议，对泰国国王普密蓬逝世表示哀悼和赞扬。联合国大会主席彼得·汤姆森发表赞扬称，普密蓬国王在位70年来，备受泰国人民和国际社会推崇，一生致力于推动国家发展，为改善国民生活水平而献身，获得联合国开发计划书颁授的终身成就奖，为土地和自然资源可持续发展做出巨大贡献，联合国决定将普密蓬国王的生日12月5日定为“世界土地日”。随后联合国秘书长潘基文称赞普密蓬国王陛下一生为国为民，深受泰国人民爱戴，是维护国家稳定的重要凝聚力。

越南多项传统文化获得保护

2016年5月19日，越南“顺化宫廷建筑上的诗文”和河静省干禄县“福江学校木刻板”分别被联合国教科文组织列入《世界记忆亚太地区名录》。

2016年12月1日，越南三府圣母祭祀信仰被联合国教科文组织列入《人类非物质文化遗产代表作名录》。越南三府圣母祭祀信仰把越南本土信仰与中国道教、佛教的一些元素相融合，在女神祭祀信仰的基础上形成和发展为供奉天府、水府、山府三府之母神信仰，深刻影响越南多个地方的社会和人民精神生活。越南三府圣母祭祀信仰以南定省为中心，拥有供奉圣母的祠庙将近400个。

越南首次夺得奥运会金牌和残奥会金牌

2016年8月里约热内卢奥运会上，越南射击运动员黄春荣在男子10米气手枪的决赛中以202.5环的成绩夺取金牌并打破奥运会纪录，成为越南史上首位夺得奥运会金牌的运动员。黄春荣还夺得男子50米手枪银牌。越南残疾人运动员代表团历经5届残奥会后夺得第一枚金牌。举重运动员黎文功以183千克的成绩获得里约残奥会男子49千克级项目金牌并刷新残奥会纪录。

社　　会

中国开始实施“全面二孩”政策

新修改后的中国《人口与计划生育法》于2016年1月1日起正式实施，该法明确载明：“国家提倡一对夫妻生育两个子女”。这意味着，施行了30多年的中国独生子女政策宣告终结。

中国人口达13.73亿

2016年4月20日，中国国家统计局发布《2015年全国1%人口抽样调查主要数据公报》。公报显示，中国31个省、自治区、直辖市和现役军人的人口为137349万人。同第六次全国人口普查2010年11月1日零时的133972万人相比，5年共增加3377万人，年平均增长率为0.50%。

此次抽样调查以2015年11月1日零时为标准时点进行，以全国为总体，以各地级市（地区、盟、州）

为子总体，采取分层、二阶段、概率比例、整群抽样方法，最终样本量为 2131 万人，占全国总人口的 1.55%。

中国新批准 22 个“国家森林城市”

2016 年 9 月 19 日，中国国家林业局决定批准吉林省长春市、黑龙江省双鸭山市、江苏省常州市、浙江省金华市和台州市、安徽省六安市、福建省三明市、江西省九江市和鹰潭市、山东省烟台市和潍坊市、河南省焦作市和商丘市、湖北省十堰市、湖南省常德市、广东省珠海市和肇庆市、广西壮族自治区来宾市和崇左市、四川省绵阳市、陕西省西安市和延安市等 22 个城市为“国家森林城市”。至此，全国“国家森林城市”增至 118 个。

中国 31 个省份全面取消农业户口

截至 2016 年 9 月 22 日，中国 31 个省份出台各自的户籍改革方案，全部取消农业户口，这标志着在中国存在了半个多世纪的二元户籍制度退出历史舞台。自 1958 年开始，中国划分农业户口和非农业户口，由此带来权益、保障和待遇的不同。农业户口的权益主要是责任地和宅基地，而非农业户口的权益主要是依附在户籍上的一些社会福利，包括教育、医疗、就业、保险、住房等方面。此次户籍制度改革全面取消农民的农业户口身份，将农民和城镇居民统一改称居民，消除身份区隔和歧视，进而逐步实现居民社会管理城乡一体化、公共服务均等化。

中国脱贫攻坚首战之年超 1000 万人告别贫困

2016 年 12 月 27 日，由中国社会科学院和国务院扶贫办公室联合编辑出版的《中国扶贫蓝皮书：中国扶贫开发报告 2016》正式发布。《蓝皮书》指出，2016 年是中国脱贫攻坚首战之年，中央和省级财政投入扶贫资金首次超 1000 亿元，超过 1000 万人告别贫困。《蓝皮书》总结了改革开放以来中国扶贫的主要做法：坚持发展减贫，坚持提升贫困地区和贫困人口自我发展能力，坚持精准扶贫，坚持扶贫创新，坚持“政府领导、群众主体、社会参与”的扶贫运行制度。与其他国家不同，从 20 世纪 90 年代中期开始，中国把扶贫作为整个国家布局和规划中的一部分，连续制定 3 个规划纲要，在设定行动方针时，特别强调规模扶贫、整体扶贫。政治优势和制度优势是中国扶贫最重要的基本经验。

中国自然保护区发展 60 年成效显著

中国自从 1956 年在广东鼎湖山建立第一个自然保护区以来，至 2016 年，中国自然保护区已经历 60 年发展历程。60 年来，中国自然保护区已初步形成布局基本合理、类型比较齐全、功能相对完善的体系，为保护生物多样性、筑牢生态安全屏障、确保生态系统安全稳定和改善生态环境质量做出重要贡献。截至 2016 年，全国共建立自然保护区 2740 个，其中国家级自然保护区 446 个，总面积 147 万平方千米，约占陆地国土面积的 14.83%，高于世界平均水平。全中国有超过 90% 的陆地自然生态系统类型，约 89% 的国家重点保护野生动植物种类以及大多数重要自然遗迹在自然保护区内得到保护，部分珍稀濒危物种种群逐步恢复。

文莱首都斯里巴加湾生活质量位居东盟第 3 位

美世人力资源咨询公司 2016 年 3 月发布的全球城市生活质量调查报告显示，文莱首都斯里巴加湾市生活质量排名居新加坡和吉隆坡之后，在东盟居第 3 位，亚洲排名第 13 位，全球排名第 102 位。

文莱将 5 月第一个周日定为全国家庭日

2016 年 4 月 26 日，2016 年文莱全国家庭日最高委员会于当日下午在文莱文化青年体育部大楼讲堂举办全国家庭日新闻发布会，文莱政府将每年 5 月份的第一个星期日定为全国家庭日，2016 年的全国家庭日为 5 月 1 日。出席主持全国家庭日新闻发布会的文化青年体育部常任秘书兼 2016 年全国家庭日最高委员会联合秘书拿汀哈嘉诺莉拉说，举办全国家庭日庆祝活动，旨在提高家庭体制重要性的认识，促进社会稳定、国家安全和社会福祉。

文莱苏丹向 593 户居民发放住房钥匙

2016 年 5 月 14 日，文莱苏丹巡察都东区，在丹绒玛雅政府中学的一项仪式上，向 593 户居民家庭分发住房钥匙。这批住房是在武吉布鲁安国民房屋计划下建成的半独立或排屋住房。获得住房钥匙的 593 户居民中，160 户获半独立房屋，433 人获得排屋。自文莱国家建屋计划推行以来，已有超过 27000 套房屋建成分发。

文莱实施新的外籍员工准证制度

2016 年 9 月 28 日，文莱内政部宣布施行简化的外籍员工准证制度，替代现行的外籍员工配额准证制度。简化后的申请流程所需时间从原来的 41 个工作日缩短至 9 个工作日，在劳工局申请的程序步骤也由 12 个减至 7 个。10 月 1 日，新制度在准备雇用外籍员工的新注册企业实施。对申请增加外籍员工的原有企业，新程序于 2017 年 1 月生效。外籍员工的准证更新于 2017 年 4 月起执行新制度。为协助新程序的实行，人力培训机构、就业局和移民局等相关政府部门都会在劳工局柜台派驻人员，提供一站式便利服务。

文莱在全球最健康国家排名第21位

2016年9月一项刊登于医学期刊《刺胳针》(The Lancet)的报告显示,文莱在有188个国家和地区的健康指数排行榜上位居第21名。这项排名是根据1990~2015年联合国可持续发展目标(SDGs)下各有关国家和地区所取得的进展整理出来的。由美国西雅图华盛顿大学研究人员所作的评估涵盖33个项目如天灾、疾病、酗酒、自杀、空气污染和战争等。在100的总分中,文莱获得78分。在亚洲太平洋地区里,它仅排在新加坡和澳大利亚之后。文莱获得高度评价的项目是政治稳定、处理疟疾能力、清洁水与卫生、空气素质等等,而得分较低的则是由疾病如麻疹、腮腺炎、风疹、B型肝炎、结核病和非传染性疾病以及公路意外所导致的死亡。

柬埔寨金边增设4个“单一窗口办事处”

2016年1月中旬,金边市增设4个“单一窗口办事处”,方便民众办理和申请各类文件,减少官员索取“台底钱”现象,从源头杜绝贪腐风。这4个办事处分别设在隆边区、水净华区、棉芷区和仙市区,“单一窗口办事处”即为几个不同部门的综合办事处,可处理13个领域共194种类文件申请,民众无须亲自到各个部门办理文件申请。金边市8个区均设有“单一窗口办事处”,2015年共处理29505项申请。根据柬埔寨内政部报告,全柬有40个市和区以及2个县已设立“单一窗口办事处”。

柬埔寨政府叫停机场高速公路等项目

2016年4月5日,柬埔寨首相洪森宣布取消由中资公司计划投资3.6亿美元修建的“机场高速公路”项目,该项目原计划于2016年动工,2021年竣工。原计划在金边火车站到金边国际机场的这一路段修建一条高速公路,但是由于沿线居民在政府宣布该项目计划后,就陆续开始举行集体抗议活动,反对该项目落实,并要求政府举行公开论坛,展示该项目的影响范围,让项目影响范围以内的群众知晓真实情况。柬埔寨政府不得不以“该项目具有强烈争议性”为由,取消该项目的实施计划。与该项目一同被修改的还有从金边旧火车站(万谷湖地区)到6支牌的铁路计划,政府决定将修铁路改为修公路,以解决洞里萨河河边一带的交通堵塞问题。

印度尼西亚遭受恐怖袭击

2016年1月14日,印度尼西亚首都雅加达市中心发生多起爆炸事件,造成至少7人死亡,17人受伤。其中有5名袭击者死亡(有3人在与警方交火过程中死亡,2人死于自杀式炸弹爆炸)。印度尼西亚警方认为策划此次袭击的是极端组织“伊斯兰国”的印度尼西亚籍成员巴赫鲁姆·纳伊姆。这是印度尼西亚国内恐怖主义活动在经过6年基本平静之后的再次抬头。

印度尼西亚自然灾害频发

2016年1月17日,印度尼西亚发生里氏5.5级地震,震源深度46千米,地震至少造成8人受伤,大约120栋房屋受损。2月24日,印度尼西亚北苏门答腊省Karo锡纳朋火山喷发,当地媒体报道,火山附近12个村庄超过1万人离开家园搬到避难营地。6月,印度尼西亚中爪哇省接连发生洪水和山体滑坡,造成24人死亡、26人失踪,省内16个县市的数千间房屋被洪水淹没,数十所房屋被埋。9月22日,印度尼西亚多地在大雨后发生山体滑坡与暴洪,造成20人死亡,至少15人失踪,西爪哇省的灾情最为严重。

印度尼西亚举办第19届全国运动会

2016年9月17~18日,印度尼西亚在西爪哇省万隆火海运动场举行第19届全国运动会,总统佐科主持开幕式。来自印度尼西亚34省的8500多名运动员参加比赛。赛事分为44个大项,共计756场比赛,分别在西爪哇省16县市的68个赛场举行,共设立756个金牌、756个银牌和954个铜牌。印度尼西亚全运会每四年举办一次。

印度尼西亚举行祈祷大会

2016年12月2日,印度尼西亚各地的穆斯林群众聚集雅加达摩纳斯广场,举行盛大的和平祈祷会。印度尼西亚总统与副总统、政法安统筹部部长、宗教部部长以及国军总司令等与穆斯林群众一起进行星期五朝拜,为国家统一、民族团结和宗教和谐诚心祈祷。

老挝艾滋病病毒感染人数逾万

据老挝《万象时报》2016年11月15日报道,老挝艾滋病病毒感染人数达1.1万。在这些感染者中,约有7000人没有接受任何治疗,100人已死亡;4000名感染者接受抗逆转病毒药品的治疗,其中有儿童227人。老挝有10家医院和诊所为艾滋病病毒感染者和艾滋病患者提供免费医疗服务。

老挝脱贫和扫盲工作取得明显成效

2016年,老挝全国47个特困县中已有14个脱贫,贫困家庭和贫困村占比分别降至6.56%和18.38%。与上年相比,贫困村已由1736个减至1689个;发展村由3577个增至3836个,发展村已占全国农村总数50%以上;109个“三建试点村”已有93个成为发展村,各地涌现出72个样板村;全国发展家庭28452户,杰出典型家庭544户;全国18个省市中已有2个省(沙耶武里和川圹)普及小学教育,万象市及67个县普及初中教育,普及初中教育的县份比上年增加15个。

老挝破获毒品案2508件

2016年老挝警方破获毒品案2508件,抓获贩毒嫌疑人3740人,分别比上年多250件和212人。

马来西亚政府启动非法外劳重新雇佣计划

2016年2月15日启动该计划,雇主可在网上申请重新雇佣非法外劳,此计划实施时间为2016年2月15日至6月30日。3月22日,马来西亚移民局公布重聘非法外劳计划细节,雇主今后要为每名外劳完成重聘程序,需要缴付11个收费项目,总收费3455~5945林吉特。此重聘计划只在西马半岛进行,不包括沙巴、沙捞越和纳闽。在重聘计划下,包括孟加拉、菲律宾、印度、印尼、哈萨克斯坦、柬埔寨、老挝、缅甸、尼泊尔、巴基斯坦、斯里兰卡、泰国、土库曼斯坦、乌兹别克斯坦、越南等15个国家的非法外劳有机会获得重聘。重聘计划的外劳抵押金视国籍而定。重聘计划主要条件是:非法外劳要有定期进入马来西亚的原始记录;有雇主雇用超过6个月;没有任何犯罪记录。实施重聘计划的领域包括工厂、建筑、园丘、农业和服务业。马内政部委任3家私人公司专门协助移民局处理政府重聘计划。申请重聘计划的雇主和非法外劳可通过rehiring. imi. gov. my进行网上申请。而任何雇主违反1959年/1963年移民法令第55(B)条文,聘请非法外劳,可面对罚款1万~5万林吉特,或判1年以下有期徒刑,或两者兼施的处罚。任何雇主聘请超过5名非法外劳,可被判处最短不少于半年、最长不超过5年徒刑,或鞭笞不超过6下的处罚。

马来西亚调涨外籍劳工人头税

2016年3月18日,马来西亚内政部宣布,调涨外籍劳工人头税。该政策涉及5个领域,其中制造业和建筑业的外劳人头税从1250林吉特涨至1850林吉特,涨幅48%;农业的外劳人头税从410林吉特涨至640林吉特,涨幅56.1%;种植业则从590林吉特涨至640林吉特,涨幅8.47%;服务业人头税维持1850林吉特不变。该政策3月18日起生效,只在西马半岛实施。截至2016年2月29日,马来西亚共有197.89万名合法外劳,主要在五大领域,即建筑业、制造业、服务业、种植业,以及非正式领域(家庭帮佣)工作。在马工作的外劳人数最多的国家依次为印尼、尼泊尔、孟加拉、缅甸以及印度。马来西亚政府在实行新的外劳人头税制度后,预计从外劳人头税可获得31.32亿林吉特收益。

马来西亚中央政府强制多个州属和联邦直辖区落实垃圾分类制

2016年6月1日,马来西亚政府在布城、吉隆坡、柔佛、彭亨、马六甲、森美兰、吉打和玻璃市等多个州属和联邦直辖区强制落实垃圾分类措施。2015年9月1日,马中央政府强制上述多个州属和联邦直辖区落实垃圾分类制,并给予9个月的缓冲期。在缓冲期内,不做分类的居民将接到警告信或提醒信。从2016年6月1日起,正式落实垃圾分类制。住在已落实垃圾分类制州属的居民,如不做垃圾分类,罚款至少50林吉特。最高罚款1千林吉特。在垃圾分类措施落实后,马来西亚固体废料管理机构负责执法工作,并会到各住宅区进行沿户抽样检查,并发出警告及提醒。政府实施该项措施的目的旨在提升人民的环保观念。

马来西亚物价上涨

从2016年6月1日起,马来西亚以面筋、香菇、蒟蒻、大豆纤维、豆包等制成的素料食品及进口素酱料全面调涨,其中部分食材的涨幅高达200%。2016年6月28日,马来西亚能源委员会将马来半岛的平均天然气费用上调5.95%,即从每百万热量单位25.53林吉特上调至27.05林吉特,从7月15日起施行。这项天然气价格上涨不涉及家庭用户。从7月1日起,马来西亚95号、97号汽油和柴油全面涨价,每升涨价0.5林吉特,涨价后的价格为95号汽油1.75林吉特/升、97号汽油2.1林吉特/升、柴油1.6林吉特/升。从11月1日起,马来西亚政府取消所有食用油(精炼棕油)的补贴,除1千克塑料包装食用油保留补贴、零售价格保持2.5林吉特外,其他包装食用油价格随市场自由浮动。由于马来西亚政府在2016年3月宣布调整啤酒税,平均酒精含量达5%的啤酒,提高5.8%的啤酒税。从7月1日起马来西亚两大啤酒厂的啤酒价格上调2%~2.5%。

马来西亚采取措施推行“出租车业转型计划”

2016年8月16日,马来西亚陆路公共交通委员会公布11项措施推行“出租车业转型计划”,这11项措施包括管制电子召车服务、改善出租车司机福利、提高出租车司机服务素质、重新整合出租车收费制度等4个方面。在新措施下,那些想从租借模式转为个人执照的出租车司机,可申请5000林吉特补助,通过该笔款项可以解决和公司的租赁纠纷,并可购买具有至少3星级的新车作为未来的载客工具。在出租车收费方面,调整计程起跳价,从4林吉特降价至3林吉特,行程收费也从0.3林吉特/200米,降价至0.25林吉特/200米,计时收费也从0.3林吉特/36秒降价至0.25林吉特/36秒,其他收费也有所调整。在管制电子召车服务方面，要求经营电子召车服务公司必须是在马来西亚运营的公司；电子召车服务公司必须为乘客、司机和汽车提供保险；电子召车服务公司的司机必须拥有陆路公共交通委员颁发的司机准证；必须经过相关机构验车才能获得执照。

马来西亚政府投资700亿林吉特改善公共交通系统

2016年10月18日，马来西亚总理纳吉布表示，政府已投资700多亿林吉特改善陆路公共交通系统。首先，持续推进隆新高铁、捷运及轻快铁等主要基础设施计划。其次，公共交通系统必须电脑化及配合人口的变化，政府2016年推介路程规划应用程序，并于2018年落实综合付费系统，实现一卡通。第三，除大力发展轨道交通外，政府也支持公交车服务转型计划，以确保公交车业者的服务质量。政府投入巨资改善公交系统，以期到2030年达到40%乘客使用量。2016年政府拨出约1.4亿林吉特，作为65家各州市区公交公司紧急基金。政府还投资2060万林吉特，在江沙、芙蓉、怡保落实“我的公交车”计划，并向瓜拉丁加奴和新山推广。第四，推行出租车业转型计划，以提升马来西亚出租车的服务水平，争取达到与世界主要大城市一致的服务水平。

马来西亚政府投入巨资应对海岸侵蚀

2016年10月20日，马来西亚自然环境和环境部官员表示，政府已投入逾107.83亿林吉特开展51项防海岸侵蚀工程。马来西亚需正视全球变暖造成海平面上升问题。有材料显示，马来西亚在2100年将出现海平面上升现象，吉兰丹、吉打、沙捞越美里和沙巴斗湖将会受到影响。政府建议在这些区域兴建高1.2～1.8米的防潮围墙。政府将拨款300万林吉特作为全国短期防洪堤工程，长期防洪堤工程将耗资4.16亿林吉特。

缅甸帕敢矿区发生大规模塌方险情

2016年5月23日，缅甸北部克钦邦帕敢市茂卡矿区发生大规模塌方险情，有上百人被埋。面对此次塌方发生时出现大量伤亡事件，缅甸社会福利救援与安置部按规定为每位遇难者家属发放10万缅币抚恤金。

缅甸仰光省政府与中国和平发展基金会签署关于职业技术领域合作的谅解备忘录

2016年8月13日，缅甸仰光省政府与中国和平发展基金会在仰光签署关于职业技术领域合作的谅解备忘录，中国和平发展基金会秘书长徐镇绥和仰光省农业、畜牧、林业与能源部部长汉吞签署该谅解备忘录，中联部部长宋涛和仰光省首席部长漂敏登见证该签署仪式。据了解，中国和平发展基金会将向缅甸提供50万美元用于杜钦季医院升级改造、医务人员培训、在毛比镇区建设学校等。

缅甸发生6.9级地震

2016年8月24日18时34分，缅甸中部城市密铁拉以西130多千米附近发生6.9级地震，致使万塔之城蒲甘诸多佛塔受损。据统计，受损佛塔425座，其中严重损毁的89座，佛塔壁画遭到损坏的56座。受损佛塔包括苏拉牟尼、阿南陀、达摩央吉、塔由比、皎古乌敏等知名佛塔。

亚洲开发银行批准1.233亿美元货款以改善菲律宾马尼拉供水

2016年3月22日，亚洲开发银行（ADB）批准给予菲律宾马尼拉1.233亿美元贷款，以改善其供水系统。这笔贷款将由马尼拉市供水与污水署用于建立新的输水隧道，以帮助马尼拉市实现供水现代化，减少供水短缺的风险。

5月6日，中车大连公司为菲律宾马尼拉轻轨3号线设计的3列轻轨车辆投入运行（百度网）

菲律宾马尼拉市轻轨3号线3列轻轨车辆投入运行

中国中车旗下的大连机车车辆有限公司2016年5月10日对外披露，由该公司研制的3列轻轨车辆近日正式在菲律宾马尼拉市3号线投入运行。菲律宾交通与通讯部副部长Bucayan等部分政府高级官员乘车体验。此次交付的轻轨车辆出口合同签订于2014年6月，合同金额约为5.4亿元人民币，这是中国获得的首个菲律宾城铁车辆订单。该车辆总长约31米，宽2.5米，高3.65米，最高运行时速65千米，具备4列车辆重联运营的能力。

马尼拉3号线每天的载客量超过60万人次，超出原设计容量1倍以上。轻轨车辆投入运行之后，有效缓解马尼拉市的交通拥挤状况。

菲律宾大型戒毒中心落成

2016年11月29日，由中国企业家黄如论捐建的大型戒毒中心在菲律宾新怡诗夏省马格赛赛堡正式落成，菲律宾总统杜特尔特出席揭牌仪式并发表演讲说："毒品是菲律宾社会的毒瘤，这场反毒行动将持续到我任期的最后一天，直到街头最后一个毒贩被绳之以法。"

黄如论共向菲律宾捐建两所大型戒毒中心，此次建成的是其中一所。该戒毒中心占地面积约11公顷，建筑面积约6万平方米，可容纳约1万名戒毒人员，同时还可为1000名左右管理人员提供工作和生活场所。

新加坡为网约车立规矩

截至2016年3月底，新加坡国内道路上的私人出租车共有3.25万辆，在一年前仅有1.96万辆。在过去两年间，新加坡私家车数量逐年下降，但加入网约车队伍的私家车数量却在不断上升。为有效应对网约车市场不断出现的新变化，经过长达半年的意见征询，新加坡政府于2016年4月再度修正和更新监管方案，宣布对其国内提供网约车服务的司机及车辆实行"基本管制"。新加坡政府于2017年上半年推出"私人出租车司机职业执照"制度。首先，私人出租车司机职业执照的申请者必须是网约车服务公司的业主或雇员。其中，新加坡籍申请者须是网约车服务公司的业主或雇员，持合法工作准证的外籍人士则须是网约车服务公司的雇员。其次，私人出租车司机职业执照申请者需持有新加坡3级或3A级驾照（即手动或自动挡驾照）两年或两年以上。第三，申请人需通过相应的健康和背景检查。第四，申请人必须参加时长约10小时的私人出租车司机职业培训课程，并通过专门职业资格考试获得私人出租车司机职业执照。第五，私人出租车司机也将采取与专业出租车司机等同的职业执照记分管理制度。此外，为更加有效管理网络约车服务行业，新加坡政府还规定新加坡规模最大的两家网约车服务平台——优步（Uber）和Grab公司与政府共享数据。

新加坡销毁7.9吨走私象牙及象牙制品

2016年6月13日，新加坡农粮兽医局销毁7.9吨价值超过1300万新元的走私象牙及象牙制品。新加坡是象牙和象牙制品从非洲走私到亚洲的中转站，因此在打击象牙贸易方面责无旁贷。

新加坡中华总商会庆祝成立110周年

《人民日报》海外版2016年9月29日报道，日前，新加坡中华总商会110周年庆典在新加坡举行。新加坡中华总商会成立于1906年，是新加坡历史悠久的商业团体。新加坡总理李显龙作为主宾出席本次庆典，并向新加坡中华总商会颁发牌匾"聚商惠民"，肯定新加坡中华总商会在推动新加坡国家发展、社会和谐与经济繁荣等方面做出的贡献。李显龙在致辞中表示，新加坡中华总商会已成为新加坡政府在经济转型中的重要伙伴，并将在未来的经济发展中扮演必不可少的角色。

孙中山诞辰150周年纪念会在新加坡举行

2016年10月30日，孙中山诞辰150周年纪念会在新加坡中国文化中心举行，新加坡政府、中华总商会、宗乡总会等各界人士和中国驻新加坡机构代表近300人出席纪念会。与会者缅怀孙中山为追求民族独立和国家统一富强奉献一生的光辉事迹，呼吁旅新华侨华人为早日实现祖国统一和中华民族伟大复兴携手奋斗，祝愿中新两国在维护好传统友谊的基础上，共同推动两国关系向前迈进。与会人士还参观《孙中山与华侨华人》图片展，观看历史纪录片《晚晴园与孙中山》。

新加坡就业人数增速继续放缓

新加坡人力部发布的劳动市场预估报告显示，2016年新加坡劳动力增速放缓，外籍员工供应收紧。2016年全年的总就业人数预估增长继续放缓，达到自2003年以来的最低点。2016年的总就业人数增加1.64万人，比上年增长0.4%，比2015年的3.23万人，0.9%的增长速度减缓。新加坡当地人就业人数增加1.07万人，比上年增长0.5%。增长多数来自服务业，如社区、社会与个人服务、专业服务以及运输与储藏。外地人就业人数（不包括外籍女佣）减少2500人，是自2009年以来第一次减少。新加坡籍全职员工的名义中位数收入（包含雇主公积金贡献）3823新元，比上年增长0.7%，远不及2015年的6.5%。

泰国出现半个世纪以来最严重旱情

2016年，泰国遭遇半个世纪以来最严重干旱。全国59%的地区出现旱情，多处瀑布风景区断流，主要水库存量不足以供应农业灌溉。据报道，泰国2015年雨季期间在集水区的降雨不明显，导致15个省份旱象严重，多处河川见底或断流。泰国东北和中部地区的农田无水灌溉，农民生计受影响。泰国政府发言人说，泰国总理巴育要求全力协助农民抗旱减灾，安排拨款用于取水和补助农民生计，并呼吁节约用水，政府保证民生用水供应。

泰国4月气温为65年来最高纪录

2016年4月，泰国每日平均温度高达40℃，最高温一日44.3℃，为当地有记录以来的单日最高气温。全国用电量也随之创新高。

泰国庆祝泰王登基 70 周年

2016 年 6 月 9 日，为庆祝泰国国王拉玛九世普密蓬·阿杜德登基 70 周年，泰国政府、国营单位和私营企业联合举办隆重庆祝活动。多处有庆祝仪式，其中曼谷皇家田、大皇宫玉佛寺最为大型，770 名僧人在首都曼谷玉佛寺附近举行布施祈福仪式。当日，泰国央行发行 2000 万张纪念币钞，庆祝泰国国王普密蓬·阿杜德登基 70 周年。每张面额 70 泰铢，发行价为 100 泰铢。泰国民众可以在全国各商业银行购买，所有纪念钞销售收入全部敬献给国王。此纪念钞的尺寸也有讲究。纪念钞宽 89 毫米，表示国王今年 89 岁；长 162 毫米，每位数相加为 9，代表普密蓬国王的称号“拉玛九世”。此外，泰国财政部还发行泰王登基 70 周年纪念币，其中金币面值 1.6 万泰铢，发行价 3 万泰铢；银币面值 800 泰铢，发行价 1600 泰铢；铜币面值和发行价均为 50 泰铢。

泰国南部 8 府发生连环爆炸

2016 年 8 月 11 日晚至 12 日上午，泰国著名旅游胜地华欣和南部省份共发生 8 次炸弹爆炸，导致 4 人死亡。泰国南部有 5 个府在 8 月 12 日发生火灾，系列爆炸和火灾事故波及泰国南部 8 府，分别是巴蜀、素叻他尼、普吉、攀牙、董里、甲米、春蓬和洛坤。爆炸和火灾发生地既有游客较多的场所，如酒吧、公园、市场、商场、海滩、酒店和地标性建筑附近，也有警局、警岗、超市甚至当地府尹住地等。泰国国家警察总署要求全国所有警察单位加强在重要政府办公区和标志性区域的安保，尤其是公交总站、火车站、机场、旅游景点以及其他游客经常到访的区域。泰国总理巴育要求泰国全境各行政机构在重点区域加强安全保卫措施，避免爆炸事故再次发生，保护游客和当地人民的安全。政府承担伤者全部医疗费用，不论国籍。

泰国首批天然气公交车投入使用

2016 年 12 月初，由曼谷大众捷运局采购的 489 辆天然气公交车的第一批 100 辆已抵达曼谷林查班港口。首批公交车于 12 月 21 日投入运营，按计划安排 5 辆公交车在前往大皇宫的线路上运营，其余分别在曼谷 22 条线路中投入使用。

越南自然灾害频发造成巨大损失

2016 年越南自然灾害频发，造成巨大损失。1～2 月，越南北部 14 个省出现 60 年来最严重的寒冷极端天气。3～5月，越南西原地区、中南部沿海地区发生长时间的酷热天气导致该地历史上最严重的旱灾。九龙江平原的 13 个省份中，有 11 个省发生 100 年来最严重的旱灾和咸潮入侵现象，造成许多农作物颗粒无收。10～12 月，越南中部和西原各省连续遭受 5 次大范围、高强度的大暴雨，连续造成洪涝灾害。自然灾害导致 235 人死亡，农林渔业生产遭受巨大损失，对灾区民众的生产和生活造成严重影响。根据越南农业与农村发展部初步统计，2016 年自然灾害导致该国农业损失 37.65 万亿越盾（约 17 亿美元）。

越南中部发生严重海洋环境污染事故

2016 年 4 月初，越南中部河静、广平、广治、承天—顺化等 4 省一带海面出现大批死鱼，对当地居民的生产与生活造成巨大影响。越南政府组织多部门联合调查，并邀请国际科学家参与调查，最终认定是因越南台塑河静钢铁公司违规排放有毒物质造成这一起严重的海洋环境污染事故。该公司为此赔偿损失 5 亿美元。越南职能机关从严查处对事故负有责任的个人和组织。此起海洋环境污染事故发生后，资源管理、环境保护工作成为越南政府部门的关注焦点。中部环境污染事故发生后，越南民众在河内市、胡志明市、河静省等地举行大规模的示威游行。

越南发生 4 起军用飞机坠毁事故

2016 年 6 月 14 日，越南空军一架苏－30 战斗机执行训练任务时在越南中部义安省附近海域失踪，机上 2 名飞行员分别跳伞。其中一名飞行员被当地渔民救起，另一名飞行员死亡。6 月 16 日，搜寻苏－30 战斗机的一架 CASA 型巡逻机在越南北部海防市海域失事，机上 9 人全部遇难。8 月 26 日，越南空军一架 L39 教练机在越南富安省坠毁，机上一名飞行员死亡。10 月 18 日，一架 EC130 军用直升机在越南巴地—头顿省失事，机上 3 名军人全部遇难。

越南“鱼露含砷事件”一度引发社会不安

2016 年 10 月 17 日，越南消费标准与消费者保护协会公布，该协会组织进行的 150 个鱼露样本质量抽样检查结果显示，67% 的抽检样品含有砷（俗称砒霜），甚至超标，但没有说清是有机砷还是无机砷。消息一经发布，越南几十家报刊社纷纷登载，引发社会的强烈不安。越南政府总理要求有关部门调查该事件并弄清是否存在违法行为。10 月 22 日，越南卫生部公布对越南全国 82 个工业鱼露和传统鱼露生产厂的 247 个鱼露样品的抽样检验结果：100% 的样品中未发现无机砷，因此对人体无害。越南职能机关认定越南消费标准与消费者保护协会发布了不真实消息且涉嫌违法。该事件被视为“肮脏”的炒作，事因企业之间的不当竞争，旨在打击传统鱼露产业。越南 50 家报刊社因登载上述错误消息受到行政处罚。

（周明钧　马金案　梁薇　云倩　陈定辉　韦朝晖　张磊　杨超　罗梅　唐卉　李碧华）

专　　题

发 展 报 告

中国:2016 年发展回顾与 2017 年展望

2016 年世界经济复苏依然缓慢,国际贸易和投资疲弱,增长动力不足,不稳定和不确定性进一步凸显。在世界经济不景气的大背景下,中国经济发展面临国内外诸多矛盾叠加、风险隐患交汇的严峻挑战。2016 年是中国全面建成小康社会决胜阶段的开局之年,也是推进供给侧结构性改革的攻坚之年,面对国内经济下行压力依然较大,经济增速下降、工业品价格下降、实体企业盈利下降、财政收入增幅下降、经济风险发生概率上升等突出问题,中国积极适应和引领经济发展新常态,坚持全面深化改革,坚持创新驱动发展,加快经济发展方式转变和经济结构调整,以推进供给侧结构性改革为主线,适度扩大总需求,经济运行保持在合理区间,全年经济社会发展主要目标任务圆满完成,国内生产总值达到 74.41 万亿元,比上年增长 6.7%,对全球经济增长的贡献率超过 30%,实现"十三五"时期良好开局。

一、经济社会发展形势及特点

(一)经济运行处于合理区间,提前实现 GDP 翻两番目标

2016 年中国加强定向调控、相机调控,积极的财政政策力度加大,稳健的货币政策灵活适度,确保经济平稳运行。从计划指标运行情况看,经济增长、就业、价格总水平、国际收支平衡等主要指标保持在合理区间,科技创新、生态环保、民生保障等反映发展质量和效益的指标进一步改善,总体运行完成情况良好。2016 年中国国内生产总值约为 2000 年的 4.22 倍,提前 4 年实现中国共产党第十六次全国代表大会提出的国内生产总值到 2020 年比 2000 年翻两番的目标。

供给侧改革稳步推进,消费基础作用进一步增强。适时出台促进消费带动转型升级的行动方案,服务消费蓬勃兴起,汽车等实物消费扩大升级。消费在经济增长中发挥主要拉动作用,贡献率达到 64.6%,消费和投资的比例关系进一步改善。房地产和汽车行业发挥重要作用,在 1.6 升及以下排量乘用车购置税减半征收政策的刺激下,汽车产销两旺。商品房销售面积和销售额比上年大幅度增长,房地产成为支撑 2016 年服务业增长的重要动力。需求侧略有走弱,投资保持稳定增长。2016 年中央预算内投资结构继续优化,政府投资项目储备库和 3 年滚动投资计划初步形成,政府和社会资本合作模式推广力度加大。固定资产投资冲高回落再企稳,全社会固定资产投资增长 7.9%,民间投资占固定资产投资(不含农户)比重为 61.2%。

就业形势总体较好,2016 年城镇新增就业 1314 万人,年末城镇登记失业率 4.02%。服务业创新发展稳步推进,服务业领域放宽市场准入实施规划出台,新一轮服务业综合改革试点启动。全年第三产业增速继续超过第二产业,增加值占国内生产总值的比重提高到 51.6%。消费增速有所减慢,社会消费品零售总额实际增长 9.6%,增速比上年回落 0.7 个百分点。价格总水平基本稳定,全年居民消费价格上涨 2.0%。工业品价格跌幅收窄,工业品价格结束自 2012 年 3 月以来持续下降的局面,出现正增长。猪肉、鲜果、鲜菜等食品和家庭服务、医疗等部分服务业价格上涨推动居民消费价格回升,工业品价格主要是钢铁、铁矿石、有色金属、石油、煤炭价格上涨带动。

注重保障和改善民生,人民生活水平持续提升。全力推进精准扶贫精准脱贫,2016 年全国财政专项扶贫资金投入超过 1000 亿元。22 个省份全面启动易地扶贫搬迁项目,全年 249 万贫困人口易地扶贫搬迁建设任务如期完成。金融扶贫、特色产业扶贫、教育扶贫、交通扶贫、水利扶贫、旅游扶贫、光伏扶贫、电商扶贫、以工代赈等深入推进。2016 年全国居民人均可支配收入实际增长 6.3%,农村居民收入增幅连续 7 年

高于城镇居民。基本医疗保险参保人数超过13亿，城乡居民基本医保补助标准由每人每年380元提高到420元。在全国范围内建立困难残疾人生活补贴和重度残疾人护理补贴制度。城乡基本医疗服务体系进一步健全，基本公共卫生服务项目年人均财政补助达到45元，均等化水平提高。完成棚户区住房改造600多万套，农村危房改造380多万户。

（二）创新驱动全面发展，新产业新业态加快形成

“大众创业，万众创新”广泛开展，2016年平均每天新登记企业1.51万家，比上年每天增加2000家左右，中国已成为世界上拥有市场主体最多的国家。国家新兴产业创业投资引导基金、科技成果转化引导基金子基金和国家中小企业发展基金实体基金设立运行，投贷联动试点启动，创业担保贷款创新发展。“互联网+”行动计划取得成效，大数据、电子商务等领域新业态不断涌现。无论从网民规模还是从手机网民规模来看，中国都已成为世界数字用户第一大国，由此创造了巨大的数字红利。全年网上零售交易额近5.2万亿元，比上年增长26.2%。其中，实物商品网上零售额占社会消费品零售总额的12.6%。首个国家高速列车技术创新中心建成。建成世界最大单口径射电望远镜等一批重大科技基础设施，在量子通信、航空航天等方面取得一批重大科技成果。高技术产业、装备制造业、战略性新兴产业较快增长，2016年27个重点监测战略性新兴产业行业规模以上企业实现收入和利润分别增长11.32%和13.96%。科技进步贡献率上升到56.2%，创新对发展的支撑作用增强，经济发展新动能加快成长。高新技术和装备制造业保持较快增长，战略性新兴产业取得新进展，北斗卫星导航系统广泛应用，云计算、新能源汽车、机器人、移动互联网等行业快速发展。“互联网+”行动和国家大数据战略深入推进，线上线下融合、跨境电商、社交电商、智慧家庭、智能交通等新业态不断涌现。全国地级市基本建成光纤网络，新一代信息基础设施更加完善，形成全球最大的4G网络。

9月25日，有着超级“天眼”之称的500米口径球面射电望远镜在中国贵州平塘落成（百度网）

（三）生态环境保护和能源资源节约进一步加强，绿色发展初见成效

2016年单位国内生产总值能耗和二氧化碳排放量分别下降5%和6.6%，超额完成全年目标任务，地级及以上城市空气质量优良天数比例比上年提高2.1个百分点，74个重点城市细颗粒物（PM2.5）年均浓度下降9.1%，地表水达到或好于三类水体比例同比提高1.8个百分点、劣五类水体比例同比下降1.1个百分点，万元国内生产总值用水量下降5.6%。主体功能区战略深入实施，国家重点生态功能区范围拓展到676个县及87个重点国有林区。新一轮退耕还林还草、重点防护林、石漠化综合治理、京津风沙源治理、水土流失综合治理等工程加快推进，湿地保护体系初步形成。循环经济发展加快，产业园区循环化改造继续推进。节能减排持续推进，发行各类绿色债券2296.6亿元，节能环保产业不断做大做强。环境综合治理力度加大，深入开展农村生活垃圾治理专项行动，推进农村人居环境综合整治。加强重金属污染防控重点区域综合治理，全国矿山地质环境恢复和综合治理进一步加强。

二、改革开放形势及特点

（一）大力深化改革开放，进一步增强发展活力

全面深化改革，一批具有标志性、关键性的重大改革方案出台实施，重要领域和关键环节改革取得突破性进展，开放型经济发展水平不断提升。持续推进简政放权、放管结合、优化服务改革。2016年取消165项国务院部门及其指定地方实施的审批事项，清理规范192项审批中介服务事项、220项职业资格许可认定事项，再次修订政府核准的投资项目目录。商事制度改革继续深化。全面推行“双随机、一公开”，增强事中事后监管的有效性，推进“互联网+政务服务”。市场准入负面清单制度改革试点开局良好。“放管服”四大平台建成运行。新一轮投融资体制改革全面展开，修订发布中央预算内投资补助和贴息项目管理办法，制定80个专项管理办法。价格改革继续深化，输配电价改革试点实现所有省级电网全覆盖。国有企业和重点行业改革稳步开展，第一批混合所有制改革试点进入实施阶段，第一批国有资本投资公司试点取得阶段性进展。全面推开营改增试点，将建筑业、房地产业、金融业、生活服务业纳入营改增范围，并将所有企业新增不动产所含增值税纳入抵扣范围。全面实施资源税从价计征改革，开展水资源税改革

试点。公平竞争市场环境加快形成,工业用地市场化配置改革试点稳步实施,社会信用体系建设取得新进展。完善农村土地"三权分置"办法,建立贫困退出机制。推进科技管理体制改革,扩大高校和科研院所自主权,出台以增加知识价值为导向的分配政策。放开养老服务市场。扩大公立医院综合改革试点,深化药品医疗器械审评审批制度改革。制订自然资源统一确权登记办法,开展省以下环保机构监测监察执法垂直管理、耕地轮作休耕改革等试点,全面推行河长制,健全生态保护补偿机制。中央和国家机关公务用车制度改革全面完成,地方党政机关公车改革深入推进。行业协会商会与行政机关脱钩改革第二批试点启动实施。不动产统一登记制度全面落地实施。

(二)扩大对外开放,拓展多区域多领域对外开放合作平台

以"一带一路"建设为统领,推动开放型经济水平不断提升。推进"一带一路"建设,与沿线国家加强战略对接、务实合作。"六廊六路多国多港"主骨架建设稳步推进,战略对接、规划对接成效显著,中欧班列实现统一品牌,累计开行近3000列。印度尼西亚雅万高铁、中老铁路、中泰铁路、马来西亚南部铁路、匈塞铁路、瓜达尔港等重大项目有序推进。人民币被正式纳入国际货币基金组织特别提款权(SDR)货币篮子。开启"深港通"。外商投资便利化程度进一步提高,非金融类实际使用外资保持稳定。对外投资管理体制机制更加完善,非金融类对外投资继续增长。除少数实行准入特别管理措施领域,外资企业设立及变更一律由审批改为备案管理。全年实际使用外资1300多亿美元,继续位居发展中国家首位。

三、对外贸易形势及特点

2016年中国对外贸易面对严峻复杂的国际贸易形势,坚持稳中求进工作总基调,完善各项促进外贸发展措施,新设12个跨境电子商务综合试验区,进出口

中国工农业主要产品产量及其增减情况(2016年)

产品名称	单位	产　量	比上年增长(%)	产品名称	单位	产　量	比上年增长(%)
工业产品				大中型拖拉机	万台	63.0	-8.5
纱	万吨	3732.6	5.5	集成电路	亿块	1318.0	21.2
布	亿米	906.8	1.6	程控交换机	万线	1457.7	-22.5
化学纤维	万吨	4943.7	2.3	移动通信手持机	万台	205819.3	13.6
成品糖	万吨	1443.3	-2.1	智能手机	万台	153764.1	9.9
卷烟	亿支	23825.8	-8.0	微型计算机设备	万台	29008.5	-7.7
彩色电视机	万台	15769.6	8.9	工业机器人	台(套)	72426.0	30.4
液晶电视机	万台	15713.6	9.2	农业产品			
智能电视	万台	9310.1	11.1	粮食	万吨	61624	-0.8
家用电冰箱	万台	8481.6	6.1	夏粮	万吨	13920	-1.2
房间空气调节器	万台	14342.4	1.0	早稻	万吨	3278	-2.7
一次能源生产总量	亿吨标准煤	34.6	-4.2	秋粮	万吨	44426	-0.6
原煤	亿吨	34.1	-9.0	谷物	万吨	56517	-1.2
原油	万吨	19968.5	-6.9	稻谷	万吨	20693	-0.6
天然气	亿立方米	1368.7	1.7	小麦	万吨	12885	-1.0
发电量	亿千瓦小时	61424.9	5.6	玉米	万吨	21955	-2.3
火电	亿千瓦小时	44370.7	3.6	棉花	万吨	534	-4.6
水电	亿千瓦小时	11933.7	5.6	油料	万吨	3613	2.2
核电	亿千瓦小时	2132.9	24.9	糖料	万吨	12299	-1.6
粗钢	万吨	80836.6	0.6	茶叶	万吨	241	7.4
钢材	万吨	113801.2	1.3	肉类	万吨	8540	-1.0
十种有色金属	万吨	5310.3	3.0	猪肉	万吨	5299	-3.4
精炼铜(电解铜)	万吨	843.6	6.0	牛肉	万吨	717	2.4
原铝(电解铝)	万吨	3187.3	1.5	羊肉	万吨	459	4.2
水泥	亿吨	24.1	2.3	生猪存栏	万头	43504	-3.6
硫酸(折100%)	万吨	8889.1	-1.0	生猪出栏	万头	68502	-3.3
烧碱(折100%)	万吨	3283.9	8.7	禽肉	万吨	1888	3.4
乙烯	万吨	1781.1	3.9	禽蛋	万吨	3095	3.2
化肥(折100%)	万吨	7128.6	-4.1	牛奶	万吨	3602	-4.1
发电机组(发电设备)	万千瓦	13218.4	6.3	水产品	万吨	6900	3.0
汽车	万辆	2811.9	14.8	养殖水产品	万吨	5156	4.4
基本型乘用车(轿车)	万辆	1211.1	4.1	捕捞水产品	万吨	1744	-1.0
运动型多用途乘用车(SUV)	万辆	914.4	51.8	木材	万立方米	6683	-7.0
新能源汽车	万辆	45.9	40.0				

注释:本表中数据均为初步统计数。各项统计数据均未包括香港特别行政区、澳门特别行政区和台湾地区。部分数据因四舍五入的原因,存在着与分项合计不等的情况

贸易逐步回稳。推广上海等自由贸易试验区改革创新成果,新设7个自由贸易试验区。国际贸易“单一窗口”在沿海口岸全部启用,通关一体化、检验检疫一体化管理覆盖全国口岸。2016年货物进出口总额24.33万亿元,比上年下降0.9%。其中:出口13.84万亿元,下降2%;进口10.49万亿元,增长0.6%;贸易顺差3.35万亿元,收窄9.1%。

(一)进出口呈现前低后高、逐季回稳向好态势

2016年第一季度,进出口、出口和进口额比上年同期分别下降8.2%、7.9%和8.6%;第二季度,进出口、出口、进口额分别下降1.1%、0.8%和1.5%;第三季度,进出口和进口额分别增长0.8%和2.3%,出口额下降0.3%;第四季度,进出口、出口、进口额分别增长3.8%、0.3%和8.7%。

(二)一般贸易进出口增长,比重提升

2016年一般贸易进出口13.39万亿元,比上年增长0.9%,占全国进出口总额的55%,比2015年提升1个百分点,贸易方式结构有所优化。民营企业出口占比继续保持首位。2016年民营企业进出口额9.28万亿元,增长2.2%,占外贸总额的38.1%。其中:出口6.35万亿元,下降0.2%,占出口总额的45.9%,继续保持出口份额居首的地位;进口增长8.1%。

(三)与“一带一路”沿线国家对外贸易态势良好

2016年,中国与“一带一路”沿线国家贸易总额9535.9亿美元,占中国对外贸易总额的比重达25.7%,较2015年上升0.4个百分点。中国向沿线国家出口自2011年以来整体呈现上升态势,2016年向沿线国家出口5874.8亿美元,达到近年来的高位。其中,对巴基斯坦、俄罗斯、波兰、孟加拉国和印度等国出口分别增长11%、14.1%、11.8%、9%和6.5%。

(四)机电产品、传统劳动密集型产品仍为出口主力

2016年机电产品出口额7.98万亿元,比上年下降1.9%,占出口总额的57.7%。其中,医疗仪器及器械出口增长6.1%,蓄电池出口增长4%。同期,传统劳动密集型产品出口额2.88万亿元,下降1.7%,占出口总额的20.8%。其中,纺织品、玩具和塑料制品出口额增长,依然保持良好的竞争优势。铁矿石、原油、铜等大宗商品进口量保持增长,主要进口商品价格仍处于低位但跌幅收窄。2016年进口铁矿石10.24亿吨,比上年增长7.5%;原油3.81亿吨,增长13.6%;煤2.56亿吨,增长25.2%;钢材1321万吨,增长3.4%;铜495万吨,增长2.9%;成品油2784万吨,下降6.5%。年内,进口价格总体下降2.1%。其中,铁矿石进口均价下降0.5%,原油下降18.6%,成品油下降10.8%,煤下降0.1%,铜下降6%,钢材下降5.5%。

(五)对外投资快速增长

2016年头三季度,中国吸引外国直接投资950.9亿美元。对外直接投资1342.2亿美元,比上年增长53.7%,遍布全球160个国家和地区。中国企业海外并购势头强劲。一至三季度,中国内地企业海外并购交易数量达到创纪录的671宗,几乎是2015年全年交易数量的两倍,涉及67个国家和地区的18个行业大类;交易总额1739亿美元,比上年增长68%,涉及的行业和领域进一步扩大,其中媒体娱乐领域的投资额最大,达到263亿美元。同期,中国企业对外承包工程新签合同总额1478亿美元,在“一带一路”建设相关的61个国家新签对外承包工程项目合同额745.6亿美元,占同期中国对外承包工程新签合同额的50.4%。

四、对外交流形势及特点

2016年,中国特色大国对外交流交往卓有成效。中国国家主席习近平等国家领导人出访多国,出席亚太经合组织领导人非正式会议、上海合作组织峰会、金砖国家领导人会晤、核安全峰会、联大系列高级别会议、亚欧首脑会议、东亚合作领导人系列会议等重大活动。成功举办澜沧江—湄公河合作首次领导人会议,特别是成功主办二十国集团领导人杭州峰会,影响深远。同主要大国协调合作得到加强,同周边国家全面合作持续推进,同发展中国家友好合作不断深化,同联合国等国际组织联系更加密切。积极促进全球治理体系改革与完善,推动《巴黎协定》生效。经济外交、人文交流成果丰硕。坚定维护国家领土主权和海洋权益。中国作为负责任大国,在国际和地区事务中发挥建设性作用,为世界和平与发展做出重要贡献。

2016年是中国全面参与全球经济治理年。中国既以自身的发展推动世界发展,又为构建创新、活力、联动、包容的世界经济提供中国方案。2016年中国对世界经济增长的贡献率超过30%,继续成为世界经济增长最大的发动机、顶梁柱,为世界经济增长提供主动力。更重要的是,在世界经济遭遇贸易保护主义和逆全球化浪潮侵袭的背景下,中国主办二十国集团领导人杭州峰会,在多个国际场合提出多项建议和行动方案,特别是推动制定《二十国集团全球贸易增长战略》和《二十国集团全球投资指导原则》等,大力推动全球贸易自由化、投资自由化、服务便利化,为世界经济发展指明方向,为世界经济复苏出谋划策。中国全面参与全球经济治理,提出的中国理念和中国方案得到国际社会广泛认可和响应。中国方案将推动全球经济治理向着更加公正合理的方向发展,造福世界各国人民。

展望2017年,中国将面临更加复杂严峻的局面。世界经济增长低迷态势仍在延续,逆全球化思潮和保护主义倾向抬头,主要经济体政策走向及外溢效应变

数较大,不稳定不确定因素明显增加。中国发展处在爬坡过坎的关键阶段,经济发展主要预期目标是:国内生产总值增长6.5%左右,在实际工作中争取更好结果;居民消费价格涨幅3%左右;城镇新增就业1100万人以上,城镇登记失业率控制在4.5%以内;进出口贸易回稳向好,国际收支基本平衡;居民收入和经济增长基本同步;单位国内生产总值能耗下降3.4%以上,主要污染物排放量继续下降。

从需求方面看,2017年投资、消费、外贸三大拉动力仍将处于低微增长、温和回升基本态势。虽然新技术、新产品、新业态等新增长动能会继续保持较快增长,但其在经济增长中的比重尚不足20%,难以替代房地产、汽车等传统制造业的作用,经济增长将惯性下滑到6.5%左右。固定资产投资将保持平稳增长,预计2017年固定资产投资将增长8.5%左右,基础设施投资仍起主导作用。中国消费需求将保持稳中略降态势,预计2017年社会消费品零售总额将增长10%左右。

外贸进出口仍将低迷。2017年世界贸易量将增长1.8%~3.1%,形势虽然略有改善,但难以从根本上扭转低迷的态势。国际经济环境稳中偏差,中国外贸发展仍不容乐观。"一带一路"战略加快落实,对外投资大幅增长有望带动部分商品出口,人民币汇率贬值有助于提高出口竞争力。

从价格方面看,2017年无论是消费品还是工业品,供给大于需求的状况不会改变,物价缺乏大幅上涨的基础。 (周明钧)

资料来源:

1.《2017年中国政府工作报告》

2.《关于2016年国民经济和社会发展计划执行情况与2017年国民经济和社会发展计划草案的报告》

3.《中华人民共和国国家统计局发布2016年国民经济和社会发展统计公报》

4.《推进供给侧结构改革 提高发展质量和效益——2016年中央经济工作会议精神解读》

5.《总结2016年经济社会发展成绩》

6.《2016年中国经济发展十大亮点回顾》

7.《2016年中国经济呈现五大特征》

8.《2016年中国外贸进出口情况》

9.《2016年中国外交回顾与展望》

10.《2016对外和对港澳台文化交流亮点回眸》

11.《中国外交:回顾2016年和展望2017年》

12.《2016年中国经济运行特点解析及2017年经济发展趋势预测》

13.《展望2017年中国经济形势:具有充满挑战的竞争优势》

14.《"滞胀"压力下的信心与挑战——2017年中国宏观经济形势展望》

文莱:2016年发展回顾与2017年展望

2016年文莱继续保持多年来的格局,政治社会稳定,人民生活富裕,由于受到国际油价低位徘徊的影响,导致经济出现负增长。外交上,根据既定的对外政策尽力参与地区及世界上的外交活动。展望2017年,文莱仍将保持这种发展格局。

一、政治社会稳定

(一)举行庆祝苏丹70华诞系列活动

2016年文莱的政治大事是苏丹诞辰70周年,文莱为此举行一系列庆祝活动。通过活动来宣传伊斯兰教的核心价值,继续巩固政治社会稳定的局面。文莱政府成立庆祝苏丹70华诞最高庆祝委员会,2016年7月1日上午,文莱政府在斯里巴加湾市苏丹哈山纳波基亚商业中心广场举行升国旗仪式,拉开庆祝苏丹70华诞系列活动的序幕。文莱政府要求全国各阶层民众7月1~31日在住家、商店、工厂、建筑物等地点升挂国旗,庆祝苏丹70华诞。7月17~24日,在全国4个区举行与民同乐活动,文莱苏丹亲临各区出席与民同乐活动并接见各阶层民众。另外,文莱金融管理局还于7月28日发售一套由金、银、白铜3种合法货币组成的纪念币以庆祝苏丹70华诞。

文莱苏丹关心民众生活和与民同乐受到媒体和民众的赞誉。2016年5月14日,文莱苏丹巡察都东区,在丹绒玛雅政府中学的一项仪式上,向近600个家庭分发在武吉布鲁安国民房屋计划下建成的半独立或排屋住房单位。文莱发展部部长拿督哈芝巴林于2017年3月14日在文莱第13届国会第7次会议上发表讲话时说,截至2016年9月,文莱国家房屋发展计划共建造了27183套房屋,向合格申请人出售建房用地1976块。到2017年6月,文莱政府已将1300间房屋分配给申请人,70%的申请者拥有自己的住房。

(二)政府采取措施维护伊斯兰教的核心价值

2016年,文莱政府继续采取措施维护伊斯兰教的核心价值。一是严格执行伊斯兰教法律。2016年新年伊始,文莱苏丹于2月27日在文莱立法会大厦召开的文莱宗教理事会特别会议上致辞时,特别强调要督促尽快落实伊斯兰刑事法。二是要求国民熟读可兰经。文莱苏丹强调要从小学起教导可兰经学习诵读方法。4月19~21日,文莱连续3天举办主题为"可兰经是身心发展的良药"的第56届全国成人可兰经诵读赛。5月初,文莱派代表参加在马来西亚吉隆坡举办的第58届国际可兰经诵读赛。5月9日,文莱苏丹接见获得第二和第三名的文莱代表阿旺古阿迪布阿敏和西蒂胡再玛雅蒂。6月22日晚,文莱苏丹在可兰经启示纪念日全国庆典上主持2016年全国可兰经背诵及理解比赛的颁奖。文莱苏丹和文莱王室成员在7月28日还举办配合庆祝苏丹70华诞的通读可兰经70遍的活动。

（三）立法议会解散休会

2016年，文莱政治生活中的一件大事是文莱首相署辖下的国家议会局8月12日发布公告宣布立法议会于8月6日解散休会。公告说，有关解散休会的决定是根据1959年文莱宪法中关于休会及解散的第55条款做出的。根据这一条款，文莱苏丹有权在任何时间，通过在政府宪报颁布的方式宣布国会的休会或解散。

二、遏制经济下滑

受国际油价连续下跌的影响，近年来文莱经济出现下滑趋势。文莱经济策划发展局于2017年3月30日发表的数据显示，2013年、2014年和2015年文莱经济分别萎缩1.8%、2.3%和0.6%。为应对国际油价低位徘徊对国民经济的影响，文莱政府采取多种措施来遏制经济下滑的局面。

（一）苏丹和立法会重视经济发展

2015年12月31日，文莱苏丹在2016年新年致辞中宣布一系列改革新政策以促进经济发展，其中包括：设立外国直接投资和油气下游产业委员会，加大招商引资力度；通过2035宏愿理事会草拟的《文莱2035愿景框架》文件，加快实现宏愿目标；设立中小企业中心，满足当地中小企业发展需求。文莱苏丹还要求发展非油气产业，包括发展农业、渔业、制造业、金融、交通、物流、通讯、贸易、旅游业等。苏丹表示，文莱市场狭小不是经济放缓的借口，鼓励国有企业和私人企业加速向外发展，并提出高新技术研发应用是文莱经济发展的首要任务。在2016年3月召开的文莱第12届立法会上，经济发展成为讨论的焦点。文莱苏丹在开幕式上提出，文莱要进行经济战略转型，在满足本国市场需求的同时发展出口型经济，以获得更多机遇。苏丹还要求，私营部门要利用亚太经合组织、东盟经济共同体、东盟东部增长区以及跨太平洋伙伴关系协定等现有区域合作机制，积极开拓国际市场。此外，政府预算也将进一步缩减，以保证重大项目实施。出席会议的议员及王室、政府各个部门的主要官员表示，支持苏丹提出的经济发展措施，转变政府角色，增加财政收入，保证人民福祉。

（二）采取措施促进经济发展

1. 立法会压缩2016～2017年年度财政预算。2016年3月22日，文莱第12届立法会第1次会议通过2016～2017财年年度财政预算案，总预算为56亿文莱元，与上财年的64亿文莱元相比，削减8亿文莱元。财政收入预算17.64亿文莱元，较上一财年减少23.53亿文莱元，降幅57%；预算赤字38.36亿文莱元，赤字依存度高达68.5%。

2. 政府采取措施发展经济。为了在压缩财政预算的情况下保证经济稳定发展，文莱政府认真落实苏丹对2016年经济工作的要求，并采取一系列必要措施，如：继续推进经济多元化战略；发展非油气产业和中小微型企业；在中国、新加坡、巴基斯坦等国扩大招商引资，以摆脱对油气出口的依赖；大力改善营商环境，新设外国直接投资委员会协调推进利用外资工作；推出外籍劳工许可网上申请平台加快外劳审批进度；建立中小企业中心扶持本地中小企业成长；推出公司注册网络平台简化公司注册流程，免除某些类别公司的营业执照申请手续；优化工程建设审批流程等。在文莱2016年3月17日举行的第12届立法会上，文莱初级资源与旅游部部长拿督阿里提出，该部门重点关注经济增长、生产力提升、出口和可持续发展等四大发展目标。

（三）经济总量不会发生大的变化

尽管国际油价下滑影响文莱经济，但以下因素仍将推动其经济发展。一是文莱2016年油气领域的损失得到来自其他领域收益的抵消。如金融业增长7.3%，餐饮业增长2.6%，家政服务增长2%，航空运输增长1.7%。二是基础设施建设促进经济发展。在2016年4月1日生效的2016～2017年年度财政预算中，基础设施建设获得5.24亿文莱元(3.9亿美元)的拨款。2016年，大型基建项目如投资1.29亿文莱元(1.35亿美元)的文莱河大桥建设有力支撑经济增长。此外，林业、渔业、农业和农粮项目也获得较多拨款，总共获得4660万文莱元(3470万美元)的资金。三是布伦特原油价格已从2016年1月的每桶28美元低价回升至4月中的每桶45美元。在对外贸易方面，2016年11月，出现2.96亿文莱元贸易顺差。2016年，文莱经济总量和人均GDP与上年比较没有发生较大的变化。据有关网站转载报道2016年世界各国国内生产总值总量排名情况，文莱排名第123位，总量为118.82亿美元，而2015年为117.86亿美元；人均GDP排名第29位，为27817.65美元，而2015年为28237美元。

但国际油价持续下降，严重影响文莱油气产业的发展。文莱政府2017年3月30日公布的数据显示，文莱2016年第三季度石油和天然气开采和生产量分别比上年下降4.3%和2%，2016年每天原油产量13.9万桶，达到全年目标，油气产业产值2015年比上年减少1.1%，2016年比上年减少6.1%，2016年文莱经济呈现2.5%的负增长。

三、外交格局不变

（一）参与区域内外重大外交活动

1. 参与东盟年度系列会议。2016年，以文莱苏丹为首的文莱政府主要官员出席东盟轮值主席国老挝主办的东盟年度系列会议。主要有东盟外长非正式会议

(2月26～27日);第13届东盟武装部队首脑非正式会议(3月14日);第6次中国—东盟防长非正式会晤(5月25日);第49届东盟外长会议、第17次东盟与中日韩部长级会议、第6次东亚峰会外长会及第23次东盟地区论坛外长会等系列相关会议(7月21～27日);东盟经济高官会议(8月1日);第48届东盟经济部长会议、第30次东盟自由贸易区理事会议、第19次东盟—中日韩(ASEAN+3)经贸部长会议、第13次东盟—韩国经贸部长会议、第15次东盟—中国(10+1)经贸部长会议(8月3～6日),第28届和第29届东盟峰会、第19次东盟—中国领导人会议暨中国—东盟建立对话关系25周年纪念峰会、第19次东盟—日本领导人会议、第18次东盟—韩国领导人会议、第19次东盟与中日韩(10+3)领导人会议、东盟—澳大利亚领导人会议、第8届东盟—联合国领导人会议、第14次东盟—印度领导人会议、第4次东盟—美国领导人会议以及第11届东亚峰会等系列会议(9月6～9日),东盟文化和信息委员会第51次会议(11月8日),第10届东盟—中国总检察长会议(11月9日),第4届东盟10国首都市长会议(11月15日),东盟国防部长非正式会议和东盟—日本国防部长非正式会晤(11月15～17日)。

2. 参与区域外重大外交活动。2016年,以文莱苏丹为首的文莱政府主要官员参与以东盟名义的区域内外各种重大外交活动。如参加在新西兰奥克兰举行的包括美国在内的12个环太平洋国家的贸易部部长《跨太平洋伙伴关系协定》签字仪式(2月4日),在美国加利福尼亚州兰乔米拉市举行的美国—东盟领导人峰会(2月15～16日),在泰国清迈市举行的第22届东盟经济部长非正式会议(3月3日),在越南河内举行的第2次东盟女企业家论坛(3月4日),在泰国曼谷举行的首次东盟工会理事会与东盟雇主联盟磋商会(3月8～9日),在菲律宾宿务举行的第13届东盟新闻部长会议(3月17日),在越南河内举行的第18次东盟—印度高官会(3月17～18日),在新加坡举行的第22次中国—东盟高官磋商(4月27～28日),在马来西亚吉隆坡举行的第9届东盟教育部长会议、第3届东盟+3(10+3)教育部长会议及第3届东亚教育部长峰会(5月26日),在印度新德里举行的第5届印度—东盟经济论坛(7月8日),在印度尼西亚雅加达举行的第12届世界伊斯兰经济论坛(8月2日),在中国内蒙古满洲里市举行的中国与东盟国家落实《南海各方行为宣言》第13次高官会和第18次联合工作组会(8月15～16日),在泰国曼谷、春武里府及其附近海域举行的第2次东盟防长扩大会人道主义援助救灾与军事医学联合演练(9月5日),在中国广西南宁举行的第9届中国—东盟智库战略对话论坛(9月8日),在缅甸内比都举行的第37届东盟议会联盟大会(9月30日),在泰国曼谷举行的第2届亚洲合作对话峰会(10月10日),在泰国曼谷举行的第21届东盟—欧盟外长会议(10月14日),在新加坡举行的第5次东盟禁毒合作部长级会议(10月19～20日),在越南河内举行的东盟法律论坛(11月14日),在印度尼西亚雅加达举行的第11届东盟财政部长投资者研讨会(11月15日),文莱苏丹于11月19～20日出席在秘鲁首都利马国际会议中心举行的2016年第24届亚洲太平洋经济领导人会议。

3. 主办对外活动。2016年5月1～10日,为期10天的由文莱与新加坡联合主持的联合海上安全及反恐演习分阶段在文莱、新加坡举行。8月24日,文莱政府在首都斯里巴加湾主办第7届东盟文化部长会议和东盟—中日韩文化部长会议。

(二)继续加强与东盟各国的关系

1. 文莱与马来西亚的关系。2016年两国高层领导人继续保持密切交往。8月31日,文莱苏丹向马来西亚国家及政府领导人发送马来西亚国庆日贺电;10月3～5日,文莱苏丹赴马来西亚吉隆坡出席第20届马来西亚与文莱领导人磋商会,并顺访马来西亚。两国双边贸易稳健增长,2016年头5个月双边贸易额3.56亿美元。

2. 文莱与新加坡的关系。2016年,文莱与新加坡继续保持密切来往。2月23日是文莱独立32周年国庆,新加坡总统陈庆炎、总理李显龙和外交部部长维文分别向文莱苏丹致电祝贺。3月5日,为应对跨国犯罪如走私、贩毒和恐怖主义威胁等,104名文莱和新加

2月23日,文莱国庆32周年阅兵和游行活动在首都斯里巴加湾市举行,2.1万人参加。图为游行活动场景
(新华网)

坡警员在淡布隆森林公园举行为期两周的联合演习。为纪念建立双边防务关系40周年,新加坡与文莱第5届防务政策对话于3月15日在文莱举行。4月20～22日,文莱外交及贸易部巡回大使哈嘉玛诗娜公主对新加坡进行访问。5月2～12日,两国共同主持2016年东盟与对话伙伴国海上安全及反恐演习。8月30日,文莱苏丹接见为配合文新建立双边防务关系40周年纪念而对文莱进行正式访问的新加坡国防部部长黄永宏。

3. 文莱与越南的关系。2016年,文莱与越南领导人来往密切。4月7日,文莱苏丹向越南新任政府总理阮春福发贺电。8月27日,越南新任国家主席陈大光应邀访问文莱,两国签署《越南文化体育与旅游部与文莱文化、青年与体育部之间的文化合作备忘录》《越南工贸部与文莱外交与贸易部之间的经贸合作备忘录》等合作文件;双方同意责成各有关部委、行业加快谈判进程,早日签署有关劳务的备忘录、海运合作协议等其他协议。两位领导人高度评价越南企业在文莱开展的合作活动,尤其是越南国家油气集团与文莱国家石油公司的合作效果,同时希望越南加大对文莱的投资力度。双方希望推动农业—水产业、油气、劳动、旅游、教育培训、交通运输等潜力巨大的领域合作。双方同意加强双边防务合作以及各军兵种尤其是海军之间的合作。双方还同意研究谈判签署两国政府间对跨国犯罪的防范与打击合作协议、刑事法律互助协定、引渡条约、囚犯移交协议。近年来,文莱与越南经贸、投资合作取得较大进展,双边贸易额从2010年的2420万美元增至2015年的7370万美元。2016年1～6月,双边贸易额达1700万美元。文莱在越南投资项目205个,注册资金21.8亿美元,在对越南投资的116个国家和地区中排第18位,在东盟各国中排第4位,仅次于新加坡、马来西亚和泰国。

(三)继续与美国等大国和区域重要国家保持密切关系

1. 文莱与美国的关系。2016年是两国合作关系升温的一年。一是2016年文莱苏丹前往美国加利福尼亚州参加美国—东盟特别峰会。二是文莱积极参与美国主导的跨太平洋伙伴关系协议。三是双方加强防务合作。美国太平洋舰队斯科特·斯威夫特海军上将访问文莱,与文莱苏丹会面,强调美国与文莱要加强军事和外交伙伴关系,在非洲合作准备和培训活动中共同努力,加强两国部队之间的区域合作和专业技能合作。四是进行文化教育合作。文莱有超过1000人参与美国政府文化交流计划如国际访客领导计划、富布莱特外国学生计划和东南亚青年领袖计划。

2. 文莱与俄罗斯的关系。2016年是文莱与俄罗斯建立外交关系25周年。两国建交以来,不断致力于加强经贸、防务、能源、运输、文化、卫生、教育和旅游业等领域的合作与联系。年内,两国高层领导人交往密切。5月19日,文莱苏丹率领政府代表团到俄罗斯达索契出席东盟与俄罗斯建立外交关系20周年活动,俄罗斯总统普京会见文莱苏丹。10月13日,俄罗斯驻文莱大使馆在斯里巴加湾举办招待会,庆祝俄文建交25周年。双边贸易也有可观的增长,2016年1～9月双边贸易额超过5000万美元,比上年同期增长1倍。5月3～7日,俄罗斯太平洋舰队满载排水量8700吨的维诺格拉多夫海军上将号参与在文莱举行的东盟防长扩大会的海上安全和反恐演习。

3. 文莱与日本的关系。2016年,日本继续是文莱的最大出口市场,文莱商品对日本的出口占文莱出口额的26.1%,仅7月的出口额就达6.18亿文莱元,比上年同期增长34.5%。包括石油和液化天然气在内的矿物燃料出口占该月出口的最大部分,达到4.73亿文莱元。防务合作方面:2016年5月3～7日,日本"伊势"号军舰参加在文莱举行的东盟与对话伙伴国第2次联合军演。

(四)文莱与中国的关系

1. 两国举行建立外交关系25周年纪念活动。2016年4月21日,中国外交部部长王毅访问文莱,文莱苏丹会见王毅。作为两国庆祝建交25周年活动的一部分,文莱外交与贸易部无任所大使哈嘉玛诗娜公主于5月31日至6月4日对中国进行访问,5月31日,中国国家副主席李源潮在北京会见哈嘉玛诗娜公主。6月1日,中国人民对外友好协会与文莱驻华大使馆在北京共同举行中国—文莱建交25周年庆祝招待会,中国全国政协副主席兼秘书长张庆黎与文莱外交与贸易部无任所大使玛斯娜公主出席招待会并致辞。9月7日,文莱苏丹在老挝万象出席东盟—中国对话关系25周年纪念峰会发言时表示,2016年是文莱与中国建立外交关系25周年,在加强友谊与合作下,他深信文中双边战略及区域伙伴关系将得到进一步提升。9月30日晚,中国驻文莱大使馆在斯里巴加湾市举行庆祝中华人民共和国成立67周年暨中文建交25周年招待会。11月22日,文莱和中国在文莱斯里巴加湾市海事博物馆举办联合画展,纪念两国建交25周年,展出文中两国13位画家的39幅精品画作。中国发行两国建交25周年纪念封。

2. 两国政府及地方有关部门继续保持经贸、文化等领域的合作关系。3月28日,中国云南省副省长张祖林率团赴文莱举办第4届中国—南亚博览会暨第14届中国昆明进出口商品交易会和云南特色农产品推介会。4月18日,中国商务部副部长高燕和文莱外交与贸易部常秘林玉辉在文莱首都斯里巴加湾共同主持举行中国—文莱经贸磋商第4次会议。5月16日,中国—东盟中心和文莱外交与贸易部在文莱首都斯里巴加湾联合举办中文投资贸易洽谈会,中国—东盟中心秘书长杨秀萍率20多位中国企业家与会。6月6～10日，由文莱首相府部长兼外交与贸易部第二部长林玉成、首相府能源与工业部部长亚斯敏率领的文莱政府高层代表团访问中国广西。8月19日，文莱—广西经济走廊联合工作委员会第1次会议在中国南宁举行。9月11～14日，文莱首相署部长兼外交与贸易部第二部长林玉成及首相署能源与工业部部长亚斯敏率领文莱政府代表团出席在中国广西南宁举办的第13届中国—东盟博览会，文莱共有11家机构参展。

2016年，文莱和中国的双边贸易额7.2亿美元，比上年下降52.4%。其中：文莱从中国进口5.1亿美元，下降63.7%；对中国出口2.1亿美元，增长105.5%。

2016年，中国对文莱投资9090万美元，比上年增长850.8%，到2016年12月底，存量为1.62亿美元。文莱对中国投资项目有12个，与2015年持平，实际到位资金6567万美元，比上年下降9.6%，截至2016年12月底，项目累计1789个，实际投资额27.62亿美元。年内，中国对文莱承包工程合同额3717万美元，比上年下降95.39%，营业额5.48亿美元，增长533.25%，截至2016年12月底，累计合同金额13.48亿美元，营业额10.37亿美元。

四、2017年展望

展望2017年，文莱政治社会和对外关系将继续保持多年来的格局，政治社会稳定；继续按照既定的对外政策参与区域内外的重大外交活动。而经济方面将继续受到国际石油价格的影响，经济增长或下滑取决于石油产品的出口价格。亚洲开发银行预测文莱2017年经济将增长2.5%。 （马　静　马金案）

资料来源：

1. 马来西亚诗华日报新闻网

2. 中国驻文莱大使馆网站

3. 中国驻文莱大使馆经济商务参赞处网站

柬埔寨：2016年发展回顾与2017年展望

2016年的柬埔寨，虽然国内政治斗争激烈，但经济发展平稳，外交工作卓有成效。2017年是柬埔寨大选的关键年，民心争夺战将成为该年度的重头戏。

一、柬埔寨人民党年内主攻——攘政敌、真改革、安人民

柬埔寨人民党自从2013年大选险胜之后就更加重视救国党这个劲敌，两个最有实力角逐2018年大选的政党这3年来纠葛不断，到2016年，人民党更是采用雷霆手段对付政敌，将救国党主席桑兰西挡在国门之外、将副主席金索卡困在救国党总部内，虽然手段太过强硬，受到国内外柬埔寨救国党支持者的批评，但此番布置也确实为人民党强化政权创造了有利环境。2016年，人民党除了攘政敌，还痛下改革决心，政府高层内小范围换将，提高政府工作效率，出台诸多措施以赢得民心。

（一）攘政敌

随着2018年柬埔寨全国大选临近，2016年，执政的柬埔寨人民党接连出招，将强劲对手救国党的两位党首逼入墙角，使得整个救国党群龙无首，许多活动难以开展，为人民党在国内创造出有利的政治环境，但也深受国际国内的舆论压力。

1. 雷霆手段，效果明显。至2017年2月，柬埔寨救国党主席桑兰西仍一直流亡国外，归国无期；救国党代主席金索卡于2016年2月被其情人以索要赡养费为由起诉。随后，金边初级法院给金索卡发了3次传票，要求其就“不正当性行为案件”到法院接受讯问，但金索卡均不回应。5月26日，金边初级法院对已经三度拒绝出庭、拒绝做出任何回应的金索卡予以拘传。在金边初级法院下令拘传后，金索卡在金边诺罗敦大道上被警察拦截，在其部下帮助下，逃回救国党总部后一直闭门不出。拘传金索卡事件再次引发救国党国内外支持者一片哗然。9月9日，金边初级法院根据《柬埔寨王国刑法》第538条：“不遵循传票到法院接受法官、检察院质询的证人，将被判处1～6个月监禁和10万～100万瑞尔罚款”，判定金索卡“拒绝出庭”罪名成立，判处其监禁5个月外加罚款80万瑞尔。判决结果做出后，金索卡的律师上诉至金边中级法院，反对初级法院的审判结果。11月4日，金边中级法院裁决维持原判。

2016年12月1日，金索卡致函柬埔寨首相洪森，请求洪森上禀国王，请求国王赦免其罪状。12月2日，在洪森的求情下，柬埔寨国王诺罗敦·西哈莫尼下令赦免金索卡“拒绝出庭”罪。至此，金索卡已在救国党总部办公楼内藏匿超过半年之久。12月5日，柬埔寨救国党常务委员会会议决定，委任刚刚被国王赦免的救国党代主席金索卡为国会救国党议员组组长，接替流亡国外的救国党主席桑兰西在国会中的职务。

12月27日，在被告桑兰西等人缺席的情况下，金边初级法院审判委员会主任宣读判决书：（1）按照刑事诉讼法第107条、第108条、第428条、第430条、第495条和第29条，判处流亡在国外的救国党主席桑兰西涉及“共谋伪造公共文件、使用伪造文书、使用虚假公共文件，以及煽动并对社会治安造成严重动荡”的罪名成立，判处5年监禁。（2）桑兰西的两名助理——恩尊林和善其咋·松邦都也被判处5年监禁，其中在监3年、缓刑2年。（3）救国党参议员洪速华因将桑兰西及其助理合谋篡改后的“柬越边界协议”上

传到社交网络，被控为伪造文书、使用虚假公共文件以及煽动民众情绪并造成社会严重动荡，被判处7年监禁。至此，柬埔寨救国党主席桑兰西在人民党执政期间，基本上是回国无望了。

2. 来自美国和欧盟的压力。柬埔寨人民党肃清政敌的过程虽然为该党强化执政权产生效果，但一石激起千层浪，也为人民党带来国际（特别是美国及欧盟方面）和国内的舆论压力。

2016年5月29日，路透社引述联合国秘书长潘基文的讲话表示，潘基文正在担忧柬埔寨人民党和救国党之间紧张的政治对峙，特别关心警方扣留和追捕救国党干部的问题。

2016年5月30日，在金索卡被法院拘传后，救国党通过开展游行收集到17万名公民的指印和18捆请愿书，随后将资料送到金边王宫国王秘书处，联名请求诺罗敦·西哈莫尼国王释放被扣留的救国党维权者和停止拘传金索卡行动。人民党表示对这17万个指纹的真伪性存疑，柬埔寨副首相兼内政部部长苏庆下令由柬埔寨警察总监涅沙文将军成立调查组对此进行调查。6月6日，内政部发言人表示，若调查结果显示指印有假，则救国党将被起诉为伪造公文和严重藐视国王行为。

5月30日，欧盟驻柬埔寨委员会发表声明，对柬埔寨政治危机的进一步扩大表示深切遗憾。欧盟呼吁柬埔寨政府停止利用法院反对救国党代主席金索卡和部分非政府组织干部，促进柬埔寨政府以建设精神尽快与救国党举行和平会谈。声明内容强调，这是未来柬埔寨选举合法性的必备条件。

5月30日，美国驻柬埔寨大使馆发言人Jay Raman也通过发邮件表示，美国政府正在认真观察发生在金边的政治事件。美国政府呼吁人民党和救国党克制和确保民众的集会自由权利。

6月9日，欧盟表决一项决议，警告将暂缓对柬埔寨的援助，并呼吁撤销对反对党领袖的指控和释放维权组织人员。6月12日，柬埔寨外交部发表声明，对欧盟此项决议表示惊讶和遗憾。并表示，作为一个主权国家，柬埔寨不受外国机构托管，柬埔寨也不接受外国干涉国内事务，同时反对在人权和一些案件上的偏见，如欧盟议会正在实行的“双重标准”。同样的司法程序在一些欧盟国家可以实行，但在柬埔寨却是不可以的。

针对当时被金索卡事件所发酵起来的紧张的国内形势，柬埔寨人民党发言人速艾山回应说，柬埔寨的政治局势没有值得担心的问题，政府正在努力走上民主和法治国家的轨道，而且这些都是《巴黎和平协议》的精神。速艾山解释说，发生在非政府组织和救国党干部身上的问题不是人民党和救国党之间的矛盾，而是必须负法律责任的个人问题。

（二）真改革

1. 人事调整。2015年和2016年，柬埔寨政府高层进行小范围调整，一改重要领导岗位多年不变、任人唯亲的习惯，改选有能者居之。例如，柬埔寨商务部、外交与国际事务部都实现部长级别的更换。

2. 政府工作逐步公开化。在外界看来，换将后的部门确实在诸多方面都有所进步。以柬埔寨商务部为例：2016年，柬埔寨商务部实行包括人才任用制度及人才结构、公共服务、公共财产管理、明晰责权方面的改革，还自2016年1月起坚持每周发行政府公报，至2016年年末共发行47期，相对以前的每月发行一期，这个改革增加了商务部的工作透明度。

2016年1月中旬，金边市又增设4个“单一窗口办事处”，方便民众办理和申请各类文件，减少官员索取“台底钱”现象，从另一个源头杜绝贪腐风。据悉，这4个办事处分别设在隆边区、水净华区、棉芷区和仙市区。“单一窗口办事处”即为几个不同部门的综合办事处，可处理13个领域共194个种类的文件申请，让民众无须亲自到各个部门办理文件申请，省时省钱。金边市有8个区设有“单一窗口办事处”，民众对此反应热烈。

柬埔寨贡不省新开发的划船旅游项目成为爱好运动和自然生态旅游者的好去处 （百度网）

3. 行业规范化程度提高。柬埔寨旅游部推动国内景点的规范化建设进程。自2015年起，柬埔寨旅游部开始推出网上登记系统，其中柬埔寨旅游工业网站和柬埔寨导游网站已于2016年年初开始运作，旅游业者（如酒店、客栈、餐厅和娱乐场所）及导游可以上网注册及上传资料，快捷便利。推出网上注册服务，旅游管理部门可以更好管理和监督业者的服务质量。

2016年10月12日，据柬埔寨国家税务总监关威宝介绍，柬埔寨国家税务总局数据库信息安全管理系统在符合所有严格鉴定条件，包括技术、硬件和软件条件后，获得英国标准学院颁发的数据库信息安全管理系统"ISO27001"证书。这套数据库信息安全管理系统，可以确保数据库储存的纳税人数据安全保密及不被滥用，对规范柬埔寨税务数据库建设有重要意义。

（三）安人民

自2013年大选险胜后，意识到民心问题的柬埔寨人民党开始加强民生建设，更为关心底层人民的基本生活状况。

1. 缓解城市交通拥堵问题。一是增设公交线路。据金边市副市长英恩尼2016年11月3日介绍，根据金边市政府的规划，金边市公共汽车路线将在2020年由现有的3条增至10条，公共汽车数量也要增至210辆。二是计划建设轻轨。2017年2月8日，柬埔寨公共工程和运输部对外表示，柬埔寨计划建设轻轨以缓解金边交通拥堵现象，并委托日本国际协力机构进行可行性分析研究。

2. 解决金边市排水问题。每逢雨季，金边市内涝情况严峻。2016年11月初，据金边市政府官员介绍，为解决金边市北部水患，金边市政府决定开建1千米长的新排水道。

3. 传染病防控工作取得成效。2016年10月10日，世界卫生组织为柬埔寨卫生部颁发奖状，以表扬柬埔寨在消除象皮病工作上的不竭努力。柬埔寨卫生部门在2004年开始与世界卫生组织携手在柬埔寨国内开展消除象皮病工作，经过多年努力，终于成功消灭这种疾病。

4. 关注食品安全问题。2016年，柬埔寨政府更为关注民众的食品安全问题。柬埔寨商务部经常组织人员进行市场巡查，将影响人民身体健康及危害公众安全的产品杜绝在市场之外并按程序进行销毁。2016年，柬埔寨全国共组织市场巡查1651次，查处并销毁变质食品13.74吨，查处并销毁非法含有福尔马林的腌鱼酱3743千克，查处并销毁地沟油8410升，查获并销毁用于改良糖棕糖的化学品30吨，查处非法混有硫氢化钠的糖棕糖4800千克等。

二、经济发展稳健

据柬埔寨财政部预测：2016年柬埔寨国内生产总值（GDP）约为198.43亿美元，比上年增长7%；人均国内生产总值为1300美元。2016年瑞尔与美元汇率保持稳定，年平均汇率为4050：1。由于年内工业的高速发展，弥补了农业及服务业发展滞后的不足。工业仍为柬埔寨经济增长的发动机，增长率为11.4%；虽然建筑业近年发展势头良好，但2016年有所下降，制衣制鞋业产值在柬埔寨工业产值中居首位；因旅游业发展放缓，2016年柬埔寨服务业增长有所下降，增长率为6.7%；得益于年内没有重大自然灾害，2016年的农业增长0.5%，较2015年略有上升。

调整出口产品结构见成效。柬埔寨的出口产品主要包括：成衣类、大米、橡胶和电子产品，其中成衣类产品所占比重最大，在2004年、2006年、2007年及2008年甚至占到当年出口产品的96%。自2009年起，柬埔寨开始微调出口产品结构，逐步增加大米、橡胶、电子产品等的比重，取得一定成效。柬埔寨成衣类产品占出口产品的比重从2008年的96%降至2016年的73%，这就有效促进了柬埔寨产品的多元化发展，减少对单一产品的依赖，降低了风险。

柬埔寨是一个农业国，大米是柬埔寨这几年力推的出口产品。据柬埔寨农业部大米出口单一窗口秘书处报告，2016年柬埔寨出口大米54.2万吨，比上年增长0.7%。其中，中国进口柬埔寨大米最多，达12.7万吨，占柬埔寨大米出口总量的23.4%；欧盟进口34.1万吨，法国进口数量居欧盟之首，近8万吨。

努力招商引资。年内，为推动商业发展，柬埔寨商务部在柬埔寨国内举办116场商务博览会。此外，还赴国外举办34场商务推介会，向外国投资者介绍柬埔寨、解读柬埔寨各种优惠政策，努力招商引资。2016年9月11～14日，柬埔寨商务部牵头参加在中国南宁举办的第13届中国—东盟博览会，柬埔寨获得本届博览会最佳展商组织者、国家馆最佳展台、最佳合作投资促进者3项奖励。

税收大幅增长。2016年柬埔寨全国税收总额约为14.79亿美元，比上年增长28.5%，国内各项税收保持增长趋势，其中工资税增长20%，营业税增长18.4%，增值税增长15.2%，特别税增长23.4%。

银行存款额增长迅速。2016年，柬埔寨银行业存款额为154亿美元，比上年增长18.3%，占GDP的64%；贷款额176亿美元，增长22%，占GDP的71%。

博彩业成为柬埔寨新的经济增长点。2006年在香港主板上市的柬埔寨博彩公司金界控股2016年4月发布季度运营数据，2016年头3个月贵宾赌厅的泥码较上年剧增65%；博彩收入增长35%。金界控股收入和净利润上升已经持续多年，不仅博彩收入逐年增加，与之相关的酒店、娱乐与购物收入也持续增长。

三、积极开展务实外交

2016年在柬埔寨的对外交往对象中，最为重要的当属中国、美国、欧盟和越南。

（一）柬埔寨与中国的关系

2016年中柬两国加强政治互信，扩大经贸往来、文化交流和社会交往，取得丰硕成果。

2016 年，中柬两国间最受瞩目的外交事件，是中国国家主席习近平与柬埔寨国王诺罗敦·西哈莫尼实现互访。6 月 3 日，柬埔寨国王诺罗敦·西哈莫尼对中国进行国事访问，中国国家主席习近平在北京人民大会堂同柬埔寨国王诺罗敦·西哈莫尼举行会谈。2016 年 10 月 13 日，中国国家主席习近平访问柬埔寨，此次访问既是对西哈莫尼国王对华国事访问的回访，也是中国共产党十八大以来中国主要领导人首次访柬。

2016 年中柬两国继续开展医疗合作和农业合作，还开展一些新的合作项目，如联合海洋科考项目、联合军事演习项目等。

（二）柬埔寨与美国及欧盟的关系

自 2015 年起，随着人民党与救国党间斗争的加剧，美国与欧盟对柬埔寨救国党的过分关注引起执政的人民党严重不满，柬埔寨与美国及欧盟的关系也就越发微妙。2016 年，已连续举办 7 年的代号为“吴哥哨兵”的柬美联合军演被柬埔寨政府以忙于地方选举为由叫停。

柬埔寨第一届王国政府成立以来，美国和欧盟与柬埔寨合作最多的是在经济方面，增加对柬埔寨产品的进口额度、增加对柬埔寨的经济援助都是美国和欧盟近年来主要采取的支持柬埔寨的方式，作为柬埔寨四大经济支柱之一的制衣制鞋业产品的80% ~90% 均销往美国和欧盟地区，但美国和欧盟这些年对柬埔寨的经济支持都带有一定的政治目的。

2016 年 1 月 26 日，美国国务卿克里对柬埔寨进行为期两天的正式访问。克里在与柬埔寨副首相兼外交与国际合作部部长贺南洪会晤时，将南海问题变成此次会谈中最重要的议题之一，克里提及柬埔寨 2012 年作为东盟轮值主席国时没有就南海问题发表东盟联合声明一事，贺南洪对克里此番言论表示不满。克里在当天上午分别与洪森及贺南洪会晤后，照例在当日中午与救国党高层进行短时间会谈。

2016 年 6 月 9 日，欧盟通过一项决议，警告将暂缓对柬埔寨的援助，并呼吁柬埔寨撤销对反对党领袖的指控和释放维权组织人员。6 月 12 日，柬埔寨外交部发表声明，对欧盟根据不实信息做出上述决议表示惊讶和遗憾。声明谈到救国党主席桑兰西、代主席金索卡和维权组织人员被起诉等柬埔寨当前局势时表示，作为一个主权国家，柬埔寨不受外国机构托管，也不接受外国干涉国内事务。

值得注意的是，在柬埔寨政治局势紧张的同时，有更多的国家和机构对这个国家的内政给予“关注”。2016 年 11 月 6 日，柬埔寨外交部致函联合国，抗议联合国人权最高专员署驻柬埔寨代表玛蕾奥岱艾蒙女士干预柬埔寨内政。据悉，该人权专员在通过电邮回复本地媒体询问时称，柬埔寨政府对流亡海外的救国党主席桑兰西发出禁令，既不合理，也肆意独断，要求柬埔寨政府给予解释。柬埔寨外交部部长布拉索昆认为，该专员的言论不符合维也纳外交关系公约。布拉索昆表示：“联合国人权最高专员署一直拒绝尊重柬埔寨的国家主权，其代表还不断干预柬埔寨的内政，对此我深表遗憾。”布拉索昆还强调，柬埔寨外交部和联合国人权最高专员署签署的合作谅解备忘录（MOU）已于一年前失效，柬埔寨政府坚持要求在新的 MOU 中加入“尊重柬埔寨的国家主权”内容，但双方至今仍未能就此达成协议。

（三）柬埔寨与越南的关系

柬埔寨与邻国越南在政治、经济领域开展的活动十分频繁，且卓有成效。2016 年 10 月 26 日，柬埔寨与越南签署“双边贸易强化安排”协议。协议规定，两国在 2016 年、2017 年互免多种商品进口税，其中柬埔寨对越南 29 种商品免税，主要是乳制品、烘焙食品、饼干、厨房用具、水管、钢铁和钢条等。越南对柬埔寨的 39 种商品免税，包括 30 万吨大米（每年）、3000 吨烟叶（每年）、家禽、烘焙食品、酸柑、纸箱和包装袋、脚车等。

四、展望

2018 年柬埔寨全国大选在即，2017 年是极其关键的一年。为展示人民党的执政才能，该党会力推各项利民措施，促进经济稳定发展。赢得民心是人民党的首要任务。（梁　薇）

印度尼西亚：2016 年发展回顾与 2017 年展望

2016 年，印度尼西亚总体形势以稳定和发展为主。印度尼西亚总统佐科获得国会更多党派支持，执政环境进一步好转，政绩获好评。但政治斗争依然激烈，反钟万学游行成为印度尼西亚政治与社会进入新敏感期的标志性事件。经济上，主要指标完成情况基本符合预期，标志着该国经济正在进入良性恢复轨道。外交方面，印度尼西亚以东盟为基石积极参与地区和国际事务，维护主权和海外侨民利益力度更大，与大国关系总体平衡发展。

一、政治与社会

2016 年，印度尼西亚政治由于党派间的和解而保持稳定。继民族使命党和建设团结党之后，专业集团党也宣布脱离“红白阵营”倒向佐科。于是在国会的 500 个议席中，支持党派占 386 个，远超反对党。“红白阵营”的核心党派——大印度尼西行动党和繁荣公正党领导人对政府态度明显缓和，国会两大阵营的紧张对立事实上不复存在。

政坛的小波动主要与国会、党派和内阁的人事更迭相关。2016 年年初，国会议长、专业集团党领导人诺凡托因涉嫌假借总统、副总统名义向美国企业索贿而辞职，后由国会道德委员会恢复名誉。10 个月后，其继任者诃马鲁丁被专业集团党大会决定解职，诺凡托同时复职。国会议长人选短期内戏剧性地反复，在印度尼西亚鲜有先例。党派方面，专业集团党内部不和是始自 2014 年提名总统候选人一事，后来巴克利和阿贡均以党主席身份各率一支。双方于 5 月达成妥协，选出诺凡托任新一届主席，党内终于重现团结。另一政党——团结建设党内亦分两派，均自称正统并不惜为此对簿公堂，至年底未见和解迹象。印度尼西亚老牌政党的权斗与分裂似成“传统”，拖累着这些政党的形象和能力构建。

总体平静的政局对佐科贯彻其执政理念是一种利好。权力更加稳固的佐科改组内阁，撤换了 13 位部长级官员。新一届内阁更强调成员的执行力与专业化程度，例如世界银行前常务副行长穆尔雅妮被任命为财政部部长，三军前总司令维兰托出任政治、法律与安全事务统筹部部长。与民主斗争党及其党魁梅加瓦蒂关系破裂的国企部部长丽妮得以留任，可见佐科对摆脱党派政治掣肘显得更加自信。改组也引发了不大不小的丑闻，无党派人士阿詹德拉出任矿业与能源部部长后，因被曝出拥有印度尼西亚和美国双重国籍而去职。在 2016 年这个“国家加速发展年”里，佐科及其团队着力解决因官僚和行政管理体制、法律制度等带来的发展阻碍，刺激经济成长并改善民生。多项改革措施取得进展，“九大重点建设规划”稳步推进，大手笔的基础设施建设举措和大胆的税务特赦等政策尤其受到好评。因此，尽管实际成就与期盼尚有距离，民众对佐科政绩满意率仍高达 69%。彭博社以汇率波动、经济成长率和民众满意率指标为依据，把佐科评为 2016 年度亚澳最佳领导人之一。

然而各利益集团争夺政治权力的博弈从未止歇，印度尼西亚政局一直暗流涌动。2016 年 11 月 4 日和 12 月 2 日，印度尼西亚穆斯林强硬派别“伊斯兰捍卫者阵线”发起两次针对雅加达华裔省长钟万学的大规模游行示威，对雅加达乃至印度尼西亚全国的稳定形势形成强烈冲击。事件的直接诱因是钟万学的一次公开致辞被指侮辱宗教，事态随后转向复杂化，反对势力企图借机动摇佐科及其执政团队的地位。这个事件使钟万学的政治前途蒙上阴影，为 2017 年雅加达特区省长选举平添不确定性，而该次选举结果事关 2019 年总统大选布局。政局的升温说明，以佐科、普拉波沃及前总统苏西洛为首的三方势力围绕下一届总统大选展开的斗争已拉开帷幕。

钟万学事件的背景是印度尼西亚社会宗教氛围日趋保守，对“异质”文化的容忍度降低。2016 年，印度尼西亚激进组织制造的事端明显增加，警方介入的激进穆斯林团体排斥、攻击其他宗教、教派的事件有 26 起。印度尼西亚政府被批评软弱，任由极端声音和主张借助特定势力要挟社会，未尽保护多元文化和宗教之责。不过，对于激进组织触犯法律的暴力行径，印度尼西亚政府给予坚决压制，社会秩序总体可控。

目前和未来一段时期内，能给印度尼西亚国内安全带来严峻挑战的是两大问题：一是恐怖主义。小型的、与 ISIS 有联系的印度尼西亚恐怖主义组织仍有生存土壤，恐怖分子不时酝酿袭击，矛头直指执法和行政机构。2016 年新年伊始的雅加达爆炸案导致 8 死 24 伤，全年发生涉恐案件 170 余起，是 2015 年的两倍多。印度尼西亚政府铁腕回击，标志性的胜利是头号通缉犯、恐怖分子头目山托索在军警联合围剿行动中被击毙。现国会正讨论出台更严格的反恐法案，新法案将更注重恐怖主义的预防和反恐的全民动员，但军队在反恐中的定位有待明确。二是涉毒犯罪，印度尼西亚 2016 年发生走私毒品跨国犯罪案件 41025 件，比上年上升 19.62%，涉案犯罪嫌疑人 51840 人。警察总长迪托承认印度尼西亚近年涉毒品犯罪一直呈增长之势，尚难遏制。

二、经济

印度尼西亚经济发展的外部环境依然复杂，内部经济结构的转型任重而道远。但是，积极迹象已经显现，印度尼西亚央行行长瓦托玛多约将 2016 年称为印度尼西亚经济恢复之年。全年国内生产总值(GDP)比上年增长 5.02%，扭转连续几年下滑的势头，略低于预期目标(5.1%)的主要原因是政府削减支出。相较而言，家庭消费的持续强劲增长(5%)令人印象深刻，这可能部分得益于印尼盾汇率的上升(2.41%)以及创下 2010 年以来最低纪录的通货膨胀率(3.02%)。出口总额为 1443 亿美元，负增长幅度缩减到 2.9%，贸易顺差为 87.8 亿美元。投资方面，全年落实投资额近 600 万亿盾(约合 450 亿美元)，同比增长 15%，新增投资直接创造 125 万个就业机会。总之，主要经济指标大都与预期相符，后继发展显得较为乐观。

(一)政府启动多期刺激经济计划

自 2015 年以来，印度尼西亚先后颁布多期经济振兴计划，每期针对特定领域问题推出一个或数个具体措施。2016 年出台的刺激计划有 6 套(第 9 ~ 14 套)，主要内容依次是：加快电力基础设施建设，稳定牛肉价格，提升城乡物流效率；修改投资负面表；为出口导向的中小企业提供优惠贷款，设置房地产投资资金，减少货物滞港时间，发展制药和医疗器具业；完善法律法规和准证手续，降低准证审核费用；鼓励电商发展，解决中低收入人群住房问题；制定电商发展路线图，以提高印度尼西亚经济内部活力及加强与国际接轨。印度尼西亚政府年内还两次下调税收指标，从最初的1546.7万亿盾（约合1162亿美元）降至1137.2万亿盾（约合855亿美元）。

政策的综合效应开始显现。在印度尼西亚政府的一项评估中，300位加工业企业主一致认为刺激政策对产品销售、生产成本、投资及竞争力等方面产生了积极影响。从宏观营商环境看，200多个中央政府法规得到修订或完善，3000多个地方政府规章因阻碍发展被撤销，近50个行业的外资限制放松，这使得印度尼西亚的竞争力显著提升。印度尼西亚的营商便利等级全球排名从2015年的第109位升至第91位，创下多年来的最佳纪录。2016年资本投资印度尼西亚的意愿以及投资活动的持续性都在增强，全年实际投资额比上年增长12.4%。基于这一势头，印度尼西亚确定2017年和2018年投资分别增长15%和28%的目标。

（二）基础设施建设加大步伐

长期以来，基础设施建设是印度尼西亚经济发展中的短板。以交通基础设施为例，由于条件落后，印度尼西亚物流费用比邻国马来西亚高2.5倍，严重拖累经济发展。作为2016年的施政重点之一，佐科政府继续加大基建力度，财政预算投入313万亿盾（约合235亿美元）。从2016年7月起，印度尼西亚加强税收征管，推出税务特赦法案，偷漏税者在特定期限内申报财产并缴纳2%～10%的税款后即可免于刑罚。此举可能使印度尼西亚政府收入增加180亿美元，为基建和发展实体经济提供资金支撑。

印度尼西亚重大基建项目集中在公路、铁路、机场、港口等交通领域，亦包括发电、通讯、水利、住房、垃圾处理等方面。佐科在独立纪念日前夕发表的国情咨文中称，近两年来，政府已兴建普通公路2225千米、高速公路132千米和160座桥梁。铁路建设在爪哇、苏门答腊、加里曼丹、苏拉威西等各岛铺开，铁路运营里程增至5200千米。快速轨道交通、轻轨等亦在加速兴建。海上交通方面，24个在建、扩建的港口被明确为“海上高速公路节点”，2019年将建成港口100个。印度尼西亚还建成启用6个机场，另外9个机场动工建设。

因基建耗资巨大，印度尼西亚积极吸引国外资金投入。中国参建的雅万高铁项目是印度尼西亚基建对外合作的标志性工程，现大部分建设用地问题已经解决。日本对参与印度尼西亚基建热情高涨，两国正商谈改建雅加达—泗水快速铁路事宜，预计投资额将达60亿美元。印度尼西亚国有企业作为基建主力，全年投资基建410万亿盾（约合308亿美元），主要投向62个大型项目。

（三）三大产业发展各有亮点

1. 农业：向粮食自主迈进。粮食自主是印度尼西亚自独立以来就有但多数时候未能实现的梦想，2016年印度尼西亚克服拉尼娜气候现象的影响，距离这个目标又近一步。全年主要粮食产量有明显增加，其中稻米7910万吨，比上年增长4.96%；玉米2320万吨，增长18.11%。由于储备充足，2016年印度尼西亚未进口大米，玉米进口量减少60%。印度尼西亚农业部部长阿姆兰认为，粮食作物产量的持续增长是政府兴农改革的结果，包括把良种供应招标制改成指定制以提高效率，压缩农业管理部门行政经费用于兴修水利和购置农机支出，鼓励玉米与棕榈间种，加强农业种植技术指导等。

2. 工业：基础渐牢，蓄势待发。自2009年创下30%的最高纪录以来，印度尼西亚工业（特指非油气类工业）对GDP的贡献率一直徘徊在17%～19%之间。2016年的数据（17.92%）还没有脱离这个区间。印度尼西亚正着力完善工业腾飞的基础条件，在开放投资领域、建设物流基础设施、简化规章制度、培养职业人才等方面推出一系列新举措。其工业开发政策向中小企业以及出口导向型、劳动密集型企业倾斜，并与促进各岛的经济均衡发展联系起来，例如在爪哇岛之外已建起14个工业园区。这些措施的效果预计在一两年内逐步显现，工业对GDP贡献率有望在2019年提高到25%。

按照印度尼西亚的划分标准，非油气工业门类由食品和饮料加工业，金属、计算机和电子电器工业，重型机械制造业，化工制药业，纺织业等11个部门组成。食品和饮料加工业的增长最为迅速，2016年度超过8%，总产值为540万亿盾（约合406亿美元），是工业

1月21日，印度尼西亚雅加达至万隆高铁项目正式启动。图为参加开工仪式的印度尼西亚妇女在高铁列车模型旁合影　　（百度网）

中毋庸置疑的龙头产业。印度尼西亚人口多、市场大，特别是中产阶级对安全、卫生的加工食品消费需求非常旺盛。因此，该行业成为印度尼西亚吸纳国内投资最多的工业部门，不过也面临大部分原料依赖进口的瓶颈制约。金属、计算机和电子电器工业2016年总产值为334万亿盾（约合250亿美元），印度尼西亚政府大力促进金属矿产业与高附加值下游产业的融合发展以及青少年人群对时新电子电器产品的追捧，构成该行业加速成长的强大动力。基础好、潜力大的工业部门还有交通运输工具产业。相反，橡胶制品业、化工制药业、皮革制品与制鞋业掣肘因素多，增长相对平缓。

3. 第三产业：交通运输业领跑，金融服务业的支撑作用突出。第三产业近年全面快速发展，规模持续增大，已占据印度尼西亚国民经济半壁江山，在促进就业、拉动消费、改善民生等方面发挥重要作用，成为国民经济增长的主要动力之一。服务业各部门都呈现较快发展态势，交通运输业是其中的支柱产业，对GDP贡献率达5.5%，年度增长率为7%。相对而言，航空和海洋运输业绩较为亮眼。航空运输比上年增长17%，远高于5.5%的全球平均值；海洋运输增速12.4%，这与佐科的“海上高速公路”建设战略以及海运的低成本优势分不开。陆上运输方面，不断增加的机动车数量与道路里程、质量形成强烈反差，传统的运输方式效率不增反减。高效便捷的网约专车新业态正茁壮成长，印度尼西亚本土的“诃捷”(Gojek)、“格拉普”(Grab)平台以摩托车、私家车为主要运输载体，订单数量一年时间增长近百倍。

金融市场稳健运行，对经济的贡献和重点领域的支持增加。2016年年末广义货币供应量(M2)余额和狭义货币供应量(M1)余额分别比上年增长12%和8.4%。股票综合指数增长15.45%，表现为亚太地区第二强，亦是全球五佳之一。保险业利用银行网络和资源扩张，普通商业保险和伊斯兰保费收入均激增。至年末，银行向中小微企业贷款804万亿盾(合605亿美元)，比上年增长11.4%，占银行贷款总额的18.6%。

（四）均衡发展问题待解

印度尼西亚在推动经济成长的同时，努力实现包容性增长和改善收入分配。印度尼西亚中央统计局的数据显示，至2016年年底，失业率从2015年的6.18%降至5.61%，反映贫富差距的基尼系数从0.41降至0.4，贫困人口比例则从11.2%降至10.7%。各指标下降幅度均略低于国家年度收支预算案中确定的目标。总的来说，印度尼西亚实现经济发展成就的公平共享仍然任重道远。

失业人口方面，印度尼西亚全国登记失业人口为702万。基于全国1.3亿劳动人口中的60%教育程度在初中以下的事实，印度尼西亚劳工部、交通部、工商会馆等部门重点推出劳动技能培训计划，以提高劳动者的竞争力。但同时高学历人群失业问题也凸显，2016年大学学历失业人数比上年增长20%，说明印度尼西亚中高端劳动力市场的吸纳能力退化。与此部分关联的是，解决城市失业问题显得比农村更为急迫。在2017年年初的雅加达省长选举辩论中，失业超过交通拥堵和内涝成为民众关注度最高的议题。

贫富差距方面，印度尼西亚社会以经济能力为标准分成上中下三个阶层，占总人口比例分别为20%、40%和40%。经济成长的“蛋糕”主要被中上层阶级分享。尤其是在社会结构金字塔的顶端，占比1%的最富有家庭拥有全社会50.3%的财富，占比10%的高收入人群占有全国财富总量的77%。行业之间、地区之间的经济不均衡现象没有根本转变，例如爪哇和苏门答腊岛的产值占全国GDP的81%，马鲁古和巴布亚有22%的居民属于贫困人群。在全国范围内，印度尼西亚贫困人口共计有2800万。根据一些发展中国家的经验，当贫困人口占比在10%～11%之间时继续减贫往往举步维艰，印度尼西亚2016年正好跨入这个区间。佐科政府的“扶贫综合计划”固然新举措不断，包括改善贫困人口住房、卫生、教育保障水平，加大对小微企业低息贷款，以及最近要求把扶助重心从消费补贴转向生产补助，但“组合拳”遇到的阻力不小。由于结构性矛盾的存在，农村减贫成效并不显著，北苏门答腊、西苏门答腊、东努沙登加拉等多省贫困人口降幅较小甚至不降反升。

三、外交

印度尼西亚政府的对外政策坚持独立而积极的原则，以服务国家“九大重点建设任务”，实现“政治自主、经济独立及文化有个性”为目标指向。东盟是印度尼西亚发挥区域和国际影响力的外交基石。同时，佐科特色的外交继续强调对国家主权和海外侨民权益的保护力度，与大国均衡推进经贸等多领域合作。

（一）增强东盟的团结和凝聚力

加强东盟的内部协调。作为东盟龙头，印度尼西亚对东盟内部团结及其在区域事务中的主导地位的关注，明显超过其他东盟成员国。在东盟外长会议、东盟峰会等多边会晤中，印度尼西亚领导人反复强调东盟国家团结和统一行动的重要性，称之为应对地区挑战和实现2025年东盟共同体愿景的关键。2016年7月，东盟外长会议发表共同声明。印度尼西亚外长雷特诺表示印度尼西亚在其中积极促成，避免了外界关于外长会议无法达成共识的担忧成为现实。在9月举行的东盟与中国峰会上，经印度尼西亚提议，相关各方一致同意设立联络热线，以应对落实《南海各方行为宣言》过程中的海上突发事件。12月，印度尼西亚主办东盟高官会，与东盟各国就如何在新的地区与全球挑战下加强团结等议题进行探讨。

与东盟各成员国的双边关系有不同程度的发展。除多边场合的高层互动外，佐科年内访问老挝、泰国并接待新加坡、马来西亚、菲律宾等国家领导人来访；外长雷特诺频繁游走于东盟各国开展穿梭外交。印度尼西亚与柬埔寨就武器装备交易、领导人卫队训练等方面达成军事合作协议；与泰国着重推进经贸、打击跨国犯罪等领域合作；与马来西亚、新加坡等国的投资、贸易、旅游往来数据创新高。印（尼）缅关系受到罗兴亚难民事件的挑战。印度尼西亚部分激进穆斯林团体要求政府向缅甸强硬施压，政府则坚持与缅方温和对话，促使两国关系更加紧密。应印度尼西亚的要求，缅甸开放向罗兴亚人输送人道主义援助的通道，印度尼西亚首批10个集装箱援助物资运抵缅甸若开邦。

（二）积极介入国际事务

除东盟外，印度尼西亚主要借助联合国、伊斯兰合作组织、20国集团、中等强国合作体、巴厘民主论坛等平台，在国际事务中发挥作用，关注的议题有联合国改革、冲突管控、建立公平公正的全球秩序、提高女性地位、促进多元文化和平共处、反恐等。印度尼西亚尤其努力构建国际争端调停者的形象，例如倡议成立伊斯兰合作组织“和解与冲突联络小组”；派出2731人参与9项联合国国际维和任务。在巴勒斯坦问题上，印度尼西亚以实际举措支持巴勒斯坦建国。2016年3月，举办57国参与的巴勒斯坦问题特别峰会，会议发表《雅加达宣言》。印度尼西亚还宣布在拉马拉开设领事馆，并拟在巴勒斯坦建设“印尼之家”。

（三）维护印度尼西亚主权和海外权益

为明晰领土主权边界，印度尼西亚加紧与邻国协商解决领土争议，2016年与邻国就海上边界协商20次，陆地边界谈判16次。与新加坡达成海域边界线协定，与马来西亚共同完成北加里曼丹和沙巴的部分区域陆地勘界工作，与东帝汶解决历史遗留的两处边境地块归属问题。印度尼西亚军方显著增加对边界地区特别是海域边界的防卫投入。此外，打击非法捕鱼力度不减，全年查扣涉嫌非法进入其领海捕鱼的渔船781艘。给外界造成一个突出印象是，印度尼西亚政府维护国家权益的行动坚决，与友邦关系受到影响亦在所不惜。

海外公民权益保护是印度尼西亚的外交重点之一。印度尼西亚海外公民以出国务工人员为主，数量达到430万，因欠缺法治意识和自我保护意识而导致的权益受侵害案件多发。印度尼西亚政府完善海外公民信息数据库，建立起电子领保系统。该国外交部数据显示，2016年介入相关案件1万余起，包括成功解救数十名被菲律宾阿布沙耶夫恐怖主义组织和索马里海盗劫持的人质，使71人免于外国死刑刑罚，协助遣返印度尼西亚公民41569人。

（四）与大国关系侧重经济及防务合作

在平等、相互尊重和大国平衡前提下，印度尼西亚积极与各国拓展包括政治、经济、防务、教育、文化等宽领域的合作关系，其中经贸和防务合作得到特别重视。

2016年印度尼西亚与中国高层来往频繁，政治互信不断增强。以此为基础，两国各领域合作亮点频现。5月，印度尼西亚国防部部长里亚米扎尔德和中国国防部部长常万全在老挝万象会晤，双方拟加强海上防务合作。8月，中国和印尼副总理级人文交流机制第二次会议举行，14项合作协议的签订标志着“民心相通”工程将迈出更大步伐。9月，佐科到中国杭州出席G20峰会期间与中国国家主席习近平会晤，经贸合作是会谈重点。投资领域，至2016年三季度中国对印度尼西亚投资已达16亿美元，成为印度尼西亚第三大投资来源国，两国同意继续推进能源、基础设施等投资及制造业合作。双边贸易稳步发展，印度尼西亚关注的贸易逆差问题获得中方积极回应。旅游合作领域，访问印度尼西亚的中国游客数量已居各国之首，增长潜力巨大。

印度尼西亚与俄罗斯、日本、美国等国的双边关系平稳。与俄罗斯合作的重心是军备采购以及能源、中小企业、互联互通合作。两国签订新的军售协议，印度尼西亚还获准生产部分俄制武器。经贸领域，两国致力于改变双边投资和贸易额小且多年无明显增长的现状。对日合作方面，日本是印度尼西亚主要投资来源国和出口市场之一。印度尼西亚希望日方加大交通基础设施和能源投资以及开放农产品市场，并认为两国经济伙伴协定对印度尼西亚不利，要求重新评估。两国还对开展海洋开发及海上安全合作表现出极大兴趣。对美合作方面，美国对印度尼西亚投资额较小，但于2015年超越中国成为印度尼西亚最大的出口目的地国，且印度尼西亚在双边贸易中处于大幅出超地位，2016年贸易顺差81亿美元。印度尼西亚对维持乃至增加非油气产品对美出口抱有很大期待，但特朗普当选给两国贸易带来的影响有待观察。

四、2017年展望

2017年印度尼西亚政治最引人注目的事件是该国101个地区同时举行的地方首脑直接选举，雅加达、亚齐、万丹、西巴布亚等重要省区和一批市县均产生新的领导人。各利益集团对地方权力的争夺和日益临近的总统大选把印度尼西亚的政治和社会带入一个敏感期。但是，印度尼西亚的政治气候再热，发生动荡的可能性也并不高。以相对稳定的形势为前提，印度尼西亚政府的政策方向是实行趋向宽松的货币政策，适度降低利率；以税务赦免政策增加税基，引导回流资金投入实体经济；加速自2015年启动的经济结构改革；继续加大基础设施建设力度。这些措施直接回应主要贸易伙伴经济增长乏力、印度尼西亚政府税收不足、私营企业投资动力不够等挑战,并有助于夯实经济长期成长的基础。

尽管国际国内形势仍然充满变数,但印度尼西亚经济面临的利好是显而易见的。与国内生产总值增速关系紧密的橡胶、煤炭、棕榈油等大宗商品价格正在回升;惠誉在2016年年底把印度尼西亚的主权信用评级从"稳定"调高到"正面",国际投资者信心增强;税务赦免政策带来的财政收入可期。综合判断,2017年印度尼西亚经济成长有望实现国家收入预算案中确定的5.1%的目标,世界银行甚至预测其最高增速将达5.5%,同时通货膨胀将温和回升到4%左右。在全球一体化背景下,印度尼西亚与邻国、大国的联系更加紧密,经济外交在其外交政策中的地位将更加突出。

(杨晓强　王禽哲)

资料来源:

印度尼西亚中央统计局网站

老挝:2016年发展回顾与2017年展望

2016年是老挝换届选举年和"八五"计划开局之年,选举产生老挝人民革命党第十届中央委员会、第八届国会及第八届政府;经济增长6.9%;成功承办第28届和第29届东盟峰会等系列会议。展望2017年,老挝人民革命党将召开十届四中和五中全会,国会亦将召开八届三次和四次会议,确保经济增长7%,多元务实外交会更趋活跃。

一、政治

2016年,老挝政治方面的主要情况及特点:

(一)老挝人民革命党召开"十大"及十届二中、三中全会

1. 老挝人民革命党"十大"选举产生以本扬为总书记的新一届老挝人民革命党中央领导集体。老挝人民革命党"十大"于2016年1月18~22日召开,代表全党252879名党员的685名(女性83名)代表与会。"十大"以"提高党的领导能力和先进性,增强全国人民大团结,坚持全面及有原则的革新路线,坚定地捍卫国家并使国家沿着社会主义目标永续方向发展"为口号,在总结执行"九大"决议5年来取得的成就、经验及存在不足的基础上,政治上提出"打牢基础并创造新步伐,带领国家沿着社会主义方向前进";经济上提出第八个五年(2016~2020年)经济社会发展计划以及至2030年愿景规划:"到2020年GDP要比2015年增长2倍多并成为中等收入国家,基本解决贫困问题并达到联合国确定的千年发展目标,人均GDP达到3190美元,比2015年增长1.6倍;到2030年GDP要比2015年增长4倍多并进入中高等收入国家行列,社会主义市场经济得到系统执行";外交上提出"自始至终坚持和平、独立、友好和合作外交路线,主动与地区和国际相连通,积极为东盟共同体建设做贡献"。"十大"选举产生以本扬·沃拉吉为总书记的新一届老挝人民革命党中央领导集体。十届中央委员会由69名委员组成,其中政治局委员11人和中央书记处书记9人,增设8名候补中央委员,这是自1996年老挝人民革命党"六大"取消候补中央委员20年后恢复设立。

"十大"高层人事调整有三个显著特点:一是新一届总书记由79岁的本扬担任,反映老挝人民革命党求稳并希望有一位德高望重的"舵手"来掌舵的意愿。除本扬外,上届中央政治局委员中还有通伦、巴尼、本通和潘坎4人留任。上届中央政治局委员中,总书记朱马里和通邢、阿桑和宋沙瓦4人退休、1人落选(副总理本宝)及1人罹难(国防部部长隆斋在2014年"5.17"空难中罹难)。二是十届新进政治局委员6人,分别为占西、赛宋潘、占沙蒙、坎潘、信拉翁和宋赛,是历届中央政治局新进人数之最。三是一批"红二代"开始在政界崭露头角,老挝人民革命党前总书记凯山的长子赛宋潘和老挝人民革命党前主席坎代的儿子宋赛当选十届政治局委员。此外,老挝人民革命党、国家和政府一些前领导人的子女也步入十届中央委员或候补委员行列。

2. 对重大事项做出部署。2016年3月23~25日召开的十届二中全会重点研究十届中央委员会工作方案与分工,对落实"十大"决议、筹备召开八届国会、设立省(市)级人民议会以及筹办东盟峰会等做出部署。2016年9月12~21日召开的十届三中全会对执行2015~2016财年经济社会发展计划9个月来的情况进行总结并对本财年最后阶段和2017年重点工作提出指导意见,同时对加强党的建设、反对腐败和官僚主义、厉行节约反对铺张浪费并树立新一届党和政府的清廉形象做了重点部署。

(二)八届国会成立并召开一次会议和二次会议

1. 八届国会成立。2016年3月20日,老挝举行八届国会议员全国选举投票。全国有选举权的共计3733932人(其中女性1851987人),实际参加投票人数3657026人(其中女性1797319人),占有选举权总人数的97.9%。3月28日公布投票选举结果,149人(其中女性41人)当选为八届国会议员,同时也标志着八届国会正式成立。

2. 八届国会召开一次会议。2016年4月20日,八届国会一次会议召开。巴尼连任国会主席。会议选举本扬·沃拉吉为国家主席,通伦·西苏里为政府总理,潘坎·维帕文为国家副主席,通过森暖·赛雅腊中将、宋潘·平坎米、本宝·布达纳翁和西赛·立叠门颂(女)4名国会副主席以及本通·吉马尼、宋赛·西潘

敦和宋迪·东迪3名副总理任命，八届政府内阁成员由27人组成，坎山·苏冯和坎潘·西提丹帕分别连任最高检察长和最高法院院长。

3. 八届国会二次会议。2016年10月24日至11月18日，八届国会二次会议召开，会议听取政府、国会、审计署、最高检察院和最高法院工作报告，审议通过15部法律。其中投资促进法是第4次修订，将老挝投资优惠年限从99年缩短为50年，但根据需要也可以延长。新增加的第40条对投资者转让其投资项目的条件做出规定，同时规定3个层级的投资鼓励政策，即在特别贫困地区的教育、卫生和农业领域投资免除10年乃至更长时间的营业税。

4. 17个省和万象市恢复设立省（市）级人民议会。根据新修订的宪法及省级人民议会法，老挝17个省和万象市于2016年5～7月先后完成本省（市）级人民议会的设立，这是1991年取消地方议会25年后恢复设立，无疑是老挝政治生活中的一件大事。省（市）级人民议会设主席、副主席、常委会、秘书长及委员若干，首届议会主席一般由省（市）委第一副书记出任并兼任议会常委会主席。根据省级人民议会法第57条规定，省（市）级人民议会须在老挝国会首次会议后的30天内召开第一次会议，职责包括选举和免除省长、万象市市长以及审议和批准副省长、万象市副市长和省（市）厅局长的任命，审议通过省（市）经济社会发展及预算计划等。

（三）新政府施政特点

同上届政府相比，本届政府施政有如下几个特点：一是通伦总理履新后，提倡政府决策要讲求民主、程序与透明，尤其是在国家收支预算计划及招投标项目管理等方面，要符合国会批准的方案及相关法律程序，经得起审计复查。二是本届政府副总理人数由上届5人减为3人，而上届分管经济工作的就有两位副总理。本届3位副总理分工明确：本通分管党政纪检监察，宋赛分管行政管理，东迪分管财经计划与税收。三是树立中央政府权威和法律法规的严肃性，做到有令必行和有禁必止，提倡节俭、反对铺张浪费并要求领导做出表率。本扬和通伦等多名现任领导人带头停止使用豪华汽车以节约政府开支，其中包括7辆宝马和8辆奔驰，这些车将公开招标拍卖，所得钱款上缴国库。政府还颁布法令规范高级领导人车辆配备。总体上看，以通伦为总理的老挝新政府施政以来所取得的政绩在八届国会二次会议上得到国会议员的初步认可。

（四）新一届党和政府在严肃党纪国法和反腐方面力度较前加大

一是从老挝全国第三次纪检工作会议（2016年7月18～20日）披露的数据看，国有资产流失和贪腐情况触目惊心：纪检部门过去5年对728个目标项目进行检查，发现有超过148000亿基普（折合约18余亿美元）的国有资产流失，多名省部和县级领导干部受到处分，1556名党员被判刑。二是从2016年8月22～24日召开的第十次组织工作会议公布的情况看，过去5年共有1806名（其中女171名）党员受到纪律处分，其中1007人被开除出党。

二、经济和社会

2015/2016财年是老挝“八五”计划开局之年，经济增长率6.9%，低于预期目标7.5%。国内生产总值（GDP）总值为1087090亿基普（折合135.8亿美元），人均GDP为1600多万基普（折合2027美元）。其中：农林业增长3%，占GDP总量的23.3%；工业增长9%，占28.8%；服务业增长8.5%，占39.8%；进口产品关税增长3.8%，占8.1%。全年入境游客超500万人次，旅游收入8.01亿美元。本财年头9个月出口31.57亿美元，比上年同期增长23.1%；进口30.41亿美元，下降12.3%。出口增长主要得益于电力出口增长65.8%和铜出口增长37.1%。此外，玉米、烟叶、香蕉、大米和大牲畜也有所增长。全年财政收入225555.9亿基普（折合约27.85亿美元），为年度计划的95.17%，财政支出38.9亿美元，财政赤字约为11亿美元。基普汇率基本保持平稳，月均通胀率低于2%，但这主要得益于国际市场燃料燃油价格下降，老挝生活成本和市场产品价格仍高于其他东盟国家。

2016年老挝经济、社会发展亮点主要表现在：

（一）老中铁路全线开工

自2015年12月2日举行项目奠基仪式后，老中双方相关部门做了大量的筹备工作并于2016年12月25日在老挝琅勃拉邦省蓬赛村新湄公河大桥选址一端正式举行老中铁路全线开工仪式，老挝政府总理通伦率老中双方代表挥铲破土并亲自鸣锣九响。该铁路北起中老边境磨憨—磨丁口岸，南至万象，全长417千米（其中60%以上路段为桥梁和隧道），投资总额近400亿元人民币，由中老双方按70%和30%的股比合资建设，建设期为5年。设计时速为160千米，全线有32个车站。该铁路是第一个以中方为主投资建设、老中双方共同运营并与中国铁路网直接连通的铁路项目，全部采用中国技术标准，使用中国设备。老中铁路将使老挝“陆锁国”变“陆联国”的战略得以实现，成为今后老挝经济增长的重要支柱。

（二）“老挝一号”通信卫星正式投入商业运营

继2016年3月9日在轨交付后，老挝亚太卫星有限公司（中老合资）9月2日与老挝计划与投资部签署《特许经营协议》，开始提供SD及HD的54套卫星电视服务。利用卫星KU转发器已经引入几十套中国、欧美、日韩的体育、少儿和综艺电视节目，同时开展卫星通信、卫星电视直播、无线宽带接入和国际通信等服务，业务范围覆盖中国香港、老挝、缅甸和印度尼西亚等国家和地区。位于万象市郊的卫星地面测控站已成为老挝的科普基地，对人才的培养发挥着重要作用，老挝相关部门拟利用卫星开展远程授课和远程医疗服务。

（三）电力建设成果显著

2016年建成并发电的项目主要有红沙火力发电厂（187.8万千瓦）、南坎2号水电站（13万千瓦）、南叶2号水电站（18万千瓦）、会兰庞水电站（8.8万千瓦）、南乌江2、5、6号水电站（54万千瓦）以及一些中小型发电站。累计建成发电站（厂）46座，投资总额100多亿美元，累计装机630.8万千瓦（其中供应国内的装机为210万千瓦），年发电量333.15亿千瓦时；现有输变电站53座，输电线路长50000千米；全国148个县均已通电，其中85.54%的村庄和90%的家庭普及用电。

（四）脱贫和扫盲工作继续取得成效

2016年，老挝全国47个贫困县中已有14个县脱贫，贫困家庭和贫困村比率分别降至6.56%和18.38%。与2015年相比，贫困村由1736个减至1689个；发展村由3577个增至3836个，发展村已占全国农村总数的50%以上；109个“三建试点村”有93个成为发展村，各地涌现72个样板村；全国发展家庭28452户，杰出典型家庭544户；全国18个省市中有2个省（沙耶武里和川圹）普及小学，万象市及67个县则普及初中教育，较2015年增加15个县。

三、外交

2016年，老挝外交活跃并取得一系列成果。担任东盟2016年轮值主席国，成功主办第28届和第29届东盟峰会等系列会议。奥巴马成为美国历史上首次访问老挝的在任总统，中国国务院总理李克强、俄罗斯总理梅德韦杰夫、印度总理莫迪、日本首相安倍晋三、韩国总统朴瑾惠、爱尔兰总统希金斯以及东盟10国领导人访问老挝或赴老挝出席东盟系列会议。老挝人民革命党总书记、国家主席本扬出访越南、中国、缅甸3国；老挝总理通伦分别出访越南、日本、柬埔寨、泰国、俄罗斯、蒙古、中国等国家；国会主席巴尼出访越南、柬埔寨。与老挝建交的国家增至139个。2016年9月7日，老挝总理通伦向联合国秘书长潘基文交存了“巴黎气候协定”批准书，成为首个加入此协定的东盟国家。

（一）担任东盟2016年轮值主席国赢得良好声誉

老挝于2016年7月和8月先后主办第49届东盟外长会议和第48届东盟经济部长会议，为9月上旬成功主办第28届、29届东盟峰会和东亚领导人峰会奠定基础。第28届东盟峰会讨论推进东盟共同体建设，宣布正式启动《东盟互联互通总体规划2025》和《东盟一体化工作计划第三份倡议》，东盟国家领导人还签署应对区域内外灾害的宣言，接纳智利、埃及和摩洛哥3国加入《东南亚友好合作条约》。第29届东盟峰会讨论东盟与外部的关系和发展方向，并就共同关注的国际和地区问题交换意见。值得一提的是，美国、日本等国利用所谓的“南海仲裁案”极力插手干预东盟外长会议和东盟峰会，但在老挝的努力协调下，上述会议都绕过了“南海仲裁”，南海问题重新回到由直接当事方通过对话协商解决争议的正确轨道。老挝作为东盟轮值主席国发挥了重要作用，国际地位和影响也得到提升。

（二）老挝与中国的关系

2016年是老挝与中国建交55周年。老中政治上高度互信，经济上全面合作，人文上广泛交融，不仅给两国人民带来了切实利益，亦为维护地区乃至世界和平、稳定与发展做出积极贡献。一是两国元首一致强调携手打造牢不可破的中老命运共同体，共同规划新时期两党两国关系发展的宏伟蓝图，为两国全面战略合作伙伴关系注入新动力。老挝人民革命党总书记、国家主席本扬于2016年5月和9月分别对中国进行正式访问并出席二十国集团杭州峰会。中国国务院总理李克强2016年9月正式访问老挝并出席东亚合作领导人系列会议。二是两党和相关部门继续深化理论交流，相互借鉴治国理政经验。2016年12月21日，老中两党第五次理论研讨会在老挝万象举行。三是老中两国中央和地方继续保持良好交往势头。四是中国继续向老挝提供重大项目援助。五是经济上全面合作并深度融合，中国连续多年居外国在老挝投资第一位。六是中老双方在深化执法安全合作及维护边界稳定方面成果卓著。七是人文交流异彩纷呈。

8月3日，第48届东盟经济部长系列会议在老挝万象开幕。图为与会部长合影 （百度网）

（三）老挝与美国的关系

2016年9月5～7日，美国总统奥巴马对老挝进行国事访问并出席在万象举行的东盟和东亚峰会，双方发表联合声明，宣布将两国关系定位为“综合合作伙伴”。此前的 2 月 15 ~ 16 日，老挝国家主席朱马里出席在美国加州安纳伯格庄园举行的美国—东盟特别领导人峰会并与奥巴马共同主持峰会。

美国政要访问老挝较前明显增多。美国国务卿克里分别于 2016 年 1 月 24 ~ 25 日访问老挝并出席 7 月 25 日在万象举行的第 49 届东盟外长系列会议；美国助理国务卿拉塞尔率团于 2016 年 5 月 6 日出席在老挝万象举行的老美第 7 次全面对话会。

美国与老挝签订“贸易与投资合作框架协议”，美国承诺增加对老挝的援助。美国与老挝于 2016 年 2 月 18 日在旧金山签署上述协议，该协议涉及贸易、投资、知识产权、劳务、环境、能力建设以及有关东盟问题。美方在老美第 7 次全面对话会上承诺对老挝的援助将由每年的 4000 万美元增至 5000 万美元。奥巴马访问老挝时再次宣布将在未来 3 年内增加对老挝援助 9000 万美元，用于勘查和清除未爆炸弹。2016 年，美国向老挝提供的最大两笔援助分别是用于清除未爆炸弹的资金 1950 万美元和帮助改善老挝妇女儿童健康状况的营养项目 600 万美元。

老美继续合作搜寻在老失踪美军人员遗骸。老挝与美国自 1982 年以来已合作搜寻到 573 名在老失踪美军人员中的 272 具遗骸，还有 301 具尚未找到。双方 2016 年度合作搜寻失踪美军人员遗骸技术磋商会议于 2016 年 8 月 3 日在夏威夷举行，双方表示继续加强合作搜寻。

（四）老挝与越南、泰国、柬埔寨、缅甸的关系

1. 老挝与越南的关系。老越两国高层互访频繁，两党、国家、政府和国会领导人均实现互访，显示老挝与越南继续维系“特殊团结”关系。老挝人民革命党中央总书记、国家主席本扬以及政府总理通伦、国会主席巴尼、国家副主席潘坎、建设阵线中央主席赛宋潘、副总理本通和国防部部长占沙蒙等分别率团访问越南。越共中央总书记阮富仲、国家主席陈大光、政府总理阮春福、国会主席阮氏金银、书记处常务书记丁世兄、公安部部长苏林、国防部部长吴春历、越共胡志明市市委书记丁罗升、国会副主席丛氏放、副总理兼外交部部长范平明、副总理郑廷勇、祖国阵线中央委员会副主席裴氏清和中央宣教部部长武文赏等分别率团访问老挝或出席由老挝主办的东盟系列会议。2016 年 10 月 27 ~ 28 日，越共中央民运部部长张氏梅率团出席在老挝万象举行的主题为“关于国际联通”的第 4 次老越两党理论研讨会。此外，还有数十个越南中央和地方党政军群代表团相继访问老挝。双方决定在 2017 年共同庆祝两国建交 55 周年和“老越友好合作条约”签订 40 周年。

老越两国完成边界密度立碑，并于 2016 年 3 月 16 日在越南河内举行老越边界密度立碑和边界标志维护项目竣工庆祝仪式。老越双方 2008 ~ 2014 年共同对总长 2337 千米的边界线进行密度立碑，共设立界碑标志 1002 个。

老越双方保持较密切的经贸合作，但贸易额有所下降。2016 年头 7 个月双边贸易额仅有 4.86 亿美元，较上年同期下降一半以上。两国副总理于 2016 年 10 月 5 日在老挝万象签署能源合作开发备忘录，越南拟向老挝购电 500 万千瓦时。越南在老挝投资 51 亿美元，项目 258 个，位居外国对老挝投资第三位。2016 年，越南援建的老挝川圹友谊医院及乌多姆赛省电台、电视台建成。

2. 老挝与泰国的关系。两国政治互信和合作较前增强。2016 年 7 月 5 ~ 6 日，老挝政府总理通伦应邀率团访问泰国，这是他就任总理后首次访问泰国，受到泰方热烈欢迎并与泰国总理巴育举行会谈。两国总理一致表示，要为加强两国友好合作做出新贡献，继续强化两国已有的双边及多边机制合作。8 月 1 日，泰国诗琳通公主向老挝妇联中央主席英拉文 · 乔本潘博士颁发 2016 年度东盟妇女杰出奖。8 月 9 ~ 10 日，老挝外交部部长沙伦赛应泰国外交部部长邀请率团访问泰国，双方就落实老泰两国领导人决定以及在多边机制中加强合作交换意见。9 月上旬，泰国总理巴育应邀率团出席在万象举行的第 28 届和第 29 届东盟峰会。10 月 9 ~ 10 日，通伦再次应邀赴泰国曼谷出席第二届亚洲合作对话峰会。

双方经贸合作紧密且呈上升势头。2016 年头 7 个月，老泰双边贸易总额 1155 亿泰铢。其中：老挝自泰国进口 792 亿泰铢，比上年增长 6.8%；老挝自泰国出口 363 亿泰铢，增长 74.0%。泰国对老挝投资额 63 亿美元，项目有 668 个，位居外国在老挝投资的第二位。2016 年 9 月 6 日，老泰两国能源部签署能源开发备忘录，泰国拟从老挝购电由原来的 700 万千瓦时增至 900 万千瓦时。双方还决定重启于 2011 年搁置的老—泰铁路延长线二期项目，该线路全长约 7.5 千米，从哈赛丰县火车站直达万象市中心。泰国为此将提供 9 亿余泰铢的资金，其中 30% 为援助，70% 为低息贷款，计划 2 年内完工。

老泰双方均有意早日解决边界立碑问题。老泰两国自 1997 年 5 月 5 日共同开始陆地边界勘察和立碑，已完成陆地边界 676 千米立碑 210 块，占陆地边界总长度 735 千米的 93%，或相当于老泰边界总长度 1835 千米的 37%。两国力争 2016 年全部完成陆地边界勘察立碑，2018 年完成水界勘察立碑。

3. 老挝与柬埔寨的关系。2016 年是老挝与柬埔寨建交 60 周年。两国总理实现互访，双方高层保持密切往来。老挝政府总理通伦应邀于 2016 年 6 月27 ~ 28 日率团访问柬埔寨，这是其就任总理后首次访问

柬埔寨。两国总理就加快推进老柬边界最后4个点的立碑工作、强化边境管理、修建连接两国边境地区路桥、开展边境贸易以及加强在地区和国际舞台上的相互支持配合深入交换意见。通伦一行还拜会柬埔寨国王西哈莫尼、柬埔寨国会主席韩桑林和参议院主席赛冲。柬埔寨首相洪森应邀于2016年8月6～7日出席在老挝万象举办的第13次东盟领袖论坛会议并顺访老挝。9月上旬柬埔寨首相洪森出席在老挝万象举行的第28届和第29届东盟峰会等系列会议。老挝总理通伦于11月再次率团出席在柬埔寨举行的第9次柬老越发展三角区领导人峰会。11月25～27日，老挝国会主席巴尼应邀访问柬埔寨。

双方互设总领事馆，分别于6月30日和7月1日在柬埔寨上丁省和老挝占巴塞省举行开馆仪式，双方决定修建连接两国边境的全长72千米的公路及色兰袍大桥。柬埔寨副首相贺南洪于10月下旬访问老挝，与老方商谈贯彻落实柬老两国总理6月下旬会谈达成的共识并协商尽快正式开通老柬农务肯—达毕根国际口岸，以促进两国尤其是边境接壤省份间的贸易与投资合作。

4. 老挝与缅甸的关系。2016年两国元首实现互访。5月6日，缅甸总统廷觉应邀访问老挝；老挝国家主席本扬于8月5日回访缅甸。两国元首高度评价老缅两国近年来合作关系取得的成果，双方同意贯彻落实第11次老—缅联合委员会会议决定，在互利共赢的基础上促进两国贸易、投资、教育和旅游合作，恢复万象—仰光、琅勃拉邦—蒲甘直航航线，不断推进两国双边和多边合作关系向前发展。本扬访问缅甸时，双方签署老缅湄公河友谊大桥管理协议。

昂山素季年内三度赴老：第一次以外长和国务资政身份随缅甸总统首访老挝，第二次以外长身份出席在万象举行的第49次东盟外长会议，第三次又以国务资政身份出席在万象举行的第28届和第29届东盟峰会，与包括老挝政府首脑在内的东盟其他国家政府首脑建立良好工作关系。

（五）老挝与日本、澳大利亚、韩国的关系

1. 老挝与日本两国总理实现互访，两国战略合作伙伴关系有新发展。2016年5月26～27日，老挝总理通伦应邀出席在日本举行的G7首脑峰会并顺访日本。在与安倍晋三的会谈中，通伦高度赞赏老日之间的友好合作关系，坚信两国战略伙伴关系将进一步深化与拓展，希望依据5月初生效的双边航空协议尽早推出两国直航航班，欢迎更多日本投资者来老挝投资。安倍表示，日本将全力协助老挝成功主办东盟峰会，愿与老方合作推进东盟湄公河沿岸5国经济一体化进程。安倍应邀于9月6～8日访问老挝并出席东盟峰会，日本首相特使和外相岸田文雄分别于2016年3月中旬和5月初访问老挝，两国外长签署《日本与老挝政府关于同意继续协商开展经贸投资教育和文化工作合作的备忘录》。年内，日本向老挝提供贷款9000万美元（用于扩建万象市自来水项目）、无偿援助27.75亿日元（用于老挝9号公路维修和行政人才培训）及无偿援助5亿日元用于平衡老挝2017财年预算。日本有133家企业在老挝投资，投资总额5亿美元。

2. 老挝把澳大利亚作为争取外国官方援助的重点国家之一。2016年9月7日，澳大利亚总理特恩布尔与老挝国家副主席潘坎在老挝万象共同出席由澳大利亚援助的老澳研究院和外语促进中心开业仪式，澳大利亚宣布向老挝提供31名留学生奖学金名额。年内，澳大利亚援助老挝实施第二阶段儿童营养项目139万美元，联合欧盟援助老挝基础教育普及及质量提高项目，计划在10年内分3个阶段在老挝66个教育最不便利的县城培训教师、改善学校基础设施、提供学习材料并提高弱势儿童入学率。澳大利亚还宣布一项对老挝无偿援助政策：凡不以盈利为目的老挝中小企业，均可通过向澳大利亚驻老挝使馆提出项目建议书的方式申请2000～3000美元直至2万～3万美元的项目发展资金援助。

3. 老挝与韩国保持较为密切的政治经济关系。2016年7月1日，韩国国防部副部长黄银幕访问老挝。7月4～8日，老挝人民革命党中联部部长孙通应新国家党邀请，率老挝人民革命党代表团访问韩国。9月9日，韩国总统朴瑾惠应邀首访老挝并出席在万象举行的东亚合作领导人会议。老韩两国元首举行会谈并见证韩国对老挝无偿援助项目清单、工业与贸易、文化艺术、能源矿产、样板村、劳务、社会福利以及医疗卫生技术等8份合作备忘录的签订。韩国政府年内对老挝捐赠350万美元用于升级8号公路并援助500余万美元用于工业有害物排放管理项目。韩国在老挝投资居第四位，投资额8亿多美元，项目257个。

四、2017年展望

2017年，老挝维护政治社会稳定与发展的任务依然十分繁重，既面临难得的发展机遇，又面临诸多挑战。

政治上，老挝人民革命党将召开十届四中和五中全会，对“十大”决议一年来的执行情况进行回顾总结，全力维护政治安全和社会稳定，强化党的建设和干部队伍管理并加大反腐力度，严防“和平演变”。国会将召开八届三次和四次会议，对政府执行2017财年经济社会发展计划、预算和货币计划加强监督检查，抓紧制订与修订相关法律，同时，对省（市）人民议会成立一年来的工作情况进行总结评估并提出指导意见。政府将着力抓好2017财年经济社会发展各项目标任务的完成，努力稳定宏观经济、严控新增债务并强化收支管理，率先在公车使用和招投标等方面实施规范管理。

经济上，确保经济增长7%并实现如下主要目标：GDP1296830亿基普(约158.8亿美元)，人均GDP1900余万基普(约2341美元)；财政收入23.9万亿基普，占GDP比重18.46%；财政赤字控制在8.4万亿基普左右(约10.3亿美元)，占GDP的6.52%；稻谷产量435万吨；在全国70个县中建设政府重点项目20个及地方重点项目71个，同时，加大对水电和矿产等领域的投资力度。

外交上，将按照2016年12月召开的第13次全国外事工作会议确定的方针，继续坚持“和平、独立、友好和合作的外交路线”，积极开展预防和突破性外交，主动加强与地区和国际经济联通。在重点加强与越南、中国两国全面战略合作关系的基础上，大力发展与其他邻国及东盟国家的关系，继续巩固和发展与日本、韩国、俄罗斯、欧盟、美国和澳大利亚等国的友好合作关系。（陈定辉）

资料来源：

1. *KPL. net. la*,《巴特寮新闻》
2. *www. pasaxon. org. la*,《人民报》
3. *Vientiane Mai online*,《新万象报》
4. *www. sedthakid. la*,《经济社会报》
5. *www. kongthap. gov. la*,《人民军队报》
6. 新华网老挝要闻

马来西亚：2016年发展回顾与2017年展望

2016年，马来西亚政治受多项贪污弊案的影响，政府信任受到挑战，执政党联盟国阵出现分裂，但通过采取措施，纳吉布总理仍然掌控国阵。经济上采取措施应对挑战，实现4.2%的增长率。外交上同时加强周边国家和大国的交流与合作。

一、政治：经历各种挑战

（一）一个马来西亚发展有限公司贪污案持续发酵，对执政党造成巨大挑战

2015年爆出的一个马来西亚发展有限公司贪污案一直持续影响到2016年。至2016年4月，包括新加坡、瑞士、美国、卢森堡、阿拉伯联合酋长国、塞舌尔、中国香港等国家和地区都在调查一个马来西亚发展有限公司。4月8日，马来西亚国会公共账目委员会(公账会)的一个马来西亚发展有限公司调查报告出炉，报告显示该公司管理不当导致债台高筑。一个马来西亚发展有限公司董事局6名成员为此宣布集体辞职。但此报告称公司并没有汇入7亿美元到总理兼财政部长纳吉布的私人银行账户。5月4日，马来西亚财政部宣布接受一个马来西亚发展有限公司董事局成员的集体辞呈，并解散以总理兼财政部长纳吉布为首的公司顾问团。2016年7月20日，美国司法部在洛杉矶的联邦法院，正式对一个马来西亚发展有限公司提起诉讼，并要求法庭下令扣押该公司超过35亿美元的资产。这是美国史上规模最大的资产扣押行动之一，也是外国司法单位首次起诉该公司。美国司法部的诉状没有提到总理纳吉布，只表示涉案者包括代号“马国一号官员”的高级官员。诉状指纳吉布继子里扎、争议性马来西亚富豪刘特佐、阿布扎比主权财富基金前董事总经理卡登及该国官员阿末巴达维都涉及此案。该诉讼一经报道，引发了对“马国一号官员”的种种猜测，再次影响人民对政府的信任度和对执政党联盟——国阵的支持度。10月5日，马来西亚爆出沙巴水务局贪污案，这起贪污案涉案金额巨大，震惊全国。连串丑闻导致民众对政府的信任度降至39%，比上年下降7个百分点。

一个马来西亚发展有限公司贪污案持续发酵，不仅影响马来西亚的国际声誉，并且导致国阵的分裂。一直用贪污案要求纳吉布总理下台的马来西亚前总理马哈蒂尔于2016年2月29日宣布退出执政联盟国阵最大成员党巫统。3月5日，马哈蒂尔与在野党及非政府组织领袖一同召开“拯救马来西亚”新闻发布会，发动联署《公民宣言》运动，施压要纳吉布总理下台。3月31日，马哈蒂尔宣布辞去国产车公司普腾主席、国油大学名誉校长、浮罗交怡发展局顾问以及刁曼岛发展局顾问等4个职务。6月24日，马来西亚总理兼巫统主席纳吉布宣布，即日起开除前署理主席穆希丁与最高理事慕克力的党籍，同时冻结副主席沙菲益阿达的党籍，以及政府停止资助前总理马哈蒂尔的首要领导基金会。巫统原副主席沙菲益阿达在遭巫统最高理事会冻结党籍10天后，宣布退党。9月9日，马哈蒂尔及前副总理穆希丁共同成立马来西亚土著团结党。而在野党也借机抨击执政党，发动示威游行。2016年11月19日，马来西亚维权团体干净选举联盟在吉隆坡举行反贪腐大集会。这次大集会有数万身穿黄衣的支持者参加，另外有数千名身穿红衫的反干净选举联盟人士也进行集会。

为应对执政地位的冲击，纳吉布总理首先再次改组内阁，共有4位部长和6位副部长职位调动。其次，重新划分选区。2016年9月15日，马来西亚选举委员会再度重新划分西马半岛选区。第三，确定副总理阿末扎希在国阵的地位。9月23日，马来西亚执政联盟国阵最高理事会一致同意，委任副总理及巫统副主席阿末扎希为国阵署理主席。第四，通过召开巫统大会，进一步团结党内力量，应对在野党挑战。

（二）在野党进一步分化，重新整合面临挑战

2015年马来西亚在野党联盟——人民联盟因伊斯兰教刑事法问题导致分裂。2016年，在执政党联盟国阵经受挑战的同时，马来西亚在野党则进一步分化

整合。1月9日，马来西亚三大反对党——人民公正党、民主行动党及国家诚信党正式签署《希望联盟协议》，希望通过协议使新成立的反对党阵营能整合成一个强大的政治联盟。3月16日，马来西亚反对党伊斯兰党宣布和多元种族政党民族联系党（简称民系党）正式结盟，组成“第三政治势力”。7月12日，马来西亚沙捞越和沙巴州的沙捞越革新党、新沙捞越达雅党、人民联合党、沙巴民族人民团结党、沙巴民族党、沙巴团结和谐阵线，以及来自马来半岛槟城的人民替代党等7个新成立的小党筹组新联盟，准备在来届大选与执政联盟国民阵线（国阵）抗衡。12月13日，马来西亚在野的希望联盟（简称希盟）三党与土著团结党签署一项政治合作协议，以便在未来全国大选时联手对抗执政党联盟国阵。12月15日，马来西亚联邦法院驳回在野党领袖安瓦尔要求司法检讨其鸡奸案罪成的申请。安瓦尔将继续服刑直到2018年中，他因此将错过下届大选。这项裁决为总理纳吉布及执政党联盟国阵化解了在下届大选中的最大挑战。在野党领袖的缺失、各阵营的分化，使得在野党的整合难度加大，力量分散。

（三）马来西亚面临伊斯兰教刑事法问题和IS恐怖袭击威胁

马来西亚在野党伊斯兰党在2016年继续谋求国会通过伊斯兰教刑事法，为了联合伊斯兰党，巫统多次让伊斯兰党主席哈迪阿旺在国会提呈伊斯兰刑事法私人法案。该议题引发巨大争议，引起马华等华人政党强烈不满，同时挑战马来西亚世俗多元民主宪政体制。

2016年，马来西亚首次遭遇IS恐怖袭击。6月28日凌晨，马来西亚吉隆坡市郊一家名为蒲种的酒吧遭到手榴弹袭击，致使8人受伤。这是马来西亚境内发生的首起与“伊斯兰国”（IS）相关的袭击事件，为此马来西亚当局加强对人员密集地区的安保。8月31日，马来西亚警方在马来西亚国庆前夕挫败一起企图制造恐怖袭击的阴谋，逮捕3名“伊斯兰国”极端分子。这些恐怖分子计划袭击国庆庆典仪式和兴都教圣地黑风洞。为了防止恐怖袭击，《2015年国家安全理事会法令》2016年8月1日正式生效，总理可以宣布指定范围为“保安区”，警察在“保安区”内无须法庭搜查令，即可搜查任何个人、汽车和楼宇。纳吉布总理在新法实施前夕重申，该法旨在加强执法单位的情报协调，以建立快速反应机制，尤其是在应对涉及国家安全的事故，如恐怖威胁时，更需要这类法令保障国人的安全。10月27日，马来西亚总理纳吉布在吉隆坡宣布成立一支由马来西亚武装部队、皇家警察及海事执法机构所组成的国家特别行动部队，以应对恐怖袭击。

二、经济：实现4.2%的增长率

2016年，马来西亚经济受到国际油气价格下跌、经济增长放缓、金融市场起伏不定以及国内政局不稳定等各项不利因素影响，保持经济稳定增长面临更大的挑战。国际油价在2016年初降至每桶40美元以下，政府在石油业获得的收入从占总收入的30%减至13%～14%。政府采取包括征收消费税、削减津贴、减少营运和发展开支等多项措施，来缓解油气收入下降带来的冲击。马来西亚在2016年取消食用油补贴，仅保持1千克塑料包装食油的补贴，同时取消对25千克装普通面粉补贴，保持1千克装补贴。在消费税征收方面，2016年虽然对一些项目给予免税，但政府消费税收入仍然达到412.6亿林吉特。应对外围经济发展放缓方面，马来西亚主要依靠内需和出口产品的多元化。为了激励国内经济，马来西亚国家银行在2016年7月13日宣布降息，隔夜政策利率从3.25%，降至3%，这也是马国行于2009年2月24日最后一次降息以来，时隔7年后首次降息。

通过采取各种措施与努力，马来西亚经济虽然增速继续放缓，但仍保持增长的态势。2016年国民生产总值1.23万亿林吉特，比上年增长4.2%。人均国民生产总值38830林吉特。从季度发展看，2016年马来西亚第一季度经济增长4.2%，第二季度增长4%，第三季度增长4.3%，第四季度增长4.5%。2016年马来西亚进出口贸易总额1.49万亿林吉特，比上年增长1.5%。其中：出口贸易额7859.3亿林吉特，增长1.1%；进口贸易额6986.6亿林吉特，增长1.9%。贸易顺差872.7亿林吉特，是自1998年以来连续第19年出现贸易顺差。2016年政府财政收入2125.95亿林吉特，财政支出2071.26亿万林吉特。2016年马来西亚批准投资2079亿林吉特，比上年增长7.7%。其中：1489亿林吉特为本地直接投资，占71.6%；590亿林吉特为外来直接投资，占28.4%，增长63.4%，主要外来投资伙伴国为美国、荷兰、中国、日本、新加坡、韩国和英国。截至2016年6月底，马来西亚外债共8482亿林吉特，占国内生产总值的68.8%。截至12月15日，马来西亚国家银行外汇储备3997亿林吉特（约合964亿美元）。马来西亚2016年失业率为3.5%，创6年来新高。2016年马来西亚通胀率为2.1%.

（一）农业

马来西亚农业以油棕、橡胶等热带作物种植为主导产业，2016年经历年头和年尾雨季水灾的影响，产量有所下降。但好在棕油价格上涨，在4月份就超越每吨2250林吉特的征税门槛。开始征收5%的原棕油出口税，结束为期11个月的零出口税政策。到11月，棕榈油价格上涨至两年来的高点，11月棕榈油参考价为每吨2865.4林吉特，原棕榈油出口关税维持在6.5%。2016年马来西亚棕油产量1760万吨。马来西亚政府积极拓展棕油出口市场，不再局限于欧盟、印度和中国等传统市场，不断开拓中东及东盟市场。此外，还关注下游棕油产品生产开发，有150余项科研成果成功商业化，通过推行 B10 生物柴油措施增加国内棕油利用率。马来西亚与印度尼西亚合作，商谈设立棕油生产国委员会，互相交流信息及解决面临问题。2016 年棕油产量虽然下降，但出口的棕油及产品总值仍达到 670 亿林吉特。

2016 年马来西亚橡胶产量下降到 65 万吨，位居全球第六。导致橡胶产量下降的原因包括土地不足、人手短缺及价格下降使利润下滑。但马来西亚的橡胶加工业发展良好，特别是塑胶手套产业是国内最大的天然橡胶消费领域，2016 年上半年，马来西亚橡胶手套工业出口额 64 亿林吉特，全年出口橡胶手套 1336 亿件，出口总额 143 亿林吉特，较上年增长 9.1%。

除棕油和橡胶外，政府还努力发展红麻工业。马来西亚政府拨款 562 万林吉特用于推广红麻种植和加工，为红麻种植者提供奖励，每公顷可获得 2385 林吉特奖励，而生产红麻种子每公顷可获得 2999 林吉特奖励。在政府的鼓励下，全国红麻种植面积超过 2200 公顷。此外，政府还在丁加奴士兆、巴西富地、彭亨云冰设立红麻加工厂和加工中心，加工和生产用于建筑、汽车及生物复合材料工业的红麻产品，满足国内外需求。

年内，马来西亚农业总产值比上年下降 5.1%，但种植与原产领域的出口则达到 1220 亿林吉特，在马来西亚出口收入来源中位居第二。

（二）工业

2016 年马来西亚工业经济的发展，受到国际油气价格波动、国内外需求放缓、国内经济下行、消费情绪不高等挑战，特别是以出口为导向的制造业影响较大。马来西亚政府通过持续实施鼓励中小企业发展计划，通过区域经济计划积极促进高科技企业发展，通过基建项目改善国内基础设施建设等措施，全年工业生产指数温和上涨。

2016 年，马来西亚制造业批准 733 个项目，总值 585 亿林吉特，比上年下降 21%。中国成为马制造业最大外资来源地，投资总额 47.7 亿林吉特。马币贬值使出口导向的制造业受惠，但贬值也影响国内的购买力。如汽车制造业，由于马币不断贬值、银行收紧车贷审批、消费者情绪低落等原因，2016 年汽车总销量为 58.01 万辆，比上年减少 13%，汽车销量在连续 6 年不断攀升后，首次出现下降，同时这也是 6 年以来首次年总销量降至 60 万辆之下。推动制造业转型升级是马来西亚促进制造业发展的重要举措，由多媒体超级走廊发展而来的马来西亚数码经济机构于 1996 年成立，至 2016 年共吸引投资 2830 亿马币，成功打造 3881 家具有多媒体超级走廊地位的资讯公司。政府希望通过多媒体超级走廊推动大马经济转型。2016 年，马来西亚数码经济发展机构宣布与阿里巴巴集团合作，聘请中国阿里巴巴集团董事局主席马云担任马来西亚政府数码经济委员会顾问，在马来西亚打造中国以外的首个“数码自由贸易区”。包括依斯干达特区等在内的五大经济区也为制造业吸引了大量投资，依斯干达特区已落实的投资总额为 1133.6 亿林吉特，主要投资领域为制造业、物流、旅游、教育、保健、创意工业及金融服务。2016 年，制造业增长率为 4.4%，出口额 6460.34 亿林吉特，比上年增长 3.2%，占贸易出口总量的 82.2%，其中电子和电器产品占制造业出口的 44.6%。

2016 年，建筑业是马来西亚经济成长最亮眼的领域。年内，巴生河流域捷运二线、泛婆罗洲大道等工程项目开工建设，马来西亚城、吉隆坡国际机场航空城等大型建设项目相继推出，推动建筑业蓬勃发展。2016 年上半年马来西亚建筑业工程总值达到 590 亿林吉特，比上年同期增长 8.6%。全年建筑业增长率为 7.4%，居各经济领域之首。

在矿业方面，国际原油价格继续低迷，影响马来西亚石油的生产和出口。同时为保护环境，马来西亚政府从 2016 年 1 月开始禁止出口铝土。但是，在天然气产量提升，油气等原产品领域投资额大幅增长 116.7% 的推动下，2016 年矿业增长率仍达 2.7%。

（三）服务业

2016 年，服务业领域仍是推动马来西亚经济的主力。虽然受到马币贬值和物价上涨的影响，但是消费税制度改善和最低工资的调升，消费需求逐渐回升。2016 年服务业投资额 1412 亿林吉特，涵盖 4199 个投资项目，比上年增长 23.3%。在内需和投资的带动下，2016 年马来西亚服务业增长率为 5.6%，服务业贸易总额 3039 亿林吉特（约合 683.69 亿美元），比上年增长 4.15%。

2016 年马来西亚金融业发展的最大挑战来自于马币的大幅贬值，林吉特兑美元在岸外汇价一度猛贬 4.7% 至 4.5395 林吉特兑换 1 美元，为 1998 年以来的最低值。2016 年 7 月 13 日，马来西亚央行宣布将本国基准利率下调 25 个基点至 3%。为了调整马币的供需平衡，2016 年 12 月马来西亚国家银行出台为出口商提供 3.25% 的特惠存款利率奖励，以便将其至少 75% 的出口所得转换为林吉特，同时限定国民之间的付款，必须全部以马币支付等系列措施。这些措施的推行收到一定效果。2016 年马来西亚的净经常账项盈余约有 113 亿林吉特；政府财政赤字占国内生产总值的 3.1%，外资持债水平从 34.7% 高位减至 25%，虽然资金外撤 620 亿林吉特，但金融系统仍可消化相关冲击。2016 年马来西亚政府批准投资 2079 亿林吉特，比上年增长 7.7%，涉及 4972 个项目，其中外国直接投资 590 亿林吉特，增长 63.4%。伊斯兰金融已发展成为马来西亚金融系统的主力，马来西亚伊斯兰银行资产占所有银行总资产的 27%，伊斯兰保险覆盖率也达到总人口的 14.8%。2016 年伊斯兰资本市场已达 1.7 万亿林吉特的规模，过去 10 年内增加的资本超过 3 倍。

年内，马来西亚成功发行15亿美元的全球伊斯兰债券，继续保持伊斯兰债券市场的全球领导者地位。

2016年，马来西亚通过开通航线、放宽签证、积极向各国推销等措施，使旅游业逐步摆脱恶劣事件影响得到复苏。全年马来西亚入境游客2675.73万人次，比上年增长4%，游客主要来自新加坡、印尼、中国、文莱及泰国；旅游收益达到821亿林吉特，增长18.8%，其中游客购物260亿林吉特，增长20.3%。

三、外交：推进与周边国家的合作，密切与中国、美国和日本的关系

（一）马来西亚继续推进与周边国家的合作

1. 马来西亚与新加坡的关系

马来西亚与新加坡的关系稳定发展。两国高层交往频繁。2016年，新加坡总理李显龙、副总理兼国家安全统筹部长张志贤、内政部长兼律政部长尚穆根、环境及水源部长马善高等率团访马，马来西亚海军总长阿末卡马鲁查曼上将等访新。12月13日，在马来西亚行政中心布特拉加亚，马来西亚总理纳吉布与到访的新加坡总理李显龙举行第7次马新领袖非正式会议，两国共同签署隆新高铁项目双边协定。隆新高铁完工后，将提升两地的衔接性，强化双边的经济关系。协定的签署是个重要的里程碑，也印证两国紧密的双边合作。两国军事交流合作持续进行。两国海军定期进行互访、展开专业交流和演习，也在马六甲海峡巡逻事务上紧密合作。2016年2月22日，马来西亚皇家海军和新加坡海军进行代号为“马来坡拉”的海军演习。两国经贸合作不断推进。3月8日，马来西亚和新加坡在新加坡举行第12次马来西亚—新加坡依斯干达特区部长级联合委员会会议，讨论两国在依斯干达特区建设中的合作。此外，马新两国也在探讨连接柔佛新山与新加坡兀兰的新柔地铁系统，进一步加强两国的连通。

2. 马来西亚和印度尼西亚的关系

马来西亚与印度尼西亚的经济合作进一步加强。两国促进双边贸易合作。马来西亚与印尼联合贸易与投资委员会第二次会议于2016年7月在印尼雅加达举行，会议讨论两国跨境商贸和马来西亚清真产品出口印尼等议题。印度尼西亚和马来西亚计划修订两国数十年前签订的边境贸易协定，希望借此扩大双边贸易。印尼是马来西亚第七大贸易伙伴，而马来西亚是印尼第二大投资国，仅次于新加坡，马来西亚在印尼累计投资600亿林吉特，主要投资领域包括棕油种植、银行业、石油天然气、通讯及建筑。两国加强金融合作。2016年8月2日，印尼金融监管机构以及马来西亚央行的负责人在雅加达签署协议，同意放宽双方银行进入对方市场的准入条件。协议旨在根据互惠原则，通过允许满足一定条件的银行在两国开展业务，减少在市场准入以及两国银行业活动方面的失衡。两国通过成立棕油生产国委员会来促进棕油出口。8月1日，马来西亚种植与原产业部部长马袖强与印尼海事统筹部长卢胡特潘加伊坦在印尼雅加达进行双边会谈，两国决定通过棕油生产国委员会，解决棕油出口，特别是解决棕油的非关税壁垒事宜。双方同意由棕油生产国委员会牵头开展活动解决问题，包括安排部长级代表团访欧推广棕油、消除误解。两国决定委任印尼的本尼瓦兹祖迪担任棕油生产国委员会首名执行董事。

3. 马来西亚和泰国的关系

马来西亚与泰国加强双边交流与合作。马来西亚总理纳吉布、副总理阿末扎希在年内访问泰国。泰国副总理兼国防部长普拉威年内访问马来西亚。2016年9月9日，马来西亚总理纳吉布访问泰国，参加第6次马泰常年会议。会议深入讨论包括边境管理、打击跨国犯罪和恐怖袭击、解决泰国南部边境地区局势等各项事宜。马来西亚与泰国同意探讨建设吉隆坡—曼谷高铁的可行性，以加强两国的经济联系。双方就在两国接壤的边境建筑与扩建围墙进行讨论。在2016年8月两国副总理的互访中，双方重点讨论马泰边防、贩卖人口和毒品、双重国籍及陆路交通等问题。通过协商，泰国同意马来西亚的要求，将10名在马泰边界涉嫌贩卖人口的头目引渡到马来西亚。马来西亚成立边境安全机构，取代缉私组管理边界。11月，马来西亚政府和泰国政府成立联合委员会，解决和处理双重国籍问题。

（二）马来西亚密切与大国的交往

1. 马来西亚与中国全面加强交流合作。首先，两国从高层到地方交流全面深入。2016年10月31日，马来西亚总理纳吉布到中国进行为期7天的正式访问。两国签署《中马经贸合作五年规划联合进展报告》，并确认启动《经贸合作五年发展规划》（2018～2022年）续签工作，为双方未来经贸合作做制度性安排。通过此次访问，马中两国关系达到新的高度。两国地方交流更加深入。年内，中国青岛港与马来西亚巴生港结为友好港，福建省与沙捞越州建立友好省州关系，马来西亚外交部在陕西省西安市设立在中国的第6个总领事馆。两国进一步扩大军事交流合作。11月22～25日，中马举行“和平友谊—2016”联合军事演习。其次，两国经贸合作进一步扩大。2016年马中双边贸易额达到2409.1亿林吉特，比上年增长4.4%，中国连续8年成为马来西亚最大的贸易伙伴。中国成为马来西亚制造业最大外资来源地，2016年中国在马来西亚的投资额47.7亿林吉特。马来西亚—中国商务论坛等各种促进经贸合作的会议分别在两国举行，达成多项合作协议。马来西亚东部沿海铁路项目、马六甲皇京港深水补给码头建设等多项大型合作项目签署协议或开工建设。多家中资公司在马来西亚设立总

部。马来西亚政府正式聘请阿里巴巴董事局主席马云担任马来西亚电子商业顾问，并与阿里巴巴集团合作，在马来西亚打造中国以外的首个数码自由贸易区。两国合作旗舰项目——两国双园建设积极推进。两国金融合作进一步深化，旅游合作得到恢复发展。2016 年全年中国游客赴马来西亚旅游 212 万人次，比上年增加 45 万人次。第三，两国文化教育交流活跃。厦门大学马来西亚分校在马来西亚正式开课，孟子学院马来西亚拉曼大学分院正式成立。两国加强中医药、文化等的交流合作。此外，两国在一些特殊事件上加强合作与沟通。如在马航事件的后续处理上，2016 年 7 月 22 日，在马来西亚吉隆坡举行中、马、澳三方马航 MH370 客机第 4 次部长级会议。在共同打击跨境电信网络诈骗犯罪问题上，中国和马来西亚两国政府和警方密切合作，分别于 4 月和 11 月，成功告破针对中国大陆群众的特大跨境电信网络诈骗犯罪案件。

2. 马来西亚重视与美国的关系。2016 年 2 月 11 日，马来西亚总理纳吉布出访美国。这次为期 7 天的工作访问的重点，是出席在美国加州安纳伯格庄园举行的东盟—美国领导人峰会。峰会结束后，纳吉布总理前往三藩市会见美国基金经理和著名企业家，拜访苹果及 Tesla Motors 两大科技公司，希望吸引更多投资和先进科技到马来西亚。2016 年 7 月，美国司法部宣布启动国内史上最大规模资产没收行动，将来自非法挪用一个马来西亚发展公司（1MDB）资金的资产充公，金额高达 10 亿美元，这一丑闻使得马来西亚和美国关系一度紧张。但随着纳吉布总理对案件的处理和对执政党的掌控，马美两国关系并未受到实质影响。特朗普当选美国总统后，美国政治、经济政策发生重大变化，实行贸易保护政策，宣布退出 TPP 等，马来西亚对此应对则是更专注与东盟之间的贸易，更重视区域全面经济伙伴关系协定（RCEP）的推进。2016 年，马来西亚与美国的贸易额比上年增加 68.7 亿林吉特，美国仍然是马来西亚最大的外资来源国。

3. 马来西亚与日本的交流合作。2016 年，马来西亚总理纳吉布访问日本，外交活动主要围绕经济贸易合作展开，马新高铁事宜是重点之一。马来西亚副总理阿末扎希德访问日本，双方重点就加强马日两国在经贸、投资、公共安全和救灾等领域的合作展开讨论。日本一直是马来西亚重要的投资来源国之一。2009 ~ 2015 年，日本在马来西亚的投资项目 355 个，投资总额 98.4 亿美元，为当地居民创造 4 万个就业岗位。

四、2017 年展望

展望 2017 年，马来西亚经济发展面对的外部市场有喜有忧。有利的方面包括：一是全球经济开始回暖，特别是包括中国、印度及东盟国家在内的亚太经济继续成长，加上欧盟进口需求稳定，对马来西亚制造业生产和出口都有很大帮助。二是国际原油价格逐步稳定，每桶约在 50 美元以上，棕油和胶价持续攀升，大宗商品需求依然存在，这将提升马来西亚大宗商品出口价值，减轻政府财政收入的压力。同时，油价上涨有助于带动马币汇率走强，缓解马币下跌带来的影响。三是由中国主导的区域全面经济伙伴协定（RCEP）、“一带一路”建设倡议，仍将继续推动区域合作发展，缓和了美国大选后政策改变的影响。不确定因素包括：首先是美国政策和利率动向带来许多不确定因素。特朗普上任后立即宣布美国退出跨太平洋伙伴关系（TPP）以及他推行的贸易保护政策，征收进口税，放缓投资等都将给马来西亚经济带来不确定因素。其次是英国脱欧对欧洲经济造成的影响，也会影响马来西亚外围经济环境。第三，全球油价并未保持持续稳定，一旦油价波动，将会对马来西亚经济造成影响。在国内方面，国内稳健的经济增长以及政府整顿财政、采取措施提高可支配收入，将支撑私人消费增长，内需稳健增长。另外，大型基建工程也会继续推动私人领域投资增长，在内需和基建工程支持下，马来西亚 2017 年经济预计将增长4.2% ~4.5%。

经过 2016 年的人事调整和巩固措施，纳吉布总理继续掌控国民阵线。但是，巫统的团结、国阵的整合仍需要时间。相对于执政党联盟，马来西亚反对党的整合则更加困难，随着反对党的增加，在众望所归的领导人缺失的情况下，各方势力将继续纵横捭阖，以争取在未来选举中获得更大利益。同时也将会对执政党施加更多的压力。

在外交上，美国大选后外交政策进行了大幅调整，特别是“亚太再平衡”战略的调整，使得马来西亚将更注重东盟、亚太等的关系与合作，与美国的合作将在调整磨合之后继续推进。与中国的关系将进一步深化。马来西亚与中国签订一系列大型合作项目，马来西亚国内出现一些不同声音，但是，中国经济稳定增长与国际地位和影响力的进一步提升，马来西亚需要与中国加强交流合作，促进自身发展。因此，中马合作仍将深化，但需防范有人借题反华。为应对美国政策的调整，马来西亚与日本、印度、俄罗斯、澳大利亚等国的合作将进一步加强。同时也将继续发挥其在伊斯兰国家中的地位，扩大与阿拉伯国家的合作。（韦朝晖）

资料来源：

1. 中国驻马来西亚大使馆经济商务参赞处网站
2. 中国商务部网站
3. 马来西亚南洋网
4. 马来西亚《星洲日报》网站
5. 马来西亚大马经济网站
6. 马来西亚统计局网站
7. 马来西亚《光华日报》网站
8. 新加坡《联合早报》网站

缅甸:2016年发展回顾与2017年展望

2016年3月30日民盟新政府执政后,大规模合并部委,厉行节约,推行"百日计划",颁布新经济政策,在体制改革、民生和外交领域取得一定成效。但罗兴伽人问题在国际社会上持续发酵使新政府承受巨大的国际压力,同时民盟新政府在施政能力、修宪和民族和解问题上也面临一系列挑战。

一、政治

(一)民盟政府的施政措施

1. 组建民盟新政府。2015年缅甸大选,民盟胜出,获得组建新政府的权力。2016年1月28日,民盟推举温敏为人民院议长、迪坤妙为人民院副议长,曼温凯丹为民族院议长,埃达昂为民族院副议长。3月15日,廷觉当选新一届政府总统,敏瑞当选第一副总统,亨利班提育当选第二副总统。3月30日政权交接仪式在缅甸内比都顺利举行。

执政后的民盟对政府部门进行改组。中央部委由登盛时期的36个缩减为21个,其中裁撤3个部门,分别为合作部、科技部和体育部;合并组建8个部门,将总统府6部合并组建为总统府部,电力部和能源部合并为电力能源部,国家计划和经济发展部和财政部合并为计划财政部等;增设民族事务部。组建的21个部门中,由昂山素季任外交部、总统府部、教育部、电力和能源部4部部长,觉瑞担任内政部部长,盛温担任国防部部长,耶昂担任边境事务部部长,昂哥担任文化和宗教事务部部长,觉温担任计划和财政部部长,奈德伦担任少数民族事务部部长等。4月4日,昂山素季辞去教育部和电力能源部部长职务,分别由培辛通和谬登基担任。4月7日,缅甸总统廷觉依据联邦议会通过的《国务资政法》任命昂山素季为国务资政,并于5月10日成立国务资政部,觉丁瑞任部长。

2. 设立功能委员会。为提高执政能力,民盟在政府内部组建多个功能委员会。2016年3月30日,国防与安全委员会成立,该委员会对缅甸国家安全事务有最高决策权;4月5日,以廷觉为主席的缅甸联邦财政委员会成立,成员包括缅甸副总统、计划与财政部部长、商务部部长等人;5月5日,土地征收问题重新审查委员会成立,以更好地解决日益增多的土地纠纷问题;6月7日,计划与财政部成立新的投资委员会和国家经济协调委员会,负责审批外国直接投资领域及项目;6月22日,总统府成立监督和守护公民中央委员会、国家水资源管理委员会和空地管理中央委员会,以提高社会治理能力;同日,还成立反洗钱中央委员会,以加强对金融领域监管,完善市场体系;8月12日,总统府成立缅甸经济特区中央委员会和中央工作委员会,负责经济特区管理工作;11月16日,国务资政部成立新闻发布委员会,由该部副部长钦貌丁担任主席,及时发布民众所关切的消息。

3. 推出"百日计划"。执政伊始,昂山素季指示各部门制定"百日计划",把能够在百日内完成的工作优先纳入计划中。2016年5月20~30日,缅甸少数民族事务部、交通和通信部、计划和财政部、外交部、内政部、教育部分别推出"百日计划",其中少数民族事务部明确其主要的任务就是保护少数民族权益,发展少数民族传统和文学;内政部加大打击毒品犯罪力度,取消探监限制日;外交部大幅延长海外公民回国居留期,取消缅甸公民因政治因素被禁回国的规定;农业部提高农田补助50%并拟增9000亿缅元(约合7.7亿美元)的农业贷款;宣传部举行例行新闻发布会,将仰光省永盛镇区图书馆改造为民众交流社区活动中心;教育部推动缅甸全国5~6岁儿童入学计划,并在内比都、仰光和曼德勒开设职业技工培训班;工业部发展工业与开发人力资源,以提供就业机会。8月23日,缅甸宣传部、教育部、工业部和商务部在内比都联合举行首个"百日计划"新闻发布会,发布首个百日内的工作进展情况。

4. 加强对公职人员的监督。缅甸新政府执政后,着手打击贪腐,加强对公职人员的监督。2016年4月1日,总统府宣布禁止内阁成员、政府机构的官员与雇员收受贿赂,公务员不得收取价值超过2.5万缅币(约合230元人民币)的赠礼,每年收取的赠礼总值不得超过10万缅币,并禁止各部主要官员聘用个人亲属担任其机要执行官或秘书,要求各种职务必须根据相关公务员考核规定进行选拔和任用。2016年8月,缅甸人民院高票通过一项支持政府打击腐败的议案;11月2日,缅甸新政府出台鼓励民众举报涉贪官员的政策,以加大对贿赂与贪污行为的打击力度。

(二)议会运行情况

1. 确立议会基本构架。2016年2月,缅甸人民院相继组建法律草案委员会,国际关系委员会,农民、劳工和青年事务委员会,少数民族事务和实现国内和平委员会,健康与体育发展委员会,自然资源与环保委员会,交通、通讯和建设委员会,电力与能源发展委员会,投资与工业发展委员会;民族院相继组建人民财经委员会,国际关系和议会间合作关系委员会,国内外非政府组织委员会,卫生、体育与文化委员会,矿物、自然资源及环境保护委员会,人民投诉函委员会,农业、畜牧与水产业发展委员会。2月29日,缅甸联邦议会组建法律与特别事项评估委员会,缅甸议会联盟,东盟议会间联合委员会,议会间联盟联合委员会。3月17日,人民院组建议会发展联合协商委员会。

2. 完善法律制度。2016年4月1日和5日,缅甸民族院、人民院分别审议并通过《国务资政法》;5月

10 日，联邦议会通过新增国务资政部议案；5 月 11 日，人民院通过经修改的《选举法》，人民院和民族院通过废除保护国家不受危害的议案；5 月 31 日和 9 月 21 日，民族院分别通过《缅甸和平集会游行法》《撤销紧急状态法》。

3. 议会补选情况。2015 年缅甸大选中当选部分议员担任政府职务以及部分选区没有完成投票，出现 19 个议会空缺席位（其中，人民院空缺 9 个席位、民族院空缺 3 个席位、省邦议会空缺 7 个席位），需要再次由选民投票选举议员。缅甸联邦选举委员会宣布议会补选于 2017 年 4 月 1 日举行。随着议会补选时间的逐渐接近，各政党有关补选的工作也陆续展开，除民盟明确提出参加补选外，联邦巩固与发展党、民族团结党等政党也已宣布竞选所有的空缺议席。

（三）和平进程艰难前行

民盟政府执政后，将民族和解、实现全国停火作为首要任务。为此，缅甸新政府组建联邦级停火联合监督委员会，重组联邦和平对话委员会，成立 21 世纪彬龙会议筹备委员会，在原和平中心的基础上成立民族和解与和平中心，并成立联邦和平委员会顾问团。

缅甸新政府积极与少数民族开展和谈。2016 年 7 月 17 日，缅甸国务资政昂山素季与民族联合联邦委员会代表团就和平进程与联邦制度等议题进行会谈；8 月 1 日，和平委员会丁苗温与勐拉军主席吴赛林讨论 21 世纪彬龙大会等事宜；8 月 15 日，重组的联邦和平对话联合委员会举行首次会议，就 21 世纪彬龙大会工作计划、大会举行模式等相关议题进行协商；8 月 31 日，21 世纪彬龙大会首次会议在内比都举行，国务资政昂山素季、国防军总司令敏昂莱、民族联合联邦委员会主席恩板腊、联合国秘书长潘基文等在开幕仪式上致辞，缅甸总统廷觉、中国外交部亚洲事务特使孙国祥等出席开幕式。昂山素季表示，缅甸政府与各少数民族武装之间要相互增进了解与信任，消弭误解与分歧；政府致力于将所有少数民族组织都纳入全国停火协议中，构建共识性协议，以实现全国范围内的和平。此次和平大会是民盟政府成立后举行的第 1 次全国性的和平大会，共有 17 支少数民族武装组织、1600 人参会。但若开军、德昂民族解放军、果敢同盟军未参加，佤邦代表团中途离场，也预示本次大会成果有限。

21 世纪彬龙会议首次会议举行后，缅甸政府与少数民族武装之间的和谈继续进行。2016 年 11 月 17 日，联邦级实现全国范围停火协议联合监督委员会举行第 8 次会议，讨论国防军与南掸邦军之间发生的冲突、联合国开发计划署对联邦级停火联合监督委员会进行资助等事宜。12 月 12 日，和平委员会与和平进程领导小组举行会议，就举行国家级政治对话、成立监督国家级政治对话委员会、举行各级别政治对话的时间表、成立 21 世纪彬龙大会工作委员会等事宜交换意见。12 月 20 日，为妥善管理各国援助的推动和平进程的资金，缅甸政府、军队、议会和民地武联合组建和平基金协调组，由昂山素季担任主席，讨论和平基金的优先使用问题。2017 年 1 月 23 日，昂山素季和敏昂莱分别会见由签署全国范围停火协议的民地武组成的和平进程领导小组负责人，就举行第 2 次 21 世纪彬龙大会、实现全国和解与和平稳定等事宜进行讨论。

（四）缅北冲突加剧

2016 年 11 月 20 日凌晨，果敢同盟军、德昂民族解放军、若开军、克钦独立军 4 个民族地方武装组成缅北联军，纠集近千人力量对缅甸北部的勐古街、棒赛、105 码检查站等地的缅甸政府军和警察哨所发动进攻。缅甸政府军进行猛烈反击，并使用直升机攻击民地武，提高了冲突地区的戒备级别。经过数日战斗，缅甸政府军将民地武联军驱离木姐—曼德勒联邦公路。11 月 25 日，缅北民地武联军发表声明称，为获得真正的和平对话，希望政府军能立即停止军事进攻，撤离该地区。12 月 3 日，缅甸政府军与缅北民地武联军在勐古交火，政府军控制勐古。12 月 7 日，掸邦议会以 63 票赞成和 45 票反对通过将 4 支民地武列为恐怖组织的议案。12 月 12 日，已签署停火协议的 8 支民地武组织、佤联军和勐拉军发表声明，反对将 4 支民地武列为恐怖组织，认为此举将会影响到整个民族和平进程，导致永久性内战。12 月 15 日，缅甸政府军与克钦独立军、德昂民族解放军在掸邦东北部再次发生冲突。12 月 21 日，4 支民地武再次发表声明，呼吁政府尽快开展政治对话，实现国内和平。

7 月 17 日，缅甸国务资政昂山素季与民族联合联邦委员会 UNFC 领导会谈在缅甸仰光民族和解与和平中心的分部进行　（百度网）

据缅甸国务资政部新闻发布委

员会消息，2016 年 11 月 20 ~ 30 日，冲突已经造成 14 人死亡、50 多人受伤，14000 多名缅甸边民逃至中国境内，中缅边境贸易减少 1/3。此次缅北冲突打破民盟执政以来苦心营造的民族和解气氛，对中缅边境安全造成一定冲击。11 月 23 日，昂山素季就缅甸北部武装冲突发表声明，称在当前民地武、政党和社会组织协同筹备举行全国范围政治对话的重要时刻，缅北冲突事件的发生令人极其失望和痛心。民地武问题之所以长期存在的原因在于，不是通过政治对话解决双方之间分歧，而是力图通过武装手段来解决政治问题，并呼吁民地武组织签署停火协议，参加 2017 年举行的第 2 次 21 世纪彬龙大会。在此次冲突中，中国政府呼吁缅甸政府军与缅北联军通过和平谈判的方式来解决冲突。2016 年 11 月 25 日和 2017 年 2 月 7 日，中缅外交国防2 +2高级别磋商首次会议与第2 次会议分别在缅甸内比都和中国云南昆明举行，就尽快实现缅北地区停火、稳步推进缅甸国内和平进程等问题进行协商。

（五）若开邦遭恐怖袭击

缅甸若开邦族群矛盾和冲突长期存在。2016 年 10 月 9 日，罗兴伽武装分子攻击位于缅孟边界貌多、拉代当镇区的3 所缅甸边防警察局，造成9 名警察和8 名袭击者死亡，并抢走 50 支枪和数以千计的子弹。袭击发生后，缅甸政府军、警方在若开邦北部地区实施清剿行动，与袭击者多次交战。根据缅甸官方媒体数据，截至 10 月 16 日，共有 32 名安全部队人员丧生，共击毙 100 多名袭击者。11 月 3 日，若开邦孟都镇区边防站再次被恐怖分子偷袭，导致 1 名警员身亡。袭击事件引起缅甸社会和全世界的高度关注。10 月 14 日，缅甸总统府确认袭击事件由“阿卡穆尔圣战者”组织策划，该组织与在貌多活动的恐怖组织“罗兴伽团结组织”有着密切的关系。12 月 1 日，缅甸总统府成立以副总统敏瑞为主席的调查委员会；12 月 20 日，缅甸国防军总司令敏昂莱前往若开邦貌多与当地民众、警察、军人及其家属见面，表示政府军会保障民众安全。

二、经济

缅甸新政府在继承前任政府经济政策的基础上，逐步推行新的经济政策，确保缅甸国内市场经济秩序稳定。缅甸新旧政府交替、通货膨胀、水灾等因素导致缅币贬值、外国投资减少、对外贸易出现大幅度逆差，大部分外国投资者仍处于观望状态，缅甸 2016 年的经济发展面临一系列挑战。同时，2016 年 10 月美国彻底解除对缅甸的制裁，日本、韩国、印度等国也加强对缅甸的经济援助和投资，为缅甸经济发展打开新的机会窗口。

（一）经济发展措施

1. 制定新经济政策。2016 年 7 月 30 日，缅甸政府公布 12 项国家经济政策，主要内容有：通过透明、优良稳定的公共财政体系来增加财政资源；对国有企业改革的同时也为中小型企业提供帮助；优先开展电力、道路交通、港口码头等基础经济设施建设，并建立数据身份证系统、数字政府战略与电子政务系统；为国内公民和海归公民创造更多就业机会；推行农业、畜牧业、工业领域平衡经济模式；促进民营经济发展，制定相应政策吸引外资增加投资；推进专利（产权保护）及法治事宜；为确保财政稳定，建设可长期持续性发展的货币体系；推进与环境相符合的城镇化建设，加大保护文化遗产的力度；建立真实有效平等的税收制度，出台保护知识产权的体系和规则；关注东南亚地区及其他地区发展和变化情况等。

2016 年 5 月 23 日，缅甸商务部出台包括延长边境口岸已获进口许可证但未及时进口的运货车辆的许可证有效期；将个人贸易卡每日贸易额从 200 万缅元增至 300 万缅元；放松向国外出口的货物种类限制；实现网上办理进出口许可证等的“百日计划”。为鼓励民间创业、增加工作机会，自 2016 年 6 月 1 日起，缅甸公司注册采用新的收费标准。其中，私人公司注册费由 100 万缅元减至 50 万缅元，股份有限公司注册费由 100 万缅元增至 250 万缅元；7 月 12 日，缅甸商务部解除外资在贸易领域的部分限制，允许缅甸与外国合资的企业从事建筑材料贸易。

2. 出台及完善相关经济法律法规。2016/2017 财年，缅甸国内税务司一方面对历年税法进行修订，另一方面通过调整主管部门人事及发布一系列正式通告，加强对各类企业的税务管理。2016 年 1 月，缅甸联邦议会通过《缅甸 2016 年联邦税收法》，规定 2016/2017 财年缅甸税收指标为 62197.58 亿缅元（约合 48.6 亿美元）。其中，本国产品和国民消费的税收指标为 24869.39 亿缅元，收入所得税指标为 23704.34 亿缅元，海关税收指标为 4750 亿缅元，自然资源开发税收指标为 8873.84 亿缅元。2016 年 1 月 29 日通过的《缅甸银行和金融机构法》规定银行存款准备金率为 5%，资本金不低于200 亿缅币；10 月 5 日，缅甸议会通过新的《缅甸投资法》，该法适用于在缅甸投资的外国人、缅甸公民、依照适用法律依法注册成立的企业实体、分支机构等；主要内容包括外资在农业、工业生产和基础设施、旅游业、国内生产技术转让、对欠发达地区的投资等 8 个领域将享受优惠政策并享有 7 年的免税政策，以及超过 10 亿缅元（约 100 万美元）的投资需要获得议会批准等。新投资法重点引导资金投入绿色环保、高科技、专业化和国际化产业。

3. 加强与外国金融业合作。2016 年 1 月 21 日，经缅甸中央银行批准，缅甸私营银行亚洲绿色开发银行发行缅甸首张带有缅甸银联和中国银联标志的银行借记卡。这张借记卡不仅可以用作缅甸和中国的银联卡，还可以在 150 多个国家和地区的自动提款机或销售终端机完成交易及实现在线支付。缅甸政府积极争取国外贷款，以提高地方经济发展水平。中国进出口银行向缅甸实皆省沙林枝镇区（莱比塘铜矿所在镇区）合作社发放农业贷款13.9亿缅元、畜牧业贷款3.8亿缅元和工业贷款4800万缅元。2016年3月，缅甸中央银行批准越南投资发展银行、中国台湾玉山商业银行、韩国新韩银行和印度国家银行在缅甸设立分行，至此共有包括中国工商银行在内的13家外资银行获得在缅甸开设分行的许可。

4. 大力吸引外国对缅甸援助。缅甸新政府注重吸引外国援助以改善民生。2016年3月，中国援助缅甸价值500万元人民币的电缆和导线；11月，日本政府宣布将在5年内援助缅甸8000亿日元（约77亿美元），用于实现全国和解、城市和乡村同步发展等领域，并签署日本派遣青年志愿者到缅甸帮助缅甸发展人力资源的合作谅解备忘录；12月，丹麦与缅甸签署2016～2020年丹缅实现发展合作协议，丹麦将向缅甸提供7000万美元用于缅甸法治、人权、基础教育、可持续经济发展、私营企业发展等领域的援助；12月7日，缅甸与日本签署日本援助缅甸协议，日本将援助缅甸3140万美元，用于马圭省综合医院建设、缅甸经济和社会相关项目等。

5. 促进贸易和投资通关便捷化。2016年8月6日，为保证国际贸易和投资通关便捷化，缅甸国家海关开始试运行缅甸自动化货物清关系统。该系统能够整合缅甸贸易物流平台、提高物流效率、实现业务优化和确保关税合理。为进一步简化进出口贸易程序，12月27日，缅甸商务部再次取消咖啡、茶叶、辣椒、橡胶等150种商品的进口许可证。2016/2017财年，缅甸海关改变以缅甸中央银行每日公布的美元参考汇率为基础的征税方式，采用每周汇率为基础征税。为减少贸易逆差、增加税收、为中小型企业提供更多的机会、实现出口增长3倍的目标，缅甸允许轮胎、食用油、农产品、化妆品、食品、服装等14种商品经中缅边境口岸木姐转口贸易到中国，并在缅甸橡胶生产季节前，试行3个月将轮胎经海运进入缅甸后再开展转口贸易的政策。

（二）宏观经济形势

根据亚洲开发银行报告，2015年缅甸国内生产总值（GDP）增长率为8.3%，2016年增长率预计为8.2%。报告指出，随着缅甸第一个民选政府的诞生，缅甸经济发展前景良好。缅甸劳动力充足，在农业、轻工业领域发展潜力巨大，但基础设施落后，人均GDP处于世界最不发达国家之列，在经济发展方面还有漫长的路要走。

外国投资方面。2016/2017财年，外国在缅甸的投资额为34.6亿美元。其中，交通、通讯领域的基础设施方面为16.16亿美元，占投资总额的49%，居于首位；其次为工业生产领域，共有46个项目，投资额为7.25亿美元，占投资总额的22.13%；居于第三位的是能源领域，投资额为6.06亿美元，占投资总额的18.48%。

进出口贸易方面。根据缅甸商务部数据，在进口方面，本财年截至2017年2月3日，缅甸进口额为135.3亿美元，其中资产货物54.2亿美元，工业原料48.5亿美元，日用品32.6亿美元，与上财年同期相比，工业原料进口额增加4.16亿美元，生活用品进口额增加4.48亿美元，投资类产品进口额减少18亿美元。根据缅甸第二个国家发展计划，政府着力减少贸易逆差，通过加强奢侈品进口审查，本财年进口较上财年大幅下降4.5亿美元。在出口方面，本财年截至2017年2月3日，缅甸出口总额95.18亿美元，高于上财年同期的88.92亿美元。其中农产品出口23.1亿美元，动物制品出口794万美元，鱼类产品出口4.58亿美元，矿产品出口8.12亿美元，林产品出口2.01亿美元，制造业产品出口44.3亿美元，其他类商品出口12.9亿美元。制造业产品和矿产品出口额均有所下滑，其他类别商品出口实现增长。

在上届政府执政末期，缅甸中央银行通过努力稳定汇率，使其维持在1美元兑换1160缅币左右。新政府2016年3月底执政以来，缅币汇率一路下跌，到2016年12月16日汇率低至1美元兑换1440缅币，贬值15%～20%。通胀导致物价涨幅过快，增加了缅甸民众的生活负担。

（三）产业经济形势

油气产业方面。根据缅甸能源部数据，缅甸全部53个近海石油天然气区块中已有38个完成招标，仍有13个区块尚未招标。2016年1月4日，缅甸在勃生近海发现超级天然气田，根据初步勘探结果，该天然气田预计气层厚度超过124米，可能成为缅甸有史以来储量最大的天然气田。

旅游业方面。在缅甸大多数行业不景气的情况下，旅游业发展相对较好，2012～2016年，外国对缅甸宾馆旅游业的投资额累计超过90亿美元，主要来自新加坡、越南、泰国、日本、马来西亚、韩国、英国、卢森堡和阿联酋等国家或地区。截至2016年9月，缅甸入境外国游客245万人次。

通讯业方面。缅甸手机覆盖率已由2013年的7%增至2016年的65%，手机用户3600万人。电信网络建设不断加速，2015年缅甸建设8000多座通讯基站，到2017年新建的通讯基站将达17000座。从中国进口的华为、Vivo、小米等品牌手机在缅甸手机市场深受消费者欢迎，中国华为手机在缅甸移动通信市场的份额已达到38%。据缅甸国家投资委员会数据，外国企业在缅甸电信领域的投资额已达30亿美元。

农业方面。缅甸农业发展势头较好。据缅甸商务部2017年2月数据，2016/2017财年头10个月缅甸出口大米超过120万吨，整个财年有望达到或超过上财年的160万吨。水产业方面。据《缅甸环球新光报》

报道,截至2017年1月6日,缅甸水产品出口额达4.04亿美元,比上年同期的3.37亿美元有较大增长。

边境贸易方面。截至2016年11月25日,中缅瑞丽—木姐口岸贸易额为32亿美元(其中缅甸进口10.38亿美元,出口21.63亿美元),比上财年同期减少2.1亿美元。贸易额减少的原因是105码贸易区附近缅北民地武联军与政府军冲突,导致中缅边境贸易在2016年11月20日暂停,11月25日恢复。

三、外交

2016年8月,昂山素季访问中国,缅甸新政府总体继承了上届政府的对华友好关系;10月,美国解除对缅甸的制裁,民盟新政府打开了外交的新局面。缅甸一方面维持着与周边国家的友好往来,另一方面也在逐步改善与美国为首的西方国家的关系。

(一)缅甸与中国的关系

1. 中缅两国领导人互动频繁。2016年1月4日,中国国家主席习近平和国务院总理李克强致电祝贺缅甸独立68周年。习近平表示,在两国共同努力下,中缅关系一定会发展得越来越好。3月16日,廷觉当选缅甸总统,习近平发函表示祝贺。8月17~21日,缅甸国务资政昂山素季访问中国,李克强与昂山素季就中缅关系及密松项目、两国合作项目以及基础设施建设等进行讨论。11月1日,习近平会见缅甸国防军总司令敏昂莱。

2. 两国政府间友好往来增多。2016年2月2日,中缅电力合作委员会第3次会议在缅甸内比都举行。中缅电力合作委员会秘书处成员、中国国家能源局副司长史立山向缅方提交中缅电力合作协议草案和解决有关水电事宜协议草案。4月6日,中国外交部部长王毅在缅甸内比都分别会见缅甸总统廷觉、国防军总司令敏昂莱和巩发党秘书长丁奈登。5月19日,中国外交部亚洲事务特使孙国祥在内比都会见缅甸国防军总司令敏昂莱。5月24日,中国国防部部长常万全在老挝万象会见缅甸国防部部长盛温。6月13~14日,缅甸外交部副部长觉丁出席在中国云南玉溪举行的中国—东盟国家外长特别会议。7月8日,中国国家安全部部长耿惠昌在内比都分别会见缅甸国务资政昂山素季和国防军总司令敏昂莱,就两国关系、安全合作、中缅全面战略合作伙伴关系等内容交换意见。8月25日,中国商务部副部长高燕访问缅甸,与缅甸副总统敏瑞进行会谈。

3. 中缅民生领域的合作成为亮点。2016年2月29日,中国华为公司和缅甸科技部在丁茵科技大学举办华为信息与网络技术学院开幕仪式。6月8日,首届中缅友谊胞波日在缅甸仰光成功举行。9月5日,中国驻缅甸大使洪亮在仰光向缅甸红十字会转交中国红十字总会赈灾捐款10万美元,该捐款用于缅甸地震的灾后重建和蒲甘佛塔修复。10月9~16日,云南民间国际友好交流基金会(简称云基会)与云南省卫生计生委、云南省第二人民医院联合组成医疗队赴缅甸仰光,为当地民众实施免费白内障手术189例,成功率100%。中国扶贫基金会在缅甸开展"胞波"助学金项目,资助缅甸贫困大学生每年30万缅元,以完成大学学业。10月31日,中国政府向缅甸卫生和体育部捐赠儿童用乙肝疫苗。

(二)缅甸与美国、日本等国家的关系

1. 缅甸与美国的关系。2016年2月17日,缅甸工商联合会和美国缅甸商会在仰光举行见面会,讨论增加两国企业之间的贸易、加强美国在缅甸的投资等事宜。3月2日,缅甸国防军总司令敏昂莱、内政部部长哥哥中将分别会见美国驻缅甸大使米德伟。4月6日,美国总统奥巴马分别向廷觉和昂山素季致电祝贺廷觉就职及缅甸政权平稳交接。5月22日,缅甸外交部部长昂山素季和国防军总司令敏昂莱在内比都分别会见美国国务卿约翰·克里。9月14日,缅甸国务资政昂山素季访问美国,与美国总统奥巴马进行会谈。9月15日,昂山素季会见美国众议院少数党领袖南希·佩洛西,就促进缅美两国关系、增强两国合作、美国国会继续对缅甸民主转型提供帮助等问题交换意见。10月7日,美国总统奥巴马发布行政命令,解除对缅甸的经济制裁。解除经济制裁将引来更多外国企业在缅甸的投资,也将促进美国与缅甸之间的贸易和投资。

2. 缅甸与日本的关系。2016年8月25日,缅甸国务资政昂山素季会见日本首相特别顾问和泉洋人,就开展仰光城市计划、发展农业与迪洛瓦经济特区、促进两国互利合作等交换意见。9月12日,缅甸和日本签署关于日本为缅甸经济社会发展提供5亿日元(约490万美元)援助的协议。11月2日,缅甸国务资政昂山素季访问日本,缅日双方就加强经济合作、国防合作、两国青年互访、日本为缅甸和平进程提供帮助等举行会谈。

3. 缅甸与韩国的关系。2016年6月30日,缅甸投资委员会、韩国外交部和湄公学院在仰光联合举行第4届湄公—韩国经济论坛,主题为"发现湄公河次区域内的投资机会"。7月14日,缅甸总统廷觉在飞赴蒙古国参加亚欧首脑会议的途中降落韩国仁川,考察仁川自由经济区。

4. 缅甸与欧盟及其成员国的关系。2016年1月13日,缅甸国防军总司令敏昂莱在内比都分别会见欧盟驻缅甸大使和捷克驻缅甸大使。2月28日,缅甸工商联合会与捷克商会签署合作谅解备忘录。4月6日,意大利外交部兼国际合作部部长保罗·真蒂洛尼分别会见缅甸总统廷觉、外交部部长昂山素季和国防军总司令敏昂莱。6月17日,法国外交与国际发展部部长洛朗·法比尤斯会见缅甸总统廷觉。6月17日,

德国联邦经济合作及发展部部长盖德·穆勒会见缅甸总统廷觉和国务资政昂山素季，就发展两国经济、为发展小型工业企业提供技术和金融援助、缅甸若开邦和平稳定等事宜交换意见。11月7日，缅甸国防军总司令敏昂莱在布鲁塞尔会见欧盟军事委员会主席科斯卡拉克斯大将。双方就缅甸国防军和欧盟成员国军队之间互相访问、促进两军关系、开设培训班、未来合作计划等交换意见。11月8日，缅甸国防军总司令敏昂莱在比利时出席欧盟军事委员会会议。

（三）缅甸与俄罗斯的关系

2016年5月18日，缅甸总统廷觉前往俄罗斯参加俄罗斯—东盟建立对话伙伴关系20周年纪念峰会；5月19日，缅甸总统廷觉会见俄罗斯总统普京，双方就加强缅俄友谊、两国在政治、经济、军事技术和文化方面的合作、俄罗斯企业家在缅甸投资、增进两国人民之间的交流等事宜进行讨论。6月16日，缅甸国防部副部长敏纳和俄罗斯国防部副部长安托诺夫在莫斯科签署俄缅军事合作协议。该协议内容包括反恐合作、促进军事医疗合作、海上搜救合作等内容。11月25日，缅甸国防军总司令敏昂莱在内比都会见俄罗斯联邦军事技术合作局局长亚历山大·弗明，就加强两国军队间军事科技合作与培训等事宜交换意见。

（四）缅甸与东盟及其成员国的关系

2016年3月14日，缅甸国防军总司令敏昂莱出席在老挝万象举行的第13次东盟国家三军总司令非正式会议。5月26日，敏昂莱在泰国会见泰国总理巴育，双方商讨打击非法走私、军火和毒品贸易、两国投资和文化旅游业合作等事宜。6月7日，缅甸总统廷觉和国务资政昂山素季在内比都会见新加坡总理李显龙。6月24日，昂山素季访问泰国并会见泰国总理巴育，双方讨论在泰国的缅甸劳工教育和健康的平等待遇、难民营的缅甸公民回国、实施土瓦深水港和经济特区项目等事宜。12月5日，缅甸总统廷觉和国防军总司令敏昂莱分别会见马来西亚武装部队总司令丹斯里阿都阿兹·再纳上将。12月6日，印度尼西亚外交部部长雷诺·玛苏蒂访问缅甸。

（五）缅甸与印度及其他南亚国家的关系

2016年6月16日，印度总理特使、国家安全顾问多瓦尔在内比都分别会见缅甸总统廷觉、国务资政昂山素季和国防军总司令敏昂莱，多瓦尔与廷觉讨论维持两国边境和平稳定，促进经济、贸易等问题。6月30日，孟加拉总理特使、外秘沙希德·哈克在内比都分别会见缅甸国务资政昂山素季和国防军总司令敏昂莱。8月2日，巴基斯坦参谋长联合委员会主席拉沙德·马哈茂德访问缅甸。8月22日，缅甸总统廷觉和国务资政昂山素季分别会见印度外交部部长斯瓦拉杰。10月19日，昂山素季访问印度并会见印度总理莫迪，双方就加强农业、边防、人力资源等领域的合作以及印度对缅甸经济和社会发展提供就业机会、提供电力能源、通过建设教育和卫生基础设施帮助缅甸发展等内容交换意见，两国签署有关保险和电力及金融领域的合作谅解备忘录。

（六）缅甸与国际组织的关系

2016年5月25日，缅甸国务资政昂山素季会见联合国秘书长缅甸问题特别顾问南威哲，双方就缅甸和平进程、双方合作事宜进行讨论。6月14日，亚洲开发银行行长中尾武彦在内比都分别会见缅甸总统廷觉和国务资政昂山素季，就开发缅甸人力资源、发展基础设施和能源领域的合作交换意见。6月21～28日，联合国缅甸人权问题特别报告员李亮喜相继会见缅甸八八世代和平与开放组织、若开邦首席部长吴尼布、联邦议会议长曼温楷丹、人民院议长温敏。

四、2017年展望

2017年，缅甸新政府将继续着重于国内和平问题，推动第二次21世纪彬龙会议的召开。面对即将到来的补选，民盟已在积极布局，联邦巩固与发展党和其他政党也不甘示弱，力求在大选中获得席位，为2020年大选做铺垫。2017年，缅甸经济将平稳发展。在外交方面，缅甸会继续实行多边和大国平衡政策，与周边国家保持良好的互动，重视大国关系，这也为中缅关系带来了新的机遇和挑战。　　（廖亚辉　秦　羽）

资料来源：

1. 中国驻缅甸大使馆经济商务参赞处网站
2. 缅甸《全球新光报》新闻网站
3. 缅甸《镜报》新闻网站
4. 缅甸《金凤凰》日报
5. 缅甸《十一新闻》日报
6. 缅甸《今日民主》日报

菲律宾：2016年发展回顾与2017年展望

2016年菲律宾顺利完成大选，并成功进行权力交接，政治社会总体稳定；经济以6.8%的增长率跃居亚洲首位；外交上一改依赖美国的大国平衡外交政策，在新任总统杜特尔特的率领下，菲律宾试图走独立自主的外交道路。随着杜特尔特的成功访华和两国领导人对南海问题的磋商，菲中关系逐步恢复正常。2017年菲律宾将继续走独立自主的外交路线，并有望实现7%以上的经济增长。

一、政治：大选顺利举行，社会总体安定

（一）菲律宾大选顺利结束

2016年5月9日，菲律宾举行总统大选；次日，菲律宾全国选举委员会宣布，菲律宾达沃市原市长杜特

尔特赢得1553多万张选票，当选总统。杜特尔特的高支持率反映出菲律宾民众对国家现状的不满，选民们期待“强人”铁腕整治国家。选举中，杜特尔特一再向选民表示，如果当选，会严厉打击一切犯罪活动，并将在6个月内消除全国的罪案，杜绝贪污。

（二）局部动荡影响菲律宾社会稳定

1. 多地发生恐怖爆炸事件。2016年菲律宾社会总体稳定，但局部仍有动荡。9月2日，菲律宾总统杜特尔特的家乡达沃市遭受炸弹袭击，致14人死亡、70人受伤。事件发生后，杜特尔特前往事发地点，并宣布全国进入“无法纪暴力状态”，加强维安措施。菲律宾当局陆续逮捕涉嫌参与炸弹袭击的多名嫌犯。11月28日，美国驻马尼拉大使馆附近发现炸弹，警方弹药专家及时赶到现场并拆解，因此并未引起任何伤亡，但美国大使馆还是进行紧急疏散。12月28日，菲律宾莱特省Hilongos镇以及北古岛省Aleosan镇分别发生爆炸案，警方称事件所使用的炸弹与达沃爆炸案相同。

2. 阿布沙耶夫武装杀害部分被绑架人质。2016年，阿布沙耶夫武装分子在网络上发布其绑架的外国人质被斩首的视频。对于斩首事件，菲律宾政府表示强烈谴责。菲律宾军方集结约1万人的兵力在阿布沙耶夫活跃的苏禄省，准备一举剿灭这支约有480人的恐怖组织。由于频发斩首事件，导致2016年前往菲律宾南部的游客有所下降，不少国家也针对菲律宾南部做出旅游警告。

3. 菲律宾反毒措施强硬。菲律宾总统杜特尔特自2016年6月30日上任后，展开强硬的“反毒战争”。2016年，菲律宾政府逮捕涉毒人员27962名，比上年增加44%。其中：1900人情节严重，包括112名外籍人士、88名政府官员、36名执法人员等。有2102名毒贩和吸毒者因与警察交火被杀。菲律宾警察国家行动中心报告称，在警方强烈的压力下，已有908244人向当局自首，其中有70848名毒贩和837396名吸毒者。在菲律宾全国加强反毒犯罪行动后，菲律宾谋杀、杀人、强奸和抢劫等常见罪行犯罪率明显下降，菲律宾政府2016年缉获的毒品与易制毒化学品总价值达182.7亿比索，较2015年增长238%。菲律宾当局表示，2017年菲律宾进入反毒战争第二阶段。反毒战争虽然得到许多民众的支持，但也存在一些争议，人权组织及人权倡导者纷纷指责菲律宾军警滥杀无辜或公报私仇，给菲律宾总统杜特尔特的反毒战争蒙上阴影。

二、经济：实现快速发展

（一）国内生产总值（GDP）增速跃居亚洲首位

根据菲律宾统计署统计，2016年菲律宾经济增长率为6.8%，高于2015年的5.9%，超过中国的6.7%和越南的6.2%，居亚洲经济体2016年经济增长率首位。工业、服务业的快速增长贡献最大，增长较快的行业主要有制造业、对外贸易、房地产、租赁等。另外，强劲的国内需求也是菲律宾经济保持高速增长的主要因素。

（二）对外贸易稳定增长

根据菲律宾统计部门数据，2016年菲律宾商品出口额560.23亿美元，比上年减少4%；进口额811.6亿美元，增长14%；贸易逆差249.3亿美元，增长104%。

（三）海外劳工汇款大幅增长

根据菲律宾央行数据，2016年菲律宾海外劳工现金汇款总额269亿美元，比上年增长5%，超过政府预定的增长目标；现金汇款与实物汇款总额297.1亿美元，增长4.9%。外劳汇款一直是该国的重要经济支柱之一。2016年，外劳汇款占菲律宾国民总收入的8.1%。外劳汇款主要来自美国、沙特阿拉伯、阿拉伯联合酋长国、新加坡、英国、日本、卡塔尔、科威特、德国等地。

（四）旅游业发展业绩不俗

根据菲律宾旅游部门数据，2016年菲律宾接待境外游客596.7万人次，比上年增长11.3%。其中：韩国游客147.5万人次，增长10.1%，占比24.7%，系菲律宾境外游客第一大来源地；美国游客86.95万人次，增长11.6%，占比14.6%；中国超过日本成为第三大游客来源地，访菲游客67.57万人次，增长37.7%，占比11.3%；日本、澳大利亚分别以53.5万人次和25.1万人次的游客数位居第4、第5位。2016年，菲律宾旅游总收入2301.3亿比索（约328亿元人民币）。

三、外交：改变大国平衡传统思路，走独立自主的外交路线

区别于前两任总统阿罗约和阿基诺，菲律宾现任总统杜特尔特将告别以前的大国平衡外交策略，代之以独立自主的外交政策。菲律宾独立初期，一直把菲美关系作为菲律宾对外关系的基轴，同时开展与亚洲其他国家的外交活动：菲中关系由合作转变为对抗，菲日关系由敌对转变为和解，菲律宾与东盟其他国家的关系日益紧密。

（一）菲律宾与美国的关系

2016年菲律宾与美国的关系以菲律宾大选为界，可分为两个阶段。第一个阶段是以阿基诺为总统的旧政府时期，第二个阶段是杜特尔特为总统的新政府时期。第一个时期以菲美联合军事演习和《加强防务合作协议》的签署为标志，是依仗美国抗衡中国时期；第二个时期以杜特尔特宣布2016年菲美军事演习为最后一次联合演习为标志，是独立自主的外交政策时期。

2016年1月12日，菲律宾与美国在华盛顿举行2+2会议，双方再次确认菲律宾最高法院同日通过的《加强防务合作协议》，并就加强海上安全合作达成一致。根据菲美新安全协议，菲律宾向美国提供8处可

建造设施以存放装备和供应的基地，这标志着菲美《加强防卫合作协定》进入最后实施阶段。菲律宾国防部非常乐见菲美双方努力达成的这个里程碑性的成果，可菲律宾民众却有不同声音。菲律宾民间团体新爱国联盟发表声明，反对美军使用菲律宾军事基地，并预言“在美军要建立基地的地区会出现强烈的抵制”。新爱国联盟秘书长雷耶斯呼吁菲律宾总统把检讨和终止菲美《加强防卫合作协定》列入日程，认为“既然菲律宾当局宣称这是一份行政协议，那么，下届总统就有权终止”；他认为，菲律宾需要发展国内经济、实现国家工业化，发展对外防御的能力，但“如果继续充当美国的新殖民地，这些目标都不可能实现”。

2016年4月4日，菲律宾与美国一年一度的联合军事演习正式登场。美国海军陆战队太平洋司令部司令约翰·图兰中将、菲律宾西军区司令亚历山大·洛佩斯分别担任演习指挥官。本次演习有美方5000人、菲方3500人及澳大利亚80人参加。此外，日本、韩国、马来西亚、泰国、柬埔寨、新加坡、印度等多个国家派员观摩，其中日本是第一次参与。菲律宾新任总统杜特尔特上任后开始调整对外政策，2016年10月12日杜特尔特表示，已指示国防部部长德尔芬·洛伦扎纳不再准备明年的美菲联合军演。早在2016年9月访问越南时杜特尔特就表示，2016年菲美军演将是他“任内的最后一次”。杜特尔特此前还曾公开表示，要求美军从菲律宾南部的棉兰老岛撤离，结束与美军在南海的联合巡航，并审查2014年美菲签署的《加强防务合作协议》。

杜特尔特不止一次做出菲律宾不再倚靠美国的表态。2016年10月25日，在登机前往日本访问前，杜特尔特发表公开抨击美国的演说。杜特尔特称这场与华盛顿方面的争斗并非由他挑起，并以他的亲身经历批评菲美两国的签证关系不对等。杜特尔特反对任何国家在菲律宾驻军。类似的主张也在另一个场合发出。2016年9月15日，菲律宾外长亚赛在华盛顿发表演说，称菲律宾仍视美国为可信的长期盟友，但会追求独立的外交政策，不会接受美方在人权问题的说教，还表示菲律宾不能永远被当作美国的“小布朗兄弟”对待。亚赛强调，菲律宾将会继续寻求和平解决南海争端，也将致力于加强美菲同盟。亚赛建议美国不要在人权问题上教训菲律宾，还强调美菲两国在交往中应以互相尊重为原则。2016年10月22日，菲律宾总统杜特尔特接受记者采访时再次表示，菲律宾不会与美国断绝外交关系，但是菲律宾的外交政策不会再受美国摆布。他声称之前在北京发表演讲时宣布的要在经济和军事上与美国“分道扬镳”并非要与美国断绝关系，但他强调：“我将规划菲律宾自己的外交路线，不会依赖美国。这将是一条不取悦于任何人，只服务于菲律宾利益的路线。”

（二）菲律宾与中国的关系

杜特尔特就任菲律宾总统后，菲中关系趋于回暖，由在南海问题上的对抗向和谈转化。

菲律宾于2013年针对中国提出南海仲裁案。海牙常设仲裁法院于2016年7月12日做出非法无效的所谓最终裁决。对此，中国多次声明，菲律宾阿基诺三世政府单方面提起仲裁违背国际法，仲裁庭没有管辖权，该裁决是无效的，没有拘束力，中国不接受、不承认。随后，多国领导人也纷纷表示支持中国在南海问题上的立场，并且呼吁对话协商和平解决南海争端，也呼吁域外国家停止干预南海问题。此项裁决不仅影响东南亚各国政治，也让菲律宾与中国的关系更加紧张。尽管如此，杜特尔特就任菲律宾总统后不久，于2016年10月18～21日对中国进行国事访问。杜特尔特的首次访华可谓收获丰硕。第一大收获就是中国对菲律宾的善意和诚意。第二大收获则是菲律宾与中国签署的13个双边合作协议，涉及经贸、投资、产能、农业、旅游、禁毒、金融、海警、基础设施建设等领域。第三大收获就是两国将进一步加强渔业、旅游等方面的合作，中国也取消几年前发出的对菲律宾的旅游警告，并且恢复27家菲律宾企业对华热带水果的出口。第四大收获就是菲中两国的海上合作迈出重要一步。两国元首在会谈中同意，菲中将回归对话协商的轨道，妥善处理南海问题。两国签署海警部门的合作文件也被视为海上合作开始的标志。对于杜特尔特本人十分重视的禁毒问题，中国也表示会积极加强与菲律宾禁毒执法合作，支持菲律宾开展好禁毒工作。

杜特尔特对中国的此次国事访问再次彰显其特立独行的一面，因为他打破了菲律宾总统就任后先访美后访华的传统。杜特尔特此举以及就任以来的多次“反美”言论，被外界解读为他的外交政策正在“疏美亲华”。但同时也应该注意到，杜特尔特“反美”的真实目的是追求“外交独立”，摆脱菲律宾过度依赖美国的现实。早在竞选总统期间，杜特尔特就主张改善菲中双边关系，在南海问题上与中国直接接触。上任后，他随即把竞选承诺化为政策行动。中国驻菲律宾大使是杜特尔特最早接见的外国驻菲大使之一。在2016年6月30日第一次内阁会议上，针对南海仲裁很可能做出有利于菲律宾而对中国不利裁决的情况，杜特尔特对菲律宾官员做出了“不嘲笑、不炫耀”的指示，提前给南海仲裁后续影响降温。7月12日南海仲裁公布前，杜特尔特主动要求会见中国驻菲律宾大使，再次做危机管控。对于南海仲裁结果，杜特尔特没有表现出如美国、日本那样的兴奋。他认为这项仲裁只涉及中菲双边，明确表示不会在国际场合提这事。在2016年9月的东盟系列峰会上，杜特尔特对南海仲裁只字未提。与其前任阿基诺三世不同，杜特尔特认为改善基础设施、让经济发展惠及底层民众比在南海问题上与美国一起遏制中国更重要。

菲律宾官方与民间组织也积极推动菲律宾与中国的友好关系。2016 年9 月13 日,中国外交部副部长刘振民在北京会见由何塞·罗慕洛主席率领的菲律宾外交关系委员会代表团。何塞表示,菲中两国传统友谊源远流长,两国友好合作是正确选择。菲律宾外交关系委员会愿为推动两国关系改善、恢复对话合作做出贡献。

菲律宾与中国的经贸合作持续发展。菲律宾统计署网站数据显示,2016 年 1 ~ 11 月,菲中货物进出口贸易总额为 193. 12 亿美元,比上年同期增长 20. 28% ;中国是菲律宾第二大贸易伙伴、第一大进口来源地和第四大出口市场。2016 年中国跃居为菲律宾第三大游客来源地,访菲游客总数 67. 57 万人次,比上年增长 37. 7% 。

(三)菲律宾与日本的关系

菲律宾与日本关系日益友好,2016 年杜特尔特就任总统后,菲律宾对日本的友好合作态度依然不变,况且自菲律宾大选以来,以安倍为代表的日本官方不断对菲律宾进行外交攻势。2016 年 9 月东盟系列峰会期间,日本首相安倍晋三在会晤杜特尔特时,并未在人权问题上发表任何只言片语。不仅如此,在双边会晤中,安倍还向 9 月初达沃市恐怖袭击遇难者表示哀悼。杜特尔特访问日本时,安倍政府还给予天皇出面接见的最高礼遇。

在菲美关系趋冷、面临调整的背景下,杜特尔特政府加大对日本的外交力度。2016 年10 月7 日,菲律宾国防部部长洛伦扎纳表示,与美国日益扩大的分歧不会影响菲律宾与日本等区域盟友之间的关系。2016 年 10 月 25 日,菲律宾总统杜特尔特访问日本。这是杜特尔特上任后首次到访日本。在与日本首相安倍晋三会谈时,安倍晋三提出向杜特尔特家乡棉兰老岛提供 50 亿日元贷款,援助当地的农业开发。安倍在会谈结束后举行的记者会上称,菲律宾是日本的重要伙伴,双方同意进一步加强两国合作。安倍晋三还说,2017 年菲律宾将担任东盟轮值主席国,日本将给予支持,并支持菲律宾城镇、农村基础设施建设。杜特尔特认为,他此次访问日本将有助于加强菲律宾与日本的伙伴关系。杜特尔特强调,日本是东盟重要的对话伙伴,是菲律宾的真正朋友,是菲律宾的主要投资国和发展伙伴,在菲律宾经济发展进程中扮演了“卓越的、无与伦比的角色”。

(四)菲律宾与东盟国家的关系

2016 年9 月8 ~9 日,菲律宾总统杜特尔特访问印度尼西亚,并与印度尼西亚总统佐科举行双边会晤,双方就维护海上安全和打击毒品等议题进行讨论。9 ~10 日,菲律宾总统杜特尔特访问马来西亚,杜特尔特会见马来西亚总理纳吉布,主要议题是经济与安全合作;杜特尔特呼吁在双边层面和东盟等地区框架下,马来西亚和印度尼西亚与菲律宾一起打击三国海域附近的海盗、绑架以及其他犯罪问题。9 月 29 日,菲律宾总统杜特尔特访问越南,与越南领导人就促进两国战略合作伙伴关系,尤其是政治、安全、国防、经济、贸易等领域合作的方向和措施展开讨论。12 月 15 ~ 16 日,菲律宾总统杜特尔特访问新加坡,并与新加坡总理李显龙举行会晤,两国领导人就扫毒、南海问题和美国在亚太地区扮演的角色等交换意见。

四、2017 年展望

展望 2017 年,菲律宾经济将在和平的环境中发展。菲中关系有望朝更友好的方向发展。如杜特尔特总统所承诺的“绝不把南海问题带进东盟峰会”和“南海问题不会再受到域外国家和力量所左右”,南海问题有望在相关国家的协商中妥善解决。菲律宾目前在新总统的带领下在沿着健康、稳定的轨道发展,相信经济在 2016 年增长 6. 8% 的基础上,2017 年有望获得 7% 以上的增长。外交上,相信经历了风风雨雨的菲律宾在杜特尔特总统的带领下一定能顺利推行独立自主的外交政策。 (黄 韬 黄耀东)

资料来源:

1. *http://big5. guhantai. com/news*

2. *http://mt. sohu. com*

3. 中国商务部网站,*http://www. mofcom. gov. cn*

4. 新华网,*http://news. xinhuanet. com*

5. 环球网,*http://world. huanqiu. com*

6. *http://world. chinadaily. com. cn*

7. 观察者网

8. 参考消息网

9.《人民日报》2016 年 7 月 29 日

新加坡:2016 年发展回顾与 2017 年展望

2016 年,新加坡政府推出多项完善政治社会秩序的法案、规章和可持续发展措施,启动保家安民计划,加强反恐能力,确保政治社会稳定;在全球经济复苏较缓慢的背景下,新加坡经济在总体放缓的趋势下保持发展,全年经济增长率为 2%;外交上与东盟国家、中国、美国、日本等展开务实交往和合作。

一、多举措保障政治、社会稳定发展

(一)通过多项法案、规章以规范政治社会秩序

1. 通过宪法(修正)法案,启动政治改革。2016 年 10 月,新加坡宪法(修正)法案提一读,以调整民选总统制度。根据黑箱研究的调查,在受访的 897 位新加坡人中,有 469 人支持(约 52%)在下届总统选举中做出调整,428 人(约 48%)持反对意见。11 月 10 日,新

加坡国会以77票赞成、6票反对，三读通过新加坡宪法（修正）法案。新加坡将从多方面修改民选总统制度，包括调高候选人资格标准、扩大总统顾问理事会权限，以及设立一套全新机制，保障各大族群都有机会成为总统。新加坡工人党向来主张废除民选总统制，6张反对票全来自工人党当选议员。2016年11月，新加坡国会通过修宪法案，改革民选总统制度，实施保留选举机制，在该机制下，若华族、马来族、印族和其他族群中，有任何一个群体历经5个总统任期都没有代表担任总统，下一届总统选举将优先保留给该族候选人。

2. 通过《心智能力修正法案》《烟草修正法案》。2016年3月14日，新加坡国会通过《心智能力修正法案》《烟草修正法案》。心智能力修正法案的通过可以更好保护那些失去心智能力的人，包括委任专业的获授权人和代理人，协助没有家人照顾的年长者打理事务。法令也扩大法庭权力，帮助那些被获授权人和代理人剥削的失去心智能力者。在新烟草修正法案下，零售商不能公开展示香烟，只能在顾客询问价格时提供一份只有文字、没有图片的价格表。商家也不能通过大众媒体，包括互联网，进行促销或刊登任何广告。

3. 通过争议课题司法维护法案。2016年8月15日，新加坡国会通过争议课题司法维护法案，新法令更清楚地列明何种行为构成藐视法庭罪行。构成藐视法庭的行为包括违反庭令、干扰审讯过程，刊载文章影响公众对被告未审先判，以及诽谤法庭等行为。

4. 新加坡内政部修改集会条例。2016年10月22日，新加坡内政部修改集会条例，规定外国机构和组织必须获得准证，才能在芳林公园演说者角落举行集会或游行。赞助、宣传或动员参加相关活动也须获得批准。本地机构或非政府组织则无须申请准证，就能在演说者角落举办活动。新条例于2016年11月1日起生效。

（二）推出以公民为核心的新服务和促进可持续发展的措施

1. 成立政府科技局，改进政府数字服务。2016年新加坡成立政府科技局，以信息通信新技术引领政府部门的数字化变革，与其他机构合作推出一系列以公民为核心的新服务。政府科技局强调应用信息通信新技术，从大数据的分析中洞悉社会现实，辅助政府决策，并“由外而内”从公民角度思考，打造行之有效的服务。新加坡政府科技局集结了由1800名数据科学家、技术人员和工程师组成的团队，并面向新加坡乃至海外招徕人才，在应用开发、数据科学、政府基础设施建设、地理空间技术、网络安全、传感器与物联网6个关键方面深入钻研，为变革和创新数字服务提供智力支持。

2. 推出气候行动计划。2016年7月10日，新加坡总理公署国家气候变化秘书处正式推出两大“气候行动计划”，两大计划分别以“打造一个节能减排的新加坡”和“打造一个有能力应对气候变化的新加坡”为主题，目标包括节能减排以及推行措施应对气候变化。行动计划由隶属总理公署的国家气候变化秘书处、环境及水源部和国家发展部共同牵头。

3. 为本地培训和成人教育领域推出转型计划。2016年11月3日，新加坡高等教育和技能部部长王乙康公布为本地培训和成人教育领域的5年转型计划。该计划由成人教育与培训技能理事会协同150名专家共同制定，涉及3个主要领域：重新定位产业部门以推动增长，优化培训供给的体系与流程，积极应对人力和技术需求。计划提出7项关键建议，包括测量培训是否满足工作场所对技能的需求，更新学习基础设施以支持创新，提升教育者的技能等。转型计划的涵盖重点之一是协助业内人士为自己重新定位，以为未来的发展机遇做好准备。

4. 改进公积金制度。2016年10月10日，新加坡国会通过《公积金第二修正法案》，从四个方面着手改进已有的公积金制度，加强公积金制度的灵活性，同时简化公积金提取过程。根据这则修订，公积金会员有3种不同的提取方式：（1）公积金年龄达到提取入息存款年龄（65岁）之后，一次性从退休账户中提取20%的存款。（2）终身入息计划或退休存款计划的会员，可以先将存款转入公积金普通户头，延后一次性提取的时间。（3）通过终身入息计划或退休存款计划，将存款转换成每月入息。

（三）开展反恐演习，加强防恐能力，维护社会稳定

2016年9月24日，新加坡启动全国保家安民计划，呼吁民众勇敢面对恐怖威胁，齐心协力应对可能出现的紧急事态。随着全球恐怖威胁形势的加剧，新加坡近年来进行一系列反恐部署，全国保家安民计划是一项在全国社区大规模展开的反恐应急行动计划。根据这一计划，政府首先将确保新加坡每户人家至少有一人懂得如何辨识可疑的人和事物，在遇到恐袭或紧急事故时能及时反应，保障自己和家人的安全。10月17～18日，新加坡开展为期两天、逾3200人参加的全岛反恐演习，这次反恐演习是新加坡历来最大规模的反恐演习。新加坡全国巴士转换站、地铁站、邻里中心和商业区等超过360个地点部署巡视人员，防止可疑人物发动攻击。新加坡武装部队人员在林厝港进行搜索和逮捕嫌疑犯训练。

为加强防恐能力，2016年6月30日，新加坡武装部队成立陆军速应部队负责在恐怖袭击发生后赶往事发地点封锁现场、管控人流，防范威胁扩散。新加坡国防部也设立新机构，促进军警单位的反恐协调工作。

二、经济在总体放缓趋势下保持发展

（一）2016年经济概况

1. 经济保持低速增长，全球竞争力趋弱。2016年新加坡经济保持低速稳定增长，增长率为2%，超过政

府预计的1%～1.5%的增速，但仍为金融危机以来较低的发展水平(详见图1)。

制造业恢复增长是新加坡经济有所复苏的主要原因。新加坡经济属于外向开放型经济，且经济体量较小，国际环境对其影响较大，所以全球经济复苏乏力、全球贸易保护主义抬头、贸易量下降及国际大宗商品价格下跌等因素，加上新加坡国内经济结构性的挑战，导致近年来经济发展一直保持在低位，且复苏乏力。

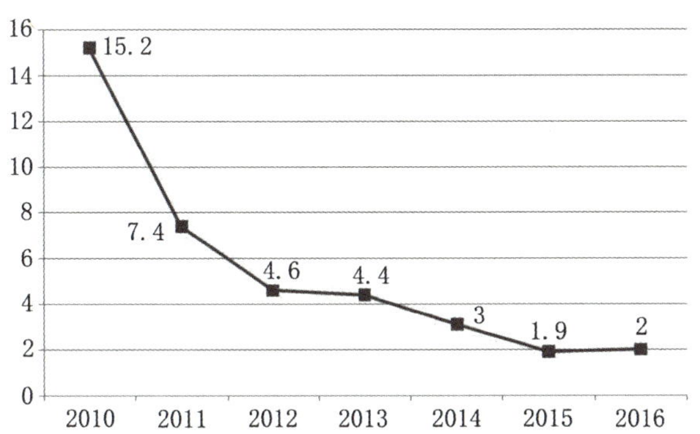

图1　2010～2016年新加坡经济增速走势图

数据来源：亚太经济数据中心

在连续多年经济表现疲弱的影响下，新加坡整体竞争力减弱。根据《2016年全球竞争力年鉴》数据，新加坡全球竞争力排名由2015年的第三位降至2016年的第四位，而2011～2014年新加坡一直排名第二。在各项指标中，新加坡2016年的经济表现排名也出现下滑。新加坡整体竞争力呈现趋弱态势。

2. 主要产业发展趋缓，旅游业成增长亮点。制造业是新加坡的支柱产业，产值约占新加坡国内生产总值(GDP)的1/5。2016年，制造业扭转2015年下滑的态势，增长3.6%，电子业、生物制药业的发展是其恢复增长的主要动力(详见表1)。

表1　新加坡主要产业发展速度统计表

指标	单位	2013年	2014年	2015年	2016年
制造业	%	1.7	2.7	-5.2	3.6
服务业	%	5.3	3.4	3.2	1
建筑业	%	5.8	3.5	2.5	0.2

数据来源：中国商务部网站

电子业是新加坡制造业转型升级发展的重要引擎，产值占其制造业总产值的30%，是新加坡经济发展的中流砥柱，在新加坡招商引资中扮演举足轻重的角色。2016年新加坡电子业产值比上年增长15.9%，吸引固定资产投资额22亿新元，虽比上年下降33%，但仍占固定资产投资总额的23.8%，排名第一，是新加坡吸引投资最多的行业。生物制药业是新加坡制造业第二大生力军，占制造业增加值的近20%。在经过2010年以来新加坡传统制药业企业研发预算紧缩、国际知名生物制药公司撤出新加坡的低潮后，2015～2016年，新加坡生物制药业再次迎来新的发展，日本中外制药、武田制药，英国GSK等相继在新加坡增加投资、设立亚太区总部等。新加坡经济发展局与新加坡科技研究局合作，规划完整的科学园区和工业区，并制定弹性的法规与制度，提供各种优惠措施和服务，以促进生物制药业发展。2016年生物制药业产值比上年增长13.6%，成为促进新加坡制造业恢复增长的重要支撑。

服务业发展趋缓。服务业是新加坡最主要的支柱产业，产值约占新加坡GDP的2/3。2016年新加坡服务业发展趋缓，仅比上年增长1%，远低于2015年3.2%的增幅，创下近年来服务业最低增长速度(详见表1)，对经济发展的贡献率也出现下滑。2016年新加坡金融与保险业增幅创2012年9月以来的新低，商业服务业出现自2003年3月以来的首次下跌。

建筑业增速大幅下滑。建筑业为新加坡经济发展的一大支柱。2016年新加坡建筑业仅比上年增长0.2%，创近年来增速新低(详见表1)。新加坡经济总体放缓，导致该国私人工业、住宅等建筑投资活动持续低迷，是建筑业发展大幅下滑的重要原因。另外，新加坡政府不断收紧人力政策，提高外国劳工人头税，以减少外国劳工数量，导致建筑业人力成本提高。2011～2015年，新加坡劳工成本已从20%增至30%。发展成本增加也是导致新加坡建筑业发展趋缓的重要原因。

旅游业成发展亮点。2016年新加坡旅游业取得长足发展，接待外国游客人数达1640万人次，比上年增长7.7%，入境游客人数创历史新高。其主要原因是中国、印度、印度尼西亚、德国等新加坡主要客源地访新人数均呈增长趋势，其中，中国到新加坡旅游的人数为286.4万人次，比上年增长36%。此外，新加坡新开通多条航线，如新加坡直飞德国杜塞尔多夫的航线等也是外国游客增加的重要原因。2016年新加坡旅游业收入248亿新元(约合1221亿元人民币)，比上年增长13.9%，创历史新高，旅客在购物、住宿和餐饮方面更高的花费是带动旅游收益增长的主要原因。

3. 对外贸易连续下滑，进出口产品较为集中，主要贸易伙伴保持稳定。2016年新加坡对外贸易额为6129.5亿美元，比上年减少4.7%，是自2013以来连续第4年减少。2016年新加坡贸易出口额3299.1亿美元，进口额2830.4亿美元，分别比上年减少4.8%和4.6%；贸易顺差468.7亿美元，比上年减少6.1%，是2013年以来贸易顺差的首次减少(详见表2)(下页)。

机电产品、矿产品及化工产品是新加坡最主要的出口产品，2016年三类产品出口额占新加坡出口总额的比重达到71.5%。在新加坡进出口贸易总体下滑的背景下，2016年机电产品、矿产品和化工产品出口均继续下滑，出口额分别为1640.6亿美元、375.5亿美元和342.4亿美元，分别比上年下降3.0%、14.4%和1.9%。2013～2016年，机电产品出口额占新加坡出口总额的比重逐年上升，由43.9%上升至49.7%；矿产品占比则逐年下降，由17.4%下降至11.4%；化工产品占比逐年上升，由9.0%上升至10.4%（详见表3）。新加坡出口产品结构在不断优化。

表3　　新加坡主要出口产品出口额及占新加坡出口总额比重　单位：亿美元

产品 / 年份	机电产品		矿产品		化工产品	
	出口额	占比（%）	出口额	占比（%）	出口额	占比（%）
2013	1800.3	43.9	715.3	17.4	370.3	9.0
2014	1787.5	43.6	689.4	16.8	380.5	9.3
2015	1691.2	48.8	438.5	12.7	349.2	10.1
2016	1640.6	49.7	375.5	11.4	342.4	10.4

数据来源：新加坡国际企业发展局网站

机电产品、矿产品是新加坡最主要的进口产品。2016年，两类产品进口额占新加坡进口总额的比重达63.3%。但是，两类产品的进口基本呈下降态势，2016年机电产品、矿产品进口额分别为1272.7亿美元和518.7亿美元，比上年分别下降0.5%和21.0%（详见表4）。

表4　　新加坡主要进口产品进口额及占新加坡进口总额比重　单位：亿美元

产品 / 年份	机电产品		矿产品	
	进口额	占比（%）	进口额	占比（%）
2013	1436.8	38.5	1181.3	31.7
2014	1396.6	38.1	1148.5	31.4
2015	1278.7	43.1	656.7	22.1
2016	1272.7	45.0	518.7	18.3

数据来源：新加坡国际企业发展局网站

由上述可见，机电产品、矿产品既是新加坡的主要出口商品，也是主要进口商品，说明产业内贸易是新加坡对外贸易的重要特征。

新加坡与主要贸易伙伴关系稳定。2016年，中国、中国香港、马来西亚、印度尼西亚和美国是新加坡前5大出口贸易伙伴，中国、马来西亚、美国、中国台湾和日本是新加坡前5大进口贸易伙伴（详见表5）。新加坡对外贸易多年来处于顺差地位，中国香港、印度尼西亚、越南、澳大利亚和泰国是其贸易顺差的主要来源地。

表5 新加坡与主要贸易伙伴进出口情况（2016年）

单位：亿美元

国家或地区	出口			进口		
	金额	比上年增减（%）	占比（%）	金额	比上年增减（%）	占比（%）
中国	428.39	-10.2	13.0	403.86	-4.1	14.3
中国香港	416.18	4.9	12.6	—	—	—
马来西亚	350.10	-7.3	10.6	322.61	-2.4	11.4
印度尼西亚	257.87	-9.1	7.8	134.68	-6.3	4.8
美国	215.05	-0.9	6.5	305.51	-8.0	10.8
中国台湾	147.31	2.0	4.5	233.0	-5.6	8.2
日本	145.68	-4.3	4.4	199.02	7.0	7.0
韩国	145.14	0.1	4.4	170.03	-6.5	6.0
泰国	129.89	-5.6	3.9	68.43	-12.1	2.4
越南	113.55	-6.4	3.4	—	—	—

数据来源：中国商务部网站

4. 吸引外资及对外投资相对稳定。吸引外资是新加坡的基本国策，2016年新加坡吸引外资约800亿美元，在全球各国吸引外资总额排名中居第四位。欧盟、美国和日本是新加坡外资的主要来源地。其中，吸引固定资产投资约94亿新元，比上年减少18.3%，是自2013年以来连续第4年下滑，并创近10年来的最低水平。吸引投资项目是新加坡创造就业机会的重要途径，根据新加坡经济发展局预计数字，2016年新加坡吸引的投资项目可提供20100个工作岗位。

对外投资也是新加坡经济发展的重要支柱。新加坡对外投资的主要目的地是东盟、中国、欧盟。其中，2013～2015年，新加坡连续3年成为中国第一大投资来源地，2016年新加坡对华投资额为61.8亿美元，为中国第二大外资来源地。

5. 就业形势日趋严峻。根据新加坡人力部公布的数据，2016年新加坡新增就业人数比上年增长

表2　　2012～2016年新加坡对外贸易统计　单位：亿美元

指标 / 年份	进出口总额	比上年增减（%）	出口额	比上年增减（%）	进口额	比上年增减（%）	顺差额	比上年增减（%）
2012	7885.57	1.7	4086.21	-0.3	3799.35	3.8	186.86	-34.4
2013	7834.9	-0.6	4103.7	0.4	3731.2	-1.8	372.5	29.8
2014	7760.6	-0.9	4097.9	-0.1	3662.7	-1.8	435.2	16.8
2015	6435.0	-17.1	3467.0	-15.4	2968.0	-19	499.0	14.7
2016	6129.5	-4.7	3299.1	-4.8	2830.4	-4.6	468.7	-6.1

数据来源：新加坡国际企业发展局网站

0.4%，低于2015年0.9%的增长率，为2003年以来的最低增速；裁员19170人，比2015年增多3590人。2016年新加坡失业率达3%，创2010年以来的最高纪录，是2012～2015年连续4年徘徊于2.8%的平稳水平后首次上升。

新加坡经济增长放缓、新增动力不足，国际经济复苏依旧乏力等因素导致新加坡企业生产成本上升、企业收入及利润减少。2016年新加坡1000家大企业的营业收入总额为2.8万亿新元，比上年下降8.3%；利润总额1654亿新元，下降5.4%。为适应新的发展环境，企业积极变更业务模式或进行结构重组，这就导致就业机会减少，失业率上升，就业形势日趋严峻。

（二）采取多种举措促进经济发展

1.成立创新机构。2016年11月22日，新加坡创新机构正式成立并开始运作。该机构是新加坡产业转型计划的重要组成部分，隶属于新加坡国立研究基金会，其主要功能是帮助数字医疗、金融服务、智能能源、数字制造、人工智能和机器人等领域的企业积极开展技术创新，并将创新成果商业化和规模化。

2.积极扶持新创企业发展。2016年新加坡星展集团（DBS）继2015年投资1000万新元扶持新创企业发展后，再次举办DBS HotSpot计划，以改善新加坡创业环境，促进新创企业更好发展。

3. 成立机构促进企业开拓国际市场。2016年4月21日，欧洲企业网新加坡中心成立，该中心成为新加坡中小企业开拓欧洲市场、寻求新商机的新平台。

4. 积极协助新加坡企业与国外各行业领头企业建立战略合作伙伴关系。2016年，新加坡国际企业发展局积极协助该国企业与国外主要龙头企业建立合作关系，如在电子商务领域，新加坡企业发展局促成星网电子付款公司与中国阿里巴巴、天猫企业结为伙伴。

5. 积极参与国际经济合作。新加坡是外向型经济体，积极参与国际经济合作是促进经济发展的重要保障。截至2016年，新加坡与多个国家签署21项多双边自由贸易或经贸合作协定、76项避免双重征税协定、41项投资保护协定。年内，新加坡继续推进自由贸易区的建设，积极拓展全球合作网络。

6. 成立未来经济委员会以更好地促进经济发展。2016年1月，新加坡成立未来经济委员，该委员会下设未来企业能力和创新、未来增长领域和市场、未来衔接性、未来城市以及未来就业和技能等5个小组，每个小组由一名部长和一名私人界委员会成员领导，以更加深入地探讨新加坡未来经济的发展。未来经济委员会成立后，积极与新加坡公众、利益相关者进行对话、交流，探讨促进经济发展的路径。如在促进企业发展方面，未来经济委员会积极协助本地企业，尤其是中小企业提高创新能力和价值创造能力。

三、积极开展务实外交

（一）新加坡与东盟国家的关系

1.新加坡与马来西亚的关系。2016年12月13日，马来西亚与新加坡就马新高铁项目签署具有法律效力的双边协议，马来西亚总理纳吉布和到访的新加坡总理李显龙出席签字仪式。双方约定于2017年正式启动包含车辆系统在内的高铁项目招标工作。

根据这份协议，马新两国政府将在2017年年初确定项目的联合开发伙伴人选，该伙伴将为两国政府提供高速铁路系统和运营相关的项目管理支持、技术建议和采购建议，并制定马新高铁技术和安全标准，而车辆系统的招标工作将于2017年晚些时候展开。马新高铁共设8站，两国将分别设计建造并运营本国境内的车站和设施，但在车辆系统如轨道、动力、信号和通讯系统的招标方面，两国将共同选择一个中标方。根据设计，马新高铁将为双轨道运行，最高时速为350千米，通车后从马来西亚首都吉隆坡到新加坡的通勤时间将缩短为90分钟。

2.新加坡与印度尼西亚的关系。2016年11月14日，新加坡总理李显龙访问印度尼西亚，与印度尼西亚总统佐科举行非正式峰会，两国同意成立印度尼西亚—新加坡商业理事会，以深化经济关系。两国签署4项谅解备忘录，以加强旅游业、智慧城市、数码经济以及能源领域的合作。访问期间，李显龙为三宝垄的肯德尔工业园主持开幕仪式。这个工业园是新加坡企业在峇淡岛以外的第一个大规模工业投资，园区总面积2700公顷，是峇淡工业园区的8.44倍。新加坡是印度尼西亚的最大投资国之一，2015年在印度尼西亚的投资额59亿美元（约83.65亿新元），2016年1～9月投资额已高达71亿美元（约100亿新元）。

3. 新加坡与越南的关系。新加坡与越南于2013年建立战略伙伴关系。2016年9月28日，越南国家主席陈大光对新加坡进行访问，新加坡总统陈庆炎、总理李显龙会见陈大光，两国同意加强经济、国防安全、教育、旅游、文化等领域的合作。2015年，新加坡与越南的双边贸易额216亿美元，比上年增长10.6%。2016年1～6月，新加坡对越南的投资总额超过11亿美元。截至2016年6月，新加坡在越南的累计投资额为379亿美元，投资项目有1600多个，是越南第三大投资来源国。

双方积极推进越南新加坡工业园区建设。新加坡在越南已经设立7个工业园区，吸引630多家跨国企业在越南投资，外资总额90亿美元。2016年新加坡积极推进这些园区的建设，新加坡与越南签署备忘录，探讨越南平阳省、北宁省新加坡—越南工业园区的扩区计划，拟新增园区面积1500公顷。新加坡正积极与越南协商设立第8个新越工业园区。

4. 新加坡与老挝的关系。新加坡与老挝两国领导人近年来多次互访，老挝欢迎新加坡企业到老挝投资，但双边投资贸易规模不大。2016 年老挝与新加坡的双边贸易额为 5100 万美元（约 7100 新元），新加坡是老挝第 12 大外来投资来源地，投资额约 2.84 亿美元，进驻老挝的新加坡企业包括翱兰国际和新科电信媒体等。两国于 2014 年签订的避免双重课税优惠协定，于 2017 年 1 月生效，鼓励更多两国企业到对方国家投资。

5. 新加坡与缅甸的关系。2016 年是新加坡与缅甸建交 50 周年。2016 年 6 月 7 日，新加坡总理李显龙访问缅甸，缅甸总统廷觉、缅甸外长昂山素季与李显龙举行会谈。多年来两国政府官员互访频繁，通过新加坡合作计划等项目，已有超过 1.26 万缅甸官员到新加坡接受培训，新加坡也为缅甸年轻人提供职业培训。新加坡是缅甸的主要贸易伙伴和外来投资国，2015 年新加坡是缅甸的第三大贸易伙伴，排在中国和泰国之后；缅甸是新加坡的第 28 大贸易伙伴。2015 年两国双边贸易额达 35.4 亿新元，比 2014 年高出 9.6%。截至 2016 年 6 月，新加坡在缅甸累计投资额 126.46 亿美元，投资项目 173 个，是缅甸第二大投资来源国。

（二）新加坡与中国的关系

2016 年中新两国高层保持密切交往，两国在经贸、城市化、金融服务、法治教育等多个领域开展双边互惠合作。

1. 两国高层保持密切交往。2016 年 2 月 28 日至 3 月 2 日，新加坡外交部部长维文对中国进行正式访问。3 月，新加坡荣誉国务资政吴作栋到中国海南出席博鳌亚洲论坛 2016 年年会。5 月，中共中央政治局委员、中央政法委书记孟建柱赴新加坡，与新加坡副总理兼国家安全统筹部长张志贤共同主持第 3 届中新社会治理高层论坛开幕式并致辞。9 月，新加坡总理李显龙到中国出席二十国集团领导人杭州峰会并访问重庆；9 月 2 日，中国国家主席习近平在杭州会见新加坡总理李显龙。9 月 6 日，中国国务院总理李克强赴老挝出席东亚合作领导人系列会议期间会见新加坡总理李显龙。

2. 两国经济贸易投资合作不断加强。据新加坡国际企业发展局统计，2016 年中国与新加坡双边货物进出口额为 832.3 亿美元，比上年下降 7.3%。其中：新加坡对中国出口 428.4 亿美元，下降 10.2%，占其出口总额的 13.0%，下降 0.8 个百分点；新加坡自中国进口 403.9 亿美元，下降 4.1%，占其进口总额的 14.3%，提升 0.1 个百分点。新加坡贸易顺差 24.5 亿美元，下降 56.2%。2016 年新加坡对华投资额 61.8 亿美元，为中国第二大外资来源地。

3. 积极推进中新（重庆）战略性互联互通示范项目建设。2015 年 11 月 7 日，中新两国政府签署《关于建设中新（重庆）战略性互联互通示范项目的框架协议》及其补充协议，中国重庆市人民政府与新加坡贸工部签署《关于建设中新（重庆）战略性互联互通示范项目的实施协议》，这标志着新加坡与中国的第三个政府间合作项目正式启动。中新（重庆）战略性互联互通示范项目聚焦现代互联互通和服务经济的主题，将金融、物流、航空和信息服务四大领域作为合作重点。该项目启动一年多来取得了良好进展，已成为中新两国合作的新亮点，是“一带一路”建设的重要组成部分。在金融服务方面，政策创新加强了新渝之间的金融互联互通，促进了中国西部地区的经济转型。双方已商定并完成价值超过 60 亿美元的金融交易，包括跨境贷款和债券发行，以帮助在渝企业从新加坡获得更低成本的融资。新加坡与重庆及其他地区的民航互联互通取得进展，中国西部航空与新加坡的胜安航空每周已有 14 个新渝往返航班。2016 年 9 月，西部航空把其新渝航线延伸到乌鲁木齐。在项目落地上，围绕四大重点合作领域，双方共签约 4 批、70 多个重点项目，累计金额超 160 亿美元。2016 年 9 月，新加坡总理李显龙来华出席二十国集团领导人杭州峰会并访问重庆，考察中新（重庆）战略性互联互通示范项目发展情况。

4. 双方继续加强教育、旅游合作。2016 年是中国—东盟教育交流年，两国学生多次参加校际交流项目，两国教育部还落实中新大学优秀本科生交流计划和中新优秀高中中学生交流计划等项目。2016 年新加坡接待中国游客 286 万人次，比上年增长 36%。

（三）新加坡与美国、日本、澳大利亚的关系

1. 新加坡与美国的关系。新加坡与美国保持着密切的双边关系。2017 年 7 月 31 日至 8 月 3 日，新加坡总理李显龙对美国进行正式访问，以庆祝新加坡与美国建交 50 周年。8 月 3 日，美国总统奥巴马与李显龙举行双边会晤，并在会后召开联合记者会。这是奥巴马在 8 年任期内首次邀请东南亚国家领导人正式访美，参加白宫国宴。奥巴马形容美新两国以及两国领导人关系“坚如磐石”。

2. 新加坡与日本的关系。2016 年 9 月 26 日，新加坡总理李显龙出访日本。9 月 28 日，李显龙与日本首相安倍晋三讨论双方在跨太平洋伙伴关系协定（TPP）以及高铁项目上的合作，双方也讨论如何提升日本—新加坡经济伙伴关系协定，以确保这个自由贸易协定仍适用于当前局势。新加坡与日本在贸易投资、第三国培训计划和民间交流等方面合作密切。日本—新加坡经济伙伴关系协定是两国经济合作的一个支柱，该协定自 2002 年 11 月生效以来，在促进双边贸易和投资流动方面发挥重要作用。2016 年 11 月 30 日，新加坡总统陈庆炎访问日本，在日本皇宫受到日本天皇夫妇接待，并与日本首相安倍晋三举行会谈，两国

首脑表示双方将为推动《跨太平洋伙伴关系协定》(TPP)共同努力。有分析认为,日本与新加坡就推进TPP抱团不仅出于提振各自经济的考虑,还有地区战略布局的算盘。

3. 新加坡与澳大利亚的关系。据新加坡《联合早报》2016年10月13日报道,新加坡政府总理李显龙从2016年10月11日开始对澳大利亚进行为期3天的正式访问。10月13日,李显龙与澳大利亚总理特恩布尔签署4份谅解备忘录和相关协定,包括修订的新加坡与澳大利亚自由贸易协定、新加坡在澳大利亚的军事训练和军训区发展、创新与科研合作以及共同打击跨国贩毒行动。在防务合作方面,新加坡在澳大利亚的军训区将大幅度扩大至10个新加坡的总面积。新加坡将能把每年派往澳大利亚受训的部队人数从目前的6000人倍增至14000人,训练期也从6周延长至最多18周。两国也将共同开发新军训区,并建设先进的军训设施。

根据修订后的自由贸易协定,新加坡将深化与澳大利亚的服务贸易合作,通过提供最优惠的待遇,为澳大利亚教育、法律、金融服务等领域的企业创造更多机会。另外,两国也积极开展工程师和会计资质互认、货物来源地规则制定、海关管理程序简化、降低贸易商合规手续花费等问题的谈判,澳大利亚进一步简化新加坡企业的投资程序,进而促进两国的贸易、投资合作。

四、2017年发展展望

李显龙在2016年8月21日的新加坡国庆群众大会演讲中表示,企业发展与转型、员工生活保障、多元种族社会的稳定与和谐是新加坡面临的三个新挑战。为应对这些挑战,新加坡政府将推出新举措帮助中小企业寻找商机、拓展海外市场,加强政府与企业合作,帮助工人适应新环境,并继续贯彻多元种族的原则。

在加强社会保障方面,李显龙表示,新加坡卫生部将成立委员会研究“乐龄健保计划”,以确保更多新加坡人通过这项计划受益,并从中获得更好的保障。针对中小企业需求,新加坡标新局和国际企业发展局将推出新措施,帮助这些企业发展新专长,利用科技手段开拓海外市场。政府将推出多项计划,加强政府与企业合作,帮助工人提升技能、适应新环境,从而提高生产力。

2017年2月9日,新加坡未来经济委员会公布该国未来10年经济发展策略,希望通过三大途径、七大策略,确保新加坡每年的经济增长率达到2% ~3%。三大途径为保持开放性,继续与世界接轨;与时并进、精益求精,掌握和善用精深技能,企业增强创新能力;政府、企业、人民要探索新的合作方式,齐心协力落实有助于经济增长的策略。七大策略为深化和开拓国际往来、掌握和善用精深技能、加强企业创新和扩大规模的能力、增强利用互联网发展业务的能力、打造充满活力与机遇的互联城市、落实产业转型蓝图等。这将成为2017年及未来新加坡经济发展的重要指导。为保障七大策略的实施,新加坡2017年财政预算案为其提供坚实的财政支持。根据新加坡贸工部的预计,2017年新加坡经济增长将保持在1% ~3%。

(罗 梅 张 磊)

泰国:2016年发展回顾与2017年展望

2016年10月13日,在位长达60年的泰国国王普密蓬逝世的消息公开宣布的时候,整个泰国社会陷入悲痛之中。12月1日,在储君位置上44年的哇集拉隆功正式继位为拉玛十世王,成为泰国却克里王朝第十位国王。普密蓬国王的逝世对泰国政治、社会都产生深远影响。2016年,新宪法草案起草与公投成为全国维持和平秩序委员会(简称维和委)的政治要务。8月7日,新宪法公投得以通过,但国王对新宪法的御准因普密蓬国王的逝世而推迟,至2016年年底仍被搁置。经济上,泰国军政府继续推行经济刺激政策,但经济复苏乏力,2016年国内生产总值增长率为3.2%,略低于预期目标,也低于东盟平均水平。外交上,泰国军政府积极参与各种国际事务,争取国际社会对泰国局势的更多理解与支持。

一、政治

(一)新宪法草案公投

泰国上次修改宪法是在2007年。2014年军人发动政变推翻英拉政府后,宪法被宣布作废。2015年4月20日,由泰国现任总理巴育·占奥差任命的国家行政改革委员会开始为期一周的修宪草案讨论工作。2015年9月6日,新拟的宪法草案因投票被否决而无法进入公投阶段,意味着军政府要委任全新的21人委员会,在180天内草拟另一部宪法。此次被否决的新宪法草案提出将为新政府设立5年“过渡期”,其间如果国家出现政治动荡,“国家改革与和解战略委员会”有权替代民选政府执政。这一内容引起各界争议,被认为是阻碍草案通过的主要原因之一。

2016年1月,泰国军政府指派的制宪委员会开始重新拟定宪法草案,3月29日完成新宪法草案修订,30日起向民众解释相关条款。针对这次公投,支持他信的政党为泰党以及民间政治团体“红衫军”都已明确表态抵制此次公投。反对他信的政党——民主党则分为两派:前总理阿披实反对这部新宪法草案,而前副总理素贴则持支持态度。泰国各独立机构与社团在是否支持新宪法草案问题上也对立严重。为确保新宪法草案通过公投,在公投之前,军方禁止公民公开反对宪法或组织拉票活动,违例者可被判10年监禁。有数十位活动分子和学生被逮捕,支持他信的“红衫军”策划成立的公投监督中心全国各分点的活动也被取消。此外,泰国军政府还向社会发出警告,若人民不接受新宪法草案,将直接推出宪法。巴育明确表示,即使新宪法草案未通过公投,他也绝不辞职。

2016年8月7日,近3000万人参与投票,泰国新宪法草案及其附加问题在全民公投中获得通过。选票上设有两个问题,第一个问题为:你是否同意2016年的新宪法草案?第二个问题为附加问题,即:你认为在国会选举之后的5年内,上议院是否有权与下议院一起,参与决定总理人选?此次公投投票率为59.4%。投票者中,61.35%的人赞成新宪法草案。第二个问题获得58.07%的支持率。根据新宪法草案,第一个问题获得通过,意味着新宪法草案将取代2014年泰国政变之后采用的临时宪法,正式生效为泰国第20部宪法;第二个问题的通过,则意味着由维和委任命的250名上议院议员将与民选产生的500名下议院议员一同决定总理人选。泰国军政府称,新宪法可确保泰国摆脱过去10多年的政局动荡,恢复和平稳定。批评者则认为,新宪法旨在巩固军方政权,确保军方继续掌控政局。总之,这部新宪法草案将使军方对民选政府永久性地具有影响力,任何政府都必须严格落实军方制定的20年国家发展蓝图,军人从此无须再发动政变。

2016年10月11日,泰国制宪委员会根据8月底全民公投通过的新宪法草案及其附加问题,并将增补版的最新宪法草案提交给巴育政府。巴育本来将在一个月内呈交国王御准。然而,就在两天后的10月13日,普密蓬国王逝世——新宪法卡在了最后一道程序上。在先王已仙逝、新君未继位的情况下,15日主管法律的泰国副总理威沙努宣布,根据宪法和王位继承法的相关规定,枢密院主席炳·廷素拉暖自动出任临时摄政王。12月1日,储君哇集拉隆功正式继位为拉玛十世王,但新宪御准仍悬而未决。

新宪法草案的核心内容和精神基本反映了巴育政府对泰国未来选举制度乃至政治体制的设计。它不仅通过政治制度改革进一步打压他信政治势力,还为军方今后坐镇政坛预留通道,使军方和司法机关能够在宪法框架内对某一政治派别采取制衡措施。按照现政府的意愿,它为政变之后的首次大选确定了游戏规则,将左右各大党派和政治势力的命运浮沉。观察人士评估认为,依据这套新的游戏规则,现任总理巴育本人完全具有经上议院推举成为下届总理的可能性,成功转型为“民选总理”。面对长期以来“党派选举—街头对峙—军方介入”的痼疾,巴育及维和委希望泰国未来政局能够走出这个恶性循环。新宪是他们呈交的钥匙,希望由此开启融合泰国特性与民主规则的稳定之门。

(二)新宪法草案的特点

1. 新宪法将立法、行政和司法牢牢掌控于权贵集团手中。泰国新宪法规定的权贵集团对国家权力的掌控范围之大、渗入程度之深,是前两部宪法的内容所无法企及的。新宪法规定,2017年大选后产生的新政府在执政最初5年内,上议院250个席位全部由国王在维和委的建议下任命产生,并赋予国王和上议院以诸多凌驾于下议院、内阁等民选机构之上的特权,如上议院有权监督国家改革进程,有权推选和弹劾总理,有权监管和弹劾民选的下议员。国王拥有解散下议院和宣布重新选举的特权。由权贵集团主导的宪法法院、选委会、反贪委员会等机构有权严惩腐败、舞弊、渎职的官员等。同时,这部100多页、近300个章节的宪法草案微妙地对泰国的立法架构、政治结构与司法权限三大板块做出前所未有的重要调整。其一,在立法架构上,把原来200个议席的上议院扩容至250个议席,上议员的产生则从原来由选民选举和独立机构指派相结合的方式改变为完全由军方指派,其中6个席位由武装部队最高司令、海陆空三军司令、国家警察总监及国防部次长6人自动担任。下议院维持500个席位不变,仍由选举产生。其二,在政治结构上,总理的产生可以不由获胜政党推选产生,可由上议院推举非议员或无党派人士;上议院有权推动弹劾任何方式产生的总理;上议院可以不限次数地弹劾或推选总理。其三,在司法权限上,新宪法草案增加宪法法院的管辖权,宪法法院可直接审理涉嫌腐败的政客。由此可见,新宪法将立法、行政和司法三大权力牢牢掌控于权贵集团手中。

2. 新宪法变更国会选举流程和规定,增加指派产生总理的可能性。与之前的两部宪法规定的上议院必须全部或大部分由选举产生有所不同,新宪法草案规定,国会仍由上下两院组成,下议院议席维持500个,产生方式仍为选举,任期4年,但其选举机制尽可能减少大党把控国会席位的机会。上议院议席增至250个,任期增至5年,但全部由现军政府直接指派产生,且在5年内手握参与决定总理人选、弹劾总理等大权。这一改变使上议院可以对两届政府发挥决定性作用。只要上议院不同意,总理就无法产生,这就意味着民选的下议院可能成为摆设,丧失之前绝对主导总理人选和内阁部长人选的大权。新规则使上议院实质上由军方全盘控制。同时,新宪法对选举总理设置严苛门槛,为未来军人继续担任总理职务创造条件。当选议员及其政党可在选举后推举总理人选,下议院最终需确认3名总理人选名单交由国会择日投票。一旦没有候选人获得下议院半数以上席位支持,3名人选的候选资格将被废除。而且下议院须联合上议院进入在国会外推举总理的流程,被推举的总理可以是社会人士或军人。

3. 新宪法压制政党发展。新宪法的要点在于通过修改国会议员及总理的产生机制,防范他信这样的集团和大党势力在大选中屡选屡胜,并使军方可以永久对任何民选政府施加影响力,军人无须再发动政变。这一改变实质上赋予军人参政的合法通道,使上议院成为军方在国会的“代理机构”。

(三)泰国各方对新宪法草案的态度

这部由泰国军方在2014年政变夺权后主导修订的宪法将决定泰国未来政治生态的根基。因其颇具争议性而在过去两年几番易稿。反对者认为,这部宪法为军方在民选后继续把持政治权力铺平了道路。而支持者则认为,在当前社会持续分裂、政治矛盾尖锐的状态下,让军方有限参政有助于维护大局稳定。

为泰党党首、泰国前总理英拉从一开始就表示反对,并多次通过网媒号召支持者行使投票权予以反对。她于2016年8月7日一大早就投了反对票,并于8日表示自己接受泰国人民的选择,但批评有利于军方的公投结果是“国家倒退”。作为被泰国军方推翻的前总理,英拉称由于军方禁止选前辩论或拉票,民众没有机会充分表达意见或者批评宪法草案,她对公投结果倒向军方并不意外。“我接受人民的选择……但悲哀和遗憾的是,我们的国家正在倒退,接受了一部可能看上去民主但其实并不民主的宪法。”

而就在公投前两天,英拉因大米收购案受审于最高法院。尽管泰国总理巴育表示这只是巧合,但如此“巧合”对反对新宪法的他信势力而言,不可能不构成一定威慑。英拉被控在出任总理期间的大米收购项目中违反刑法和反贪污法,造成财政亏空和粮食过度囤积,若罪名成立可能面临最高10年监禁。出庭当天,英拉向聚集在最高法院门口的支持者们发表简短演讲,以自证清白。

民主党对新宪法的态度比较复杂。党首阿披实反对新宪法,但又声言若公投通过,他本人及民主党均会参加大选。毕竟,对于现年52岁的阿披实而言,他的政治前景还有望借大选继续展宏图。在民主党2016年8月3日为阿披实专门举办的生日庆典上,阿披实的导师、民主党内举足轻重的元老级人物、前总理川·立派以民主党顾问主席的身份出席,并在致辞中把进入政坛25年的阿披实从普通党员跃升为党魁的经历与自己相提并论,号召民主党成员要力挺阿披实。然而,阿披实的表态已然造成民主党势力的裂痕。他与原本属于同一阵营的另一位领军人物、前副总理素贴的意见相左。素贴2013年8月发起反对英拉政府的示威游行。2016年4月,他继“出家修行”后再度在政坛上高调亮相,公开表示支持新宪法草案。曾任人民民主改革委员会主席的素贴认为,新宪法中有关反腐、缩小贫富差距等条款,“完全符合人民民主改革委员会曾提议的国家改革内容”。观察人士指出,已脱离民主党但仍有较大号召力的素贴或许还指望另立山头,在未来的大选中卷土重来。

对于泰国广大民众而言,没有多少人能真正通读宪法16章,了解全部279个条款的法政内涵。与其说投赞成票的人们是出于对宪法内容的理解,不如说是因为厌倦了党争,不希望重回街头政治的混乱怪圈,因此宁可选择向前看,服从于巴育及维和委钦定的新宪法及规划大选路线图。公投前,巴育呼吁选民要在“糟糕的过去”与“不确定的未来”之间做出抉择,可谓直戳民众心坎。从新宪法草案公投的顺利通过大致可看出人心走向——巴育政府执政两年来大体上稳定了政局和经济,民众给现任政府投下信任票。以“红衫军”为代表的反对军政府的民众面对公投别无选择,因为只有通过这一宪法草案,军政府才有可能举行大选,且也只有举行大选,军政府才可能还政于民。兰实大学社会创新学院荣誉院长威他雅评论说,多数选择支持这部宪法的投票人事先应该没有仔细阅读宪法草案,并不了解这部宪法的好坏,但这群人期待看到大选如期进行,认为这样有助于终止政治矛盾。

二、经济

(一)经济表现

2016年,泰国经济逐渐走出2015年的低迷状态。泰国政府通过高投资等措施促进经济增长,2016年国内生产总值比上年增长3.2%,略低于3.3%的预期目标,家庭开支增长3.1%,政府投资增长9.9%,出口增长0.45%,而民间投资增长放缓为0.4%。全年通货膨胀率为0.2%,低于泰国央行1%~4%的区间目标。

2016年,泰国经济增长比预期低0.1个百分点,造成经济增长率不如预期的原因主要有:一是全球经济增长继续疲软,泰国的主要出口市场除了第一大贸易伙伴中国之外,美日欧经济持续低迷。特朗普当选美国总统后,跨太平洋关系协定(TPP)随之搁浅,泰国参加TPP以分享区域经济红利的初步想法无法落地,而且特朗普政府的贸易保护主义倾向也不利于美国与泰国的经贸合作。欧洲方面,英国脱欧带来的消极影响尚无法全面评估,且泰国与欧洲的经贸合作以及双边协定谈判也陷入停滞。二是石油等大宗商品价格下跌,持续干旱天气殃及农业收成等对泰国经济带来不利影响。

1. 对外贸易发展相对平稳。根据泰国商业部的数据,2016年泰国全年对外贸易总额4094.4亿美元,其中出口增长0.45%,为4年来首次增长,出口增幅排全球第八、东盟第二。进口总额1950亿美元,比上年下降3.9%,全年贸易顺差206.59亿美元,为泰国最大贸易顺差纪录。泰国出口能够实现预期目标,主要得益于农产品价格转好,多个贸易伙伴国购买力回升等有利因素。另一方面,泰国政府调整政策、在保持原有市场稳定的同时开拓新兴贸易出口市场的策略取得一定成效。

2. 旅游业成为驱动泰国经济增长的重要引擎。联合国的数据显示，泰国的游客数量位居全球第11位，旅游收入位居全球第6位，大多数游客来自中国、韩国、日本、欧美和东南亚邻国。据泰国旅游与体育部2016年12月29日公布的数据，2016年泰国接待入境游客3257万人次，比上年增长8.86%；入境旅游收入16378亿泰铢（1泰珠约合人民币0.1998元，下同），增长12.4%。

国内旅游也在泰国经济体系中发挥重要作用，年收入约8000亿泰铢，约占国内生产总值的5.7%。2016年11月29日，泰国内阁通过一项国内旅游消费刺激措施，即“为国消费和为国出游”，每名纳税人可将实际支付但不超过15000泰铢的国内旅游和餐馆消费支出用于抵扣所得税，在全国范围内派发福利。据泰国商会大学的报告，“为国消费和为国出游”措施为泰国经济带来210亿泰铢的消费流动，为全年GDP增长贡献约0.1百分点。

3. 投资额大幅增长。2016年泰国申请促进投资项目1546项，投资总额584.35亿泰铢，分别比上年增长56%和196%。这些投资项目中，产业投资占半壁江山，其中汽车和零配件投资额88.51亿泰铢，家电和电子产品投资额64.92亿泰铢，石油化工投资额46.99亿泰铢，农业投资额45.89亿泰铢，旅游业投资额21.4亿泰铢，医疗产业投资额7.8亿泰铢，数字产业投资额5.17亿泰铢。泰国投资委员会全年审批许可项目1688项，投资总额861.34亿泰铢，其中既有2016年前申请的项目，也有当年申请的项目，这些项目在1~2年内落地，创造就业岗位1.39万个，促进国内消费697亿泰铢及出口额877亿泰铢。日本、新加坡和中国成为泰国投资前三位的国家。

（二）泰国4.0战略及东部经济发展走廊政策

2016年，泰国政府正式提出泰国4.0高附加值经济模式。这是泰国政府提出的未来20年泰国经济社会发展战略。泰国总理巴育表示，泰国走过农业1.0时代和专注于廉价劳动力的轻工业2.0时代，跨越吸引外资的重工业3.0时代，最终将进入创新驱动和高附加值经济的4.0时代。

巴育在多个场合描述泰国经济结构改革计划，表示泰国4.0是要推动更多高新技术和创新技术的应用，使创新成为推动泰国经济增长的主要动力，更关注社会、教育、环保和人民的幸福指数。在4.0战略背景下，泰国未来将发展十大目标产业：5个已有优势产业即现代汽车制造业、智能电子产业、高端旅游及保健旅游业、农业和生物技术、食品加工业的升级改造；5个新兴产业即机器人制造业、航空业、生物燃料和生物化学、数字经济、全方位医疗产业。同时，按照地理方位将全国划为六大片区，优先推动其中的东部经济走廊包括北柳、春武里和罗勇三府的建设，计划在最初5年，至少投入1.5万亿泰铢到该地区，用于完善一系列基础设施，包括扩建乌塔堡国际机场、林查班港，修建曼谷至罗勇的高速铁路，以及完成区域内铁路复线和高速公路建设，目标是成为泰国乃至东盟最先进的经济发展中心。2016年10月4日，泰国内阁通过《东部经济特区法案》。该法案旨在吸引外商对十大目标产业的投资，从而优化泰国的产业结构，增强国家综合竞争力，使泰国摆脱中等收入陷阱。东部经济走廊有望成为东盟海上交通中心，连接缅甸土瓦深水港、柬埔寨西哈努克港和越南头顿港。东部经济走廊包含173个项目，投资总额7000亿泰铢，其中政府拨出1500亿泰铢，其余由公私合营企业投资。泰国政府部门积极研究并制定配套计划，包括与贸易伙伴国的贸易部门携手合作，推动出口增长及增加电子商务的应用等措施。

三、外交

（一）主要领导人频繁出访

2016年2月15~16日，泰国总理巴育赴美国加利福尼亚州参加美国—东盟领导人非正式会议。其间，巴育与越南总理阮晋勇会谈。3月23日，巴育率团出席澜沧江—湄公河合作首次领导人会议并访问中国。随行官员包括外交部部长乃敦、财政部部长阿披萨、交通部部长阿空等。5月17~21日，泰国总理巴育访问俄罗斯。9月4日，泰国总理巴育出席在中国杭州举办的G20峰会，并与中国国家主席习近平举行会晤。2016年6月26日，颂奇出任泰国副总理后首次访华，对北京和上海两大城市展开访问，鼓励中国创业公司投资泰国。访华期间，颂奇见证了泰中3份备忘录的签署。12月9日，中泰贸易、投资和经济合作联合委员会第5次会议在北京举行，泰国副总理颂奇出席会议并再次访华。

（二）泰国与美、中等主要国家的关系不断深化

泰国政府继续积极参与国际事务，2016年与美国、中国等主要国家关系不断深化。泰美关系方面，2016年2月双方因政变而终止的代号为“金眼镜蛇”年度军事演习得以小规模恢复。泰中关系方面，中泰高铁合作项目继续推进。2016年7月28~29日，中泰铁路联合委员会第12次会议在泰国首都曼谷举行，中国国家发展和改革委员会副主任王晓涛和泰国交通部部长丁披他耶拜实出席，双方就铁路合作总造价、设计、采购、施工总承包和资金合作等议题进行磋商。根据12月14日两国最新的备忘录，中泰铁路曼谷—呵叻段计划于2017年年初开工建设。在泰国公主诗琳通的支持下，两国文化、教育合作也不断深化。泰日关系方面，2016年5月2日，日本外相岸田文雄访问泰国，并与泰国总理巴育会晤，双方就加强两国合作达成

友好共识。6月,泰日铁路合作项目规划开始推进,两国成立铁路货运路线勘察和发展办事处,为铁路可行性研究和环境影响评估等工作进行指导和提供便利,从而更有效地推进泰日铁路计划北碧—曼谷—廉差邦—阿兰亚巴贴段的建设。

（三）积极承办大型国际会议

2016年2月29日,泰国承办77国首脑会议,泰国总理巴育主持开幕式,并发表题为"曼谷适足经济圆桌会议:可持续发展目标(SDGS)"。6月1日,77国集团峰会在曼谷举行,泰国总理巴育推广泰国的"知足经济"政策。2016年10月9~10日,泰国承办第二届亚洲合作对话峰会,亚洲34个国家和地区领导人出席本次峰会,泰国总理巴育主持会议并致开幕词。

四、2017年展望

新宪法如获御准,将取代2014年政变后的临时宪法,成为泰国历史上第20部宪法。根据巴育政府原定的政治路线图,2017年年底将根据新宪法举行大选。泰国下一步的走向取决于王室及巴育政府的选择,人们寄希望的是,泰国不会重回2014年的严重对峙局面,目前君主立宪体制之下的泰国首要任务就是要弥合分歧,确保稳定。但是军人政权无法根除泰国的社会矛盾,军人揽权仅靠一部宪法和一次大选不可能解决泰国所有的政治分歧。

经济上,据泰国国家银行预测,泰国2017年经济增速有望超过3.2%。政局恢复稳定对经济的正向促进作用正在逐步显现,政府投资仍是2017年泰国经济实现增长的主动力。2017年,泰国政府投资和支出项目共36个,另加20个后续项目,投资总额约为2.6万亿泰铢,其中约1.6万亿泰铢将流入市场。预计全年政府投资可增长14.1%。旅游业、民间消费增长趋向放缓,出口和民间投资将成为重要辅助力量。此外,泰国积极开辟经济合作伙伴和市场,如东欧、非洲、俄罗斯等,寻求新的经济增长点。2017年泰国经济的风险仍主要来自外部,如美国特朗普新政府的经济政策、英国正式启动脱欧程序等。而且,随着全球贸易保护主义升温,泰国资本外流危险加大。泰国将把重心重新转回亚洲,东盟及中国相对稳定的经济发展态势可以较快带动与泰国的贸易、投资、产能合作,并进一步带动泰国国内制造业回暖。国内方面,尽管泰国政府出台多项鼓励企业投资的税收优惠政策,但民间投资跟进仍显疲弱。 （陈红升　唐　卉）

资料来源:

1. 郭光昊:《泰国新宪法周日公投,军方坦言为削弱政党势力》,http://www.guancha.cn/Neighbors/2016_08_05_370132.shtml

2.《泰国开始新宪法草案全民公投》,http://www.chinanews.com/gj/2016/08-07/7964237.shtml

3. 凌朔:《新闻分析:泰国宪法公投有何玄机》,http://news.xinhuanet.com/world/2016-08/03/c_1119330336.htm

4. 刘倩、宋清润:《权贵派的"背水一战"——新宪法草案公投揭示泰国政局新动向》,《世界知识》2016年第17期

5. 刘倩、宋清润:《泰国新宪法公投及其影响》,《国际研究参考》2016年第9期

6. 李颖、明大军:《新宪法草案通过,或将左右泰国政治巨头命运》,http://news.xinhuanet.com/world/2016-08/09/c_129213910.htm

7. 蔡若愚:《泰国4.0之梦:泰国的雄心与中国的机会》,《中国经济导报》2017年2月22日

8. 俞懿春:《泰国"向东"探索经济新动力》,《人民日报》2016年11月7日

9. 李颖、明大军:《三问泰国新宪法草案》,http://news.xinhuanet.com/world/2016-08/08/c_129213518.htm

10. 刘旭颖:《泰国经济增长信心未减》,《国际商报》2017年3月2日

11. 马勇幼:《泰国经济在复苏路上艰难行进》,《光明日报》2017年1月2日

越南:2016年发展回顾与2017年展望

2016年越南选举产生新一届党和国家主要领导人,实现政权平稳交接,选举2016~2020年任期内的第十四届国会代表和各级人民议会代表委员会代表;经济上保持增长势头,新建立的企业数量创历史新高,但是没有实现原定计划目标;外交上积极发展多边和双边关系,注重平衡越中关系和越美关系。2017年经济发展仍将保持增长态势。

一、实现政权平稳交接

（一）召开越共十二大,选举产生新一届中央委员会和党的领导人

2016年1月21~28日,以"团结—民主—纪律—革新"为主题的越南共产党第十二次全国代表大会在河内举行,1510名代表出席会议。越共十一届中央政治局委员、越南国家主席张晋创致开幕词;越共第十一届中央总书记阮富仲在会上宣读政治报告,并致闭幕辞。大会讨论通过《越共十二大政治报告》《回顾2011~2015年经济社会发展计划执行情况和2016~2010年经济社会发展方向和任务的报告》《越共十一届中央委员会领导、指导工作检查报告》《越共十一届党章实施总结报告和落实十一届四中全会关于"目前党建紧迫问题"决议的总结报告》;选举产生越共新一

届中央委员会和党的领导人。根据2017年1月26日越南检票委员会公布的选举结果，有200名代表当选为越南共产党第十二届中央委员会委员，其中，正式委员180名，候补委员20名。第十一届中央委员有100名再次当选。越共十二届中央委员具有几个新的特点：一是年轻化，平均年龄为53岁。二是高学历，绝大多数中央正式委员和中央候补委员具有大学及以上学历。三是中央机关占多数名额，正式委员中央机关占115名，地方党政机关占65名，企业高管占3名。四是首次一次性足额选举19名政治局委员。

大会还总结越南30年革新开放的经验教训，提出新时期国家发展的方向，确定六项中心任务：第一，加强党的建设与整顿，坚决阻止、打退党内表现为政治思想、道德、生活方式蜕化变质等“自我演变”“自我转化”的现象。集中建设干部队伍，尤其是有前途、能力强、品质好、威信高、胜任工作的干部队伍。第二，建设精干、高效的组织机构，推动反腐败工作取得积极效果。第三，集中提高经济增长质量、竞争力和劳动效率。把重组经济结构与转变增长方式相结合，推动国家工业化、现代化，把农业、农村工业化、现代化与建设新农村相结合。重点解决好国有企业和国有银行结构重组问题，处理不良资产，保障公债安全。第四，捍卫国家的独立、主权、统一和领土完整，维护国家发展的和平、稳定环境。扩大和深化对外关系，在新的条件下有效实现融入国际，继续提高越南国际地位和威信。第五，有力地聚集和发挥人民的所有资源和创造力。关心提高人民的物质和精神生活水平，解决好社会迫切问题；加强社会管理，保障社会安全和人民的安全；保障社会民生，提高社会福利和持续减贫。发挥人民当家做主权，发挥全民族大团结的力量。第六，在社会生活各个领域发挥人的作用；集中建设有道德、有人格、生活方式好、有智慧、工作能力强的人才队伍；建设健康的文化环境。继续全面、同步推动革新事业，把越南早日建设成为民富、国强、民主、公平、文明的社会主义现代化国家。

越共十二大决议提出未来5年（2016～2020年）计划指标：越南经济年均增长速度6.5%～7%，到2020年人均国内生产总值3200～3500美元，未来5年工业和服务业占国内生产总值的比重85%，社会投资总额5年平均占国内生产总值的32%～34%，财政赤字不超过国内生产总值4%。

（二）相继召开越共十二届二中、三中、四中全会

1. 越共十二届二中全会。2016年3月10～12日在河内举行，越共中央总书记阮富仲主持会议，并致开幕词和闭幕词。会议讨论和决定以下重要内容：越共十二届中央委员会工作计划；2016～2020年经济社会发展计划、中期国家财政金融计划和中期公共投资计划；向第十三届国会推荐国家机关领导人，以便选举或批准；其他重要事项。

2. 越共十二届三中全会。2016年7月4～7日在河内举行，越共中央总书记阮富仲主持会议，并致开幕词和闭幕词。会议讨论以下重要事项：第十二届中央委员会、政治局和书记处工作制度；第十二届中央检查委员会工作制度；党章实施规定；关于党章第七章、第八章党的检查、监督、处分工作的规定；关于2016～2020年任期的国家组织机构和机关领导职务的人事推荐；对政治局从十二届二中全会到三中全会已经解决的各项重要工作报告提出意见。

3. 越共十二届四中全会。2016年10月9～14日在河内举行，越共中央总书记阮富仲主持会议，并致开幕词和闭幕词。会议对以下问题进行讨论并提出意见：2016年经济社会发展情况、2017年经济社会发展计划草案；继续革新增长方式，提高经济增长质量、竞争力和劳动效率的重大政策和主张；有效推进融入国际经济的进程，在越南参加新的各种自由贸易协定背景下保持政治社会稳定；加强党的建设与整顿；坚决阻止、消除党内表现为政治思想、道德、生活方式蜕化变质等“自我演变”“自我转化”的现象；其他重要问题。

（三）如期举行国会重要会议并选举产生新一届国家主要领导人

1. 完成第十四届国会代表和各级人民代表委员会代表的选举。2016年5月22日，越南第十四届国会代表选举及越南地方各级人民议会代表选举投票在越南各地展开。本届代表任期为2016～2020年，选举工作在公开、民主、按照法律程序、安全、节约的情况下进行，选举的成功举行为越南健全国家机关的组织、人事工作，继续建设属于人民、由人民做主、为人民服务的社会主义

3月12日，越南共产党第十二届中央委员会第二次全体会议在越南河内举行 （百度网）

法治国家,决心建设廉政、创新、行动、服务的政府创造了前提条件。

2. 第十三届国会第十一次会议和第十四届国会第一次会议举行,选举产生新一届国家主要领导人。2016年3月21日至4月12日,越南第十三届国会第十一次会议在河内举行。在这次会议上,越共中央政治局委员阮氏金银当选为国会主席和国家选举委员会主席。阮氏金银是越南第一位女性国会主席,也是第一位跻身越南党和国家最高领导层的女性。越共中央政治局委员陈大光当选为国家主席,越共中央政治局委员阮春福当选为政府总理。

2016年7月20日,越南第十四届国会第一次会议在河内举行,越南国会主席阮氏金银主持会议,并致开幕词。这次会议的主要内容有:重新选举产生包括国会主席、国家主席、政府总理在内的国家领导人。此外,还审议2016年上半年越南经济社会发展情况和国家预算实施情况报告,并对实施下半年经济社会和国家预算计划提出意见。会议期间,阮氏金银、陈大光和阮春福分别当选为国会主席、国家主席和政府总理,任期5年。这是越南建国以来首次年内两次选举国家主要领导人。

二、经济保持增长势头

2016年越南经济增长率为6.21%,低于2015年6.68%的增长水平,没有达到原定6.7%的目标。其中:农、林、渔业增长1.36%,是2011年以来的最低水平;工业和建筑业增长7.57%,低于2015年9.64%的增长水平;服务业增长6.98%。

1. 经济结构不断优化。2016年,在越南国内生产总值中,农、林、渔业占比为16.32%,工业和建筑业占比为32.72%,服务业占比为40.92%,扣除产品补助后的产品税占比为10.04%。与2015年三次产业分别占比17%、33.25%、39.73%的结构相比,2016年第一产业占比降低,第二产业和第三产业占比上升,经济结构有所优化。

2. 主要产业产值情况。按2010年不变价格计算,2016年越南农、林、渔业总产值870.7万亿越盾。其中:农业产值642.5万亿越盾,增长0.79%;林业产值28.2万亿越盾,增长6.17%;渔业产值200万亿越盾,增长2.91%。2016年越南商品零售与消费服务营业收入总额3527.4万亿越盾,比上年增长10.2%,扣除价格因素实际增长7.8%。旅游业快速增长,2016年越南接待国际游客1001万人次,比上年增长26%。其中:航空游客826万人次,增长31.7%;陆路游客147万人次,下降2.3%;海路游客28.48万人次,增长67.7%。亚洲游客726.34万人次,增长30.6%。其中,中国大陆游客269.68万人次,增长51.4%,中国是越南最大的客源国。

3. 新成立企业数量创历史纪录。2016年越南新注册企业11.01万家,创造新的纪录,比上年增长16.2%;注册资金总额891.1万亿越盾,增长48.1%(如果加上部分企业增加投资1629.8万亿越盾,注册资金和补充资金总额达2520.9万亿越盾)。新成立企业平均每家注册资金81亿越盾,增长27.5%。新成立企业安排就业人数126.8万。有2.67万家企业重新开业,增长24.1%。新成立企业和重新开业企业总数13.68万家。新成立企业数量和注册资金数量增长幅度大的行业有:不动产企业数量增长83.9%,注册资金增长234.2%;信息传媒企业数量增长9.7%,注册资金增长128.1%;金融保险企业数量增长26.7%,注册资金增长87.4%;加工制造业企业数量增长18.9%,注册资金增长60.4%;其他服务行业企业数量增长35.3%,注册资金增长87.7%。

4. 国家财政预算收支情况。截至2016年12月15日,越南国家财政预算总收入943.3万亿越盾,完成年预算的93%。其中:国内收入744.9万亿越盾,完成年预算的94.9%;原油收入37.7万亿越盾,完成年预算的69.2%;进出口收入156.2万亿越盾,完成年预算的90.8%。国家财政总支出1135.5万亿越盾,完成年预算89.2%。其中:发展投资支出190.5万亿越盾,完成年预算74.7%;经济社会事业发展、国防安全、行政管理支出786万亿越盾,完成年预算95.4%;归还债务和援助支出150.3万亿越盾,完成年预算96.9%。

5. 进出口贸易保持增长态势。2016年越南进出口贸易总额3492亿美元,比上年增长6.6%。出口商品总额1759亿美元,增长8.6%。其中:国内企业出口500亿美元,增长4.8%;外资企业(包括原油)出口1259亿美元,增长10.2%(不包括原油,出口商品金额为1235亿美元,增长11.8%)。美国仍然是越南最大的出口市场,对美出口商品总额381亿美元,增长14%;其次是欧盟340亿美元,增长10%;第三是中国218亿美元,增长26.3%。

进口商品总额1733亿美元,增长4.6%。其中:国内企业进口711亿美元,增长4%;外资企业进口1022亿美元,增长5.1%。中国仍然是越南最大的进口市场,金额达498亿美元,增长0.5%。

服务出口总额123亿美元,比上年增长8.9%。其中,旅游服务出口83亿美元,增长12.1%。运输服务出口24亿美元,增长0.7%。服务进口总额177亿美元,增长7%。其中:运输服务进口89亿美元,增长3.8%;旅游服务进口45亿美元,增长27.9%。

6. 投资保持增长势头。根据现行价格计算,2016年越南到位社会投资总额1485.1万亿越盾,比上年增长8.7%,占国内生产总值的33%。其中:国有资金557.5万亿越盾,增长7.2%;非国有资金579.7万亿越盾,增长9.7%;外资347.9万亿越盾,增长9.4%。

2016年，落实国家财政预算投资资金268.6万亿越盾，增长15.1%。其中：中央管理资金62.6万亿越盾，增长14.9%；地方管理资金206万亿越盾，增长15.2%。

全年新发放外资企业投资项目许可证2556份，注册资金151.82亿美元，项目数比上年增长27%，注册资金下降2.5%。

三、积极开展多边和双边外交

2016年越南大力推动外交工作，成功主办第7次伊洛瓦底江、湄南河及湄公河经济合作高峰论坛，第8次柬埔寨、老挝、缅甸、越南经济合作高峰会议，世界经济论坛—湄公河合作高层会议。积极参加国家和地区论坛，落实许多重要双边外交互访工作，注重平衡越中关系和越美关系，这些外交活动体现越南外交政策的一贯性和深度、广度、全面融入国际社会的决心。

（一）越南与中国的关系

1. 越中两党、两国领导人保持经常接触，确保两国关系稳定、健康发展，取得积极成果。2016年9月10～15日，越南政府总理阮春福对中国进行正式访问。访问期间，中共中央总书记、中国国家主席习近平会见阮春福，中国国务院总理李克强同阮春福举行会谈，中国全国人大常委会委员长张德江、全国政协主席俞正声分别会见阮春福。中越双方签署《中华人民共和国政府和越南社会主义共和国政府经贸合作5年发展规划延期和补充协议》《中华人民共和国政府和越南社会主义共和国政府边境贸易协定》（2016年修订）、《中华人民共和国国家发展和改革委员会与越南社会主义共和国工贸部关于产能合作项目清单的谅解备忘录》《中华人民共和国国家发展和改革委员会与越南社会主义共和国计划投资部关于共同制定陆上基础设施合作2016～2020年规划的谅解备忘录》《中华人民共和国教育部和越南社会主义共和国教育培训部2016～2020年教育交流协议》等合作文件。2016年11月19日，中共中央总书记、中国国家主席习近平在秘鲁首都利马与越共中央政治局委员、国家主席陈大光就双边关系和共同关心的问题举行会谈。年内，中共中央政治局常委、全国人大常委会委员长张德江对越南进行正式友好访问；越共中央政治局委员、书记处常务书记丁世兄应邀访华。12月23日，以“对外开放条件下加强党的建设面临的挑战和经验”为主题的第12次中越两党理论研讨会在越南河内举行。中共中央政治局委员、书记处书记、中宣部部长刘奇葆和越共中央政治局委员、书记处书记、中组部部长范明政在研讨会开幕式上做主旨报告，分别介绍了中越两党加强自身建设的做法和经验。

2. 中越保持紧密的经贸合作。2016年，中国是越南最大的贸易伙伴国，是越南最大的商品进口来源国和客源国。据越南统计总局公布的数据，2016年中越双边贸易总额达到720亿美元。其中：越南向中国出口商品金额220亿美元，比上年增长28.4%，占越南商品出口总额的12.4%；70%的果蔬向中国出口，中国是越南第三大出口市场；越南从中国进口商品金额为499亿美元，占越南进口总额的28.7%。据越南旅游总局公布的统计资料，2016年中国游客到越南旅游人数270万人次，创历史纪录，比上年增长51.4%。此外，2016年越中外交、执法、军队等部门和地方之间的交流与合作也取得积极成果。

（二）越南与美国的关系

1. 美国总统奥巴马访问越南。应越南国家主席陈大光的邀请，美国总统奥巴马于2016年5月23～25日对越南进行国事访问，这是奥巴马首次访问越南，也是1995年两国建交以来访问越南的第三位美国总统。访问期间，陈大光与奥巴马就双边关系和国际、地区问题举行会谈，奥巴马宣布解除对越南杀伤性武器禁运，陈大光表示欢迎。越共中央总书记阮富仲、越南政府总理阮春福、越南国会主席阮氏金银分别会见奥巴马。陈大光和奥巴马见证了越南越捷航空公司与美国波音集团签订购买100架波音飞机的合作协议等两国多项经济贸易合作文件的签署。

2. 丁世兄访问美国。应美国国务卿克里的邀请，越共中央政治局委员、书记处常务书记丁世兄于2016年10月24～30日对美国进行访问。10月25日，丁世兄在华盛顿与克里就越南加入跨太平洋关系协定（TPP）等双边关系和东盟与美国的关系举行会谈。克里表示，11月8日总统选举后，美国将继续实行亚太再平衡战略，重视发展与越南和东盟的关系。

3. 美国是越南最大的商品出口市场，也是越南最大贸易顺差来源国。据越南海关总局公布的资料，2016年，美国是越南最大的出口市场，越南向美国出口金额384.6亿美元，比上年增长14.9%，占越南出口总额的21.78%。

（三）越南与东盟国家的关系

1. 越南与老挝的关系。2016年两党总书记互访，对巩固和发展越南与老挝的特别团结关系具有重要作用。

应越共中央总书记阮富仲和越南国家主席陈大光的邀请，老挝人民革命党中央委员会总书记、国家主席本扬·沃拉吉率领党政高级代表团于2016年4月25～27日对越南进行正式友好访问。本扬与阮富仲举行会谈，分别会见越南国家主席陈大光、越南政府总理阮春福、国会主席阮氏金银。

应越南政府总理阮春福的邀请，老挝政府总理通伦·西苏里和老挝政府高级代表团于2016年5月15～17日对越南进行访问。阮春福与通伦就两国经贸合作关系举行会谈。越共中央总书记阮富仲、越南国家主席陈大光、国会主席阮氏金银分别会见通伦。

应老挝人民革命党中央委员会总书记、国家主席本扬·沃拉吉的邀请，越共中央总书记阮富仲率领越共高级代表团于2016年11月24~26日对老挝进行访问。阮富仲与本扬就进一步提升两党两国关系等问题举行会谈。会谈后，两党领导人共同见证6份双边合作文件的签署，其中包括越南援建老挝国会大厦项目、万象—河内干线公路建设谅解备忘录等。阮富仲还分别会见老挝政府总理通伦·西苏里、老挝国会主席巴妮·雅陶都及老挝建国阵线中央委员会主席赛颂蓬·丰威汉。这是阮富仲在2016年年初再次当选越共中央总书记后首次出国访问。

2. 越南与柬埔寨的关系。应柬埔寨国王诺罗敦·西哈莫尼的邀请，越南国家主席陈大光于2016年6月15~16日对柬埔寨进行国事访问。陈大光与西哈莫尼举行会谈，并分别会见柬埔寨参议院主席赛冲、国会主席韩桑林和政府首相洪森。这是陈大光担任越南国家主席后首次出国访问。

3. 越南与菲律宾的关系。应越南国家主席陈大光的邀请，菲律宾总统杜特尔特于2016年9月28~29日对越南进行正式访问。陈大光与杜特尔特举行会谈，越共中央总书记阮富仲、越南政府总理阮春福分别会见杜特尔特。

（四）越南与俄罗斯的关系

应俄罗斯联邦政府总理梅德韦杰夫的邀请，越南政府总理阮春福率领越南政府高级代表团于2016年5月16~18日对俄罗斯进行正式访问。访问期间，阮春福与梅德韦杰夫举行会谈，就双边关系和共同关心的地区、国际问题交换意见。双方签订越南国家油气集团与俄罗斯油气集团补充、延期合作协议等多项经济合作文件。

越南政府总理阮春福在俄罗斯索契出席纪念东盟—俄罗斯对话20周年峰会期间会见普京。

四、2017年经济展望

越南第十四届国会第二次会议提出2017年国内生产总值增长6.7%的目标。2016年年底，世界银行驻越南办事处专家对越南经济发展分析后预测该国2017年和2018年增长水平为6.3%。

根据越南计划投资部统计总局2017年3月29日公布的2017年第一季度经济社会发展统计数据。越南国内生产总值比2016年同期增长5.1%，低于上年同期5.48%的增长水平。

从2017年第一季度情况分析，越南宏观经济基本稳定，出口、吸引国际游客和外资都取得好的成绩；经营环境得到改善。但是，越南经济还面临许多困难，增长速度出现停滞的迹象，低于前两年同期增长水平。加工制造业增长水平低，农业生产仍然受前几年海水倒灌的影响，投资资金拨款到位速度缓慢等。面对这些问题，越南政府提出采取各项积极、有力措施，克服一切困难，力争实现2017年国内生产总值增长6.7%的目标。主要措施有：继续完善经济法体系，简化行政手续，转变经济增长方式，调整结构，改善投资经营环境，提高竞争力，鼓励改革创新、创业，发展企业；继续主动、灵活、有效地协调管理，把货币、财政政策和其他政策密切结合，稳定宏观经济，控制通货膨胀，促进增长，保障信用适度增长与质量提高相结合，集中投向农业、农村、出口、辅助工业、中小企业和高科技应用，稳定利率，降低贷款利率；加快落实政府投资资金拨款进度，把资金投向对经济社会发展具有重要意义的重大工程，尽快投入使用；根据市场机制研究、制定利用国内外、国外民间和越侨资源的政策措施，发展生产经营；推动出口，尤其是主力产品；有效开拓传统市场，开发新市场，为出口企业解决困难；指导企业用好越南与各国签订的自由贸易协定，严格控制进口国内可生产的商品，运用各项正当保护措施；注重发展和管理好国内市场，尤其是零售市场和超市，打击传销行为；大力发展辅助工业，加强国内企业与外资企业对接，提高国产化比例；管理好不动产市场；采取有力措施，促进服务业增长，力争使该部门增长7.2%；落实好中央政治局、政府提出的把旅游业发展成为重要经济部门的行动计划，提高旅游服务质量，加强联系、吸引游客，尤其是重点游客市场，继续扩大发放电子签证试点，争取2017年吸引国际游客增长30%以上；加大反腐败力度，增强人民群众对党和政府领导的信心，为企业创造宽松的生产经营环境。另外，2017年越南承办亚太经合组织领导人高峰论坛，将投资建设许多重大工程，对经济发展也将起到促进作用。

综上所述，2017年越南经济发展的有利条件较多，在政府促进经济增长的政策措施和世界经济恢复增长以及越南主要贸易伙伴国经济持续增长的作用下，越南经济有望保持稳定增长的势头。（农立夫）

资料来源：

1.《越南共产党第十二次全国代表大会文件》，河内：越南国家政治出版社，2016年4月版

2. 越南政府网站

3. 越南国会网站

4. 越南外交部网站

5. 越南《共产主义杂志》网站

6. 越南海关总局网站

7. 越南统计总局网站

8. 越南经济时报网站

9. 越南旅游总局网站

10. 越南之声广播电台网站

11. 英国BBC广播电台网站

12. 中国驻越南大使馆经济商务参赞处网站

东南亚国家联盟

东南亚国家联盟简况

东南亚国家联盟(简称东盟)是亚太地区重要的地区组织,包括文莱、柬埔寨、印度尼西亚、老挝、马来西亚、缅甸、菲律宾、新加坡、泰国、越南等10个国家,东帝汶和巴布亚新几内亚为观察员国。东盟秘书处设在印度尼西亚首都雅加达,秘书长由越南人黎良明担任。东盟10国总面积约444万平方千米,人口规模约为6.01亿。东盟的成立以"本着平等与合作精神,共同努力促进本地区的经济增长、社会进步和文化发展,为建立一个繁荣、和平的东南亚国家共同体奠定基础,以促进本地区的和平与稳定"为宗旨和目标。在1997年签署的《东盟2020年远景》中表示:东盟要建设成为一个充满关爱的社会,一个不分性别、种族、宗教、语言及社会和文化背景,所有人都享有平等发展权的社会;成为亚太地区乃至世界上一个有效维护和平与公正的现代化组织。

东盟的前身是马来西亚、泰国和菲律宾于1961年7月31日成立的东南亚联盟。1967年8月6~8日,印度尼西亚、马来西亚、新加坡、菲律宾和泰国共同发表《东南亚联盟成立宣言》即《曼谷宣言》,宣告东盟成立。1976年,上述5国在巴厘岛举行东盟第1次首脑会议,签署《东南亚友好合作条约》和《东南亚联盟协调一致宣言》(合称《巴厘第一协约》),确定东盟的宗旨和原则。1984年文莱加入东盟,联盟成员国增至6个(这6个国家也被称为原东盟成员国或东盟老成员国)。之后,越南于1995年7月、缅甸和老挝于1997年7月、柬埔寨于1999年4月加入东盟,东盟在组织上实现1994年5月提出建立"东南亚10国共同体"的目标。2006年东帝汶申请加入,但至今仍仅作为观察员参与东盟相关会议。2003年10月,第9次东盟领导人会议通过标志东盟在政治、经济、安全、社会与文化全面合作进入历史新阶段的《巴厘第二协约》,提出在2020年建立类似于欧盟的、包括政治安全共同体、经济共同体和社会文化共同体的"东盟共同体"。2004年11月,第10次东盟领导人会议通过《万象行动纲领》等一系列文件,提出进一步缩小成员国间的发展差距,于2020年把东盟建成一个对外开放、充满活力与关爱的共同体的目标。2005年12月,第11次东盟领导人会议通过《吉隆坡宣言》,决定制定《东盟宪章》,用法律的形式确定东盟所有准则、规定和价值观,搭建一个法律和机构框架,以加快实现东盟共同体的目标。2007年1月,第12次东盟领导人会议通过《到2015年建成东盟共同体宣言》,将建设进程缩短5年。第12次东盟领导人会议还通过《东盟宪章蓝图宿务宣言》,为东盟解决内部分歧提供法律依据,同时为东盟共同体建设指明方向。2008年12月15日,《东盟宪章》正式生效,东盟各国的合作更加制度化。2009年2~3月和10月分别举行第14次和第15次东盟领导人会议,签订《东盟共同体2009~2015年路线图宣言》等系列协定,强调东盟将于2015年如期建成"人民的共同体"。2010年4月和10月分别举行第16次和第17次东盟领导人会议,明确在一年内举行两次东盟领导人会议。其中:第一次是成员国领导人会议,讨论东盟共同体建设事务;第二次是东盟与对话伙伴领导人会议,讨论与对话伙伴以及区域合作问题。2011年5月和11月分别举行第18次和第19次东盟领导人会议,签署《巴厘第三协约宣言》等一系列协定,强调以"全球共同体中的东盟共同体"为纲领,在推动2015年建成东盟共同体的进程中,带领东盟进一步放眼全球。2012年4月和11月分别举行第20次和第21次东盟领导人会议。其中:第20次会议通过《金边宣言》《金边议程》《2015年建立东盟无毒品区宣言》《"全球温和派行动组织"概念文件》等一系列重要文件,还就继续推动东盟一体化和东盟发展中遇到的问题等达成共识;第21次会议签署《东盟人权宣言》,建立"和平与和解机构"并决定在柬埔寨建立东盟地区排雷行动中心,同时将2015年12月31日定为建成东盟共同体的最后期限。2013年4月和10月分别举行第22次和第23次东盟领导人会议。其中:第22次会议发表的《主席声明》,强调加强东盟共同体建设,扩展东盟次区域合作,呼吁有关各国遵守《南海各方行为宣言》以及南海问题六条原则,要求各方保持克制,避免使用武力或武力威胁,和平解决有关争议;第23次会议再次确认2015年建成东盟共同体的目标。2014年5月和11月分别举行第24次和第25次东盟领导人会议。其中:第24次会议发表的《内比都宣言》,表示进一步加强成员国间以及其他各方的协调合作,努力于2015年年底建成东盟共同体;第25次会议重点讨论东盟共同体建设的进展和建成后的发展愿景以及如何加强东盟自身机构及能力建设。2015年4月和11月分别举行第26次和第27次东盟领导人会议。其中:第26次会议以"我们的人民,我们的共同体,我们的愿景"为主题,决定如期在2015年年底建成东盟共同体;第27次会议讨论东盟共同体2015年年底建成和未来十年的发展方向以及其他共同关切的地区和国际问题,各国领导人还共同签署《关于建立东盟共同体的2015吉隆坡宣言》和《东盟2025吉隆坡宣言:携手前行》。2016年9月6~8日,东盟第28次和第29次领导人会议在老挝万象举行。其中:第28次会议主要讨论东盟共同体的建设情况,回顾"东盟共同体2025蓝图"的实施情况,并对在实施过程中遇到的问题提出指导性意见，会议还通过《东盟宣言：一个东盟，一种反应机制》《东盟一体化工作计划Ⅲ》《东盟互联互通总体规划2025》等文件，以确保有效执行“东盟共同体2025蓝图”；第29次会议着重讨论东盟与外部的关系以及发展方向，就共同关注的国际和地区问题交换意见。

东盟建立一系列组织机构、机制来加强内部以及与世界各国的合作，主要有：东盟领导人会议，东盟外长会议和东盟地区论坛，以及农业和林业、经济、能源、环境、财政、通信与信息、投资、劳工、健康、法律、农村发展和减少贫困、科学与技术、社会福利与发展、打击跨境犯罪、肃毒、交通、旅游、青年、妇女工作、国防、教育、文化艺术、跨境烟雾、东盟投资区理事会、东盟自由贸易区理事会、东盟外长扩大会议、东盟经济共同体理事会议等部长级会议，部长会议下还设有高官委员会、理事会和技术工作小组。为有效处理对外关系，东盟在布鲁塞尔、伦敦、巴黎、柏林、华盛顿、东京、汉城（今首尔）、堪培拉、渥太华、威灵顿、日内瓦、首尔、新德里、纽约、北京、莫斯科、伊斯兰堡等地设有外交机构。2008年《东盟宪章》生效后，东盟10国均向东盟秘书处派驻大使，东盟对话伙伴国也陆续向东盟秘书处派驻大使。

2015年年底，东盟经济共同体宣告建成，成为东盟历史上又一重要的里程碑，标志着亚洲历史上第一次建成次区域共同体，对于东盟一体化进一步发展具有重要战略意义。根据东盟发展计划，东盟经济共同体建成后，东盟经济增长率可提升至7%左右，至2020年，东盟经济总量将从2015年的2.5万亿美元提升至4.7万亿美元，世界排名将从第7跃居第4；到2030年，东盟中产阶级将增加1倍达到1.63亿人，东盟吸引外资也将大幅提升。在东盟共同体框架下，东盟国家在政治安全、经济和社会文化领域一体化水平将不断提升，东盟作为一个整体在区域合作舞台上的声音将更加响亮。东盟秘书长黎良明表示，东盟共同体的建成有利于东盟更积极发挥领导力，推动实现地区稳定和繁荣，造福本地区各国及其人民。

东盟共同体建成并不意味着东盟一体化进程的终结，东盟共同体未来还面临着各成员国经济发展水平参差不齐、政治体制不同、宗教文化多样、区域法律法规不健全、非关税贸易壁垒等问题和挑战，一体化建设仍然需要深化。现实情况表明东盟国家很难像欧盟一样在国际舞台上用同一个声音说话。东盟成员国之间没有形成共同的外交和安全政策，未形成货币统一的经济货币联盟，财政政策也不统一，协调规章制度缺乏，与区域外国家或集团的竞争力较弱。

2016年是东盟共同体宣布建成后的开局之年，在国际形势复杂多变，各种风险挑战加剧的情况下，东盟各方面保持平稳发展。老挝担任轮值主席国，确定“将愿景变为现实，迈向充满活力的东盟共同体”的发展主题，进一步深化和推进东盟共同体和区域一体化建设。在对外关系方面，东盟借助一系列双边、多边机制，积极打造以东盟为中心的对外关系网络，共同致力于地区的和平与稳定。

东盟政治安全共同体建设

增强政治互信，深化安全合作　2016年2月27日，东盟在老挝万象举行的外长非正式会议上，重点讨论2025年东盟共同体愿景，尤其是东盟政治安全共同体蓝图的实施，并就共同关心的地区和国际热点问题交换意见。在发展地区关系上，各成员国部长强调“保持和促进东盟中心的必要性和重要性及其在以东盟领导机制为基础的不断演变的区域架构中的重要性；呼吁全面有效地执行修订的《维持和加强东盟中心地位工作计划》”。5月25日，以“促进防务合作，实现活跃的东盟共同体”为主题的第10届东盟国防部长会议在老挝万象举行，与会各方强调要通过加强对话与合作，促进本地区和平与安全。7月24日，东盟接受智利加入《东南亚友好合作条约》。正如东盟外交部长在纪念《东南亚友好合作条约》签署40周年的声明中所说：“认识到其他非东盟成员国越来越有兴趣加入《东南亚友好合作条约》，反映他们对《东南亚友好合作条约》中阐明的目的和原则的承诺发出的积极信号，加强与东盟的合作，有助于该地区的和平与安全。”

主张和平解决南海争端　南海地区的和平稳定符合各方共同利益。在2016年2月27日于老挝万象举行的东盟外长非正式会议上，各国外长对于南海问题重申：“必须加强相互信任，在开展活动时保持自我克制，避免可能使局势进一步复杂化的行动，并根据国际法寻求和平解决争端。”7月25日，在老挝万象举行的第49届东盟外长会议发表联合声明表示：“应尽快建立外交部长间热线电话联系，以有效管控南海突发事件，并期待各方就在南海遵守《海上意外相遇规则》达成联合声明。”9月7日，在老挝万象举行的第19次中国—东盟领导人会议暨中国—东盟建立对话关系25周年纪念峰会上，通过了《中国与东盟国家应对海上紧急事态外交高官热线平台指导方针》和《中国与东盟国家关于在南海适用〈海上意外相遇规则〉的联合声明》，有效避免涉入南海主权争议的声索国冲突。

继续在打击跨国犯罪和恐怖主义方面开展合作　2016年2月27日，在老挝万象举行的东盟外长非正式会议上，各成员国重申加强与国际社会合作，无论其动机如何、无论何时何地坚决打击一切形式的恐怖主义。3月22～23日，东盟“巴厘进程——亚太地区应对偷渡、贩运人口及相关跨国犯罪问题”第6次部长级会议及高官会在巴厘岛举行，会议讨论通过《应对偷渡、贩运人口及相关跨国犯罪问题巴厘宣言》，决定在巴厘进程框架下成立新的磋商机制，以提高各成员国应急

反应能力，并加强政策对话、信息共享和能力建设。7月26日，在老挝万象举行的东盟地区论坛第23次会议上，与会各方对《联合国全球反恐战略》第5次审评表示欢迎，呼吁采取更加协调和全面的办法打击恐怖主义和暴力极端主义。9月8日在老挝万象举行的第11届东亚峰会上通过《东亚峰会加强应对危机移民和人口贩卖合作宣言》，强调各成员国之间应加强合作，减少人口贩卖和非法移民问题。10月19～20日在新加坡举行的第5届东盟毒品问题部长级会议通过《东盟2016～2025年保障社区预防非法药物工作计划（东盟2016～2025年工作计划）》，进一步加强东盟在打击毒品犯罪领域的合作。

坚持和平利用核能，防止核武器扩散　2016年7月26日，在马来西亚布城举行的东盟区域论坛第23次会议上，与会各方重申加强核不扩散、核裁军与和平利用核能方面的国际合作的重要性，指出保持东南亚地区不存在《东盟宪章》和《东南亚无核武器区条约》所规定的大规模毁灭性武器至关重要。与会各方还强调"促进和平利用核能，符合安全、安保和不扩散的规范"。9月8日，出席在老挝万象举行的第11届东亚峰会的各方强调："推进核裁军、防扩散与和平利用核能作为相辅相成的支柱的重要性，支持所有国家根据国际法，包括《不扩散核武器条约》规定的义务，为和平目的发展研究、生产和使用核能的权利。"

加强网络安全合作　网络安全关系到国家安全和社会稳定。2016年5月25日在马来西亚雪兰莪州举行的东盟国防部长会议通过《东盟防长扩大会议关于建立网络安全专家工作小组的概念文件》，作为各成员国加强网络安全合作的框架性文件。10月11日，在首届东盟网络安全部长级会议上，新加坡表示推出1000万新元的东盟网络能力计划，以加强东盟国家在网络安全领域的合作。11月26日，在文莱斯里巴加湾举行的第16届东盟电信和信息技术部长会议及系列会议上，各国部长重申促进区域网络安全合作和制定协调一致的网络安全政策和方法的重要性，欢迎拟议东盟网络安全合作战略，以加强协调东盟整体网络安全政策和规范。

东盟经济共同体建设

推进区域一体化进程　2016年8月3日，东盟在老挝万象举行第48届经济部长会议。面对持续低迷的世界经济形势，各成员国经济部长重申继续推进一体化进程，并以该地区的集体优势和潜力建设一个高增长、可持续和有活力的经济共同体。为有效监测《东盟经济共同体蓝图2025》的有效执行，会议批准《东盟经济共同体蓝图2025》的监测和评价框架。由东盟倡导的《区域全面经济伙伴关系协定》谈判进程加快。在《区域全面经济伙伴关系协定》的指引下，东盟在关税自由化与取消方面也取得重大进展，截至2016年8月3日，文莱、印度尼西亚、马来西亚、菲律宾、新加坡、泰国6国99%的东盟商品贸易协定关税项目进口关税得以取消，区域一体化进程加快推进。9月6～8日，在老挝万象举行的第28次和第29次东盟领导人会议期间，《东盟互联互通总体规划2025》正式启动。规划主要内容包括加强联盟内基础设施、贸易、人员流动、物流等方面的互联互通。联盟内贸易与投资不断增长，2015年东盟商品贸易总额达到2.28万亿美元，其中24%是联盟内贸易。东盟各国直接资在2015年达到221亿美元，在外国直接投资总额中的份额增至18.5%，显示东盟一体化进程正积极影响和促进该地区成为首选投资目的地。

缩小成员国间的发展差距　东盟共同体虽然宣布建成，但各成员国之间仍存在较大的发展差距。例如，2016年新加坡国内生产总值（GDP）总量2945.6亿美元，马来西亚3092.62亿美元，印度尼西亚9369.55亿美元，而缅甸、柬埔寨、老挝分别仅有740.12亿美元、194.76亿美元和133.59亿美元。因此，缩小各成员国发展差距成为东盟2016年甚至更长一段时间优先关注的八大问题之一。8月，在东盟经济部长会议上，各成员国经济部长重申致力于通过《柬老缅越高级经济官员会议行动计划》《东盟一体化倡议（IAI）工作计划Ⅲ（2016～2020年）》，以缩小成员国之间的发展差距。9月6～8日，第28次和第29次东盟领导人会议通过《东盟一体化工作计划Ⅲ》，重点为柬埔寨、老挝、缅甸、越南提供技术支持，并确定食品和农业、贸易、中小微企业、教育以及健康和人民福祉为优先发展领域。

鼓励中小企业发展　东盟成员国大多是发展中国家，中小企业数量占各国企业总数的9成以上，在创造就业机会、出口创汇、对GDP贡献等方面发挥了主力军作用。2016年3月，东盟在《落实中国—东盟面向和平与繁荣的战略伙伴关系联合宣言的行动计划（2016～2020）》中，表示要与中国一道，加强中小企业主管部门包括相关利益攸关方之间的政策磋商和专业交流，务实推进中小企业合作。8月3～6日，在老挝万象举行的第48届东盟经济部长会议上，通过关于微型、中小型企业获得融资的制度框架，以帮助中小企业及时获得发展资金，促进中小企业经营与发展。9月7日，在老挝万象举行的第19次东盟10+3领导人会议期间，与会各方一致同意要促进微型、中小企业的可持续发展，并对在2015年达成的《东盟中小企业发展战略行动计划》表示支持。

加强在能源领域的合作　能源问题涉及东盟的可持续发展，在能源领域的合作受到各成员国的高度重视。2016年9月8日，在老挝万象举行的第6届东亚峰会期间，与会各方强调推广清洁能源的重要性，包括可再生能源、能源效率和清洁技术的应用以及增加作

为丰富和环保燃料的天然气的使用。9月21日，以“用清洁能源，重建绿色社区”为主题的东盟第34届能源部长会议在缅甸内比都举行，会议就加强东盟在能源领域的合作达成多项共识，与会各国能源部长强调在该区域的努力合作，加快能源基础设施和市场一体化进程，开发东盟固有和可再生资源、利用人力和技术资源，实现能源共享。在能源效率和节约领域，东盟的关键战略是区域能源消耗到2020年削减20%，到2025年削减30%（2005年水平）。在可再生能源领域，东盟的主要战略是在2025年前可再生能源在能源结构中的比重达23%。

东盟社会文化共同体建设

加强环境保护，促进区域可持续发展　2016年2月15~19日，东盟在泰国曼谷举行以“生物多样性促进可持续发展”为主题的生物多样性会议，强调需要加快行动，将生物多样性问题纳入主流，加强伙伴关系和增加资金以应对该区域与生物多样性有关的挑战。在关于联合国气候变化框架公约缔约方第22届会议中，东盟发表联合声明，重申对《气候变化框架公约》的承诺及其原则和规定，特别是共同但有区别的责任原则，应对气候变化的努力应与更广泛的可持续发展目标保持一致。6月22日，东盟在老挝占巴塞省巴色举行生态旅游论坛，通过关于东盟生态旅游集群和旅游走廊战略发展路线图的《巴色宣言》，东盟成员国间在生态旅游方面的合作进一步加强。9月24日，东盟在联合国总部举行一次关注可持续发展问题的东盟外长特别会议，讨论和确定东盟可以为促进区域和全球可持续发展做出贡献的方式，并达成共识：“必须确定优先事项，特别是在减少贫困和饥饿、消除不平等和增加妇女权力、促进经济可持续增长和社会公平发展、环境保护、确保人民获得清洁的水和空气、尽量减少气候变化的不利影响等方面建立有效的机构以实现可持续和包容性发展。”

加强灾害管理和减轻灾害风险　2016年5月23日，东盟在关于世界人道主义峰会的联合声明中指出，“同一个东盟，同一个反应，是我们实现及时、高效和可预测反应的战略，动员更多资源，建立更紧密的协调机制，以确保东盟对灾害做出集体反应。”7月26日，在第6届东亚峰会外交部长会议上，与会部长承诺通过区域机制，包括通过东盟灾害管理委员会和东盟灾害管理人道主义援助协调中心进一步加强管理和减轻灾害风险方面的合作。同日，在第23次东盟区域论坛主席声明中，东盟重申需要通过现有的区域和国际机制加强在减少、防备、应对灾害风险和恢复方面的合作。9月6~8日，第28次、第29次东盟领导人会议及系列会议通过《东盟宣言：一个东盟，一种反应机制》，强调东盟作为一个整体共同应对本地区及域外灾难。

打击贩卖人口和保障妇女儿童权益　东盟在打击贩卖人口方面加强与相关国家、地区组织或国际组织之间的合作。2016年9月，在《东亚峰会加强应对危机移民和人口贩卖合作宣言》中，与会各成员国一致认为要“铭记我们致力于履行我们各自的国际和国家法律义务，努力防止和打击人口走私和贩运，以及调查、起诉和惩罚犯罪者”。9月20日，东盟在印尼巴厘举行第12届移民情报论坛，强调成员国之间移民情报共享对于打击人口走私和其他跨国犯罪的重要性。在保障妇女儿童权益方面，东盟与联合国加强合作。在第8届东盟—联合国峰会主席声明中表示，欢迎东盟—联合国通过执行《消除对妇女暴力行为区域行动计划》和《消除对妇女歧视公约》，促进赋予妇女权力和性别平等的合作，并充分执行《消除对妇女一切形式歧视公约》。9月6日，在老挝万象举行的第28次东盟领导人会议通过《东盟宣言》，进一步重申教育对儿童和青年的重要性，东盟将采取一系列政策和方法，促进儿童和青年享受到更加公平和优质的教育。

加强区域文化合作　文化在建设一个协调一致的东盟共同体方面发挥着重要作用。2016年8月23~26日，第3次东盟—中国文化部长会议及第7次东盟—中日韩文化部长会议在文莱斯里巴加湾举行，会议通过《斯里巴加湾文化宣言》，旨在促进东盟各国人民对一个充满活力和谐的东盟共同体的认同。文化遗产保护是东盟文化共同体建设的优先合作领域。9月6日，在老挝万象举行的第28次东盟领导人会议，通过《关于加强东盟文化遗产合作的万象宣言》，欢迎通过《东盟文化艺术战略计划（2016~2025年）》和东盟文化艺术部长关于东盟遗产管理计划发展的讨论，将文化遗产置于东盟社区建设的核心，造福子孙后代。此外，东盟各成员国还在有形文化遗产和非物质文化遗产方面加强合作。

东盟对外关系

东盟与中国的关系　2016年是东盟与中国建立对话关系25周年，东盟与中国继续深化各领域的务实合作，推动双方交往合作全面深入发展。

增进政治安全领域互信合作。2016年东盟部分成员国领导人与中国领导人实现互访，增进友谊。8月17日，缅甸国务资政昂山素季访问中国，这是昂山素季除东盟国家之外的首次出访；9月6~9日，中国国务院总理李克强出席东亚合作领导人系列会议并顺访老挝；10月13日，中国国家主席习近平访问柬埔寨；18日，菲律宾总统杜特尔特访问中国，这是杜特尔特除东盟国家之外的首次出访。这一系列国家领导人互访，促进了东盟与中国关系向更深层次发展。3月3日，《落实中国—东盟面向和平与繁荣的战略伙伴关系联合宣言的行动计划（2016~2020年）》发布，这对加强和提升中国和东盟战略伙伴关系，促进睦邻友好和互利合作意义深远。4月27～28日，东盟与中国在新加坡举行第22次高级官员磋商会，强调要扩大和深化各领域的合作，以应对区域和国际形势发展可能对东盟—中国关系造成的各种挑战。9月，在老挝万象举行第19次东盟—中国领导人会议，审议通过《中国与东盟国家关于在南海适用〈海上意外相遇规则〉的联合声明》，为中国和东盟国家海军的船舶和航空器在南海意外相遇时的应急处置和操作规范提供明确指引，有利于实现在南海地区的风险管控和维护南海地区的和平稳定。

继续深化经贸合作。受世界经济不景气的影响，2016年中国与东盟双边贸易额虽然有所下降，但双方建立更加完善的双边贸易合作机制，中国连续7年成为东盟第一大贸易伙伴，东盟也连续5年成为中国第三大贸易伙伴。据中国海关总署统计，2016年中国与东盟进出口总额4522.1亿美元，比1991年的79.6亿美元增长近60倍。2014年中国提出在中国—东盟框架下探讨建立澜沧江—湄公河对话合作机制，2016年3月，围绕"同饮一江水，命运紧相连"主题，澜湄合作首次领导人会议在中国海南三亚成功举办，会议发表《澜沧江—湄公河合作首次领导人会议三亚宣言》和《澜沧江—湄公河国家产能合作联合声明》两份重要文件，促进了区域经济的互利合作。中国国务院总理李克强指出，"澜湄六国开展机制性合作，有助于充分发挥各国资源、产业、市场的互补优势，为地区经济社会发展提供更加有力的支持和更加广阔的舞台，对中国—东盟关系也是有益补充"。7月1日，双方修订的全面自由贸易协定升级议定书正式生效，助力中国与东盟实现贸易与投资自由化，进一步加快实现本地区经济一体化的目标。9月7日在老挝万象举办的第19届东盟—中国领导人峰会上，东盟表示将通过整合《东盟互联互通总体规划2025》与中方提出的"一带一路"倡议的共同优先领域，探讨加强双方互联互通合作方式，并鼓励相关多边金融机构积极参与。

加强社会文化领域合作。2016年8月1日，在中国贵州贵阳举办的第9届东盟—中国教育交流周，促进东盟与中国在教育、人文交流等方面的合作。8月2日，在中国贵州贵阳举办的第2届东盟—中国教育部长圆桌会议，通过双方首个教育领域5年行动计划——《中国—东盟教育合作行动计划2016～2020》，合作内容涵盖基础教育、高等教育、职业教育、学生交流、智库合作等多个领域。9月7日，第19次东盟—中国领导人会议确定2017年为"东盟—中国旅游合作年"，通过合作年活动促进双方文化交流。组委会秘书长杨秀萍指出："开展中国—东盟旅游合作年活动，不仅符合中国和东盟的共同利益，有利于增进相互理解和友谊，加强文化互鉴，也将为本地区乃至世界的经济社会可持续发展做出重要贡献。"9月10日，在中国广西南宁举办的第11届东盟—中国文化论坛，通过搭建东盟与中国文化艺术教育合作的共同平台，探索东盟与中国在文化、教育、艺术等领域的合作与发展。

东盟与美国关系　2016年，东盟与美国继续加强在各领域的沟通与协调。2月15～16日，在美国加州安纳伯格庄园举行东盟—美国峰会，围绕经济和区域安全问题进行讨论，并发布《安纳伯格庄园宣言》。宣言中重申东盟—美国在未来合作的主要原则，双方共同承诺维护地区和平、安全和稳定，确保海上安全，包括依据1982年《联合国海洋法公约》，确保航海和飞越自由及其他合法利用海洋的权利，确保合法海上贸易畅通无阻，以及确保相关行为非军事化和自律。8月4日，东盟10国经济部长与美国贸易代表磋商会在老挝万象举行，会后发布联合声明，强调将实施东盟—美国连接计划，进一步加强双边经济联系。9月8日，在老挝万象举行第4届东盟—美国国家首脑会议，围绕政治、经济、社会文化等领域就双方共同关心的议题进行充分讨论，承诺将进一步加强在各领域的合作。

东盟—东亚合作　2016年，东盟继续坚持在东亚地区合作中的核心地位，推进本区域各领域的合作。1月22日，在菲律宾马尼拉举行的第15次东盟与中日韩旅游部长会议，强调在东亚地区加强旅游合作对促进各国人民联系的重要性，签署《东盟与中日韩旅游合作谅解备忘录》，鼓励亚太地区国家加强旅游合作。5月3日，在德国法兰克福举行第19届东盟与中日韩财长与央行行长会议，会议确定继续恪守结构性改革的承诺，强调在考虑区域成员国不同国情的基础上，10+3成员应运用所有必要的政策工具，包括货币、财政和结构改革政策，以促进经济持续包容增长。6月28日，东亚峰会第5届区域安全架构研讨会在中国北京举行，会议围绕区域安全架构的变迁、地区安全理念的演变、未来区域安全架构的可行路径等议题进行深入交流，就推动区域安全架构建设达成广泛共识。7月26日，在老挝万象举行的第6届东亚峰会外交部长会议，就多领域务实合作以及共同关心的热点问题交换意见。同日，举行第17届东盟与中日韩外交部长会议，就地区发展、安全、建设东亚经济共同体等议题进行磋商，对以东盟为核心建设东亚经济共同体表示欢迎。9月7日，在老挝万象举行的第19届东盟与中日韩领导人会议，对10+3合作机制促进亚洲经济发展、带动世界经济复苏做出的贡献给予积极评价，还对老龄化问题进行讨论，呼吁各成员国认真履行东盟有关文件以及联合国2030年可持续发展议程中对老龄化问题的承诺。9月8日，在老挝万象举行的第11届东亚峰会，通过《关于促进东亚基础设施发展合作的万象宣言》，加强东亚各国在基础设施方面的合作，并为东亚区域一体化注入持久动力。

东盟与欧盟关系　2016年2月4日，东盟—欧盟共同合作委员会第23次会议在印度尼西亚雅加达举行，会议对在政治安全、经济、社会文化等领域合作取得的进展作高度评价，承诺继续加强贸易投资关系，同时加强国防安全问题的对话，共同打造互利共赢的局面。3月3日，在泰国清迈举行第14届东盟经济部长与欧盟贸易委员会磋商会，重申将继续努力实现重启东盟—欧盟自由贸易协定谈判。10月13～14日，在泰国曼谷举行的第21届东盟—欧盟外交部长会议，通过促进东盟—欧盟全球伙伴关系共同战略目标的《曼谷宣言》，强调共同价值观和利益对双方一体化伙伴关系的重要性，会议肯定执行《加强东盟—欧盟伙伴关系（2013～2017年）斯里巴加湾行动计划》取得的重大进展，愿意在所有相互关注的领域加强东盟—欧盟关系和合作，并着手编制《东盟—欧盟2018～2022年行动计划》，该计划2017年通过。

此外，东盟还与俄罗斯、印度、加拿大、澳大利亚、新西兰等区域外大国以及联合国、世界银行、亚洲基础设施投资银行等国际组织开展卓有成效的合作。

第19届东盟旅游部长级会议

2016年1月22日在菲律宾马尼拉举行。东盟10国旅游部部长和东盟秘书长出席会议。与会各方对2011～2015年东盟旅游战略计划的成功实施给予高度评价，认识到旅游业为实现2025年东盟一体化目标做出更大贡献的重要作用。会议形成新的东盟愿景：到2025年，东盟将成为优质的旅游目的地，可提供独特、多样化的旅游产品，促进旅游业实现可持续、包容和均衡发展，共同为东盟人民社会经济福祉做出重大贡献。与会各方还在旅游人力资源开发、旅游设施建设、旅游产品开发等方面达成广泛共识。与会各国部长对东盟生态旅游战略规划的定稿予以肯定。在提供优质旅游服务方面，通过举办东盟绿色酒店颁奖典礼、东盟寄宿家庭颁奖典礼等，建立东盟旅游标准。会议期间的1月20日，还举办以“东盟：一个可持续发展的共同体”为主题的东盟旅游论坛。

第15届东盟与中日韩10+3旅游部长会议

2016年1月22日在菲律宾马尼拉举行。东盟10国旅游部部长和东盟秘书长以及中国、日本、韩国旅游部长出席。会议就落实东盟与中日韩10+3领导人会议及东盟与中、日、韩10+1领导人会议成果涉及旅游的内容进行讨论。会议强调加强和扩大旅游合作对促进东亚地区人与人之间联系的重要性，签署《东盟与中日韩旅游合作备忘录》，鼓励东盟与中日韩地区推动旅游便利化，发展优质旅游，促进教育和培训机构之间的合作。一致同意通过开展联合项目和活动来执行合作备忘录。会议还对东盟—中国中心、东盟—日本中心、东盟—韩国中心在2015年通过举办活动、开展培训和媒体宣传等形式，积极推动东盟与中日韩加强旅游和文化交流表示感谢。

东盟—欧盟共同合作委员会第23次会议

2016年2月4日在印度尼西亚雅加达举行。东盟和欧盟共同合作委员会成员与会。双方回顾2013年起加强伙伴关系行动计划的落实进程，并就各自地区的发展交换意见。双方强调东盟与欧盟关系的独特性和深刻性，肯定双方在政治安全、经济和文化社会等领域合作的长足发展。双方还高度评价在非传统安全领域的合作所取得的进展，特别是东盟—欧盟海上安全合作高官对话会，被视为就解决航海事务及加强本地区合作等问题交流实际经验的良好平台。会议商定2016年和2017年分别在泰国和菲律宾举行东盟—欧盟海上安全合作高官对话会。

东盟—美国领导人特别峰会

2016年2月15～16日在美国加利福尼亚州举行。东盟10国和美国国家领导人以及东盟秘书长出席。会议主要就经贸与南海问题进行讨论。在经贸问题上，重点讨论新加坡、文莱、马来西亚、越南等东盟四国参加《跨太平洋伙伴关系协定》等相关问题。在南海问题上，双方再次强调南海航行自由与安全，会后发表《安纳伯格庄园宣言》，承诺推动合作以应对海事领域的共同挑战，强调共同繁荣和可持续发展与增长的重要性。与会领导人还就恐怖主义和跨国挑战等问题展开讨论。

首届东盟+3毒品监控网络工作组会议

2016年2月24日在泰国曼谷举行。东盟10国、中日韩3国联合国毒品和犯罪问题办公室以及东盟秘书处代表100多人出席。会议旨在建立东盟与中日韩10+3区域性反毒信息共享机制。东盟+3毒品监控网络工作组还制定中长期工作规划，计划在2016～2017年度逐步建立起东盟毒品监控信息分享渠道和网络，在共享反毒监控信息的同时，致力于对滥用毒品的发展趋势做出提前评估和早期预警。

东盟外长非正式会议

2016年2月27日在老挝万象举行。东盟10国外交部部长和东盟秘书长出席。会议确定东盟2016年合作方向，推动东盟进入更深的一体化阶段。与会代表重点讨论《东盟共同体愿景2025》，特别是《东盟政治安全共同体蓝图》执行情况以及2016年东盟轮值主席国的8项重点工作。这8项重点工作包括：实施东盟共同体愿景2025、缩小发展差距、促进贸易便利化、中小企业发展、旅游开发、互联互通、合适工作的推广以及加强东盟文化遗产保护和促进东盟文化遗产领域的地区合作。会议就东盟对外关系与合作交换意见，强调东盟保持中立的重要性和在塑造发展的地区架构中发挥主导作用，鼓励各伙伴国参与地区共同关心和涉及共同利益的事务并做出建设性贡献，继续为建设东盟共同体提供援助。此外，会议还就共同感兴趣和关切的朝鲜形势、南海局势、各种非传统安全挑战等区域和国际问题交换意见，并就南海地区相关问题达成共识，认为各方应根据国际法和平解决争端，促进互信、保持克制，防止采取使形势进一步复杂化的行动。

第22届东盟经济部长非正式会议

2016年3月2~3日在泰国清迈举行。东盟10国经济部长和东盟秘书长出席。会议重点讨论成员国的交通基础设施建设、单一窗口机制、商品源产地识别认证系统、贸易服务协议、区域全面经济伙伴关系协定和贸易信息系统，以及支持中小型企业、促进贸易和食品安全监管等议题，旨在通过实现生产、制造、贸易与投资互联互通，将东盟建设成更广阔的市场，同时对各成员国的法律法规进行调整，以有效推进东盟国家私营企业贸易投资活动。会议期间，东盟10国经济部长还分别与中国、韩国、日本、印度、澳大利亚、新西兰等国代表协商促进区域全面经济伙伴关系协定谈判事项。

第14届东盟—欧盟经贸部长磋商会议

2016年3月3日在泰国清迈举行。东盟与欧盟各国经贸部部长出席会议。欧盟是东盟第二大贸易伙伴和直接投资最主要地区，2015年双边贸易额2010亿欧元，比2014年增长11%，而2014年欧盟对东盟的直接投资流入量增长31.5%，总额达到293亿美元，占东盟外国直接投资总量的21.5%。这次会议，双方承诺进一步增强经贸合作，深化双边经济关系。双方认为2015~2016年东盟—欧盟贸易投资工作规划进展顺利，由欧盟提供支持的东盟区域一体化支持项目、知识产权项目以及有关能力建设项目取得实质性成果。双方重申共同致力于达成东盟—欧盟自由贸易协定，并指示双方经贸高官就此加紧磋商，为下次会议提供建议。双方还重申支持世贸组织多边体系，希望第10次世贸组织部长会议取得积极成果，特别关注在农业出口竞争和最不发达国家问题上的成果，同意迅速批准2013年在巴厘举行的第9次世贸组织部长级会议商定的《贸易便利化协定》，期待着就多哈发展议程的剩余问题进行谈判，讨论世贸组织如何更好应对全球贸易体系面临的其他挑战。

东盟财长和央行行长系列会议

2016年4月3~4日，包括第20届东盟财政部长会议、第12届东盟中央银行行长会、第2届东盟财长和央行行长会议等在内的系列会议在老挝万象举行。系列会议就地区和世界经济发展情况、东盟金融合作倡议进展情况以及至2025年金融一体化战略行动计划等议题进行讨论。与会代表重申实施谨慎的货币政策、财政政策及其他政策的承诺，促进经济增长、实现财政与宏观经济的稳定。与会各方表示继续在东盟地区宏观经济政策和金融合作领域进行多边磋商，一致认为经济结构调整依然是该地区的优先事项，支持“2025东盟金融一体化战略行动计划”。会议对金融服务自由化、资本账户自由化和资本市场发展等东盟金融一体化的实施情况进行核查。在金融服务自由化问题上，各国一致同意在年内启动第8轮谈判，进一步开放以保险服务业为重点的东盟金融服务市场。会议还就税收、保险、金融合作等议题进行讨论，重申将金融包容性作为东盟金融合作的优先政策和2025年东盟经济共同体蓝图愿景下金融合作的支柱之一加以承诺，一致同意在年内举行第11届东盟财政部长投资者研讨会，促进东盟成为更具吸引力的投资目的地。

第41届东盟交通高官会

2016年4月26~28日在菲律宾马尼拉举行。会议就促进本地区交通互联互通倡议展开讨论，并通过涵盖航空、公路、海路、可持续交通和交通基础设施等5个领域的《2016~2025年交通运输战略计划》。

落实《南海各方行为宣言》第11次高官会

2016年4月27日在新加坡举行。中国与东盟10国外交部高官出席。与会各方围绕南海形势、如何管控海上风险、加强海上务实合作、推进“南海各方行为准则”磋商等问题进行沟通与交流，一致认为《南海各方行为宣言》仍是东盟国家与中国维护南海和平稳定的共同基础。会上，中方提出一项关于全面有效落实《南海各方行为宣言》的声明草案，内容包括坚持由直接有关国家通过谈判解决争议，共同推动早日达成“南海各方行为准则”以及域外国家尊重地区国家维护南海和平稳定的努力等内容，各方同意就此保持密切沟通。会议讨论并通过2016~2017年落实《南海各方行为宣言》的工作计划，探讨航行安全与搜救、海洋科研与环保、打击海上跨国犯罪等三个技术合作委员会的有关问题。关于“南海各方行为准则”磋商，各方决定在完成准则磋商前，通过落实“早期收获”项目和探讨“海上风险管控预防性措施”，确保南海局势整体稳定。

第19届东盟与中日韩10+3财长与央行行长会议

2016年5月3日在德国法兰克福举行。东盟10国和中国、日本、韩国财长和央行行长与会。会议着重对全球与区域宏观经济形势及应对措施进行讨论。与会各方一致认为，由于各方坚持结构改革和有效实施宏观经济政策，区域经济可望保持相对较高的增速，但是全球经济增长仍面临下行风险；强调各成员国使用必要的政策工具，包括货币、财政和结构调整政策，以促进经济持续、包容增长。鼓励各方在基础设施建设、投资环境、创新以及劳动力市场、财政、金融和产业改革等领域加强信息与经验分享，提高应对风险的能力。会议强调进一步深化区域财政金融合作，承诺将继续强化清迈倡议多边化作为区域金融安全网的必要组成部分的功能，支持东盟与中日韩宏观经济研究办公室加强区域经济监测职能，推动该办公室成为可靠、有效的区域金融安排。会议明确未来3年亚洲债券市场的重点工作，是推进发行绿色债券、担保债券，发展优质抵押品回购市场以及在选定的成员国发行市政债券，利用本币债券发行满足区域基础设施建设的资金需求。

第24届东盟劳工部长会议

2016年5月15日在老挝万象举行。东盟10国劳工部部长和东盟秘书长与会。围绕"从非正规就业向正规就业转移，面向可持续就业"的主题，与会部长就非正规就业向正规就业转移的进程进行深入讨论，努力寻找更优的措施，促进东盟劳动者实现可持续就业。与会部长承诺将进一步促进2025年东盟愿景和2025年东盟社会文化共同体总体计划落实进程。会议制订实施保护和促进劳动者权利的多项举措，其中包括《关于质量保证和能力认证体系的东盟指导原则》《东盟企业社会责任指南》《东盟关于预防和管理艾滋病毒和艾滋病的企业关于工作场所行动的准则》等文件。会议通过《2016～2020年东盟劳工部长工作方案》。与会各国部长还重申加强与国际劳工组织、国际移民组织以及与对话伙伴之间的合作。

东盟—俄罗斯建立对话关系20周年纪念峰会

2016年5月20日在俄罗斯索契举行。东盟10国和俄罗斯国家领导人出席。会议以"为了共同的福祉走向战略伙伴关系"为主题，讨论通过"通向互利的战略伙伴关系的"《索契宣言》，达成在政治安全、经济合作、文教卫生等领域的49项共识。在安全和政治领域，俄罗斯和东盟支持全面落实《南海各方行为宣言》，并在协商一致基础上早日通过"南海各方行为准则"。在经济合作领域，双方确定发展重点为研究建立东盟和欧亚经济联盟全面自由贸易区，研究东盟、欧亚经济联盟、上合组织开展互利合作的可能性。在《索契宣言》中，东盟表示欢迎俄方在互联互通方面向东盟国家提供支持，以减小东盟内部发展差距。会议批准俄罗斯与东盟《2016～2020年发展合作综合行动计划》，确定双方为进一步深化和加强政治安全、经济、社会文化合作采取的优先事项和措施，促进东盟与俄罗斯2016～2020年期间互惠合作多样化。

第10届东盟国防部长会议

2016年5月25日在老挝万象举行。东盟10国国防部部长和东盟秘书长与会。会议以"促进防务合作，实现活跃的东盟共同体"为主题。老挝国防部部长占沙蒙在开幕式讲话中表示，10年来，国防部长会议为维护地区和平安全与发展做出贡献，成为东盟政治安全共同体不可缺少的部分。会议就建立东盟国防部长间直接通信联系、网络安全、人道主义救援与救灾、南海问题等领域达成多项共识，审议通过《东盟防长扩大会议关于建立网络安全专家工作小组的概念文件》《东盟军队预备组关于人道主义救助和灾难救援的参考条款》和《东盟军事医学中心参考条款》。会议发表联合声明，再次肯定东盟的核心作用和地位，指出各方要进一步加强防务合作，促进本地区和平与安全。关于海上和领土争端问题，联合声明强调，争端解决方案应符合国际法，各方应避免单方面行动。会议还听取第13届东盟陆军总司令非正式会议的东盟国防高级官员会议和东盟国防高级官员扩大会议的报告。

第9届东盟教育部长会议

2016年5月25日在马来西亚雪兰莪州举行。东盟10国教育部部长和东盟秘书长与会。会议就教育培训领域的行动计划、各项承诺履行情况、各成员国在实现共同目标的团结协作精神以及寻找落实各项计划目标的措施等问题展开讨论，审议通过《东盟2016～2020年教育工作计划》。重点关注东南亚历史和本土知识、所有人尤其是边缘化群体获得有质量基础性教育、教育信息和通信技术、职业技术教育与培训和终身学习、可持续教育发展、高等教育发展和质量保证机制、产学合作关系以及教师和教育界的能力建设。会议还通过支持已经被纳入《东盟2016～2020年教育工作计划》的《吉隆坡高等教育宣言》的"框架与行动计划"，通过拟议提请第28届东盟峰会通过的《对失学儿童和青少年加强教育的东盟宣言》。

第3届东盟与中日韩10+3教育部长会议

2016年5月26日在马来西亚吉隆坡举行。东盟10国教育部部长和东盟秘书长以及中国、日本、韩国教育部部长与会。与会人士共同回顾过去两年东盟与中日韩在教育领域合作取得的丰硕成果，审议通过《第3届东盟—中日韩10+3教育部长联合声明》。声明指出，东盟与中日韩教育部长会议为推进亚洲教育交流和共同发展发挥建设性作用，呼吁各国建立更加紧密的协作关系，不断扩大教育交流规模，努力培育教育合作新亮点，为深化区域内人文交流做出更大贡献。东盟10国与中国、日本、韩国3国还共同规划区域教育合作新愿景，率先在全球范围内启动相关工作。

第 15 届东盟社会文化共同体理事会会议

2016 年 6 月 4 日在老挝琅勃拉邦举行。东盟社会文化共同体理事会成员与会。会议集中讨论和审议东盟社会文化共同体在老挝担任东盟轮值主席国期间的各优先事项、2025 年东盟社会文化共同体总规划实施工作以及其他有关问题。审议通过将提请第 28 届东盟峰会审议通过的各项重要文件,包括《有关从非正规就业向正规就业转移,面向促进可持续就业的万象宣言》《关于加强东盟文化遗产合作的万象宣言》等文件。与会各方还就东盟社会文化共同体理事会对东盟成员国驻东盟常驻代表团的工作支持交换意见,欢迎常驻代表委员会通过关于借调的职权范围;讨论东盟社会文化共同体理事会关于东帝汶加入东盟的影响的研究现状,并责成东盟秘书处将东盟高级官员委员会审查及提交的报告转达东盟协调委员会工作组。

东盟生态旅游论坛

2016 年 6 月 22 日在老挝占巴塞举行。东盟 10 国旅游部部长、副部长,东盟秘书处副秘书长,联合国世界旅游组织亚太区主任以及东盟 10 国旅游公司代表与会。会议以“东盟无国界:生态旅游集群和旅游走廊的发展战略路线图”为主题,主要讨论生态旅游发展问题并交流实际经验。老挝新闻文化旅游部部长波显坎・冯达拉在论坛讲话时强调,此次论坛是东盟经济共同体建成后首次举行的论坛,是东盟各成员国深化合作从而成功实施《东盟 2025:携手前行》愿景文件及《东盟旅游战略发展规划(2016 ~ 2025)》的良好机会。论坛期间,东盟还举行旅游部长圆桌会议,通过《巴色宣言》。宣言强调通过制定区域合作路线图,建立东盟旅游网络,推动东盟旅游业的可持续发展。

第 49 届东盟外长及系列会议

2016 年 7 月 24 ~ 26 日,东盟外交部长会议、东盟—中国外长会议、第 17 届东盟与中日韩外长会议、第 6 届东亚峰会外长会议和第 23 届东盟地区论坛外长会议等东亚合作系列会议在老挝万象举行。东盟 10 国外交部部长和东盟秘书长以及中国、日本、韩国外交部部长与会。会议以“将愿景变为现实,建立充满活力的共同体”为主题,就落实东盟共同体 2025 愿景文件、2016 年年初东盟外长非正式会议提出的 8 项优先发展目标,以及在东盟为主的机制下更好地加强东盟与对话伙伴之间的合作进行讨论。25 日,东盟外长会议发表联合公报,从政治安全共同体、经济共同体和社会文化共同体三方面详细阐述东盟共同体面临的挑战,以及应对解决问题的方针和原则。东盟—中国外长会议发表关于全面有效落实《南海各方行为宣言》的联合声明,重申宣言在维护地区和平稳定中发挥的重要作用,承诺根据国际法原则由直接有关国家通过磋商和谈判以和平方式解决领土和管辖权争议。东盟与中日韩外长会议集中讨论2013 ~ 2017 年工作计划落实情况,以及为下阶段新的计划制定和 9 月举行东盟与中日韩领导人会议做好准备,其中包括通过由老挝提倡的《东盟与中日韩领导人会议关于可持续发展的宣言》。第 6 届东亚峰会外长会议通过关于互惠关系原则与互联互通的两个宣言,作为推动和维护地区和平、稳定与繁荣的行为指南。第 23 届东盟地区论坛核查2015 ~ 2016 年阶段建立信任与预防性外交的系列措施实施情况,以及通过2016 ~ 2017 年阶段活动名单和商讨东亚峰会未来方向。系列会议还就南海、朝鲜半岛、恐怖主义、极端暴力、人口贩卖和非法移民等共同关心的国际和地区问题进行讨论。

第 36 届东盟国家警察首长会议

2016 年 7 月 26 日在马来西亚布城举行。东盟 10 国警察首长和东盟秘书长与会。会议以“密织联系纽带,创建安全命运共同体”为主题,优先讨论防恐问题。马来西亚总理纳吉布致辞时强调,在全世界发生与恐怖有关联的各袭击事件,表明恐怖主义已成为一种威胁,呼吁与会代表加强协作配合,在打击暴力恐怖的创意中找出最有效的措施。会议通过《东盟警察危机管理的通讯与协调议定书》,一致同意继续开展国际刑警组织的联合项目,以加大打击恐怖主义力度。会议还讨论人口贩卖、军备控制、野生动物走私等正在影响地区安全秩序的问题。会议期间,东盟国家警察组织与欧洲刑警组织签订相关合作的议定书。

第 48 届东盟经济部长会议及系列会议

2016 年 8 月 3 ~ 6 日,第 48 届东盟经济部长会议、第 30 次东盟自由贸易区理事会会议、第 4 次东亚峰会经贸部长会议、区域全面经济伙伴关系协定贸易第 4 次会议、第 8 届柬老缅越经济部长会议,以及东盟与中国、印度、加拿大、韩国、美国、俄罗斯、日本、新西兰、澳大利亚等伙伴国的磋商会等在老挝万象举行。在第 48 届东盟经济部长会议上,与会各国部长强调东盟在区域一体化方面取得的重要成就,承诺将积极落实《东盟经济共同体蓝图 2025》,一致通过《东盟货物贸易战略行动计划 2025》《2016 ~ 2025 年服务业战略行动计划》《2016 ~ 2025 年投资工作方案》等文件。为贯彻落实 2016 年东盟轮值主席国确定的八大优先事项,会议通过《东盟贸易便利化框架》《东盟食品安全框架》《东盟关于微型、中小型企业获得融资的体制框架》《东盟经济特区发展与合作准则》等文件,并在货物贸易、投资、服务贸易、知识产权、中小微企业、缩小发展差距以及对外经济关系等方面达成一系列共识。在货物贸易方面,部长们欢迎通过实施自我认证、东盟单一窗口、服务和贸易解决方案等举措来加强贸易便利化。在对外经济关系方面，部长们重申将东盟纳入区域和全球经济的重要性，欢迎东盟与各对话伙伴国签订或修订自由贸易协定。

第 4 次东亚峰会经贸部长会议

2016 年 8 月 5 日在老挝万象举行。东盟 10 国和中国、日本、韩国、印度、澳大利亚、美国、俄罗斯、新西兰等国经贸部长与会。会议认为关于贸易与投资关系以及全球经济仍然面临较大挑战，决心继续加强东亚区域经济一体化。会议关注《跨太平洋伙伴关系协定》和《区域全面经济伙伴关系协定》谈判的持续进展。会议肯定东盟经济研究所和东亚经济研究所对东亚国家的重要作用，鼓励东亚国家扩大支持东盟经济研究所和东亚经济研究所的工作，为东亚区域一体化做出贡献。与会各国部长支持第 10 届世贸组织部长级会议决议成果以及通过《内罗毕部长级宣言》，尤其是关于农业、棉花以及与最不发达国家有关问题的部长级决定，表示“内罗毕一揽子计划”是世贸组织成员达成的最重要农业成果之一。

《区域全面经济伙伴关系协定》（RCEP）第 4 次部长级会议

2016 年 8 月 5 日在老挝万象举行。东盟 10 国、中国、澳大利亚、印度、日本、韩国、新西兰等 16 方经贸部长出席会议。根据 2015 年 11 月 RCEP 联合声明中关于争取在 2016 年结束区域全面经济伙伴关系协定谈判的指示，部长们强调在谈判中实质性推进谈判进程，根据《RCEP 谈判指导原则和目标》，尽早达成高质量的协议。同时，对推进谈判进程，特别是对货物、服务、投资等核心领域提供既有战略性又有针对性的指导，并敦促成员国以积极和建设性的姿态继续参与谈判进程。会议重申各国领导人致力于达成一个“现代、全面、高质、互利”的区域自由贸易协定的承诺与目标。

东盟国家专业旅游互认条例国际会议

2016 年 8 月 8～9 日在印度尼西亚雅加达举行。东盟 10 国旅游部长和东盟秘书长与会。会议旨在提高东盟各国对旅游从业基准的认识并加强东盟区内旅游酒店业和旅游业劳动力转移的合作。专业旅游互认条例提供信息交流，加强旅游专业人士的合作，制定东盟国家间旅游业工作人员的标准。根据东盟经济共同体旅游服务协定——旅游专业人士互认协议，32 项与旅游业相关的职业，如酒店管家、前台办公文员、女佣、旅行社、演艺人员、餐饮人员，只要获得旅游专业人士互认协议的认证，就可以在东南亚地区的任何国家工作。印度尼西亚旅游部部长阿里耶夫·叶海亚表示，东盟旅游专业人士互认协议的实施将有助于提高旅游服务质量，满足旅游产业不断发展的要求。

第 7 届东盟文化艺术部长会议

2016 年 8 月 24 日在文莱斯里巴加湾举行。东盟 10 国文化部长和东盟秘书长与会。会议认为，随着东盟共同体的成立，文化艺术有了新的视野，在提升东盟意识、建立共同体意识以及未来美好的共同目标方面发挥重要作用。会议审议通过《2016～2025 年文化艺术战略计划》，强调增强对东盟共同体历史、文化、艺术、价值观的欣赏，尊重文化多样性，加强跨文化理解与认同。各国部长一致认为各利益攸关方应该积极参与“战略计划”的实施，促进东盟为全球做出更多贡献。会议还通过《斯里巴加湾文化艺术宣言》，以促进东盟对一个充满活力、和谐的东盟共同体的认同，强调文化艺术在东盟身份、社会凝聚力以及经济成功中的中心地位。各国部长同意2016～2018 年期间，东盟文化城称号将由越南顺化市传递给文莱斯里巴加湾市。

东盟与中日韩 10＋3 文化部长会议

2016 年 8 月 25 日在文莱斯里巴加湾举行。东盟 10 国文化部长和东盟秘书长以及中国、日本、韩国文化部长与会。部长们欢迎各方携手实施东盟《2016～2025 年文化艺术战略计划》，鼓励和支持“东亚文化之都”和“东盟文化城市”间的交流互动，以促进各方的长期伙伴关系。在第 3 届东盟与中国文化部长会议上，东盟各国部长对中国在执行《东盟与中国文化合作行动纲要（2014～2018 年）》方面所做的努力表示赞赏，欢迎由中国提出的在中国举办第 11 届东盟—中国文化论坛的建议。在第 2 届东盟—日本文化部长会议上，东盟对日本通过派遣电影和动画专家促进媒体和表演艺术方面的合作、通过组织考察访问和研讨会来促进版权的保护和利用等表示赞赏。在第 2 届东盟—韩国文化部长会议上，东盟对韩国在咨询活动、培训、文化共享项目中提供的技术指导表示欢迎，并支持在广州设立亚洲文化中心、在釜山设立东盟文化馆。

第 16 届东盟社会文化共同体理事会会议

2016 年 8 月 31 日在老挝万象举行。会议由老挝总理通伦主持，东盟 10 国文化部长及东盟副秘书长与会。会议为即将在万象举行的第 28 次、第 29 次东盟领导人会议落实《东盟国家文化遗产合作万象宣言》《应对性病、艾滋病东盟宣言》《东盟各国生物多样性第 13 次会议联合宣言》《作为联合国气候变化会议组成部分的气候变化宣言》等文件提供重要依据。会议讨论东盟社会文化共同体理事会各部门机构工作计划的制订进度，并就如何监督和报告进度情况交换意见，包括落实通过的会议声明。会议还决定在第 28 届东盟峰会期间，由东盟各国领导人签署关于共同处理东盟区域内外防灾减灾文件。

第28次、第29次东盟领导人会议

2016年9月6～8日在老挝万象并期举行。东盟10国领导人和东盟秘书长出席。与会各国领导人就东盟各国合作方向、与对话国关系、地区和国际共同关心的问题等三大核心问题集中进行讨论。关于东盟各国合作，会议对东盟积极有效开展《东盟共同体2025年愿景》及政治安全、经济、社会文化三大支柱的总体计划给予高度评价。在政治安全方面，与会各国领导人就有效落实《2025年东盟共同体政治安全总体计划》为地区和平及安全做出切实贡献的措施交换意见；在经济方面，为促进贸易投资，打造便利经商环境和提高东盟企业的竞争力，会议一致同意推动《2025年东盟共同体经济总体计划》进一步具体化；在社会文化方面，为实现建设一个以人民为中心的东盟共同体的目标，各国领导人一致同意通过《2025年东盟互联互通总体计划》和有关缩短发展差距的《东盟一体化工作计划Ⅲ》，将实施《东盟共同体2025年愿景》与落实《联合国2030年可持续发展议程》结合起来。关于东盟与对话国的关系，东盟强调继续加深与各对话国的关系，集中精力在贸易、投资、财政、可持续发展、互联互通、缩短发展差距、旅游、教育、民间交流等双方共同关心并具有优势的领域加强务实合作。关于地区和国际共同关心的问题，与会各国领导人一致认为，在地区及国际新形势日益复杂难料的背景下，恐怖主义、极端暴力、海航安全、网络犯罪、拐卖人口、气候变化、自然灾害、疾病等挑战日益增多，需要国际社会共同努力解决。会议还通过《有关从非正规就业向正规就业转移，面向促进可持续就业的万象宣言》《关于加强东盟文化遗产合作的万象宣言》《有关一个东盟一个共同反应：东盟对区域内外灾难的共同反应的东盟宣言》等多项重要文件。

9月6～8日，第28次和第29次东盟领导人会议在老挝万象举行。图为东盟各国领导人合影　（百度网）

第19次东盟与中日韩10+3领导人会议

2016年9月7日在老挝万象举行。东盟10国领导人、东盟秘书长以及中国、日本、韩国领导人出席。会议重点讨论老龄化问题和可持续发展问题。在老龄化问题上，与会各国领导人呼吁认真履行东盟有关文件以及联合国《2030年可持续发展议程》中对老龄化问题的承诺，并就老年人护理和保健、经济赋权、建设包容性社会等提出具体建议。在可持续发展问题上，与会各方重申履行联合国《2030年可持续发展议程》的承诺，并为推动东盟与中日韩可持续发展与合作提出具体行动建议，包括减少贫困缩小国家内部和国家之间的发展差距、促进微型和中小企业的可持续发展、促进可持续旅游合作、加强文化交流与合作。

第11届东亚峰会

2016年9月8日在老挝万象举行。东盟10国和中国、日本、韩国、澳大利亚、美国、俄罗斯、新西兰等国领导人出席。会议强调，东亚峰会作为领导人引领的战略论坛，在政治、安全、经济合作等方面发挥了重要作用，有力促进了东亚地区的和平、稳定和经济繁荣。会议期间，各方在能源、教育、财政、全球卫生、环境和灾害管理以及东盟连接等领域达成一系列共识；会议通过《不扩散大规模杀伤性武器的声明》《在危机条件下加强在移民以及打击人口贩卖领域合作的宣言》《在发展东亚基础设施领域推动合作的万象宣言》。会议还就反恐问题、区域经济合作、区域安全合作、海上合作等议题进行深入交流，并发表一系列联合声明。

第34届东盟能源部长会议

2016年9月21日在缅甸内比都举行。东盟10国能源部长和东盟秘书长与会。会议以“使用绿色能源，建立绿色共同体”为主题，就《东盟能源合作行动计划（2016～2020年）》涉及的内容包括改善能源使用效率、提高民众对绿色能源的认识等问题交换意见。各国代表一致同意，在能源安全和能源可持续开发领域加强合作，同时积极在这一领域扩大同对话伙伴和国际组织的合作。

第9届东盟社会福利与发展部长级会议

2016年9月29日在印度尼西亚雅加达举行。东盟10国社会福利部长和东盟秘书长与会。与会各方围绕“加强社会福利发展，推进东盟2025愿景”的会议主题，就东盟关于社会福利与发展的最紧迫问题、社会福利在区域合作中的领导作用、推进区域社会福利和发展合作的优先事项及必要的体制机制交换意见。会议强调，为实现“以人为本、以人为中心”的东盟共同体，将采取更具包容性的政策，在法律、政策和方案中将残疾人、儿童和老年人问题纳入主流。会议通过2016～2020 年社会福利战略框架。与会各国部长认同民间社会组织在连接政府和地方社区方面的重要作用，鼓励民间社会组织和私营部门充分参与。

第 5 届东盟与中日韩 10 +3 社会福利与发展部长级会议

2016 年 9 月 30 日在印度尼西亚雅加达举行。东盟 10 国和中国、日本、韩国主管社会福利工作的部长与会。会议以“加强社会福利发展，推进东盟 2025 愿景”为主题，与会各国部长介绍本国社会福利发展的经验，审议并就加强残疾人在东盟社区中的作用和参与的《巴厘宣言》《吉隆坡老龄化宣言：赋予东盟老年人权力》《消除对东盟妇女、儿童暴力行为宣言》等重要区域声明交换意见。会议通过《第 5 届东盟与中日韩10 +3 社会福利与发展部长级会议联合声明》，宣布 2019 年将在老挝人民民主共和国召开第 6 届东盟与中日韩10 +3 社会福利与发展部长级会议。

第 37 届东盟议会联盟大会

2016 年 9 月 30 日在缅甸内比都举行。东盟 10 国的东盟议会联盟成员代表团与会。会议以“活跃的东盟议会联盟，进步的东盟共同体”为主题，就确保东盟网络安全、解决东盟妇女可持续性就业问题、预防寨卡病毒、创造就业机会、推动中小型企业在参与和优化全球价值链中的发展等问题展开讨论，就关于加强社会保障的东盟联合声明行动计划落实情况进行深入交流。会议审议通过《东盟议会联盟女性议员议程决议（修正案）》。

第 38 届东盟农业林业部长会议

2016 年 10 月 6 日在新加坡举行。东盟 10 国农业和林业部长与会。会议主要对2009～2015 年东盟在粮食、农业、林业方面的合作进行评估，制订《2016～2025 年粮食、农业、林业战略合作计划》。为落实合作计划的战略重点，会议制订《2016～2025 年东盟粮食、农业、林业战略合作计划关键绩效指标》《2016～2020 年东盟农牧业、渔业和东盟农业合作战略行动计划以及2016～2025 年东盟林业合作战略行动计划》，为未来在粮食、农业、林业方面的发展指明方向。会议重申要加强合作，为实现东盟共同体 2025 愿景做出贡献。此外，东盟各成员国还表示要加强与对话伙伴以及相关国际组织之间的农林业合作。

第 16 次东盟与中日韩 10 +3 农林部长会议

2016 年 10 月 7 日在新加坡举行。东盟 10 国农林部长和东盟秘书长以及中国、日本、韩国农林部长与会。会议充分肯定《东盟与中日韩粮食、农业与林业合作战略（2011～2015）》取得的成绩，一致认为在各方共同努力下，加强粮食安全、推进生物能源发展、增强能力建设和人力资源开发、防控动植物疫病、推动信息系统建设、提高农业生产力、提升农产品质量和促进农产品流通等领域都取得的积极进展。与会各方赞赏执行《东盟与中日韩紧急水稻储备协定》取得的进展，关注东盟与中日韩粮食信息系统的快速发展，期待制定 2015 年后战略倡议。会议还认为10 +3的粮、农、林合作战略应符合《2016～2025 年东盟粮食、农业和林业战略合作计划》和《2025 年东盟经济共同体蓝图》。

第 21 届东盟—欧盟部长级会议

2016 年 10 月 13～14 日在泰国曼谷举行。东盟和欧盟国家的部长出席。会议以“走向战略伙伴”为主题，旨在巩固与发展东盟与欧盟多个领域的合作关系。会议通过《促进东盟—欧盟全球伙伴关系共同战略目标的曼谷宣言》。重申加强东盟与欧盟友好合作伙伴关系的重要性，并对执行《加强东盟—欧盟伙伴关系斯里巴加湾行动计划（2013～2017 年）》取得的重大进展予以肯定。双方决定制订一项全面和前瞻性的《东盟—欧盟2018～2022 年行动计划》，以加强未来东盟—欧盟友好合作关系。

第 5 届东盟毒品问题部长级会议

2016 年 10 月 19～20 日在新加坡举行。东盟 10 国负责禁毒的部长与会。与会各方肯定过去 4 届东盟毒品问题部长级会议取得的重大成就，并重申对无毒品东盟愿望的承诺。与会各方认识到非法药物生产、滥用和贩运仍然是东盟面临的挑战。为应对这些挑战，部长们审议通过《东盟保护社区禁止非法药物工作计划2016～2025》，拟推出一个全面和平衡的方法，以确保东盟国家实现无毒品的目标，指导成员国在毒品问题上的活动和合作。工作计划还将分别于 2020 年、2024 年进行中期和最终审查。与会各方强调东盟毒品问题部长级会议制度化的重要性，认为其在打击毒品犯罪问题上提供了政治动力和战略指导。部长们在会上还公布禁毒的象征——“蓝白缎带”，鼓励东盟各国在打击毒品和禁毒教育活动中使用该缎带。

第 7 届东盟互联互通研讨会

2016 年 10 月 20 日老挝万象举行，由东盟互联互通合作委员会、老挝外交部、东盟秘书处和东盟东亚经济研究中心联合主办。老挝外交部官员、东盟各成员国常驻东盟代表以及东盟对话伙伴国、东盟秘书处、中国—东盟中心、韩国—东盟中心、有关国际组织、多边开发银行、政府部门、智库、企业和媒体的代表共200多人出席。会议以"深化伙伴关系,实现《2025东盟互联互通总体规划》"为主题,就落实《2025年东盟互联互通总体规划》展开讨论。与会各方一致同意于2017年年初举行一个单独的研讨会,以将《2025东盟互联互通总体规划》的不同方案进一步发展为项目提议。

第8届柬老缅越首脑合作峰会

2016年10月26日在越南河内举行。柬埔寨、老挝、缅甸、越南四国领导人率代表团与会。峰会以"抓住机遇,塑造未来"为主题,回顾柬老缅越峰会自成立以来对建立东盟共同体、缩小区域发展差距、提高各成员国人民的福利和生活质量做出的巨大贡献,强调柬老缅越峰会的核心任务是打造平台以促进四个新东盟成员国之间的政策紧密协调和联合行动,确保和平、稳定、繁荣的未来。与会各方也意识到柬老缅越四国面临许多挑战,比如资源和能力限制、基础设施薄弱、气候变化的不利影响、全球和区域经济的不确定性以及小型开放经济体的脆弱性等,因此要通过密切合作,继续推进国内改革和更紧密的区域一体化,保持增长势头并加强自身的竞争力。

第9届东盟科学技术部长非正式会议

2016年10月29日在柬埔寨暹粒举行。东盟10国科技部长和东盟秘书长与会。各国部长考虑到创新作为东盟经济的主要驱动力的重要性,提出捐款、建立开放式创新创业平台、设立奖学金等倡议,以加强东盟科技创新能力与合作,以及与美国、日本等对话伙伴国之间在科技领域的合作。各国部长还向科学技术奖获得者表示祝贺,强调需要支持和激励东盟科学技术和创新领域的研究人员和青年,为不断变化的经济格局做准备。

第6届东盟共同体统计系统委员会会议

2016年11月3日在老挝万象举行。东盟共同体统计系统委员会成员与会。会议讨论如何改进委员会使用的统计系统,并加强区域统计合作。会议发表的联合声明强调,为主动应对在追求《东盟2025:携手前行》愿景过程中新出现的统计需求,东盟共同体统计系统将通过加强制度建设、提高对东盟更大数据需求的处理能力、加强东盟内部数据的传播交流以及其他方面的应用、缩小东盟内部的数据技术差距、加强与各国政府和国际组织在数据方面的合作以及支持《2030年可持续发展议程》等六个方面的举措,提高东盟数据搜集、处理、分析以及运用的能力。

第22届东盟交通部长会议及系列会议

2016年11月17~18日在菲律宾马尼拉举行。东盟10国交通运输部长和东盟秘书长出席会议,中国、日本、韩国交通运输部长出席相关会议。系列会议主要就提升东盟地区连通性与增进合作的具体举措和政策进行讨论。与会各国部长在航空运输、陆运、海运、可持续交通运输、运输便利化等领域展开磋商与交流,重申要加强合作以助力实现《东盟经济共同体2025愿景》,并对《吉隆坡交通运输战略计划2016~2025》的执行表示赞赏。会议通过《近海沿岸航行能力认证合作框架》《东盟道路安全手册》《东盟智能交通系统政策框架2.0》等文件。会议期间,东盟分别与中国、日本、韩国举行第15届东盟—中国交通部长会议、第14届东盟—日本交通部长会议、第7届东盟—韩国交通部长会议等,讨论进一步深化东盟与中国、日本、韩国在交通领域的合作。

第16届东盟电信和信息技术部长会议

2016年11月25~26日在文莱斯里巴加湾举行。东盟10国电信和信息技术部长及东盟秘书长出席。与会各国部长对《东盟信息通讯技术总体规划2020》第一年取得的进展表示赞赏,重申促进区域网络安全合作和制定协调一致的网络安全政策和方法的重要性,并欢迎拟议东盟网络安全合作战略。会议审议通过《东盟个人数据保护框架》。在加强与对话伙伴合作方面,东盟在信息通信技术政策、人力资源开发、探索采用新技术等方面展开与对话伙伴国的交流与合作,以提高在实施《东盟信息通讯技术总体规划2020》时应对网络安全风险的能力。

东盟—俄罗斯交通运输部长会议

2016年12月9日在俄罗斯莫斯科举行。东盟10国和俄罗斯交通运输部长以及东盟秘书长与会。会议以"迈向互利合作的交通运输"为主题。各国部长在会上阐述交通运输在亚太区域经济、社会和可持续发展方面的重要作用,同意采取多种措施促进东盟与俄罗斯在交通运输领域的合作,如:承诺继续开展东盟与俄罗斯之间建立更加紧密的交通运输关系的工作,支持东盟和俄罗斯运输和物流供应链多样化的努力,促进利用智能交通系统和全球卫星导航系统建立可靠、安全和具有成本效益的运输联系,探讨使用基于全球卫星导航系统和其他应用的事故应急响应系统,促进商业界和相关协会以及其他利益攸关方积极参与拟订基于公私伙伴关系实施交通运输项目的建议等。为促进这些措施落实,双方还考虑通过东盟—俄罗斯对话伙伴关系财政基金加以支持,考虑在交通运输领域建立常规的东盟—俄罗斯对话机制。 (普鹏飞 陈 文)

中国—东盟自由贸易区

中国—东盟自由贸易区的历史沿革

1991 年,中国与东盟正式建立官方对话关系。同年7 月,中国正式成为东盟磋商伙伴。1996 年7 月,中国被东盟接纳为全面对话伙伴国并出席东盟与对话伙伴国会议。1997 年12 月,中国与东盟首次举行东盟—中国领导人会议。会议期间,双方领导人发表联合宣言,确定东盟与中国面向21 世纪的睦邻互信伙伴关系。

2002 年11 月,第6 次中国—东盟领导人会议签署《中国与东盟全面经济合作框架协议》,确定2010 年建成中国—东盟自由贸易区的目标。2003 年10 月,第7 次中国—东盟领导人会议期间,中国正式加入《东南亚友好合作条约》,双方领导人发表《中国与东盟面向和平与繁荣的战略伙伴关系联合宣言》。2004 年,在第8 次中国—东盟领导人会议上,双方签署《中国与东盟全面经济合作框架协议货物贸易协议》和《中国与东盟争端解决机制协议》,中国—东盟自由贸易区进入实质性建设阶段。2005 年7 月,中国—东盟自由贸易区《货物贸易协议》开始实施,双方7000 余种商品开始全面降税,双边贸易额持续增长。2007 年1 月14 日,中国与东盟国家在菲律宾宿务签署中国—东盟自由贸易区《服务贸易协议》。2009 年8 月,中国与东盟国家共同签署中国—东盟自由贸易区《投资协议》。2003 ~ 2009 年,中国—东盟关系发展全面提速,双方在包括货物、服务和投资在内的经贸潜能得到释放。

2010 年1 月1 日,中国—东盟自由贸易区如期建成,90% 的商品实现零关税。中国对东盟平均关税从9. 8% 降至0. 1% ,东盟6 个老成员国对中国的平均关税从12. 8% 降至0. 6% 。中国—东盟自由贸易区成为中国对外建立的第一个自由贸易区,也是由发展中国家建立的世界上最大的自由贸易区。同年,中国—东盟自由贸易区《投资协议》开始实施。2010 年10 月29 日,在第13 次中国—东盟领导人会议上,双方领导人签署《落实中国—东盟面向和平与繁荣的战略伙伴关系联合宣言的第二个五年行动计划(2011 ~ 2015)》和《〈中国—东盟全面经济合作框架协议货物贸易协议〉第二议定书》。2011 年1 月1 日,《〈中国—东盟全面经济合作框架协议货物贸易协定〉第二议定书》开始生效, 11 月21 日,中国与东盟签署《关于实施中国—东盟自由贸易区〈服务协议〉第二批具体承诺的议定书》,中国—东盟自由贸易区得到进一步发展。

2012 年是《中国—东盟全面经济合作框架协议》签署10 周年,也是中国—东盟自由贸易区建设10 周年。2012 年1 月1 日,《关于实施中国—东盟自由贸易区〈服务贸易协议〉第二批具体承诺的议定书》正式生效。11 月19 日,在第15 届东盟—中国领导人会议上,双方领导人签署《关于修订〈中国—东盟全面经济合作框架协议〉的第三议定书》和《关于在〈中国—东盟全面经济合作框架协议〉下〈货物贸易协议〉中纳入技术性贸易壁垒和卫生与植物卫生措施章节的议定书》,并建立一些机构专门负责双边经贸合作事宜。会议还发表纪念《南海各方行为宣言》签署10 周年联合声明。

2013 年是中国与东盟签署《中国与东盟面向和平与繁荣的战略伙伴关系联合宣言》10 周年,也是中国—东盟博览会举办第10 年。8 月29 日,纪念中国—东盟建立战略伙伴关系10 周年特别外长会在北京举行。9 月3 ~6 日,中国—东盟建立战略伙伴关系10 周年暨中国—东盟博览会10 周年成就展在广西南宁举办。10 月9 ~ 15 日,第16 次中国—东盟领导人会议、第16 次东盟与中日韩10 +3 领导人会议和第8 届东亚峰会在文莱斯里巴加湾举办,中国与东盟国家领导人进行会晤与对话。双方领导人将建立战略伙伴关系10 年来的中国—东盟合作方式提炼为“亚洲方式”,并一致同意打造中国—东盟自由贸易区升级版,携手共创“钻石10 年”。

2014 年是中国—东盟携手共创合作“钻石10 年”的开局之年,也是中国—东盟自由贸易区升级版建设取得重要进展的一年。8 月26 日,第13 次中国—东盟经贸部长会议通过中国—东盟自由贸易区升级版要素文件, 并于9 月进行首轮谈判。9 月16 ~ 19 日,第11 届中国—东盟博览会在广西南宁举办。11 月13 日,第17 次中国—东盟领导人会议在缅甸内比都举行,会议发表《主席声明》,积极评价中国—东盟关系取得的进展,并对进一步推进各领域务实合作做出规划。年内,中国与东盟领导人还通过第17 次东盟与中日韩领导人会议、2014 年东盟地区论坛高官会、东盟地区论坛海上航道安全研讨会等平台进行会晤与对话。

2015 年是中国—东盟自由贸易区升级版建设的重要时间节点。11 月22 日,经过4 轮谈判后,中国与东盟签署《中华人民共和国与东南亚国家联盟关于修订〈中国—东盟全面经济合作框架协议〉及项下部分协议的议定书》。升级版议定书的达成和签署体现双方深化和拓展经贸合作的共同愿望和现实需求,将为双方经济发展提供新助力,有利于加快建设更为紧密的中国—东盟命运共同体,实现2020 年双边贸易额达到1 万亿美元的目标,并将促进《区域全面经济伙伴关系协定》(RCEP)谈判和亚太自由贸易区建设进程。年内,中国与东盟领导人还通过第12 届中国—东盟博览会、中国—东盟商务与投资峰会,第18 次中国—东盟、东盟与中日韩领导人会议,东盟地区论坛等平台进行沟通交流,为促进双边合作达成多项共识。

2016年是东盟共同体宣布建成后的第一年，也是中国—东盟对话关系建立25周年。双方陆海相连、利益相融、民意相通，在共建“21世纪海上丝绸之路”和“亚洲命运共同体”的历史契机下，积极致力于推动东亚共赢合作道路走稳走实走好。2016年9月，第19次中国—东盟领导人会议暨中国—东盟建立对话关系25周年纪念峰会在老挝首都万象举行，会上发表《第19次中国—东盟领导人会议暨中国—东盟建立对话关系25周年纪念峰会联合声明》。回顾过去25年来中国—东盟对话关系取得的进展及各领域合作成果，并同意继续加强对话和合作，加强相互理解和友谊，共同维护地区和平与稳定。2016年，中国与东盟也通过第13届中国—东盟博览会、中国—东盟商务与投资峰会，第9届泛北部湾经济合作论坛，东盟与中日韩领导人会议，亚洲合作对话第14次外长会，2016年东盟地区论坛外长会，澜湄合作首次领导人会议，大湄公河次区域经济走廊2016年省长论坛，中国—东盟省市长对话等平台进行交流、开展合作。

2016中国—东盟新春联谊会

2016年1月19日在中国北京举行。由中国—东盟商务理事会和东盟北京委员会共同主办。联谊会上，中国国际问题研究基金会理事长、中国外交部前副部长刘古昌，中国—东盟商务理事会执行理事长许宁宁，泰国前副总理、泰中友好协会会长功·塔帕朗西，柬埔寨驻中国大使凯·西索达，菲律宾驻中国大使艾尔琳达·巴西里奥，缅甸驻中国大使帝林翁，马来西亚驻中国大使馆副馆长约翰K.萨缪尔，老挝驻中国大使馆副馆长苏利塞·苏利敦，越南驻中国大使馆副馆长武进勇等中国与东盟国家代表分别以本国语言致以新春祝福。东盟有关国家前政要、东盟10国驻中国大使及其代表、中国有关政府部门官员和专家学者、中国和东盟知名企业家代表、行业商（协）会领袖、媒体记者等250人出席联谊会。

中国—东盟发出企业界友好合作倡议书

2016年1月19日，“2015中国走进东盟成功企业”和“2015东盟走进中国成功企业”颁奖仪式在北京举行。颁奖仪式由中国—东盟商务理事会、东盟北京委员会共同主办。颁奖仪式上，中国和东盟20家获奖企业共同发出《2016中国—东盟企业友好合作倡议书》。双方企业倡议，支持并积极参与中国—东盟区域经济合作，支持升级版中国—东盟自由贸易区向更高水平迈进，支持《东盟2025：携手前行》愿景文件与《推动共建丝绸之路经济带和21世纪海上丝绸之路的愿景与行动》有机结合，支持区域全面经济伙伴关系建设，参与中国—东盟产能合作，在中国—东盟第三个五年行动计划中积极作为，在促进中国与东盟及其成员国实现贸易目标和投资目标中发挥企业界的主力军作用。双方企业表示，诚望中国与东盟及其成员国政府构建更为有利于双方企业发展合作的经商环境和政策，鼓励和支持双向投资；诚望包括工商会、行业协会在内的商务合作促进机构在双方经贸合作中积极发挥桥梁作用；建议双方企业结合区域经济一体化形势，制定符合企业发展实际的经营战略和策略。同时呼吁双方企业应诚信经营、公平竞争，遵守所在国的法律法规，尊重所在国的文化传统和习俗，履行必要的社会责任，为进一步巩固和发展经贸互利合作做出积极贡献。

中国—东盟职业教育研究中心成立

2016年2月，中国—东盟职业教育研究中心在中国广西师范学院成立，挂靠广西师范学院职业技术教育学院。中国—东盟职业教育研究中心的成立，有助于开展中国—东盟区域职业教育改革发展和政策研究，为中国和东盟国家职业教育交流合作提供决策咨询、推广和宣传等服务，促进广西与东盟职业教育合作。

东盟海产品首次通过铁路专列进入中国内地

2016年2月28日15时30分，来自东盟国家的216吨海鲜产品由79680次货物列车装载，从中国广西防城港运往北京。这是广西北部湾发出的首趟海产品冷链特需专列，也是东盟海产品首次通过铁路专列运往中国内地。这趟冷链专列由9节车厢组成，其中8节为冷藏集装箱，1节为发电车。集装箱内温度保持在－20℃～－18℃之间。

2月28日，来自东盟国家的216吨海鲜产品由79680次货物列车装载，从中国广西防城港运往北京 （百度网）

"中国—东盟省市长对话"共同声明

2016年3月25日,在博鳌亚洲论坛2016年年会期间举行的"中国—东盟省市长对话"分论坛上,与会各方围绕"地方政府在国际产能合作中的角色"这一主题进行广泛深入探讨,达成五大共识,并签署共同声明。共同声明指出,中国和东盟各省市需要通过国际产能合作共同应对世界经济不景气。当前世界经济处于深度调整中,面临着复苏艰难曲折的严峻形势,中国与东盟各省市必须同舟共济,用合作推动互利共赢,促进彼此经济发展,国际产能合作是双方合作的重要契合点。中国和东盟各省市应借"一带一路"建设深入推进,中国—东盟自由贸易区升级版建设的有利契机,加速推进双方产能合作,深化经贸联系,促进共同繁荣,打造中国与东盟各省市的利益共同体、命运共同体和责任共同体。

中国—东盟建立对话关系25周年国际研讨会

2016年4月11日在中国北京举行,由中国国际问题研究院和中国—东盟中心联合主办。中国和东盟10国的专家学者、中国外交部亚洲司和东盟各国驻华使馆代表、东盟秘书处官员以及媒体记者等近100人出席开幕式。中国国际问题研究院院长苏格、中国—东盟中心秘书长杨秀萍和东盟副秘书长穆赫坦等参加开幕式并发表致辞。开幕式后,与会专家学者围绕中国—东盟建立对话关系25年来的经验和启示,深化中国—东盟经济合作的机遇与挑战,加强文化对话和促进民心相通等开展广泛深入的讨论。大家一致认为,举办此次研讨会恰逢其时,很有意义。

第17次中国—东盟联合合作委员会会议

2016年4月11日在印度尼西亚雅加达东盟秘书处举行。会议由中国驻东盟大使徐步和新加坡常驻东盟代表陈汉成共同主持。东盟主管政治安全事务的副秘书长伊鲁巴兰、主管社会人文事务的副秘书长翁贴、东盟国家常驻代表以及中国外交部、科技部的代表与会。会上,中方与东盟方分别介绍各自发展情况,回顾中国—东盟战略伙伴关系发展及落实中国—东盟2011~2015年行动计划取得的积极成果,并就落实第18次中国—东盟领导人会议成果、中国—东盟2016~2020年行动计划、办好中国—东盟建立对话关系25周年纪念峰会、中国—东盟教育交流年等议题深入交换意见,会议明确中国—东盟联合合作委员会2016年主要工作方向和重点领域。会议还听取第17次中国—东盟联合合作委员会工作组会议情况报告。

第22次中国—东盟高官磋商会

2016年4月28日在新加坡举行。中国外交部副部长刘振民与新加坡外交部常秘池伟强共同主持,东盟其他各国高官和东盟副秘书长出席会议。会议重点围绕2016年中国—东盟建立对话关系25周年系列纪念活动筹备工作深入交换意见。与会高官高度评价中国—东盟建立对话关系25年来取得的巨大成就,一致认为双方关系已成为东盟同各个对话伙伴关系中最活跃、最强劲的一组关系。双方各领域交流合作取得丰硕成果,给双方带来切实利益,也为地区和平、稳定和发展做出重要贡献。各国高官就中国—东盟关系、东亚合作及共同关心的国际地区问题交换意见,重点讨论如何进一步落实好"2+7合作框架"和中国—东盟战略伙伴关系第三份行动计划,推动中国—东盟关系提质升级。双方同意密切合作办好2016年9月在老挝举行的第19次中国—东盟领导人会议暨中国—东盟建立对话关系25周年纪念峰会和其他25周年纪念活动,推动双方各领域交流与合作深入发展。

"北部湾港—缅甸—马来西亚"集装箱直航航线开通

2016年5月26日,北部湾港—缅甸—马来西亚集装箱直航航线开通。钦州港—缅甸—马来西亚集装箱航线由中国台湾阳明海运、泰国宏海箱运分别投入1艘和3艘1000标箱级集装箱船舶共同营运,提供28天巡航固定航班服务,航线周期为7天1班。广西北部湾港已经开通至越南、马来西亚、印度尼西亚、新加坡、泰国、缅甸等国家的集装箱班轮航线。每周26班外贸航线实现东盟主要港口全覆盖,9班内贸航线实现沿海港口全覆盖。

4月11日,中国—东盟建立对话关系25周年国际研讨会在中国北京举行

(百度网)

中国—东盟港口物流信息中心启用

2016年5月27日在中国广西钦州正式启用。当天上午,马来西亚关丹港口财团首席运营官拿督卡斯布拉,马来西亚总理对华“21世纪海上丝绸之路”特使、巴生港及马六甲港港务局主席丹斯里·江作汉,老挝外交部副部长坎葆·因塔万,印度尼西亚雅加达特区省长助理萨坦托·苏哈托,缅甸仰光市市长茂茂索和中共钦州市委书记肖莺子等中外嘉宾在钦州港保税港区大楼启动现场共同启动水晶球,宣告项目正式投入使用。这标志着钦州港和东盟10国港口城市及中国国内港口物流信息中心成功搭建。该项目通过数据交换中心,实现区域内国际之间重要物流信息系统的数据交换,通过符合国际标准化接口方式,实现区域交换节点的双向信息交互。项目一期规划以钦州为中心主节点,将开通航线的东盟国家主要港口及中国国内相关港口的各个节点联通,在口岸等相关部门设立分节点,在物流场站运营企业设立场站节点,使各类物流企业、进出口企业等系统通过特定接入点与平台逻辑相连,通过光纤专线、数据交换实现信息的共享和互联互通。该中心的正式启用,使钦州港与东盟港口的信息实现互联互通。未来该中心将积极推进东盟国家47个港口及中国国内主要港口的信息互联互通。

中国—东盟建筑业合作高峰论坛暨中国—东盟建筑行业委员会成立大会

2016年5月28日在中国南通举行,由中国—东盟商务理事会和中国江苏省南通市人民政府联合主办。东盟10国的60多位驻华使节以及300多位中外建筑业企业家出席。会议达成《关于加强中国—东盟建筑业合作共赢南通共识》。2015~2025年间,东盟每年投入于基础设施建设的资金约1100亿美元。《南通共识》认为,有必要成立中国—东盟建筑行业合作委员会,促进中国与东盟在建筑行业领域内的交流,重点就行业标准、技术、管理、投融资以及具体项目等方面加强交流与合作,共同致力于东盟国家互联互通和基础设施建设,实现优势互补,互利共赢。中国—东盟建筑行业合作委员会,设中方主席和东盟方主席各1名,委员会中方秘书处设在南通市建筑行业协会。

2016中国—东盟产能合作高层论坛

2016年6月2日在中国广西南宁举办。由中国经济社会理事会和广西壮族自治区政协联合主办。本次论坛以“产能合作、互利共赢”为主题,重点就中国—东盟产业园区、跨境电商平台建设等重要议题进行深入研讨。中共中央书记处书记、全国政协副主席、中国经济社会理事会主席杜青林出席并作主旨讲话。中共广西壮族自治区委员会书记彭清华致欢迎辞,广西壮族自治区政协主席陈际瓦出席。与会嘉宾通过中国—东盟产业园区建设:现状与前景、携手打造中国—东盟跨境电商平台两个分论坛进行讨论。

第14届东盟华商会

2016年6月11日在中国云南昆明开幕,来自47个国家和地区的700余名华商以及中国国内14个省份的代表团参加开幕式。本届华商会由国务院侨务办公室、全国归国华侨联合会和云南省人民政府联合主办,以“携手‘一带一路’,共享发展机遇”为主题,围绕“一带一路”建设举行一系列活动。除了举办华商论坛,还举办中国—泰国专场投资项目对接洽谈会、中国—缅甸专场投资项目对接洽谈、瑞丽国家重点开发开放试验区专场推介会和耿马(孟定)边境经济合作区专场推介会,以充分利用境内境外两种资源和两个市场,促进“一带一路”沿线国家特别是中泰、中缅之间的经济合作交流。

首届中国—东盟民族文化论坛

2016年6月16~17日在中国广西南宁举办。以“民族文化多样性与‘一带一路’建设”为主题。中国国内多个省份及东南亚、澳大利亚、印度等国的学者共60多人参加。柬埔寨、老挝、缅甸、马来西亚、泰国、越南驻南宁总领事馆官员出席开幕式。与会学者围绕会议主题,就中国—东盟民族历史、文化与民族问题、海上丝绸之路沿线文化遗产保护与开发、民族文化多样性与中国—东盟互联互通建设等议题展开研讨,形成多项共识,发表《首届中国—东盟民族文化论坛相思湖倡议书》。

6月5日,2016中国—东盟产能合作高层论坛在可路中国广西南宁开幕(百度网)

中国贸易促进委员会获中国—东盟自由贸易区优惠原产地证书签发权

从2016年7月1日起，中国贸易促进委员会正式签发中国—东盟自由贸易区优惠原产地证书。中国已与23个国家和地区签署14个自由贸易协定和1个优惠贸易安排。其中，中国—东盟自由贸易区是中国对外商谈的第一个、也是最大的自由贸易区。在中国—东盟自由贸易区各项优惠政策促进下，中国已成为东盟最大贸易伙伴。

中国—东盟经济技术合作兰州论坛

2016年7月9日在中国甘肃兰州举办，由中国—东盟中心、甘肃省人民政府主办，旨在为东盟国家和甘肃省的企业家搭建经济技术交流合作平台。此次论坛为第22届兰洽会的重要活动之一。中共甘肃省委常委、甘肃省副省长李灿荣，文莱驻中国大使张慈祥，中国—东盟秘书长张秀萍，泰国、越南驻中国大使馆商务参赞等参加论坛并致辞。据悉，2015年甘肃省与东盟10国实现进出口总值94.35亿元人民币。2016年1～4月，甘肃省与东盟10国实现进出口总值27.86亿元人民币；截至2016年5月底，甘肃省共有17家境内投资主体企业在东盟成员国直接投资，累计投资额822万美元；截至2016年6月底，甘肃省已批准设立东盟成员国投资企业102家，投资总额2.09亿美元。

第2届中国—东盟产能合作高层论坛

2016年7月12日在印度尼西亚雅加达举办。中国驻东盟大使徐步、东盟副秘书长翁贴、印度尼西亚旅游部部长阿里夫及来自东盟与中国的专家、学者、企业家近300人与会。与会者就如何进一步推动中国—东盟产能合作进行讨论，并介绍各自的发展优势与合作经验。同日，中国驻东盟使团还举办中国—东盟合作高层论坛市长论坛，邀请印度尼西亚知名企业家、在印度尼西亚中资企业代表与出席论坛的中国地方政府、企业家代表座谈。

第9届中国—东盟教育交流周暨第2届中国—东盟教育部长圆桌会议

2016年8月1日在中国贵州贵阳开幕，由中国外交部、教育部和贵州省人民政府共同主办。本次活动以“教育优先、共圆梦想”为主题，是中国—东盟教育交流年活动的旗舰项目，并被列入中国—东盟建立对话关系25周年重要纪念活动。本届中国—东盟教育交流周活动期间，还举行中国—印度尼西亚副总理级人文交流机制第2次会议、中国—东盟百名校长牵手未来、中国—东盟教育合作与人才交流洽谈会、中国—东盟职业教育博览会等30多项活动。

第15次中国—东盟经贸部长会议

2016年8月4日在老挝万象举行。会议讨论通过《中国—东盟产能合作联合声明》，同意提交9月份中国—东盟领导人会议暨中国—东盟建立对话关系25周年纪念峰会并作为会议重要成果对外发表。在联合声明中双方一致认为，中国与东盟经济交往取得迅速、全面、显著发展，双方可通过产能合作进一步加强中国—东盟经贸关系。双方表示将在平等互利的基础上采取相关举措继续完善和提升各自国家和区域工业产能，比如通过产业升级促进经济发展、根据各自的比较优势和发展水平在高度互补的部门开展合作、加强能力建设等。与会部长对《关于修订〈东盟—中国全面经济合作框架协议〉议定书》7月1日正式生效表示欢迎。

东盟华商参与“一带一路”建设座谈会

2016年8月23日在中国广东省侨办举行。来自马来西亚、印度尼西亚、新加坡、菲律宾、泰国、缅甸、柬埔寨等11个国家的32位广东省海外交流协会海外理事应邀出席。广东省发改委、省自贸办相关负责人在会上介绍“一带一路”建设的政策和鼓励投资项目。与会华商纷纷为“一带一路”建设出谋献策。广东省侨办主任李心勉励广大华商做“一带一路”建设的宣传者、推动者和参与者。

东盟峰会和东亚合作领导人系列会议

2016年9月6～8日在老挝万象举行。本次系列领导人会议包括第28届、第29届东盟领导人会议，第19次中国—东盟10+1领导人会议暨中国—东盟建立对话关系25周年纪念峰会，东盟与中日韩10+3领导人会议，东盟与其他对话伙伴国和国际机构10+1领导人会议，以及第11届东亚峰会10+8。中国—东盟领导人会议通过《中国—东盟建立对话关系25周年纪念峰会联合声明》和《中国—东盟产能合作联合声明》等文件，还通过《中国与东盟国家应对海上紧急事态外交高官热线平台指导方针》《中国与东盟国家关于在南海适用〈海上意外相遇规则〉的联合声明》。会后，老挝作为东盟轮值主席国，在《主席声明》中还对此前通过的《中国和东盟国家外交部长关于全面有效落实〈南海各方行为宣言〉的联合声明》，以及中方就“南海各方行为准则”磋商提出的“四点愿景”表示欢迎。

首届中国—东盟商事仲裁合作论坛

2016年9月20日在中国海南海口举行。中国和东盟国家的仲裁界、律师界、商业界代表齐聚一堂，共议构建中国—东盟仲裁合作服务平台。此次论坛以

“一带一路、携手服务”为主题，在中国法学会的指导下，由环宇中国—东盟法律合作中心主办，中国海南仲裁委员会、中国广州仲裁委员会协办。论坛现场，环宇中国—东盟法律合作中心同柬埔寨国家商事仲裁中心、吉隆坡区域仲裁中心代表分别签订《合作协议》。

10 月 25 日，2016 年中国—东盟共建 21 世纪海上丝绸之路座谈会在中国云南昆明举行（百度网）

“一带一路”视野下中国与东盟合作新契机研讨会

2016 年 10 月 10 日在中国与全球化智库（CCG）北京总部举办，与会专家围绕“一带一路”将给东盟和中国沿海省份带来哪些发展契机，双方将如何抓住契机加深合作以及在推进过程中的重点等问题展开讨论。研讨会上，广西投资促进局局长杨静华介绍“一带一路”背景下广西在东盟发展的机遇和挑战；北京大学国际关系学院教授翟崑从宏观、战略、未来的角度，对中国与东盟的合作进行分析；CCG“一带一路”研究所副所长储殷分享了与东盟各国展开商务项目的切入点；CCG 特邀高级研究员高志凯强调，要根据东盟国别差异大的特点，强化针对性研究，加强东盟 10 国与广西关联度以及国内关联度的分析。

2016 中国—东盟友谊歌会暨“海丝天籁”音乐盛会

2016 年 10 月 14 日在中国海南海口举办。中国和东盟 10 国的 20 多位知名歌手同台献艺，演唱各国具有代表性的优秀歌曲。本次活动由中国国际广播电台、广西新闻出版广电局、海南广播电视总台主办，旨在用音乐联动世界，通过音乐形式促进中外文化、经济、健康等领域的交流和融合，促进中国与“海上丝绸之路”沿线各国的文化交流，唱响本地区和谐、友谊之声。

首届中国—东盟旅游部门会议

2016 年 10 月 21 日在中国广西桂林举行。此次会议旨在落实第 18 次、第 19 次中国—东盟领导人会议精神，推动建立中国—东盟旅游部门交流合作机制，探讨筹办 2017 中国—东盟旅游合作年，深化中国—东盟旅游领域务实合作。双方表示，将在中国—东盟旅游交流合作机制框架下，以 2017 中国—东盟旅游合作年为契机，在市场宣传、产品开发、旅游投资、人才培训、服务质量、互联互通等方面进一步加强合作，为高质量地实现“2020 年，中国—东盟双向交流达 3000 万人次”的目标做出贡献。

2016 年中国—东盟共建 21 世纪海上丝绸之路座谈会

2016 年 10 月 25 日在中国云南昆明举行。本次座谈会邀请泰国、柬埔寨、老挝、新加坡等 10 个国家的多位记者，记者们将深入报道中国—东盟在共建 21 世纪海上丝绸之路领域取得的务实合作成果，深化东盟各国对“一带一路”倡议的认识与理解，此次座谈会也是联合采访团到中国云南省的第一场活动。与会的各国媒体记者围绕媒体如何在“一带一路”框架下开展合作、当下如何互联互通等问题进行研讨。

中国—东盟医药行业合作高峰论坛暨中国—东盟医药行业合作委员会成立大会

2016 年 10 月 27 ~ 28 日在中国江苏泰州举行。来自马来西亚、印度尼西亚、越南、缅甸、泰国、老挝、柬埔寨、菲律宾、新加坡、文莱等东盟 10 国的知名医药领域专家及企业家代表和扬子江药业集团、济川药业集团、深圳海王生物等中国知名企业的代表齐聚泰州，见证委员会的成立。中国国家精细化学品质检中心主任陈妍作为委员会中方委员和副秘书长参加此次会议。大会还发表《关于加强中国—东盟医药业合作共赢泰州共识》。根据这一文件，中国—东盟医药行业合作委员会是中国与东盟国家医药行业的非官方、非营利性商务合作组织。委员会设中方主席和东盟方主席，以及执行主席。委员会首批委员单位共 54 家。中方秘书处设在中国医药城，秘书处承担委员会的日常工作。委员会将积极开展一系列促进合作工作。

中国（广东）—东盟产能合作系列会议

2016 年 10 月 28 ~ 30 日，2016 广东海上丝绸之路国际博览会高端论坛分论坛——21 世纪海上丝绸之路（广东）国际智库论坛暨中国（广东）—东盟战略合作论坛、中国—东盟产能合作研讨会在中国广东广州举办。系列会议聚焦国际产能合作，深入研讨“一带一路”框架下中国与海上丝绸之路沿线经济体，尤其是东盟国家在基础设施建设、国际产能合作、经济贸易往来等方面存在的机遇、挑战与实施路径。产能合作系列会议由广东国际战略研究院、21世纪海上丝绸之路协同创新中心主办，中国外交部、中国商务部、广东省人民政府及省委政研室、省政府发展研究中心、省商务厅、省外办、省贸促会、广州市贸促委等单位对会议予以支持。系列研讨会邀请中国和东盟国家的政府、行业、企业、学者等界别人士，分别从各自着眼角度阐述产能合作的现状、机遇、需求、挑战、现实困难和解决方案，多方视角汇合重叠，凸显产能合作中理解、认同、政策和稳定性等关键领域及疑难重点，共同深化10+1合作机制，提质升级。通过讨论，会议梳理出中国—东盟产能合作中关于机制合作、项目建设、营商环境等方面的一批政策亮点、行业和企业关注点以及实施痛点，为下阶段产能合作深入推进提供借鉴。与会单位一致表示，中国—东盟产能合作应更加聚焦海上合作，特别是21世纪海上丝绸之路建设项目合作。

“一带一路”背景下中国—东盟跨域公共问题与合作治理国际学术会议

2016年10月29日在中国贵州贵阳举行。由中国贵州大学公共管理学院主办。中国、泰国、越南、柬埔寨、马来西亚、缅甸、菲律宾、印度尼西亚、加拿大、韩国等国家院校和研究机构的嘉宾参加。中国中山大学陈瑞莲教授、加拿大女王大学索玛·赫瓦教授、郑州大学于向东教授、韩国行政研究院金允权博士、菲律宾大学阿瑟·加瓦博士、昆明理工大学黎尔平教授发表主旨演讲，对中国—东盟的区域公共问题及其合作治理路径进行学术交流和探讨。

中国—东盟大学智库联盟成立

2016年10月31日成立仪式在广西大学中国—东盟研究院举行。据悉，中国—东盟大学智库联盟将依托中国—东盟大学的学科资源和人才优势，加强学者、学校之间的交流与合作，形成智库力量，开展政策沟通，打造智库交流平台，为中国—东盟在政治、经济、文化等领域的合作与发展提供理论支撑和实践基础。成员单位由东盟大学联盟成员和中国教育部指派高校组成。根据长期规划，未来该联盟计划每年在中国—东盟博览会期间，在中国广西南宁举办学术论坛等活动，促进中国—东盟智库交流。

中国江苏—东盟教育合作对话会

2016年11月7日在中国江苏无锡举行，由中国江苏省教育厅、中国—东盟中心、东南亚教育部长组织主办，江苏省教育国际交流服务中心、无锡市教育局承办。东盟和中国江苏两地中学及高职院校的百余名校长代表参加。对话会以“‘一带一路’倡议下的教育合作”为主题，下设江苏—东盟中学校长对话会和江苏高职院校—东盟中学校长对话会，参会代表通过主旨演讲、招生情况介绍、讨论交流、参观考察等环节，共同探讨教(科)研合作、师生互访等教育合作交流中的问题。中国江苏和东盟的百余名中学校长签署《江苏—东盟中学校长合作倡议书》，为中国江苏和东盟的中学继续开展深入合作与交流奠定基础。会议期间，东盟国家学生代表88人在江苏开展东盟青年使者江苏行访问交流活动。

中国—东盟国际产能合作妥乐论坛

2016年11月16~17日在中国贵州盘县举行。以“融入海上丝绸之路，增进国际产能合作”为主题。中国和东盟国家政府相关部门官员、知名专家、行业领袖等300余名嘉宾出席。这是中国—东盟建立对话关系25年来，首次在中国的县级城市举办会议。本次论坛由中国—东盟商务理事会和贵州省盘县人民政府共同主办，与会代表达成《妥乐共识》。与会各方一致认为，深化互利合作是中国和东盟的共同愿望，加强产能合作是双方的共同行动，建立交流机制是双方的共同需要，实现互利共赢是双方的共同目标。双方在遵循商业原则、国际惯例的基础上，发挥各自优势，开发潜力、深入合作，共同融入海上丝绸之路的开发建设之中。

11月7日，中国江苏—东盟教育合作对话会在中国江苏无锡举行　（百度网）

第15次中国—东盟交通部长会议

2016年11月17日在菲律宾马尼拉举行。会议通过《中国—东盟交通合作战略规划》(修订版)、《中国—东盟交通运输科技合作战略》和部长级联合声明。会议通过的《中国—东盟交通合作战略规划》(修订版)和《中国—东盟交通运输科技合作战略》是中国“一带一路”倡议在交通运输领域与东盟国家交通战略规划对接的标志性成果文件。中国与东盟各国将在战略规划指导下,共同发展“四纵三横”区域交通通道。科技战略为未来双方交通技术标准和规范的对接以及科技创新能力的提高建立有效合作平台。

第11次中国—东盟电信部长会议

2016年11月25日在文莱举行,由中国工业和信息化部副部长陈肇雄与文莱通信部部长穆斯塔帕·希拉特共同主持。会议充分肯定近年来中国—东盟信息通信合作取得的积极成效,通过2017年中国—东盟信息通信合作计划和2017~2021年深化中国—东盟面向共同发展的信息通信领域伙伴关系行动计划。会议通过《2017年中国—东盟信息通信合作计划》和《2017~2021年深化中国—东盟面向共同发展的信息通信伙伴关系行动计划》,决定在未来5年围绕信息通信发展和监管政策、基础设施互联互通、新一代信息技术及应用、网络安全、互联网与制造业融合发展、中小微企业信息化水平提升、人力资源建设等领域开展交流与合作,促进信息通信业更好地服务于本地区经济社会发展。

中国广东—东盟渔业合作研讨会

2016年12月2日在中国广东广州举行,由广东省海洋与渔业厅主办,中国水产科学研究院珠江水产研究所承办。中国水产科学研究院郑志灵组长、广东省海洋与渔业厅副厅长屈家树出席并致辞。中国农业部长江流域渔政监督管理办公室,中国水产科学院,广东省发展改革委员会、商务厅、外事办公室等单位负责人和新加坡、柬埔寨、马来西亚、印度尼西亚、德国及中国相关研究院所、科研单位的政府官员、专家、企业家共计140余人参加研讨会。与会专家学者围绕渔业的可持续发展主题,分别就中国广东—东盟渔业的产学研合作前景、各国的渔业发展状况、当地的渔业资源保护政策及现状、渔业科技发展前景及产业化发展、最新渔业科技动态等内容做主题报告和研讨,有7个国家的专家发表18篇主题报告。专家们认为,研讨会达成了加强政策协调、推动渔业产业发展战略对接,发挥渔业科技对产业合作的引领作用,共同促进渔业产能合作,维护和保障区域水产品安全与渔业可持续发展的共识,为中国广东—东盟渔业合作搭建一个政策沟通、资源共享、科技互助、多方合作的交流对话平台,推动中国与东盟渔业不断向更深层次、更广范围、更宽领域合作。

第4届中国—东盟药品合作发展高峰论坛暨西太平洋地区草药协调论坛

2016年12月6日在中国广西南宁举行,由中国国家食品药品监督管理总局和广西壮族自治区人民政府共同主办。围绕“仿制药质量提高”这一话题,中国、东盟、美国、日本、欧盟以及世界卫生组织等国家和组织的代表分享了各自在仿制药质量监管领域的经验。中国国家食品药品监督管理总局副局长吴浈、广西壮族自治区副主席黄日波出席论坛并致辞。东盟各成员国代表和世界卫生组织、美国食品药品管理局、日本药品医疗器械综合机构、欧盟等国际组织代表应邀参加会议。国家食品药品监管总局有关司局和直属单位、国内各省(直辖市、自治区)食品药品监管局代表及制药企业代表共400余人参加会议。

中国—东盟跨境电商平台正式启用

2016年12月9日,由中国贸易促进委员会与东盟各国工商会联合主办的中国—东盟跨境电商平台在中国北京正式启动。该平台由中国—东盟商务与投资峰会秘书处和中国苏宁云商集团承办,平台先期以进口商品为主,目前的供应商主要有马来西亚海外旗舰店以及越南、新加坡、泰国和印度尼西亚等7个国家的商户。商品主要包括东盟国家特产的特色水果、食品、保健品、日用品、百货等。

12月6日,第4届中国—东盟药品合作发展高峰论坛暨西太平洋地区草药协调论坛在中国广西南宁开幕 (百度网)

首届中国—东盟企业家论坛

2016年12月9日在中国云南景洪开幕。中国和东盟10国的近千名企业家、学者、官员齐聚一堂,探讨"一带一路"背景下中国与东盟加强合作的新机遇与新路径。论坛由中国—东盟商务理事会、南南合作金融中心、中国国际商会云南商会、正和岛、大益集团联合主办,以"'一带一路'、亚洲机遇:探寻中国—东盟财富之源"为主题,包括经济理论政策讲座、专家企业家演讲、项目合作洽谈等活动,并邀请东盟国家驻华驻昆外交官以及工商协会负责人现场解答各国产业优势和优惠政策。论坛期间还举行金融、旅游、物流、智库等主题鲜明的分论坛,发布《中国—东盟产能合作报告》《中国—东盟五通指数比较报告》《中国—东盟互联互通指数报告云南省指数》《中国—东盟企业家西双版纳倡议》,举行中国—东盟商务咨询合作机制落户云南签约仪式。来自中国和东盟国家的众多企业家共同发起《中国—东盟企业家西双版纳倡议》:(1)包容共生,催生文明;(2)平等互利,共谋发展;(3)科技先导,创新发展;(4)保护环境,绿色发展;(5)诚信为本,依法行商;(6)弘扬善举,回报社会;(7)着眼未来,提携后进。

中国—东盟中小企业合作会议

2016年12月22~23日在中国山东德州举行。山东省副省长夏耕,中国—东盟商务理事会执行理事长许宁宁,中共德州市委书记、市人大常委会主任陈勇,中国—东盟商务协会(马来西亚)主席丹斯里林玉唐分别致辞。东盟有关国家的驻华公使、商务参赞等嘉宾与中方企业家围绕"共建海上丝绸之路中国—东盟中小企业合作发展"的主题,深入交流,共谋发展大计。会议期间,成立中国—东盟中小企业合作委员会,发表《关于加强中国—东盟中小企业合作共赢德州共识》,马来西亚、泰国等国有关企业分别与德州市有关企业签署合作备忘录。同时,举办中国—东盟中小企业合作论坛,共同探讨中国—东盟自由贸易区升级建设中的新变化、新问题、新趋势,探寻更多的合作空间。

中国与东盟多国铁路合作取得新进展

中国与印度尼西亚合作的雅万铁路项目在2016年年内取得积极进展。2016年1月21日,中国和印度尼西亚企业共同投资建设的雅万高铁正式开工,印度尼西亚总统佐科和中国国家主席习近平特使、国务委员王勇出席开工仪式。3月16日,印度尼西亚雅万高铁合资公司在雅加达与印度尼西亚交通部签署特许经营协议,这标志着雅万高铁的全面开工建设获得重要法律保障。根据协议,合资公司对雅万高铁的特许经营权将从2019年5月31日开始,为期50年。同时,合资公司须在建设许可证颁发后3年内完成修建工作。另外,协议还将项目的总造价从此前的约55亿美元确定为51.35亿美元。3月24日,雅万高铁项目5千米先导段实现全面开工。雅万高铁将连接相隔150千米的印度尼西亚雅加达及第三大城市万隆。高铁建成后,预计行车时速为250千米,将使得两城间通勤缩短到35分钟以内,单程票价预计在16美元左右。雅万高铁将会成为印度尼西亚的第一条高速铁路,它不仅让雅加达和万隆两座城市之间交通时间缩短,更能拉动印度尼西亚冶炼、制造、电力、物流等配套产业的发展,给印度尼西亚带来更多的就业机会,推动当地产业结构的升级。

中国首次出口泰国米轨客车启运。2016年5月20日,据中国中车集团长春轨道客车股份有限公司长客公司介绍,该公司出口泰国米轨客车项目首列车的13辆编组车辆调试完毕,当天运抵辽宁省营口港,将由此转运发往泰国。泰国国家铁路公司在2014年10月与中方签署115辆米轨铁路客车采购合同。这是泰国国家铁路公司有史以来签署的最大铁路客车采购合同,也是中国不锈钢米轨干线铁路客车的首次出口。

马来西亚安邦线延伸线与KelanaJaya延伸线开通。2016年6月30日,马来西亚安邦线延伸线与KelanaJaya延伸线两条线路同时开通,担当本次载客运营任务的列车来自中国中车集团株洲电力机车有限公司。安邦线作为马来西亚的第一条标准轨线路,是马来西亚最长的轻轨线。

中国与东盟多国电力项目合作取得重大进展

中国衡变签署老挝万象输变电总承包合同 2016年2月8日,中国特变电工衡阳变压器有限公司对外宣称,该公司在老挝首都万象与老挝国家电力公司签署项目总承包合同,将承建万象115kV输变电项目。该项目包括新建115kV变电站、115kV输电线路及周边22kV配电线路等,资金采用中国进出口银行优惠贷款。

中国企业获得缅甸29个水利发电项目开发权 据缅甸中文网2016年2月10日消息,缅甸电力部称,2月初,缅甸与中国正式确认,在新政府执政期内,开发建设18个由中国企业获开发权的水利发电站项目。中国企业在缅甸共获得29个水利发电站项目开发权,其中18个项目在2月2日由中缅两国政府正式确认,在新政府执政期内进行开发。在中缅两国已确认开发的18个项目中,只有5个项目正式签署开发协议,其余项目只签署谅解备忘录。这些水利发电站项目大部分为丹伦江(萨尔温江)项目,部分为流入伊洛瓦底江的恩梅开江支流南柏勒江、南玛江及瑞丽江项目。

老挝南欧江六级电站2号机组并网发电 2016年2月25日12时20分,由中国电建集团投资的老挝南欧江六级电站2号机组顺利并网发电,这标志着南

欧江流域第五台机组投运。南欧江六级电站位于老挝北部丰沙里省，电站布置3台单机容量60兆瓦机组，首台机组于2015年12月21日并网发电。

中国三峡集团签署缅甸首个风电项目开发协议 2016年2月29日上午，中国三峡集团与缅甸电力部在缅甸首都内比都签署羌达风电项目开发协议。位于缅甸伊洛瓦底省勃生地区的羌达风电项目是缅甸政府计划推进的首个风电项目，它被推荐为中缅电力合作示范项目。首期开发装机3万千瓦。

中国云南省与缅甸合作建设诺昌卡河水电项目 2016年3月9日，中国云南能源投资集团所属全资子公司云南能投对外能源开发有限公司与缅甸电力部签署协议，开发建设诺昌卡河水电项目中的古浪、同心桥两个项目，投资总额超过7亿美元。这两个项目已经被中缅两国政府筛选为中缅电力合作首期开工的"示范项目"。

柬埔寨斯伦河EPC项目（一期）圆满移交 2016年3月12日，中国电建集团所属水电八局承建的柬埔寨斯伦河流域水资源开发EPC工程（一期）在经过1年的质保期后顺利移交给业主。斯伦河水利工程（一期）位于柬埔寨西北部的斯伦河流域，主要目的是满足奥多棉芷省、暹粒省和卜迭棉芷省区域的农业灌溉，兼顾防洪与供水。

中国电力建设集团河北省电力勘测设计院首个菲律宾光伏电站项目并网发电 2016年2月25日，中国电建河北院承揽的首个菲律宾光伏发电项目——甲万那端（Cabantuan）10兆瓦光伏电站顺利并网发电。该光伏电站位于菲律宾甲万那端市东北部，占地约15公顷。项目建设内容包括6个1.6兆瓦光伏发电子系统和1座13.8千伏开关站。

中国国电南瑞南京控制系统有限公司承担的菲律宾10MWp光伏发电项目监控系统成功投运 2016年3月15日，该项目顺利通过NGCP菲律宾国家电网的验收。项目位于吕宋岛北部Cabanatuan City，由江苏苏美达成套设备工程有限公司总承包，中国国电南瑞南京控制系统有限公司承担项目的二次监控系统，包括SCADA系统、视频监控、直流系统等。

中国与东盟金融合作实现新突破

中国与印度尼西亚金融合作实现新突破 2016年3月，中国国家开发银行厦门分行完成对印度尼西亚国家银行、印度尼西亚人民银行、曼迪利银行3家银行30亿美元贷款（含等值9亿美元境外人民币）的全额发放，用于支持印度尼西亚国内基础设施项目建设，贷款期限10年。该项目为中国—印度尼西亚两国金融机构间首笔长期大额合作，是落实2015年3月两国领导人见证签署的《共同支持中国优质企业与印度尼西亚国有企业合作谅解备忘录》首批项目。此次合作实现两国金融机构间首次长期大额合作。在印度尼西亚外汇储备减少、印尼盾面临巨大贬值压力的紧要时刻，中国国家开发银行大额授信增强了印度尼西亚金融市场的信心，对稳定印尼盾汇率发挥了重要作用。此次授信中包含的跨境人民币贷款也将有力推动人民币在周边国家的使用。

人民币被正式纳入新加坡官方外汇储备 2016年6月22日，新加坡金融管理局宣布把人民币金融投资纳入到官方外汇储备中。这一政策将在6月开始实施。金管局认为，这一举措是因为中国金融市场持续稳定的标准化改革，以及国际市场对人民币认可度的不断提升。

中马"两国双园"建设取得新进展

2016年3月16日，为服务"一带一路"建设，深化中马两国在科技、教育和技术创新等领域的交流合作，中马钦州产业园管委会与马来西亚创新中心达成合作共识，共同签署合作备忘录。双方在以下六个方面达成共识：一是共建中马国际科技园和马中国际科技园；二是共同成立中马科技创新合作基金；三是共建国际科技孵化与创业创新平台；四是共建科技成果展示中心；五是共建中马国际创新人才培养基地；六是共同成立中马科技合作与创新工作组。

3月28日，中国—马来西亚钦州产业园区、马来西亚—中国关丹产业园区联合合作理事会第3次会议在中国广西钦州举行。中马双方表示，将把"两国双园"建设成中马合作旗舰项目和中国—东盟合作示范区。

至2016年年底，中马钦州产业园区启动区7.87平方千米"三年打基础"目标基本实现，基本完成"七通一平一绿"，公共配套体系初步完善，已经具备成片开发和项目"即到即入园"的条件；园区成功引进高新技术产业项目近40个、投资总额约400亿元，规划建设城市配套项目10个、投资总额45亿元；启动区产业用地供地率超过80%，开发建设进度超过预期，园区发展由基础设施建设转入项目入园、产城融合、功能提升的新阶段。与此同时，马中关丹产业园区规划编制工作基本完成；首个入园钢铁项目进展顺利，建成后成为马来西亚最大的钢铁厂；湖南中科恒源科技股份有限公司新能源应用技术制造和工程基地、仲礼集团陶瓷轻工产业园等一批项目成功签约入园；中方参股关丹港建设运营一年即实现吞吐量和营业收入的两个翻番。

中国—东盟双边贸易额达到4522亿美元

2016年虽然全球经济不景气，但是中国—东盟全年贸易额仍达到4522亿美元。占中国对外贸易额的比重进一步提升。中国继续成为东盟第一大贸易伙伴，东盟也是中国第三大贸易伙伴，第四大出口市场和第二大进口来源地。（颜　洁）

区域合作

“一带一路”建设合作

“一带一路”建设合作发展概况

“一带一路”是丝绸之路经济带和21世纪海上丝绸之路建设的简称。

丝绸之路经济带，是在中国古丝绸之路概念基础上形成的一个新的经济发展区域。新丝绸之路经济带，东边牵着亚太经济圈，西边系着发达的欧洲经济圈，被认为是“世界上最长、最具有发展潜力的经济大走廊”。共建丝绸之路经济带，是中国国家主席习近平在2013年9月访问哈萨克斯坦时提出的倡议。古老的海上丝绸之路自中国秦汉时期开通以来，一直是沟通东西方经济文化交流的重要桥梁，而东南亚地区自古就是海上丝绸之路的重要枢纽和组成部分。建设21世纪海上丝绸之路，是2013年10月中国国家主席习近平访问印度尼西亚时提出来的。这是习近平为进一步深化中国与东盟的合作，构建更加紧密的命运共同体，为双方乃至本地区人民的福祉而提出的合作倡议。2014年3月5日，中国国务院总理李克强在《政府工作报告》中提出：“抓紧规划建设丝绸之路经济带和21世纪海上丝绸之路”。

“一带一路”倡议这一跨越时空的宏伟构想，融通古今、连接中外，顺应和平、发展、合作、共赢的时代潮流，承载着丝绸之路沿线各国发展繁荣的梦想，赋予古老丝绸之路以崭新的时代内涵。“一带一路”沿线大多是新兴经济体和发展中国家，总人口约44亿，经济总量约21万亿美元，分别约占全球的63%和29%。这些国家普遍处于经济发展的上升期，开展互利合作的前景广阔。2013年中国与“一带一路”沿线国家的贸易额超过1万亿美元，占中国外贸总额的1/4。“一带一路”建设必将提升新兴经济体和发展中国家在中国对外开放格局中的地位，促进中国中西部地区和沿边地区对外开放，推动东部沿海地区开放型经济率先转型升级，进而形成海陆统筹、东西互济、面向全球的开放新格局。

2015年，“一带一路”建设合作热点纷呈。3月28日，中国国家发展改革委、外交部、商务部联合发布《推动共建丝绸之路经济带和21世纪海上丝绸之路的愿景与行动》。重点服务于“一带一路”建设的亚洲基础设施投资银行于12月25日正式成立。年内，还举办“一带一路”建设的一系列国际研讨会、高峰论坛等，就中国与各国携手共建“一带一路”达成共识。

2016年，“一带一路”建设合作取得多项进展，中国与有关国家和国际组织签署40多份共建“一带一路”合作协议，同20多个国家建立国际产能合作工作机制，在沿线国家设立56个境外合作区，并建立134所孔子学院和130个孔子课堂。

中国积极推动“一带一路”建设

2016年，中国在“一带一路”建设合作中重点推动6个方面的工作，取得重大进展。

一是开展对接合作。中国与有关国家和国际组织签署40多份共建“一带一路”合作协议，同20多个国家开展机制化的国际产能合作，签署第一份双边战略对接合作规划，即中哈《“丝绸之路经济带”建设与“光明之路”新经济政策对接合作规划》，第一份经济走廊合作规划纲要，即《建设中蒙俄经济走廊规划纲要》，结成互信友好、充满活力的“朋友圈”。

二是推动重大项目建设。中巴经济走廊启动一揽子重大项目建设，雅万高铁、中老铁路、瓜达尔港先期建设、中巴喀喇昆仑公路二期改造、中俄原油管道复线工程、中俄和中亚油气管线、希腊比雷埃夫斯港等建设取得重大进展。《关于加快推进“一带一路”空间信息走廊建设与应用的指导意见》正式发布，充分发挥空间信息技术优势，促进信息互联互通。中欧班列统一品牌发布启用，截至2016年年底，累计开行近3000列。

三是加强产能合作。有序推进钢铁、装备制造、汽车、电子等10多个重点领域国际产能合作，在沿线国家设立56个境外合作区。中白工业园、中泰罗勇工业园等成为中国企业“走出去”成功范例。

四是提供金融支持。以亚洲基础设施投资银行为代表的金融合作不断深入，丝路基金服务“一带一路”建设的力度不断加大，人民币跨境交易规模不断扩大。

五是扩大文化交流合作。中国已在沿线国家建立134个孔子学院和130个孔子课堂，近一半在华留学生来自“一带一路”沿线国家。中国在沿线国家已建立10个海外中医药中心。海上丝绸之路申遗已经启动。丝绸之路电影节、中外文化年艺术节等活动蓬勃发展。

六是发挥地方积极性。中国31个省份和新疆生产建设兵团与“一带一路”建设战略规划的对接工作全面完成。各地发挥比较优势，积极主动参与和融入“一带一路”建设。

印度尼西亚雅加达至万隆高速铁路开工

2016年2月21日在印度尼西亚雅加达举行开工仪式，这是印度尼西亚首条高速铁路，中国国务委员王勇和印度尼西亚总统佐科共同出席动工仪式。王勇在开工仪式上宣读中国国家主席习近平致佐科总统的贺信，祝贺雅加达至万隆高铁项目动工。

雅万高铁全长150千米，连接印尼首都雅加达和第四大城市万隆，设计最高时速350千米，计划3年建成通车。届时，雅加达到万隆间的旅行时间将由当前的3个多小时缩短至40分钟。

雅万高铁项目由中国铁路总公司牵头组成的中国企业联合体与印尼国企联合体共同组建的中印尼合资公司承建，是国际上首个由政府主导搭台、两国企业对企业进行合作建设和管理的高铁项目，也是中国高速铁路从技术标准、勘察设计、工程施工、装备制造、物资供应，到运营管理、人才培训、沿线综合开发等全方位整体走出去的首个项目。

中国与缅甸签署羌达风电项目开发协议

2016年2月29日缅甸电力部与中国三峡集团在缅甸首都内比都签署。协议签字仪式由缅甸电力部部长钦貌梭主持。三峡集团总经理助理、三峡国际董事长陆国俊，缅甸电力部电力规划司司长艾山分别代表双方签字。中国驻缅大使馆代表，缅甸电力部副部长莫达推和主要司局领导出席协议签署仪式。

羌达风电项目是缅甸政府计划推进的第一个风电项目，也被中缅双方政府推荐作为中缅电力合作示范项目。电站位于缅甸伊洛瓦底省勃生地区，首期开发装机30兆瓦。

天津港集团开通首条“一带一路”新航线

2016年3月5日，由韩国现代商船新增开设的一条东南亚集装箱班轮航线在天津五洲国际码头正式投入运营，这也是天津港集团2016年新开通的首条“一带一路”新航线。中国天津港是丝绸之路经济带的东部起点和海上丝绸之路的重要启运港，这也使得中国天津港在“一带一路”建设中的重要战略支点作用日益凸显，成为世界海运巨头未来新一轮布局发展的重点。该条航线由中国天津港始发，途径韩国、中国上海、越南、柬埔寨、泰国、菲律宾等国家或地区然后再返回天津港，共计投入4艘2200标准箱集装箱船舶进行周班运行，分别为“现代未来”号、“现代博睿”号、“现代高速”号和“现代海参崴”号。此次在天津港首航的为“现代海参崴”号，所载出口货物以建材、钢管、钢丝、金属制品等为主，进口货物为日用品、食品等，共计800多个标准箱。

“一带一路”专网正式上线

2016年3月8日上线。该专网由新加坡联合早报与新加坡工商联合总会联合推出，这是东南亚地区首个专门以“一带一路”为主题设立的资讯网站。专网作为联合早报网的特别栏目，旨在推动新加坡企业深入了解“一带一路”建设信息，并为全球华文读者提供新加坡和东南亚的视角。

专网内容包括围绕“一带一路”战略的宏观与微观介绍、最新进展、沿线区域信息、相关商机、分析评论、活动看板等。早报也会通过微博、微信、面簿等社交媒体平台，全方位向用户推介专网。

约150位来自亚洲各地政商学界的嘉宾参加专网上线仪式。中国中央电视台、新华社、香港凤凰卫视、越南通讯社等9家媒体对上线仪式进行采访。

专网开通获得企业界和商界的积极响应，首批支持机构包括中国银行、中国太平保险、新加坡劲升逻辑、中国工商银行新加坡分行、太平船务、新加坡港务集团、新邮政、星和移动、星雅集团、达丰控股、大华银行及仁恒置地。

新加坡星和与中国移动签署谅解备忘录

2016年3月21日在中国移动国际香港总部举行，双方加强在器材、数据业务、移动业务、网络与创新、物联网等五大方面的合作。

中国移动国际是中国移动的全资子公司。星和总裁陈东海在签约仪式上说，中国移动拥有全球第一的移动通信网络规模和客户规模，他希望这个合作能建立和巩固两国的通信通道，让新中两地人民互访时能享受无缝的通讯体验。

天合光能科技（泰国）有限公司投产

2016年3月28日正式投产。该公司是中国天合光能在泰国罗勇工业园区开设的工厂。当天，天合光能还与由泰国汇商银行牵头的银团签署共计1.43亿美元的融资协议。天合光能科技（泰国）有限公司是天合光能技术最先进、自动化程度最高的电池及组件生产企业。

中国广核集团在马来西亚设立东南亚区域总部

2016年4月12日，中国广核集团有限公司在马来西亚吉隆坡宣布，决定在马来西亚设立中广核东南亚公司作为其东南亚区域总部，以进一步加强在本地区的开发和投资。中广核总经理张善明当天在出席中广核全资收购马来西亚埃德拉能源项目发布活动时宣布这一决定。张善明表示，中广核非常看好马来西亚电力市场未来的发展，将继续在马来西亚和其他国家进行清洁能源项目开发。埃德拉公司是东南亚领先的独立发电商，拥有控股在运装机容量662万千瓦，其项目分布在马来西亚、埃及、孟加拉国、阿联酋、巴基斯坦5个“一带一路”沿线国家，主要以天然气清洁能源发电项目为主，在东南亚等地拥有丰富的清洁能源项目开发运营经验。

2015年11月，中广核与埃德拉公司签署埃德拉项目的股权收购协议，这也是自2008年以来东南亚地区海外直接投资最大的能源类收购项目。中广核方面表示，埃德拉项目的所在国均为“一带一路”的代表性国家，该项目是“一带一路”倡议在海外直接投资领域重大的标志性工程。2016年3月，埃德拉项目股权交割顺利完成。中广核方面表示，至此，该公司在海外的清洁能源控股在运装机总量达到884.3万千瓦，成为中国在海外装机容量最大的能源企业之一，也成为马来西亚最大的海外直接投资者和第二大独立发电商，以及埃及和孟加拉国最大的独立发电商。

“一带一路”媒体传播联盟

2016年4月18日，在第6届北京国际电影节纪录单元“一带一路”主题日系列活动中，由中国国务院新闻办公室发起，五洲传播中心联合沿线国家的媒体代表、文化使节、文化机构，共同成立“一带一路”媒体传播联盟，并发布“丝路电视”跨国联播网等合作项目。根据工作规划，媒体传播联盟计划在2016年11月底前完成节目内容储备等工作，2017年1月1日“丝路电视”跨国联播网正式启动。到2017年12月底，实现至少20个“一带一路”国家的主流媒体落地。中宣部副部长、国务院新闻办公室副主任崔玉英18日在活动致辞中说，构建“一带一路”媒体传播联盟是对“一带一路”重大倡议的积极响应，也是对沿线各国人民信息需求的热切回应。希望媒体传播联盟推出更多的影视精品力作，做“丝路故事”的讲述者；共同构建跨国播出网络，做“丝路文化”的传播者；共同促进交流与沟通，做“丝路精神”的弘扬者。

中国愿推动“21世纪海上丝绸之路”倡议同文莱“2035宏愿”发展战略对接

2016年4月21日，中国外交部部长王毅与文莱外交与贸易第二部部长林玉成在文莱斯里巴加湾进行会谈。双方就两国双边关系、中国—东盟关系等议题进行交流与探讨。2016年是中文两国建交25周年。王毅表示，双方要以两国建交25周年为契机，为中文务实合作注入新动力，为战略合作关系开创新前景。双方要拓展务实合作。中方愿大力推动“21世纪海上丝绸之路”倡议同文莱“2035宏愿”发展战略对接，帮助文莱实现经济多元化。鼓励中国企业来文投资，拓展基础设施建设、金融等领域合作，推进“广西—文莱经济走廊”建设。支持两国企业开展石化产业一体化合作，打造更多互利共赢的成功品牌。中方也愿为文莱在东盟东部增长区发展中发挥中心作用提供积极支持。王毅表示，文莱是东盟重要成员，长期以来为推动中国—东盟关系做出了积极和重要贡献。中方愿与东盟办好今年中国—东盟领导人会议暨中国—东盟建立对话关系25周年纪念峰会，保持中国—东盟关系发展良好势头。在东盟同各大国关系中，中国—东盟关系发展最早、潜力最大、空间最广、动力最强、前景最好，我们对此充满信心。

中国建设银行与新加坡国际企业发展局签署战略合作备忘录

2016年4月25日在新加坡签署，中国建设银行将为中新两国企业参与“一带一路”基础设施项目提供总值300亿新元(约合222亿美元)的金融支持。中国建设银行还与新加坡交易所(新交所)就资本市场等领域双边合作签署战略合作备忘录，中国建设银行将为中资企业到新加坡进行首次公开募股、债券融资、并购及跨境资产管理等提供金融服务。

泰国商品展示分销中心落户中国福州

2016年5月19日，由亚洲国际贸易投资商会与利嘉集团合作设立的泰国商品展示分销中心落户福州利嘉商业中心。此分销中心的成立呼应中国“一带一路”建设合作倡议，能够使泰国商品更方便、以更低成本进入中国。泰国展示分销中心占地约300平方米，拥有食品、化妆品、乳胶枕头、工艺品4类泰国商品。

“一带一路”建设与网络媒体责任论坛

2016年5月24日在中国重庆举办。中国中央新闻网站，省级重点新闻网站，省会城市、副省级城市和地市级新闻网站代表齐聚重庆，共同研讨媒体融合发展环境下，“一带一路”沿线新闻网站如何承担起媒体责任，为推进“一带一路”建设营造良好舆论氛围。论坛发布《推动“一带一路”建设践行网络媒体责任倡议书》。

泰国将推动“一带一路”基础设施建设

2016年5月26日，泰国商务部副部长维尼差·詹张在出席第9届泛北部湾经济合作论坛时指出，泰国认为“一带一路”倡议提出是正逢其时，使得中国和东盟同时受益。泰国认为项目融资是“一带一路”实施的重要因素，泰国欢迎中国提出的建立中国—东盟海上合作基金以及亚洲基础设施投资银行的建议。他表示，泰国将进一步促进基础设施的建设，将升级现有的港口，同时在周边地区设立经济特区。在2016～2020年，泰国港务局计划投资1200亿泰铢，投资包括多个港口建设的基础设施项目。

留学、投资马来西亚论坛暨“一带一路”奖学金推介会

2016年5月28日在中国广西南宁举行，由《中国—东盟商界》杂志以及《中国—东盟博览》杂志联合发起。马来西亚南方大学学院、英国雷丁大学马来西亚分校、新加坡伊斯干达莱佛士大学、新加坡管理发展大学和南安普顿大学马来西亚分校介绍各自的招生信息。本次论坛推出新华联“一带一路”奖学金200万元，在

2016 年 6 月 1 日至 8 月 1 日期间开放，主要面向应届高中毕业生。2016 年是中国—东盟教育交流年，奖学金的推出旨在培育国际人才，促进中马教育合作交流。

第 4 届中国—南亚博览会暨第 24 届中国昆明进出口商品交易会

2016 年 6 月 12 日在中国云南昆明开幕，由中国商务部和云南省人民政府共同主办。本届博览会以“亲诚惠容、合作共赢”为主题，以促进中国特别是云南与南亚、东南亚及世界各国的经贸交流合作为宗旨。设有南亚馆、东盟馆、国际产能合作馆、信息化及信息产业馆、制作馆、旅游产业馆等 13 个展馆，展位 8000 个。亚洲、欧洲、美洲、非洲、大洋洲的 89 个国家、地区和中国国内 29 个省份的企业参展参会，参展企业约 5000 家，其中境外企业占 50% 左右。其间共签订利用内资项目 495 个，签约金额 8611.89 亿元。

2016 西安“一带一路”沿线节点城市人文交流夏令营

2016 年 7 月 3 ~ 15 日在中国陕西西安举行，由西安市教育局和西安文理学院主办。本次夏令营以“文化体验”为中心，分历史、现代、自然、教育 4 个部分展开。参加本次夏令营活动的营员分别来自哈萨克斯坦、吉尔吉斯斯坦、塔吉克斯坦、乌兹别克斯坦、巴基斯坦、阿富汗、尼泊尔、越南、也门、印度尼西亚等 10 个国家的 21 名大学生和带队老师。历经 15 天的历史、现代、自然、高校 4 个方面的文化之旅，他们对古代丝绸之路的起点——西安留下深刻印象。此次夏令营为“一带一路”沿线国家人民了解中国文化提供了良好的机会。

“一带一路”探路印尼产业“领航计划”高级工商管理人才项目开班

2016 年 7 月 25 日在中国北京清华大学举行开班仪式。该项目由中国民生投资股份有限公司、清华大学和印度尼西亚工商会三方联合发起。这标志着首个由中国民营企业出资、知名高校开办、“一带一路”沿线国家组织的专项人才培养计划正式实施。该培养计划每年开展两期针对性课程，重点培养市场、运营、财务、IT 等高级管理人才，预计开设 20 期。首期培训班招收 15 名来自印尼工商业领域的中高级管理人员。培训期间，学员既要学习中国文化与管理知识，与中国企业家进行课堂交流，还将赴中民投股东企业进行实地考察学习。培训结束后，学员将被优先推荐至中民投印尼产业园项目和其他中资在印尼的投资项目公司录用。

“一带一路”媒体合作论坛

2016 年 7 月 26 日“一带一路”媒体合作论坛在中国北京开幕，由中国人民日报社主办，主题为“命运共同体、合作新格局”。中国国家主席习近平发来贺信，向论坛致以热烈祝贺，向出席论坛的各国媒体嘉宾表示诚挚欢迎。习近平在贺信中指出，丝绸之路是各国人民的共同财富。中国发扬丝绸之路精神，提出“一带一路”倡议，以共商、共建、共享为原则，推动政策沟通、设施联通、贸易畅通、资金融通、民心相通，得到沿线国家的广泛认同。习近平强调，中国愿同沿线国家一道，构建“一带一路”互利合作网络、共创新型合作模式、开拓多元合作平台、推进重点领域项目，携手打造“绿色丝绸之路”“健康丝绸之路”“智力丝绸之路”和“和平丝绸之路”，造福沿线国家和人民。习近平表示，“一带一路”媒体合作论坛为各国媒体对话交流、务实合作提供了一个平台。希望各国媒体用好这个平台，在推动国家关系发展、沟通民心民意、深化理解互信方面积极有为，为“一带一路”建设发挥积极作用。论坛上，来自 101 个国家的 212 家主流媒体的代表共聚一堂，畅所欲言。

“一带一路”国家药品监管与发展合作会议暨发展中国家药品监管领域部级研讨班

2016 年 7 月 27 日在中国北京举行，由中国国家食品药品监管总局和商务部共同举办。加纳、牙买加、肯尼亚、毛里求斯、尼日利亚、巴勒斯坦、巴拿马、斯里兰卡等国的药品监督管理机构部级及相关官员参加。研讨班深入研讨“一带一路”沿线国家药品监管经验，以进一步加强国际药品监管与发展合作，建立更加平衡

7 月 26 日，2016“一带一路”媒体合作论坛在中国北京开幕　（百度网）

高效的国际药品监管合作格局。研讨班学员还访问北京、上海等地药品监管部门,对药品生产流通企业进行实地考察和交流。

中国建设银行新加坡分行发行10亿元"狮城债"

2016年8月11日,中国建设银行新加坡分行宣布,该行当日在新加坡成功发行10亿元"一带一路"基础设施离岸人民币债券(也称"狮城债"),该债券将在新交所挂牌上市。这是中国建设银行新加坡分行在本地市场首次发债,同时也成为新加坡政府宣布人民币纳入官方外汇储备以来在本地发行狮城人民币债券的第一家银行机构。此前,中国工商银行新加坡分行和中国银行新加坡分行曾分别发行过"狮城债"。

建行新加坡分行这次发行的债券为10亿元2年期债券,票面利率为3.25%,吸引了新加坡、澳大利亚、英国以及中国香港、中国澳门、中国台湾等12个国家和地区的投资者认购。除一般的投资者外,还包括一些国家央行和政府类投资基金。认购金额超过76亿元人民币,较指导价格收窄40个基点。

中国建设银行新加坡分行表示,本次债券发行是中国建设银行响应"一带一路"倡议,重视和支持相关基础设施项目的重要举措。2016年4月,中国建设银行与新加坡国际企业发展局签署"一带一路"基础设施合作备忘录,双方将携手助力中新两国企业在东南亚"一带一路"沿线更为广泛而深入的合作。本次债券发行是落实合作备忘录的重要措施,募集资金将主要用于相关项目融资。

重庆西部物流园在新加坡发行5亿美元债券

2016年8月31日,重庆西部物流园向媒体发布消息称,其5年期5亿美元债券已经在新加坡交易所上市,海内外投资者对西部物流园在"一带一路"建设中的定位十分认可,认购比例达发行金额的8倍。

中国中西部直辖市重庆拥有直达欧洲物流集散中心德国杜伊斯堡的渝新欧国际铁路,而西部物流园是这条贸易大通道的起点。中国与新加坡第三个政府间合作项目以重庆为运营中心。重庆西部物流园赴新加坡发债,是该项目下的首批美元狮城债。该债券于8月30日上市交易,最终票面利率3.25%。此次发债的投资者结构及分布区域多元化,其中主权基金和高质量国际基金认购比例达64%。投资者分布在英国、德国、澳大利亚、韩国、新加坡以及中国香港、中国台湾等国家和地区。

银联国际加快拓展印度尼西亚业务

2016年8月,银联国际与印尼前三大收单机构签署全面合作协议,大幅拓展银联卡在当地的使用范围。这三家机构分别为印尼最大的私有银行BCA以及两大国有银行Mandiri和BRI。预计到2017年年底,印尼商户的银联卡受理覆盖率从原来近40%大幅提升至80%。

此次银联国际与印尼多家主流机构签约,重点是大幅拓展受理商家。其中,BCA是印尼最大的收单机构,此前已开通其在雅加达、巴厘岛等地的部分商户受理银联卡,所有POS终端两年内也将开通受理;Mandiri是当地第一大国有银行,旗下近30万台POS终端于2017年年中前全部实现银联卡支付;BRI也是印尼四大银行之一,其10多万台POS终端会在2017年年底前受理银联卡。这3家机构的ATM机都已经能用银联卡取现。

中国与老挝签署关于编制共同推进"一带一路"建设合作规划纲要的谅解备忘录

2016年9月8日,中国国家发展改革委与老挝计划与投资部签署《中华人民共和国和老挝人民民主共和国关于编制共同推进"一带一路"建设合作规划纲要的谅解备忘录》。该备忘录是中国与中国—中南半岛经济走廊沿线国家签署的首个政府间共建"一带一路"合作文件,具有标志性意义。

中国华风集团携手东南亚电信共同推进"一带一路"气象信息服务

2016年9月12日,在第13届中国—东盟博览会气象装备和服务展览会开幕式上,中国华风气象传媒集团有限责任公司正式携手东南亚电信集团共同推进合作业务,双方签署为期5年的战略合作协议。根据该协议,双方将充分利用各自优势,在渠道、品牌与宣传、政府项目等各方面实现平等合作。协议还包括双方互相提供产品与服务的优惠待遇、市场信息互通、资源共享以及人才交叉培训。

德国邮政敦豪旗下的DHL新推多式联运线路

2016年9月,德国邮政敦豪旗下的DHL在上海宣布推出三条新的多式联运线路,以把握"一带一路"带来的巨大商机。截至2016年6月末,中国在建设"一带一路"基础架构方面投入超过750亿美元。作为知名海陆空货运服务提供商和德国邮政敦豪旗下的知名品牌,DHL对此给予高度关注。德国邮政敦豪集团董事会主席兼首席执行官安鹏表示,"一带一路"是中国拓展全球商贸活动的雄途伟略,一旦全面启动将可盘活全球一半的贸易量。2010年以来,DHL在中国多个城市提供定期的铁路货运服务,并与其遍布东南亚的公路运输方案及来自日本及中国台湾等东北亚地区的海运服务相连接。在此基础上,DHL新推日本—德国、中国成都—伊斯坦布尔、越南—中国—欧洲3条运输线路,可在14~22天内完成付运。

中国南方电网与柬埔寨皇家集团公司签署电网投资合作谅解备忘录

2016年10月13日在柬埔寨金边首相府举行签署仪式。在中国国家主席习近平和柬埔寨首相洪森的共同见证下，南方电网公司董事长李庆奎与柬埔寨皇家集团公司主席陈丰明签署电网投资合作谅解备忘录。

中国南方电网公司积极推进中国与周边国家和地区的电网互联互通和电力贸易，已经同越南、老挝和缅甸实现联网和一定规模的电力交易。

近3年来，柬埔寨经济增长率保持在7%以上，电力需求增速在20%以上，但存在电力供需结构矛盾突出、供电范围不足、人均用电水平较低等问题。南方电网公司将积极同柬埔寨有关政府部门、企业一道，发挥公司在电网规划、建设、技术、管理、资金的优势，为柬埔寨经济社会发展以及人民福祉提供电力保障。

中国与菲律宾同意对接两国发展战略

2016年10月18～21日，菲律宾总统杜特尔特对中国进行国事访问。中国国家主席习近平在与杜特尔特进行会谈时提出，双方要开展务实合作。要全面对接两国发展战略，中方愿同菲方加强“一带一路”框架内的合作，探讨实现互利共赢。中国愿积极参与菲律宾铁路、城市轨道交通、公路、港口等基础设施建设，造福当地民众。杜特尔特表示，当前，菲中两国发展战略高度契合，双方合作拥有广泛的增长空间。据《商业世界》报道，菲律宾有望从中国“一带一路”大规模的基础设施投资中受益，基础设施建设融资将有更多的选择。

亚洲基础设施投资银行努力促进缅甸基础设施建设

2016年10月25日，亚洲基础设施投资银行行长金立群在缅甸首都内比都表示，亚投行正在大力加快缅甸基础设施建设的推进步伐，以促进缅甸的经济发展。

金立群当天与缅甸国务资政昂山素季进行近1小时的会面。此前，他与缅甸中央银行行长觉觉貌、缅甸计划和财政部副部长貌貌温和缅甸仰光省省长漂敏登进行会谈。金立群在会谈后接受中缅媒体联合采访时说，亚投行将努力帮助缅甸发展经济、改善人民生活。电力供应是制约缅甸经济发展的一个重要因素，亚投行将与国际金融公司、亚洲开发银行一起为缅甸敏建天然气发电厂项目提供贷款。金立群还表示，中国提出的“一带一路”倡议是一个包容性的规划，能够促进地区乃至全球的经济一体化，亚投行支持财务上可持续、环境友善、当地民众欢迎的“一带一路”项目。

《“一带一路”大数据报告(2016)》新书发布会

2016年10月28日在北京发布，这是中国国内首部利用大数据技术全面评估“一带一路”建设进展与成效的综合性年度报告，也是全球首次对“一带一路”沿线国家和地区、中国国内各省市“一带一路”建设进展与成效进行评价。该报告由中国推进“一带一路”建设工作领导小组办公室指导，国家信息中心“一带一路”大数据中心编撰完成，商务印书馆出版发行，主要数据和技术支撑由亿赞普科技集团提供。

马来西亚愿同中国加强“一带一路”框架下的多领域合作

应中国国务院总理李克强邀请，马来西亚总理纳吉布于2016年10月31日至11月5日对中国进行正式访问。11月3日，中国国家主席习近平在钓鱼台国宾馆会见马来西亚总理纳吉布。习近平在会见中强调，双方要加强发展战略对接，为深化经贸合作打下坚实基础。中方欢迎马方积极参与“一带一路”合作，愿同马方共同推进21世纪海上丝绸之路建设，深化在基础设施、能源、科技、农业、金融等领域的合作，稳步推进大项目合作，加强地方层面交流与合作，扩大地区互联互通成果。纳吉布表示，马方高兴地看到，中方“一带一路”倡议得到广泛响应，取得积极成果，愿同中方加强“一带一路”框架下经贸投资、交通运输、港口建设等合作，密切人文交流。纳吉布访华期间，中马两国发表联合新闻声明，声明中指出，马来西亚高度重视其作为中国政府2013年提出的丝绸之路经济带和21世纪海上丝绸之路(“一带一路”)倡议沿线重要国家的地位。

10月28日，《“一带一路”大数据报告(2016)》新书发布会在中国北京举行

（百度网）

中交疏浚与马来西亚依斯干达海滨控股公司签署合作意向协议

2016年11月1日,中国与马来西亚在中国北京举行马来西亚—中国商务论坛及交流午宴,马来西亚首相纳吉布现场见证中交疏浚与马来西亚伊斯干达海滨控股公司(IWH)就马来西亚森美兰州波德申海滨走廊发展项目(PD项目)的签署并交换合作意向协议。

马来西亚PD项目位于马六甲海峡东侧,森美兰州境内,距离该国首都吉隆坡70千米,距离吉隆坡国际机场30千米。项目共规划五个区域,拟建成集商业、工业、海港、娱乐为一体的附属新城,涉及产业包括国际旅游休闲、商住地产开发、货运仓储码头、邮轮母港及航空产业基地等,累计吹填3个人工岛、4个人工半岛及建设一条沿海景观道路,总填海面积约24平方千米,总体开发时间预计25年,分4期进行。

PD项目被列入宏愿谷计划,该计划是马来西亚第11个五年计划的重要组成部分。宏愿谷计划有望继巴生谷计划后成为该国第二大经济增长极。

作为马来西亚知名的建筑承包商,依斯干达海滨控股公司在马来西亚乃至整个东南亚具有强大的经济优势和社会资源,旗下拥有14家一级全资子公司、12家二级全资分公司和3家控股公司。特别在房地产开发、市政公路建设方面具有丰富经验。

首届柬埔寨—中国企业家论坛暨金融发展论坛

2016年12月1日在柬埔寨首都金边举办,由中国民生投资集团(中民投)牵头主办。柬埔寨首相洪森、中国驻柬埔寨大使熊波、中国浙江省人大常委会副主任程渭山、中国国际商会秘书长于健龙、中国银行业协会秘书长黄润中、中民投董事局主席董文标、董事局执行副主席李银珩、总裁李怀珍,副总裁张志超、吕本献,董事会秘书钟吉鹏,柬埔寨李永法集团董事长李永法以及中民投股东、亚洲金融合作联盟会员单位,双边政府及民间机构和其他伙伴企业共600余位嘉宾出席。论坛分别聚焦柬埔寨产业投资经验分享和中柬双方金融合作两个主题,涉及金融、基础设施建设、能源电力、商贸物流和电子信息等多个行业。与会嘉宾共同商讨中国企业如何更好助力柬埔寨经济发展,以及柬埔寨在基建、金融等领域所展现出的投资机遇。与会嘉宾共同见证了中柬双边重大合作项目中柬友谊城和"一带一路"产业投资基金战略合作备忘录的签署。

中国已同40个国家和国际组织签署共建"一带一路"合作协议

2016年12月3日,中国外交部部长王毅出席由中国国际问题研究院、中国国际问题研究基金会主办的2016年国际形势与中国外交政策研讨会开幕式并发表演讲。王毅表示,共建"一带一路"取得新突破。已有100多个国家和国际组织表达了积极支持和参与的态度,中国已同40个国家和国际组织签署共建"一带一路"合作协议。中国愿同沿线国家携手打造"绿色、健康、智力、和平"四大指向的丝绸之路,明确了"一带一路"建设的大方向。

中国银行(泰国)股份有限公司呵叻分行开业

2016年12月18日在泰国东北经济重镇呵叻府的呵叻市区举行开业庆典。泰国呵叻府及泰国东北部各府的政府代表、泰国央行代表、当地商团侨社代表、知名企业代表等共250人参加庆典仪式。

呵叻府作为泰国东北部的门户,人口众多、资源丰富、经济发达,区位优势显著。作为拟建的中泰铁路深入东北地区的中心站点,呵叻府将有可能发展成为该区域交通、物流业的中心。此外,泰国政府还出台针对该区域的投资促进政策,以加快工业园区建设、促进产业集群发展、助力呵叻当地经济发展。中国银行高度肯定泰国东北部地区的经济发展潜力,在孔敬分行的基础上新设泰东北第二家二级分行——呵叻分行。

中老铁路全线开工仪式

2016年12月25日在老挝琅勃拉邦省琅勃拉邦县潘赛村举行,老挝政府总理通伦·西苏里、老挝政府前副总理宋沙瓦·凌沙瓦、公共工程与运输部部长本占·西塔翁、财政部副部长宋迪·隆迪、公安部部长宋乔·希拉翁、自然资源与环境部部长宋马·奔舍那、农林部部长连·提乔、人力资源与社会福利部部长坎平·赛宋平、能矿部部长坎马尼·英提拉、工贸部部长开玛尼·奔舍那、总理办公厅主任裴·鹏皮帕、计划投资部部长苏潘·乔米赛以及万象市、万象省、琅勃拉邦省、乌多姆赛省和南塔省等有关省长、副省长,中国驻老挝大使关华兵、中国驻琅勃拉邦代总领事王珞、中铁公司副总经理黄民、老中铁路有限公司董事长黄弟福等200多人应邀出席。老挝公共工程与运输部部长本占·西塔翁和老中铁路有限公司董事长黄弟福分别致辞。

中老铁路起自两国边境磨憨/磨丁口岸,在老挝境内依次经过南塔、乌多姆赛、琅勃拉邦、万象省至首都万象市,全长417千米。2010年4月7日,中老两国政府签订修建中老铁路合作备忘录。中老铁路是第一个以中方为主投资建设并运营、与中国铁路网直接连通的境外铁路项目,全线采用中国技术标准、使用中国设备。建设标准为国铁Ⅰ级、单线设计、电力牵引、客货混运,时速160千米,工程60%以上为桥梁和隧道。项目工期60个月,预计于2021年建成通车。

(雷小华)

大湄公河次区域经济合作

大湄公河次区域合作发展历程

湄公河(中国境内称澜沧江)是亚洲一条重要的国际河流,发源于中国青藏高原唐古拉山,自北向南流经中国青海、西藏、云南3省(自治区)和缅甸、老挝、泰国、柬埔寨、越南5国,于越南胡志明市附近注入南中国海,全长4880千米。大湄公河次区域(GMS)位于东南亚、南亚和中国大西南的结合部,涉及中国云南、广西两省(自治区)以及缅甸、老挝、泰国、柬埔寨和越南5个国家,面积256.86万平方千米,总人口约3.29亿。

大湄公河次区域合作始于1992年,当年10月,首届GMS合作会议在菲律宾马尼拉亚洲开发银行总部召开,会议确立GMS合作的总体框架。会议文件将大湄公河次区域界定为柬埔寨、老挝、缅甸、泰国、越南和中国云南省(2005年确定广西为中国参与GMS合作的第二个省份)。会议决定每年召开一次6国部长级会议,并确定8个主要合作领域,即交通、能源、环境和自然资源管理、人力资源开发、贸易和投资、旅游、通信、禁毒等。

1992～2015年,大湄公河次区域合作经历3个发展阶段。

第一阶段(1992～1996年)为建立互信、构建合作框架阶段。主要就GMS合作的基本问题进行可行性研究及广泛磋商,建立合作框架,形成合作机制。1994年第3次GMS部长级会议确立后来成为GMS合作蓝图的项目计划,形成《大湄公河次区域经济合作——由倡议走向实施》的会议文件。1995年11月召开的第5次GMS部长级会议进一步扩充合作领域,筛选出103个优先合作项目。1995年4月,湄公河下游泰国、老挝、柬埔寨和越南4国在泰国清莱签署《湄公河可持续发展合作协定》。4国决定在湄公河流域开发和管理的一切领域,包括河流资源、河上航运、洪水控制、渔业、农业、发电及环境保护等所有可能产生跨越国界影响的领域进行合作。依照协定建立的新湄公河委员会取代原来的湄公河临委会,新湄公河委员会自成立之日起就邀请上游的两个国家——中国和缅甸加入该组织,并于1996年开始与两国定期举行对话。

第二阶段(1997～2001年)为建立战略框架和优选项目阶段。确定GMS合作优先领域,批准一批重点项目,全面展开项目可行性研究,实施优先项目。2010年11月召开的第10次GMS经济合作部长级会议确定今后10年GMS合作的5个战略重点,即加强基础设施联网、便利跨境贸易与投资、扩大私营部门的参与和竞争、开发人力资源和提高技能水平、加强环境保护和促进自然资源的可持续利用。会议确定的11个旗舰项目包括南部经济走廊、东西经济走廊、南北经济走廊、电信骨干网、电力网、便利跨境贸易与投资、私营参与和增强竞争力、人力资源开发、环保战略框架、洪水控制和水资源管理、旅游等。

第三阶段(2002～2016年)为提升和全面发展阶段。在建立首脑会议机制和召开部长级会议方面取得新进展。大湄公河次区域6国分别于2002年11月(柬埔寨金边)、2005年7月(中国昆明)、2008年3月(老挝万象)、2011年12月(缅甸内比都)和2014年12月(泰国曼谷)举行5次领导人会议,分别通过《次区域发展未来10年战略框架》《大湄公河次区域经济合作新10年战略框架》等重要文件,为次区域合作指明方向。2002～2015年先后召开15次部长级会议,审议通过多项开发规划和贸易协定,推动GMS合作向深度和广度发展。2016年12月1日,大湄公河次区域合作第21次部长级会议在泰国清莱举行,会议取得多项成果并发表《GMS第21次部长级会议联合声明》。12月15～16日,大湄公河次区域国家便利运输委员会第5次会议在泰国清迈举行,会议通过联委会第5次会议声明。12月27日,湄公河流域执法安全合作机制成立5周年部长级会议在中国首都北京举行,会议通过《湄公河流域执法安全合作机制5周年部长级会议声明》。

经过20多年的发展,GMS合作在以项目为主导的合作方式下不断推进,特别是近几年来在一些重点领域取得诸多新进展。

在交通与环境领域,GMS各国合作稳步推进。2013年12月,(泰国)清孔—(老挝)会晒大桥正式通车,打破昆曼公路全线贯通的瓶颈。中国云南蒙自至河口铁路2014年竣工。2015年11月13日,中老铁路项目在北京签约。12月19日,中泰铁路合作项目在泰国大成府举行启动仪式。2016年6月29日,大湄公河次区域交通论坛第20次会议在中国广西南宁举行,会议听取各国关于次区域投资框架2014～2018年行动计划项下41个交通基础设施投资项目和15个技术援助项目进展情况介绍,审议次区域交通走廊和经济走廊布局调整相关方案,讨论制订新的次区域交通行业战略的有关内容,研究次区域铁路联盟建设等相关问题。

在农业和旅游领域,GMS各国相互交流加深。2013年6月,次区域各国在中国广西桂林举行第31次大湄公河次区域国家旅游工作组会议和2013年湄公河旅游论坛。同年10月,GMS各国在中国云南腾冲举行大湄公河次区域农业科技交流合作组第5届理事会暨农业科技合作交流研讨会。2014年3月27日,中国与柬埔寨合作建设的中柬优质蔬菜水果示范基地揭牌。2015年5月21日,越南农业与农村发展部与中国农业部在河内签署农业合作备忘录。在2016年6月

10 日召开的大湄公河次区域(GMS)经济走廊 2016 年省长论坛上,各方就今后的合作达成多项共识,其中包括继续推进农业、渔业、旅游领域的合作。

在贸易与投资领域,GMS 成员国之间贸易与投资持续增长。2013 年,中国与 GMS 各国间的贸易总额达到 1318 亿美元,2014 年达到 1721 亿美元,2015 年达到 1610 亿美元,2016 年达到 1750 亿美元。中国对 GMS 各国投资也持续增长,2013 年以来中国是越南第三大外资来源国,2015 年中国是柬埔寨、老挝、泰国的第一大外资来源国。2016 年中国对 GMS 各国的投资额持续增长。

在非传统安全领域,GMS 各国持续开展合作。2013 年 5 月,中国和 GMS 各国在缅甸首都内比都发表禁毒合作《内比都宣言》。10 月,中缅禁毒合作第 11 次会议在中国山西召开,中缅两国代表表示继续巩固和加强两国在禁毒领域的全面合作,共同推进解决“金三角”毒品问题,联手打击跨国毒品犯罪活动。GMS 各国继续加强湄公河流域联合执法,至 2015 年年底,累计联合执法 37 次并取得明显成效。2016 年 4 月19 日,大湄公河次区域禁毒合作机制边会在美国纽约举行,会议深入探讨进一步加强合作,更加有效地应对次区域毒品问题。

大湄公河次区域禁毒合作机制边会

2016 年 4 月 19 日,世界毒品问题特别联大在美国纽约召开期间,大湄公河次区域禁毒合作机制边会同在纽约举行。边会由联合国毒品和犯罪问题办公室主办,中国、柬埔寨、老挝、缅甸、泰国和越南等机制成员国代表出席会议,联合国毒罪办执行主任费多托夫致辞。会议回顾各成员国在执法和司法合作、减少需求、毒品与艾滋病、可持续替代发展等领域的合作进展情况,深入探讨进一步加强合作、更加有效地应对次区域毒品问题。大湄公河次区域禁毒合作机制成立于 1993 年,在遏制毒品问题蔓延发展、加强次区域禁毒合作、开展高效跨境案件合作、提高周边国家执法能力方面发挥了突出作用。

大湄公河次区域(GMS)经济走廊省长论坛及省长圆桌会会议

2016 年 6 月 10 日在中国云南昆明举办。主题为“秉承共商、共建、共享精神,携手打造经济发展新引擎”。来自 GMS 国家的 11 位省(市)长围绕推进区域互联互通,提升贸易运输便利化水平;加快国际产能合作,构建区域产业链合作格局;构建大湄公河次区域合作(GMS)和澜沧江—湄公河合作(LMC)协同发展新模式;推动新兴领域合作,促进区域经济可持续发展等议题展开讨论。

合作各方一致认为,当前和今后一段时期,大湄公河次区域国家都面临发展经济和改善民生的共同任务,有必要加强合作,共同应对经济、社会和环境等方面的挑战。论坛继续秉持开放包容精神,在现有次区域合作机制基础上,拓展新的合作领域,与原有机制形成相互补充、互动发展的模式。

合作各方就今后的合作达成共识:进一步加强论坛合作机制,每年举办 GMS 经济走廊省长论坛;合作各方在规划及优先合作领域保持沟通;构建互联互通综合交通网络,加快基础设施的联通,提升贸易和交通便利化水平,积极实施单一窗口检验,缩短跨境贸易清关时间;推进贸易结构和合作方式转变,依托经济走廊重要节点上的产业聚集区,推进农牧业、渔业、科技、电力、汽车、建材、通讯、装备和可再生能源等领域的产能合作,构建次区域综合产业链;拓宽各级地方政府、民间组织和工商界多领域交流合作的渠道,形成多双边并重、宽领域覆盖、多层次参与、全方位推进的合作机制与平台;加快新兴领域合作步伐,加快现代物流产业和物流信息平台建设,构建便捷高效的跨境物流体系,推动次区域跨境电子商务合作平台建设,组建跨境电子商务企业合作联盟;深化科技、教育、文化、卫生、体育等领域的合作,促进政府部门、研究机构和院校间的交流,促进跨境旅游便利化。

大湄公河次区域交通论坛第 20 次会议

2016 年 6 月 29 日在中国广西南宁举行。主题为“拓展和加强大湄公河次区域交通走廊”。中国交通运输部副部长戴东昌出席开幕式并作主旨发言。中国、柬埔寨、老挝、缅甸、泰国、越南等 6 个国家和亚洲

6 月 10 日,大湄公河次区域(GMS)经济走廊省长论坛及省长圆桌会议在中国云南昆明举行

(百度网)

开发银行及次区域发展合作伙伴的约60位代表出席。会议听取各国关于次区域投资框架2014～2018年行动计划项下41个交通基础设施投资项目和15个技术援助项目进展情况介绍，审议次区域交通走廊和经济走廊布局调整相关方案，讨论制订新的次区域交通行业战略的有关内容，研究次区域铁路联盟的相关工作与面临的挑战，并就各国现有公路轴荷管理相关政策、技术标准和实践做法等进行深入交流。

第8届大湄公河次区域（GMS）经济走廊论坛

2016年8月4日在柬埔寨金边举行。柬埔寨首相助理大臣兼GMS事务主管大臣索庆达和亚洲开发银行代表共同主持，大湄公河次区域国家的部长级官员及国际发展机构代表出席。中国商务部部长助理童道驰率中国代表团与会并发言。论坛对当前大湄公河次区域经济走廊发展情况进行评估，审议亚行提交的《大湄公河次区域经济走廊规划调整方案》，并就进一步加深区域交通与贸易便利化、经济走廊跨境合作、次区域特殊经济区发展及次区域物流、跨境电子商务发展等议题达成广泛共识。

大湄公河次区域电力调度运行与控制专业培训

2016年9月20日在中国云南昆明举行。学员来自柬埔寨、老挝、缅甸、泰国、越南等国家和中国云南省。本次培训旨在加快推进澜沧江—湄公河流域国家电网互联互通，加强流域国家电力技术交流合作，推动电力行业人力资源开发及人文交流。培训课程主要涉及电网运行与控制、电网风险分析和管控、继电保护和安全自动装置、调度自动化及电力通信配置和运行管理等。培训班还安排实地参观学习，帮助学员提高电力调度运行与控制水平。

第7届伊洛瓦底江—湄南河—湄公河经济合作战略框架峰会

2016年10月24～26日在越南首都河内举行。越南总理阮春福、柬埔寨首相洪森、缅甸总统廷觉、老挝总理通伦、泰国副总理颂奇、东盟秘书长黎良明以及亚洲开发银行和世界银行代表出席第七届伊洛瓦底江—湄南河—湄公河经济合作战略框架峰会。峰会通过《致力于实现大湄公河次区域活跃与繁荣的河内声明》。声明说，这一合作战略框架已迈进机遇与挑战并存的新发展阶段，各成员国正处于经济和社会快速变化的过程中，因此各国需要在充分发挥自己优势和争取新发展机遇的基础上培育增长新动力。声明同意加强各优先领域的合作，实现区域互联互通，为各经济体参与全球价值链和提高竞争力创造条件，并重申促进区域绿色可持续发展的承诺。

10月24～26日，第7届伊洛瓦底江—湄南河—湄公河经济合作战略框架峰会在越南河内举行（百度网）

首次世界经济论坛湄公河会议

2016年10月25日在越南首都河内举行。湄公河次区域多国领导人、经济部长、企业家、学者等约200人参加，越南总理阮春福、柬埔寨首相洪森、老挝总理通伦和泰国副总理颂奇出席。会议主题为“促进湄公河次区域发展：加大对基础设施、人力资源和互联互通的投资力度”。会议共举行5场讨论会，集中讨论湄公河次区域各国的发展与区域一体化进程的相关问题，如湄公河次区域愿景、发展方向，筹资促进基础设施发展，推进贸易、投资和旅游便利化，加快湄公河次区域工业化和可持续发展等。举办世界经济论坛湄公河会议的倡议由越南发起，并获得湄公河次区域各国的支持。

大湄公河次区域经济合作第21次部长级会议

2016年12月1日在泰国清莱举行。GMS成员国的部长级政府官员、亚洲开发银行副行长斯蒂芬·格罗夫以及有关国际组织代表与会，由中国外交部、发展改革委、财政部等部门官员组成的中国代表团出席会议。会议主题为“推动GMS经济走廊沿线的包容性增长”。会议通报GMS优先合作领域最新进展，通过区域投资框架执行计划中期审议报告，批准GMS战略框架中期审议总体设想以及加强GMS机制、调整经济走廊规划的相关建议，并就GMS战略框架中期审议及5年行动计划进行讨论，发表GMS第21次部长级会议联合声明。

第7届湄公论坛

2016年12月9日在柬埔寨首都金边举行，由越南和柬埔寨两国经济合作发展协会联合举办。是庆祝越柬建交50周年的系列活动之一。柬埔寨和越南政府代表在论坛上发表讲话时对越南企业在柬埔寨开展投资经营活动过程中所做出的贡献予以高度评价，柬方代表介绍柬埔寨政府为吸引更多外国投资者，特别是越南企业所出台的系列新政策。越方代表介绍越南促进双边经济合作的政策。论坛结束后，组委会和两国政府代表向有效开展投资经营活动，为柬埔寨经济发展以及促进越柬传统友好关系做出积极贡献的柬埔寨、越南企业颁发东南亚杰出企业奖。

大湄公河次区域国家便利运输委员会联合委员会第5次会议

2016年12月15～16日在泰国清迈举行。中国、柬埔寨、老挝、缅甸、泰国、越南等6国交通运输部门官员与会。会上，各方一致通过联委会第5次会议声明，宣布采取务实的运输与贸易便利化措施，加快实现共同目标，为次区域人员往来和经贸合作创造更加便捷高效的条件；同意在2017年3月启动实施《便运协定》的早期收获项目，启用GMS道路运输许可证和机动车暂准入境单证，并争取完成对《便运协定》的全面修订，使之更加契合次区域运输和贸易的现实发展和未来需求。会议期间，中国交通运输部副部长刘小明分别与泰国、老挝和缅甸代表团团长就中缅两国和中老泰3国实施《便运协定》交换意见，并就下一步工作安排达成共识。

湄公河流域执法安全合作机制成立5周年部长级会议

2016年12月27日在中国北京举行。机制成员国代表团团长、老挝公安部部长宋乔、缅甸内政部副部长昂梭、泰国国家安全院秘书长塔威，观察员国代表团团长、柬埔寨警察副总监柴西纳列、越南公安部警察总局副总局长杜金线出席会议，中国国务委员、公安部部长郭声琨出席会议并作主旨发言。

与会各国代表高度评价机制建立5年来为地区安全稳定和繁荣发展做出的突出贡献，表示愿不断创新合作模式，提升执法能力，不断将湄公河流域执法安全合作推上新水平，共同建设平安湄公河，造福流域各国人民。会议通过《湄公河流域执法安全合作机制5周年部长级会议声明》。（雷小华）

中越“两廊一圈”区域合作

中越“两廊一圈”区域合作概况

“两廊一圈”区域合作是中国和越南两国领导人共同做出的在中越两国之间合作建设“两条经济走廊”和“一个经济圈”的重大决策。“两廊”是指南宁—谅山—河内—海防—广宁经济走廊和昆明—老街—河内—海防经济走廊，“一圈”是指环北部湾经济圈。“两廊一圈”涵盖环北部湾和越南北部多个省市，越南方面有老街、安沛、富寿、谅山、北江、北宁、河内、兴安、海阳、海防、广宁等省市，中国方面有云南、广西、广东和海南4省、自治区。

“两廊一圈”区域合作的提出及其启动实施是中国—东盟自由贸易区合作框架下次区域合作的具体举措，推动“两廊一圈”建设是基于中越两国关系不断全面深入发展在经贸合作方面的具体成果，它标志着中越经济在迈向一体化方面步入实际操作层面。从中越关系、区域战略和广西、云南发展的角度来看，“两廊一圈”区域合作的提出和启动都具有积极意义，因此得到中国广西、云南和越南北部地区的积极响应，成为桂越、滇越合作的热点和主题。

2005年3月25日，中越两国“两廊一圈”专家组第1次会议在越南河内举行，会议讨论“两廊一圈”合作的可行性和具体实施方案，同意共同编制关于“两廊一圈”合作的研究报告。此次会议标志着中越两国合作建设“两廊一圈”开始从设想走向实际操作。

2006年7月5日，中越经贸合作专家组第2次会议在中国云南蒙自举行。双方就《中国—越南经贸合作专家组关于“两廊一圈”合作的研究报告》内容交换意见，对报告内容和双方下一步工作原则达成一致。通过此次会议，中越双方进一步明确“两廊一圈”合作的方向和领域。

2006年11月16日，中越两国领导人在河内签署《中华人民共和国政府和越南社会主义共和国政府关于开展“两廊一圈”合作的谅解备忘录》，双方同意在“两廊一圈”范围内的重点合作领域包括基础设施、货物和旅客运输、资源开发与加工、农业、旅游业等9个方面。两国同意首先开展在“两廊一圈”范围内交通运输、资源开发与加工、口岸建设和贸易投资便利化等领域的合作，实施条件成熟的项目，逐步带动其他领域共同发展，以实现在两国边境省份间构筑一个平台，为双方企业及第三国企业开展经贸合作创造便利条件，使“两廊一圈”成为两国经济新增长点的目标。中越备忘录的签署为全面开展“两廊一圈”合作奠定了基本框架。

2008年，中越双方将“两廊一圈”合作项目纳入《中越经贸合作五年发展规划》。

2011年10月11～15日，越南共产党中央委员会总书记阮富仲对中国进行正式访问。在此期间，双方领导人共同签署《中越2012～2016年经贸合作五年发展规划》等一系列协议，两国政府共同发表《中越联合声明》，声明强调：鼓励并为双方企业扩大长期互利合作、建设跨境合作区和“两廊一圈”合作创造有利条件。

2012年3月31日，中国国务院副总理李克强在海南博鳌会见出席博鳌亚洲论坛2012年年会的越南副总理黄中海，双方表示要落实好经贸合作五年发展规划，进一步加强经贸、人文等领域合作。3月26日，中越两国政府签署《中国越南两国政府关于共同建设北仑河二桥协定》及其议定书，双方还就尽快签署两国部门间《关于建立行车许可证制度协议》以及在北仑河口地区划定自由航行区达成共识。

2013年10月13～15日，中国国务院总理李克强访问越南。访问期间，中越两国发表《新时期深化中越全面战略合作的联合声明》，签署一系列合作文件与协议。

中越两国建设“两廊一圈”，不仅两国中央政府有共识，两国地方政府也积极响应。自2004年以来，广西积极响应中央政府的决策，自治区主要领导每年均出访越南，与越方领导人就扩大以“两廊一圈”合作为重要内容的“一轴两翼”和泛北部湾区域经济合作进行广泛交流，并达成重要共识。2008年4月3日，中共广西壮族自治区委员会书记郭声琨访问越南，他在会见越南政府总理阮晋勇时表示，广西非常重视发挥与越南山水相连的优势，积极参与中越两国领导人确定的“两廊一圈”区域合作。为进一步推进中国与东盟的合作，中国广西提出以“两廊一圈”为起点和基点，共同推进以泛北部湾区域经济合作为重点的“一轴两翼”合作。“一轴两翼”是“两廊一圈”的拓展和延伸。推动“两廊一圈”和“一轴两翼”建设，为中越两国在更大范围、更宽领域、更高层次参与国际经济合作创造了新的机遇。2013年10月11日，中共广西壮族自治区委员会书记、自治区人大常委会主任彭清华与越共广宁省委书记在越南下龙举行会谈，双方就加强海上旅游合作和简化通关手续等事项达成共识。

2014年8月26～27日，越共中央政治局委员、中央书记处常务书记黎鸿英作为越共中央总书记阮富仲的特使访问中国。这是自5月中越南海摩擦及越南反华骚乱严重冲击两国关系之后，越方高层首次访华。8月27日下午，中共中央总书记、国家主席习近平在北京人民大会堂会见黎鸿英。习近平指出，中越互为近邻，又同是共产党领导的社会主义国家。邻国是搬不走的，友好符合双方共同利益。近几年，两国关系发展总体良好，但近期受到很大冲击，引起两国人民和国际社会高度关注。希望越方同中方一道努力，使中越关系重新回到正确发展轨道。习近平强调，中越两党高层应该把握大局，保持并加强交往，及时就重大问题深入沟通，坚持从战略高度和长远角度引领中越关系，特别是在关键时候要做出正确的政治决断。黎鸿英表示，将把习近平总书记的话如实、完整向越南党和政府汇报。越方愿意尽最大努力，同中方一道，保持高层交往，进行真诚沟通，增进相互了解和信任，加强团结合作，妥善处理问题，共同推动越中两党两国全面战略合作伙伴关系不断巩固和发展，这符合两国和两国人民根本和长远利益，也有利于地区和平、稳定、繁荣。

2015年4月7～10日，越共中央总书记阮富仲对中国进行正式访问。7日，中共中央总书记、中国国家主席习近平在北京人民大会堂同阮富仲总书记举行会谈。就两党两国关系、国际和地区形势等共同关心的问题深入交换看法，达成重要共识。双方强调要珍惜和维护中越传统友谊，秉承长期稳定、面向未来、睦邻友好、全面合作方针和好邻居、好朋友、好同志、好伙伴精神，推动中越全面战略合作伙伴关系持续发展，更好造福两国人民。会谈后，习近平和阮富仲共同见证《中国共产党和越南共产党合作计划（2016～2020年）》以及金融、基础设施、文化、司法、税务、维和等领域合作文件的签署。习近平和阮富仲还共同出席第15届中越青年友好会见活动。8日，中越双方发表《联合公报》。11月5～6日，应越共中央总书记阮富仲、越南国家主席张晋创邀请，中共中央总书记、中国国家主席习近平对越南进行国事访问。访问期间，习近平分别同阮富仲、张晋创举行会谈，并会见越南政府总理阮晋勇、国会主席阮生雄。习近平指出，中越同为共产党领导的社会主义国家，是具有战略意义的命运共同体，中越传统友谊应该倍加珍惜和维护。着眼未来，无论国际风云如何变幻，两党两国都需要守望相助、携手前行。要把握好政治方向，做互助互信的好同志、合作共赢的好伙伴、相亲相望的好邻居、常来常往的好朋友，确保中越关系始终沿着正确轨道前进。6日，中越双方发表《联合声明》。

2016年9月10～15日，越南政府总理阮春福对中国进行正式访问，访问期间，中共中央总书记、国家主席习近平、全国人大常委会委员长张德江、全国政协主席俞正声分别会见阮春福。中国国务院总理李克强同阮春福举行会谈，双方就新形势下进一步深化中越全面战略合作伙伴关系及共同关心的国际地区问题深入交换意见，达成广泛共识。会谈后，两国总理共同见证双方签署经贸、产能、基础设施、教育、旅游等领域的合作文件。11月8～11日，中共中央政治局常委、全国人大常委会委员长张德江率中国党政代表团对越南进行正式友好访问，分别会见越共中央总书记阮富仲、国家主席陈大光、总理阮春福，与国会主席阮氏金银举行会谈，还会见祖国阵线主席阮善仁。访问期间，张德江出席中越人民友好交流活动和第三届中越青年大联欢并致辞，张德江还考察中越友谊宫项目建设情况，并访问岘港市、广南省。

中越“两廊一圈”区域合作新进展

2016年，随着中越关系的进一步加深，中越“两廊一圈”区域合作在交通、经贸、旅游、科技以及能源合作领域取得新进展，为中越双边经济发展发挥重要推动作用。

交通合作　2016年，中国国务院就广西龙州县水口口岸扩大开放做出批复，同意位于中国与越南边境的广西龙州水口口岸扩大开放，口岸性质为国际性常年开放公路客货运输口岸。水口—驮隆中越界河公路二桥投入使用后，一桥为人员和客运车辆通行通道，二桥为货物和货运车辆通行通道。龙州水口口岸的扩大开放有利于进一步提升口岸开放开发水平，推动中国与越南各领域的交流与合作。

经贸合作　2016年中越经贸合作成果丰硕。据中方统计，中越双边贸易额878.4亿美元，比上年增长1.6%；越南对中国出口额329.6亿美元，增长20.8%，越方贸易逆差下降31%。中国对越投资额也大幅增长，投资协议金额13.2亿美元，比上年增长112.7%，在所有68个对越投资的国家和地区中跃居第四位。至2016年年底，中国在越累计投资项目1529个，协议金额101.4亿美元，在越南外资来源地排名中升至第八位。

旅游合作　2016年越南接待的国际游客首次突破千万人次，其中中国游客达到270万，比2015年增长51.4%。

能源合作　2016年中国南方电网公司与越南电力贸易公司在越南河内签署中越电力联网“十三五”第三商业运行阶段售电合同。合同约定，2016～2020年，南方电网计划向越南送电75亿千瓦时。从2004年9月起，南方电网开始向越南送电。南方电网以3条220千伏和4条110千伏线路向越南送电，累计送电量320亿千瓦时。

科技合作　中越科技合作联委会第9次会议于2016年7月21日在北京举行，会议由中国科技部副部长阴和俊与越南科技部副部长陈国庆共同主持。会议讨论并确定2016～2017年的科技合作计划，探讨开展青年科学家交流、共建中越技术转移中心、共同组织国际研讨会等合作内容。双方共同确定2016～2017年中越科技合作的优先领域为科技政策与管理、农业、生物、新能源与可再生能源等，并将针对上述领域开展联合研究项目合作。

2016年12月29～30日，由广西科技局、崇左市科协、共青团崇左市委员会、崇左市教育局、崇左市科技局、中共龙州县委、龙州县人民政府联合举办的2016年中越边境青少年科技文化交流活动启动仪式在中国广西龙州举行，龙州县第一中学与越南高平省合江中学成为中越边境青少年科技文化交流友好结对学校。

中越陆地边界联合委员会第6次会议

2016年1月17～21日在越南胡志明市举行。联委会双方首席代表、中国外交部边海司参赞王文丽和越南外交部国家边界委副主任阮英勇分别率团出席，双方外交、国防、公安、口岸以及相关边境省区代表参加。双方回顾了联委会第5次会议以来两国陆地边界管理与合作总体情况，积极评价当前两国边界保持清晰稳定，陆地边界合作取得积极进展，并就边境管控与执法合作、打击边境地区非设关地走私、口岸开放与管理、边境互联互通等问题深入交换意见，达成广泛共识。

中越陆地边界三份法律文件执行情况总结会

2016年5月24日在中国广西南宁举行。三份法律文件即《中越陆地边界勘界议定书》《关于中越陆地边界管理制度的协定》和《关于中越陆地边境口岸及其管理制度的协定》。中国外交部副部长刘振民和越南外交部副部长黎怀忠出席会议并作主旨发言，广西壮族自治区副主席张晓钦致辞。两国边界事务主管部门和边境省区代表、智库学者、媒体记者等约100人与会。与会者围绕边界管理与执法合作、口岸开放与通关便利化、跨境经济和旅游合作、边境地区互联互通和基础设施建设等议题对两国陆地边界合作进行回顾和展望。双方均充分肯定三份法律文件对两国陆地边界合作和双边关系发展的历史性贡献和重要意义，强调这是中越双方本着平等协商、相互谅解的精神，通过谈判协商和平解决争议的成功实践，并一致同意继续认真执行三份法律文件，共同将边界管理好、利用好，为推动中越关系发展、增进双方边民福祉做出更大贡献。

中越“两廊一圈”公路建设

2016年中越两国继续深化在公路建设方面的合作，加快公路网络对接，取得新成绩。

重庆—东盟公路班车正式开行　2016年4月28日，重庆—东盟公路班车正式开行，重庆面向东盟的首条国际公路物流大通道也随之开通。重庆—东盟公路班车始发站位于中国重庆市巴南区的重庆东盟国际物流园，途经广西凭祥，直达越南河内。线路全长1460千米，单向运行只需40个小时。这标志着中国西部地区又增添一条连接海上丝绸之路的南向国际公路物流大通道。

玉（溪）临（沧）高速公路建设加快推进　东连越南西接缅甸的玉（溪）临（沧）高速公路是中国云南东西走向的一条国际大通道，项目概算投资318.38亿元，平均每千米造价1.29亿元。2016年8月，云南省召开高速公路建设重点项目第2次生产调度会，加快推进玉（溪）临（沧）高速公路建设，解决大中山隧道、文新隧道等控制性工程建设中的问题，协调将要开工的地方高速公路项目等有关问题。该公路计划2020年12月建成通车。

越南山德汽车直通中国广西南宁　2016年12月23日，越南山德汽车运输联营公司一辆载有28位旅客的49座崭新大巴车从友谊关口岸入境驶往南宁。越南山德汽车运输联营公司是广西运德汽车运输集团与越南合营的汽车运输公司。自中越汽车运输“两议定书”生效后，该公司紧紧抓住中国“一带一路”建设战略机遇，积极拓宽旅游客运市场。该公司还计划运行河内至南宁、河内至桂林、河内至昆明等中越客运直通车线路，逐步把旅客运输业务发展到越南中、南部以及老挝、柬埔寨、泰国等东盟各国。

中越“两廊一圈”铁路建设

《援越南老街—河内—海防标准轨铁路线路规划项目可行性研究考察会谈纪要》在越南河内签署 2016年4月19日至5月18日，受中华人民共和国商务部委托，中铁第五勘察设计院集团有限公司派遣考察组赴越南开展援越南老街—河内—海防标准轨铁路线路规划项目立项前期可行性研究考察。5月18日，中国驻越大使馆经商参赞胡锁锦与越南交通运输部铁路局副局长邓士孟分别代表中国商务部和越南主管部门正式签署《援越南老街—河内—海防标准轨铁路线路规划项目可行性研究考察会谈纪要》。中方考察组组长戴建龙和越南交通运输部有关单位负责人等出席签署仪式。

凭祥—河内铁路 2016年5月24日，中越陆地边界三份法律文件执行情况总结会在广西南宁举行。会上，广西代表建议全力推动南宁—凭祥—谅山—河内铁路扩能改造，越方对广西的提议给予积极响应。双方研讨由中方提供资金对该条铁路进行扩能改造的可行性。

防城—东兴铁路 2016年8月12日，中越快速铁路防城港至东兴段规划选址专家论证会在中国广西南宁召开。在广西壮族自治区发改委发布的《广西铁路建设“十三五”规划》中，防城—东兴铁路规划由原规划的时速160千米提升至时速250千米，线路由单线变成双线。2017年开工，2020年完工。

中越“两廊一圈”沿海港口和口岸建设

硕龙口岸升格加快推进 2016年5月19日，中国广西壮族自治区口岸办公室组织崇左市商务口岸委和大新县委、县政府代表与越南高平省口岸工作委员会代表团在中国水口口岸联检楼举行工作座谈会，双方同意积极推动中越硕龙—里板口岸升格为一类双边性口岸。6月24日，中共崇左市委书记刘有明率队到中国国家口岸办汇报硕龙口岸升格开放工作，得到国家口岸办的大力支持。

中国峒中—越南横模口岸桥维修改造项目开工 2016年5月30日开工。该项目计划投资684.9万元，其中中方投资466.5万元，越方投资218.4万元。项目分K、B线建设，K线连接中国峒中口岸大楼与越南横模口岸大楼，全长137.5米，桥长78米；B线连接中国峒中口岸货场与越南横模口岸货场，全长205.75米，桥长27米。为进行峒中口岸升级和服务边海经济带建设、发展双边经济，经中越双方多次会晤协商，同意完善维修加固中国峒中—越南横模口岸漫水桥及修建临时通道桥。项目建设工期约1年，计划于2017年12月完工。

中越“两廊一圈”运输便利化合作

中越跨境货物专用通道项目正式开工 2016年1月，投资8.6亿元、建设里程长1.55千米的广西凭祥边境贸易货物物流中心（中越跨境）货物专用通道项目正式开工，这是中越边境口岸通联的又一条快捷公路通道。

中国广西崇左与越南已开通崇左—高平、龙州—高平和凭祥—谅山、崇左—下龙、崇左—河内5条国际客运线路以及凭祥—谅山、龙州—高平、崇左—下龙3条国际货运线路，并与越南的交通部门建立定期例会制度，签订一系列出入境汽车运输合作备忘录，初步实现两地经贸交通的无缝对接。

中越水口—驮隆界河二桥筹建加快推进 2016年7月27~28日，中越双方在广西崇左市龙州县召开联合工作组第一次会议，商讨加快推进中越水口—驮隆界河二桥建设，希望通过中越双方的共同努力，就已达成的诸多共识狠抓落实，争取界河二桥项目建设等项工作早日启动或向纵深发展，实现合作共赢。按照规划，水口—驮隆中越界河二桥工程起点位于中国广西龙州县沿边三级公路k375+000处，路线全长966米，路基宽24.5米。项目概算投资2730万元人民币，建设资金由中越两国分担，中方投资1220万元，越方投资1510万元。

中越北仑河公路二桥主体工程完工 2016年10月25日，随着主桥上构箱梁顶板混凝土浇筑顺利完成，中越北仑河公路二桥主体工程完工，成功连接中越两国（东兴至芒街）边境。当日，中越北仑河公路二桥（中方侧）通过交工验收。中越北仑河公路二桥全长549米，其中中方桥长394.5米，越方桥长154.5米，桥面总宽27.7米，跨越中越界河北仑河，全线按一级公路标准建设，设计行车时速60千米。中越北仑河二桥口岸功能为全功能定位，两国口岸管理部门将北仑河二桥口岸以货物、车辆、人员通行的全功能定位进行管理开放。

该桥中方侧项目于2014年4月1日举行开工仪式，越方项目于2014年11月22日举行开工仪式。项目动工以来，中越双方均严格按签订的会议纪要和统一的施工技术规范进行施工。其间，中越双方多次召开协调会，及时解决工程建设过程中遇到的问题，为桥梁主体工程完工创造有利条件。

中越"两廊一圈"园区建设

东兴—芒街跨经济合作区　2016年5月，投资总额近6亿元人民币的中国东兴—越南芒街跨境经济合作区口岸联检设施项目在中越北仑河第二公路大桥中方桥头正式开工。该项目建成后，可缓解中越北仑河一桥口岸人员通关压力，促进中国广西与东盟互联互通。

第二届中越跨境经济合作区建设与管理研讨班　2016年10月24~28日在中国广西南宁举办，来自越南工贸部及北方4省的20名负责跨境经济合作区事务的政府官员参加培训。此次研讨班邀请中国国内研究对外开放、国际跨境经济合作的专家以及广西主管跨境和边境经济合作、口岸通关业务的专业人士为学员授课，组织学员实地考察南宁高新技术开发区以及中越龙邦—茶岭跨境经济合作区。

10月28日下午，借研讨班举办之机，广西商务厅谭秀洪副厅长与越南工贸部山区与边境贸易司副司长黎边疆在广西国际商务职业技术学院共同主持召开中越跨境经济合作区建设工作交流会，研讨班全体学员以及广西东兴市、凭祥市负责跨境经济合作区事务的相关负责人参加交流会。会上，双方互相通报各自跨境经济合作区建设情况及近期双边经贸交流合作取得的进展，并就共同推动中越跨合区建设尽早取得实质性成效达成共识。

深圳—海防经贸合作区　2016年12月9日，中国—越南(深圳—海防)经济贸易合作区全面开工庆典暨首批入园意向企业签约仪式在越南海防举行。中国驻越南大使洪小勇在开工庆典致辞中表示，中越两国关系保持良好发展势头，越南已跃升为中国在东盟最大的贸易伙伴，双方发展规划进一步对接，深圳—海防经贸合作区全面开工恰逢其时。希望双方以优质的建设和管理服务，将经贸合作区打造为中越"一带一路"倡议与"两廊一圈"规划战略对接的标志性项目，成为两国产能合作的优质平台。深圳—海防经贸合作区是深圳市首个境外产业发展基地，位于越南北部港口城市海防市。由深圳最大的国有企业深圳投资控股有限公司投资，深越联合投资有限公司负责建设运营，投资总额1.75亿美元，首期规划面积196公顷。园区计划于2017年10月底完成首期基建投资，2021年全部建成，届时预计吸引投资额超过10亿美元，为当地创造3万个以上的就业岗位。合作区产业定位以轻工制造业为主，重点引进有影响力的绿色科技企业。庆典活动当天有来自建筑、电子等多个领域的7家企业签约。

中国河口—越南老街跨境经济合作区　位于中国河口县和越南老街市、巴刹县相邻区域，其中围网区面积21平方千米，围网区经由专门通道(拟建红河公路大桥)连为一体，实行围网封闭管理。其中：中方区域为11平方千米，越方区域为10平方千米，根据发展需要有序推进、逐步拓展实施范围。

跨境经济合作区建设(中方)于2014年4月19日正式启动，越方围网区路网全线贯通，跨境经济合作区红河大桥选址已上报待批，《中国河口—越南老街跨境经济合作区发展规划(2014~2020)(中方)》已获得云南省人民政府同意并批准实施。跨境经济合作区坝洒片区路网工程(一期)项目投资额3.9亿元，园区道路"一纵五横"于2014年4月开工建设，已完成投资1.54亿元。坝洒至河口一级公路改建工程投资额3.71亿元，已竣工通车。同时，州、县两级就跨境公路大桥选址已经与越方进行三轮会谈，下一步将由中国云南省交通运输厅与越南老街省交通运输厅举行会谈，最终确定大桥选址。2016年上半年，河口跨境经济合作区共签约招商合作项目2个，协议投资额85亿元。

凭祥—同登跨境经济合作区　中越凭祥—同登跨境经济合作区凭祥园区将打造广西中越跨境经济合作区，促进凭祥口岸城市开发开放，打造中越双方边境贸易大流通、大贸易的核心门户城市。推进围网区14.48平方千米完成土地平整，完善功能片区开发、供水排污、能源供电、交通路网等配套基础设施建设。其中：交通路网包括物流中心专用通道、浦寨—弄怀互通公路、物流中心至渠历改扩建及卡凤—弄怀等14条道路，总长约25千米；供水工程已完成卡凤物流中心—浦寨供水管网建设，卡凤—弄怀、卡凤—友谊关供水管网以及弄怀、友谊关清水池项目建设进入设计阶段。

龙邦—茶岭跨境经济合作区　中国龙邦—越南茶岭跨境经济合作区位于中国广西百色市龙邦口岸和越南高平省茶岭县口岸交界处，已经编制完成中方项目区选址方案，中方规划占地8平方千米。该跨境合作区的重点项目广西万生隆国际商贸物流中心已经列入2012年广西壮族自治区层面统筹推进重大项目增补计划，项目投资总额为20亿元，至2016年已经完成投资额3亿元。

中越"两廊一圈"贸易和投资合作

中越国际商贸·旅游博览会　2016年11月8~12日在广西北投东兴边贸中心举行。由广西防城港市人民政府、广西壮族自治区商务厅、广西壮族自治区旅游发展委员会、中国国际贸易促进会广西分会和广西国际博览事务局联合主办，广西东兴市人民政府和越南广宁省芒街市人民委员会共同承办。本届博览会主题为"一带一路共同发展"。主要活动有开幕式、投资项目推介及签约、会展、中国东兴沿边开放合作论坛、边境旅游推介会、红木文化节、东盟海鲜美食节、首届东盟景观树苗木展、东盟国际水果节、文体旅游、越南中国青年界河对歌等系列活动。博览会设展位834个，其中中方展位734个，越方展位100个。

第16届中越（河口）边境经济贸易交易会　2016年11月12～16日在中国—东盟河口国际贸易中心举行。

本届交易会以“互融互通、合作共赢”为主题，旨在依托河口国家级边境经济合作区平台，以对越南合作为突破口，加深与南亚、东南亚国家的多领域合作。本届交易会设立1200个标准展位，其中室内展区500个，室外展区700个。邀请参会嘉宾735人，参展企业1000家，并引进多家中国国内500强和世界500强企业及第三国企业参会参展。本届交易会贸易成交总额58818万美元。其中：交易会期间现货销售额818万美元，比2014年增长3%；中越贸易投资合同项目签约22个，合同金额5.8亿美元，比2014年增长31.8%，创历届交易会新高。新兴科技的加入是本届交易会的最大亮点，前沿高端电子技术在本届交易会上密集亮相。

中越“两廊一圈”旅游合作

2016中国广西—越南广宁边境旅游合作会议　2016年1月29日，广西壮族自治区旅游发展委员会在东兴召开2016中国广西—越南广宁边境旅游合作会议。会上中越双方相关部门就双边旅游活动的管理、共同创新旅游线路产品、推进跨境旅游合作区建设、跨境自驾游、开放边境游口岸、推进旅游宣传推广合作、建立信息交换和合作机制等方面进行会谈，达成一致意见并签订《2016中国广西—越南广宁边境旅游合作备忘录》及补充协议。

中越合作开发德天（板约）瀑布工作顺利推进　2016年8月11～15日，广西崇左市大新县举办“龙”游德天·“眼”放四海——2016大美大新龙眼嘉年华活动。活动期间中越双方签署《关于合作保护和开发德天瀑布旅游资源的协定》。

大新县也积极与越南方面进行对接。大新县正在筹备编制合作区的规划，预计中方将划定两平方千米，越方也划出相应的区域，在区域内开展自由行。

大新是广西旅游大县和中国新兴旅游热点县，境内有著名的德天瀑布。该瀑布位于大新县硕龙乡德天村，与紧邻的越南板约瀑布相连，是亚洲第一、世界第四大跨国瀑布。

德天—板约国际旅游合作区已见雏形，广西与高平举行中越合作保护和开发德天（板约）瀑布旅游资源省级协调委员会会晤，对接合作区概念规划、建设方案、重点项目、时间节点等事项。就景区围网、两国公民进出景区所持证件、查验系统等进行协商，抓紧完成景区物理封闭围栏建设，争取早日实现两国公民在景区内自由参观游览。

跨境自驾游常态化　2016年11月9日，中越（东兴—芒街）跨境自驾游常态化启动，中国和越南的两个自驾游车队驶过中越北仑河友谊大桥，分别开赴两地开展为期一天的边境自驾游活动。越方线路为：芒街口岸—和平大道—陈福路—友谊公园—芒街市党支部遗址—茶谷旅游区—芒街市贸易中心—芒街口岸出境。游客申请跨境自驾游，须委托有相关资质的旅行社进行，由旅行社专业领队带队，实行整团出入境，每个团队自驾车辆控制在20辆以内，车辆按照车贴标识的顺序、分队依次停放在联检部门指定检查区域内，等候口岸联检部门查验。截至2016年底，中国东兴—越南芒街跨境自驾车辆共开行118辆，其中中方出境自驾游车辆93辆，越方入境自驾游车辆25辆。公务车辆方面，共开行3辆次，皆为越方入境公务车辆。

中越（文山）国际商贸旅游交易会　2016年12月6日在云南省文山盘龙体育馆火炬广场开幕。该交易会是云南省与周边国家联合举办的系列展会之一，首次交易会于2004年在云南省文山州麻栗坡县举办，此后双方轮流举办，每年一次，至2015年已连续举办12次。本次交易会以“开放、合作、发展、共赢”为主题，内容主要有中越商品展销、中越（文山）投资贸易合作交流会和跨境旅游合作交流会、创意文山2016文化产业博览会等。交易会贸易成交额达1.75亿元人民币。

2016年广西·凭祥中越边关旅游节暨第24届中越商品交易会　2016年12月11～12日在广西凭祥举行。交易会以“一带一路 共荣共赢”为主题，由中国崇左市人民政府、越南谅山省文化旅游厅和工贸厅联合主办，中共凭祥市委、凭祥市人民政府承办，广西北部湾投资集团有限公司协办。其间举办中越商品展销

12月6日，2016年中越（文山）国际商贸旅游交易会在中国云南文山开幕（百度网）

会、中国—东盟(凭祥)跨国旅游峰会、中越跨境风情游活动、民族风情文艺汇演、2016年乐游广西(崇左)冬季推广活动等28项。节会恰逢凭祥建市60周年,还推出啤酒狂欢节、房车巡游嘉年华、中越水幕电影及水上木偶戏表演等系列特色活动。

中越“两廊一圈”能源合作

越南永新燃煤电厂一期BOT项目取得新进展　2016年2月29日,越南永新燃煤电厂一期BOT项目1号锅炉钢结构开始吊装,这是该项目2015年7月18日开工以来又一重大节点,标志着电厂设备安装工作全面展开。永新项目中国企业在越的最大电力投资项目,是央企积极响应实施周边国家基础设施“互联互通”、落实“一带一路”战略的具体表现,对于投资方和EPC总承包商均意义重大。

中越电力联网第三商业运行阶段购售电合同签署　2016年7月,中国南方电网云南国际有限责任公司与越南电力贸易公司在越南河内正式签署中越电力联网第三商业运行阶段购售电合同,这标志着中越电网互联和跨境电力贸易进入第三个五年周期。根据本次签署的合同,2016~2020年间,南方电网计划向越南累计送电75亿千瓦时。据统计,自2004年9月第一条中越电力联网线路架通以来,南方电网已累计向越南北部送电320亿千瓦时。

中国南方电网国际公司与越南合作方签署中越西原风电项目合作备忘录　2016年9月11日,南方电网国际公司在第二届海上丝绸之路与推进国际产能和装备制造合作论坛上与越南合作方签署中越西原风电项目合作备忘录。双方计划在越南得乐省合作建设装机210兆瓦的风力发电站,投资总额3亿美元。

中越双方小签2017年购售电补充协议　2016年12月14日,中国南方电网云南国际公司副总经理张云虎与越南电力贸易公司总经理阮庭允一行在中国广州举行中越电力联网第三阶段购售电合同2017年补充协议会谈。双方就2017年电力、电量、电价等议题进行深入沟通,越方最终表示,实际购电量将有望突破15亿千瓦时。2016年,中方对越送电电量预计为14.5亿千瓦时。

经过友好协商,双方对2017年补充协议所有条款达成一致意见,并完成该协议的小签和会议纪要的签署,双方将于2017年1月内完成协议正式签署。

中越“两廊一圈”环境保护合作

中国光大国际有限公司与越南芹苴市建设厅签署垃圾发电协议　2016年12月20日,在越南芹苴市签署,并获得芹苴市政府颁发的项目投资许可证。自2016年7月中标越南芹苴市垃圾发电项目以来,中国光大国际有限公司积极与芹苴市政府洽商谈判,最终成功签署协议。

芹苴项目由中国光大国际有限公司投资、建设和运营,经营期为22年(包括建设期),投资总额4700万美元。项目设计日处理生活垃圾400吨,配置一台7.5兆瓦的汽轮发电机组,预计年均提供绿色电力约6000万千瓦时。项目核心技术装备采用中国光大国际有限公司自主研发的设备,烟气排放全面执行欧盟2010标准。项目预计2017年年中开工建设,2018年建成投运。

中越“两廊一圈”文化交流合作

中越(凭祥—谅山)足球赛筑建友谊桥梁　2016年3月4日,是越南春节假期的最后一天,也是越南一年一度的左府绮锣庙会前夕。越南谅山省文化体育旅游厅邀请中国广西凭祥市足球队、羽毛球爱好者前往越南谅山进行友谊赛。中越(凭祥—谅山)足球友谊赛自20世纪90年代初开始已有民间自发组织,2009年开始在中越两地固定轮流举办,已连续举办8届,得到凭祥和谅山两地官方、民间的大力支持并逐渐成为凭祥和谅山两地边民庆祝佳节促进友谊的重要体育赛事。近年来,随着中国凭祥与越南谅山的交流与合作不断深化和加强,赛事规模也越来越大。

中越“两廊一圈”反恐合作

中越“天清—2016”联合反恐演练　2016年7月28日,中国云南省文山州公安边防支队、天保边防检查站与越南河江省边防部队在天保—清水口岸举行中越“天清—2016”联合反恐演练。演练中,中方动用“动中通”通信车、单兵图传、可视电话、布控球、视频会议系统等设备,为联合演练的顺利开展提供有力保障。演练结束后,召开联合演练总结会,双方签署《中越“天清—2016”联合反恐演练备忘录》。(朱莹莹)

澜沧江—湄公河区域合作

澜沧江—湄公河区域合作概况

澜沧江发源于中国青海省,由雪山融水的细流汇聚而成,穿过崇山峻岭,经过云南省西双版纳出境。出境后被称为湄公河,流经缅甸、老挝、泰国、柬埔寨和越南5国,是亚洲流经国家最多的国际河流。澜沧江—湄公河养育了流域3.26亿人口。2014年,湄公河下游国家生产了超过1亿吨的大米,约占世界总量的15%。湄公河还拥有世界最大的内陆渔业,占全球淡水捕捞量的1/4。“湄公”一词的来源有高棉语和泰语两种说法,但意思都是“母亲河”。尽管湄公河次区域已经存在多个合作机制,但是澜沧江—湄公河合作(简称澜湄合作)是首个由湄公河上下游6国共同主

2月24日，澜沧江—湄公河合作第3次高官会在中国海南三亚举行。图为与会各国高官合影 （百度网）

导、共同协调的机制，没有域外国家或机构参与。

2014年11月，中国国务院总理李克强在中国—东盟领导人会议上提出，中方愿积极响应泰方倡议，探讨建立澜沧江—湄公河对话合作机制。澜湄合作机制由此进入实质性构建阶段。2015年11月12日，澜沧江—湄公河合作首次外长会议在中国云南景洪举行，中国、泰国、柬埔寨、老挝、缅甸、越南6国外长出席。会议围绕“同饮一江水，命运紧相连”的主题并就进一步加强澜沧江—湄公河国家合作进行深入探讨，在政治安全、经济和可持续发展、社会人文3个重点领域开展务实合作，达成广泛共识。会议审议通过澜湄合作概念文件，宣布澜湄合作机制正式建立，6国外长一致同意研究并尽早实施一批早期收获项目。会议发表联合新闻公报。2015年，6国召开两次高官会议和一次工作组会议，在以下方面达成初步共识：一是在政治上，致力于加强互信和相互理解，维护和平与稳定；二是在经济上，实现可持续发展，促进投资和贸易，减少贫困，缩小发展差距；三是在社会文化上，加强人文交流，促进人员往来、民心相通。未来还将建立包括领导人会议、外长会议、高官会议及其他工作层面在内的多层次合作机制。目标是将澜沧江—湄公河流域6国建成一个平等互利、团结合作、发展共赢的命运共同体。

2016年2月24日，澜沧江—湄公河合作第3次高官会在中国海南三亚举行，会议为3月下旬举办的澜沧江—湄公河合作首次领导人会议作准备。3月23日，澜沧江—湄公河合作首次领导人会议在中国海南三亚举行，与会各国领导人就澜湄合作的目标、重点领域和优先方向达成共识，会议发表《澜沧江—湄公河合作首次领导人会议三亚宣言》《澜沧江—湄公河国家产能合作联合声明》。12月23日，澜沧江—湄公河合作第2次外长会在柬埔寨暹粒举行，会议就6国加快筹建优先领域联合工作组、设立澜湄合作协调机构、全面实施早期收获项目、推动形成第2批合作倡议、制订澜湄合作5年行动计划、用好中方设立的澜湄合作专项基金和有关贷款等达成共识。会议审议通过《澜沧江—湄公河合作第二次外长会联合新闻公报》《首次领导人会议成果落实进展表》《优先领域联合工作组筹建原则》3份重要成果文件。

澜沧江—湄公河合作第3次高官会

2016年2月24日在中国海南三亚举行。旨在为3月下旬在中国举办的澜沧江—湄公河合作首次领导人会议作准备，重点就领导人会议相关安排、成果文件等进行讨论。中国外交部副部长刘振民与泰国外交部副次长维塔瓦共同主持高官会。柬埔寨、老挝、缅甸、越南高官与会。刘振民副部长表示，2016年是东盟共同体建成元年和中国—东盟建立对话关系25周年，也是澜沧江—湄公河合作开局之年。首次领导人会议对澜沧江—湄公河合作未来发展具有建章立制、开篇定调的重要意义。中方愿同各方共同努力，确保领导人会议取得圆满成功和丰硕成果，为促进湄公河次区域发展、推动东盟共同体建设做出积极贡献。与会的湄公河5国高官高度评价澜沧江—湄公河合作取得的重要进展，赞赏中方为该机制建立和发展发挥的关键作用，表示愿支持和配合中方开好首次领导人会议，推动澜沧江—湄公河合作迈上更高台阶，为促进本地区发展繁荣以及南南合作贡献力量。

澜湄航空（柬埔寨）股份有限公司在柬埔寨金边注册

2016年3月7日注册，6月14日获得筹建许可。澜湄航空是澜湄合作机制的重要落地项目，为澜湄6国人员往来和经贸文化交流搭建“空中高速公路”。

澜沧江—湄公河合作首次领导人会议

2016年3月23日在中国海南三亚举行。以“同饮一江水，命运紧相连”为主题。中国国务院总理李克强，柬埔寨首相洪森、老挝总理通邢、缅甸副总统赛茂康、泰国总理巴育、越南 副总理范平明出席会议。会议由李克强主持，与会各国领导人就澜湄合作的目标、重点领域和优先方向达成共识，会议探讨了下一步合作的路线图。会议发表《澜沧江—湄公河首次领导人会议三亚宣言》《澜沧江—湄公河国家产能合作联合声明》。会议指出，澜湄合作机制以政治安全、经济和可持续发展、社会人文为三大合作支柱，以互联互通、产能、跨境经济、水资源、农业和减贫为5个优先方向,致力于打造南南合作新典范。中国国务院总理李克强会见与会各国领导人,与他们共同参观澜湄合作展,共同会见记者,并向他们赠送杂交水稻大米。

澜湄国家旅游城市(三亚)合作论坛

2016年10月27日在中国海南三亚举行,由三亚市人民政府、海南省旅游发展委员会、海南省外事侨务办公室共同主办。论坛主题为“同饮一江水,共享新发展”,旨在落实2016年3月在三亚召开的澜沧江—湄公河合作首次领导人会议成果,促进澜湄国家旅游城市间的资源共享、客源互送、线路互推、政策互惠、人文互动等务实合作。柬埔寨、中国、老挝、缅甸、泰国、越南16个城市代表及部分驻华使领馆官员和澜湄国家部分旅游业界相关专家140人与会。其间成功举办旅游城市圆桌会议,通过并发布《2016澜湄国家旅游城市合作备忘录〈三亚合作愿景〉》。澜湄国家各相关旅游城市之间本着共商、共建、共享原则,在城市间沟通机制、旅游项目合作等8个方面达成合作愿景。另外,旅游产业发展分论坛围绕政府发展政策、城市合作中面临的机遇和挑战等话题,探讨如何推动澜湄区域旅游共享经济发展。旅游产品与市场营销分论坛主要讨论澜湄区域旅游联合营销、媒体传播等领域的合作方式和有关项目。澜湄城市合作成果展展出范围包括与会国家城市在农业、教育、医疗、文化、旅游等领域的交流合作成果。

首届澜沧江—湄公河次区域国家商品博览会

2016年11月15~20日在中国云南昆明滇池国际会展中心举行。博览会由商品展示、主题论坛、商贸洽谈、双创活动、文化交流五大板块内容构成,共设国际标准展位3000个,展区总面积8万平方米。泰国担任本届主宾国。泰国、老挝、柬埔寨、越南、缅甸等澜湄国家政府机构派代表出席博览会开幕式。展会设立泰国OTOP主题馆,还设立澜湄合作国家馆、国际馆等各类主题馆。在澜湄合作国家馆,设立国家形象专区,集中展示澜湄合作各国国家形象及文化。博览会还设置1个主题论坛和3个专题论坛,主题论坛议题为澜湄合作与云南作为,3个专题论坛分别为:澜湄政策相通与区域加工贸易产业梯度转移、澜湄货币流通与人民币向南(国际化)、海上丝绸之路与郑和。

澜沧江—湄公河旅游城市合作联盟工作推进会

2016年12月12日在中国云南昆明举行。柬埔寨驻昆明总领事淮立恒、缅甸驻昆明总领事吴梭柏、泰国驻昆明总领事鹏普·汪披塔亚、越南驻昆明总领事阮士洪和老挝驻昆明领事普瓦·萨蒙迪出席。会议是落实澜湄合作首次领导人会议重要成果和《三亚宣言》关于“增进旅游交流与合作,改善旅游环境,提升区域旅游便利化水平,建立澜湄旅游城市合作联盟”倡议的重要举措。

会上,各方分别介绍工作进展情况,并就推动合作联盟早日成立积极建言献策。中国云南代表提出三点建议:一是在联盟会员发起城市的选择中,中国以云南旅游热点城市为主,国外主要考虑5国首都及旅游热点城市;二是各国总领事加强与各自国内相关部门沟通协调,进一步收集反馈意见、建议,促进报批程序完成;三是拟在明年南博会期间举办跨境旅游合作论坛,争取在论坛期间完成联盟的组织筹备工作,并召开一次会议。云南愿意在中国外交部、国家旅游局等有关部委的指导下,进一步密切与湄公河流域5国的沟通衔接,按照成立国际组织的目标,加快推动澜湄旅游城市合作联盟成立。

会议认为,澜湄区域旅游合作不断取得新成效,云南与湄公河各国相关省市签订多个旅游合作协议和发展备忘录,在旅游宣传促销、旅游产品开发等方面进行广泛深入合作,为建立澜湄旅游城市合作联盟奠定坚实基础。各方愿意在原有工作的基础上,继续努力、加强合作,为打造和平与繁荣的澜湄国家命运共同体做出积极贡献。

澜沧江—湄公河合作第2次外长会

2016年12月23日在柬埔寨暹粒举行。中国外交部部长王毅、柬埔寨国务兼外交国际合作部大臣布拉索昆、泰国外交部部长敦、老挝外交部部长沙伦赛、缅甸外交国务部部长觉丁、越南副总理兼外交部部长范平明出席。各方围绕“同饮一江水,命运紧相连”的主题,回顾2016年3月在中国举行的首次领导人会议成果落实情况,规划澜沧江—湄公河合作下一步发展。

中国外交部部长王毅与柬埔寨外交大臣布拉索昆共同主持会议。王毅表示,澜沧江—湄公河合作首次领导人会议以来,澜沧江—湄公河合作机制建设不断加强,各优先领域联合工作组筹建工作有序推进,45个早期收获项目相继得到有效落实,各领域务实合作逐步展开。澜沧江—湄公河合作在行动,对外展现出独有的澜湄速度和澜湄效率。王毅指出,澜沧江—湄公河合作有助于发挥6国地缘相近、人文相亲、经济互补的优势,激发各国内在发展潜力;有助于为中国—东盟合作提供新的动力,有助于加快东盟共同体建设和地区一体化进程;有助于共建“一带一路”尽快见到成效;有助于为落实2030年可持续发展议程做出本地区的贡献。相信澜沧江—湄公河合作一定会得到更多国家尤其是本地区各国的欢迎和支持。王毅表示,当前澜沧江—湄公河合作正处于培育期和发展关键阶段,6国应加大投入,培育平等相待、真诚互助、亲如一家的澜沧江—湄公河文化,本着共商、共建、共享原则,建设澜沧江—湄公河合作走廊，朝着建立澜沧江—湄公河国家命运共同体的目标迈进。关于下一步合作，王毅建议6国可加快筹建优先领域联合工作组，尽早设立澜沧江—湄公河合作国家秘书处或协调机构，全面实施首批早期收获项目，推动形成第2批合作倡议，制订澜沧江—湄公河合作5年行动计划，并用好中方设立的澜沧江—湄公河合作专项基金和有关贷款。与会各国外长高度赞同王毅发言。

会议审议通过《澜沧江—湄公河合作第二次外长会联合新闻公报》《首次领导人会议成果落实进展表》《优先领域联合工作组筹建原则》3份重要成果文件。

（雷小华）

泛北部湾区域经济合作

泛北部湾区域经济合作发展概况

泛北部湾区域经济合作范围 泛北部湾区域是指北部湾以及南海周边国家和地区所共同构成的空间区域，涉及越南、柬埔寨、泰国、马来西亚、新加坡、印度尼西亚、菲律宾、文莱等8个东南亚国家以及中国的海南省、广东省、广西壮族自治区、香港特别行政区和澳门特别行政区。

2006年7月20日举行的首届环北部湾经济合作论坛提出构建泛北部湾经济合作区的构想。论坛发表的《环北部湾经济合作论坛主席声明》提出："要围绕拓展和深化中国—东盟战略伙伴关系，站在面向东亚合作的高度上，构建泛北部湾经济合作区，将环北部湾经济合作延伸到隔海相望的马来西亚、新加坡、印度尼西亚、菲律宾、文莱等海上东盟国家。密切物流、产业、贸易与投资合作，共同促进本地区加快发展。"

2007年7月出版的《泛北部湾合作发展报告》将泛北部湾区域经济合作的国家增加至9个，即中国、越南、柬埔寨、泰国、马来西亚、新加坡、印度尼西亚、菲律宾和文莱，明确中国的海南省、广东省、广西壮族自治区、香港特别行政区、澳门特别行政区属于泛北部湾区域。

泛北部湾区域经济合作战略目标 推动泛北部区域经济合作，旨在通过重点加强港口物流合作，实现产业对接与分工，促进相互贸易与投资，大力发展临海工业，联合开发海上资源，加快临海城市发展，形成一批互补互利、相互促进、各具特色的港口群、产业群和城市群，形成中国—东盟经济合作框架下的次区域经济合作。

泛北部湾区域经济合作的主要领域 经济领域主要加强交通、港口、海运、航空、环保、信息等基础设施建设，加强物流、金融、旅游、渔业、农业、资源开发与保护、投资与贸易、环境保护等各方面的合作，促进临海工业和海洋产业发展。社会发展领域主要加强人力资源开发与培训、科技、教育、文化、医疗卫生、防灾减灾等方面的合作。

泛北部湾经济合作机制 主要有泛北部湾区域经济合作论坛（简称泛北论坛）、泛北部湾区域经济合作市长论坛（简称泛北市长论坛）、泛北部湾区域经济合作联合专家组（简称泛北合作联合专家组）等。

自2006年举办首届泛北论坛以来，已成功举办9届，成为推动泛北部湾区域经济合作的重要平台和机制。参加论坛的主体，从以政府官员为主，逐步扩展到学术界、工商界等人士广泛参与。先后有10多位中国国家领导人、100多位中国和泛北部湾国家部长级官员出席论坛。论坛取得丰硕成果，共签署20多份协议和备忘录。

首届泛北论坛于2006年7月20日在广西南宁举行，时称"环北部湾经济合作论坛"。本次论坛提出泛北部湾经济合作构想，主要成果是《环北部湾经济合作论坛主席声明》。

第2届泛北论坛于2007年7月26～27日在广西南宁举行，主要成果有《论坛主席声明》《中国—东盟港口与发展合作联合声明》《中国—东盟海运协定》和《中国—东盟航空合作框架》。

第3届泛北论坛于2008年7月30～31日在广西北海举行，主要亮点是推动成立泛北部湾经济合作联合专家组。

第4届泛北论坛于2009年8月6～7日在广西南宁举行。本届论坛是对以南宁—新加坡经济走廊为重点务实推进泛北合作认识的进一步深化。

第5届泛北论坛于2010年8月12～13日在广西南宁举行。论坛分析中国—东盟自由贸易区建成为泛北合作带来的历史性机遇，对以南宁—新加坡经济通道建设为重点，推进泛北合作和如何通过加快产业发展和航运、港口、物流合作来深化泛北合作达成共识。

第6届泛北论坛于2011年8月18～19日在广西南宁举行。本届论坛就加强泛北各国区域联通与跨境合作、扩大跨境贸易和投资以及深化金融、旅游合作取得一系列共识。论坛发布《泛北部湾经济合作可行性研究报告》，形成《泛北部湾智库峰会宣言》，还签署一批合作协议。

第7届泛北论坛于2012年7月12～13日在广西南宁举行。本届论坛就推进泛北部湾区域城市发展合作、电子信息产业合作、产业园区合作等达成一系列共识，并签署一批合作协议。

从2013年开始，泛北论坛由每年举办一次改为每两年举办一次。原定于2013年10月24～25日举行的第8届泛北部湾经济合作论坛改为2014年5月15日在广西南宁举行。本届论坛就携手共建21世纪海上丝绸之路重点领域、金融创新、港口合作和物流网络建设、贸易投资合作、文化传播合作等达成诸多共识。

第9届泛北部湾经济合作论坛暨中国—中南半岛经济走廊发展论坛于2016年5月26日在广西南宁举行。本届论坛以“携手泛北合作,共建‘一带一路’”为主题,旨在推动泛北合作升级发展,从以海上合作为主向陆海并举延伸拓展,构建陆海联动的合作新格局。论坛发布《共建中国—中南半岛经济走廊倡议书》。

泛北部湾经济合作市长论坛是泛北部湾经济合作的又一个重要机制。2007~2011年先后在广西北海举行4届。其主要特点是:(1)参加国家和地区的代表、专家人数较多,层次较高。第1~3届有6个国家17个城市的代表及专家学者参加,第4届有7个国家的29位市长或市长代表参加。(2)发表泛北市长论坛宣言或备忘录。(3)达成诸多共识。拓展了港口物流、旅游文化方面的合作,并期望在具体产业、具体项目上加强合作,用好相关合作基金和贷款。

泛北合作联合专家组也是泛北合作的重要机制。2008年1月4日,泛北部湾经济合作中方专家组成立暨工作会议在北京举行。此后,又分别召开4次泛北部湾经济合作联合专家组会议。2008年7月30日,泛北合作联合专家组首次会议在广西北海举行。2008年10月24日,泛北合作联合专家组第2次会议在广西南宁召开,会议取得以下成果:一是东盟各方就泛北部湾经济合作如何开展进一步达成共识,二是确定联合专家组成员,三是通过《泛北部湾经济合作联合专家组行动计划》。2009年8月6日,泛北合作联合专家组第3次会议在广西南宁举行,会议讨论修改《泛北部湾经济合作可行性研究报告》,通过《关于加快泛北部湾经济合作的行动建议》。2011年6月2日,泛北合作联合专家组第4次会议在广西北海举行,会议通过《泛北部湾经济合作可行性研究报告》,完成泛北部湾经济合作前期研究工作,相关各方一致同意将该报告提交中国—东盟经济高官会讨论通过。2012年7月12~13日,泛北合作联合专家组第5次会议在广西南宁举行,会议讨论并形成《泛北部湾港口物流合作专项规划》《南宁—新加坡经济走廊陆上交通基础设施专项规划》《泛北部湾农业合作专项规划》《泛北部湾投资便利化合作专项规划》《私营企业参与泛北部湾经济合作专项规划》和《泛北部湾地区经贸合作平台建设专项规划》等7个专项规划,并通过《泛北部湾经济合作联合专家组第5次会议纪要》。

第9届泛北部湾经济合作论坛暨中国—中南半岛经济走廊发展论坛

2016年5月26日在中国广西南宁举办。以“携手泛北合作,共建‘一带一路’”为主题,同期举办中国—中南半岛经济走廊发展论坛和中国—东盟港口城市合作网络工作会议。本届论坛由广西壮族自治区人民政府与国家发展改革委、交通运输部、商务部、海关总署、国家旅游局、国务院发展研究中心、人民日报社、中国人民银行、国家开发银行、海南省人民政府、广东省人民政府以及泰国商务部等共同主办。有20位中外副部级以上领导出席论坛;来自柬埔寨、印度尼西亚、老挝、马来西亚、缅甸、泰国、新加坡、越南、文莱等东盟国家和法国、日本、以色列、中国香港等国家与地区及国际机构的110多位境外嘉宾和来自中国有关部委、省市、研究机构、企业等330多名中方嘉宾参加论坛。第十届全国人大常委会副委员长、中国—东盟协会会长顾秀莲出席开幕大会并致辞,中共广西壮族自治区委员会书记彭清华致欢迎辞。中国商务部部长助理童道驰、人民日报社副总编辑谢国明、国家开发银行副行长张旭光、国家海洋局副局长房建孟、广西壮族自治区主席陈武、湖南省常务副省长陈向群、广东省副省长何忠友、海南省副省长何西庆,泰国商务部副部长维尼差·詹张,马来西亚总理对华21世纪海上丝绸之路特使、巴生港及马六甲港港务局主席丹斯里·江作汉,越南交通部副部长阮鸿长,柬埔寨计划部国务秘书侯泰恩,老挝外交部副部长坎葆·因塔万,印度尼西亚雅加达特区省长助理萨坦托·苏哈托,缅甸仰光市市长茂茂索等分别发表演讲。中共广西壮族自治区委员会副书记李克主持会议。

论坛发布《共建中国—中南半岛经济走廊倡议书》,推进中国—中南半岛经济走廊沿线合作的深入对接。中国国家发展和改革委员会西部司副司长翟东升宣读倡议书。倡议书指出,“一带一路”建设,是沿线各国开放合作的宏大愿景,是一项造福世界各国的伟大事业,需要沿线各国携手努力,朝着互利互惠、合作共赢的目标相向而行。中南半岛是“一带一路”建设的重要方向。中国与中南半岛国家是一衣带水的友好邻邦,经济互补性强,市场容量、合作空间和发展潜力巨大。

倡议书还说,为在经济互惠、文化互鉴、政治互信的基础上深化中国与中南半岛国家的合作,倡议各方提出,我们愿在尊重各国主权和领土完整、互不侵犯、互不干涉内政、平等互利、和平共处的基础上,坚持共商、共建、共享原则,积极推进与区域内国家间的联系和对接,共同打造以中国广西壮族自治区、云南省为主要门户,向北延伸至中国广大内陆腹地和东部发达地区,向南经越南、老挝、柬埔寨、缅甸、泰国延伸至马来西亚和新加坡的中国—中南半岛经济走廊。

中国—东盟港口城市合作网络工作会议

2016年5月26日在中国广西南宁举行。会议以“推进中国—东盟港口合作,打造‘一带一路’海上桥梁”为主题。中国、马来西亚、印度尼西亚、缅甸、柬埔寨、越南、泰国等国的高官、港口城市的港口管理部门、港口运营商、国际航运企业代表等出席会议。广西壮族自治区副主席张晓钦出席会议并致辞，中共钦州市委常委、常务副市长杨丛主持会议。会议讨论《中国—东盟港口城市合作网络合作办法》和《中国—东盟港口城市合作网络愿景与行动》，成立中国—东盟港口城市合作网络中方秘书处，标志着这一国际组织进入正式运行新阶段。

中国—东盟航线及航线服务项目启用

2016年5月27日在中国广西钦州港正式启用。中国对该项目支持建设3台港作起重机，并支持开通钦州港至东盟新航线。马来西亚总理对华21世纪海上丝绸之路特使、巴生港及马六甲港务局主席丹斯里·江作汉参加启用仪式并宣布项目启用。出席仪式的还有中国和东盟国家20个港口城市和港务机构的代表、港航企业代表。与东盟各港口间的班轮航线是广西北部湾港经营业务中最重要的组成部分，现有的15条外贸集装箱直达航线全部为东盟航线。当天开航太平船务公司北部湾港—越南—新加坡航线。

中国—东盟港口城市合作网络项目启用

2016年5月27日在中国广西钦州举行启用仪式。中国、缅甸、泰国、马来西亚等国的港口管理部门官员和著名港航企业代表出席仪式。中国—东盟港口城市合作网络项目启用仪式分为三部分：一是启用中国—东盟主要国家港口航线及航线服务项目；二是启用中国—东盟港口物流信息中心项目（一期）；三是举行中国—东盟水上训练基地开工仪式。中国—东盟港口城市合作网络项目始建于2013年，是中国—东盟海上合作基金首批18个项目之一。几年来，合作网络双方已新开10条航线，并推进以港口、产业、监测、搜救和司法合作等为重点的基地建设，促进中国与东盟人流、物流运输的便利化。

中国—东盟水上训练基地开工建设

2016年5月27日在中国广西钦州学院举行开工仪式。中共钦州市委书记、市人大常委会主任肖莺子，中国外交部亚洲司参赞郑学方，马来西亚总理对华21世纪海上丝绸之路特使、巴生港及马六甲港务局主席、马来西亚前交通部长江作汉，老挝国家经济特区与管理委员会副主席、秘书长波塔·卡迪亚，老挝外交部副部长坎葆·因塔万，缅甸仰光市市长茂茂索，柬埔寨西哈努克省副省长索潘，广西北部湾办副巡视员杨斌，中共钦州市委常委、常务副市长杨丛，钦州学院党委书记赵君、校长韩峻峰等参加开工仪式及培土奠基活动。中国和东盟国家20个港口城市和港务机构代表、港行企业代表，广西壮族自治区有关部门领导及钦州市四家班子有关领导、钦州学院相关部门负责人、留学生及航海专业学生代表参加此次活动。

中国—东盟水上训练基地是中国—东盟港口城市合作网络项目航运服务配套4个子项目之一，项目概算投资总额7200万元，总建筑用地2.2公顷，一期建设工期1年。主要建设内容包括标准游泳池、跳水训练池、培训楼、模拟高级消防舱、游艇和各种救生艇避风港池，两个500吨位的客、货运输码头，堆场、训练场和道路景观配套工程。

中国和柬埔寨签署海洋领域合作文件

2016年10月13日，在中国国家主席习近平和柬埔寨首相洪森的见证下，中国国家海洋局局长王宏与柬埔寨环境部部长赛萨莫在金边共同签署《中华人民共和国国家海洋局与柬埔寨王国环境部关于海洋领域合作的谅解备忘录》。根据谅解备忘录，双方建立长期、稳定的合作机制，进一步拓展在海洋观测与监测、海洋环境预报、海洋环境保护、海洋灾害风险评估、海岸带综合管理以及海洋政策与法律等领域的合作，提升应对气候变化和海洋灾害的能力，促进海洋科学研究和海洋经济的发展。

中国—柬埔寨海洋领域合作联委会第1次会议

2016年11月3日在中国福建厦门举行。中国国家海洋局副局长林山青与柬埔寨副国务秘书、环境部副部长言梭帕利在会上进行交流，并就深化两国海洋领域合作达成共识。会上，双方讨论并通过相关海洋合作项目，包括联合举办第4届中国—东南亚国家海洋合作论坛、邀请柬方参加中国政府海洋奖学金项目等。中国国家海洋局相关部门和单位负责人出席会议。

第4届中国—东南亚国家海洋合作论坛

2016年12月15日在柬埔寨暹粒举行。由中国国家海洋局第一海洋研究所与柬埔寨环境部自然资源保护司联合举办。150余位来自中国、柬埔寨、印度尼西亚、泰国、马来西亚、缅甸、文莱等国海洋管理部门的官员和海洋科学机构的专家，以及政府间海洋学委员会西太分委会和东亚海环境伙伴关系组织的代表出席。中国国家海洋局副局长房建孟，柬埔寨环境部国务秘书、副部长尹金森和柬埔寨暹粒省副省长金才仁出席论坛开幕式并致辞。

论坛与会代表围绕海洋预报与灾害早期预警系统、东南亚海洋濒危生物和生态系统研究、海洋保护区管理网络建设、海洋环境与生态系统的管理与恢复、海洋新技术在发展蓝色经济中的作用等议题进行交流和研讨，形成未来合作的新共识，提出应对海洋挑战的新建议，制订未来合作项目规划。（张　磊）

交往与合作

中国和东盟交往与合作

2016年中国与东盟进一步加强务实合作，双方高层互动频繁，政治互信基础不断加固，经贸合作水平稳步提升，双边合作机制逐渐成熟，人文交流更加密切，中国—东盟关系迈向更高水平。

一、加强政治互信，深化务实合作

（一）领导人会议总览全局

2016年9月7日，第19次中国—东盟领导人会议暨中国—东盟建立对话关系25周年纪念峰会在老挝万象举行。会议通过《中国—东盟建立对话关系25年纪念峰会联合声明》《中国—东盟产能合作联合声明》和涉及海上安全合作的多份成果文件。中国国务院总理李克强就深化中国—东盟关系发展提出五点建议：第一，谱写中国—东盟关系新篇章。坚持以“2+7合作框架”和中国—东盟战略伙伴关系第三份《行动计划》为指导，深化各领域务实合作，不断扩大共同利益。第二，构建政治安全合作新平台。中方愿尽早同东盟国家商签“睦邻友好合作条约”，为双方长期友好提供法律制度保障。第三，培育经贸合作新动能。推动中国—东盟自由贸易区升级相关议定书有关成果尽快落地，推进“一带一路”建设和互联互通合作，推进中老铁路、中泰铁路、雅万高铁等大项目加快建设。第四，打造人文交流合作新支柱。以教育和旅游合作为优先方向，将人文交流打造为中国与东盟合作第三大支柱。第五，共同开创区域合作新局面。正式启动澜沧江—湄公河合作专项基金，用于支持次区域国家交流合作项目。与会东盟国家领导人表示，中国是东盟重要的合作伙伴，感谢中方长期以来支持东盟一体化建设，赞赏中方在双方经济合作中发挥引领作用，支持中方提出的“一带一路”“产能合作”等倡议。

（二）高层良性互动

1. 领导人互访频繁。2016年8月17日，昂山素季以缅甸国务资政的身份访问中国；9月6～9日，中国国务院总理李克强出席东亚合作领导人系列会议并访问老挝；10月13日，中国国家主席习近平访问柬埔寨；10月18日，菲律宾总统杜特尔特访问中国。

2. 双边会议频繁。2016年4月11日，第17次中国—东盟联合合作委员会会议在印度尼西亚首都雅加达东盟秘书处举行。双方就落实第18次中国—东盟领导人会议成果、中国—东盟2016～2020年行动计划、办好中国—东盟建立对话关系25周年纪念峰会、中国—东盟教育交流年等议题深入交换意见。4月28日，第22次中国—东盟高官磋商会在新加坡举行。会议重点围绕2016年中国—东盟建立对话关系25周年系列纪念活动筹备工作深入交换意见，就当前形势下推进中国—东盟关系和东亚区域合作进行讨论，重点讨论如何进一步落实好“2+7合作框架”和中国—东盟战略伙伴关系第三份《行动计划》，以推动中国—东盟关系提质升级。7月25日，中国—东盟外长会议在老挝万象举行，会议为中国—东盟领导人会议做充分准备，并高度评价中国与东盟建立对话关系25周年来所取得的成就，会后发表关于全面有效落实《南海各方行为宣言》的联合声明。9月7日，第19次中国—东盟领导人会议暨中国—东盟建立对话关系25周年纪念峰会在老挝万象举行，会议就中国—东盟关系、中国—东盟区域经济合作以及东亚地区和平稳定等议题达成多项共识。

（三）维护东亚地区和平稳定

2016年7月12日，海牙国际仲裁法庭对由菲律宾阿基诺三世政府时期单方面提起的南海仲裁案做出“最终裁决”，中国政府、外交部迅速发表声明，阐明中国在南海问题上的立场。中国外交部部长王毅认为仲裁案以及由此引发的恶意炒作和政治操弄，将南海问题带入加剧紧张对抗的危险境地，完全不利于维护本地区的和平稳定，完全不符合中菲两国、地区国家和整个国际社会的共同利益。7月25日，中国与东盟国家外长在老挝万象会晤，会后发表关于全面有效落实《南海各方行为宣言》的联合声明，重申宣言在维护地区和平稳定中发挥的重要作用，承诺根据国际法原则由直接相关国家通过磋商和谈判以和平方式解决领土和管辖权争议，并在协商一致的基础上实质性推动早日达成南海行为准则。9月7日，在第19次中国—东盟领导人会议上，中国国务院总理李克强就南海问题阐述中方的立场和主张。李克强强调，南海和平稳定与地区国家的繁荣发展休戚相关。南海安宁，地区国家是最大受益者。中方愿与东盟国家携手合作，排除干扰，按照宣言精神和“双轨”思路妥善把握和处理南海问题，把南海建设成为造福地区各国的和平、友谊与合作之海。此次会议通过《中国与东盟国家应对海上紧急事态外交高官热线平台指导方针》和《中国与东盟国家关于在南海适用〈海上意外相遇规则〉的联合声明》。与会东盟国家领导人赞赏中方积极推进南海行为准则磋商的努力，愿共同落实好《南海各方行为宣言》，坚持通过对话协商和平解决南海争议，不让有关分歧影响东盟与中国关系发展的大局。

（四）深化非传统安全合作

中国与东盟在2016年3月3日发布的《落实中国—东盟面向和平与繁荣的战略伙伴关系联合宣言的

行动计划(2016～2020)》中表示,在东盟10+1、东盟10+3打击跨国犯罪部长会、高官会及《中国与东盟非传统安全领域合作谅解备忘录》等其他关于加强非传统安全领域合作的框架下增加互访与合作,加强执法和安全对话。2016年11月10日,以"加强合作,有效打击跨国犯罪"为主题的第10届东盟—中国总检察长会议在老挝万象举行。与会各国代表交流分享各自国家和地区在合作打击跨国犯罪,特别是打击跨国贩卖毒品和人口犯罪方面的有益经验做法,并就在中国—东盟成员国总检察长会议机制下深化执法司法合作、提升打击效果提出诸多建设性意见。

二、加强经贸合作,促进互利共赢

(一)双边贸易、投资持续增长

2016年8月4日,第15次中国—东盟经贸部长会议在老挝万象举行。会议讨论通过将提请第19次中国—东盟领导人会议发表的《中国—东盟产能合作联合声明》。中国商务部部长高虎城表示,长期以来,经贸合作一直是中国与东盟对话关系发展的"压舱石"和"推进器"。中国已经连续7年成为东盟的第一大贸易伙伴,而东盟连续5年是中国的第三大贸易伙伴。双方在农业、信息通信技术、人力资源开发、投资、湄公河流域开发、交通、能源、文化、旅游、公共卫生和环境等11个重点领域开展务实合作。数据显示,1991～2015年,中国—东盟双边贸易额从79.6亿美元增至4721.6亿美元,年均增长18.5%,占中国对外贸易总额的比重由5.9%升至11.9%。双方累计投资额1564亿美元,是1991年5亿美元的300多倍。2016年,虽然全球经济不景气,但是中国—东盟全年贸易额仍达到4522亿美元,占中国对外贸易额的比重进一步提升。2016年,中国对东盟的投资超过90亿美元,中国已经成为东盟主要的外资来源地。

(二)推进中国与东盟互联互通

2016年5月26日,第9届泛北论坛首次举行中国—东盟港口城市合作网络工作会议,作为海上互联互通重点项目,在中国—东盟海上合作基金的有力支持下,中国—东盟港口城市合作网络建设取得较快发展,合作网络成立一年多来,中国与东盟新开设10条航线,推进包括港口、产业、监测、搜救和司法合作等为重点的钦州基地建设,广泛缔结友好城市和姐妹港,有力地促进了人流和物流运输的便利化。中国—东盟港口城市合作网络已成为中国与东盟合作的新平台。9月6日,东盟在老挝万象通过《东盟互联互通总体规划2025》。该规划主要关注5个战略领域:可持续基础设施建设、数字创新、物流、进出口管理和人员流动。规划通过后,将更容易实现与中国"一带一路"倡议的对接。9月13日,第5届中国—东盟物流合作论坛在中国广西南宁举行,论坛以"创网上丝路,促东盟互联"为主题,旨在推进中国—东盟在物流一体化、建立"网上物流"体系,促进互联互通,为进一步增强双方经贸合作交流提供更多便利。11月18日,第15届中国—东盟交通运输部长会议在菲律宾马尼拉举行,会议通过《中国—东盟交通合作战略规划》(修订版)、《中国—东盟交通运输科技合作战略》,这是中国"一带一路"倡议在交通运输领域与东盟国家交通战略规划对接的标志性成果文件。中国与东盟各国将在战略规划指导下,共同发展"四纵三横"区域交通通道。在可持续基础设施建设方面,截至2017年5月,中国企业累计在东盟国家签订的基础设施建设工程合同额达到2962.7亿美元,累计完成合同额2040亿美元,有力地推动了中国—东盟互联互通建设。

(三)拓展区域、次区域合作

在区域合作方面,2016年区域全面经济伙伴关系协定谈判进程不断加快。8月5日,《区域全面经济伙伴关系协定》第4次部长级会议在老挝万象举行。与会各国部长围绕货物、服务、投资等谈判核心领域的具体问题展开讨论,为下一步区域全面经济伙伴关系协定谈判的顺利推进提出指导性建议。12月10日,第16轮谈判在印度尼西亚唐格朗闭幕,来自16个参与国的代表完成《区域全面经济伙伴关系协定》的中小企业合作部分的谈判,并同意维持当前谈判的良好势头,争取在2017年完成谈判。在次区域合作方面,2016年3月23日,首届澜沧江—湄公河领导人会议在中国海南三亚举行。会议发表《澜沧江—湄公河合作首次领导人会议三亚宣言》,在经贸领域达成3项具体成果,其中包括:宣布推动国际产能合作相关支持性举措、加强贸易投资合作举措、加强经济技术合作和可持续发展的相关举措。领导人会议后澜湄合作机制正式建立,到2016年年底,合作六方共举行1次领导人会议、2次外长会、4次高官会和5次工作组会,其中45个早期收获项目中过半数已经完成或正在实施。次区域合作还表现在泛北部湾经济合作上。2016年5月26日,第9届泛北部湾经济合作论坛暨中国—中南经济走廊发展论坛在中国广西南宁举行。论坛围绕"携手泛北合作,共建'一带一路'"的主题,海陆统筹,务实推动中国—中南半岛经济走廊和中国—东盟港口城市合作网络建设,推动中国—东盟海陆互联互通,推进泛北部湾港口合作机制建设及国际产能合作。

(四)加强金融合作

2016年2月19日,东盟与中日韩宏观经济研究办公室国际组织揭牌仪式在新加坡举行。这是东盟与中日韩财金合作的重要成果,对于加强东亚区域安全金融网,增强东亚成员在全球经济治理中的地位有重要意义。4月2日,东盟与中日韩副财长和央行副行长会议在老挝万象举行,会议重点讨论进一步加强区域金融合作的措施,对清迈倡议多边化协议落实结果做出评估，讨论在没有国际货币基金组织（IMF）贷款计划的情况下将《清迈协议》规定的资金援助规模从资金池的30%增至40%的可能性。5月3日，第19届东盟与中日韩10+3财长和央行行长会在德国法兰克福举行，重点讨论全球和区域宏观经济形势以及10+3财金合作等议题，会上，中国财长楼继伟宣布，中国政府将在东盟与中日韩宏观经济研究办公室设立规模为300万美元的中国技术援助信托基金，用于人员交流、业务培训、专题研究和组织研讨，帮助区域成员加强宏观经济监测能力，维护区域宏观经济和金融稳定。9月12日，第8届中国—东盟金融合作与发展领袖论坛在中国广西南宁举行，论坛以“中国—东盟金融双向开放”为主题，围绕中国—东盟金融双向开放、跨国融资合作、资本市场开放等议题进行深入交流。中国工商银行副行长张红力表示，进一步构建金融业双向开放新体制、形成互利合作新格局已在中国和东盟国家间形成广泛共识，可以考虑以区域金融市场建设和人民币国际化为突破口推动中国—东盟金融双向开放。12月13日，中国—东盟银行联合体理事会第6次会议暨理事会研讨会在中国北京举行，各成员行代表、与会专家就金融产品创新及人民币业务在东南亚地区的发展、普惠金融、贸易融资在东南亚地区的推广等议题进行深入交流。中国国家开发银行行长郑之杰表示，国开行将继续发挥开发性金融的优势和作用，聚焦金融创新支持地区经济发展。

三、扩大人文交流与合作

（一）推动教育共同发展

2016年是中国—东盟教育交流年，双方合作举办近300项活动。1月12日，中国—东盟教育交流年工作磋商会在泰国曼谷举行，标志着教育交流年活动正式启动。中国和东盟各成员国的教育高官就教育交流年方案进行深入探讨，提出众多富有建设性的意见和建议。8月1日，第9届中国—东盟教育交流周暨第2届中国—东盟教育部长圆桌会议在中国贵州贵阳开幕。会议通过《关于中国—东盟教育合作行动计划支持东盟教育工作计划（2016～2020）开展的联合公报》。中国国务院副总理刘延东在会议开幕式上发表主旨演讲，她指出，近年来，中国与东盟国家各领域交流合作日益深化，教育合作是其中一大亮点。双方连续8年举办教育交流周，签署近800份合作协议，打造了人文交流的响亮品牌。数据显示，2015年中国—东盟互派留学生19.5万人次，其中中国赴东盟留学生12.4万人次，东盟赴中国留学生7.1万人次。2016年双方互派留学生超过20万人次，其中中国赴东盟留学生继续超过12万人次，东盟赴中国留学生超过8万人次。按照计划，到2020年中国—东盟互派留学生人数将双双超过10万人次。

8月2日，第2届中国—东盟教育部长圆桌会议在中国贵州贵阳开幕　（百度网）

（二）加强环境保护与可持续发展合作

2016年9月10日，中国—东盟环境合作论坛在中国广西南宁举行，本届论坛由主论坛和环境技术合作与创新、实现2030年可持续发展议程的环境目标两个分论坛组成。主论坛以“绿色发展与城市可持续转型”为主题，旨在推进“一带一路”沿线国家环保合作，同时讨论中国与东盟国家重点领域合作进展，进一步拓展国际合作平台和网络。环境技术合作与创新分论坛围绕中国与东盟国家在环保产业重点领域、市场需求、产业政策等开展交流和经验分享；实现2030年可持续发展议程的环境目标分论坛围绕全球环境挑战与2030年可持续发展议程的环境目标，以及国家层面实现环境目标的机遇与挑战展开政策和经验交流。同日，中国与东盟成员国还正式发布《中国—东盟环境合作战略（2016～2020）》。中国—东盟环境保护合作中心处长彭宾说，未来5年，双方将主要在环保政策对话与交流、环境数据与信息管理、环境影响评价、生物多样性和生态保护、促进环保产业和技术实现绿色发展、环境可持续城市建设、环境教育和公众意识提高、机构和人员能力建设以及学者交流能力建设等9个领域展开合作。

（三）推进科技创新合作

2016年9月11～14日，第4届中国—东盟技术转移与创新合作大会在中国广西南宁举行，大会以“技术转移引领，创新合作发展”为主题，通过组织高层主旨演讲、中国—东盟国际创新合作论坛、先进技术展等系列活动，探索建设科技合作新模式，打造中国—东盟科技创新共同体。数据显示，截至2016年9月，中国—东盟技术转移中心已取得阶段性的重大成果，技术转移协作网络成员已达2053家，其中东盟国家579家，在国内外举办45场技术转移对接活动，促成422项合作协议的签订，合同金额6.3亿元人民币。在这次会议上，一批中国—东盟重点科技合作项目包括中国（广西）—文莱新能源汽车研发中心备忘录、中越边境农业科技走廊建设、中泰健康医疗科技联合计划等现场签约。会议认为，中国与东盟下一阶段科技合作的重点领域应集中在几方面：一是积极支持企业间技术创新合作，通过中国—东盟技术转移中心的创新合作平台，为企业间技术合作开辟绿色通道；二是加强科技平台建设，建设多国共同参与的中国—东盟联合实验室，开展关键技术研发攻关；三是大力拓展科技人文交流；四是打造海洋科技合作新亮点，进一步推动中国—东盟海洋合作中心建设。马来西亚科技与创新部部长玛迪乌斯·当奥表示，要在中国—东盟合作的大背景下，更好地打造中国—东盟技术转移中心，加快中国与东盟国家之间的技术转移和技术交流，推动建立更友好的伙伴关系。

（四）深化文化交流与合作

2016年6月16日，首届中国—东盟民族文化论坛在中国广西南宁开幕。论坛以“民族文化多样性与‘一带一路’建设”为主题。与会专家学者就中国—东盟民族历史、文化与民族问题、海上丝绸之路沿线文化遗产保护与开发、民族文化多样性与中国—东盟互联互通建设等议题发表演讲和讨论。8月25日，第3次中国—东盟文化部长会议在文莱斯里巴加湾举行，会议围绕共同落实好中国—东盟文化合作五年行动计划，共同建设好中国—东盟文化论坛，共同打造示范品牌，深化区域文化合作等议题进行深入探讨，达成广泛共识。旅游合作是中国—东盟关系的亮点之一。据中国有关部门统计，2016年中国与东盟人员往来突破3000万人次，提前实现到2020年双向人员往来达3000万人次的目标。中国已成为东盟第一大客源国，其中中国赴泰国游客数量达到923.91万人次，比上年增长21.1%，排在中国赴东盟各国旅游人数之首。中国对东盟游客的吸引力也在持续上升，2016年越南、马来西亚、菲律宾、缅甸等国赴中国旅游人数均超过百万人次，且均保持较快增长势头。中国国务院总理李克强在第19次中国—东盟领导人会议上强调，以教育和旅游合作为优先方向，将人文交流合作打造成中国—东盟关系的新支柱。

2016年中国—东盟交往与合作更加积极务实，双方在增强政治互信、扩大经贸合作、推进人文交流等方面取得显著成效。2016年借助中国—东盟建立对话关系25周年的契机，双方举办一系列重要活动，推动中国—东盟关系迈上更高水平。但是，中国—东盟合作也面临一些挑战。例如，出于地缘政治因素的考量，东盟国家对中国的忧虑难以消除，新加坡倡议的“大国平衡”战略逐渐被东盟国家接受。南海问题在中国与东盟国家的共同努力之下逐渐降温，但是有关领土主权争议并未彻底解决。随着中国与东盟经济合作的深入开展，许多深层次问题逐渐凸显，中国与东盟国家产业结构的趋同性问题难以在短时期内解决，在“一带一路”倡议下，实现中国与东盟国家的发展对接面临较大挑战。2017年是东盟成立50周年和中国—东盟旅游合作年，中国与东盟将进一步加强政策沟通、战略对接和务实合作，深化经贸、互联互通、产能等全方位合作，落实好第三份五年行动计划，推动中国—东盟自由贸易区升级成果落地。同时，办好旅游合作年，打造社会人文合作新支柱，为中国—东盟合作注入新动力。

（普鹏飞　陈　文）

中国和文莱交往与合作

2016年是中国与文莱建交25周年，两国围绕纪念建交25周年展开一系列纪念活动；经济贸易合作继续取得进展。

一、两国举办建交25周年纪念活动

2016年4月21日，中国外交部部长王毅访问文莱，文莱苏丹在斯里巴加湾市王宫会见王毅。文莱苏丹请王毅转达对习近平主席的良好祝愿。文莱苏丹表示，文莱高度重视对华关系，愿与中国不断加强互信，深化经贸合作，推动两国关系取得新发展，共同维护南海地区的和平稳定。文莱将坚持一个中国政策。王毅转达习近平对文莱苏丹的亲切问候。王毅表示，2016年是中文建交25周年。两国相互尊重、平等相待，树立了大小国家和睦相处的典范。中方愿与文方保持高层交往，推动“一带一路”倡议同文莱“2035宏愿”更好对接，支持文莱推进经济多元化战略，助力文莱在东盟东部增长区中发挥中心作用，提升能源、基础设施建设等重点领域合作，推进广西—文莱经济走廊建设，拓展文化、教育、卫生、旅游等人文领域交流，为战略合作关系不断注入新内涵，夯实两国友好的民意基础。中方赞赏文方坚持一个中国政策，支持中国和平统一大业。应中国外交部邀请，文莱外交及贸易部无任所大使哈嘉玛诗娜公主于2016年5月31日至6月4日对中国进行正式访问。这也是两国庆祝建交25周年活动的组成部分。5月31日，中国国家副主席李源潮在北京接见哈嘉玛诗娜公主。李源潮说，中文建交以来各领域合作取得丰硕成果，文莱王室和玛诗娜公主为促进两国友好做出重要贡献。中方愿同文方一道，以两国建交25周年为契机，深化政治互信，增进传统友谊，拓展能源、基础设施、人文等领域交流合作，推动中文战略合作关系取得新进展。9月7日，文莱苏丹在老挝万象出席东盟—中国建立对话关系25周年纪念峰会发言时表示，2016年也是文莱—中国建交25周年，他深信文中双边战略及区域伙伴关系将得到进一步提升。

在两国领导人关心指导下，两国举办了建交25周年系列纪念活动。5月3日，文莱驻中国大使馆与东盟—中国中心合作，在北京千禧大酒店推出"文莱美食节"庆祝文莱与中国建交25周年。文莱美食节首次在中国举行，主要是要向中国人民介绍文莱的饮食和文化。6月1日，中国人民对外友好协会和文莱驻华大使馆在北京联合举办招待会，庆祝中文建交25周年。中国全国政协副主席兼秘书长张庆黎、文莱外交与贸易部无任所大使玛斯娜公主、中国外交部副部长刘振民、文莱驻华大使张慈祥等中文各界约300人出席招待会。张庆黎在招待会上致辞时表示，中文建交25周年来，双方坚持相互尊重、平等相待的原则，树立了大小国家和谐相处、互利共赢的典范。当前中国和文莱都处于发展的重要时期，合作空间十分广阔，中方愿结合双方各自国情和优势，以中国"一带一路"倡议与文莱"2035宏愿"对接，深化经贸、投资、人文等领域的合作，培育经济增长点，扩大利益融合点。文莱外交与贸易部无任所大使玛斯娜公主表示，非常高兴看到文莱和中国在贸易、投资等领域有着非常好的合作，文莱期待和中国共同发展，尤其是在"一带一路"倡议下，寻求更多的合作机会。

9月30日晚，中国驻文莱大使馆在斯里巴加湾市丽坤饭店隆重举行庆祝中华人民共和国成立67周年暨中文建交25周年招待会。文莱首相府部长兼财政部第二部长拉赫曼等文莱政府高官、当地各界友好人士、驻文使节、华社、中资机构代表和志愿者教师等500多位来宾出席招待会。11月22日，文莱和中国在文莱斯里巴加湾市海事博物馆举办联合画展纪念两国建交25周年，展出文中两国13名画家的39幅精品画作。中国发行外交封WJ2016－15中国与文莱建交25周年纪念封。

6月1日，庆祝中文建交25周年招待会在北京举行。图为与会嘉宾切蛋糕

（新华网）

二、两国政府及地方有关部门继续保持经济贸易、文化等领域密切合作关系

（一）两国政府及地方有关部门推动双边经济贸易合作

2016年，中国与文莱政府及地方有关部门继续保持密切交往与合作。3月28日，云南省副省长张祖林率团到文莱举行第4届中国—南亚博览会暨第14届中国昆明进出口商品交易会和云南特色农产品推介会。4月18日，中国商务部副部长高燕和文莱外交与贸易部常秘林玉辉在文莱斯里巴加湾市共同主持中国—文莱经贸磋商第4次会议。为进一步推动两国的经济贸易合作，5月16日，中国—东盟中心和文莱外交与贸易部在文莱斯里巴加湾联合举办中文投资贸易洽谈会。中国—东盟中心秘书长杨秀萍率20多位中国企业家与会；文莱首相府常秘阿迪·山姆苏尔在会上全面介绍文莱整体政治经济形势、潜在投资领域、经济多元化发展需求以及外国企业投资便利化措施。文莱达鲁萨兰企业、外交与贸易部以及首相府改善营商环境办公室主管官员详细介绍文莱政治体制、商业环境、投资优势、投资流程、法律保障等情况，并与中国参会企业进行现场交流。会后，中国企业家同文莱企业进行商业对接，并实地考察文莱工业园区。6月6～10日，由文莱首相府部长兼外交与贸易部第二部长林玉成、首相府能源与工业部部长亚斯敏共同率领的文莱政府高层代表团一行访问广西。这是自2015年10月文莱政府改组后，为加快推进文莱—广西经济走廊建设，文莱首次派高级别政府代表团专程访问广西。7月3日，中国广西海世通食品公司与文莱政府相关公司合作成立海世通渔业文莱公司，在文莱岸外养殖和出口金鲳鱼，年产目标为3亿文莱元。出口目标市场是美国和中东。据文莱初级资源及旅游部部长拿督哈芝阿里表示，2000公顷的岸外养殖场有望创造约100个工作机会。他说，这是文莱经济多元化努力的一部分，文莱鉴定可供岸外养殖场使用的面积为16000公顷，希望能带更多其他投资者前来投资。8月15～16日，文莱政府派代表出席中国与东盟国家在中国内蒙古满洲里市举行落实《南海各方行为宣言》第13次高官会和第18次联合工作组会。8月19日，文莱—广西经济走廊联合工作委员会第一次会议在中国南宁举行。双方确定积极推动一批项目在9月11～14日举办的第13届中国—东盟博览会上签约。会议审议通过文莱—广西经济走廊联合工作委员会架构和职责，通报文莱—广西经济走廊建设进展情况，研究确定下一步工作重点。会议认为，文莱—广西经济走廊是文莱政府和中国广西政府双方智慧的结晶，也是中文两国推动务实合作的实践创新。9月11～14日，文莱首相署部长兼第二外交与贸易部长丕显拿督林玉成及首相署能源与工业部部长亚斯敏率领文莱政府代表团出席在中国广西南宁举办的第13届中国—东盟博览会。文莱共有11家机构参展。按照规定，2017年，文莱将担任第14届中国—东盟博览会的主题国，文莱首相府部长兼外交与贸易部第二部长林玉成致函中国—东盟博览会秘书处，确定接受邀请，出任第14届东博会主题国。林玉成表示，文莱高度重视，文莱王储穆赫塔迪·比拉率团出席，并将密切与中国—东盟博览会各共办方合作，推动第14届东博会在文莱的相关筹备工作。

（二）经济贸易合作

1. 双边贸易下降。据中国商务部数据，2016年，中文双边贸易额7.2亿美元，比上年下降52.4%，其中，中国出口5.1亿美元，下降63.7%；进口2.1亿美元，增长105.5%。

2. 双边直接投资。2016年中国对文莱投资额9090万美元，比上年增长850.8%，到2016年12月底存量1.62亿美元。文莱对中国投资项目12个，与2015年持平，实际到位资金6567万美元，比上年下降9.6%，截至2016年12月底投资项目总数1789个，实际投资额27.62亿美元。2016年，中国向文莱外派劳务承包工程项目303人，比上年增长102.0%，截至2016年12月，在文莱劳务人数400人，增长98.0%。2016年中国对文莱工程合同额3717万美元，比上年下降95.39%，营业额5.48亿美元，增长533.25%，截至2016年12月底累计合同额13.4779亿美元，营业额10.37亿美元。

3. 文莱对中国游客放宽落地签政策。文莱已于2005年10月1日起对中国公民实行落地签证政策。2016年文莱政府进一步放宽有关政策，自2016年5月1日起，中国公民持因私护照赴文旅游可在包括文莱国际机场在内的所有入境口岸办理落地签证，停留期14天，费用20文莱元，无须提前通过旅行社申请，也无须提供担保人。但上述政策只适用游客，不适用工作、商务和就业等入境目的。

4. 其他领域合作。2016年7月5日，文莱皇家航空公司开辟中国郑州直飞文莱航线。12月20日，中国银行（香港）文莱分行在文莱斯里巴加湾市举行隆重开业仪式。文莱分行将为文莱企业和在文中国企业提供优质的金融服务，帮助中文经贸合作进一步发展。

（三）文化方面的合作

2016年5月18日上午，中国援助文莱首个双边人力资源合作项目"文莱公务员研修班"14名学员启程赴华参加为期16天的培训。6月2日，第二期中国援助文莱青年志愿者结束在文莱的志愿工作。

展望2017年中国与文莱关系仍将继续保持多年来的密切友好合作关系，继续推动落实两国政府达成的各项合作，推动中文关系朝着务实互惠互利的方向发展。（马　静　马金案）

中国和柬埔寨交往与合作

2016年是中柬关系深化的一年。年内，两国高层往来频繁，其中最重要的当属中国国家主席习近平和柬埔寨国王诺罗敦·西哈莫尼实现互访，习近平此次访柬是其作为国家主席的首次访柬，也是中国共产党第十八次全国代表大会以后中国主要领导人对柬埔寨的首次访问。中柬两国元首的互访取得圆满成功，推动中柬全面战略合作伙伴关系迈上新的高度。

一、元首互访　关系深化

2016年6月3日，柬埔寨国王诺罗敦·西哈莫尼访问中国，中国国家主席习近平在北京人民大会堂同柬埔寨国王诺罗敦·西哈莫尼举行会谈。会谈时，习近平用"情同手足""肝胆相照"来形容两国的关系，这在中国对外交往中并不多见。习近平在会谈时强调，中柬应当保持密切交往，加强战略沟通。希望两国领导人继续像走亲戚一样常来常往。两国政府、政党、议会、地方省市要加强交往，推动中柬关系实现全方位、多领域、深层次发展。对于双方深化务实合作，实现互利共赢，习近平还提出相关的合作倡议：加紧商签共建"一带一路"政府间合作文件，落实好产能和投资合作谅解备忘录，争取实现早期收获；加快推进农业水利、基础设施建设、信息通信等领域合作，帮助柬埔寨加快发展，让柬埔寨民众从两国合作中得到更多实惠。西哈莫尼表示，中国是柬埔寨伟大的朋友。柬方高度评价并将继续推进由西哈努克太皇同中国几代领导人培育起来的柬中传统友谊和团结，感谢中方长期以来给予的支持和帮助，赞同习近平主席关于深化柬中关系的主张，柬方愿同中方深化各领域务实合作。

2016年10月13日，中国国家主席习近平访问柬埔寨。亲戚越走越亲，友谊历久弥新。习近平主席在金边机场发表的书面讲话中，亲切称呼柬埔寨人民为中国人民的"兄弟"。访问期间，习近平主席会见西哈莫尼国王、看望莫尼列太后，在莫尼列太后陪同下，习近平向西哈努克太皇纪念雕像敬献花篮。献花篮地点在王宫花园，如此安排在接待外国领导人中系首次，以往的惯例献花篮地点是在西哈努克大道。这也凸显出柬埔寨皇室对中国的特殊感情，而太后的陪同，更显示出柬埔寨皇室对习近平主席的崇高礼遇。在此次活动的接待安排上，柬埔寨王室和政府多次打破惯例，柬方还史无前例地在王宫外广场竖立起习近平主席和西哈莫尼国王的巨幅画像，画像下方"中柬友谊万古长青"八个金色大字非常醒目。在习近平和洪森的共同见证下，中柬双方共签署31份合作文件，其中既包括机场、电站、电网建设等基础设施工程，也有建设医院、进口柬埔寨大米、相关产品零关税等惠民协议。此外，习近平在会见洪森时表示，中国政府决定免除柬埔寨2015年向中国借贷的6亿元人民币债务，并赠送1亿元人民币军事援助。

二、互助互惠 合作共赢

基于中柬间友好的合作关系及柬埔寨国内安全的投资环境，中国在柬埔寨的投资范围较广，投资额度相对其他国家也较大。2016年12月初，中国民生投资集团和柬埔寨LYP集团签署一笔15亿美元的合同，计划在金边附近打造一个占地面积2000公顷的新区，该新区集会议中心、酒店、高尔夫球场和游乐园于一体，而这笔合同金额约等于柬埔寨当年国内生产总值的1/10。

2016年柬埔寨吸引外国投资共26.08亿美元，其中，来自亚洲国家的外资占柬埔寨所有外资的90%。中国对柬埔寨投资额10.77亿美元，占总投资额的29.92%，成为柬埔寨最大的外资来源国，中国连续6年成为柬埔寨的最大外资来源国。据柬埔寨发展理事会《2017年柬埔寨投资报告》，中国对柬埔寨投资的产业主要分布在农业、矿业、纺织业、金融业、服务业、通讯、房地产等领域，其中，投资额排名前三位的领域分别是纺织业、金融业和房地产业，投资额分别为1.62亿美元、8300万美元和7500万元。

据不完全统计，截至2016年，中国对柬埔寨直接投资累计协议金额已超过120亿美元，为柬埔寨提供优惠贷款和优惠买方信贷项目48个，支持柬埔寨修建公路超过2600千米，帮助柬埔寨建输变电线路5000千米。此外，还帮柬埔寨兴建大型水电站7座。中国是柬埔寨的重要贸易伙伴，2016年中柬双边贸易额48亿美元，较2012年翻一番。

中柬两国的合作，除了经济方面的项目外，还有惠及于民的医疗项目。2016年7月中共海南省委书记罗保铭访柬期间，与柬埔寨首相洪森达成"海南柬埔寨光明行"项目，旨在为当地贫困的白内障患者实施免费手术，造福当地百姓。"海南柬埔寨光明行"第一期义诊活动已经在2016年9月完成，共为153名当地贫困的白内障患者实施手术，手术成功率达100%。2016年10月10日，来自中国海南的医疗队继续实施"海南柬埔寨光明行"项目，在柬埔寨磅湛省医院为柬埔寨眼疾患者进行义诊，并为初步筛查后符合条件的患者实施白内障手术。义诊第一日共有182名当地眼疾患者接受初步筛查。

中柬两国还开展一些新的合作项目，如联合海洋科考项目、联合军事演习项目。2016年12月14日，在柬埔寨西哈努克港码头，举行中国—柬埔寨首次联合海洋科考航次启动仪式暨"向阳红01"船柬埔寨公众开放日活动。启动仪式结束后，100多名柬埔寨科研人员和当地中学生登上"向阳红01"船，分别参观驾驶台、科考调查作业区和实验室等，并观看"向阳红01"船宣传片和印度洋科考纪录片。本次联合科考队由75名中国科考人员和3名柬埔寨科研人员组成。联合科考队搭乘目前中国最先进的海洋综合科考船——"向阳红01"，在柬埔寨海域进行科考活动。同时，中方科考队员在科考调查现场对柬方科研人员进行海水样品采集、样品现场分析及处理等方面的培训。

2016年12月11～23日，中柬两军在位于柬埔寨磅士卑省的柬埔寨王家军陆军学院及陆军训练中心举行代号为"金龙-2016"的联合训练，此次联训是中柬两军首次举行的联合训练，参训兵力共377人，中方97人，柬方280人。联训围绕人道主义救援减灾经验交流、实兵课目合训、指挥所训练和综合演练4项内容展开，其间还开展文化交流活动。柬埔寨副首相兼国防部部长狄班和中国人民解放军南部战区陆军政委白

12月14日，中国—柬埔寨首次联合海洋科考航次启动仪式暨"向阳红01"船柬埔寨公众开放日活动在柬埔寨王国西哈努克港码头举行 （百度网）

吕认为，在此次联训中，双方官兵表现出良好的组织指挥素养、过硬的军事专业素质、英勇的战斗意志品质和较强的协同配合意识。此次联训提高了中柬两军共同应对非传统安全威胁的能力，深化两国传统友谊，加强两军务实合作，为推进中柬两军发展增添新的积极因素，为深化拓展两军合作积累宝贵经验、打下坚实的基础。

三、风雨同舟 鼎力互助

中柬两国在重大事件发生时，相互之间鼎力相助。2016年7月，在菲律宾南海仲裁案仲裁庭作出最终裁决后不久，柬埔寨外交与国际合作部发表声明，表示仲裁案系中菲双方之间的争议，与东盟整体无关。柬方不会参与任何有关就仲裁案结果发表共同立场的行动。这是柬埔寨政府在不到一个月的时间内第三次明确表达在南海问题上的公正、公平的立场。

（梁　薇）

中国和印度尼西亚交往与合作

2016年，中国与印度尼西亚在政治、经贸、安全、文化教育等各领域合作不断拓展。在政治上，两国高层交往密切，在国际事务中积极沟通、相互支持，在经贸领域的合作进一步深化，在文化教育领域交流形式更加多样化。印度尼西亚政府提出要将建设“全球海洋支点”战略与“21世纪海上丝绸之路”进行对接，为两国合作提供新契机和更广阔的空间。

一、中国与印度尼西亚的政治交流

2016年中国与印度尼西亚继续深化政治交流，两国领导人共同出席多个会议并发表讲话。3月24日，印度尼西亚副总统卡拉出席博鳌亚洲论坛2016年年会开幕式并发表演讲。4月26日，印度尼西亚政治法律和安全事务统筹部部长卢胡特访华并与中国国务委员杨洁篪共同主持中国印度尼西亚副总理级对话机制第五次会议。9月2日，中国国家主席习近平会见出席二十国集团杭州峰会的印度尼西亚总统佐科。

（一）两国关系发展良好

2016年4月26日，中国印度尼西亚副总理级对话机制第5次会议在北京举行，由中国国务委员杨洁篪和印度尼西亚政治法律和安全事务统筹部部长卢胡特共同主持。双方表示将继续保持高层交往，加强战略沟通，不断提升政治互信；积极对接两国发展战略；深化安全领域及海上合作，建设相互尊重、互利互惠的海洋伙伴关系。会后，杨洁篪和卢胡特共同见证有关双边合作文件的签署。此次副总理对话机制，加强了中国与印度尼西亚在重大问题上的沟通和协调，在宏观上为两国在各领域的合作提供政策指导。

（二）两国高层积极对话交流

2016年4月13～16日，应印度尼西亚民主斗争党邀请，中共中央对外联络部部长宋涛率中共代表团访问印度尼西亚。访问期间，代表团拜会印度尼西亚总统佐科，表示中国与印度尼西亚同为重要的发展中国家，双边关系健康发展符合两国共同利益，有利于地区和平稳定。中方愿与印度尼西亚深化政治互信，对接发展战略，推进各领域交流合作，推动两国关系实现更大发展。

5月9日，中国印度尼西亚高层经济对话第2次会议在雅加达举行，由中国国务委员杨洁篪和印度尼西亚经济统筹部部长达尔明共同主持。双方积极肯定第1次会议举行一年多来两国务实合作取得的进展，一致认为两国都处于发展的关键时期，发展战略契合，合作机遇广阔，应充分发挥高层经济对话机制的作用，共同采取有效措施，应对全球经济挑战，推动双边务实合作，不断丰富中国印度尼西亚全面战略伙伴关系内涵。

9月2日，中国国家主席习近平会见来华出席二十国集团领导人杭州峰会的印度尼西亚总统佐科。习近平强调，中国和印度尼西亚拥有广泛的共同利益，两国关系发展方向和势头良好，双方要继续加强高层沟通，积极对接21世纪海上丝绸之路倡议和“全球海洋支点”构想。佐科表示，印度尼西亚支持中方成功举办本届二十国集团峰会，印度尼西亚方支持探讨21世纪海上丝绸之路倡议和“全球海洋支点”构想对接，愿深化同中国在贸易、投资、金融、基础设施等领域合作。

二、中国与印度尼西亚的经贸合作

2016年中国与印度尼西亚经贸关系迈上新台阶，中国成为印度尼西亚第一大贸易伙伴，第三大投资来源国，中国企业积极参与印度尼西亚基础设施建设。2016年1月，由两国合作建设的雅加达至万隆高速铁路动工建设。

（一）两国商会交流常态化

2016年4月21日，中国福建省委书记、省人大常委会主任尤权率领的福建省代表团一行访问印度尼西亚。4月22日，中国—东盟中心代表团团长崔菁文率团一行7人访问印度尼西亚中华总商会，推介中国新加坡天津生态城商业中心，并和当地企业家进行交流。4月25日，中国新疆商务厅代表团一行15人访问印度尼西亚中华总商会，并和当地企业家举行座谈。新疆商务厅厅长和宜明表示新疆和印度尼西亚在食品加工和贸易方面有广阔的合作空间。6月16日，由中国江苏省人民政府代表以及民营企业代表组成的代表团访问印度尼西亚，双方就印度尼西亚潜在的商机进行讨论，尤其是在制造业以及银行业领域的投资状况，为未来江苏省与印度尼西亚在制造业及金融业领域的合作打下扎实基础。10 月 15 日,中国(广东)—印度尼西亚双边经贸合作交流会在雅加达香格里拉酒店举行。11 月 11 日,中国湖北省—印度尼西亚项目对接洽谈会在雅加达举行。12 月 6 日,中国—印度尼西亚企业家峰会暨中国(浙江)—印度尼西亚产业对接洽谈会在雅加达举行,中国和印度尼西亚两国官员和工商界嘉宾、企业家共 500 余人与会。

(二)经贸合作形式多样化

2016 年 1 月 19 日,在印度尼西亚首都雅加达,华为印度尼西亚分公司和印度尼西亚通信部联合打造的 ICT 创新中心正式启用,标志着华为公司为印度尼西亚通信业培训技术人才的承诺得到进一步落实。

2 月 25 日,印度尼西亚旅游部与中国百度签署战略合作协议,致力于将印度尼西亚旅游资源推向中国市场,通过数字媒体宣传印度尼西亚的旅游业,让中国游客进一步了解印度尼西亚,从而增加赴印度尼西亚旅游的中国游客数量。

2016 年年初至 4 月,印度尼西亚投资协调委员会加大对中国投资者的招商力度,委员会组成招商小组先后 4 次到中国上海、北京、杭州和东莞等地进行招商活动,达成 108 亿美元投资意向。

8 月 25 日,第 2 届海上丝绸之路中国—印度尼西亚论坛暨对接印度尼西亚商机推介会在雅加达举行。推介会围绕当前东盟经济共同体建设和“21 世纪海上丝绸之路”建设各项活动,共同展望新形势下中国与印度尼西亚、中国与东盟的经贸商机。

三、中国与印度尼西亚的海上安全合作

2016 年,中国与印度尼西亚两国继续加强海上合作,依托“全球海洋支点”战略与“21 世纪海上丝绸之路”的对接,建设相互尊重、互利互惠的海洋伙伴关系。

2016 年 1 月 24 日,中国海军 152 舰艇编队抵达印度尼西亚雅加达港,对印度尼西亚进行 5 天的友好访问。1 月 28 日,中国海军 152 舰艇编队应印度尼西亚海军请求,在爪哇海举行联合演练,演练内容主要包括两国舰艇的沟通联络与会合、通信指挥协同等。

4 月 11 日,中国海军北海舰队导弹护卫舰潍坊舰和远洋救生船长兴岛船组成的舰艇编队赴印度尼西亚参加代号为“科摩多—2016”的联合演习。此次演习由印度尼西亚海军举办,主题是“为和平而合作、为和平而准备”。演习分港岸、海上、岸上工程及医疗民事救援等部分,有来自中国、美国、俄罗斯、法国、澳大利亚等 16 个国家海军的 48 艘舰艇、8 架直升机和 4 架固定翼飞机参加演习。

11 月 22 日,中国海警局局长孟宏伟和应邀来华访问的印度尼西亚海上安全机构负责人艾瑞·苏德沃中将在北京举行首次正式会晤并签署会议纪要。此次中国与印度尼西亚海警最高级别代表团的首次正式会晤有利于双方海上执法部门继续加强沟通交流,共同打击海上跨国犯罪,妥善处理海上纠纷,携手维护南海地区安全稳定。

四、中国与印度尼西亚的文化教育交流

2016 年,中国与印度尼西亚进一步深化文化、艺术、教育合作交流、文明互鉴,推动中国与印度尼西亚全面战略伙伴关系不断向前发展。

(一)艺术交流形式丰富多彩

2016 年 2 月 23 日,由中国海外交流协会主办,中国驻泗水总领馆承办,印度尼西亚中华总商会东爪哇分会协办的“文化中国·四海同春”艺术团在泗水隆重开演,来自广东杂技团的演员们为当地观众演绎 12 个高难度杂技节目,得到观众的一致好评。

4 月 30 日,中国爱乐乐团“2016 海上丝绸之路巡演”首场演出在印度尼西亚首都雅加达举行。巡演以“旋律传递情感,以艺术沟通心灵”为主题,以此推进两国文化交流,加深两国人民的相互了解,增进两国人民的友谊。

12 月 14 日,中国政协常委、中国美术家协会副主席、北京画院院长王明明率团到印度尼西亚巴厘省进行访问交流。

(二)文化教育交流进一步深化

2016 年 9 月 28 日,中国和印度尼西亚媒体举行“对话与合作”论坛。论坛由中国外文出版发行事业局副局长陆彩荣主持。中国国务院新闻办公室对外推广局副局长李智慧、中国驻印度尼西亚使馆政务参赞徐航天、中国驻东盟使团政治处主任王泽亮及驻印度尼西亚中国媒体、雅加达多家华文媒体、印度尼西亚主流媒体安塔拉通讯社、罗盘报、共和国报等领导及代表出席。与会者出席《中国—东盟报道》纪念中国—东盟建立对话伙伴 25 周年专刊首发式。

9 月 29 日,中国驻印度尼西亚大使馆文化处、中国知网及阿拉扎大学孔子学院联合举行中国印度尼西亚高等教育合作发展论坛暨中国知识云服务启动仪式,旨在进一步促进中国和印度尼西亚两国高等教育交流。

11 月 3 日,印度尼西亚阿拉扎大学孔子学院举办“‘一带一路’战略给中国和印度尼西亚两国教育带来的机遇和挑战”研讨会暨印度尼西亚孔子学院工作圆桌会议。研讨会主要围绕“印度尼西亚汉语教育的现状、发展趋势和挑战”“孔子学院助力所在大学国际化进展”“孔子学院建设与当地社会、企业合作的有效模式”“孔子学院创新服务满足当地汉语多样化需求”等议题进行交流探讨。

(云 倩)

中国和老挝交往与合作

2016年是中老建交55周年。老中政治上高度互信、经济上全面合作、人文上广泛交融，不仅给两国人民带来切实利益，亦为维护地区乃至世界的和平、稳定与发展做出积极贡献。

一、中老两国继续深化全面战略合作伙伴关系

两国元首一致强调携手打造牢不可破的中老命运共同体，共同规划新时期两党两国关系发展的宏伟蓝图，为老中两国全面战略合作伙伴关系注入新动力。老挝人民革命党中央委员会总书记、国家主席本扬于2016年5月和9月两次赴华，分别对中国进行正式访问并出席二十国集团杭州峰会。中国共产党中央委员会总书记、国家主席习近平与老挝人民革命党中央委员会总书记、国家主席本扬就推动新时期中老关系发展深入交换意见，达成重要共识，双方发表《中老联合声明》，两国元首还共同见证双边10项合作文件的签署。9月，中国国务院总理李克强正式访问老挝并出席东亚合作领导人系列会议，同老方领导人就进一步深化中老全面战略合作、共建"一带一路"、加强各领域务实合作深入交换意见，双方签署双边产能合作、经贸投资、经济技术、文化交流等领域20个合作文件并发表《中老联合公报》。11月28日至12月1日，老挝总理通伦应邀访华，通伦表示，中国是老挝真诚的朋友和兄弟，老方愿以老中建交55周年为契机，积极对接发展战略，深化在基础设施、金融和农业开发区等领域合作。

二、中老继续深化理论交流，相互借鉴治国理政经验

2016年12月21日，中老两党第5次理论研讨会在老挝万象举行。老党中央政治局委员、中央组织部部长占西和中共中央政治局委员、中宣部部长刘奇葆分别作主旨发言。此次研讨会主题为"老挝人民革命党和中国共产党在开放条件下加强自身建设的挑战和经验"，中老双方共150人与会。11月2~3日，由中国、越南、老挝三国社会科学研究部门共同主办的"第四届社会主义国际论坛"在中国广西桂林举行，与会专家学者围绕"社会主义改革（革新）：回顾与展望"主题展开讨论交流。出席会议的老挝国家社会科学院经济研究所所长方希·老峰表示特别希望学习借鉴中国在减贫和经济发展方面的经验，进一步加强与中国的合作。

三、中老两国中央和地方之间保持良好交往势头

老挝人民革命党中央纪委书记、副总理本通、建国阵线中央主席赛宋潘、国防部部长占沙蒙、副总理宋赛、公安部部长宋乔、中联部部长孙通、外交部部长沙伦赛、新闻文化与旅游部部长波盛坎、审计署署长万通、妇联中央主席英拉文以及丰沙里省长等20余位政要先后率团访华。中国国务委员兼国防部部长常万全、中联部部长宋涛、外交部部长王毅、商务部部长高虎城、海南省委书记罗保铭、商务部副部长张向晨、发展和改革委员会副主任王晓涛、外交部副部长刘振民、云南省常务副省长李江、福建省常务副省长张志南、中共广西纪委书记于春生、中国人民和平与裁军协会常委林丽、云南省副省长高峰、国务院侨务办公室副主任王晓萍、全国人大华侨委员会副主任陈国令和法制工作委员会副主任张勇等中央和地方部门领导人相继率团访问老挝。成都和琅勃拉邦10月下旬缔结为友好省市。

四、中国继续向老挝提供重大项目援助及其他无偿援助

2016年3月21日，中方向老方移交老挝人民革命党中央办公楼项目（由江苏江都建设集团有限公司承建），老挝人民革命党中央政治局委员中央书记处常务书记席潘坎、中央政治局委员中央办公厅主任坎潘和中国商务部副部长张向晨等为项目剪彩。5月27日举行老军103医院综合医疗楼（中国国防部援建、云南建工集团承建）奠基仪式，老挝国防部部长占沙蒙中将、中国国务委员兼国防部部长常万全上将共同出席。由中国提供3370万元人民币援建的老挝建国阵线培训中心项目（由河北建设集团承建）11月17日正式移交老方。上述3个项目是继老挝国家会议中心之后中国援助老挝的重大项目。中国政府提供2.25亿元人民币无偿援助用以修建22.5千米沿湄公河公路（波乔省东鹏县至南塔省孟新县）签字仪式于11月30日举行。由中国减贫国际中心与老挝中央农村发展与消除贫困委员会合作在万象市和琅勃拉邦省3个村庄开展的"老中样板试验项目"（由中方提供3300万元人民币及技术援助）经2年建设已初步成型，有望成为老挝新农村建设"样板"。年内，中国政府还无偿援助老挝跨境动物疫情防控项目（3900万元人民币）、灭蝗物资（200万元人民币）、交响乐团演出设备并向老挝提供赴华留学生奖学金名额110名等。第八批11名中国青年志愿者赴老挝服务队交接仪式6月16日上午在万象举行，他们将在老挝开展为期半年的志愿服务。使用中方优惠贷款并由华为承建的老挝公安部现代化警察指挥中心8月26日正式投入使用。10月28日，中国驻老挝大使关华兵代表中国政府向老挝捐赠26.18万美元支持老挝主办第28、29届东盟峰会。10月31日，北京市向万象市捐赠11辆中巴车用于第4届东盟市长论坛。由中国和平发展基金会援建万象省4所小学竣工交接仪式11月23日举行。中国政府同意授权援助老挝国立大学孔子学院项目实施协议签署

仪式12月8日下午在万象举行。12月12日，中国驻老挝大使馆再次向万象市捐赠11辆皮卡和中巴车用于市政建设。12月中旬，中国云南省向老挝丰沙里、华潘、乌多姆赛和波乔4省捐赠4辆垃圾清运车。此外，中国驻老挝中资企业在抗寒救灾和教育等方面自发向当地群众和学校捐款捐物，体现了中国人民对老挝人民的深厚情谊。10月11～14日，中国公共外交协会与中国慈善联合会发起"湄公河光明行"，在万象国家眼科中心为近1500名视力患者进行诊疗，其中实施白内障手术200例，备受老挝各界好评。

五、中老两国经济全面合作并深度融合

2016年，中国对老挝直接投资5.80亿美元，比上年下降57.3%。中国在老挝投资764个项目，涵盖领域包括矿产、农业、电力、手工艺品及旅游业等14个行业。其中，552个项目为中国独资，212个项目为中老合资。全年中老双边贸易额23.4亿美元。其中：中国出口9.9亿美元，比上年下降19.6%；进口13.5亿美元，下降12.6%。中国对老挝工程承包合同额67.12亿美元，比上年增长30.1%，实现营业额29.47亿美元，下降8.4%。截至2016年12月，中国在老挝工程承包合同总额累计278.65亿美元，营业额累计159.69亿美元。中国向老挝外派承包工程人数8747人，比上年下降26%；劳务合作项下人数810人，增长82.1%。上述两项期末在老人数分别为9428人（下降8%）和2060人（增长34.3%）。年内老挝对华投资项目2个，截至2016年12月，老挝在华投资项目累计37个，投资总额4.55亿美元。

中国工商银行万象分行总资产规模已超老挝外贸银行，成为老挝资产规模最大的商业银行。万象赛色塔综合开发区8月获批为"中国国家级境外经贸合作区"，至2016年底累计投资3亿多美元，基本完成一期面积4平方千米的基础设施建设，签约入驻企业36家，企业计划投资总额3.5亿美元。磨憨—磨丁经济合作区引来企业投资热，到2016年5月，磨憨经济开发区已签署项目60余个，投资总额1000亿元人民币。老挝磨丁经济专区亦吸引10余家中资公司前往投资，投资额超过100亿元人民币。磨丁经济专区12月18日举行全面开工典礼暨招商大会，标志着建设全面启动。2016年1～6月，中国云南省与老挝贸易额为4亿美元。其中，云南省出口9777万美元，进口3.1亿美元。主要出口商品是烟草、电力、化学肥料、钢铁制品、内燃发动机等，主要进口商品是木材、金属矿砂、橡胶、玉米、甘蔗等。

老挝副总理宋赛分别于2016年6月和9月两次率团参加在中国昆明举办的第4届中国—南亚博览会暨第24届昆交会以及在南宁举行的第13届中国—东盟博览会暨中国—东盟商务与投资峰会，老挝参展企业数量均较往年有所增加。宋赛在接受新华社记者专访时说："老挝希望加速'变陆锁国为陆联国'这一战略与中国'一带一路'的对接，提升老挝互联互通水平，将老挝打造成为中国面向东盟的重要连接地，助力老挝经济社会可持续发展。"

六、中老双方在深化执法安全合作及维护边界稳定方面成果卓著

2016年，中老双方在中老缅泰4国湄公河巡航中相互支持配合，确保年内第42～53次巡航勤务的圆满完成，有力维护了湄公河流域安全稳定。中老警方密切配合，于2016年1月和6月两次成功从老挝南塔和万象省遣返参与电信网络诈骗的嫌疑人470人和42人，其中，"12·22"特大跨国电信网络诈骗案是近年来中国公安部组织侦破的最大一起跨国电信网络诈骗犯罪案。中老警方还于9月13日首次在云南省西双版纳州举行代号为"云岭利剑—2016"的联合反恐演练。中国云南省西双版纳公安边防支队和老挝南塔省公安厅采取情报互通、联合指挥、联合封控和联合抓捕移交等警务合作机制，对暴恐分子实行联合打击。演练结束后，中老双方举行联合演练总结会，并签署《中老"云岭利剑—2016"联合反恐演练备忘录》。双方表示要进一步深化中老警务合作机制，共同致力于打击边境地区违法犯罪活动，为维护边境地区安全稳定做出更大贡献。10月25～29日，第14次中老共同边界委员会会议在深圳举行，双方认为，中老两国边境安宁祥和、管理有序，是和平友好边界的典范。12月27日，湄公河流域执法安全合作机制成立5周年部长级会议在北京举行，中老两国公安部长出席会议，会议通过《湄公河流域执法安全合作机制5周年部长级会议声明》。

七、中老两国人文交流异彩纷呈

2016年是中老建交55周年，年内在万象举行留学中国职业教育与高等教育联合展览会、艺苑·国风——名家名曲音乐会、第15届"汉语桥"世界大学生中文比赛老挝区预选赛、《中国—东南亚铜鼓·老挝卷》交接仪式、中国新疆文化周、《中国动漫》开播仪式、首届"一带一路七彩云南"国际汽车拉力赛万象商贸洽谈会、首部中老合拍电影《占芭花开》新闻发布会和中国大使书屋走进万象小学等丰富多彩的文化交流活动。12月6～17日，中老媒体开展"一带一路"联合采访活动。12月21日，中共中央宣传部部长刘奇葆和老挝人民革命党中宣部部长吉乔共同参加中国国际广播电台老挝万象调频台开播10周年庆祝大会，老挝新闻文化与旅游部分别向中国国际广播电台万象调频台和新华社驻万象首席记者荣忠霞授予友谊勋章。

（陈定辉）

中国和马来西亚交往与合作

2016年中国与马来西亚交往密切,政治、经济、军事、文化等方面的交流合作均有提升。

一、中马两国高层交往频繁

2016年10月31日,应中国国务院总理李克强邀请,马来西亚总理纳吉布到中国进行为期7天的正式访问。访问期间,习近平、李克强分别设宴款待纳吉布,习近平、李克强、张德江分别同纳吉布会见、会谈。两国领导人就双边关系及共同关心的问题深入交换意见,并共同出席双边合作文件签字仪式。两国签署《中马经贸合作五年规划联合进展报告》,并确认启动《经贸合作五年发展规划》(2018~2022年)续签工作,为双方未来经贸合作作出制度性安排。通过此次访问,把马中两国关系推向新的高度。

年内两国高层互访活动不断。2月1~3日,马来西亚副总理兼内政部部长阿末扎希访华,重点与公安部部长郭声琨讨论有关对中国游客落实电子签证事宜。3月,由马来西亚马来民族统一机构(巫统)最高理事会成员、国会议员阿努阿·穆萨担任团长的巫统干部考察团访华。4月10~12日,应马来西亚马来民族统一机构(巫统)邀请,中共中央对外联络部部长宋涛率中共代表团访问马来西亚。访问期间,代表团拜会巫统主席、政府总理纳吉布,同巫统副主席、国防部部长希沙慕丁,巫统秘书长、联邦直辖区部长阿德南和马来西亚华人公会(马华公会)总会长、交通部部长廖中莱就治国理政、两党合作等进行深入交流。5月10日,中国国务委员杨洁篪访问马来西亚,马来西亚总理纳吉布在总理府会见杨洁篪。11月30日至12月3日,中国全国政协副主席、科技部部长、致公党中央委员会主席万钢,率领全国政协港澳台侨委员会主要成员访问马来西亚,先后走访当地华文中学、华文媒体及华商社团,与马来西亚华人华侨进行广泛深入交流。此外,中共中央还分别派员参加马来西亚巫统、马华、民政党等的年度中央代表大会。

二、两国地方交流更加深入

2016年7月25日,中国青岛港与马来西亚巴生港在青岛西海岸新区签订友好港协议。4月19日,中共福建省委书记、省人大常委会主任尤权率团访问马来西亚。11月2日,福建省副省长洪捷序访问马来西亚期间,与沙捞越州政府负责人共同签署《中华人民共和国福建省与马来西亚沙捞越州建立友好省州关系协议书》。11月4日,马来西亚外交部宣布已在陕西省西安市设立在中国的第6个总领事馆,由陈立龙出任总领事,辖区包括甘肃省和宁夏回族自治区。5月26日,中共广东省委副书记、中共深圳市委书记马兴瑞率团赴马来西亚举办中国(深圳)—马来西亚(吉隆坡)经贸合作交流会,在经贸会现场,深圳市与马来西亚签订8项投资合作协议,签约金额超过12亿美元。

三、两国军事交流合作扩大

2016年5月26日,马来西亚海军司令卡马鲁扎曼上将访华并参观中国海军"辽宁"号航空母舰。10月7~11日,由导弹护卫舰湘潭舰、舟山舰和综合补给舰巢湖舰组成的中国海军531编队对马来西亚进行友好访问。11月21~24日,中央军委委员、中央军委联合参谋部参谋长房峰辉上将率团访问马来西亚并参加中马"和平友谊2016"联合军演开幕式。11月22~25日,中马在马来西亚雪兰莪州举行"和平友谊—2016"联合军事演习。11月,马来西亚总理纳吉布访华期间宣布马来西亚皇家海军将向中国购买4艘近海巡逻舰。

四、两国经贸合作进一步拓展

2016年,中马两国经贸合作呈现合作领域扩大、大型合作项目增加、合作更加深入的特点。

(一)中国连续8年成为马来西亚最大的贸易伙伴

2016年马中双边贸易额达到2409.1亿林吉特,比上年增长4.4%。其中,出口额985.6亿林吉特,进口额1423.5亿林吉特。马来西亚出口至中国的主要产品为电器和电子产品、化学产品、石油产品、棕油基产品及钢铁产品;马来西亚从中国进口的主要商品为石油产品、电子电器产品以及机电设备和零件等。尽管2016年越南超越马来西亚成为中国在东盟的最大贸易伙伴,但马来西亚仍是中国在该地区的最大进口来源国。

(二)中国对马来西亚投资大幅增长

截至2016年9月底,中马两国累计双向投资总额突破百亿美元,其中,1~9月中国企业对马直接投资5.1亿美元,比上年增长近1倍。中国在2016年成为马来西亚制造业最大外资来源地,投资额47.7亿林吉特。各种促进经贸合作的会议分别在两国举行。2016年9月3日,"一带一路"马来西亚—中国工商界对话论坛在马来西亚举行,主办方举办金融、贸易与投资、基础设施与物流、电子商务与绿色工业、农业食品与清真认证4个专题论坛及一场对接会,中马企业家达成多项合作意向。10月26日,马中商务理事会和华为公司共同举办的马中数字经济论坛在马来西亚举行,马来西亚总理纳吉布出席并致辞。11月1日,马来西亚—中国商务论坛在中国北京举行。马来西亚总理纳吉布出席并见证中马双方签署总值342.5亿美元(2318.3亿元人民币)的14份协议,涵盖经济、基础设施、物流、金融、创新等领域，涉及阿里巴巴、中国工商银行、中国建设银行等中资企业。11 月 6 日，由马来西亚—中国总商会主办的第 6 届马中企业家大会在中国四川成都举行。大会期间，两国企业家代表签署科技、农业、旅游、教育、酒业等合作协议 10 余项，涉及金额近 15 亿元人民币。中国大力支持马来西亚重大项目。中国房地产巨头碧桂园集团斥资 420 亿美元在马来西亚第二大城市新山市伊斯干达特区填海造岛，致力于打造一座森林城市。森林城市占地近 14 平方千米，几近半个澳门的面积，共分为 4 个岛屿，2015 年开始开发，持续到 2035 年。2016 年 8 月，青岛鲁海丰集团与马来西亚渔业局达成合作意向，拟填海建设长宽各 5 千米、面积 25 平方千米（包括港池）的马来西亚北方渔业国际港和产业园。该项目建成后将成为马来西亚首个综合渔港，包含国内港、国际港和产业园岛三部分。9 月 1 日，中国电力建设股份有限公司与马来西亚凯杰公司签订框架合作协议，共同开发及建设马六甲皇京港项目中 4 个岛已规划的旅游、商业、房地产和临海工业园等项目。深圳盐田港集团及连云港集团将配合中国电建共同负责项目建设。10 月 19 日，六甲皇京港深水补给码头建设奠基，中国电力建设集团有限公司、深圳盐田港集团、山东日照港集团参与该项目建设。11 月 1 日，在中国国务院总理李克强和马来西亚总理纳吉布的见证下，中国交建与马来西亚铁路衔接公司在北京签署马来西亚东部沿海铁路项目合同，合同金额约 745 亿元人民币。11 月 23 日，岱银纺织（马来西亚）有限公司在柔佛州古来市士年纳工业园举行年产 12 万纱锭的二期项目动工典礼。多家中资公司在马来西亚设立总部。3 月 18 日，中国国际航空公司吉隆坡营业部揭牌。9 月 8 日，中国电建集团亚太区域总部在马来西亚揭牌。中马两国加强数字经济合作。3 月 22 日，马来西亚数码经济发展机构宣布与阿里巴巴集团合作，在马来西亚打造中国以外的首个“数码自由贸易区”。马来西亚总理纳吉布和阿里巴巴创办人马云出席数码自贸区启动仪式，双方签署数项合作谅解备忘录。数码自贸区是由阿里巴巴旗下的电子商务物流平台“菜鸟网络”和 Lazada 牵头，在吉隆坡国际机场打造的一个国际超级物流枢纽，为马来西亚中小企业跨境贸易提供物流、仓储、通关、贸易、金融等一系列供应链设施和商业服务。11 月，马来西亚政府正式聘请阿里巴巴董事局主席马云担任马来西亚电子商业顾问，并现场推介马来西亚在中国的电子旅游馆。马来西亚企业也积极到中国寻求合作。2016 年 5 月 15 日，为拓展中国清真市场，马来西亚中小型企业拓展中心率团访问中国，协助马来西亚中小企业与中国企业对接，寻求合作机会。马来西亚组织企业参加在中国厦门举行的 2016 年中国国际投资贸易洽谈会和在中国广西南宁举行的中国—东盟博览会等展会。

（三）两国合作旗舰项目——“两国双园”建设积极推进

2016 年 3 月 28 日，中马“两国双园”联合合作理事会第 3 次会议在中国广西钦州举行。会上宣布马中关丹产业园 8 个潜在投资项目，其中 7 个是中国企业投资项目，投资总额 24.8 亿林吉特。2016 年 4 月 1 ~ 3 日，“钦州日”经贸文化交流活动暨经贸论坛在马来西亚关丹市举行。活动期间，钦州市与关丹市正式签订国际友好城市框架协议，举行经贸论坛、专家论坛、关丹市“钦州路”命名、种植友谊树及相关的青年交流、体育比赛等活动。5 月 31 日，中马钦州产业园区开发合资公司驻马来西亚办事处在吉隆坡举行揭牌仪式。该办事处也是中马钦州产业园区管委会驻马联络处及中马钦州产业园区国际人才合作示范区吉隆坡工作站。同日，第 2 届中马“两国双园”联合推介会在马来西亚吉隆坡举行。马来西亚政府十分重视关丹产业园区的发展，联邦政府投资 15 亿林吉特用于改善园区的基础设施。截至 2016 年年底，马中关丹产业园区入园项目投资总额 200 亿元，预计创造 1.6 万个就业机会，成果惠及当地民众。马中关丹产业园区规划总开发面积 12 平方千米。随着产业园区的招商工作全面展开，已吸引一批优质项目入园。首个入园项目年产 350 万吨联合钢铁厂建设已经进入高炉施工阶段，将于 2017 年年底投产。广西仲礼瓷业、广投铝型材、顺风太阳能装备制造基地、龙建新材料和中科恒源新能源等多个项目签订入园协议并展开前期工作。此外，包括贵州轮胎大型工程轮胎生产基地项目、浙江巨江电源科技蓄电池项目、湖南兴鹏化工过氧化氢化工项目、广东肇庆骏鸿轮胎项目、浙江东方日升新能源电池及组件项目、四川润和炼油催化剂项目等多个意向入园项目正在积极推进中。中马钦州产业园在经过 3 年多努力，启动区 7.87 平方千米“七通一平一绿”已经建成，完全具备产业和城市项目集中入驻的便利条件。从 2016 年开始，园区已进入“五年见成效”的新阶段。截至 2016 年年底，先后有 50 多个产业项目落户，投资总额 280 亿元。港青油脂项目已经竣工，慧宝源项目一期试投产，鑫德利光电科技项目、保利协鑫分布式能源项目、弘信创业工场项目开工，广投欣意电缆项目启动，一批新引进的项目如华亿科技、贝玛教育、尚德光伏、炎志医疗设备、掬水轩食品、耀杰清真食品、大酉新能源电机等项目也将在 2017 年上半年启动建设。在产业配套方面，加工贸易园接近完工，中马国际科技园、智慧产业园、互联网创教空间、燕窝加工贸易基地均已开工，中国—东盟国际医药产业园、中国—东盟信息港互联网安全产业基地、北斗应用产业园、教育装备产业基地、清真食品产业园、创意设计园也于 2017 年上半年启动。园区探索以资本为导向的开发模式，放大财政资金的杠杆效应，先后设立产业直投资金、东方汇富中马1号基金、清控金融东盟基金、万联证券汇泽智远教育装备基金和国家开发银行城市建设基金，下一步还将设立创业投资、生物医药、智能制造等一批专业基金和国际产能合作基金。园区探索“科技+金融”发展新业态，围绕推进高技术、轻资产和现代服务业发展，重点打造一批科技金融产业发展平台，规划建设中马国际科技园、国际医药创新园、鑫德利光电产业园、贝玛教育装备产业园、北斗应用产业园、互联网安全产业基地等科技产业社区。

（四）两国金融合作进一步深化

2016年，中国建设银行成为继中国银行、中国工商银行之后，第三家在马来西亚开设分行的中资银行。7月26日，银联国际与马来西亚大众银行共同宣布，年内发行银联借记卡（卡号以62开头），这也是马来西亚首家本地银行发行银联卡。在马来西亚，中国银行马来西亚分行、中国工商银行马来西亚分行已发行预付卡、信用卡和借记卡等多款银联卡产品。

（五）中马旅游合作得到恢复发展

由于受到马航事件等的影响，2014年、2015年中国旅客赴马旅游人数减少。2016年，马来西亚对中国推行电子签证系统及中国游客免签证政策，增开连接马中两国的直飞航线和海口、南京、福州、武汉、成都、重庆、天津、深圳与吉隆坡、亚庇、槟城直飞的新航班，与阿里巴巴合作在电子商务平台飞猪旅行设立“大马旅游馆”推介马来西亚旅游。由于采取多种措施，中国游客赴马来西亚旅游大幅恢复增长。2016年头8个月世界各国赴马游客比上年增长3.8%，中国游客140万人次，增长26.3%。2016年全年中国赴马来西亚旅游人数212万人次，比上年增加45万人次。

五、两国文化教育交流活跃

两国教育合作进一步扩大。2016年2月，厦门大学马来西亚分校在马来西亚雪兰莪州正式开课。8月4日，孟子学院马来西亚拉曼大学分院正式成立。10月16日，华侨大学与马华公会中央党校签署友好合作协议。11月7日，中国清华大学与马来西亚拉曼大学学院合作谅解备忘录签约。12月12日，马华“一带一路”中心正式揭牌。12月19日，由马中友好协会、马来西亚华社研究中心、马中总商会、马来西亚中国东盟商务协会、马来西亚中华大会堂总会及北京大学马来西亚校友会联合举办的北京大学首届马来西亚博雅论坛在吉隆坡举行。

两国中医药交流合作不断加强。3月28日，马来西亚成都中医药大学糖尿病防治中心在马设立。9月9日，马来西亚中医药历史文化馆开馆。11月20日，首届国际中医药创新发展论坛暨中医药特色技术交流与合作学术会议在马来西亚举办。

两国文化交流频繁。2月，“2016文化中国·四海同春”在马来西亚哥打基纳巴卢、古晋和吉隆坡3个城市巡演。3月5日，“时间的船——2016马中文化交流艺术盛典”在吉隆坡举行。3月21～25日，在吉隆坡Pavilion GSC影院举办2016中国电影周，该影院依次放映《大圣归来》《滚蛋吧！肿瘤君》《狼图腾》《捉妖记》《泰囧》5部中国影片。3月29日，由福建省歌舞剧院创作的大型舞台剧“丝海梦寻”国际巡演首次走入马来西亚，4月2日，“笑留人间”2016国际相声交流大汇演在马来西亚演出。6月25日，由马中友好协会和新华网马来西亚频道联合主办的“一带一路”马中文化艺术论坛在吉隆坡举行，从传统艺术、紫砂壶鉴赏、茶文化和当代水墨等角度探讨如何拓展两国文化艺术交流。8月13～15日，由马来西亚龙华美术馆、《中国书画杂志》及中国中央数字电视书画频道共同举办的“一带一路”文化之旅——中国书画艺术大马赏展在马来西亚新华总大厦龙华美术馆举办。此次书画赏展共展出苏士澍、尼玛泽仁、徐健3位艺术家的书画作品共86幅，展现了“一带一路”沿线国家、城市的多样景致。10月9日，纪念孙中山诞辰150周年图片展活动——“讲信修睦·天下大同”图片巡展在马来西亚吉隆坡、槟城、文冬等地巡回展出，本次展览共展出图片近200幅，约600多张照片，摘要介绍了孙中山先生伟大的一生。

六、两国在一些特殊事件上加强合作与沟通

在马航事件的后续处理上，2016年7月22日，在马来西亚吉隆坡举行中、马、澳三方马航MH370客机第4次部长级会议。会议听取水下搜寻工作和事故调查的最新进展，三方部长一致同意，待剩余10000平方千米重点区域内搜索工作完成后，若还无法找到客机，将中止全部搜寻工作。但搜寻“中止”不等于“终止”，三国政府始终不会放弃对马航MH370客机的搜寻。一旦出现可以用于确定飞机具体位置的关键信息，三国将立即开展评估工作，采取下一步措施。

在共同打击跨境电信网络诈骗犯罪问题上，中马两国政府和警方密切合作，分别于4月和11月，成功告破针对中国民众的特大跨境电信网络诈骗犯罪案件，包括53名中国台湾籍犯罪嫌疑人在内的171名犯罪嫌疑人从马来西亚吉隆坡被押解回中国，依法处理。这是中马两国执法部门为保护两国人民的合法权益、维护本地区安全稳定做出的又一重要贡献。（韦朝晖）

中国和缅甸交往与合作

2016年缅甸民盟执政后保持对华友好关系。2016年8月，缅甸国务资政昂山素季访问中国，中国国家主席习近平和国务院总理李克强与昂山素季举行

会谈。中缅维持稳定的经贸往来关系，两国文化交流也不断加强。缅北民族地方武装与政府军频繁交战为两国关系带来新的挑战。

一、双边政治关系

中缅两国领导人互动频繁。2016 年 1 月 4 日，中国国家主席习近平和国务院总理李克强致电祝贺缅甸独立 68 周年。习近平表示，缅甸政局保持稳定，全国大选顺利，民族和解进程取得积极进展，经济保持较快发展，人民生活不断改善，相信在中缅两国共同努力下，中缅关系一定会发展得越来越好。李克强表示，中方愿与缅方共同努力，深化务实合作，推动中缅关系取得更大发展。3 月 16 日，廷觉当选缅甸总统，习近平给当选总统廷觉发函表示祝贺。习近平表示，相信在廷觉的领导下，缅甸人民一定能够在国家建设和发展的道路上取得更大成就。

8 月 17 ~ 21 日，缅甸国务资政昂山素季访问中国。8 月 18 日，中国国务院总理李克强与昂山素季就中缅关系及密松项目、两国合作项目以及基础设施建设等进行讨论。李克强表示，中方愿同缅方巩固政治互信，加强政府、议会、政党、军队、地方、社会团体等交流与合作；加强发展战略对接，更好规划重点领域合作，妥善推进中缅油气管道、密松水电站等大项目合作，提升基础设施建设和互联互通水平；促进经贸、农林业等领域合作；扩大文化、教育、卫生交流，筑牢两国民心相通的桥梁。推动中缅关系在新时期取得更大发展，共同促进地区和平、稳定与繁荣。会谈后，李克强与昂山素季共同见证有关双边合作文件的签署。8 月 19 日，中国国家主席习近平在钓鱼台国宾馆会见缅甸国务资政昂山素季。昂山素季感谢中方长期以来支持缅甸经济社会发展和民生建设，特别感谢中方为缅甸农业、卫生、教育事业提供的宝贵帮助。昂山素季表示，缅方愿同中方共同努力，密切两国高层交往，增进两国人民友谊，加强两国各领域互利合作。缅甸愿与中方共同努力维护缅中边境地区稳定，也不会允许出现影响缅甸与邻国友好关系的事情。缅甸民盟和中国共产党都是代表广大人民的执政党，赞同加强两党交流。

11 月 1 日，中国国家主席习近平会见缅甸国防军总司令敏昂莱。敏昂莱感谢中方长期以来对缅甸的宝贵支持，赞扬中方为维护缅北地区和平稳定发挥的积极作用，表示愿同中方深化合作，推动两国关系取得更多成果。缅甸军方愿为此做出不懈努力。习近平表示，中方高度重视中缅边境的和平与安宁，支持缅甸民族和解进程，希望缅北地区早日实现和平稳定，愿继续为此发挥建设性作用。

两国政府间友好往来进一步深化。2016 年 4 月 6 日，中国外交部部长王毅在内比都分别会见缅甸总统廷觉、国防军总司令敏昂莱和巩发党秘书长丁奈登。王毅与缅方讨论两国务实合作、中国在缅投资、两国军事合作及共同维护边境地区和平等事宜，并就推进中缅友好关系、维护民众根本利益等进行交流。5 月 19 日，中国外交部亚洲事务特使孙国祥在内比都会见缅甸国防军总司令敏昂莱。双方就中缅两国友好关系、缅甸和平进程等事宜进行讨论。缅甸国防军总司令敏昂莱表示，因为军队的不懈努力，国内和平进程才取得可喜的进展，军队将为召开 21 世纪彬龙大会和实现和平而继续努力。

5 月 24 日，中国国防部部长常万全在老挝万象会见缅甸国防部部长盛温。双方就继续推动两军关系与合作、深化人员培训、维护边境安全、不断提升战略互信、南海等地区问题深入交换意见。6 月 27 日，中国农业部副部长余欣荣所率领的代表团出席在内比都举行的中缅农业合作联委会第一次会议。会上，与会各方就促进中缅农业种植、科研、农产品贸易、农业投资、培训、水产养殖、农业合作方向、搭建合作平台及部分项目合作等事项广泛交换意见。7 月 8 日，中国国家安全部部长耿惠昌在内比都分别会见缅甸国务资政昂山素季和国防军总司令敏昂莱，就两国关系、安全合作、中缅全面战略合作伙伴关系等内容交换意见。8 月 25 日，中国商务部副部长高燕访问缅甸，与缅甸副总统吴敏瑞进行会谈。双方就加强经济领域合作等内容交换意见。

12 月 9 日，中国驻缅甸大使洪亮在内比都会见缅甸国防军副总司令梭温，双方就两国边境地区和平稳定、以全国范围停火协议为基础实现持久和平和政治对话进程、缅北冲突中民地武的目标以及国防军开展有关工作、打击民地武以平民身份在两国边境地区活动等情况交换意见。

12 月 23 日，正在柬埔寨暹粒出席澜沧江—湄公河合作第 2 次外长会议的中国外交部部长王毅会见缅甸外交部副部长觉丁，双方就澜湄合作、两国关系等进行交流。

二、双边经济关系

（一）双边贸易与投资

截至 2016 年 2 月底，中国在对缅投资国家中居首位，投资额 150 亿美元，共 126 个项目。

2016/2017 财年截至 2017 年 2 月 3 日，缅甸对外贸易额达到 230.48 亿美元（进口额为 135.3 亿美元，出口总额达 95.18 亿美元）。其中，截至 2017 年 1 月 27 日，中缅贸易额达 48.42 亿美元。

在边境贸易方面，虽然 105 码贸易区附近缅北民地武联军与政府军冲突导致中缅边境贸易在 2016 年 11 月 20 日暂停，直至 2016 年 11 月 25 日才恢复，边境贸易额受到一定影响，但总体上仍保持良好增长势头。截至 2017 年 1 月 27 日，木姐口岸贸易额为 41.34 亿美元,拉扎口岸 14.9 亿美元,甘拜地口岸 7828 万美元,清水河口岸 4.77 亿美元,景栋口岸 405.3 万美元。同期,以上 5 个口岸再加上德穆、里德、妙瓦底、大其力、高当、丹老、提基、茂当、眉色、实兑、孟都共 16 个边境口岸的贸易额达 59.74 亿美元,其中出口额 37.21 亿美元,进口额 22.53 亿美元,贸易总额比上年同期增长 15.14 亿美元。

(二)经济合作

1. 两国经济合作领域拓宽。缅甸政府逐渐开放金融业,民营银行也拓展与中国银行业的合作。2016 年 1 月 21 日,经缅甸中央银行批准,缅甸私营银行亚洲绿色开发银行发行缅甸首张带有缅甸银联和中国银联标志的银行借记卡。这张借记卡不仅可以用作缅甸和中国的银联卡,还可以在 150 多个国家和地区的自动提款机(ATM)或销售终端机(POS)完成交易及实现在线支付。

电力一直是制约缅甸经济发展的短板,中国长期对缅甸保持着大量的电力设施投入和援助。2016 年 3 月 25 日,由中国驻缅甸大使馆洪亮和缅甸电力部部长钦貌梭共同主持的第一批中国援助缅甸电力物资捐赠交付仪式在缅甸首都内比都举行,此次中国捐赠价值 500 万元的电缆和导线,通过中缅边境的木姐口岸运抵内比都。

为减少贸易逆差、增加税收、给中小型企业提供更多机会,实现出口增长 3 倍的目标,缅甸允许轮胎、食用油、农产品、化妆品、食品、服装等 14 种商品经中缅边境口岸木姐转口贸易到中国,并在缅甸橡胶生产季节前,试行 3 个月将轮胎经海运进入缅甸后再开展转口贸易的政策。

为进一步促进中缅边境贸易,缅甸接受中国技术援助,于 2016 年年底开始修建新的滚弄大桥。滚弄大桥竣工后可解决当地的交通问题,并促进中缅边境贸易。滚弄大桥处于掸邦北部滚弄镇区萨尔温江上,为腊戌和果敢之间的交通咽喉。

8 月 15 日,中石油东南亚管道公司曼德勒总部发表文告,中缅天然气管道自 2013 年开始运行以来向中国输送天然气 10 亿立方米。

2. 两国经济合作项目增多。2016 年 2 月 29 日,缅甸电力部和中国长江三峡集团公司签署在羌达开发风力发电项目的合作谅解备忘录。4 月 5 日,中国广东振戎集团从缅甸投资委员会获得与缅甸能源部、缅甸国内公司合作在德林达依省土瓦地区建设炼油厂项目,该项目日炼 10 万升汽油,投资额 30 亿美元。该项目由中方持股 70%、缅方持股 30%,项目包括港口、储藏库以及分输部建设。7 月 1 日,为推进孟中印缅经济走廊建设,中国在缅甸掸邦东北部清水河边境口岸毗邻区建设临沧边境合作区、孟定中缅边境经济区和清水河边境检查站。该地区是中国西南部通往南亚和东南亚的中心点,中国继续建设昆明—清水河—皎漂铁路、大理—临沧高速公路等项目。中国自 2015 年 10 月开始建设临沧边境合作区,包括进出口货物经济区、综合服务区、货物储藏区、综合免税区等。清水河边境口岸是继木姐和妙瓦底边境口岸后的第三大边境口岸。10 月 25 日,中国路桥工程公司签署承建大湄公河次区域东西经济走廊恩度—高加力道路改建项目 1 标段和 2 标段的合同。缅甸建设部常务秘书吴觉林、中国路桥副总经理刘弘及亚洲开发银行代表出席签约仪式。该项目是缅甸新政府执政后公开授标予中国企业的第一个政府项目,也是使用亚洲开发银行向缅甸贷款的第一个项目。恩度—高加力项目位于缅甸南部克伦邦,总长约 65 千米,属于大湄公河次区域东西向经济走廊带上的一部分,分为两个标段实施。这是中缅两国在交通基础设施建设领域的重要合作项目,该项目建成后将完善缅泰边境交通运输网络,提供便捷的物流运输通道,带动所在地区经济发展。

三、双边文化及其他交流活动

(一)媒体和教育医疗交流与合作

2016 年,中缅媒体和教育医疗交流与合作不断加强。2 月 29 日,华为公司和缅甸科技部在丁茵科技大学举办华为在缅甸的第一个华为信息与网络技术学院开幕仪式。中国驻缅甸大使洪亮、缅甸科技部副部长昂觉妙、华为缅甸公司 CEO 章李满、缅甸科技部和教育部官员、中国驻缅甸大使馆外交官、部分科技大学校长、电信运营商主管、缅甸计算机协会及 52 家中缅媒体参加仪式。华为网院是由华为公司主导的面向全球的校企合作计划项目,通过向大学免费授权华为课程、培训大学老师、捐赠实验室设备等方式,在全球范围内为社会及 ICT 产业链培养人才。华为已经在全球超过 20 个国家设立 140 多个华为网院,本次在丁茵科技大学落成的是华为全球第 147 个华为网院。

6 月 15～28 日,由中国广西国际博览事务局主办的 2016 年东盟经贸记者研修班在中国广西南宁举行。缅甸、越南、老挝等东盟国家和东帝汶的 23 名记者参加该研修班。缅甸国家周报、缅甸时报、声音和天网等四家缅甸媒体参加。其间,记者团就中国的经济、投资、中缅边境贸易、丝绸之路、海上丝绸之路等事宜进行讨论。记者团还参观南宁城市发展,后前往湖北省武汉市和荆州市参观访问。

10 月 9～16 日,云南民间国际友好交流基金会(简称云基会)与云南省卫生计生委、云南省第二人民医院联合组成医疗队赴缅甸仰光,成功为当地民众实施免费白内障手术 189 例,成功率达到 100%,顺利实施了“光明行”项目。活动得到中国驻缅甸大使馆及缅甸卫生部、仰光市政府、仰光眼科医院、迪德古亚比罕医院、薇莎卡基金会的支持和配合。中国医生的高超医术和高尚医德受到缅方的高度赞赏和积极评价，受到患者的由衷感激和赞誉。新华社、中央电视台、云南电视台、吉祥杂志社等中国驻缅新闻媒体机构和缅甸天网电视台、缅甸金凤凰中文报社、胞波网等当地媒体对“光明行”启动仪式及活动进行报道。

10 月 31 日，中国政府援缅儿童用乙肝疫苗交接仪式在仰光举行，中国驻缅甸大使洪亮与缅甸卫生和体育部部长敏推分别代表双方政府签署交接证书。中国驻缅甸大使馆经商参赞谢国祥、缅甸卫生和体育部常务秘书德楷温等出席交接仪式。中国政府本次援助的 350 万支疫苗于 2016 年 10 月 25 日运抵仰光并交给缅方。

（二）文化交流和社会援助

2016 年中缅文化和慈善事业的交流不断深入。

5 月 28 日，缅甸 2016 年“汉语桥”中文比赛仰光赛区决赛在中国驻缅甸大使馆文化处举行，中国驻缅甸大使洪亮以及缅华各界人士参加活动。本次“汉语桥”比赛主题为“梦想点亮未来”，比赛分为大学生组和中学生组。

6 月 8 日，由中国驻缅甸大使馆与缅华各界庆祝“缅中胞波友谊日”筹委会联合举办的首届“缅中胞波友谊日”招待会在仰光香格里拉酒店二楼大厅举行。缅甸新政府国务资政部部长吴觉定绥、仰光省行政长官（省长）吴漂敏登等政府官员、军方代表、缅中友协代表、仰光华人社团代表、中资企业代表、缅北华人社团代表、媒体记者以及其他嘉宾 500 余人参加活动。

8 月 5 日，中国扶贫基金会、缅甸教育部高等教育厅、中国驻缅甸大使馆和缅甸资源与发展研究所在仰光大学举行“胞波助学金项目启动暨中国扶贫基金会缅甸办公室成立仪式”，主题是“为了学生、为了未来”。中国扶贫基金会向来自仰光经济学院、达贡大学、西仰光大学、东仰光大学等 4 所大学的 600 名大学生发放为期 4 年的助学金，平均每名学生每年获得 30 万缅元（约合 253 美元）资助。胞波助学金项目还为曼德勒地区的 400 名贫困学生提供助学金，项目资助学生总数 1000 名。中国扶贫基金会 2015 年在缅甸内政部正式注册获得 INGO 运营牌照，是第一家在缅甸正式注册并设立办公室的中国公益组织。

8 月 13 日，中国驻缅甸大使馆公使衔参赞陈辰出席欢迎缅甸学生参加东盟—中国青少年文化活动归来宴会暨救济受灾民众捐款仪式，缅中友好协会和缅华基金会向受灾民众捐赠 2000 万缅元（约 2 万美元）和价值 165 万缅元（约 1600 美元）的药品。陈辰、缅中友好协会主席盛温昂、缅甸教育部基础教育司副司长觉佐吞和缅华基金会主席基盛发表讲话。

9 月 5 日，中国驻缅甸大使洪亮在仰光向缅甸红十字会转交中国红十字总会赈灾捐款 10 万美元，该捐款用于缅甸地震的灾后重建和蒲甘佛塔修复。洪亮对 2016 年 8 月 24 日缅甸地震中受到影响的民众表示诚挚慰问，称中方将一如既往地向缅甸地震灾区提供帮助和支持，帮助灾区人民早日战胜困难，重建家园。

（三）其他交流活动

2016 年 7 月 8 日，缅甸交通和通讯部与华为公司在内比都联合举行 2016 缅甸宽带论坛。缅甸交通和通讯部副部长觉苗、泰国信息与技术部代表、国际通讯联盟、印度尼西亚 IFA 组织、香港通讯服务公司和华为公司代表参加该论坛。此次论坛就宽带在缅甸的发展现状、市场规模、发展前景等事宜进行讨论。

10 月 12 日，中国科学院东南亚生物多样性研究中心在内比都耶津镇区缅甸林业研究所正式揭牌。中国科学院东南亚生物多样性研究中心致力于开展和推动中国与东南亚各国在生物多样性保护研究及科学人才培训等方面的合作。中心建立 4 个科研合作团队，包括动物行为与生物多样性研究组、水生生物多样性研究组、传统医药与民族植物学研究组以及维管植物调查和分类研究组。中国驻缅甸大使洪亮、中科院院长白春礼、中国科学院东南亚生物多样性研究中心主任陈进、缅甸自然资源和环境保护部常务秘书吴钦貌义等出席揭牌仪式。（秦　羽）

中国和菲律宾交往与合作

2016 年 6 月 30 日，杜特尔特在大选中获胜，当选为菲律宾第 16 任总统。就任总统以来，杜特尔特一改阿基诺三世当政时期的依附美国、日本，以南海问题抵制中国的“一边倒”外交方针，实行独立自主的外交政策。除低调对待“南海仲裁案”外，积极推动菲中两国经贸、文化交流交往，使两国关系逐渐回暖，两国经贸、文化、旅游合作也取得不俗的成绩。

一、杜特尔特总统对中国进行友好国事访问

2016 年 10 月 18 ~ 21 日，菲律宾总统杜特尔特应中国国家主席习近平邀请，对中国进行为期 4 天的国事访问。此访有四大收获：一是中国对菲律宾的善意和诚意。二是菲中签署的 13 份双边合作协议，涉及经贸、投资、产能、农业、旅游、禁毒、金融、海警、基础设施建设等领域。三是两国进一步加强渔业、旅游等方面的合作，中国也取消几年前发出的对菲律宾的旅游警告，并且恢复 27 家菲律宾企业向中国出口热带水果。四是菲中两国海上合作迈出重要一步。两国元首在会谈中同意，菲中将回归对话协商的轨道，妥善处理南海问题。两国签署海警部门的合作文件，也被视为海上合作开始的标志。对于杜特尔特本人十分重视的禁毒问题，中国也表示会积极加强与菲律宾禁毒执法合作，支持菲律宾开展禁毒工作。杜特尔特就职以来的靠拢中国

策略，让中国和菲律宾之间原本紧张的关系逐步缓解。

杜特尔特对中国的此次国事访问，再次彰显了其特立独行的一面，他打破了菲律宾总统就任后先访美后访华的传统。杜特尔特此举被外界解读为他的外交政策正在“疏美亲华”，而其真实目的是追求外交独立，摆脱菲律宾过度依赖美国的现实。早在竞选总统期间，杜特尔特就主张改善菲中双边关系，在南海问题上与中国直接接触。入主马拉卡南宫后，他随即把竞选承诺化为政策行动。中国驻菲律宾大使是杜特尔特最早接见的外国驻菲大使之一。在2016年6月30日举行的第一次内阁会议上，针对南海仲裁很可能做出有利于菲律宾而对中国不利裁决的情况，杜特尔特对菲官员做出“不嘲笑、不炫耀”的指示，提前给南海仲裁后续影响降温。7月12日南海仲裁结果公布前，杜特尔特主动要求会见中国驻菲大使，再次做危机管控。对于南海仲裁结果，杜特尔特没有表现出如美国、日本那样兴奋。他认为这项仲裁只涉及中菲双边，明确表示不会在国际场合提这件事。在9月举办的东盟系列峰会上，杜特尔特对南海仲裁只字未提。与其前任阿基诺三世不同，杜特尔特认为改善基础设施，让经济发展惠及底层民众，比在南海问题上与美国一起遏制中国更重要。

二、菲律宾外交关系委员会代表团访问中国

2016年9月13日，中国外交部副部长刘振民在北京会见由何塞·罗慕洛为团长的菲律宾外交关系委员会代表团。刘振民欢迎菲外交关系委员会代表团访华，表示中菲在建交41年来的大部分时间里，两国关系发展顺利，但因众所周知的原因近年来陷入低谷。当前，中菲关系处于新的转折阶段。希望菲方同中方相向而行，妥善处理分歧，推动两国关系重回对话协商和友好合作的轨道。何塞表示，菲中两国传统友谊源远流长，两国友好合作是正确选择。菲外交关系委员会愿为推动两国关系改善、恢复对话合作做出贡献。

三、菲中经贸合作持续发展

据菲律宾统计署统计，2016年1～11月，菲律宾货物进出口贸易总额1250.85亿美元，比上年增长5.1%。日本、中国、美国、新加坡、中国香港是其前五大贸易伙伴，其中菲中双边贸易额为193.12亿美元，增长20.28%。2016年，中国是菲律宾第二大贸易伙伴、第一大进口来源地和第四大出口市场。

2016年中国跃居为菲律宾第三大游客来源地。菲律宾旅游部官方网站数据显示，2016年菲律宾接待境外游客596.7万人次，比上年增长11.3%。其中：韩国游客总数147.5万人次，占比24.7%，增长10.1%，系菲律宾境外游客第一大来源地；美国游客总数86.95万人次，占比14.6%，系菲律宾境外游客第二大来源地；中国超过日本成为第三大游客来源地，访菲游客67.57万人次，占比11.3%，增长37.7%，增幅位居菲律宾所有游客来源地首位。

四、菲借力亚投行开启基础设施建设黄金时代

2016年12月27日，菲律宾参议院议长阿基利诺·皮门特尔表示，批准亚投行协定是2016年参议院最显著的成就，将开启菲基础设施建设的黄金时代，也有利于推动亚洲经济持续增长。因为落后的基础设施和有限的融资渠道已经成为阻碍其经济发展的短板。在世界经济论坛发布的《2016～2017年全球竞争力报告》中，菲律宾基础设施水平仅位列全球第95位；根据国际货币基金组织的研究，菲律宾的关键基础设施服务水平在东盟国家中排名末位。另据《菲律宾每日问询者报》报道，在阿基诺三世执政期间，空中交通拥堵问题、马尼拉市区交通拥堵和公共交通运输难题都没有得到妥善解决，每天有近50万人挤入设计容量为35万人次的轨道交通车厢，国际航空运输协会也多次督促菲政府尽快确定新国际机场发展计划。为此，2015年年底，菲律宾签署亚投行协定，以创始成员国身份加入亚投行，并分期出资1.96亿美元；2016年10月19日，总统杜特尔特批准该协定。菲政经界普遍认为，亚投行在推动亚洲经济体持续增长、促进经济社会发展方面具有重要意义，有助于提升本地区应对未来金融危机和其他外部冲击的能力。同时，菲律宾作为亚投行成员国，将助力国家推进基础设施建设，为实现经济高速增长打开新局面。

正是由于亚投行首批项目的示范效应，杜特尔特政府计划开启菲律宾“基础设施建设的黄金时代”，预计任内投资总额约8万亿比索（约合1600亿美元），其中包括棉兰老铁路、跨海大桥和供水等项目。在2016年10月访华前夕，杜特尔特对媒体特别表示，作为亚投行创始成员国，菲方希望获得更多融资，欢迎和鼓励中国公司和资本参与菲律宾基础设施建设。菲国库署署长罗伯托表示，菲律宾向亚投行提交快速公交系统和马尼拉防洪系统两个项目的贷款申请，希望在2017年申请到3亿～5亿美元贷款。据菲律宾《商业镜报》12月9日报道，菲政府拟引入中国政府贷款建设投资总额3789亿比索的基础设施项目。

五、菲中两国扩大文化和教育交流合作

2016年4月18日，由中国海外交流协会主办，华侨大学、菲律宾华教中心承办，菲律宾侨中学院、菲律宾亚典耀圣心学校共同协办的2016中华文化大乐园——菲律宾马尼拉营、宿务营分别开营。菲律宾华教中心常务副主席黄端铭、菲律宾侨中学院院长黄琬蓉、菲律宾亚典耀圣心学校校长黄泉希、华侨大学驻菲律宾代表处詹育新等出席开营仪式。黄端铭在开营式

上介绍本次大乐园活动的背景，并对长期以来关注中华文化大乐园活动的中国海外交流协会和华侨大学表示感谢。他认为，中华文化大乐园活动对提升菲律宾华裔青少年学习中华文化的兴趣，对推动中华传统文化传承具有积极意义。黄泉希表示，亚典耀圣心学校举行中华文化大乐园已有9年历史，希望学生们都能够在此次活动中有所收获。开营式上，华侨大学多才多艺的教师团队为大家表演舞龙、武术、秧歌、二人转、黄梅戏、粤剧、京剧、原创诗歌朗诵等富含中华传统文化元素的节目，赢得现场观众喝彩。（黄耀东）

中国和新加坡交往与合作

中国与新加坡于2015年确立与时俱进的全方位合作伙伴关系。2016年，中新两国高层继续保持密切交往，两国在经贸、城市化、金融服务、教育等多个领域开展双边互惠合作。

一、两国高层保持密切交往

2016年2月28日至3月2日，新加坡外交部部长维文对中国进行正式访问。2月29日，中国外交部部长王毅同新加坡外长维文举行会谈。3月，新加坡荣誉国务资政吴作栋到中国出席博鳌亚洲论坛2016年年会。5月17日，中共中央政治局委员、中央政法委书记孟建柱赴新加坡，与新加坡副总理兼国家安全统筹部部长张志贤共同主持第3届中新社会治理高层论坛并致辞。9月，新加坡总理李显龙到中国出席二十国集团领导人杭州峰会并访问重庆。9月2日，中国国家主席习近平在杭州会见新加坡总理李显龙。习近平强调，站在新的历史起点上，双方要做好顶层设计，规划好两国关系发展，保持高层交往，加强沟通，在涉及双方核心利益和重大关切问题上相互理解和尊重。中方重视新方参与"一带一路"建设的积极意愿，愿意将中新重庆战略性互联互通示范项目打造成两国合作新亮点。双方要推动苏州工业园区和天津生态城两大旗舰项目提高质量和水平，深化金融、互联网、信息通信技术、社会治理、执法安全、反恐、反腐败等领域合作。希望新方作为中国—东盟关系协调国，发挥积极作用，推动中国—东盟关系健康稳定发展。中方愿同新方加强在地区和国际机制中的沟通和协调。李显龙表示，新中重庆战略性互联互通示范项目逐步成形，新方希望以此为契机，扩大两国在"一带一路"框架下航空、金融、互联互通等领域合作。作为中国—东盟关系协调国，新加坡愿继续促进推动中国与东盟互利合作。9月6日，中国国务院总理李克强赴老挝出席东亚合作领导人系列会议期间会见新加坡总理李显龙。李克强表示，新加坡是中国在本地区的重要合作伙伴。两国领导人保持密切沟通，有利于维护中新关系发展方向，促进务实合作，增进双方人民感情，更好实现互利共赢。

二、两国经贸合作不断加强

据新加坡国际企业发展局统计，2016年中国与新加坡双边货物进出口额为832.3亿美元，比上年下降7.3%。其中，新加坡对中国出口428.4亿美元，下降10.2%，占其出口总额的13.0%，比上年下降0.8个百分点；新加坡自中国进口403.9亿美元，比上年下降4.1%，占其进口总额的14.3%，提升0.1个百分点。新加坡贸易顺差24.5亿美元，下降56.2%。

机电产品一直是新加坡对中国出口的主力产品，2016年出口额237.5亿美元，比上年下降13.9%，占新加坡对中国出口总额的55.4%。塑料橡胶、化工产品和矿产品是新加坡对中国出口的第二至第四大类商品，2016年出口额分别为46.2亿美元、43.0亿美元和32.5亿美元，分别占新加坡对中国出口总额的10.8%、10.1%和7.6%，分别下降1.2%、5.9%和13.7%。

机电产品是新加坡自中国进口的第一大类商品，2016年进口额为244.2亿美元，比上年下降5.5%，占新加坡自中国进口总额的60.5%；矿产品和贱金属及制品是新加坡自中国进口的第二和第三大类商品，2016年进口额分别为38.5亿美元和28.3亿美元，占新加坡自中国进口总额的9.5%和7.0%，矿产品增长3.8%，贱金属及制品下降10.8%。

投资方面：2013～2015年，新加坡连续3年成为中国第一大投资来源地；2016年新加坡对华投资额61.8亿美元，是中国第二大投资来源地。优越的地理位置和良好的投资环境吸引众多中资企业到新加坡投资，新加坡已成为中资企业"走出去"的首选目的地之一，也成为中资企业国际化的一个重要平台：中化集团等企业以新加坡为平台突破国际贸易投资壁垒，取得跨国并购的成功；中银集团、海航集团等企业通过并购在新加坡的国际企业总部，迅速获得覆盖全球的市场资源；中远集团、振华重工等企业在新加坡设立区域总部，实现资源整合和有效配置；五矿集团、中航油等企业充分利用新加坡作为国际大宗商品贸易中心的地位，积极打造全球贸易网络；中石油、中石化、广西柳工、华为等企业在新加坡设立贸易、财务、研发、物流等各类功能中心，支撑企业在东南亚乃至全球的业务发展；京东商城等企业与新加坡企业进行战略合作，联合"走出去"，辐射东南亚乃至整个亚太市场，均取得较好的成效。

三、积极推进中新（重庆）战略性互联互通示范项目建设

2015年11月7日，中新两国政府签署《关于建设中新（重庆）战略性互联互通示范项目的框架协议》及其补充协议，中国重庆市人民政府与新加坡贸工部签

署《关于建设中新(重庆)战略性互联互通示范项目的实施协议》,这标志着新加坡与中国的第三个政府间合作项目正式启动。

中新(重庆)战略性互联互通示范项目启动以来,在双方共同努力下,运行机制基本形成,一批创新政策逐步落地,一批重点项目加快实施,总体进展顺利,取得初步成效,已成为中新两国合作的新亮点,是"一带一路"建设的重要组成部分。中新(重庆)战略性互联互通示范项目聚焦现代互联互通和服务经济的主题,将金融、物流、航空和信息服务四大领域作为合作重点。在金融服务方面,政策创新加强重庆与新加坡之间的金融互联互通,促进中国西部地区的经济转型。双方已商定并完成价值超过60亿美元的金融交易,包括跨境贷款和债券发行,以帮助在渝企业从新加坡获得更低成本的融资。新加坡与重庆及其他地区的民航互联互通也有新进展。中国的西部航空与新加坡的胜安航空每周有14个新渝往返航班。2016年9月,西部航空把其新渝航线延伸到乌鲁木齐。双方正在探索开发更多利用新渝两地连接中国西部与东南亚和西南太平洋的航线。双方正在探讨通过北部湾和新加坡直接连接重庆和"21世纪海上丝绸之路"的海陆贸易路线。双方还在寻求通过"新渝数字超高速公路",提高中国和地区之间的IT互联互通。在项目落地上,围绕四大重点合作领域,双方共签约4批、70多个重点项目,累计金额超过160亿美元。

2016年9月,新加坡总理李显龙来华出席二十国集团领导人杭州峰会并访问重庆,考察中新(重庆)战略性互联互通示范项目的发展情况。

四、继续加强文化、教育、旅游等人文交流合作

人文交流是中新关系的坚实支柱,为增进两国人民间的相互了解、夯实两国友好的民意基础发挥着重要作用。

双方在对方国家的留学生人数呈稳步递增态势。2015年11月中国国家主席习近平访问新加坡时,两国签署教育交流合作谅解备忘录。2016年是中国—东盟教育交流年,两国学生参加很多校际交流项目,两国教育部组织中新大学优秀本科生交流计划和中新优秀高中中学生交流计划等旗舰项目。

新加坡是孙中山海外革命活动的重要基地,2016年是孙中山诞辰150周年,中新双方共同举办纪念孙中山先生诞辰150周年活动。2016年10月30日,孙中山诞辰150周年纪念会在新加坡中国文化中心隆重举行,新加坡政府、中华总商会、宗乡总会等各界人士和中国驻新机构代表近300人出席纪念会。与会人士参观《孙中山与华侨华人》图片展,观看历史纪录片《晚晴园与孙中山》。2016年11月5日,新加坡晚晴园与辛亥革命武昌起义纪念馆携手合作,举办《天涯共此时——武昌首义与南洋回响》特展,展览共展出150多件文物和史料。新加坡副总理兼国家安全统筹部部长张志贤、中国驻新加坡大使陈晓东出席开幕活动。据考证,孙中山曾9次到访新加坡从事革命活动,其中4次入住晚晴园。

2016年10月21日,由中国驻新加坡大使馆与新中友好协会主办的中国西部电影展在新加坡中国文化中心开幕。中国驻新加坡大使馆文化参赞肖江华在开幕致辞中表示,在中国电影发展进程中,西部电影以优美的自然风光、厚重的人文底蕴和显著的民族特色,受到广大观众的认可和喜爱。本次影展精心挑选3部以中国西部地区为主题的优秀电影,希望新加坡的观众通过这些影片增进对中国西部地区发展状态和人民精神风貌的了解,也欢迎新加坡民众到新疆、西藏旅游,切身体会当地的文化。

2016年新加坡接待中国游客286万人次,比上年增长36%。中国与新加坡近年来一直努力增加往来航线,并努力为两国游客提供方便。新加坡飞往中国32个城市的航班每周有330架次。新加坡正在与中国的携程、蚂蜂窝、大众点评等线上旅游服务平台和其他主要的旅行社合作,开发更多有特色的旅游产品,以满足中国游客日益增长的不同需求。

五、新加坡与中国各省市的交流合作不断扩大

在"一带一路"合作倡议的推动下,中国各省市与新加坡的经贸往来迅速增加。新加坡中国商会会长林清荣指出,2016年上半年,新加坡与中国山东省的双边贸易额达13.6亿美元(约92.7亿元人民币);新加坡对山东省的实际投资额达到5.5亿美元(约37.5亿元人民币),比上年增长13.5%,新加坡已成为山东省的第三大外资来源国。2016年11月11日,中国山东省德州市在新加坡举行投资经贸合作交流会,重点向新加坡商界介绍德州优越的区位优势、招商引资政策、当前支柱产业以及具有代表性的中小企业等信息。

多年来,新加坡与中国浙江省的合作不断加强,双方的合作机制是浙江—新加坡经贸理事会。截至2016年年底,新加坡在浙江投资设立企业1157家,实际投资额51亿美元,主要集中在房地产开发经营、汽车零部件及配件制造业等行业;而浙江企业则在新加坡投资企业168家,投资总额19.4亿美元。新加坡与浙江宁波市不断加强规划、城建、电子商务、教育等领域的合作,新加坡是宁波市的第八大外资来源地。截至2017年3月底,在宁波市累计批准新加坡投资项目339个,合同外资额21.68亿美元,实际利用外资额13.96亿美元。宁波累计批准在新加坡投资企业和机构55家,备案(核准)中方投资额5.4亿美元。

(罗　梅)

中国和泰国交往与合作

2016年是中泰建交41周年,经过41年的风雨考验,中泰关系更加成熟,中泰友好关系继续深化,两国在政治、经济、文化、军事等方面的交流合作不断得到扩大和加强。

一、政治互信更加深厚,友好关系进一步加强

(一)中泰双方高层交往愈加频繁

2016年4月6日,中国全国人大常委会委员长张德江在人民大会堂会见泰国公主诗琳通。5月24日,中国国务委员兼国防部部长常万全在老挝万象会见泰国副总理兼国防部部长巴威。双方就南海等地区热点问题深入交换意见。中泰两国领导人就进一步加强两军战略沟通,提升联训的层次水平,巩固两军友好关系达成重要共识。6月27日,中共中央政治局常委、国务院副总理张高丽在北京人民大会堂会见泰国副总理颂吉·乍都诗披塔。双方表示愿意继续加强两国发展战略对接,在涉及彼此关切的重大问题上相互理解和支持,不断深化两国铁路、经贸、人文等领域交流与合作,密切在地区和国际事务中的协调与配合,推动两国全面战略合作伙伴关系实现更大发展。10月11日,中国国务委员兼国防部部长常万全在北京会见出席第7届香山论坛的泰国国防部副部长乌敦德。12月9日,泰国副总理颂奇·乍都诗披塔访问中国。颂奇·乍都诗披塔表示欢迎中国金融机构与泰国金融机构、企业不断拓展合作。

(二)中泰高铁合作项目继续推进

中泰铁路合作谈判从2015年1月开始启动以来,已经举行16次会议,中泰双方就可行性研究、详细设计、工程总承包和融资方案等有关问题进行充分磋商。2016年,中泰合作项目取得新进展:1月21日,中方同意降低泰中铁路利率,即曼谷—景溪—呵叻—廊开与景溪—马达普两条线路的美元贷款利率从2.5%下调至泰国方面提出的2%。此后,泰国财政部与中方会晤,以规定整体融资方案以及此次投资建设泰中双方投资比例等问题。2月16日,中泰政府关于两国铁路合作新一轮磋商在北京举行。此次磋商主要讨论中泰铁路合作项目在年内签约的问题。3月24日,泰国表示将独立融资中泰铁路合作项目,把项目第一段铁路建设的开工时间从2016年5月推迟至8月或9月,并且计划使用中国制造的列车,聘请中国的工程师来建造铁路,中方对泰国政府的决定表示理解和接受。泰方与中方就曼谷至呵叻段的造价问题进行讨论,泰方希望预算是1700亿泰铢(1泰铢约合0.18元人民币),中国建议的数额是1900亿泰铢。7月28~29日,中泰铁路联合委员会第12次会议在泰国首都曼谷举行,中国国家发展和改革委员会副主任王晓涛和泰国交通部部长丁披他耶拜实出席,双方就铁路合作总造价、设计、采购、施工总承包和资金合作等议题进行磋商。12月14日,根据两国最新的备忘录,泰中铁路曼谷—呵叻段计划于2017年年初开工建设、全长250千米,设计时速250千米,大约3年内完工,而整条线路即曼谷—廊开线将在未来5年内建设。泰方表示对泰中铁路合作充满信心,并充分肯定这条铁路将大大促进泰国东北部地区的经济发展,对泰中双方均将是互惠双赢的。

二、经济贸易平稳发展,互惠合作更加扎实

进入21世纪以来,中泰经贸合作发展迅速。中国作为泰国第二大出口市场、第一大进口来源国,双边的贸易联系越来越紧密。近年来,中泰两国政治互信不断加深,经贸合作互利共赢,特别是在“一带一路”合作不断推进的大背景下,两国经贸合作关系进入最好时期,蕴含着巨大商机。

(一)2016年中泰双边贸易概况

据泰国海关统计,2016年泰国与中国双边贸易额为658.4亿美元。其中:泰国对中国出口额235.8亿美元,比上年增长1.2%,占泰国出口总额的11%;自中国进口额422.6亿美元,增长3.3%,占泰国进口总额的21.6%。泰方贸易逆差186.8亿美元,增长6.1%。塑料橡胶和机电产品是泰国对中国出口的两大重要商品,2016年出口额为63.2亿美元和57.1亿美元,分别比上年下降4.9%和0.2%,占泰国对中国出口总额的26.8%和24.2%。此外,植物产品出口27亿美元,比上年下降12.4%,占泰国对中国出口总额

7月28日,中泰铁路合作联合委员会第12次会议在泰国曼谷举行 (新华网)

的11.4%，为泰国对中国出口的第三大类商品。2016年泰国对中国出口光学、钟表、医疗设备等16.8亿美元，增长31.8%，为第四大类出口商品，占泰国对中国出口总额的7.1%。泰国对中国出口化工产品16.4亿美元，比上年下降11.5%，占泰国对中国出口总额的7%。

机电产品是泰国自中国进口的第一大商品。2016年进口额200.8亿美元，比上年下降0.7%，占泰国自中国进口总额的47.5%。贱金属及制品、化工产品、塑料橡胶及纺织品及原料是泰国自中国进口的第二、三、四、五大类商品，2016年进口额分别为70.1亿美元、34亿美元、21.5亿美元和18.1亿美元，分别增长8.7%、5.5%、7.3%和9.5%，四类商品合计占泰国自中国进口总额的34.1%。

2016年中国对泰国进口商品主要类别有橡胶及其制品；电机、电气、音像设备及其零附件；核反应堆、锅炉、机械器具及零件；塑料及其制品；光学、照相、医疗等设备及零附件；木及木制品、木炭；有机化学品；食用蔬菜、根及块茎等。其中，中国自泰国进口的前五位商品类别是橡胶及其制品、电机、电气、音像设备及其零附件、核反应堆、锅炉、机械器具及零件、塑料及其制品、光学、照相、医疗等设备及零附件，累计进口总额为136.80亿美元，占中国自泰国进口产品总额的58.0%。橡胶及其制品是第一大进口产品，进口额36.90亿美元，比上年下降2.0%；其次是电机、电气、音像设备及其零附件，进口额28.87亿美元，下降3.8%；再次是核反应堆、锅炉、机械器具及零件，进口额28.22亿美元，增长3.9%；塑料及其制品位居第四，进口额26.28亿美元，下降8.6%；光学、照相、医疗等设备及零附件进口最少，进口额为16.54亿美元，增长32.5%。

中国对泰国出口商品主要类别包括：电机、电气、音像设备及其零附件；核反应堆、锅炉、机械器具及零件；钢铁制品；钢铁；塑料及其制品；车辆及其零附件，铁道车辆除外；光学、照相、医疗等设备及零附件；有机化学品等。其中，中国对泰国出口的前五位产品是电机、电气、音像设备及其零附件；核反应堆、锅炉、机械器具及零件；钢铁制品；钢铁；塑料及其制品，累计出口总额272.9亿美元，占中国对泰国出口产品总额的64.6%。电机、电气、音像设备及其零附件出口额最多，达到127.5亿美元，比上年增长0.7%；其次是核反应堆、锅炉、机械器具及零件，出口额73.22亿美元，下降3.2%；再次是钢铁制品，出口额27.34亿美元，增长1.2%；钢铁位居第四，出口额26.02亿美元，增长25.2%；塑料及其制品出口最少，出口额为18.72亿美元，增长6.7%。

（二）中泰双向投资

中国企业对泰国投资发展较快，规模不断扩大，有力地促进了两国经贸往来。泰国作为东盟的重要成员国，有着地理位置优越、政治和经济环境稳定、国内市场容量大、政府重商、生产成本较低等优势，是中国企业对外投资的重要目的地。据中国商务部统计，截至2016年，中国香港对泰国的累计投资额达109亿美元，成为泰国第五大外商直接投资来源地。同期，中国内地对泰国的累计投资额为36亿美元。中国在泰投资主要集中在加工贸易、机械制造、卷烟制药、贸易和房地产等行业。从泰国对中国投资的领域看，主要涉及饲料、养殖、食品加工、摩托车、纸张、电力、建材房地产、金融等，主要集中在沿海地区。随着中国吸引外资的政策开始向东北部、西部地区倾斜，泰国企业在中国的投资也逐渐增加。在华投资的泰国企业主要有正大集团、协联集团、中华总商会、泰中促进贸易商会、盘古银行等。

（三）中国游客赴泰旅游人次屡攀新高

旅游业是泰国的支柱产业，旅游业收入占该国国内生产总值的16%。中国游客对于泰国经济的重要性，从旅游创收数额上来看显而易见。泰国旅游与体育部的统计数据显示，2016年泰国入境游客人数和旅游收入均比上年明显增加，其中来自中国内地的游客数量达到877万人次，比上年增长10.56%，中国内地游客为泰国带来4392亿泰铢（约合856亿元人民币）收入，比上年增长15.34%。泰国表示很欢迎中国游客，不仅因为他们来这里消费，更因为泰中两国之间的友谊和文化的联结。泰国旅游与体育部和中国国家旅游局已签订发展优质旅游业的谅解备忘录。泰国希望能看到中国游客的稳定增长。两国将成立共同委员会来促进旅游质量的提升，保证为中国游客在合理的价格下带来美好的旅行体验。

（四）中泰双边经济活动

2016年2月24日，银联国际与泰国最大的4家商业银行在曼谷共同宣布，以银联为标准的泰国支付网正式上线。这是银联首次在境外通过成立合资公司的方式，为当地建立银行卡转接系统和网络，这意味着银联与泰国银行的合作由业务层面合作，上升到参与境外市场的支付基础设施建设和产业升级。

2月25日，泰国投资政策说明会暨川泰工业园推介会在中国成都举行，泰国投资促进委员会官员出席会议，并向四川企业家全面介绍泰国的投资环境等，促进四川企业开拓泰国市场。本次说明会由泰国呵叻府主办，旨在响应“一带一路”倡议，进一步推动中泰经贸投资合作，更好地帮助四川企业了解泰国的经济发展和投资环境。双方签署《中华人民共和国四川省与泰王国呵叻府建立友好合作关系备忘录》。根据备忘录，中国四川与泰王国呵叻府将在工业、农业、贸易、科技、文化、教育、体育、卫生、人才、社会福利等方面开展多种形式的交流与合作，促进共同繁荣发展。

3月28日，中国工商银行（泰国）股份有限公司主办的中国投资论坛在曼谷举行。中国工商银行总行资产管理部总经理韩松以中国投资环境为主题发表演讲,介绍包括中国经济基本面的现状与展望、工商银行及其资产管理业务的发展情况、中泰跨境资产管理业务合作新机遇等内容。中国工商银行愿意为中泰两国客户提供更多样、更广泛的资产管理金融服务,也愿意为泰国央行外汇储备的保值增值提供全面的资产管理服务,助力双方共同发展。

3月28日,泰国皇冠科技发展股份有限公司与中国阿里巴巴集团在曼谷举行B2B泰国代理协议的签约仪式。本次签约仪式意味着阿里巴巴B2B在泰国市场的正式落地运营,为泰国中小企业进入全球电商市场开拓渠道,也是响应"一带一路"倡议的重要举措。

9月14日,泰国商业部外贸厅对自中国进口的镀锌钢发起反倾销调查。近两年来,泰方陆续对中国多个钢铁产品发起贸易救济调查,中国业界对此深表担忧。事实证明,中国钢铁产品并未对泰国当地相关产业造成损害,反而在泰国经济发展,特别是基础设施建设中发挥重要作用。与此同时,中国与包括泰国在内的东盟各成员国就开展国际产能合作进行有益的沟通和交流。中方希望泰方能够审慎使用贸易救济措施,与中方一道积极推动双方业界通过对话与合作妥善解决贸易摩擦。关于本次调查,中国政府支持中国钢铁企业与泰国业界和调查机关继续保持沟通,寻求妥善解决方案,也希望泰国调查机关公平、公正、透明地开展调查,保障中国企业的合法权益。

10月10日,中国阿里巴巴集团董事局主席马云在曼谷同泰国总理巴育进行深入对话。马云表示,让自己及团队兴奋的是能够参与协助泰国的小商家,不单在泰国本地做生意,通过互联网,能够帮他们出口到中国,到亚洲,以至全世界。这也同阿里巴巴要实现全球买、全球卖,有一个手机就能做生意的想法非常契合。泰国总理巴育在对话中也表示,泰国政府的部长们已经准备好同阿里巴巴合作,双方要建立起互信和信任。马云同巴育还探讨了建设无现金支付社区等。阿里巴巴将在旅游、支付、电商人才培训等方面和泰国进行全方位合作。

12月9日,中泰贸易、投资和经济合作联合委员会第5次会议在中国北京举行,会议旨在落实两国领导人达成的重要共识,深化各领域务实合作,深入推进"一带一路"建设。双方积极评价中泰经贸联委会第4次会议以来取得的进展,并一致认为,要充分发挥现有双边机制的作用,对接两国发展规划,继续推进贸易投资和重大项目合作,共同推动中泰经贸合作不断深入发展。会后两国签署包括铁路合作谅解备忘录在内的数份合作文件。12月12日下午,中国国务院总理李克强在中南海紫光阁会见到访的泰国第一副总理巴维。来华出席中泰贸易、投资和经济合作联委会会议的泰国副总理颂吉参加会见。两国领导人就推进中泰铁路合作达成新的共识。此次联委会签署合作备忘录,在明确现有高铁合作框架基础上,对开展下步合作做出安排。双方愿共同努力,拓展互利务实合作,推动中泰铁路建设不断取得积极进展,切实造福两国人民。

12月14日,"2017年泰中经济展望"研讨会在曼谷举行。由泰中记者协会主办的此次活动,旨在通过经济界权威人士的阐释,帮助泰国社会了解泰中经济方面的正确信息,了解泰中经济交流与合作的最新进展等。中国驻泰国大使宁赋魁在会上发表题为《积极推进中泰经济合作》的主旨演讲,回顾中泰建交以来,两国经贸合作发展的历程,并对今后中泰经贸合作提出5点建议,包括切实落实好以中泰铁路为代表的重大基础设施建设项目合作,促进以电子商务和电信为代表的创新型经济发展,提高两国经贸合作的科技含量,扩大农业深加工合作,加强旅游行业协调合作等。

12月28日,泰国正大集团与中国阿里巴巴集团、蚂蚁金服集团在武汉举行战略合作签约仪式。三方基于良好的信任,着眼各方长远发展战略,强强联合,共同携手,在农牧食品、电子商务、金融服务、农业服务、物流、商业零售及精准扶贫方面达成战略合作关系。三方建立定期会晤、信息通报及日常工作机制,共同研究商讨合作的具体事宜,推动全面战略合作伙伴关系不断发展和深化。

三、文化交流日益密切,人文交往更加热络

2016年3月26日,"中华文化世界行,走进曼谷"大型文化交流活动在曼谷等地启动。此次活动由中国文化部、中国驻泰国大使馆指导,北京市文资办、北京市东城区人民政府、曼谷中国文化中心全程支持,北京文投集团、北京东方信达、泰中文化促进委员会等主办,北京市文服公司等单位承办,这次文化交流活动展示众多来自中国北京的茶道、香道、书画等非物质文化遗产项目。

4月4日,泰王国普密泰发展基金会与中国丝绸之路城市联盟、中国植物博物馆三方战略合作签约仪式在泰国曼谷举行。合作旨在加强各方在文化、教育、农业、高科技及生态环保五大领域的合作,发挥优势,积极探求在第三国开展项目合作,共同推进"一带一路"建设。

4月6日,为推进中泰两国在极地领域实质性合作,中国极地研究中心与泰国国家科技发展局、朱拉隆功大学、泰国东方大学、国立发展管理学院、泰国国家天文研究所在北京签署《极地科学研究合作谅解备忘录》。中泰在极地领域的合作是极地亚洲论坛机制下推进亚洲地区极地合作的成功典范,双方将进一步加强在极地海洋生物学、海洋学、大气与天文学、地球物

理学和地球化学等领域的长期合作。

5月13日，广西赴泰国汉语教师志愿者欢送大会在广西民族大学举行。广西2016年共选派179名汉语教师志愿者赴泰国任教。在中泰两国经济合作的带动下，泰国的“汉语热”持续升温。泰国共有3000多所学校开设汉语课程，汉语学习者发展到近100万人，中泰两国已合作建立14所孔子学院。广西作为中国与东盟交流合作的前沿窗口，近年来与泰国的往来愈加密切。广西是中国学生学习泰语人数最多的省区，也是最受泰国留学生欢迎的学习中文的省区之一。每年从广西到泰国留学深造的学生达2000人。

6月20日，“2016泰国·中国安徽文化年”开幕仪式在曼谷举行。此次活动由安徽省文化厅和曼谷中国文化中心共同举办，是中国文化部部省合作项目框架下的活动。

6月23日，泰国科技部与泰国正大管理学院在曼谷共同举办“中泰关系四十年——从经贸文化到科技创新”主题研讨会，泰国政商学知名专家学者和领军科技企业代表近百人，围绕与中国加强科技交流，深化创新合作以及科研成果产业化等议题进行深入探讨。泰国政府重视与中方提升科技合作水平，致力于推进双方科技创新，以增强本国科技研发综合实力。为此，泰国科技部筹划在北京设立科学技术顾问办公室，切实推进双方科技领域的务实合作与创新成果分享。

6月23日，由中国国家艺术基金支持，泰中文化促进委员会、中国国际文化传播中心、曼谷中国文化中心和广西戏剧院共同主办的彩调歌舞剧《刘三姐》在曼谷中国文化中心拉开在当地演出的序幕。本次展演的歌剧包含刘三姐艺术团的部分曲目，并穿插中国爱心艺术团的残疾人演员和少林寺武僧团的精彩演出。

7月11日，滇泰教育合作交流活动在云南民族大学莲华校区举行，展开中国云南与泰国教育领域的合作和交流，泰国11所高校代表、云南28所高校代表参加本次交流活动。本次交流活动旨在落实好第5次云南—泰北合作工作组会议共识，丰富2016中国—东盟教育交流年活动内容，推动滇泰教育合作发展，凸显2016中国—东盟教育交流年，共同推动云南—泰北合作工作组机制可持续发展并发挥更好效能。

11月23日，由中国新闻社主办的泰国华文媒体与“一带一路”新机遇研讨会在曼谷举行，中国国务院侨务办公室副主任谭天星出席会议。会议总结泰国华文媒体在反映泰华社会心声、凝聚泰华社会正能量、推动泰华社会的团结发展、促进中泰一家亲等方面发挥的积极作用。会议指出，在当今时代，要实现华文媒体的更大发展，应当秉持包容、融合、创新、共赢的理念，不断增强华文媒体的公信力、影响力、科学性和服务性，在凝聚侨心、反映华声、促进友好合作发展方面发挥更大的作用。

12月18日，第六届“汉语桥·国光杯”泰国南部中小学生汉语文化技能大赛在合艾市国光中学孔子课堂举行。“汉语桥·国光杯”泰国南部中小学生汉语文化技能大赛是泰南汉语教学重要基础大赛和综合交流平台，具有覆盖面广、层次项目全、参赛关注度高、机构支持数多、奖励额宽等特点。开办6年来，国光杯大赛见证、参与并推动泰南汉语教育事业的发展，已成为泰南汉语教学重要的年度检验场、交流中心地和合作平台。

12月27日，泰国川登喜大学素攀孔子学院组织的泰国酒店服务人员汉语培训班正式开班。此次培训是素攀孔院连续第三年举办酒店从业人员汉语培训班，40多名川登喜大学酒店工作人员报名参加本次培训。

四、中泰军事合作进入快车道

2016年2月17日，中国海军第21批护航编队“柳州”号导弹护卫舰、“三亚”号导弹护卫舰和“青海湖”号综合补给舰停靠泰国兰乍邦港码头，开始对泰国进行为期5天的友好访问。泰国海军举行隆重欢迎仪式。访问期间，中国海军护航编队指挥员拜会泰国海军要员，就两国海军关系、周边局势等进行交流。

5月21日至6月10日，“蓝色突击—2016”中泰海军陆战队联合训练开幕式在泰国梭桃邑海军基地举行。此次联训是中泰海军陆战队第三次组织联合训练，充分体现了中泰两国两军牢固的传统友谊和务实的军事合作与交流。联训顺应当前国际海上安全形势发展对海军陆战队军事行动的需求，彰显两国海军陆战队在新时期、新形势下共同打击恐怖主义、捍卫地区与世界和平的决心、意志和能力。

（陈红升　左华兰）

中国和越南交往与合作

2016年中越两国外交活动活跃，两党两国领导人交往频繁。两国推进各领域务实合作取得进展，中越关系稳定向前发展。

一、两国高层会晤频繁

（一）两国高级领导人互访

2016年9月10～15日，越南政府总理阮春福对中国进行正式访问，这是越共十二大之后越南最高级别领导人对中国进行访问。访问期间，中共中央总书记、中国国家主席习近平，全国人大常委会委员长张德江，全国政协主席俞正声分别会见阮春福。中国国务院总理李克强同阮春福举行会谈，双方就新形势下进一步深化中越全面战略合作伙伴关系及共同关心的国际地区问题深入交换意见，达成广泛共识。双方认为，中越友谊是两党两国和两国人民的宝贵财富,应共同继承、维护和发扬好。双方就海上问题坦诚深入交换意见,一致同意继续恪守两党两国领导人达成的重要共识和《关于指导解决中越海上问题基本原则协议》,寻求双方均能接受的基本和长久解决办法。会谈后,两国总理共同见证双方签署经贸、产能、基础设施、教育、旅游等领域的合作文件。阮春福还出席第13届中国—东盟博览会和中国—东盟商务与投资峰会,并访问广西和香港特别行政区。

2016年11月8~11日,中共中央政治局常委、全国人大常委会委员长张德江率中国党政代表团对越南进行正式友好访问,分别会见越共中央总书记阮富仲、国家主席陈大光、总理阮春福,与国会主席阮氏金银举行会谈,会见祖国阵线主席阮善仁。访问期间,张德江出席中越人民友好交流活动和第三届中越青年大联欢并致辞,希望双方不断壮大民间友好力量,勉励两国青年人努力做社会主义事业和传统友谊的接班人。张德江还考察中越友谊宫项目建设情况,并访问岘港市、广南省。

(二)两国领导人会晤和工作交流

2016年1月29日,越共中央总书记阮富仲在河内会见中共中央总书记习近平特使、中联部部长宋涛。宋涛向阮富仲转交习近平总书记的贺信并转达口信。越共中央委员、中央对外部部长黄平君与宋涛举行会谈。双方就促进两党两国关系健康、稳定和可持续发展,落实两党2016年合作计划等问题深入交换意见。2月29日,中共中央对外联络部部长宋涛在北京同越共中央总书记阮富仲特使、越共中央对外部部长黄平君举行工作会谈。双方积极评价当前中越两党两国关系的良好发展势头,并就落实两党总书记重要共识、加强党际交往合作关系深入交换意见,达成共识。3月23~25日,越共中央政治局委员、越南最高人民法院院长张和平率团对中国进行工作访问,与中华人民共和国首席大法官、最高人民法院院长周强举行会谈,双方一致同意进一步加强两国司法界的交流与合作。中共中央政治局委员、中央政法委书记孟建柱会见张和平。5月12~14日,由中共中央政治局委员、上海市委书记韩正率领的中国共产党代表团访问越南。访问期间,韩正分别会见越共中央总书记阮富仲、河内市委书记黄忠海、胡志明市市委书记丁罗升,出席上海与胡志明市加强友好合作交流一系列文件的签署,推进上海与胡志明市在科技、教育、文化等领域的友好合作。6月11~13日,越南政府副总理郑庭勇访问中国云南省,并出席第4届中国—南亚博览会暨第24届中国昆明进出口商品交易会。6月26~28日,中国国务委员杨洁篪访问越南,同越南副总理兼外长范平明共同主持中越双边合作指导委员会第9次会议,并分别会见越共中央总书记阮富仲和国家主席陈大光。7月14日,在蒙古乌兰巴托举行的第11届亚欧峰会期间,中国国务院总理李克强会见越南政府总理阮春福,双方表示共同努力推动两国各领域合作稳定向前发展。10月19~21日,越共中央政治局委员、中央书记处常务书记丁世兄访问中国。中共中央总书记、中国国家主席习近平会见丁世兄。中共中央政治局常委、中央书记处书记刘云山同丁世兄举行会谈。11月19日,中国国家主席习近平出席在秘鲁利马举行的亚太经合组织第24次领导人非正式会议期间会见越南国家主席陈大光,就推进中越全面战略合作达成重要共识。12月4日,中国全国政协副主席、科技部部长万钢率全国政协代表团访问越南,与越南科技部部长朱玉英举行工作会谈。越共中央政治局委员、越南祖国阵线中央委员会主席阮善仁会见万钢。12月11~15日,由越共中央政治局委员、中央书记处书记、中央组织部部长范明政率领的越南共产党代表团对中国进行工作访问。中共中央政治局委员、中央组织部部长赵乐际同范明政举行会谈,双方相互介绍本国近况,并就政治体系建设、党建和干部工作等深入交换意见。12月19~23日,越南祖国阵线中央委员会副主席兼秘书长陈青敏率领越南祖国阵线中央委员会高级代表团对中国进行工作访问。中国全国政协副主席兼秘书长张庆黎与陈青敏举行会谈,双方就加强越南祖国阵线与中国全国政协的交流与合作,培育两国友好合作关系的具体措施交换意见。中国全国政协主席俞正声会见陈青敏。

二、两国军事交往合作与执法安全合作

(一)两军交往合作

2016年,中越两军关系继续稳步发展,双方在高层互访、边海防交往以及协助搜救等方面开展良好合作。

2016年3月26日,中国国务委员兼国防部部长常万全率团对越南进行正式友好访问,并出席中越两军第3次边境高层会晤。3月28~31日,中越两军第3次边境高层会晤在越南谅山和中国广西凭祥举行。中国国务委员兼国防部部长常万全与越南国防部部长冯光青共同主持此次会晤。8月28~31日,越共中央军委副书记、国防部部长吴春历率领越南军事高级代表团对中国进行正式友好访问。这是吴春历就任越南国防部部长以来首次访问中国。中国国防部部长常万全与吴春历举行会谈。中央军委副主席范长龙会见吴春历。双方一致同意进一步加强战略沟通,深化务实合作,妥善处理矛盾分歧,推动两军关系不断迈上新台阶。10月22~26日,中国海军舰艇编队首次访问越南庆和省金兰湾国际港。11月4日,中越第9次国防部防务安全磋商在中国四川成都举行,中共中央军委联合参谋部副参谋长孙建国与越南国防部副部长阮志咏共同主持。双方就国际和地区形势、双边关系及共同

关心的问题深入交换意见。6月和11月，中越两国海军进行第20次和第21次北部湾联合巡逻。

举行联合反恐演练。2016年9月20日，中国云南省红河州公安边防支队和越南老街省边防部队指挥部在中国河口和越南老街举行中越“红河2号—2016”联合反恐演练。双方结合当前中越边境反恐形势，以联合打击企图通过中越边境潜入潜出实施暴恐活动的涉恐分子为背景，组织开展联合反恐实兵演练。通过演练，让中越两国三级边防代表合作机制在双方的基层一线得到充分落实。

中国协助越南展开CASA－212巡逻机搜救工作。2016年6月14日，越南空军一架苏—30战斗机执行训练任务时在越南中部义安省附近海域失踪；6月16日，搜寻苏—30战斗机的一架CASA－212型巡逻机在越南北部海防市海域失事。应越方请求，中国海上搜救中心于16日晚派出“南海救101”号救助船、“海巡21”号船前往北部湾海域，协助搜救失事飞机和机组成员。17日，中国海警局派出3艘海警船，中国海军派出4艘舰艇赶赴上述海域开展搜救。越南就中国协助越南展开CASA－212巡逻机搜救工作向中方表示感谢。

（二）执法安全合作

2016年中越双方进一步深化执法安全合作，加强合作打击跨境犯罪活动，取得良好效果。

中越两国公安部合作打击犯罪会议机制成效显著。2016年3月20日，中国公安部副部长孟庆丰应邀率中国公安代表团对越南进行工作访问。访越期间，孟庆丰分别会见越共中央政治局委员、公安部部长陈大光，越共中央政治局委员、公安部副部长苏林和公安部副部长黎贵王。双方重点就维护两国和地区安全稳定、打击经济犯罪、加强能力建设合作以及中越第5次合作打击犯罪会议筹备工作等议题深入交换意见，并共同启动为期6个月的中越第2次联合追逃行动，实现两国联合追逃行动机制化、常态化。9月23～26日，中国国务委员、公安部部长郭声琨率团访问越南，与越共中央政治局委员、公安部部长苏林举行会谈，并共同主持中越两国公安部第5次合作打击犯罪会议。会后，双方签署会议纪要，并签署《关于加强反恐怖主义合作的谅解备忘录》《关于加强合作打击电信诈骗犯罪谅解备忘录》《关于开展2017年联合追逃行动的谅解备忘录》《北京市公安局和河内市公安局友好合作交流备忘录》《广西壮族自治区公安厅与广宁、谅山、高平、河江省公安厅关于建立执法合作机制的议定书》等合作文件。

中越边境警务执法合作得到加强。2016年12月8日，中越边境五省（区）警务执法合作第一次会议在中国广西南宁举行。会议就政治安全保卫执法合作、反恐执法合作、禁毒执法合作、相应职责范围内的边境管控执法合作、缉私业务执法合作等分议题进行讨论，双方签署会议纪要。

开展第2次中越联合追逃行动。根据中越两国公安部签署的《关于开展联合追逃行动的谅解备忘录》和《中越联合追逃行动阶段总结会议纪要》，2016年4～9月，中越两国警方开展为期半年的追逃行动，双方共抓获犯罪嫌疑人29名，其中，中方抓获越南籍犯罪嫌疑人9名，越方抓获中国籍犯罪嫌疑人20名。

继续加强禁毒合作。2016年7月28日，第6届中越禁毒合作双边会议暨第3届中越边境地区联合扫毒行动启动仪式在越南庆和省芽庄市举行。会议期间，双方还就两国涉毒犯罪形势、机场毒品查缉、易制毒化学品管制、减少毒品需求、边境联合执法和人员培训等议题深入交换意见。双方共同启动第3届中越边境联合扫毒行动。9月10日至12月9日，中越双方组织开展为期3个月的第3届中越边境联合扫毒行动。中越两国禁毒执法部门高度重视此次联合行动。在这一联合行动中，中国广西、云南通过边境联络官办公室加强与越南警方合作，建立常态化情报信息交流和互通机制，先后举行警务合作会晤近10次。越方组织越中、越老、越柬边境省份多个部门，全力配合公安、边防多警种参战，积极同中国警方交流情报信息，不断强化重点口岸公开查缉工作，有力地遏制了跨境贩运毒品活动。行动期间，中方共破获各类涉越或涉中越边境地区毒品刑事案件2530起，抓获毒品犯罪嫌疑人3450名，缴获各类毒品990千克。中方在边境省区设立查缉站点60余个，依托行动机制和毒品查缉站点抓获各类刑事案件在逃人员30余名，包括协助越方抓获国际刑警组织红色通报和越南公安部特别通缉令通缉的涉毒在逃人员邓文龙。越方共破获毒品案件1388起，抓获毒品犯罪嫌疑人1828名，缴获海洛因323.85千克、鸦片7.25千克、冰毒晶体112.52千克、冰毒片剂13.6万余粒、大麻100千克。边境联合扫毒行动有力遏制了跨国毒品走私犯罪活动，促进了中越边境地区的社会稳定。

三、经贸关系保持良好发展势头

2016年中越两国双边经济合作发展势头良好，中国继续是越南最大贸易伙伴，越南首次超过马来西亚成为中国在东盟的第一大贸易伙伴。

据中国海关总署统计，2016年中越贸易额为982.05亿美元，比上年增长2.5%，其中中国出口610.59亿美元，下降7.5%，进口371.46亿美元，增长24.5%。据越南统计总局公布的数据，2016年越中双边贸易额716亿美元，约占越南贸易总额的20%，其中越南出口218亿美元，比上年增长26.3%，进口498亿美元，增长0.5%。

为确保输华越南大米的安全性，防止有害生物传入,保护动植物健康,2016 年 5 月 30 日,中国国家质量监督检验检疫总局和越南农业与农村发展部共同签署《越南大米输华检验检疫要求议定书》《越南米糠输华检验检疫合作备忘录》合作文件。6 月 24 日,中国质检总局发布公告,越南输华大米要符合《进口越南大米检验检疫要求》。

投资方面,2016 年 1 月 1 日至 12 月 26 日,中国(不含港澳台地区)对越直接投资项目为 278 个,注册资金 12.63 亿美元。

两国旅游合作继续发展,赴越中国游客人数激增。2016 年赴越中国旅客 269.68 万人次,比上年增长 51.4%,占赴越外国旅客的 1/4。

四、党建理论、人文等领域的交流与合作继续发展

中越两党继续加强治国理政经验交流。2016 年 12 月 23 日,以“在融入国际背景下加强党建工作——中国共产党和越南共产党的挑战和经验”为主题的第 12 次中越两党理论研讨会在越南河内举行,中共中央政治局委员、中央书记处书记、中宣部部长刘奇葆和越共中央政治局委员、中央书记处书记、中央组织部部长范明政出席开幕式并做主旨报告。刘奇葆集中介绍中国共产党关于政治思想工作、提高党的执政能力、廉政建设、反腐败、加强全面从严治党、发挥党员干部而首先是各级领导干部带头表率作用的观点、认识和经验教训。范明政介绍越南共产党关于融入国际的观点和在融入国际进程中党建工作面临的机遇和挑战,深入分析总结越南共产党在加强建设纯洁、强大的党的工作中的经验、方针和措施。

中越文化交流合作继续得到发展。2016 年 6 月 20 日,2016 年度中国河口—越南老街文化交流暨图书馆交流合作赠书仪式在中国云南河口举行。11 月中越(东兴—芒街)国际商贸·旅游博览会期间在北仑河上举办中越(东兴—芒街)青年界河联欢活动。12 月 27 日,“同唱友谊歌”——2016 中越歌曲演唱大赛在中国广西南宁举行。

青年交流在中越人文交流中发挥着重要作用。2016 年 11 月7 ~ 10 日,以“携手开创中越关系的美好明天”为主题的第 3 届中越青年大联欢在越南举行。这是中越青年大联欢首次在越南举行。1000 名中国青年代表与约 9000 名越南青年代表一起,参加在越南 7 个省市展开的丰富多彩的交流、参观与联谊活动。7 日上午,1000 名中国青年分别从东兴、河口、友谊关 3 个口岸进入越南。他们分成 6 个分团赴越南北部的广宁、老街、谅山、富寿、北宁和宁平 6 省参加活动。其中,在谅山和广宁两省举办青年参加保护环境和可持续发展研讨会。在谅山,中越两国青年共同种下 66 棵常青树,象征中越两国友谊之树常青;在北宁、宁平和富寿 3 省举办中越青年参与文化传承及旅游发展活动;在老街举办中越青年参与经济社会发展活动。9 日下午,中越青年参加在越南首都河内美亭体育场内举行的中越青年艺术交流会和大联欢闭幕式。

教育方面。据中国教育部公布,2016 年来华越南留学生共 10639 人,来华留学生人数按国别排序名列第 10 位,人数和排名比上年均有所提升。

五、两国继续推动海上合作开发

2016 年中越继续推进北部湾合作开发,开展北部湾共同渔区渔业海上联合检查和北部湾联合巡逻。继续推进海上低敏感领域合作。于 2015 年 12 月 19 日正式启动的中越北部湾湾口外海域共同考察海上作业,历经 4 个月顺利完成共同考察既定任务。

2016 年,中越海警在北部湾共同渔区联合执法检查、海上联合搜救、开展人员交流等方面取得积极进展。为贯彻 2016 年 9 月发表的《中越联合公报》中关于增加北部湾共同渔区渔业联合检查频次的精神,中越海警首次实现一年内举行两次北部湾共同渔区渔业海上联合检查。4 月 19 ~ 23 日,中越举行第 11 次即 2016 年第 1 次北部湾共同渔区渔业海上联合检查。中国海警局南海分局和越南海警司令部一区各派出两艘海警船执行此次任务。为加大共同渔区巡检力度,此次联检行动时间由往年的 3 天延长至 5 天,巡航路线从单向式巡航变更为往返式巡航;11 月7 ~9 日,中越举行第 12 次即 2016 年第 2 次北部湾共同渔区海上联合巡航。中国海警 3301 舰和 46305 舰在北部湾某海域与越南海警 8004、8003 舰集结并组成巡航编队进行海上联合巡航。在此次巡航中,中越海警首次开展海上联合搜救演练。中越海警舰船编队双方执法人员协调配合,对途经海域渔船进行观察记录,并组成登临小组对中越两国渔船实施登临检查。登临小组人员相互配合,重点检查渔业捕捞许可证和北部湾共同渔区专项捕捞许可证、渔船人员信息、渔船是否按规定配备救生安全设备等。11 月 10 日,完成中越海警 2016 年第 2 次北部湾共同渔区海上联合巡航的中国海警 46305 舰应邀对越南海防市进行为期 3 天的友好访问。这是中国海警舰船首次出访越南,也是中国海警舰船首次正式出访南海周边国家。

中越海军在北部湾联合巡逻。2016 年 6 月 20 日,中越两国海军第 20 次北部湾联合巡逻圆满结束;11 月 9 日,中越两国海军第 21 次北部湾联合巡逻圆满结束。两次联合巡逻,中越海军派出舰艇编队沿北部湾中越海上分界线交叉巡逻,其间双方互通海区水文气象、海空情况、编队航向航速等信息,增强彼此之间海上通信联络和资源共享交流。在常态化联合巡逻的基础上,中越通过加强联合搜救、护渔护航等演练,不断提升共同应对海上安全问题的能力,进一步深化交流合作、增进友谊。

继续推进海上低敏感领域合作。2016 年 4 月 19～22 日，中越海上低敏感领域合作专家工作组第 8 轮磋商在中国山东青岛举行。双方表示将认真落实两国各层级达成的共识，深入探讨并积极推动有关合作取得更大进展。双方就推进《长江三角洲与红河三角洲全新世沉积演化对比研究》《北部湾海洋与岛屿环境综合管理合作研究》等海上合作项目深入交换意见并达成诸多共识。同时，双方还就其他合作领域深入交换意见。9 月 18～21 日，中越海上低敏感领域合作专家工作组第 9 轮磋商在越南河内举行。双方重申将认真落实两国高层领导共识和《关于指导解决中越海上问题基本原则协议》精神，继续推进中越海上低敏感领域合作。双方对已签署的海上低敏感领域合作项目 2016 年计划落实情况进行评估并就 2017 年工作计划达成一致，其中包括《长江三角洲和红河三角洲全新世沉积演化对比合作研究》和《中越北部湾海洋与岛屿环境综合管理合作研究》项目。双方就开展北部湾海洋生物增殖放流达成合作意向。双方还就其他合作项目内容交换了意见。

中越北部湾湾口外海域共同考察结束。2016 年 4 月 23 日，中越北部湾湾口外海域共同考察海上实地作业结束庆祝仪式在中国广州举行，迎接搭载中越双方专家的中方“奋斗五号”考察船凯旋归港。于 2015 年 12 月 19 日正式启动的中越北部湾湾口外海域共同考察海上作业，历经 4 个月顺利完成共同考察既定任务。通过共同考察，双方将进一步了解海域相关情况，提升两国海上科研合作水平，并为北部湾湾口外海域共同开发和划界谈判工作奠定坚实基础。

六、边境口岸管理交流与合作、边界管理与谈判继续推进

2016 年 10 月 24 日，中越陆地边境口岸管理合作委员会第 4 次会议在越南河内举行，中国海关总署党组成员、国家口岸办公室主任黄胜强和越南边防部队司令黄春战共同主持。会议就中越陆地边境口岸开放、升格、建设和管理等深入讨论，就深化口岸开放合作、提升通关便利化水平达成共识并签署会议纪要。

5 月 24 日，中越双方在广西南宁联合举办《中越陆地边界勘界议定书》《关于中越陆地边界管理制度的协定》和《关于中越陆地边境口岸及其管理制度的协定》等 3 份法律文件执行情况总结会。双方均充分肯定 3 份法律文件对两国陆地边界合作和双边关系发展的重要意义，一致同意继续认真执行 3 份法律文件，共同将边界管理好、利用好，推动中越关系发展，增进双方边民福祉。

12 月 12 日，中越政府级边界谈判代表团全体会议在北京举行，两国政府边界谈判代表团成员、有关部门和地方政府代表与会。双方积极评价中越政府级边界谈判机制在妥善管控分歧、深化务实合作、推动两国关系健康稳定发展方面发挥的重要作用，充分肯定中越政府级边界谈判机制下北部湾湾口外海域工作组、海上低敏感领域合作专家工作组、海上共同开发磋商工作组及陆地边界联合委员会的工作成果。双方重申将继续落实好两党两国领导人重要共识，进一步加大磋商与合作力度，稳步推进边界谈判各项工作，推动上述机制不断取得新进展，造福两国和两国人民。

七、中越边境开放合作继续推进

2016 年，中国广西、云南两省（自治区）与越南边境经贸文化、互联互通建设继续发展，中越边境开放合作继续推进。

越南继续是广西第一大贸易伙伴。2016 年，广西与越南进出口总额 1592.08 亿元，比上年增长 3.6%，占广西外贸进出口总额的 50.3%。2 月 22 日，广西与越南广宁、谅山、高平、河江四省党委书记工作会谈在广西南宁举行。11 月8～12日，主题为“‘一带一路’，共同发展”的 2016 中越（东兴—芒街）国际商贸·旅游博览会在广西东兴市举行。博览会期间有投资项目推介及签约、会展、沿边开放合作论坛、边境旅游推介会、首届东盟景观树苗木展、东盟国际水果节、文体旅游等系列活动，成为中越边境地区合作重要的商贸旅游文化盛会。12 月 28 日，中国广西与越南广宁、谅山、高平、河江边境四省联合工作委员会第 8 次会晤在广西南宁举行。

2016 年，随着云南与越南交流合作日益紧密，通关便利化条件进一步改善，云南对越南边境口岸 4 项指标全面增长：口岸进出口额 25.5 亿美元，比上年增长 59.5%；口岸进出口货运量 341 万吨，增长 19.8%；出入境人员 574 万人次，增长 16.2%；出入境交通工具 34 万辆（列）次，增长 43.7%。11 月12～16 日，主题为“互融互通 合作共赢”的 2016 年第 16 届中越（河口）边境贸易交易会在中国河口国际贸易中心举行。本届边贸会共设 1200 个标准展位，其中主会馆展位 500 个，分会馆展位 700 个，参展商品涵盖汽车、数码、家电、海产品、农副产品、日用百货等。边交会举行中越双方企业贸易和投资项目签约仪式、投资项目推介等活动，会展规格和参展规模创历届之最。12 月 26 日，中国云南省与越南河江、老街、莱州、奠边边境四省联合工作组第 6 次会议在云南昆明举行。

边境口岸、基础设施互联互通建设取得新进展。2016 年 5 月 30 日，中国峒中—越南横模口岸桥维修改造项目开工建设。12 月 25 日，中越北仑河公路二桥（中方侧）通过交工验收，越方一侧则在进行收尾施工。8 月，中国国务院批准水口口岸扩大开放至水口河二桥，并升格为国际口岸。2016 年 1 月，越南河内—谅山高速公路河内—北江段建成通车。 （李碧华）

重要节会展会

第13届中国—东盟博览会

第13届中国—东盟博览会招商招展

2016年3月16日，第13届中国—东盟博览会高官会在广西南宁举行。会议确定博览会举办时间及“共建21世纪海上丝绸之路，共筑更为紧密的中国—东盟命运共同体”的主题。3月17日，博览会秘书处在官方网站正式发布参展参会公告。3月24日，博览会秘书处公开发布投资促进活动安排信息，详细介绍博览会投资合作专题、先进技术专题、服务贸易专题展示内容，主要活动及“魅力之城”专题等，推介国际产能合作论坛、技术转移与创新合作大会、产业园区招商大会、基础设施合作论坛、中国驻东盟国家使领馆经商参赞与企业家交流会、投融资项目对接会、金融支持中国企业投资东盟活动等。5月3日，博览会秘书处公开征集博览会主题口号。7月19日，中国国务院新闻办公室在北京举行中国—东盟经贸合作情况暨第13届中国—东盟博览会、中国—东盟商务与投资峰会新闻发布会，向43家中外媒体介绍中国与东盟经贸合作情况以及博览会、商务与投资峰会亮点和筹备进展，发布柬埔寨、印度尼西亚、老挝、马来西亚、缅甸、泰国、越南等7个东盟国家包馆参展消息，以及确定“魅力之城”城市，明确主题国为越南，特邀贵宾国为海上丝绸之路沿线的斯里兰卡。8月25日，博览会秘书处举行博览会钻石战略合作伙伴签约仪式，华润集团、贵州茅台集团等14家著名企业成为战略、行业合作伙伴。

9月10日，博览会秘书处在广西南宁举办新闻吹风会，向媒体介绍“两会”筹备成果：一是中国和东盟国家领导人高规格出席。中国和东盟国家的部长，东盟秘书长，中国、东盟及周边国家外交使节，各国商协会会长、知名企业家、社会名流等超规模参会。二是展览规模创新高。博览会首次启用南宁国际会展中心新馆，净增展览面积3万平方米，总展位5800个。参展企业申请展览面积12.95万平方米，超出规划17.73%；东盟国家和区域外的企业展览面积3万平方米，比上年增加28.6%。参展企业2669家。其中：中国外展商1020家，比上年增加14.4%；东盟国家企业参展企业954家，展位1460个，增加17%；柬埔寨、印度尼西亚、老挝、马来西亚、缅甸、泰国、越南7个东盟国家包馆；区域外18个国家的60多家企业参展，包括斯里兰卡、印度、巴基斯坦、哈萨克斯坦、阿联酋等“一带一路”沿线国家。三是名企参展踊跃，经贸活动务实。中铁东方国际、中国铝业、华为、国家电力、广西投资集团、阿里巴巴等一批世界500强企业、行业龙头企业、品牌企业、金融机构集体亮相展会，知名企业参展率比上届增长10%，一批东盟以外国家的知名行业企业积极参展，展会期间举办的经贸投资促进活动达到72场。四是高层论坛涉及领域宽广。展会围绕21世纪海上丝绸之路建设相关领域，共举办高层论坛34个（会期内举办26个），涉及产能合作、信息港、电子商务、质检、金融、科技、卫星导航、农业、林业、矿业、统计、工商、环保、电力、物流、文化、教育、卫生、气象、广电、减贫、减灾等领域。五是现场服务水平升级。在媒体服务上投入使用新的新闻中心，在功能上开辟新闻发布厅、采访间、专访间等独立工作区域。截至9月9日，18个国家和地区的255家媒体、1434名记者确定出席博览会和商务投资峰会，其中东盟和区域外国家媒体112家，记者164名。

第13届中国—东盟博览会和商务与投资峰会开幕大会

2016年9月11日，第13届中国—东盟博览会、中国—东盟商务与投资峰会开幕大会在中国南宁国际会展中心举行。中共中央政治局常委、国务院副总理张

9月11日，第13届中国—东盟博览会、中国—东盟商务与投资峰会开幕大会在中国南宁国际会展中心举行 （百度网）

高丽，主题国越南总理阮春福，柬埔寨首相洪森，缅甸第一副总统敏瑞，老挝副总理宋赛，泰国副总理巴金，斯里兰卡工商部部长里沙德，文莱首相府部长兼外交与贸易部第二部长林玉成，马来西亚贸工部第二部长黄家泉，菲律宾参议院参议员辛西娅·维拉，新加坡贸工部兼国家发展部政务部部长许宝琨，印度尼西亚贸易部国家出口发展总司总司长阿琳达，东盟秘书长黎良明，中共广西壮族自治区委员会书记彭清华，中国商务部国际贸易谈判代表兼副部长钟山，中国国际贸易促进会副会长陈洲，中国阿里巴巴集团董事局主席马云等共同为大会启幕。中国和东盟国家的多个部委负责人，中国、东盟及周边国家外交使节，各国商协会会长、知名企业家、社会名流等出席开幕大会。

开幕大会在新启用的南宁国际会展中心金桂花厅举行。在装扮一新、恢宏华丽的金桂花厅，主题国越南民族乐团以“独弦琴”演奏暖场，巨型屏幕播放着彰显主题国魅力风情宣传片。以蓝白为主色调的主舞台，整体造型如同飞翔的双翼，寓意中国与东盟“比翼齐飞”。

9时30分，开幕大会开始。开幕大会由举办地中国广西壮族自治区主席陈武和博览会主题国越南工贸部副部长杜胜海共同主持，中共广西壮族自治区委员会书记彭清华、中国商务部国际贸易谈判代表兼副部长钟山、中国国际贸易促进会副会长陈洲先后代表举办地、共办方、商务与投资峰会致辞。中共中央政治局常委、国务院副总理张高丽发表主旨演讲，越南总理阮春福、柬埔寨首相洪森、缅甸第一副总统敏瑞、老挝副总理宋赛、泰国副总理巴金等发表演讲，斯里兰卡工商部部长里沙德、阿里巴巴集团董事局主席马云在会上致辞。

启幕环节设计独具创意。演员从描绘国际产能合作升级的屏幕画面造型中，取出象征传统产业的“齿轮”，嵌入汇聚11国人民智慧和愿景的智能“芯片”中，15台由“齿轮”“芯片”合成的“合作引擎”缓缓呈现主舞台之上。张高丽等15位启幕嘉宾共同启动“合作引擎”，寓意深远。“合作引擎”一经启动，工业化齿轮在舞台主屏幕和两侧大型景片上幻化为数字齿轮，全场能量聚合并以“北斗卫星”驱动“合作之翼”之势聚焦主舞台，“聚力升级，比翼齐飞”主题随即浮现屏幕，寓意中国—东盟命运共同体凝聚合作之力，借力信息化、智能化，将中国—东盟国际产能合作从传统产业向现代产业升级。在热烈掌声中，第13届中国—东盟博览会和商务与投资峰会正式拉开序幕。

东盟国家政要巡视博览会展馆

2016年9月11～12日，率团出席第13届中国—东盟博览会的东盟各国政要陆续巡视展厅展馆。9月11日，中国国务院副总理张高丽与越南政府总理阮春福一起，参加主题国——越南馆开馆仪式。阮春福还在中国商务部副部长高燕、广西壮族自治区领导蓝天立陪同下，巡视越南商品馆，了解布展情况。阮春福先后来到越南平仙鞋业、越南永进食品有限责任公司、“帝稻”贡王之米等展位，了解参展和项目推介情况，鼓励企业借助博览会平台找到更多商机，促进合作交流。柬埔寨首相洪森在中国广西壮族自治区领导于春生陪同下，参观柬埔寨商品展馆、柬埔寨“魅力之城”等，并为柬埔寨馆开馆剪彩。老挝副总理宋赛在中国广西壮族自治区领导喻云林陪同下，为老挝“魅力之城”阿速坡省专题展馆开馆剪彩，观看老挝民族歌舞，了解参展商布展情况。宋赛嘱咐参展商要充分利用中国—东盟博览会平台，推介好老挝特色产品。文莱首相府部长兼外交和贸易部第二部长林玉成在中国广西壮族自治区领导杨道喜陪同下，参观文莱“魅力之城”展馆、东盟商品馆的文莱商品展区、越南商品展区和马来西亚商品展区等。斯里兰卡工商部部长里沙德·巴蒂尤丁在中国广西壮族自治区领导刘新文陪同下，巡视“魅力之城”斯里兰卡国家馆并参加开馆剪彩仪式。里沙德·巴蒂尤丁在巡视中表示，中国—东盟博览会为斯里兰卡开拓出口商品渠道提供了很好的平台。泰国副总理巴金、泰国商务部副部长维尼猜一行在中国广西壮族自治区领导高雄陪同下，参观展馆并参加泰国“魅力之城”曼谷展区开馆剪彩仪式。巴金说，中国—东盟博览会已经成为东盟国家和中国开展互惠互利、平等合作的重要平台，希望国内参展商抓住这一难得机会，促进与中国和东盟内其他国家的合作交流。缅甸副总统敏瑞在中国广西壮族自治区领导沈北海陪同下，巡视东盟商品馆缅甸商品展区和参加“魅力之城”毛淡棉市开馆剪彩仪式。巡视中，敏瑞不断与客商亲切交谈，鼓励他们借平台，寻商机，促合作，谋发展。敏瑞还参观云南农垦集团等中国展区。印度尼西亚贸易部出口发展总司总司长阿琳达一行在中国广西壮族自治区领导李彬陪同下，巡视印度尼西亚展馆。阿琳达详细了解参展商布展情况，嘱咐参展商要充分利用好的平台优势，推介好产品，促进与各国的经贸往来。菲律宾参议员辛西娅·维拉在中国广西壮族自治区领导刘君陪同下，巡视菲律宾“魅力之城”桑托斯将军城展区和商品展工区。辛西娅赞赏博览会平台作用，希望与中方在水果农产品、旅游服务业等方面加强合作。马来西亚贸工部第二部长黄家泉在中国广西壮族自治区领导刘正东陪同下，巡视马来西亚“魅力之城”瓜拉登嘉楼，出席东盟商品馆马来西亚馆开馆仪式，黄家泉希望参展企业通过博览会平台，向中国及世界推介马来西亚旅游资源和产品，进一步深化经贸合作。新加坡贸工部兼国家发展部政务部长许宝琨在中国广西壮族自治区领导磨长英陪同下，巡视“魅力之城”展区，了解新加坡国际电子贸易平台和“一带一路”专网项目建设情况，希望参展商利用好博览会平台,加强与各方在物流、教育、旅游、医药养生等方面的合作。

第13届中国—东盟博览会经贸活动成效显著

2016年9月14日,中国—东盟博览会和商务与投资峰会圆满闭幕。闭幕新闻发布会资料显示,本届紧扣自由贸易区升级版建设、突出国际产能合作、力促重大项目落地的博览会经贸实效显著提升。一是参展参会踊跃。这届博览会实际展览面积11万平方米,其中东盟国家和区域外国家展览面积3万平方米,比上届增长28.6%。实际参展企业2670家,增长21%,其中东盟国家及区外国家使用展位1590个,增长22.7%,柬埔寨、印度尼西亚、老挝、马来西亚、缅甸、泰国、越南7个东盟国家包馆。参展参会客商6.5万人,采购商团组89家,来自欧美、中东、南亚和非洲的国际买家超过400名,专业客商数量及质量提高。二是经贸对接成效突现。展会期间共举办经贸投资促进活动72场,促成一批如新型种植技术、农业机械、农村可再生能源、农业示范园区等领域达成合作意向;东盟投资及服务贸易展区通过加强对接,也吸引一批计划"走出去"的中国企业洽谈签约。三是国际产能合作取得新成果。围绕铁路、电力设备、电子通讯、工程机械、先进技术、建材、金融等领域的合作,在9月12日的国际经济合作项目集中签约仪式上,签署国际合作项目56项,三次产业投资比重分别达到6.11%、52.59%和41.3%,产业结构更加合理,战略性新兴产业和现代服务业呈现出加速增长态势,重大项目带动产业发展态势良好。四是区域合作成果显著。围绕建设"一带一路"合作、东西合作、东盟10+1地区合作的重要载体,中方与东盟国家达成合作项目13项,与港澳台地区合作项目32项,与亚太地区国家合作项目3项,与欧美国家合作项目8项。五是本土企业开展国际化经营成效明显。展会期间,中国广西的企业在口岸合作、物流合作、基础设施建设等方面达成对外投资项目11项(其中对东盟国家的投资项目9项),比上届增长10.2%。

第13届中国—东盟博览会展区设置

2016年第13届中国—东盟博览会设置商品贸易、投资合作、服务贸易、先进技术、"魅力之城"五大专题,分别在南宁国际会展中心、广西展览馆(农业展)、南宁华南城(轻工展)三个展区布展,总展览面积11万平方米,参展企业2670家。

南宁国际会展中心展区

投资合作展区:展示内容包括中国与东盟国家园区企业和投资合作项目、中国省市投资合作项目。

商品贸易展区:设为东盟国家展馆,展示内容包括东盟国家食品与饮料、生活消费品、大宗原材料、服务业产品等。

服务贸易展区:展示内容包括金融及物流服务等。

先进技术展区:展示内容包括先进制造、智慧城市、创新创业、电子信息、新能源及环保等。

国际经济与产能合作展区:展示内容包括国际工程承包、劳务合作、基础设施建设、资源开发、信息科技、能源开发、园区招商、铁路、有色、电力、工程机械等国际产能合作。

"魅力之城"展区:综合展示"魅力之城"在贸易、投资、科技文化、旅游等方面的发展和商机。"魅力之城"分别为中国福州市、文莱斯里巴加湾市、柬埔寨戈公省、印度尼西亚群岛、老挝阿速坡省、马来西亚登嘉楼州、缅甸毛淡棉市、菲律宾桑托斯将军城、新加坡、泰国曼谷市、越南邦美蜀市。

国际展区:为第13届博览会首设,安排区域全面经济伙伴关系及"一带一路"沿线其他国家企业参展,以彰显从"10+1"向"一带一路"沿线的拓展参展商品包括食品、纺织品、工艺品、化妆品等,参展机构主要有斯里兰卡工商部、日本贸易振兴机构广州办事处、韩国大韩贸易投资振兴公社广州办事处等。

广西展览馆展区

为博览会农业展主展场,主要展示绿色食品及农产品、渔牧精品、茶叶、东盟咖啡及农产品、茧丝绸精品等。

华南城会展中心展区

为博览会轻工展主展场,主要展示家居饰品、日用消费品、玩具、电子消费品和工艺品。

第13届中国—东盟博览会农业展

2016年9月11~14日在中国南宁广西展览馆举办。集中展示中国和东盟国家涉农产品精品,包括渔牧产品、绿色农产品、包装食品、茶叶和咖啡等。设室内标准展位600个(申请展厅总数900多个)。企业重复参展率40%。本届农业展首次增加电商展区,展示信息化促进农业生产、经营、管理和服务成果,促进农业转型升级。

农业展期间,中国—东盟博览会秘书处还在广西展览馆外的多个地方,分别举办农业国际合作论坛、农资产业高峰会议、水果电商论坛等系列专业论坛以及岭南酸野文化推介、食品展区经贸对接、茶叶评比等活动,为参展商、采购商及观众提供更多资讯,更密切的交流平台,创造更多商机。其中,由中国农业部与中国广西壮族自治区人民政府共同主办的农业国际合作展为首次举办。合作展设合作成果展示区、中国优质水果展示区、贸易与投资促进展示区、国际合作展示区、贸易交流洽谈区等5个展区,占地2600平方米,以"加强农业合作助力互联互通"为主题,重点展示区域农业国际合作成果、贸易及投资促进项目、优质农产品、农业产业链技术及产品。中国有约150家企业的400

多种产品参展。

第13届中国—东盟博览会轻工展

2016年9月11日在中国南宁华南城开幕。展区设展位400个，展览面积1万平方米，展出中国、东盟和“一带一路”沿线其他国家的轻工精品。本届轻工展首次设东盟国家产品形象馆，与主通道两侧的家居饰品展区、东盟特色商品展区、“一带一路”沿线国家商品展区相结合，进一步突出东盟各国特色。

轻工展展品主要包括日用消费品、家居饰品、电子消费品、玩具类商品、工艺礼品五大类，囊括最受欢迎、交易最频繁的电子消费品、家电产品、文体保健用品、家居装饰品、日用消费品、轻工精品、工艺礼品、五金工具等。参展企业主要有来自中国轻工业发达省份的轻工企业，以及越南、泰国、缅甸、印度尼西亚、柬埔寨、老挝、马来西亚、新加坡等东盟国家，巴基斯坦、土耳其、哈萨克斯坦、吉尔吉斯斯坦、俄罗斯等“一带一路”沿线国家，美国、澳大利亚、韩国、日本等国家的轻工企业。中华两岸农渔牧经贸暨科技文化发展促进会继续组团参展，带来台湾优质科技产品和日用品，展现宝岛特色文化和民众生活风情。

本届轻工展举办一系列专业会议、论坛和商贸促进活动，为企业了解行业前沿资讯、开展供求互动、提高参展成效提供平台，还启动运营中国—东盟商品交易中心跨境交易平台，通过“实体＋网络＋物流＋配套”的O2O商业新模式，帮助企业在交易中获得良好的经济效益。

本届轻工展贴近民生。主办方在展区不仅安排博览会主题国越南的文化交流主题活动，表演越南风情节目、推介旅游项目、品鉴越南美食、介绍越南留学资源、展示特色产品等，还举办中国—东盟民俗文化艺术节，展示东盟国家民族舞蹈，让观众在观展的同时，体验到东盟国家的地域文化。

10月20～22日，中国—东盟博览会旅游展在中国桂林国际会展中心举办
（百度网）

中国—东盟博览会旅游展

2016年10月20～22日在中国桂林国际会展中心举办。旅游展以“共建21世纪海上丝绸之路，共筑中国—东盟旅游共同体”为主题，设置“21世纪海上丝绸之路”主题馆、东盟国家形象馆及国际展馆、国内旅游专业馆、广西旅游形象馆、国际旅游商品馆、旅游消费馆等六大展区。共有59个境外国家和地区参展，专业参展商近800家，专业观众6000名，参观公众15万人次。展览总面积2.5万平方米，参展净面积1.2万平方米（其中特装展位面积8700平方米）。展会延续海上丝绸之路特色，首次举办中国—东盟旅游部门工作组会议，推动建立中国—东盟旅游交流机制，深化旅游领域合作。

旅游展得到东盟10国的积极响应：印度尼西亚旅游部将其列为年度计划参加的亚太地区五大旅游展会之一；柬埔寨旅游部将其列为年度重点参加的中国六大旅游展会之一，参展面积90平方米。美国、意大利、荷兰、印度等国家和地区政府部门也组团参展，包括东盟国家在内的境外参展企业近120家，其中印度尼西亚旅游企业参展面积126平方米。马来西亚航空、菲律宾航空、印度捷特航空、英国皇家加勒比邮轮、香港丽星邮轮、澳大利亚长青旅行社等众多知名企业也参展。

2016中国—东盟博览会林木展

2016年12月2～5日在中国广西南宁国际会展中心举行。广西壮族自治区政协副主席彭钊、越南驻南宁总领事范清平、马来西亚驻南宁总领事黄奕瑞等东盟国家驻南宁总领事馆官员、林木行业官员及参展企业代表出席展览开幕式。本次展览将林木业全产业链予以展示，设立家具及木雕工艺品、人造板及木结构、林业装备、广西林业发展成就展示等6个展区，重点展示红木家具、人造板及木结构、林业装备、花卉苗木、特色经济林产品、林业先进技术项目等中国和东盟国家的林木业经典产品。中国、印度尼西亚、越南、缅甸、老挝、马来西亚、印度等国林木企业参展。展览首次设分会场。分会场设在广西唯一景观树苗木进口口岸——东兴，主要展示东盟国家景观苗木。与展览相配合，林木展举行系列论坛活动，推动中国与东盟国家间林业政企对话、行业对接和企业交流，助力林业产能项目和装备制造合作。论坛主要有第6届中国（南宁）林产品国际贸易论坛、2016中国纤维板工业发展研讨会暨中国林产工业协会纤维板专业委员会年会、IWCS2016 国际木文化活动等。

2016 中国—东盟博览会越南展

2016 年 6 月 16～18 日在越南河内举办。展会为综合性商品展销会，参展商品涉及食品、农产品及水产品、食品加工包装机械、工程机械、电子电器、电力设备及新能源、建筑材料、先进技术等行业。中国驻越南大使洪小勇、中国贸促会副会长卢鹏起、越南工业贸易部副部长杜胜海及中越双方政府相关要员、商界领袖出席展会开幕式。展会吸引中国 166 家企业出国随展，其中包括中国重汽集团、广西投资集团、东风柳汽、玉柴机器等中国知名企业。展会期间，还举办中国—越南技术及投资对接会、专业行业贸易对接等一系列经贸活动。

6 月 16～18 日，2016 中国—东盟博览会越南展在越南河内举办　　（百度网）

中国—东盟广播影视合作圆桌会议

2016 年 9 月 7～8 日在中国南宁举办，由中国国家新闻出版广电总局主办，中国广西新闻出版广电局承办，中国广西人民广播电台、广西电视台共同协办。来自中国及东盟等国家广播影视界的代表围绕“凝聚‘一带一路’共识促进媒体深度合作”主题，就进一步深化中国—东盟广播影视务实合作深入交换意见，开展交流和探讨，共同展望中国—东盟广播影视交流合作前景，达成系列共识。会议举办 5 场签约仪式，签约项目分别是：中国广西电视台与柬埔寨国家电视台关于电视剧《推拿》播出合作协议，中国广西人民广播电台与老挝国家广播电台关于合作开展“中国广播剧场”栏目补充协议，中国广西电视台与越南 Net Viet 多媒体股份有限公司节目交流协议，中国广西人民广播电台分别与柬埔寨国家电视台和老挝国家电视台合办电视栏目《中国动漫》协议。会议还配套举办中国—东盟广播影视合作成果展，对《中国剧场》落地东盟国家和影视技术交流成果进行展示。

中国—东盟矿业合作论坛

2016 年 9 月 8～9 日在中国南宁举办，由中国国土资源部、广西壮族自治区人民政府共同主办，广西壮族自治区国土资源厅、中国国土资源部科技与国际合作司、广西地质矿产勘查开发局联合承办。论坛以“信息共享，合作共赢”为主题，围绕中国—东盟矿业形势分析与预测、矿业投资机会与策略、矿业项目与技术合作、矿业信息与服务等重要议题进行深入探讨。中国广西壮族自治区副主席张秀隆、中国国土资源部副部长曹卫星和老挝能源矿产部副部长西纳万·苏发努冯，柬埔寨矿产能源部国务秘书铭·萨克提拉、副国务秘书聂·首梅，马来西亚自然资源与环境部副秘书长纳兹里·宾·亚哈亚和缅甸、泰国、越南等东盟国家矿业部门高官出席会议。论坛期间，老挝能源矿产部和中国广西壮族自治区人民政府签署合作谅解备忘录。

论坛还于 9 日举行矿业信息服务平台建设研究、地学研究等两个分论坛活动。中国专家韦栋梁、李超岭、向文帅、薛山顺，东盟矿物数据库信息系统工作组成员穆哈拉姆·希尔曼，马来西亚矿产与地球科学局艾哈迈德·纳兹里，越南地球科学和矿产资源所研究员阮提轩，华为技术有限公司专家谢咏霖等 8 位嘉宾在矿业信息服务平台建设研究论坛上发表演讲。东盟和中国的 300 多位代表参加地学研究论坛，中国地质科学院副院长王小烈、矿产资源研究所院士裴荣富，中国中南工业大学院士何继善，以及印度尼西亚矿产煤炭与地热资源中心矿产处处长阿明·丹普博隆，泰国矿产资源局矿管处处长苏拉差·斯里彭撒添，中国地质调查局成都地质调查中心副总工程师谢渊，中国地质调查局水环所研究员程彦培等 7 位嘉宾作主题发言，分享地学科技理论和勘查的新技术、新成果。论坛还举行中国—印度尼西亚地球化学合作项目成果移交仪式，中国—印度尼西亚地学合作项目、中国—柬埔寨地学合作项目签约仪式。

第 2 届中国—东盟警学论坛

2016 年 9 月 8～9 日在中国南宁举办，由中国公安部国际合作局和中国警察协会共同举办，中国广西壮族自治区公安厅、中国广西警察协会协办。中国和东盟国家的 120 名警学专家参加论坛活动。论坛围绕“地域经济共同发展与跨国警务合作”的主题，重点就“一带一路”建设背景下，共同打击跨国毒品犯罪、恐怖主义犯罪、电信诈骗犯罪、拐卖人口犯罪以及企业安全保卫等方面的警务合作进行交流。中国公安部部长郭声琨为论坛召开发贺电，中国公安部党委委员孙力军在南宁会见缅甸内政部副部长昂梭、柬埔寨警察总署副总监唐林等东盟国家主要代表，并在论坛开幕式上致辞。

第9届中国—东盟智库战略对话论坛

9月8日，第9届中国—东盟智库战略对话论坛在中国南宁举行　（百度网）

2016年9月8日在中国南宁举办，由中国社会科学院和中国广西壮族自治区人民政府联合主办，广西社会科学院和中国—东盟博览会秘书处共同承办。论坛以“21世纪海上丝绸之路与中国—东盟命运共同体建设”为主题，重点讨论21世纪海上丝绸之路与中南半岛经济走廊建设、21世纪海上丝绸之路与中国—东盟国际产能合作、21世纪海上丝绸之路与中国—东盟海上合作、东盟共同体建设与中国—东盟合作发展、21世纪海上丝绸之路与中国—东盟智库交流机制建设等5个议题。中国社会科学院副院长蔡昉、中国广西壮族自治区人民政府副主席黄日波、老挝社会科学院副院长恩格西维丽、柬埔寨皇家科学院副院长宋春奔出席开幕式。专家们提出应进一步加强智库联手合作，推动智库合作协议签署、论坛常设机构设立、智库常态化交流、“一带一路”学术研究，通过智库共识促进政府共识，为“一带一路”建设和中国—东盟合作提供更多顶层设计和智力支撑。

中国—东盟科技创新与台风灾害应对研讨会

2016年9月8～9日在中国南宁举行，由中国民政部主办，中国国家减灾中心和中国广西壮族自治区民政厅共同承办。中国和菲律宾、缅甸、印度尼西亚、马来西亚、越南、老挝、泰国、柬埔寨等9个国家，以及联合国国际减灾战略小组、亚太空间合作组织等组织的几十位专家和代表，就台风灾害应对中的科技成果创新与应用等问题进行深入研讨。中国国家减灾委员会专家委员会相关负责人和东盟灾害管理委员会主席DodyRuswandi作主旨报告。

2016中国—东盟环境合作论坛

2016年9月10日在中国南宁举办，由中国国家环境保护部和中国广西壮族自治区人民政府主办。东盟各国和东盟秘书处的高级官员、联合国环境规划署、环境研究所亚洲中心等国际组织代表以及中国环保部、各省环保部门官员、学者和企业界代表200多人应邀出席。

本次论坛由主论坛和“环境技术合作与创新”“实现2030年可持续发展议程的环境目标”两个分论坛组成。主论坛以“绿色发展与城市可持续转型”为主题。论坛还举办中国环保产业与技术展示，展示内容有中国—东盟环保产业合作图片展，广西对外合作项目成果展，水污染防治技术、产品及设备，大气污染防治技术、产品及设备，固体废弃物处置技术及设备，危险废弃物处置技术，生态修复技术，环境污染综合解决方案等，从多个领域展示中国环保产业技术及成效。

首届中国—东盟社会工作论坛

2016年9月10日在中国南宁举办，由中国民政部、中国广西壮族自治区人民政府共同主办。论坛以“社会工作与扶贫济困”为主题，围绕社会工作发展经验、机遇、挑战和对策，以及社会工作介入扶贫济困的使命、角色、经验和对策两个议题展开研讨。文莱、柬埔寨、老挝、印度尼西亚、马来西亚、缅甸、菲律宾、新加坡、泰国、越南等10个东盟国家的26名政府官员、16名专家学者出席论坛并发表主题演讲。中国民政部副部长顾朝曦、广西壮族自治区人民政府副主席黄世勇以及民政部相关司局负责人、中国内地及香港、澳门特别行政区的社会工作专家、民政部门负责人50多人参加论坛活动并与东盟国家代表开展对话研讨。

2016中国—东盟农资产业高峰论坛

2016年9月10日在中国南宁举办，由中华全国供销合作总社、中国广西壮族自治区人民政府共同主办。论坛以“新丝路、新机遇、新平台、新合作”为主题展开研讨。中华全国供销合作总社党组成员、理事会副主任肖仲凯，广西壮族自治区人民政府副主席张秀隆出席论坛开幕仪式并讲话。中国有关部门、柬埔寨外交部领事巡查司、中国—东盟农资商会和中国农业生产资料流通协会的代表，以及中国与东盟国家农资、农业、经贸领域企业负责人等150多人出席相关活动。第7届中国农资总裁圆桌会议同时举行。

第 5 届中国—东盟质检部长会议

2016 年 9 月 10 日在中国广西南宁举行。以“推进中国—东盟 SPS 互联互通，打造质量安全命运共同体”为主题。东盟国家主管卫生与植物卫生事务部门、中国及东盟秘书处的 95 名代表出席。会议审议第 5 届中国—东盟 SPS 合作联络机制会议联合主席报告和建议；审议并批准中国—东盟 SPS 合作备忘录《2017～2018 年度行动计划》，未来两年各方将重点加强信息通报交流、人员互访、技术培训和能力建设、联合研究、完善机制等 5 个方面的工作；审议和批准《第 5 届中国—东盟质检部长会议（SPS 合作）联合声明》《第 5 届中国—东盟质检部长会议（SPS 合作）联合新闻声明》。

第 11 届中国—东盟文化论坛

2016 年 9 月 10 日在中国南宁举办，由中国文化部和广西壮族自治区人民政府共同主办。论坛以“交流与共享——艺术教育合作与发展”为主题，围绕艺术职业教育与艺术传承发展、艺术职业院校办学特色等展开专题研讨。其间，主办方还举办第 11 届“红铜鼓”中国—东盟艺术教育成果展演等配套活动。本届论坛首次增设中国—东盟艺术院校校长圆桌会议，就艺术职业教育与艺术传承发展、艺术职业院校办学特色等内容进行交流。中国文化部副部长丁伟、广西壮族自治区副主席黄日波、东盟轮值主席国老挝新闻文化旅游部副部长沙湾空·拉沙蒙迪、中国—东盟中心秘书长杨秀萍、中国教育部国际合作与交流司副司长陈盈晖，以及东盟国家文化部官员、中国艺术职业教育院校代表等共同出席论坛开幕式。

第 13 届中国—东盟博览会台湾精品展

2016 年 9 月 11 日在中国南宁举行。台湾贸易中心组织 202 家台湾知名企业参加。展览获得台湾精品奖的产品 523 件，其中包括宏基、华硕、微星、友讯、讯连、讯舟、大同、元太、雷虎、必翔、乔山、捷安特、美利达等著名企业创新含量高的 30 个品牌 61 件产品，应用领域涵盖环保生活、运动休闲、医疗保健、消费电子等品类。

9 月 10 日，第 11 届中国—东盟文化论坛在中国南宁举办　　（百度网）

2016 年中国—东盟林业合作论坛

2016 年 9 月 11 日在中国南宁举办，由中国国家林业局和广西壮族自治区人民政府联合主办，国家林业局国际合作司、广西壮族自治区林业厅、南宁市人民政府共同承办，中国—东盟博览会秘书处协办。东盟国家及中国的林业官员、专家、企业代表等 200 多人参加。论坛围绕“维护森林生态安全，提高国民绿色福祉”主题，探讨加强森林资源保护与利用、加强科技创新驱动促进林业合作共赢及推进中国和东盟成员国林业发展与合作的对策。中国国家林业局局长张建龙、副局长陈凤学，广西壮族自治区副主席张秀隆以及老挝、越南、马来西亚、柬埔寨、印度尼西亚等国家的林业部门官员参加论坛活动。

中国—印度尼西亚气象和气候领域合作联合工作组第一次会议

2016 年 9 月 11 日在中国南宁举行。中国气象局局长、联合工作组联合组长郑国光，印度尼西亚气象、气候和地球物理局局长、联合工作组联合组长 AndiEkaSakya 出席会议。会议讨论确定联合工作组工作机制，审议批准合作计划。双方签署会议会谈纪要。

第 4 届中国—东盟技术转移与创新合作大会

2016 年 9 月 11 日在中国南宁举行，由中国科技部和广西壮族自治区人民政府共同主办。中国、文莱、马来西亚、柬埔寨、印度尼西亚、老挝、缅甸、泰国、越南等东盟国家科技主管部门部级领导及代表参会。大会以“技术转移引领，创新合作发展”为主题，通过组织高层主旨演讲、中国—东盟国际创新合作论坛、先进技术展等系列活动，探索建设科技合作新模式，打造中国—东盟科技创新共同体。会上，中越边境农业科技走廊建设、中泰健康医疗科技联合计划、广西—广宁技术转移中心、中缅太阳能联合研究中心、中柬农业科技示范园等 9 个重点科技合作项目正式签约。

2016 中国—东盟防灾减灾与可持续发展专家论坛

2016 年 9 月 11～12 日在中国南宁举办，由中国财政部、外交部重点支持，广西气象局、广西科协联合主办，中国广西气象学会承办。来自中国和东盟国家的气象、水利、地震、地质等领域专家近 150 人出席。论坛围绕“做好防灾减灾工作,更好地服务‘一带一路’”主题展开讨论,旨在深化中国与东盟防灾减灾交流合作,提升国家间自然灾害联防能力。

第 10 届中国—东盟青年艺术品创作大赛获奖作品展

2016 年 9 月 12 ~ 16 日在中国南宁举办,由中国共青团广西区委、广西壮族自治区文化厅、广西壮族自治区博览局、广西青年联合会、南宁市人民政府联合主办。中国—东盟青年艺术品创作大赛自 2016 年 5 月启动,以“携手十载艺术梦青春共创丝绸路”为主题,共收到近 300 名中国和东盟青年艺术家油画作品 1125 件、雕塑作品 351 件。大赛评审团遴选 96 件作品,在中国—东盟博览会期间进行展示。此外,大赛组委会还在南宁市万象城开设分展区,展示历届大赛优秀获奖作品。

中国—东盟电力合作与发展论坛

2016 年 9 月 11 ~ 12 日在中国南宁举办,由中国电力企业联合会、中国—东盟博览会秘书处共同主办,中国大唐集团公司协办,中国国际贸易促进委员会电力行业委员会和南宁华越会展服务有限公司承办。论坛以“发展清洁电力,共促经济发展”为主题,围绕清洁电力发展、区域互联互通、国际电力合作等议题展开交流。论坛致力于为中国和东盟国家能源电力项目、业务合作和信息往来搭建高效互动平台。中国广西壮族自治区副主席陈刚、国家能源局南方监管局局长陈建长,中国电力企业联合会常务副理事长杨昆,中国电力企业联合会副秘书长安洪光,越南能源协会主席陈曰义,中国大唐集团公司副总经理王森,中国—东盟商务理事会执行理事长许宁宁,老挝能源与矿产部副部长维拉蓬·维拉旺等领导以及中国电力企业联合会和中国电力发展促进会各理事单位,各相关企业、媒体代表等近 300 人参加论坛活动。

首届中国—东盟气象合作论坛

2016 年 9 月 11 日在中国南宁举办,由中国气象局和广西壮族自治区人民政府联合主办。论坛以“区域气象灾害监测与共同防御”为主题,针对区域气象灾害特点,分享气象防灾减灾和应对气候变化方面的经验与成果,研讨建立气象灾害联合监测与防御机制。中国、越南、印度尼西亚、老挝、马来西亚、缅甸、菲律宾、新加坡、泰国等国家的气象水文部门,以及世界气象组织、联合国亚洲及太平洋经济社会委员会、台风委员会等国际组织代表出席论坛。中国气象局局长郑国光,中国广西壮族自治区副主席张秀隆,越南自然资源和环境部副部长周范玉显,印度尼西亚气象、气候和地球物理局局长安迪·埃卡·萨卡亚等在论坛开幕式上致辞。论坛通过《中国—东盟国家气象合作南宁倡议》。根据倡议,中国与东盟国家将在区域气象合作机制建设、气象观测、气象灾害联防、业务技术交流、气候服务、气象仪器标定、气象培训、航空气象等方面加强合作。

9 月 11 日,中国—东盟电力合作与发展论坛在中国南宁举办　（百度网）

2016 中国—东盟统计论坛

2016 年 9 月 12 日在中国南宁举办,由中国国家统计局、中国广西壮族自治区人民政府联合主办。柬埔寨、印度尼西亚、老挝、马来西亚、缅甸、菲律宾、新加坡、泰国、越南和中国等国家的政府统计机构,中国国家发展和改革委员会、财政部、商务部、人民银行等部委,以及联合国统计司、联合国亚太经济社会委员会、亚洲基础设施投资银行等国际机构的 70 多名代表参加论坛。代表们就共享统计信息资源,促进合作共赢,探索建设中国—东盟信息港,服务中国—东盟自由贸易区升级版和“21 世纪海上丝绸之路”建设的领域和机制,以及大数据在官方统计中的应用等进行深入探讨,共同描绘巩固和深化中国—东盟双方统计合作的美好前景。

在论坛开幕式上,主办方举行《中国—东盟统计年鉴(2016)》首发式。

第 5 届中国—东盟物流合作论坛

2016 年 9 月 13 日在中国南宁举办,由中国广西壮族自治区人民政府和中国物流与采购联合会共同主办。论坛以“创网上丝路,促东盟互联”为主题,围绕如何开创中国与东盟物流合作格局展开交流和探讨。中国物流与采购联合会、中国物流学会、中国交通运输部、广西物流与采购协会以及泰国、新加坡的物流业专家学者、商协会负责人、政府官员、企业代表等500多人参加论坛活动。

第2届中国—东盟保险合作与发展论坛

2016年9月19日在中国南宁举办，由中国保监会和广西壮族自治区人民政府共同主办。中国保监会副主席陈文辉、广西壮族自治区副主席蓝天立以及新加坡、缅甸、老挝、柬埔寨、泰国、斯里兰卡、巴基斯坦、中国香港特别行政区等8个国家和地区的保险监管机构负责人出席。论坛以"开拓创新，探索中国与东盟保险监管合作新思路"为主题，就新兴市场风险管理和实践以及各自保险领域监管改革和市场运行情况展开交流。

第13届中国—东盟商务与投资峰会

中国—东盟商务与投资峰会概况

2003年10月，中国国务院总理温家宝在印度尼西亚巴厘岛举行的第7次中国—东盟(10+1)领导人会议上提出，每年举办中国—东盟商务与投资峰会和中国—东盟博览会，作为推动中国—东盟自由贸易区建设的一项实际行动。这一建议得到东盟各国领导人的积极响应，并写入主席声明。2004年11月，第1届中国—东盟商务与投资峰会和第1届中国—东盟博览会在中国广西南宁市国际会展中心举行。

中国—东盟商务与投资峰会由中国贸促会、中国商务部和广西壮族自治区人民政府共同主办，东盟工商会、中国—东盟商务理事会、文莱国家工商会、柬埔寨总商会、印度尼西亚工商会馆、老挝国家工商会、马来西亚全国工商总会、缅甸工商会联合会、菲律宾工商会、新加坡工商联合总会、泰国工业联盟、越南工商会协办，中国—东盟商务与投资峰会秘书处承办。其宗旨为推动中国与东盟的全面经济合作，推动中国—东盟自由贸易区的建设，搭建中国与东盟各国政府宣传经贸政策的平台，促进中国与东盟工商界的了解与合作，促进政府、学术界和企业界之间更广泛的互动和对话，表达工商界对政府的意愿。至2016年，已举办13届中国—东盟商务与投资峰会和中国—东盟博览会。自2014年起，中国—东盟商务与投资峰会和中国—东盟博览会开幕式合并举办。

2016年9月11~14日，第13届中国—东盟商务与投资峰会与中国—东盟博览会在广西南宁国际会展中心举行。9月11日，第13届中国—东盟商务与投资峰会与中国—东盟博览会合并开幕，中共中央政治局常委、国务院副总理张高丽发表主旨演讲。除开幕式外，本届峰会还举办中国—东盟信息港论坛、中国—东盟电子商务峰会、中国—东盟卫星导航合作论坛、第2届21世纪海上丝绸之路与推进国际产能和装备制造合作论坛、中国—东盟工商论坛、中国—东盟企业家合作高端对话会、首届中国—东盟商会领袖高峰论坛、越南国家领导人与中国企业CEO圆桌对话会等重要活动和系列论坛。

第2届中国—东盟信息港论坛

2016年9月11~12日在中国南宁举办，由中国国家互联网信息办公室、国家发展和改革委员会、工业和信息化部、广西壮族自治区人民政府共同主办。论坛以"中国—东盟信息港——共建·共享·共赢"为主题，设中国—东盟信息港建设展望、网络基础设施互联互通、网络人文交流合作等议题以及中国—东盟电子商务峰会、中国—东盟卫星导航合作等分论坛。中国和东盟国家的政府部门官员、互联网企业负责人、知名学者等500多人与会，共商共议务实推进信息港建设之道。中国广西壮族自治区主席陈武、国家互联网信息办公室副主任庄荣文、国家发展和改革委员会副主任林念修、工业和信息化部副部长陈肇雄、柬埔寨新闻部大臣乔干纳烈、印度尼西亚通信和信息技术部部长高级顾问亨利·苏比亚托分别在论坛开幕式致辞。开幕式上还举行3批重点合作项目签约仪式，新华速汇公司、越南西贡商信银行，中国国家遥感中心、老挝农林部科技委员会等单位签署合作协议。

中国—东盟电子商务峰会　2016年9月11~12日在中国南宁举办，由中国广西壮族自治区人民政府主办。峰会以"'互联网+'引领未来、中国—东盟跨境合作"为主题，围绕"中国—东盟互联网+新经济"

9月11~12日，第2届中国—东盟信息港论坛在中国南宁举办　（百度网）

"跨境电商,合作共赢"和"互联互通,共建共享"三大议题开展主题演讲及高端对话,探讨"跨界互联,创新发展"新模式,为"互联网+"时代电子商务的深度合作谋篇布局,打造中国—东盟电子商务合作交流的高端平台。中国和东盟国家的政府官员、重要商协会负责人、经济学家及敦煌网、大龙网、亿邦动力网、顺丰控股和马来西亚、泰国、缅甸等东盟国家的电商领军企业代表等600多人参加峰会,达成一系列合作协议。谷歌、一达通、至简云图、大龙网等的合作项目在峰会期间签约落地,涵盖跨境电商、农村电商、电商培训等多个领域。

中国—东盟卫星导航合作论坛　2016年9月12日在中国南宁举办,由广西壮族自治区人民政府主办。中国和东盟主要国家卫星技术应用相关的政府部门、企业、商协会等组织的中外代表约300人应邀参加。论坛以"丝路导航　合作共享"为主题,设4个议题:中国国内卫星应用方式、前景、案例介绍,中国—东盟卫星产业合作的平台、路径和商业模式探讨,高精度位置服务发展的趋势,中国—东盟卫星导航国际合作联盟倡议,分致辞、演讲、专家对话、企业对话、倡议等5个环节开展。桂林电子科技大学校长古天龙发起的中国—东盟卫星导航国际合作联盟倡议,得到中国卫星导航系统定位协会等国内社会团体、企业,以及马来西亚、印度尼西亚、泰国、新加坡、越南、老挝、缅甸、柬埔寨等东南亚国家代表的响应。论坛期间还开展中国—东盟卫星导航国际合作联盟筹建活动。

第2届21世纪海上丝绸之路与推进国际产能和装备制造合作论坛

2016年9月11日在中国南宁举办,由中国国家发展和改革委员会、商务部和广西壮族自治区人民政府共同主办。论坛以"同绘合作新蓝图,共筑命运共同体"为主题,旨在促进中国与东盟及海上丝绸之路沿线国家的政府、企业和机构进一步交流,推动各国国际产能和装备制造合作不断取得新进展。中国、东盟及海上丝绸之路沿线国家的政府官员、国际组织负责人、金融机构及知名专家学者、企业、媒体代表600多人参加论坛。中共广西壮族自治区委员会书记彭清华,中国外交部副部长刘振民出席论坛并致辞,中国国家发展和改革委员会副主任兼国家统计局局长宁吉喆、商务部副部长高燕发表主旨演讲。论坛期间,相关企业代表现场签约合作,项目涉及能源、航空、信息技术、金融、渔业等领域。

第2届中国—东盟工商论坛

2016年9月12日在中国南宁举办,由中国国家工商总局、广西壮族自治区人民政府共同主办。与会嘉宾200多人。围绕"商标品牌保护与发展"主题,与会各方就中国与东盟国家商标品牌保护发展的最新情况进行交流和分享彼此经验。中国广西壮族自治区副主席黄日波出席开幕式并致辞,中国国家工商总局副局长刘俊臣、柬埔寨商务部副部长欧克·帕奇、老挝科技部副部长洪潘·因塔拉、马来西亚国内贸易合作与消费事务部副部长亨利·逊·阿贡、缅甸教育部副部级常务秘书索·温等分别发表演讲,分析商标知识产权领域发展的新形势,阐述商标品牌保护与发展的新途径,表达携手深化区域经贸合作的信心和决心。

中国—东盟企业家合作高端对话会

2016年9月11日在中国南宁举行,由中国—东盟博览会秘书处主办,中国—东盟企业家联合会、《中国—东盟博览》杂志社承办。来自中国、泰国、马来西亚、印度尼西亚、柬埔寨、文莱等国的100多位企业家,就中国—东盟企业家联合会的责任与任务、中国—东盟国际产能合作基金设立、中国—东盟自由贸易区的机遇与发展等议题进行深入探讨,旨在通过互通经贸信息、提供对话渠道、搭建商务平台,推动国际产能合作。对话会通过设立中国—东盟国际产能合作基金的倡议。

首届中越跨境经济合作论坛暨广西东兴国家重点开发开放试验区专场推介会

2016年9月12日在中国南宁举办,由广西壮族自治区发展和改革委员会、商务厅、北部湾办、中国—东盟博览会秘书处、中越友好协会、中央民族大学、防城港市人民政府、广西东兴国家重点开发开放试验区管委会共同主办。与会嘉宾约400人。中国广西防城港市、东兴国家重点开发开放试验区管委会共与客商签

9月12日,第2届中国—东盟工商论坛在中国南宁举行　(百度网)

约项目26项,项目总金额734.15亿元,涉及汽车服务、电子商务、旅游文化、电力、金融、商贸物流等众多领域。防城港市人民政府、东兴国家重点开发开放试验区管委会、中青旅控股股份有限公司还成功签订三方战略合作协议,东兴国家重点开发开放试验区管委会与中央民族大学签订战略合作协议。

中国企业"走出去"东盟金融合作洽谈会

2016年9月12日在中国南宁举行,由中国农业银行总行主办。中国国内的70多家"走出去"企业参会。与会嘉宾围绕中国与东盟政治经济形势、香港金融服务企业走进东盟、新加坡资本市场服务企业走进东盟等金融市场热点问题和有关政策法规发言。其间,中国农业银行分别与广西投资集团、广西交通投资集团、广西北部湾国际港务集团、广西农垦集团、上海巴安水务股份有限公司等11家企业签订"走出去"金融合作协议。

中国驻东盟国家使领馆商务参赞与企业家交流会

2016年9月12日在中国南宁举行,由中国商务部亚洲司、中国—东盟博览会秘书处和广西壮族自治区商务厅联合举办。中国驻东盟国家大使馆、领事馆商务参赞,中国工商银行、工行东盟国家分支机构行长,国内省市外经部门负责人,中央企业代表、民营企业代表等110人与会。围绕"推动中国企业'走出去'投资东盟"会议主题,与会商务参赞从东盟国家的国情、税收状况、政策、产业、市场需求、渠道、劳务等方面为企业进行有针对性的解答,帮助企业明确投资方向、了解投资政策、获得资金支持,推动中国与东盟的产能合作,促进中国更多装备制造业"走出去"。

中泰两国四园推介活动

2016年9月11~14日在中国南宁举办,由中国崇左市和泰国莫拉限府共同主办。两国有关政府部门嘉宾和企业代表200多人参加。推介活动突出对中国—泰国崇左产业园、泰国莫拉限府经济特区、泰国泰中罗勇工业园、泰国暹罗东方工业园等4个园区独特的区位优势、政策优势、建设成果的推介,共同探讨两国四园间跨境经济合作的重点、热点、难点问题,搭建无缝对接合作平台,助推在产业、金融、贸易、劳务、互联互通等领域的合作。

首届中国—东盟商会领袖高峰论坛

2016年9月12日在中国南宁举办,由中国广西壮族自治区人民政府主办,广西海外联谊会、广西壮族自治区投资促进局承办。中国及东盟国家近400名官员、商界代表参会,围绕"产业合作、共建共赢"的主题共商"一带一路"建设中的商会发展。中共广西壮族自治区委员会常委、统战部部长李康,中国—东盟工商总会会长杨天华在会上致辞;中国—东盟商务理事会执行理事长许宁宁、桂商总会会长李非列、广东投资协会副会长林旭初以及广西中马钦州产业园区开发有限公司总裁拿督翁忠义等发表主旨演讲。

第8届中国—东盟金融合作与发展领袖论坛

2016年9月12日在中国南宁举办,由中国广西壮族自治区人民政府、中国金融学会、中国银行业协会、中国证券业协会、中国保险行业协会、中国工商银行共同主办。论坛设主论坛和分论坛,主论坛以"中国—东盟金融双向开放"为主题,分论坛以"中国—东盟资本市场双向开放"为主题。区域内的金融监管部门、金融机构、企业负责人、专家等近500人出席论坛及相关活动。中国广西壮族自治区人民政府分别与中国太平洋保险集团、泰康保险集团、恒丰银行签订战略合作协议,中国工商银行与柬埔寨国家银行签订银行间市场直接投资托管协议和代理债券交易与结算协议,中国进出口银行与中国交通银行、中国邮政储蓄银行广西区分行与越南工商银行有关省(市)分行分别签订战略合作协议,广西北部湾银行与柬埔寨加华银行签订股权合作协议。

投资马六甲论坛

2016年9月11日在中国南宁举办,由马来西亚马六甲州政府主办。这是马来西亚首次由省级政府通过中国—东盟博览会举办的投资招商论坛。马六甲行政议员拿督林万锋在论坛开幕式上发表主旨演讲,向中国和东盟其他国家的客商推荐马六甲投资机会。论坛上,马来西亚永大集团和凯杰发展有限公司相关负责人分别推荐介绍"印象马六甲"和"皇京港"2个热点招商项目。"印象马六甲"是中国著名导演张艺谋"印象系列"的首个海外项目,通过参照阳朔"印象刘三姐"的成功做法,开发印象城,促进马六甲旅游业升级。"皇京港"项目由马来西亚凯杰发展有限公司与中国电建集团国际工程有限公司合作建设,项目位于马六甲海峡咽喉核心要道,是马来西亚国家级工程项目和马中两国合作的重要项目。

斯里兰卡投资推介会

2016年9月11日在中国南宁举办,由斯里兰卡工商部主办。会议重点推介斯里兰卡软硬件设施、投资环境、珠宝行业、茶叶行业等。有意在斯里兰卡投资的中资企业代表近150人参会并踊跃提问。中国广西壮族自治区政协副主席刘新文、斯里兰卡工商部部长里沙德·巴蒂于廷出席推介会。斯里兰卡驻中国广州总领事莎妮卡·迪萨纳亚克表示,斯里兰卡是海上丝绸之路的重要枢纽,双方合作的互补性强,潜力巨大,前景广阔。

中国河南省情说明会暨项目签约仪式

2016年9月11日在中国南宁举办，由河南省人民政府主办。中共广西壮族自治区委员会副书记李克、广西壮族自治区人大常委会副主任王跃飞、河南省政协副主席史济春等出席相关活动。河南经贸代表团参会人数近700人，有9名市级负责人作重点推介，共达成合作项目79项，其中招商引资项目65项，项目总金额219.6亿元，其中48个项目现场集中签约，签约金额177亿元。

越南政府总理阮春福与中国企业CEO圆桌对话

2016年9月11日在中国南宁举行。越南政府总理阮春福首先介绍越南政治、经济和吸引外资情况，然后围绕“深化中越经贸合作，实现共同发展”的主题，与越南政府工贸、计划投资、交通、信息通讯等部门负责人，就中国农业银行、天虹集团、华为、南方电网、华夏幸福、赛轮金宇集团、银联国际的7位中方企业CEO所关心的金融、汽配、纺织、通讯、工业园区等领域项目建设问题进行务实的对话交流。中国广西壮族自治区主席陈武出席并致辞。越南贸促局局长裴辉山主持圆桌会，中国广西壮族自治区副主席蓝天立以及中越双方相关部门官员、企业家代表和工商界人士出席对话活动。

中国百色市重点产业投资推介会暨项目签约仪式

2016年9月11日在中国南宁举行。本届中国—东盟博览会期间，百色市共签约项目51项，签约投资总额393亿元。在项目签约仪式上，中外客商纷纷与百色市有关部门、县(市、区)签订合作项目，涉及商贸物流、电子商务类项目，加工制造类项目、现代服务业项目，生物医药、中医药民族医药类项目，食品、农副产品类项目，交通能源基础类项目，旅游、长寿健康养生项目及现代农业等8大类，其中现代农业、加工制造业以及旅游、长寿健康养生类项目分别有14项、11项和10项。

9月11日，越南政府总理阮春福与中国企业CEO圆桌对话在中国南宁举行

（人民网）

越南投资推介会

2016年9月11日在中国南宁举办，由越南外国投资局主办，中国—东盟博览会秘书处承办。越方在推介会上着重介绍越南的基本国情和近年经济发展情况、中越贸易投资关系、引进投资和工业发展政策以及贸易投资竞争优势等，诚邀中国企业到越南投资兴业。参会中方企业代表表示，通过此次推介会，更加感受到赴越投资的互补优势，将主动前往越南，实地考察投资环境。

中国—东盟钢铁产业发展峰会暨第9届中国钢铁高峰论坛

2016年9月11日在中国南宁举办。以“新形势 新发展 新未来”为主题。东盟国家的政府代表、钢铁行业企业代表、中国有关省区代表和专家学者、企业家出席。河南省商务厅、中钢网、钢钢网等代表先后致辞。论坛分宏观经济篇、东盟贸易篇、创新发展篇、共赢腾飞篇4个环节，中国钢铁工业协会等7家机构及企业负责人围绕中国钢铁行业2016年运行情况及展望、加快中国—东盟钢铁产业合作、一带一路对钢铁行业的机遇分析等话题作主题发言和分享。中外嘉宾围绕钢铁行业未来趋势及变革之路各抒己见。

文莱国家推介会

2016年9月12日在中国南宁举行。重点对文莱招商引资政策和水晶公园医疗中心、水晶国际学校、文莱国际学校等项目进行推介。文莱首相府部长兼外交与贸易部第二部长林玉成、文莱首相府能源和工业部部长亚斯敏、中国驻文莱大使杨健以及有意赴文莱投资或与文莱合作的中方企业代表等近150人出席推介会。

印度尼西亚展商专场贸易配对会

2016年9月12日在中国南宁举行，由印度尼西亚贸易部国家出口发展总司主办，中国—东盟博览会秘书处承办。来自印度尼西亚的柚木家具、手工艺品、咖啡、时尚珠宝等行业的展商现场与各国贸易商开展贸易洽谈。配对会通过组织东盟企业采购中国商品、组织中国优质采购商采购印度尼西亚特色商品，进一步加强中国与印度尼西亚的经贸联系，实现互惠共赢，推动印度尼西亚更多优质商品出口中国。

金色土地——缅甸国家推介会

2016年9月12日在中国南宁举行，由缅甸商务部贸易司主办，中国—东盟博览会秘书处承办。缅甸商务部官员在推介会上详细介绍本国贸易投资最新政策、投资机遇等。中国广西壮族自治区政协副主席沈北海出席推介会并表示，广西愿鼓励和支持有实力的企业到缅甸开展基础设施、农业种植加工等领域合作，支持广西企业扩大缅甸产品进口，拓展双方合作领域。

老挝—中国商贸投资论坛

2016年9月12日在中国南宁举办，由老挝计划投资部和老挝工贸部共同主办，旨在推介老挝投资环境、投资法规和机遇，帮助投资者了解老挝产业园区发展。论坛上，老挝方面表示，到2020年，万象将建设成为老挝的经济、旅游和贸易中心，展现老挝革新开放的全新气象。与会中国企业家表示，老挝作为中国合作发展的重要伙伴，又是一衣带水的友好邻邦，加之政治安定、民风淳朴，矿产资源、森林资源和水电资源亟待开发，到老挝投资将获得双赢。

柬埔寨商机与投资论坛

2016年9月12日在中国南宁举办，由柬埔寨商业部主办。中国广西壮族自治区人大常委会副主任王跃飞、柬埔寨商业部部长潘索萨、柬埔寨首相经济顾问方侨生出席。论坛上，与会嘉宾分享中资企业在柬埔寨投资的成功经验，围绕加强柬中两国在基础项目投资建设、农业科技、产品研发、文化交流等领域的互利合作，推动双边经济合作向纵深发展等议题展开研讨。

菲律宾投资推广研讨会暨商务配对

2016年9月12日在中国南宁举办，由菲律宾贸工部主办。主办方向与会嘉宾重点介绍菲律宾投资优惠政策、逐步稳定和成长的投资环境等，希望中方企业到菲律宾投资。中国广西壮族自治区政协副主席刘君出席研讨会并致辞。

中国广西凭祥重点开发开放试验区推介会

2016年9月12日在中国南宁举行，由广西崇左市人民政府主办。主办方向与会嘉宾及客商详细介绍试验区的区位优势、政策优势、投资环境，吸引广大客商投资崇左，加入“一带一路”开放开发，实现合作上的共荣共赢。天等县、江州区、扶绥县在推介会上推介重点项目，大新县、宁明县、龙州县、凭祥市推介口岸经济重点项目，中泰崇左产业园、广西凭祥综合保税区推介产业配套和优惠政策。在推介会举办的签约仪式上，崇左市与中外客商签约项目42项，项目投资总额258.67亿元，其中亿元以上项目32项，5亿元以上项目13项，100亿元特大项目1项（广西鼎龙国际旅游度假区项目），投资领域涵盖旅游、口岸边贸加工、产业转型、基础设施、产业扶贫、新能源、城镇化建设等。

深圳（福田）专场投资推介会

2016年9月11日在中国南宁举行。重点推介中国国际消费电子展示交易中心项目。深圳国际消费电子展示交易中心有限公司招商经理虎鑫介绍，交易中心占地近4万平方米，以深业上城LOFT为核心，联动亚洲电子第一街华强北商圈，通过运用线上线下、虚拟与现实相结合的方式，构建不落幕的国际消费电子产品展示交易会。

中国—东盟博览会东盟产业园区招商大会

2016年9月12日在中国南宁举行。以“促进产业园区务实合作”为主旨，东盟各国产业园区代表在会上推介园区特色，为中国企业了解其项目信息、投资环境、产业导向、政策法规等提供帮助。推介结束后，东盟各国投资促进官员及园区代表还与与会中方企业代表就感兴趣的问题进行深入交流。

中国电动车走进东盟商机说明会

2016年9月12日在中国南宁举行。中国各大品牌电动车厂家向越南、泰国、柬埔寨等东盟国家经销商推介新产品，让中国电动车产品走进东盟市场，让更多的东盟国家民众享受到中国优质电动车带来的实惠和便利。

9月12日，中国—东盟博览会东盟产业园区招商大会在中国南宁举行 （百度网）

首届世界桂商发展大会

2016年9月13日在中国南宁举行。与会嘉宾围绕“服务国家、建设广西、共谋发展‘一带一路’建设中的桂商机遇与作为”主题，开展主旨演讲。桂商代表、党政官员、经济专家还围绕桂商参与产业升级、产业扶贫开展对话交流。中国全国政协副主席、全国工商联主席王钦敏出席会议并讲话，中共广西壮族自治区委员会书记彭清华致欢迎辞，广西壮族自治区主席陈武主持大会，中共广西壮族自治区委员会常委、统战部部长李康，国务院参事汤敏，桂商总会会长李非列，桂商总会名誉会长李宁分别作主旨演讲。大会期间还举办广西投资政策说明和投资洽谈活动。

中日韩青年科学家创新创业对话

2016年9月13日在中国南宁举办，由中国科学技术交流中心与国际技术转移协作网络共同主办。参加对话活动的有25位中国青年科学家、6位日本青年科学家和8位韩国青年科学家。国际技术转移协作网络副秘书长田瑞雪率团队参加相关活动。围绕“青年科学家创新创业”的主要议题，参加活动的中日韩青年科学家代表从科技创新所涉及的国际合作、技术领域、商业模式、创新要素等不同角度，结合中日韩经贸科技交流合作、青年科学家创新创业机遇、中日韩科技创新合作的成功实践与未来发展、中日韩青年科学家创新创业生态系统建设以及相关的挑战、思考与行动等话题展开讨论。（张　磊）

第18届南宁国际民歌艺术节

南宁国际民歌艺术节开幕晚会

2016年9月11日，第18届南宁国际民歌艺术节暨第13届中国—东盟博览会、商务与投资峰会开幕晚会“本色花山·大地飞歌”在广西体育中心举行。由南宁国际民歌艺术节编委会主办，来自东盟各国的嘉宾、中国—东盟博览会参展商以及各界群众上万人观看演出。晚会以“风起南宁，丝路共鸣”为主题，分“风起南宁”“海上交响”“丝路共鸣”三大篇章，邀请李健、戴玉强、慕林林、陈永馨、罗宁娜、张丹峰、黄龄、黄英、杜氏青花等国内外优秀艺人，演唱国内外经典民族歌曲，奏响“一带一路”交响乐。

9月11日，第18届南宁国际民歌艺术节暨第13届中国—东盟博览会、商务与投资峰会开幕晚会演出场景（百度网）

“风起南宁”“海上交响”“丝路共鸣”三大篇章，分别讲述广西的故事、中国与东盟的故事、中国与世界的故事。晚会序幕在壮族歌手花青燕与藏族、蒙古族歌手联袂演唱新编《大地飞歌》中拉开。“风起南宁”篇章采取南宁童谣与现代国际音乐相结合的形式，讲述南宁的故事。新创歌曲《南宁歌谣》将南宁童谣与流行、饶舌等音乐元素结合，展示南宁城市面貌的巨大变化。歌手师鹏演唱表达花山子民对骆越根祖和花山文化景观的眷恋的《蝶恋花》，唱出了美丽花山跨越几千年的情与画。歌曲《蝴蝶吻花山》《赶圩归来阿哩哩》《心想唱歌就唱歌》《什么结子高又高》《多谢了》《山歌牵出月亮来》等经典广西音乐陆续唱响，让观众感受到广西民歌的魅力。

“海上交响”篇章安排两个重头节目，一是重新演绎壮族经典歌曲《藤缠树》，寓意中国和东盟国家相互依靠、共同发展，同时展现中国拥抱世界的姿态。另一个是音乐情景剧《匆匆那年》，通过邀请东盟国家留学生共同演绎《匆匆那年》《睡在我上铺的兄弟》《青春纪念册》《因为爱情》等多首经典歌曲，反映东盟留学生在中国的生活、学习和情感交流，表现中国和东盟国家的深情厚谊。

“丝路共鸣”篇章则由戴玉强演唱新歌《美丽的南方》，由中国和东盟国家的少年共同演唱《大地之约》，突出“一带一路”倡议意义。

晚会融入“互联网＋”思维，将民族艺术与“互联网＋”融合，联手“唱吧”互联网音乐平台、“映客”互联网直播平台，在互联网上开展线上线下互动活动。从8月11日起就开展“全网民星唱”互动活动，选拔出6名优秀选手在民歌节晚会上演唱广西本土民歌，让本届民歌节晚会更具本土性。在晚会视觉设计上，围绕着花山、铜鼓、朱槿花等浓郁的广西元素来进行创作，着重营造“大家一起互动一起的感觉”，突出青春炫酷的元素。

本色花山·大地飞歌晚会研讨会

2016年9月14日在中国南宁举行。中共广西壮族自治区委员会常委、宣传部部长黄道伟及广西文艺界专家参加。研讨会上,专家们认为,大地飞歌晚会融合花山岩画成功申遗的主题,推出多首原创作品,凸显南宁元素、广西元素和东盟元素。同时,结合互联网手段,世界各地网友通过网络直播观看及合唱,进一步扩大了广西民歌的影响力,唱响中国—东盟友谊之歌。专家们还从晚会主题创意、音乐创作、舞美设计、舞台呈现等多个角度,就晚会如何彰显广西文化,突出花山元素和南宁元素,展示东盟风、国际风等提出诸多建设性意见和建议。

“绿城歌台”群众文化活动

2016年9月12～16日,中国广西南宁市结合第13届中国—东盟博览会、中国—东盟商务与投资峰会举办,在辖区广设歌台,铺开“绿城歌台”群众文化活动。本届“绿城歌台”规模扩大,品质提升。整个活动分中心歌台、城区歌台、五县分歌台等三大板块13个歌台进行。

中心歌台　9月12日在南宁民歌湖水上舞台举行。作为“绿城歌台”中心歌台,承担着整个文化活动的开幕式文艺晚会。开幕式晚会以唱响民歌为主题,以传承民歌为主旨,以发扬民歌文化为主线,通过各地民族文化的精彩展现,打造一个热情似火的壮乡歌圩。晚会分迎客部分和舞台表演部分。其中,迎客部分主要以南宁县区的民俗表演为主,舞台表演区除邀请泰国、越南、俄罗斯、印度、乌克兰等国外优秀节目参演,还邀请中国新疆、西藏、宁夏、内蒙古、广东等优秀民歌手和新民谣乐队参加。通过“乘着歌声来赶圩”“民歌声声传四海”“民歌新韵颂和谐”三个篇章以及“序:唱起山歌迎客来”和“尾声:壮乡歌海扬新帆”的有机串联,共同唱响民歌主旋律。

中心舞台舞美设计美轮美奂。晚会使用铜鼓形状LED环屏,结合民歌湖的秀美风光,巧妙地融入绣球、歌娃等壮乡民族元素,突出自然景观与人文景观的和谐统一,将风光秀美的壮乡歌圩呈现给观众。演出用台上唱台下和的互动模式,让现场观众与演员融为一体,让观众真正来到壮乡大歌圩。“绿城歌台”中心歌台活动至9月16日结束,共上演不同主题的文艺晚会6台。

兴宁区歌台　在兴宁区金桥农产品批发市场举办。演出以“感受家乡美”为主题,让观众感受兴宁区新面貌、新景象。9月12日开幕演出推出的舞蹈《团扇舞》《邕城酱香》《鼓的呼唤》融入壮锦、铜鼓、非遗项目等,展示浓郁地域风情。来自巴基斯坦、印度的艺术家们则带来原生态的民间音乐与热辣的歌舞,让观众领略到别具特色的异域风情。

青秀区歌台　在南湖南广场举行,9月12日首场演出吸引观众3000多人。首场开场舞《花开青秀》拉开青秀区歌台活动的帷幕。演出分为民歌风情、青秀神韵、盛世欢歌三个篇章,用文艺节目的形式诠释青秀区独特的文化内涵。根据“绿城飞歌”主题,青秀区邀请来自广东的著名青年歌手刘广生、张灵珊和自治区内著名歌手池一萃、杨利川、老男孩乐队等,同时还邀请俄罗斯等国家的文艺节目前来助兴。

江南区歌台　演出以“平话情韵·活力江南”为主题,以传承平话文化为主旨,通过新颖独创的载体、生动活泼的咏调、优美律动的舞姿、清新流畅的韵律和壮观大气的场面,描绘江南区充满活力与实力的幸福画卷,展示平话人热烈与欢乐的精神风貌。歌台汇集平话歌舞、器乐、平话民俗表演和江南区平话文化旅游节主题歌演绎于一体,展示江南区特色文化,突出江南区平话民俗文化发源地定位。同时,融合异国风情节目,创新晚会主题和形式,打造歌台娱乐新亮点,引领民歌流行风向标,让观众领略到民歌新唱的独特魅力和外国节目的异域风情。

西乡塘区歌台　9月12日在西乡塘区“美丽南方”忠良村举行。此处歌台,除演出《铜鼓敲出壮乡情》《来年花开再牵手》《藤缠树》等节目外,还邀请魔术表演和斯里兰卡舞蹈表演,让观众在领略本土文艺经典魅力的同时,还品味到异国文化风采。

良庆区歌台　9月12日在良庆区那马镇坛板坡文化广场举行。广西本土艺术团体和泰国、尼日利亚的演员同台踏歌起舞,以歌传情,以舞会友,让群众享受到一场地方特色与异国风情相结合的歌舞大餐。其

9月12日,“绿城歌台”西乡塘区歌台在该区“美丽南方”忠良村举行

(百度网)

中，充满本土特色的开场舞《嘹啰迎客歌》，来自泰国的舞蹈《泰魅力》《美丽的芭提雅》，来自尼日利亚的舞蹈《团劲舞》等，受到观众的喜爱。

邕宁区歌台　9月13日在邕宁区新兴广场举行。以“激情八音·魅力邕宁”为主题，同时举办2016年邕宁壮族八音文化旅游节开幕式。开幕式上，舞蹈《顶蛳山星火》展示邕宁人民继承优良文化传统，共同追求幸福生活的情怀。八音风情表演《喜迎亲》，展示八音与邕宁民间嫁娶紧密相连，一脉相连；来自喀麦隆、泰国等优秀表演团队，为现场观众带来别具特色的演技。

武鸣区歌台　9月12日在武鸣会堂举行。演出以“壮乡歌圩”为主题。来自英国、老挝的外国艺术家与本土尼达妮壮语童声合唱团同台演出，一起赶起热闹的壮乡歌圩。广西尼达妮壮语童声合唱团的小尼达妮，清一色的蓝衣壮，黑色的麻花辫子，孩子们的壮语童声犹如天籁之音，让人陶醉，尽显壮乡特色。武鸣原生态壮语民歌《船从远处来》《壮乡到处都是歌》，老挝的《赞巴花》、英国的舞蹈等，热热闹闹地让观众赶了一场歌圩。

横县歌台　9月12日在横县中心广场举行。演出以“绿城歌台·醉美花乡”为主题。一曲《茉莉绽放》拉开演出序幕，来自喀麦隆的非洲之星乐队唱起热情奔放的喀麦隆民歌，尼泊尔塔奴舞 Nepal 舞团为观众奉上独具特色的尼泊尔舞蹈节目。最后，一曲《共同家园》把现场气氛推向最高点，整场演出也随之圆满落幕。

宾阳歌台　9月13日在宾阳县城文化广场举行。来自老挝、泰国等国及宾阳县的文艺表演者，同台献艺。本届宾阳歌台以“炮龙之乡·书香宾阳”为主题，在独具炮龙之乡特色的舞蹈《威风龙鼓》拉开序幕。歌台以壮锦为底蕴，以书香纽带，融入歌、舞、艺、书、荷、飞等本土特色元素，精选11个特色节目参加表演，包括露圩镇蓝衣壮合唱团的《三叉江欢歌》，本土歌曲《舞龙人》，水鼓舞表演《盛世惊鸿》等本地节目，以及老挝的歌舞《赞巴花》，泰国的《清迈的姑娘》《相思河畔》等歌曲。2000多人观看演出。

上林歌台　在上林县人民会堂举行。9月12日，以“壮族老家 养生上林”为主题的开幕式演出在具有浓郁上林特色的原创歌舞《上林似锦》中拉开序幕。随后，精心编排的《板壮欢歌》《冉壮嫁女》《淘金姑娘》等上林原生态民俗歌舞节目陆续向八方宾朋展示。来自武鸣区的民间歌曲类节目《故乡》和以上林本土歌曲《三月木棉红》为背景音乐，让听众感受到壮乡美好的生活。通过流行与美声的完美融合，壮乡人民对故乡的眷恋和对美好生活的向往用歌声表达。来自尼泊尔塔努舞团的《塔努民族舞》，来自巴西圣保罗的《热情的桑巴舞》，把现场气氛燃到沸点。上林山歌《同心共筑中国梦》，以理论山歌的形式将学习政策理论知识与实现民族伟大复兴的中国梦紧密相连，赢得在场观众一致好评。

隆安歌台　在隆安县蝶城文化广场举行。9月12日，大型歌舞《那乡在飞歌》拉开“多彩那乡”隆安歌台的序幕。随后，马山县文化馆送上的《鼓之韵》、尼日尔舞蹈家带来的《寻找朋友》，体现壮乡男人阳刚与温柔的舞蹈《担·壮汉》，惊险而又融入民族特色的杂技表演等精彩节目逐一上演，引起现场气氛不断高涨。最后，大型歌舞《中国梦》为活动落下帷幕。

马山歌台　在马山县会鼓广场举行。9月12日，马山歌台在壮族会鼓节目《鼓之韵》震天的鼓声中开演。泰国演员跳起《泰魅力》，南非舞蹈演员也在欢快的打击乐中用欢乐的舞姿演绎《非洲时刻》《勇士的舞蹈》等具有南非风味的民族风情。

“风情东南亚”晚会

2016年第18届南宁国际民歌艺术节“绿城歌台”群众文化活动精品节目展演之大型歌舞秀“风情东南亚”晚会于9月13日晚在南宁市民歌湖水上舞台上演。“风情东南亚”晚会是最能体现东盟各国不同民俗、体现中国与东盟友好合作的文艺演出。本届“风情东南亚”晚会以“和谐、友谊”为主题，欢乐、绚丽为主调，以东盟各国的经典歌舞为主体，力争在节目创作编排上保持其原有的艺术风格及地域特点。由南宁国际民歌艺术节组委会主办，南宁市文化新闻出版广电局承办，南宁市群众艺术馆执行，南宁市艺术剧院有限责任公司演出。

在开场《你好》中，艺术家们身着中国、泰国、文莱、老挝、印度尼西亚、柬埔寨、菲律宾、越南、缅甸、新加坡、马来西亚等国的民族服饰携手登场，分别用各国语言向观众送上美好问候与温馨祝福。泰国风情节目《永恒的微笑》以华美服饰吸引了全场目光。武士男、烛台女、长甲女在佛像前的舞姿，充满古典美，予人神圣、安详、幸福的感觉。文莱风情节目《海岛情歌》将人们的思绪带到了洒满月光的海岛村落。马来西亚风情节目《拍手舞》不但重现马来西亚传统舞蹈的魅力，还加入了时尚元素，整个节目青春律动、富有激情，引得全场观众为之拍手相和。柬埔寨风情节目《孔雀》，艺术家身披孔雀羽衣，模仿孔雀的动作而舞，姿态典雅，动作优美，静中有动，动中寓静，静动自如，宽舒洒脱。晚会还演出以独弦琴与女子独舞凸显高山流水情怀的越南风情节目《山水吟》，节奏欢快、播撒热情的菲律宾风情节目《炫动的色彩》，曲曲经典、耳熟能详的印度尼西亚风情节目《印尼歌曲联唱》，展现色彩缤纷、琳琅满目的海洋画卷的新加坡风情节目《丹绒海角》，犹如仙子向人间抛撒芳香扑鼻的缅桂花的缅甸风情节目《敏阿拉吧》，既古朴自然又端庄文雅的老挝风情节目《美丽的老挝》等。广西原生态歌曲《生活美如霞》作为迎宾曲，也在“风情东南亚”晚会上唱响，尽显壮乡人民热情好客的淳朴民风。晚会结尾，全体艺术家携手同唱呼吁和平、表达祝福的晚会主题曲《阿依莎娜·妮娅》。（张　磊）

东盟国家重要展会

2016 文莱国际贸易消费展

2016 年 2 月 27 日至 3 月 2 日在杰鲁东 Bridex 会展中心举办，由文莱 CityNeon 公司主办。展览设展位 300 多个，展品包括手工艺品、运输工具与车辆、服装、电子电器产品、家具与木制品、加工饮食品、建筑材料等。东盟国家以及东帝汶、中国、韩国、日本、澳大利亚、俄罗斯、印度、巴基斯坦、孟加拉等国家的近百家企业参展。

第 7 届柬埔寨国际电力能源展

2016 年 9 月 8 ~ 10 日在柬埔寨金边钻石岛展览会议中心举办。展会以“可再生能源以及柬埔寨农村地区能源开发包括电力、太阳能、生物能以及水利”为主题。共有 26 个国家的 350 家企业参展，有 7000 多名采购商与会洽谈业务。参展国家政府重要决策人，咨询顾问、电力工程师、建筑师、承包商、安装技术人员、分销商等充分利用这一平台，开展合作研讨、技术交流。展会得到柬埔寨商务部以及工程师协会支持，是柬埔寨最大的工业展会。

第 5 届印度尼西亚国际农业展

2016 年 11 月 11 ~ 14 日在印度尼西亚雅加达举办。是印度尼西亚农业领域最专业、最具影响力的展会，每年举办一届。本届展会有来自印度尼西亚国内外的 300 家参展商参展，展览面积 4000 多平方米，观众 1.5 万人。展览分类：一是农业机械，包括拖拉机、收获机、插秧机、微耕机、旋耕机、各类农机具、场上作业机械、耕整种植机械、植保机械、小型动力机械、排灌及节水灌溉设备；二是园艺机械，包括草坪机、割灌机、油锯、喷雾器、除雪机、碎枝机、打孔机、小型发电机、柴油机、劈木机、园艺工具及配件等；三是农副产品加工机械，包括种子加工设备、粮油加工处理设备及棉麻加工机械、食品加工机械、果蔬深加工机械、畜禽屠宰及加工机械、保鲜及运输贮藏设备；四是农资产品，包括种子、化肥、农药、杀虫剂、除草剂、杀鼠剂、杀螨剂、有机生长物、薄膜、温室材料、植保用具等。

马来西亚吉隆坡国际机床、金属加工、工业自动化展

2016 年 5 月 25 ~ 28 日在马来西亚吉隆坡世界贸易中心举行。马来西亚和德国、英国、美国、意大利、日本、比利时、西班牙、中国、加拿大、韩国、瑞典、瑞士、印度的 1297 家公司参展，展览面积 3.5 万平方米，专业观众 1.9 万人。展会得到马来西亚国际贸易工业部、马来西亚模具及铸压协会、马来西亚铸造及工程协会、马来西亚压缩空气国际研究院的大力支持，展会规模宏大。展览内容：一是机器人技术，包括工业机器人、服务机器人、机器人仿真及视觉系统、相关机器、装置及零部件等；二是电气系统，包括变压器、电池和不间断电源、伺服电机和变频器、传动、机械驱动系统、电线及电缆附件、电气控制系统用电气开关装置和设备、电工及光电部件、电力电工测试和检测设备等；三是微系统技术，包括微系统部件、模组微系统、微感测器、微执行器、微型光学和纤维光学、微装配、微连接技术、微反应技术、微系统的设计和建模、微工程学、快速微产品开发、超微技术、其他微系统技术等；四是工业自动化信息技术及软件，包括工厂集成化管理软件、工业 IT 软件、工业基本系统及开发工具、工厂生产软件、工业用互联网、工厂内局域网/工厂外部局域网解决方案、服务等；五是安保技术，包括安全和保安技术、研发和相关技术等；六是工业自动化（生产及过程自动化），包括组装及搬运系统、线性定位系统、工业影像处理系统、控制系统、PLC、SCADA 等；七是系统设备，包括传感器和执行器、工业用电脑通讯、网络和现场总线系统、嵌入式系统、测量和测试系统、工业自动化数据获取及辨别系统、激光技术、自动化服务、空压技术与设备等。

展会自 1995 年开始举办，每年举办一届，是马来西亚及东南亚地区规模最大、水平最高、专业性最强、最有影响力的机床、金属加工、工业自动化类国际展会，旨在打造机械行业交流与合作平台。

第 4 届缅甸国际矿业展览会

2016 年 10 月 13 ~ 15 日在缅甸仰光会展中心举行，由缅甸联邦工商业联合会主办。中国、德国、法国、韩国、新加坡等 20 多个国家和地区的 200 多家企业参展，展览面积近万平方米。展览会以实物、模型、文字、图片、现场演示等形式展出。展览内容主要有：化验设备、轴承、皮带传送机、斗轮铲、压缩机、输送机及系统、破碎机及研磨机、挖掘机、钻机及钻孔设备、干燥机、自卸车、电动机及发电机、发动机及发动机配件、勘探设备、爆破、滤器及附件、浮选机及设备、燃料及燃料添加剂、齿轮及传动装置、分级机、长壁开采设备、防喷管及防喷设备、选矿厂及设备、轮胎、拖拉机、卡车、阀门、焊接设备等。

第 37 届菲律宾国际电力展览会

2016 年 8 月 3 ~ 4 日在菲律宾马尼拉国际会展中心举行，由菲律宾能源部、国际电力公司、农村电网协

会共同主办。展览会共吸引参展商50多家,专业观众1.4万多人。展览内容主要包括:发电设备与技术、智能输变电设备、电网调度控制及安检、电力通信与信息、智能计量与用电管理、电工附件等。

2016菲律宾国际食品展

2016年8月6~9日在菲律宾马尼拉世界贸易中心举办,由PremierEvents Plus Group, Inc主办。这是菲律宾最大最专业的食品和饮料展。主要展示:食品和饮料制品,食品行业的机械和技术、中间产品(调料、添加剂、功能性配料等),后勤、冷藏、清洁、安全、销售的技术应用及相关产品和服务。

新加坡国际家具及酒店用品展览会

2016年3月13~16日在新加坡樟宜国际博览中心举办。展出面积8万平方米。来自33个国家和地区的3000家企业参展,115个国家的2.3万名采购商与会。展出内容:一是家具类,包括仿古董家具、卧室家具、铁艺家具、钢木家具、儿童家具、定制家具、饭厅家具、花园及户外家具、家庭娱乐、厨房家具、客厅家具、应时家具、办公室家具及系统;二是材料类,包括竹藤、玻璃、皮革、大理石、金属、塑胶、白藤、石头、铁丝、藤、木材;三是软式家具及家居装潢类,包括地毯及毛毯、窗帘及卷帘、组件设备、装饰配件、布料、工艺品、皮革、灯饰、亚麻布、沙发、地板、木线、墙板铺设材料;四是家具五金类,包括家具辅料和家具配件;五是酒店家具及酒店用品类,包括各类厨房设备、清洁用品、洗涤机械设备、卫生洁具、酒店配套家具、酒店超市设备、酒店制冷通暖设备、酒店消防防火设备、电视监控系统、防盗系统、各种门锁、磁卡门锁、保险箱、门类控制系统、酒店电器设备、酒店休闲设备以及酒店服饰等。

第33届东盟(泰国)国际机械展会

2016年5月11~14日在泰国曼谷BITEC会展中心举办。展出总面积3.5平方米,设专业展馆5个。澳大利亚、中国、法国、德国、中国香港、印度、意大利、日本、韩国、马来西亚、俄罗斯、新加坡、中国台湾、泰国、菲律宾、美国、越南等近40个国家(地区)的1300家企业参展。行业知名企业如日本大隈株式会社、MAZAK、SODICK沙迪克、SUMIPOL、三菱、松下、林肯、ESAB、丰田、日立、凯撒HACO、山善(YAMAZEN)、HanKwang、通快TRUMPF、KEMPPI焊机、日本OCT,以及中国的云南机床、大连机床、湖北三环、成量、大族激光、迪能激光、株钻、华威、瑞凌等参加展会。来自47个的国家4.2万名专业观众现场参观,其中海外观展商4000人,比上年增长15%。展会展出新设备及新技术4000项,展会同期举办多场会议论坛等相关活动。展品主要有:机床和机床工具、焊接与切割设备、模具、工业原材料、五金工具、阀门及管道等。

第26届越南(河内)国际贸易博览会

2016年4月13~16日在越南河内讲武国际展览中心举办,由越南工业贸易部、越南计划投资部主办。博览会以"加强国际和地区经济互联互通"为主题。越南政府副总理王庭惠,工贸部部长陈俊英出席开幕式并剪彩。博览会吸引印度、中国、韩国、老挝、柬埔寨、新加坡、白俄罗斯、捷克、澳大利亚、西班牙、意大利等23个国家和地区的760家企业参展,展位数量上千个,其中越南企业占65%。展览面积2.5万平方米,集中展示机械设备、建材、电及电子信息技术、原辅料、食品饮料、家饰用品等行业商品。专业商务观众约4.5万人次,社会公众约6万人次,成交金额近5亿美元。

第25届越南国际工业博览会

2016年10月17~20日在越南河内讲武国际会展中心举办,由越南国家工业部、科学技术部、贸易部、计划投资部、环境资源部、建设部、交通运输部、卫生部、国防部、河内市人民政府共同主办。展会室内面积8000平方米,展位230多个,观众1.8万人次(专业观众占70%)。越南、韩国、中国、日本、新加坡、德国、泰国、古巴、捷克、印度、法国、马来西亚、澳大利亚、荷兰、印度尼西亚、俄罗斯、中国台湾等20个国家和地区的企业参展。其间,现场签订合同价值总额4500万美元,签订意向协议267份。越南工商部副部长杜胜海,文化体育和旅游部副部长王维边,建设部副部长阮陈南,资源和环境部副部长周范玉显,政府青年和儿童教育委员会副主任黎如进、阮玉抟,河内市人民委员会副主席阮玉俊,越南工商会常务副会长黄文勇等政府官员出席展会开幕式。

展会设多个专业展,包括五金工具与紧固件展、数控机床与金属加工展、工业自动化展、焊接与切割技术设备展、泵阀与流体机械展、动力传动与控制技术展、电力新能源设备展、橡胶工业展、工程机械和矿业设备及专用车辆展等。

2016越南国际服装展

2016年12月21~26日在越南河内文化友谊宫举办。展会以"越南特色—融入世界—善待环境"为主题。展出面积4000平方米,设展位200个,吸引150家企业参展,其中包括越进、芽皮、河内制衣公司、德江总公司、十号服装、和寿等越南著名服装品牌企业。展会期间,越南时装业联合举行新品发布及系列促销活动,同时还举行时装秀、音乐会、业务交流等相关活动。

(张　磊)

新　闻　人　物

景海鹏

2016年6月入选中国“天宫二号”与“神舟十一号”载人飞行任务航天员乘组，担任指令长。中国人民解放军航天员大队特级航天员，少将军衔。山西运城人。1966年10月生，1985年6月入伍，1987年9月加入中国共产党。曾任空军某师某团司令部领航主任，安全飞行1200小时，被评为空军一级飞行员。1998年1月成为中国首批航天员之一。经过多年的航天员训练，完成基础理论、航天环境适应性、专业技术等八大类上百个科目的训练任务，通过各项考核，综合评定成绩优异。2005年6月，入选“神舟六号”载人飞行任务乘组梯队成员。2008年9月，执行“神舟七号”载人飞行任务，2008年11月，被中共中央、国务院、中央军委授予“英雄航天员”称号。2012年6月，执行“天宫一号”与“神舟九号”载人交会对接任务，担任指令长。2012年10月，获中共中央、国务院、中央军委授予的二级航天功勋奖章。

陈冬

2016年10月17日与中国航天员景海鹏一起驾驶“神舟十一号”飞船飞赴太空，是第二批5名男航天员中首位实现“飞天梦”的人。中国人民解放军航天员大队三级航天员，上校军衔。河南洛阳人，1978年12月生。曾任空军某师某团飞行大队大队长，安全飞行1500小时，被评为空军一级飞行员。2010年5月成为中国第二批航天员之一。2016年6月在多项测试选拔中成绩优秀。2016年10月17日7时30分，中国发射“神舟十一号”载人飞船，陈冬首次参加载人飞行。

金立群

2016年1月16日在亚洲基础设施投资银行理事会成立大会上当选亚洲基础设施投资银行首任行长。2016年4月21日，入选美国《时代周刊》2016年度“全球最具影响力人物”。1949年8月生于中国江苏常熟，原籍浙江宁波镇海。1968年10月北京外国语学院英语专业研究生毕业。1987～1988年在美国波士顿大学经济系研究生院进修。1984～1989年任中国财政部外事财务司副处长。1989～1994年任中国财政部世界银行司副司长（其间，1988年在世界银行任中国副执行董事）。1994～1995年任中国财政部世界银行司司长。1995～1998任财政部部长助理。1998年9月至2003年，任财政部副部长。2003年8月1日出任亚洲银行副行长，主管南亚地区和大湄公河次区域（包括这些业务局下属的各海外代表处）以及与私营部门业务局有关的业务。

2008年9月至2013年5月，任中国投资有限责任公司监事长，财政部财政科学研究所博士生导师。2013年5月至2014年10月，任中国国际金融股份有限公司董事长。2015年6月，被正式提名为亚洲基础设施投资银行候任行长中方候选人。2015年8月24日，被正式任命为亚洲基础设施投资银行候任行长。

金立群在经济学和财政学方面的著述甚多，最主要的代表作品是翻译美国著名传记作家罗恩·彻诺的著作——《摩根财团》。

宋文骢

2016 年 3 月 22 日 13 时 10 分因病在北京逝世，享年 86 岁。中国工程院院士，何梁何利基金科学与技术进步奖、航空报国金奖、国防科学技术特等奖、航空航天月桂奖终身奉献奖获得者，“感动中国”2009 年十大人物之一。1930 年 3 月 26 日生于中国云南昆明，原籍云南大理。曾任中国航空工业第一集团公司成都飞机设计研究所首席专家、自然科学研究员，是中国著名的歼－10 战斗机总设计师，被誉为中国“歼－10 之父”。中国航空科学技术领域的优秀带头人，曾从事歼－8、歼－7C、歼－10 飞机的研制，是中国飞机设计战术性能气动布局专业组创建人之一，建立了中国第一个航空电子系统研究室。

1954 年 8 月考入哈尔滨军事工程学院，成为第三期空军工程系飞机、发动机专业学员。1957 年被评为哈尔滨市劳动模范。1960 年 7 月从哈尔滨军事工程学院毕业，分配到沈阳 601 所任设计员、专业组长。1962～1964 年，带领战术、布局专业组进行 20 多种不同平面形状和参数组合的新机方案设计研究，最后集中到两种正常式布局方案——单发动机和双发动机。1964 年，双发方案获得批准，成为中国第一架自行设计的超声速歼击机——歼－8 飞机研制成功的关键。1969 年 7 月，歼－8飞机试飞成功。1981 年 10 月，任中国“六五”时期第一个重点项目歼－7C 飞机的总设计师。1982 年 2 月，被任命为歼－10 飞机总设计师。1990 年 7 月，《2000 年的中国军用航空技术》发展战略研究报告获航空航天工业部科技进步一等奖。1998 年 3 月 23 日，歼－10 飞机成功实现首飞。2002 年获何梁何利基金科学与技术进步奖。2003 年当选中国工程院院士。2006 年 10 月 30 日，在珠海举办的第 2 届“航空航天月桂奖”颁奖典礼上，荣获终身奉献奖。2007 年 2 月 27 日，主持设计的歼－10 飞机获国家科技进步奖特等奖。2010 年 2 月 10 日，当选 2009 年度“感动中国”十大人物之一。

南仁东

2016 年 12 月 29 日入选“2016 中国科学年度新闻人物”。中国科学院国家天文台 500 米口径球面射电望远镜（Five hundred meters Aperture Spherical Radio Telescope，简称 FAST）工程总工程师兼首席科学家。主持完成国家重大科技基础设施建设项目、世界最大口径的射电望远镜——500 米口径球面射电望远镜 FAST 的立项、可行性研究及设计。主编项目科学目标，指导项目各项关键技术的研究及其模型试验。吉林辽源龙山人。1945 年生。

1963 年 9 月考取清华大学无线电系真空及超高频技术专业，1968 年 7 月获得学士学位。1968 年 12 月至 1978 年 10 月，在吉林省通化市无线电厂工作，曾任技术科长。1978 年 9 月考入中国科学院研究生院，1981 年 7 月获理学硕士学位，1987 年 7 月获理学博士学位。

1982 年 9 月至 1989 年 8 月，进入中国科学院北京天文台工作，任助理研究员。1985 年 12 月至 1987 年 5 月，作为访问学者，到荷兰德云格勒天文台学习交流。1989 年 9 月至 1992 年 10 月，在中国科学院北京天文台任副研究员。1990 年 9 月至 1991 年 9 月和 1996 年 9 月至 1997 年 4 月，作为客座教授两次前往日本国立天文台学习交流。1992 年 10 月至 2008 年 4 月，继续在中国科学院北京天文台工作，任研究员、博士生导师。1994 年开始，提出利用喀斯特洼地作为望远镜台址，建设巨型球面望远镜作为国际 SKA 的单元，启动贵州选址。为了在贵州选到最适合建造 500 米口径球面射电望远镜的位置，1994～2005 年，走遍贵州上百个窝凼，最终选择克度镇绿水村作为建设射电望远镜的最佳选址。2011 年正式开工建设，随着支撑框架建设、反射面面板拼装、综合布线工程、馈源支撑系统升舱试验、主体工程完工、全系统联合调试的相继完工，这只“慧眼”终于开启，历经 20 余年，终于率团队实现建成中国大型射电望远镜的梦想。

500 米口径球面射电望远镜突破射电望远镜百米极限，拥有 30 个足球场大的接收面积，比德国波恩 100 米望远镜灵敏度提高约 10 倍，比美国阿雷西博望远镜综合性能提高约 10 倍，在未来20～30 年内保持世界一流设备的地位。多年的突出成果得到国际同行赞誉和认可，2006 年，当选国际天文学会射电专业部主席。

张瑞敏

获 2016 中国自主品牌峰会最高荣誉——“中国自主品牌特别致敬人物”。著名企业家，创建全球白电第一品牌——海尔，海尔集团董事局主席、首席执行官。中国科技大学毕业，工商管理硕士。山东莱州人，

1949 年 1 月 5 日生。1984 年 12 月，出任海尔集团的前身——青岛电冰箱总厂厂长，制定海尔第一个发展战略——名牌战略。1988 年 12 月，带领海尔获得中国电冰箱史上第一枚质量金牌。1991 年 12 月，组建海尔集团，任总裁，制定海尔第二个发展战略——多元化战略。1992 年，开始建设中国家电业第一个工业园——青岛海尔工业园。1995 年，带领海尔以“吃休克鱼的方式”兼并原红星电器。1997 年，获香港《亚洲周刊》年度杰出华裔成就奖。1998 年，应邀到美国哈佛大学讲课，成为第一位登上哈佛讲坛的中国企业家，“海尔文化激活休克鱼”案例选入哈佛商学院案例库。同年制定海尔第三个发展战略——国际化战略。1999 年，出任海尔集团董事局主席，开始走出国门，在美国南卡罗来纳州建立生产基地。2000 年 5 月，任海尔集团首席执行官，应邀到瑞士洛桑国际管理学院（IMD）演讲。2001 年，前往美国哥伦比亚大学和沃顿商学院讲课。2003 年，出席在日本横滨举行的 2003 生产革新综合大会，是唯一获邀参加大会的中国企业家。2008 年，率先推行零库存下的即需即供战略，使海尔集团在当时的金融危机中未受到较大影响。2011 年，运作海尔集团并购日本三洋白电项目。2012 年，制定海尔第四个发展战略——网络化战略。同年 12 月，应邀赴西班牙 IESE 商学院、瑞士 IMD 商学院演讲。因在管理领域的创新成就，获得全球睿智领袖精英奖、IMD 管理思想领袖奖，并荣获亚洲品牌永远精神领袖奖。2013 年，获邀出席美国管理学会（AOM）第 73 届年会并发表主题演讲，是该届年会演讲嘉宾中唯一的企业家。

2015 年海尔全球营业额 1887 亿元，近 10 年收入复合增长率达 6%，实现利润 180 亿元，比上年增长 20%。从 2007 年开始，海尔连续 9 年利润复合增长率在 30% 以上，是营收复合增长率的 5.5 倍。根据世界权威市场调查机构欧睿国际发布 2015 年全球大型家用电器品牌零售量数据显示，海尔大型家电品牌零售量第七次蝉联全球第一，同时，冰箱、洗衣机、酒柜、冷柜也分别继续蝉联全球第一。2015 年 11 月，作为唯一受邀的中国企业家，在第 7 届德鲁克全球论坛上发表演讲；入选 2015 年度 Thinkers50 榜单并获 Thinkers50 杰出成就奖之最佳理念实践奖，是唯一同时获得两个奖项的中国企业家。2016 年，被评为青岛 2015 年度经济人物，入选美国《财富》（中文版）发布的 2016 “中国最具影响力的 50 位商界领袖”。在第 86 届耶鲁 CEO 峰会上，被授予“传奇领袖奖”奖项，成为本年度唯一一位获该奖项的中国企业家。

官东

2016 年 2 月 14 日当选“感动中国”2015 年度人物。中国人民解放军海军大连舰艇学院学员。安徽宣城人。1990 年 5 月生。2007 年高中毕业后入伍，进入中国人民解放军海军舰艇学院潜水专业学习。2008 年 9 月通过新兵连和潜水员训练后，分配到青岛海上防险救生队，成为一名潜水员。2009 年因表现突出，转为一级士官。2011 年加入中国共产党。2012 年 1 月从青岛调到武汉。2015 年 6 月 1 日，中国“东方之星”号客轮在长江中游湖北监利水域翻沉，他主动请求加入海军工程大学抢险救援分队。6 月 2 日，和 13 名救援队员到达事故现场后，第一个跳入水中，面对水流湍急、能见度极低的双重考验，多次下潜，凭借高超的潜水技术，一连救出两名幸存者。

2015 年 6 月 3 日下午，海军工程大学为官东记一等功。2015 年 6 月 24 日，成为德耀中华 · 第5 届全国道德模范敬业奉献模范候选人。2015 年 7 月入选 2015 年 6 月“中国好人榜”。2015 年 10 月 13 日被授予全国敬业奉献模范称号。

张宝艳

2016 年 2 月 14 日当选“感动中国”2015 年度人物。宝贝回家寻子网创始人。女。吉林通化人，1962 年 8 月生。

1992 年，张宝艳、秦艳友夫妇的儿子意外走失，让张宝艳、秦艳友夫妇切身体会到孩子走失后的焦急，此后他们开始关注寻亲信息，并尝试为丢失孩子的父母提供帮助。2007 年，张宝艳、秦艳友夫妇自费创建宝贝回家寻子网，专门帮助被拐卖、被遗弃和走失、流浪乞讨儿童寻亲回家。为运营好网站，张宝艳辞去工作，成为一名全职志愿者。经过 3 年探索，与公安部门建立合作关系。2009 年提出的“建立打击拐卖儿童 DNA 数据库的建议”得到国家公安部采纳，DNA 数据库为侦破案件、帮助被拐儿童准确找到亲人提供有力的技术支持。2010 年，张宝艳、秦艳友夫妇成立宝贝回家慈善基金。

宝贝回家寻子网建立 8 年来，志愿者发展到 15 万多人，遍布全国各地，成为中国唯一与公安部合作的全国性寻子网站。截至 2015 年 11 月，宝贝回家志愿者协会已经帮助超过 1200 个被拐及走失的孩子寻找到亲人。

2009 年，张宝艳、秦艳友夫妇获得感动吉林人物奖。在 2010 年中国中央电视台举行的“12 · 4 十年法治人物颁奖典礼”上，张宝艳成为唯一网民代表入选者。2011 年 9 月 20 日，张宝艳、秦艳友夫妇获得第 3 届全国道德模范提名奖；2014 年 12 月 10 日获得网易年度最有态度公益人物奖。

李莹诗

2016 年 5 月 9 日在文莱汝鲁伊曼皇宫获得文莱苏丹哈吉·哈桑纳尔·博尔基亚颁赐的 P. J. K 勋章。文莱国家武术队选手，文莱大学二年级学生。女，1996

年生。14 岁开始接触武术，曾代表文莱出国比赛，在不同的武术锦标赛项目中，以双人组合击败各国选手，夺得冠军。在 2013 年第 27 届的东亚运动会中，为文莱获得金牌。由于个人表现杰出，曾在 2014 年文莱第 9 届全国青年日获得最杰出青年奖。

蔡沙烈

2016 年 1 月 19 日入选英国保诚当代艺术家，赢得奖金 7 万美元，并获得在法国萨奇画廊举办个展的机会。柬埔寨雕刻家。1972 年生于柬埔寨马德望。1979 年随家人逃往泰国难民营避战，并在那里生活 13 年。绘画启蒙老师是当年生活在难民营时遇到的一名法国志愿者。作品多以战争为题材，擅长运用金属、制服、迷彩和动作，令作品产生持久的震撼力。英国保诚当代艺术奖活动总监尼鲁勒南称，“蔡沙烈的故事不只令人难忘，也很有启发性。他选择特别的题材进行创作，能让艺术从中得到升华。他得奖当之无愧。”

桑兰西

被柬埔寨内阁事务部指示移民总局禁止入境柬埔寨。柬埔寨救国党主席。1949 年 3 月 10 日生于柬埔寨金边。在法国获得多个经济和金融学位，拥有柬埔寨和法国双重国籍。1962 年赴法国读书，毕业后曾在一些法国公司中担任高级职务。1981 年参加奉辛比克运动，是奉最期的成员之一。1992 年回到柬埔寨，同年参加奉辛比克党创建活动，到 1995 年为止，一直任奉辛比克党中央常委。1992 ~ 1993 年出任柬埔寨最高委员会委员。1993 年当选首届国会议员，并出任经济和财政部部长。1994 年 10 月，由于党内政见分歧等原因，其部长职位被罢免。1995 年 5 月退出奉辛比克党，并于当月成立高棉民族党。1998 年 3 月，高棉民族党更名为桑兰西党，并在当年第 2 届全国大选中获得国会议席中的 15 席。随后，该党在 2003 年、2008 年的第 3 届、第 4 届全国大选中，分别获得国会议席中的 24 席、26 席。2012 年，为冲击第 5 届全国大选，桑兰西党与人权党合并，成立柬埔寨救国党，任党主席。在 2013 年的第 5 届全国大选中，救国党获 55 席，直逼获 68 席的人民党，但救国党称人民党在大选中舞弊，拒绝承认大选结果，政治僵局持续至 2014 年 8 月 5 日。2015 年 11 月，为避免因诽谤罪入狱而流亡法国。2016 年，金边市初级法院就 7 年前桑兰西诽谤副首相贺南洪的案件向桑兰西发出通缉令。桑兰西共涉及 8 起诽谤和伪造公文罪，包括诽谤首相洪森脸书上的点赞数据作假、诽谤首相洪森贿赂柬埔寨“网红”提淑万塔女士、诽谤国会主席韩桑林、诽谤柬埔寨“网红”提淑万塔女士、合谋篡改柬越边界协议、因指责执政党杀害柬埔寨知名政治评论家甘磊而被判诽谤和煽动罪等。

钟万学

2016 年 9 月 27 日在印度尼西亚千岛群岛发表讲话时，因引用一句可兰经，被认为是亵渎宗教。2016 年 11 月 4 日，印度尼西亚雅加达举行反钟万学大示威，要求对钟万学“亵渎可兰经事件”予以法律制裁。11 月 17 日，印度尼西亚警察总部刑侦总局正式将钟万学定为亵渎宗教案的嫌疑人。印度尼西亚雅加达省省长。1966 年 6 月 29 日生于印度尼西亚邦加—勿里洞省东勿里洞县，是中国客家人后裔，其祖父是来自中国广东的锡矿矿工。在出生地读完高中后到首都雅加达，考入 Trisakti 大学，选修地质工程矿产技术并于 1990 年获得学士学位。后进入 Prasetya Mulya 大学，攻读财务行政管理学并于 1994 年取得硕士学位。曾任矿业顾问。2005 年首次参与竞选，并在家乡勿里洞岛的一个穆斯林选民占 93% 的地区赢得选举。2004 年在新印度尼西亚斗争党开始政治生涯。4 年后转入从业党并成功当选东勿里洞县长。2009 年入住史纳延，成为国会第 2 委员会议员。而后从从业党转到大印尼行动党并于 2012 年与佐科搭档参与竞选，成为印度尼西亚雅加达省副省长。2014 年 3 月 22 日，因地方自治方面的成就获“2014 年民主奖”。2014 年 11 月 19 日就任印度尼西亚雅加达省省长，是该省首位华裔省长。2015 年 1 月被英文商业杂志《环球亚洲》评为年度风云人物。

本扬·沃拉吉

2016 年 1 月 22 日在老挝人民革命党第十届全国代表大会上接替朱马里·赛雅颂当选为老挝人民革命党中央委员会总书记。4 月 20 日，在老挝第八届国会首次会议上，当选为老挝人民民主共和国国家主席。1937 年 8 月 15 日生于沙湾拿吉省他榜通县。1952 年参加革命，在沙湾拿吉武装力量宣传部门工作。1954 年开始转入战斗部队。1957 年 9 月加入老挝人民革命党。1957 ~ 1961 年在越南学习文化知识。1961 ~ 1962 年返回老挝任老挝人民军第一师排长。在琅南塔省的战争取得胜利之后，1962 年又再次前往越南接受军事训练，1964 年返回老挝。1969 ~ 1972 年任老挝人民军川圹军区组织部部长。1972 ~ 1973 年任琅勃拉邦省北部战线副指挥官。1973 ~ 1978 年任老挝琅勃拉邦中部军区政委。1978 ~ 1980 年再次前往越南学习政治理论和社会主义思想。1980 ~ 1982 年任中部军区政委、书记。1982 ~ 1993 年任老挝人民革命党沙湾拿吉省委书记、沙湾拿吉省长。1993 ~ 1999 年，在第六届全国代表大会上当选为老挝人民革命党万象市委书记、万象市长。1996 ~ 2001 年，任老挝政府副总理，期间在1996 ~ 1999 年兼任老越合作委员会主席，1999 ~ 2001 年兼任财政部部长。2001 年，在老挝第四届国会七次会议上被任命为政府总理,2002 年在第五届国会首次会议上连任政府总理至 2006 年。2006～2015 任国家副主席、党中央书记处工作人员。是老挝人民革命党第三至十届中央委员会委员,第六至十届中央政治局委员。在老挝人民革命党第九届全国代表大会上出任中央书记处常务书记。

通伦・西苏里

2016 年 4 月 20 日在老挝第八届国会首次会议上当选政府总理。1945 年 11 月 10 日生于老挝华潘省香科县。1962 年 5 月 25 日参加革命,随后入读华潘省的老挝爱国阵线教育学院,1967～1969 年在华潘省老挝爱国阵线教育署工作,后转到老挝爱国阵线驻越南河内代表处工作。1973 年 8 月 28 日加入老挝人民革命党。1973～1978 年赴苏联列宁格勒国立赫尔岑师范学院(今俄罗斯国立赫尔岑师范大学)留学,并于 1978 年获语言文学硕士学位。1978～1979 年任万象师范学院(现老挝国立大学)俄语系教员、系主任和学院外事办主任。1979～1981 年任教育部国际司司长,兼任教育部部长秘书。1981～1984 年赴苏联莫斯科社会科学院主修国际关系史,获历史学博士学位。1985～1986 年任总理府公共研究室主任,1987～1992 年任外交部副部长,1993～1996 年任劳动与社会福利部部长。1997～2001 年任国会常务委员兼国会外事委员会主任。2001 年 3 月 27 日在老挝第四届国会七次会议上被任命为政府副总理、国家计划合作委员会主席兼外国投资合作及国内投资管理委员会主任和老挝国家能源委员会主任。在 2002 年 2 月的国会代表选举中成功连任,并于同年 4 月 9 日就职。2006 年 6 月 8 日,在第六届国会首次会议上被任命为政府副总理、外交部部长和老挝人民革命党中央对外联络委员会主席,并于 2010 年留任。是第四至九届中央委员会委员,第五、六、七届国会议员,第七、八、九届中央政治局委员。

巴妮・雅陶都

2016 年 4 月 20 日在老挝第八届国会首次会议上当选连任国会主席。女。1951 年 2 月 18 日生于老挝川圹省。1959～1975 年到越南留学,在当地先后完成小学、中学和大学学业,1975 年在河内获金融学学士学位。1976 年 5 月 19 日参加革命,同年任万象市外贸银行预算处副处长。1977～1978 年任老挝中央银行培训中心主任。1978～1979 年任外汇局副局长。1980 年 4 月 2 日加入老挝人民革命党,同年出任外汇局局长。1982～1983 年任经济计划局局长。1983～1985 年任投资建设局局长。1986 年任老挝中央银行副行长。1988～1992 年以及1995～1997 年两度出任老挝中央银行行长,在 1997 年亚洲金融风暴期间被免去该职务。1998 年 2 月任国会常务委员会委员兼国会民族委员会主任。2002 年 4 月起任国会副主席。2006～2010 年连任老挝国会副主席,成为老挝人民革命党中央政治局首位女性委员。2010 年 12 月 23 日至 2011 年 6 月 14 日,在老挝第六届国会第十次会议上当选国会主席,是老挝历史上第一名担任国会主席的女性。2011 年 6 月 15 日连任国会主席。是老挝人民革命党第七、八、九、十届政治局委员,第六、七届中央委员会委员,第四、五、六、七届国会代表。

胜珐・厚拉努帕

2016 年第七届湄公河文学奖获得者。笔名诺一・维苏拉达。老挝国立大学文学院语言及大众传媒系主任。1958 年 8 月 8 日生于万象市西撒达纳县。毕业于万象师范大学(今老挝国立大学)文学语言学专业,获泰国西北大学语言学专业硕士学位。热爱文学艺术,平时喜欢阅读和撰写短篇小说。2008 年,短篇小说《钱还是理想》获《万纳信》杂志组织评选的优胜奖和信赛奖。2011 年、2014 年、2015 年分别再次获得信赛奖。2016 年,短篇小说集《用心爱》出版面世,并在同年 6 月 11 日凭借收录在短篇小说集《用心爱》里的短篇小说《钱还是理想》在中国昆明举行的第七届湄公河文学奖大会上获湄公河文学奖。

端姑・穆罕默德・法里斯・佩特拉(穆罕默德五世)

2016 年 12 月 13 日出任马来西亚第 15 任国家元首。1969 年生于马来西亚哥打巴鲁,是吉兰丹州前任苏丹的长子。1985 年 10 月被立为王储。1989 年赴英国奥克汉学校学习。其后在牛津大学圣十字学院及伊斯兰研究中心从事外交研究,1991 年毕业。2010 年 9 月 13 日接替父亲成为吉兰丹州苏丹。2011 年 12 月 12 日出任马来西亚副最高元首。此外,还担任吉兰丹州大学校长。2016年10月 14 日,马来西亚统治者委员会宣布:吉兰丹州苏丹穆罕默德五世将成为马来西亚新任最高元首,任期从 2016 年 12 月 13 日开始,为期 5 年。2016 年 12 月 13 日,穆

罕默得五世在国家皇宫宣誓就任第15任国家元首。

梁放

2016年11月19日获得第14届马来西亚华文文学奖。马来西亚沙捞越州华文作家协会副会长。1953年生于马来西亚沙捞越州。受过中英文教育，留学英国，获得英国土木工程学士、苏格兰土壤力学硕士学位，任沙捞越水利灌溉局土木工程师，是沙捞越华文作家协会理事。自1981年开始发表散文，作品多次获奖，并被编入马来西亚、新加坡及中国台湾等地的中学与大学教科书，1989年创作的小说《玛拉阿妲》入选《世界中文小说选》。曾获乡青中篇小说首奖、星座常年文学奖、第一届沙捞越民族文学奖等奖项。多年来致力于推动马来西亚华文文学发展，曾被《大马华人人物杂志》列为马来西亚华人文学史上最具代表性的34位作家之一。主要作品有小说《烟雨砂隆》，散文《暖灰》《旧雨》《读书天》《远山梦回》，禅诗译作《未写成的歌》，诗文集《流水暮禽》等。2016年11月19日，以长篇小说《我曾听到你在风中哭泣》及散文集《流水暮禽》获得第14届马来西亚华文文学奖。

廷觉

2016年3月15日当选新一届缅甸总统。3月30日宣誓就任缅甸总统。1946年7月20日生于仰光省关乾贡镇区。缅族，有孟族血统。父亲是民盟重要成员、著名作家、诗人敏都温；夫人杜素素伦是民盟中央委员会成员；岳父吴伦是民盟创始人之一。与昂山素季同学于仰光达贡第一高中。1962年进入仰光大学经济学院学习，先后获得经济学学士和硕士学位。1971～1972年到英国伦敦大学计算机学院深造，回国后取得计算机硕士学位。先后在缅甸工业部下属重工业公司、计划和财政部下属对外经济关系司任职。1992年辞去政府公职，加入缅甸全国民主联盟。是昂山素季被软禁期间能帮助其与外界取得联系的少数几个人之一，也是昂山素季最信任的人。2015年11月当选为缅甸新一届联邦议会议员。

昂山素季

2016年4月6日就任缅甸国务资政。女。1945年生。1960年随出任印度大使的母亲前往印度。1964年在印度中学毕业后入英国牛津大学圣休学院学习，后到伦敦大学的亚非学院修读博士课程。1988年3月回到仰光。1988年9月27日组建全国民主联盟，并出任总书记。1989年7月20日被军政府软禁，1990年获萨哈罗夫奖，1991年获诺贝尔和平奖。2010年11月13日被军政府解除软禁。2013年，宣布竞选缅甸总统，2005年，缅甸联邦议会进行修宪表决，由于军方议员的反对，未能通过对2008年颁布的缅甸宪法中有关总统任职资格和修宪门槛等需要条款的修订草案，无法参加缅甸总统竞选。2015年11月8日，作为民盟主席开盟赢得大选，并于2016年3月17日任缅甸议会生展联合协商委员会主席，3月22日任缅甸外交部部长。

敏瑞

2016年被缅甸军方议员提名为缅甸副总统人选，在议会选举中获213张选票，当选为缅甸第一副总统。1951年生。1971年毕业于缅甸防务学院，2001年被任命为国家东南部和平与发展委员会委员，随后，被任命为仰光司令部司令，晋升为少将，并担任仰光和平与发展委员会主席。2005年获得中将军衔，是当时第一位晋升中将军衔的孟族人。2010年大选后被时任总统登盛提名为仰光地区首席部长。

菲德尔·瓦尔德斯·拉莫斯

2016年8月8日接受菲律宾总统杜特尔特的任命，作为菲律宾政府特使，启程前往中国香港并与中国全国人大外事委员会主任委员傅莹进行非正式讨论，为中菲正式对话奠定基础。1928年3月18日生于菲律宾中吕宋邦班诗兰省林加延市。1948年毕业于马尼拉国立大学；1950年毕业于美国西点军校，获理学学士学位。1960年后，历任菲律宾军方要职。1992年6月至1998年6月任菲律宾第12任总统。1998年卸任总统职位后积极参与国际组织活动，曾任博鳌亚洲论坛理事长，拉莫斯和平与发展基金会会长，麦克阿瑟基金会荣誉理事，政策顾问委员会和世界知识产权组织的创始人，国际危机小组理事，21世纪水资源委员会荣誉委员、终身名誉主席。

罗德里戈·杜特尔特

2016年6月30日宣誓就职成为菲律宾共和国第16任总统。1945年3月28日生于菲律宾莱特省马阿辛市。1968年毕业于菲律宾莱西姆大学政治学系，获文学学士学位。1972年获圣贝达法学院法学学士学位，并于同年通过律师资格考试。1977～1986年任达沃市检察官。1986年"人民力量革命"后，被任命为达沃市代理市长，1988年当选达沃市市长，并于1992年、1995年连任。1998年当选达沃市议员。2001年再次当选达沃市市长，并于2004年、2007年连任。2010年当选达沃市副市长。2013年再次当选达沃市市长。2015年底宣布参选总统。

纳丹

2016年8月22日因病去世，享年92岁。新加坡前总统。1924年7月3日生。曾任新加坡情报局局长、新加坡驻马来西亚最高专员以及新加坡驻美国大使等职。1999～2011年担任新加坡第6任总统，是该国第二位民选总统，也是在位时间最长的总统。

陈祝全

2016年10月5日在中国中央电视台《开讲了》节目中，与青年朋友们分享自己在旅行中的难忘经历。新加坡国立大学校长、教育家、教授、肾脏科医生。早年曾在新加坡国立大学接受医学教育，曾在英国牛津大学分子医学研究所接受科研培训。1997～2000年任新加坡国立大学医学院院长。2000～2004年任新加坡卫生部医药总监，并于2003年领导新加坡公共卫生部门对抗SARS疫情。2003年因领导新加坡人克服SARS疫情贡献杰出而获新加坡总统颁发的公共服务星章。2004年凭借医药总监任内的贡献获新加坡公共行政奖章(金)。2004～2008年先后任新加坡国立大学教务长、高级常务副校长。2004～2007年任杜克—新加坡国立大学医学研究生院管理委员会副主席，并在该院的建立中发挥重要作用。2008年获新加坡国家科学与科技奖章。2008年12月任新加坡国立大学校长，兼任新加坡国立大学医学组织主席、新加坡科技研究局副主席、杜克—新加坡国立大学医学研究生院管理委员会高级顾问、新加坡金融管理局董事及万礼生态园控股公司董事。获得的其他荣誉包括教育促进及支援委员会颁发的2015年度亚太区卓越领导奖、澳大利亚乔治全球健康研究院颁发的奖章等。

彭荣新

2016年8月获新加坡全国卓越临床医生教育家奖。新加坡南洋理工大学李光前医学院临床护理副院长、副教授，新加坡义顺社区医院医疗委员会主席。1960年生。20世纪80年代，被派到国外修读老年医学与慈怀护理专科。回国后，辅助陈笃生医院创办住院慈怀护理服务；积极参与新加坡老年医学学士后文凭课程的设立，辅助新加坡建立老年医学与慈怀护理专业；同时参与新加坡南洋理工大学李光前医学院的创建。虽身兼多职仍继续行医，并坚持为青年医生和医学学生授课，将自己的所知和所长传给下一代医护人员，使正确的医德、技术等得以延续。

斯库林

2016年8月12日在里约奥运会男子100米蝶泳决赛中获得金牌。新加坡游泳运动员。新加坡历史上第一块奥运会金牌获得者。1996年生。夺金后，新加坡总统陈庆炎、总理李显龙在第一时间向他表示祝贺。

普密蓬·阿杜德

2016年10月13日驾崩，享年88岁。是迄今为止世界上在任时间最长的国家元首。泰国国王拉玛九世，中文名郑固。1927年12月5日生。是泰国国王拉玛八世阿南塔·玛希敦之弟，两岁时丧父。1933年随母移居瑞士洛桑，曾在洛桑大学攻读理科。1945年回国。1946年6月9日，其兄阿南塔·玛希敦国王突遭暗杀后，年仅19岁的普密蓬登基。1950年5月举行加冕典礼，成为泰国王拉玛九世。学识过人、多才多艺。精通多国语言并撰有专著，热衷于音乐并作曲、作词传唱至今。曾获奥地利音乐学院音乐博士学位。喜好摄影并多次出国举办个人影展。深谙机械并获得多项欧洲发明奖。是驾驭快艇和风帆的好手，年轻时曾代表泰国参加国际快艇赛，获得奖牌。在位期间，足迹遍及泰国各地，广受泰国人民爱戴。2015年2月15日，根据《福布斯》排名，是世界上最富有的君王，其个人财产225.86亿欧元。

玛哈·哇集拉隆功

2016年11月29日泰国国家立法议会主席蓬贝宣布，泰国王储玛哈·哇集拉隆功继承王位，成为泰国新国王。12月1日举行即位仪式。泰国宫务处当天傍晚公布，从12月2日开始，尊称王储为十世王哇集拉隆功陛下。1952年7月28日生。中文名郑冕。是泰国拉玛九世王普密蓬·阿杜德和诗丽吉王后唯一的儿子，泰国皇家空军上将，皇家禁卫军第一师禁卫团团长，1972年被立为王储。曾经常代表普密蓬出席一些重要的国事活动和庆典，协助处理日常事务。喜欢诗歌和足球运动。

班汉·西巴阿差

2016年4月23日病逝，享年83岁。泰国前总理兼前泰国党党魁。1932年7月20日生于泰国素攀武里府一个中国商人家庭，中文名马德祥。1947年高中毕业后帮助父亲经商，后来又到胞兄的贸易公司和建筑公司任职，同时在曼谷商学院学习，获兰甘亨大学法律学学士学位。1973年以前长期担任地方议会议员。1974年10月，参加泰国党，并长期任该党秘书长，1994年任该党主席。泰国党在1995年7月2日的全国大选中获胜，成为泰国第一大党，与其他6党组成联合政府，被推举为泰国第21任总理。1996年11月离任。

阮富仲

2016年1月在越共十二大上当选连任越共中央总书记。1944年4月14日生于越南河内。1963～1967年就读于河内综合大学语言文学系。1967年12月加入越南共产党。1973～1976年在阮爱国高级党校攻读政治经济学硕士学位。1980年9月至1981年8月在阮爱国高级党校学习俄文。1981年9月至1983年7月赴苏联社会科学院学习，获党建专业副博士学位。1967年12月至1996年8月在越共中央理论刊物《共产主义》杂志社工作，历任编辑、副总编、总编等职。1994年1月在越共七届四中全会上增补为中央委员。1996年6月在越共八大上再次当选中央委员，8月调任河内市委副书记。1997年12月在越共八届四中全会上增补为中央政治局委员。1998年2月至2000年1月负责越共思想、文化与科教工作。1998年3月至2001年11月任中央理论委员会副主席。2000年1月任河内市委书记。2001年11月至2006年8月兼任越共中央理论委员会主席，负责理论工作。越共九大和越共十大连任中央政治局委员。2006年5月在十一届国会第九次会议上当选越南国会主席。2011年1月在越共十一大上当选越共中央总书记。

阮氏金银

2016年3月在越南第十三届国会第十一次会议上当选越南国会主席，7月在越南第十四届国会第一次会议上继续当选越南国会主席。1954年4月12日生于越南槟椥。先后获政治学学士、金融经济学硕士学位。1981年12月加入越南共产党。曾任越南财政部副部长、海阳省省委书记、劳动荣军和社会部部长等职。2011年7月担任越南国会副主席。当选越共第九至十一届中央委员。2013年5月在越共十一届七中全会上补选进入越共中央政治局。当选第十二至十四届国会代表。2016年1月在越共十二大上当选中央委员，在十二届中央委员会第一次会议上当选中央政治局委员。

陈大光

2016年4月在越南第十三届国会第十一次会议上当选越南国家主席，7月在越南第十四届国会第一次会议上继续当选越南国家主席。1956年10月12日生于越南宁平。1972年7～10月在人民警察学校学习。1972年10月至1975年10月就读于越南内务部外语文化学校。1975年10月至2006年4月在内务部工作，历任政治保卫局干部、处长，安全参谋局副局长、局长，安全总局副局长等职。其间，1981～1986年在越南安全大学学习。1991～1994年在河内法律大学学习。1994～1997年在胡志明国家政治学院读研究生。2006年任公安部副部长，2011年任公安部部长。2012年被授予大将军衔。当选越共第十届至第十二届中央委员，第十一届、第十二届中央政治局委员，第十三届、十四届国会代表。

阮春福

2016年4月在越南第十三届国会第十一次会议上当选越南政府总理，7月在越南第十四届国会第一次会议上继续当选越南政府总理。1954年7月20日生于越南广南。1966～1968年到抗战根据地参加革命，被越南共产党派往北方培训。1968～1972年读中学。1973～1978年就读于河内国民经济大学，获经济学学士学位。1978年到越南广南—岘港省管理委员会工作。1979年到广南—岘港省人民委员会工作，历任专员、办公厅副主任、主任、副主席、常务副主席等职。2001年任广南省人民委员会主席。2006年3～5月，任越南中央政府监察总署副署长。2006年6月至2007年8月，任政府办公厅常务副主任，第十一届国会经济与预算委员会委员。2007年任政府办公厅主任。2011年任政府副总理。当选越共第十届至第十二届中央委员，越共第十一届、十二届中央政治局委员，越南第十一届至十四届国会代表。

黄春荣

2016年8月在里约奥运会上夺得男子10米气手枪金牌和男子50米手枪银牌。越南射击运动员。1974年10月6日生于越南河西省（今属河内）。1994年从工兵军校毕业后进入部队。1998年在越南人民军全军射击比赛中获得冠军。1999年入选越南国家代表队。2000年创男子10米气步枪国家纪录并夺得金牌。在2001～2011年的6届东南亚运动会上，每届赢得至少一枚金牌。2013年4月在射击世界杯赛韩国站获男子10米气手枪冠军；2014年3月在美国佐治亚州本宁堡举行的射击世界杯赛中，以202.8环的成绩创造男子10米气步枪新的世界纪录并夺得金牌。2014年9月被授予人民军大校军衔。2016年8月在里约热内卢奥运会上，以202.5环的成绩夺得男子10米气手枪金牌，成为越南首位获得奥运金牌的运动员。此外，还以191.3环的成绩夺得男子50米手枪银牌。

大　　事　　记

2016 年

1 月

2 日　中国外交部发言人华春莹就中国南沙群岛永暑礁新建机场校验飞行活动答记者问时表示，中国对南沙群岛及其附近海域拥有无可争辩的主权，中方不接受越方对中国政府征用民航飞机对南海机场进行校验试飞的无理指责。

4 日　印度《经济时报》报道称，印度花费 2300 万美元在越南胡志明市建设的一座卫星监测站将启用。印度空间研究组织将把越南的站点与印度尼西亚的站点连接起来，形成卫星监测和追踪站。

6 日　中国政府征用的两架民航客机先后从海口美兰机场起飞，成功降落南沙永暑礁新建机场后返场，完成对南海机场的校验试飞。

6～9 日　搭乘约 450 名船员的俄罗斯联邦海军舰队访问越南岘港市。

8 日　2015 年度中国国家科学技术奖励大会在北京召开。

△越南工贸部边贸司消息称，越南 2015 年边贸总额 275.6 亿美元，比上年增长 27%，越中边贸额占越南边贸总额 85%，越老边贸额占 4%，越柬边贸额占 11%。

11 日　越南通讯社报道，越南政府总理阮晋勇正式批准越南 2020 年和 2030 年愿景国际经济一体化总体战略。

12 日　缅甸联邦和平会议开幕，标志着首轮全国和平政治对话启动。缅甸总统登盛、副总统赛茂康、联邦议会议长瑞曼、国防军总司令敏昂莱、全国民主联盟主席昂山素季和少数民族武装领导人及政府部门部长、政党代表参加开幕式。

△在菲律宾和美国外交部长、国防部长2＋2会谈前的几个小时，菲律宾最高法院宣布，菲律宾与美国 2014 年 4 月签署的《加强防务合作协议》（为期 10 年）“不违宪”，为美军重返菲律宾敞开大门。

△中国—东盟教育交流年工作磋商会在泰国曼谷举行，标志着中国—东盟教育交流年正式启动。

14 日　印度尼西亚雅加达遭到多起爆炸袭击，导致多人遇难。印度尼西亚总统佐科谴责袭击是“恐怖主义行径”。

16 日　由中国倡议成立、57 国共同筹建的亚洲基础设施投资银行在北京正式开业。在亚洲基础设施投资银行理事会成立大会上，楼继伟被选举为首届理事会主席，金立群当选首任行长。

17～21 日　越中陆地边界联合委员会第 6 次会议在越南胡志明市举行。

18～26 日　老挝人民革命党第 10 次全国代表大会在万象举行。大会选举新一届中央委员 69 名，其中政治局委员 11 名。22 日，本扬当选总书记。

21 日　印度尼西亚首条高速铁路——雅加达至万隆高铁动工。中国国务委员王勇和印度尼西亚总统佐科共同出席动工仪式。

21～29 日　越共第十二次全国代表大会在越南河内举行。大会选举产生中央政治局等越共新一届领导集体，阮富仲继续留任越共中央总书记。

22 日　越通社报道，东盟 10 国旅游部长正式启动旅游推广 10 年计划，力争到 2025 年实现旅游业对东盟经济贡献率增长 15%。

24 日　中国海军 152 舰艇编队 3 艘军舰抵达雅加达港，开始对环球访问最后一站印度尼西亚进行为期 5 天的友好访问。

25 日　中国外交部副部长刘振民与新加坡外交部常秘池伟强共同主持中新第九次外交磋商，双方就中新关系、区域合作等交换意见。

25～26 日　美国国务卿克里分别访问老挝、柬埔寨。

△“去激进化和对抗暴力极端主义”国际会议在马来西亚吉隆坡举行。

26 日　日本天皇明仁对菲律宾进行国事访问。

26~27日　中国—印度尼西亚高层经济对话第1次会议在北京举行。会议就落实两国领导人达成的共识并就双方经贸和投资等重大合作深入交换意见。

27日　国际货币基金组织宣布2010年份额和改革方案正式生效。中国开始成为国际货币基金组织第三大股东。

28日　马来西亚上议院通过《跨太平洋伙伴关系协定》。

△正在执行环球访问任务的中国海军152舰艇编队应印度尼西亚海军请求，在爪哇海域与印度尼西亚海军举行联合演练。

2月

1日　缅甸第二届联邦议会人民院第一次会议在缅甸内比都举行。缅甸全国民主联盟中央执行委员会成员温敏当选人民院议长，联邦巩固与发展党成员帝昆秒当选人民院副议长。

△中国人民解放军战区成立大会在北京举行。中共中央总书记、国家主席、中央军委主席习近平向东部战区、南部战区、西部战区、北部战区、中部战区授旗并发布训令。

2~5日　日本副首相兼财务大臣、金融担当大臣麻生太郎访问缅甸。这是安倍内阁组阁以来阁员首次外访。其间，麻生与登盛会谈，表示要加强双方在经贸等领域的合作关系。

3日　中共中央政治局委员、中央政法委书记孟建柱在北京会见马来西亚副总理兼内政部部长扎希德。

3~6日　应中国国务委员杨洁篪邀请，柬埔寨副首相兼外交国际合作部大臣贺南洪访问中国，与杨洁篪共同主持中柬政府间协调委员会第3次会议。

4日　文莱、马来西亚、新加坡、越南参加在新西兰奥克兰举行的、包括美国在内的12个环太平洋国家的贸易部长《跨太平洋伙伴关系协定》签字仪式。

△中新社马尼拉报道，菲律宾国防部部长加斯明透露，菲律宾将提供8处军事基地供美军选用。

5日　越南《经济时报》报道，欧盟正式公布越南—欧盟自由贸易区协定全文。协定将于2018年年初生效。

15~16日　美国—东盟领导人峰会在美国加利福尼亚州举行。会议内容涉及贸易、海事安全和反恐等，会后发表峰会联合声明。

17日　印度与东盟联合举行主题为“东盟—印度关系：新范式”的论坛。

18日　中国中远、中海两大航运企业合并成立的中国远洋海运集团有限公司在上海挂牌。

22日　中国3艘军舰停泊柬埔寨西哈努克省港口，开始在高龙岛、高龙撒冷岛和竹岛之间海域与柬埔寨海军举行首次联合训练演习。

24日　澜沧江—湄公河合作第3次高官会在中国海南三亚举行。会议旨在为澜沧江—湄公河合作首次领导人会议预作准备。

△首届“东盟10+3”毒品监控网络工作组会议在泰国曼谷召开。来自东盟10国和中、日、韩及联合国毒品和犯罪问题办公室、东盟秘书处的100多位代表出席会议。会议落实各方达成的共识，共同建立“东盟+3”区域性反毒信息共享机制。

26~27日　东盟外长非正式会议在老挝万象举行。这是东盟共同体宣布成立后举行的首次外长非正式会议。会上，东盟外长就有效落实东盟共同体2025年愿景的方式和方法以及东盟领导人在第27届东盟峰会讨论的3个蓝图进行讨论。

28日　应中国外交部部长王毅邀请，新加坡外交部部长维文对中国进行正式访问。

29日　中共中央总书记、国家主席习近平在北京会见越共中央总书记阮富仲特使、中央对外部部长黄平君。

3月

1日　中国全国政协副主席王家瑞在北京会见越共中央总书记阮富仲特使、中央对外部部长黄平君。

△中国国务委员杨洁篪会见新加坡外长维文一行。

△第7次越南—新加坡防务政策对话在新加坡举行。

1~2日　越老陆地边界勘界立碑联合委员会非正式会议在越南河内举行。

3日　第22届东盟经济部长非正式会议在泰国清迈举行。会议重点讨论老挝2016年东盟轮值主席国优先目标，东盟经济部长经济工作小组所提出的建议，更新东盟与各伙伴国的贸易自由协定，为东盟经济部长与欧盟委员会贸易总司代表团磋商会做好筹备工作等问题。

3~14日　中国人民政治协商会议第12届全国委员会第4次会议在北京举行。

4日　题为“为女企业家提供便利条件，推动东盟经济共同体发展”的第2次东盟女企业家论坛在越南河内举行。

5~16日　中国第12届全国人民代表大会第4次会议在北京举行。

8~9日　东盟工会理事会与东盟雇主联盟在泰国曼谷举行首次磋商会。国际劳工组织（ILO）亚太地区局及国际工联亚太区域组织等组织的53位代表出席会议。

9日　中国与老挝合作的老挝一号通信卫星在万象卫星地面

站举行在轨交付仪式。

9～10 日 以“亚洲合作对话：前行之路”为主题的亚洲合作对话第 14 次外长会在泰国曼谷举行。

14 日 第 13 届东盟国家武装部队首脑非正式会议在老挝万象举行，东盟各国同意加强协作，应对传统及非传统安全领域的挑战。

15 日 缅甸联邦议会投票选举全国民主联盟资深成员廷觉为总统，仰光省行政长官、退役中将吴敏瑞为第一副总统，民盟议员亨利班提育为第二副总统。

△新加坡金融管理局与中国人民银行宣布续签双边货币互换协议，协议期 3 年。

△中国外交部发言人陆慷在例行记者会上表示，中国 3 月 15 日至 4 月 10 日通过云南景洪水电站向湄公河下游实施应急补水。柬埔寨外交与国际合作部对中国政府的决定表示欢迎。

16 日 亚太地区规模最大的海事专业展览——亚太海事展在新加坡开幕。

17 日 第 13 届东盟新闻部长会议、第 4 届东盟—中日韩新闻部长会议在菲律宾宿务举行。

△新加坡海军 RSS Endurance207 号军舰抵达越南庆和省金兰国际港，开始对越南进行访问。这是越南金兰国际港开港运行后首次迎来外国船舰。

17～18 日 第 18 次东盟—印度高官会在越南河内举行。双方通过东盟—印度2016～2020 年行动计划。

18 日 越南人民军总参谋长杜伯巳大将在河内会见到访的美国太平洋舰队司令、海军上将 Scott H·Swift 一行。会见时杜伯巳强调，越南高度重视与美国的全面合作关系，海军合作是两国防务合作关系中的亮点之一。

21 日 越南—俄罗斯两军第 2 次副部长级防务战略对话在莫斯科举行。

△中国将每年 4 月 24 日设为中国航天日。

22～25 日 以“亚洲新未来：新活力与新愿景”为主题的博鳌亚洲论坛 2016 年年会在中国海南举行，来自 62 个国家和地区的 2100 名嘉宾参加论坛活动。

23 日 中国国务院总理李克强在中国海南三亚主持澜沧江—湄公河合作首次领导人会议，并与泰国总理巴育、柬埔寨首相洪森、老挝总理通邢、缅甸副总统赛茂康、越南副总理范平明等东盟国家领导人，围绕“同饮一江水，命运紧相连”的会议主题，就推进澜沧江—湄公河合作机制建设、加强次区域国家全方位合作、促进地区一体化进程等深入交换意见。

24 日 缅甸第 2 届联邦议会第 1 次会议通过新政府 18 位部长名单。

△中国发布跨境电子商务零售进口税收新政策。自 2016 年 4 月 8 日起，跨境电子商务零售进口商品将不再按邮递物品征收行邮税，改按货物征收关税和进口环节增值税、消费税，以促进跨境电商健康发展。

△中越《关于延展司法合作谅解备忘录的协议》在北京签署。

26 日 中共中央总书记习近平致电祝贺洪秀柱当选中国国民党主席，希望国共两党以民族大义和同胞福祉为念，继续坚持“九二共识”，反对“台独”，巩固互信基础，加强交流互动，共同维护两岸关系和平发展，台海和平稳定，同心为实现中华民族伟大复兴而努力奋斗。

27～31 日 应越南国防部部长冯光青大将的邀请，中共中央军委委员、国务委员、国防部部长常万全上将对越南进行正式友好访问。28 日，中越两军在谅山举行第 3 次边境高层会晤。30 日，常万全、冯光青在凭祥共同主持中越两军第 3 次边境交流活动总结会议。

28 日 中国国家主席习近平对捷克进行国事访问并出席第 4 届华盛顿核安全峰会。

4 月

1 日 中国驻越南大使馆、驻越媒体、中资机构和留学生代表同越南同志一起，来到安沛省安平县盛兴、朗达两个中国烈士陵园，祭奠长眠于此的 243 名中国援越抗战烈士英灵，深切缅怀和铭记他们为中越友谊所做的伟大贡献。

△第 4 届东盟法院院长会议在越南胡志明市举行。会议由越南最高人民法院承办。

3 日 第 20 届东盟财长会议在老挝万象举行。

△越南第 13 届国会第 11 次会议在河内召开。会议选举陈大光为新一任越南国家主席。

4 日 柬埔寨国会通过由首相洪森提出的内阁改组方案。根据该方案，外交与国际合作部、邮电部、公共工程与交通部、商务部、林渔业部、农村发展部、城市规划、建设和土地管理部、礼仪宗教部将任命新部长。

△为期 11 天的“肩并肩”联合军演在菲律宾举行，美国、菲律宾及澳大利亚 3 国共派出近万名兵员参加，日本自卫队首次应邀派观察员参与。

5～6 日 应缅甸外交部部长昂山素季邀请，中国外交部部长王毅对缅甸进行正式访问。

6 日 中国全国人大常委会委员长张德江在北京会见泰国公主诗琳通。张德江表示，中泰两国是好邻居、好兄弟、好伙伴，各领域交流与合作密切。

△中共中央政治局常委、中央书记处书记刘云山在北京会见老挝人民革命党中联部部长顺通率领的老挝人民革命党代表团。

△中国成功将首颗微重力科学实验卫星实践十号返回式科学实验卫星发射升空。

7日 中国东南亚安全部门反恐对话在北京举行。

△越南第13届国会第11次会议选举越共中央政治局委员、副总理阮春福担任新一届政府总理。

11日 中国—东盟建立对话关系25周年国际研讨会在北京举行。

△中国决定继续对澜沧江—湄公河下游国家实施应急调水。

12～15日 印度尼西亚海军举办代号为"科摩多-2016"的联合演习。中国、美国、俄罗斯、法国、澳大利亚等16个国家海军的48艘舰艇、8架直升机和4架固定翼飞机参加演习。

14日 马来西亚政府首次举行公开销毁查获的象牙活动，以显示打击野生动物盗猎与野生动物制品走私犯罪行为的决心。活动共销毁象牙9.55吨。

14～15日 美国国防部部长卡特访问菲律宾。卡特先后与菲律宾总统阿基诺三世、国防部部长加斯明举行双边会议。美国《纽约时报》报道称，美国将在马尼拉以北的前克拉克空军基地部署200名飞行员和机组人员，以及5架雷电攻击机、3架搜索救援直升机和1架运输机。

18日 中国—文莱经贸磋商第4次会议在斯里巴加湾市举行。

△缅甸国家顾问昂山素季发表新年电视讲话，称将推动修改宪法，实现国家民主。

△2016亚洲防务展在马来西亚吉隆坡开幕。中国国家国防科技工业局组织3家国有军贸企业以"中国防务"国家展团形式参展。

21～23日 中国外交部部长王毅先后访问文莱、柬埔寨和老挝。

24日 2016东盟防务高级官员会议在老挝万象举行。会议重点讨论如何提升成员国之间的防务合作，探讨开展其他可合作的新领域。

26日 应越南教育培训部邀请，中共贵州省委书记、省人大常委会主任陈敏尔率代表团访问越南。

27日 中国与东盟国家在新加坡举行落实《南海各方行为宣言》第11次高官会，《南海各方行为宣言》11个签署国的外交部高官出席。各方就进一步全面有效落实《南海各方行为宣言》和加强海上务实合作举行磋商，并就进一步推进"南海行为准则"交换意见。

27～28日 第22次中国—东盟高官磋商在新加坡举行。会议围绕推进中国—东盟关系和东亚区域合作进行讨论，并为中国—东盟建立对话关系25周年纪念峰会等重大活动做预备。

28日 亚洲相互协作与信任措施会议第5次外长会议在北京举行。中国国家主席习近平在开幕式发表题为《凝聚共识，促进对话，共创亚洲和平与繁荣的美好未来》的重要讲话，强调坚持和践行共同、合作、可持续的亚洲安全观，凝聚共识，促进对话，加强协作，推动构建具有亚洲特色的安全治理模式，共创亚洲和平与繁荣的美好未来。

30日 中国政府网发布《国务院关于印发全面推开营改增试点后调整中央与地方增值税收入划分过渡方案的通知》。

△中国公安机关从马来西亚押解97名电信诈骗狡黠嫌疑人回国。

5月

1日 由文莱与新加坡联合主持的联合海上安全及反恐演习分阶段在文莱、新加坡举行。演习为期10天，有18个国家的3000名海军和特种部队官兵参与。

3～4日 老挝人民革命党中央总书记、国家主席本扬对中国进行正式友好访问。中共中央总书记、国家主席习近平，国务院总理李克强，全国人大常委会委员长张德江，中共中央书记处书记刘云山在北京分别与本扬举行会谈。

3～6日 日本外相岸田文雄先后访问缅甸、老挝、越南3个东南亚国家。访越期间，岸田文雄与越南相关部长签署文件，向越方承诺提供210亿日元贷款，协助越方开展基础设施建设，同时还决定提供总额约8.9亿日元的无偿资金合作，帮助越南培养行政官员。

5日 越南国家主席陈大光在河内会见中国驻越南大使洪小勇。陈大光在会见中强调，越南党、政府和人民始终重视对中国关系，发展越中两党两国和人民的友好合作关系是越南对外政策的优先方向。

7～8日 东盟与中日韩高官会、东亚峰会高官会和东盟地区论坛高官会分别在老挝琅勃拉邦举行。会议为下半年举行的东亚合作领导人系列会议和系列外长会做准备。

9日 中国—印度尼西亚高层经济对话第2次会议在印尼雅加达举行。

9～10日 中国国务委员杨洁篪访问马来西亚。马来西亚总理纳吉布、外交部部长阿尼法、国防部部长希沙姆丁先后与杨洁篪举行会晤。马来西亚外交部部长在会晤结束后公开表示，两国同意根据《南海各方行为宣言》解决相关问题，同意加快完成《南海行为准则》制定。

10日 越军报网站报道，越共中央政治局委员、中央组织部部长范明政代表越共中央政治局宣布2015～2020年任期的越南中央军委成员名单。军委成员共 23 人，其中 7 人为留任。

13 日 中国国家副主席李源潮在北京会见泰国王孙帕查拉吉迪雅帕公主。

△越共中央总书记阮富仲在河内会见到访的中共中央政治局委员、上海市委书记韩正。

△第 4 届中泰农产品贸易合作指导委员会会议在北京举行。会上，中泰双方就已签署合作谅解备忘录的第二项 100 万吨大米贸易合同进行讨论。

△越通社报道，越南国家主席陈大光会见到访的日越关系特别大使杉良太郎。

16 日 中国—东盟中心与文莱外交与贸易部在文莱斯里巴加湾市联合举办中文投资贸易洽谈会。

17 日 中国国家主席习近平启程，对塞尔维亚、波兰、乌兹别克斯坦等国进行国事访问并出席上海合作组织国家元首峰会。

19 日 中泰两军在泰国举行“蓝色突击－2016”海军陆战队联合训练。联训以人道主义救援为课题，分为海上输送及进驻、海上联合训练、陆上联合训练和总结回撤 4 个阶段，时间持续到 6 月 10 日。联训旨在促进两国海军友好交流与务实合作，提高共同应对非传统安全威胁与挑战的能力。

19～20 日 俄罗斯—东盟纪念峰会在俄罗斯索契举行，以纪念双边对话伙伴关系 20 周年。峰会发表《索契宣言》，提出将研究在欧亚经济联盟和东盟之间建立自由贸易区。在南海问题上，宣言主张尽快通过《南海各方行为准则》。

23 日 中国铁路总公司总经理盛光祖率团访问马来西亚。

23～25 日 美国总统奥巴马对越南进行正式访问。此行是奥巴马任内首次访问越南，也是 1995 年两国关系正常化以来第三位访越的美国总统。23 日，奥巴马与越南国家主席陈大光会谈后共同主持召开新闻发布会通报会谈结果。奥巴马宣布将全面解除对越南武器禁运。

24 日 中共中央军委副主席许其亮在北京会见马来西亚海军司令卡马鲁扎曼。

△中越两国在中国南宁联合举办《中越陆地边界勘界议定书》《关于中越陆地边界管理制度的协定》和《关于中越陆地边境口岸及其管理制度的协定》执行情况总结会。

25 日 以“促进防务合作，实现活跃的东盟共同体”为主题的东盟国防部长会议在老挝万象举行。

△中国国务委员兼国防部部长常万全访问老挝，并出席第 6 次中国—东盟防长非正式会晤。

26 日 第 9 届泛北部湾经济合作论坛暨中国—中南半岛经济走廊发展论坛在中国南宁举行。论坛以“携手泛北合作，共建‘一带一路’”为主题，集中讨论中国—中南半岛经济走廊建设与发展和中国—东盟港口城市合作网络两个主题。来自东盟国家和中国的 500 名代表参加论坛活动。

△2016 中国—东盟港口城市合作网络工作会议在中国南宁举行。

△第 9 届东盟教育部长会议、第 3 届东盟＋3 教育部长会议及第 3 届东亚教育部长峰会在马来西亚吉隆坡举行。

29 日 日本《朝日新闻》报道，日本海上自卫队扫雷母舰“浦贺”号与扫雷艇“高岛”号停靠越南金兰国际港。

30 日 菲律宾国会参、众两院召开联席会议，宣布杜特尔特成为新一届菲律宾总统，罗夫雷多为副总统。

△中国全国科技创新大会、中国科学技术协会第 9 次全国代表大会在北京举行。

31 日 应中国外交部邀请，文莱外交及贸易部无任所大使哈嘉玛诗娜公主对中国进行正式访问。中国国家副主席李源潮在北京会见哈嘉玛诗娜公主。

6 月

1 日 中国人民对外友好协会和文莱驻华大使馆当日晚在北京联合举办招待会，庆祝两国建交 25 周年。

△菲律宾候任总统杜特尔特在记者会上表示，其就任后菲方将奉行独立外交政策，在处理菲中关系时不会依赖长期盟友美国，而是自主决定菲中关系方向。

△中国外交部部长王毅与加拿大外长迪翁举行首次中加外长年度会晤。

3 日 中国国家主席习近平在北京与柬埔寨国王西哈莫尼举行会谈。双方一致同意巩固睦邻友好，深化互利合作，推动中柬全面战略合作伙伴关系不断向前发展，给两国人民带来更多福祉。

△由中国驻东盟使团主办的中国—东盟建立对话关系 25 周年研讨会在印度尼西亚三宝垄举行。印度尼西亚、泰国、菲律宾等东盟国家和中国的 30 位专家学者，对双方建立对话关系 25 年进行回顾，并对东亚安全形势和东亚安全机制构建、南海问题等进行讨论。

3～5 日 第 15 届香格里拉对话会在新加坡举行。中共中央军委联合参谋部副参谋长、海军上将孙建国出席对话会并分别会见新加坡国防部部长黄永宏、泰国武装部队最高司令宋迈、文莱国防部副部长阿齐兹、柬埔寨副首相兼国防大臣迪班、越南国防部副部长阮志咏、老挝国防部副部长兼总参谋长苏温。

4 日 以“建立具有活力的东盟共同体——化愿景为现实”为主题的东盟第 15 届社会文化共同体理事会部长级会议在老挝琅勃拉邦举行。

6～10 日 由文莱首相府部长兼外交与贸易部第二部长林玉成、首相府能源与工业部部长亚斯敏共同率领的文莱政府高层代表团访问中国广西，以加快推进文莱—广西经济走廊建设。

7日 应缅甸总统廷觉邀请，新加坡总理李显龙访问缅甸。李显龙分别与缅甸总统廷觉、缅甸国务资政昂山素季举行会谈。双方就修订1999年签署的避免双重征税协定、扩大新加坡对缅投资、加强包括增开新加坡航空公司赴缅航线在内的旅游合作、增加对缅甸职业培训合作等问题交换意见。两国签署双边互免签证协议，规定双方持普通护照公民停留期30天互免签证。

△日本防卫相中谷元访问泰国并与泰国看守政府副总理兼国防部部长巴维举行会谈。在南海问题上，双方一致认为应依据国际法和平解决争端。此外，双方还同意促进合作，包括由日本自卫队帮助泰国军队提高能力。

9日 中国与东盟国家在越南举行落实《南海各方行为宣言》第12次高官会。与会各方就妥善处理南海有关问题表达关切，就全面有效落实《南海各方行为宣言》，加强海上务实合作及磋商“南海各方行为准则”等议题深入交换意见。

12日 越南国家主席陈大光对老挝进行国事访问。

13～14日 中国—东盟国家外长特别会议在中国云南玉溪举行。会议回顾和总结中国—东盟对话关系发展经验，并对双方关系未来发展做出展望，为中国—东盟建立对话关系25周年纪念峰会预做准备。

14日 中国全国人大常委会副委员长张平在北京会见由玛巴尼院长率领的泰国宪法法院代表团一行。

△中国全国政协副主席齐续春在北京会见柬埔寨参议院外委会主席迪波拉西。

△第3次东南亚地区经济合作与发展组织论坛在越南河内举办，东盟及其他国际组织的200名代表出席。

15～16日 应柬埔寨国王西哈莫尼邀请，越南国家主席陈大光对柬埔寨进行国事访问。

16日 越共中央政治局委员、越南祖国阵线中央委员会主席阮善仁在河内会见中国驻越南大使洪小勇。

16～18日 第13届中国—东盟博览会越南展在河内举行。

17日 应越南国防部请求，中国海军派出4艘舰艇前往北部湾海域，协助搜救14日在南海上空失事的越南空军飞机和海警飞机以及机组人员。

20日 中共中央政治局常委、中央纪委书记王岐山在北京会见柬埔寨国务大臣兼反腐败委员会主席翁仁典。

22日 第4次东盟儿童论坛在越南河内举行，东盟各国儿童代表、东盟成员国负责社会福利与发展事务高级官员和越南相关机构代表出席。

△以“东盟无国界：生态旅游集群和旅游走廊的发展战略路线图”为主题的2016东盟生态旅游论坛在老挝占巴塞省举行。东盟国家旅游部官员、东盟秘书处副秘书长林康宪、联合国世界旅游组织亚太区主任徐京及东盟国家旅游公司代表参加论坛活动。

22～24日 第10届中国—东盟社会发展与减贫论坛在中国广西桂林举行。中国和东盟国家的政府官员、专家学者及国际组织代表等150多人出席。会议围绕“‘一带一路’与中国—东盟减贫合作”主题展开讨论。

23日 中国国务委员兼国务院秘书长杨晶在北京会见马来西亚总理府秘书长兼高铁公司主席阿里·哈姆萨一行。

25日 中国载人航天工程长征七号运载火箭在海南文昌航天发射场成功发射。

26日 泰国《曼谷邮报》披露，泰国海军采购委员会批准从中国购买3艘潜艇，总价值11亿美元。

26～28日 中国国务委员杨洁篪访问越南，并与越南政府副总理兼外交部部长范平明主持中越双边合作指导委员会第9次会议。

27日 中共中央政治局常委、国务院副总理张高丽在北京会见泰国副总理颂吉。

△马来西亚总理纳吉布公布内阁人事重大调整方案，更换多名部长。

△以“教育与领导”为主题的第2届东盟—中国青年领袖交流会在柬埔寨暹粒举行，东盟国家和中国236名青年代表参加会议。

27～28日 2016夏季达沃斯论坛在中国天津举行。

△中越双边合作指导委员会第9次会议在越南河内举行。

28日 柬埔寨人民党在金边举行成立65周年庆典。上万名党员及支持者出席庆典仪式。

28～29日 印度尼西亚国会批准年度国防预算增加到82.5亿美元，比年初通过的预算增长近10%，其中南海纳土纳群岛军事设施升级和扩建列为新增拨款项目。

29日 中国外交部发言人洪磊就菲律宾南海仲裁案仲裁庭声称将公布所谓最终裁决发表谈话，不接受任何强加于中国的南海争端解决方案。

30日 菲律宾新总统杜特尔特正式就任菲律宾第16任总统。菲律宾新内阁同时宣誓就职。

△越共中央致电中共中央，祝贺中国共产党成立95周年。

△中国全国政协副主席马飚在北京会见应中国人民对外友好协会邀请来华访问的越南友好组织联合会主席武春鸿一行。

7月

1日　中国共产党庆祝成立95周年。中共中央总书记习近平号召全党同志不忘初心、继续前进。

3日　《环球时报》报道，马来西亚交通部部长廖中莱表示，马来西亚计划与中国合资建设巴生第三港口。

4日　中国全国政协副主席王家瑞在北京会见柬埔寨参议院主席赛冲，双方就推动两国关系深入发展、深化中国全国政协与柬埔寨参议院的交流合作交换意见。

6日　越共中央委员、中央军委常委会委员、国防部副部长阮志咏上将到中国驻越南大使馆，感谢中方在CaSa－212飞机搜救工作中给予越方极大帮助。

△中国"胖妞"运20飞机正式列装空军部队。

7日　中共中央政治局常委、中央纪委书记王岐山在北京会见老挝人民革命党中央政治局委员、中央纪委书记、政府副总理本通率领的老挝人民革命党代表团。

△中国驻菲律宾大使赵鉴华前往菲律宾总统府，拜会菲律宾新任总统杜特尔特。

△第5届印度—东盟经济论坛在印度新德里举行。论坛由印度商业和行业相关商会主办，是面向第14届东盟—印度峰会和第11届东亚峰会的首个活动。

9～10日　20国集团贸易部长会议在中国上海举办。

10日　第7届世界城市高峰会市长论坛在新加坡举行。来自世界110多个城市的市长参加论坛活动。

13日　中国国务院新闻办公室发表《中国坚持通过谈判解决中国与菲律宾在南海的有关争议》白皮书。

14～16日　中国国务院总理李克强在蒙古国乌兰巴托出席第11届亚欧首脑会议时分别会见老挝政府总理通伦、越南政府总理阮春福、柬埔寨首相洪森、缅甸总统廷觉。

19日　美国与新加坡海军开始为期2周，代号为"联合备战与训练"的联合军演。

21～27日　第49届东盟外长会议在老挝万象举行。东南亚无核地区委员会会议、东盟外交部长与各伙伴会议、第17次东盟与中日韩部长级会议、第6次东亚峰会外长会议、第23次东盟地区论坛外长会等系列相关会议同时召开。

22日　总部位于日内瓦的世界经济论坛当日发布《2016全球信息技术报告》，新加坡继续位列"网络就绪指数"榜单之首，成为全球信息与通信技术发展和使用程度最高的经济体。

25日　中国与东盟国家外交部部长在万象发表关于全面有效落实《南海各方行为宣言》的联合声明。

△以"凝聚共识"为主题的第8届东盟与中日韩媒体合作研讨会评论员对话会在北京举行。

25～29日　应中国全国人大常委会委员长张德江邀请，柬埔寨国会主席韩桑林率团访问中国。

27日　中国国家主席习近平、国务院总理李克强、全国人民代表大会常务委员会委员长张德江分别致电祝贺新当选的越南国家主席陈大光、政府总理阮春福、国会主席阮氏金银，中国国家副主席李源潮致电祝贺邓氏玉盛当选越南国家副主席。

△印度尼西亚总统佐科改组内阁。新内阁当晚就职。

29日　为期8天的越南第14届国会第一次会议闭幕。

30日　为纪念中国—东盟建立对话关系25周年，中国宋庆龄基金会、中国足球协会与中国—东盟中心共同在北京举办"宋庆龄杯"中国—东盟青少年足球友谊赛，中国国家副主席李源潮出席开幕式。

31日　中国国务院副总理刘延东在中国贵阳分别会见出席第9届中国—东盟教育交流周的柬埔寨副首相兼内阁大臣索安、泰国副总理巴津。

8月

1日　东盟秘书处在老挝万象举行东盟经济高官会议，为第48届东盟经济部部长会议及相关会议做准备。

2日　第12届世界伊斯兰经济论坛在印度尼西亚雅加达举行，来自100个国家的2500多人出席论坛。

△新加坡总理李显龙访问美国，并出席美国总统奥巴马为其举办的欢迎仪式，庆祝两国建交50周年。

3～6日　第48届东盟经济部长会议及系列会议在老挝万象举行。东盟国家的经济部长及东盟秘书长等出席会议。其间，第30次东盟自由贸易区理事会议、第19次东盟—中日韩经贸部长会议、第13次东盟—韩国经贸部长会议相继召开。

4日　东盟驻南非委员会与越南、印度尼西亚、马来西亚、缅甸、菲律宾、新加坡、泰国等7国驻南非大使馆，在南非比勒陀利亚联合举行东盟成立50周年庆典。

5日　东盟共同体国家在越南河内举办展览会，纪念东盟共同体建成和东盟成立50周年。

7日　泰国新宪法草案全民公投，赞成通过新宪法草案的票数占61.4%，否决票数约占38.6%。

8日　马来西亚海军司令卡马鲁扎曼上将访问越南。

10日　日本防卫副大臣Ro Manabe访问越南，与越南国防部副部长阮志咏上将会谈。

10～11日 菲律宾前总统拉莫斯与中国驻菲前大使傅莹、中国南海研究院院长吴士存在香港会面，以私人身份探讨如何推进中菲之间的和平与合作。

△日本外相岸田文雄访问菲律宾。岸田文雄在达沃市与菲律宾总统杜特尔特、外交部部长亚赛举行会谈。

12日 新加坡游泳运动员斯库林在里约奥运会男子100米蝶泳中击败菲尔普斯获得金牌，这也是新加坡历史上首枚奥运金牌。

13日 第17届东盟美食节在中国澳门特别行政区举行，东盟各国驻中国香港和澳门总领事及副总领事出席活动。

15～16日 中国与东盟国家在中国满洲里举行落实《南海各方行为宣言》第13次高官会和第18次联合工作组会。与会各方就全面有效落实《南海各方行为宣言》以及"南海各方行为准则"磋商等议题进行深入探讨，取得积极成果。会议审议通过"中国与东盟国家应对海上紧急事态外交高官热线平台指导方针""中国与东盟国家关于在南海适用《海上意外相遇规则》的联合声明"2份成果文件，决定将此作为成果提交中国—东盟领导人会议发表。

15日 由越南欧洲商会首席代表米切尔·贝伦斯率领的欧洲企业协会代表团访问越南胡志明市。米切尔·贝伦斯表示，欧洲商会将努力加快签署《欧盟—越南自由贸易协定》进程，在力所能及的范围内为胡志明市的发展提供援助。

17～21日 应中国国务院总理李克强邀请，缅甸联邦共和国国务资政昂山素季正式访问中国。18日，李克强与昂山素季举行会谈并签署合作协议，同意在中缅边境附近兴建大桥和在仰光、曼德勒兴建医院。19日，中国国家主席习近平会见昂山素季，习近平强调中方愿同缅方一道，弘扬传统，继往开来，推动中缅全面战略合作伙伴关系不断取得新进展，为两国人民带来更多实实在在的利益，使两国人民永做好邻居、好朋友、好兄弟、好伙伴。

18日 日本共同社报道，日本承诺向菲律宾提供10艘巡逻艇的首艘抵达马尼拉。日本提供的这批巡逻艇由日本海事联合公司横滨船厂建造，全长44米，载员25人。

21日 在巴西里约热内卢举办的奥运会上，中国女排3比1击败塞尔维亚，时隔12年再次获得奥运会冠军。

24日 第7届东盟文化部长会议和东盟—中日韩文化部长会议在文莱斯里巴加湾举行。

26日 菲律宾政府和全国民主阵线在挪威奥斯陆签署联合声明，一致同意无限期停火。

△中国公安部副部长、中国海警局局长孟宏伟在北京与越南海警司令部司令阮光淡举行中越海警首次工作会晤，共同签署《中越海警第一次工作会晤会议纪要》。

26～28日 应文莱苏丹邀请，越南国家主席陈大光对文莱进行国事访问。

28～31日 以越共中央政治局委员、中央军委副书记、国防部部长吴春历大将为团长的越南高级军事代表团对中国进行正式友好访问。

31日 21世纪彬龙会议在缅甸内比都举行。会议探讨尽早结束内战、实现持久和平的政治解决方案。

9月

1日 中国人民日报社副总编辑、秘书长、人民网董事长王一彪在北京会见以老挝中联部党委副书记、副部长宋蓬·西加伦为团长的老挝高级干部研修班一行。

2日 中国国家主席习近平在杭州分别会见前来出席二十国集团领导人杭州峰会的印度尼西亚总统佐科、老挝国家主席本扬、新加坡总理李显龙。

乌鲁木齐—重庆—新加坡航线正式开通。

3日 印度总理莫迪访问越南。莫迪与越南总理阮春福共同见证两国间多份双边合作协议的签署，表示将共同把现有的双边关系提升到"全面战略伙伴关系"的水平。莫迪表示印方愿意为越南提供5亿美元贷款以开展国防合作。

5日 菲律宾总统杜特尔特宣布菲律宾进入"无法律状态"，并邀请军方和警方管理菲律宾各项事务。

△美国总统奥巴马访问老挝，成为美国历史上首位访问老挝的在任总统。奥巴马此行还出席在老挝举办的东盟与美国10+1会谈及东亚峰会。

△第2次东盟防长扩大会人道主义援助救灾与军事医学联合演练在泰国曼谷、春武里府及其附近海域拉开帷幕。中国、俄罗斯、美国、东盟国家等东盟防长扩大会18个成员国军队1200多人及多艘舰船和飞机参演。演练以东盟某国遭自然灾害侵袭，各国协商一致提供人道主义援助为背景进行指挥所演练和实兵演练。

6日 英国媒体称，参加东盟峰会的日本首相安倍晋三会晤菲律宾总统杜特尔特。日本同意向菲律宾提供贷款以购买两艘90米长的"大型巡逻舰"，以加强菲律宾海上警备能力。此外，日本还决定租赁给菲律宾5架TC90型螺旋桨飞机。

6～9日 东盟峰会、第19次东盟—中国领导人会议暨中国—东盟建立对话关系25周年纪念峰会、第19次东盟—日本领导人会议、第18次东盟—韩国领导人会议、第19次东盟与中日韩（10+3）领导人会议、东盟—澳大利亚领导人会议、第8届东盟—联合国领导人会议、第14次东盟—印度领导人会议、第4次东盟—美国领导人会议以及第11届东亚峰会等在老挝万象举行。

8日 第9届中国—东盟智库战略对话论坛在中国南宁开幕。论坛由中国社会科学院和广西壮族自治区人民政府联合主办，以“21 世纪海上丝绸之路与中国—东盟命运共同体建设”为主题，重点讨论 21 世纪海上丝绸之路与中南半岛经济走廊建设、21 世纪海上丝绸之路与中国—东盟国际产能合作、21 世纪海上丝绸之路与中国—东盟海上合作、东盟共同体建设与中国—东盟合作发展、21 世纪海上丝绸之路与中国—东盟智库交流机制建设等 5 个议题。

△新加坡海军“坚定号”护卫舰对中国上海进行为期 4 天的友好访问。

9～13 日 “2016 国际华人文化周”在新加坡举办。

10 日 中共中央政治局常委、国务院副总理张高丽在广西南宁分别会见出席第 13 届中国—东盟博览会和中国—东盟商务与投资峰会的柬埔寨首相洪森、越南政府总理阮春福、缅甸副总统吴敏瑞、老挝副总理宋赛、泰国副总理巴金。

10～15 日 应中国国务院总理李克强邀请，越南政府总理阮春福对中国进行正式访问。访问期间，中共中央总书记、国家主席习近平会见阮春福，国务院总理李克强同阮春福举行会谈，中国全国人大常委会委员长张德江、全国政协主席俞正声分别会见阮春福。14 日，双方发布《中越联合公报》。阮春福还出席在中国广西南宁举行的第 13 届中国—东盟博览会和中国—东盟商务与投资峰会，访问广西和香港特别行政区。

11～14 日 以“共建 21 世纪海上丝绸之路，共筑更紧密的中国—东盟命运共同体”为主题的第 13 届中国—东盟博览会、中国—东盟商务与投资峰会在中国广西南宁举行。

13 日 中国国务委员杨洁篪在北京会见访华的文莱首相府部长兼外交与贸易部第二部长林玉成和首相府能源与工业部部长亚斯。

14～15 日 应美国总统奥巴马邀请，缅甸国务资政昂山素季正式访问美国并与奥巴马会晤。双方发表联合声明，宣布构建美缅合作伙伴关系。奥巴马承诺将解除针对缅甸经济制裁。美方重申对缅甸民主过渡进程的支持，认为缅甸变革为双边关系发展带来机遇。

15 日 中国天宫二号空间实验室由 CZ－2F 在酒泉成功发射。

18～21 日 越中海上低敏感领域合作专家工作组第九轮磋商在越南河内举行。

19～24 日 第 4 届东盟＋3村官交流项目在中国上海举行。交流活动由中国国际扶贫中心主办，上海市人民政府合作交流办公室协办，东盟秘书处及亚洲开发银行等机构支持。来自东盟和中国、韩国等国家的政府官员、村官、专家学者，东盟秘书处、亚洲开发银行、中国—东盟中心等国际组织代表以及企业界、新闻界代表 60 多人参加。这是落实中国国务院总理李克强 2013 年东盟＋3领导人会议倡议的年度机制化交流活动。

20 日 中国云南省红河州公安边防支队与越南老街省边防部队联合举行反恐演练。这是落实中越三级边防合作协议框架内的活动。

21～22 日 中国（广西）—东盟教育开放合作交流会在广西南宁举行。中国国务院侨务办公室代表和来自泰国、缅甸、印度尼西亚、老挝、柬埔寨等 9 个国家的 69 所华文学校、华教机构及各国教育部门的近 200 名代表参会。

21～24 日 应越共中央邀请，中共福建省委常委、副省长张志南率干部代表团对越南进行工作访问。

22 日 以“用更清洁能源，重建绿色社区”为主题的第 34 届东盟能源部长会议在缅甸举行。会议就《东盟能源合作行动计划（2016～2020 年）》，包括改善能源使用效率、提高民众对绿色能源的认识等问题交换意见。

23～26 日 以“华文教育的类型转型与质量提升”为主题的第 11 届东南亚华文教学研讨会在印度尼西亚日惹举行，来自东南亚 7 国和中国的 140 名专家学者、华文教育工作者出席会议。

24 日 越南国家主席陈大光在河内会见赴越主持中越两国公安部第 5 次合作打击犯罪会议的中国国务委员、公安部部长郭声琨。

27 日 缅甸总统廷觉在内比都会见赴缅主持中缅第 5 次执法安全合作会议的中国国务委员、公安部部长郭声琨。

△全球最长跨海大桥——港珠澳大桥主体桥梁贯通。

28～29 日 应越南国家主席陈大光邀请，菲律宾总统杜特尔特对越南进行正式访问。

29 日 东盟—美国国防部长非正式会议在夏威夷举行。

30 日 以“活跃的东盟议会联盟，进步的东盟共同体”为主题的第 37 届东盟议会联盟大会在内比都举行。

△中国驻越南大使洪小勇率中国驻越南大使馆馆员、中国驻越媒体、中资机构和留学生代表，到位于河内的中国烈士陵园扫墓，举行“烈士纪念日”主题活动。越中友好协会副主席阮荣光陪同出席有关活动。

10 月

1 日 人民币进入 SDR 正式生效。人民币成为第一个被纳入 SDR 篮子的新兴市场国家货币，是继美元、欧元、日元、英镑后，特别提款权中的第五种货币。

2 日 菲律宾总统杜特尔特发表讲话，称已下令审查 2014 年菲律宾与美国签署的《加强防务合作协议》，不排除要求美军全部撤出菲律宾的可能性。

△美国潜艇供应舰“弗兰克·凯布尔”号和驱逐舰“约翰·S·麦凯恩”号停靠越南金兰湾。这是美越两国关系正

常化后美舰首次到越港停靠。

4日 菲律宾与美国在菲海军陆战队总部启动年度“菲布莱克斯”两栖登陆演习。参加演习的美菲军人1600多名，与上次相比规模明显缩小。

6日 中国外交部副部长刘振民在北京与到访的菲律宾外交部副部长马纳罗举行会谈，主要就中菲关系总体情况交换意见。

7日 美国总统奥巴马发布行政命令，宣布美国终止实施针对缅甸的《国家应急法》，并由此解除针对缅甸的相关制裁措施。

△越南公安部网站声明称，基地设在美国加利福尼亚州的越南更新革命党为恐怖组织。据美联社报道，“越新党”多年来招募并训练成员掌握使用武器技能，共派遣246名武装成员从泰国经老挝或柬埔寨进入越南，建立秘密基地，从事恐怖活动，此外还组建有“K9暗杀小分队”搞恐吓和暗杀活动。

8~11日 应泰国政府邀请，中国国家副主席李源潮赴曼谷出席亚洲合作对话第2次领导人会议。

10~12日 第一届东盟网络安全部长级会议在新加坡举行。

10~15日 柬埔寨副首相兼国防大臣迪班到中国出席第7届香山论坛并正式访问中国。访问期间，中方决定向柬军提供一批医疗器材和办公用品等物资，以深化两军务实合作。

11~13日 新加坡总理李显龙对澳大利亚进行访问。新澳双方签署防务合作协议，扩展军事训练。根据协议，新加坡军队每年在澳训练时间将延长至18周，轮训兵力增至1.4万人。

12日 东盟—欧盟高官会在泰国曼谷举行。

13~14日 应柬埔寨国王邀请，中国国家主席习近平对柬埔寨进行国事访问。习近平主席在金边分别会见柬埔寨国王西哈莫尼和首相洪森。两国发表联合声明，签署《中柬两国政府经济技术合作协定》等31份合作文件。

14日 以“走向战略伙伴”为主题的第21届东盟—欧盟外长会议在泰国曼谷开幕。

16日 越南国防部副部长阮志咏和美国国防部代理副助理部长卡拉·阿伯克龙比在越南河内共同主持召开第7次越美国防政策对话。

18~21日 应中国国家主席习近平邀请，菲律宾总统杜特尔特对中国进行国事访问。访问期间，习近平与杜特尔特举行会谈，就双边关系及共同关心的国际和地区问题深入交换意见。中国国务院总理李克强、全国人大常委会委员长张德江分别会见杜特尔特，中国国务院副总理张高丽与杜特尔特总统共同出席中菲经贸合作论坛开幕式并致辞。21日，中菲双方发表《联合声明》。

19日 中国发射神舟十一号飞船搭乘2名航天员，完成与天宫二号对接并进行人在太空中期驻留试验。

19日 以“在老越柬融入国际社会的背景下社会科学领域人力资源发展”为主题的越老柬社会科学第5次国际研讨会在老挝万象举行。

19~20日 第5次东盟禁毒合作部长级会议在新加坡举行。来自东盟的100名代表出席会议。

19~21日 为落实越中两党、两国高层领导所达成的协议，越共中央政治局委员、中央书记处常务书记丁世兄访问中国并出席越共中央政治局代表与中共中央政治局代表会晤。20日，中共中央总书记、国家主席习近平会见丁世兄，习近平在会见中表示，中越山水相连、唇齿相依，是具有战略意义的命运共同体。

20日 越南国防部与印度国防部在越南国家炸弹地雷行动中心共同主办东盟防长扩大会人道主义扫雷行动专家组第4次会议。东盟防长扩大会人道主义扫雷行动专家组18个成员国代表参加会议。

21日 由中国新加坡商会携手财新传媒主办的2016中国新加坡高层论坛在北京举行。

△越柬第2次国防政策对话会在越南国防部举行。

22日 中国海军第23批护航编队抵达越南金兰港，开始对越南进行为期5天的访问。这是中国军舰首次造访金兰湾。

24日 越中陆地边境口岸管理委员会第4次会议在河内举行。

△菲律宾中央银行发表声明，把中国货币人民币列入菲律宾国际货币储备范围。

24~26日 第7届伊洛瓦底江—湄南河—湄公河经济合作战略组织峰会和第8届柬老缅越峰会在越南河内举行。

25日 世界经济论坛湄公河会议在越南河内举行。越南政府总理阮春福、柬埔寨首相洪森、老挝总理通伦·西苏里、缅甸总统廷觉、泰国副总理颂吉出席会议。

△菲律宾总统杜特尔特访问日本。

26~28日 应越南国家主席陈大光的邀请，缅甸总统廷觉对越南进行国事访问。

31日至11月5日 应中国国务院总理李克强邀请，马来西亚总理纳吉布对中国进行正式访问。访问期间，中国国家主席习近平、国务院总理李克强、全国人大常委会委员长张德江分别与纳吉布总理举行会见会谈，就推进中马全面战略伙伴关系以及共同关心的地区和国际问题深入交换意见。

11 月

1 日　中国国家主席、中央军委主席习近平在北京会见到访的缅甸国防军总司令敏昂莱。习近平积极评价中缅两军关系，希望两军深化务实合作，为维护两国共同利益和地区和平稳定做出积极贡献。

2 日　中国国务委员兼国防部部长常万全在北京会见来华开展中越第 9 次国防部防务安全磋商的越南国防部副部长阮志咏。

4 日　中国海军郑和舰抵达印度尼西亚雅加达丹戎不碌港，开始为期 4 天的友好访问。

△缅甸国务资政兼外长昂山素季访问日本。

8 日　东盟文化和信息委员会第 51 次会议在老挝万象举行，东盟国家信息文化部门官员出席会议。

8 ~11 日　应越共中央政治局委员、国会主席阮氏金银邀请，中共中央政治局常委、全国人大常委会委员长张德江率党政代表团对越南进行正式友好访问。访问期间，张德江出席中越人民友好交流活动、第 3 届中越青年大联欢并致辞，考察中越友谊宫项目建设情况，访问越南岘港市和广南省。

9 日　以"加强国际合作，有效打击跨国犯罪"为主题的第 10 届东盟—中国总检察长会议在老挝万象举行。

10 日　中国海警 46305 舰应邀对越南海防市进行为期 3 天的友好访问。这是中国海警舰船首次出访越南，也是中国海警舰船首次正式出访南海周边国家。

14 日　以"从东盟各成员国的关系看海牙国际私法会议公约"为主题的东盟法律论坛在越南河内举行，东盟成员国代表、海牙国际私法会议秘书处及东盟秘书处代表等出席会议。

15 日　以"东盟 10 国首都在东盟全球化过程中的承诺与责任"为主题的第 4 届东盟国家首都市长会议在万象开幕。

△第 11 届东盟财政部长投资者研讨会在印度尼西亚雅加达举行。

15 ~17 日　东盟国防部长非正式会议和东盟—日本国防部长非正式会晤在老挝万象举行。

△马来西亚政府公布，总理纳吉布访问日本并与日本首相安倍晋三、国土交通大臣石井启一举行会谈。

18 日　中国商务部亚洲司司长吴政平率工作组访问菲律宾，就落实菲律宾总统杜特尔特访华期间两国领导人在经贸合作领域达成的共识，增强经贸合作与菲律宾相关部门进行具体商谈。

△文莱与美国第 22 期联合演习在摩拉基地多国协调中心结束。演习是美国海军与多个东南亚国家之间既成系列又常年举行的演习的一部分。

18 ~21 日　第 4 届中国—东盟太极交流会在中国广西桂林举行。

19 日　中国国家主席习近平在秘鲁利马分别会见出席亚太经合组织第 24 次领导人非正式会议的菲律宾总统杜特尔特和越南国家主席陈大光。

21 日　首届东盟交通警察论坛在越南河内举行。

△新加坡人民行动党举行建党 62 周年纪念活动。

21 ~23 日　柬、老、越发展三角区高官会和柬、老、越发展三角区第 9 届峰会在柬埔寨暹粒市举行。越南政府总理阮春福、柬埔寨首相洪森、老挝政府总理通伦出席峰会。

22 ~25 日　中国国防部官方消息："和平友谊—2016"中国—马来西亚联合军事演习在马来西亚巴耶英达附近举行。演习以"人道主义救援联合行动"为主题，分参谋部演练和实兵演练两个部分，总兵力约 300 人，中方兵力主要来自军委机关、南部战区和驻香港部队。

24 ~25 日　中缅外交国防2 +2高级别磋商首轮会议在缅甸内比都举行。

27 日　中国关于完善产权保护制度依法保护产权的意见公布。这是中国产权保护政策的顶层设计，提出健全以公平为核心原则的产权保护制度，公有制经济和非公有制经济财产权都不可侵犯。

28 日　中国国务院总理李克强在北京与到访的老挝总理通伦举行会谈。

△中国商务部副部长高燕率团访问新加坡，与新加坡贸工部常任秘书罗锦贤共同主持召开中新（重庆）战略性互联互通示范项目联合工作委员会高官会首次会议。

29 日　应中国外交部邀请，缅甸和平委员会主席丁苗温一行访问中国。

△泰国国家立法议会主席蓬贝宣布，泰国王储哇集拉隆功继承王位，成为泰国新国王。

30 日　中国外交部副部长刘振民会见到访的老挝外交部东盟司司长蓬沙万一行，双方就中老关系及地区合作等问题交换意见。

△2016 越中国际贸易展览会在越南高平省复和县举行。

△东盟秘书处在印度尼西亚雅加达举行参加第 31 届夏季奥林匹克运动会及残疾人奥林匹克运动会的东盟运动员表彰大会。

△缅甸国务资政府新闻发布委员会通告显示，2016 年 11 月20 ~30 日，掸邦北部地区因遭受克钦独立军、德昂民族解放军、果敢同盟军等武装组织袭击，直接导致 14 人死亡、50 人受伤，其中死者包括 3 名警察、1 名民兵和 10 名平民，伤者主要为平民。

12 月

1 日 中国国家主席习近平在北京会见老挝总理通伦。习近平在会见中指出，中老建交55年来，两国传统友好日益深入人心，各领域合作全面快速发展，硕果累累，中方始终视老方为好邻居、好朋友、好同志、好伙伴，愿同老方共同推动全面战略合作伙伴关系不断发展，携手打造牢不可破的命运共同体。

△泰国新国王拉玛十世哇集拉隆功正式登基。

△首届柬埔寨—中国企业家论坛暨金融发展论坛在柬埔寨金边举行。论坛由柬埔寨首相洪森和中国民生投资集团董事局主席董文标共同发起，中国民生投资集团牵头举办。

4～7 日 越通社报道，应印度国防部部长马诺哈尔·巴里卡邀请，越共中央政治局委员、国防部部长吴春历大将率高级军事代表团对印度进行访问，双方签署空军合作备忘录。

6 日 由中国国际贸易促进委员会、印度尼西亚工商会馆中国委员会、中国国际贸易促进委员会浙江省委员会共同主办的中国—印度尼西亚企业家峰会暨产业对接洽谈会在印度尼西亚雅加达举办。

6～8 日 以“增强互信、管控分歧、全面合作”为主题的中越人民论坛第8次会议在中国杭州举行。会议由中国人民对外友好协会、越南友好组织联合会共同主办，浙江省人民对外友好协会协办。

7 日 由中国国家卫生和计划生育委员会组织实施的亚洲首个“妇幼健康工程”在柬埔寨金边启动。

8～9 日 第3届东盟医疗设备委员会会议在文莱举行，东盟国家卫生部官员、相关机构和行业的40名代表出席。

8～11 日 越南国会主席阮氏金银率国会高级代表团对印度进行正式访问。

9 日 中泰贸易、投资和经济合作联合委员会第5次会议在北京举行。会议期间，两国签署包括铁路合作谅解备忘录在内的多份合作文件。

△由越南、柬埔寨两国经济合作发展协会联合举行的第7届湄公河论坛在金边开幕。

11～26 日 中柬两国军队在金边举行名为“金龙－2016”的人道主义救援减灾联合训练。中方以南部战区陆军为主派出97人，柬方派出280人参训。

12 日 中国国务院总理李克强在北京会见到访的泰国第一副总理巴威和来华出席中泰贸易、投资和经济合作联委会会议的泰国副总理颂奇。

△中共中央政治局常委、中央书记处书记刘云山在北京会见越共中央政治局委员、中央书记处书记、中央组织部部长范明政率领的越南共产党代表团。

13 日 第三个南京大屠杀死难者国家公祭日活动在中国南京举行。

△马来西亚吉兰丹州苏丹穆罕默德五世宣誓就任马来西亚第15任国王，任期5年。马来西亚总理纳吉布等政府高官出席就任仪式。

△应柬埔寨国王邀请，菲律宾总统杜特尔特对柬埔寨进行为期2天的正式访问。

14 日 泰国交通部部长阿空·丁披他耶拜实表示，泰中铁路曼谷—呵叻段于2017年初开工建设，工期3年。

15 日 中国国务委员杨洁篪在北京会见柬埔寨副首相贺南洪。

19 日 东盟外长非正式会议在缅甸仰光召开，会议就缅甸若开邦局势展开讨论。

20 日 老挝人民革命党中央总书记、国家主席本扬在万象会见率代表团出席第5次中老两党理论研讨会的中共中央政治局委员、中央书记处书记、中央宣传部部长刘奇葆一行。

20～21 日 应越南政府总理阮春福邀请，柬埔寨首相洪森率领政府高级代表团对越南进行正式访问。

22 日 越共中央总书记阮富仲在河内会见访越并出席第12次越中两党理论研讨会的中共中央政治局委员、中央书记处书记、中央宣传部部长刘奇葆一行。

23 日 澜沧江—湄公河合作第2次外长会在柬埔寨暹粒举行。中国外交部部长王毅、柬埔寨国务兼外交大臣布拉索昆、泰国外长敦·帕马威奈、老挝外长沙伦赛、缅甸外长觉丁、越南副总理兼外长范平明出席会议。与会各方围绕“同饮一江水，命运紧相连”的主题，回顾首次澜沧江—湄公河合作机制领导人会议成果落实情况，规划下一步发展。

△马来西亚、印度尼西亚、泰国中央银行签署双边谅解备忘录，期盼未来能打破贸易堡垒，直接以本币结算贸易和投资。

25 日 中国—老挝铁路全线开工仪式在老挝琅勃拉邦举行。老挝总理通伦率双方代表挥铲破土并亲自鸣锣祝贺。

27 日 中共中央政治局委员、中央政法委书记孟建柱在北京集体会见出席湄公河流域执法安全合作机制成立5周年部长级会议的各国代表团团长。

27～28 日 越南外交部、越中双边合作指导委员会常务机关以及有关单位在河内联合召开“促进越中经济合作”研讨会，集中讨论中国外交经济政策、两国地方经贸与旅游合作关系、两国地区互联互通若干倡议框架内的合作等。

2017 年 1 ~6 月

1 月

1 日　中国国家主席习近平就菲律宾受台风“洛坦”灾害向菲律宾总统杜特尔特致慰问电。习近平指出，中菲是友好邻邦，我们对菲律宾百姓遭受灾害、流离失所深感忧心，愿向灾区提供紧急救灾援助。

2 日　俄罗斯两艘军舰抵达菲律宾马尼拉南港码头，对菲律宾展开为期 6 天的访问。

5 日　马来西亚海军的官方推特称，中国海军“长城”号潜艇和“长兴岛”号远洋打捞救生船访问马来西亚。

6 ~8 日　中共第十八届中央纪律检查委员会第七次全体会议在北京举行。中共中央总书记、国家主席、中央军委主席习近平出席全会并发表重要讲话。

9 日　中国国家科学技术奖励大会在北京举行。中共中央总书记、国家主席、中央军委主席习近平向获得 2016 年度国家最高科学技术奖的中国科学院物理研究所赵忠贤院士和中国中医科学院屠呦呦研究员颁奖。

10 日　位于老挝北部乌多姆塞省的纳莫县援老抗美中国烈士陵园修缮工程开工。中国驻老挝大使馆、中国驻老挝琅勃拉邦总领事馆、中国云南省民政厅以及在老挝的中资机构、华侨华人代表等出席开工仪式。

12 ~13 日　日本首相安倍晋三对菲律宾进行正式访问。安倍晋三承诺 5 年内向菲律宾提供价值 87 亿美元的援助，向杜特尔特老家达沃赠送防洪设备，支持杜特尔特政府扫毒运动以及反恐，计划为菲海岸警卫队提供 6 亿日元购买快艇等装备。

12 ~15 日　应中共中央总书记、中国国家主席习近平邀请，越共中央总书记阮富仲对中国进行正式访问。访问期间，阮富仲分别与中国多位党和国家领导人举行会见，出席庆祝中越建交 67 周年暨 2017 年迎新春友好活动，并前往浙江省参观访问。

15 日　日本首相安倍晋三访问印度尼西亚。安倍晋三称，为深化防务合作，将向印度尼西亚提供 740 亿日元援助。印度尼西亚官员事后称，日本将投资 76 亿美元修建雅加达至泗水的高铁，并投资 30 亿美元参与印度尼西亚爪哇岛的一个港口项目。

15 ~18日　中国国家主席习近平对瑞士进行国事访问，其间出席世界经济论坛2017年年会并顺访在瑞士的多个国际组织。

16 日　日本首相安倍晋三访问越南并与越南总理阮春福举行会谈。安倍晋三表示日本将向越南提供 6 艘新造巡逻船，以强化海洋安全领域合作。此外，还表示向越南提供 1174 亿日元贷款。

16 ~20 日　以“共同打造我们的旅游业”为主题的 2017 东盟旅游论坛在新加坡举行。

17 日　中共中央军委联合参谋部副参谋长马宜明在北京会见到访的柬埔寨国防部副国务秘书昆武率领的高级军官见学团。

△中国外交部副部长刘振民与新加坡外交部常秘池伟强在新加坡举行第十次外交磋商，就双边关系、东亚区域合作以及共同关心的地区和国际问题交换意见。

18 日　越共中央总书记阮富仲、国家主席陈大光，总理阮春福、国会主席阮氏金银分别与中共中央总书记、国家主席习近平，国务院总理李克强，全国人大常委会委员长张德江互致贺电，庆祝越南与中国建立外交关系 67 周年。

20 日　越南从俄罗斯订购的第六艘基洛级潜艇“巴地头顿”号抵达金兰湾。

22 ~24 日　菲律宾财政部部长多明格斯应邀率政府代表团访问中国，与中方就落实两国元首达成的合作共识、深化双边务实合作等交换意见。

24 日　泰国副总理兼国防部部长巴威上将表示，年内从中国采购潜艇计划获国家立法议会批准。

26 日　菲律宾国防部部长德尔芬 · 洛伦扎纳表示，按美菲《加强防务合作协议》，美军将开始在 5 个菲律宾军事基地建设军事设施。

2 月

6 日　印度尼西亚与韩国第一次高级别战略对话在雅加达举行。

△中国《关于深入推进农业供给侧结构性改革，加快培育农业农村发展新动能的若干意见》出台。

7 日　中国—缅甸外交国防2 +2高级别磋商在中国云南昆明举行，双方同意继续就缅北局势及维护中缅边境地区和平稳定等问题保持密切沟通。

△菲律宾国防部部长洛伦扎纳表示，总统杜特尔特同意美军按照美菲协议使用菲律宾军事基地建设军用设施，但不允许美军在其中存放武器。

8 日　马来西亚国际贸易和工业部发布 2016 年贸易数据表明，马来西亚与中国贸易额较上年增长 4.4%，达到 2409 亿林吉特(约合 543 亿美元)，中国自 2009 年起均为马来西亚最大贸易伙伴。

△越南—老挝政府间合作委员会第 39 次会议在越南河内举行，越南总理阮春福和老挝总理通伦共同主持会议。阮

春福会后表示，两国决定在年内努力将双边贸易额增加10%，并继续在人力资源、连接越老交通基础项目投资、管理和可持续利用水资源和其他自然资源上加强合作。

9日 由新加坡财政部部长王瑞杰领导的未来经济委员会发布报告，提出新加坡未来10年经济发展策略，希望通过三大途径、七大策略以实现每年2% ~3%的经济增长。

10日 中国外交部副部长刘振民在北京集体会见东盟10国驻华使节，向他们致以新春问候，并表示中国—东盟建立对话关系正由成长期迈向成熟期。

11日 柬埔寨反对党救国党主席桑兰西通过社交媒体宣布，因个人原因辞去党主席职务并脱离救国党。

13日 中国外交部部长王毅就菲律宾遭受地震灾害、造成人员伤亡和财产损失向菲外交部部长亚赛致慰问电，表示中方愿为菲方救灾积极提供援助。

16~17日 中国外交部、中国驻越南大使分别就中国游客被越口岸人员殴伤一事向越方提出严正交涉。17日，越南国家旅游总局以书面形式做出回复，表示向游客收取不符合国家规定的费用是非法的，越南欢迎中国游客，并将采取措施为中国游客进入越南提供更多便利条件。

20~21日 东盟外长非正式会议在菲律宾长滩岛举行。

20~22日 为落实《中国海警局和菲律宾海岸警卫队关于建立海警海上合作联合委员会的谅解备忘录》，中菲海警在苏比克举行海警海上合作联合委员会第二次筹备会暨成立会议。

21日 第50届东南亚国家联盟外长会议在菲律宾举行。会议强调要全面有效执行《南海各方行为宣言》，争取年中与中国共同完成"南海各方行为准则"框架，为制订"南海各方行为准则"打好基础。

23~24日 中国外交部副部长刘振民在老挝万象分别与老挝副外长坎葆、副外长兼东盟事务高官通潘举行外交磋商，重点就中老关系和区域合作交换意见。

24日 由中国商务部、菲律宾贸工部主办的中菲经贸投资论坛在马尼拉举行。

25~26日 印度尼西亚总统佐科对澳大利亚进行访问。双方发表联合声明，宣布全面恢复两国军事关系。其间，两国签署海洋边界保护协定。

26日 亚太经合组织（APEC）第一次高官会及其框架下的贸易投资委员会、经济委员会、粮食安全政策伙伴关系机制、海洋与渔业工作组、旅游工作组、电子商务指导组、供应链联盟、竞争政策与法律工作组、市场准入工作组等系列会议在越南芽庄举行。

△东盟罗马委员会在越南驻意大利大使馆总部举行以"增进内部团结加强伙伴合作"为主题的2017年第一次例行会议。

27日 中共中央政治局常委、中国国务院副总理张高丽在北京会见新加坡副总理张志贤，并共同主持中新双边合作联委会第13次会议、苏州工业园区联合协调理事会第18次会议、天津生态城联合协调理事会第9次会议和中新（重庆）战略性互联互通示范项目联合协调理事会第1次会议。

△第19次落实《南海各方行为宣言》工作组会议在印度尼西亚巴厘岛举行。

△由印度商工部和工业联合会联合举办、题为"柬老缅越与印度经济一体化：走向可持续发展之路"的第四次柬老缅越与印度企业家会议在印度斋浦尔举行。

28日 应越南国家主席陈大光邀请，日本天皇明仁和皇后美智子对越南进行国事访问。

3月

1日 越南政府颁布《批准越南社会主义共和国政府与美利坚合众国政府关于对所得避免双重征税和防止偷漏税的协定及议定书的决议》。

△印度尼西亚《雅加达邮报》报道，沙特阿拉伯国王萨勒曼即日起对印度尼西亚进行为期9天的国事访问。这是沙特阿拉伯国家元首46年来首次访问印度尼西亚。

1~2日 第32届东盟与日本论坛在文莱斯里巴加湾举行。

2日 马来西亚副总理扎希德表示，基于国家安全考虑，从6日起所有朝鲜籍公民赴马来西亚都需要申请签证。

3日 东盟妇女协会在雅加达举行该协会2017~2018年任期执行委员会就职典礼。

△日本天皇明仁和皇后美智子访问越南。

3~5日 中国十二届全国政协五次会议和中国十二届全国人大五次会议分别在北京召开。

4日 马来西亚外交部宣布，马来西亚政府决定驱逐朝鲜驻马来西亚大使。

6日 老挝国会主席巴妮·雅陶都一行访问越南。越南国会主席阮氏金银与巴妮·雅陶都举行会谈，签署《越南国会与老挝国会的合作协议》。

7日 中国与菲律宾两国政府经贸联委会第28次会议在菲律宾首都马尼拉举行。

△越南交通运输部、老挝交通运输部在越南河内举行双边会议，就年内完成万象—永昂港铁路项目的可行性研究报告达成一致意见。

9日 新加坡未来经济委员会发布报告，提出未来10年经济发展策略，希望通过"三大途径、七大策略"实现每年2% ~

3% 的经济增长。

10 日 澜沧江—湄公河合作中国秘书处成立仪式在中国外交部举行。中国外交部部长王毅及湄公河 5 国驻华使节、国际组织代表等嘉宾约 200 人出席。

△东盟各成员国经济部长会议在菲律宾马尼拉举行。与会部长一致认为在《区域全面经济伙伴关系协定》谈判方面取得显著进展。

11 日 柬埔寨教育、青年与体育部同柬埔寨金边皇家大学联合举行东盟与中日韩联欢会。

13 日 中国—马来西亚钦州产业园区与马来西亚中华总商会签署马来西亚城项目建设合作谅解备忘录，双方携手在园区内合作建设“马来西亚城”，为马来西亚中小企业营造更加便利适宜的投资兴业环境。

14 日 中国外交部副部长刘振民在北京会见菲律宾新任驻华大使何塞・圣地亚哥・罗马纳，双方就中菲关系和共同关心的问题交换意见。

15 日 越柬经贸、文化与科技合作混合委员会第 15 次会议在柬埔寨金边举行。

15～20 日 应老挝国防部副部长、老挝人民军总参谋长苏旺·伦奔米中将和柬埔寨皇家武装部队总司令波尔沙伦大将的邀请，越共中央委员、越南人民军总参谋长、国防部副部长潘文江中将率高级军事代表团分别访问老挝和柬埔寨。

16 日 中国—东盟艺术高校联盟成立仪式在中国广西南宁举行。

△中国外交部发言人华春莹在例行记者会上表示，中方要求缅甸有关各方立即停火，防止冲突进一步升级，尽快恢复边境地区正常秩序。

16～19 日 2017 中国—东盟旅游合作年开幕式在菲律宾马尼拉举行。中国国务院总理李克强和菲律宾总统杜特尔特分别向开幕式致贺词；中国国务院副总理汪洋应邀对菲律宾进行正式访问，与菲律宾内阁经济管理团队举行会谈，出席中国—东盟旅游合作年开幕式并致辞，其间还出席中菲经贸论坛开幕式并发表主旨演讲。

19 日 中国国家主席习近平在北京会见美国国务卿蒂勒森。习近平在会见中指出，当前中美关系发展面临重要机遇，中美关系对两国、对世界都很重要，双方要本着对历史、对子孙负责的精神把握好中美关系的发展方向。

19～20 日 韩国外长尹炳世对越南进行正式访问，与越南政府总理阮春福举行会晤。

20 日 标志中国与东盟水果班轮直航航线开通的首批东盟水果在中国广西防城港入境。这条东盟水果班轮航线由中远海运公司投入 4 艘 1100 标箱载量的轮船运营。

21 日 日本防卫装备厅宣布达成协议出借给菲律宾海军2架“TC－90”教练机将于 27 日移交给菲方，年内将再转交 3 架。

21～23 日 第 24 届东盟—新西兰对话会在新西兰举行。

21～24 日 应越南政府总理阮春福的邀请，新加坡总理李显龙对越南进行正式访问。

22～25 日 第 5 届东盟法院院长会议在文莱斯里巴加湾举行，东盟 10 国法院院长及代表与会。

23 日 博鳌亚洲论坛 2017 年年会发布《亚洲经济一体化报告》《新兴经济体报告》《亚洲竞争力报告》三大学术报告。其中《亚洲竞争力报告》显示，包括中国在内的亚太地区 37 个经济体中，2016 年综合竞争力排名与上年相差不大，新加坡仍蝉联第一，中国仍位居第九。

25 日 中国—东盟传统礼仪服饰文化展演在中国广西南宁举行。

29 日 第 14 届东盟与俄罗斯高官会在老挝万象举行。会议对一年来东盟与俄罗斯的合作，尤其是2016 年 3 月举行建立对话伙伴关系 20 周年纪念峰会后所取得的成果进行评估。

30 日 中国外交部副部长刘振民与泰国外交部次长布萨雅在泰国共同主持中泰第 3 轮战略对话。

30～31 日 中国—东盟中心与中国国际问题研究院在北京联合举办“新起点、新机遇”暨庆祝东盟成立 50 周年国际研讨会，庆祝东盟成立 50 周年，推动中国—东盟各领域务实合作。

4 月

4 日 东盟与美国联合合作委员会第 8 次会议在印度尼西亚雅加达举行，双方就过去合作情况进行总结并提出下一阶段的合作方向。

4～5 日 文莱第 2 次轮值举行第 18 届东盟职业安全与卫生网络协调委员会会议。

6～7 日 中国国家主席习近平访问美国，在佛罗里达州海湖庄园与美国总统特朗普正式会晤。两国元首就中美双边重要领域务实合作和共同关心的国际及地区问题广泛深入交换意见。

7 日 第 8 次湄公河—恒河流域合作高官会议在印度新德里举行。印度、柬埔寨、老挝、缅甸、越南、泰国等成员国高级官员代表团团长出席。

10 日 在《中缅原油管道运输协议》下，运载 14 万吨原油的苏伊士型“联合动力号”油轮成功靠泊中缅原油管道起点——马德岛港并开始卸油。

11 日 中国经济网报道越南统计总局发布的数据:2017 年第一季度越南自中国进口额 119 亿美元,比上年增长 12.3%,中国仍是越第一大出口国。越南进口总额 456 亿美元,出口总额 437 亿美元,分别比上年增长 22.4% 和 12.8%,贸易逆差 19 亿美元。中国、美国和韩国为对越南最大出口国。

△受中国人民日报社邀请,由越共中央委员、人民报社总编辑、越南新闻工作者协会主席顺友率人民报社代表团对中国进行工作访问。

14 日 世界经济论坛公布 2017 年世界旅游业竞争力指数排行榜:在东盟国家中,新加坡旅游业竞争力指数居第 1 位;在世界旅游业竞争力指数排行榜上,新加坡居第 13 位(比上年下降 2 位),马来西亚居第 26 位(下降 1 位),泰国居第 34 位(上升 1 位),印度尼西亚居第 42 位(上升 8 位),越南居第 67 位(上升 8 位),菲律宾居第 79 位(下降 5 位),老挝居第 94 位(上升 2 位),柬埔寨居第 101 位(上升 4 位)。

17 日 中国—越南双边合作指导委员会第 10 次会议在北京举行。中国国务委员杨洁篪和越南政府副总理兼外交部部长范平明共同主持会议。

19 日 中国外交部副部长刘振民与到访的缅甸国家安全顾问当吞举行会谈,就中缅关系、缅甸国内和平进程等议题交换意见,双方同意密切配合,落实好缅甸总统廷觉访华成果、筹备好缅甸国务资政昂山素季出席"一带一路"国际合作高峰论坛、有序推进皎漂经济特区等合作项目,加快实施中国对缅甸民生领域援助,共同维护边境地区稳定。

20 日 搭载天舟一号货运飞船的长征七号遥二运载火箭在中国文昌航天发射场成功发射。

23 日 新加坡海军"刚毅"号导弹护卫舰驶抵中国青岛,对青岛进行为期 4 天的访问。

24 日 马来西亚在吉隆坡举行第 15 任最高元首吉兰丹州苏丹穆罕默德五世登基加冕仪式。

25 日 越南工商会与中国国际贸易促进委员会浙江省委员会在越南河内联合举行越南与中国经济贸易合作座谈会。

25 ~26 日 越南政府总理阮春福率高级代表团对柬埔寨、老挝进行正式访问,分别庆祝越柬、越老建交 50 周年和 55 周年。

26 日 中国第二艘航空母舰在大连举行下水仪式。中共中央政治局委员、中央军委副主席范长龙出席仪式并致辞。

27 ~29 日 东盟高官会、东盟政治安全共同体委员会第 14 次会议、东盟峰会筹备工作东盟外长会议、东盟协调委员会第 18 次会议、第 30 届东盟峰会在菲律宾马尼拉举行。

30 日 中国导弹驱逐舰"长春"号、导弹护卫舰"荆州"号、综合补给舰"巢湖"号在东海舰队副司令员率领下,对菲律宾达沃港进行为期 3 天的友好访问。

5 月

1 日 菲律宾总统杜特尔特登上到菲访问的中国海军"长春"舰。

3 日 中国国家主席习近平与菲律宾总统杜特尔特通电话,指出中菲要坚持两国睦邻友好合作大方向,全力推进各领域务实合作,更好造福两国和两国人民。

△中国广西壮族自治区主席陈武率团访问文莱,并在斯里巴加湾拜会文莱苏丹哈桑纳尔·博尔基亚。

△中国科学技术大学潘建伟院士在上海宣布:世界上第一台超越早期经典计算机的光量子计算机诞生。

4 日 中国—东盟博览会文莱展在文莱国际国防展览中心开幕。

5 日 中国新华社总编辑何平在北京会见菲律宾新闻部部长马丁·安达纳尔。

△美国国务卿蒂勒森在华盛顿与东盟 10 国外长会晤,要求东盟国家"滴水不漏"地执行联合国安理会对朝决议,以遏制朝鲜的核计划。

△中国首款国际主流水准的干线客机 C919 在上海浦东国际机场首飞成功。

6 日 中国海军远航访问编队抵达越南胡志明市,进行为期 4 天的友好访问。

8 日 为期 10 天的美菲 2017"肩并肩"联合军演拉开帷幕。军演主要内容包括以反恐为目标的实弹训练、海事安全以及救灾与人道主义援助等项目,参演美、菲士兵数量 5400 人,比上年减少 5700 人。

10 日 越共中央第十二届五中全会闭幕。会议通过《关于完善社会主义方向的市场经济体制的决议》《关于继续重组改革提高国有企业经营效益的决议》和《关于发展私有经济使其成为社会主义方向市场经济重要动力的决议》3 个经济决议。

△印度尼西亚海军与土耳其、德国两家造船厂签署联合制造 6 艘 214 型柴电动力潜艇的协议。

11 ~15 日 中国国家主席习近平在北京与到访和出席"一带一路"国际合作高峰论坛的越南国家主席陈大光举行会谈。两国元首一致同意保持双边关系积极发展势头,推进各领域合作,推动中越全面战略合作伙伴关系迈上新台阶,为两国和两国人民带来更多实实在在的利益。会谈后,两国元首共同见证两国外交、经济技术、电子商务、基础设施建设、教育等领域双边合作文件的签署。15 日,中国与越南签署《中越联合公报》。

12 日 中国海军远航访问编队抵达马来西亚槟城,对马来西亚进行为期 4 天的友好访问。

13～17日 应中国国务院总理李克强邀请，柬埔寨王国首相洪森来华出席"一带一路"国际合作高峰论坛期间，对中国进行正式访问。

14日 在中国国家主席习近平和印度尼西亚总统佐科的见证下，中国国家开发银行与印度尼西亚中国高铁有限公司就雅加达至万隆高速铁路项目签署贷款协议，贷款额度45亿美元。

14～15日 "一带一路"国际合作高峰论坛在北京举行。29国的国家元首和领导人，92个国家的9名副总理、7名外长、190名部级官员，以及61个国际组织的89名代表与会。东盟国家中，印度尼西亚总统佐科、老挝国家主席本扬、菲律宾总统杜特尔特、越南国家主席陈大光、柬埔寨首相洪森、马来西亚总理纳吉布、缅甸国务资政昂山素季与会。论坛围绕"加强国际合作，共建'一带一路'，实现共赢发展"的主题，就对接发展战略、推动互联互通、促进人文交流等议题交换意见，达成广泛共识，并通过联合公报。

15日 中国国家主席习近平在北京人民大会堂会见来华出席"一带一路"国际合作高峰论坛的菲律宾总统杜特尔特。

18日 印度和新加坡两国海军在南海争议海域开始为期7天的联合军事演习。

△中国国土资源部在南海试采海上平台举办天然气水合物试采现场会，宣布天然气水合物试采成功。

△落实《南海各方行为宣言》(DOC)第14次高官会在中国贵阳举行。会上，中国与东盟10国审议通过"南海各方行为准则"框架。

△菲律宾众议院议长潘塔里昂·迪亚兹·阿尔瓦雷兹率团访问中国。

18～21日 中国海军远航访问编队抵达缅甸仰光，进行为期4天的友好访问。

19日 第23次东盟—中国高官磋商在中国贵阳举行。会议对双方政治安全、经济、文化社会和民间交流合作情况进行评估总结，指明东盟与中国未来合作方向。

△中国—菲律宾南海问题双边磋商机制第一次会议在中国贵阳举行。

△中缅管道南坎原油计量站采样显示原油纯油头顺利到达该站，标志着中缅原油管道(缅甸段)投产成功。

19～20日 美国海军高速运输舰"Fall River"号和日本海上自卫队"大型护卫舰""出云"号相继靠港越南金兰湾。这是日美舰艇首次同时在金兰港靠港。

21日 中国海军在莫塔马湾海域与缅甸海军首次举行海上联合演练。

△亚太经合组织第23届贸易部长会议在越南河内举行。澳大利亚、文莱、加拿大、智利、日本、新西兰、马来西亚、秘鲁、新加坡和越南等国贸易部长和副部长就有关《跨太平洋伙伴关系协定》展开讨论。

△印度尼西亚一艘海上巡逻船与一艘越南海上巡逻船在南海海域爆发冲突，事发时印度尼西亚执法船正在拦截5艘越南渔船。

22日 东盟高官会在菲律宾马尼拉举行。会议就落实第30届东盟峰会共识的措施和将于8月在菲律宾举行部长级会议做准备。

22～23日 菲律宾总统杜特尔特访问俄罗斯。杜特尔特会见俄罗斯总统普京时说，俄罗斯与菲律宾在军事技术等多个领域的合作具有前景。

23日 美国驻越南大使馆消息称，在扩大美越两国军事合作的框架内，美国在越南广南省的南海海岸向越南提供6艘小型巡逻艇。

△随总统杜特尔特访问俄罗斯的菲律宾国防部部长洛伦扎纳在莫斯科的记者会上表示，菲律宾棉兰老地区的马拉威市多处建筑物、主要街道以及通往该市的两座桥梁被马乌地恐怖组织所占领。总统杜特尔特当晚宣布棉兰老地区戒严，为期60天。

24日 中国新华社报道，第一季度中国超越日本成为菲律宾第一大贸易伙伴。

△第17届东盟打击跨国犯罪高官会议在老挝万象举行。会议集中讨论东盟打击跨国犯罪高官会议2016～2018年工作计划、《2025年东盟政治—安全共同体蓝图》执行情况，并讨论提交2017东盟打击跨国犯罪部长级会议的文件等。

24～29日 缅甸召开第2届21世纪彬龙会议暨联邦和平大会。来自政府、议会、军方、政党、民族地方武装组织等各方代表1400多人出席。与会代表签署包含37项协议条款的联邦协议文件。

25日 以"新形势下加强和改进党对新闻舆论工作领导的经验做法"为主题的第13次中越两党理论研讨会在中国郑州举行。中共中央政治局委员、中央书记处书记、中宣部部长刘奇葆和越共中央政治局委员、中央书记处书记、中央宣教部部长武文赏出席研讨会开幕式。

26日 美国海岸警卫队在夏威夷向越南赠送一艘汉密尔顿级远洋巡逻舰。

29～31日 越南政府总理阮春福对美国进行正式访问，与美国总统特朗普进行会见。双方发表关于加强越南与美国全面伙伴关系的联合声明。美方确认越方对完全市场经济地位的关注。双方对公布总价值80多亿美元贸易协议表示欢迎。双方同意在《越美促进双边国防合作备忘录》和《越美防务关系共同愿景声明》的基础上加强双边防务关系。31日，以美国参议员麦凯恩为团长的美国参议院军事委员会代表团访问越南。

6月

1日 应马来西亚副总理兼内政部部长扎希德邀请，中国国务委员、公安部部长郭声琨赴马来西亚主持两国第3次打击跨国犯罪合作联合工作组会议并访马。

△中国航天科技集团六院消息，中国首台泵后摆火箭发动机首次试车圆满成功，中国成为第2个掌握泵后摆核心技术的国家。

△缅甸国务资政昂山素季会见到访的中国中央军委委员、军委联合参谋部参谋长房峰辉。

2日 中国建设银行马来西亚子行在马来西亚吉隆坡开业。这是6年内首个获得马来西亚银行牌照的外国商业银行。

△第16届香格里拉对话在新加坡举行。

5日 中国外交部副部长刘振民在北京会见印度尼西亚外交部教育和培训中心主任奥多率领的印度尼西亚高级外交官代表团，就中国印尼关系和两国外交部教育培训合作等进行交流。

△柬埔寨国家选举委员会公布柬埔寨乡分区理事会选举初步结果，柬埔寨执政党人民党领先，反对党救国党位居第二。

6~8日 应日本政府邀请，越南政府总理阮春福对日本进行正式访问，双方发表关于进一步深化越南—日本广泛战略伙伴关系的联合声明。

8日 以聚焦“互联网时代的司法与区域司法合作”为主题的第2届中国—东盟大法官论坛在中国南宁举行。

9日 中国国家主席习近平就缅甸军机失事向缅甸总统廷觉致慰问电，对遇难者表示深切的哀悼，向缅甸政府和人民特别是遇难者家属致以诚挚的慰问。

12日 中国国家副主席李源潮在北京会见访华的新加坡外交部部长维文。维文表示新方愿积极参与“一带一路”建设，与中方深化全方位合作，推动两国关系和东盟与中国关系继续向前发展。

15日 中国科学家在美国《科学》杂志上报告说，中国“墨子号”量子卫星在世界上首次实现千公里量级的量子纠缠，量子通信向实用迈出一大步。

15~17日 2017中国—东盟博览会机电产品展（越南）在越南河内举行，成为中国—东盟博览会首次在东盟国家举办的专业展。

18日 中共中央军委副主席范长龙访问越南。范长龙分别会见越共中央总书记阮富仲、越南国家主席陈大光、越南政府总理阮春福，并与越南国防部部长吴春历举行会谈。

19日 印尼菲马三国国防部长在印度尼西亚北部城市打拉根举行会谈，计划在当地海军设施内设置联合巡逻指挥中心。新加坡、文莱以观察员身份参加会谈。

△泰国副总理颂奇透露，泰国开始制定促进与柬埔寨、缅甸、老挝、越南贸易投资合作关系的总体计划，进一步推动五国走向共同繁荣。

20日 中国与东盟促进旅游可持续发展研讨会在北京举行。会议由中国—东盟中心和《中国国家旅游》杂志联合举办。

22日 东盟—中国产业合作座谈会在北京举行。会议由东盟—中国商务理事会举办。

△第21届东盟与韩国对话会在柬埔寨暹粒举行。

△菲律宾、印度尼西亚、马来西亚三国外长和高官在菲律宾马尼拉会面，研究联合反恐战略以共同应对地区反恐形势，确保极端主义武装分子不会在东南亚立足。

24日 越南国家主席陈大光就中国四川山体垮塌造成灾害，向中国国家主席习近平致电慰问。

28日中国海军新型万吨级驱逐舰首舰在上海江南造船集团下水。

29日 东盟地区论坛安全政策会议在菲律宾马尼拉开幕。东盟地区论坛成员国在第一场讨论会上，就朝鲜半岛紧张局势升温、恐怖主义威胁、南海争端等问题交换看法。

29~30日 中国外交部部长王毅在北京与到访的菲律宾外长卡亚塔诺举行会谈。30日，中国国务院总理李克强会见卡耶塔诺时表示，中菲是隔海相望的近邻，两国共同利益远大于分歧，双边关系重回睦邻友好发展轨道，符合双方根本利益，也有利于地区的和平与稳定。

30日 第15届东亚论坛在中国湖南长沙举行。论坛以“10+3合作20年：迈向东亚经济共同体”为主题，东盟国家和中、日、韩13国官方、产业界和学术界代表和东盟秘书处代表近100人参加。与会人士围绕“10+3合作20年的回顾与展望”“激发中小企业活力”和“规划东亚经济共同体蓝图”3个议题进行深入讨论。（马金案）

6月30日，第15届东亚论坛在中国湖南长沙举行。（百度网）

文　献

重 要 文 件

澜沧江—湄公河合作首次领导人会议三亚宣言

——打造面向和平与繁荣的澜湄国家命运共同体

我们，柬埔寨王国、中华人民共和国、老挝人民民主共和国、缅甸联邦共和国、泰王国、越南社会主义共和国的国家元首或政府首脑，于2016年3月23日在中国海南省三亚市举行澜沧江—湄公河合作（简称澜湄合作）首次领导人会议。

我们一致认为，六国山水相连，人文相通，传统睦邻友好深厚，安全与发展利益紧密攸关。

我们高兴地注意到，六国已在双边层面建立全面战略合作伙伴关系，政治互信不断加深，各领域合作健康发展，同时在地区和国际机制中加强多边协调以促进地区乃至世界和平、稳定与发展。

我们认识到，六国同属澜沧江—湄公河流域，面临发展经济、改善民生的共同任务，同时，各国也面临全球及地区经济下行压力加大，以及恐怖主义、自然灾害、气候变化、环境问题、传染病等非传统安全威胁带来的共同挑战。

我们忆及，中华人民共和国国务院总理李克强在第17次中国—东盟领导人会议上呼应泰国提出的澜沧江—湄公河次区域可持续发展倡议，提议建立澜沧江—湄公河合作机制。

我们确认六国关于澜沧江—湄公河合作的共同愿景，即其有利于促进澜湄沿岸各国经济社会发展，增进各国人民福祉，缩小本区域国家发展差距，支持东盟共同体建设，并推动落实联合国2030年可持续发展议程，促进南南合作。

我们欢迎澜湄合作首次外长会于2015年11月12日在中国云南景洪成功举行，会议发表了《关于澜湄合作框架的概念文件》和《联合新闻公报》。

我们重申对澜沧江—湄公河次区域和平、稳定、可持续发展和繁荣的承诺，决心加强相互信任与理解，合力应对地区面临的经济、社会和环境挑战，以释放本地区巨大的发展潜力。

我们强调澜湄合作应秉持开放包容精神，与东盟共同体建设优先领域和中国—东盟合作全面对接，与现有次区域机制相互补充、协调发展。

我们进一步强调澜湄合作将建立在协商一致、平等相待、相互协商和协调、自愿参与、共建、共享的基础上，尊重《联合国宪章》和国际法。

我们一致认为澜湄合作将在“领导人引领、全方位覆盖、各部门参与”的架构下，按照政府引导、多方参与、项目为本的模式运作，旨在建设面向和平与繁荣的澜湄国家命运共同体，树立为以合作共赢为特征的新型国际关系典范。

同意澜湄务实合作包括三大合作支柱，即（1）政治安全，（2）经济和可持续发展，（3）社会人文。

认可作为澜湄合作首次外长会成果的澜湄合作初期五个优先领域，即互联互通、产能、跨境经济、水资源和农业减贫合作。

一致同意采取以下措施：

1. 推动高层往来和对话合作，增进次区域互信理解，以加强可持续安全。

2. 鼓励各国议会、政府官员、防务和执法人员、政党和民间团体加强交流合作，增进互信与了解。支持举办澜湄合作政策对话和官员交流互访等活动。

3. 根据各成员规定和程序，通过信息交换、能力建设和联合行动协调等加强执法安全合作，支持建立执法合作机构，推进有关合作。

4. 加强应对恐怖主义、跨国犯罪、自然灾害等非传统安全威胁的合作，共同应对气候变化，开展人道主义援助，确保粮食、水和能源安全。

5. 推动中国—东盟战略伙伴关系发展，加强在东盟与中日韩、东亚峰会、东盟地区论坛等区域合作机制中的合作。

6. 鼓励中国的“一带一路”倡议与澜湄合作活动和项目及包括《东盟互联互通总体规划》在内的湄公河国家相关发展规划之间的对接。

7. 加强澜湄国家软硬件联通，改善澜湄流域线、公路线和铁路线网络，推进重点基础设施项目，在澜湄地区打造公路、铁路、水路、港口、航空互联互通综合网络。加快电力网络、电信和互联网建设。落实贸易便利化措施，提升贸易投资，促进商务旅行便利化。

8. 如本次会议通过的《澜沧江—湄公河国家产能合作联合声明》所述，拓展工程、建材、支撑产业、机械设备、电力、可再生能源等领域产能合作，构建次区域综合产业链，共同应对成员国面临的经济挑战。

9. 支持加强经济技术合作，建设边境地区经济合作区、产业区和科技园区。

10. 通过各种活动加强澜湄国家水资源可持续管理及利用方面合作，如在中国建立澜湄流域水资源合作中心，作为澜湄国家加强技术交流、能力建设、旱涝灾害管理、信息交流、联合研究等综合合作的平台。

11. 开展农业技术交流与农业能力建设合作，在湄公河国家合作建立更多的农业技术促进中心，建设优质高产农作物推广站（基地），加强渔业、畜牧业和粮食安全合作，提高农业发展水平。

12. 落实“东亚减贫合作倡议”，在湄公河国家建立减贫合作示范点，交流减贫经验，实施相关项目。

13. 强调稳定的金融市场和健全的金融架构对实体经济发展的重要性，支持各国努力加强金融监管能力建设和协调。继续研究并分享经验，以推进双边本币互换和本币结算，深化金融机构合作。

14. 作为亚洲基础设施投资银行成员国，支持亚投行高效运营，为弥补基础设施建设领域的融资缺口，向亚投行寻求支持。

15. 鼓励可持续与绿色发展，加强环保和自然资源管理，可持续和有效地开发和利用清洁能源，建设区域电力市场，加强清洁能源技术交流与转让。

16. 共同推动《区域全面经济伙伴关系协定》谈判，期待谈判于2016年如期完成，促进东亚贸易和投资便利化。

17. 加强成员国之间文化交流，支持文化机构和艺术家间的交流合作，探讨建立澜湄人文交流平台的可能性。推动政府建立的文化中心充分发挥作用，开展形式多样的文化交流。

18. 提升科技合作和经验分享，深化人力资源开发、教育政策、职业培训合作和教育主管部门及大学间交流。

19. 加强公共卫生合作，特别是在传染病疫情监测、联防联控、技术设备、人员培训等领域加强合作，推动建立澜湄热带病监测预警平台，推动传统医药合作。

20. 增进旅游交流与合作，改善旅游环境，提升区域旅游便利化水平，建立澜湄旅游城市合作联盟。

21. 鼓励媒体、智库、妇女、青年等交流，打造六国智库联盟和媒体论坛，继续举办澜沧江—湄公河青年友好交流项目。

22. 每两年举行一次澜湄合作领导人会议，并根据需要举行领导人特别会议或非正式会议，旨在为澜湄合作长远发展进行战略规划。外长会每年举行一次，负责合作政策规划和协调。根据需要举行外交高官会和工作组会，商讨具体领域合作。未来视合作需要不断完善澜湄合作机制建设。

23. 欢迎中方设立澜湄合作专项基金、优惠性质贷款和专项贷款，用于推进澜湄合作。欢迎中方承诺未来3年向湄公河国家提供1.8万人年奖学金和5000个来华培训名额，用于支持澜湄国家间加强合作。

24. 认可“早期收获”项目联合清单，期待有关项目尽早实施，惠及所有成员国。各国领域部门应组建联合工作组，规划落实具体项目。

25. 加强各领域人才培训合作，提升澜湄国家能力建设，为澜湄合作的长远发展提供智力支撑。

26. 鼓励六国政府部门、地方省区、商业协会、民间组织等加强交流，商讨和开展相关合作。

澜沧江—湄公河国家产能合作联合声明

一、我们，澜沧江—湄公河国家的国家元首/政府首脑忆及澜沧江—湄公河国家经济交往取得了迅速、长足发展，各方已成为重要经济合作伙伴，同意进一步促进澜沧江—湄公河国家间合作。

二、我们认识到，澜沧江—湄公河国家在基础设施建设、产业结构升级和经济社会可持续发展方面都面临挑战。同时，当前各国工业化、城镇化进程不断加速，产业结构调整不断深化，基础设施互联互通不断推进，为开展国际产能合作提供了重要机遇。

三、我们一致认为，产能合作旨在通过充分利用澜沧江—湄公河国家竞争优势、制造能力和市场规模，采用直接投资、工程承包、技术合作和装备进出口等多种合作方式促进地区贸易投资合作和所有合作伙伴的产业发展能力。

四、我们同意，产能合作是促进澜湄合作的重要方式，有助于优化地区产能分布，提升各国在全球价值链中的地位，提高各国可持续发展能力。

五、我们强调，产能合作应遵循互利、平等、共赢的原则，遵守各国国内法律以及澜沧江—湄公河国家均为缔约方的国际条约和协定。

六、我们强调，产能合作应通过保护环境和自然资源促进可持续发展。

七、我们同意，产能合作应以共同促进相关国家经济发展和产业转型升级为重点。上述合作应增加企业员工和采购的本地化程度，加强本地员工培训，促进当地就业，创造良好的经济和社会效益，为生产环节中中小企业的发展提供必要支持。

八、我们认为，各成员国应在制订宏观经济政策和产业发展战略方面加强经验和专业知识交流，在建设人力资源、促进创新以及先进技术转让方面开展合作，实现竞争优势互补和发展需要对接，将合作潜力转化为持续的合作成果。

九、我们鼓励成员国企业和金融机构根据市场需求，按照商业原则和国际惯例以双赢为目的推进产能合作项目。同时，政府层面需要维护稳定和可持续的宏观经济环境，营造良好的营商环境，促进经济要素自由有序流动、资源高效配置、市场深度融合，加强政策沟通协调，为开展产能合作创造有利条件。

十、我们同意，依据相关国家法律框架和发展实际，依托交通互联互通和产业集聚区平台，优先推进电力、电网、汽车、冶金、建材、配套工业、轻工纺织、医疗设备、信息通信、轨道交通、水路交通、航空运输、装备制造、可再生能源、农业以及农产品和水产加工等领域的产能合作。各国将共同努力，推动符合各国发展需要的重大项目合作取得进展，不断拓展合作领域，提高合作水平。

十一、我们同意，充分利用现有双边和多边金融资源，包括亚洲基础设施投资银行，用于支持澜沧江—湄公河国家产能合作，并继续探讨其他可用的金融资源。

十二、我们坚信，开展产能合作将进一步巩固澜沧江—湄公河国家业已紧密的经济纽带。各成员国应通过开展产能合作共享机遇、共迎挑战，实现可持续发展和共同繁荣，让产能合作成果惠及各国民众。

落实中国—东盟面向和平与繁荣的战略伙伴关系联合宣言的行动计划(2016～2020)

本《行动计划》旨在落实于2003年10月8日在印度尼西亚巴厘岛签署的《中国—东盟面向和平与繁荣的战略伙伴关系联合宣言》,以加强和提升2016年至2020年间中国和东盟战略伙伴关系、睦邻友好和互利合作。本《行动计划》同样旨在应对未来5年将出现的地区和全球挑战。

本《行动计划》以中国和东盟1991年建立关系以来取得的重要成就及《行动计划(2011～2015)》的成功落实为基础,推动建设一个和平、稳定、融合、繁荣和充满关爱的东盟共同体,并为东盟共同体后2015年愿景做出贡献。

本《行动计划》还确认中国支持东盟在不断演变的地区架构和所有东盟主导的机制和论坛中的中心地位。

中国和东盟将根据各自承担的国际法义务和国内法律、法规和政策,努力开展合作。

1. 政治与安全

1.1　经常性高层接触、访问和互动

1.1.1　加强经常性高层接触,充分利用各种机会就中国—东盟关系和共同关心和关切的国际和地区问题交换意见。

1.2　政治对话和合作

1.2.1　通过中国—东盟领导人会、中国—东盟外长会、中国—东盟高官磋商和中国—东盟联合合作委员会以及东亚峰会、东盟与中日韩、东盟地区论坛和东盟防长扩大会等其他以东盟为主导的平台,深化中国—东盟磋商与合作;

1.2.2　深化现有中国—东盟合作,进一步探讨东盟领导人关注的各项倡议中的合作领域,如中方提出的中国—东盟“2+7”合作框架、建设中国—东盟命运共同体等。

1.3　《东南亚友好合作条约》

1.3.1　坚持《东南亚友好合作条约》的宗旨和原则,以促进地区和平、安全和繁荣,增进相互之间的信心和信任,包括支持东盟举办评估该条约落实进展的研修班和研讨会等。

1.4　《东南亚无核武器区条约议定书》

1.4.1　支持东盟根据《东南亚无核武器区条约》保持东南亚无核武器区的努力,包括通过落实《加强东南亚无核武器区条约的行动计划(2013～2017)》;

1.4.2　加强《东南亚无核武器区条约》(《曼谷条约》)缔约国和拥核国就解决签署和核准条约议定书未决问题的努力。

1.5　《南海各方行为宣言》和制订“南海行为准则”

1.5.1　通过定期举行落实《南海各方行为宣言》高官会和工作组会等,推进全面有效完整落实《南海各方行为宣言》,维护地区和平稳定,增进在南海的互信、对话与合作;

1.5.2　共同加强实质性讨论,以在协商一致基础上早日达成“南海行为准则”;

1.5.3　根据落实《南海各方行为宣言》指针,开展经同意的合作项目和活动以及早期收获项目,以促进相互信任和信心;

1.5.4　包括1982年《联合国海洋法公约》在内的普遍认可的国际法原则,继续共同合作,促进海上安全,维护南海和平稳定,包括确保南海航行和飞越的安全和自由;

1.5.5　自我克制,不采取使争议复杂化、扩大化和影响和平与稳定的行动。由相关方根据包括1982年《联合国海洋法公约》在内的公认的国际法原则,通过直接相关主权国家友好磋商和谈判,以和平方式解决领土和管辖权争议,不诉诸武力或以武力相威胁;

1.5.6　提升互信,加强信任建设,鼓励各方依据《南海各方行为宣言》的精神避免海上不测事件;

1.5.7　遵守包括《联合国海洋法公约》在内的公认的国际法原则和国际海事组织的其他相关法律文书;

1.5.8　在海洋科研、海洋环保、航行和交通安全、搜救行动、海上遇险人员的人道待遇、打击跨国犯罪等领域推进合作与对话,推进军队官员合作。

1.6　人权

1.6.1　支持东盟落实《东盟人权宣言》《关于通过东盟人权宣言的金边声明》《世界人权宣言》《维也纳宣言和行动纲领》及其他全体东盟成员国加入的相关人权宣言和文书;

1.6.2　通过地区对话、研讨会、研修班、教育宣传活动、最佳实践交流和其他能力建设倡议等共同促进和保护人权和基本自由。其中包括支持东盟政府间人权委员会和东盟妇女儿童权益促进与保护委员会的工作。

1.7　非传统安全

1.7.1　在10+1、10+3打击跨国犯罪部长会、高官会及《中国与东盟非传统安全领域合作谅解备忘录》等其他关于加强非传统安全领域合作的框架下增加互访与合作,加强执法和安全对话;

1.7.2　尽可能通过互访、培训、研修班、研讨会、视频会议等,促进中国和东盟有关部门在应对自然灾害、反恐、打击网络和跨国犯罪等非传统安全领域促进信息共享、经验和最佳实践交流和能力建设;

1.7.3　加强东盟和中国在打击人口贩运方面的能力建设,加强中国和东盟成员国相关部门之间的信息交流合作,有效预防和打击人口贩运,起诉犯罪分子,保护受害者,包括开展受害者支持项目,协助并遣返受害者回国;

1.7.4　在应对偷渡、贩运人口及相关跨国犯罪巴厘进程(“巴厘进程”)等涵盖人口贩运来源国、中转国和目的地国的地区论坛框架下,推进地区合作,参与相关活动;

1.7.5　探讨适当整合本《行动计划》和“巴厘进程”中的活动的可能性,如能力建设和有关部门间信息交换等,确保有关活动相互补充,互不重复;

1.7.6　通过交流最佳实践和经验及能力建设等途径,在禁毒、刑事法医技术、边境管理、反洗钱、包括反恐怖融资在内的反恐、国际经济犯罪和网络犯罪侦查等领域合作提升能力,探讨进一步推进合作。包括根据各自法律,在取证、调查犯罪所得去向、资产追缴、缉捕调查逃犯等领域推进合作,鼓励相互间达成有关双边法律安排;

1.7.7　通过适当利用现有地区和国际设施和机制等途径,加强中国和东盟执法部门之间的合作和协调,包括海上执法机构根据各自法律法规在打击海上跨国犯罪方面的合作;

1.7.8　依据国内法和政策,加强刑事侦查和起诉方面的合作;

1.7.9　加强中国和东盟警察院校和执法部门及院校之间的互访交流;

1.7.10 促进具体领域专家及学者间的联系和互访，支持在非传统安全领域开展共同研究，分享研究成果；

1.7.11 通过中国—东盟总检察长会议，在包括相关司法和检察机构在内的部门间适当加强法律事务合作；

1.7.12 通过东盟地区地雷行动中心加强合作，应对本地区地雷和其他战争遗留爆炸物带来的人道主义问题，包括适当对中心给予资金和技术支持；

1.7.13 加强打击极端主义合作。

1.8 军事交流和合作

1.8.1 在东盟防长扩大会框架下，包括通过中国—东盟防长非正式会晤，在人道主义援助与救灾、海上安全、反恐、维和、军事医学及人道主义扫雷等领域增进对话，加强务实合作，以增进相互信任和信心，维护地区和平稳定；

1.8.2 继续加强高层军事人员及专业团组、院校交流，大力开展联合训练和适当层次人员交流。

2. 经济合作

2.1 中国—东盟自由贸易区

2.1.1 执行中国—东盟自由贸易区各项协议及中国—东盟自由贸易区升级版协议成果，以进一步加强中国—东盟关系，促进中国和东盟成员国间贸易平衡，力争实现领导人提出的到2020年双方贸易额达1万亿美元、双向投资达1500亿美元的目标；

2.1.2 积极落实贸易促进措施，应对非关税壁垒；

2.1.3 监测中国—东盟自由贸易区协议执行中出现的问题，通过磋商，友好、建设性地加以解决；

2.1.4 通过优化中国—东盟中心的作用和鼓励有效利用中国—东盟自由贸易区商务门户网站，协助双方企业用好中国—东盟自由贸易区各项协议带来的有利条件，促进中国与东盟间贸易、投资和旅游；

2.1.5 通过加强专门技能交流和经济技术合作，积极开展贸易投资便利化、交通基础设施互联互通建设和人力资源开发合作；

2.1.6 探讨在中国和感兴趣的东盟国家间建立经贸合作区的可能性，发挥好中国—东盟博览会、中国—东盟商务与投资峰会、中国西部国际博览会、中国昆明进出口商品交易会等中国与东盟间各类贸易投资促进活动的平台作用，通过用好中国—东盟投资合作基金等，促进相互了解合作，扩大双向贸易投资；

2.1.7 同中国—东盟商务理事会和东盟商务咨询理事会相协调，通过研讨会及其他双方同意的活动，促进中国和东盟商会及行业协会间的交流与合作；

2.1.8 考虑采取具体措施，对食品和农产品进行安全检查。

2.2 金融

2.2.1 通过开展防火演练完善操作指南，开发经济评估与政策对话框架等，进一步加强清迈倡议多边化的操作性和有效性，深化各方在清迈倡议多边化机制下的合作；

2.2.2 支持10+3宏观经济研究办公室发展壮大，增强其经济监测和地区宏观经济和金融形势分析质量，加强其机构能力建设，保障清迈倡议多边化机制有效决策和运行，积极支持10+3各方开展经济评估和政策对话；

2.2.3 支持亚洲基础设施投资银行根据《亚投行章程》成立和运营，支持亚投行同世界银行、亚洲开发银行等多边金融机构开展合作，促进地区互联互通建设；

2.2.4 支持亚洲债券市场倡议对培育本地区本币债券市场做出贡献，允许域内大量储蓄用于满足本地区投资需求，促进本币债券的发行，扩大对本币债券的需求，改善债券市场监管框架和相关基础设施，继续探讨从双边层面做起，最终发展并转型形成一个综合性方案，以推进地区结算基础设施建设，促进地区跨境证券交易；

2.2.5 继续在10+3框架下就如何加强本地区金融合作进行研究，探讨加强金融合作的未来重点领域；

2.2.6 探讨开展贸易本币结算；

2.2.7 通过适当发挥中国—东盟银行联合体作用等促进银行和金融领域的人力资源开发和能力建设；

2.2.8 通过金融素养能力建设和技术支持、有效的中介和分配渠道、各种金融工具、消费者权益保护、适用的国家及其他现有信用担保机制以及加强监管机构和利益相关者对话等途径，促进个人和中小企业更方便地获取金融服务和产品，提升金融包容性，实现可持续发展；

2.2.9 加强合作改善地区金融基础设施建设。

2.3 粮食、农业和林业

2.3.1 通过磋商、培训和最佳实践共享，继续在10+3框架下加强农业方面的对话和信息交流；

2.3.2 进一步落实《中国和东盟关于食品和农业合作的谅解备忘录》以及《中国和东盟关于加强卫生和植物卫生合作的谅解备忘录》；

2.3.3 继续落实《10+3大米紧急储备协议》，定期举办10+3粮食安全合作战略圆桌会议，探讨加强粮食安全战略合作的途径和机制，提升区域粮食安全水平；

2.3.4 通过包括实施“中国—东盟粮食综合生产能力提升行动计划”等途径，加强在农作物、畜牧业、林业及渔业领域的合作，加强先进适用技术交流和能力建设；

2.3.5 通过开设农业科技和食品安全培训课程，加强研发合作；

2.3.6 推动负责任的捕鱼活动，打击非法、未经申报和不受管制的捕鱼，重点旨在维护渔业资源的可持续性，确保粮食安全，推动减贫，提升本地区人民和经济体的福祉；

2.3.7 在早期预警、疫情监测与疫苗研发等方面进行信息与技术经验交流，完善动植物疫病防控系统和疫情通报制度，加强跨境动植物疫病防控合作；

2.3.8 在林区管理领域，包括野生动植物保护、落实《濒危野生动植物种国际贸易公约》(CITES)等野生动植物相关的多边协议方面，探讨提出可能的合作倡议。

2.4 海上合作

2.4.1 继续在包容互利的原则基础上，通过相关平台加强关于海上合作的对话和交流，包括进一步探讨中方提出的建设21世纪海上丝绸之路等倡议；

2.4.2 使用现有中国—东盟合作资源，在海洋经济、海上互联互通、海洋科技推广应用、海洋环保、海上安全、海洋人文交流等领域开展合作项目。

2.5 信息通信技术

2.5.1 通过中国—东盟信息通信部长会议等机制，继续加强政策对话与交流；

2.5.2 进一步落实《中国—东盟信息通信技术合作的谅解备忘录》及《落实中国—东盟面向共同发展的信息通信

领域伙伴关系北京宣言的行动计划》；

2.5.3 落实中国—东盟国家计算机应急响应组织合作机制，优化网络安全事件响应流程，推进信息和数据共享，开展能力建设和项目合作等；

2.5.4 共同完善中国和东盟信息和通信基础设施互联互通；

2.5.5 在发展农村通信、推广网络和电子商务应用等领域加强合作；

2.5.6 支持落实《东盟信息通信技术总体方案 2020》。

2.6 科技与创新

2.6.1 通过中国—东盟科技部长会、中国—东盟科技联委会及东盟—中日韩科技高官会等机制，构建更紧密的科技创新合作关系；

2.6.2 大力实施中国—东盟科技伙伴计划，包括通过建设联合实验室等开展联合研发；通过中国—东盟技术转移中心和卓越中心网络进行技术示范、推广和转移；通过东盟国家杰出青年科学家来华工作计划等，开展能力建设和人员交流；

2.6.3 加强中国—东盟农业合作、学术交流和科研；

2.6.4 加强新能源与可再生能源技术交流与合作，探讨制订一份新能源与可再生能源行动计划。

2.7 航天合作

2.7.1 鼓励和平利用外空，并根据国际法和参与国国内法规在空间技术及其应用方面进行技术转移、联合技术研发和能力建设等合作。

2.8 交通

2.8.1 通过中国—东盟交通部长会议及其他相关机制，进一步加强政策对话与交流；

2.8.2 继续落实《中国与东盟交通合作谅解备忘录》和《中国—东盟海运协定》，发挥亚洲基础设施投资银行等机构的作用，并考虑适当使用中国发起的中国—东盟基础设施专项贷款，开展交通基础设施互联互通合作；

2.8.3 继续支持落实《东盟交通战略计划（2011～2015）》及其后续战略计划；

2.8.4 加强海上运输和海港开发合作，推进港口城市间的合作，完善中国和所有东盟成员国的互联互通；

2.8.5 加强航空和海上搜救合作；

2.8.6 支持《中国—东盟航空运输协定》及其议定书早日顺利实施，加强中国和东盟全面民航合作；

2.8.7 继续开展中国—东盟航空合作，以最终建立一个自由和稳固的航空服务框架，支持中国—东盟自由贸易协议升级；

2.8.8 继续推动改善昆曼公路使用，加快完成泛亚铁路缺失段建设，尽早实现中国—东盟铁路基础设施互联互通；

2.8.9 进一步加强交通领域人力资源开发合作。

2.9 旅游

2.9.1 通过东盟与中日韩旅游部长会议加强政策对话和合作，就落实《东盟与中日韩2013～2017 旅游合作工作计划》和《东盟成员国政府与中日韩政府关于加强旅游合作的备忘录》加强合作；

2.9.2 加强中国和东盟各级旅游主管部门和旅游企业之间的联系和合作，鼓励交流旅游相关数据和信息，鼓励联合开发旅游产品，并开展相关合作项目；

2.9.3 鼓励相互派员参加年度东盟旅游论坛、中国国际旅游交易会等旅游相关活动；

2.9.4 根据《东盟旅游战略计划（2016～2020）》促进包容性旅游发展；

2.9.5 鼓励合作，探讨在紧急情况和危机下如何加强协调，减少意外情况对旅游业的影响；

2.9.6 加强中国—东盟中心在支持地区旅游中的作用；

2.9.7 为东盟各国培训旅游管理专业人才。

2.10 能源、矿产合作

2.10.1 通过地区论坛和研讨会等途径，加强关于能源，特别是水电、矿产和地质科学方面的政策交流与对话，共享清洁能源开发，特别是水文学、水电、煤炭和清洁煤技术、天然气发电、最新矿物勘探和保护技术及地热能等方面的信息和经验；

2.10.2 加强能源合作，鼓励投资于资源和勘探、发电、在中国和感兴趣的东盟国家间进行电力贸易和联通、石油和天然气下游工业、可再生和替代能源、和平利用民用核能等领域的基础设施建设，在尊重各国国内强制性标准的同时，对安全、环境、健康和国际公认的能源资源安全标准给予认真和应有的关注，实现互利；

2.10.3 在开发诸如生物能、水电、风能、太阳能、清洁煤技术、天然气发电、氢和燃料电池等新能源和可再生能源资源和技术方面加强信息共享、联合研发和技术交流；

2.10.4 促进节能合作，在提高能效和能源保护方面分享最佳实践，开展能力建设，尽可能探讨进行节能政策联合研究；

2.10.5 鼓励双方企业积极参与并投资矿产资源勘探与开发，实现互利，同时确保环境保护和可持续发展；

2.10.6 通过开展联合研究、实施能力建设项目、建设数据库、进行信息交流及共享经验，加强地质和矿业合作，实现互利；

2.10.7 加强可持续矿业领域的研发、经验分享和能力建设合作。

2.11 质检

2.11.1 落实《中国—东盟关于加强卫生与植物卫生合作的谅解备忘录》；

2.11.2 定期举行中国—东盟质量监督检验检疫部长会议，增强各层级相关部门间的交流与合作；

2.11.3 继续开展中国国家质量监督检验检疫总局和东盟标准和质量咨询委员会之间的定期对话，加强质检合作网站建设，促进信息共享，探索并开展联合研究和能力建设项目。

2.12 海关

2.12.1 通过中国—东盟海关署长磋商会及协调委员会会议等，深化海关领域的交流与合作；

2.12.2 继续落实《中国—东盟海关合作谅解备忘录》指定领域中的合作项目和活动；

2.12.3 通过海关技术开发及信息通信技术在海关中的应用，推进中国—东盟贸易便利化合作；

2.12.4 支持推进《世界贸易组织贸易便利化协定》生效的努力及其实施，推进贸易便利化合作，加快货物通关速度；

2.12.5　推进实施《世界海关组织全球贸易安全与便利标准框架》,包括考虑分享最佳实践和经验,适时开展“经认证的经营者”互认项目。

2.13　知识产权

2.13.1　通过中国—东盟知识产权局局长会议等加强政策对话与交流;

2.13.2　继续落实《中国—东盟知识产权合作谅解备忘录》;

2.13.3　加强知识产权领域合作,在知识产权的创造、取得、运用、商业化、保护、管理和执行方面加强能力建设、技术支持和知识产权专业人才培训。

2.13.4　加强在遗传资源和传统知识保护领域的信息和最佳实践共享。

2.14　中小企业合作

2.14.1　支持落实《东盟中小企业发展战略行动计划(2016~2025)》,包括分享最佳实践和经验,在中小企业发展领域开展能力建设,举办研讨会、研修班、专题报告会等;

2.14.2　加强中小企业主管部门包括相关利益攸关方之间的政策磋商和专业交流,务实推进中小企业合作;

2.14.3　支持中国和东盟国家中小企业支持机构加强联系,开展中小企业贸易投资、人员培训、工业园区建设等方面合作;

2.14.4　加强在贸易、农业、旅游等传统领域的中小企业合作,探讨相关合作新领域;

2.14.5　鼓励东盟成员国积极参与中国国际中小企业博览会,鼓励双方参与其他相关贸易展会和活动,促进双方中小企业拓展市场。

2.15　产业合作

2.15.1　适当加强生产设备升级合作,特别是先进技术、绿色和创意产业等领域的合作,提高生产力;

2.15.2　加强双方互利产业部门供应链联系,鼓励形成产业集群;

2.15.3　鼓励就关键技术及其在商业创新中的应用进行交流,推进创新合作;

2.15.4　鼓励必要时就中国和东盟间贸易问题进一步加强合作磋商。

3. 社会人文合作

3.1　公共卫生

3.1.1　通过中国—东盟卫生部长会议、中国—东盟卫生发展高官会及其他相关机制加强政策对话与交流;

3.1.2　落实《中国—东盟关于卫生合作的谅解备忘录》,通过中国—东盟公共卫生合作基金等支持有关合作项目;

3.1.3　在新发、再发传染病防控领域,特别是早期发现、报告、防控、治疗等方面深化合作,开展技术、人员和经验交流,增强应对能力;

3.1.4　在准备应对流行性感冒和新发传染病方面开展合作;

3.1.5　加强在慢病防控领域的交流与合作,降低慢病负担,提高本地区人民的健康状况和生活水平;

3.1.6　促进非传染性疾病,包括精神健康方面的信息及专业知识交流与合作;

3.1.7　推进职业病医疗领域的交流,包括职业病的诊断、治疗和预防;

3.1.8　根据各国的优先领域和国内规定,加强传统医学、补充/替代医学合作,重点加强其保护、发展及与医疗保健制度的结合;

3.1.9　加强卫生保健领域合作,包括通过使用信息通信技术持续促进公共卫生发展、健康城市建设和可持续卫生管理;

3.1.10　继续在培训卫生行政和专业人员方面开展合作。

3.2　教育

3.2.1　加强合作,增加高层教育部门互访。充分利用“中国—东盟教育交流周”和中国—东盟中心开展全方位、多层次和宽领域的交流与合作,推动双方人文交流;

3.2.2　继续促进双方学生交流和对东盟国家提供中国政府奖学金工作,包括实施“双十万学生流动计划”,鼓励适当建立机制,便利学位互认;

3.2.3　继续深化高等教育机构间的务实合作,重点是适当在人才培养、学生交流、联合研究、语言教学等方面加强合作;

3.2.4　推进学校和职业教育机构间的合作和交流;

3.2.5　继续促进在语言、文化、艺术和文化遗产领域的青年交流,以增进了解,加深友谊;

3.2.6　继续利用相关教育机构举办各层次、各领域的专业人才培训课程;

3.2.7　通过中国—东盟思想库网络促进和鼓励学术交流及共办学术会议;

3.2.8　探讨通过增加汉语教师人数,在包括技术和职业学院的各院校中推进汉语教学。

3.3　文化

3.3.1　继续加强文化主管部门间的政策沟通与交流,鼓励中国—东盟中心为促进文化交流进一步发挥作用;

3.3.2　落实《中国与东盟文化合作谅解备忘录》和《中国—东盟文化合作行动计划(2014~2018)》;

3.3.3　在文学、图书馆、档案材料、博物馆、表演艺术、视觉艺术、艺术教育和其他相关公共文化设施及文化/创意产业方面积极开展交流与合作;

3.3.4　鼓励和支持历史遗迹、考古和文化遗产保护部门、博物馆、档案馆、图书馆及文化机构之间开展合作;

3.3.5　合作开发文化产品市场,大力发展文化/创意产业;

3.3.6　努力相互支持对方主办高水平的传统/现代文化艺术活动;

3.3.7　联合保护并推广民族和传统节日,鼓励和支持传统体育运动方面的交流与合作;

3.3.8　继续举办中国—东盟文化论坛,探讨共同主办该论坛的方式;

3.3.9　通过交流举办大型活动经验等方式,加强文化领域人力资源开发和培训合作;

3.3.10　推动文化、传统及现代艺术、文化遗产和新兴文化产业(如数字媒体和网络游戏)领域的专家和专业技能交流;

3.3.11　鼓励东盟成员国已有的中国文化中心促进常态化文化交流合作。

3.4 人力资源和社会保障

3.4.1 落实人力资源开发计划，开展公务员培训，鼓励在人力资源市场建设、劳动力市场信息、职业技能开发、劳动法律法规及社会保障政策等方面交流经验并开展合作；

3.4.2 继续通过10+3劳工部长会议和10+3公务员负责人会议加强政策交流、对话和技术合作；

3.4.3 鼓励公共和私营部门参与人力资源开发和交流；

3.4.4 探讨建立中国和东盟间社会福利和社会保障合作机制，可包括在上述领域开展政策、信息和经验交流；

3.4.5 加强社会福利合作，特别是通过支持分享社会福利和保障政策方面的经验和研究，在老年人、残疾人、妇女儿童福利方面加强合作；

3.4.6 推进政府机构和残疾人组织间关于残疾人事务的信息交流、经验共享和培训合作，包括加强残疾人士家庭和社区扶助措施等；

3.4.7 通过10+3社会福利和发展部长级会议，继续加强政策交流、对话和技术合作；

3.4.8 推进合作，消除针对妇女儿童的暴力活动。

3.5 减贫合作

3.5.1 推进有关部门之间的交流与合作，落实相关减贫倡议，包括中国—东盟社会发展与减贫论坛和中国提出的“东亚减贫合作倡议”；

3.5.2 加强10+3村官能力建设合作，进一步加强10+3国家农村社区发展；

3.5.3 继续为东盟国家举办一系列减贫政策与实践研讨会，提供减贫与农村发展专业学位，加强减贫领域人力资源开发合作；

3.5.4 通过10+3农村发展和消除贫困高官会，继续加强政策交流对话和技术合作；

3.5.5 推动减贫主管部门通过人员互访、知识共享、信息交流及联合研究建立合作关系；

3.5.6 根据东盟国家需求，提供减贫政策咨询和技术支持，参与减贫项目设计和国家减贫战略制定；

3.5.7 通过鼓励中国和东盟成员国相关机构探索土地利用、规划、开发和管理方面的信息和技术交流，支持农村和社区发展。

3.6 环境合作

3.6.1 通过完成制订和有效落实《中国—东盟环境合作战略(2016~2020)》，继续推进环境合作，通过中国—东盟环境合作论坛等加强环境领域高层政策对话，通过中国—东盟环保合作中心推进环境合作；

3.6.2 支持落实中国—东盟环境保护技术与产业合作框架，加强环境友好技术交流与合作，探讨依托中国—东盟环保技术和产业合作示范基地开展示范项目的可能性，支持中国和东盟实现绿色和环境可持续发展；

3.6.3 在城市和农村环保管理领域加强对话和经验交流，落实城乡环境合作示范项目，提高地区生活环境质量，探讨建立生态友好城市发展伙伴关系；

3.6.4 探讨开展环境数据和信息共享合作，包括适时探讨建立环境信息共享联合平台的可能性；

3.6.5 加强环境能力建设和宣传教育合作，实施联合培训课程、联合研究、人员交流等项目，提升地区环境管理能力与水平，提高地区公众环境意识；

3.6.6 开展协同效应领域合作，如在大气和水质管理、健康和环境保护及管理等方面开展联合研究、能力建设及经验分享；

3.6.7 推进合作，使东盟人民享有清洁用水、清洁空气、基本医疗和其他社会服务，过上健康有益的生活，造福东盟乃至国际社会；

3.6.8 以实现环境可持续性为目标推进环境保护合作；

3.6.9 探讨可能的合作倡议，支持东盟生物多样性中心；

3.6.10 推进合作，作为东盟气候变化工作组《东盟联合应对气候变化行动计划》下的补充活动；

3.6.11 在东盟遗产公园等生物多样性优先保护区管理、落实《生物多样性公约》等生物多样性相关多边环境协议等方面探讨可能的合作倡议。

3.7 媒体合作

3.7.1 通过中国—东盟新闻部长会议，继续加强政策沟通与对话；

3.7.2 加强中国和东盟国家主流媒体间交流和讨论，促进双方记者交流互访，加强新闻报道合作，拓展新闻报道领域，增加内容深度；

3.7.3 加强新闻网络合作；

3.7.4 推进电影出品合作，为电影和电视节目联合制作和交流以及电视节目市场营销提供便利；

3.7.5 鼓励互办并积极参与对方举办的影视节展及相关贸易活动；

3.7.6 促进电视、电影和广播技术人员和专业人员之间的交流与合作；

3.7.7 联系并鼓励主流媒体为中国—东盟关系树立积极的国际形象。

3.8 灾害管理合作

3.8.1 有效落实《中国—东盟灾害管理合作谅解备忘录》；

3.8.2 在灾害管理、防灾减灾、灾害风险监测和预警、救灾和恢复方面加强技术合作，开展应急响应和救援技术培训，交流实践、经验和信息；

3.8.3 加强地震海啸预警合作；

3.8.4 通过项目和专家交流，完善灾害管理软硬件设施；

3.8.5 继续支持落实《东盟灾害管理和紧急响应协议》第二阶段工作计划(2013~2015)及后续工作计划，继续与东盟灾害管理人道主义救援协调中心开展合作，推进灾害管理能力建设；

3.8.6 通过信息共享、经验知识交流、举办紧急医疗服务管理和支持研修班和培训课程等，促进紧急医疗服务能力建设。

3.9 地方政府合作和民间交流

3.9.1 促进双方地方政府，包括省市长之间的对话、互访和经验交流；

3.9.2 通过妇女、青年等不同人群间的交流项目，老年人事务和积极老龄化等领域的合作以及民间友好组织继续推进民间交流；

3.9.3 通过东盟—中日韩青年事务部长会议、中国—东盟青年营、大湄公河次区域青年交流项目(澜沧江—湄公河青年交流项目)等平台和项目促进民间交流,鼓励双方用好中国—东盟青少年交流活动中心、中国—东盟青年联谊会、中国—东盟妇女培训中心等其他平台和项目;

3.9.4 鼓励中国和东盟地方政府在改善欠发达地区人民生活水平方面开展合作;

3.9.5 探讨在中国和东盟成员国间建立姐妹城市/省区网络。

4. 互联互通

4.1 加强东盟互联互通合作,包括开展能力建设,为《东盟互联互通总体规划》和东盟后2015互联互通议程提供资源;

4.2 继续加强东盟互联互通协调委员会和中国—东盟互联互通合作委员会中方工作组之间机制建设,以促进合作,开展旗舰项目,加强东盟互联互通;

4.3 加强合作,适当通过公私合营和其他方式调动私营资本,鼓励为建设基础设施提供可持续和高效的投资,促进地区基础设施发展;

4.4 通过对接《东盟互联互通总体规划》、东盟后2015互联互通议程和中国"一带一路"倡议中的共同优先领域,探讨完善中国和东盟间的互联互通的途径。

5. 东盟一体化倡议及缩小发展差距

5.1 通过加强基础设施建设、人力资源开发、信息与通信技术和区域及次区域发展,落实"东盟一体化倡议"第二份工作计划及其后续文件,为东盟缩小各成员国发展差距和一体化的努力加强资金和技术支持与援助。

6. 湄公河流域和次区域发展合作

6.1 继续加强澜沧江—湄公河合作、大湄公河次区域合作、东盟—湄公河流域开发合作框架下以及湄公河委员会机制下各领域合作,包括执法安全、交通、可持续发展、环保和气候变化、信息通信、水质、水资源的可持续使用和管理、健康、旅游、粮食和农业等领域,支持东盟共同体建设;

6.2 通过加强农业、交通、基础设施、信息通信技术、自然资源、旅游及中小企业等东盟东部增长区重点发展领域的合作,以及向东盟东部增长区方案和项目提供技术和资金支持,落实《中国—东盟东部增长区经济合作框架》。

7. 国际和地区事务合作

7.1 东亚合作

7.1.1 继续就包容、基于规则的地区架构开展讨论协调,支持东盟推行《东盟宪章》和《东南亚友好合作条约》《东亚峰会互利关系原则宣言》("巴厘原则")等其他东盟相关法律文书中规定的准则和原则,推动建立更加基于规则的区域架构;

7.1.2 通过包括有效落实《2013~2017年10+3合作工作计划》等,继续支持以东盟—中日韩合作作为主渠道,以东盟作为主要驱动力,实现建立东亚共同体的长远目标;

7.1.3 密切合作,以东盟为驱动力,加强东亚峰会"领导人引领的战略论坛"地位,就共同关心的战略、政治和经济等广泛议题开展对话合作,以促进地区和平、稳定和经济繁荣;

7.1.4 通过东亚论坛、东亚思想库网络、中国—东盟思想库网络、东盟东亚经济研究中心及其他机制,推进东亚共同利益,应对共同挑战。

7.2 推进温和运动

7.2.1 支持《关于全球温和运动的兰卡威宣言》的原则,促进和平与安全,坚持法治,推动可持续、包容性发展、均衡增长和社会和谐;

7.2.2 鼓励不同信仰、不同文明之间的对话,通过"全球温和运动"及将温和主义作为全面抗击极端主义和暴力行为的一项核心价值等倡议,进一步在全球和地区层面促进包容和理解。

7.3 跨区域合作

7.3.1 继续在亚太经合组织及亚欧会议中保持合作;

7.3.2 积极推动亚洲合作对话进程;

7.3.3 加强在二十国集团相关事务中的合作;

7.3.4 进一步促进在77国集团加中国等南南合作框架下,以及东亚—拉美论坛、亚非会议和亚非新型战略伙伴关系等其他跨区域框架下的对话及机制建设。

7.4 在联合国的合作

7.4.1 继续就联合国改革、影响国际和平与安全的事务、反恐、气候变化和发展议程等共同感兴趣和关心的问题在联合国加强合作;

7.4.2 加强中国和东盟国家各自常驻联合国代表之间的密切沟通和协调。

7.5 在其他国际组织中的合作

7.5.1 推进世界贸易组织事务合作,包括但不限于确保全面平衡落实"巴厘一揽子协定"的所有内容,制订"后巴厘工作计划",以全面完成多哈发展议程,使多边贸易体系更加符合发展中和最不发达国家的优先需求。

8. 东盟机制建设

8.1 支持东盟落实好东盟秘书处和其他东盟机构及部门的能力建设措施,特别是在组织发展和项目管理方面,以加强对所有以东盟为中心的机构的支持。

9. 落实安排

9.1 本《行动计划》的落实将由中国和东盟成员国通过中国—东盟合作基金和其他资金等提供适当资金支持;

9.2 中国和东盟有关部门和机构将共同制定具体的工作方案和项目,落实本《行动计划》提出的各项行动和措施;

9.3 《行动计划》的评估将由相关中国—东盟各领域部长级会议、中国—东盟高官磋商、中国—东盟联合合作委员会等合适机制执行。该《行动计划》落实进展报告每年将由中国—东盟外长会向中国—东盟领导人会议提交。

中老联合声明

一、应中国共产党中央委员会总书记、中华人民共和国主席习近平邀请,老挝人民革命党中央委员会总书记、老挝人民民主共和国主席本扬·沃拉吉于2016年5月3日至5日对中华人民共和国进行正式友好访问。

访问期间,中共中央总书记、国家主席习近平与老挝人民革命党中央总书记、国家主席本扬举行会谈。中共中央政治局常委、国务院总理李克强,中共中央政治局常委、全国人大常委会委员长张德江,中共中央政治局常委、中央书记处书记刘云山分别会见。在亲切友好的气氛中,双方相互通报各自党和国家情况,就新形势下进一步发展中老两党两国关系及共同关心的国际和地区问题深入交换意见，达成广泛共识。除北京外，老挝人民革命党中央总书记、国家主席本扬还访问云南省。

二、双方对两党、两国和两国人民在各自社会主义建设事业以及中国改革开放事业、老挝革新事业中取得的成就感到高兴。

中方热烈祝贺老挝人民革命党第十次全国代表大会和八届国会一次会议成功召开，坚信在老挝人民革命党坚强领导下，老挝人民一定能顺利实现十大确定的目标任务，在建设国强民富、社会团结和谐、民主公正文明的社会主义国家的征程上不断取得更大成就。

老方热烈祝贺中国"十三五"规划顺利开局，坚信在中国共产党坚强领导下，中国人民一定能协调推进全面建成小康社会、全面深化改革、全面依法治国、全面从严治党，胜利实现建成富强民主文明和谐的社会主义现代化国家目标。

三、值此中老建交55周年之际，双方回顾了两国人民在争取国家独立、民族解放时期和社会主义建设进程中相互支持、相互帮助的光荣历史，总结了中老关系发展的经验，认为中老同为共产党领导的社会主义国家，理想信念相通，前途命运相关，发展道路相近，这是中老关系发展的重要政治根基。双方牢牢把握双边关系发展方向，坚定不移推进各领域务实合作，加强在国际和地区事务中的协调配合，巩固发展两国人民之间的友好感情，推动中老关系不断取得丰硕成果，成为中老两党两国共同的宝贵财富。

双方重申，中老作为社会主义友好邻邦，是具有战略意义的命运共同体。中老将继续坚持长期稳定、睦邻友好、彼此信赖、全面合作的方针和好邻居、好朋友、好同志、好伙伴精神，全面深化各领域交流合作，推动高度互信互助互惠的中老全面战略合作伙伴关系不断迈上新台阶，为维护本地区乃至世界的和平稳定与繁荣发展做出更大贡献。

四、双方一致同意，采取切实有效措施，在以下领域深化合作：

（一）保持两党两国高层密切交往传统，及时就双边关系重大问题及国际和地区形势深入交换意见，加强战略沟通，深化政治互信，牢牢把握中老关系发展方向。

（二）落实好2016～2020年两党合作计划，继续办好两党理论研讨会，深化党建和治国理政经验交流，深化党政干部培训合作，推进两党对口部门及边境省份党委间交流合作。

（三）继续深化中国全国人大和老挝国会、中国全国政协和老挝建国阵线的友好关系，密切人员往来，加强对口交流，促进政策沟通和经验交流，共同为推动两国社会主义建设和中老关系发展发挥更大作用。

（四）继续本着平等互利、讲求实效、形式多样、共同发展的原则，扩大经贸务实合作规模，提高合作质量和水平。

——加强发展战略对接和产能合作，推动中国"一带一路"倡议和老挝"变陆锁国为陆联国"战略、中国"十三五"规划和老挝"八五"规划有机结合，密切配合尽早编制完成共同推进"一带一路"建设合作规划纲要，采取切实措施促进两国产能与投资合作。

——充分发挥中老经济、贸易和技术合作委员会等合作机制的作用，加强对双方各领域务实合作的统筹协调。推进续签中老2016～2020年经济技术合作规划，确定合作目标、重点领域和项目清单。

——确保重大合作项目顺利实施。推进中老铁路建设，做好合资公司组建和项目实施有关工作。推动万象赛色塔综合开发区建设取得新进展。中方鼓励和支持有实力、信誉好的企业在老挝设立经贸合作区，愿与老方分享建设经济特区和经济技术开发区经验。加快推进中老磨憨—磨丁经济合作区建设，进一步促进两国经济优势互补，便利贸易投资和人员往来。

——继续开展能源领域合作，中方鼓励和支持中国企业和金融机构参与老挝能源发展战略，实施好已签署的投资合作协议，实现互利共赢和长期发展。

——加强农业交流，继续开展人才培训合作，推进无公害农产品贸易合作。继续加强双方在动植物检验检疫、跨境动植物疫病防控、农作物育种、农业机械、生物质能源研发等领域合作。

（五）密切国防安全合作，保持两军高层交往，扩大两军务实合作，加强边防友好交流、人员培训、军事训练、政治工作等领域交流合作，加强双方在多边安全框架下的相互支持。

（六）深化执法安全合作，加强边境管控和执法能力建设合作，防范打击恐怖主义和毒品、网络、电信诈骗、拐卖人口等跨国犯罪，维护两国国家安全和社会稳定。采取有效措施，切实保护对方国家人员和机构以及重大建设项目安全。加强双方在湄公河流域执法安全合作机制框架下的合作，积极推动澜沧江—湄公河综合执法安全合作中心建设，为维护流域和本地区和平稳定做出新贡献。

（七）扩大人文交流，加强双方在文化、教育、卫生、体育、旅游、新闻媒体等领域的合作，开展两国工青妇组织的交流合作。尽早签署2016～2018年文化合作执行计划，办好老挝中国文化中心。实施好两国教育合作计划，推进双方在汉语和老挝语教学、学生交流和合作办学等领域的合作。继续开展青年志愿者交流，共同办好中国—东盟教育交流年活动。

（八）扩大两国地方间合作，特别是沿边省份的交流合作，充分发挥中国云南—老挝北部合作机制的作用。结合开展禁毒合作，大力发展边境地区替代种植产业。

五、中方重申尊重老挝的独立、主权和领土完整。老方重申坚定奉行一个中国政策，支持两岸关系和平发展与中国统一大业，坚决反对任何形式的"台独"分裂活动。

六、双方高度评价两国在国际和地区事务中富有成效的合作，重申将继续加强在联合国、世界贸易组织、亚欧会议、东亚峰会、中国—东盟、东盟—中日韩、东盟地区论坛、澜沧江—湄公河、大湄公河次区域等多边机制的协调与配合，为维护国际和地区和平、稳定与发展发挥积极作用。中方支持老挝2016年担任东盟轮值主席国，愿配合老挝举办好东亚合作领导人系列会议。老方愿同中方配合举办好中国—东盟建立对话关系25周年纪念活动，推动中国—东盟关系不断向前发展。

双方一致认为维护南海地区的和平、稳定、合作与发展符合地区国家共同利益，呼吁有关当事国通过谈判协商和平解决争议，全面有效落实《南海各方行为宣言》(DOC)，稳步推进磋商，在协商一致的基础上，争取早日达成"南海行为准则"(COC)。

七、访问期间，双方签署了《中国共产党和老挝人民革命党合作计划（2016～2020年）》《中老两国政府经济技术合作协定》《中老关于促进产能与投资合作的谅解备忘录》等10项合作文件。

八、双方对老挝人民革命党中央总书记、国家主席本扬访华取得的成果表示满意，一致认为此访对推动中老两党两国和两国人民关系发展具有重要意义。

老挝人民革命党中央总书记、国家主席本扬对中共中央总书记、国家主席习近平以及中国共产党、政府和人民的隆重热情友好接待表示感谢，邀请中共中央总书记、国家主席习近平访问老挝。中共中央总书记、国家主席习近平对此表示感谢。

2016年5月4日于北京

中华人民共和国外交部关于坚持通过双边谈判解决中国和菲律宾在南海有关争议的声明

（2016年6月8日）

中国和菲律宾是隔海相望的近邻，两国人民传统友谊深厚。中菲建交40多年来，两国关系总体健康稳定发展，各领域合作富有成效，为两国和两国人民带来了实实在在的利益。菲律宾2013年1月22日单方面就中菲有关南海问题提起仲裁以前，中菲在南海虽有争议，但南海形势总体稳定。在中国的推动下，中菲双方围绕建立对话机制、开展务实合作、推进共同开发等进行友好协商并取得积极成果。

菲律宾提起仲裁以来，单方面关闭了与中国通过谈判解决南海有关争议的大门，并违背双方达成的关于管控分歧的共识，采取一系列侵权和挑衅行动，导致中菲关系和南海局势的急剧恶化。中国坚决反对菲律宾的单方面行动，坚持不接受、不参与仲裁的严正立场，将坚持通过双边谈判解决中菲在南海的有关争议。

一、通过双边谈判解决在南海的有关争议是中菲共识和承诺

中国一贯主张与直接当事国在尊重历史事实的基础上，根据国际法，通过谈判和平解决领土和海洋划界争议。在领土主权和海洋划界问题上，中国从来不接受任何诉诸第三方的争端解决方式，不接受任何强加于中国的争端解决方案。领土主权问题不属于《联合国海洋法公约》的调整范围。对于海洋划界争议，中国已于2006年根据《公约》第298条做出排除性声明，将涉及海洋划界等方面的争议排除在《公约》规定的第三方争端解决程序之外。

通过双边谈判解决中菲在南海的有关争议，既是中国政府的一贯政策，也是中菲之间达成的明确共识。

1995年8月10日，中菲共同发表的《中华人民共和国和菲律宾共和国关于南海问题和其他领域合作的磋商联合声明》规定，“有关争议应通过平等和相互尊重基础上的磋商和平友好地加以解决”；“双方承诺循序渐进地进行合作，最终谈判解决双方争议”。此后，中国和菲律宾通过一系列双边文件确认通过双边谈判协商解决南海有关争议的共识，例如：1999年3月23日《中菲建立信任措施工作小组会议联合公报》，2000年5月16日《中华人民共和国政府和菲律宾共和国政府关于21世纪双边合作框架的联合声明》等。

2002年11月4日，中国同东盟10国共同签署《南海各方行为宣言》。各方在《宣言》中郑重承诺：“根据公认的国际法原则，包括1982年《联合国海洋法公约》，由直接有关的主权国家通过友好磋商和谈判，以和平方式解决它们的领土和管辖权争议，而不诉诸武力或以武力相威胁。”

此后，中菲通过一系列双边文件确认各自在《宣言》中做出的郑重承诺，例如：2004年9月3日《中华人民共和国政府和菲律宾共和国政府联合新闻公报》、2011年9月1日《中华人民共和国和菲律宾共和国联合声明》等。

二、中菲之间从未就菲律宾提起仲裁的事项进行过谈判

菲律宾声称，1995年之后中菲两国就菲律宾仲裁请求中提及的事项多次交换意见，但未能解决争端；菲律宾有正当理由认为继续谈判已无意义，因而有权提起仲裁。事实与菲方所述完全相反，迄今为止，中菲两国从未就菲律宾所提仲裁事项进行过谈判。

中菲曾就妥善处理海上争议进行多次磋商，但尚未举行旨在解决有关争议的任何谈判。中国多次向菲律宾提出建立“中菲海上问题定期磋商机制”的建议，但一直未获菲律宾答复。2011年9月1日，双方发表《中华人民共和国和菲律宾共和国联合声明》，再次承诺通过谈判解决有关争议。此后，中国多次向菲律宾建议重启中菲建立信任措施磋商机制，未得到菲律宾任何回应。菲律宾所谓继续谈判没有意义才提起仲裁的说法，毫无根据。

三、菲律宾单方面提起仲裁违背中菲通过谈判解决争议的共识，不符合《公约》规定

菲律宾单方面提起南海仲裁，违背中菲之间达成并多次确认的通过双边谈判解决有关争议的共识，违反其在《宣言》中做出的庄严承诺，是对“约定必须遵守”原则的破坏和对《公约》争端解决机制的滥用，不符合包括《公约》在内的国际法。

第一，菲律宾单方面提起仲裁，违反中菲通过双边谈判解决争议的协议。中菲在有关双边文件和《宣言》中已就通过谈判解决有关争议达成协议并多次予以确认。上述中菲两国各项双边文件以及《宣言》的相关规定相辅相成，构成中菲两国之间有拘束力的协议。两国据此选择了以谈判方式解决有关争议。菲律宾违背自己的庄严承诺，是严重的背信弃义行为。

第二，菲律宾单方面提起仲裁，侵犯《公约》规定的缔约国自主选择争端解决方式的权利。《公约》第15部分第280条规定，“本公约的任何规定均不损害任何缔约国于任何时候协议用自行选择的任何和平方法解决它们之间有关本公约的解释或适用的争端的权利”；第281条规定，“作为有关本公约的解释或适用的争端各方的缔约各国，如已协议用自行选择的和平方法来谋求解决争端，则只有在诉诸这种方法仍未得到解决以及争端各方间的协议并不排除任何其他程序的情形下，才适用本部分所规定的程序”。由于中菲之间已就通过谈判解决争议做出明确选择，并排除了包括仲裁在内的第三方争端解决方式，《公约》第15部分规定的第三方争端解决程序不适用于中菲之间。

第三，菲律宾单方面提起仲裁，违反《公约》第283条有关交换意见义务的规定。菲律宾无视中菲从未就其仲裁事项进行任何谈判的事实，故意将其与中国就一般性海洋事务和合作进行的一些磋商曲解为就其仲裁事项进行的谈判，并以此为借口声称已穷尽双边谈判手段，与有关事实截然相反，完全是别有用心的。

四、中国将继续坚持通过谈判解决与菲律宾在南海的有关争议

中国是维护南海和平稳定的重要力量。中国一贯遵守《联合国宪章》的宗旨和原则，坚定维护和促进国际法治，尊重和践行国际法，将在坚定维护中国在南海的领土主权和海洋权益的同时，坚持通过谈判协商解决争议，坚持通过规则机制管控分歧，坚持通过互利合作实现共赢，致力于把南海建设成和平之海、友谊之海和合作之海。

在领土主权和海洋划界问题上，中国不接受任何诉诸第三方的争端解决方式，不接受任何强加于中国的争端解决方案。中菲双边谈判的大门始终是敞开的。中国将继续坚持在尊重历史事实基础上，根据国际法，通过双边谈判解决与菲律宾在南海的有关争议。中国敦促菲律宾立刻停止推进仲裁程序的错误举动，回到通过双边谈判解决中菲在南海的有关争议的正确道路上来。

中华人民共和国政府关于在南海的领土主权和海洋权益的声明

（2016 年 7 月 12 日）

为重申中国在南海的领土主权和海洋权益，加强与各国在南海的合作，维护南海和平稳定，中华人民共和国政府声明：

一、中国南海诸岛包括东沙群岛、西沙群岛、中沙群岛和南沙群岛。中国人民在南海的活动已有 2000 多年历史。中国最早发现、命名和开发利用南海诸岛及相关海域，最早并持续、和平、有效地对南海诸岛及相关海域行使主权和管辖，确立了在南海的领土主权和相关权益。

第二次世界大战结束后，中国收复日本在侵华战争期间曾非法侵占的中国南海诸岛，并恢复行使主权。中国政府为加强对南海诸岛的管理，于 1947 年审核修订了南海诸岛地理名称，编写了《南海诸岛地理志略》和绘制了标绘有南海断续线的《南海诸岛位置图》，并于 1948 年 2 月正式公布，昭告世界。

二、中华人民共和国 1949 年 10 月 1 日成立以来，坚定维护中国在南海的领土主权和海洋权益。1958 年《中华人民共和国政府关于领海的声明》、1992 年《中华人民共和国领海及毗连区法》、1998 年《中华人民共和国专属经济区和大陆架法》以及 1996 年《中华人民共和国全国人民代表大会常务委员会关于批准〈联合国海洋法公约〉的决定》等系列法律文件，进一步确认了中国在南海的领土主权和海洋权益。

三、基于中国人民和中国政府的长期历史实践及历届中国政府的一贯立场，根据中国国内法以及包括《联合国海洋法公约》在内的国际法，中国在南海的领土主权和海洋权益包括：

（一）中国对南海诸岛，包括东沙群岛、西沙群岛、中沙群岛和南沙群岛拥有主权；

（二）中国南海诸岛拥有内水、领海和毗连区；

（三）中国南海诸岛拥有专属经济区和大陆架；

（四）中国在南海拥有历史性权利。

中国上述立场符合有关国际法和国际实践。

四、中国一向坚决反对一些国家对中国南沙群岛部分岛礁的非法侵占及在中国相关管辖海域的侵权行为。中国愿继续与直接有关当事国在尊重历史事实的基础上，根据国际法，通过谈判协商和平解决南海有关争议。中国愿同有关直接当事国尽一切努力做出实际性的临时安排，包括在相关海域进行共同开发，实现互利共赢，共同维护南海和平稳定。

五、中国尊重和支持各国依据国际法在南海享有的航行和飞越自由，愿与其他沿岸国和国际社会合作，维护南海国际航运通道的安全和畅通。

中华人民共和国外交部关于应菲律宾共和国请求建立的南海仲裁案仲裁庭所作裁决的声明

（2016 年 7 月 12 日）

关于应菲律宾共和国单方面请求建立的南海仲裁案仲裁庭（以下简称“仲裁庭”）于 2016 年 7 月 12 日做出的裁决，中华人民共和国外交部郑重声明，该裁决是无效的，没有拘束力，中国不接受、不承认。

一、2013 年 1 月 22 日，菲律宾共和国时任政府单方面就中菲在南海的有关争议提起仲裁。2013 年 2 月 19 日，中国政府郑重宣布不接受、不参与菲律宾提起的仲裁，此后多次重申此立场。2014 年 12 月 7 日，中国政府发表《中华人民共和国政府关于菲律宾共和国所提南海仲裁案管辖权问题的立场文件》，指出菲律宾提起仲裁违背中菲协议，违背《联合国海洋法公约》（以下简称《公约》），违背国际仲裁一般实践，仲裁庭不具有管辖权。2015 年 10 月 29 日，仲裁庭做出管辖权和可受理性问题的裁决。中国政府当即声明该裁决是无效的，没有拘束力。中国上述立场是明确的、一贯的。

二、菲律宾单方面提起仲裁，目的是恶意的，不是为了解决与中国的争议，也不是为了维护南海的和平与稳定，而是为了否定中国在南海的领土主权和海洋权益。菲律宾提起仲裁的行为违反国际法。一是菲律宾提起仲裁事项的实质是南沙群岛部分岛礁的领土主权问题，有关事项也必然涉及中菲海洋划界，与之不可分割。在明知领土问题不属于《公约》调整范围，海洋划界争议已被中国 2006 年有关声明排除的情况下，菲律宾将有关争议刻意包装成单纯的《公约》解释或适用问题。二是菲律宾单方面提起仲裁，侵犯中国作为《公约》缔约国享有的自主选择争端解决程序和方式的权利。中国早在 2006 年即根据《公约》第 298 条将涉及海洋划界、历史性海湾或所有权、军事和执法活动等方面的争端排除出《公约》强制争端解决程序。三是菲律宾单方面提起仲裁，违反中菲两国达成并多年来一再确认的通过谈判解决南海有关争议的双边协议。四是菲律宾单方面提起仲裁，违反中国与包括菲律宾在内的东盟国家在 2002 年《南海各方行为宣言》（以下简称《宣言》）中做出的由直接有关当事国通过谈判解决有关争议的承诺。菲律宾单方面提起仲裁，违反了《公约》及其适用争端解决程序的规定，违反了“约定必须遵守”原则，也违反了其他国际法原则和规则。

三、仲裁庭无视菲律宾提起仲裁事项的实质是领土主权和海洋划界问题，错误解读中菲对争端解决方式的共同选择，错误解读《宣言》中有关承诺的法律效力，恶意规避中国根据《公约》第 298 条做出的排除性声明，有选择性地把有关岛礁从南海诸岛的宏观地理背景中剥离出来并主观想象地解释和适用《公约》，在认定事实和适用法律上存在明显错误。仲裁庭的行为及其裁决严重背离国际仲裁一般实践，完

全背离《公约》促进和平解决争端的目的及宗旨，严重损害《公约》的完整性和权威性，严重侵犯中国作为主权国家和《公约》缔约国的合法权利，是不公正和不合法的。

四、中国在南海的领土主权和海洋权益在任何情况下不受仲裁裁决的影响，中国反对且不接受任何基于该仲裁裁决的主张和行动。

五、中国政府重申，在领土问题和海洋划界争议上，中国不接受任何第三方争端解决方式，不接受任何强加于中国的争端解决方案。中国政府将继续遵循《联合国宪章》确认的国际法和国际关系基本准则，包括尊重国家主权和领土完整以及和平解决争端原则，坚持与直接有关当事国在尊重历史事实的基础上，根据国际法，通过谈判协商解决南海有关争议，维护南海和平稳定。

中国坚持通过谈判
解决中国与菲律宾在南海的有关争议

（2016年7月13日）

引　言

1. 南海位于中国大陆的南面，通过狭窄的海峡或水道，东与太平洋相连，西与印度洋相通，是一个东北—西南走向的半闭海。南海北靠中国大陆和台湾岛，南接加里曼丹岛和苏门答腊岛，东临菲律宾群岛，西接中南半岛和马来半岛。

2. 中国南海诸岛包括东沙群岛、西沙群岛、中沙群岛和南沙群岛。这些群岛分别由数量不等、大小不一的岛、礁、滩、沙等组成。其中，南沙群岛的岛礁最多，范围最广。

3. 中国人民在南海的活动已有2000多年历史。中国最早发现、命名和开发利用南海诸岛及相关海域，最早并持续、和平、有效地对南海诸岛及相关海域行使主权和管辖。中国对南海诸岛的主权和在南海的相关权益，是在漫长的历史过程中确立的，具有充分的历史和法理依据。

4. 中国和菲律宾隔海相望，交往密切，人民世代友好，原本不存在领土和海洋划界争议。然而，自20世纪70年代起，菲律宾开始非法侵占南沙群岛部分岛礁，由此制造了中菲南沙群岛部分岛礁领土问题。此外，随着国际海洋法的发展，两国在南海部分海域还出现了海洋划界争议。

5. 中菲两国尚未举行旨在解决南海有关争议的任何谈判，但确曾就妥善处理海上争议进行多次磋商，就通过谈判协商解决有关争议达成共识，并在双边文件中多次予以确认。双方还在中国和东盟国家2002年共同签署的《南海各方行为宣言》（以下简称《宣言》）中就通过谈判协商解决有关争议做出郑重承诺。

6. 2013年1月，菲律宾共和国时任政府违背上述共识和承诺，单方面提起南海仲裁案。菲律宾把原本不属于《联合国海洋法公约》（以下简称《公约》）调整的领土问题，以及被中国2006年依据《公约》第298条做出的排除性声明排除的海洋划界等争议加以曲解和包装，构成对《公约》争端解决机制的滥用。菲律宾妄图借此否定中国在南海的领土主权和海洋权益。

7. 本文件旨在还原中菲南海有关争议的事实真相，重申中国在南海问题上的一贯立场和政策，溯本清源，以正视听。

一、南海诸岛是中国固有领土

（一）中国对南海诸岛的主权是历史上确立的

8. 中国人民自古以来在南海诸岛和相关海域生活和从事生产活动。中国最早发现、命名和开发利用南海诸岛及相关海域，最早并持续、和平、有效地对南海诸岛及相关海域行使主权和管辖，确立了对南海诸岛的主权和在南海的相关权益。

9. 早在公元前2世纪的西汉时期，中国人民就在南海航行，并在长期实践中发现了南海诸岛。

10. 中国历史古籍，例如东汉的《异物志》、三国时期的《扶南传》、宋代的《梦粱录》和《岭外代答》、元代的《岛夷志略》、明代的《东西洋考》和《顺风相送》、清代的《指南正法》和《海国闻见录》等，不仅记载了中国人民在南海的活动情况，而且记录了南海诸岛的地理位置和地貌特征、南海的水文和气象特点，以很多生动形象的名称为南海诸岛命名，如“涨海崎头”“珊瑚洲”“九乳螺洲”“石塘”“千里石塘”“万里石塘”“长沙”“千里长沙”“万里长沙”等。

11. 中国渔民在开发利用南海的历史过程中还形成一套相对固定的南海诸岛命名体系：如将岛和沙洲称为“峙”，将礁称为“铲”“线”“沙”，将环礁称为“匡”“圈”“塘”，将暗沙称为“沙排”等。明清时期形成的《更路簿》是中国渔民往来于中国大陆沿海地区和南海诸岛之间的航海指南，以多种版本的手抄本流传并沿用至今；记录了中国人民在南海诸岛的生活和生产开发活动，记载了中国渔民对南海诸岛的命名。其中对南沙群岛岛、礁、滩、沙的命名至少有70余处，有的用罗盘方位命名，如丑未（渚碧礁）、东头乙辛（蓬勃暗沙）；有的用特产命名，如赤瓜线（赤瓜礁）、墨瓜线（南屏礁）；有的用岛礁形状命名，如鸟串（仙娥礁）、双担（信义礁）；有的用某种实物命名，如锅盖峙（安波沙洲）、秤钩峙（景宏岛）；有的以水道命名，如六门沙（六门礁）。

12. 中国人民对南海诸岛的命名，部分被西方航海家引用并标注在一些19至20世纪权威的航海指南和海图中。如Namyit（鸿庥岛）、Sin Cowe（景宏岛）、Subi（渚碧礁）来源于海南方言发音“南乙”“秤钩”“丑未”。

13. 大量历史文献和文物资料证明，中国人民对南海诸岛及相关海域进行了持续不断的开发和利用。明清以来，中国渔民每年乘东北信风南下至南沙群岛海域从事渔业生产活动，直至次年乘西南信风返回大陆。还有部分中国渔民常年留居岛上，站峙捕捞、挖井汲水、垦荒种植、盖房建庙、饲养禽畜等。根据中外史料记载和考古发现，南沙群岛部分岛礁上曾有中国渔民留下的作物、水井、房屋、庙宇、墓冢和碑刻等。

14. 许多外国文献记录了很长一段时间内只有中国人在南沙群岛生产生活的事实。

15. 1868年出版的英国海军部《中国海指南》提到南沙群岛郑和群礁时指出：“海南渔民，以捕取海参、介壳为活，各岛都有其足迹，也有久居岛礁上的”，“在太平岛上的渔民要比其他岛上的渔民生活得更加舒适，与其他岛相比，太平岛上的井水要好得多”。1906年的《中国海指南》以及1912年、1923年、1937年等各版《中国航海志》多处载明中国渔民在南沙群岛上生产生活。

16. 1933年9月在法国出版的《彩绘殖民地世界》杂志记载：南沙群岛9岛之中，唯有华人（海南人）居住，华人之外并无他国人。当时西南岛（南子岛）上计有居民7人，中有孩童2人；帝都岛（中业岛）上计有居民5人；斯帕拉岛（南威岛）

计有居民 4 人，较 1930 年且增加 1 人；罗湾岛（南钥岛）上，有华人所留之神座、茅屋、水井；伊都阿巴岛（太平岛），虽不见人迹，而发现中国字碑，大意谓运粮至此，觅不见人，因留藏于铁皮（法文原文为石头）之下；其他各岛，亦到处可见渔人居住之踪迹。该杂志还记载，太平岛、中业岛、南威岛等岛屿上植被茂盛，有水井可饮用，种有椰子树、香蕉树、木瓜树、菠萝、青菜、土豆等，蓄养有家禽，适合人类居住。

17. 1940 年出版的日本文献《暴风之岛》和 1925 年美国海军航道测量署发行的《亚洲领航》（第四卷）等也记载了中国渔民在南沙群岛生产生活的情况。

18. 中国是最早开始并持续对南海诸岛及相关海上活动进行管理的国家。历史上，中国通过行政设治、水师巡视、资源开发、天文测量、地理调查等手段，对南海诸岛和相关海域进行了持续、和平、有效的管辖。

19. 例如，宋代，中国在两广地区设有经略安抚使，总绥南疆。宋代曾公亮在《武经总要》中提到中国为加强南海海防，设立巡海水师，巡视南海。清代明谊编著的《琼州府志》、钟元棣编著的《崖州志》等著作都把“石塘”“长沙”列入“海防”条目。

20. 中国很多官修地方志，如《广东通志》《琼州府志》《万州志》等，在“疆域”或“舆地山川”条目中有“万州有千里长沙、万里石塘”或类似记载。

21. 中国历代政府还在官方地图上将南海诸岛标绘为中国领土。1755 年《皇清各直省分图》之《天下总舆图》、1767 年《大清万年一统天下图》、1810 年《大清万年一统地理全图》、1817 年《大清一统天下全图》等地图均将南海诸岛绘入中国版图。

22. 历史事实表明，中国人民一直将南海诸岛和相关海域作为生产和生活的场所，从事各种开发利用活动。中国历代政府也持续、和平、有效地对南海诸岛实施管辖。在长期历史过程中，中国确立了对南海诸岛的主权和在南海的相关权益，中国人民早已成为南海诸岛的主人。

（二）中国始终坚定维护在南海的领土主权和海洋权益

23. 中国对南海诸岛的主权在 20 世纪前未遭遇任何挑战。20 世纪 30 年代至 40 年代，法国和日本先后以武力非法侵占中国南沙群岛部分岛礁。对此，中国人民奋起抵抗，当时中国政府采取一系列措施，捍卫对南沙群岛的主权。

24. 1933 年，法国曾经一度侵入南沙群岛部分岛礁，发布政府公报宣告“占领”，制造了“九小岛事件”。中国各地各界反应强烈、群起抗议，纷纷谴责法国的侵略行径。居住在南沙群岛的中国渔民也在实地进行抵抗，符洪光、柯家裕、郑兰锭等人砍倒法国在太平岛、北子岛、南威岛、中业岛等岛上悬挂法国国旗的旗杆。

25. “九小岛事件”发生后，中国外交部发言人表示，南沙群岛有关岛屿“仅有我渔人居留岛上，在国际上确认为中国领土”，中国政府就法方侵入九小岛提出严正交涉。同时，广东省政府针对法国诱骗中国渔民悬挂法国国旗，命令各县长布告，禁止在南沙群岛及海域作业的中国渔船悬挂外国旗帜，并给渔民发放中国国旗，要求悬挂。

26. 由外交部、内政部、海军部等部门组成的水陆地图审查委员会，专门审定中国南海诸岛各岛、礁、滩、沙名称，并于 1935 年编印并公布了《中国南海各岛屿图》。

27. 日本在侵华战争期间曾非法侵占中国南海诸岛。中国人民对日本的侵略进行了英勇抵抗。随着世界反法西斯战争和中国人民抗日战争的推进，中、美、英三国于 1943 年 12 月发表《开罗宣言》郑重宣布，日本必须将所窃取的中国领土归还中国。1945 年 7 月，中、美、英三国发表《波茨坦公告》，其中第 8 条明确规定，“开罗宣言之条件必将实施”。

28. 1945 年 8 月，日本宣布接受《波茨坦公告》无条件投降。1946 年11 ~ 12 月，中国政府指派林遵上校等高级军政官员，乘坐“永兴”“中建”“太平”“中业”4 艘军舰，分赴西沙群岛和南沙群岛，举行仪式，重立主权碑，派兵驻守。随后，中国政府用上述4 艘军舰名对西沙群岛和南沙群岛的4 个岛屿进行重新命名。

29. 1947 年 3 月，中国政府在太平岛设立南沙群岛管理处，隶属广东省。中国还在太平岛设立气象台和电台，自 6 月起对外广播气象信息。

30. 在对南海诸岛重新进行地理测绘的基础上，中国政府于 1947 年组织编写了《南海诸岛地理志略》，审定《南海诸岛新旧名称对照表》，绘制标有南海断续线的《南海诸岛位置图》。1948 年 2 月，中国政府公布《中华民国行政区域图》，包括《南海诸岛位置图》。

31. 1949 年 6 月，中国政府颁布《海南特区行政长官公署组织条例》，把“海南岛、东沙群岛、西沙群岛、中沙群岛、南沙群岛及其他附属岛屿”划入海南特区。

32. 中华人民共和国 1949 年 10 月 1 日成立后，多次重申并采取立法、行政设治、外交交涉等措施进一步维护对南海诸岛的主权和在南海的相关权益。中国对南海诸岛及相关海域的巡逻执法、资源开发和科学考察等活动从未中断过。

33. 1951 年 8 月，中国外交部长周恩来发表《关于美英对日和约草案及旧金山会议的声明》指出，“西沙群岛和南威岛正如整个南沙群岛及中沙群岛、东沙群岛一样，向为中国领土，在日本帝国主义发动侵略战争时虽曾一度沦陷，但日本投降后已为当时中国政府全部接收”，“中华人民共和国在南威岛和西沙群岛之不可侵犯的主权，不论美英对日和约草案有无规定及如何规定，均不受任何影响”。

34. 1958 年 9 月，中国发布《中华人民共和国政府关于领海的声明》，明确规定中国领海宽度为 12 海里，采用直线基线方法划定领海基线，上述规定适用于中华人民共和国的一切领土，包括“东沙群岛、西沙群岛、中沙群岛、南沙群岛以及其他属于中国的岛屿”。

35. 1959 年 3 月，中国政府在西沙群岛的永兴岛设立“西沙群岛、南沙群岛、中沙群岛办事处”；1969 年 3 月，该“办事处”改称“广东省西沙群岛、中沙群岛、南沙群岛革命委员会”；1981 年 10 月，恢复“西沙群岛、南沙群岛、中沙群岛办事处”的称谓。

36. 1983 年 4 月，中国地名委员会受权公布南海诸岛部分标准地名，总计 287 个。

37. 1984 年 5 月，第六届全国人民代表大会第二次会议决定设立海南行政区，管辖范围包括西沙群岛、南沙群岛、中沙群岛的岛礁及其海域。

38. 1988 年 4 月，第七届全国人民代表大会第一次会议决定设立海南省，管辖范围包括西沙群岛、南沙群岛、中沙群岛的岛礁及其海域。

39. 1992 年 2 月，中国颁布《中华人民共和国领海及毗连区法》，确立了中国领海和毗连区的基本法律制度，并明确规定：“中华人民共和国的陆地领土包括……东沙群岛、西沙群岛、中沙群岛、南沙群岛以及其他一切属于中华人民共和国的岛屿”。1996年5月，第八届全国人民代表大会常务委员会第十九次会议决定，批准《联合国海洋法公约》，同时声明“中华人民共和国重申对1992年2月25日颁布的《中华人民共和国领海及毗连区法》第2条所列各群岛及岛屿的主权。”

40. 1996年5月，中国政府宣布中国大陆沿海由山东高角至海南岛峻壁角49个领海基点和由直线相连的领海基线，以及西沙群岛28个领海基点和由直线相连的基线，并宣布将另行公布其余领海基线。

41. 1998年6月，中国颁布《中华人民共和国专属经济区和大陆架法》，确立了中国专属经济区和大陆架的基本法律制度，并明确规定：“本法的规定不影响中华人民共和国享有的历史性权利”。

42. 2012年6月，国务院批准撤销海南省西沙群岛、南沙群岛、中沙群岛办事处，设立地级三沙市，管辖西沙群岛、中沙群岛、南沙群岛的岛礁及其海域。

43. 中国高度重视南海生态和渔业资源保护。自1999年起，中国实施南海伏季休渔制度。截至2015年年底，中国在南海共建成国家级水生生物自然保护区6处，省级水生生物自然保护区6处，总面积达269万公顷；国家级水产种质资源保护区7处，总面积达128万公顷。

44. 自20世纪50年代以来，中国台湾当局一直驻守在南沙群岛太平岛，设有民事服务管理机构，并对岛上自然资源进行开发利用。

（三）中国对南海诸岛的主权得到国际社会广泛承认

45. 第二次世界大战结束后，中国收复南海诸岛并恢复行使主权，世界上许多国家都承认南海诸岛是中国领土。

46. 1951年，旧金山对日和约会议规定日本放弃对南沙群岛和西沙群岛的一切权利、权利名义与要求。1952年，日本政府正式表示放弃对台湾、澎湖列岛以及南沙群岛、西沙群岛之一切权利、权利名义与要求。同年，由时任日本外务大臣冈崎胜男亲笔签字推荐的《标准世界地图集》第十五图《东南亚图》，把和约规定日本必须放弃的西沙、南沙群岛及东沙、中沙群岛全部标绘属于中国。

47. 1955年10月，国际民航组织在马尼拉召开会议，美国、英国、法国、日本、加拿大、澳大利亚、新西兰、泰国、菲律宾、南越和中国台湾当局派代表出席，菲律宾代表为会议主席，法国代表为副主席。会议通过的第24号决议要求中国台湾当局在南沙群岛加强气象观测，而会上没有任何一个代表对此提出异议或保留。

48. 1958年9月4日，中国政府发布《中华人民共和国政府关于领海的声明》，宣布中国的领海宽度为12海里，明确指出：“这项规定适用于中华人民共和国的一切领土，包括……东沙群岛、西沙群岛、中沙群岛、南沙群岛以及其他属于中国的岛屿。”9月14日，越南政府总理范文同照会中国国务院总理周恩来郑重表示，“越南民主共和国政府承认和赞同中华人民共和国政府1958年9月4日关于领海决定的声明”，“越南民主共和国政府尊重这项决定”。

49. 1956年8月，美国驻台机构一等秘书韦士德向中国台湾当局口头申请，美军人员拟前往黄岩岛、双子群礁、景宏岛、鸿庥岛、南威岛等中沙和南沙群岛岛礁进行地形测量。中国台湾当局随后同意了美方的申请。

50. 1960年12月，美国政府致函中国台湾当局，“请求准许”美军事人员赴南沙群岛双子群礁、景宏岛、南威岛进行实地测量。中国台湾当局批准了上述申请。

51. 1972年，在《中华人民共和国政府与日本国政府联合声明》中，日本重申坚持遵循《波茨坦公告》第8条规定。

52. 据法新社报道，1974年2月4日，时任印度尼西亚外长马利克表示，“如果我们看一看现在发行的地图，就可以从图上看到帕拉塞尔群岛（西沙群岛）和斯普拉特利群岛（南沙群岛）都是属于中国的”；由于我们承认只存在一个中国，“这意味着，对我们来讲，这些群岛属于中华人民共和国”。

53. 1987年3月17日至4月1日，联合国教科文组织政府间海洋学委员会第14次会议讨论了该委员会秘书处提交的《全球海平面观测系统实施计划（1985～1990）》（IOC/INF－663 REV）。该文件建议将西沙群岛和南沙群岛纳入全球海平面观测系统，并将这两个群岛明文列属“中华人民共和国”。为执行该计划，中国政府被委任建设5个海洋观测站，包括南沙群岛和西沙群岛上各1个。

54. 南海诸岛属于中国早已成为国际社会的普遍认识。在许多国家出版的百科全书、年鉴和地图都将南沙群岛标属中国。例如，1960年美国威尔德麦克出版社出版的《威尔德麦克各国百科全书》；1966年日本极东书店出版的《新中国年鉴》；1957、1958和1961年在联邦德国出版的《世界大地图集》；1958年在民主德国出版的《地球与地理地图集》；1968年在民主德国出版的《哈克世界大地图集》；1954至1959年在苏联出版的《世界地图集》；1957年在苏联出版的《外国行政区域划分》附图；1959年在匈牙利出版的《世界地图集》；1974年在匈牙利出版的《插图本世界政治经济地图集》；1959年在捷克斯洛伐克出版的《袖珍世界地图集》；1977年在罗马尼亚出版的《世界地理图集》；1965年法国拉鲁斯出版社出版的《国际政治与经济地图集》；1969年法国拉鲁斯出版社出版的《拉鲁斯现代地图集》；1972年和1983年日本平凡社出版的《世界大百科事典》中所附地图和1985年出版的《世界大地图集》；以及1980年日本国土地理协会出版的《世界与各国》附图等。

二、中菲南海有关争议的由来

55. 中菲南海有关争议的核心是菲律宾非法侵占中国南沙群岛部分岛礁而产生的领土问题。此外，随着国际海洋法制度的发展，中菲在南海部分海域还出现了海洋划界争议。

（一）菲律宾非法侵占行为制造了中菲南沙岛礁争议

56. 菲律宾的领土范围是由包括1898年《美西和平条约》（《巴黎条约》）、1900年《美西关于菲律宾外围岛屿割让的条约》（《华盛顿条约》）、1930年《关于划定英属北婆罗洲与美属菲律宾之间的边界条约》在内的一系列国际条约确定的。

57. 中国南海诸岛在菲律宾领土范围之外。

58. 20世纪50年代，菲律宾曾企图染指中国南沙群岛。但在中国坚决反对下，菲律宾收手了。1956年5月，菲律宾人克洛马组织私人探险队到南沙群岛活动，擅自将中国南沙群岛部分岛礁称为“自由地”。随后，菲律宾副总统兼外长加西亚对克洛马的活动表示支持。对此，中国外交部发言人于5月29日发表声明，严正指出：南沙群岛“向来是中国领土的一部分。中华人民共和国对这些岛屿具有无可争辩的合法主权……绝不容许任何国家以任何借口和采取任何方式加以侵犯”。同时,中国台湾当局派军舰赴南沙群岛巡弋,恢复在南沙群岛太平岛上驻守。此后,菲律宾外交部表示,克洛马此举菲律宾政府事前并不知情,亦未加以同意。

59. 自20世纪70年代起,菲律宾先后以武力侵占中国南沙群岛部分岛礁,并提出非法领土要求。1970年8月和9月,菲律宾非法侵占马欢岛和费信岛;1971年4月,菲律宾非法侵占南钥岛和中业岛;1971年7月,菲律宾非法侵占西月岛和北子岛;1978年3月和1980年7月,菲律宾非法侵占双黄沙洲和司令礁。1978年6月,菲律宾总统马科斯签署第1596号总统令,将中国南沙群岛部分岛礁并连同周边大范围海域称为“卡拉延岛群”(“卡拉延”在他加禄语中意为“自由”),划设“卡拉延镇区”,非法列入菲律宾领土范围。

60. 菲律宾还通过一系列国内立法,提出了自己的领海、专属经济区和大陆架等主张。其中部分与中国在南海的海洋权益产生冲突。

61. 菲律宾为掩盖其非法侵占中国南沙群岛部分岛礁的事实,实现其领土扩张的野心,炮制了一系列借口,包括:“卡拉延岛群”不属于南沙群岛,是“无主地”;南沙群岛在二战后是“托管地”;菲律宾占领南沙群岛是依据“地理邻近”和出于“国家安全”需要;“南沙群岛部分岛礁位于菲律宾专属经济区和大陆架上”;菲律宾“有效控制”有关岛礁已成为不能改变的“现状”等。

(二)菲律宾的非法主张毫无历史和法理依据

62. 从历史和国际法看,菲律宾对南沙群岛部分岛礁的领土主张毫无根据。

63. 第一,南沙群岛从来不是菲律宾领土的组成部分。菲律宾的领土范围已由一系列国际条约所确定。对此,菲律宾当时的统治者美国是非常清楚的。1933年8月12日,美属菲律宾前参议员陆雷彝致信美国驻菲律宾总督墨菲,试图以地理邻近为由主张一些南沙岛屿构成菲律宾群岛一部分。有关信件被转交美国陆军部和国务院处理。1933年10月9日,美国国务卿复信称,“这些岛屿……远在1898年从西班牙获得的菲律宾群岛的界限之外”。1935年5月,美国陆军部长邓恩致函国务卿赫尔,请求国务院就菲律宾对南沙群岛部分岛屿提出领土要求的“合法性和适当性”发表意见。美国国务院历史顾问办公室一份由博格斯等签署的备忘录指出,“显然,美国毫无根据主张有关岛屿构成菲律宾群岛的一部分”。8月20日,美国国务卿赫尔复函美国陆军部长邓恩称,“美国依据1898年条约从西班牙获得的菲律宾群岛的岛屿仅限于第三条规定的界限以内”,同时关于南沙群岛有关岛屿,“需要指出的是,没有任何迹象显示西班牙曾对这些岛屿中的任何一个行使主权或提出主张”。这些文件证明,菲律宾领土从来不包括南海诸岛,这一事实为包括美国在内的国际社会所承认。

64. 第二,“卡拉延岛群”是菲律宾发现的“无主地”,这一说法根本不成立。菲律宾以其国民于1956年所谓“发现”为基础,将中国南沙群岛部分岛礁称为“卡拉延岛群”,企图制造地理名称和概念上的混乱,并割裂南沙群岛。事实上,南沙群岛的地理范围是清楚和明确的,菲律宾所谓“卡拉延岛群”就是中国南沙群岛的一部分。南沙群岛早已成为中国领土不可分割的组成部分,绝非“无主地”。

65. 第三,南沙群岛也不是所谓的“托管地”。菲律宾称,二战后南沙群岛是“托管地”,主权未定。菲律宾的说法从法律和事实看,都没有根据。二战后的“托管地”,均在有关国际条约或联合国托管理事会相关文件中明确开列,南沙群岛从未出现在上述名单上,根本就不是“托管地”。

66. 第四,“地理邻近”和“国家安全”都不是领土取得的国际法依据。世界上许多国家的部分领土远离其本土,有的甚至位于他国近岸。美国殖民统治菲律宾期间,就菲律宾群岛附近一座岛屿的主权与荷兰产生争端,美国以“地理邻近”为由提出的领土主张被判定为没有国际法依据。以所谓“国家安全”为由侵占他国领土更是荒谬的。

67. 第五,菲律宾称,中国南沙群岛部分岛礁位于其专属经济区和大陆架范围内,因此有关岛礁属于菲律宾或构成菲律宾大陆架组成部分。这一主张企图以《公约》所赋予的海洋管辖权否定中国领土主权,与“陆地统治海洋”的国际法原则背道而驰,完全不符合《公约》的宗旨和目的。《公约》序言规定:“在妥为顾及所有国家主权的情形下,为海洋建立一种法律秩序……”因此,沿海国必须在尊重他国领土主权的前提下主张海洋管辖权,不能将自己的海洋管辖权扩展到他国领土上,更不能以此否定他国主权,侵犯他国领土。

68. 第六,菲律宾所谓的“有效控制”是建立在非法侵占基础上的,是非法无效的。国际社会不承认武力侵占形成的所谓“有效控制”。菲律宾所谓“有效控制”是对中国南沙群岛部分岛礁赤裸裸的武力侵占,违背了《联合国宪章》(以下简称《宪章》)和国际关系基本准则,为国际法所明确禁止。菲律宾建立在非法侵占基础上的所谓“有效控制”,不能改变南沙群岛是中国领土的基本事实。中国坚决反对任何人试图把南沙群岛部分岛礁被侵占的状态视为所谓“既成事实”或“现状”,中国对此绝不承认。

(三)国际海洋法制度的发展导致中菲出现海洋划界争议

69. 随着《公约》的制订和生效,中国和菲律宾之间的南海有关争议逐步激化。

70. 基于中国人民和中国政府的长期历史实践及历届中国政府的一贯立场,根据国内法以及国际法,包括1958年《中华人民共和国政府关于领海的声明》、1992年《中华人民共和国领海及毗连区法》、1996年《中华人民共和国全国人民代表大会常务委员会关于批准〈联合国海洋法公约〉的决定》、1998年《中华人民共和国专属经济区和大陆架法》和1982年《联合国海洋法公约》,中国南海诸岛拥有内水、领海、毗连区、专属经济区和大陆架。此外,中国在南海拥有历史性权利。

71. 根据菲律宾1949年第387号共和国法案、1961年第3046号共和国法案、1968年第5446号共和国法案、1968年第370号总统公告、1978年第1599号总统令、2009年第9522号共和国法案等法律,菲律宾公布了内水、群岛水域、领海、专属经济区和大陆架。

72. 在南海,中国的陆地领土海岸和菲律宾的陆地领土海岸相向,相距不足400海里。两国主张的海洋权益区域重叠,由此产生海洋划界争议。

三、中菲已就解决南海有关争议达成共识

73. 中国坚决捍卫对南海诸岛的主权,坚决反对菲律宾非法侵占中国岛礁,坚决反对菲律宾依据单方面主张在中国管辖海域采取侵权行为。同时，从维护南海和平稳定出发，中国保持高度克制，坚持和平解决中菲南海有关争议，并为此做出不懈努力。中国就管控海上分歧以及推动海上务实合作等与菲律宾进行多次磋商，双方就通过谈判解决南海有关争议，妥善管控有关分歧达成重要共识。

（一）通过谈判解决南海有关争议是中菲共识和承诺

74. 中国一贯致力于在相互尊重主权和领土完整、互不侵犯、互不干涉内政、平等互利、和平共处五项原则基础上与各国发展友好关系。

75. 1975 年 6 月，中菲关系实现正常化，两国在有关公报中明确指出，两国政府同意不诉诸武力，不以武力相威胁，和平解决所有争端。

76. 实际上，中国在解决南海问题上的“搁置争议，共同开发”倡议，首先是对菲律宾提出的。1986 年 6 月，中国领导人邓小平在会见菲律宾副总统萨尔瓦多·劳雷尔时，指出南沙群岛属于中国，同时针对有关分歧表示，“这个问题可以先搁置一下，先放一放。过几年后，我们坐下来，平心静气地商讨一个可为各方接受的方式。我们不会让这个问题妨碍与菲律宾和其他国家的友好关系”。1988 年 4 月，邓小平在会见菲律宾总统科拉松·阿基诺时重申“对南沙群岛问题，中国最有发言权。南沙历史上就是中国领土，很长时间，国际上对此无异议”；“从两国友好关系出发，这个问题可先搁置一下，采取共同开发的办法”。此后，中国在处理南海有关争议及同南海周边国家发展双边关系问题上，一直贯彻了邓小平关于“主权属我，搁置争议，共同开发”的思想。

77. 20 世纪 80 年代以来，中国就通过谈判管控和解决中菲南海有关争议提出一系列主张和倡议，多次重申对南沙群岛的主权、和平解决南海有关争议的立场和“搁置争议，共同开发”的倡议，明确表示反对外部势力介入，反对南海问题国际化，强调不应使争议影响两国关系的发展。

78. 1992 年 7 月，在马尼拉举行的第 25 届东盟外长会议发表《东盟关于南海问题的宣言》。中国表示，赞赏这一宣言所阐述的相关原则。中国一贯主张通过谈判和平解决南沙群岛部分岛礁有关领土问题，反对诉诸武力，愿在条件成熟时同有关国家谈判“搁置争议，共同开发”。

79. 1995 年 8 月，中菲共同发表的《中华人民共和国和菲律宾共和国关于南海问题和其他领域合作的磋商联合声明》表示，“争议应由直接有关国家解决”；“双方承诺循序渐进地进行合作，最终谈判解决双方争议”。此后，中国和菲律宾通过一系列双边文件确认通过双边谈判协商解决南海问题的有关共识，例如：1999 年 3 月《中菲建立信任措施工作小组会议联合公报》、2000 年 5 月《中华人民共和国政府和菲律宾共和国政府关于 21 世纪双边合作框架的联合声明》等。

80. 2002 年 11 月，中国同东盟 10 国共同签署《宣言》。各方在《宣言》中郑重承诺：“根据公认的国际法原则，包括 1982 年《联合国海洋法公约》，由直接有关的主权国家通过友好磋商和谈判，以和平方式解决它们的领土和管辖权争议，而不诉诸武力或以武力相威胁。”

81. 此后，中菲通过一系列双边文件确认各自在《宣言》中做出的郑重承诺，例如：2004 年 9 月《中华人民共和国政府和菲律宾共和国政府联合新闻公报》、2011 年 9 月《中华人民共和国和菲律宾共和国联合声明》等。

82. 上述中菲两国各项双边文件以及《宣言》的相关规定，体现了中菲就解决南海有关争议达成的以下共识和承诺：一是有关争议应在直接有关的主权国家之间解决；二是有关争议应在平等和互相尊重基础上，通过谈判协商和平解决；三是直接有关的主权国家根据公认的国际法原则，包括 1982 年《联合国海洋法公约》，“最终谈判解决双方争议”。

83. 中菲双方多次重申通过谈判解决有关争议，并多次强调有关谈判应由直接有关的主权国家开展，上述规定显然已产生排除任何第三方争端解决方式的效果。特别是 1995 年的联合声明规定“最终谈判解决双方争议”，这里的“最终”一词明显是为了强调“谈判”是双方已选择的唯一争端解决方式，并排除包括第三方争端解决程序在内的任何其他方式。上述共识和承诺构成两国间排除通过第三方争端解决方式解决中菲南海有关争议的协议。这一协议必须遵守。

（二）妥善管控南海有关争议是中菲之间的共识

84. 中国一贯主张，各方应通过制定规则、完善机制、务实合作、共同开发等方式管控争议，为南海有关争议的最终解决创造良好氛围。

85. 自 20 世纪 90 年代以来，中菲就管控争议达成一系列共识：一是在有关争议问题上保持克制，不采取可能导致事态扩大化的行动；二是坚持通过双边磋商机制管控争议；三是坚持推动海上务实合作和共同开发；四是不使有关争议影响双边关系的健康发展和南海地区的和平与稳定。

86. 中菲还在《宣言》中达成如下共识：保持自我克制，不采取使争议复杂化、扩大化和影响和平与稳定的行动；在和平解决领土和管辖权争议前，本着合作与谅解的精神，努力寻求各种途径建立互信；探讨或开展在海洋环保、海洋科学研究、海上航行和交通安全、搜寻与救助、打击跨国犯罪等方面的合作。

87. 中菲曾就管控分歧、开展海上务实合作取得积极进展。

88. 1999 年 3 月，中国和菲律宾举行关于在南海建立信任措施工作小组首次会议，双方发表的《中菲建立信任措施工作小组会议联合公报》指出，“双方承诺根据广泛接受的国际法原则包括联合国海洋法公约，通过协商和平解决争议……双方同意保持克制，不采取可能导致事态扩大化的行动”。

89. 2001 年 4 月，中菲发表的《第三次建立信任措施专家组会议联合新闻声明》指出，“双方认识到两国就探讨南海合作方式所建立的双边磋商机制是富有成效的，双方所达成的一系列谅解与共识对维护中菲关系的健康发展和南海地区的和平与稳定发挥了建设性作用”。

90. 2004 年 9 月，在中国和菲律宾领导人的共同见证下，中国海洋石油总公司和菲律宾国家石油公司签署《南中国海部分海域联合海洋地震工作协议》。经中菲双方同意，2005 年 3 月，中国、菲律宾、越南三国国家石油公司签署《南中国海协议区三方联合海洋地震工作协议》，商定三国的石油公司在三年协议期内，在约 14.3 万平方千米海域的协议区内完成一定数量的二维和/或三维地震测线的采集和处理工作，对一定数量现有的二维地震测线进行再处理，研究评估协议区的石油资源状况。2007 年《中华人民共和国和菲律宾共和国联合声明》表示，“双方认为，南海三方联合海洋地震工作可以成为本地区合作的一个示范。双方同意，可以探讨将下一阶段的三方合作提升到更高水平，以加强本地区建立互信的良好势头”。

91. 令人遗憾的是，由于菲律宾方面缺乏合作意愿，中菲信任措施工作小组会议陷于停滞，中菲越三方联合海洋地震考察工作也未能继续。

四、菲律宾一再采取导致争议复杂化的行动

92. 自20世纪80年代以来，菲律宾一再采取导致争议复杂化的行动。

（一）菲律宾企图扩大对中国南沙群岛部分岛礁的侵占

93. 自20世纪80年代起，菲律宾就在非法侵占的中国南沙群岛有关岛礁上建设军事设施。90年代，菲律宾继续在非法侵占的中国南沙群岛有关岛礁修建机场和海空军基地，以非法侵占的中国南沙群岛中业岛为重点，持续在相关岛礁建设和修整机场、兵营、码头等设施，以方便起降重型运输机、战斗机及容纳更多更大的舰船。菲律宾还蓄意挑衅，频繁派出军舰、飞机侵入中国南沙群岛五方礁、仙娥礁、信义礁、半月礁和仁爱礁，肆意破坏中国设置的测量标志。

94. 更有甚者，1999年5月9日，菲律宾派出57号坦克登陆舰入侵中国仁爱礁，并以“技术故障搁浅”为借口，在该礁非法“坐滩”。中国当即对菲律宾提出严正交涉，要求立即拖走该舰。而菲律宾却称该舰“缺少零部件”无法拖走。

95. 就此，中国持续对菲律宾进行交涉，再三要求菲方拖走该舰。例如，1999年11月，中国驻菲律宾大使约见菲律宾外长西亚松和总统办公室主任来妮海索斯，再次就该舰非法“坐滩”仁爱礁事进行交涉。菲律宾虽然再三承诺将把该舰从仁爱礁撤走，但一直拖延不动。

96. 2003年9月，得知菲律宾准备在仁爱礁非法“坐滩”的军舰周围修建设施后，中国当即提出严正交涉。菲律宾代理外长埃卜达林表示，菲律宾无意在仁爱礁上修建设施，菲律宾是《宣言》的签署者，不会也不愿成为第一个违反者。

97. 但是菲律宾拒不履行拖走该舰的承诺，反而变本加厉，采取进一步挑衅行为。菲律宾于2013年2月在非法“坐滩”的该舰四周拉起固定缆绳，舰上人员频繁活动，准备建设固定设施。在中国多次交涉下，菲律宾国防部部长加斯明声称，菲律宾只是在对该舰进行补给和修补，承诺不会在仁爱礁上修建设施。

98. 2014年3月14日，菲律宾外交部发表声明，公然宣称菲律宾当年用57号坦克登陆舰在仁爱礁“坐滩”，就是为了“将该军舰作为菲律宾政府的永久设施部署在仁爱礁”，企图以此为借口，继续拒不履行拖走该舰的承诺，进而达到侵占仁爱礁的目的。中国当即对此表示震惊，并重申绝不允许菲方以任何形式侵占仁爱礁。

99. 2015年7月，菲律宾公开声明，菲方正对在仁爱礁“坐滩”的军舰进行内部整固。

100. 菲律宾用军舰“坐滩”仁爱礁，承诺拖走却始终食言，直至采取加固措施，以自己的实际行动证明菲律宾就是第一个公然违反《宣言》的国家。

101. 长期以来，菲律宾非法侵占中国南沙群岛有关岛礁，并在岛礁上修筑各种军事设施，企图制造既成事实，长期霸占。菲律宾的所作所为，严重侵犯中国对南沙群岛有关岛礁的主权，严重违反《宪章》和国际法基本准则。

（二）菲律宾一再扩大海上侵权

102. 自20世纪70年代起，菲律宾依据其单方面主张，先后侵入中国南沙群岛礼乐滩、忠孝滩等地进行非法油气钻探，包括就有关区块进行对外招标。

103. 进入21世纪以来，菲律宾扩大对外招标范围，大面积侵入中国南沙群岛有关海域。2003年，菲律宾将大片中国南沙群岛相关海域划为对外招标区块。2014年5月，菲律宾进行了第5轮油气招标，其中4个招标区块侵入中国南沙群岛相关海域。

104. 菲律宾还不断侵入中国南沙群岛有关海域，袭扰中国渔民和渔船正常生产作业。据不完全统计，1989年至2015年，在上述海域共发生菲律宾非法侵犯中国渔民生命和财产安全事件97件，其中枪击8件，抢劫34件，抓扣40件，追赶15件；共涉及中国渔船近200艘，渔民上千人。菲律宾还野蛮、粗暴对待中国渔民，施以非人道待遇。

105. 菲律宾武装人员经常无视中国渔民的生命安全，滥用武力。例如，2006年4月27日，菲律宾武装渔船侵入中国南沙群岛南方浅滩海域，袭击中国“琼琼海03012”号渔船，菲方一艘武装小艇及4名持枪人员向中国渔船靠近，并直接向渔船驾驶台连续开枪射击，造成陈奕超等4名渔民当场死亡、2人重伤、1人轻伤。随后，13名持枪人员强行登上渔船进行抢劫，劫走船上卫星导航、通信设备、生产工具、渔获等。

106. 菲律宾一再采取各种海上侵权行动，企图扩大其在南海的非法主张，严重侵犯中国在南海的主权及相关权益。菲律宾的侵权行为严重违背了其在《宣言》中关于保持自我克制，不采取使争议复杂化、扩大化行动的承诺。菲律宾枪击、抢劫中国渔船和渔民，非法抓扣中国渔民并施以非人道待遇，严重侵犯中国渔民的人身和财产安全以及人格尊严，公然践踏基本人权。

（三）菲律宾企图染指中国黄岩岛

107. 菲律宾还对中国黄岩岛提出领土要求并企图非法侵占。

108. 黄岩岛是中国固有领土，中国持续、和平、有效地对黄岩岛行使着主权和管辖。

109. 1997年之前，菲律宾从未对黄岩岛属于中国提出异议，从未对黄岩岛提出领土要求。1990年2月5日，菲律宾驻德国大使比安弗尼多致函德国无线电爱好者迪特表示：“根据菲律宾国家地图和资源信息局，斯卡伯勒礁或黄岩岛不在菲律宾领土主权范围以内。”

110. 菲律宾国家地图和资源信息局1994年10月28日签发的《菲律宾共和国领土边界证明书》表示，“菲律宾共和国的领土边界和主权由1898年12月10日签署的《巴黎条约》第3条确定”，并确认“菲律宾环境和自然资源部通过国家地图和资源信息局发布的第25号官方地图中显示的领土界限完全正确并体现了真实状态”。如前所述，《巴黎条约》和另外两个条约确定了菲律宾的领土界限，中国黄岩岛明显位于这一界限以外。第25号官方地图反映了这一事实。在1994年11月18日致美国无线电协会的信中，菲律宾无线电爱好者协会写道，“一个非常重要的事实是，（菲律宾）有关政府机构申明，基于1898年12月10日签署的《巴黎条约》第3条，斯卡伯勒礁就是位于菲律宾领土边界之外”。

111. 1997年4月，菲律宾一改其领土范围不包括黄岩岛的立场，对中国无线电运动协会组织的国际联合业余无线电探险队在黄岩岛的探险活动进行跟踪、监视和干扰，甚至不顾历史事实，声称黄岩岛在菲律宾主张的200海里专属经济区内，因此是菲律宾领土。对此，中国曾多次向菲律宾提出交涉，明确指出，黄岩岛是中国固有领土，菲律宾的主张是无理、非法和无效的。

112. 2009年2月17日，菲律宾国会通过9522号共和国法案，非法将中国黄岩岛和南沙群岛部分岛礁划为菲律宾领土。就此，中国即向菲律宾进行交涉并发表声明，重申中国对黄岩岛和南沙群岛及其附近海域的主权，任何其他国家对黄岩岛和南沙群岛的岛屿提出领土主权要求，都是非法的、无效的。

113. 2012年4月10日，菲律宾出动“德尔·皮拉尔”号军舰，闯入中国黄岩岛附近海域，对在该海域作业的中国渔民、渔船实施非法抓扣并施以严重非人道待遇，蓄意挑起黄岩岛事件。中国即在北京和马尼拉多次对菲律宾提出严正交涉，对菲律宾侵犯中国领土主权和伤害中国渔民的行径表示强烈抗议，要求菲律宾立即撤出一切船只和人员。与此同时，中国政府迅速派出海监和渔政执法船只前往黄岩岛，维护主权并对中国渔民进行救助。2012年6月，经中国多次严正交涉，菲律宾从黄岩岛撤出相关船只和人员。

114. 菲律宾对中国黄岩岛提出的非法领土要求没有任何国际法依据。所谓黄岩岛在菲律宾200海里专属经济区内因而是菲律宾领土的主张，显然是对国际法蓄意和荒唐的歪曲。菲律宾派军舰武装闯入黄岩岛附近海域，严重侵犯中国领土主权，严重违背《宪章》和国际法基本原则。菲律宾鼓动并怂恿菲方船只和人员大规模侵入中国黄岩岛海域，严重侵犯中国在黄岩岛海域的主权和主权权利。菲律宾非法抓扣在黄岩岛海域正常作业的中国渔民并施以严重的非人道待遇，严重侵犯中国渔民的人格尊严，践踏人权。

（四）菲律宾单方面提起仲裁是恶意行为

115. 2013年1月22日，菲律宾共和国时任政府违背中菲之间达成并多次确认的通过谈判解决南海有关争议的共识，违反其在《宣言》中做出的庄严承诺，在明知领土争议不属于《公约》调整范围，海洋划界争议已被中国2006年有关声明排除的情况下，蓄意将有关争议包装成单纯的《公约》解释或适用问题，滥用《公约》争端解决机制，单方面提起南海仲裁案。菲律宾此举不是为了解决与中国的争议，而是企图借此否定中国在南海的领土主权和海洋权益。菲律宾的行为是恶意的。

116. 第一，菲律宾单方面提起仲裁，违反中菲通过双边谈判解决争议的协议。中菲在有关双边文件中已就通过谈判解决南海有关争议达成协议并多次予以确认。中国和菲律宾在《宣言》中就通过谈判解决南海有关争议做出郑重承诺，并一再在双边文件中予以确认。上述中菲两国各项双边文件以及《宣言》的相关规定相辅相成，构成中菲两国之间的协议。两国据此选择了以谈判方式解决有关争端，并排除了包括仲裁在内的第三方方式。“约定必须遵守”。这项国际法基础规范必须得到执行。菲律宾违背自己的庄严承诺，是严重的背信弃义行为，不为菲律宾创设任何权利，也不为中国创设任何义务。

117. 第二，菲律宾单方面提起仲裁，侵犯中国作为《公约》缔约国自主选择争端解决方式的权利。《公约》第十五部分第280条规定，“本公约的任何规定均不损害任何缔约国于任何时候协议用自行选择的任何和平方法解决它们之间有关本公约的解释或适用的争端的权利”；第281条规定，“作为有关本公约的解释或适用的争端各方的缔约各国，如已协议用自行选择的和平方法来谋求解决争端，则只有在诉诸这种方法仍未得到解决以及争端各方间的协议并不排除任何其他程序的情形下，才适用本部分所规定的程序”。由于中菲之间已就通过谈判解决争议做出明确选择，《公约》规定的第三方强制争端解决程序不适用。

118. 第三，菲律宾单方面提起仲裁，滥用《公约》争端解决程序。菲律宾提起仲裁事项的实质是南沙群岛部分岛礁的领土主权问题，有关事项也构成中菲海洋划界不可分割的组成部分。陆地领土问题不属于《公约》的调整范围。2006年，中国根据《公约》第298条做出排除性声明，将涉及海洋划界、历史性海湾或所有权、军事和执法行动等方面的争端排除在《公约》争端解决程序之外。包括中国在内的约30个国家做出的排除性声明，构成《公约》争端解决机制的组成部分。菲律宾通过包装诉求，恶意规避中方有关排除性声明和陆地领土争议不属《公约》调整事项的限制，单方面提起仲裁，构成对《公约》争端解决程序的滥用。

119. 第四，菲律宾为推动仲裁捏造事实，曲解法律，编造了一系列谎言：

——菲律宾明知其仲裁诉求涉及中国在南海的领土主权，领土问题不属于《公约》调整的事项，却故意将其曲解和包装成《公约》解释或适用问题；

——菲律宾明知其仲裁诉求涉及海洋划界问题，且中国已根据《公约》第298条做出声明，将包括海洋划界在内的争端排除出《公约》规定的第三方争端解决程序，却故意将海洋划界过程中需要考虑的各项因素抽离出来，孤立看待，企图规避中国有关排除性声明；

——菲律宾无视中菲从未就其仲裁事项进行任何谈判的事实，故意将其与中国就一般性海洋事务与合作进行的一些磋商曲解为就仲裁事项进行的谈判，并以此为借口声称已穷尽双边谈判手段；

——菲律宾声称其不寻求判定任何领土归属，或划定任何海洋边界，然而在仲裁进程中，特别是庭审中，却屡屡否定中国在南海的领土主权和海洋权益；

——菲律宾无视中国在南海问题上的一贯立场和实践，子虚乌有地声称中国对整个南海主张排他性的海洋权益；

——菲律宾刻意夸大西方殖民者历史上在南海的作用，否定中国长期开发、经营和管辖南海相关水域的史实及相应的法律效力；

——菲律宾牵强附会，拼凑关联性和证明力不强的证据，强撑其诉讼请求；

——菲律宾随意解释国际法规则，大量援引极具争议的司法案例和不具权威性的个人意见支撑其诉求。

120. 简言之，菲律宾单方面提起仲裁违反包括《公约》争端解决机制在内的国际法。应菲律宾单方面请求建立的南海仲裁案仲裁庭自始无管辖权，所做出的裁决是无效的，没有拘束力。中国在南海的领土主权和海洋权益在任何情况下不受仲裁裁决的影响。中国不接受、不承认该裁决，反对且不接受任何以仲裁裁决为基础的主张和行动。

五、中国处理南海问题的政策

121. 中国是维护南海和平稳定的重要力量。中国一贯遵守《宪章》的宗旨和原则，坚定维护和促进国际法治，尊重和践行国际法，在坚定维护中国在南海的领土主权和海洋权益的同时，坚持通过谈判协商解决争议，坚持通过规则机制管控分歧，坚持通过互利合作实现共赢，致力于把南海建设成和平之海、友谊之海和合作之海。

122. 中国坚持与地区国家共同维护南海和平稳定，坚定维护各国依据国际法在南海享有的航行和飞越自由，积极倡导域外国家尊重地区国家的努力，在维护南海和平稳定问题上发挥建设性作用。

（一）关于南沙群岛领土问题

123. 中国坚定地维护对南海诸岛及其附近海域的主权。部分国家对南沙群岛部分岛礁提出非法领土主张并实施武力侵占，严重违反《宪章》和国际关系基本准则，是非法的、无效的。对此，中国坚决反对，并要求有关国家停止对中国领土的侵犯。

124. 中国始终致力于与包括菲律宾在内的直接有关的当事国在尊重历史事实的基础上，根据国际法，通过谈判解决有关争议。

125. 众所周知，陆地领土问题不属于《公约》调整的事项。因此，南沙群岛领土问题不适用《公约》。

（二）关于南海海洋划界问题

126. 中国主张，同直接有关的当事国依据包括《公约》在内的国际法，通过谈判公平解决南海海洋划界问题。在划界问题最终解决前，各方应保持自我克制，不采取使争议复杂化、扩大化和影响和平与稳定的行动。

127. 1996 年，中国在批准《公约》时声明："中华人民共和国将与海岸相向或相邻的国家，通过协商，在国际法基础上，按照公平原则划定各自海洋管辖权界限。"1998 年，《中华人民共和国专属经济区和大陆架法》进一步明确中国同海洋邻国之间解决海洋划界问题的原则立场，即"中华人民共和国与海岸相邻或者相向国家关于专属经济区和大陆架的主张重叠的，在国际法的基础上按照公平原则以协议划定界限""本法的规定不影响中华人民共和国享有的历史性权利"。

128. 中国不接受任何企图通过单方面行动把海洋管辖权强加于中国的做法，也不认可任何有损于中国在南海海洋权益的行动。

（三）关于争端解决方式

129. 基于对国际实践的深刻认识和中国自身丰富的国家实践，中国坚信，要解决任何国家间争议，无论选择哪种机制和方式，都不能违背主权国家的意志，应以国家同意为基础。

130. 在领土和海洋划界问题上，中国不接受任何强加于中国的争端解决方案，不接受任何诉诸第三方的争端解决方式。2006 年 8 月 25 日，中国根据《公约》第 298 条的规定向联合国秘书长提交声明，称"关于《公约》第二百九十八条第 1 款（a）、（b）、（c）项所述的任何争端，中华人民共和国政府不接受《公约》第十五部分第二节规定的任何程序"，明确将涉及海洋划界、历史性海湾或所有权、军事和执法活动，以及联合国安全理事会执行《宪章》所赋予的职务等争端排除在《公约》强制争端解决程序之外。

131. 中华人民共和国成立以来，已与 14 个陆地邻国中的 12 个国家，本着平等协商、相互谅解的精神，通过双边谈判，签订了边界条约，划定和勘定的边界约占中国陆地边界长度的 90%。中国与越南已通过谈判划定了两国在北部湾的领海、专属经济区和大陆架界限。中国对通过谈判解决争议的诚意和不懈努力是有目共睹的。不言而喻，谈判是国家意志的直接体现。谈判当事方直接参与形成最终结果。实践表明，谈判取得的成果更容易获得当事国人民的理解和支持，能够得到有效实施，并具有持久生命力。只有当事方通过平等谈判达成协议，有关争议才能获得根本长久解决，有关协议才能得到全面有效贯彻实施。

（四）关于在南海管控分歧和开展海上务实合作

132. 根据国际法和国际实践，在海洋争议最终解决前，当事国应保持克制，尽一切努力做出实际性的临时安排，包括建立和完善争议管控规则和机制，开展各领域合作，推动"搁置争议，共同开发"，维护南海地区的和平稳定，为最终解决争议创造条件。有关合作和共同开发不妨害最后界限的划定。

133. 中国积极推动与有关国家建立双边海上磋商机制，探讨在渔业、油气等领域的共同开发，倡议有关各国积极探讨根据《公约》有关规定，建立南海沿岸国合作机制。

134. 中国始终致力于与东盟国家一道全面有效落实《宣言》，积极推动海上务实合作，已取得了包括建立"中国—东盟国家海上联合搜救热线平台""中国—东盟国家应对海上紧急事态外交高官热线平台"以及"中国—东盟国家海上联合搜救沙盘推演"等"早期收获"成果。

135. 中国始终坚持倡导各方在全面有效落实《宣言》框架下，积极推进"南海行为准则"磋商，争取在协商一致基础上早日达成"准则"。为在"准则"最终达成前妥善管控海上风险，中国提议探讨制定"海上风险管控预防性措施"，并获得东盟国家一致认同。

（五）关于南海航行自由和安全

136. 中国一贯致力于维护各国根据国际法所享有的航行和飞越自由，维护海上通道的安全。

137. 南海拥有众多重要的航行通道，有关航道也是中国对外贸易和能源进口的主要通道之一，保障南海航行和飞越自由，维护南海海上通道的安全对中国十分重要。长期以来，中国致力于和东盟国家共同保障南海航道的畅通和安全，并做出重大贡献。各国在南海依据国际法享有的航行和飞越自由不存在任何问题。

138. 中国积极提供国际公共产品，通过各项能力建设，努力向国际社会提供包括导航助航、搜寻救助、海况和气象预报等方面的服务，以保障和促进南海海上航行通道的安全。

139. 中国主张，有关各方在南海行使航行和飞越自由时，应充分尊重沿岸国的主权和安全利益，并遵守沿岸国按照《公约》规定和其他国际法规则制定的法律和规章。

（六）关于共同维护南海和平稳定

140. 中国主张，南海和平稳定应由中国和东盟国家共同维护。

141. 中国坚持走和平发展道路，坚持防御性的国防政策，坚持互信、互利、平等、协作的新安全观，坚持与邻为善、以邻为伴的周边外交方针和睦邻、安邻、富邻的周边外交政策，践行亲、诚、惠、容周边外交理念。中国是维护南海和平稳定、推动南海合作和发展的坚定力量。中国致力于深化周边睦邻友好，积极推动与周边国家以及东盟等地区组织的务实合作，实现互利共赢。

142. 南海既是沟通中国与周边国家的桥梁，也是中国与周边国家和平、友好、合作和发展的纽带。南海和平稳定与地区国家的安全、发展和繁荣息息相关，与地区各国人民的福祉息息相关。实现南海地区的和平稳定和繁荣发展是中国和东盟国家的共同愿望和共同责任，符合各国的共同利益。

143. 中国愿继续为此做出不懈努力。

中国和东盟国家外交部长关于全面有效落实《南海各方行为宣言》的联合声明

我们，中国和东盟国家外长，于2016年7月25日在老挝万象举行会晤，

认识到维护南海的和平与稳定符合中国与东盟国家以及国际社会的基本利益；

重申2002年《南海各方行为宣言》是具有里程碑意义，展现了各方依据《联合国宪章》以及包括1982年《联合国海洋法公约》在内的公认国际法原则，共同维护地区和平稳定、增进互信和信心的共同承诺；

重申《宣言》在维护地区和平稳定中发挥的重要作用；

承诺全面有效完整落实《宣言》，并在协商一致的基础上实质性推动早日达成"南海行为准则"；

忆及2012年第15届中国东盟峰会关于《宣言》十周年纪念的联合声明；

鉴此，谨做出如下声明：

一、各方重申尊重并承诺，包括1982年《联合国海洋法公约》在内的公认的国际法原则所规定的在南海的航行及飞越自由。

二、有关各方承诺根据公认的国际法原则，包括1982年《联合国海洋法公约》，由直接有关的主权国家通过友好磋商和谈判，以和平方式解决它们的领土和管辖权争议，而不诉诸武力或以武力相威胁。

三、各方承诺保持自我克制，不采取使争议复杂化、扩大化和影响和平与稳定的行动，包括不在现无人居住的岛、礁、滩、沙或其他自然构造上采取居住的行动，并以建设性的方式处理它们的分歧。

四、各方可在包括航行安全、搜救、海洋科研、环境保护以及打击海上跨国犯罪等各领域探讨或开展合作。

五、各方鼓励其他国家尊重《宣言》所包含的原则。

六、有关各方重申制定"南海行为准则"将进一步促进本地区和平与稳定，并同意在各方协商一致的基础上，朝最终达成该目标而努力。

中华人民共和国和缅甸联邦共和国联合新闻稿

（2016年8月20日）

1. 应中华人民共和国国务院总理李克强邀请，缅甸联邦共和国国务资政昂山素季于2016年8月17日至21日对华进行正式访问。访问期间，习近平主席会见了昂山素季国务资政。李克强总理同昂山素季国务资政举行会谈。张德江委员长同昂山素季国务资政举行会见。双方就传承中缅传统友谊、推进新时期中缅全面战略合作伙伴关系深入交换意见，达成重要共识。

2. 双方高度评价中缅"胞波"情谊，作为和平共处五项原则的共同倡导者，始终秉持上述精神，推动双边关系在相互尊重、相互信赖、平等互利的基础上取得长足发展。双方表示将继续奉行睦邻友好政策，优先发展双边关系，提升两国人民福祉，推进两国的稳定发展。双方重申将以两国人民利益为重，从战略高度和长远角度出发，推动中缅全面战略合作伙伴关系不断取得新进展。

3. 双方同意保持高层密切接触传统，加强战略沟通，深化治国理政经验交流，进一步密切各层级特别是政党与民间的友好交往与合作。

4. 双方同意加强边境地区的法制化管理，加强经贸合作和各种形式的友好交往，促进两国边境地区民生改善。

5. 双方同意进一步密切在联合国等多边场合的协调，在气候变化、自然灾害和传染病防控等涉及发展中国家诉求和挑战的全球性议题上保持密切协作。

6. 缅方欢迎中方倡导的"一带一路"和孟中印缅经济走廊合作倡议。双方将继续用好经贸联合委员会、农业合作委员会、电力合作委员会等政府间合作机制，加强经贸、农业、水利、电力、产能、金融等各领域互利合作。

7. 中方赞赏缅甸政府推进民族和解、改善民生的施政理念和政策举措，支持缅甸政治转型，走符合本国国情的全面包容性发展道路，确保民族和解与和平，促进经济发展，保持社会和谐。中方愿继续为缅甸经济社会发展提供力所能及的帮助，并愿采取具体措施支持缅方改善民生的努力。缅方对中方为缅甸经济社会发展提供支持深表感谢。缅方愿同中国政府加强合作，进一步促进贸易和投资，创造就业，减少贫困，帮助缅实现公平公正发展。缅方重申坚持一个中国原则，在台湾、涉藏、涉疆问题上理解并支持中方立场。

8. 双方同意进一步加强合作，确保边境地区和平稳定。中方支持缅方通过政治对话实现国内和平与民族和解。缅方感谢中方发挥积极建设性作用，支持缅方推进民族和解与和平进程的努力。

9. 昂山素季国务资政转达了廷觉总统对习近平主席的诚挚邀请，请习近平主席对缅进行国事访问。习近平主席表示感谢。

10. 昂山素季国务资政对李克强总理和中国政府在访问期间给予她及代表团的热情欢迎和高规格接待表示诚挚感谢，邀请李克强总理在双方方便的时候尽早访问缅甸。李克强总理表示感谢。

第19次中国—东盟领导人会议暨中国—东盟建立对话关系25周年纪念峰会联合声明

——迈向更加紧密的中国—东盟战略伙伴关系

（2016年9月8日）

我们，中华人民共和国和东南亚国家联盟成员国的国家元首/政府首脑，于2016年9月7日相聚在老挝万象，举行第19次中国—东盟领导人会议暨中国—东盟建立对话关系25周年纪念峰会；

满意地回顾过去25年来中国—东盟对话关系取得的进展及各领域合作成果；

认识到中国—东盟关系是最富内涵、最具活力的关系之一，不仅使双方获益，而且为地区和平、稳定和繁荣做出了贡献；

重申中方支持东盟一体化进程及东盟实现《东盟2025：携手前行》目标的努力，包括缩小发展差距、加强东盟互联互通、维护东盟在地区架构演变中的中心地位，具有重要意义；

重申《联合国宪章》《东盟宪章》《东南亚友好合作条约》

《在全球国家共同体中的东盟共同体巴厘宣言》(《巴厘协调一致第三宣言》)、和平共处五项原则、《东亚峰会互利关系原则宣言》及公认的国际法中的原则、共同价值观和标准将继续指导中国—东盟对话关系和友好合作;

重申根据国际法和互不干涉别国内政原则,相互尊重彼此独立、主权和领土完整;致力于促进地区和平与稳定;

重申《南海各方行为宣言》具有里程碑意义,展现了各方依据《联合国宪章》以及包括1982年《联合国海洋法公约》在内的公认国际法原则,共同维护地区和平稳定、增进互信和信心的共同承诺;

欢迎双方共同庆祝中国—东盟建立对话关系25周年举办的系列纪念活动;

特此同意以下内容:

一、我们致力于通过全面有效执行《落实中国—东盟面向和平与繁荣的战略伙伴关系联合宣言行动计划(2016~2020)》等进一步促进中国—东盟战略伙伴关系,以实现互利发展。

二、中国欢迎东盟共同体建成,重申支持东盟一体化进程,支持东盟在区域架构中的中心地位。中国欢迎2017年东盟成立50周年。

三、东盟重申中国发展对本地区是重要机遇,支持中国和平发展。东盟注意到中方提出的“一带一路”和“2+7”合作框架等倡议。东盟国家将一如既往地坚持一个中国政策。

四、我们将继续加强对话和合作,加强相互理解和友谊,利用东盟防长扩大会(ADMMPLUS)、东盟地区论坛(ARF)及其他现有合作框架和机制,促进防务交流与安全合作,解决共同的安全问题,包括应对恐怖主义、跨国犯罪等非传统安全挑战,维护地区和平与稳定。

五、我们欢迎《中国和东盟国家外交部长关于全面有效落实〈南海各方行为宣言〉的联合声明》于2016年7月25日在老挝万象通过。我们重申尊重并承诺,包括1982年《联合国海洋法公约》在内的公认的国际法原则所规定的在南海的航行及飞越自由;承诺根据公认的国际法原则,包括1982年《联合国海洋法公约》,由直接相关的主权国家通过友好磋商和谈判,以和平方式解决它们的领土和管辖权争议,而不诉诸武力或以武力相威胁。我们承诺保持自我克制,不采取使争议复杂化、扩大化和影响和平与稳定的行动。

六、我们承诺全面有效完整落实《南海各方行为宣言》,并在协商一致的基础上实质性推动早日达成“南海行为准则”。我们也欢迎形成《中国与东盟国家应对海上紧急事态外交高官热线平台指导方针》,并通过《中国与东盟国家关于在南海适用〈海上意外相遇规则〉的联合声明》。

七、我们致力于通过全面有效实施中国—东盟自贸协定和《中华人民共和国与东南亚国家联盟关于修订〈中国—东盟全面经济合作框架协议〉及项下部分协议的议定书》,进一步深化和扩展互利经贸合作。我们双方将携手努力,尽早达成现代、全面、高质量和互利的区域全面经济伙伴关系协定(RCEP)。我们还欢迎会议通过《中国—东盟产能合作联合声明》。

八、我们将继续加强互联互通领域互利合作,包括通过能力建设和资源配置,实现《东盟互联互通总体规划2025》。通过整合《东盟互联互通总体规划2025》与中方提出的“一带一路”倡议的共同优先领域,探讨加强双方互联互通合作方式,并鼓励相关多边金融机构积极参与。

九、我们对中国—东盟教育交流年活动进展感到满意,包括第九届中国—东盟教育交流周、第二届中国—东盟教育部长圆桌会和“第二届中国—东盟青年交流访问:教育与领导力”等活动的成功举办,愿拓展双方教育交流与合作。

十、我们欢迎将2017年确定为“中国—东盟旅游合作年”,期待中国与东盟加强合作,开展一系列活动,促进双方人员往来。

十一、我们将继续深化在环境保护、可持续发展、土地和水资源管理、生物多样性保护等领域合作,应对跨境挑战。我们将在国际气候变化及其他与环境相关谈判中加强对话合作。

十二、我们重申致力于支持和帮助东盟缩小内部发展差距的努力,包括落实《东盟一体化倡议第三份工作计划》。

十三、我们欢迎澜沧江—湄公河合作首次领导人会议于2016年3月23日在中国三亚成功举行。我们也欢迎在现有湄公河次区域合作机制,如澜湄合作、大湄公河次区域经济合作、东盟—湄公河流域开发合作及其他相关次区域合作框架下加强合作,以支持缩小地区发展差距。

十四、我们重申加强对东亚区域合作的承诺,愿就建设包容、基于规则的区域架构继续保持对话与协调。

中国—东盟产能合作联合声明

(2016年9月8日)

我们,中华人民共和国与东盟国家领导人在老挝万象举行的第19次中国—东盟领导人会议暨中国—东盟建立对话关系25周年纪念峰会上;

重申2015年11月21日在马来西亚吉隆坡举行的第18次中国—东盟领导人会议主席声明中阐述的中国与东盟之间紧密经济关系和更大区域经济一体化的重要性;

一致认为中国与东盟经济交往取得迅速、全面、显著发展,双方已成为重要经济合作伙伴,为开展产能合作奠定了坚实基础;

注意到中国和东盟在基础设施发展和工业化加速等方面至关重要的需求,双方可通过产能合作进一步加强中国—东盟经贸关系,提振双方业界的信心和积极性;

认识到中国和东盟在实现经济社会可持续发展方面均面临挑战,双方具有互补性比较优势,扩大交流合作的潜力巨大。双方将继续完善和提升各自国家和区域工业产能。

我们在平等互利的基础上:

一、鼓励以商业原则为主导的产能合作,通过产业升级推动经济发展,使双方产业的生产和需求相匹配,实现可持续发展和共同繁荣;

二、重点推动在双方具有比较优势的行业领域开展符合各自优先发展方向和发展水平的合作;

三、认识到能力建设的重要性,根据东盟各成员国产能实践的不同需求,提供必要的相互支持;

四、确认企业在开展合作中的主导作用,以市场为导向,按照商业原则和国际惯例以及所在地法律法规开展贸易、投资、工程承包、经贸合作园区等具体合作;

五、支持通过促进相关政策信息交流,为产能合作营造良好的商业和投资环境;

六、鼓励发挥智库、学术伙伴等研究机构的积极作用，共同开展产能合作研究并提供符合各方国家利益的政策建议。

中华人民共和国和老挝人民民主共和国联合公报

一、应老挝人民民主共和国政府总理通伦·西苏里邀请，中华人民共和国国务院总理李克强于2016年9月8日至9日对老挝进行正式访问。

访问期间，李克强总理会见老挝人民革命党中央总书记、国家主席本扬，同通伦总理举行会谈，并会见国会主席巴妮。双方通报了各自国内形势，就进一步发展新时期中老关系及共同关心的问题深入交换意见，达成重要共识。

二、双方回顾并高度评价建交55年来双边关系的发展，一致认为在两党和两国政府指导关心和双方共同努力下，两国务实合作成果丰硕，在地区国际事务中保持密切配合，不仅给两国人民带来了实实在在的利益，也为促进地区和世界的和平、稳定、发展与繁荣做出了积极贡献。

三、双方一致认为，中老两国都坚持社会主义道路，具有共同理想信念和奋斗目标。面对当前复杂多变的地区和国际形势，双方将继续坚持“长期稳定、睦邻友好、彼此信赖、全面合作”方针和“好邻居、好朋友、好同志、好伙伴”精神，进一步巩固政治互信、扩大互利合作、深化人文交流、加强多边协调，把中老关系不断推向新的高度。

四、双方同意加强高层交往和战略沟通，通过双边互访、年度会晤、多边场合会见等灵活多样的方式，就双边关系和共同关心的重大问题及时交换意见。双方将深化治国理政经验交流，继续办好两党理论研讨会，加强党政干部培训合作，促进对口部门交流合作。

五、双方决定加快中国“一带一路”倡议、“十三五”规划同老挝“变陆锁国为陆联国”战略、“八五”规划的有效对接，制定并实施好共同推进“一带一路”建设合作规划纲要，切实推进产能与投资合作，发挥中老两国政府经济和技术合作规划的作用。中方愿协助老方制定经济发展专项规划，继续为老挝实现经济社会可持续发展提供力所能及的帮助。

双方将继续积极推进中老铁路项目，同意加快前期准备，实现年内全面施工，同时扎实做好各项保障工作，确保项目建设和运营顺利进行。双方将密切配合，建设好磨憨—磨丁经济合作区和万象赛色塔综合开发区。

双方同意进一步密切贸易往来，提升贸易规模和水平。加强海关、质检等职能部门合作，提高口岸通关便利化程度，为双边贸易创造更多便利条件。继续发挥好中老经贸合作委员会、中国云南—老挝北部合作工作组等机制作用，进一步密切边境省份交流与合作。

双方将落实好已达成共识的项目，积极推进万象玛霍索医院现代化升级改造、边境公路和通关口岸设施、国家会议中心宴会厅以及援建老挝10所学校等项目。

双方同意发挥互补优势，不断提升在基础设施、农林、能源、交通、通信等领域合作水平，继续做好中老卫星、电力开发等大项目建设和运营，探索在金融监管、生态建设、新能源开发、农业投资与技术交流等领域合作。

六、双方同意扩大在教育、文化、卫生、体育、旅游等人文领域交流合作，不断增进两国人民相互了解和友好感情。双方将围绕两国重点合作领域和大项目，推进职业教育合作。中方将向老方提供更多中国政府奖学金名额，继续与老方开展青年志愿者交流，共同培养中老传统友谊接班人。老方将继续支持老挝中国文化中心、老挝国立大学孔子学院等机构运作，把两国友好带入基层。

七、双方将加强两军各层级互访、人员培训、军事训练、政治工作等领域合作，进一步深化两军合作。双方同意，加强执法安全合作，建立两国公安部部级会晤机制，深化国内安全保卫、境外追逃追赃、打击跨国犯罪、湄公河流域执法安全合作等领域合作，支持对方维护各自国家安全和社会稳定，采取有效措施，切实保护好对方在本国的人员、机构和重大建设项目安全。

八、老方重申将继续支持中国政府为捍卫国家主权和领土完整所做的一切努力，坚定奉行一个中国政策，支持两岸关系和平发展与中国统一大业，坚决反对任何形式的“台独”分裂活动。中方对此表示感谢，重申尊重老挝的独立、主权和领土完整，支持老方维护国内安全稳定，全面推进革新开放事业。

九、双方对两国在国际和地区事务中的合作表示满意，同意通过外交合作机制渠道，加强会晤和沟通协调，继续在涉及各自重要利益问题上保持密切、及时和有效沟通，相互予以有力支持。同时加强在联合国、东亚合作、澜沧江—湄公河合作、亚欧会议等多边框架内的协调与配合。

老方祝贺中方成功主办二十国集团领导人杭州峰会，感谢中方为老方当好东盟轮值主席国提供的帮助和支持，赞赏中方为世界经济增长和次区域发展做出的积极贡献。中方祝贺老方成功主办东亚合作系列会议，出色履行2016年东盟轮值主席国职责，高度评价老方为推动中国—东盟关系和东亚合作发挥的重要作用。

十、访问期间，双方签署了《关于编制共同推进“一带一路”建设合作规划纲要的谅解备忘录》《关于确认并共同推动产能与投资合作重点项目的协议》《关于共同编制老挝电力、中老铁路沿线综合开发、旅游等重点领域经济发展专项规划合作框架协议》《经济和技术合作规划补充协议》《关于开展国内安全执法领域情报信息交流合作的谅解备忘录》《关于修缮和保护在老中国烈士陵园的协定》《2016年至2018年文化合作执行计划》《关于通关便利化合作的安排》《双边银行监管合作谅解备忘录》等合作文件。

十一、双方一致认为，李克强总理此次访问取得了圆满成功，对进一步巩固中老传统友好、深化新时期全面战略合作做出了重要贡献，对促进地区和世界的和平、稳定与发展发挥了重要作用。

十二、李克强总理代表中国政府和人民，感谢老挝政府和人民给予的热情友好接待，邀请通伦总理在方便时访华。通伦总理对此表示感谢并愉快地接受了邀请。

2016年9月9日于万象

中越联合公报

一、应中华人民共和国国务院总理李克强邀请，越南社会主义共和国政府总理阮春福于2016年9月10日至15日对中国进行正式访问。

访问期间，中共中央总书记、国家主席习近平会见阮春福总理，国务院总理李克强同阮春福总理举行会谈，全国人大常委会委员长张德江、全国政协主席俞正声分别会见阮春福总理。双方在友好、坦诚的气氛中，相互通报了各自党和国家的情况，就新形势下进一步深化中越全面战略合作伙伴关系及共同关心的国际地区问题深入交换意见，达成广泛共识。除北京外，阮春福总理还出席了在南宁举行的第十三届中国—东盟博览会和中国—东盟商务与投资峰会，并访问了广西壮族自治区和香港特别行政区。

二、双方对两国经济社会发展取得的成就感到高兴。越方衷心祝愿中国党、政府和人民胜利实现建成富强民主文明和谐的社会主义现代化国家目标。中方衷心祝愿越南党、国家和人民胜利实现越共十二大提出的革新和社会主义建设事业的任务和目标，早日把越南建设成为民富、国强、民主、公平、文明的现代化工业国家。

三、双方认为，中越友谊是两党两国和两国人民的宝贵财富，应共同继承、维护和发扬好。在当前国际地区形势快速复杂演变的背景下，双方将坚持相互尊重，加强战略沟通，增进政治互信，深化互利合作，妥善管控和处理存在的分歧和出现的问题，推动中越全面战略合作伙伴关系持续健康稳定发展，给两国人民带来实实在在的利益，为促进地区和平稳定繁荣做出积极贡献。

四、双方同意通过灵活方式保持两党两国高层密切接触的传统，就双边关系的重大问题和国际地区形势及时交换意见，加强对中越关系发展的引领和指导。发挥好中越双边合作指导委员会在统筹推进落实两国高层共识方面的作用。有效落实2016~2020年阶段两党合作计划，加强治党治国经验交流，办好两党理论研讨会，执行好两党干部培训合作计划(2016~2020年)，加强两党中央部门和地方特别是边境省份党组织交流合作。加强中国全国人大和越南国会、中国全国政协和越南祖国阵线之间的友好交流合作。

五、双方同意继续加强外交、国防、安全和执法领域交流合作。用好双方现有合作机制和合作协议。落实好两国外交部合作议定书，保持两部领导经常交往和对口司局交流。加强两军和两国执法力量专业交流，举行北部湾联合巡逻和海上搜救、打击海盗和反恐方面的联合训练，防范和打击各类犯罪。落实好《中国海警局与越南海警司令部合作备忘录》，开展海上搜救合作，增加北部湾共同渔区渔业联合检查频次，按照中越海警第一次工作会晤达成的原则共识，妥善处理海上渔业突发事件，使之符合两国友好关系。

六、双方认为，两国经贸合作潜力较大。一段时间以来，越南对华贸易逆差初步改善。双方同意采取有效措施推动双边贸易投资经济合作持续健康稳定发展，以利于两国发展经济和改善民生。

(一)落实好《中越两国政府经贸合作五年发展规划延期和补充协议》，根据双方需求和利益尽早确定重点合作项目清单，继续完善合作机制，拓展合作领域，提升合作水平。

(二)发挥中越经贸合委会及相关合作机制的作用，采取切实措施进一步缓解两国贸易不平衡；落实好《农产品贸易领域合作谅解备忘录》，支持两国企业在尽快完成检验检疫准入工作后，开展包括大米、乳制品、经过加工的水果在内的农林水产合作；尽早批准和执行《边贸协定》(修订版)；本着平等互利、符合自身法律规定的原则，加快研究商定《跨境经济合作区建设共同总体方案》。中方鼓励中国企业扩大进口越南有竞争力的商品，继续为越南在华有关地方增设贸易促进机构创造便利条件。

(三)推进两国投资合作与战略对接。发挥基础设施合作工作组作用，积极研究并推动"两廊一圈"和"一带一路"框架下的互联互通合作项目；加紧制订老街—河内—海防标准轨铁路规划；支持双方企业加快解决有关合作项目遇到的困难和障碍；加强投资促进活动，鼓励中国企业投资符合越南可持续发展需要和战略的项目。

(四)加强货币与金融合作。落实好金融与货币合作工作组第二次会议后续工作，同时密切配合用好中国向越南提供的贷款和无偿援助。

七、进一步推动农业、环境、科技、交通运输等领域合作。积极推动落实海上渔业活动突发事件联系热线，就如何妥善处理相关问题保持沟通；加强在培育适应干旱和盐碱地条件的稻种和树种及造林方面的合作；开展好澜沧江—湄公河水资源可持续利用合作，做好跨境河流水文资料共享；落实好中越科技合作联委会第九次会议成果；积极研究和商签新的《国境铁路协定》；同时为双方航空合作提供便利。

八、扩大文化、教育、体育、旅游等领域合作。加强两国媒体交流；继续开展两国民间特别是年轻一代友好交流活动，办好年内在越南举行的第三届中越青年大联欢。

九、加强对两国地方特别是边境省区开展友好交流和互利合作的指导和支持；推动有关地方发挥好现有机制作用，扩大经贸、旅游、交通基础设施互联互通等重点领域合作；积极研究解决两国边境地区季节性务工问题。

十、双方同意继续发挥好中越陆地边界联合委员会作用，执行好两国陆地边界法律文件；加强管理工作，维护边境地区的社会秩序和安宁；继续推动边境口岸开放和升格，采取通关便利化措施，为两国边境地区发展创造有利条件。

十一、双方就海上问题坦诚深入交换意见，一致同意继续恪守两党两国领导人达成的重要共识和《关于指导解决中越海上问题基本原则协议》，用好中越政府边界谈判机制，寻求双方均能接受的基本和长久解决办法。

双方一致同意做好北部湾湾口外海域共同考察后续工作，稳步推进北部湾湾口外海域划界谈判并积极推进该海域的共同开发，继续推进海上共同开发磋商工作组工作，有效落实商定的海上低敏感领域合作项目。

双方一致同意继续全面、有效落实《南海各方行为宣言》(DOC)，在协商一致基础上，早日达成"南海行为准则"(COC)；管控好海上分歧，不采取使局势复杂化、争议扩大化的行动，维护南海和平稳定。

十二、越方重申奉行一个中国政策，支持两岸关系和平发展与中国统一大业，坚决反对任何形式的"台独"分裂活动。越南不同台湾发展任何官方关系。中方对此表示赞赏。

十三、双方同意继续加强在多边事务中的配合，共同维护地区乃至世界的和平、稳定与发展。中方支持越方成功主办2017年亚太经合组织领导人非正式会议；越方支持并愿积极参加在中国举办的国际会议。

十四、访问期间，双方签署了《中华人民共和国政府和越南社会主义共和国政府经贸合作五年发展规划延期和补充协议》《中华人民共和国政府和越南社会主义共和国政府边境贸易协定》(2016年修订)、《中华人民共和国国家发展和改革委员会与越南社会主义共和国工贸部关于产能合作项目清单的谅解备忘录》《中华人民共和国国家发展和改革委员会与越南社会主义共和国计划投资部关于共同制定陆上基础设施合作2016～2020年规划的谅解备忘录》《中华人民共和国教育部和越南社会主义共和国教育培训部2016～2020年教育交流协议》等合作文件。

十五、双方对阮春福总理访华取得的成果感到满意，一致认为此访对推动两国关系发展具有重要意义。阮春福总理对中国党、政府和人民所给予的热情和友好接待表示衷心感谢，郑重邀请李克强总理再次访问越南。李克强总理对此表示感谢。

2016年9月14日于北京

中华人民共和国和柬埔寨王国联合声明

一、应柬埔寨国王诺罗敦·西哈莫尼邀请，中华人民共和国主席习近平于2016年10月13日至14日对柬埔寨王国进行国事访问。访问期间，习近平主席分别会见了柬埔寨国王诺罗敦·西哈莫尼和首相洪森亲王。双方在亲切友好的气氛中，就新形势下进一步深化中柬全面战略合作伙伴关系及共同关心的国际地区问题深入交换意见，达成广泛共识。

二、双方对两国经济社会发展取得的成就感到高兴。中方衷心祝愿柬埔寨人民在维护政治稳定、促进经济发展、改善人民生活、提升国际地位等方面取得更加显著的成就。柬方衷心祝愿中国人民胜利实现“两个一百年”的奋斗目标，全面建成小康社会，把中国建成富强民主文明和谐的社会主义现代化国家，实现中华民族伟大复兴的中国梦。

三、双方认为，由毛泽东主席、周恩来总理等中国老一辈领导人和诺罗敦·西哈努克太皇陛下共同缔造和精心培育的中柬友谊历久弥坚，双方要共同维护和发扬好。在当前国际地区形势深刻复杂演变的背景下，双方将加强战略沟通，深化互利合作，不断丰富中柬全面战略合作伙伴关系内涵，更好地为两国人民谋福祉，为促进地区和世界的和平稳定与发展繁荣做出积极贡献。

四、双方同意保持高层密切互访和交往的良好传统，两国领导人将继续通过灵活多样的方式就双边关系的重大问题和国际地区形势及时交换意见，引领新时期中柬关系发展。加强政府、议会、政党和地方政府之间的交流与合作，深化治国理政经验交流，加强多层次沟通协调。发挥好中柬政府间协调委员会的作用，统筹协调和全面推进各领域务实合作。

五、双方同意继续加强外交、国防和执法安全领域交流合作。落实好两国外交部合作议定书和此访期间签署的关于加强新形势下合作的协议，密切各层次沟通协作。保持两军各层级团组交往，深化人员培训、军事训练、后勤装备等领域合作，加强多边安全事务协调。开展国内安全保卫、打击跨国犯罪、拐卖人口和电信诈骗、反恐、禁毒、打击走私、执法能力建设和案件协查等方面的合作，共同维护各自国家安全和地区和平稳定。

六、双方同意从战略高度重视和深化中柬发展合作，进一步深挖合作潜力，提升合作水平。

(一)双方高度评价中柬经贸合作取得的积极进展，同意加快中国“一带一路”倡议、“十三五”规划同柬埔寨“四角”战略、“2015～2025工业发展计划”的有效对接，制定并实施好共同推进“一带一路”建设合作规划纲要，落实好产能和投资合作谅解备忘录及产能与投资合作重点项目协议。

(二)双方将加强对双边经贸合作的统筹规划，进一步提升经贸合作规模和水平，采取措施扩大双边贸易规模，努力实现2017年双边贸易额50亿美元目标。

(三)中方将积极支持有实力、信誉好的中国企业在基础设施、能源、通信、农业、工业、旅游等重点领域与柬方加强合作，继续实施好西哈努克港经济特区等合作项目。

(四)中方愿继续为柬埔寨国家建设提供力所能及的帮助，促进柬方发展经济和改善民生，支持柬埔寨交通、能源、通信、农业、水利等基础设施建设。柬方感谢中方资金支持和有效投资。

七、双方同意进一步扩大农业、海洋、科技、教育、文化、卫生、旅游、民间交往等领域交流与合作。开好中柬农业合作指导委员会第二次会议。进一步加强海洋领域合作。中方将向柬方提供更多中国政府奖学金名额，为柬埔寨培训青年技术人才。柬方将继续为中国文化中心和孔子学院有效运转提供便利。中方将鼓励更多中国公民赴柬旅游。双方将加强青少年友好交往，培养中柬友好接班人，夯实两国友好的民意基础，使两国永做好邻居、好朋友、好兄弟、好伙伴。

八、双方认为，南海问题不是中国和东盟之间的问题，应由直接有关的主权国家通过友好磋商和谈判和平解决。中国和东盟国家应继续全面有效完整落实《南海各方行为宣言》，并在协商一致的基础上推动早日达成“南海行为准则”。积极推进南海务实合作，共同维护南海和平稳定，使南海成为和平之海、友谊之海、合作之海。

九、中方重申坚定支持柬埔寨王国政府维护国家主权和独立及维护政治稳定的努力。柬方重申继续坚定奉行一个中国政策，承认中华人民共和国政府是代表全中国的唯一合法政府，台湾是中国领土不可分割的一部分，反对任何形式的“台湾独立”，继续支持两岸关系和平发展和中国的和平统一大业。中方对柬方的理解和支持表示高度赞赏。

十、双方同意进一步加强在联合国、亚欧会议、东亚合作、澜沧江—湄公河合作等多边框架内的协调与配合，继续在涉及各自重大利益问题上保持密切、及时和有效沟通，相互予以有力支持。

柬方祝贺中方成功主办二十国集团领导人杭州峰会，赞赏中方为世界经济增长和次区域发展做出的积极贡献。中方高度评价柬方为推动中国—东盟关系和东亚合作发挥的重要作用。

十一、访问期间，双方签署了《中柬两国政府经济技术合作协定》《免除柬埔寨政府到期债务的协议》《关于实施中柬友谊医院大楼项目的立项换文》《关于编制共同推进“一带一路”建设合作规划纲要的谅解备忘录》《关于加强合作预防和打击拐卖人口的协定》《对所得避免双重征税和防止逃避税的协定》、两国外交部《关于加强新形势下合作的协议》《关于确认并共同推动产能与投资合作重点项目的协议》《关于开展国内安全执法领域情报信息交流合作的谅解备忘录》《关于监察领域合作的谅解备忘录》《关于开展中柬青年科学家交流计划的谅解备忘录》《关于联合开展水利项目合作谅解备忘录》《海洋领域合作谅解备忘录》《广播电视合作协议》等31份合作文件。

十二、双方一致认为，习近平主席对柬埔寨的国事访问取得圆满成功，进一步巩固了中柬传统友好，推动中柬全面战略合作伙伴关系迈上新台阶，具有重要里程碑意义。

习近平主席对西哈莫尼国王以及柬埔寨政府和兄弟的柬埔寨人民所给予的隆重、热情和友好接待表示衷心感谢，邀请西哈莫尼国王方便时再次访华，西哈莫尼国王对此表示感谢并愉快地接受了邀请。

2016年10月13日于金边

中华人民共和国与菲律宾共和国联合声明

（2016年10月21日）

一、应中华人民共和国主席习近平邀请，菲律宾共和国总统罗德里戈·罗亚·杜特尔特于2016年10月18日至21日对中华人民共和国进行了国事访问。

二、访问期间，习近平主席同杜特尔特总统在亲切友好气氛中进行了富有成果的会谈，就双边关系及共同关心的国际和地区问题深入交换了意见。国务院总理李克强、全国人大常委会委员长张德江分别与杜特尔特总统举行了会见。国务院副总理张高丽与杜特尔特总统共同出席了中菲经贸合作论坛开幕式并致辞。

三、双方认为，中菲人民之间传统友谊历史悠久。双方同意两国人民之间的相互理解和友谊至关重要，将共同致力于巩固两国人民之间的传统友谊。

四、双方同意自建交以来中菲关系发展顺利，在诸多合作领域取得显著进展，造福了两国和两国人民。

五、双方同意进一步丰富建立于相互尊重、真诚、平等和互惠互利原则基础上的双边关系，这也有利于本地区的和平、稳定与繁荣。

六、双方重申了1975年中菲建交公报及其他文件所包含的原则，其中包括通过和平方式解决争端的原则和菲方恪守一个中国政策。

七、双方重申了两国伙伴关系和对争取有益于两国人民的可持续发展、包容性增长的共同愿望，一致认为此访具有里程碑式意义，将为两国关系注入新动力，给两国人民带来实实在在的好处。双方将携手努力，推动两国致力于和平与发展的战略性合作关系健康稳定发展。

八、双方认为保持高层交往对促进双边关系全面发展具有重要意义。

九、双方欢迎访问期间签署的诸多合作协议和谅解备忘录（见附件）。

十、双方表达了在诸如教育、金融、海关、体育等其他领域签署合作协定和谅解备忘录的意愿。

十一、双方重申现有中菲双边对话机制对增进理解、拓展合作、增强双边关系的重要性，同意恢复两国外交磋商、领事磋商、经贸联委会、防务安全磋商、农业联委会、科技联委会及其他双边对话机制。

十二、双方愿鼓励两国高级别政府团组、地方政府、立法机构、政党、民间组织互访，增进沟通交流。

十三、菲方欢迎中方提议中国驻达沃总领馆将尽快开馆。双方将基于国际实践和互惠原则，并遵循1975年建交公报的原则对双边外交馆舍的最急迫问题优先做出妥善安排。

十四、双方认识到共同行动打击跨国犯罪的必要性，两国相关部门将根据共同认可的安排，加强在打击电信诈骗、网络诈骗、计算机犯罪、毒品贩卖、人口贩卖、濒危野生动植物及其制品走私等跨国犯罪方面的交流合作。

十五、双方反对任何形式的恐怖主义和暴力极端主义，将在包括信息交流、能力建设等方面进行合作，以共同防范和应对恐怖主义和暴力极端主义威胁。

十六、中方理解并支持菲政府致力于打击毒品犯罪的努力。双方认识到毒品问题给两国人民健康、安全和福祉构成严重威胁，同意加强信息共享，在打击毒品犯罪、预防教育、戒毒康复等方面分享知识技术。

十七、为加大禁毒行动力度，双方同意建立专案侦办和情报搜集领域的联合行动机制。菲方感谢中方在人员培训和捐赠毒品查缉检验设备等方面向菲禁毒工作提供援助。

十八、双方承诺根据公认的国际法原则，包括1982年《联合国海洋法公约》，加强两国海警部门间合作，应对南海人道主义、环境问题和海上紧急事件，如海上人员、财产安全问题和维护保护海洋环境等。

十九、双方同意继续探讨商签移管被判刑人条约。

二十、双方同意两军关系是两国关系重要组成部分。为增进互信，双方同意执行好《中菲防务合作谅解备忘录》，加强在人道主义援助、减灾、维和领域的交流合作。

二十一、双方一致认为双边经济合作发展强劲并仍存在增长空间。双方承诺将通过开展《关于加强双边贸易、投资和经济合作的谅解备忘录》框架下的活动发挥互补优势，不断促进贸易、投资和经济合作，加强两国在优先领域的经济关系。

二十二、双方认识到《中菲经贸合作五年发展规划（2011～2016年）》所取得的经济和社会成就，并通过签署《关于编制中菲经济合作发展规划的谅解备忘录》表达续签《发展规划》的承诺。

二十三、双方在减贫领域具有共同意愿，鉴此同意加强减贫实践交流和项目合作。

二十四、双方表达了在包括基础设施投资、基础设施项目建设、工业产能等领域共同开展务实合作的意愿。双方同意共同实施的基础设施合作需服从适当招标程序、透明度，符合两国相关国内法律法规和通行的国际实践。

二十五、双方将在优惠贷款、优惠出口买方信贷、债券、贷款、投资、证券及其他双方同意的如开发性专项贷款等领域加强金融合作。双方愿在亚投行和其他国际和地区银行框架下加强合作。

二十六、双方愿扩大双边贸易和投资本币结算，协调积极推进清迈倡议多边化等区域金融合作和双边本币互换安排。中方欢迎菲央行有意参与中国银行间债券市场。

二十七、双方承诺扩大在包括农业科技和基础设施、农业贸易、灌溉、适应和减缓气候变化、遵循动植物卫生标准等领域的合作。

二十八、双方同意加强在动植物检验检疫方面的合作，菲方欢迎中方宣布恢复相关菲企业对华出口香蕉、菠萝许可，将继续进口符合中方标准的设施包装的热蒸处理芒果。

二十九、双方愿共同努力，推动双方在优质杂交水稻种子、农业基础设施、农业机械、进一步发挥中菲农技中心作用及其他同意的领域的合作。中方承诺支持菲方遵照国内法律提升粮食生产能力、培训农业技术人员、发展农渔业和能力建设的努力。

三十、中方愿积极支持于紧急状态下在东盟与中日韩大米储备机制下向菲提供紧急粮食援助。

三十一、中方愿协助菲建立科研产业体系，帮助菲开展科技培训。双方愿探讨共建技术转移中心、联合实验室和科技资源共享平台的可能性。

三十二、双方认识到过去几年双向游客增长状况，注意到2017年“东盟—中国旅游合作年”的推动势头，同意设立旅游合作增长目标。双方愿鼓励本国公民赴对方国家旅游，探讨航空服务领域可能的增长点，鼓励双方航空公司在中国城市和菲律宾达沃及维萨亚、棉兰老地区城市间开设新航线，助力实现上述旅游合作增长目标。

三十三、双方鼓励两国大学间在研究、创新领域开展实质性交流，加强学术和产学研模式交流合作。中方愿在科学、技术、工程和数学领域对菲增加政府奖学金名额。

三十四、双方同意鼓励中国媒体同菲媒体包括“人民广播公司”开展人员互访、新闻产品互换、设备技术和培训等业务合作。中国新闻主管部门愿同菲总统府新闻部加强交流与合作。

三十五、双方表达了在两国省市间缔结更多友好省市关系的意愿，注意到这种安排将鼓励两国人民间增进了解，释放地方合作潜力。

三十六、双方同意在紧急援助和救灾领域开展合作。

三十七、双方重申推进落实《中菲文化合作协定2015年至2018年执行计划》的重要性，鼓励两国文化机构和团体加强互访。双方愿积极考虑在对方国家设立文化中心。

三十八、双方重视两国人员往来，注意到2017年是菲律宾苏禄苏丹访华600周年，愿举办相关纪念活动。

三十九、双方将探讨在包括信息科技、卫生、海关、研发、教育和其他领域的合作，使两国共同受益。

四十、双方就涉及南海的问题交换了看法。双方重申争议问题不是中菲双边关系的全部。双方就以适当方式处理南海争议的重要性交换了意见。双方重申维护及促进和平稳定、在南海的航行和飞越自由的重要性，根据包括《联合国宪章》和1982年《联合国海洋法公约》在内公认的国际法原则，不诉诸武力或以武力相威胁，由直接有关的主权国家通过友好磋商和谈判，以和平方式解决领土和管辖权争议。

四十一、双方回顾了2002年《南海各方行为宣言》和2016年7月25日于老挝万象通过的中国—东盟外长关于全面有效落实《宣言》的声明。双方承诺全面、有效落实《宣言》，愿共同努力在协商一致基础上早日达成“南海行为准则”。

四十二、双方同意继续商谈建立信任措施，提升互信和信心，并承诺在南海采取行动方面保持自我克制，以免使争议复杂化、扩大化和影响和平与稳定。鉴此，在作为其他机制的补充、不损及其他机制基础上，建立一个双边磋商机制是有益的，双方可就涉及南海的各自当前及其他关切进行定期磋商。双方同意探讨在其他领域开展合作。

四十三、中方支持菲担任2017年东盟轮值主席国。双方对过去25年来中国—东盟对话关系的发展感到满意，重申对地区架构中坚持东盟中心原则的承诺。中方重申支持东盟一体化、东盟共同体建设和东盟为实现“东盟2025：携手前行”愿景文件目标所作的努力。

四十四、双方同意进一步加强在联合国、东盟地区论坛、亚太经合组织、亚欧会议、世界贸易组织、联合国气候变化大会及其他地区和国际组织中的合作。

四十五、双方重申恪守《联合国宪章》宗旨中的主权平等、不干涉、不干预原则，强调共同致力于通过在双方均参与的主要人权机制中开展对话合作来保护和增进人权。

四十六、双方支持通过必要和合理的改革加强联合国的作用，并主张推动落实发展问题、维护发展中国家合法权益、加强发展中国家在国际事务中的发言权和代表性，应成为联合国包括安理会改革的重点，不断增强发展中国家在联合国决策过程中的作用。

四十七、杜特尔特总统对中方给予的热情接待表示感谢。杜特尔特总统邀请习近平主席在方便时访问菲律宾，习近平主席愉快地接受了邀请。杜特尔特总统也表示欢迎中方领导人出席2017年东亚合作领导人系列会议。

附件：

签署合作文件清单

一、《中国政府和菲律宾政府经济技术合作协定》

二、《中国国家发展改革委和菲律宾国家经济发展署关于开展产能与投资合作的谅解备忘录》

三、《中国国家发展改革委与菲律宾交通部、公共工程与公路部关于交通基础设施合作项目清单的谅解备忘录》

四、《中国商务部和菲律宾贸工部签署关于加强贸易、投资和经济合作的谅解备忘录》

五、《中国商务部和菲律宾国家经济发展署关于编制中菲经济合作发展规划的谅解备忘录》

六、《中国商务部和菲律宾财政部关于支持开展重大项目可行性研究的谅解备忘录》

七、《中国农业部与菲律宾农业部农业合作行动计划(2017～2019)》

八、《中国国新办和菲律宾总统府新闻部关于新闻、信息交流、培训和其他事宜的备忘录》

九、《中国质检总局和菲律宾农业部关于动植物检验检疫合作谅解备忘录》

十、《中国海警局和菲律宾海岸警卫队关于建立海警海上合作联合委员会的谅解备忘录》

十一、《中国国家旅游局和菲律宾旅游部旅游合作谅解备忘录执行计划(2017～2022)》

十二、《中国公安部禁毒局和菲律宾肃毒局合作议定书》

十三、《中国进出口银行和菲律宾财政部融资合作备忘录》

中华人民共和国和马来西亚联合新闻声明

一、应中华人民共和国国务院总理李克强邀请，马来西亚总理纳吉布于2016年10月31日至11月5日对中华人民共和国进行正式访问。

二、访问期间，中华人民共和国主席习近平会见了纳吉布总理，国务院总理李克强同纳吉布总理举行会谈，全国人大常委会委员长张德江同纳吉布总理举行会见。双方就推进中马全面战略伙伴关系以及共同关心的地区和国际问题深入交换意见。

三、双方认为，自1974年中马建交以来，两国保持经常性互访，将中马关系提升至新高度。过去42年来，两国在许多领域开展了重大合作。双方回顾了近期的高层互访，包括2013年习近平主席对马进行国事访问、2014年纳吉布总理正式访华和2015年11月李克强总理正式访马，认为上述访问进一步深化了两国真诚、友好的双边关系。

四、双方一致认为，中马关系正处于历史最高水平，将继续通过领导人、政府、政党和企业间经常性交流和互访予以加强。双方回顾并欢迎两国关系取得的成果，决心从政治、经济、社会发展及地区安全合作等各领域进一步提升和强化中马全面战略伙伴关系。

五、双方同意确保中马关系面向未来、富有活力、繁荣发展，以造福两国民众。

六、双方强调，相互信任和相互尊重是双边关系与合作的坚实基础，再次强调应坚持两国主权和领土完整原则。马方重申坚定奉行一个中国政策，支持两岸关系和平发展和中国和平统一。

七、双方欢迎2015年马来西亚驻南宁总领事馆、中国驻槟城总领事馆和中国驻哥打基纳巴卢总领事馆分别开馆，2016年马来西亚在西安设立总领事馆。两国互设领馆表明双方友好关系进一步发展。

八、马来西亚高度重视其作为中国政府2013年提出的丝绸之路经济带和21世纪海上丝绸之路（“一带一路”）倡议沿线重要国家的地位。

九、根据中方数据，2015年中马贸易总额为972.9亿美元，2016年1～8月双方贸易额为542.8亿美元。自2009年以来中国是马来西亚最大贸易伙伴，2015年中马贸易额占马外贸总额的15.8%。2008年以来马来西亚是中国在东盟最大的贸易伙伴。

十、双方通过联合进展报告确认了《经贸合作五年规划（2013～2017）》取得的成果。两国领导人坚信在频密的高层互访和重大倡议推动下，中马经贸合作未来将更加强劲。

十一、双方高度重视在马来西亚南部铁路项目上的合作，欢迎拟议中的马来西亚东海岸铁路项目，有意发掘潜力，就基础设施建设项目开展合作，从战略层面促进相关地区的互联互通，带来潜在经济发展机遇，推动经济社会发展。这将包括技术转移、人力资源开发、当地采购以及基建行业其他长期合作。

十二、双方期待进一步加强双边贸易、投资和经济交流，倡议之一是就两国政府《关于避免双重征税和防止偷税漏税协定》换函，确认两国国有企业的资质。

十三、双方认为，海港在地区基础设施发展中具有关键作用。双方将继续推动两国海港合作，支持中马港口联盟发展，实现21世纪海上丝绸之路的愿景。

十四、双方积极评价两国在打击电信犯罪、境外追逃、反恐等领域的合作成果，同意进一步加强执法安全和反恐合作，增进两国执法安全部门间的友好交往，为维护地区安全稳定做出积极贡献。

十五、双方乐见两国重签《防务合作谅解备忘录》，相信两国国防机构间持续逐步扩大交往、密切友好合作将进一步强化双边关系。双方认识到增进两国防务领域合作的重要性，欢迎中国国防科工局与马来西亚国防部签署《关于共同开发建造马海军滨海任务舰合作框架协议》。

十六、双方一致认为，旅游业为推动中马人员往来发挥着重要作用。自2016年3月马方实施电子签证和免签计划以来，赴马中国游客人数大幅增长。双方同意加强与航空公司和旅行机构联合营销，通过消费者展和网站做好推广，推动更多两国游客赴对方国家旅游，在民间层面增进中马传统友谊和理解。双方认识到，电子商务和网络营销在促进旅游业发展方面发挥着日益重要的作用。

十七、双方重申将加强并致力于实现两国更全面和互利的空中运输合作。

十八、双方欢迎两国续签《教育合作谅解备忘录》，此举将进一步加强并推动中马教育交流取得进展。厦门大学马来西亚分校是两国高等教育合作新的里程碑，将为当地社会培养亟需的优秀人才，深化中马两国友谊。

十九、双方将共同努力落实两国政府间《文化合作协定》和《2014年至2019年执行计划》，鼓励和支持双方文化机构和文化团组互访交流，共同支持在马设立中国文化中心。

二十、双方讨论了中国扩大进口马来西亚产品的前景。马来西亚希望扩大对华出口棕榈油，扩大马棕榈油在华市场份额。

二十一、双方愿通过签署《农业合作谅解备忘录》，提升包括农产品贸易在内的农业合作，促进农业投资，加强能力建设和农业科技交流。

二十二、双方相信，签署《马来西亚输华毛燕的检验检疫和兽医卫生条件议定书》将增强中国消费者对马来西亚农产品的信心，促进两国农业贸易。双方希望未来在符合检验检疫准入要求的前提下给予马来西亚农产品更多市场准入。

二十三、两国领导人赞赏中方支持东盟共同体建设，努力实现《东盟共同体愿景2025》，欢迎中国—东盟合作取得积极进展，欢迎中国和东盟庆祝建立对话关系25周年。双方还讨论了《落实中国—东盟面向和平与繁荣的战略伙伴关系联合宣言的行动计划（2016～2020）》的执行进展。

二十四、双方同意继续加强在东盟与中日韩（10+3）、东亚峰会（EAS）、东盟地区论坛（ARF）等区域合作机制中的协调与配合。

二十五、双方就南海局势发展交换了意见，强调维护南海和平、安全和稳定及各国根据国际法享有的航行与飞越自由的重要性。

二十六、双方强调各直接有关主权国家应根据包括1982年《联合国海洋法公约》在内的国际法原则，通过友好磋商和谈判以和平方式解决分歧。双方进一步强调各方应保持克制，避免采取使南海局势复杂化或紧张升级的行动。双方认为，不直接相关方介入有关争议无助于问题的解决。

二十七、双方将同其他东盟国家一道，努力确保《南海各方行为宣言》全面有效落实，推进“南海行为准则”磋商，争取早日在协商一致的基础上达成“准则”。

二十八、马来西亚担任联合国安理会非常任理事国期间，中方同马方开展了良好的建设性合作，共同履行了联合国安理会的职责。马方对此表示赞赏。

二十九、马方对此次正式访问期间中方给予纳吉布总理及马来西亚代表团的热情欢迎和友好接待表示诚挚感谢。

二〇一六年十一月三日于北京

越南—菲律宾联合声明

应越南国家主席陈大光的邀请，菲律宾总统罗德里戈·杜特尔特(Rodrigo Roa Duterte)从2016年9月28～29日对越南进行正式访问。双方发表联合声明，主要内容如下：

访越期间，罗德里戈·杜特尔特总统向越南烈士英雄纪念台敬献花圈；与越南国家主席陈大光举行会谈；礼节性拜会越共中央总书记阮富仲；会见政府总理阮春福；出席国家主席陈大光举行的国宴和会见越南企业代表等。两国领导人一致认为，两国40年来的友好、善意和互相信任的关系是进一步深化两国今后在双边和多边层面上的合作关系奠定稳固基础。两国领导人再次重申，两国于2015年11月建立战略伙伴关系旨在升级和加强两国双边关系，同时挖掘有利条件及追踪共同战略利益。

两国领导人一致同意加强各级和高层代表团互访，加强民间交流；保持双边各合作机制并有效开展所签署的协定，尤其是于2017年在菲律宾举行越菲双边合作委员会第九次会议；一致同意制定2017～2022年阶段行动计划，为在新关系层面框架中开展双方具有共同利益的领域指明方向。

两国领导对两国的贸易与投资合作关系呈现发展态势表示认可，并呼吁两国企业加强合作为提高双边贸易和投资金额做出贡献；为两国企业投入农业、食品加工、旅游服务、基础设施等潜力巨大的领域创造便利条件；考虑续签大米贸易协议和举行越菲贸易联合小组第二次会议。

两国领导人高度评价两国国防政策副部长级对话机制，建议双方共同寻找新措施进一步深化防务合作，符合战略伙伴关系愿景。双方一致同意促进所建立的海上合作机制，诸如菲律宾海岸警卫队与越南海警建立热线联系机制，同时采取措施保障两国渔民的安全以及友好解决海上突发事件。

两国领导一致同意在打击包括非法运输和贩卖毒品等的跨国犯罪的执法合作，同时尽早进行谈判并签署《引渡罪犯协定》《移交被判刑人员协定》等，旨在加强执法领域的合作。双方还就建立越南公安部和菲律宾国家安全委员会间安全对话机制达成一致；同时有效展开各合作机制及承诺，旨在进一步推进海洋与大洋合作，尤其是越菲混合委员会有关海洋合作的外交部副部长级机制和海洋合作法律专家小组等。双方一致同意加强水产领域的合作；考虑签署农水产食品安全与质量管理互认协议和教育合作备忘录等。

两国领导人承诺维持并促进地区，尤其是东海和平、安全、稳定和航行与飞越安全与自由以及贸易不受阻碍；呼吁有关各方保持克制、不使用武力或以武力相威胁，充分尊重法律和外交程序，在包括1982年《联合国海洋法公约》在内的国际法律基础上和平解决争端。双方再次强调支持充分和有效落实《东海各方行为宣言》(DOC)，尽早达成“东海行为准则”(COC)，同时再次强调各自国家对海牙常设仲裁庭对菲东海仲裁案做出最终裁决的立场。

两国领导人强调了维持地区和平、稳定与繁荣，通过有效和充分展开《2025年东盟愿景》，努力推动东盟共同体建设等的承诺。两位领导同时重申了努力推动东盟在地区架构中的核心作用。

两位领导高度评价两国在2017年地区合作论坛主题国的作用。据此，越南支持菲律宾完成东盟轮值主席国一职，菲律宾支持越南承办好2017年APEC峰会。两位领导希望双方在东盟峰会和APEC峰会里各级代表团互访。

（资料来源：越南通讯社）

柬老越发展三角区第九届峰会联合声明

柬老越发展三角区第九届峰会2016年11月23日在柬埔寨暹粒市举行。柬埔寨首相洪森、老挝总理通伦·西苏里、越南政府总理阮春福共同出席会议。

柬老越三国领导重申了有关柬老越发展三角区的可持续发展、扶贫济困、缩小区域间经济社会发展差距、提高区内人民的生活水平等方面的承诺；再次承诺将继续深化区域间国家友好团结、全面合作及睦邻友好的传统关系，进一步推动区域间国家的合作关系发展；与东盟其他国家密切合作，实施《2025年东盟共同体愿景》；对自2014年柬老越发展三角区第8届峰会所指定的“2010～2020年柬老越开发区经济社会发展的修改总体计划”的落实结果及其面临的挑战进行正确评估；充分挖掘三国的发展潜力及其优势，调集来自各国际组织及发展伙伴的金融及技术资源。

值此之际，柬老越发展三角区第九届峰会发表联合声明。

一、三国领导承诺将继续本着传统友好、相互了解、互相信任、全面合作的精神进一步推动柬老越发展三角区的合作关系发展。

二、三国领导对柬老越发展三角区协调委员会为落实“柬老越开发区经济社会发展的修改总体计划(2010～2020年)”所做出的努力以及2015年12月在老挝举行的三国协调委员会第十次会议及有关会议的良好成果给予高度评价。

三、三国领导对三国各部门、各行业对柬老越发展三角区各项活动的积极参与给予高度评价并表示，将继续举行更多类似活动，进一步深化三国人民和企业之间的合作关系。

四、三国领导对2015年12月7～11日在老挝举行的柬老越青年论坛、柬老越贸易旅游展览会、柬老越经贸旅游促进会议等活动所取得的成果表示高兴。三国领导一致同意，将鼓励国内企业及青年参加上述活动，进一步推动民间交流并促进区域经贸投资及旅游等领域的合作。

五、三国领导对分别于2015年9月28日在老挝占巴塞省首府巴色和2016年9月21日在越南庆和省芽庄市召开的柬老越国会国防安全委员会第二次和第三次会议所取得的结果表示欢迎。

六、三国领导再次强调了为柬老越发展三角区的投资商、游客和居民保障安全稳定环境的重要性。三国将携手打击毒品贩卖和人口拐卖、各种跨国犯罪、恐怖主义以及开展清除战争遗留地雷和未爆弹药的合作。

七、三国领导欢迎日本和其他发展伙伴继续协助三国推动发展三角区的发展，其中包括清除大湄公河地区的地雷和未爆弹药、残疾人帮扶及自然灾害应急卫生救援等领域。

八、三国领导再次强调全力以赴落实包括《大湄公河次区域便利客货跨境运输协定》(CBTA)在内的发展三角区各有关人员和货物流动的双边与多边协定的承诺。

九、2015年建成的东盟经济共同体已进一步促进货物、服务、投资和资本的流动。三国欢迎结束谈判并签署发展三角区贸易便利化协定；承诺将切实执行该协定，为实现发展三角区经贸与投资便利化以及缩小柬老越发展三角区和其他地区之间的差距等做出贡献。

十、三国欢迎2015年9月9日在越南平福省花芦—柬埔寨桔井省茶蓬国际口岸举行柬老越公路联运跨境线路开通仪式。

十一、三国领导欢迎2016年10月31日和11月1日在越南多农省举行的发展三角区第十一次高官会和相关会议所取得的结果。

十二、三国领导高度评价橡胶行业发展计划制定工作研究报告的结果，并责成越南农业与农村发展部，柬埔寨农林渔业部和老挝农业与林业部草拟橡胶行业发展计划并提交柬老越发展三角区第十届峰会审批。三国鼓励各有关机关和地方在制定橡胶行业发展计划时争取各发展伙伴的支持。

十三、三国再次重申了关于保护环境和有效利用自然资源，特别是水资源和林业资源的承诺，致力于各自国家和发展三角区的可持续发展。在此基础上，鼓励三国有关部委行业继续将环境与可持续发展相关问题纳入三国合作议程，制定有关水文气象、适应与减缓气候变化影响、水资源管理和地质学等领域的联合方案。

十四、三国领导充分意识到加大企业界对发展三角区发展的参与力度的必要性；责成联合协调委员会继续落实特殊优惠政策修订备忘录，以便为发展三角区营造便捷高效经营投资环境。

十五、三国强调了发展三角区的旅游发展潜力，尤其是生态旅游、社区旅游和文化旅游；鼓励推进出行和旅游便利化以及促进“三个国家一个目的地”的旅游计划；责成协调委员会与三国代表成立工作小组，制定发展三角区旅游业发展计划并提交柬老越发展三角区第十届会议审批。

十六、三国高度评价三国特别工作组在制定2030年前柬老越经济互联互通行动计划中所做出的巨大努力；责成联合协调委员会与三国有关机关配合完成经济互联互通行动计划并提交联合协调委员会第十一次会议审议通过。

十七、意识到三国在柬老越网站上更新信息的重要性，并责成各有关部门、行业和机关开展该网站技术改造升级。

十八、感谢各发展伙伴和国际金融组织为发展三角区的发展做出积极贡献；希望各发展伙伴和国际组织加大技术和资金支持，以助推发展三角区不断向前发展；同意加强柬老越在包括湄公河—日本在内的大湄公河次区域框架的合作。

十九、通过柬老越三国15个优先项目。

二十、同意2018年在越南召开柬老越发展三角区第十届峰会。

澜沧江—湄公河合作首次外长会联合新闻公报

一、2016年12月23日，澜沧江—湄公河合作（以下简称澜湄合作）第二次外长会在柬埔寨暹粒举行。柬埔寨国务兼外交国际合作部大臣布拉索昆、中国外交部部长王毅、老挝外交部部长沙伦赛、缅甸外交国务部部长觉丁、泰国外交部部长敦·帕马威奈、越南副总理兼外交部部长范平明出席会议。柬、中两国外长作为共同主席主持了会议。

二、外长们重点就落实澜湄合作首次领导人会议成果、推动澜湄合作向前发展深入交换意见并达成了广泛共识。

三、外长们高度赞赏澜湄合作首次领导人会议于2016年3月23日在中国海南省三亚市成功举行，正式启动澜湄合作机制，达成了一系列重要成果，并提出了诸多合作倡议。会议发表了《三亚宣言》《澜湄国家产能合作联合声明》，并通过了“早期收获项目联合清单”，为澜湄合作奠定了坚实基础，指明了前进方向。

四、外长们高兴地看到，根据首次领导人会议共识，澜湄合作已建立起包括领导人会议、外长会、高官会、工作组会在内的多层次、多领域机制架构；基于澜湄合作三大支柱及五个优先合作领域确立了“3+5合作框架”，即坚持政治安全、经济和可持续发展、社会人文三大支柱协调发展，在互联互通、产能、跨境经济、水资源、农业和减贫五大优先领域开展合作。

五、外长们满意地注意到，澜湄合作在行动，欢迎首次领导人会议成果落实取得显著成效，各领域合作得到加强。外长们审议通过了“首次领导人会议主要成果落实进展表”。

六、外长们注意到，互联互通、产能、水资源、农业、减贫等优先领域联合工作组已启动筹建进程。

七、外长们高兴地注意到，早期收获项目正得到积极落实，部分项目已经完成，此外还开展了其他领域一些交流与合作项目，获得了积极成果，这充分体现了澜湄合作务实性和高效性。

八、外长们高度赞赏中方提出设立澜湄合作专项基金并提供其他融资安排，欢迎中方启动基金申请程序，期待基金为促进六国之间友好交流与合作发挥积极作用，给六国人民带来福祉。

九、外长们一致同意加强澜湄合作顶层设计和长远规划，指示高官们和工作组探讨制定澜湄合作五年行动计划，保持澜湄合作的可持续发展和旺盛生命力。

十、外长们呼吁加强澜湄合作机制建设，强调外交部门有必要发挥对澜湄合作的统筹协调和指导作用，同意在各国外交部内建立澜湄合作协调机构/国家秘书处，以有效协调各领域合作，跟进项目落实，确保澜湄合作不断向前发展。

十一、外长们审议通过了“澜湄合作优先领域联合工作组筹建原则”，对工作组宗旨、组成、工作范畴、会议模式、汇报机制等进行规范，并期待六国有关优先领域部门参照上述原则尽快组建联合工作组并投入运作。

十二、外长们鼓励各国领域部门加强沟通、协调和协商，落实好早期收获项目，使之惠及各国民众，同时根据合作项目遴选原则适时启动第二批合作项目征集工作。

十三、外长们重申澜湄合作应遵循协商一致、平等相待、相互协商和协调、自愿参与、共建、共享的原则，尊重《联合国宪章》和国际法，将秉持开放包容精神，与东盟共同体建设优先领域和中国—东盟合作全面对接，与湄公河现有次区域合作机制相互补充，协调发展。

十四、外长们强调，要进一步推动落实首次领导人会议成果，在“领导人引领、全方位覆盖、各部门参与”的架构下，按照政府引导、多方参与、项目为本的模式运作，共同打造面向和平与繁荣的澜湄国家命运共同体。

十五、外长们感谢东道国柬埔寨对各国代表团的盛情款待和为此次会议所做的周到安排。 （张磊搜集整理）

重要论文和研究报告

“一带一路”与东盟经济共同体

赵　洪

中国国家主席习近平2013年访问哈萨克斯坦和印度尼西亚时，分别提出建设“丝绸之路经济带”和“21世纪海上丝绸之路”的倡议（统称“一带一路”），其基本思路是要以基础设施投资建设为依托，带动与沿线国家在贸易、投资、金融、文化交流等方面的合作。如果从周边外交视野来看，海上丝绸之路涵盖的主要是周边和大周边国家，包括东南亚、南亚和西亚国家；从周边外交定位来看，海上丝绸之路也应该包括朝鲜、日本、俄罗斯东部以及南太平洋国家。如果从周边外交的边界来看，“21世纪海上丝绸之路”还扩展至非洲东部和北部，并可以延伸到大西洋以及周边海域，甚至一切与海上通道与贸易相关的区域都可以成为新的海上丝路建设范围。

“一带一路”倡议最初是针对周边邻近国家提出的，服务于中国的外交战略调整。东南亚是中国周边外交的重点之一，是中国“一带一路”倡议的重要合作者。中国政府在2015年3月正式发布了“一带一路”建设的主要原则和发展重点，提出“一带一路”应与当地国家经济发展和民生项目需求“对接”。2016年9月11日，中国国务院副总理张高丽在广西南宁举行的第十三届中国—东盟博览会上进一步指出：“中方愿与东盟从战略高度和长远角度审视双方关系，扩大共识与合作，共建21世纪海上丝绸之路，共筑更紧密的中国—东盟命运共同体。”但对东盟来说，更为迫切和现实的问题还是，中国及其各种倡议怎样才能帮助东盟成员国实现它们的发展目标，即“一带一路”怎样才能与东盟经济共同体的发展战略和愿景实现有效对接。

一、关于“一带一路”的争论

“一带一路”倡议提出以后，国内外学术界的讨论主要集中在两个方面：一是“一带一路”是否是中国的大战略？不少国外学者担心中国要借此实现自己的“一己之利”，实现“中华民族的伟大复兴”。如韩国学者 Lee Jong Wha 就认为，“中国正在利用其不断增强的实力改变全球经济秩序”。美国学者 David Arase 则认为，“中国正在利用其大国地位主导亚洲”；“中国试图通过实施‘一带一路’这一地缘经济与政治安排，诱导所有周边国家加入经济上严重依赖中国的命运共同体”。“丝绸之路恰恰反映中国试图创建一个以中国为中心、尽管十分开放的亚洲秩序”。在日本学者看来，中国的“一带一路”是地缘战略工具，意在重构中国为“宗主国”、周边国家为“进贡国”的现代版东亚进贡体系。显然这种解读更多是着眼于国际政治和安全层面。

二是质疑“一带一路”是否是中国版的“马歇尔计划”？这种观点认为，新马歇尔计划的主要目的是通过大规模的对外基础设施投资来减少外汇储备；扩大出口国内的过剩产能和商品；推动人民币国际化。“‘一带一路’具有重要的经济和地缘政治意涵，鉴于当前中国国内所面临的经济挑战，前者显然更为重要”，输出过剩产能、推动人民币国际化是该构想的主要目的。虽然这种解读主要集中在经济和贸易层面，但其落脚点还是担心“中国会利用经济利益和资金力量，诱导周边国家进入一种更深层次的全方位合作‘陷阱’”，最终迫使周边小国认同其某种价值观和地区发展愿景。

不少中国学者也将“一带一路”视为中国的大战略，起码是针对美国扼制中国崛起的“再平衡”战略的反应。北京大学的王缉思是第一个提出中国应该重新激活通往东南亚和中亚的两条古代丝绸之路的学者。2012年，他就提出为避免与美国在亚太地区的正面冲突，中国应选择向中国西面的广袤地带“西进”，尽管他不认为他提出这一概念是针对美国的“再平衡战略”。薛力认为“一带一路”的一个重要目标就是缓冲美国“再平衡”战略的负面效应。白高则认为，“如果美国继续推行建立将中国排除在外的‘富人俱乐部’，将迫使中国建立另一个平行乃至竞争的世界秩序”。

但多数中国学者并不认同“一带一路”是针对美国的战略安排，也不认为是对美国“再平衡”战略的某种反应，而是一种新型的区域合作模式。如果说“一带一路”是大战略的话，“中国只将之看成是经济意义上的大战略，是中国向西发展、进一步对外开放的大战略”。“一带一路”倡议的重心是促进互联互通建设，“通过基础设施建设加强经济合作与发展，可算是中国政府在国际经济政策领域的一个贡献”。朴光姬和王玉主则从建立区域经济合作新机制的角度分析“一带一路”的发展目标。从当前的全球经济形势来看，在国际贸易方面，自2011年起全球贸易增长率出现连续5年低于全球经济增速，而在金融危机前，全球贸易增速通常为全球经济增速的两倍左右。在国际投资方面，全球外国直接投资继2009年下降40%后，2014年再度萎缩16%。由于全球贸易增长乏力、投资活动萎缩，要求亚洲国家创新区域经济合作模式，“需要以基础设施联通为主要手段重新构建区域经济关系，为构建新的区域增长机制寻找新的主导路径”。“传统的从自贸区建设开始的一体化模式并不适应内部经济发展水平差异巨大、地缘上分散隔绝的亚洲”，而“互联互通一体化模式是亚洲一体化的一条出路”。

的确，虽然美国主导的TPP（跨太平洋伙伴协议）可能帮助亚洲成员国实现经济增长，但从区域经济一体化的角度看，TPP并不能帮助东亚形成一个相对独立的区域增长机制，反而有加快东亚区域一体化分化的可能。RCEP（区域全面经济伙伴协议）由东盟主导并得到其他成员国的支持。但东盟毕竟市场规模有限，在推动东亚向新的区域增长机制转变上能力不足、实力不够。而且，TPP与RCEP是以达成贸易投资政策让步为主要动力，追求统一的内部合作机制为最终目标。与此不同，“一带一路”倡议是一种开放的、多元的和灵活合作模式，“它不追求统一的制度安排，也不要求主权让步，更不产生军事部署”。总之，“一带一路”是要创新区域经济合作机制，以基础设施互联互通为主要手段来激活区域经济新增长，实现共同发展。

二、东南亚在“一带一路”倡议中的地位

在改革开放后很长一段时期，中国主要推行以“经济建设为中心”的周边外交政策，外交工作服务于经济建设，为经济发展争取有利的周边外部环境。这种外交战略为中国的对外开放和国内经济的高速发展提供了较为稳定的周边安全环境。近年来，随着中国经济实力的上升和周边政治、安全形势的变化，中国在周边地区原有的“以经促政”的战略效

果开始下降。例如,“东盟国家对在经济和贸易领域过分依赖中国日益表现出担心,中国与东盟经济合作的边际效益正在逐步递减。”在这种情况下,中国需要转变“经济导向”的思维,平衡周边国家对中国的经济与安全诉求。为此,中国在2013年10月召开了新中国成立以来最高级别的“周边外交工作座谈会”,习近平提出要:“突出周边在我国发展大局和外交全局中的重要作用”,提出要“同有关国家共同努力,加快基础设施互联互通,建设好丝绸之路经济带、21世纪海上丝绸之路”。同月,李克强在中国—东盟“10+1”领导人会议上提出了全方位的“2+7合作框架”,并表示这是中国新一届政府对未来中国—东盟关系发展的政策宣言。2013年11月召开的十八届三中全会通过了《关于全面深化改革若干重大问题的决议》,确立“以周边为基础、加快实施自由贸易区战略”的方针,并提出“建立开发性金融机构,加快同周边国家和区域基础设施互联互通建设,推进丝绸之路经济带、海上丝绸之路建设,形成全方位开放新格局”。中国外交部副部长张业遂在2014年则表示,“一带一路”将是持续亚洲整体振兴的两大翅膀,有助于连接中亚、南亚、东南亚、西亚乃至欧洲的部分区域。

因此,可以说“一带一路”最初是围绕邻近周边国家提出的,服务于中国的周边外交政策调整以及内陆、沿边地区的对外开放。“尽管受到古代丝绸之路历史概念的启示,并且‘一带一路’的终端都指向欧洲,但倡议本身更体现出中国要凸显对邻近周边地区的重视和以积极有为的举措强化周边外交的意愿。”

事实上,“一带一路”所着重强调的互联互通和基础设施建设并非全新的概念。改善中国与东南亚国家之间交通设施、推进互联互通发展,十余年前就已是中国对东盟外交的一个重要内容。例如,自20世纪初,云南和广西就把与东南亚国家间的互联互通作为区域发展的重点,并分别提出了“大通道”和“泛北部湾经济区”发展战略。在当前“一带一路”倡议的总体框架下,中国在东南亚的基础设施投资发展的长期目标,包括修建长达4500~5500千米的连接中国与东南亚的泛亚铁路网。这一铁路网包括中线、西线和南线,从中国云南穿越老挝、泰国、缅甸和马来西亚,最后抵达新加坡。2015年8月,在马来西亚举行的第48届东盟外长会议上,中国外交部部长王毅提议设立澜沧江—湄公河对话合作机制,并称中国将“帮助缩小东盟内部发展差距,并为东盟共同体建设提供更大援助”;2016年9月11日,张高丽在广西南宁举行的第13届中国—东盟博览会上则提到,“中国将坚定发展同东盟的友好合作,坚定支持东盟共同体建设,支持东盟在国际地区事务中发展更大作用”。显然,中国将东盟视为“一带一路”倡议的主要合作者。

与此同时,东南亚的基础设施发展已经在很大程度上成为“一带一路”的主要受益者,因为中国企业2015年对外投资的17%都集中在这一地区,亚投行的首批贷款项目也已落户印尼。一些东盟国家,包括柬埔寨、老挝、泰国和文莱都对“一带一路”倡议做出了积极回应,并将各自的互联互通工程项目置于“一带一路”发展大框架之下。

2014年5月,柬埔寨首相洪森会见习近平时发表声明,对海上丝绸之路倡议表示全力支持。老挝是东盟国家唯一的内陆国,多山缺路是老挝经济发展的一大障碍。正在实施的为期5年的中国—老挝铁路项目,直接将使老挝由“陆锁国”变成“陆联国”,从而让老挝丰富的自然资源走向世界,更让老挝成为中国—东盟合作的重要陆地枢纽。考虑到泰国在连接东南亚海、陆地理位置上的特殊地位,中国希望泰国成为“海上丝路”的支点。与此同时,文莱与中国广西正在建立“文莱—广西经济走廊”,计划在清真食品、生物创新产业方面进行合作,为文莱与中国之间建立直接联系,促进“海上丝路”倡议的实施。印尼作为东南亚最大的国家,与中国提出的海上丝绸之路有共同的利益和看法。2014年10月,印尼总统佐科在就职演讲中宣誓要重建印尼海洋大国的地位,并在10年内将印尼发展成全球的海洋中心,连接印度洋和太平洋的重要枢纽地带。今后几年,印尼政府将在国内重点把库拉坦姜港和比通港建成东西两个航运辐射中心,并投资78亿美元重点发展北苏门答腊、雅加达、南苏拉威西和巴布亚港口。此外,印尼政府还将大规模修建连接首都雅加达至各主要城市的高速铁路、公路。尽管印尼政府声称不会只依靠一两个国家的资金和技术来完成这些建设项目,但也为中资企业提供了参与竞争合作的机会。

三、东盟面临的挑战

东盟共同体是东盟在2003年东盟峰会上确立的长远发展目标,包括3个支柱,即东盟经济共同体,政治安全共同体和社会文化共同体,其中尤以经济共同体最为重要。2015年11月,东盟在东盟经济共同体2015发展蓝图的基础上,公布了《东盟经济共同体2025年愿景》,其愿景是“建设一个深度一体化、具有高度凝聚力的东盟经济体”,“提升东盟在全球经济领域中的角色和地位。”但就目前情况而言,东盟要实现这些目标仍然面临不少困难和挑战。

首先,东盟需缩小成员国间的发展差距。东南亚地区经济发展水平高度不平衡,并且差异极大。新加坡是以服务业为主的国家,文莱以石油生产和出口为主,马来西亚是个正在高速工业化的国家,泰国、越南主要以农产品出口为主,印尼和菲律宾则是粮食净进口国,而老挝和缅甸则仍处于农业社会。的确,不少分析人士都认为,由于这些发展差距和多样性的存在,东盟能否最终实现“单一市场”、具有全球竞争力,仍有很大的不确定性。例如,Kung就认为,“东盟团结和维持其中心地位的最大挑战不是其他问题,而是东盟内部的经济发展不平衡问题。”Sellier也认为,“由于成员国之间存在巨大的发展差距,加之缺乏稳定、有效的制度安排和相关机构来治理、整合东盟经济共同体内的各类市场,东盟作为一个经济体很有可能发展成相对分割(老东盟6国与新东盟4国)而不是一个一体化的整体市场。”

第二,东盟国家需在增长方式上创新。自20世纪80年代以来,多数东盟国家实行自由贸易、发展出口导向的外向型经济并逐渐融入全球经济,成为全球制造业供应链中的零配件重要生产基地。但东盟也因此而严重依赖欧美发达国家市场。例如,2007年金融危机之前,东盟国家对欧美的出口一直占其全部出口的30%以上,之后虽有所下降,但仍保持在25%左右。鉴于当前全球经济不景气和欧美出现的贸易保护主义抬头的趋势及TPP面临困境,美国等西方国家很难在进一步开放国内市场方面做出更大让步,东南亚地区原有的基于工业生产链和出口贸易为主的经济增长模式正面临挑战。包括东盟国家在内的亚洲国家,需要创新经济发展方式,寻找一条更加适合亚洲国家的区域合作模式。

第三,东盟需要强化在东亚区域经济合作中的领导地位。东盟自20世纪90年代初开始参与引领东亚区域经济一体化事务，通过APEC论坛推动各国开展经济对话，也通过东盟地区论坛和东盟防长扩大会议，促进地区政治安全讨论。东盟作为一个区域组织，还通过10+3机制推动中、日、韩之间的交流与合作，并通过10+1机制加强与中国的对话与合作。但自20世纪90年代末，尤其是2010年以来，随着东亚区域合作模式的改变，东盟作为东亚区域合作领导者的动力似乎在减弱，其中心地位在下降。虽然东盟国家致力于建设东盟共同体来维持其中心地位，但外界始终怀疑这个共同体能否像其他一体化组织那样，形成高度的"同质性、统一性、内聚性、机制性和整体性"，东盟自己的专家也有类似的担忧。

应该说，导致东盟区域合作中心地位趋弱的原因是多方面的，其中包括中国更为积极有为地参与区域和全球经济合作，以及南海主权争端产生的分歧等。但东盟卷入中美竞争也是导致"东盟分裂"的重要因素。自美国2009年实施"亚太再平衡"战略、主导TPP谈判以来，东盟逐渐分化成TPP谈判参与国和非谈判参与国两个阵营，这在很大程度上削弱了东盟的领导力和号召力。由于TPP是个高标准、严要求的FTA，很难满足东盟不同国家多样化的需求。相反，它还可能导致扩大TPP参与国和非参与国之间在经济对外开放和发展模式上的差距，对东盟一体化进程产生复杂的影响。而且，"TPP设计的目标是以APEC为框架的自贸区，而东盟部分成员国不是APEC成员，因此即使TPP最后扩大到APEC范围，也不会包括一个完整的东盟，东盟显然不能指望在这个框架内发挥中心作用。"

由于东盟国家在实现东盟经济共同体愿景上面临以上的挑战，东盟领导人有必要超越目前所实施的一体化措施，这些措施主要还局限在东盟经济共同体2015年愿景所强调的消减关税壁垒、修建基础设施等。也正因为此，东盟经济共同体2025年愿景强调，在区域经济一体化上，东盟不应只重视货物和资本的自由流动，更应重视更高层次上的合作，包括政策协调和创新经济增长模式。从这个意义上说，东盟更应该通过"一带一路"倡议及其他区域合作框架（包括TPP、RCEP），进一步融入中国经济及其他大国经济发展之中，以更好地参与地区和全球经济治理。这种融入与互动有助于促进东盟作为一个富有竞争力的经济体的发展和崛起。

四、"一带一路"怎样与东盟经济共同体对接？

在过去几年有关"一带一路"的讨论中，出现了不少与政策有关的新概念。"对接"就是其中之一。例如，在最近的中俄关系中，有"中国的丝绸之路经济带与俄罗斯主导的欧亚经济联盟对接"；在中欧关系中，有"'一带一路'与欧洲战略投资计划对接"；在中印关系中，则有"'一带一路'与印度的'季风项目''香料之路'对接"。显然，"对接"是与中国的对外贸易、投资及外交政策有关的概念，在很大程度上反映出中国政府对"一带一路"倡议的政策调整与改变。

"一带一路"倡议在2013年提出后，经历了国内外学术界和政策制定者的深入讨论、互动和调整的过程。2015年3月28日，中国外交部、发改委和商务部联合公布的"推动共建丝绸之路经济带与21世纪海上丝绸之路的愿景与行动"正式文件，标志着相关政策措施的重大调整。"愿景与行动"公布的"一带一路"的合作重点是，实现沿线国家之间的"政策沟通、设施联通、资金融通、民心相通"，并"要坚持共商、共建、共享原则，积极推进沿线国家发展战略的相互对接"。可见，"愿景与行动"的一个重要内容是实现"一带一路"倡议与沿线国家的发展战略和投资规划相对接，具有现实意义。"对接"强调的是政策沟通、协调与合作，它可以"化解中国的'一带一路'与别国或者国家集团的类似战略或者政策的冲突，并与别国或者国家集团的类似计划进行合作。"

无疑，"一带一路"倡议与东盟经济共同体的发展战略对接与合作具有重要意义，这既是过去中国—东盟经济合作发展的结果，又是未来双边经贸关系进一步发展的方向，更是东盟经济共同体发展的新动力。在中国官方文件中，"对接"意味着中国首先提出"倡议""呼吁"，再由其他国家做出相应的回应并对合作项目和机会做出评估，共同对有关的政策或计划进行沟通、协调和修正，是一个双方积极互动的过程。

具体而言，"一带一路"与东盟经济共同体发展战略对接，可在国家和区域两个层面进行。在国家层面上，中国可与东盟单个国家就产能合作、项目投资加强政策协调。东盟国家正在积极推进工业化和城镇化，对外来资金、设备、技术有迫切需求。中国具有向柬、老、缅、越4国转移部分优质产能的潜力，中国政府也将此作为既能化解国内产能过剩，同时又能满足东南亚地区对投资和技术的需求的有效途径。只有当这些国家需要乃至于依赖中国庞大的消费市场时，"一带一路"才具有生命力并可持续发展。从目前的情况来看，在与一些东盟国家层面的对接与合作已有明显成效，无论是中老铁路、中泰铁路项目的启动建设，还是中马"两国双园"，中泰、中柬、中越、中老、中印尼等多个产业园的合作开发，都实现了与当地发展项目和市场需求的有效对接，实现了中国的产能优势与当地的人力、资源优势互补。现在更重要的是，中国要更多地"消化"这些国家日益增长的工业生产能力，鼓励其制造业发展。中国还应加强与其他东盟国家的政策沟通与合作，确定哪些产业属于它们急需投资发展的民生项目，哪些属于它们需要自身投资培育发展的基础工业。

在地区层面上，"一带一路"可与东盟经济共同体发展愿景进行对接与互补。"一带一路"的重点是促进中国与欧亚之间的跨地区、跨大陆的互联互通。"一带一路"可与东盟经济共同体2025愿景中"提升互联互通、加强部门合作"的发展方案相对接。为了缩小各成员国发展差距，东盟愿景提出了若干项发展规划，包括"东盟一体化大计划""东盟互联互通总体规划"等。东盟互联互通协调委员会（旨在协调和监督东盟互联互通总体规划的有效实施）与中国的对应部门——中国—东盟互联互通合作委员会中方工作委员会，曾就互联互通建设问题举行过若干次会晤，双方还同意定期举办会议并继续开展协商，以期在基础设施技术转移和人员培训方面扩大项目融资渠道、增强合作。中国还希望同东盟进一步共同探讨制定未来东亚和亚洲互联互通规划，推动区域互联互通水平迈上新台阶。

东盟10国发展水平差距较大，区域内高物流运输成本是阻碍物资流动、区域间均衡发展的重要因素。2014年世界经济论坛发布的各国物流效率显示，东南亚国家除了新加坡和马来西亚，其余国家在港口等基础设施方面均排名较后，其中越南、老挝和柬埔寨都排在100名之后。东盟在2010年就发布了东盟互联互通发展规划，将基础设施投资作为近期发展的重点，提出要充分利用国外资本，来推动区内的基础设施建设。根据亚洲开发银行预测，2010～2020年间，亚洲国家至少需要8万亿美元的资金用于国家基础设施投资，另外2900亿美元用于地区间道路交通建设。亚行的研究还认为，同期东南亚的基础设施领域至少需要投资1.2万亿美元，国际能源局(IEA)则预测今后20年东南亚需要对能源、基础设施的投资为2.5万亿美元。

但需要指出的是，"一带一路"与东盟经济共同体的对接，不仅仅是一个投资和基础设施建设问题，更应包括宏观政策(包括经济发展、金融合作与全球治理)沟通与协调。尽管"一带一路"具有潜在的重大地缘经济和地缘政治影响，但总体上仍是一个以经济为主、文化为辅的倡议，在实质推进过程中与东盟的政治和安全议题关系不大。从发展中国—东盟关系、推动其成为一个全球性的东盟角度来看，宏观经济政策协调和区域合作模式创新尤为重要。从这个意义上来说，中国希望东盟作为一个组织能就"一带一路"倡议尽快达成一致的立场，同中国在区域合作模式及地区、全球治理问题上实现更多的政策协调与互动合作。

五、"一带一路"与RCEP

RCEP是东盟领导人在2011年举行的第19届东盟峰会上提出的区域合作倡议，其目的是要建立一个通过设定贸易规则由东盟来主导的区域经济合作框架。事实上，RCEP可以看成是中国主张的东亚自贸区和日本主张的东亚全面经济伙伴关系相妥协的产物。王玉主认为，东盟推动RCEP主要有3个动因：一是超越"10+3"和"10+6"的竞争给东亚合作进程造成的"刹车效应"；二是要通过整合目前5个"10+1"自贸区，解决东亚合作中存在的"碗面效应"；三是要进一步加强东盟在区域合作中的"中心地位"，其中又以强化东盟的中心地位最为重要。

东盟的中心地位是1997年亚洲金融危机后、东亚推行"10+3"机制过程中逐渐形成的。通过推动"10+3"合作机制，东盟创立了一个东亚区域合作的功能性平台，东盟的这一功能性作用由于随后签订、实施了更多的"10+1"自贸区协议而得到进一步加强。目前仍在谈判的RCEP则可能为东盟提供另一个更有效的平台，东盟也可据此进一步发挥它的"中心地位"的作用，绕过中日战略竞争的"死结"，推动东亚区域一体化进程。正是由于东亚特殊的大国竞争格局，东盟作为一个小国组织才得以通过"大国平衡战略"，建立一个以东盟为中心的区域合作框架。由于中日两国各自持有不同的地区秩序愿景，它们之间的结构性矛盾和战略性竞争还会继续，东亚区域合作中还难以出现一个能够替代东盟领导角色的组织或国家。相反，东亚地区不断加强的大国竞争，还会强化东盟的中心地位这一趋势。

但东盟要维持这一"功能性的中心地位"并成为东亚区域合作的真正推动者，还需进一步提升其内部整合程度，扩大市场规模、提高自身能力。同时，还要加强与主要伙伴国的合作，共同维持和创新区域合作框架及思路。也正因为此，东盟经济共同体2025年愿景提出了要将东盟发展成"一个具有竞争力、创造力和充满活力的一体化经济体"，"维持东盟作为东亚区域经济一体化进程中的中心地位和推动者的作用。"

"一带一路"被视为是一种新型区域经济合作模式，无疑会给东盟经济共同体注入新的活力和动力。"互联互通一体化模式是亚洲一体化的一条出路"，从短期看，基础设施投资对当地经济具有较强的"外溢效应"。根据Syadullah的计算，在亚洲每1美元的基础设施投资，就可以带动3~4美元的对其他相关部门的投资；对基础设施的每10亿美元投资，可以创造18000个就业机会。更重要的是，"一带一路"还会产生长期的宏观经济效应，而柬、老、缅、越4国作为发展中国家，将是主要的受益国，因为"区域基础设施的联通可以使它们融入范围更广的区域增长机制，并有可能在其中获得相对稳定和明确的区域分工位置，据此加速其工业化进程，提升在全球价值链中的地位。"从这个意义上说，"一带一路"对提升东盟竞争力、维持其在东亚区域经济合作中主导地位、促进东盟成为一个全球的东盟具有重要意义。

从目前情况看，"一带一路"与东南亚的发展战略对接，在国家层面上进展得比较顺利，多个项目都是在双边合作的框架下开展的。当然这也在一定程度上引发了东盟内部的担忧，中国在这种由经济实力推动的双边合作中必然占据主导优势，是否会左右一些东盟成员尤其是弱小国家的未来政策走向，从而引起东盟内部的分化。从这个意义上说，"一带一路"在给东盟国家带来利益的同时，有可能会弱化东盟内部凝聚力和保持共识的原则，从而影响到它自身的一体化战略和区域中心地位。但这也说明，东盟应该就如何应对"一带一路"倡议尽快达成共识，在"一带一路"推进过程中与中国发挥互动作用，使其朝着更加有利于加强东盟建设的方向发展。

"一带一路"倡议的最初提出是为中国调整周边外交战略服务的，是为进一步发展中国与东南亚周边国家互联互通服务的。"一带一路"概念经历了不断清晰和深化的进程，从单纯的基础设施互联互通，到"政策沟通、设施联通、资金融通、民心相通"；从"邀请"有关国家参加进来，到强调与当地经济发展和投资项目对接，"与沿线国家一道，不断充实完善'一带一路'的合作内容和方式，共同制定时间表、路线图，积极对接沿线国家发展和区域规划。"无疑，"一带一路"是促进中国与周边国家经济一体化发展的一种新模式、新思路，将为中国与东盟国家创造更大的合作潜力和发展空间，使双方出现更加紧密联系的新的可能。

中国目前是东盟最大的贸易伙伴，东盟则是中国的第三大贸易伙伴，双方还完成了自贸区升级版谈判，合作潜力巨大。要保持中国—东盟关系这种良好发展势头，促进"一带一路"倡议与东盟经济共同体发展愿景实现有效对接，除了加强在国家层面上的基础设施投资和产能合作对接和互补，更要加强与东盟组织层面上的政策对接与协调，尽管这在目前看来还有一定困难。这首先需要东盟方面对"一带一路"倡议达成一致意见，以便协调宏观政策、创新区域合作思路、共同参与地区金融安排和全球治理，逐渐形成良性互动机制。这种良性互动机制能为东盟经济共同体的未来发展带来新的活力和推动力，并使新阶段的中国—东盟关系更具有全球性的战略意义。

(作者系新加坡尤索夫东南亚研究院访问高级研究员，原载《南洋问题研究》2016年第4期)

建设东盟共同体与中国—东盟合作和发展

M.苏普诺玛尼著　陈红升译

中国与东盟加强经济伙伴关系合作是双方密切经济关系的一大成就。过去10年间，中国与东盟开展一系列交流与合作，促进相互了解，为双方建立互利共赢的经济伙伴关系打下坚实的基础。双方关系不只以区域倡议为基础,东盟各成员国还为加强与中国的双边关系提出了各种双边合作倡议。

《中国—东盟全面经济合作框架协议》及其《货物贸易协议》《服务贸易协议》《投资协议》为双方全面开发合作潜能和互利共赢协作提供了制度框架基础,尤其是中国—东盟自由贸易区的建立,为扩大区域贸易与投资注入强大的动力,为企业寻求新的贸易与投资机会提供机遇。

一、中国—东盟贸易与投资合作现状

过去10年间,中国与东盟贸易额年均增长22%,从1991年的79.6亿美元激增到2015年的4720亿美元。进出口贸易显著增长,中国已连续4年成为东盟最大的贸易伙伴国,东盟也成为中国第三大贸易伙伴。双方计划在2020年实现双边贸易额达到1万亿美元的目标。中国与东盟还互为重要的投资者。2015年,中国流入东盟的直接投资额达82亿美元,成为东盟第四大外国直接投资来源地。中国已经是部分东盟国家如老挝、缅甸、柬埔寨的最大外国投资来源地。从长远看,中国对东盟的投资有望进一步增长,成为双边关系的重要组成部分。中国—东盟自由贸易区升级版框架下的中国与东盟投资协议有望进一步便利化区域内的投资流动。中国对东盟国家的投资主要集中于电力、天然气、供水、路桥等基础设施建设以及矿产开发、制造业、租赁及商业服务、金融服务等。

二、中国—东盟近期关于双方合作的倡议

中国—东盟近期主要合作倡议有:中国—东盟自由贸易区升级版、"一带一路"以及东盟经济共同体成立。这些倡议为中国与东盟开创新一轮经济合作、迈向更全面的战略伙伴关系、确保双方经济合作长远利益,提供强大的制度和政策保障。

(一)中国—东盟自由贸易区升级版

中国—东盟自由贸易区升级版谈判成果文件——《中华人民共和国与东南亚国家联盟关于修订〈中国—东盟全面经济合作框架协议〉及项下部分协议的议定书》(以下简称《议定书》)2015年11月21日在第18次中国—东盟10+1领导人会议上正式签署。《议定书》将有助于进一步扩大和深化双方的经贸与投资合作,符合双方把中国—东盟自由贸易区打造成为更有利于应对区域和全球挑战的合作机制的共同意愿。在中国—东盟自由贸易区升级版建设背景下,双方计划在2020年分别实现双边贸易与投资额1万亿美元和1500亿美元的目标。《议定书》还将通过更好的货物和服务贸易渠道、投资、产业竞争力提升、技术转移等方式增加贸易与投资机会。中国与东盟还在《议定书》对协调统一海关手续、标准化计量、降低非关税壁垒、放开原产地规则等贸易便利化方式、共同促进区域贸易与投资方面达成了共识。

总体来说,中国—东盟自由贸易区是一个巨大而不断扩展的经济空间,拥有19亿消费者市场和6万亿美元的国内生产总值,《议定书》的签订将给本区域带来更多的机遇。中国与东盟的货物出口贸易约占世界的16%,进口货物贸易约占12%。中国本身就是个大市场,已成为仅次于美国的世界第二大经济体。中国经济增长率长期保持高速增长,中等收入群体在2025年有望达到5.2亿人,高端产品购买力强。进出口方面,中国已成为世界最大出口国和第二大进口国。更为重要的是,中国在构建世界和区域生产网络和供应链方面发挥着重要作用。另一方面,东盟也是拥有5.9亿人口、2.5万亿美元GDP的巨大市场,2025年东盟中产阶级规模将有望达到3亿人。

(二)"一带一路"倡议

"一带一路"倡议为中国与东盟经济一体化进程注入了新的动力,"一带一路"倡议及其广泛的跨区域对接意味着重大的发展机遇。为保持区域发展动力,中国与东盟正积极推动区域经济一体化进程和区域互联互通(在硬件和软件两方面)建设。在这个背景下,"一带一路"倡议的潜在附带效益就更为显著。"一带一路"倡议将给一些领域带来重大机遇,如资源开发、贸易与投资、产业合作、金融一体化、基础设施、通信建设等。只有硬件基础设施互联互通水平得到改善,区域经济一体化才能不断深化。亦即说,中国与东盟在基础设施建设领域的合作努力对深化区域经济一体化来说至关重要。

亚洲基础设施投资银行的成立以及中国—东盟投资合作基金、丝路基金的设立无疑将给区域内道路、港口、电力及其他基础设施建设带来新的动力。中国为"一带一路"项目投入大量的资金和资源,"一带一路"倡议要成功推进,需要企业间从小型贸易投资到大型基础设施建设的全方位合作。此外,"一带一路"合作的设计与实施还必须以和平、合作、开放、包容、相互学习和双赢为原则。

(三)东盟经济共同体(AEC)

东盟经济共同体建成于2015年年底。值得一提的是,东盟从1977年起就开始推动经济一体化。1992年,东盟自由贸易区的建立成为进一步深化一体化进程的里程碑。2007年,《东盟经济共同体蓝图》的出台标志着东盟更全面的一体化进程的开始。东盟经济一体化显然不是一蹴而就而是逐步实现的过程。

东盟经济共同体旨在把东盟建设成为一个单一市场和单一生产基地,一个具有较高竞争力的经济体,一个经济公平发展的区域和一个全面融入全球经济的区域。

在单一市场和单一生产基地方面,东盟已大力实施关税减让,开放服务贸易,消除各种投资限制,努力加快推动金融市场一体化进程,并推动各种互联互通倡议的落实,推动建设单一航空市场、单一海运市场,推动跨境能源、信息通信技术、食品安全、保健、交通及其他经济领域的合作。

各种东盟合作倡议有望促进生产效率提高,吸引更多投资并扩大出口。东盟制造业的相对竞争力及新近不断提升的服务业竞争力成为东盟吸引投资的重要动力。所有这些积极因素将进一步促进东盟国家包括最不发达国家的经济发展,加快经济增长步伐,使东盟成为亚洲经济的增长极。

当前,东盟整体GDP已超过230亿美元,域内资源丰富,东盟正日益成为世界经济最活跃的区域之一。未来5年东盟GDP预计将保持5.5%~6.5%的增长率,东盟超过6.3亿消费者的巨大市场将成为其未来经济增长的有力支撑。对贸易伙伴和投资者来说,一个更加融合的东盟意味着更多的机遇。随着东盟内部经济联系的不断加强,东盟企业也加强了与主要贸易伙伴包括中国的经济联系。

以上三大倡议对中国与东盟长久的经贸合作将起到积极的作用,双方必须制定出台适当的政策和策略作为支持,充分利用这些倡议,促进结构多样化、贸易生产和产业发展,包括双方的产业结构重组。在此背景下,双方应优先关注基础设施建设方面的合作。

三、中国与东盟进一步加强合作面临的机遇

目前,中国与东盟已做好准备,力争扩大和深化双方在贸易、投资与发展关键战略领域的合作。双方资源、技能、实力、智力等禀赋各异,可通过合作协同,实现共享和发展。长期以来,中国与东盟在不同领域里开展了大量能力建设项目,但在协同增效方面仍有待全面提高和利用,以实现区域互利共赢和发展。

中国与东盟各自吸引区域与全球大型企业对一些关键产业和服务领域的投资。双方可以以此为基础,扩大合作,在做大区域市场的同时将之延伸至世界各地。虽然双方贸易结构相似,但若相互协作、增强互补性,双方贸易规模仍有扩大的潜力。中国与东盟可通过专业化生产,提高贸易与产业中一些战略领域的核心竞争力,进一步增强贸易关系。目前仍局限于各自国内市场的实体企业应着手谋划集团合作,把单个企业的力量汇聚到一起,形成集体竞争力。

在区域供应链、生产、分配网络建设方面,中国与东盟也存在着合作的空间和潜力。东盟各国资源禀赋和经济发展水平差异本身就是一个潜力,可吸引东盟内部或中国的投资。东盟目前拥有整个生产链的资源和能力以及众多可以吸引投资的产业,包括资源型产业、制造业、油气业以及保健、旅游、物流等服务业和基础设施建设等。中国与东盟可以在以下具体领域进一步加强合作。

(一)产业合作

有必要通过劳动力分工和专业化供应能力建设来促进产业方面的合作。多数国家尤其是东盟国家的产业和出口结构单一、技能水平较低,这些因素制约了东盟国家参与区域内不断拓展的产业内贸易和生产网络。中国与东盟有必要开展产业合作,重点加强劳动力分工和不同产品的专业化生产,提高相互间的产业互补性,从而提高产品供应能力。劳动力分工和专业化生产应以动态竞争优势为原则,这样双方才能取得共同效益。中国与东盟还可以在制造业升级方面紧密合作,调整产业结构使之适应生产网络和市场的发展并从中受益。产业合作不能单靠市场的作用,需要区域内各国政府适当的政策支持,包括合作、协调、和谐发展及相关产业政策支持,帮助企业培育动态竞争优势。

(二)技术升级

中国与东盟在技术和技能方面也应加强合作,尤其是那些在产业结构升级和制造生产中需要研发和技术支持的企业之间的合作。技能、资金、技术资源落后等问题使东盟国家无法在各个领域同时实施大规模的研发。中国在这方面比东盟条件优越,可以帮助东盟国家提升技术水平。技术升级改造、企业培训与孵化活动对区域内欠发达经济体来说更加紧迫和富有挑战性。

(三)发展中小企业

中小企业不论对中国还是东盟国家的产业经济都起到了支柱作用,但中小企业面临着诸多挑战,如融资困难、技术和市场渠道有限、缺乏管理能力和市场信息、标准和质量要求不达标等。

以本区域丰富的自然资源及现有的专业水平为基础,中国与东盟中小企业合作应在地区发展和一体化进程中发挥重大作用,应扩大中国与东盟中小企业的合作,通过一批合作与交流项目,为双方中小企业的交流合作创造机会。

双方可在以下领域加强合作:

1. 组织 B2B 研讨会,推动电子商务发展,提供区域市场研究和市场信息,鼓励中小企业参加中国或东盟举办的展会或商品交易会。

2. 出台倡议与政策,利用信息通信技术,促进中小企业与政府的联系,帮助中小企业使用信息通信技术生产新产品或改进已有产品、服务与流程。

3. 通过分享成功经验和案例,实现中小企业之间以及跨国企业向中小企业的技术转移和专利化。

(四)加强基础设施互联互通

要全面实现区域一体化,东盟需要大量的基础设施投资,提高互联互通水平并促进资金、人员、货物与服务的流动。东盟互联互通总体规划中,各参与方把公路路网建设、铁路连接、海运与航空、港口设施、能源需求、信息通信技术等领域确定为优先发展的领域。

中国与东盟的联系日益密切。区域内基础设施互联互通滞后成为经济增长、竞争力提升及减轻贫困的障碍。只有区域硬件基础设施互联互通不断得到改善,深化经济一体化才有可能得到切实推进。

未来 10 年,东盟对区域基础设施的投资需求每年将达 600 亿美元。单靠东盟各国自身的力量无法满足这些需求并达到缩小基础设施发展差距的目的。东盟基础设施建设的投资需求无疑给中国与东盟的私有部门提供机遇。中国与东盟在港口与物流、贸易与投资便利化等领域的公私合营发展也存在着合作的潜力。

中国对东盟基础设施建设及相关项目给予大力支持。中国的一贯支持与协作对区域基础设施互联互通、可靠的供应链和综合物流体系的发展起到了关键作用。

四、中国与东盟进一步加强合作面临的挑战

值得注意的是,东盟各成员国各有特色,发展水平各异,要实施各种倡议、推进本区域经济一体化将极具挑战性。

东盟各国发展水平及各自关于经济增长的政策承诺不同,可能会导致各国政治与经济发展的优先领域不同。加上政策计划的实施方式不一及技术困难等因素,都将给经济一体化带来挑战。此外,各国参与合作计划及合作项目并从中受益的政治意愿和积极程度不同也将带来巨大的挑战。围绕南中国海的主权领土争端也给上述倡议的前景蒙上阴影。

(作者系马来西亚战略与国际问题研究院杰出研究员、译者系广西社会科学院副研究员,原载《东南亚纵横》2016 年第 6 期)

21 世纪海上丝绸之路建设下
中国—东盟金融合作法律机制的完善

罗传钰

全球金融治理,“需要一系列能够得到执行和贯彻的政策和规则,以及形成这些政策和规则的机制。理论上讲,保证这些政策和规则能够执行的因素,除了共同体成员的授权,也可能是个别成员的武力、魅力、谋略或权威。”然而,现今的金融秩序发展表明,这些旧式的手段已经不能适应国际金融秩序的变化,也无法反映国际金融治理能力的分布,但是,新的治理方式又未成熟,使得现今全球金融治理陷入僵局。1997 ~ 2008 年间,金融危机相继在东南亚与欧美爆发,为此亚太地区国家开展了许多的区域性金融治理活动。从2009年中国参与的金砖国家合作机制，到2011年的跨太平洋战略经济伙伴关系协议（TPP），再到近期的中国—东盟自由贸易区“升级版”，中国与东盟间合作愈发紧密。而“21世纪海上丝绸之路”建设（以下简称“海丝路”建设）后的一系列活动，中国在其中的角色和作用至关重要，其与东盟之间的金融合作更是成为重中之重。

一、两次金融危机时期中国—东盟金融合作法律机制的内容

（一）目标：强调维护金融稳定与安全

从国际金融法理论来看，区域金融合作法律机制应体现双重目标：一为促进，即通过区域内成员国间相互开放金融市场和相互承认标准，形成较为统一的共同规则，最终实现区域内金融市场自由化与一体化；二为防范，围绕着金融市场稳定与安全，对市场的过度投机行为进行约束，进而降低金融市场所带来的外部性风险，有效防止金融危机的爆发和蔓延。

对于中国与东盟而言，金融危机给双方带来的教训是惨痛的，因而双方金融稳定法律机制主要围绕着货币互换协议展开。1997年的东南亚金融海啸，给亚洲国家带来沉重的打击。为防止货币危机再次发生，2000年伊始，东盟与中日韩三国签署互换规模为500亿美元的《清迈协议》，为各国建立一种相互融通的外汇储备。该协议的行之有效需要许多双边协议作为支撑，因而，中国与东盟各国在后来签署多个货币互换协议，构建了双边货币互换协议网络。

正当东南亚大部分国家缓慢恢复之时，2008年金融危机在欧美再次爆发。得益于此前建立的货币互换协议网络，亚洲国家只是股市和汇市以及进出口贸易上受到一定的冲击，所受损失相比较1997年亚洲金融危机而言要小许多。但是，全球金融风暴使得中国和东盟各国的外向型经济都不同程度受到金融危机冲击，给中国与东盟各国的货币金融稳定带来了巨大挑战。因而稳定正是这段时期中国与东盟金融合作法律机制的主要目标。一方面，双边货币互换协议依然为基础，2008年欧美金融危机后，东盟各国与中国继续延长

表1　中国与东盟成员国签署的货币互换协议一览

	经济体	签署时间	规模	有效期
1997年东南亚金融危机后	泰国	2001.12	20亿美元	3年
	马来西亚	2002.10	15亿美元	
	印度尼西亚	2003.12	10亿美元	2年
		2005.10	20亿美元	
	菲律宾	2003.8	10亿美元	3年
		2007.5	20亿美元	
2008年欧美金融危机后	泰国	2008.5	40亿美元	3年
		2011.12	700亿元人民币	3年
	马来西亚	2008.5	30亿美元	3年
		2012.2	100亿元人民币	3年
	印度尼西亚	2009.3	1000亿元人民币	3年
	新加坡	2010.7	1500亿元人民币	3年

双边互换协议的有效期，扩大双边货币互换的规模；另一方面，多边货币互换协议逐步形成，2010年，东盟和中日韩以及香港金融监管局宣布《清迈协议》多边化正式生效。随后，2012年，东盟与中日韩再次加大了货币互换的投入，将其规模扩大至2400亿美元，从而形成了更为有效的金融稳定机制（见表1）。

同时，鉴于东南亚金融危机对亚洲各国及地区带来的严重后果，安全亦是中国与东盟金融协调合作的首要内容。从1997年开始，中国与东盟在区域监督机制方面取得一些进展，如马尼拉框架作为国际货币基金组织（以下简称IMF）所实施的全球监控的补充，提供一定程度的地区监控；“10+3”监督进程则扩展东盟监督进程，通过“10+3”监督机制下的同行评议会加强有关资本流动数据与信息的交换，进行经济评估与政策对话。

（二）主体：注重“跨政府组织网络”的构建

1997年东南亚金融危机暴露出国际监管体系的缺陷，对银行和金融机构风险评估的质量不高，为此，1999年2月金融稳定论坛成立，使得有关各方能够得以会晤并研究那些影响金融稳定的重要问题。值得一提的是，该论坛“一方面聚集了政府当局和监督当局，另一方面聚集了管理当局和宏观经济政策制定者”，参与国际金融合作的主体已经不限于二十国集团（简称G20）和IMF等由各经济体政府组成的政府间国际组织，还包括巴塞尔委员会、国际证监会组织（以下简称IOSCO）和国际保险者协会（以下简称IAIS）等国际金融机构，以及类似于国际会计准则委员会（以下简称IADB）这样的行业协会，而这些金融机构或行业协会的主体往往是各成员经济体的监管机构，与以往的参加主体性质上明显不同，这表明“新国际金融架构”逐步形成。到了2008年欧美金融危机，巴塞尔委员会、IOSCO和IAIS等国际金融机构更是发挥了积极的作用，扩大了成员范围，加大了影响力，也进一步强化了“新国际金融架构”的作用。

因而，现今国际金融合作主体中出现所谓的“跨政府组织网络”，即国家利用国内金融管理部门、国内金融机构、非政府组织（以下简称NGO）、行业技术专家和私人投资者等次国家行为体或非国家行为体的专业性来改善金融治理（见图1）。在这种治理方式中，传统的“旧外交官”，如外交部人员，已经无法满足治理需求，行政首脑、高级部长以及独立监管者成为“新外交官”，通过大量的定期会议在其专业领域形成某些机制化的治理网络；同时，这些治理网络又将众多主要工作委托给行业技术专家、NGOs等非国家行为体，听取他们的意见，甚至将他们的意见付诸治理网络。

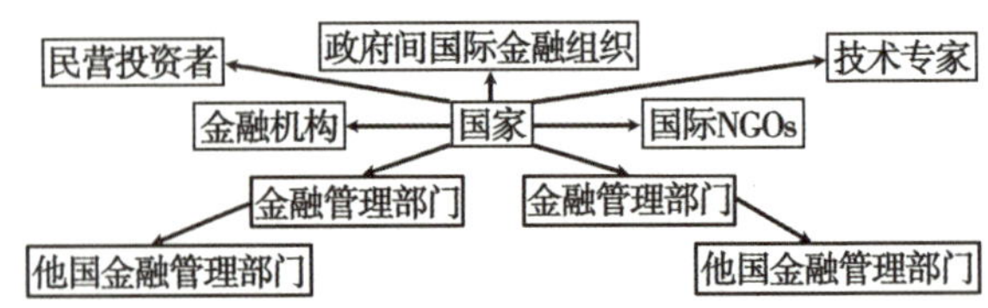

图1　“跨政府组织网络”示意图

显然，这种治理方式的好处在于既具有许多传统国际组织的长处（信息交流、制度监督、设置焦点议题等），又避免了他们的缺陷（如削弱国家自主性、规则与行为体冲突以及行政组织成本压力等）。

中国与东盟的金融合作也体现了这样的特点。一方面，国家仍然是双方金融合作的第一主体，如1997年中国与东

盟六国建立的“马尼拉框架”、1999 年东盟“10 + 3”建立的监督进程,都是以政府名义建立的。另一方面,“跨政府组织网络”在双方金融合作中亦发挥着重要作用。目前中国与东盟各成员国共同参加的区域金融合作机制中,财政部长和中央银行参与的机制占到了大多数(见表2)。

表2 中国与东盟成员国参与区域金融合作机制一览

经济体	东新奥央行组织	东南亚央行组织	东亚及太平洋央行行长会议	亚太经合组织财长机制	东盟银行论坛	东盟财长论坛	亚欧会议财长机制	10+3财长机制
中国	√		√	√			√	√
新加坡	√	√	√	√	√	√	√	√
马来西亚	√	√	√	√	√	√	√	√
印度尼西亚	√	√	√	√	√	√	√	√
菲律宾	√	√	√	√	√	√	√	√
泰国	√	√	√	√	√	√	√	√
文莱	√			√	√	√	√	√
柬埔寨	√			√	√	√	√	√
老挝	√			√	√	√	√	√
缅甸	√			√	√	√	√	√
越南	√			√	√	√	√	√

银行为主的金融机构也成为双方金融合作机制的主要参与主体。前述的货币互换协议,就是由中国人民银行与东盟各成员国的银行签署。同时,在双边结算网络的构建上,地方金融机构成了主力军。比如,广西区内中国工商银行、中国农业银行、中国银行、中国建设银行、广西北部湾银行等5 家商业银行,陆续与越南 8 家商业银行建立边贸结算代理行关系,开展边贸本币结算业务;又比如,中国工商银行中国—东盟人民币跨境清算(结算)中心、广西北部湾银行中国—东盟跨境货币业务中心等相继挂牌开业,也意味着双方金融合作取得实质性进展。

此外,作为独立监管者,中国证监会自成立开始就高度重视国际监管合作机制建设。从 1995 年至今,中国证监会先后与新加坡、马来西亚等东盟成员国的证券监管部门签署了备忘录,就监管协助、信息交换等领域开展了相应合作(见表3)。

表3 中国与东盟成员国签署的双边证券监督合作谅解备忘录一览

签署时间	境外监管机构名称	备忘录名称	签署地点
1995. 11	新加坡金融监管局	关于监管证券和期货活动的相关合作与信息互换备忘录	新加坡
1997. 4	马来西亚证券委员会	证券期货监管合作谅解备忘录	北京
2003. 12	印度尼西亚资本市场监管委员会	关于相互协作和信息互换谅解备忘录	雅加达
2004. 10	印度尼西亚期货交易监管局	期货监管合作谅解备忘录	北京
2005. 6	越南证券委员会	证券期货监督合作谅解备忘录	北京
2007. 4	泰国证券交易委员会	证券期货监督合作谅解备忘录	孟买
2011. 9	老挝债券交易委员会	证券期货监督合作谅解备忘录	北京

(三)方式:突出软法为主的相机性协调方式

从中国与东盟金融合作法律机制的运行方式来看,双方采取的是传统的“东盟方式”,即针对金融危机的解决与防范问题,在成员平等的基础上,通过会议、论坛等非正式性的磋商机制就关键问题展开讨论,经协商一致后就解决问题的办法达成共识,并根据各方的习惯和道义推进合作。这种相机性协调方式带有明显的软法性质,有其存在的合理性和价值。中国与东盟能够借此对具体问题的迅速反应和尽快解决,通过分析原因、提出建议或提出救助措施等方式实现各国间的协调,其对制度的弱化、对共识的重视,恰恰满足了对主权极其敏感、正处于主权扩张时期的东盟国家需要,这使得东盟通过的任何协议都不具有法律约束力,各个国家可以根据自己利益各取所需,在“求同存异”中达成最后的妥协。

而且,国际金融的发展瞬息万变,即便是一流的经济学家和金融学者都难以准确把握它的发展特点。这种动态发展的本质属性,也体现在国际金融法中。因此,相比较于条约和习惯法等传统国际公法渊源,软法在调整国际金融法中确实有着快速、灵活、方便的优势。软法可以通过机动灵活的方式,开展研究工作,对具体问题进行具体分析,逐步扩大协调的范围,同时,对于原有规范开展反思和检讨,进一步细化、增强规范的科学性和可行性。

二、“海丝路”建设下中国—东盟金融合作法律机制的演变

2013 年 9 月,中国国家主席习近平访问东盟国家时提出了“海丝路”建设;2015 年 3 月,中国国家发改委、外交部、商务部联合发布了《推动共建丝绸之路经济带和 21 世纪海上丝绸之路的愿景与行动》。因此,中国与东盟之间的合作,主要围绕着“一带一路”建设,尤其是“海丝路”建设展开,而金融合作更是重要支柱。

(一)目标:效益与稳定相结合

“海丝路”建设下,中国将通过合作投资推动周边国家的基础设施建设,支持装备制造业“走出去”,进而推动国内相关行业到资源富集、市场需求大的国家建立市场基地。这种以“通路、通航和通商”为主要目标的建设,必然需要大规模的资金支持。如此庞大的投资规模和需求,单个国家或金融机构均无法满足,而国际金融资本也受制于欧美情势而无法大规模投入,亚洲开发银行也因兼顾过多无法再投入资本,因而在这样的背景下,相比较于此前双方的金融合作,此时的合作更强调投入与效益,即如何通过金融合作来推动双方,尤其是中国企业的海外投资与跨境贸易。

与此同时,欧美国家经济恢复进展缓慢,国际经济形势依然严峻,金融风险的防范与安全仍然不容忽视。2014 年1 ~8 月,中国与东盟十国跨境人民币结算约占同期全部跨境人民币结算的 13%;2014 年 2 月,中国证监会与文莱金融管理局在文莱首都斯里巴加湾市签订《证券期货管理合作谅解备忘录》;2015 年 4 月 17 日,中国与马来西亚续签货币互换协议,维持 1800 亿人民币或 900 亿马币的互换额度。这说明,加强金融监管合作、完善风险应对和危机处置安排,亦是“海丝路”建设中的重要内容。

（二）主体：加强“跨政府组织网络”的作用

受到各种内外因素影响，中国与东盟之间的合作很大程度上缺乏政治确信，因而2008年金融危机后双方的金融合作并未取得太多的进展。然而，双方在贸易与投资等经济领域的互动愈发频繁。自2009年以来，中国连续多年成为东盟第一大贸易伙伴；自2011年以来，东盟也成为中国第三大贸易伙伴；近三年，东盟每年均是中国企业在国外投资的第一大市场。东盟秘书处前秘书长纳丹介绍道，中国—东盟贸易总额从2003年的约600亿美元增长超过6倍到2013年的4438亿美元。为了给双方经济活动带来更好的金融服务，中国应更注重推动“跨政府组织网络”的发展。

一方面，“海丝路”建设首先有赖于地区各国的共同努力和通力协作，其本质是各方共建、共享的开放性平台。因此，2013年10月，李克强理在第16次中国—东盟领导人会议上提出“2+7”合作框架；2014年8月，中国与东盟启动中国—东盟自贸区“升级版”谈判；2014年10月，中国牵头建立亚洲基础设施投资银行（以下简称“亚投行”）；2014年11月，习近平在中央财经领导小组第八次会议后宣布设立丝路基金，中国率先出资500亿美元；2015年6月，《亚洲基础设施投资银行协定》签署。这个过程充分体现了“跨政府组织网络”的特点。各国领导人会议提出设想，财长会议进行设计和完善，借此，监管者与政治家以及能够完成工作的财政部官员共同参与，汇聚宏观经济政策和具体监管措施。由此，金融平台逐步形成，为“海丝路”合作平台提供了重要的支撑支柱和金融保障。

另一方面，虽然东南亚国家对中国推进“一带一路”建设还是有很大的期待，但是它们仍然担心中国的战略意图，中国也意识到这方面所带来的不利影响，因而，非国家行为体在“海丝路”建设中成为主力军。

由中国进出口银行主发起，2010年成立运行的中国—东盟投资合作基金，就是为中国与东盟国家企业间的经济合作提供融资支持。中国国务院总理李克强在2013年9月出席第十届中国—东盟博览会开幕式时，对进一步加强中国与东盟合作提出五项倡议，其中明确提出要“启动新一批贷款专项，发挥好中国—东盟投资合作基金的作用”。“海丝路”建设在2013年9月刚提出，中国—东盟投资合作基金就在两国领导人的见证下，在同年10月份正式签署了镍铁项目投融资协议，与上海鼎信投资集团有限公司和印尼八星投资公司合作在印尼开发大型镍铁冶炼项目。

由于菲律宾、马来西亚等国家已经将人民币列为官方储备货币，这为银行的区域性合作提供良好的生长环境。作为人民币国际化载体，中国银行已经从国内本地银行逐步演化为区域性银行。2013年11月，中国银行金边分行获柬埔寨中央银行批准，成为柬埔寨本地和跨境人民币业务清算银行；12月，中国银行印尼棉兰分行在印尼苏北省会棉兰市正式开业。中国工商银行新加坡分行自2013年2月获授权担任新加坡人民币业务清算行后，人民币清算行业务实现飞跃式发展，截至2014年末，工行累计人民币清算量已超过40万亿元。

此外，征信管理部门、征信机构、评级机构、商业性股权投资基金和社会资金的参与同样纳入“海丝路”建设中。比起政府层面的金融合作，“跨政府组织网络”中次国家行为体或非国家行为体发挥更多的作用，为促进区域内经济的持续、健康、快速发展提供强有力的金融支持，极大地推动“海丝路”建设的实际效用。

（三）方式：规则性协调方式正在加强

“金融合作的理论和实践表明：合作只有在正式的制度约束下才能发挥其应有的功效，非正式性的协商机制往往会形成逆效合作，不仅不会有效地预防和克服金融危机，还可能增大金融危机发生和传播的几率，导致适得其反的效果。”

如前所述，此前中国与东盟合作主要以应对金融危机、保持稳定与安全为主。随着双方合作目标的转变，双方所面临的挑战是如何使合作常态化、机制化，将资金的运用置于固定化的监管模式中，这就意味着原有以软法为主的相机性协调方式无法满足新的需求，只有建立制度性的安排才能巩固合作成果，实现共赢。因此，中国与东盟之间除了既有的会议机制外，还围绕着“海丝路”建设进行金融结构安排，近期建立的亚投行和丝路基金，就是最好的佐证。

以亚投行为例，按照国际组织法，其属于区域性的政府间国际金融组织，应具备赖以建立和运作的基本性法律文件、一整套固定的组织机构，以及相应的会议程序和表决程序。《亚洲基础设施投资银行协定》的签署表明，当前中国与东盟已经有意识地开展硬法这种规则性协调方式的尝试，通过制定明确的规则（包括原则、协定、条款及其他指导性条文等），以产生较强的约束力，在较长时期内保证政策协调的连续性与稳定性，而且主要协调方还可通过参与制定规则的过程去反映本国的情况，体现本国在金融协调上的思想、理念和价值观。

综上，在“海丝路”建设提出后，中国与东盟之间已经开展一系列金融合作。与此前两次金融危机时期相比，双方的合做出现演变（见表4）。

三、当前中国—东盟金融合作法律机制存在的问题

当前，全球金融合作不仅是综合性、多元化的，而且还特别受到了如何去满足效率、稳定、民主等目标的困扰。对于中国—东盟金融合作而言，这些问题也同样存在。

（一）经济发展水平参差不齐减缓了合作的效率

现今金融秩序发展表明，旧式治理手段已经不能适应国际金融秩序的变化，也无法反映国际金融治理能力的分布，但是新的治理方式又未成熟，使得现今以世界银行和国际货币基金组织为主的全球金融治理陷入僵局。因而，许多国家都开始将目光放到了区域金融合作上。由于缅甸、老挝和柬

表4　中国—东盟金融合作法律机制的演进过程

	两次金融危机时期	“海丝路”建设背景下
目标	维护金融稳定与安全，建立货币互换协议和区域监督机制	效益与安全相结合，加大资本投入，加强区域金融治理
主体	构建“跨政府组织网络”，国家建立总体框架；次国家行为体和非国家行为体通过参与双边及多边活动成为主要参与主体	强化“跨政府组织网络”作用，国家创立亚投行和丝路基金；金融机构为企业提供融资支持和金融服务
方式	突出软法为主的相机性协调，对关键问题通过会议、论坛等非正式磋商并达成共识	加强硬法作用的规则性协调，进行结构安排，制定明确的规则以产生较强的约束力

埔寨的金融发展规模和水平远低于其他成员国,因而中国与其他成员国之间的合作成本较小,但与缅、老、柬三国的合作仍存在较大的障碍,中国与东盟各成员国之间并不存在统一开展金融合作的基础。

正是因为区域内不同国家金融发展水平差异的梯度性,以及差异变化的不同趋势,所以东盟的资金不足以实现区域内各国间的互帮互助,东盟金融一体化亦难谈实现。东盟各成员国对此也有非常清醒的认识,在东盟经济共同体的建设蓝图中,金融一体化被作为最后一项实现的目标。

因此,中国在实施"海丝路"建设时,势必也会受制于此,一方面部分成员国金融市场不完整,资金投入缺乏完善的法律机制,无法与中国形成对等互惠的合作,影响决策和执行,造成中国独木难支的局面;另一方面,部分成员国金融监管体制不完备,在利用资金时缺乏有效监管,不能承担足够的责任与义务,给投资者和贷款人带来较大的投资风险。此外,"协商一致"系双方合作的主要方式,虽然这体现了求同存异、共同发展的合作模式,可以有效地避免霸权主义的出现,提高小国参与合作的积极性,但是,其本身缺乏稳定性和效率不高的缺点仍然存在,这种不足会延长谈判时间、增加协商成本。

(二)政治互信的缺乏影响了合作的稳定

毋庸置疑,"海丝路"建设的顺利实施离不开中国的主导,"而一个由主要国家强加给其他国家、勉强的一致意见,则远没有各方同意的一致意见有效"。双方金融合作法律机制要得到进一步发展,必须要切实关注东盟国家的利益诉求,调动其积极性方能达成共识。

从东盟国家的经济发展来看,资金显然是他们最大的需求,但是双方依然存在着一定程度的政治不信任。近年来东南亚地区局势表明,中国与东盟双方存在着一定的地缘政治矛盾,一些成员国与中国之间存在着海洋划界争议,以菲律宾为代表的部分成员国,与中国合作的政治意愿偏弱,甚至对中国在东南亚地区的投入持怀疑态度。同时,与中国一样,东盟成员国也有着不堪回首的被奴役历史,主权意识强烈,即便是自身实力较小,仍然担心在金融合作过程中受到某些大国的不公平对待,比如对中国媒体宣传时所采用的"产能过剩出口""桥头堡"等词忌讳莫深,因而在区域金融合作问题上持保守态度。此外,"海丝路"建设的实施,会削弱"跨太平洋伙伴关系协议(TPP)"的影响力,必然会受到美国、日本等外部势力的干扰。还应当注意的是,金融合作的有效开展意味着该国必须在某种程度上牺牲货币和经济政策的独立性,因国内形势复杂多变,某些成员国能否接受这一要求还面临着本国国内选民的考验,有可能难以保持政策稳定和延续。

(三)汇率机制不完备削弱了合作的效能

一方面,对于投资到东盟成员国的中国投资者而言,投资时遇到的汇率限制风险非常大。由于缺乏强制性的法律法规对跨境投资、贸易结算进行约束,使得人民币在东盟区域内面临可自由兑换、流通使用、汇率协调机制和贸易结算计价四个方面的法律障碍,当东道国为防止国际收支困难而实行外汇管制时,投资者就会被禁止或限制将其本金、利润和其他合法收入转移到东道国境外,从而给造成较大的经济损失。因此,资金转移问题是直接关系到投资者是否投资成功的主要因素,也是缔约双方保护投资者的主要义务之一。

虽然自20世纪80年代至21世纪初,中国与东盟十国所签订的双边投资保护协定中都对资本转移做出规定,但是内容和保护程度都存在着多样性。而且,2008年8月15日,中国与东盟签署的《中国—东盟自由贸易区投资协议》(以下简称《投资协议》)中,对资本转移条款("转移和利润汇回")做了统一且详细的规定。这意味着中国与其他东盟九国之间的国际投资同时受《投资协议》和中国与该国缔结的双边投资协定(以下简称 BIT)的共同调整,而中国与东盟之间的 BITs 本来就存在保护水平参差不齐的弊端,《投资协议》的规定使得中国与东盟各国之间的国际投资法律环境更加复杂化。

另一方面,对于到中国投资的东盟成员国投资者而言,我国资本项目开放程度与汇率弹性不相符。中国近期资本项目开放的努力,比如沪港通、人民币贸易结算、中国合格境外机构投资者(简称 QFII)、人民币合格境外机构投资者(简称 RQFII)额度的扩大、中国债券市场引进国际投资者、建立人民币离岸市场等,体现人民币区域化的支持和推进。而要确保金融安全与稳定,资本项目开放程度必须与汇率的弹性相匹配。但是,目前中国汇率的波动率很低,甚至远低于一些东盟成员国。在资本项目日益开放、资本管制效率早已大幅下降的背景下,继续维持汇率不贬值的风险非常大,如果资本项目开放速度过快,但汇率却不够灵活,就会出现问题。

四、新态势下中国—东盟金融合作法律机制的完善

对于中国与东盟而言,"海丝路"建设的提出为双方未来的发展指明了方向,亚投行的设立与中国—东盟自贸区"升级版",无疑成为未来双方金融合作的主要方式。笔者认为,双方并不适合采用激进性的变革,应当采取渐进性的改革,通过开展以下活动,在外交战略中发挥资本的力量,温和务实的外交目标也能汇聚各方力量,潜移默化地影响未来区域局势。

(一)构建效率与稳定相结合的合作模式

一方面,随着双方金融合作转向投资和贸易领域,亚投行的机构安排与运作应当成为合作焦点。"研究如何将亚洲的高储蓄变成高投资"将是筹建亚投行的任务之一。但由于中国与东盟各国经济发展不均,而中国投入的资金规模较大,如此多的资金放在如此复杂的环境中,若不加以监管,不仅会影响到亚投行的未来发展,也会使中国负责任大国的形象受到严重损害。因此,合理的组织机构与明确的分工,是监管得以较好开展的重要前提。作为国际金融机构常见的组织机构,董事会应作为直接领导者制定相关政策,管理层则应作为政策的具体执行者在董事会的领导下开展工作。缺少董事会的管控,管理层可能会偏离亚投行的宗旨,但如果董事会过于关注管理层的业务工作,甚至干预行政管理(比如影响职员的任命和职位),那么也会对亚投行的工作效率及形象带来不利影响。

同时,虽然董事会拥有贷款项目的最终决定权,管理层无权参与表决过程,但是作为决策的执行者,管理层不仅负责起草相关政策和贷款协议草案,还要对项目的可行性、实施过程和实施效果进行评估,因此管理层实质上是最重要一环,应当在战略制定和项目准备阶段具有广泛的建议权和审议权,而不能仅凭董事会单独做出。

此外,建立相关的监察机制,是监管得以较好实施的主要方式。作为区域金融机构,监察机制的建立,可以使亚投

行的管理层及职员更加关注行为的合规性，及时纠正不合规业务活动，尽量避免负面效果，更能为受项目不利影响的人民提供程序保障、获得申诉机会，提高公众对亚投行的信心，从而充分体现国际金融组织对良好治理的追求，向其成员国，特别是发展中国家的人民负责。具体做法上，可以参考世行独立监察小组及亚行责任机制的经验，地位独立于亚投行各职能部门，直接由行长任命，向行长负责；职权范围应包括受理申诉、审查评估及对策建议等方面，即对涉及亚投行违规业务的申诉享有审查评估权，认为需要进一步查明事实时享有调查权，在调查结果出来后针对如何解决享有建议权，并将相关建议呈交董事会及行长。

另一方面，稳定仍是双方不可忽视的合作重点。中国与东盟在进行金融机构安排时，除了考虑充分发挥现有机制作用外，还要建立多层次的常设性机构协调处理金融合作问题。2016 年 2 月 19 日成立的东盟与中日韩(10 +3)宏观经济研究办公室(简称 AMRO)国际组织就是最新的成果。作为一个独立的区域宏观经济监测机构，AMRO 从商业实体向国际组织的转型将使得它获得更广泛的数据和信息，提高制定政策建议的能力，更有效地应对风险，从而有益于“清迈倡议多边化协议”的落实，对强化该地区的金融稳定大有裨益。笔者认为，AMRO 可以建成集危机预警、预防、处理以及救助为主要目标的指导机构，即“亚洲版国际货币基金组织”。具体而言，AMRO 负责制定金融合作的近、中、远期发展规划，尤其在双方合作的发展方面可设立阶段性目标。在金融问题所涉及的不同领域分别设立执行、协调机构，由 AMRO 安排计划及目标，各个机构在 AMRO 的领导下制定具体规则及行动措施，加强彼此间协调，使双方的金融合作具有严密性及统一性。

(二)推动非国家实体的参与

对于各方缺乏政治确信的现实困境，非国家行为体的参与也许更能适应合作需要。金融事务属于技术性事务，随着其在外交关系中日益重要，金融外交被烙上了很强的政治烙印，金融外交的范围已经远远超出传统金融领域，这就要求金融外交的执行者既要熟悉金融业务等专业知识，又要掌握从事外交活动的基本知识，同时遵循外交和金融两个领域的基本规则。因而，双方金融合作都不能仅仅依赖于金融专业知识，还需要外交、国际关系等其他方面的经验。

对此，中国应扩大技术性官员及专家的参与，派出一定数量的金融官员担任亚投行等区域金融机构中的执行董事，以代表中国政府行使权力，通过官方政府背景的机构来促进中国的区域金融外交。同时，开始技术专家的储备工作，通过中国法学会等学术团体，建立技术专家库，吸引专家积极参与，在项目制定、审批和评估时应鼓励专家提出专业且非政治性的意见。

此外，在董事会等权力机构决策前，应为相关利益的非国家实体提供交流平台，以优化亚投行决策。例如，建立定期对话机制，设立某些相关议题，鼓励国际组织、NGO、私营企业、投资银行、学术界代表，乃至媒体积极参与，通过他们与亚投行成员或管理层的交流，更好地优化亚投行的决策，促进中国与东盟的金融合作。

(三)促进软法的硬化与硬法的尝试

由表 5 可知，目前中国与东盟成员国参与的区域金融合作机制中，对金融市场发展、经济评估与政策对话、危机管理和能力建设都采取了相应做法，但对支付结算和银行监督领域并未采取明确的活动。因此，传统的“东盟方式”固然有其价值，但也存在因缺乏约束能力而容易导致执行力不强的特点，需要积极进行软法强化。一方面，中国与东盟在合作时应鼓励其成员，特别是发达国家和新兴市场国家积极参与，并自愿接受，甚至提高现有规范标准，以领导实践的姿态做出榜样，影响其他成员或非成员国的金融合作意愿和行为。另一方面，细化金融合作中的规范，强化双边或多边的制度安排和合作法律框架，完善同行评议、道德谴责、财务激励等约束方式。比如可以由成员国的主管机关依据彼此之间形成的共识来对某个成员国的金融治理现状进行评价，对其施加同行压力，以改善其监管行为。又比如通过金融治理经验丰富的成员国向经验不足的成员国提供资金、技术等援助，帮助其改善金融治理法律制度。

对于涉及国内敏感事务不多，各国均已经形成共识的部分，可以通过适当增加会议召开频率，拟定更有针对性的会议议题，就金融合作的重大问题，如金融市场、金融机构和金融交易等领域的合作，进行更细致的讨论与交流。在此基础上，各国金融主管当局可通过备忘录的形式促进相互协作，从而突破原有宽泛的对话机制，使得会议达成的共识能对各国政策更具影响力，为会议提供制度化的交往渠道，这也不失为开展硬法协调的方式。甚至在条件成熟时，还可以考虑双方谈判并签署《中国—东盟友好睦邻合作条约》，将双方各领域合作的内容以条约的形式进行确立。

(四)完善投资者保护法律制度

当前，东盟各国对基础设施建设的需要迫切，因而该领域是推进“海丝路”建设的重点，并且，因该领域对资金需求量巨大，也使得其成为推进“海丝路”建设的难点。对此，除了我国及东盟成员国的资金投入外，私人投资者也可以提供帮助，他们的参与可以带来很多资金，这对基础设施建设也同样重要。同时，金融合作的技术性为私人投资者的参与提供了又一正当理由。但是，他们会借此与技术专家共同结成利益共同体，从而使投资者在影响政府间金融合作时获得高度的自主权；私人投资者所获得的自主权越高，他们对于该国金融市场和投资环境的“忠诚”度就越弱，在金融和投资领域，私人投资者“退出”能力就越强，这意味着增加了他们在维护私人利益方面的发言权，从而迫使东道国在决策时需要更多考虑投资者的期望，保护他们的合法利益，以避免出现投资者撤资问题。因此，笔者认为，应进一步完善私人投资

表 5　中国与东盟成员国参与区域金融合作机制功能一览

区域金融合作机制 \ 合作机制具备功能	金融市场发展	支付结算	银行监管	经济评估与政策对话	危机管理	能力建设
东新奥央行组织	√			√		
东南亚央行组织				√		√
东亚及太平洋央行行长会议	√	√	√	√	√	√
亚太经合组织财长机制	√			√		√
东盟银行论坛				√		√
东盟财长机制				√	√	√
亚欧会议次之机制	√			√		√
10 +1 财长机制	√	√		√	√	

者参与海外投资时的金融服务保障法律制度。

首先，要使投资者真正大范围使用人民币作为投资货币，应展开对资本转移条款的研究，以缔约方经济考量的多样性为出发点，界定资本转移措辞的含义，分析资本转移条款的具体内容，以明确缔约方对于资本转移的义务，协调《投资协议》与BITs间的冲突。

其次，可以在借鉴上海自贸园区政策与做法的基础上，在中国—东盟自贸区“升级版”建设中可以适当引入个人境外投资制度。这不仅可以使国内投资者走出去在全球范围内配置资产、降低投资风险、分享其他国家经济发展的红利，获得更高的收益，还能以“开放倒推改革”，促使我国国内改革，尤其是推进广西等沿边地区的金融综合改革。

最后，针对境外投资的巨大风险，应从立法与监管两个角度，在强调创新的同时，还要注重对个人投资者境外投资的法律保护。国内层面，对个人境外投资实行备案制，要求个人投资者做好前期信息报告，并建立海外投资保险制度，鼓励投资者与国家开发银行、中国出口信用保险公司合作，对境外项目投保参保，解决融资问题，降低项目风险。国际层面，要注重对个人境外投资的跨境保护。这不仅要求投资者应加强投资风险意识，对投资项目有明确的投资预期，对项目及企业情况进行法律以及投资风险评估，合理利用国际投资规则，规避海外投资风险；还要求中国与东盟完善《投资协议》和《争端解决协议》，进一步推动成员国之间司法领域的互助合作，加强各国间司法机关履行合约、保护财产权及解决纠纷的能力。

随着金融领域以国家间关系为主的国际金融结构被打破，布雷顿森林体系时代下传统的国家间金融关系也在转变，演化成为后布雷顿森林体系时代的跨国金融关系。而中国在“海丝路”建设实施前后的一系列行动，表明中国已经不再仅是既有国际制度体系的融入者，也是新制度的创制者。在此背景下，中国与东盟的区域金融合作可以成为区域金融治理的典范。

（作者系广西大学副教授，原载《太平洋学报》2016年第4期）

21世纪海上丝绸之路建设与中国—东盟共建地区和谐海洋秩序

韦　红

目前在东南亚地区存在诸多海洋问题，如南海主权争端、渔业争端、海洋环境污染、海盗、恐怖主义等。这些问题极大地影响着地区和谐，使得该地区国家间经济合作面临制约和挑战，更使得中国提出的21世纪海上丝绸之路建设倡议与东盟的发展战略对接面临困境。建立一个和谐稳定的海洋秩序对于21世纪海上丝绸之路建设及整个地区发展至关重要。本文将探讨中国和东盟作为该地区两大重要力量，是否可能携手共建本地区和谐海洋秩序以及如何为构建和谐海洋秩序做出应有的贡献。

一、21世纪海上丝绸之路倡议中蕴含的和谐海洋秩序观

“和谐”向来是中国外交追求的理想目标，从“和谐世界”到“和谐亚洲”再到“和谐海洋”，无不体现出中国力求推动建立一个理想的世界秩序。具体到“和谐海洋秩序”，中国代表在2014年6月举行的《联合国海洋法公约》生效20周年纪念会上给予了明确阐述：“和谐海洋秩序既尊重各沿海国的主权、主权权利和管辖权，也尊重所有国家合法、和平利用海洋的权利和自由；和谐海洋秩序要求兼顾对海洋的合理利用和科学保护，国际社会应加强合作及统筹协调，实现海洋的可持续发展；和谐海洋秩序要求各国秉承《公约》精神，依法行使权利，善意履行义务和责任，对于《公约》未予规定的事项，应继续以一般国际法的规则和原则为准”。中国倡议的21世纪海上丝绸之路即蕴含着这样的海洋秩序观。

（一）基于国际法之上的和平秩序观

2015年3月，中国国家发展与改革委员会、外交部、商务部联合发布《推动共建丝绸之路经济带和21世纪海上丝绸之路的愿景与行动》（下文称为《愿景与行动》），此文件中所提出的共商原则的第一条即是“恪守联合国宪章的宗旨和原则。遵守和平共处五项原则，即尊重各国主权和领土完整、互不侵犯、互不干涉内政、和平共处、平等互利”。由此可见，遵循国际法、尊重各国主权和权利、和平共处被置于头等地位。中国国务院总理李克强在2014年6月中希海洋论坛的演讲中也特别提到，“共同建设和平之海：致力于维护地区的和平与秩序”。中国所提出的建设和平之海是基于国际法之上的，与历史上所出现的以武力为基础的霸权下的和平秩序或均势下的和平秩序有着本质上的不同。

（二）基于互利共赢之上的合作秩序观

《愿景与行动》中提出的另一共建原则是“坚持互利共赢。兼顾各方利益和关切，寻求利益契合点和合作最大公约数。”“‘一带一路’是促进共同发展、实现共同繁荣的合作共赢之路”。中国国务院总理李克强也强调“共同建设合作之海。中国愿同海洋国家一道，积极构建海洋合作伙伴关系，共同建设海上通道、发展海洋经济、利用海洋资源、探索海洋奥秘，为扩大国际海洋合作做出贡献”。中国国家主席习近平指出：“加强海上互联互通建设，推进亚洲海洋合作机制建设，促进海洋经济、环保、灾害管理、渔业等各领域合作，使海洋成为连接亚洲国家的和平、友好、合作之海”。打造共赢的合作秩序是21世纪海上丝绸之路建设的目标。

（三）基于可持续发展之上的和谐秩序观

21世纪海上丝绸之路建设致力于各国合作发展海洋经济，在此过程中，中国特别强调可持续发展理念。中国国务院总理李克强指出：“共同建设和谐之海。各国都应坚持在开发海洋的同时，善待海洋生态，保护海洋环境，让海洋永远成为人类可以依赖、可以栖息、可以耕耘的美好家园”。《愿景与行动》文件中也提出“实现沿线各国多元、自主、平衡、可持续的发展”。为实现可持续发展，该文件特别提出“加强沿线国家民间组织的交流合作，重点面向基层民众，广泛开展教育医疗、减贫开发、生物多样性和生态环保等各类公益慈善活动，促进沿线贫困地区生产生活条件改善”。

（四）基于共同、综合、合作、可持续之上的安全秩序观

虽然“一带一路”倡议只是一个经济合作倡议，但其追求的目标是通过经济合作建设命运共同体，从而实现地区和平的美好理想，正如《愿景与行动》中所说：共建“一带一路”，“彰显人类社会共同理想和美好追求，是国际合作以及全球治理新模式的积极探索，将为世界和平发展增添新的正能量”。良好的海上安全治理亦是21世纪海上丝绸之路建设中不可忽视的一项内容。2014年，中国国家主席习近平在第四届亚信峰会上提出共同、综合、合作、可持续安全的亚洲安

全观。所谓共同安全,就是要尊重和保障每一个国家的安全,使亚洲各国成为一荣俱荣、一损俱损的命运共同体,不能以牺牲别国安全来谋求自身的绝对安全;综合安全,就是要统筹维护传统领域和非传统领域安全;合作安全,就是通过对话合作,促进各国和本地区安全,坚持以和平方式解决争端,反对动辄使用武力或以武力相威胁;可持续安全,就是要安全和发展并重,以实现持久安全。中国的海洋安全秩序观同样遵循着共同、综合、合作、可持续安全的理念。

总之,中国希望通过21世纪海上丝绸之路建设,构建和谐海洋秩序,实现国家与国家之间、人与海洋之间的关系和谐。

二、构建和谐海洋秩序对于中国和东盟的重要性

21世纪是海洋的世纪,良好的海洋秩序是各国海洋经济发展的前提。然而从目前看,东南亚地区海洋秩序呈现出不和谐状态,主要表现为:

第一,海洋主权争端激烈,零和博弈思维盛行,和平、合作解决冲突的方式未能得到有效认同。目前,南海岛礁争端日益剧烈,各国因此展开军备竞争,纷纷引入域外大国军事力量加以干预,建立在武力和势力均衡基础上的海洋秩序观仍大行其道,基于国际法之上的地区和平秩序受到威胁。

第二,海洋资源获取中,民族主义盛行,国际海洋规范中包容性和排他性秩序对立紧张。一些国家为了独占海洋资源,极力扩大对排他性海域的控制,渔业争端等海事纠纷呈上升趋势,互利共赢的合作秩序受到挑战。

第三,海上非传统安全问题层出不穷,综合治理安全问题的合作机制效果不甚明显。虽然东南亚地区建有各种非传统安全合作机制,但东南亚海上航行自由与航行安全仍不断受到海盗、恐怖主义等的侵扰。据统计,自2005~2009年海盗活动减轻后,2010年海盗活动再次大幅上升,东南亚成为世界上滋生海盗最多的地区之一。可见,基于综合、合作之上的海洋安全秩序未能有效建立。

第四,海洋环境问题未得到应有的重视,可持续发展理念所形成的行为规范未能付诸实施,人与海洋共生的和谐秩序未能建立。一些国家在利用和开发海洋时,对资源和环境保护重视不够,无序开发及污染加快了人类对海洋生态系统和环境的破坏,加剧了气候变化问题,导致人类生存危机。

以上种种不和谐的海洋状态不仅影响着中国倡议的21世纪海上丝绸之路建设环境,也影响着东盟共同体发展战略的实施。根据《愿景与行动》文件,21世纪海上丝绸之路重点方向是从中国沿海港口过南海到印度洋,延伸至欧洲;从中国沿海港口过南海到南太平洋。可见,东南亚地区是21世纪海上丝绸之路建设的重要地区。对中国来说,21世纪海上丝绸之路不是中国的海上丝绸之路,而是与周边国家共商共建共享、与周边国家发展战略对接的经济发展举措。而要实现与沿线国家的顺利合作,以达到共同繁荣的预期目标,良好的海上秩序必不可少。对东盟来说,要加深地区一体化,实现政治安全共同体、经济共同体、社会文化共同体发展蓝图,同样需要一个和平、合作、和谐、安全的海洋环境。因此,构建和谐海洋秩序对中国和东盟来说都十分重要。

三、中国与东盟共建地区和谐海洋秩序的可行性

中国向来支持东盟在该地区的主导地位,特别是在南海问题上,中国奉行双轨政策,即南海有关争议由直接当事国通过协商谈判妥善解决,南海地区和平稳定由中国和东盟国家携手共同维护。由此看出,中国将东盟作为构建地区和平、合作秩序的重要力量。再加上中国提出的21世纪海上丝绸之路是与东盟国家共商共建,因此,中国和东盟作为该地区两大影响力量,有必要也有义务携手共建地区和谐海洋秩序。从现实来看,也具有这样的可行性。

(一)东盟与中国的海洋秩序观有着诸多相同之处,共建地区和谐海洋秩序具有可能性

根据东盟颁布的各项文件,可以看出东盟的海洋秩序观与中国的海洋秩序观有着诸多相同之处,主要表现为:第一,主张在国际法基础上以和平方式而非武力解决海洋争端。《东盟政治安全共同体蓝图2025》文件中提出"促进和加强以和平导向的价值""培植和平文化,包括宽容和节制价值,作为地区内外和谐、和平和稳定的一支力量""根据东盟宪章和国际法原则,以和平的方式解决分歧和争端"。第二,主张以合作的方式综合处理海洋问题。早在2003年发表的《巴厘协定II》中,东盟就强调"鉴于海洋问题的跨界性质,将以地区整体的、一体化的、综合的方式去处理,东盟成员国间的海洋合作将有助于东盟安全共同体的发展"。《东盟政治安全共同体蓝图2025》文件中指出,"各方在涉及海洋保护方面开展合作""促进海洋合作以综合处理海洋问题""维持南中国海成为和平、繁荣和合作之海"。第三,认同可持续发展理念在海洋开发中的重要性。《东盟社会文化共同体蓝图2025》中写道:"在保护、恢复、可持续利用海洋和海洋环境方面促进合作,以应对和处理污染风险和海洋生态、沿海环境所面临的威胁,特别是在生态敏感性地区。""采取好的管理措施和政策来处理发展项目对沿海、国际水域和跨界环境的影响,包括污染、非法活动、处理危险品和废物。"第四,秉承综合、合作安全观。在《东盟安全共同体行动计划》中,东盟提出"鉴于认识到政治、经济和社会现实之间有着很强的关联性,东盟安全共同体认可综合安全原则,并承诺通过广泛的政治、经济、社会和文化领域来建构东盟安全共同体。"《东盟政治安全共同体蓝图2025》则具体提出了如何根据综合安全理念来加强海洋安全方面的合作,其中既提到合作处理南海主权争端这一传统安全问题,也提到合作处理非传统海洋安全问题,如海上恐怖主义、货物走私、贩卖毒品和人口、海盗、武装抢劫船只等。东盟与中国海洋秩序观诸多相同之处为双方共建地区海洋秩序提供了可能。

(二)东盟与中国经济联系密切,发展战略契合,共建地区和谐海洋秩序具有动力

近年来,中国与东盟的经济联系日益密切,发展战略高度契合,这使得双方合作意愿增强。据统计,中国自2009年以来持续是东盟的最大贸易伙伴,而东盟自2011年以来成为中国第三大贸易伙伴。2014年双边贸易额达到3665亿美元,占到东盟总贸易额的14.5%,东盟接受来自中国的直接投资额达到89亿美元,占同年外资流入的7.1%。双方经济相互依赖程度不断上升。

在经济发展战略方面,中国倡议的21世纪海上丝绸之路将基础设施互联互通作为合作的重点,而东盟经济共同体的建设同样将东盟区的联通性作为优先发展领域,在互联互通方面的契合性使双方合作不断加强。2012年,东盟联通协调委员会和中国联通工作委员会举行了第一次会议。在2015年11月举行的第18届东盟—中国峰会上,东盟领导人感谢中国持续支持东盟联通总体计划的实施,并期盼亚洲基

础设施投资银行在促进地区联通性上发挥作用。在当年举行的第14届东盟和中国交通部长会议上,部长们重申恪守承诺提升东盟国家间及其与中国间的交通联通,敦促高官继续努力推进铁路、公路、民航、水路等优先领域和项目的交通合作,以促进地区贸易和投资。21世纪海上丝绸之路与东盟共同体发展蓝图对接,为双方共建地区和谐海洋秩序提供了动力。

(三)中国与东盟均有能力和意愿为地区提供公共产品,共建地区和谐海洋秩序具有基础

随着中国经济实力的上升,中国愿意为地区提供公共产品,愿意为建设地区和谐海洋秩序贡献自己的力量。中国承诺提供30亿元的中国—东盟海上合作基金,推动双方在海洋科研与环保、互联互通、航行安全与搜救以及打击海上跨国犯罪等领域的合作;中国为丝路基金出资400亿美元;在亚洲基础设施投资银行1000亿美元法定股本中,中国认缴数量占30.34%,为297.804亿美元。中国拟以此"加强海上互联互通建设,推进亚洲海洋合作机制建设,促进海洋经济、环保、灾害管理、渔业等各领域合作,使海洋成为连接亚洲国家的和平、友好、合作之海"。

东盟向来视自己为东南亚地区秩序的建设者和管理者。在政治安全上,东盟致力于建立"一个和平、安全和稳定的地区共同体""一个外向的共同体,深化与外方的合作,坚持和加强东盟在发展中的地区架构中的中心性,在国际问题上以东盟为平台,发挥负责任和建设性的全球性作用"。在经济上,"打造深度一体化和高度凝聚的东盟经济""在正在形成的地区经济架构中,作为东亚地区经济一体化的中心和促进者,通过保持东盟的作用,加强东盟的中心地位"。在海洋合作方面,东盟致力于"通过加强东盟主导的机制和采取国际上接受的海上惯例和原则,促进东盟地区内外海上安全和海上合作"。东盟在其主导的各种机制中大力促进有关海洋问题的交流与合作,如东盟地区论坛、防长扩大会议、东盟交通部长会议、东亚峰会、东盟海事论坛等。特别是2010年成立的东盟海事论坛,东盟希望通过对话、协商和对海洋问题的联合行动来培养海洋合作,以此来协调各方海上政治和安全关系,解决东南亚地区的海事纠纷。

中国和东盟为地区提供公共产品的能力和意愿使双方共建地区海洋秩序有了合作基础。

(四)中国与东盟拥有多种合作交流机制,共建地区和谐海洋秩序具有合作平台

中国与东盟之间建有多种对话合作机制,既有双边机制,如中国—东盟峰会、中国—东盟部长和高官会议等;也有多边机制,如东盟地区论坛、10+3、东亚峰会、东盟防长扩大会议等。具体到海洋方面也有多种合作机制:2002年,双方签订《南海各方行为宣言》;2005年,建立了中国—东盟海事磋商机制;2007年,签订《中国—东盟海上交通协议》;2011年,签订了《贯彻〈南海各方行为宣言〉指针》;2013年,中国与东盟启动了"南海行为准则"磋商,并建立"中国和东盟国家海上搜救热线平台"和"海上紧急事态外交高官热线平台"。2016年8月,在东盟与中国落实《南中国海各方行为宣言》高官会上通过了两份文件:中国与东盟国家就应对海上紧急事态时设立外交高官热线平台的指导方针以及中国与东盟国家关于在南中国海适用《海上意外相遇规则》的联合声明。双方同意"在不受干扰的情况"下,加快《南中国海行为准则》磋商的频率,争取在2017年中完成《南中国海行为准则》的框架草案。这些机制的存在为双方开拓海上务实合作、积累政治互信提供了交流渠道,也为管控分歧、重建地区秩序提供了有效的合作平台。

四、中国与东盟共建地区和谐海洋秩序的建议

寻求一个更加稳定和安全的海洋是中国和东盟的共同利益所在,然而各国防卫预算螺旋式上升并不能带来这样的局面,只能制造安全困境。如何创造一种能够消除安全困境、使国家缺乏战略理由去扩军备战的海洋环境,笔者认为通过21世纪海上丝绸之路建设与东盟共建和谐海洋秩序是一有效途径。

第一,通过21世纪海上丝绸路建设与东盟发展战略对接,实现该地区的合作共赢,形成利益共同体和命运共同体,在经济合作中化解安全困境,从而搭建基于合作而非武力之上的地区和平秩序。根据英国学者布尔(Hedley Bull)关于国际秩序的定义,共同利益的观念是构成国际秩序的三要素之一,他认为,国际社会或任何社会的"秩序不仅是有一组条件的结果,也是关于共同利益、行为规则和制度这三者观念的结果。共同利益的观念基于社会性的基本目标,行为规则的观念用于支持这些目标,制度的观念则有助于使规则有效率"。通过双方经济战略对接,找准双方的利益汇合点,真正让所有国家从中获利,形成共同利益观念,从而让一些国家在面对主权争端或其他海上争端问题时,能够衡量成本收益,从理念到行动,真正做到或搁置争议或和平解决争端,从而建立起和平、合作的秩序。

第二,在21世纪海上丝绸之路建设与东盟发展战略对接中,利用现有的多边和双边机制,加强沟通、消除误解,扩大双方对海洋安全和海洋秩序的共同认知。尽管双方在安全观和秩序观上有着诸多共同之处,不可否认,双方也存在一些分歧,如怎样看待域外大国在本地区的作用问题。目前,中国与东盟建立了多层次的合作对话机制,这些机制既是建立双方政治互信、加强合作的极好平台,也是消除误解、管控分歧的有效途径。中国可继续支持和参加东盟主导的各项海上合作机制,相互了解对方的观点,加强沟通、消除误解,扩大共同点。通过对彼此观点的认识,即使有不同意见,也能够较好地关注对方真正关切的问题,从而真正将一种合作、和谐的观念及行为规范和秩序植入本地区。

第三,在21世纪海上丝绸之路建设与东盟发展战略对接中,中国与东盟间应搭建起一个政治框架,专门探讨有关海洋安全和秩序建设问题。尽管现在在东盟主导下已有涉及海洋问题的各种机制,但各种机制议题分散、参与国家复杂且观念冲突,并不能很好地聚焦于本地区海洋安全和秩序建设问题。中国与东盟目前已建立一些有关海洋问题的合作机制,但远远不能满足双方海洋发展战略对接的需要。建议中国与东盟可专门搭建一个高级别的综合性的官方海洋合作机制,既讨论海洋经济合作,也讨论海洋安全合作;既讨论非传统安全合作,也讨论传统安全合作,在合作中推进和谐海洋秩序的建设,如可以建立"中国—东盟海洋安全与管理合作组织",为该地区处理海洋问题和海洋合作提供国际规制,也可鼓励民间成立"中国—东盟海洋和平研究会"之类的机构,为官方海洋合作提出政策建议。

第四,在21世纪海上丝绸之路建设和东盟发展战略对接中,努力平衡四对关系,追求海洋利用的公平、公正秩序。

最佳的海洋秩序应当平衡包容性与排他性制度安排、平衡海上自由与海上安全、平衡国际主义和民族主义、平衡人类正义与国家正义，努力追求公平、公正的海洋秩序。所谓海洋秩序的公平、公正，一是指对海洋各种资源和利益分配上的公平、公正，二是指国家间在解决海域有关问题上的公平、公正。公平、公正原则应是各国在海洋权益追求过程中所遵循的最为重要的原则。处理好这四对关系是实现公平、公正海洋秩序的路径。当然，做好这四对关系的平衡并非易事，这需要中国与东盟国家共同努力，并将其推广至整个地区，促进地区和谐海洋秩序的建设，实现"共同参与、共同发展、共同受益"。

（作者系华中师范大学教授，原载《东南亚纵横》2016年第6期）

东盟海上互联互通及其与中国的合作

——以21世纪海上丝绸之路为背景

杨程玲

曾经对世界交流产生过巨大影响的"丝绸之路"，正在重新成为人们关注的热点。2013年，中国国家主席习近平在印尼首次提出愿同东盟国家共同建设"21世纪海上丝绸之路"的构想，明确了东盟是中国的近邻，是建设"21世纪海上丝绸之路"的桥头堡。近年来，在全球经济增长放缓的态势下，东盟成为世界经济增长的一个亮点。2014年，东盟GDP占世界GDP总量的3.2%，占中国总量的23.7%；东盟人口总量占世界人口总量的8.6%，市场需求庞大；由于其处于海上交通的要塞，占据重要的战略地位，未来有着巨大的发展潜力。实现中国—东盟的互联互通，扩大地区间的经贸合作，对缩小地区发展差距具有重要意义。

中国是海洋大国，拥有漫长的海岸线，许多东盟国家是中国的海上邻居。"21世纪海上丝绸之路"以海上互联互通为重点，优先发展港口等海上交通设施的建设，以港口、金融、产业合作联动引领区域海洋合作新模式，推进中国—东盟乃至东亚地区经济合作模式的升级。因此，海上互联互通不仅包括海上交通设施的互联互通，还包括相互开放的政策、机制及产业对接、人文交流等。东盟10国中除老挝属于内陆国外，其他国家均属于海洋国家，海上互联互通是近二十年来东盟的重要战略举措。因此，了解东盟实施海上互联互通的政策措施，分析其现状及挑战，剖析东盟港口互联互通机制，并在此基础上分析中国与东盟的海上互联互通合作机制及问题，提出对中国—东盟海洋一体化的意见及建议，对推进"21世纪海上丝绸之路"并丰富其战略构想具有重要意义。

一、东盟推动海上互联互通的政策与措施

海上互联互通是东盟互联互通战略的组成部分，也是各国经济发展的战略选择。为了推进东盟海上互联互通战略，东盟国家实施了一系列政策措施。

（一）设立海运管理及协调机构

从20世纪60年代初开始，东盟就开始设立组织机构探讨海上互联互通问题。1968年，东盟批准成立海运常设委员会，1975年成立东盟港务局协会。20世纪90年代，世界区域经济一体化进程加快，东南亚国家积极调整区域经济发展战略，并逐步成立正式的海运管理和协调机构。第一届东盟交通部长级会议（ATM）自1996年以来已举办20届。其具体职责是：建立和发展一个统一协调的区域交通运输体系，以提供一个安全、有效和创新的交通基础设施网络；为实现东盟自贸区目标，加强各成员国的交通运输部门之间的合作；建立一种机制以协调和监督交通运输部门的合作项目和行动；促进区内互联互通，并考虑到岛屿、内陆和周边地区之间的经济联系。东盟高级交通官员会议则主要负责监督、协调及审查由东盟交通部长会议制定的项目和方案。它作为咨询机构，促使东盟在共同交通的问题上达成共识。此外，加强私人部门和非政府机构的参与，在启动、协调和实施东盟交通运输政策和项目的过程中成立了东盟海运工作组，并邀请来自区域和国际组织交通部门的专家协助其履行职能。除正式机构，还有东盟交通辅助性组织，如东盟货运代理协会联合会（委员会）、东盟港口协会、东盟船东协会联合会和联邦东盟货主协会。这些组织协助正式的海运机构，在政策或行动计划实施过程中提供必要的技术和咨询服务。这些正式和辅助性机构有利于维护东盟的海上利益，促进东盟各国海上合作，同时加强东盟成员国之间的经贸和人文合作。

（二）制定战略规划和行动计划

东盟各国海上运输有悠久的历史，然而直到1997年之前，成员国之间只有有限的合作。1997年，第2届东盟峰会通过《东盟2020年远景》规划。这是东盟交通运输互联互通的里程碑，确定了东盟运输发展目标的路线图。为了进一步实施这一规划，东盟相继制定了《河内行动计划》（1998年）、《东盟1999～2004年运输合作框架计划》（1999年）、《东盟2005～2010年运输行动计划》（2004年）。这些计划旨在建立跨东盟的运输网络，提高海上运输服务的自由化和竞争力。2011年5月发布的《东盟互通互联总体规划》首次提出互联互通，并将海上互动互通作为东盟互联互通的一个重要内容。该规划主要通过以下三个方面实现海上一体化以及提高海运的竞争力：加强47个指定港口的性能和容量，包括改善仓储服务和疏通水道；加强世界和地区主干航线的联系，并研究建立东盟滚装网络的可行性；加强交通部门间合作，构建多式联运的交通运输体系。2006年签署的《东盟海运一体化和竞争力提升路线图》主要是逐步促进东盟海上运输业的自由化，同时加快实现《东盟运输行动计划2005～2010》和《万象行动计划（2004～2010）》所阐述的目标。该路线图涵盖5个方面的内容：寻求东盟内部单一声音、发展基础设施、整合市场以实现东盟单一航运市场、协调各种相关政策以及通过人力资源能力建设以实现劳动力市场的一体化。该路线图的每项措施均有相应的完成时间和相关的主要负责机构。

（三）建立运输便利化机制

第一个促进运输便利化的区域协定是1975年针对事故船舶而制定的搜救便利性协议。20世纪90年代以后，随着东盟海运管理与协调机构的不断完善、战略规划和行动计划的制定与实施，东盟各国间开展多方面的区域运输合作，制定了多项运输便利化协议。1998年，东盟在河内签署《东盟货物过境程序简化框架协议》，2005年签订《东盟多式联运框架协议》，2009年在马尼拉签署《东盟国家间交通运输便利化框架协议》。这些协议创造一个高效的物流和多式联运系统，简化过境手续、实现跨境便利化和有效管理。其中，完善海关、移民和检疫机制，加大边境检查设施与技术投资，统一

相关规则和标准,提高边境管理人员的知识和技能,均是东盟推进跨境便利化和有效管理的基本措施。现有运输便利化协议主要侧重于货物运输,今后还将涉及客运的便利化,以进一步促进区域内旅游业和民间互联互通。

二、东盟海上互联互通的现状

东盟除老挝之外,其他国家均是海洋国家,国际贸易大部分是通过海洋运输来完成。伴随着东盟经济的发展和相关规则的制定,海上互联互通迅速发展。

(一)海上贸易

东盟位于全球贸易和经济发展最快的战略地区,美国、欧盟与日本是东盟的重要贸易伙伴,约占东盟总贸易额的1/3。20世纪90年代后,东盟与周边国家和地区的贸易关系迅速发展。中国、韩国、中国台湾、澳大利亚、中国香港和印度成为东南亚地区的重要贸易伙伴。目前,东盟大约2/3的贸易在东亚(东北亚+东盟)完成。其中,东盟区内贸易占重要份额。在进出口方面,东盟总贸易额从1993年的4299亿美元增加到2014年25289亿美元,年均增长率为8.8%;其中东盟区内贸易额从1993年的824亿美元增加到2014年的6083亿美元,区内贸易额占东盟贸易总额从19.2%上升到24.1%。东盟区内贸易对区域间的海上运输行业起到催化作用,由于东盟国家间80%的贸易量需要依靠海洋交通运输,因此,在东盟运输行业中,海上交通运输发展最快。

不管是从数量规模来看,还是从提供的服务质量来看,东盟各国之间参差不齐。总的来说,东盟国家的海运水平可以分为三个层次:第一层次是新加坡;第二层次是马来西亚、印尼、菲律宾、泰国与越南;第三层次是柬埔寨、缅甸、文莱与老挝。此外,各国内部的差异很大,如印尼东西部发展极不平衡,东部具有较为优越的海运资源,西部海运交通较为落后。完善、发达的海运业能促进地区经济的发展,而落后的海运则在一定程度上阻碍地区经济的发展。至于海运无法到达的地方,无法吸引投资与贸易,不利于地区工业化进程和产业的升级。东盟区域经济一体化的主要目标是加强经贸合作,缩小内部差距,其中一个关键点就是要发展海运,加强港口建设与合作,建立高效、可靠的航线。

(二)海港运营

港口是海上贸易的门户,也是海上互联互通的重要基础设施,而集装箱港口货物吞吐量是一个重要指标。根据联合国贸易与发展会议2014年的统计,从1975~2013年,东盟国家集装箱港口吞吐量从40万标准箱增加至8800万标准箱。1975~2005年,东盟占世界集装箱吞吐量的比重从2.3%上升至23.3%;但是到2013年,东盟国家集装箱港口吞吐量占世界的份额回落至13.5%。2013年,新加坡集装箱吞吐量为3350万标准箱,占东盟国家总量的38.1%,位列世界第2位。其次是马来西亚和印尼,分别占东盟国家总量的24.3%和12.2%,位居世界排名的第5位和第9位。三国集装箱吞吐量约占东盟总量的80%。其他几个国家的排名为越南(第11位)、泰国(第15位)、菲律宾(第17位)、柬埔寨(第69位)、缅甸(第70位)和文莱(第79位)。

虽然东盟国家集装箱吞吐量的世界排位近年有较大提高,但是总的来说滞后于东盟国家整体经济的发展。根据世界经济论坛2014年发布的《全球竞争力指数》的数据,除新加坡的港口设施全球竞争力与其经济全球竞争力同步增长之外,马来西亚、缅甸和柬埔寨这三个国家港口设施全球竞争力大于经济全球竞争力,但缅甸和柬埔寨国内经济的落后导致其无法充分发挥港口的作用,马来西亚的海运竞争力也呈日益下降的趋势。其他国家均属于港口设施质量跟不上其经济竞争力的增长。港口的容量、性能以及所能提供的服务将影响货物运输及中转的质量,同时也将影响东盟地区的生产系统及其与外部的各种运输形式顺利流通,从而影响地区的贸易与经济。总的来看,除新加坡外,其他东盟国家港口设施的质量都有待提高。

(三)海洋航运

海洋航运是海上贸易的载体。根据联合国贸易与发展会议统计,从船队规模来看,1980~2014年东盟各国注册商业轮船载重吨位均呈增长之势,其中新加坡和印尼增长较快。东盟各国注册船舶吨位数从18814千载重吨上升至150337千载重吨,年平均增长率为6.5%。2014年,东盟国家注册船舶吨位占世界比重的8.9%。新加坡注册商业运输船为103787千载重吨,世界排名为第5位;印尼注册商业运输船为15004千载重吨,世界排名第20位;马来西亚注册商业运输船为9427千载重吨,世界排名第25位;越南、菲律宾、泰国的世界排名依次为第30位、第32位和第33位。东盟的商业船队主要以油轮、散货船、杂货船和集装箱船为主,油轮和散货船约占64%,集装箱船仅占15%,杂货船占8%,其他船种为13%。其中新加坡的油轮、散货船和集装箱船各占40%、40%和20%。新加坡船队注重集装箱船的发展,这与新加坡主要发展集装箱运输的政策相符合。印尼、马来西亚、泰国、菲律宾和越南主要以这四类船队为主,柬埔寨、缅甸和文莱主要以杂货船和其他船只为主。

联合国贸发会议使用班轮航运联通指数来衡量各国与全球海运网络的联通程度,以船舶数量、集装箱运力、公司数量、所提供服务的数量和提供来往于各国海港服务的最大船舶的规模来计算该指数。根据2014年的数据,新加坡以113.16位列东盟首位;其次是马来西亚,该指数为104.02。两国较高的联通指数归因于它们拥有世界顶级的班轮运输公司。越南是46.08,近年发展较快源于其放开海运管理,积极引进外来资本直接投资港口和码头,如和记黄浦入驻。随后是泰国、印尼、菲律宾、柬埔寨、文莱,这些国家均低于45。从以上数据来看,较不发达国家大多是联通性较差的国家,因为不发达国家间的贸易量往往较低,航运公司提供来往于不发达国家海港之间的服务较少,港口对中转和过境货物的吸引力相对更低。总体来看,东盟国家除了新加坡和马来西亚,其他国家的全球海运网络覆盖范围较小,国际通航能力较差。

(四)海关边境管理

如果船队和港口是海上互联互通快速发展的硬件,那么海关边境管理则显示其软实力。首先从整体上看,东盟国家的平均出口成本低于进口成本,新加坡的进出口成本最低,马来西亚位居第二。低成本主要是由于这两个国家的船队规模大,并且港口发展快速,港口吞吐量大而带来了规模效应。从各国进出口所需提交的文件数量来看,进出口成本越小的国家,其进出口文件数量也越少。从进出口天数看,新加坡效率最快,出口要6天,进口只要4天。新加坡的资源非常缺乏,是一个严重依赖进口的国家,注重提高进口效率,进口成本低于出口成本,进口速度快于出口。这与泰国、文莱的情况类似。而贸易量较小、海上交通基础设施落后的国家,如柬埔寨、老挝、缅甸,则需要较长时间(见表)。

表　　2014 年东盟国家进出口管理

国别(区域)	出口成本(美元)	进口成本(美元)	出口文件(个)	进口文件(个)	出口时间(天)	进口时间(天)
印度尼西亚	572	647	4	8	17	26
马来西亚	525	560	4	4	11	8
泰国	595	760	5	5	14	13
菲律宾	755	915	6	7	15	15
新加坡	460	440	3	3	6	4
越南	610	600	5	8	21	21
柬埔寨	795	930	8	9	22	24
老挝	1950	1910	10	10	23	26
缅甸	620	610	8	8	20	22
文莱	705	770	5	5	19	15
东盟	843	905	6	7	19	19

资料来源:World Bank, http://data. worldbank. org. cn/country

根据世界经济论坛发布的《全球贸易促进报告》,东盟各国贸易便利化水平呈稳步上升趋势,区域贸易便利化状况有了较为明显的改善。其中,新加坡多年蝉联世界第一,马来西亚也处于世界领先水平,但是其他国家与这两个国家差距较大,东盟整体的贸易便利性有待提高。关税、进出口效率和海关透明度依然是东盟国家贸易便利性面临的三大主要问题。

三、东盟港口互联互通的现状

(一)港口的重要性

作为海上贸易通道中的关键节点和重要枢纽,港口具有十分重要的作用。首先,港口是国际贸易通道的重要门户,一个国家很大程度上依靠港口进行经济贸易与文化交流。从古代满剌加立港到现代新加坡成为全球最繁忙的集装箱港之一,东盟始终位于海洋开发和全球贸易的前沿。随着航运中心从西方转向东方,港口对于东盟社会经济发展的重要性更为凸显,港口促进制造业、原材料和商品的生产,也造就了运输、服务和建筑等辅助行业的发展。此外,海港促使不发达地区转变为贸易中心和工业区,为商业和就业提供了机会,以此推动各国的经济增长。其次,港口是区域经济发展的重要支撑和引擎,对城市的贡献更加突出。海港周围建设的基础设施提高了周边居民的生活水准,最终带来港口城市和沿海社区的发展,例如,马来西亚的港口城市巴生和北海市就是分别在巴生港和槟城港周围发展起来的,越南的胡志明市则与西贡港具有共生关系,印度尼西亚的雅加达也与丹戎港密切相关,新加坡则在海洋导向经济中给许多小型的喂给港带来福祉。最后,东盟港口的快速发展为本地区吸引大量外国直接投资。世界上最大的集装箱公司马士基就是丹戎港合伙公司。中国香港和记黄埔港口集团投资于越南的头顿港,加速了东盟地区主要港口的扩展。如今,新加坡港务集团位居世界前十名港务公司,在全世界 28 个港口拥有股份和利益。

(二)构建港口合作平台

近 10 多年来,全球供应链日益受到关注,港口已发展成为生产和消费供应链系统中的综合环节,现阶段及未来体现港口综合竞争力是互联互通。近年来,东盟致力于搭建港口间合作平台。1999 年,东盟交通运输合作框架计划提出建立东盟港口系统,其中有 33 个港口被列入东盟交通网络。2000 年,海运工作小组会议增加至 46 个指定港口。其中,文莱 1 个、柬埔寨 2 个、印尼 14 个、马来西亚 10 个、缅甸 3 个、菲律宾 8 个、新加坡 1 个、泰国 3 个以及越南 4 个,这些指定港口形成了一个海上运输网络。为促进港口间合作,东盟编制港口数据库,包括可用库存、航运服务、港口关税等指标。由于各国的港口基础设施发展程度不一致,而货物的装卸取决于港口吞吐能力、陆路运输和物流能力,以及海关和行政办理通关手续的能力。因此,东盟制定评估港口发展等级的指南,根据港口网络的性能和容量确定需要改进的地方,并定期预测海上贸易及其对港口的需求。为缩小东盟港口间的差异,根据港口发展评估指南,设立优先进行的项目以提高港口性能和容量。最后,东盟通过融资机制支持东盟港口网络中指定项目的实施,确保所有东盟网络间港口达到可接受的性能和容量水平。

(三)港口间互惠互利

促进港口互联互通的一个关键机制是互惠互利。为此,一方面,东盟改善进出港的条件与环境,提高地区的贸易便利化,实施东盟单一窗口和国家单一窗口计划,改变不同国家、地区间的习惯和规定,以促进货物的快速流通。即在通关机制、运输过程中的检查机制及标准的设定等相关事项上,在东盟各国港口间形成一致。具体表现在海关程序和惯例上,协调各国海关的规章和制度、精简海关流程和程序等,包括三项具体措施:一是在指定 47 个港口实施东盟单一窗口计划,2015 年后扩展到整个东盟;二是简化成员国的通关程序和规章制度,优先服务于单一市场和单一生产基地,预计 2015 年的通关费用比 2010 年减少 50%;三是联合相关企业和行业共同制定政策。另一方面,建立东盟物流网。东盟计划从 2007 年建立单一的航运市场,在港口建立统一标准,整合东盟单一航运市场和东盟港口网络将有利于东盟建立一个强大的海事部门,提高运营效率,提供优质的商品和有竞争力的服务。东盟拟定不晚于 2015 年实施其制定的有关框架。

四、进一步加强中国与东盟的海上互联互通

2014 年,我国外贸进出口总额为 4.3 万亿美元,其中 67% 通过海运完成。一直以来,海运是我国对外贸易运输的主体,中国与东盟山水相连,中国—东盟海上互联互通有利于推进“21 世纪海上丝绸之路”的建设。2002 年,中国与东盟签订全面经济合作框架协议,随后还签订货物贸易、服务贸易和投资等协议,中国—东盟区域经贸合作也日益深化。双方务实合作进展迅速,从 2002 年到 2014 年,双边贸易额年均增长 21.4%,目前已达到 4803.9 亿美元;相互投资累计超过 1300 亿美元,增长 4.7 倍。中国成为东盟最大贸易伙伴,东盟是中国第三大贸易伙伴,中国—东盟建成了世界上最大的发展中国家自由贸易区。

(一)中国—东盟海上合作

近年来,中国与东盟加大互联互通建设力度,其中海上互联互通有望成为双边合作的新亮点和重要领域。中国与东盟的海上合作主要从以下两个方面展开。

从中国—东盟海上合作机制来看,中国—东盟交通部长会议自 2002 年以来已举行 13 次会议。中国—东盟交通部长级会议在2003年建议成立中国—东盟交通磋商机制，并特别指出要扩大海上交通部门的合作，2010年签订中国—东盟海事磋商机制备忘录（ACMCM）。该机制的目标是加强中国与东盟海事部门的合作，合作的领域包括港口现状管控、海洋环境保护、海上交通安全、航海援助、船员培训与认证、海洋意外与事故监测。同时，中国与东盟成员国建立海上合作机制。2010年，中国与印尼签署《中国—印尼关于进一步加强贸易投资合作会谈纪要》；2012年，与马来西亚签订海运协定；2012年，签署《中国、老挝、缅甸、泰国四国澜沧江—湄公河商场通航协定》。

从中国—东盟海上务实合作来看，在国家层面，中国建立"中国—东盟海洋合作伙伴关系"、建立亚洲基础设施投资银行、制订"中国—东盟互联互通总体规划"，以及再次对中国—东盟合作基金增资500万美元。未来中国将与新加坡共同建设大连集装箱港码头，投资数十亿美元开发缅甸的皎漂港。在区域层面，随着北部湾经济区的成立和海上丝绸之路的兴起，北部湾经济区已成为中国与东盟的区域性物流基地、商贸基地和加工制造基地。从省市来看，广西、福建、广东等省份依托海洋产业与东盟国家建立海上联系，如共同开发新航线、中国—东盟港口城市网络合作机制建设等。防城港、福州港、钦州港、广州等港口成为"21世纪海上丝绸之路"重要的节点城市，成为与东盟海上连接的重要交通枢纽。

（二）中国—东盟海上互联互通存在的问题

总体来看，我国海上运输发展较为成熟，沿海港口的集装箱吞吐量大，与世界各国港口的联系日益紧密，开通的航线联通程度高，但与东盟海上互联互通也存在一些突出问题。首先，海上运输安全问题突出。马六甲海峡、苏伊士运河是我国沟通印度洋、大西洋的交通要道，海上航线密集，商船往来繁忙，加之频受索马里海盗的威胁，海上运输安全问题十分严峻。同时，南海争端不断升级。数据显示，中国外贸量的87%是通过水路进行的，其中很大一部分通过南海地区，有大量的能源进口需要经过南海海域。南海问题对中国—东盟海上运输造成了某种威胁，同时也成为中国—东盟能否实现海上互联互通的根本性问题。其次，产业互联互通薄弱。中国与东盟国家涉海基础设施的改善、资金筹措等均离不开产业合作，这直接关系到投入—产出的效益。虽然当前中国—东盟的贸易额逐年增加，但双方产业的互联互通特别是民间推动的行业、企业互联互通仍属薄弱环节，海上互联互通发展后劲不足。最后是机制建设、软环境建设不完善，运输便利化水平有待加强。比如，我国与周边国家签署的运输协定难以落实，造成我方在境外运营缺乏法律保障；我国与周边大多数国家没有实现口岸监管互认，口岸通关办理流程繁琐，一定程度上造成货物滞留、增加运营成本等。

（三）积极推动中国—东盟海上互联互通

2014年第13届中国—东盟交通部长级特别会议的主题就是互联互通。基于以上分析，如何构建中国与东盟的海上互联互通，我国政府需重点关注三方面的内容。

一是增强中国与东盟的战略互信。中国与东盟的经贸合作、人文交流源远流长，自中国与东盟建立正式的交流和合作机制以来也有不少的合作倡议，但是皆因未能与东盟充分的交流与协商，使得东盟各国对我国的倡议抱有疑虑。因此，在深化中国—东盟海上基础设施互联互通路径的设计过程中，首先要与东盟各国充分地沟通与协商，了解东盟各国的风土人情，挖掘其特有的海洋人文精神，建立共同维护海洋的生态环境意识，助力东盟国家经济的繁荣与发展。此外，建立中国—东盟海运协调机制，以便有效地开展相关合作，在国际海事组织框架下共同努力，进一步加强海上安全、海上保安和海上环境保护等领域的合作。

二是注重中国与东盟海洋运输业的对接。产业的对接是指根据不同国家和地区进行结构化的设计。中国应鼓励各次区域、省份、港口城市以及企业与东盟各国及地区形成对接，搭建中国—东盟运输网络，并联合其他运输部门，积极建成多元运输体系。首先，东盟各国之间的海运水平差距较大，要考虑各国对海运产业接受程度的差异，如新加坡、马来西亚的海运水平较为发达，而其他国家的基础设施建设与之差距较大。基础设施相对较差的国家对港口建设、航道开辟的积极性较高。其次，同一国家、不同区域情况也不一样，如印尼属于海岛国家，东西部的海运水平差距非常大，印尼西部更加迫切需要基础设施建设。最后，为促进产业对接，应进一步拓展融资渠道，其中包括政府投资、国际金融组织和优惠贷款以及其他金融机构的资金支持，并采取多种合作方式，促进港口设施的改善，保证港口的竞争力。

三是改善投资环境并制定运输便利性政策。除了注重交通基础设施建设，还应注重中国与东盟的标准、流程、边检等软件的连通，注重文化、创新等产业的对接，注重法律法规协调，并通过培训、认证等方式加强中国与东盟专业技术服务业上的一致性。

（作者系厦门大学博士研究生，原载《太平洋学报》2016年第4期）

中国—东盟关系：新的启航

徐　步　杨　帆

2015年12月31日，东盟正式建成政治安全、经济和社会文化三个共同体。这是东盟发展进程中新的里程碑，也为中国—东盟关系发展掀开新篇章。站在历史新的起点上，中国和东盟应顺应时势，抓住机遇，应对挑战，全面深入推进互利务实合作，打造更加紧密的"中国—东盟命运共同体"。

一、中国—东盟合作成果丰硕

自1991年开启对话进程以来，中国和东盟各国携手共进、开拓创新，走出一条睦邻友好、互信互利的合作共赢之路。双方关系定位实现从对话伙伴到战略伙伴的跃升，双向贸易投资额快速增长，各领域务实合作硕果累累。

（一）政治安全合作不断深入

完善对话机制，做好战略筹划。中国同东盟在谋求各自发展中有共同追求，在实现地区和平稳定上有共同利益，在国际和地区事务中有共同语言。自2003年中国—东盟建立战略伙伴关系以来，中国高度重视并致力于深化同东盟的睦邻友好合作关系。在东盟的对话伙伴中，中国第一个加入《东南亚友好合作条约》，第一个与东盟建立战略伙伴关系，第一个明确支持《东南亚无核武器区条约》，第一个确定同东盟建立自贸区。双方已建立起一套完整的对话合作体系，包括领导人、部长、高官等各个层次。双方领导人互访频繁，中国领导人出席历届中国—东盟领导人会议，并在东亚合作领导人系列会议等多边场合定期会晤。双方建立外交、经济、交通、海关署长、总检察长、青年事务、卫生、电信、新闻、质检、打击跨国犯罪和执法安全合作等部长级会议机制。在高官及工作层面，双方在 20 多个领域建立了合作对话机制。2015 年 11 月，双方达成《落实中国—东盟面向和平与繁荣的战略伙伴关系联合宣言的行动计划（2016～2020）》，为中国—东盟关系未来 5 年发展规划蓝图。多层级交往及务实合作为双方增进互信提供重要平台，为双方关系健康稳定发展奠定了坚实政治基础。

借力安全合作，提升互信水平。近年来，安全合作成为中国与东盟合作应对地区非传统安全威胁的重要内容，双方军事防务交流合作不断拓展，在中国和东盟10＋1、东盟地区论坛、东盟防长扩大会、东盟和中日韩10＋3等框架下开展了形式多样的交流活动。2011 年，中国同东盟举行首次防长交流。2015 年，双方首次在华举行中国—东盟防长非正式会晤和中国—东盟执法安全合作部长级对话。自 1997 年起，中国同东盟每两年举行一次打击跨国犯罪部长级会议，双方还签署《关于非传统安全领域合作谅解备忘录》。在此机制下，双方在打击贩毒、非法移民、海盗、恐怖主义、武器走私、洗钱，以及国际经济、网络犯罪等跨国犯罪方面密切合作。中国公安部通过举办近百场禁毒执法、刑事技术、海上执法、案例研讨、出入境管理、网络犯罪侦查等培训或研修项目，培训大批东盟成员国执法官员。2015 年 11 月，在出席第 18 届中国—东盟领导人会议期间，中国国务院总理李克强建议共同提升安全合作水平，争取早日实现防长非正式会晤机制化和执法安全合作部长级对话机制化，建立中国—东盟防务直通电话，设立中国—东盟执法学院，并建议在未来 5 年为东盟国家执法部门提供 2000 人次培训，同时加强双方在打击跨国犯罪、反恐、灾害管理等非传统安全领域的合作。

管控南海问题，努力妥处分歧。2002 年 11 月，中国同东盟国家签署了《南海各方行为宣言》（下称《宣言》），显示双方共同致力于加强睦邻互信伙伴关系，维护南海地区和平与稳定的决心。2011 年 7 月，中国与东盟国家就落实《宣言》后续行动指针达成一致。2012 年，中国与东盟国家两次就“南海行为准则”（下称“准则”）问题举行非正式磋商。2013 年，中国与东盟国家正式启动“准则”磋商。2014 年，中国与东盟国家举行多轮落实《宣言》高官会和联合工作组会议，正式通过“准则”磋商第一份共识文件，同意建立中国—东盟国家海上联合搜救热线平台和外交部应对海上紧急事态高官热线平台，作为“准则”磋商的“早期收获”。2015 年 11 月，在第十届东亚峰会上，李克强提出解决南海问题五点倡议。截至 2015 年 12 月，中国已与东盟国家举行了 10 次落实《宣言》高官会和 15 次联合工作组会，达成了“准则”磋商第二份共识文件和名人专家小组《职责范围》。目前，双方正根据落实《宣言》第十次高官会达成的“重要和复杂问题清单”和“‘准则’框架草案要素清单”两份开放性文件继续稳步推进相关工作。

（二）经贸合作蓬勃发展

加强发展战略对接。中国和东盟国家正处于发展建设的关键时期，通过深化双方合作来促进各自发展，符合有关各方共同利益。中国正着手实施经济社会发展第十三个五年规划，将围绕全面建成小康社会的目标，通过实施创新、协调、绿色、开放、共享五大发展新理念，引领未来发展行动。东盟已发布《东盟共同体愿景 2025》及政治、经济和社会文化三个共同体发展蓝图，面临着加快发展、缩小差距、改善民生等紧迫任务。未来 5 年，是中国与东盟及东盟 10 国进一步对接发展战略、提升国家整体发展水平、力争实现 2020 年建成东亚经济共同体目标的难得历史机遇。据统计，2014 年，中国与东盟贸易额为 4804 亿美元，同比增长 8.3%。2015 年 1～9 月，中国与东盟进出口总额达 3423.78 亿美元，其中中国对东盟出口总额 2035.11 亿美元，进口总额 1388.67 亿美元。中国已连续 7 年成为东盟第一大出口目的地和进口来源地，而东盟目前是中国第二大进口来源地、第三大贸易伙伴和第四大出口市场。截至 2015 年 8 月，中国与东盟累计相互投资超过 1500 亿美元。东盟国家还是中国重要的海外承包工程市场和劳务合作市场。截至 2015 年 9 月底，中国企业累计在东盟国家签订承包工程合同总金额 2227 亿美元，完成营业额 1571.8 亿美元。2015 年 9 月末，在东盟国家工作的中国各类技术劳务人员共有约 16.8 万人。新加坡、马来西亚、老挝、印尼、越南是中国在东盟国家开展承包合作的主要国家。中国支持本国企业到东盟国家开展投资合作，继续推动在东盟国家设立产业、经贸合作区，同时也欢迎东盟国家在中国设立产业园区。中新苏州工业园区、天津生态城等项目，已成为中国和东盟国家经贸合作的典范。

升级自贸区建设。东盟是中国在发展中国家最大的贸易伙伴，也是中国企业实施“走出去”战略的主要地区。中国—东盟自由贸易区是中国对外商谈的第一个自由贸易区。2010 年 1 月，自贸区全面建成，中国与东盟双边贸易额迅速增长。自贸区惠及 19 亿人口，贸易额达 4.5 万亿美元，双方对超过 90% 的产品实行零关税，中国对东盟平均关税从 9.8%降到 0.1%，东盟 6 个老成员国对中国的平均关税从 12.8%降到 0.6%。2014 年 9 月，中国—东盟自贸区升级谈判启动。2015 年 11 月，中国—东盟自贸区升级版《议定书》签署。通过对原有协定的完善和提升，为双方经贸关系注入新动力，这将有力推动实现 2020 年双边贸易额达 1 万亿美元的目标。中国和东盟的 GDP 总量近 13 万亿美元，占亚洲 GDP 总量的近 60%。双方贸易、投资和产业合作日益密切，已形成你中有我、我中有你、相互依存的发展格局。中国—东盟自贸区升级展现了发展中国家互利互惠、合作共赢的良好模式。

全面用好中国—东盟博览会平台。2003 年 10 月，温家宝在第七次中国—东盟领导人会议上倡议，从 2004 年起每年在中国广西南宁举办中国—东盟博览会。这一倡议得到有关各国领导人的普遍欢迎。中国—东盟博览会由中国商务部、东盟 10 国经贸主管部门及东盟秘书处共同主办，以“促进中国—东盟自由贸易区建设、共享合作与发展机遇”为宗旨，内容涵盖商品、服务贸易和投资合作。截至目前，中国—东盟博览会已成功举办 12 届，并同期举办中国—东盟商务与投资峰会等系列论坛活动，成为中国—东盟开展全方位经贸合作的重要平台。2015 年中国—东盟博览会以“共建 21 世纪海上丝绸之路——共创海洋合作美好蓝图”为主题，首次举办国际产能合作系列活动，以带动产能和装备制造业合作、技术转移和金融服务等领域合作。

随着经济融合不断加深，中国与东盟在农业、信息通信技术、人力资源开发、投资、湄公河流域开发、交通、能源、文化、旅游、公共卫生和环境等 11 个重点领域开展务实合作。中国支持《东盟互联互通总体规划》的实施，探讨设立中国—

东盟互联互通合作中小项目库,使用好100亿美元优惠贷款和100亿美元中国—东盟基础设施专项贷款。中国政府已设立30亿元人民币的中国—东盟海上合作基金,以鼓励与扶持重点合作项目的启动和建设。

(三)人文社会领域合作成果显著

文化交流活动大幅增多。随着中国—东盟战略伙伴关系不断深化,中国和东盟就加强社会文化交流与合作达成多项重要共识和具体规划,开展形式多样的各类活动。2005年,中国与东盟签署《文化合作谅解备忘录》,确立双方文化合作框架。2012年,首届中国—东盟文化部长会议在新加坡举行,规划了双方文化合作方向。2014年,举办"中国—东盟文化交流年"活动,以"同享文化、共创未来"为主题,开展了20项优先活动,涵盖文体、影视、旅游、青年等各领域,体现中国与东盟全方位人文交流的特点。同年举办第2届中国—东盟文化部长会议,签署《中国—东盟文化合作行动计划(2014~2018)》,为未来5年的双方文化合作规划了方向,标志着双方文化合作交流进入全方位发展阶段。近年来,中国与东盟通过举办研讨会、人员交流、展演展览等多种文化交流活动,极大地促进双向文化交流,展示中国和东盟独特和多元的文化,打造出中国—东盟文化论坛等许多辐射面广、有影响力的文化品牌。

教育合作进入新阶段。目前,中国和东盟国家现有互派留学生18万人。双方正在积极落实"双十万学生留学计划",即到2020年,双方将实现在对方国家各有10万名左右留学生的目标。中国政府决定向东盟国家提供1.5万个政府奖学金名额。中方已经举办8届"中国—东盟教育交流周",建立中国—东盟教育交流平台。中国开设所有东盟成员国的语言专业,在天津国际汉语学院建立中国—东盟汉语和文化教育基地。中国在东盟国家建立了29所孔子学院、15座孔子课堂和中国文化中心。中国政府已建立10个中国—东盟教育培训中心,涉及多个行业领域。中国与东盟国家职业教育机构和学术院校间交往不断扩展,在天津大学设立中国—东盟工程技术大学合作与交流网络秘书处,为双方合作与交流提供更多平台。在出席第18届中国—东盟领导人会议期间,李克强宣布中国与东盟商定将2016年确定为"中国—东盟教育交流年",倡议在此框架下举办第二届教育部长圆桌会。李克强还宣布,将在现有向东盟10国提供政府奖学金名额基础上,在未来3年新增1000个新生名额。

人文领域交流内容更丰富。中国与东盟国家将促进青年、妇女、学者、外交官、智库和媒体间交流作为增进相互了解和信任的重要支撑。东盟在华留学生活动、中国—东盟残疾人论坛、双方媒体互访、东盟驻华大使访谈等多种形式的活动收效明显。旅游也是中国与东盟密切交往的重要领域。2015年,中国和东盟国家双向旅游有望突破2000万人次。中国和东盟国家创新交流途径,提高对方对自身旅游市场的了解,与主要旅游媒体和企业合作开发新的旅游产品,并为旅游从业者举办能力建设研讨会。在出席第18届中国—东盟领导人会议期间,李克强倡议中国与东盟国家建立旅游部门间交流机制。

绿色发展理念日益受到重视。中国和东盟在水资源治理、气候变化、生物多样性保护、环保技术等方面合作进展良好。2009年,中国与东盟通过了《中国—东盟环保合作战略(2009~2015)》,确定了合作重点领域。2010年,中国政府批准组建中国—东盟环保合作中心,中心于2011年在北京正式启动,并通过《中国—东盟环境保护合作行动计划(2011~2013)》。根据该计划,中国—东盟环境合作论坛迄今已举行5届,就开展环境保护、实现可持续发展进行深入讨论。为共同应对公共卫生方面的挑战,中国和东盟国家建立中国—东盟公共卫生合作基金,在跨境传染病监测、禽流感等问题上加强沟通、对话与交流。在出席第18届中国—东盟领导人会议期间,李克强倡议于2016年举办首届中国—东盟卫生合作论坛。

二、深化中国—东盟合作面临新的机遇和挑战

经过25年持续对话与深入合作,中国与东盟积累了厚实的政治互信基础。中国始终坚持睦邻、安邻、富邻的周边外交方针,尊重东盟各国自主选择的发展道路和价值观,支持东盟按照自己的方式处理纷争,反对外部势力干涉东盟内部事务。东盟国家奉行一个中国政策,支持中国和平统一,在涉及中国主权等重大原则问题上照顾中方关切。在恪守互相尊重、互不干涉内政原则的基础上,双方的政治和战略互信不断提升。中国与东盟业已建立的多层面、全领域、完善的对话合作机制,大大促进双方的相互了解和相互信任,为中国—东盟关系的整体健康发展打下坚实基础,提供可靠保障。在南海等敏感问题上,中国倡导与当事各方通过直接协商和谈判和平解决争端,并倡导在争议解决前由相关方共同开发。目前,中国与东盟国家正致力于全面有效落实《宣言》及稳步推进"准则"磋商。在各方的共同努力下,"准则"磋商已取得积极进展,各方同意在协商一致基础上早日达成"准则",并就"早期收获"达成重要共识。这些努力和成果显示了双方以友好谈判协商方式解决敏感争议问题的信心和决心。

"一带一路"倡议及国际产能合作为双方经贸合作注入新的活力。中国与东盟国家地理相近,经贸往来密切,制造工业领域互补性强,具备产能合作的良好基础。中国是工业大国,220多项工业产品产量居世界第一,在产能领域有装备、技术、施工、资金、管理经验等优势。东盟国家正在积极推进工业化和城镇化,对引进设备、技术、资金有迫切需求。中方可与东盟在电力、工程机械、建材、通信等更多领域开展国际产能合作。东盟是中国落实"一带一路"倡议的重点和优先方向。在互联互通方面,东盟国家需要进一步提升基础设施建设和互联互通水平。中国倡议建立的亚洲基础设施投资银行、丝路基金等机制将为东盟国家互联互通建设提供长期、低成本融资服务。这将充分发挥金融对基础设施建设、产能合作的关键支持作用。双方在"一带一路"框架下促进双方产能合作,有利于中国优势产能转移,也有利于东盟国家加快工业化进程,提升东盟产业在全球的竞争力。

东盟共同体建成及中国—东盟自贸区升级版为实现双方经贸融通增添助力。东盟共同体将助推东盟国家政治、经济、人文一体化程度进一步提升,有利于形成一个人口总量达6亿、经济总量达2万亿美元的具有竞争力、区域经济高度融合的单一市场和生产基地。东盟经济共同体将促进域内货物贸易、服务贸易、资本和人员的自由流动,东盟经济增长有望换挡提速。根据2015年11月东盟发布的投资报告,东盟吸引外资总额连续3年实现增长,成为发展中国家和地区最大的外资投资目的地,也为中国—东盟经贸关系发展创造新机遇。从区域经济一体化的角度看,东盟经济共同体的建

成有利于提升东盟内部市场的一体化水平，将进一步推动区域全面经济伙伴关系协定(RCEP)的谈判过程。2015年11月，中国与东盟签署的自贸区升级版《议定书》涵盖货物贸易、服务贸易、投资、经济技术合作等领域，体现了双方深化和拓展经贸合作关系的共同愿望和现实需求，中国和东盟之间的经贸投资及技术合作将进一步得到提升。

不断扩大的民间交往构筑起双方民心相通的重要桥梁。深化民间交往是中国和东盟的共同意愿，双方对开展社会文化领域合作态度积极。教育、文化、公共卫生、环境保护等民间交往议程与普通民众切身利益密切相关，是培育中国与东盟世代友好的重要途径。以人为本、福祉共享、包容和谐是东盟社会文化共同体的基本特征和构成要素，根据《东盟共同体愿景2025》，社会文化共同体将是东盟未来10年的建设重点，这将为中国—东盟进一步深化社会文化合作营造新契机。

与此同时，中国与东盟国家深化合作仍面临着一些复杂因素，需予以妥善应对。

一是东盟一体化进程仍然任重道远。东盟领导人在各种场合多次强调，共同体的建设是进行时，不是完成时，宣布建成共同体后，东盟仍有很多工作待完成。东盟各国政治社会体制、发展阶段等不尽相同。如何缩小成员国间最大相差逾50倍的经济和收入差距，是东盟一体化进程所面临的最大问题。东盟奉行不干涉内政、协商一致、照顾各方舒适度等原则，在推进一体化进程中存在执行力和有效监管不足等问题。一些东盟国家正在经历经济社会转型，国内政治局势复杂动荡，政治人物不得不更多关注国内问题，难以集中精力推进区域一体化。印尼科学院一项民调显示，印尼约80%的民众不了解东盟经济共同体将对本国经济会产生何种影响。很显然，东盟共同体的利好消息远未真正释放，这将制约中国与东盟的务实合作。

二是区域贸易自由化不同速推进带来复杂影响。2015年10月，《跨太平洋伙伴关系协定》(TPP)结束实质性谈判，协定内容涉及成员间投资、服务、电子商务、政府采购、知识产权、劳工、环境等领域更高水平的相互开放。TPP协定成员国GDP总计占全球经济约40%，协定实施将对全球经济贸易产生重大影响。与此同时，RCEP谈判也取得积极进展，有望于2016年达成一致。谈成后的RCEP将成为世界上涵盖人口最多、成员构成最多元、经济发展水平差异最大、发展最具活力的自贸区。东盟10国均为RCEP的谈判方，其中又有4国同时是TPP谈判成员国，印尼、泰国等近期也表达了加入TPP的意愿。本地区不同自由贸易安排双速推进，在给本区域带来贸易和投资便利化的同时，也给区域原有的经贸安排包括中国—东盟自贸区及东盟经济共同体建设带来复杂影响。东盟各国不得不平衡TPP和RCEP间的关系，这分散各国建设经济共同体的注意力，对中国和东盟着力推进的中国—东盟自贸区升级版及中国—东盟经贸关系也带来不确定影响。

三是域外大国加大介入对本地区政治安全合作的冲击上升。东盟奉行大国平衡政策，已与中国、日本、韩国、美国、俄罗斯、印度、澳大利亚、新西兰、加拿大、欧盟共10个国家或组织建立了对话伙伴关系。域内外大国在给东盟带来合作机遇的同时，也对东盟维持其对东亚合作进程的主导地位带来挑战。自2009年高调宣称“重返亚洲”以来，美国不断加大对本地区的政治、军事和经济投入，不断增强其对东亚合作进程的影响力。美国突出政治及安全议题，竭力操控东亚对话合作进程。由于美国大肆煽动蛊惑，少数域内国家又着眼于一己私利，东亚以发展经济为核心的合作进程已在相当程度上受到干扰。有学者认为，数量众多的对话伙伴国正逐渐把东盟变成另一个交锋和斗争的平台，东盟主导和东盟中心在实践中正逐渐变成东盟协调和大国平衡。中国致力于同东盟聚焦经济发展与务实合作，但已明显受到域外大国及域内一些国家的干扰。可以说，东盟力求平衡与其他对话伙伴国的关系，甚至谋求以一方牵制另一方，使东亚合作的势头受到损害。

四是个别地区国家炒热南海问题，人为抬高了地区安全紧张局势。一些东南亚国家急于推动南海争议的多边化、国际化，甚至试图使之成为东盟会议及东亚合作领导人系列会议的焦点问题。中国政府一直强调：“南海问题只是中国与部分东盟国家之间的问题，不是中国与东盟之间的问题；只是中国与东盟国家合作当中的一个局部问题，不是中国与东盟关系的全部。”但由于少数东盟国家在某些域外大国的支持下肆意炒作挑事，南海问题已经对中国—东盟关系产生不良的溢出效应。个别国家滥用东盟协商一致等原则，不时阻挠中国与东盟的具体合作，成为中国—东盟关系健康发展的破坏性因素。

三、对进一步发展中国—东盟关系的建议

2016年既是东盟共同体建成后的第一年，又是中国—东盟建立对话关系25周年，也是中国—东盟教育交流年。在这样一个具有重要意义的年份，中国和东盟应携起手来，密切合作，全力推动中国—东盟关系换挡提速，使之不断取得新进展。

第一，继续提升政治安全互信。政治安全互信是巩固和深化双方合作的重要基石。随着美国推进亚太“再平衡”战略，以及日本等国对本区域介入加大，南海问题变得更加复杂难解，对中国—东盟关系造成负面影响，从而影响中国和东盟的区域合作。在这样的背景下，继续增强政治安全互信变得尤为重要。中国应努力增强东盟国家对中国周边睦邻友好政策的认识和理解，继续推进“中国—东盟国家睦邻友好合作条约”的商签进程，为双方关系提供法律和制度保障。对南海等敏感问题，中国与东盟国家应推进落实《宣言》和“准则”磋商，妥善管控分歧，推动务实合作，共同维护南海的和平稳定。

第二，切实加强发展战略对接。《东盟共同体愿景2025》及政治、经济、社会文化三大共同体发展蓝图等纲领性文件全面规划了东盟的发展方向。中国应更好地将建设“21世纪海上丝绸之路”倡议，同东南亚各国及东盟整体发展战略对接起来，依托中国—东盟“2+7”合作框架，尽快落地“早期收获”项目，对中国—东盟合作产生带动和辐射效应。2016年，东盟将修订《东盟互联互通总体规划》，而中国已在东盟合作框架下提出制定《东亚互联互通总体规划》，两者完全可互为促进补充，有效形成合力，推动区域互联互通水平迈上新台阶。

第三，深入挖掘产能合作潜力。东盟是中国优势产能“走出去”的优先承接地。中国同东盟开展国际产能合作既服务于中国国内经济转型升级，也契合东盟国家发展需要，有利于把东盟后发优势转化为经济增长的动力。双方应继续以综合产业园区等为抓手和平台推进中国—东盟产能合作，找准机会集中建设一批装备制造、矿业冶金、通信科技等产业园。中国的铁路、通信、核电、水泥、平板玻璃等产业技术和装备先进，具有国际竞争力，在东盟市场上可以大有作为。

第四，充分发挥次区域合作优势。中国倡导成立的澜沧江—湄公河合作机制是中国同东盟有关国家进行次区域合作的新机制。它有利于发挥有关国家区位及互补优势，是对中国—东盟整体合作的有益补充与拓展。有关国家将在2016年举行首次领导人会议，有关方应尽快将相关合作理念落到实处，打造中国—东盟合作新亮点。同时要进一步落实好《大湄公河次区域经济走廊战略行动计划》，继续推进泛北部湾经济合作、中国—东盟东部增长区等次区域框架下务实的贸易投资合作。

第五，不断丰富人文交流内涵。筹划好2016年“中国—东盟教育交流年”各项活动，深化中国与东盟教育交流合作。稳步推进“双十万学生留学计划”，加强智库和学者间交流，搭建中国—东盟科研合作平台，推进成立中国—东盟海洋学院。进一步发挥中国—东盟社会文化主管部门引领作用，推出贴近中国—东盟关系发展实际情况的务实合作项目。进一步发挥中国—东盟青年联谊会、中国—东盟青年营、中国—东盟青年事务部长会议等机制作用，扩大面向双方青少年的文化交流活动。

2013年10月，中国国家主席习近平在印度尼西亚国会发表题为《携手建设中国—东盟命运共同体》的重要演讲，全面阐述中国对东盟政策，明确了中国—东盟关系长远发展目标，首次提出中国愿同东盟国家共建“21世纪海上丝绸之路”。同月，中国国务院总理李克强在出席第16次中国—东盟领导人会议时，提出包含“深化战略互信、聚焦经济发展”这两点政治共识和政治、经贸、互联互通、金融、海上、安全、人文7个重点合作领域的中国—东盟合作框架。“海丝”倡议与“2+7”合作框架是新形势下中国—东盟关系的主轴，勾画了中国—东盟合作向前迈进的蓝图。面对中国—东盟合作的新机遇和新挑战，双方应牢牢把握中国和东盟合作共赢的大方向，不断将中国—东盟合作做深走实。

（作者徐步系中国驻东盟大使、杨帆系武汉大学中国边界与海洋研究院助理研究员，原载《国际问题研究》2016年第1期）

东盟崛起背景下的中国—东盟关系
——自我认知变化与对外战略调整

王玉主

中国—东盟关系在过去20多年中取得了出人意料的进展，在从对话伙伴向战略合作伙伴转变的过程中，中国—东盟构建了密切的经济相互依赖关系。2013年中国—东盟战略伙伴关系10周年之际，中国政府把确立战略伙伴关系以来的10年定义为“黄金10年”。这种概括说明中方对与东盟关系的认知是积极的，而“钻石10年”目标的提出，则进一步说明了中方对中国—东盟关系的积极预期。但随之发生的中国与东盟部分成员围绕南海领土争端的升温，却在提醒我们建设双边关系“钻石10年”面临的巨大挑战：一方面是南海争端引起了国际力量的介入，加剧了问题的复杂性，另一方面是东盟及东盟成员的南海政策进入调整，给地区安全格局带来新的不确定性。按照这种分析，中国—东盟关系的困难局面是比较难改善的。但也有分析认为中国—东盟之间目前存在的主要问题是因为东盟不适应中国崛起对地区权力结构造成的冲击。按照这种逻辑，中国—东盟关系的改善是可以期待的。因为随着时间推移，东盟国家逐步适应中国崛起及其带来的各种影响后，中国—东盟关系就会向正常状态回归。

但东盟国家一定能适应中国崛起吗？如果能，适应周期要多长？弄清这些问题对处理中国—东盟关系很重要。从中国—东盟关系发展的互动性来看，东盟对中国的认知是回答这些问题的前提之一。这方面国内外已经有不少研究，并形成了几乎对立的观点。但多数分析东盟对华认知的研究是以中国为中心的，核心变量是中国崛起。全面认识中国—东盟关系却需要我们对东盟进行解读，在探讨中国崛起这个因素的同时，还要仔细考察东盟所发生的变化。例如，东盟自身的崛起就是影响中国—东盟关系的变量，因为分析东盟应对中国崛起到底采取制衡还是扈从，就要弄清楚东盟自身的现实情况。目前已经有研究认为东盟选择在中国和美国之间两头下注，但这只是一种行为描述或策略总结。对中国来说，弄清东盟采取的对华战略背后的因素则更加重要。

可见，有必要将东盟作为分析中国—东盟关系的重要单元，分析东盟自身变化对中国—东盟关系的影响。为此，文章将建立一个简单分析框架，揭示东盟崛起对其自我认知变化的影响以及由此导致的对外战略调整，并以此为基础探讨未来中国—东盟关系的发展。接下来的第一部分将首先分析使东盟产生崛起认知的一些因素。对于快速崛起的中国来说，东盟崛起的事实很容易被忽视，但这却是影响东盟对外认知的一个重要变量，它意味着在处理中国—东盟关系时，我们正面对一个变化中的东盟，这是第二部分重点探讨的内容。第三部分集中分析东盟崛起下中国—东盟关系的发展趋势，最后是本文的简要结论。

一、东盟崛起：一个被忽视的变量

二战后，东亚地区曾经在1997年金融危机爆发前造就了经济增长的“东亚奇迹”。自那以后，中国和印度两个人口大国的相继崛起吸引了世界的目光。中国崛起也因此成了研究地区格局变化以及中国—东盟关系的学者关注的变量。历史地看，东盟成员一直是东亚经济奇迹的共同创造者，只是因为东盟成员作为个体规模不是太大，而作为整体的东盟又略显松散，因此被各方所忽视。当然，规模的重要性是不能否认的，这也是中印两国经济发展倍受注目的原因。但纵向来看，同一时期处在中国和印度增长光环下的东盟无论是在经济增长还是一体化建设方面都取得了很大进展。换句话说，东盟也处在崛起之中。

（一）东盟总体经济规模越居世界前列，人均GDP大幅提升

东盟成立于1967年，当时只有5个成员。主要得益于冷战结束后的不断扩大，东盟发展到今天包括10个东南亚国家的局面。根据联合国贸发组织的统计，东盟总人口已经从1990年的4.4亿多增加到2013年的超过6.17亿。世界银行公布的数据显示，2014年东盟10国GDP总量位居全球第七位。表1（见下页）提供了比较视野下东盟1980年以来的GDP发展情况：东盟GDP总量1980年为2204.79亿美元，到

2013 年已经增长到 24187.89 亿美元，增长约 9.9 倍。尽管比同期增长接近 30 倍的中国逊色，但略高于印度同期的增长（约 9.4 倍），远高于同期世界总体的表现（约增长 5.2 倍）和不含中国的发展中经济体的表现（约增长 6.9 倍）。

这种变化反映的是东盟相对较高的经济增长速度。根据联合国贸发署 2013 年的统计，东盟 1986 ~ 1990 年年均 GDP 增长 7.02%，1991 ~ 1995 年年均 GDP 增长率为 7.48%，虽然受 1997 年金融危机影响经济总体表现欠佳，但进入 21 世纪后又开始进入稳定增长阶段，2001 年以来年均 GDP 增长率超过 5%。但我们也看到，由于东盟多数成员走的是外向型发展道路，因此受外部环境变化的冲击很大。1997 年亚洲金融危机、2001 年“9·11”事件以及 2008 年美国次贷危机等都对东盟经济增长带来很大的负面影响。这其中既包括出口下滑造成的影响，也包括汇率变化造成的冲击。尽管如此，东盟 GDP 占世界 GDP 的份额仍实现了较大增加，从 1980 年的 1.83% 提升到 2013 年的 3.23%。同期，东盟 GDP 占美国 GDP 的份额从 7.66% 上升到 14.3%。

这种表现虽然没有中国的增长给人印象深刻（见图 1），但也在提升了东盟国际地位的同时，大大改善了东盟各国人民的生活水平。正如表 2 所显示的，1990 年以来的 20 多年里，东盟各国的人均 GDP 平均增长了 4.7 倍，其中增长最快的越南为 19.8 倍，增长最慢的文莱也达到 2.9 倍。到 2013 年，老挝、缅甸、柬埔寨等传统落后国家的人均 GDP 都超过了 1000 美元，新加坡和文莱的人均 GDP 更是分别位列全球第七位和第二十位。这一切都足以使东盟各国感受到自身力量的上升。

表 2　东盟成员国人均 GDP 对比　单位：美元

国别	1990 年	2000 年	2010 年	2013 年	2013/1990 年
文莱	13702	18087	30882	40006	2.9
柬埔寨	187	300	783	1024	5.5
印度尼西亚	701	789	2947	3478	5
老挝	204	309	1054	1540	7.5
马来西亚	2612	4167	8754	10445	4
缅甸	123	150	799	1146	9.3
菲律宾	793	1043	2136	2760	3.5
新加坡	12875	24069	45619	52604	4.1
泰国	1561	2023	5090	6097	3.9
越南	94	385	1320	1860	19.8
东盟平均	828	1171	3212	3917	4.7

资料来源：UNCTAD, Handbook of Statistics, 2014

（二）东盟与外部世界的经济互动关系日益深化

二战后，多数东盟成员都先后走上了出口导向型发展道路，这种模式的特点决定了东盟经济的对外依存度比较高。根据世界银行公布的数据，过去 20 年间东盟外贸依存度平均值达到了 140%，而同时期中国与印度的数据分别为 46%、38%。图 2 是根据世界银行统计数据绘制的东盟对外贸易（包括货物贸易和服务贸易）的增长情况。自 1995 年以来，东盟对外贸易增长虽然先后被 1997 年金融危机、“9·11”事件以及美国次贷危机所打断，但总体增长趋势并没有发生变化，对外贸易总额从不足 8200 亿美元增长到超过 3 万亿美元，

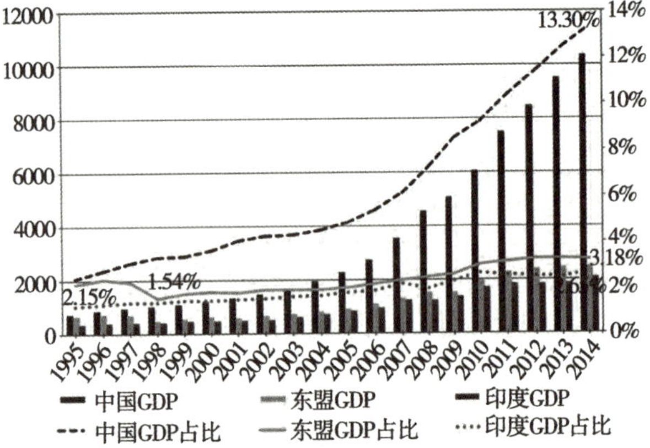

图 1　中国、东盟及印度 GDP 增长情况比较　单位：10 亿美元

资料来源：世界银行著：《2015 年世界发展指标》，姜睿等译，北京：中国财政经济出版社，2015 年

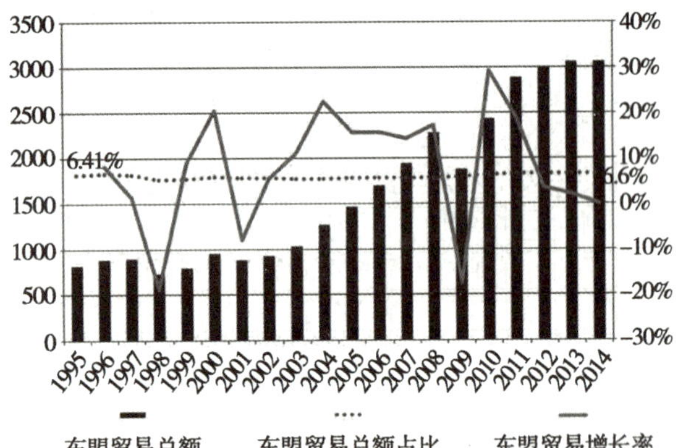

图 2　1995 ~ 2014 年东盟贸易总额增长情况　单位：10 亿美元

资料来源：世界银行著：《2015 年世界发展指标》，姜睿等译，北京：中国财政经济出版社，2015 年

表 1　东盟 GDP 与其他经济体比较　单位：亿美元

	1980 年	1990 年	2000 年	2010 年	2013 年
东盟	2204.79	3672.43	6143.21	19138.20	24187.89
中国	3065.20	4044.94	11928.36	59497.86	93189.01
印度	1847.61	3267.96	4677.88	17047.95	19244.52
发展中经济体	26099.92	39479.70	71036.71	211386.57	274973.69
发展中经济体（不含中国）	23034.72	35434.76	59108.35	151888.71	181784.68
美国	28784.56	60118.87	103589.08	150584.96	169110.86
世界	120432.16	226038.49	328579.37	644006.85	746007.01

资料来源：UNCTAD, Handbook of Statistics. 2014

在世界贸易总量大幅增长的情况下维持着6.6%左右的份额。

除了贸易,东盟还通过投资与世界形成越来越密切的互动。作为世界经济增长的热点地区,东盟长期以来吸引着大量的国外直接投资。联合国亚太经社理事会2014年发布的《亚太贸易与投资报告》中指出:亚太区域对投资商仍具吸引力,在全球外国直接投资总额中占了38%,其中中国与东盟最具吸引力。从2006年到2014年的统计数据看,东盟自身、欧盟以及日本依次为东盟的前三大FDI来源地。近年来,中国对东盟的直接投资增长很快,正在成为东盟的主要外资来源地(见表3)。新加坡是域内FDI流入份额最大的国家,2013年达到49.6%,而越老柬缅4国吸引的投资份额相对较少。

(三)东盟一体化步伐加快,作为区域合作中心的地位不断提升

东盟在经济层面所取得的成就,是其国际地位提升的重要物质基础。但其崛起不完全表现在经济本身,东盟在东亚合作中所发挥的特殊作用也是东盟受到关注的重要方面。东盟自1992年开始推动东盟自贸区建设,在区内贸易投资一体化方面取得了很大进展。但真正把东盟推上地区合作平台的是10+3合作框架的出现以及开始于中国—东盟自贸区的10+1合作。东亚地区特殊的力量结构,使日本和中国无法在地区合作中发挥主导地位,因此在东亚合作中形成以东盟为中心的"轴—辐"结构。

内部一体化水平对东盟维护中心地位来说是个重要因素,因此非常注重加强内部合作,提高自己在地区合作中发挥作用的能力。共同体建设是东盟到目前为止推动一体化建设最严肃的措施。与以往突出经济合作不同,东盟进入21世纪之后提出的共同体建设包括经济共同体、政治安全共同体和社会文化共同体,涵盖了东盟区域合作的各方面,原本计划到2020年完成的共同体因为地区合作形式的发展也在8年前提前到2015年年底。尽管东盟可能无法按期完成共同体建设蓝图确定的一系列目标,但东盟在推动地区合作上的中心作用还是越来越得到各方的支持。区域全面经济伙伴关系(RCEP)的推动就是这方面的一个例子。2015年11月,东盟第二十七次领导人会议发表声明,宣布东盟共同体建成。虽然这次东盟把共同体建设的部分目标留作后2015议程,但共同体建成仍会一定程度上加强东盟作为地区合作中心的作用。

总体而言,东盟在过去20多年里取得了很大的成就,只是被规模更大、表现更突出的中国的光环所遮掩。目前的东盟,无论是其GDP规模还是国际贸易额都已经在世界经济中占有比较重要的地位。相较于其他发展中世界,东盟的经济成就使探讨东盟崛起问题有了一定的物质基础。回到当前东亚的国际格局中就会发现,良好的经济表现开始反馈到东盟的自我认知上,因此东盟比以往更加关注自身在地区经济中的地位,而在其通过大国平衡战略编织起来的国际关系网络中,行为也变得更加自信。这说明能力的提升在对自我认知的塑造中,而自身能力的提升在与外部力量的交流与反馈中,已经塑造了一个与以往不同的东盟。

二、东盟崛起的影响:自我认知变化与对外战略调整

东盟崛起不是大国竞争意义上的崛起。因为东盟到目前为止还没有明确走上超国家集团的发展道路,内部发展也很不平衡,这使它无法以一个集团的形式走向崛起。之所以从崛起视角探讨东盟取得的成就,是要以东盟的经济发展以及地区角色变化作为分析东盟行为的重要影响变量,探讨东盟综合能力提升、地区地位加强对其自我认知的影响,以及对外关系战略方面的调整。

(一)崛起与自我认知变化

崛起伴随着自信的提升,一个重要的表现就是东盟对"中心地位"认知的强调。东盟崛起是下面两个量变积累结果:一是长期快速增长后经济实力的增强;二是共同体建设提高了内部一体化水平,使东盟作为地区集团的存在感和国际地位大大提升。这说明,东盟"中心地位"作为一种自我认知,虽以自身能力提升为基础,但也接受国际社会对其实力崛起的反馈。换句话说,外部大国对东盟的支持和认可强化了东盟对其"中心地位"的自我认知。而大国对东盟态度转变的背后又都包含着中国崛起因素,因此可以说东盟国际地位的重要性在一定程度上被中国崛起所放大。

从地区秩序角度看,中国、美国、日本、印度、俄罗斯等大

表3　东盟FDI主要来源地(2006~2014年)　　单位:10亿美元

来源地＼年份	2006	2007	2008	2009	2010	2011	2012	2013	2014	累计
东盟	8.69	9.63	10.45	6.67	15.2	15.23	20.66	21.43	24.38	132.34
欧盟	14.59	22.07	9.45	8.6	19.02	29.69	18.09	26.98	29.27	177.76
日本	10.16	8.8	4.29	3.92	11.17	9.71	23.78	22.9	13.38	108.11
美国	4.07	10.8	3.12	5.22	12.29	9.13	11.08	3.76	13.04	72.51
中国	1.96	2.13	0.95	1.97	4.05	7.86	5.38	8.64	8.87	41.81
香港	1.17	1.95	1.88	5.65	1.74	4.27	5.03	4.52	9.5	35.71
韩国	1.45	2.44	1.53	1.8	4.3	1.74	1.71	3.52	4.47	22.96
澳大利亚	0.55	2.24	1.09	0.99	4	1.53	1.83	2	5.7	19.93
台湾	0.52	1.09	1.63	1.12	1.03	2.32	2.24	1.32	2.81	14.08
加拿大	0.2	0.39	0.55	0.75	1.3	0.77	0.92	0.85	1.26	6.99
小计	43.36	61.54	34.94	36.69	74.1	82.25	82.6	95.92	112.68	624.08
其他	20.55	23.38	14.75	11.24	26.26	15.29	31.68	26.46	23.5	193.11
总额	63.91	84.92	49.69	47.93	100.36	97.54	114.28	122.38	136.18	817.19

资料来源:2006~2013年数据来自ASEAN Statistical Yearbook 2014, p.110;2014年数据来自ASEAN Investment Report 2015, p.231

国以不同方式加强在东南亚的存在与影响,并在这个地区形成了形式上以东盟为主体、各大国展开博弈的复杂的战略格局。东盟很清楚,无论外部大国对东盟“中心地位”的支持是处于地缘政治还是经济利益考虑,都是从自身利益出发做出的计算。因此对东盟来说,在大国博弈的结构中找好平衡点虽然也很关键,但自身能力和水平是维系这种结构稳定的重要基础。因为东盟崛起,特别是经济实力的提升使任何大国都不会轻易放弃东盟,东盟在处理与任何大国的关系时就可以更自信地坚持自我立场,并把其他各方对东盟问题的关切转化为自己话语权的一部分。实践中我们看到,最初东盟是很不自信地坐上东亚合作驾驶员位置的,2007 年发表的《东盟宪章》也只是把中心地位作为追求目标。最近几年,东盟不仅安心接受了东亚特殊力量格局为其提供的区域合作中心地位,而且开始更加主动地谋求在地区事务中的主导作用。这种进取心在东盟当仁不让地主导 RCEP 进程中得到很好的表现。

（二）东盟地区战略的调整

东盟对其“中心地位”的主动维护,表现在对于内部一体化建设的加强,但更为重要的是东盟对地区权力结构的关注。这是一个渐进的过程:即自我认知越来越积极,处理国际关系的战略越来越主动。

1. 东盟的大国平衡战略。冷战结束后,长期单边依附西方的东盟发现先前存在于东西两个阵营之间的鲜明对抗界线突然模糊,随之而来的是西方在冷战时期给予东盟的经济支持迅速减少。对以出口导向作为整体发展战略的东盟来说,转而与此前的敌对方发展经济合作关系成为迫不得已的步骤。在维持与美日等大国关系的同时,东盟采取拉近与中国、俄罗斯、印度等大国之间关系的战略,这一做法被总结为“大国平衡战略”。从操作技巧角度看,东盟的大国平衡战略包含两个层面:一是改变以前敌我分明的立场,与地区乃至全球大国建立政治、经济联系,并试图与主要大国保持等距离外交。具体到经济合作领域,东盟从 2001 年推动建设中国—东盟自贸区开始,已经形成了一个包括中国、日本、韩国、印度以及澳大利亚和新西兰的“轴—辐”型自贸区结构。二是从政治、经济关系两个方面平衡与各大国之间的关系。在构筑与各大国的等距离外交关系结构时,东盟采取的是从易于推动的领域入手。例如,对政治安全合作存在困难的双边关系,选择从经济合作入手。在这方面东盟与中国关系的发展最为典型。冷战结束之初,中国—东盟之间的政治经济联系都很弱。从构筑大国平衡结构的目标出发,东盟接受了中国在南中国海问题上“搁置争议”的倡议,并从 1997 年亚洲金融危机之后积极开展与中国的经济合作,在中方倡议下积极成功与中国建成双边自贸区。作为这种灵活策略的结果,中国—东盟关系很快成为东盟与大国之间“轴—辐”结构的一根重要辐条。

东盟这种与各大国保持等距离、脚踩多只船的战略,从本质上讲是一种被动的战略,它是亚太地区国际关系在后冷战时期突然缓和的情况下,东盟寻求通过与各方合作来保证自身安全并获取最大经济利益的举措。大国平衡战略描述了东盟在后冷战时期所处的地区秩序格局,也正是大国平衡战略的选择才使东盟获得了东亚合作“中心地位”。但大国平衡结构之所以能够维持,首先是因为各大国之间保持着相对稳定的关系。在这种状态下,任何大国都不追求对东盟的绝对影响力,并能容忍东盟与其他大国开展政治经济合作。这种条件性所暴露的是东盟大国平衡战略的被动性,因为一旦大国关系发生变化,东盟就不得不做出战略调整以适应新的环境。

2. 东盟对外战略的主动调适。虽然受到内外危机的几次冲击,但东盟在过去几十年中取得的成就还是被国际社会所接受。东盟通过大国平衡战略在后冷战地区秩序中维护其“中心地位”,并因此而获得这种地位所带来的功能性权利。中国经济出人意料的快速崛起,对地区秩序形成冲击,在一些研究者看来,亚太地区已经陷入新的安全困境。东盟对这种变化很敏感,自然会采取措施应对这种新的环境。吴翠玲对东盟 21 世纪以来对外战略进行过深入探讨,认为东盟在中国崛起的冲击下试图通过一种“全面结网”战略塑造稳定的外部环境。尽管这种观点在一定程度上夸大了东盟对其所面对的地区秩序的塑造能力,但这种观察本身说明东盟进入 21 世纪后对外战略的努力已经被敏感地觉察。鉴于地区秩序重构还在进行中,还不能轻易认为东盟已经放弃大国平衡战略。

东盟当下对外战略的调适是受其崛起认知影响的:一方面,东盟在地区层面主动维护以自我为中心的合作架构。因为东盟“中心地位”的获得与地区力量机构平衡息息相关,“10 +3”合作架构其实是东盟“中心地位”的一种外在表现。面对地区秩序环境的变化及其对东盟“中心地位”的可能剥夺,自身能力提升并因此发生自我认知改变的东盟没有被动接受,而是依托自身的经济实力和地缘优势积极构建新的合作平台以维护自身地位。另一方面,采取战略性疏远策略维护大国平衡结构。东盟所维护的大国平衡结构,不仅表现在东盟与各大国之间的经济合作和政治交往上,也取决于各方对与东盟的相互关系以及他方与东盟相互关系的平衡性的认知。对东盟来讲,在大国平衡结构中与任何一方关系的不对称深化都将对平衡的维持造成威胁,除非与其他各方的关系在短期内也能取得同步的发展。这里所说的战略性疏远,是指东盟在面临与某个大国的双边关系快速发展,而与其他大国关系无法同步深化时,对正向发展的双边关系做逆向调整,以避免一组双边关系过快拉近而破坏大国平衡结构,进而陷入在某几个大国之间“选边站”的被动局面。

三、“战略性疏远”与中国—东盟关系

过去几十年中,中国—东盟之间已经建立起十分密切的经济相互依赖关系,中国也从东盟最普通的合作伙伴发展到全面战略伙伴。毫无疑问,这种利益捆绑型的双边关系是成功的。但必须看到的是,这不仅是中方积极推动经济合作的结果,更因为中国与东盟构建双边依赖关系的努力也符合东盟的利益关切。因此,当东盟崛起引起其对外战略调整时,就需要从双边关系建构角度考虑这种调整的影响,并在此基础上相应调整我们的双边关系经营模式。

（一）以经济利益捆绑为基础的中国—东盟关系

中国—东盟合作是从经济领域取得突破的。在建设中国—东盟自由贸易区的 10 多年中,中国—东盟经济合作不断加快。目前双方都是对方的重要经济伙伴,在东盟的对话伙伴中,其与中国的贸易相互依赖程度最深。在当前的国际环境下,中国深知自己的和平与发展身系亚洲,因此对中国—东盟关系十分看重,而现实是中国对东盟的经济重要性正在下降,积极对外政策指导下的中国—东盟自由贸易区升级版因此把双边经济更深层次的一体化作为指向。正常状态下,作为这种安排的结果,未来的中国—东盟经济相互依赖关系将进一步深入。但当中国认为中国—东盟关系会因为这相互依赖而更加稳固时,东盟却在担心中国对东南亚的经济主导和政治影响。因此,在东盟自我认知发生变化、因为维护东盟"中心地位"而选择从战略上疏远中国时,中国长期以来采取的以经济合作促进双边关系的战略将面临很大挑战。

(二)"战略性疏远"与中国—东盟关系发展

随着中国崛起作为一种事实被接受、被感知,日益深化的相互依赖关系在中国—东盟关系之间变得敏感起来。中国学者认为,中国—东盟相互依赖关系的建立和深化,是中国构建和平、合作的区域观回归的结果。国际上也有观察者对中国构建经济相互依赖的努力给予支持,认为这更符合现状国特点,但仍有人更倾向于认为中国在搞中国中心主义。当然,崛起中的东盟作为中国—东盟关系中能动的一方,对这种相互依赖关系的认知将直接影响到其处理对华关系战略。

实践中,关于中国崛起和美国衰落问题还处在争论中。对东盟来说,这意味着地区权力结构的某种变化,但即便东盟接受随着中国经济崛起东亚地区已经形成某种"二元结构"的观点,也仍然没有充分的理由放弃大国平衡战略。事实上,东盟正在以维护和巩固大国平衡下的地区"中心地位"诉求作为中国—东盟关系的认知基础,并在此认知基础上形成应对日益深化的中国—东盟相互依赖关系的策略,即"战略性疏远"。具体来说,与冷战后东盟不断强化与中国、印度等大国的关系、构建大国平衡结构时的做法不同,东盟对华采取的"战略性疏远"是以东盟崛起为前提、以地区"中心地位"认知确立为基础,在其与美国和中国的经济关系无法保持同步发展的情况下,东盟选择以南海问题疏远中国,维持与各大国的整体关系基本平衡的策略。因此,东盟的这种做法不能被认为是制衡中国,但也不是真正意义上的"两头下注",而是一种以维持适度政治摩擦来制衡经济相互依赖快速深化的战略。东盟处理对华关系这一策略的形成,意味着中国—东盟关系发展正进入一个新的阶段。

这个新阶段的一个典型特点就是中国—东盟的经济合作还在继续,但围绕南海问题的冲突却有愈演愈烈的趋势。对于这种局面的出现,有研究把问题归结为中国在处理与东盟关系时没能很好展示自己的软实力。这当然有其道理,但地区秩序变动条件下东盟采取的对华战略性疏远却是中国—东盟关系现状更关键的解释变量。在这一策略指导下,东盟虽不会拒绝与中国的经济合作,但为了维护大国平衡格局而疏远中国的做法,将使中国目前采取的包括"2+7"合作方案在内的各种深化与东盟关系的措施无法发挥预期作用。因为东盟对经济利益的实用主义追求,决定了东盟不会放弃搭中国经济发展便车的机会,却将选择以政治关系的淡化来稀释密切的经济相互依赖。这会使中国—东盟关系表现出更强的政经分离,而更为悲观的前景则是这种情形成为中国—东盟关系的常态。

中国崛起的同时,东盟在各方面的建设上也取得了巨大成就并为世界所认可,这虽然没有引起中国的足够关注,但已经在很大程度上改变了东盟的自我认知并进而引起东盟对外战略的调整。虽然还不能认为东盟已经放弃了冷战后形成的大国平衡战略,但其以"战略性疏远"逆向调整对华关系来维护大国平衡结构的策略,成为中国推动与东盟关系建设必须考虑的东盟变量。它提醒中方关注东盟与其他大国关系的进展状况,因为在其他大国与东盟关系没能取得明显进展的情况下,中国单方面加强与东盟关系的努力会使东盟不得不加大战略性疏远的力度,使中国—东盟关系的政经分离更加突出。因此,中国有必要对当前以强化经济相互依赖为导向的中国东盟合作倡议做进一步的思考。

(作者系中国社会科学院研究员,原载《南洋问题研究》2016 年第 2 期)

中国与东盟国家相互投资的现状、特点及展望

徐 敏

中国与东盟国家的相互投资在经过 20 多年的发展后,进入一个相对平稳的发展阶段,今后将从哪些方面加强双边的投资合作成为研究的重要内容。本文就中国与东盟国家 2003~2014 年投资的相关数据和资料分析双向投资的现状,总结其发展的特点及存在的问题,为进一步促进中国与东盟国家的相互投资提供发展思路和对策建议。

一、中国与东盟国家相互投资的现状分析

(一)中国对东盟国家投资的现状分析

从图 1 和图 2 中可以看出,2003 年中国对东盟国家的投资流量为 1.19 亿美元,占中国对外直接投资的比重为 4.18%。到 2014 年中国对东盟的投资流量为 78.09 亿美元(增长 64 倍,年均增速 46.25%),同比增长 7.5%,占中国对外投资流量总额的 6.34% 和对亚洲投资流量的 9.6%。2003 年中国对东盟国家的投资存量为 5.87 亿美元,占中国对外直接投资的比重为 1.77%。到 2014 年中国对东盟国家投资存量达到 476.33 亿美元(年均增速 49.13%),占中国对外投资存量总额的 5.4% 和亚洲地区投资存量的 8%。中国对东盟的投资步伐明显加快,截至 2014 年年末,中国在东盟国家设立直接企业 2700 多家,雇用当地员工 15.97 万人,对东盟国家经济发展发挥了重要的作用。

根据图 1 和图 2 数据显示,2003~2014 年中国对东盟国家的直接投资额无论是流量还是存量增幅都很明显。所占比重上,2003~2005 年中国对东盟国家投资流量占比不断下

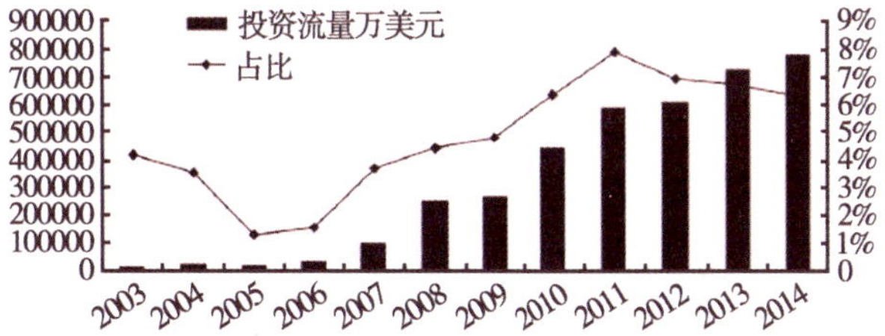

图 1 2003~2014 年中国对东盟各国直接投资流量及占比

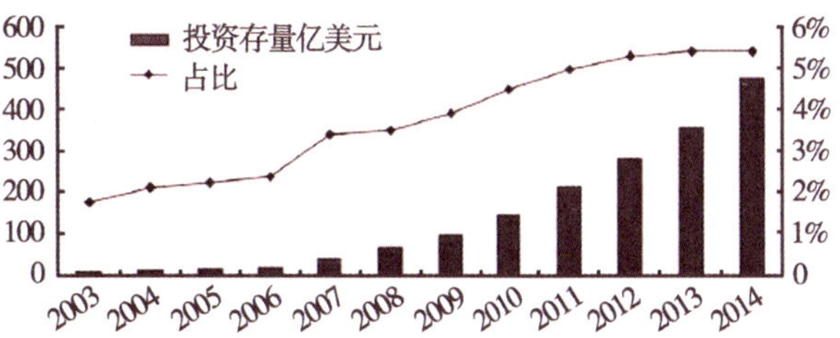

图 2 2003~2014 年中国对东盟各国直接投资存量及占比

图 1、图 2 的数据来源于 2003~2014 年中国对外直接投资公报

降,从4.18%下降到1.29%;而2005~2011年中国对东盟国家投资流量占比不断上升,到2011年达到7.9%,从2012年开始下降,到2014年下降到6.34%。从所占比重的变化上看,与中国对外直接投资和世界投资环境有明显的关系。总体而言,中国对东盟各国的投资占中国对外投资的比重较低,发展前景看好。

从2003~2014年中国对东盟各国的直接投资流量情况和中国对东盟各国的投资规模来看,中国对外投资主要流向新加坡、印度尼西亚、缅甸、柬埔寨和老挝,中国对文莱、马来西亚、菲律宾、越南和泰国等国的投资规模相对较小。中国对东盟各国的直接投资早期以发达国家为主,如新加坡,呈现出投资国别的明显不均衡现象。近年来,中国加大对东盟新成员国(缅甸、越南、柬埔寨和老挝)的投资力度。

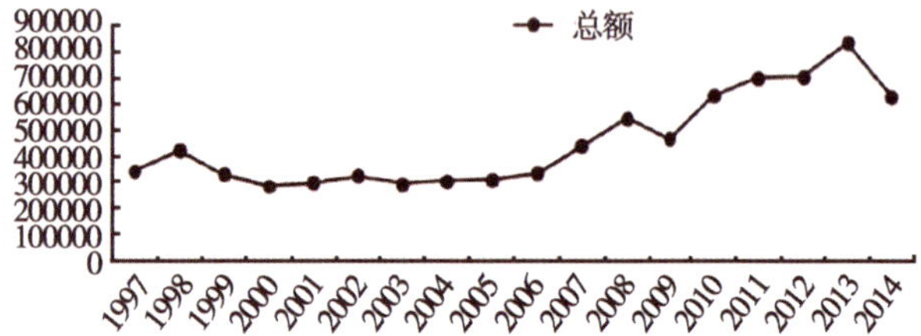

图3 1997~2014年东盟国家对中国直接投资额 单位:万美元

数据来源:中国国家统计局网站、中国商务部网站、《东盟统计年鉴》

(二)东盟国家对中国投资的现状分析

从图3可以看出,东盟国家对中国的投资从1997年的34.28亿美元增长至2014年的63亿美元,2003~2010年占中国实际利用外资流量总在5%左右浮动。具体说来,1997~2006年间投资额均在30亿美元左右浮动,增幅不明显。但是从2007年起,东盟对华投资开始呈现出不断增长的态势,2013年达到83.47亿美元。不过2014年下降到63亿美元,下降幅度达到25%。东盟国家大幅度减少了对中国的投资,其原因是多方面的,值得进一步研究。

东盟6个老成员国(新加坡、马来西亚、菲律宾、印度尼西亚、泰国和文莱)对中国的投资分为两类:投资额相对稳定的国家和投资额不稳定的国家。新加坡、马来西亚和菲律宾属于对中国投资相对稳定的国家。新加坡是东盟国家中对中国投资最多的国家,从1997年的26.06亿美元到2013年的72.29亿美元(2014年下降为58.27亿美元),基本占据东盟对中国投资的一半以上;马来西亚和菲律宾每年对中国的投资额相对稳定,马来西亚基本保持在3亿美元左右,菲律宾保持在1亿美元左右(仅2013年出现大幅减少,当年在中国的投资额仅为6723万美元)。印度尼西亚、泰国和文莱每年对中国的投资不稳定,投资规模的年度变化额较大。文莱1997~2001年对中国的投资额很小,自2002年开始增长迅速,2007年达到最高投资额,为3.77亿美元,随后逐年减少,到2013年仅为1.33亿美元。印度尼西亚和泰国对中国的投资额每年变化比较大,如泰国对中国的投资额2013年为4.83亿美元,而2009年仅为4866万美元。印度尼西亚2008年对中国的投资额为1.67亿美元,而2011年仅为4607万美元,为近17年来最低。

东盟4个新成员国(缅甸、越南、柬埔寨和老挝)对中国的投资额与东盟6个老成员国相比要少很多,东盟4个新成员国中柬埔寨对中国的投资最多(2013年为2251万美元),其次为缅甸、越南和老挝。

从东盟各国对中国投资流量统计,新加坡、文莱、马来西亚占据东盟对华投资前三位,而缅甸、越南、老挝和柬埔寨这4个东盟新成员国投资额增长较低,对中国的投资发展缓慢甚至下降。随着今后中国与这几个东盟国家关系的不断发展,双方的投资合作将不断加强。

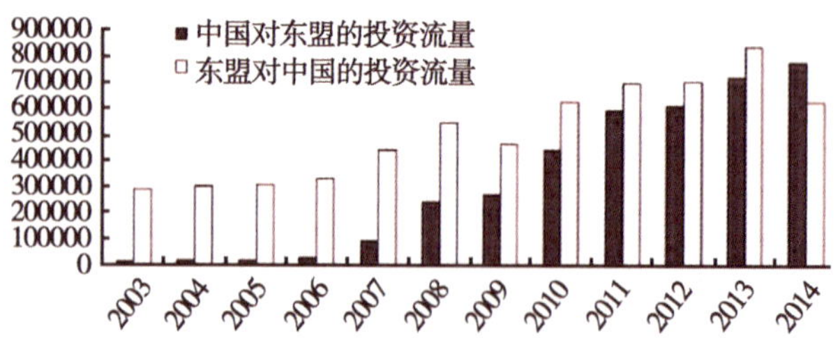

图4 中国—东盟国家相互投资的流量比较

数据来源:中国国家统计局网站、wind数据库、《东盟统计年鉴》

二、中国—东盟国家相互投资的特点

(一)中国对东盟国家投资的特点

1. 总体规模小,增长速度较快。从图4可以看出,中国对东盟国家的投资规模除2014年外,其他年份都比东盟国家对中国的投资小,但是中国对东盟国家投资额的增长速度快于后者。中国对东盟国家的投资额在2003年为1.19亿美元,到2014年达到78.09亿美元。同期东盟国家对中国投资额,2003年是29.25亿美元,2013年是83.47亿美元,达到最高,但2014年东盟对中国的投资减少到63亿美元。从总量上看,东盟国家对中国的投资流量明显高于中国对东盟国家投资流量;从增长幅度上看,2003~2014年中国对东盟国家投资额年均增速为46.25%,而东盟国家对中国投资额年均增速为7.22%,中国对东盟投资额增速明显快于东盟在华投资额增速。但2014年东盟对中国的投资比前一年减少了20.1亿美元,减幅25%,其下降的原因值得进一步探讨。

2. 投资项目平均规模偏小。中国对东盟国家的投资增速较快,也加大了电力、石油、天然气、矿业和基础设施等大型项目的投资力度,但是整体上投资项目平均规模偏小,尤其是对东盟4个新成员国的投资项目规模较小,如下表。

表1 中国对东盟国家投资项目平均规模

单位:百万美元

东盟国家	吸引外资项目的平均规模	中国对其投资项目的平均规模
新加坡	—	9.89
柬埔寨	50.88	7.33
老挝	5.34	4.93
越南	14.5	5.26
缅甸	85.6	267.37

数据来源:新加坡统计局、柬埔寨发展理事会、老挝计划投资部、越南统计总局、中国驻缅甸大使馆经济商务参赞处

从表1可以看出,除了中国对缅甸的投资,中国对柬埔寨、老挝和越南的投资项目规模小于其吸引外资投资项目的平均规模,说明中国对东盟国家的投资项目规模普遍偏小。

3. 投资的区位分布集中。中国对东盟国家的投资区域比较集中,主要分布在经济相对发达的城市。东盟10个国家在交通、电力、信息网络等基础设施差异较大,在经济相对

落后的东盟4个新成员国基本上都存在缺电、信息网络落后的情况，在东盟国家进行投资的中资企业主要分布在首都、省会、港口等基础设施相对较好的城市。例如柬埔寨的中资企业30.6%集中在金边，其余分布在西哈努克港和暹粒等城市；在老挝的中资企业主要分布在万象、琅勃拉邦；在缅甸的中资企业主要分布在仰光、曼德勒、密支那；在越南的中资企业主要分布在河内、广宁、胡志明市。

4. 投资的国家和投资产业分布高度集中。从中国投资的目的国来看，2003～2014年中国对东盟国家投资的前三位是新加坡、柬埔寨、老挝，除新加坡外，都属于东盟新成员国，为欠发达国家。近几年来，中国加大对东盟新成员国的投资力度，中国成为缅甸和柬埔寨的第一大外资来源地、老挝的第三大外资来源地、越南的第九大外资来源地。

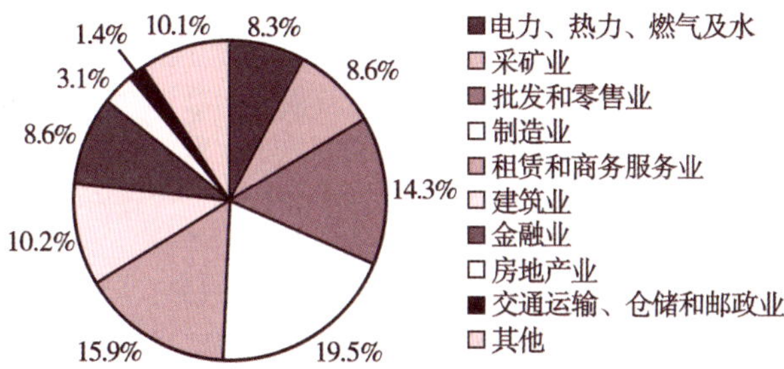

图5　2014年中国对东盟国家投资的产业分布状况

数据来源：2003～2014年度中国对外直接投资统计公报

从投资产业分布上分析，从图5可以看出，近年来，中国对东盟国家投资的产业分布主要在采矿业，约占8.6%，主要分布在印度尼西亚、缅甸、老挝、新加坡等；批发和零售业约占14.3%，主要分布在新加坡、印度尼西亚、老挝等；制造业约占19.5%，主要分布在泰国、越南、印度尼西亚、柬埔寨、马来西亚、缅甸等；电力、热力、煤气燃气及水的生产和供应业约占11.3%，主要分布在缅甸、印度尼西亚、老挝、新加坡、柬埔寨等。中国对东盟国家投资的产业主要集中在采矿业、批发和零售业、制造业和电力、热力和燃气方面。从近年来的投资趋势看，电力、煤气及水生产供应业、采矿业、科学研究、技术服务和地质勘查业的投资比重在不断下降；制造业、租赁商务服务业、建筑业、房地产业和金融业，尤其是制造业、租赁商务服务业上升比较快；批发零售业受市场景气的影响仍然是波动较大。

5. 投资主体多样。中国对东盟国家的投资主体呈现多样化的特点，既有国有企业，也有个体企业和民营企业。其中，国有企业是中国企业对东盟国家（尤其是东盟4个新成员国）投资的骨干，主要承担着电力、石油天然气开采、矿产开发等资金密集型产业的投资。如中国对缅甸、柬埔寨、老挝和越南国家电力行业投资的42家企业中，中央企业有22家，占52.38%；在缅甸的中资企业中，中央企业占18.12%。

表2　中国对部分东盟国家投资的主体类型统计

单位：%

投资主体	柬埔寨	老挝	越南	缅甸
中央企业	6.96	3.54	4.18	18.12
地方企业（个体和民营企业）	93.04	96.46	95.82	81.88

资料来源：中国商务部网站境外企业统计资料

个体企业、民营企业也是中国对东盟国家投资的重要主体，其投资行业主要集中在制造业、农林牧渔业、批发和零售业、租赁和商务服务业，在开拓境外市场、消化国内产能过剩方面发挥重要的作用。从表2可以看出，地方企业（个体和民营企业）在对东盟部分国家投资中占有比重都在80%以上，民营企业在中国对东盟的投资主体所占的比重较大，发挥着越来越重要的作用。

6. 投资额波动大，缺少规律性。中国与东盟国家投资额波动大且缺少规律性，对各个国家的投资额缺少稳定性，增减不定，难以预测。这种投资规模的不稳定与投资环境、经贸关系和个体与民营企业是中国对东盟投资的主体所占比重较大有直接的关系，投资环境不稳定、经贸关系的不断变化以及个体与民营企业决策的分散性造成了投资规模波动大，缺少规律性。

（二）东盟国家对中国投资的特点

1. 投资规模总体较大，但是增长速度较慢。从图4可以看出，东盟国家对中国的投资规模总体上比中国对东盟国家投资的规模大（2014年除外），但其增长速度较慢。从投资流量上看，东盟国家对中国的投资流量明显高于中国对东盟国家投资流量，东盟国家对中国的投资额2003年是29.25亿美元，2013年是83.47亿美元，2014年下降到63亿美元。但从增长幅度上看，2003～2014年中国对东盟国家投资额年均增速为46.25%，而东盟国家对中国投资额年均增速为7.22%，东盟国家对中国的投资额增速明显慢于中国对东盟国家的投资增速。

2. 受政治、经贸合作导向的影响较深。东盟为中国的友好邻邦，长期以来中国与东盟在政治、经贸和社会文化等领域的合作关系直接影响东盟国家对中国的投资，尤其是政治、经贸合作关系的影响。如中国与新加坡于1990年正式建交，建交后由于两国政府的大力支持，中新贸易关系提升为投资关系，开启了新加坡对中国投资的第一次热潮；随后新加坡政府提出要搭乘中国经济迅速发展的顺风车，掀起了新加坡企业对中国投资的第二次热潮；在2003年和2004年，新加坡政府领导人的“非正式”访问中国台湾，新加坡对中国的投资也下降到了同一阶段的最低点。由政府引导的直接投资模式是一把双刃剑，既可以加快东盟对华投资的规模，也会使东盟对中国的投资处于一种极不稳定的状态，投资始终被国家之间的政治关系所牵制。

东盟国家对中国的投资深受双方经贸合作关系的影响，如2002年11月，中国与东盟签署《中国—东盟全面经济合作框架协议》，2003年印度尼西亚、菲律宾、越南、文莱等国扩大对中国的投资，比前一年分别增长23.42%、18.28%、31.87%和203%。2009年，中国—东盟自由贸易区签署《投资协议》，2010年1月中国—东盟自由贸易区全面建成，当年东盟10国对中国的投资总额增长35.17%，菲律宾、老挝、缅甸、泰国、新加坡对中国的投资分别增长24.37%、289%、3.8%、5.51%和51%。但是经贸合作难以保证投资的持续增长，2010年和2011年东盟对中国的投资规模迅速扩大（分别比前一年增长了35.17%和34.1%），但到2012年只比2011年增长了3.3%，虽然2013年的增速为19.13%，但2014年东盟国家大幅度减少了对中国的投资，减幅为25%，投资的加速和减速增加了东盟国家对中国投资的不稳定性。

3. 投资规模波动比较大。东盟国家对中国投资的总量相对稳定,但是每个国家对中国的投资规模波动较大。不论是东盟的发达国家还是欠发达国家都存在对中国的投资规模变化较大的特点,如发达国家文莱、印度尼西亚,欠发达国家老挝、越南、缅甸、柬埔寨和泰国等对中国的投资规模波动都很大,并缺少规律性,增加了预测的难度。

4. 受经济周期的影响明显。东盟国家对中国的投资规模受经济周期影响明显,尤其是在经济危机时期表现明显,如1997~1998 年亚洲金融危机和2007~2008 年由美国始发的金融危机严重地冲击实体经济。东盟国家受两次大金融危机的影响,经济遭受不同程度的破坏。在金融危机后,东盟国家对中国的投资都有较大幅度的缩减,如从 1998 年开始,连续三年减少了对中国的投资,到 2000 年仅为 28 亿美元; 2009 年也减少了对中国投资,比 2008 年减少 8 亿美元。

5. 投资区域相对集中。受投资环境和地缘优势的影响,东盟国家对中国的投资区域相对集中于东部沿海地区和西南地区。东盟国家对中国的投资初期主要集中在中国东部沿海地区、直辖市如广东、福建、江苏、辽宁和上海。随着中国经济的发展,在东部沿海地区和直辖市投资的成本不断增加,使得东盟国家的投资开始转向中部和西部地区。但从总量上看,投资区域仍然以东部地区为主。另外,由于地缘优势,东盟国家对西南地区的投资也相对集中。

6. 东南亚的华人是东盟国家对中国投资的主力。东南亚地区是华人分布最广的地区,尤其是马来西亚、新加坡、泰国、印度尼西亚和菲律宾五国。改革开放以来,中国政府积极鼓励华侨、华人来中国投资。东南亚华人资本在中国兴建企业,发展劳动密集型加工工业。开始投资区域主要集中在广东、福建等"侨乡"。"侨缘禀赋"成为东南亚华人资本对中国投资的重要因素。随着中国经济的发展,东南亚华人对中国的投资也由珠三角和闽南地区逐渐转向长三角与环渤海湾地区,投资范围也在不断扩大,成为东盟国家对华投资的主力。

三、中国—东盟国家相互投资的前景与展望

(一)以投资为契机,建设中国—东盟命运共同体

中国国家主席习近平在2013 年10 月提出中国—东盟关系的长远发展目标是"携手建设中国—东盟命运共同体"。中国—东盟命运共同体是对双方基本价值观、发展观的认同。通过扩大相互投资、优势互补是打造中国—东盟命运共同体的重要途径。通过相互投资、经贸合作,中国和东盟双方将获得更多的共同利益,增加更多的认同感,结成命运共同体。中国—东盟国家(除新加坡外)绝大多数是发展中国家,同时各国经济发展水平的差别很大,而缩小差别的最好路径就是共同发展。投资是促进经济增长的重要源动力,以投资为切入点,如中国以对外投资来帮助东盟国家发展经济,同时也可以借鉴"雁阵模式",享受东盟国家经济发展的红利;可以利用东盟各国区位优势和产业优势,既促进东盟国家的共同发展,也使中国的充裕资金得到充分的利用,最终实现共同发展,为结成命运共同体提供坚实的基石。

中国—东盟命运共同体建设的成功范本——中国与新加坡相互合作与投资。2014 年,中国与新加坡双边贸易额突破 1000 亿美元,中国成为新加坡最大的贸易伙伴;同时新加坡在中国的投资额达到 73.27 亿美元(2013 年),成为中国2013 年最大的外资投资者,在东盟国家中处于绝对领先的地位。中国与新加坡经贸合作正在产生积极示范作用,将引领更多东盟国家寻求"中国机遇"。中国与新加坡在交通、金融和城市建设等领域的合作成功经验为深化中国与东盟其他国家以及东盟整体的合作提供了参考和借鉴的范本。

(二)升级中国—东盟自由贸易区,扩大相互投资

中国—东盟自由贸易区自 2002 年开始建设,到 2010 年如期建成,极大地推进了中国与东盟国家相互货物贸易、服务贸易、投资的自由化与便利化,为中国与东盟国家相互投资创造有利的发展条件和良好的投资环境,促进2003~2014年中国与东盟国家相互投资额迅速增长。实践证明,中国—东盟自由贸易区是互利互惠的,符合双边利益。

虽然中国—东盟国家投资潜力巨大,建立良好的投资基础,投资环境也在不断改善,但要扩大中国—东盟国家的相互投资也面临巨大的困难和挑战,如准入前国民待遇未能实现;服务贸易领域开放承诺有限;东盟市场竞争激烈;法律政策环境复杂多变;融资和属地化经营面临困难等,所以必须升级中国—东盟自由贸易区。可以从以下方面着手:1. 协商给予相互投资者准入前国民待遇。东盟与日本、韩国、澳大利亚和新西兰已承诺相互给予"准入前国民待遇"。通过积极协商与谈判,是能够取得准入前的国民待遇的。2. 扩大投资开放的领域与范围,提高服务业和制造业的投资自由化。可以先易后难,逐步取消投资者资质要求、股权比例、经营范围等限制性措施,逐步实现区域投资自由化。3. 建立个人境外投资制度,推动中国企业以人民币对东盟直接投资,既有利于中国投资者对外投资,也可以扩大人民币使用和结算的范围。4. 发挥中国—东盟国家建立的境外经贸合作园区的作用。通过其在金融、政策、信息等方面对投资企业进行引导和支持,利用集群发展模式,降低企业投资的成本和经营风险,加强与东盟国家产业合作,共同打造跨境产业群,使各类企业在东盟国家开展集群式生产性投资创建平台。通过境外经贸合作园区的建设,探索投资合作的新模式。

(三)通过投资平台的建设,实现共建共赢

通过投资平台即亚洲基础设施投资银行的创建,实现中国—东盟国家共建共赢。亚洲基础设施投资银行的成立可以为加强中国与东盟国家之间的资金融通提供机遇。首先,亚洲基础设施投资银行为中国与东盟国家搭建相互投资的平台。通过这一投资平台,可以增强中国对东盟国家外商投资的吸引力,也可以增强中国企业对东盟国家投资政策、投资行业及投资需求的了解,能够促进中国企业"走出去"、东盟国家的企业"走进来",进而促进中国与东盟各国间的资金融通规模。

其次,利用亚洲基础设施投资银行促进中国对东盟国家的基础设施投资。据高盛公司发布的研究报告认为,东盟国家基础设施投资需求缺口巨大。东盟国家仅依靠自身实力难以满足其融资需求;中国对东盟的直接投资流向基础设施行业的规模有限,现在可以借助亚洲基础设施投资银行加大对东盟国家的基础设施投资,实现合作共赢局面。

第三,有助于中国与东盟各国经济复苏,促进经济增长。中国和东盟国家目前面临经济增长动力不足、经济增长速度放缓的问题,可以利用中国与东盟各国吸引外资的意愿持续增强、外商投资环境不断改善的现状,借助亚洲基础设施投资银行为中国与东盟各国加大相互投资、尽快实现经济复苏注入新的动力。利用亚洲基础设施投资银行将国内剩余资

本集聚起来，加大基础设施领域的投资合作力度，加强资金融通机会，改善基础设施，进而促进经济增长。

（四）借助丝路基金，挖掘相互投资的潜力

借助丝路基金促进中国企业对东盟国家的投资。更好地支持中国企业“走出去”是成立丝路基金的初始目的。丝路基金的优势是可以进行中长期投资，可以通过股权投资与其他融资方式进行搭配；通过直接投向项目或委托方式，将资金投给企业，由企业来进行股权投资。既可以支持企业提高融资能力，也可以支持企业加强对项目的掌控能力以及实现项目后续经营管理，提高企业“走出去”的深度。据新加坡大华银行的有关调查显示，近年来中国有六成企业计划对外投资，而投资的首选地是东南亚国家。丝路基金可以帮助致力于“走出去”的中国企业投资于基础设施、能源开发、产业合作和金融合作等行业，尤其重点支持高端技术企业和优质产能实现对外投资目标。所以，丝路基金的成立能够有效促进中国企业对东盟投资的大幅增长。

丝路基金能够发挥资金杠杆作用，挖掘中国企业投资东盟的潜力。丝路基金 400 亿美元先期启动资金可以保证其作为一个杠杆，在项目的后续投资中带动更大的社会闲余资本，包括社会资本、国际金融机构的资本甚至不同经济体的开发性金融机构的资金集聚起来，共同促进投资项目的成长壮大。这种投资模式也受到东盟国家的欢迎。东盟国家尤其是经济相对落后的国家渴望中国能够帮助他们建设交通、物流等基础设施，也欢迎中国企业能够加大对其投资力度，但传统的融资模式难以满足大规模的融资需求。丝路基金的股权融资配合债权、贷款的新型融资模式，可以满足这些国家的融资需求。

（作者系广东海洋大学副教授，原载《东南亚纵横》2016 年第 2 期）

后东盟共同体时代的中国—东盟经贸关系

——基于新老东盟成员国越南、泰国的探究

曹云华　张应进

随着 2015 年东盟宣布正式建成东盟共同体，东盟区域一体化进入新的发展阶段。经济共同体的建设使得东盟区域经济一体化进程大为推进，东盟 10 国之间的经贸关系将被进一步深化。影响中国与东盟经贸关系的因素很多，中国与东盟成员国间的双边政治关系、中国及东盟成员国对外经贸政策考量等方面的内容，学术界已进行了较多的探讨，而对区域经济一体化方面的考量仍有较多可以尝试探讨的空间。本文将以区域经济一体化为基本着眼点，以具体的新老东盟成员国的相应代表越南、泰国为基本的探讨单位，致力于在探究东盟区域经济一体化进程及新老成员国在东盟共同体建设中的经贸状况的基础上，对后东盟共同体时代的中国—东盟经贸关系进行相关的思考与探讨。

一、东盟区域经济一体化进程

区域经济一体化已成为世界经济发展的重要特征。近年来，伴随着经济全球化和区域化的浪潮，东盟的区域一体化进程不断加速，东盟成员国一直在为实现一体化而努力。2015 年 11 月 21 ~ 22 日，第二十七届东盟峰会在马来西亚首都吉隆坡举行，东盟各国签署《2015 年建成东盟共同体吉隆坡宣言》，并宣布东盟共同体将于 2015 年正式建成并运作。2015 年 12 月 31 日，东盟轮值主席国马来西亚外长阿尼法发布声明说，东盟共同体正式成立。中国外交部发言人陆慷当天表示，中方热烈欢迎东盟共同体建成。这是东盟区域一体化进程中具有里程碑意义的事件，也是亚洲建成的首个次区域共同体，标志着东盟正式进入后东盟共同体时代。

区别于现有的地区主义理论，东盟意识到单一领域的共同体建设无法为东盟一体化提供强大的驱动力和必要的保障，而选择了政治安全、经济、社会文化三个领域同时推进、相互加强的创新建设模式。东盟宣布由东盟政治安全共同体、经济共同体及社会文化共同体共同构成东盟区域一体化的全部，而经济共同体建设发挥关键的作用。可见，经济共同体是东盟共同体建设的初衷和根本依归。

匈牙利著名经济学家巴拉萨，按照区域中实行的经济政策将区域经济一体化的组织形式分成六种形式（如表 1）。区域中实行的经济政策决定了区域经济一体化的程度与走向。

表 1　区域经济一体化组织形式与经济政策

经济政策 组织	取消关税及配额	共同对外关税	要素自由流动	统一经济政策	完全统一经济政策
特惠贸易安排					
自由贸易区	※				
关税同盟	※	※			
共同市场	※	※	※		
经济同盟	※	※	※	※	
完全经济一体化	※	※	※	※	※

注：“※”表示区域经济一体化的组织形式所实行的政策

东盟的区域经济一体化，经历了从特惠贸易安排到自由贸易区、再向经济共同体迈进的发展历程。自 1978 年起，东盟实施特惠贸易安排。1992 年提出建设东盟自由贸易区，并于 1993 年正式启动，2002 年建成运作。2003 年 10 月，各国同意建立东盟共同体，并在 2007 年 1 月将东盟实现共同体的时间表从 2020 年提前至 2015 年。从表 1 可以看出，东盟现阶段的发展目标是使东盟内部国家间实现比自由贸易和关税同盟更高级别的经济一体化形式——共同市场，即在取消关税及配额、实现商品自由贸易的基础上，实现资本和其他生产要素的自由流动，以促进区域内成员国间最优化的资源配置与互补，尽可能地消除贸易障碍，以促进各成员国经济的共同发展。历时 30 年的东盟经济一体化进程基本实现了东盟区域化形式从低到高的发展。从“东盟自由贸易区”到“东盟经济共同体”，东盟 10 国间的经贸关系被逐步深化，并基本实现区域内商品、服务、资本和劳动力的相对自由流动，它标志着东盟区域经济一体化向更高的层次迈进。

随着东盟区域一体化进程的加速，东盟经济共同体建设全面展开。2013 年年底，东盟经济共同体蓝图所规定必须采取的 279 项措施中就已完成 229 项，完成率达到 82.1%。截至 2015 年 3 月，东盟经济共同体建设的相关项目完成率为 88%，并完成了 506 项目标项目中的 458 项。目前涉及经济共同体建设的四大支柱、17 个领域和 176 项优先行动均取得不同程度的进展。《东南亚地区发展报告（2014 ~ 2015）》认为，当前东盟区域内的单一市场和生产基地已经初具规模，并肯定了东盟经济一体化进程的成效与进步。伴随着东盟

经济共同体建设不断取得成效，近年来，东盟的国际地位和国际竞争力不断提升。2014 年，东盟国内生产总值达到 2.57 万亿美元，进出口贸易额达到 2.5 万亿美元。目前，东盟已经是世界第七大经济体和第四大进出口贸易区。

东盟经济共同体是东盟成员国间紧密的经济合作机制。东盟历次峰会中相关经济规划细则的持续完善，使得建立以单一市场和生产基地为核心的东盟经济共同体得以实现。但同时，东盟经济共同体也必将给其成员国带来相应的约束与影响。东盟成员国必须实现在东盟贸易协议下的贸易自由化，商品服务、投资、资金转移、劳动力流动的自由化及其他方面的合作。东盟经济共同体虽计划形成一个繁荣、活跃、具有高竞争力的单一市场，但由于东盟各成员国的发展水平、政治制度、社会人文不尽相同，内部合作与协调机制尚不完善，且高度依赖区域外市场，决定了东盟经济共同体只能是一个有限的共同市场。尽管 2015 年年底东盟共同体已宣布正式建成，要真正达到区域经济一体化的发展目标，实现区域内生产要素真正的自由流动，仍存在相当的距离。从目前的相关规划和实际运作来看，东盟成员间削减关税中仍存在例外清单，敏感产品取消关税滞后；各国的对外开放仍较为有限及有所保留；市场准入等方面的自由化也多有局限；金融业开放受阻，区域内资本市场难以完善等情况。中国—东盟商务理事会执行理事长许宁宁也表示："目前东盟共同体建设计划尚有 10% 没有完成，而且大多是建设中的难点。东盟经济共同体建设面临着统一海关标准、贸易准则、金融部门自由化、确保投资受到保护、消除有关地区性的直接融资障碍等诸多任务"。可以说，东盟经济共同体的建设仍然任重而道远。

二、新老成员国在东盟区域经济一体化进程中的经贸状况

1967 年，泰国、印度尼西亚、马来西亚、新加坡、菲律宾、文莱等国家由于地缘政治的原因而建立东南亚国家联盟，这 6 个创始成员国被称为东盟 6 国。越南、老挝、缅甸和柬埔寨等国先后加入该组织，东盟发展到目前的 10 个成员国，后加入的 4 国被称为东盟新成员国。东盟作为一个致力于达成一体化目标的 10 国集团，其成员国在资源禀赋、发展阶段、经济状况等方面存在一定的不同与差距，这成为东盟区域经济一体化进程中不可忽视的问题。笔者在此分别选取越南和泰国作为东盟新老成员国的代表进行相应的梳理探讨。

（一）越南、泰国与东盟的贸易

越南和世界上 150 多个国家和地区有贸易关系。近年来越南对外贸易保持高速增长，对拉动经济发展起到了重要作用。2014 年上半年，越南货物进出口贸易总额约为 1405 亿美元，其中出口额 709 亿美元，同比增长 19.4%，进口额 696 亿美元，同比增长 11%。对外贸易是越南、老挝和柬埔寨三国经济增长的主要驱动力，尤其越南经济最依靠出口。对外贸易对于越南经济起到至关重要的作用。据统计，2014 年东盟的内部贸易比重为 24.1%，其中出口为 25.5%，进口为 22.5%。而越南与东盟的内部贸易比重仅为 13.9%，其中出口为 12.3%，进口为 15.5%。越南与东盟的区域内贸易比重低于东盟区域内贸易平均水平，是东盟成员国中最低的。由以上数据可以看出，越南的主要贸易伙伴不是东盟而是区域外国家如中国、美国、日本、韩国等。

对外贸易在泰国的国民经济中同样占有重要的地位。泰国经济结构以出口为主。2013 年，泰国出口总额为 2295 亿美元，居世界第 24 位，进口总额为 2475 亿美元，居世界第 23 位。2014 年，泰国的对外贸易额为 4552 亿美元，其中出口额为 2275 亿美元，进口额为 2277 亿美元。东盟经济一体化进程中的商品贸易自由化使得东盟国家成为泰国第一大出口市场。2013 年，泰国与东盟国家的贸易额为 101055 亿美元，出口贸易额为 59318 亿美元，占其对外贸易总额的 21.21%。东盟国家已超过中国、美国和日本，成为泰国最大的出口市场。此外，泰国在与东盟的贸易中，一直都保持顺差，在东盟经济一体化对区域内贸易的推动中处于优势的地位。东盟作为泰国最大的贸易伙伴和第一大出口目的地，将对泰国的经济增长起到极大的促进作用。近年来，泰国与东盟国家的产品进出口总额都呈现上升的趋势，并且在东盟经济共同体的建成和运作的影响下，上升幅度呈现逐渐加大的趋势。

（二）东盟在越南、泰国的投资

外资的进入对东盟成员国先进生产技术和管理经验的引进，解决就业问题，推动经济增长起到重要的作用。

据越南计划投资部外国投资局统计，截至 2014 年 12 月，除缅甸外的其他 8 个东盟国家的对越投资项目为 2507 个，投资总额达到 530 亿美元。其中，新加坡居首位，投资项目 1353 个、投资总额为 327 亿美元，占东盟国家对越南投资项目总数的 53%，占东盟国家对越南投资总额的 60%。马来西亚居第二位，投资项目 484 个，投资总额为 100 亿美元。泰国居第三位，投资项目 371 个，投资总额为 67 亿美元。目前，东盟在越南的投资领域包括 18 个行业，主要集中在制造业，投资项目 974 个，投资金额为 217 亿美元，占东盟国家对越投资总额的 40%；其次是房地产行业，投资项目 93 个，投资金额为 165 亿美元，占 30%；第三位是建筑业，投资项目 169 个，投资金额为 31 亿美元，占 5.9%。外资在越南的投资范围已涉及越南 55 个省市，其中，以胡志明市吸引东盟国家投资资金最多，投资项目 1076 个，投资金额为 149 亿美元，占东盟对越南投资总额的 27%；第二位是河内市，投资项目共 400 个、投资金额为 85 亿美元，占 15%；第三位是巴地头顿省，投资项目共 67 个，投资金额为 61 亿美元，占 11%。

然而，综观来看，东盟内部并不是越南吸引外资的主要来源。据统计，2012 年，越南获得的外国投资总额为 83.68 亿美元，其中东盟区域内部投资为 12.62 亿美元，占比为 15.1%；2013 年，越南获得外国投资总额为 89 亿美元，其中东盟区域内部投资 20.79 亿美元，占比为 23.36%；2014 年，越南获得外国投资总额为 92 亿美元，其中东盟区域内部投资 15.47 亿美元，占比为 16.8%；2015 年，越南获得外国投资总额为 118 亿美元，其中东盟区域内部投资 21.53 亿美元，占比为 18.2%。可见，东盟在越南吸引的外资投资中并不占主要的部分。2015 年，越南外商直接投资额为 228 亿美元，同比增长 12.5%。其中，韩国对越南投资额为 67 亿美元，占比 29.4%。由此，韩国已连续两年成为越南的最大投资来源国。目前，对越南总投资排名前五位的国家和地区依次是韩国、中国香港、日本、新加坡、英属维尔京群岛。可见，区域外的国家或地区才是越南吸引外来投资的主要来源。

泰国的经济与外国投资密切相连。泰国一直重视外商投资，相比越南，其开放程度更高。泰国从 1961 年开始就实

行开放的市场经济政策，并采取一系列的相关优惠政策积极鼓励外商赴泰投资，后迎来外商投资的高峰期。直到1997年受亚洲金融危机的冲击，外商对泰国的投资才大幅下降。此后，泰国政府加大基础设施建设的投资、完善相关经济立法、努力营造良好的经商环境以吸引外资。据不完全统计，2014年泰国的外来直接投资达到128.26亿美元。可以说，泰国在吸引外商投资方面要比其他东盟国家有更丰富的经验和实力。但从东盟总的区域内投资流向看，泰国仍处于较低的水平。在2014年东盟区域内投资流向中，印度尼西亚获得了东盟区域内投资的半数以上，吸引了东盟区域内55.2%的投资；越南虽吸引东盟区域内的投资不足，仅占东盟区域总投资额的6.3%，但相比泰国的2.7%仍处于较高水平。在东盟区域内的投资大多流向老东盟成员国的状况下，从泰国在接收区域内投资方面如此低迷的表现，就可以看出泰国目前在吸引东盟内部投资方面的不足和空间。

（三）越南、泰国在东盟区域经济一体化进程中的地位与作用

在对越南、泰国与东盟相关经贸关系的探讨中，我们也可以看出两国在参与东盟区域经济一体化建设中的地位与作用。

越南作为东盟新成员国之一，在东盟区域经济一体化进程中一直处于边缘状态。首先，在东盟的区域内贸易和区域内投资中，越南均不占主要的位置。在1995年加入东盟之后，越南虽然不断进行经济体制改革，致力于投资环境的改善，也因此成为新成员国中吸引区域内直接投资最多的国家，但目前，越南的主要贸易伙伴仍是区域外的中国、美国、日本、韩国等国，其主要外来投资也多来自于区域外的韩国、中国香港、日本等国家和地区。后东盟共同体时代，越南会更注重与东盟内部的联系与发展，但这种边缘化的情况在短期内仍不可能发生根本性的改变。其次，东盟4个新成员国工业化水平较低，均为农业国，国家间经济互补性不强。区域差异不明显，再加上东盟经济共同体运作中的制度仍不完善，容易导致东盟成员国内部的恶性竞争。此外，东盟老成员国，如新加坡、泰国、马来西亚虽然在20世纪90年代曾经辉煌一时，但进入21世纪之后，经济发展速度明显放缓，经济结构调整不力，改革迟滞不前，在区域经济一体化的进程中无法较有效地带动东盟新成员国的工业化。

但同时，我们也可以看出越南加入东盟后对自身经济发展所产生的强大推动力。越南经济依赖于出口贸易，并积极吸取国外投资以发展自身经济。多年以来，越南在与东盟间对外贸易和吸引东盟投资方面均有明显成效。也因为如此，越南致力于改变自己在东盟区域内的边缘化状态，积极参与东盟经济体建设。东盟各国经济部部长在第47次东盟经济部长会议中评价，越南已完成94.5%的东盟经济共同体优先措施，完成率仅低于新加坡0.2%而居于东盟各成员国第二位。越南将继续集中完成服务、交通运输、基础设施建设三个领域的各项措施。

泰国作为东盟的创始成员国，一直在东盟中扮演重要的角色，并起到一定的主导作用。目前，东盟已成为泰国最大的贸易伙伴及出口目的地，可见泰国对东盟的重视与依赖。泰国地处中南半岛的战略地位，拥有较完善的基础设施，自由化开放程度较高，并已形成新老工业并存的经济格局。2001～2015年，泰国在全球的竞争力持续上升。在世界经济论坛（WEF）公布的全球竞争力排名中，泰国从第35名上升至第32名，瑞士国际管理发展学院（IMD）公布的世界各国竞争力排名中泰国也从第34名上升至第30名。暹罗商业银行经济情报中心在《Outlook Quarter（2014）》中分析了东盟国家的经济前景，亦认为泰国在未来仍会有较好的增长趋势。在东盟经济一体化进程的参与中，泰国有较为明显的优势。

新老成员国国情不同，在东盟区域经济一体化中所扮演的角色和起到的作用也不尽相同。有一点可以肯定的是，无论是越南还是泰国，东盟区域一体化都对其经贸发展产生正面且积极的影响。后东盟共同体时代，东盟经济一体化不断朝前发展，仍将增加两国产品的出口机遇，为两国引进境外投资提供机会与便利，改善两国企业的能力限度，增强两国参与国际经济合作的能力。

（四）东盟新老成员国在区域经济一体化过程中的经济发展差距问题

从以上对越南及泰国的分析中，可以看出，东盟成员国之间的经济基础和经济水平发展极不平衡。经济发展水平的差异性直接影响东盟各国的对外经贸，也使得缩小成员国间的发展差距、兼顾各成员国的发展情况成为东盟建设区域经济一体化的首要着眼点。东盟区域内部发展的均衡性必须放置于共同市场的前提下而加以整体考量，只有这样，才能避免对东盟局部地域的片面探讨，而不脱离东盟作为一个区域性合作组织的现实情况。

东盟新老成员国间存在明显的经济发展差距。从人均GDP、区内贸易比重和吸收FDI（直接投资）比重等方面数据变化的比较中，就可以考察近年来东盟新老成员国间经济发展差距的变化。

按世界银行的标准，2014年新加坡和文莱属于高收入国家，马来西亚和泰国属于中上等收入国家，印度尼西亚、菲律宾、越南、老挝、缅甸、柬埔寨属于中下等收入国家。目前，4个新成员国均已脱离低收入国家行列，但东盟6国与4个新成员国间经济的发展差距仍十分明显。从表2和表3可以看出，虽然东盟6国在东盟经济中占有绝对的优势，但东盟新成员国奋起直追，发展速度和增长率都要高于东盟6国。

近年来，东盟各国的对外贸易均有明显增长，但东盟新成员国增幅尤其明显，在对外贸易中有突飞猛进的发展。从表5可见，在区域贸易中，东盟6个老成员国占比从98.7%降至90.6%，而4个新成员国占比从1.3%升至9.4%。

表2　东盟及新老成员国GDP总量　单位：美元

区域	2008年	占东盟总量比重	2014年	占东盟总量比重
东盟国家	1.5万亿	100%	2.57万亿	100%
东盟6国	1.37万亿	91.3%	2.29万亿	89.1%
东盟新成员国	1342.53亿	8.7%	2805.58亿	10.9%

表3　东盟及新老成员国人均GDP　单位：美元

区域	2008年	2014年	增长率
东盟国家	2577	4135.9	60%
东盟6国	3273	5005.1	53%
东盟新成员国	813	1709.6	110.25%

表4　　东盟及新老成员国进出口贸易比重

单位:亿美元

区域	2008 年	2013 年	增长倍数
东盟国家	7591.01	25115.17	2.3 倍
东盟 6 国	7529.15	21990.88	1.9 倍
东盟新成员国	61.86	3124.29	48.5 倍

表5　　东盟及新老成员国区域内贸易

单位:亿美元

区域	2000 年	2013 年	增长倍数
东盟国家	1668.46	6085.58	2.6 倍
东盟 6 国	1647.14	5513.09	2.3 倍
东盟新成员国	21.32	572.49	25.9 倍

从以上分析中可见,新老东盟成员国间经济发展差距仍较明显。但东盟新成员国的发展速度和态势都呈现奋起直追之势。后东盟共同体时代,东盟经济共同体的建设将更注重缩小成员国间的发展差距,以实现区域经济的均衡发展。现阶段,东盟在削减关税等经济一体化政策中已有针对性地对新老东盟成员国实行差别对待。这既是后东盟共同体时代东盟自身的显著特征,也是我们在处理与东盟间的经贸关系时所必须正视和重视的重要问题。

三、后东盟共同体时代中国—东盟的经贸关系

东盟与中国地缘相邻,双方在经济上互相依存。东盟是中国重要的对外承包工程的传统市场、最大的海外劳务市场和重要的贸易伙伴。由于中国与东盟的密切经贸联系,有学者早就提出中国与东盟间已形成真正的“协同合作模式”。随着东盟经济共同体的建成和推进,后东盟共同体时代的中国—东盟经贸关系将成为我们所关注的重要问题。

(一)东盟区域一体化进程中的中越、中泰经贸关系

近年来,中越保持着密切的经贸关系。2014 年,双边贸易额约为 836.4 亿美元,同比增长 27.7%。中国已连续 11 年成为越南的第一大贸易伙伴。越南则成为中国在东盟的第二大贸易伙伴。中国出口商品主要为机电产品、机械设备和面料及其他原辅料,越南主要出口商品为矿产资源和农产品等。此外,在工程承包及投资方面,双方有所往来,并稳步提升。

其中值得注意的是,中国是越南最大的贸易逆差国。据统计,2015 年 1 ~8 月,越南对华贸易逆差达 223 亿美元,同比 2014 年 1 ~8 月的 173 亿美元,逆差额同比增长 29%。对华贸易逆差的不断加大与越南对华进口增长远超对华出口增长数倍相关,这是双方经贸的显著特点及需要有关部门注意的地方。

中国同样是泰国的最大贸易伙伴。泰国是中国在东盟的第四大贸易伙伴。2014 年,中泰双边贸易额为 726.7 亿美元,同比增长 2%。其中,中国出口 343 亿美元,同比增长 4.8%;进口 383.7 亿美元,同比下降 0.4%。相比中越贸易的高增长率,中泰贸易之间呈现出较平稳的发展。据不完全统计,2014 年,泰国来华直接投资额新增 0.61 亿美元,同比下降 87.5%。而中国对泰直接投资和对外承包工程等合同额均有所下降。可见,中泰双方经贸往来的主要内容仍为双边贸易,缺少直接投资、工程承包的动力。

中越、中泰双方的经贸情况亦能反映中国同新老东盟成员国之间的经贸关系:东盟新成员国经济基础较差,与中国经济互补性更强,近年来,双方的经贸关系迅速发展;东盟老成员国经济基础较好,与中国的经贸往来发展较早,近年来已渐趋平稳。从上面的分析中可以看出,中国与东盟在经济上的互相依存和贸易上的相互补充程度越来越高。双方经济依存主要表现在双方密切的经贸往来和逐渐扩大的对外投资中,双方贸易互补主要体现在产业结构与资源利用的差异上。中国进口东盟国家的资源及相关制成品,而东盟国家多进口中国的机电产品。显著的互补性和良好的地缘环境创造了中国—东盟间经贸往来及进一步发展的可能与契机。

(二)东盟经济共同体的推进与中国的经贸关系

1. 东盟区域的国际竞争力逐渐显现

伴随着区域经济一体化的建设进程,东盟区域综合实力和国际竞争力均迅速提升。2006 年,东盟国内生产总值突破 1 万亿美元,2014 年已经达到 2.57 万亿美元。目前,东盟是世界人口第三大地区、世界第七大经济体、世界第四大进出口贸易地区,也是发展中国家吸收外商直接投资的主要区域。东盟经济共同体建设的另一支柱是提升区域经济的国际竞争力。近年来,东盟为创建具有竞争力的经济区域而着重于塑造良好的政策环境和营商环境,为此,东盟各国纷纷出台相关法律,东盟成立消费保护合作委员会,实行相应的知识产权计划,调整合理的税收区间及加大基础设施建设投入,种种努力已初见成效。根据东盟共同体进展的监测体系,以国际竞争力、科技投入及产出等指标为维度,测量东盟区域竞争力的指标显示,东盟各国及东盟整体的竞争力均大幅提升。

在全球经济增长放缓的形势下,东南亚地区仍是世界经济最活跃的地区之一。进入后东盟共同体时代后,东盟国家必将在经济转型及结构调整方面加快脚步,促进区域经济一体化的发展。中国劳动密集型企业的转移及中产阶级快速崛起的消费能力是东盟发展的另一契机。另一方面,东盟与印度之间的贸易往来日益密切,可以预见,未来较长一段时间内,东盟都将处于世界经济增长走廊的中心地带。

2. 东盟与中国在促进经贸方面的努力

后东盟共同体时代,东盟经济建设的最终目的是增强自身的经济实力,提升区域的国际竞争力,进一步融入全球经济。近年来,东盟坚持开放、包容和合作的原则,在经济共同体建设的同时,积极扩大对外经济关系,推进双边或多边自由贸易区谈判,并取得显著的成效。

从东盟与区域外的贸易、投资和其他经贸合作形式来看,各成员国与区域外经贸关系依然是东盟经济发展的重要推动力。因此,在经济共同体建设的同时,东盟积极推进双边或多边的自由贸易谈判,并于 2015 年年底建成以东盟为主导,覆盖东盟与中国、日本、印度、韩国、澳大利亚等 16 国的自由贸易区。东盟各成员国也积极与区域外国家签署一系列双边或多边自由贸易协定。截至2015 年3 月,东盟各成员国涉及的自由贸易协定为164 个,其中已达成103 个,另有 61 个协定正在协商中。此外,在常规的促进经贸的努力和改革外,东盟还大力推进东盟领导人项目,这是东盟各国基于东盟区域经济一体化过程中所面临的新形势、新问题,而提

出的深化共同体建设的倡议与实践。该项目的启动必将为东盟经济一体化注入新的活力，为后东盟共同体时代的东盟各成员国增添新的经济发展动力。

东盟经济与中国紧密联系、密切相关。据东盟统计，2015年，中国是东盟的第一大贸易伙伴、第四大外商直接投资来源地及第一大跨境游客来源地。在东盟共同体建设取得突破的同时，中国—东盟自由贸易区升级谈判也最终完成。中国国务院总理李克强出席并见证了《中华人民共和国与东南亚国家联盟关于修订〈中国—东盟全面经济合作框架协议〉及项下部分协议的议定书》的签署仪式。

东盟与中国的对话始于1991年。1996年，中国成为东盟的全面对话伙伴国。2002年11月，中国—东盟自由贸易区正式启动，并于2010年1月1日如期建成。自由贸易区建成后，东盟和中国的贸易占到世界贸易的13%，成为一个涵盖11个国家、19亿人口、GDP达6万亿美元的巨大经济体，是目前世界人口最多的自由贸易区，也是发展中国家间最大的自由贸易区。中国—东盟自由贸易区升级后，双边关税及政策优惠措施将全面扩展至服务、投资及经济技术合作领域，这必将对中国—东盟深化全面经济伙伴关系和亚太自由贸易区建设进程起到促进作用。

除中国—东盟自由贸易区的升级外，中国与东盟双方在10+3或10+1机制的基础上建立了较完善的合作对话机制，并确定了11个重点合作领域与三大次区域合作。2016年8月4日，中国商务部部长高虎城出席了在老挝首都万象举行的第19次东盟—中日韩经贸部长会议。高虎城在会议中表示："中国将继续坚定支持东盟在东亚合作中的主导地位，支持10+3在东亚合作中的主渠道作用。中方愿与各方一道，加强推进区域经济一体化进程，促进区域经济繁荣和世界经济增长"。如此可见中国在后同盟共同体时代与东盟发展经贸关系的诚意与努力。

3. 后东盟共同体时代中国—东盟经贸关系的建设要点

后东盟共同体时代中国—东盟的经贸关系始终受制于东盟经济共同体建设的实际情况和现实困难，只有正视问题，才能有所了解有的放矢。

如前所述，新老东盟成员国间经济发展的差距始终是东盟经济共同体在致力于建立共同市场中所面临的首要问题。柬埔寨合作与和平研究院执行主席索提拉克就曾表示，2015年后，东盟共同体面临的最大挑战是如何缩小成员国之间的发展差距，尤其是较为落后的越、老、柬、缅四国与其他较为发达的6个成员国间的差距。不真正解决新老东盟成员国间的差距，所谓的东盟共同体即使处于经济同盟形式，但仍然只能是不完整的同盟，而无法达到经济的全面开放和自由。由此，也会较大地影响东盟区域经济一体化的水平和成效。发展与中国及其他国家的经贸关系对缩小新老东盟成员国的经济差距有直接的促进作用。

此外，相比欧盟，东盟成员国的经济相对单一且互补性较差。除新加坡外，其他东盟成员国都是以农副产品及服务业为主，区域产业差距不明显且贸易制度仍不完善，容易造成区域内的恶性竞争。除了关税，东盟各成员国之间还存在各种各样的非关税壁垒和限制措施。因此，东盟市场和生产力都没有得到最大化的解放。如何有效地消除成员国间各种非关税贸易壁垒与限制已成为后东盟共同体时代东盟发展经贸的当务之急。只有各成员国间尽最大的努力与真诚，消除贸易限制、建立一个互利互惠、合作共赢的东盟共同体，才能真正地利用区域经济一体化的优势发展东盟各国的经济，促进中国—东盟的经贸关系。

随着经济全球化加速发展、生产国际化程度不断提高，东盟经济共同体发展水平的提高必须以融入全球经济为基本前提。东盟必须注重与国际经济运行规则的接轨，保持与区域外经济体的协调联系，才能提升自身在全球供应链中的参与度，巩固自身在全球供应链中的重要地位，增强自身的国际竞争力。这既要求东盟成员国内部协同一致的向心力，也要求东盟在处理区域与国际经济事务中保持较为主动的态度，即积极采用国际生产与流通的标准，为区域内后进国家提供相应的技术资金支持等。东盟对全球经济的融入既有利于中国与东盟顺利开展双边经贸，更是双方经贸发展的根本性前提和重要推力。

4. 中国如何正视后东盟共同体时代与东盟的经贸关系

东盟共同体建成后，东盟的区域经济一体化形式得到提升，如何正视新形势下中国—东盟的经贸关系将是我们在新形势下所必须有所思考的问题。

首先，中国—东盟的经贸关系一直是互相影响、互利共赢的。杨宏恩利用计量经济模型对中国和东盟经济共同体进行研究，发现中国成为东盟经济增长的关键因素。东盟国家的经济发展皆受益于中国，只是不同的发展水平导致不同的受益和GDP增长水平。刘鸣则认为东盟经济一体化在将使东南亚经济与中国关系持续走强的同时，亦是中国企业"走出去"的重要契机。历史发展已经表明，中国—东盟间的经贸关系一贯如此，并将在后东盟共同体时代有所发展与加强。

其次，随着东盟共同体的建立，东盟进入后东盟共同体时代，但其经济共同体的建成并不会马上对中国—东盟的经贸关系产生直接的影响。长远来看，后东盟共同体时代，东盟各成员的经济整体实力必将得到整体提升，可能对中国—东盟经贸关系的影响逐渐增加。但这还要取决于东盟老成员国的经济结构调整与改革是否顺利，能否带动东盟新成员国的工业化和经贸发展。

此外，要将发展与东盟的经贸关系置于中国的战略发展体系中去，重视中国企业"走出去"战略与东盟区域经济一体化进程的有机配合。要注重东盟在"一带一路"建设中地位的提升，并在"一带一路"框架下加强中国—东盟间跨境跨区域基础设施建设合作，加快双方的互联互通建设。在关注东盟发展潜力的同时，重视实施"一带一路"建设的系统风险管控。

最后，要注重非经济因素对后东盟共同体时代中国—东盟关系的影响。从东盟成员国本身来说，由于中国与各成员国间的关系受多方面因素的影响，各国与中国的经贸关系必然受到政治等其他方面因素的影响。以越南为例，越南会在对外经贸关系上推行多元化的政策，尽量减少对中国市场的依赖。从区域外部国家力量来看，我们还要关注美国、日本等国对东盟战略的调整。美国、日本、韩国、欧洲等都是东盟的重要经贸伙伴，也是东盟实现对外经济贸易多元化的重要拉力。尤其是美国将会利用TPP为杠杆，加强对越南等中国周边国家的"再平衡"，减少这些周边国家与中国的经济联系。而对TPP等其他协定的参与也必然会大大降低东盟成员国参与东盟经济共同体建设的动力。

5. 基于新老东盟成员国越南、泰国的研究对中国的启示

后东盟共同体时代，东盟区域经济一体化的建设核心在于如何形成有效的共同市场，而东盟内部新老成员国间固有的经济差距已成为东盟经济共同体建设中的首要问题。在具体的践行中，新老东盟成员国间在东盟内部的不同发展状况也将成为中国在后东盟共同体时代与其开展经贸往来中的重要考虑因素。

越南作为东盟新成员国之一，与东盟的一体化程度较低。如前所述，越南在东盟区域内的投资与贸易中均不占主要地位，其主要贸易伙伴和国外投资均来自区域外国家或地区。而泰国作为东盟的创始成员国，一直在东盟中扮演着重要的角色，在东盟经济一体化的参与中也比东盟新成员国有着更为明显的优势。东盟是泰国最大的贸易伙伴及出口目的地。相比越南，泰国与东盟的一体化程度更高。

目前，虽然东盟老成员国在东盟经济中占有绝对的优势，越南等东盟新成员国在东盟中的边缘化状态在短期之内较难得到根本性的转变，但东盟新成员国发展速度和增长率都远高于东盟6国，呈现出奋起直追的态势。这亦给后东盟共同体时代中国—东盟的经贸关系提供新的发展契机。

东盟新成员国在东盟中的一体化程度较低、经济基础较差，但其与中国经济互补性更强，经济发展速度更快，因而中国可以进一步加强与东盟新成员国间的经贸往来。近年来，中国与东盟新成员国间的经贸关系亦迅速发展。东盟老成员国在东盟中的一体化程度较高、经济基础较好，与中国的经贸往来发展较早，但近年来因为缺少发展的动力而双边经贸关系渐趋平稳。在后东盟共同体时代背景下，中国应注意与东盟老成员国间经贸的可持续发展，防范其他因素对双边经贸的冲击和不利影响。

目前，东盟共同体建设已经成为必然的趋势。2016年8月6日，第48届东盟经济部长系列会议在万象开幕。该届会议是东盟共同体成立后举行的首次经济部长会议，将讨论共同体建成后实现其2025年愿景的相关方案，进一步推动东盟经济一体化进程。在此影响下，中国—东盟的经贸关系必然在新形势下有所变化和发展。

（作者曹云华系暨南大学教授、张应进系暨南大学博士后，原载《东南亚纵横》2016年第6期）

“一带一路”框架下中国与东盟产能合作研究

吴崇伯

当前，全球经济处于深度调整之中，推动国际产能合作已成为振兴实体经济的重要手段之一。东南亚是海上交通要道，人口众多，资源丰富，在地缘政治上具有独特性和重要性，东南亚国家成为“一带一路”战略的重心所在。作为全球第二大经济体的中国已成为世界产业大国，国际产能成为中国与东盟合作的热点，中国传统优势产业以及一批高精尖的高科技产业均在积极布局东盟，东盟已成为中国对外投资增长最快地区之一。中国与东盟进行产能合作，将有利于降低东盟采购成本，支持东盟工业发展，也有助于中国经济转型升级，使双方共同受益。

一、产能合作：中国—东盟共建海上丝绸之路的重要切入点

产能合作将成为中国—东盟合作的重点领域，在巨大的合作机遇之下，中国与东盟的产能合作已经取得显著成效。

（一）基础设施是双方合作较为集中的领域

近年来，东盟多数国家制定了基础设施发展计划，《印尼政府2015～2019年中期建设发展规划》将基础设施建设作为优先发展重点，已准备313万亿盾（约合231.9亿美元）建设资金。泰国已经颁布了基础设施发展规划（2015～2022），这将拉动750亿美元的大市场。老挝道路交通发展水平落后于其他东盟国家，老挝计划大规模升级国内道路基础设施，并将此作为一项长期计划，总投资额近60亿美元。新加坡推出轨道交通建设计划，扩展地铁网络、高速公路系统。此外，港口、机场等基础设施的整修、重建、搬迁等也提上议事日程。马来西亚鼓励中国企业前来投资设厂，参与地铁、高速公路、建筑、水电、航运建设。“一带一路”倡议为中国和东盟企业带来许多机遇和合作空间。东盟加快基础设施和互联互通建设，将有助于推动亚太地区实施基础设施互联互通的规划和项目。

铁路建设是中国—东盟产能合作中的典范。东盟国家铁路的现状堪忧，大部分铁路设施陈旧，在运行中常伴随着各类故障甚至事故，铁路建设因而成为东南亚地区的热点项目类型。印尼雅万高铁项目开工，中老铁路进入实施阶段，中泰铁路已经启动，马来西亚将金马士至新山的双轨电动火车铁道交由中国铁路总公司承建。柬埔寨经济近年出现良好发展势头，基础设施建设加快进行。金边至海滨城市西哈努克的高速公路将在近期开工建设，这将是柬埔寨国内首条高速公路，工程资金和技术可能都将来自中国。柬埔寨正计划推动泛亚铁路柬埔寨境内缺失段的建设工程，并期待加快与中国实现铁路互联互通。

港口是最重要的贸易基础设施，其兴衰具有重要的经济和政治意义。近年来，伴随着中国“一带一路”倡议的提出，东南亚地区正在进行一场港口基础设施的升级竞赛，创造出巨大的基础设施投资机遇。2014年，印尼总统佐科一上台便提出规模庞大的计划，宣布在2020年前升级24座港口，将印尼建成亚太地区的海运中心。丹戎不碌港拓建工程已经启动，预计吞吐能力将提升75%，满足未来5～10年需求，可竞争地区性中心港口地位。菲律宾马尼拉港2014年筹资3.4亿美元，启动港口及周边设施升级工程。马来西亚投资4.3亿美元升级丹戎帕拉帕斯港。新加坡更是提出高达80亿美元的新港口建设规划，预计到2020年将该国港口吞吐能力扩大一倍。此外，泰国计划升级林查班港，越南计划在海防附近新建港口服务电子产业出口，缅甸计划在迪拉瓦经济特区新建港口。东南亚地区港口建设竞速，也是对接中国周边“产能合作”战略的重要契机。马来西亚6个港口已和中国的10个港口共同建立港口联盟，双方将加强信息的共享、人力资源的培训、港口基础设施建设、技术分享、航线开通、日程的协调和港口港务等方面的合作。中新、中印尼、中缅等港口合作项目正在顺利推进中。

电力合作是中国—东盟国际产能合作的典型代表。中国与老挝首个合作成功的“一带一路”电网项目——230千伏老挝北部电网工程2015年11月建成投产。投产仪式上，老挝国家电力公司还与南方电网公司签署了500千伏老挝那磨—勐晖输变电工程EPC框架协议，该项目是500千伏中老联网项目老挝国内段部分，全长132千米。缅甸电力部

称,2016 年 2 月初缅甸与中国正式确认,在新政府执政期内,将开发建设 18 个由中国企业获开发权的水利发电站项目。中国企业在缅甸共获得 29 个水利发电站项目开发权,其中 18 个项目在 2 月 2 日由中缅两国政府正式确认,将在新政府执政期内进行开发。这些水利发电站项目,大部分为丹伦江(萨尔温江)项目,部分为流入伊洛瓦底江的恩梅开江支流南柏勒江、南玛江及瑞丽江项目。中国的这些项目将确保缅甸政府"2030 ~ 2031 财年让全国人民都能用上电"的目标得以实现。

由中国葛洲坝集团与印尼国家电力公司及印尼当地公司 PT HUTAMA KARYA 组成联合体实施的塔卡拉燃煤电站项目,位于印尼南苏拉威西省吉利普多市,装机容量 2 × 100MW,项目于 2015 年 5 月 4 日在印尼总统佐科 · 维多多视频见证下开工,目前履约进展顺利;项目资金来自于中国进出口银行优惠买方信贷;项目建设对当地民众就业、提高当地税收贡献较大,并将大大缓解南苏拉威西省的电力紧张局面。中国葛洲坝集团作为中资企业在海外履行社会责任的典范,曾荣获"感动非洲十大中国企业""中国对外承包工程企业社会责任金奖""对外承包工程企业社会责任领先型企业"等荣誉称号。

上海电气是中国装备制造业最大的企业集团,是中国最早建立的发电设备制造基地。经过 60 多年的发展,上海电气已经成为全球最大的电力设备供应商,年产能 38GW,年收入超 120 亿美元。2014 年,上海电气在美国 ENR 全球 250 个承包商排名中排名电力行业第九,业务涉及超过 35 个国家。印尼是上海电气传统的重点市场之一,近年来,上海电气不仅向印尼市场提供了多台主机设备供应,也顺利完成了印尼公主港项目的 EPC 工程,目前累计向印尼电力工业提供超过 4000MW 的装机容量。通过这些项目,上海电气与印尼政府部门、PLN 以及当地 IPP 投资方建立起成功的合作机制。印尼已经出台 2015 年至 2019 年的电力发展规划。仅输变线路这方面的投资,印尼就需要 729 亿美元。印尼期望与中国在电力领域加强合作。上海电气集团近期准备投资 20 亿美元在印尼建设电力生产设施。

中广核 2015 年 11 月同意以 23 亿美元现金收购马来西亚政府投资基金 1MDB 旗下的能源公司埃德拉电力,这是 2008 年以来东南亚地区接受海外直接投资中最大的一笔能源类收购,也是亚洲电力领域最大笔交易之一。2016 年 4 月 12 日,中广核又宣布将在吉隆坡设立"中广核东南亚公司",进一步加强在东南亚的开发和投资工作。目前该公司正在马来西亚重点推进马六甲燃气项目的开发,项目规划总装机达到200 万 ~ 240 万千瓦。

光伏发电行业也在向东盟进军。2016 年 1 月 28 日,中国光伏巨头阿特斯宣布将用刚获得的 7000 万美元贷款投入越南一座 300 兆瓦组件组装厂的建设中,称该公司在印度尼西亚和东南亚其他地区也有类似的项目。目前中国的中小投资者正逐步尝试进入越南投资光伏产业。这与东盟 7 亿人口未来将出现的巨大能源需求,以及相对具有价格优势的优质劳动力具有密切关系。越南政府 2011 年曾出台相关政策以支持风电项目发展,表明该国能源领域拥有广阔投资空间。越南的可再生能源具有较大的开发潜力。其中风能方面,越南有近 3400 千米的海岸线,每年每平方米的风能达 500 ~ 1000kWh;其次是太阳能,每天每平方米为 5kWh;随后是水能和生物质能。然而越南本国掌握的能源技术,难以实现其能源开发的潜能。

(二)对应东盟国家的实际需求,传统产业合作逐步深入

由于基建的快速发展,目前海丝沿线各国对水泥、钢铁、玻璃有着极大的需求,东南亚各国水泥需求量每年的增长率大约为 8%。然而,当地相关产能的发展并不充分,柬埔寨的水泥供应严重不足,国内仅有 1 家水泥厂,年产量不足 100 万吨。缅甸水泥的产能只能满足其国内市场需求的一半左右。近 10 年印尼经济保持较快增长,基础设施项目特别是互联互通项目的投入不断增加,对于水泥的需求迅速扩大,虽然印尼石灰石资源的储量比较丰富,由于国内水泥需求量的不断增长,水泥产量远远满足不了印尼市场需求。印尼每年水泥缺口达 800 万吨需从国外进口。全世界钢材消费量最大的国家是印尼,超过了中国、印度和土耳其,过去 6 年钢材消费量年均增长率为 10% 以上。但印尼本土产能无法满足其国内的巨大需求,钢铁自给率约为 65%,尤为缺少高端钢材。因此对于水泥行业和钢铁行业来说,中国企业在东南亚国家有较大的发展空间。

"一带一路"倡议中基础设施互联互通的基础原材料的保障是钢铁产业,而钢铁产业是我国具有国际竞争优势的传统产业,也是推动国际产能合作的重点产业。东南亚国家钢铁需求近年来不断上升,借国内钢铁行业结构调整和印尼加大基础设施建设两大趋势,鞍钢以投资和技术合作等多种形式,推进在印尼的钢铁生产基地建设,积极带动钢铁装备的对外输出。2014 年 10 月,鞍钢计划在苏门答腊岛占碑省投资 12 亿美元,与印尼国营 Krakatau 钢铁公司合作,兴建占地超过 500 公顷的工业园区,其中包括冶炼厂等项目。冶炼厂预计于 2016 年建成,年均产能有望达到 175 万吨,主要用于满足印尼国内市场需求。中国与印尼的钢铁合作将帮助印尼发展自主的、符合本国实际的钢铁产业。冶炼厂的主要原料为印尼西爪哇省芝安朱尔的铁矿砂。此外,鞍钢集团将在印尼中苏拉威西省莫罗瓦利建立钢厂,年产能将达到 500 万吨,公司发电的主要原料为燃煤。除鞍钢外,2014 年 1 月 28 日,南钢股份与 GGS 公司共同在印尼棉兰投资建设钢铁厂。计划钢、铁、材的生产规模在 5 年内达到 100 万吨,其中 1 期计划投资 8000 万美元,预计 3 年内达到 50 万吨的钢、铁、材的生产规模。2015 年 5 月 29 日,中冶东方工程技术有限公司与青山钢铁签订的印尼瑞浦不锈钢有限公司年产300 万吨不锈钢轧钢项目工程设计合同正式生效。青山钢铁在印尼苏拉威西省 Morowali 筹建的印尼青山工业园一直倍受国内外不锈钢行业的关注,也是中国倡导"一带一路"经济带的重要项目,年产 300 万吨不锈钢轧钢项目作为青山工业园内重要的一环,计划建设一条 1780 毫米不锈钢热连轧生产线及其配套公辅设施。生产线包括步进式加热炉、粗轧机组、精轧机组、层流冷却、卷取机及全线传动自动化等设备。

中国钢厂最为集中的省份是河北,河北也是在东南亚建钢铁厂最多的省份。截至 2015 年年底,该省在东盟国家投资的企业达 81 家。其中邢台德龙钢铁公司与泰国 Permsin 钢铁公司等 3 家企业合资,在泰国建设热轧窄带钢项目,已建成投产,年产能为 60 万吨。唐山港陆钢铁正在印尼推进建设 600 万吨钢铁等项目。霸州新亚金属制品有限公司收购了印尼爪哇太平洋有限公司 30% 的股权,用于扩建

镀锌带钢及家具钢管项目。武安市永诚铸业有限公司与印尼力宝集团合资在印尼建设钢铁厂项目,年产能为200万吨。秦皇岛通联集团与老挝太平洋矿业有限公司合作建设年产30万吨钢铁厂项目也将陆续建成。越南北部的最大钢铁企业是福州圣力特钢企业,2015年其销售收入为1.5亿美元。

马来西亚有6家生产钢材的企业,其设备较落后,仅相当于中国20世纪90年代的水平。马来西亚本国钢铁的年产能在500万~600万吨之间,而年需求量为1000万吨,存在较大的缺口。2014年12月,由广西北部湾国际港务集团与广西盛隆冶金有限公司共同出资成立的联合钢铁(大马)有限公司正式开工建设,这是中马关丹产业园的第一个入园项目。该项目计划于2017年建成投产,年产量为350万吨。钢铁项目将直接创造就业岗位4000个,间接带动上万人就业。并可形成钢铁产业集群,带动众多下游产业发展。项目的目标产能是350万吨,目的是想弥补当地市场的供应不足,对当地企业的市场将不会造成影响。这将是马来西亚最大的钢铁厂,也是东盟首家采取全流程工艺生产H型钢的钢铁厂,不仅可以弥补当地市场的空白,也将带动马来西亚相关产业的升级。中国钢铁生产的技术和经验优势与马来西亚的资源和区位优势强强结合,可将中国的钢铁生产辐射东盟市场乃至其他海外市场。这也是以产业园区为平台,为积极推动深化中马两国国际产能合作起到示范作用。

围绕国家"一带一路"建设,华新、海螺、红狮、上峰等国内大型水泥企业纷纷推出了在"一带一路"区域的投资计划。中国建材集团、中材集团等水泥生产企业陆续在印尼投资设立水泥厂,合肥水泥研究设计院、南京凯盛国际工程公司等也积极在印尼承接水泥工程项目。其中,2011年4月底,中国建材集团与印尼Grobo-gan水泥有限公司签署了合作协议书,双方合作兴建印尼中爪哇日产6000吨水泥生产线,总投资额达5亿美元,印尼政府已批准了该项目预制构件和混凝土的产业布局。从2016年4月起,安徽海螺水泥将陆续在印尼新建4家水泥工厂,分别位于南加利曼丹岛、东加利曼丹岛、西加利曼丹岛和西巴布亚岛。项目计划投资23.5亿美元,总年产能将高达1200万吨以上。2016年2月,海螺水泥在缅甸的新工厂开始投产,并计划在老挝建立2家新工厂。中国企业成功进军印尼市场,对企业自身而言,将为日后发展成为一个国际化的有影响力的水泥企业打好坚实的基础,也标志着中国水泥企业开始走出国门。

中国信义集团与马六甲州政府于2014年11月签署协议,计划在当地建造一座玻璃厂,拟投资12亿林吉特。目前,该项目建设已经完成了30%,计划于2016年9月完工,2016年年底开始投产。这是马六甲州10多年来吸收的最大的单笔外国直接投资(FDI),将为马六甲带来800个就业岗位,进一步带动该州玻璃原料市场及相关玻璃行业的发展。马来西亚投资发展局发布报告称,中国信义集团在马六甲州投资的玻璃厂位列马来西亚2015年五大最具质量的外国直接投资项目之首,该项目可以"引领国际高质量浮法玻璃生产,其研发中心将研制下一代玻璃"。由漳州旗滨玻璃有限公司投资11.7亿元建设的两条优质浮法玻璃生产线在马来西亚正式动工,项目年产量将达805万重箱。预计首条生产线将于2017年3月建成投产。

纺织服装业领域,中国大型企业开始在东南亚布局。我国有不少大型企业开始布局到东南亚投资设厂,主要是由于近年内外棉价差别拉大、国内成本上升、市场不振、出口困难,多数纺织服装企业感受到前所未有的生存危机与发展压力。据统计,2014年,中国对东南亚出口纺织品服装达361亿美元,同比增长5.5%。中国从东南亚进口纺织品服装达39亿美元,增长20%。福建泉州有30多家纺织服装企业选择在东南亚投资办厂;广东惠州宝威服装已将一半的生产制造能力转移到越南;宁波狮丹努集团分别在柬埔寨和缅甸建有工厂;2013年12月山东鲁泰纺织在柬埔寨投资800万美元,从事衬衣加工与销售,年生产规模达到300万件。除服装外,一些纱线和染整企业也开始将生产基地转移到东南亚。如全球色纺纱行业龙头华孚色纺2013年12月投资1.36亿美元在越南设立色纺纱生产企业;百隆东方2012年11月在越南投资近1亿美元,由于效益较好,公司于2014年1月追加投资1.5亿美元,到2015年百隆东方在越南工厂的纱锭生产能力已占公司全部产能的40%。

(三)跨境电商与信息技术产业有望成为中国与东盟之间合作的新行业

目前东南亚地区的电商市场尚处于初级发展阶段,2015年在东南亚的6个主要国家(印尼、马来西亚、新加坡、越南、泰国以及菲律宾),电商零售额仅占零售总额的2%;咨询机构A. T. Kearney发布的数据显示,除新加坡之外的5个东盟国家中,电商零售的比例仅为1%。就连新加坡这一比例也只有4%,而中国已经达到8%。而据淡马锡控股公司与谷歌发布的一份报告,新加坡的电商市场在2015年时估值10亿美元,网上购物占总零售额的2.1%,在所有东南亚国家中所占比例最高。新加坡的电子商务市场预计在2025年达到54亿美元,将占总零售额的6.7%,仅落后于印尼的8%。报告认为,东南亚是世界上互联网发展最快的地区,目前拥有2.6亿互联网用户,预计到2020年这一数字将增长到4.8亿。因此,报告称东南亚互联网经济预计将在2025年超过2000亿美元,主要由电子商务市场的增长带动,随后是在线媒体和在线旅游。

加快中国与东盟的跨境电商平台建设已成为政商两界的共识和当务之急。多家中国企业已开始布局中国与东盟的跨境电商业务。2016年4月,阿里巴巴宣布斥资10亿美元收购东南亚地区最大的在线购物网站之一Lazada,这一投资将使阿里获得一个巨大且不断增长的国外用户群和一个可靠的管理团队,为该公司进军东南亚6.2亿人口市场奠定基础。中国另外两大互联网企业腾讯和百度,其实更早就开始了对东南亚市场的布局。腾讯2010年就入股了泰国一家门户网站Sanook,并在2012年开始布局东南亚的微信市场,将它纳入第一批海外目标市场。百度则针对东南亚地区市场开发一系列工具性产品,将在东南亚的本土化视作首要任务。以百度最为看中的印度尼西亚市场为例,百度建立一整套配合当地市场发展的手机应用生态系统和安卓系统商店。另外,百度还在印尼市场复制了其在中国的O2O商业模式,开始发展通过手机预定的线下服务。

苏宁亦在加快推进东南亚贸易平台建设。按照苏宁的构想,未来泰国的水果干、越南的木质工艺品、马来西亚的白咖啡、新加坡的珠宝等都可在苏宁易购上轻松购买。目前,苏宁在南宁的物流基地正在建设之中。中国金融机构亦在推出融资方面的支持性措施。

另一类积极开拓东南亚市场的是中国手机厂商。由于整个东南亚手机市场加在一起体量十分诱人,中国的厂商们正想抓住东南亚通信网络从2G转向3G带来的移动互联网机会。其中,华为现在是缅甸第一大手机品牌,还在当地建立了华为信息与网络技术学院;联想将马来西亚视为进军中东的据点;而vivo和小米的手机主管也明确表示东南亚市场十分重要。小米手机拟在印尼兴建手机组装厂,小米正在研究投资计划。2015年联想和海尔两家中国手机生产商在印尼兴建手机组装厂。此前,已有两家中国手机生产商欧柏和华为在印尼建设了手机组装厂。

中国农业银行则注重打造跨境电商专业平台,提供实时汇率、实时结售汇、自动汇入汇款、半自动汇出汇款、来账自动通知、跨境人民币结算、订单分析处理等服务,满足中国—东盟跨境电商和第三方支付机构跨境电子商务需求。

二、产业园区产生集群效应,成为投资新高地

产业园已成为国际产能合作的重要途径之一,中国与东南亚国家的经贸园区共建历史悠久。除菲律宾外,其余东盟国家均有与中国共建的经贸合作园区。据中国商务部最新数据统计,目前中方企业在东盟8个国家(不包括新加坡和菲律宾)中已建设23个具有境外经贸合作区性质的投资项目,吸引了421家中资企业入区投资51.5亿美元,累计实现产值213.9亿美元。目前中国在东盟国家建设的主要产业园区包括:

1. 中马钦州产业园和马中关丹产业园。2012年正式设立的中马钦州产业园,与马来西亚—中国关丹产业园区开创了“两国双园”国际园区合作的新模式。2013年起,产业园将在6年内获得中央44亿元的专项资金补助,已完成建设15万平方米标准厂房、800套公寓等,具备企业马上入园开工的条件。2015年已有2家企业入园开始投产,2016年有50多家企业准备入园,涉及石墨烯、光电产业等诸多项目。2016年园区企业产值预计将达50亿元,根据规划,“十三五”期间园区产值将突破500亿元。

关丹园区已于2013年开园,被列入国家“一带一路”建设重大项目和跨境国际产能合作示范基地。关丹园区的产业定位包括石化、汽车装配、钢铁、棕榈油加工、铝材深加工、橡胶等传统制造业,以及信息通信、电器电子和环保产业等为主的新兴产业和以金融保险业、物流业、研发展示等为主的现代服务业。中马双方采取联合招商机制,招商工作顺利推进。已签约的入园项目包括陶瓷龙头企业仲礼集团5亿美元轻工产业园项目、湖南中科恒源科技股份有限公司5000万美金绿色产业园项目。除此之外,包括杭州杭氧集团、广西投资集团、桂林国际电缆集团、三一重工等多家企业也表示了入园意向,正在积极洽谈当中。

2. 泰中罗勇工业园区。泰中罗勇工业园累计总投资达80亿元人民币,由中国华立集团与泰国安美德集团于2005年合作开发、面向中国投资者的现代化工业区,是中国企业在境外设立的首个综合性工业园。工业园是中国传统优势产业在泰国的产业集群中心与制造出口基地,最终形成制造、会展、物流和商业生活区于一体的现代化综合园区。

泰中罗勇工业园规划总面积12平方千米,1期、3期已经开发、招商完毕,3期工程已经启动。园区经过10年的发展已有62家中资企业在那里投资兴业,近40家企业投产,为当地创造1万多个就业岗位,带动中国企业对泰国直接投资超过15亿美元,成为中国企业在东南亚最大的产业集聚平台,实现产值43亿美元,向当地政府累计纳税超过7000万美元,被誉为泰国的“工业唐人街”。

3. 西哈努克港经济特区。由红豆集团等4家江苏无锡民营企业联合柬埔寨著名华资企业柬埔寨国际投资开发有限公司共同打造的西哈努克港经济特区,是中柬两国政府认定的唯一中柬国家级经济特区,柬国家面积最大、发展最快最好的经济特区,其愿景是成为“柬埔寨的深圳”。

中国和柬埔寨2015年10月签署《“一带一路”合作备忘录》,柬埔寨正式颁布的《2015~2025十年工业发展战略》将重点发展西哈努克省,处于该地区的西港特区将成为最大受益者。西哈努克港经济特区已吸引来自美国、日本、意大利、法国、爱尔兰、柬埔寨以及中国企业入驻100家,行业涉及服装、箱包、假发、电视机铝合金框、电器连接线、木地板、沙发、管道配件等,为当地解决就业人口1.3万名,仅所在地区就有70%的家庭在特区内工作,人均月工资200~300美元。收入大大提高,带来的连锁效应是良好的社会治安、较高的生产效率,以及周边经济的逐步繁荣。这家由红豆集团牵头,联合中柬企业投资建设的境外园区,为中国企业“走出去”搭建对接平台,正在成为“一带一路”上的样板园区。

4. 印尼—中国综合产业园。印尼—中国综合产业园2013年6月建成,由广西农垦集团承建,是中国在印尼设立的首个集工业生产、仓储、贸易为一体的经贸合作区。合作区位于印尼首都雅加达绿壤国际工业园内。合作区规划面积500公顷,预计总投资20亿美元。分两期建设,1期规划建设投资8亿美元,面积200公顷;2期规划建设投资12亿美元,占地300公顷。机械制造、汽车摩托车配件、精细化工、仓储物流及新材料等是合作区的产业定位,最终目标是建成集工业生产、商贸、仓储于一体的国际经贸合作区。在工业园方面,浙江青山控股集团和青岛恒顺众昇集团走在了前面。两家企业分别投资数10亿美元,在苏拉威西岛收购镍矿和土地,修建以镍矿资源和冶炼厂为主业的全产业链工业园。工业园区的投产,不仅带动了印尼当地的经济转型和发展,更成为中国企业对外产能合作的新平台。

5. 越南龙江工业园。越南龙江工业园——位于越南南部前江省九龙江平原,陆路有高速公路、国道途经,水路有内陆河道紧靠,货物可直达国际港,地理位置及交通条件便利。龙江工业园由中国浙江前江投资管理公司于2007年投资开发,园区总规划面积为600公顷,总投资额1亿美元,为集机械电子、电气轻工、生物制药、农林产品、食品包装、软件新材料等为一体的综合性国际产业园。

2014年5月,越南发生了针对包括香港、台湾在内的中国投资者和企业的严重暴力事件,造成生命和财产的损失。事发后,越南方面表示愿意为中资企业提供相应保障。越南政府承担了所有中方员工的治疗、回国费用,赔偿中方企业的一切损失,并对受冲击的中国商人给予3年免税的政策补偿。

6. 缅甸皎漂特区。皎漂经济特区是缅甸政府规划兴建的第三个经济特区,位于缅甸西部的若开邦,濒临孟加拉湾,占地1736公顷,拥有30米深水港。为开发皎漂特区,缅甸政府于2014年9月面向国际社会公开招标。2015年12月29日,缅甸联邦议会批准皎漂特区的用地计划。2015年年底,

中国中信"组团"中标缅甸皎漂特区相关项目。缅甸是"一带一路"沿线重要国家,这也是备受关注的缅甸大选之后,中国首次拿下缅甸大型项目。这是一个跨国企业集团联合体,包括:中国中信集团、泰国正大、中国港湾、中国招商局集团、中国天津泰达、中国云南建工。3个项目中了两个,即皎漂特区的工业园项目、深水港项目,高级楼宇项目流标。皎漂特区工业园占地约1000公顷,项目计划分3期建设,2016年2月开始动工,规划入园产业主要包括纺织服装、建材加工、食品加工等。深水港项目包含马德岛和延白岛两个港区,共10个泊位,计划分4期建设,总工期约20年。此间舆论认为,皎漂特区的成功开发,将促进缅甸经济和社会的快速发展,改善当地人民的就业和民生。

7. 老挝万象赛色塔综合开发区。赛色塔综合开发区位于老挝首都万象市主城区东北部17千米,开发区占地面积10平方千米。开发区规模大,区位优越,以工业园区+新城区的开发模式,是中国在老挝唯一的国家级境外经贸合作区,列入中国"一带一路"倡议的早期收获项目。开发区享受老挝国家经济特(专)区法定优惠政策,是承接国际产业调整转移的优良载体和参与国际经贸合作的重要平台。开发区重点发展产业为:农副产品加工、林木加工、机械制造、能源产业、物流产业、家电生产、纺织服装以及旅游休闲等产业。目前新希望老挝有限公司已经入住并建成投产,老中东岩石化股份有限公司的石油精制炼化项目已于2015年年底投产,其他产业项目陆续开展前期各项工作。

三、存在的主要风险与挑战

近10多年来,伴随中国—东盟自由贸易区建设,中国与东盟10国经济关系日趋密切,经济政策的关联度日益提高,经济利益的相关性逐渐增多,2015年,中国企业对东盟直接投资增长了60.8%。但中国企业进入东盟投资总是伴随着风险,面临诸多挑战。

1. 法律风险。对于中国企业来说,最大的风险莫过于法律风险。印尼国家划分为省,省划分为区和市,省、区、市享有高度的自治权,地方法律与中央法律往往存在冲突。很多时候地方政府并不认可中央政府发的许可,或者即使获取中央政府的许可,企业还需要申请地方政府的许可,项目才能得以顺利开工。印尼各省投资环境差异大,部分地区项目有搁浅风险。菲律宾、柬埔寨的法律法规也不健全,到柬、菲投资同样面临法律风险。

2. 汇率风险。除了法律风险,还有一个较大风险是汇率风险。受美联储加息预期、国际大宗产品价格下跌以及印尼国内产业转型困难等不利因素的影响,印尼盾持续迅速贬值,美元对印尼盾汇率2014年8月30日一度跌破1:14067,是1998年金融危机以来的最低点,现在印尼盾对美元汇率仍然突破13000:1的心理关口。进入2015年以来,马来西亚经济连续面对马币贬值、国际石油价格暴跌以及落实消费税的冲击。马来西亚货币2015年8月12日首次跌破1美元兑4林吉特大关,创下亚洲金融危机期间1:4.8850纪录,林吉特在2015年1年时间里累计下跌幅度超过20%,成为亚洲所有国家中表现最差的货币。

3. 东南亚文化传统习惯与宗教信仰使劳动力生产效率低下。东南亚国家普遍是"一日五餐",即每天两次正餐、3次茶点。第一次茶点是在早上上班前;第二次茶点一般在下午两点,半个小时,这就挤占了工作时间;第三次茶点,又挤占了工人晚上加班的时间——在劳动密集型企业,加班是常态。近些年,东南亚国家的上流社会开始"与国际接轨",实行3餐制了,而普通大众则依然实行"一日五餐"(茶点制)。印尼作为一个伊斯兰国家,国民很多是穆斯林,每天进行5次祷告,每次半个小时。此外,当地人也不愿意加班工作,这都让中国企业很头疼。很多中国人投资的企业因此放弃雇用当地人,然而,这又违反当地法律,一旦被发现,将会遭到严惩。

越南40岁以下劳动人口约5000万,占总人口的60%。但随着越南各工业园区的兴建和发展,用工密集型的电子、轻工业等也会占用大批的劳动力,企业在运行中会存在着招工难的问题,员工工作效率也相对较低。

4. 东盟普遍存在的对劳工的过度保护,企业由此蒙受较大的经济损失。2003年2月25日印尼国会通过的第13/2003号《劳工法》中规定,如果公司要解雇员工必须经过政府部门的批准,并要给予优厚的遣散费,具体为付历年总工资的1/12。另外,工人每周工时不可多于40小时,超时工作的上限为每周14小时。由于印尼政府这部对劳工保护的法律部分规定过于偏袒劳工方,使得企业经营成本增高,使印尼在劳力密集型工业,如纺织、鞋袜制造业的生产效率大为下降,从而影响印尼产品的国际竞争力。2006年以后,印尼政府多次想修订该法,但因劳方强烈示威抗议,劳工法修订工作无果而终。在越南,由于法律对劳工权益的保护甚至超出常理,因此,企业主即便是不愿容忍某些工人的懒散,但也不能把他们开除掉。尤其是越南的《劳动法》规定外资企业每年要以30%的幅度涨工资,因此每年都固定会有一两次以涨薪为主题的罢工,这让外商投资无比棘手。

5. 土地征用难题。印尼现行的政策是土地房产私有制,因此国家重大基础设施建设、城乡公共项目、企业投资建厂等工程无法解决征地问题,或无法顺利施工,一些工程因征地问题导致建设工程受阻,这也是印尼基础设施建设严重滞后的一个重要原因。一家企业在印尼投资,政府和企业就必须为公共建设项目征地犯愁,必须与民众无休止地讨价还价。中国企业在缅甸开发经济特区面临的挑战中,最突出的也是土地纠纷、征地赔偿、移民安置和处理项目与社区、与环境的关系等。在柬埔寨,中央政府的权威、权力并不像一些人想象的那样大,柬埔寨土地也是私人的,政府没有权力强征,中国企业投资面临同样的问题。

6. 腐败加重了企业的投资成本和财政负担。司法改革成效不彰,行政效率低落。印度尼西亚社会的贪污文化盛行,一般所称"三毒"KKN(贿赂、官商勾结、裙带关系)在印度尼西亚政府部门极其严重,尤以警察、税务、海关及移民局等部门为甚。印尼向来在年度腐败指数排名中出彩,这个指数表明一个国家政治的腐败程度,而2014年印尼排名第117(总共176个国家),虽然2015年有所改善,排名第88位,但印尼的腐败程度仍旧堪忧。印度尼西亚30多年来的积习不是短期内可根除的,印度尼西亚政府势必在教育及司法改革上标本兼治,才能改善如此严重的贪污文化。菲律宾、柬埔寨也存在较为严重的腐败、官商勾结等现象,加重企业的投资成本和财政负担。

7. 基础设施滞后问题在东盟国家非常普遍,机场、码头、道路运力严重不足,首都和重点城市交通干道常年拥堵,猝不及防的水灾、停电、停水等时有发生。就以中国企业投资较多的矿产行业来说，印尼原矿不能直接出口而需要经过加工，一些工矿远离城镇，企业投资需要修建道路，而且由于印尼电力缺乏，企业还需要自备发电厂，这样就大大提高了投资成本与门槛。在柬埔寨、越南、老挝、缅甸等国家，由于交通等基础设施十分落后，降低了对中国投资的吸引力。

四、中国企业"走出去"到东盟投资开展产能合作须防范风险

东盟是"21世纪海上丝绸之路"的"第一站"，也是中国对外开展国际产能合作的重点目的地。近几年，我国企业在东盟的投资从工程承包到制造业，从新能源到服务业，投资领域不断拓宽，投资规模不断扩大，企业到东南亚投资逐渐成为热潮。不过，投资东南亚并非没有风险，政治、政策、劳工关系、物流、环保、基础设施、文化语言等都是投资者必须考虑的因素，因此投资者必须选好投资的国家和投资的方式，做好规避风险的准备。

1. 增强社会责任意识，积极回报当地社会，企业应适当参与当地一些社会公益活动。福建泛华矿业公司在印尼投资矿业开采时，帮助当地居民打井，修道路、学校，周末聘请国内退休的医生到投资地为当地居民义诊，这些项目花费不多，但取得了很好的社会效果，获得当地居民的好评。泛华矿业公司正在印尼马鲁古省投资建设"印尼—中国冶金工业园"。泛华矿业公司的做法也值得我国其他民营企业效仿。因为对当地居民而言，外来投资带走了利润，挖走了当地的资源，破坏了当地的环境，虽然也给政府缴税，但当地居民什么也得不到，自然他们不欢迎外来投资。所以，我国企业要在东盟国家投资，与10国开展产能合作，并在当地成功立足，必须增强社会责任意识，积极回报当地社会，企业应适当参与当地一些社会公益活动。企业在东盟展开跨国经营时承担更多的社会责任，将有效改善企业自身的形象、品牌和信誉，这对企业在东南亚的长远经营发展将产生积极影响。

2. 不仅要有"走出去"的意识，更要有"走出去"的知识。决策前做好前期投资环境和法律环境的详细论证，规避投资的制度风险。东盟10国的社会制度和法律各异，我国企业参与其基础设施投资，拓展与东盟的产能合作可能面临的挑战包括环境保护、劳工、知识产权、投资管理、税务等多个方面。为此，投资者在当地开展投资过程中，事先认真做好对东盟10国政治、经济、法律、市场的分析和评估，在市场需求、投资回报、风险评估等方面下工夫，在开展对外合作时做到心中有数，确保稳健经营和资产安全，切实保障自身利益。规避投资的制度风险，一些法律和金融相关专业机构更要走在企业前面，帮助企业调研和了解市场，帮助企业识别国别风险。

3. 要主动融入当地社会，积极开展本地化经营。应该熟练掌握当地语言，包括印尼语、泰语、老挝语、柬埔寨语等。如泰语、印尼语分别是泰国、印尼官方的第一语言，有的企业外派人员不熟悉泰国、印尼语言文字，而泰国、印尼招标文件多数为泰文、印尼文标书，投标工作有语言文字的障碍，对企业在当地的投资带来诸多不便。

积极开展本地化经营，增加当地税收收入，扩大当地就业。中国企业在东盟投资发展要尽力解决当地的就业问题，要与东盟相关国家共建生产集聚区，推动建立当地的产业体系，增加对当地的人才培训和教育，帮助提高当地劳动力的素质和技能。同时，尽量雇佣专业对口、业务突出的东道国员工，对其进行中国国情教育，特别是企业文化塑造，要强化激励约束机制，提高其忠诚度，形成适合东道国特点的人力资源管理模式，培养一支执行力强的外籍员工队伍。

4. 严格遵守东盟各国的法律法规，注重环保，树立长期发展、合作共赢的理念，为当地经济和社会发展多做贡献，提升我国企业的良好形象。我国企业在东盟必须坚持高标准的资源环境保护要求，投资合作项目必须依法取得当地政府环保方面的许可，履行环境影响评价、达标排放、环保应急管理等环保法律义务，以此提高企业自身竞争力，降低企业在环境和法律等方面的风险。

5. 国内企业在东盟应该避免同质竞争、恶性竞争。当前，到东盟投资发展成为中国企业的重心，但由于有价值的投资项目是稀缺资源，这样可能发生国内多家企业在同一项目上竞争。当初中国摩托车行业到东盟印尼、马来西亚、泰国等国投资，国内企业之间在东盟一哄而上，互挖墙脚，同质竞争、恶性竞争，最后导致两败俱伤，中国摩托车被日本、韩国同行挤出东南亚市场，这是非常深刻的教训。我国企业在东盟应发挥互补和协调优势，强强联合形成合力。也建议国家相关部门加强在这方面的协调，防止国内企业在海外投资过程中发生恶性竞争。

6. 综合考虑东南亚国家的工资成本。尽管越南的人工成本比国内低，但近年来的上升速度很快，普通工人月平均工资在250美元左右，并以10%的速度在逐年增加，有的行业每年甚至提升30%左右。同时，各工业园区的土地资源以及水、电、气成本也高于预期。印尼的工资成本整体而言还较低，但由于《劳工法》对于劳工保护规定比较苛刻，劳资关系不稳，劳资纠纷比较多，如果职工离职，要支付离职费或者补偿金，即使工人罢工，只要程序合法，也要支付薪水。中国企业到印尼投资综合考虑、精心核算工资成本。柬埔寨的劳工成本比中国低不少，但由于产业配套能力差，多数原材料要从中国进口，如果加上运输成本，整体加工成本与中国差不多，而且柬埔寨加工效率也不高。而老挝、缅甸等无论是在硬件还是软件方面都处于欠发展阶段，基础设施严重不足。因此，我国企业去东南亚投资，不能仅算直接的人力成本，还要综合考虑这些国家的基础设施、工业体系、劳动力效率等，才能算出"性价比"。

7. 合理用工及处理劳资纠纷。应全面了解《劳工法》等重要法律，严格遵守，依法签订雇佣合同，按时足额发放员工工资、保险和福利。企业应尽量雇佣国外受教育归来的印尼人、本地受教育的华人后代。印尼工作签证管理很严格。工会权力不当会阻碍正常生产，要积极同工会协商，合理处理好劳资纠纷，避免影响正常生产作业。

8. 进一步深入调研，准确把握我国与东盟10国产业结构、经济发展、市场需求的差异性，找准双方合作方向和内容，突出产业优势互补。而投资风险承担方面，可依照商业原则灵活运用贸易对外直接投资、建设—经营—转让（BOT）、公私合作模式（PPP）、参与东盟产业集聚区和经贸合作区等建设、开展第三方合作等多种方式，实现优势产能与东盟市场的有效对接，更好契合东盟的市场需求。

9. 建设产业园区是实施"走出去"战略的重要抓手、"一带一路"建设的重要承接点和国际产能合作的重要平台。海

外工业园区是企业赴海外投资的一种较好的方式,有利于规模化、集群化,有利于企业降低海外投资成本,构建较为完整的产业链并降低风险。应通过举办投资说明会、组织实地考察和培训等方式,引导企业入驻在东盟国家的有关经贸合作区、产业园区、工业园等,实现抱团出海、集群式"走出去",帮助企业实现产业集聚,形成规模化经营,降低运营成本,同时,帮助中国企业降低走出去时遭受的风险。

(作者系厦门大学教授,原载《南洋问题研究》2016 年第 3 期)

亚洲基础设施投资银行向东盟互联互通建设提供融资的风险与对策

陈新明　杨耀源

东盟自 2010 年推出《东盟互联互通总体规划》以来,引发了东盟基础设施互联互通建设的热潮,同时也导致东盟基础设施互联互通建设亟需巨大的资金支持。由于传统的东盟基础设施互联互通建设融资渠道存在一定的局限,无法完全解决基础设施建设中资金不足的瓶颈,而中国政府自 2013 年 10 月提出建立亚洲基础设施投资银行的倡议,目前,已得到了 60 多个国家的积极响应。与此同时,东盟的部分国家领导人认为,中国倡议的亚洲基础设施投资银行是解决东盟基础设施互联互通建设资金严重不足的有效办法。本文认为,亚洲基础设施投资银行在东盟基础设施互联互通建设融资中将面临世界银行等现有多边开发银行的竞争,部分东盟国家对亚洲基础设施投资银行的定位和作用存在顾虑以及面临复杂多变的地缘政治风险等一系列挑战,中国应冷静思考、沉着应对,建立公正合理的融资机制和多元化的融资模式,正确化解地缘政治风险,控制基础设施投融资风险。

一、东盟互联互通项目建设取得的进展

2010 年 10 月,第 17 届东盟领导人峰会上通过了《东盟互联互通总体规划》,该规划是东盟具有重要战略意义的文件,确立了以基础设施建设、机制构建和人文交流为主体的互联互通建设蓝图,这是东盟为推动东盟经济共同体建设、缩小东盟内部国家之间的差距而实施的重大举措。

目前,东盟在基础设施互联互通建设方面共投入 600 亿美元。具体项目有:(1)于2012 年全面启动的公路、铁路和海运等交通运输基础设施项目。第 33 次东盟运输高官会议决定,重点建设东盟高速公路网、东盟滚装船海运系统、短途海运线路总体规划以及相关基础设施等。2013 年 12 月,连接泰国、老挝、中国 3 国的昆明至曼谷公路全线贯通;2013 年 12 月,第 19 届东盟交通部长会议同意,将原定的新加坡—昆明铁路建设计划,延伸至印度尼西亚的泗水,并对新加坡—泗水路段展开可行性研究;(2)新加坡港、马来西亚巴生港、印度尼西亚丹绒布禄港等东盟国家海运枢纽港扩建项目已全面启动,这些港口一旦扩建完工,其集装箱年吞吐量将成倍提升;(3)能源合作进展顺利,东盟区域内分别连接泰国—缅甸、西萨摩亚—缅甸等 8 个跨国天然气管道联网项目已经动工;(4)东盟区域内电力互联互通建设进展顺利,争取早日实现区域内电力联网运行,建成一体化的电力供应系统。目前,新加坡与马来西亚、印度尼西亚与菲律宾、泰国与老挝等国家间的电力互联互通已初具规模。

二、东盟互联互通建设的融资渠道及其困难

尽管基础设施互联互通建设取得了一定的进展,但所需资金量巨大(预估计 2010 ~ 2020 年共需资金达到 5960 亿美元),而东盟各国的实际融资能力无法满足这一需求,这将导致东盟各国为争取投入基础设施互联互通建设的有限资金展开激烈竞争,引发彼此间的矛盾,进而给东盟一体化建设带来了严峻的挑战和不确定性。

东盟基础设施互联互通建设的传统融资渠道主要来自政府公共投资,多边开发银行、商业银行信贷,资本市场融资,主权财富基金和公私合营等形式,但这些融资渠道均存在一定的局限。

(一)政府层面

1. 政府公共投资。由于基础设施项目本质上是公共产品,具有显著的社会外部性,因此,国家政府公共投资一直是基础设施建设的融资主体。由于基础设施投资周期长、回报率低以及跌宕起伏的资本市场往往造成的高财务风险,导致了绝大多数的私人投资者不太乐意投资或能够独立承担大型基础设施项目的建设。在运输业项目建设方面,新加坡东北地铁线和曼谷地铁均是政府公共投资的典型案例。

2008 年国际金融危机爆发后,东盟各国运用政府公共资金对基础设施建设进行融资的行为日趋增多。由于全球经济危机导致了全球金融市场衰退和出口需求下滑,造成了东盟各国通过市场筹集资金困难,迫使各国政府采取审慎的宏观经济管理政策。反过来,也导致东盟各国开始重视投资大型基础设施项目的建设,因为建设大型基础设施被认为是一种反经济周期的投资。在全球经济衰退的时期,投资大型基础设施项目被认为是构建全社会安全网的一部分,也是政府宏观经济管理的优先选择。2011 年,马来西亚政府公布的经济转型新计划中,增加了对基础设施的财政支出,以获取可观的利润回报。2013 年,印度尼西亚政府拨款 200 亿美元用于大型基础设施建设。同年,菲律宾阿基诺政府拨款 96 亿美元投资建设基础设施。根据亚洲开发银行的预测,在全球经济复苏仍存在不确定性的背景下,东盟各国政府对基础设施建设的资金投入仍将发挥主导作用,但这还需要国外和区域间金融市场基金的额外辅助。

2. 主权财富基金。亚洲各国的中央银行积累了巨额外汇储备,其中大部分用于投资安全性较高但收益较低的美国国债,并依照各自的国内投资法规管理外汇储备。自 2011 年以来,亚洲许多国家的外汇储备均超过中央银行的最低要求,为维持汇率稳定,这些储备的一部分转化为主权财富基金。亚洲地区数家主权财富基金在各自国家的中央银行的指引下,被允许投资于外国资产。然而,主权财富基金对大型基础设施建设进行融资,必须建立在这些项目具有良好的财务回报、风险较低的基础上。因此,主权财富基金只有对该国的经济形势看好时,才愿意出资。

3. 多边合作发展银行支持。通常情况下,世界银行和亚洲开发银行等多边发展银行采取主权贷款补充,借助担保工具允许私人部门参与,融资可行性研究以及提供项目结构支持等形式,在缩小国家和跨边境基础设施建设融资缺口中发挥了重要作用。此外,多边发展银行在参与东盟基础设施互联互通建设中的多个利益攸关者中扮演关键的协调者作用,增强了投资者信心,提高商业银行和股票投资者对基础设施项目的关注度。

（二）资本投资层面

1. 商业银行信贷。资金实力雄厚的商业银行被认为是东盟基础设施互联互通建设另一个重要的融资渠道。比如，印度尼西亚的亚洲银行2013年提供20亿美元贷款支持该国的基础设施建设；新加坡银行专门提供一笔12亿美元贷款给新加坡电力集团，用于该国跨境电网改造建设。但由于贷款利率风险高，基础设施投资周期长，缺乏跟踪记录以及贷款限额等诸多限制，大部分东盟国家的区域性商业银行均收紧了对该地区大型基础设施项目的贷款，这一现象在2008年全球金融危机后变得尤为明显。

2. 资本市场融资。亚洲地区拥有巨额储蓄盈余，这些储蓄往往来自个人和企业，大部分的储蓄均用于投资房地产或股票市场，将这些储蓄转化成"有利可图"的基础设施投资，需要各国完善国内金融市场，特别需要建立起机制健全的债券市场以及运用适当的金融工具。目前，东盟通过建立区域性的股票市场，发起亚洲债券市场倡议，设立东盟基础设施基金等方式，筹集建设资金。以2011年成立的东盟基础设施基金为例，该基金通过动员东盟自身的金融资源支持东南亚地区的基础设施建设，这也被看作是东盟推动基础设施互联互通建设采取独立自主的重大举措。目前，该基金的股权出资由东盟和亚洲开发银行共同承担，总金额为48520万美元，其中有33520万美元（占69.08%）来自东盟，而亚洲开发银行投资15000万美元（占30.92%）。但由于该笔基金资金规模小，与东盟的预估融资需求相比差距达到2020倍，根本无法满足东盟基础设施建设巨大的融资需求。

（三）公私合作模式

自20世纪90年代以来，公私合作模式已成为东盟大型基础设施建设的融资平台。公私合作模式通过合资、优惠、管理契约、自我运营、建设—经营—转让等多种形式，推动私营部门积极参与公共基础设施建设。公私合营模式不仅可以获取一定的资金，而且还为基础设施建设提供技术支持和提高效率。2011年，经济学人信息部公布的一项报告表明，评估一国的经济发展能力，需要充分考察该国的公私合作模式参与建设项目的可持续性。该报告还指出，澳大利亚和英国在公私合作实践中处于世界领先地位，韩国、日本等国因建立了相对可靠的机构和监管机制，也具有世界先进水平。泰国、印度尼西亚和菲律宾等东盟国家在公私合作模式参与基础设施项目建设方面取得了一定的成绩。近年来，这些国家还积极采取措施，努力改善经营环境，提高政府机构办事效率。此外，越南已经通过立法，允许采取公私合作的模式参与该国的电力设施项目建设。但是，这些国家仍然需要在招标程序上实现更加公平和透明，确保信息的公开化，提升其公私合作水平。最关键的是这些国家还需要完善投资环境，建立国际化水准的外汇和税收制度，以提升投资者对基础设施建设的投资信心。

三、东盟对亚洲基础设施投资银行向互联互通建设提供融资的期待

东盟自2010年制定《东盟互联互通总体规划》后，引发有关对东盟互联互通建设的投资的讨论热潮。2013年10月，中国国家主席习近平和国务院总理李克强先后出访东南亚提出了筹建亚洲基础设施投资银行的倡议。2014年10月，中国、印度、泰国、马来西亚、新加坡、菲律宾、文莱、柬埔寨、越南等21个国家签署筹建亚洲基础设施投资银行的谅解备忘录。随后，另外36个国家表示有兴趣加入亚洲基础设施投资银行。2015年6月29日，57个成员国的部长级官员在北京举行签署协议仪式。根据《亚洲基础设施投资银行章程》规定，中国将提供该行1000亿美元资本金中的297.8亿美元；根据投票准则，中国政府将拥有25%～30%的投票权，印度拥有10%～15%的投票权，成为第二大成员国。俄罗斯和德国将成为第三和第四大成员国。

一些东盟国家的领导人非常看好亚洲基础设施投资银行，认为其能有效地解决东盟互联互通建设的融资问题。他们认为，中国是东盟最活跃、合作内涵最丰富的对话伙伴，同时，中国也多次强调支持以东盟为中心的东盟地区合作机制。2014年11月13日，在缅甸首都内比都举行的第17次中国—东盟领导人会议上，缅甸总统登盛代表东盟强调，"我们赞赏中国继续支持东盟的互联互通总体规划的实施，很高兴与中国签署了建立亚洲基础设施投资银行的谅解备忘录以及东盟成员国均成为亚洲基础设施投资银行的创始成员。我们预计，亚洲基础设施投资银行将为东盟的基础设施互联互通建设提供融资，以推动东盟互联互通总体规划的重点项目实施"。

部分东盟智库学者也认为，亚洲基础设施投资银行的设立有助于东盟国家的基础设施建设获取充足资金，从而有助于东盟国家的发展，一是中国经济实力迅速增强，中国的中央政府资金雄厚，地方政府积极性高以及中国的国家信用等级较高，亚洲基础设施投资银行能够动用庞大而长期的私人储备金，为东盟国家提供大规模的融资；二是亚洲基础设施投资银行是世界银行、亚洲开发银行等现有多边开发银行重要的补充，因为亚洲基础设施投资银行侧重于基础设施建设，而世界银行、亚洲开发银行等多边开发银行则强调以减贫为主要宗旨。

四、亚洲基础设施投资银行向东盟互联互通建设提供融资的风险

部分东盟国家领导人认为，亚洲基础设施投资银行能有效解决东盟互联互通建设的融资问题，一方面，可以反映出这些东盟国家对中国综合国力和经济发展前景的坚定信心；另一方面，也是近年来中国积极经略周边外交、积极发展与东盟国家友好关系的集中体现。然而，在亚洲基础设施投资银行参与到东盟互联互通建设、逐步发挥融资平台作用的同时，也将面临一定的风险。

（一）来自世界银行等现有多边开发银行的强力竞争

世界银行和亚洲开发银行的发展历史悠久，在机制运行、组织架构等方面相对成熟。尤其是对资金的投放制定了周密的管理体系，包括：借款国对项目的准备、世界银行对项目的评估和审批、与借款国的谈判、签订贷款协议、项目执行、招标、发放贷款、对贷款使用的监督、检查、验收及对贷款项目的总结评价。亚洲基础设施投资银行尚处初创阶段，与前者相比缺乏足够的竞争力，况且人们对亚洲基础设施投资银行的治理结构、投票和决策规则以及该银行能否通过环境、劳动和性别问题的严格审查尚存疑虑。

（二）部分东盟国家对亚洲基础设施投资银行的定位存有疑虑

新加坡、马来西亚等东盟国家认为，亚洲基础设施投资银行是具有"泛亚主义"的银行，而不是一所专门针对东南亚地区设立的银行。亚洲基础设施投资银行的成员国除东盟

国家外，还包括印度、卡塔尔、沙特阿拉伯、科威特和哈萨克斯坦等资源丰富的亚洲国家，也包括法国、德国、意大利、卢森堡、瑞士和英国等欧洲国家。此外，亚洲基础设施投资银行被认为是中国提出的“一带一路”倡议的一部分，其中新丝绸之路经济带将通过中亚和西亚连接中国与欧洲；21 世纪海上丝绸之路连接中国与东南亚、南亚、中亚、中东、非洲和欧洲，该倡议的核心目标是鼓励中国企业进入与中国有贸易和投资联系的新兴经济体。在亚洲基础设施投资银行成立之前，中国贷款的对象国早就超出了周边邻国。如中国国家开发银行和中国进出口银行为发展中国家提供了数以千亿美元的资金，远远超出亚洲的范围。2003～2011 年间，中国国家开发银行和中国进出口银行共同向拉丁美洲提供了 790 亿美元资金。相比之下，世界银行为该地区提供了 570 亿美元资金，而美国的发展银行则提供了 780 亿美元。即使亚洲基础设施投资银行未来的建设可以依据 GDP 的规模，分配给东盟国家更多的投票权，但这一投票机制目前并没有建立和完善。也有人提出，未来亚洲基础设施投资银行的决策机制应坚持协商一致的原则，不单方面取决于成员国的投票份额。按照这一说法，亚洲基础设施投资银行目前已拥有 57 个意向创始成员，而东盟国家占的比率非常小。因此，这些国家认为亚洲基础设施投资银行不太可能完全解决目前东盟互联互通项目巨大的融资缺口。

还有一些东盟国家认为，中国能否为东盟互联互通建设有效地提供资金支持与其能否加强中国与东盟经济体的联系、保障中国在该地区的战略利益密切有关。比如，建设新加坡—昆明的铁路干线，横跨 7000 千米，连接中国（昆明市）和新加坡、马来西亚、泰国、越南、柬埔寨、老挝和缅甸 7 个国家，该铁路一旦建成将提供跨境货物运输的经济发展新模式，是东盟实现经济一体化的重要一步。目前，该项目的部分已经完成，但由于资金缺乏和技术故障尚未正式运行。部分东盟成员国担心中国参与该项目将形成中国在该地区的主导权。

（三）面临复杂多变的地缘政治风险

亚洲基础设施投资银行对东盟的基础设施互联互通融资项目覆盖东盟 10 国，这 10 个国家在政治、经济、社会、文化和宗教方面存在较大的差异和错综复杂的地缘政治矛盾，这将对亚洲基础设施投资银行的融资业务产生不利影响。这些地缘政治风险主要体现在如下四个方面。

1. 暴力恐怖主义蔓延。东南亚地区存在着暴力恐怖势力、民族分裂势力、宗教极端势力等“三股势力”，如泰国南部的伊斯兰分裂势力，印度尼西亚、马来西亚的伊斯兰国（IS）分部等，近年来，已经制造了多起暴力恐怖事件，造成相关国家的安全形势严峻，投资环境恶化。这是亚洲基础设施投资银行对该地区的基础设施互联互通项目融资首要面临的地缘政治风险。

2. 民族矛盾凸显。2015 年爆发的缅北果敢地区冲突，已造成数以万计的百姓颠沛流离，无家可归；菲律宾南部地区的阿布沙耶夫等分离主义组织的反政府武装斗争已持续多年；近年来泰国南部地区持续发生多起爆炸、袭击事件更是严重破坏了泰国普通居民的正常生活。上述事件背后均夹杂着民族不和的因素。民族冲突使这些国家乃至东盟的经济发展环境受到了严重影响。

3. 部分国家政局不稳。东盟部分国家政党之间互相倾轧和猜疑、对民主化的诉求以及军人干政等问题，导致了部分国家政局不稳，政权更迭频繁，使这些国家的政策缺乏稳定性和连贯性。例如，2014 年泰国英拉政府的下台曾一度导致中国在泰国高铁项目的搁浅。政策上的不确定将给亚洲基础设施投资银行的融资招致“搁浅”的风险。

4. 域外大国的介入。美国、日本等国家出于维护现有国际秩序和遏制中国发展的战略目的均未加入亚洲基础设施投资银行。这两个国家在未来将有可能继续通过“亚太再平衡”战略和“日美安保条约”，并利用南海争端插手东盟事务，这将对亚洲基础设施投资银行向东盟基础设施互联互通提供融资产生一定的阻碍。

五、对亚洲基础设施投资银行向东盟互联互通建设提供融资的对策建议

推动亚洲基础设施投资银行有效地为东盟基础设施互联互通建设提供融资，不仅关系中国在该地区影响力的提升，也是中国经略周边外交战略的重要环节。因此，中国应采取措施，克服亚洲基础设施投资银行为东盟基础设施互联互通建设提供融资面临的挑战。

（一）建立公正合理的融资机制

改变世界银行和国际货币基金组织等世界金融组织传统地将资金支持的对象国与该国的人权、经济体制等政治经济条件挂钩的融资机制，建立崭新的公正合理的融资机制，努力促进东盟国家基础设施互联互通，促进中国与东盟共同繁荣和发展。

（二）探索多元化的融资模式

一是亚洲基础设施投资银行可以为 21 世纪海上丝绸之路沿线东南亚国家基础设施建设提供长期贷款，解决东盟国家基础设施互联互通建设融资需求量大的问题；二是推动公私合作模式吸引私人资本参与东盟基础设施互联互通项目的融资，包括发行东盟基础设施建设债券作为融资来源的补充；三是吸收东盟各国的商业银行参与东盟基础设施互联互通建设。例如，中国的四大商业银行通过发放银团贷款等方式，为东盟国家基础设施建设提供融资。

（三）积极化解地缘政治风险

一是亚洲基础设施投资银行不仅要改善东盟各国的基础设施建设、保障中国的国家利益，而且还应借助亚洲基础设施投资银行提供的融资，支持提高东盟国家民众的就业水平，促进其经济发展，逐步消除“三股势力”滋生的土壤；二是中国应开展创造性的外交斡旋，积极协调各方矛盾，敦促和鼓励相关国家通过对话协商解决领土争端，避免将领土争端诉诸武力或以武力相威胁，降低地缘政治风险升级为局部冲突的可能性，为东盟国家的经济发展创造和平稳定的良好环境；三是中国既要与东盟国家的执政党领导人交往，也要广泛接触在野的各派政治势力，宣传中国筹建亚洲基础设施投资银行的目的，获得这些国家各派政治势力的理解和支持，避免在相关国家的政权发生更迭时给融资项目带来风险。

（四）控制基础设施投融资风险

一是避免风险过度集中。东盟 10 国经济和社会发展程度存在较大的差异，目前，中国是亚洲基础设施投资银行最大的股东，将不可避免地成为主要的融资来源方，并将因此承担较高的风险。因此要完善机制，确保中国在资本投资领域拥有一定的优先受益权，避免基础设施投融资风险向中国过度集中；二是避免过度使用国家信用。考虑到亚洲基础设

施投资银行是在中国倡议下进行的，得到中国政府大量的担保，但中国的国家信用不应过度外溢到基础设施互联互通所涉及的其他国家，为此，亚洲基础设施投资银行可以联合东盟各国的政策性金融机构，打造地区性的金融机构和运用市场化融资模式有限地参与项目建设，有效地规避投融资风险。

（作者陈新明系中国人民大学教授、杨耀源系中国人民大学博士研究生，原载《东南亚纵横》2016 年 3 月）

走向 2025 年的东盟经济共同体

王　勤

2015 年 12 月 31 日，东盟轮值主席国马来西亚外长阿尼法宣布，东盟共同体当天正式成立，东盟共同体包括政治—安全共同体、经济共同体和社会—文化共同体，这是东盟历史上又一个重要的里程碑，标志着东盟经济跨入了共同体时代。东盟经济共同体的如期建成和未来发展，将对东盟在世界经济和区域一体化的地位与作用产生重要的影响。

一、东盟经济共同体如期建成

东盟的区域经济一体化，经历了从特惠贸易安排到自由贸易区、再向经济共同体迈进的发展历程。自 1978 年起，东盟特惠贸易安排实施了 15 年的时间，从 1993 年起东盟自由贸易区的进程正式启动，到 2010 年 1 月 1 日中国—东盟自由贸易区正式建成。2003 年 10 月，各国同意建立东盟经济共同体，2007 年 1 月东盟将实现经济共同体的时间表从 2020 年提前至 2015 年。2007 年 11 月，在第 13 次东盟首脑会议上，东盟通过了《东盟经济共同体蓝图宣言》，由此东盟经济共同体进程正式启动。

东盟经济共同体是新的国际经济形势和地缘政治格局下的产物，同时又是该区域政治制度、发展水平和多元文化的区情所决定的。当前，全球性区域经济一体化方兴未艾，美、欧、日等大国竞相发展自由贸易区，在区域乃至全球范围内合纵连横，打造利益共同体，争夺区域主导地位，加速改变着当今世界经济和地缘政治的格局。1997 年亚洲金融危机以后，东盟加快了区域一体化的步伐，积极调整区域化发展战略，寻求区域化形式的升级版，继续扮演区域化的主导角色；由于中国经济崛起和美国重返亚太，东盟成为域外大国势力角逐和博弈的地区，东盟必须有效应对区域大国势力均衡关系重组的挑战，构建新的区域合作稳定机制，以确保大国博弈不致损害东盟区域的和平稳定。

2007 年，东盟通过了《2015 年东盟经济共同体蓝图》，确定了东盟经济共同体的发展目标、时间表和具体措施。该蓝图提出了东盟经济共同体建设的四大支柱、17 个领域和 176 项优先行动，这四大支柱是单一市场和生产基地、具有竞争力的经济区域、区域经济均衡发展和融入全球经济体系。自 2007 年东盟经济共同体进程正式启动后，该共同体的建设已历时 8 年。截至 2015 年 10 月，东盟经济共同体建设的相关项目完成率为 92.7%。其中，东盟经济共同体四大支柱的完成率分别为 92.4%、90.5%、100% 和 100%。

单一市场和生产基地，是东盟经济共同体建设的重中之重，也是实现区域内商品、服务、资本和技能劳动力相对自由流动的关键。近年来，东盟积极实施关税和非关税减让措施，促进贸易便利化，扩大服务贸易的开放，放宽投资部门的限制，并加快专业人才资质互相认可，由此区域经济一体化的贸易和投资效应逐步显现。目前，东盟区内平均已有 95.99% 的货物取消了关税，其中东盟 6 国（文莱、印尼、马来西亚、菲律宾、新加坡和泰国）为 99.2%，其他 4 国（柬埔寨、老挝、缅甸和越南）为 90.86%。过去 10 年间，东盟内部贸易成本下降约 15%。由此，东盟区内贸易的规模迅速扩大，且快于东盟总体贸易和区外贸易的增长。2014 年，东盟区内贸易占总贸易额的比重为 24.1%。另一方面，东盟逐步取消服务贸易的限制，促进区内服务贸易的自由化。自 1996 年起，东盟区域服务贸易自由化的谈判已进行 9 轮，取得了一系列成果。目前，东盟至少有 80 个服务部门行业向外资开放，放宽了对外资股权的限制。同时，在原有“东盟投资框架协议”的基础上，2008 年 12 月东盟成员国签署“东盟全面投资协议”，2014 年签署“东盟全面投资协定的修正议定书”，逐步放宽或取消投资限制，主要涉及制造业、农业、渔业、林业、采矿业和服务业等领域。据统计，2000 ~ 2014 年，东盟吸收的外国直接投资（FDI）总额从 209.55 亿美元增至 1328.67 亿美元，增长 5.3 倍；吸收的区外 FDI 总额从 201.02 亿美元增至 1118.04 亿美元，增长 4.6 倍；吸收的区内 FDI 总额从 8.53 亿美元增至 243.77 亿美元，增长 27.5 倍。与此同期，东盟吸收的区内 FDI 占总额的比重从 4.1% 升至 17.9%。

伴随着东盟经济共同体的建设进程，东盟区域的国际竞争力逐步提升，后进国家跨入到中等收入国家的行列。根据东盟共同体进展的监测体系，测量东盟区域竞争力的指标包括国际竞争力指标、科技投入指标和科技产出指标，国际竞争力指标以国际竞争力评价机构的世界各国竞争力排名来评估，科技投入指标以理工类大学毕业生数、研究与开发支出和每百万人口中拥有研发人员数来衡量，科技产出指标主要以制成品的技术密集度来测定。从权威性国际竞争力评价机构每年公布的国际竞争力的世界排名看，世界经济论坛公布的 2001 年和 2015 年全球竞争力排名分别为：柬埔寨从第 107 名升至第 90 名，印尼从第 57 名升至第 37 名，马来西亚从第 37 名升至第 18 名，菲律宾从第 53 名升至第 47 名，新加坡从第 10 名升至第 2 名，泰国从第 35 名升至第 32 名，越南从第 64 名升至第 56 名。另一方面，按照世界银行以美元现价划定的人均年收入标准，2014 年新加坡（5.6 万美元）和文莱（4.1 万美元）属于高收入国家，马来西亚（1.08 万美元）、泰国（5436.1 美元）属于中上等收入国家，印尼（3900.5 美元）、菲律宾（2816 美元）、越南（2054.8 美元）、老挝（1727.7 美元）、缅甸（1277.7 美元）、柬埔寨（1104.5 美元）属于中下等收入国家。可见，后进的东盟 4 国均已脱离低收入国家，进入中下等收入国家的行列。

不过，由于东盟各成员国的发展水平、政治制度、社会形态和法律体系均不相同，决定了东盟经济共同体是一个有限的共同市场。东盟经济共同体主要依据具体的区域特征和国情，制定和规划其共同市场的发展蓝图，实施共同市场发展的步骤和措施。从目前东盟经济共同体实行的共同市场相关规划和实际运作看，一些成员国关税减让中仍存在例外清单的产品，敏感产品关税取消滞后，非关税壁垒削减受阻，对外统一关税尚未形成；各国的服务贸易部门仍为有选择和有限地开放，服务提供方式自由化仍保留限制措施，市场准入和国民待遇方面自由化也有局限；尽管各国放宽了对外商投资部门的限制，但一些国家敏感部门仍有诸多约束，金融服务业开放相对较慢,区内资本市场尚未完善;东盟区内劳动力的自由流动仅限于专业人员和技能工人,专业人才资质的互相认证进展缓慢。

二、2025年东盟经济共同体的战略目标与措施

从2014年开始,东盟着手为东盟经济共同体建成后的10年制定和规划发展蓝图。2015年11月,第二十七届东盟首脑会议通过了《东盟迈向2025年吉隆坡宣言:携手前行》《东盟共同体2025年愿景》,并出台了《2025年东盟经济共同体蓝图》。在未来10年东盟经济共同体蓝图中,提出东盟经济共同体建设的五大支柱,即高度一体化和凝聚力的经济、竞争、创新和活力的东盟、促进互联互通和部门合作、有弹性、包容和以人为本的东盟、全球性的东盟。

(一)高度一体化和凝聚力的经济

建立高度一体化和凝聚力的经济,是东盟经济共同体建设的重要目标和任务。"2025年东盟经济共同体蓝图"提出,具有高度一体化和凝聚力的经济就是要促进区域内商品、服务、投资、资本和技能劳动力的自由流动,构建东盟区域的贸易和生产网络,为企业和消费者建立一个单一市场,并提出一系列相应的政策和措施。

1. 商品贸易。继续实施"东盟货物贸易协定",并对相关规则与措施进行评估和细化,进一步削减剩余的关税壁垒,促进区内货物的自由流动。积极推进"10+1自由贸易协定"和"区域全面经济伙伴关系协定"的谈判;简化和实施原产地原则,展开优先部门产品特定原则的谈判,使之更加简便、亲商和便利化,为区内中小企业提供服务;减少非关税措施,增强非关税措施的透明度,实行符合国际标准的法规和相互承认的安排;进一步加快和深化贸易便利化,使各成员国的贸易便利化接近全球最佳水平;所有成员国实施"单一窗口"制,并扩大"单一窗口"的范围,进一步简化海关监管程序,推行授权运营商计划和自我认证计划,加强公私部门合作和协作。

2. 服务贸易。进一步扩大和深化服务贸易自由化,是实现东盟经济共同体的重要环节,其目的是促使东盟融入全球商品与服务的供应链,提升成员国的服务贸易竞争力。在"东盟服务贸易框架协议"下,继续展开区域服务贸易自由化的谈判,扩大服务贸易自由化的覆盖面,减少市场准入的限制,实行国民待遇,最终达成"东盟服务贸易协议",并将其作为区域服务贸易一体化的法律文件。为此,应评估现有服务贸易自由化的成效与问题,促进外资在服务贸易领域的投资,探索深化服务贸易自由化的路径,制定提升服务贸易竞争力的国内法规,加强服务部门人力资源的技术合作。

3. 投资环境。该蓝图提出,在现有"东盟全面投资协议"的框架下,建立开放、自由和透明的投资体制,减少和取消制造业、农业、渔业、林业和采矿业及其附属产业的限制,完善投资保障制度,增强投资法律、法规和政策的透明度,包括建立有效的消除投资限制和障碍的程序,确定减少东盟全面投资协议投资清单的机制,加强投资协调委员会(CCI)同行评审机制,推行东盟全面投资协议,使东盟成为投资的目的地。

4. 金融一体化、包容性和稳定性。区域金融的包容性和稳定性,是东盟区域经济一体化的重要目标。到2025年,东盟区域金融发展的3个战略目标是金融一体化、金融包容性和金融稳定性,涵盖资本账户自由化、支付与结算系统和能力建设三大领域。

该蓝图提出,为促进东盟区域金融一体化,必须加快东盟区域本土银行、保险市场和证券市场的一体化进程,建立安全、高效的金融市场设施,完善金融自由化的监管条件。通过"东盟银行业一体化框架",提供更大的市场准入和操作的灵活性,建立合格的东盟银行;通过东盟保险业一体化框架,加快区域保险市场的融合,提供多样化和深层次的承保能力,完善保险业监管制度;根据东盟资本市场基础设施蓝图,进一步深化东盟区域资本市场的连接,为区域投资者的清算、结算和托管提供便利条件,允许投资者和发行人有效利用区域资本市场;推进主权债券和公司债券市场的发展,以分担银行系统的风险,为储户提供更多的投资机会。同时,促进区域金融的包容性发展,为更广泛的社区提供金融产品和服务,包括微型和中小型企业、地区间的数字鸿沟、人口结构的变化引发的老龄化社会等。此外,通过识别金融系统风险和完善金融监管制度,加强现有的宏观经济和金融监管,确保区域金融的稳定性。

在资本账户自由化、支付与结算系统和能力建设三大领域,该蓝图提出,一是推进东盟成员国资本账户的自由化,鼓励成员国间的资本流动,为区域跨境投资和信贷提供便利。东盟资本账户的自由化必须遵循资本账户有序开放,充分考虑成员国的准备条件;具有足够的保障措施,应对资本账户开放可能引发的宏观经济波动和系统性风险;为确保资本账户开放对所有成员国利益共享,东盟将继续密切关注各国资本账户自由化的进展。二是建立安全、高效、有竞争力的支付与结算系统,促进区域跨境贸易结算、汇兑、零售支付系统和资本市场的发展。三是能力建设,通过学习项目、知识经验交流、金融一体化和相关领域的最佳实践,缩小区域金融发展的差距。

5. 技能劳动力和商务人士的流动。在东盟经济共同体内,允许劳动力的有限度流动,主要是技术性劳动力的自由流动。该蓝图提出,东盟区域技术性劳动力的自由流动,是在专业人才资质互相认可的框架下进行的,现有会计、建筑师、牙医、医生、工程师、护士、勘测技术人员和旅游等8个专业人才资质得到成员国的互相认可。在东盟专业资质参考框架下,各成员国自愿参与,支持终身学习,提高专业资质认可,促进区域自然人的流动,这些安排旨在为跨境的自然人和商务人士从事货物贸易、服务贸易和投资提供便利。其主要措施包括扩大和深化东盟自然人的流动,改进现有的专业人才资质互相认可安排,探讨增加新的专业人才资质互相认可的可行性,以利于专业人员和技能劳动力的区域流动。

6. 参与全球价值链。该蓝图指出,东盟要建立高度一体化和凝聚力的经济,必须促进各国参与全球价值链,在参与这一过程中实现规模经济和产业集聚效应,以及推动区域创新体系的形成。全球价值链与区域价值链并不是相互排斥的,区域价值链的形成与发展是东盟参与全球价值链,构建高度一体化和凝聚力经济的关键。东盟新成员国参与区域价值链可为融入全球价值链创造条件,而先进成员国可以从引导区域价值链迈向全球价值链。东盟必须通过消除市场准入限制和歧视性措施,提供更好的贸易便利化和监管规范化,促进成员国参与全球价值链,其措施包括创立区域品牌、联合营销、贸易便利化、与国际标准接轨、标准化的能力建设、信息共享、互联互通、减少关税与非关税壁垒的成本,以

及国内规制的改革等。

（二）竞争、创新和活力的东盟

东盟经济共同体蓝图提出，提升区域竞争力和生产力包括竞争政策、知识产权保护、参与全球价值链、区域规制框架和实施等，其主要措施有：（1）有效的竞争政策。各成员国必须制定与实施基于国际法规和东盟准则的国内竞争法，建立有效的竞争机制，加强竞争政策相关配套的机制建设，通过竞争政策的区域合作安排和调整，逐步达到东盟及其对话伙伴、各种自由贸易协定对象国竞争政策的趋同；（2）消费者保护。必须制定和完善消费者保护法，加强消费者保护法的执法和管控，健全消费者保护的纠纷解决机制，促进金融、电子商务、航空、能源和电信等行业产品与服务的消费者保护措施；（3）知识产权保护。必须加强区域的专利、商标和工业设计的保护，加入国际性专利合作条约，完善知识产权的保护平台和基础设施，健全区域保护知识产权的执法网络；（4）效率驱动型增长、创新、研究与开发和技术商业化。建立学界、研究机构和私营部门之间的战略伙伴关系，创建技术转让和商业化的有效途径，鼓励创业，促进企业孵化器项目商业化，培育区域技术转让、适应和创新的政策环境，鼓励和扶持科技园、合作企业、政府与大学的研究实验室、研发中心等；（5）税务合作。东盟将进一步完善避免双重课税协定，调整税收结构，加强税收的监管监测等；（6）良好的治理。加强综合治理，提高公共部门的透明度和私营部门的积极性，鼓励私营部门和其他利益相关者参与治理，改进区域产业部门层面政府政策与企业行为之间的透明度和协同效应；（7）有效的管理。东盟经济共同体的建设，是一个共同管理和制度建设的过程。面对全球竞争和区域发展的形势，东盟需要确保区域管理机制的健全、高效和透明，管理结构和流程具有前瞻性；（8）经济可持续发展。保护环境和自然资源促使经济可持续发展，是区域发展战略的组成部分。东盟将积极推动绿色发展，促进清洁能源使用，推广可再生能源和低碳技术，确保食品安全，减少温室气体排放，保护森林资源；（9）全球大趋势和贸易相关的问题。东盟必须应对全球发展的趋势，保持良好的劳资关系，促进社会对话，协调政府、企业和雇员之间的关系。

（三）促进互联互通和部门合作

根据"东盟互联互通总体规划"，实现区域经济的互联互通，它涉及交通、电信和能源等基础设施领域。同时，推进区域产业部门的整合和合作，促使区域经济的可持续发展，提升东盟的总体竞争力。其主要措施是：（1）交通运输。东盟区域交通运输合作的重点领域，是陆路运输、航空运输、海上运输和交通运输便利化。加快区域公路、铁路等陆路交通基础设施的建设和互联互通，开发东盟陆路运输贸易走廊；通过区域天空安全和提升管理效率，实现东盟单一航空市场；继续加强东盟海上互联互通，促进区域海上运输合作，建设海上物流走廊，形成东盟单一航运市场；在东盟有关交通运输便利化的框架协定下，建立起区域内一体化、高效、具有全球竞争力的物流和多模式交通运输系统；（2）信息和通信技术。东盟必须进一步缩小区域数字鸿沟，确保所有社区和企业可以受益于信息通信技术的应用。进一步利用和探索信息通讯技术在经济转型中的作用，提高区域互联网的宽带普及率，推广智能城市和大数据分析，加快成员国尤其是农村信息通信技术基础设施的建设；（3）电子商务。东盟应加快电子商务的区域合作，在e－东盟的框架下，促进电子商务的跨境交易，制定相关的消费者权益保护法规；（4）能源。根据"2016～2025年东盟能源合作行动计划"，到2018年，东盟电网至少在一个次区域启动多边电力贸易；加快东盟跨境天然气管道的建设，推广煤炭清洁技术，提高利用核能源和民用核能的能力；到2020年和2025年，东盟的能源强度将分别比2005年降低20%和30%；（5）食品、农业和林业。东盟应扩大农作物、畜牧和渔业生产，提高农业劳动生产率，增加农业的科技投入，促进农产品贸易的便利化，增强应对气候变化和自然灾害等冲击的能力，加强森林可持续发展，完善粮食安全和食品安全的管理，发展清真食品，将东盟建成一个有机食品的生产基地；（6）旅游。东盟应增强区域旅游目的地的竞争力，实现可持续和包容性的东盟旅游模式。积极推销东盟作为一个单一旅游目的地，促进东盟旅游产品多元化，吸引旅游投资，优化旅游人力资本，实施旅游设施和服务的标准化，促进旅游便利化，各成员国的公私部门和当地社区应参与区域旅游价值链，优先保护自然和文化遗产等；（7）医疗保健。东盟将继续开放私人医疗市场，鼓励公私合营合作伙伴关系投资医疗事业，统一区域医疗产品与服务的标准，推动健康旅游和e－医疗服务，完善区域健康保险系统，促进医疗保健专业人员的区域流动，加强区域医疗监管体系等；（8）矿产资源。在"2016～2025年东盟矿产资源合作行动计划"下，促进矿产资源的可持续发展，提升矿产部门的竞争力，制定矿产资源规划，建立东盟矿产资源数据库，鼓励私营部门和公私部门参与矿产合作项目等；（9）科学技术。在"2016～2025年东盟科学、技术和创新行动计划"下，利用现有科技网络技术中心的优越条件，共享研究设施与人力资源，促进区域合作的科技研究与开发、技术转让和商业化，提高科学家和研究人员在公共部门与私营部门间的流动性，建立企业参与科技和创新活动的支持系统。

（四）具有弹性、包容和以人为本的东盟

建设具有弹性、包容和以人为本的东盟，是对2015年蓝图提出的"区域经济的均衡发展"目标的扩展和深化，其主要战略措施是：（1）增强微型、中小企业的作用。中小微企业是东盟经济发展的重要支柱，必须制定微型、中小企业的发展计划，通过改善融资渠道、技术和创新、市场、人力资源开发的政策制度环境，构建产业集群，参与全球供应链，运用电子商务，提升这些企业的竞争力；（2）加强私人部门的作用。通过现有的东盟工商咨询委员会，建立政府部门、行业团体和私营企业的有效协商机制与渠道，制定私人部门参与区域合作的指南，鼓励私人部门参与贸易便利化、服务、投资、互联互通、食品和中小微企业；（3）公私合作伙伴关系（PPP）。从国家和区域层面评估公私合作伙伴关系的法律框架，创造有利于PPP项目操作的法律环境，运用东盟基础设施基金吸引私人部门参与减贫、包容性增长、环境可持续发展的PPP项目融资；（4）缩小发展差距。在东盟一体化的倡议的框架下，促进柬埔寨、老挝、缅甸和越南的能力建设，缩小发展差距，推动文莱、印尼、马来西亚和菲律宾的东部增长区，印尼、马来西亚、泰国的增长三角，大湄公河的次区域经济合作；（5）激励利益相关者参与区域一体化。增强东盟区域一体化公众意识，提高区域经济整合计划的透明度，鼓励利益相关者参与区域经济整合计划，推动企业社会责任（CSR）活动等。

（五）全球性的东盟

东盟通过与中国、日本、韩国、印度、澳大利亚和新西兰签署自由贸易协定和全面经济伙伴关系协议，并进行“区域全面经济伙伴关系协定”、东盟—香港自由贸易协定等的谈判，进一步加快东盟融入世界经济体系，提升东盟的国际地位，其主要措施包括以区域共同立场和全球经济视野，实施具有战略性和一致性的对外经济关系；进一步完善东盟现有的自由贸易协定，使之成为现代、全面和高标准的自由贸易协定，以适应东盟区域生产网络的需要；促进与非自由贸易对话伙伴的经济关系，扩大双边贸易和投资项目；推动东盟与区域和全球的整合，促进与新兴经济体或区域集团的经济合作；继续支持多边贸易体制，积极参与全球性和区域性机构的活动。

三、东盟经济共同体对世界经济和区域合作格局的影响

东盟经济共同体的建成，标志着亚太地区第一个次区域经济共同体应运而生。随着东盟经济的迅速崛起，区域一体化进程加速发展，东盟将成为世界和区域经济重要的增长极，在全球价值链和区域生产网络中扮演着重要的角色。作为一个区域共同市场，东盟经济共同体在亚太经济一体化进程中的地位与作用不断提升，将对世界经济和区域合作格局变化产生重要的影响。

（一）东盟在世界和区域经济的地位将进一步提升

20 世纪 80 年代中期至 1997 年亚洲金融危机爆发之前，东盟国家经济呈现出持续快速增长的态势。亚洲金融危机中断了东盟经济持续高速增长的进程，此后经济出现了急剧波动。2002 年以后，东盟国家经济逐渐复苏，摆脱了金融危机的困境。近年来，尽管受到国际金融危机的冲击，但东盟总体经济仍保持较快的增长速度，东盟已成为世界经济最活跃的地区之一，也是亚太区域经济重要的增长极。

据统计，1996 年东盟的国内生产总值（GDP）为 7254.7 亿美元，1998 年降至 4726.2 亿美元，2004 年为 7964.8 亿美元超过金融危机前的水平，2006 年东盟的 GDP 突破 1 万亿美元，2008 年达到 1.5 万亿美元，2011 年超过 2 万亿美元。同时，东盟的人均 GDP 也随之逐步上升，2006 年突破 2000 美元，2010 年超过 3000 美元，2014 年为 4136 美元。2014 年，东盟拥有 443.56 万平方公里国土，6.22 亿人口，2.57 万亿美元国内生产总值，进出口贸易为 2.53 万亿美元，是世界上人口第三大的国家和地区（仅次于中国、印度），是世界第七大经济体（仅次于美国、中国、日本、德国、英国和法国），是世界上第四大进出口贸易地区（仅次于美国、中国和德国），也是世界上吸收外国直接投资的主要地区之一（见表 1）。同时，东盟是亚太区域人口第二大的国家和地区，是亚太区域第四大经济体，是亚太区域第三大进出口贸易地区，也是亚太区域吸收外国直接投资最多的地区。未来 10 年东盟经济共同体的建设，将进一步提升东盟在世界经济的地位与作用。据东盟的预测，到 2020 年，东盟的国内生产总值将达 4.7 万亿美元；到 2030 年，东盟将成为全球第四大经济体。

（二）东盟将在全球价值链和区域生产网络中扮演重要的角色

当今世界，伴随着国际产业分工格局的变化，以产品内分工为基础的全球价值链和区域生产网络迅速形成与发展。目前，全球价值链和生产网络主要由欧盟、北美和东亚三大区域生产网络构成，东盟国家是东亚区域生产网络的重要节点。当前，东盟仍处于全球价值链和区域生产网络的中后端，各国的中间产品贸易比重趋于上升，中间产品贸易占贸易总额的比重超过 60%，零部件和半成品是最主要的进口商品，进口中间品加工再出口的生产模式依然延续。在全球价值链和区域生产网络中，东盟已成为全球和区域重要的制造业生产和出口基地，它是世界上最大的集成电路和电子元件、第二大办公自动化设备和通信器材，以及化工、汽车、医药、纺织、成衣等重要出口地区。据统计，2014 年，东盟国家占世界工业制成品出口的比重为 5%、办公设备与通信器材为 16.1%、集成电路和电子元件为 29.1%、化工产品为 4.2%、汽车为 1.9%、纺织品为 4.4%、成衣为 8.7%（见下页表 2）。

东盟经济共同体蓝图提出，东盟参与全球价值链和区域价值链是构建区域高度一体化和凝聚力经济的关键，并将实施相应的政策措施。2008 年世界金融危机之后，随着各国经济转型和产业升级，全球价值链和区域生产网络正处于调整和重塑中。美国极力推动制造业回流，日元持续贬值使得日本制造业回流迹象初显，中国促进制造业的技术升级，东盟国家加快经济转型和结构调整。目前，东盟国家在东亚地区全球供应链中大多还处于跨国公司海外供应商的地位，各国开始借助东亚地区供应链调整和重组的时机，加大基础设施

表 1　东盟在世界和亚太区域经济的地位（2014 年）

	人口（亿）	国内生产总值		进出口贸易		外国直接投资	
		金额（万亿美元）	占世界比重（%）	金额（万亿美元）	占世界比重（%）	金额（亿美元）	占世界比重（%）
美国	3.19	17.348	22.4	4.186	11.3	923.97	7.5
中国	13.68	10.357	13.4	4.445	12	1285.00	10.5
日本	1.27	4.602	6	1.502	4.1	20.9	0.2
德国	0.81	3.874	5	2.713	7.3	18.31	0.1
英国	0.64	2.95	3.8	1.224	3.3	722.41	5.9
法国	0.66	2.834	3.7	1.233	3.3	151.91	1.2
印度	12.76	2.015	2.7	0.785	2.1	344.17	2.8
东盟	6.22	2.574	3.2	2.529	6.8	1328.671	1.1

资料来源：根据 ASEANEconomicCommunityChartbook、WTOInternationalTradeStatistics、UNCTADWorldIn－vestmentReport 有关统计数据编制

投资，消除货物和服务流通障碍，推进贸易投资便利化，实现基础设施和机制互联互通，强化与东亚地区供应链的对接，调整在区域供应链中的位置，依托区域供应链推动产业集群的形成。同时，一些后起国家利用比较成本优势，吸引跨国公司在当地投资设厂，承接部分劳动密集型产业和工序的转移，成为跨国公司的区域零部件供应商和组装厂。因此，随着新一轮全球和区域价值链的重组，东盟将会继续在全球价值链和东亚生产网络中扮演重要的角色。

表 2 东盟在世界工业制成品贸易的比重（1980～2014 年）

单位：%

年份	进、出口	工业制成品	办公设备与通讯器材	集成电路和电子元件	化工产品	汽车	纺织品	成衣
1980	进口	2.2	4.6	—	2.0	0.9	0.4	0.3
	出口	1.1	4.8	—	0.5	0.0	0.0	1.3
1990	进口	3.7	8.2	—	3.0	1.5	0.7	0.8
	出口	2.9	10.9	—	1.3	0.2	0.0	5.3
2000	进口	4.6	11.4	—	3.3	1.3	1.6	0.9
	出口	5.3	18.6	3.4	2.3	0.7	0.4	3.3
2010	进口	3.3	10.1	21.5	1.3	1.0	3.9	0.5
	出口	1.2	14.7	29.4	3.3	1.0	1.7	7.3
2014	进口	1.8	9.9	19.8	2.3	—	5.3	—
	出口	5.0	16.1	29.1	4.2	1.9	4.4	8.7

注：仅包括列入世界前十五位工业制成品的东盟国家

资料来源：根据 WTO International Trade Statistics 有关年份编制

（三）东盟率先实施区域基础设施建设将有助于推动亚太地区基础设施互联互通

2010 年 10 月，东盟推出了《东盟互联互通总体规划》，率先提出区域基础设施互联互通规划，它包括交通运输、通信网络、能源安全等基础设施的建设和完善，其主要项目涉及东盟公路网、泛亚铁路、内陆河道运输网、航海、航空运输网络、综合运输走廊，以及通讯和能源基础设施的建设，并拓展基础设施投融资的合作，推广公私合作伙伴关系（PPP）模式。近年来，东盟加快区域基础设施互联互通建设。根据区域基础设施互联互通规划，东盟在基础设施建设的总投入高达 600 亿美元。目前，区域交通运输基础设施 15 个项目中的公路、铁路和海运项目已全面铺开。根据东盟的规划，2015 年前将东盟公路网延伸至中国和印度，将原定的新加坡—昆明铁路建设计划延伸至印尼的泗水，区内港口设施建设逐步展开，东盟 8 个跨国天然气管道联网项目已经动工，并完成了区内局部的电力联网运行。在 2025 年东盟经济共同体蓝图中，东盟仍十分重视区域基础设施互联互通，并将其作为未来 10 年东盟经济共同体建设的五大支柱之一。

2013 年，在印尼举行的亚太经合组织（APEC）领导人非正式会议上，亚太互联互通被纳入主要议题，会议通过了《APEC 互联互通框架》和《APEC 基础设施开发与投资多年计划》两个成果文件。2014 年 10 月，APEC 财长会议通过了《APEC 区域开发成功的基础设施 PPP 项目实施路线图》。该路线图针对 PPP 的特征、政府需要提供的环境、如何制定基础设施投资规划、如何选择项目、规范的采购程序、如何分配风险等多方面内容，提供了建设建议和规范。2014 年 11 月，亚太经合组织领导人北京会议通过了《亚太经合组织互联互通蓝图（2015～2025）》。该蓝图提出建设、维护和更新高质量的基础设施，包括能源、信息通信技术及交通运输基础设施，寻求提高亚太经合组织运输网络的质量和可持续性，进一步普及宽带网络，促进可持续能源安全，加强能源基础设施的韧性。2014 年 10 月，亚洲基础设施投资银行成立，它是一个政府间的区域多边开发机构，重点支持基础设施建设，它将为亚太区域的基础设施互联互通建设提供资金融通的便利条件。可见，东盟率先实施区域基础设施互联互通建设，将为亚太地区基础设施互联互通提供可资借鉴的国际经验。

（四）以东盟为主导的区域化格局将对亚太区域经济一体化产生重要的影响

在新一轮的亚太区域化浪潮中，东盟国家根据自身的经济政治利益，积极调整区域经济一体化战略，努力探索区域合作的模式。东盟倡导多边卷入、实现大国均衡的区域化战略，注重东盟自身一体化的重要性，强调东亚区域化的主导权，并将其作为各类区域一体化形式的核心。2015 年底，东盟正式宣布如期建成东盟共同体，东盟经济共同体的建成标志着亚太地区首个次区域经济共同体的诞生。同时，由东盟倡导的区域全面经济伙伴关系协定（RCEP）的谈判也基本完成。由此，以东盟为主导的次区域经济一体化形式将提升其在区域经济整合的地位和作用。当前，以美国主导的“跨太平洋伙伴关系协定”（TPP）和以东盟为核心的“区域全面经济伙伴关系协定”（RCEP），是亚太地区最主要的区域经济一体化形式。从东盟视角看，RCEP 和 TPP 不会互相排斥，它将有助于推动亚太区域贸易自由化的进程，并将成为迈向亚太自由贸易区的平行路径。

目前，东盟已有 4 个成员国加入“跨太平洋伙伴关系协定”（TPP），而其他成员国对 TPP 仍持观望的态度。作为 TPP 的成员国，新加坡已与 TPP 的 11 个成员国中的 9 个签有双边自由贸易协定，它与 TPP 国家贸易和投资约占新加坡贸易和投资的 30%，新加坡认为 TPP 将为本国企业提供更多发展机会；马来西亚国会已通过备受争议的加入 TPP 的动议，政府表示，加入 TPP 有助于提升马来西亚的国际竞争力，它不会影响国内中小企业的生存，也不会改变国家经济体制，包括照顾土著经济的政策，但须在两年内修改 20 项法令和 7 项政府条例，其中包括一些涉及劳工相关权益的法令；越南被认为是 TPP 成员国中受益最多的国家，到 2020 年、2025 年 TPP 可带动越南国内生产总值分别增加 235 亿美元和 335 亿美元，2025 年带动越南出口增加 680 亿美元，但也面临着诸多的问题和挑战。另一方面，作为 TPP 非成员国，印尼政府表示将争取加入跨太平洋伙伴协定，佐科总统表示印尼希望可以在两年内加入 TPP。不过，印尼国内对是否加入 TPP 看法不一。印尼投资统筹机构主任弗兰基认为印尼不加入 TPP 将比越南更落后，而印尼国会副议长阿古斯表示印尼若加入 TPP 将弊大于利；美国总统奥巴马对菲律宾加入 TPP 的兴趣表示欢迎，并指示美国贸易代表与工商部谈判，以帮助菲律宾获得其他 TPP 成员国的接受。菲律宾政府表示，2016 年上半年菲律宾将与 3 个 TPP 成员国举行技术磋商；美国力邀泰国加入 TPP，泰国银行协会、泰国商会和工业协会均表示泰国应加入 TPP，以促进泰国贸易与投资。由泰国商业部委托的一项研究表明，加入 TPP 将有助于推动泰国经济增长 0.77%，但也敦促政府应仔细研究 TPP 的具体效用。如果这些国家纷纷加入 TPP，必将对亚太区域经济一体化进程产生一定的影响。

（作者王勤系厦门大学教授，原载《南洋问题研究》2016 年第 3 期）

缩小东盟内部发展差距

——*21 世纪海上丝绸之路所扮演的角色*

万那瑞斯·常　著　颜洁　译

因为有着2015 年实现一个共同市场和生产基地、一个具有竞争力的经济区域、一个公正发展的区域以及一个融入世界的区域经济的目标，东盟经济共同体的发展正在全力进行。然而，仍然存在着完全实现东盟经济共同体发展蓝图的障碍。欠发达经济体并不具备充分享受区域一体化进程所带来利益的相应的制度建设能力和领导权。

成员国之间经济发展程度的不均等仍然是建成一个包容的、以人为本的东盟的阻碍。柬埔寨、老挝、缅甸和越南 4 国（CLMV）是区域内较不发达国家，制度建设能力、人力资源和实体基础设施是他们在融入区域发展过程中面临的一些关键性限制和挑战。同时，由于缺乏市场信息、融资来源、生产能力以及诸如与标准相关的安排这些非关税壁垒的存在，在这些国家的私人领域，尤其是中小型企业（SMEs）面临着将其产品和服务向区域内输出的困难。

本文探讨东盟面临的挑战，概述东盟内部的发展差距，并就如何缩小发展差距问题提出对策建议。具体而言，本文旨在分析 3 个问题：一是实现东盟经济共同体的挑战和限制是什么；二是发展差距问题为何如此重要；三是如何缩小发展差距。

一、东盟内部的发展差距

就建成一个以人为本的东盟而言，存在着诸多挑战和限制。例如，发展差距、国家内部缺乏协调、人民缺乏参与以及一些成员国制度建设能力较弱等是其中的一些关键性问题。

国家内部缺乏协调是实现东盟经济共同体的主要障碍。不同的政府部门和机构之间的步调并不一致，得不到很好的协调。在国家层面上，利益集团的分化（即“一体化的拥护者与反对者”）使东盟经济共同体建设的进程变得迟缓。诸如关税减让、消除非关税壁垒、服务领域的自由化、外国投资者的国民待遇、海关的现代化以及“国家单一窗口”系统这些方面都应被纳入国家法律和方针决策的制定当中。

发展差距的扩大，无论是在国家层面还是在区域层面，都阻碍了区域一体化的进程。政治意愿和资金的缺乏、软弱无力的制度以及利益分歧是缩小东盟内部发展差距的主要障碍（Alavi and Ramadan，2008）。在人民收入、基础设施建设、国家整合和制度化建设上的差距均显示了东盟内部的发展差距。除此之外，东盟内部的数字鸿沟（Digital Divide）和知识经济与社会的增长也成为东盟内部正在出现的挑战。

发展差距是指不同国家之间或一个国家内的不同地区之间经济社会发展的不均等程度。发展不仅仅是以人均 GDP 来衡量的，也通过人的基本生存需求（如居所、食物、医疗、教育等）、不平等状况的减少、生活标准的提高、人的自尊的提高以及市场内自由选择度的扩大等来衡量。发展是一个目标导向的过程，在这个过程中，人们获得有尊严的生活，贫困减少，人与其赖以生存的环境和社会有着良好的关系。20 世纪 90 年代，联合国引进了人类发展指数作为衡量社会经济发展的指标，这个指数包括人们对生活的期望、教育水平和生活标准等。

在本文中，发展差距的概念有其明确的定义。发展差距在收入状况、人的寿命、教育程度、信息技术的发展和治理水平等方面得到表现。收入差距由人均 GDP 和贫困水平来衡量；人的寿命由平均寿命来衡量；教育水平由成年人识字率以及初等教育阶段、中等教育阶段和高等教育阶段的入学率来衡量；数字鸿沟由对信息技术的访问比例和使用比例来衡量；治理水平由清廉指数来衡量。

（一）收入差距

表 1　东盟国家的收入差距（2012 年）

国别	人口（百万人）	GDP（10 亿美元）	贫困率（%）	人均收入（美元）
柬埔寨	15.1	16.78	17.7	1020
老挝	6.689	12.00	23.2	1660
缅甸	53.44	64.3	25.6	1270
越南	90.73	186.2	13.5	1890
泰国	67.73	404.8	10.5	5789
马来西亚	29.90	338.1	0.6	11120
新加坡	5.47	30.79	0	55150

数据来源：世界银行国别数据

（二）教育水平

表 2　东盟国家的教育发展情况（2012 年）

国别	成人识字率（%）	初等教育阶段入学率（%）	高等教育阶段入学率（%）	从初等教育至高等教育的期望年限（年）	教育上的公共支出占 GDP 百分比（%）
柬埔寨	73.9	95.93	14.5	11	2.6
老挝	73	94.1	17.67	10.5	3.3
缅甸	95.08	84.61	—	—	0.8
越南	93.4	99	54.25	11.9	6.6
泰国	96.1	89.7	46.2	12.3	5.8
马来西亚	94.1	95.58	40.87	12.6	5.1
新加坡	96.4	100	72	15.4	3.1

数据来源：世界银行国别数据和 2013 年东盟国家教育报告

（三）医疗水平

表 3　东盟国家医疗发展情况（2012 年）

	柬埔寨	老挝	缅甸	越南	泰国	马来西亚	新加坡
平均寿命（年）	68	66	66	76	74	75	82
人均医疗支出（公共与私人，美元）	69	27	20	102	247	418	2287

数据来源：世界银行国别数据

新加坡的医疗水平较高，医疗支出也较高，该国鼓励私人在医疗领域的投入。泰国、文莱和马来西亚在医疗方面有着良好的标准，也在追求更高的医疗质量。印度尼西亚、越南和菲律宾在医疗方面有基本的保障。柬埔寨、老挝和缅甸的医疗保障水平较低,在医疗供给上也较为缺乏。

(四)互联网的使用

东盟经济体经历了以互联网用户比例和宽带用户为衡量标准的互联网普及率的健康增长。该区域的互联网用户由2009年的0.81亿人增长至2013年的1.62亿人,翻了一番。

表4　东盟国家互联网使用率情况(2013年)

	群组1	群组2	群组3
互联网使用率(%)	多数访问(60%以上): 新加坡:73% 马来西亚:67% 文莱:65%	部分访问(25%~45%): 泰国:29% 菲律宾:37% 越南:44%	低访问率(1%~20%): 印度尼西亚:16% 老挝:6% 缅甸:1%

(五)治理水平上的差距

表5　东盟国家清廉指数(2015年)

	柬埔寨	老挝	缅甸	越南	泰国	马来西亚	新加坡
清廉指数(在168个国家中)	分数:21 排名:150	分数:25 排名:139	分数:22 排名:147	分数:31 排名:112	分数:38 排名:76	分数:50 排名:54	分数:85 排名:8

数据来源:国际透明组织(Transparency International Organization)

二、发展差距问题为何如此重要

曾有人提出,具有包容性和参与性的区域主义是区域长久和平、稳定和繁荣的基础。东南亚国家发展程度的不均衡威胁着该区域长久的和平、稳定和可持续发展。国家层面和东盟内部的发展差距将很有可能导致一个双层式的东盟的产生,这将为未来的政治社会弊端和冲突埋下隐患。

发展和安全是相辅相成的。为了实现一个安全、繁荣和充满关切的共同体,东盟需要实施一种包容性的地区主义,在这其中,"迈向区域一体化的完整而全面的途径"是必要条件。如果发展不均衡的趋势得不到缓解,东盟的凝聚力、团结和稳定将受到影响。Daniel Wu提出,"在下一个十年中,东盟内部的发展差距将有可能作为头等非传统安全议题而出现"。

在对一个分层式的东盟有所认识之后,区域的领导人们已经采用了若干区域发展倡议以及创造了一些区域和次区域的制度和机制来协助欠发展经济体赶上其他成员国的脚步。1998年,在越南河内举行的第六届东盟峰会上,东盟领导人就"缩小成员国之间的发展差距,在区域内减少贫困和社会经济发展的不均等"表达了他们的政治意愿和承诺。

东盟一体化倡议(IAI)是2000年发起的,旨在缩小发展差距以及加快东盟新成员国的经济一体化进程。东盟一体化倡议工作计划的第一阶段是2002~2008年,第二阶段为2009~2015年,第三阶段是2016~2022年。为了协调与实现东盟一体化倡议工作计划,3个机制由此产生:东盟一体化倡议发展合作论坛、东盟一体化倡议工作组和东盟秘书处东盟一体化倡议部。

东盟一体化倡议工作计划的项目准则包括,对柬埔寨、老挝、缅甸、越南4国(CLMV)在外部援助方面的需求进行清晰地鉴定;一个项目所发挥的作用在国家发展计划中的重要性;项目在柬埔寨、老挝、缅甸、越南4国参与东盟规划能力建设中的有效性;柬埔寨、老挝、缅甸、越南4国发展的长期连续性、可持续性以及其吸纳(外部援助)的能力等。东盟一体化倡议工作计划的第一阶段,即2002~2008年完成了134个项目(或规划),吸引了总额为1.91亿美元的来自东盟6个老成员国的投资以及来自对话伙伴国的总额为2300万美元的投资。投资的来源主要有东盟、东盟的对话伙伴国和发展伙伴国、区域和世界性的金融机构、私人企业、基金会以及非政府组织等。

2001年,关于缩小发展差距、加速东盟一体化的《河内宣言》为应对发展差距问题提供了路线图和政治承诺。宣言指出:"为了缩小东盟成员国之间以及东盟与世界其他地区之间的发展差距,为了本区域具有活力的和可持续的发展,为了我们人民的繁荣,我们决心齐心协力地推动有效的合作和互相之间的帮助。"基础设施、人力资源、信息与通信技术和区域经济一体化是东盟致力于缩小发展差距的区域合作的4个主要领域。

万象行动计划对为缩小发展差距而进行的区域项目做了概述,其中包括一些旨在帮助欠发达成员国消除关税、非关税壁垒和物质障碍,实现商品和服务在产品市场和生产要素市场内自由流通的具体的区域合作行动。万象行动计划还包括旨在就减少贫困、推动公正而具有包容性的发展对国家层面的努力进行补充的行动。

巴厘协议Ⅱ为以三大支柱——东盟政治安全共同体、东盟经济共同体和东盟社会文化共同体构建东盟共同体描绘了蓝图。东盟试图将其共同体定义为"人人机会均等"的"命运共同体",这意味着东盟人民有权公平地从区域一体化和共同体建设过程中受益。因此,缩小发展差距是释放东盟人民潜力和实现以人为本的东盟的关键所在。

有一些旨在促进发展的次区域合作机制,例如大湄公河次区域合作机制,其最重要的发展项目包括:南北经济走廊、东西经济走廊、南部经济走廊、电信骨干、区域电力联网和贸易安排、跨境贸易投资便利化、加强私人部门的参与度和竞争力、发展人力资源和技术技能、一个战略性的环境框架、防洪和水资源管理以及区域旅游发展等。

2003年,泰国与其邻国——柬埔寨、老挝和缅甸发起了一项旨在消除它们之间发展差距、增强它们的比较优势、在相互贸易中获利的经济合作战略倡议。不久之后,由于越南的参与,这项倡议演变成伊洛瓦底江—湄南河—湄公河经济战略合作峰会。每个参与方为了协调彼此的合作都各自在相关部门承担起责任。伊洛瓦底江—湄南河—湄公河经济战略合作峰会重视关于加速5国贫困的边境地区经济增长的倡议,例如,通过发展契约农业、友好城市以及泰国在公认的边境地区通过伊洛瓦底江—湄南河—湄公河经济战略合作峰会的试验性方案对其邻国的农产品单方面地实施零关税等。伊洛瓦底江—湄南河—湄公河经济战略合作峰会涵括的部门包括贸易和投资、农业和工业、交通联网、旅游业、人力资源开发和公共健康等。在泰国与其他4国的每个国家之间,还有发展双边合作的总体规划方案。

虽然对东盟一体化倡议有所补充,但伊洛瓦底江—湄南河—湄公河经济战略合作峰会所追求的目标从长远来看则更为系统化。在该战略框架下,泰国国际发展合作局负责向柬埔寨、老挝、缅甸、越南4国提供技术上的援助,而邻国经济发展合作局则负责向柬埔寨、老挝、缅甸、越南4国提供低息贷款(包括30%的补助金和1.5%的利率)。

来自于对话伙伴国的援助包括东盟—澳大利亚发展合作规划、来自欧盟的东盟区域一体化援助、来自美国的旨在推进国家合作和经济一体化的东盟发展愿景、日本—东盟一体化基金、中国发起的亚洲基础设施投资银行以及德国在东盟单一市场框架下对东盟一体化倡议的援助。

三、如何缩小发展差距?

为了使东盟国家彼此之间保持相互关联,实现共同向前发展,最为贫穷和最为脆弱的群体必须具备参与区域一体化和从中获得发展机会的能力。为了缩小发展差距,东盟需要一个强烈的政治意愿和坚定的发展战略。

有人提出建议说,区域机制化建设和社会保障的提高(尤其是照顾到最为脆弱的群体的机制的建立)对于缩小发展差距来说是至关重要的。制度能力、资源的有限性以及治理能力和责任制度都需要被全面地加以考量。发展需要得到广泛的理解。东盟需要把注意力放在以人为导向的发展上。

有必要使东盟一体化倡议在缩小发展差距问题上发挥重要作用。东盟及其合作伙伴们应当密切关注发展差距之所在。在南南合作和涉及多利益方的伙伴关系中将发展差距识别出来并提出相关对策建议就对资源善加利用以缩小发展差距而言是十分关键的。区域内国家需要在教育、技能开发、食品安全、社会保障和与健康相关的各项议题中投入更多。

在推动东盟成员国之间及其彼此之间的合作和协调以加强区域一体化方面,采取共同的行动是十分重要的。因为区域外国家的援助,东盟在塑造区域结构上已成为关注的焦点。

为实现区域经济融合以及缩小发展差距,柬埔寨、老挝、缅甸、越南4国需要专注于贸易政策、外来投资和劳动力迁移政策的改革以深化"政策改革的速度和广度"。在教育和健康领域以及在发展和实施有效而包容的土地改革方面,迫切需要更多的投资。

四、21世纪海上丝绸之路的角色

"一带一路"倡议是中国旨在经由区域互联互通来创造和分享发展机遇,并推动"亲、诚、惠、容","共同、综合、合作、可持续的亚洲安全观"以及"利益共同体、命运共同体和责任共同体建设"等理念的发展战略和周边国家外交的主要组成部分(Ruan et al., 2016)。

21世纪海上丝绸之路(MSR)的合作领域被置于"2+7"合作框架之下,它包括两点关于建立战略互信和推动互利的经济合作的政治共识以及7个优先合作领域(海洋合作、旅游合作、金融合作、安全合作、防灾减灾合作、环保合作和人员交流与往来)。作为对于一些区域内国家就21世纪海上丝绸之路倡议是否为中国统治该区域隐瞒了战略日程表的关切的回应,中国已经做出澄清,声称无意在战略上建立区域霸权。

21世纪海上丝绸之路在很大程度上是契合东盟共同体发展蓝图的。2015年3月8日,在中国—东盟海洋合作年启动仪式上,中国国务委员杨洁篪强调:"21世纪海上丝绸之路的创新点之一是强调对接。对接不是你接受我的规划,也不是我接受你的规则,而是在相互尊重的基础上,找出共同点与合作点,进而制订共同规划。"他表示:"21世纪海上丝绸之路不是任何国家的地缘政治工具,而是所有国家的公共产品,不搞任何形式的垄断和强制,而是大家平等相待,商量着办事。"

东盟高层领导人对21世纪海上丝绸之路的看法是颇为积极的。新加坡荣誉国务资政吴作栋在2015年曾经说过,21世纪海上丝绸之路是"构建一个和平与繁荣的亚洲共同体之路"。他还提到:"这除了传统的互联互通之外,也包括现代互联互通,如虚拟联结、电网联结和金融联结。如此,21世纪海上丝绸之路不仅能够扩大其对本区域的经济贡献,也能加强中国与其他现有区域合作框架的联系。"

21世纪海上丝绸之路鼓励中国与东盟之间的贸易、投资关系和互联互通,在缩小发展差距以及在欠发展地区减少贫困等方面帮助东盟的共同体建设。到2020年,中国—东盟双边贸易额将有望达到1万亿美元,中国对东盟的外国直接投资将达到1500亿美元。

除了区域内更好的互联互通之外,亚洲范围内正在不断增长的中产阶级数量将成为区域经济发展的动力。根据2010年一项经济合作与发展组织的研究,到2020年,世界范围内的中产阶级规模将达到32亿人,到2030年将达到49亿人,其中有85%的增长来自亚洲。到2030年,亚洲中产阶级人数将占据世界的66%。

五、未来合作的领域

中国包括21世纪海上丝绸之路在内的区域性倡议也需要关注机制建设和减贫问题。治理能力对于构建区域共同体来说是一种结构性或制度性的约束。也许,中国需要与其他本地利益方共同合作,推动治理能力的提升和机制变革。

21世纪海上丝绸之路需要给予人力资源发展和创新能力更多的关注。人力资源和知识是社会经济发展和区域共同体建设的基础。

21世纪海上丝绸之路框架下的基础设施发展项目需要更好地与乡村地区的发展结合起来。当前的发展计划是向城镇地区倾斜的。相较于乡村地区,城镇地区从区域互联互通中得到了更多的实惠。

六、结论

假如人民在形成国家和区域发展计划的过程中缺乏权力或无能为力,假如发展差距问题没有得到有效的解决,那么东盟共同体建设只能是一个渴望而较难成为现实。东盟成员国及其之间发展程度的不均等将对区域长远的和平、稳定和繁荣形成威胁。

因为其资源的有限性,东盟仅靠自身是无法帮助其欠发达成员国缩小发展差距的。作为东盟主要的对话伙伴国之一,中国具备帮助东盟提升其欠发达成员国发展水平的财力和技术资源。

在中国的区域外交中,21世纪海上丝绸之路是个关键的区域发展倡议。然而,当前该倡议并未对制度上的互联互通(即"软性发展")、人力资源发展和创新着墨太多。中国需要帮助东盟欠发达成员国同时进行"硬性"和"软性"的基础设施建设。

(作者万那瑞斯·常系柬埔寨战略研究所主席、译者颜洁系广西社会科学院助理研究员,原载《东南亚纵横》2016年第6期)

东盟在区域合作中的中心地位评析

周士新

每个国家在地缘政治和国际社会中都具有自己相应的位置，标志或决定着它与其他国家之间在某些领域的关系是否存在着某种优势，并在这种关系网络中处于何种相对的“中心地位”。在东亚地区合作架构中，东盟因为自身发展以及与其他国家相对比较友好的关系，为它们提供接触的平台、互动的议程、讨论的议题，成为它们愿意合作甚至讨好的对象，似乎奠定了其在这一关系网络中的中心地位。当前，东盟已经将维持其团结、中立、中心地位和领导地位作为自己处理内外政策的战略目标，并希望充分利用这些为其成员国提供更多的战略利益，也为地区和平、稳定、安全与繁荣做出积极贡献。如何界定和解读东盟的中心地位，以及其他国家，特别是与东盟关系最为紧密的中国，如何认识东盟在双边关系和多边平台中的作用，都非常值得详尽评析。

一、东盟中心地位的规范界定

东盟的中心地位并不是从其建立伊始就自动产生的，而是其自身发展和参与东亚地区合作的结果。从历史上看，东盟能够在东亚地区合作中建立中心地位的主要原因在于：第一，从东盟自身来看，东盟从创始 5 个成员国发展到目前的 10 个成员国，整体实力大大增强。尽管成员国数量的增加也让东盟各成员国在许多敏感问题上难以达成协调一致，形成有约束力的协议，但是作为一个整体，东盟已经成为东南亚地区最重要的力量，其各成员国随着东盟一体化获得很多独自难以取得的成就，从而已经形成较强的合作惯性。第二，从东盟与其对话伙伴的关系来看，东盟的对话伙伴已经认可其内部达成的许多重要政治文件，并通过正式签署和批准的形式，承认东盟有关处理国际关系的基本原则。即使像美国和俄罗斯这样具有较强自我色彩的国家也通过签署《东南亚友好合作条约》，认可“东盟方式”参加东亚峰会，标志着东盟在东亚甚至在亚太地区的中心地位得到真正认可。第三，无论是东亚地区大国，如中国、日本、韩国，还是参与东亚合作的全球性大国和周边大国，如美国、俄罗斯和印度、澳大利亚等，在处理相互之间在东亚地区的利益时都存在着历史与现实、情感与利益、权力和地位的纠葛和博弈，自主或自愿形成地区合作架构的难度相当大。在这种情况下，与各大国关系相对稳健的东盟成为他们最容易实现合作的对象，反而成为在东亚地区最受欢迎的行为体。第四，从全球层次上看，东盟与联合国等国际组织和海合会、欧盟等地区组织都建立密切联系，还广泛参与二十国集团的议程，成为全球性议题重要的参与者，并在与其他国家合作的过程中，推广东盟的政策立场和原则规范，提升了东盟在国际社会中的地位和作用。

从现有文件来看，东盟最早提及将加强其在地区架构中“中心地位”概念的文件是在 2007 年 1 月举行的第 12 届东盟峰会上签署的《关于加速于 2015 年建立东盟共同体的宿务宣言》和《第 12 届东盟峰会主席声明》，其正式提出是在《东盟宪章》第 1 条第 15 款，即“维护东盟在开放、透明和包容的地区架构中的中心地位和积极作用，作为促进和外部伙伴关系与合作的主要动力”。2010 年第 43 届东盟外长会对促进东盟在地区架构中的中心地位进行了更为详细的阐述，如进一步努力加快东盟一体化和共同体建设进度，积极拓宽深化东盟对外关系，加强东盟在现有地区及之中的主要驱动力作用。东盟国家认为，地区协调与合作架构应具有包容性，能够维持地区的动态平衡，促进地区和平、稳定和繁荣。为此，东盟欢迎美国和俄罗斯加入东亚峰会，并根据既有东亚峰会议程和优先事项做出适当安排。

近年来的历届东盟峰会主席声明都有提及东盟中心地位，有的特别列出一栏或一段进行阐述，并结合地区形势的发展，对所要表述的内容进行更新。例如，《第 17 届东盟峰会主席声明》提出通过两种方式保障东盟的中心地位，一是优先重视加强东盟一体化，二是加强东盟的对外关系。东盟将以现有多个相互支持的地区机制促进地区架构，加强东盟的推动力作用。东盟将鼓励其主要伙伴加强建设性和更深入的接触。为此，东盟决定在与东亚峰会中非东盟成员协商后，正式邀请美国和俄罗斯总统从 2011 年起参加东亚峰会。从近几年的情况来看，2014 年《第 25 届东盟峰会主席声明》将维护东盟的中心地位和接触域外国家并列提出来，指出将找到最佳方式处理新出现的各种挑战，有效应对地区地缘经济和地缘政治的变化，促进地区和平、稳定、安全与繁荣。东盟将促进落实《东盟宪章》和其他条约或宣言，如《东南亚友好合作条约》《东南亚无核武器区条约》《南海各方行为宣言》及《东亚峰会互惠关系原则的宣言》中的规范和原则，进一步发展以规则和规范为基础的地区架构。2015 年《第 27 届东盟峰会主席声明》特别提到 2015 年 9 月东盟特别外长会通过的《维护和加强东盟中心地位：工作计划修订版》，强调将进一步发展以规则为基础的地区架构，维护和加强地区和平、稳定、安全与繁荣。2016 年《第 28 届和 29 届东盟峰会主席声明》延续了以往各届峰会的主要内容，并特别强调东盟要在地区架构中发挥核心作用。

二、东盟中心地位的现状和特点

从地区合作架构上看，东盟的中心地位主要体现为地区各国在以东盟为主导的地区平台上开展相关合作与对话。东盟的中心地位主要表现在政治安全与经济合作两个方面。

从政治安全上看，第一，尽管东盟峰会、东盟 +1 峰会、东盟 +3 峰会和东亚峰会最后通过的文件更多是综合性的，但往往具有较强的政治导向，成为区域合作中最高层次的机制。从这几场会议的前后排序来看，东盟各成员首先举行峰会，不仅就自己共同关心的问题先进行协调，而且对随后举行的其他峰会定下基本论调和主要议程。第二，东亚系列外长会也非常重要。其中最典型的就是由 27 个国家或地区组织外长参加的东盟地区论坛，单纯从讨论国际和地区安全问题的角度上看，它可谓是东盟外长会的扩大版，也是东盟主导的覆盖范围最大的论坛。东盟外长会通常也在其他会议之前举行，发表联合公报，奠定整个东亚系列外长会的政策基调。由于各场会议间隔太近，文件内容通常在会议举行前就已经磋商就绪，一般只是会临时增减个别词句而已。因此，2012 年东盟外长会没有发表联合声明，而东盟地区论坛却能够发表文件，仅能说明是当时菲律宾外长临时起意试图在已经商定的联合公报上增加新内容所致。第三，东盟防长扩大会议已经从最初的每 3 年举行一次过渡到每 2 年举行一次，但相较于东盟防长会议每年举行一次，无论是在举行频率、讨论内容和行动计划等方面都有待进一步发展。第四，在东盟国家举行的讨论地区安全问题的其他类型的机制性论坛中,最为典型的应是在马来西亚国际战略研究所举行的亚太圆桌会议和印度尼西亚国防部举办的雅加达国际与防务对话会。相比之下,在新加坡举办的香格里拉对话会虽然已经举行多届,也具有更大的影响力,但并不能显示出东盟或东盟国家在其中的中心地位。

从经济合作上看,第一,已形成各种形式的"东盟 + N"自由贸易协议架构,主要包括已经存在的五个"东盟 +1"自由贸易协议和仍处于谈判中的"东盟 +3"自贸协议和区域全面经济伙伴关系(RCEP)。尽管 RCEP 与东亚全面经济伙伴关系(CEPEA)在形式上都是"东盟 +6"合作,但对东盟来说却存在着质的不同,结局也迥异。CEPEA 是日本在 2005 年提出来的,因不能体现出东盟的话语权而未能进入谈判进程,而 RCEP 却能体现出东盟的中心地位,因而得到了推动,并有望在近期完成谈判进程。第二,从东盟货币互换机制发展到清迈倡议多边化,二者的中间环节是 2010 年提出来的强调双边货币互换的清迈倡议。当前,这三种货币互换机制仍然同时存在。从清迈倡议多边化的制度安排上看,东盟国家在外汇出资额度的比例上虽然较小,但在货币互换额度的比例上却很大,从中可以获得更多的实际利益,为其抵御国际金融风险和发展经济寻求投资融资都提供较为稳健的机制性保障。第三,亚太经合组织的组织原则和规范。这主要体现在作为亚太经合组织创始会员的东盟老成员国在 1990 年 2 月达成的"古晋共识",强调亚太经合组织不能冲淡东盟的地位和作用,并将东盟处理地区经济合作的理念应用于亚太经合组织中。尽管东盟至今仍有 3 个成员国未加入亚太经合组织,但"东盟方式"已经嵌入亚太经合组织的核心理念。第四,东盟与其他地区组织,如欧盟、海合会,正在谈判签署自贸协议,尽管这很难说得上东盟能在其中居于中心地位,但东盟在谈判过程中会坚守自己的利益底线,努力让协议的最终文本朝着有利于保障东盟国家利益的方向倾斜。

总体来看,东盟主要通过以下几种方式获得了在区域合作中的中心地位:第一,超然运用大国平衡而非平衡大国战略,让自己处于相对超脱的地位,不参与各大国之间的博弈,让各大国之间的相互平衡对冲掉对自己可能产生的影响。东盟这样做主要是因为自身整体实力不强,可以利用的公共资源不多,内部协调难度大和行动效率不高。如果东盟在与各大国直接博弈时处于下风,就有可能面临被迫选边站队的困境。第二,坚持独特的"东盟方式"。这既让东盟不能利用自己的中心地位而让对话伙伴屈从自己,也使其对话伙伴难以利用东盟部分成员国挟持东盟达成对己有利的政策文件。第三,实行以共识为基础的弱领导模式。东盟没有寻求建立集体霸权的组织理念,通常都会按照自己的步骤以共识为基础制定各种机制的政策规范,同时也与其对话伙伴进行协商,形成原则性和灵活性相结合的合作议程和议题。第四,坚持非强制性的自愿执行原则。东盟仅有鼓励各成员国执行已经通过的决议的义务,但并没有强制它们执行决议的权力和功能,通常都是敦促它们尽可能地履行自己的承诺,在条件成熟时实现既定的各项行动计划。

由上可见,东盟的区域中心地位主要具有以下几个特点:第一,东盟始终强调保持自身团结,奠定和夯实其中心地位的基础。近年来东盟一直强调内部凝聚力建设,就是担心如果内部出现分化,那么东盟设置议程和议题协调的效率就会大打折扣,在与对话伙伴进行合作的过程中将难以争取到相对主动的态势。第二,东盟在对外关系上坚持相对中立的政策,避免卷入没有必要的争端中。东盟的中立政策不仅体现在应对东盟成员国之间的问题上,而且体现在东盟成员国与其他国家的关系上。这是东盟能够维持中心地位的先决条件,一旦东盟在国际和地区事务上选边站队,或者与其他国家发生冲突,就很难让其他国家在冲突问题上认同东盟的中心地位。第三,东盟为对话伙伴提供参加政策协调的各项规范性平台,形成区域合作的总体框架。东盟主导的各种会议基本上都是在东盟国家举行的。第四,东盟对话伙伴的认可与合作程度决定了东盟中心地位的质量和稳定性。也就是说,东盟的中心地位往往并非由其自身界定,而是由其与对话伙伴的关系界定。如果对话伙伴不认可,甚至不配合或者反对东盟在地区合作中的作用,那么就意味着东盟的中心地位没有得到尊重。

三、东盟中心地位面临的挑战

东盟在区域合作中的中心地位并不是天然形成的,当然会面临着一些挑战,未来发展也必然会具有一定的不确定性:

首先,东盟共同体建设的质量仍存在瑕疵。如果东盟的中心地位要得到地区各国的广泛认可,实现东盟共同体就至关重要。东盟会否因东亚经济共同体建设而得到加强,取决于东盟是否在东亚经济共同体建成之前已经实现了其自身的经济一体化。从目前情况来看,尽管东盟在 2015 年底已经宣布建成共同体,但其成员国的许多官员和学者都表示,东盟共同体的落实程度是按照自身标准界定的,绝不会寻求发展像欧盟那样高度一体化的模式。另外,东盟共同体的建设主要体现在经济领域,显示出东盟各国对地区一体化的倾向性。即使如此,东盟释放出来的许多信息和各国单独发表的信号并不一致,东盟共同体似乎只是一个虚弱的空架子,有待各成员国继续充实。东盟能否将建成共同体后制定的各项计划落在实处,答案是非常模糊的,甚至是无解的。东盟内部在政治安全上的凝聚力也因为各成员国利益差异性较强而出现了很多问题,制约着东盟在区域合作中发挥中心地位的能力和意愿。

其次,东盟未能解决内部领导核心问题。东盟自成立以来,一直强调各成员国的独立自主性,并通过《东南亚友好合作条约》《巴厘协商一致宣言》和《东盟宪章》等政治性文件得到维护和保障,决定东盟难以产生一个能发挥引领作用的核心国家。在相当长的时间内,印度尼西亚被认为是东盟"自然的领导者",其在推进东盟机制性建设方面确实也发挥过较积极的作用。然而,在 20 世纪 90 年代末亚洲金融危机后,随着苏加诺政权的倒台,印度尼西亚逐渐走上稳健的民主化道路,其领导东盟的意愿和投入的资源都大不如前。尽管近年来印度尼西亚随着国力上升,更加积极参与东盟一体化建设,但总体上仅限于促进与其他国家合作方面,并没有显示出愿意领导东盟的迹象。领导核心的缺失使东盟在涉及内部整合、对外共同发声等重大问题上的内部协调变得十分困难,且一旦遇到成员国之间或成员国与非东盟国家之间因争议而爆发冲突,要相互妥协达成共识也会相当困难。

再次,东盟协调对话伙伴的能力存在局限。东盟的中心地位仅意味着东盟为各种"东盟 + N"合作建立了框架,提供了场地,设定了议程,成为区域合作网络中一个相当紧要的节点。然而,这并不意味着东盟这个节点能凌驾于其他节点之上，也不意味着东盟成员国能以集体的名义强制对话伙伴接受自己的政策主张。东盟的中心地位不仅受到了各成员国过度强调主权的负面影响，也必然会引起对话伙伴在这方面的关切。东盟要将“出于良好意愿的中心地位”变成“具有实际意义的中心地位”，就需要更积极地管理日益重要但多样化的地区。从整个地区合作架构上看，东盟的中心地位不是其自我规划定位的结果，而是取决于其在区域合作中的作用是否顺应了国际政治和经济环境的变化，满足其对话伙伴对外政策的需要。如果东盟想维持其在区域合作架构中的中心地位，就需要坚持关注重点，不因各大国在地区内相互竞争而发生变化。因此，作为一个政府间组织，东盟对成员国的单边行为都显得束手无策，当然更无法干涉其对话伙伴的政策。

最后，东盟促进区域合作的表现仍有待改善。如果东盟希望接续加强其在区域合作机制中的中心地位，就需要寻求超越仅仅作为一个“华而不实的召集人和活动组织者”的角色，切实促进其在领导东亚地区共同体建设的自身动力和能力。东盟地区论坛只是在成立之初取得了很大成就，现在似乎已经失去了动力，经常被认为是“清谈俱乐部”，不能应对地区安全事务。另外，从“东盟 + N”的演进历程来看，东盟对东亚地区合作的推进意愿是存在问题的。例如，鉴于中日韩三国的经济总量远超过东盟十国，东盟迟迟不愿实质性地推进“东盟 + 3”自贸协议的谈判进程，担心一旦协议得到落实，就会变成“3 + 东盟”的自贸区格局，东盟反而可能被边缘化。尽管中日韩对东盟国家做了大量的劝服工作，但结果一直不如人意。后来，在日本提出 CEPEA 和美国推进跨太平洋伙伴关系协定（TPP）谈判进程后，东盟才真正意识到，如果再不出头维护自己在区域合作机制中的中心地位，将会最终因部分成员加入 TPP 而陷入分化，威胁东盟在东亚经济合作中的中心地位。

因此，正如东盟前秘书长素林·比素万所说，东盟需要积极的政策措施才能努力赢得中心地位和领导权。这一中心地位具有外部和内部两个方面：首先，它必须建立在东盟共同体的内在力量上。它要求东盟成员国保持团结，作为一个具有明确共同目标的团结群体，增加协调和参与意识，积极支持东盟秘书处的作用。其次，它将取决于东盟继续与外部的接触以及接触的内容。东盟要保持自己的中心地位，就必须以积极的态度促进以结果为导向的地区合作。美国总统奥巴马和前国务卿希拉里都曾强调美国要维护在亚太地区的领导地位，实际上已经是对东盟提出了警告，让东盟各国非常担心自己在区域合作中的中心地位。为了自己的利益，大国当然不愿无条件地接受东盟的中心地位，可能不会总是把东盟视为对外合作的优先选择。东盟能否塑造大国的行为、利益和身份，以及建构自己在亚太地区秩序的中心地位，往往取决于其自身的实力、能力和提出的制度规范。

四、中国支持东盟发挥区域合作中心作用

中国一直高度重视与东盟的合作关系，坚定不移地把东盟国家作为周边外交的优先方向，坚定不移地深化同东盟的战略伙伴关系，坚定不移地与东盟携手共同维护本地区的和平与稳定。中国领导人始终强调“坚持东盟主导，突出发展、互利、共赢的主题，继续以 10 + 3 为主渠道推进东亚一体化建设，符合各国的共同利益”。中国一贯政府支持东盟在东亚合作中的主导地位，与东盟国家拓展各领域务实合作，不断深化双方利益融合，打造更为紧密的中国—东盟命运共同体。中国已明确表示“支持东盟在不断演变的地区架构中的中心地位”。

中国高度重视东盟的中心地位具有多方面的原因：首先，中国与大多数东盟成员国都保持着相当紧密的关系。尽管中国与部分国家存在着历史与现实的问题，但总体上并未上升到中国与东盟的双边层面上，也尚未对与东盟的整体关系造成实质性的影响。到目前为止，中国已经与越南、老挝、缅甸、柬埔寨、泰国和印度尼西亚建立全面战略合作伙伴关系，与马来西亚建立了全面战略伙伴关系，与其他国家也建立战略合作关系，维持中国—东盟面向和平与繁荣的战略伙伴关系的整体性。目前，东盟从整体上已经成为中国的第三大贸易伙伴，中国成为东盟的第一大贸易伙伴，也是东盟部分国家进行货币互换的优先选择。从双边关系来看，自 2010 年中国与东盟落实自贸协议以来，双方经贸关系和相互依赖性呈现出较大提升。具体来看，印度尼西亚佐科政府在 2014 年 10 月执政后 5 个月内两次访华，两国领导人强调全面对接中国建设“21 世纪海上丝绸之路”战略构想和印度尼西亚“全球海洋支点”发展规划，加强政策协调、务实合作和文明互鉴，打造共同发展、共享繁荣的“海洋发展伙伴”。

其次，中国接受东盟在区域合作中的中心地位。从本质上说，鉴于东盟各成员均是中小国家，且经济发展水平存在着较大差异，绝大多数仍处于发展中阶段，东盟对区域合作的主导性并不是很强。无论是在议程设置和议题选择上，东盟都显得很温和、稳健，不仅能让自己的成员国获得好处，照顾到它们的局限性，同时也充分考虑对话伙伴的舒适度和利益取向。东盟在区域合作中并没有显示出强势支配的倾向，包括中国在内的东盟对话伙伴对这种弱领导的态势总体上还是较为宽容的，同时也理解东盟在许多问题上采取保守政策的机制性原因。具体来看，在 RCEP 谈判中，东盟总体上决定着自贸协议的原则、覆盖范围、规范规则等标准底线，相比之下，包括中国在内的其他谈判方虽然也会在一些具体条款上有所保留，但导致 RCEP 谈判短板效应的主要还是东盟成员国。

再次，东盟有助于促进中国与美国、日本、印度等大国维持相当程度的协作关系。随着中国与东盟互动及合作程度的增强，引起其他大国对中国影响力上升和战略意图的担忧，唯恐中国要在东南亚寻求建立自己的势力范围。加上历史上的恩怨情仇，这些国家与中国在增进合作方面始终存在着一些隔阂，相互间长期难以自主启动经济整合进程。例如，中日韩合作最初正是从它们与东盟合作的过程中开始的。中日韩与东盟建立“东盟 + 3”机制，并以此为基础形成“东盟 + 3”领导人早餐会，最终于 2008 年在“东盟 + 3”之外独立建立了中日韩三国领导人会晤机制，可是进展并不顺利，但“东盟 + 3”合作机制仍得以继续维持，充分显示东盟作为东亚地区合作中心地位的重要性。从进程上看，如果没有东盟的中心地位，RCEP 的建设就无从谈起，中国与东盟其他对话伙伴进行密切合作也会丧失必不可少的黏合剂。

最后，东盟的一些机制为中国与东盟成员国间加强合作、促进地区和平与繁荣提供机制保障。1976 年《东南亚友好合作条约》提出规范东盟成员国之间关系的基本原则，也是“东盟方式”形成的重要基础。中国于 2003 年签署《东南亚友好合作条约》，不仅体现出中国尊重和认可东盟在地区

多边合作机制中的地位和作用，而且反映双边关系政治和法律基础进一步巩固，双方政治互信进一步增强，以及中国使用东盟规范处理自己与东盟成员国之间关系的强烈意愿。东盟的高度开放和包容的合作机制为中国与东盟及其成员国合作提供持续性的强劲动力，也是中国与其他国家愿意参加东盟主导的地区多边安全合作机制，如东盟地区论坛、东亚系列外长会和领导人峰会的重要原因。东盟对待对话伙伴的这种“非歧视原则”也是东盟自身得以发展、壮大和赢得国际社会尊重的根本原因所在。东盟为实现其在区域合作中的中心地位提供制度性条件，而中国及东盟其他对话伙伴也为支持东盟的中心地位采取实际行动，这种互利共赢的合作格局不仅符合各方的战略利益，也为东亚各国协力克服亚洲金融危机和国际经济危机产生的负面效应，推动东亚成为全球经济发展最具活力的地区做出重要贡献。

五、结语

东盟在东亚地区合作中的中心地位并不是由东盟自我界定就能实现的，而是东盟与其他国家在东亚地区合作中长期互动的结果，也是其他国家认同东盟在这一过程中作用的结果。东盟既不需妄自菲薄，但也不能居功自傲，而是需要以更具建设性的政策立场让其他国家参与到自己提供的平台讨论地区合作，并通过具体的议题在更多惠及成员国的同时，也照顾到其他国家的关切和舒适度。从根本上说，虽然东盟似乎更在意这会提高自己在国际和地区体系中的尊严、形象和信誉，但其各成员国最关注的还是在地区合作中能获得多少更切实的利益，有助于其实现现代化，达到减贫致富的目标，增强其应对各种风险的实力和能力。这从东盟国家对其他国家越来越务实的政策选择上表现得尤为明显。

中国对东盟中心地位的支持贯穿于中国—东盟关系的发展进程之中。东盟将“东盟 +3”自贸协议谈判扩大，既是显示其主导区域合作进程的能力和意愿，也是担心中国在既有框架中的优势过大，增加谈判成员可以稀释中国的影响力，让中国在更大的自贸协议框架中充当普通的一员。对此，中国顾及东盟的关切，也最终接受东盟的政策立场，并在具体谈判过程中主动与东盟国家协商。中国虽然提出要建设中国—东盟自贸区升级版，但更多是平等对接而不是主导双边自贸协议谈判的内容。中国不会强制东盟接受自己的政策主张，但也不会无条件地接受东盟的政策主张，而是寻求双方通过友好协商，以“东盟方式”处理与东盟在区域合作中的关系问题。

（作者系上海国际问题研究院助理研究员，原载《国际问题研究》2016 年第 6 期）

东盟的亚太一体化战略评析

陆建人　孙玉红

一、东盟的区域一体化进程

（一）东南亚地区早期的一体化历程

东盟是东南亚国家联盟的简称，英文缩写为 ASEAN。东盟成立于 1967 年 8 月 8 日。在此之前，东南亚地区曾先后出现过两个区域合作组织。一个是由马来亚联合邦（今马来西亚前身）、菲律宾和泰国组成的“东南亚联盟”，成立于 1961 年 8 月。这是东南亚国家建立区域合作组织的首次尝试，也是东南亚区域一体化进程的开端。东南亚联盟不设总部，其活动由成员国外长会议和一个常设委员会筹划，外长会议在各成员国内轮流举行。不过，随着 1963 年 9 月马来亚西联邦的建立和菲律宾提出对北婆罗洲（沙巴）的主权要求，马菲关系陷于紧张直至断交，最终导致“东南亚联盟”夭折。

第二个区域组织是由马来亚、菲律宾和印尼三国组成的“马菲印尼联盟”，由印尼推动，在 1963 年 8 月成立。但仅一个月后，马来亚便在英国支持下成立了马来西亚联邦，印尼认为这是英国的新殖民主义产物，对马采取对抗政策，双方关系迅速恶化直至断交。而菲律宾也坚持对沙巴的主权要求，导致马菲断交。在此情况下，马菲印尼联盟形同虚设，没有发挥作用。

上述两个区域合作组织虽然历史短暂且无所作为，但却是二战后随着殖民主义体系的崩溃，区域主义在东南亚次区域首次出现的例证，为 1967 年东盟的成立打下了基础，从而成为今天遍及亚太地区的区域一体化浪潮的源头。

20 世纪 60 年代中期，东南亚在经历多年的政治动乱后进入相对稳定时期。菲律宾、印尼先后与马来西亚恢复外交关系。1965 年 8 月 9 日，新加坡脱离马来西亚独立，成为东南亚地区的第九个国家。各国都认识到实现区域合作的重要性。1967 年 7 月底，印尼外长亚当·马力克表示，为了使东南亚永远不成为大国争夺的场所，各国要在政治、经济、社会、文化等方面进行合作，以实现进步和安定。这反映东南亚各国的共同愿望。此后不到 10 天，即 1967 年 8 月 8 日，印尼、马来西亚、菲律宾、新加坡和泰国共五个东南亚国家外长在曼谷共同签署《东南亚国家联盟成立宣言》，东盟由此而诞生。东盟是亚太地区最早出现的区域合作组织，也是东亚地区首个次区域合作组织，是区域主义在东南亚取得成功的象征。

（二）东盟成立初期的东南亚区域合作

《东盟成立宣言》指出，成立东盟组织的目的是“促进东南亚的区域合作”，为此需要“加速本地区的经济增长、社会进步和文化合作”。但实际上，东盟成立后的 10 多年时间内，一直以政治、安全合作为主，经济合作并未被置于首位，成果也乏善可陈。这与东盟成立初期正处于美苏两霸在东南亚的冷战对峙状态有关。东盟首先考虑的是要保障自身和所在地区的安全。因此，东盟成立后不久，便在 1971 年 11 月开会通过《东南亚中立化宣言》，表明东南亚将成为和平、自由和中立的地区，不受外部强国的任何干涉。

1975 年越战结束，南越亲美政权垮台，美军撤离越南，苏联乘虚而入，在东南亚扩张其势力。越南南北即将统一，老挝和柬埔寨建立起“红色政权”，印支半岛同时出现三个共产主义意识形态国家。泰国等东盟国家对此严重不安，认识到必须进一步加强东盟内部的团结。印尼适时提出了后来被写入《东南亚友好合作条约》的“地区抗御力”概念。在此背景下，东盟于 1976 年 2 月在印尼巴厘岛召开了第一次首脑会议，签署了《东南亚友好合作条约》和《东南亚国家联盟协调一致宣言》（《巴厘宣言》）。《东南亚友好合作条约》以《联合国宪章》、1955 年亚非会议的和平共处十项原则和东盟历次宣言精神等为宗旨，确定了东盟成员国“互不干涉内政”“用和平手段解决争端”“放弃武力或武力威胁”等准则，成为东盟团结合作的总纲领。《巴厘宣言》的经济合作意义比较突出，首次提出在东盟成员国之间建立长期的特惠贸易制。1977 年 2 月，《东盟特惠贸易安排协定》正式签署，自此开启了东盟的经济一体化历程。

这一时期,东盟的经济合作有一定起色,主要在工业领域。1978 年,东盟达成在成员国内建立一批合营企业(如化肥厂等)的协议。但因种种原因,最后仅在印尼和马来西亚各建成一家尿素厂。另外,成立一批工商协会,如东盟汽车联合会、东盟水泥联合会、东盟化工俱乐部,还有电力、食品、玻璃、橡胶、纸浆等联合会。这些协会的成立,有利于东盟维护其共同的经济利益。

(三)从 PTA 到 AFTA

20 世纪 70 年代中期以后,东盟内部的经济合作逐步开展,主要包括产业合作、贸易合作、投资与金融合作,以及小区域合作。这些合作虽然成果有限,但为后来的经济一体化打下了基础。

如上所述,1977 年 2 月东盟根据巴厘会议通过的《东南亚国家联盟协调一致宣言》签署《东盟特惠贸易安排协定》(PTA)。该协定于 1978 年 1 月起生效,到 1993 年被《共同有效优惠关税协定》(CEPT)所替代,大约历时 15 年。最初被东盟列入 PTA 的商品仅 71 种,到 1992 年已达到 2 万种。关税下降幅度也从初期的 10% 扩大到 50%。PTA 对推动东盟成员国之间最初的贸易自由化、扩大东盟内部的贸易起了一定的作用,但由于东盟五国经济结构雷同,贸易互补性较弱,以及实际操作中的问题,实际效果并不理想。

20 世纪 80 年代末至 90 年代初,世界经济出现全球化和区域化浪潮。1989 年,亚太经合组织成立,同时欧洲和北美区域经济一体化也发展迅速,东盟对此趋势颇为敏感。1990 年,自由贸易需求迫切的泰国率先提出建立“东盟自由贸易区”(AFTA)的倡议,并被东盟接受。东盟将建立 AFTA 作为今后经济合作的中心任务。1992 年 1 月,东盟第四届首脑会议决定从 1993 年 1 月 1 日起的 15 年内,即到 2008 年建成东盟自由贸易区,把东盟内部的关税降到 0 ~ 5%。同时,东盟经济部长会议批准将《共同有效优惠关税协定》(CEPT)作为建设自贸区的主要机制。

AFTA 的主要内容是削减关税、撤除非关税措施,它与今天的“伙伴关系”等多领域的自由贸易协定相比,要简单多了,但对当时的东盟而言,却是经济一体化历程中的一大跃进。受 APEC 等区域一体化组织迅速发展的影响,AFTA 进程后来经过几次加速。第一次是在 1994 年,东盟经济部长会议将 AFTA 建成时间提前到 2003 年,并扩大 CEPT 的减税范围。1995 年,CEPT 又增加了提前实现降税和免税商品的数量,以加快 AFTA 建设进程。1997 年东南亚爆发金融危机,这反而促使东盟加快经济一体化进程以抗击危机。1998 年年底,东盟第六次首脑会议决定再次加快 AFTA 进程,将其建成的时间提前到 2002 年(老成员国),而刚加入的新成员国越南为 2003 年,老挝、缅甸为 2005 年。1999 年,东盟又决定 6 个老成员国到 2015 年、4 个新成员国到 2018 年实现所有商品零关税。2002 年年底,东盟 6 个老成员国兑现了第六次东盟首脑会议的承诺,98% 纳入削减关税的税种,已完成 96.2%,平均关税已下降到 0 ~ 5% 水平,4 个新成员国也有 65% 应减税产品纳入名录。AFTA 的目标基本实现了。

(四)从 AFTA 到东盟共同体

在 2002 年东盟自由贸易区基本建成之后,东盟再接再厉,于 2003 年 10 月在巴厘岛召开的第九届首脑会议上签署《东盟第二协调一致宣言》(又称《巴厘第二协议宣言》),提出在 2020 年建立“东盟共同体”,包括“东盟安全共同体”“东盟经济共同体”和“东盟社会文化共同体”。2004 年,东盟又将东盟共同体建成的时间提前到 2015 年年底,以显示东盟成员推进区域一体化的决心和勇气。这标志着东盟的一体化已经从单纯的自由贸易区(AFTA)进入政治安全、经济和社会文化全方位一体化的新阶段。东盟共同体不是一句口号,而是有实际内容和行动计划的实体。当然,东盟从实际出发,不搞欧盟那样的高度一体化实体,但东盟共同体将政治制度、意识形态、宗教文化多样性突出,经济发展水平差距较大的东盟 10 国团结在一个法律框架里,已经具备了区域一体化实体组织的基本条件。这个法律框架就是 2007 年正式签署的《东盟宪章》,它赋予东盟组织以“法律人格”,规定了东盟的盟旗、盟歌、盟日,并要求东盟各对话伙伴国将东盟作为一个整体派驻大使,如同向欧盟派驻大使一样。

目前,离东盟共同体建成的期限已经非常接近,从现在的状况来看,东盟的各项准备工作似乎尚未全部完成。不过,按照东盟的标准,计划完成七八成,也可视为完成。东盟面临内外形势的巨大挑战,这也许会减慢其一体化进程的速度,但不管形势如何发展,东盟不会放弃建设东盟共同体这个目标。

东盟的区域一体化进程至今已经走了将近半个世纪,尽管有曲折,但东盟总能想出应对的办法来推进这一进程。东盟在这方面有丰富的经验和独特的方式。其中最成功的就是“东盟方式”,即东盟针对自身的特点,用协商一致、渐进等方式来推动决议的制订和落实,避免使用谈判、投票等强硬方式。事实证明,这是一种减少分歧、达成一致的有效方式,尽管要花一些时间成本。东盟方式对亚太区域一体化也起了很好的作用。东盟的一体化是东亚地区和亚太地区最早和最成功的一体化,为推进亚太区域一体化做出了贡献。

二、东盟的亚太区域一体化战略

亚太地区面积辽阔,美、中、日、俄等大国林立。东盟只是东南亚次区域中的一个中小国家组织,面对庞大、复杂、多重结构的亚太区域一体化进程,它的战略主要有三条:一是坚决维护“东盟中心”地位和主导权;二是加快自身一体化,建立东盟共同体;三是主导建立“区域全面经济伙伴关系”(RCEP),通过 RCEP 将一体化进程向亚太地区推进。

(一)实行“东盟中心”战略

20 世纪 80 年代末 APEC 的成立标志着亚太区域一体化进入实质性阶段。此后,在亚太地区陆续出现了越来越多的次区域、双边和多边的经济一体化组织,使该地区一体化进程出现多重结构并存的复杂局面,一些小国被边缘化了。面对这一情况,东盟审时度势,提出了以东盟为中心的区域合作战略,以确保在本地区一体化中的主导权。“东盟中心”一词虽然出现较晚,但其理念早在 1994 年成立“东盟地区论坛”(ARF)时已经萌芽。有学者指出,当年东盟将自己比喻为“ARF 的主要驱动力”,端坐在区域合作“驾驶员位置”上,这正是今天广泛使用的“东盟中心”这一概念的来源。其实,这个概念的起源兴许可以追溯到 1990 年马来西亚前总理马哈蒂尔提出的“东亚经济集团”(EAEG)倡议。这一倡议是东盟针对 20 世纪 80 年代末 90 年代初出现的欧洲和北美两大经济集团的挑战而提出的。东盟的应对策略就是扩大自身组织,拉拢邻近大国,组成新的集团来抗衡,而东盟则在集团中扮演核心角色。不过,由于 EAEG 倡议排斥了美国和澳大利亚,受到了它们的激烈反对,最终夭折。之后,东盟加快扩员,1999 年柬埔寨正式加入,东盟拥有了 10 个成员国,覆盖了整个东南亚地区。1997 年,该地区爆发严重的金融危机,正是这场危机成就了东盟在区域合作中的“中心地位”。1997 年年底,东盟邀请经济实力强大的中日韩三国在吉隆坡召开首次东亚领导人会议,共商克服金融危机对策,自此拉开10 +3东亚合作进程序幕。东盟建立了10 +1 和10 +3合作机制,并在其中扮演核心角色。继而,东盟又推出“东亚峰会”倡议,以自己为圆心,将四周所有大国,包括美国、印度、澳大利亚、新西兰和俄罗斯等非东亚地区国家都纳入其中,形成以东盟为核心的更大地域范围——“泛亚”地区的合作圈,并由此确立了10 +N +…的区域合作模式。“东亚峰会”现在简称 10 +8,但其过程是 10 +3(中日韩)+3(澳新印)+2(美俄),是典型的10 +N +…模式。东盟在选择“东亚峰会”成员时,从自己的利益出发,只挑选符合其三条标准的国家:(1)必须是东盟的对话伙伴;(2)必须加入《东南亚友好合作条约》;(3)必须与东盟有实质性的关系。“东亚峰会”和10 +3是两套机制,一个圆心,这个圆心就是东盟,这种同心圆结构使东盟的核心地位更加巩固,东盟俨然成为“亚洲权力中心”。

“东盟中心”战略在东盟刻意塑造的“轴心—轮辐”自贸区格局中得到充分表现。2002 年年末,东盟与中国启动了中国—东盟自由贸易区谈判,之后又分别与印度(2003 年 10 月)、日本(2003 年 10 月)、韩国(2004 年 11 月)、澳大利亚和新西兰(2005 年 3 月)启动了双边自贸区谈判,最终形成了以东盟为轴心、以东盟与中日韩澳新印 6 国的 5 个双边自贸区为轮辐的区域一体化格局。值得注意的是,在东亚各大经济体(如中日韩之间)还没有达成任何协定的情况下,东盟首先成为东亚区域一体化的轴心,从而加强了东盟在东亚经济一体化进程中的中心地位。东盟不仅仅是驾驶员,也是主导者和核心。

2007 年,东盟批准自身一体化的法律框架《东盟宪章》。该《宪章》的第一条就强调“维持东盟在其与外部伙伴的关系和合作中的中心地位”。这意味着,这一概念已经被法律化了。之后,《东盟经济共同体蓝图》文件指出,“东盟应当在对外经济关系中努力维护东盟中心,包括但不限于自由贸易区(FTAs)的谈判和全面经济伙伴关系(CEPs)协议。”东盟秘书长素林曾解释说,东盟中心有内部和外部两个维度,内部维度是“保持团结,加强协调,使东盟成为有明确共同目标的集体”;而外部维度,就是成为“制订区域发展架构中的驱动力”。

之后,“东盟中心”便成了东盟在东亚和亚太区域合作和一体化进程中的响亮口号,并得到周边大国的首肯,东盟借此充当了区域合作的核心,对推动东亚一体化进程发挥了积极作用。

(二)加快自身的一体化进程

尽管东盟拥有地缘政治上的优势,并且这些优势根植于其先天优越的地理和自然条件,但东盟也有与生俱来的不利社会因素,阻碍其中心地位的实现。

东盟是一个成员之间具有极大差异的区域性国际组织,10 个成员国拥有 500 多个不同民族和佛教、儒教、伊斯兰教、基督教和印度教等多种宗教,世界主要文明包括中华文明、印度文明、伊斯兰文明和西方文明并存其中。民族矛盾、宗教冲突和文化差异的存在,导致了东南亚地区长期以来政治与社会的动荡,使该地区极易被卷入意识形态和大国冲突之中。但是,东盟善于利用不利的外部环境和压力来增强自身的“抗御力”,几乎每次外部环境变化引起的危机,都被其化解为前进的动力。例如,1989 年 APEC 的成立,使东盟处于被“边缘化”的不利地位,但东盟通过在 APEC 内部推行“ASEAN Way”(东盟方式),使自己进入 APEC 决策中心。与此同时,东盟老成员国迅速做出决断,将昔日的敌人越南和老、缅、柬拉入自己的阵营,使东盟一举成为拥有 10 个成员国、覆盖整个东南亚的国家集团,实力迅速扩大。东盟完成扩员后不久,便在 2003 年提出到 2020 年建立“东盟共同体”的目标,后来又将目标实现时间提前到 2015 年。这在本文第一节中已经做过论述,在此不再重复。值得一提的是,2007 年出台的《东盟经济共同体蓝图》比较详细地规划了东盟经济一体化的目标、时间和内容,旨在将经济水平差距巨大的东盟 10 国建成一个“单一的市场”,实现“货物、服务、投资、熟练劳动力和资本的自由流动”。这意味着,届时整个东南亚地区将成为一个拥有 6 亿多人口、生产要素可以自由流动的统一的庞大市场,这将极大地巩固东盟在区域一体化进程中的“中心地位”。

但是,东盟要维护这个“中心地位”并不容易,其主要挑战并非来自东亚地区内部,而是来自地区外部。2009 年奥巴马总统上任后,针对东亚合作迅速发展、美国被排斥在外的不利局势,提出了“重返亚太”(后来又改称“亚太再平衡”)战略。这一战略包括政治、安全、军事、经济等各方面。就经济方面而言,最重要的措施就是推动“跨太平洋伙伴关系协定”(TPP)的谈判。美国高调宣布加入由 4 个亚太小经济体(智利、新西兰、文莱、新加坡)组成的“跨太平洋战略经济伙伴关系协定”(也被称为 P4),并对其规则进行了脱胎换骨的改造,重新挑选成员,开展了新 TPP 的谈判。由于文莱和新加坡原本就是 P4 成员,并且没有退出意愿,它们就作为新 TPP 的成员加入谈判,而东盟其他成员,美国只挑选了越南和马来西亚两个。其实,美国最初非常希望东盟最大经济体印尼能加入,但在市场开放上持谨慎态度的印尼明确表示不加入 TPP,美国只好放弃。这样,到 2015 年 10 月 TPP 结束谈判,东盟只有四个成员国在 TPP 中,而余下的 6 个均未加入。

美国主导的 TPP 将东盟撕裂成两块,严重削弱了东盟在区域一体化中的“中心地位”,引起东盟的强烈不满。时任东盟秘书长的素林指出,美国主导的 TPP 会影响东盟内部的经济统合,如果东盟域内贸易自由化主导权被美国掌控,东盟一体化建设恐走入歧途。

另一方面,东盟的10 +N +…机制也因澳大利亚、新西兰和日本加入 TPP 而受到干扰,使东盟在东亚经济一体化中的中心地位受到挑战。这促使东盟思考维护其“中心地位”的对策。

(三)主导 RCEP 的构建和进程

东亚原本在东盟和中国的推动下,建立10 +3 和10 +6合作机制,提出了建立东亚经济共同体的目标。当然,东盟更倾向于推动10 +6一体化,因为可以发挥它与 6 个经济体构建的 5 个双边 FTA 的轴辐效应。但是,美国主导的 TPP 不但冲击东盟的中心地位,也扰乱东亚地区的一体化进程。TPP将中国和大半个东盟排除在外,日本则“脚踩两条船”,既加入 TPP 与美国周旋,又不愿放弃东亚的市场,要留在东亚一体化进程之中。韩国因为早先已经与美国达成双边自由贸易协定，对加入TPP并不着急，而对东亚一体化依然持有兴趣。10+6中的印度也被排除在TPP之外，而澳大利亚和新西兰虽然加入了TPP，但它们更注重依赖中国和东亚市场。在这样的背景下，东盟出于维护自身在东亚一体化中的中心地位的考虑，提出了构建"区域全面经济伙伴关系"（RCEP），加快东亚区域经济整合步伐的倡议，并得到了东亚各国的积极响应。这样，TPP造成的不利的形势反而成就了东盟重整旗鼓主导东亚一体化进程的机会。

东盟在2011年2月第18次经济部长会议上出台了构建RCEP的草案，提议建立东盟10国和中、日、韩、澳、新、印共16个经济体组成的自由贸易区。但是，这个自贸区是向要加入的其他国家开放的，而不论其在哪一个地区。因此，自贸区将不设区域的名称。东盟也欢迎和期待美国加入。2011年11月，第19届东盟峰会一致同意建立"东盟区域全面经济伙伴关系框架"，而构建RCEP框架的目的是要"建立一个由东盟通过设定原则来主导的进程"。

由东盟主导的RCEP进程在2012年11月举行的第21届东盟峰会上正式启动，自2013年5月在文莱展开首轮谈判开始到2015年10月，RCEP已进行了10轮谈判，涉及货物贸易、服务贸易和投资三大领域，除市场准入外，还包括各类规则谈判，按计划要在2015年年底前结束谈判，将成为一个现代、全面、高质量、互惠的区域自由贸易协定。RCEP16个成员国国内生产总值和贸易额全球占比30%，建成后将成为亚洲地区规模最大的自由贸易区，具有与TPP抗衡的力量。

RCEP的出现改变了亚太区域一体化进程格局。自从1989年APEC成立以来，亚太地区的一体化进程逐渐呈现出碎片化趋势，出现了越来越多的双边和多边RTAs/FTAs和随之造成的意大利面碗效应。现在，TPP整合了12个亚太经济体，成为亚太地区首个大规模跨区域（跨太平洋）自由贸易协定，对亚太区域一体化起到了实质性的促进作用，成为通向亚太区域一体化目标——建立亚太自由贸易区（FTAAP）的一条重要轨道——太平洋轨道。但是，它并没有将亚太成员都包括在内，以APEC21个成员来说，还有将近一半不在其中。鉴于TPP的高要求，依靠TPP来实现FTAAP是有相当难度的。所以，在经济差距和多样性突出的亚太地区，还需要有其他途径来推进一体化。而规则难度低于TPP又高于WTO的RCEP，适合亚太不少成员加入，成为通向亚太自由贸易区的另外一条轨道——亚洲轨道。这将有助于形成双轨道并行的亚太区域合作架构，两条轨道相互竞争，相互促进，共同推动亚太区域一体化进程，而东盟在这一进程中依然可以保持一定的中心地位。

综上所述，东盟的亚太区域一体化战略从总体上看，是从维护自身的中心地位出发，通过与本地区6个对话伙伴建立的5个双边自贸区，构筑以自身为圆心的东亚区域一体化格局。随着地区形势的发展变化，东盟擅长调整策略，在保持主导权和核心地位的前提下，通过RCEP将一体化进程向亚太更广阔的地区推进（参见图1）。

三、东盟对亚太自贸区的看法和举措

（一）东盟在亚太区域一体化格局中的地位

自从1989年APEC成立以来，特别是近10多年来，亚太地区内部的各种双边和多边自由贸易协定的数量不断增长。截至2014年6月，APEC成员之间的这类协定已经达到48个，构成了多重FTA相互叠加的格局（见图2）。东盟作为亚太地区最早成立的次区域一体化组织，是亚太区域一体化的积极推动者。而且，东盟自由贸易区（AFTA）也是东亚最早运行的FTA。从图2可以看出，至今东盟已经广泛地参与了亚太地区所有的一体化框架。在过去的近20年里，东盟成功地推进了东亚一体化进程，并成为其核心。东盟为东亚和亚太的区域一体化提供了"东盟方式"等制度方面的公共产品。但也要看到，随着亚太区域一体化进程出现多重结构叠加的格局，以"小马拉大车"的东盟已显得力不从心，其核心地位逐渐被削弱。尤其不利的是，TPP撕裂了东盟。另外，东盟还有3个成员国（缅甸、老挝和柬埔寨）至今仍游离在APEC之外，这也削弱东盟作为整体在APEC和亚太一体化进程中的力量。

（二）亚太自贸区的提出及其双轨推进格局的形成

建立亚太自贸区（FTAAP）一直是亚太经合组织（APEC）奋斗的目标，其设想早在APEC成立初期就由名人小组提出了。2004年11月，APEC工商咨询理事会（ABAC）向APEC领导人会议正式倡议建立由APEC现有21个成员组成的亚太自由贸易区。但因成员意见不一，该倡议未被采纳。2006年11月在APEC河内峰会上，美国忽然高调推销FTAAP倡议，并将其写入领导人声明中。2007年9月APEC悉尼峰会达成共识，要求探索建立亚太自由贸易区的方案和前景。2008年9月，因不满FTAAP被"虚化"为遥远的目标，美国改变策略，宣布要加入名不见经传的"TPP"，但因总统换届而延

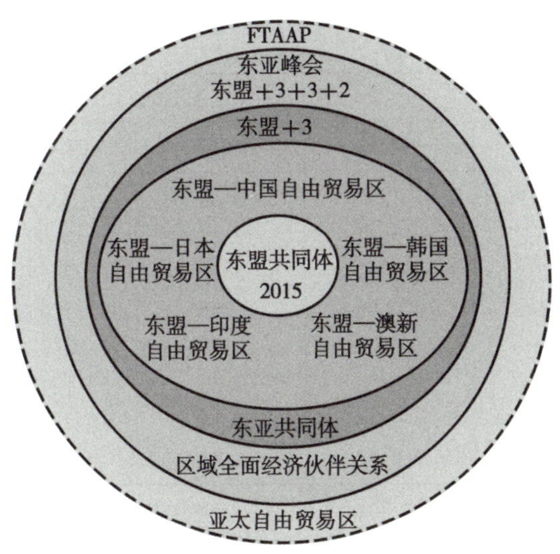

图1 东盟的亚太一体化战略示意图

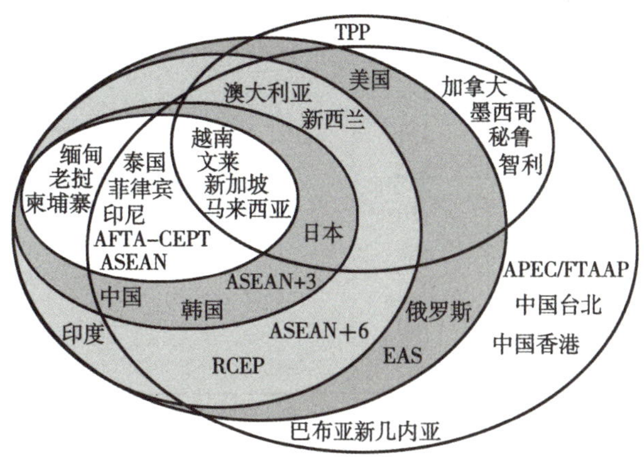

图2 亚太地区重叠性区域合作现状和东盟所处的地位

期。不过，建立 FTAAP 的目标并未因为美国立场的变化而改变，在 2009 年 11 月 APEC 新加坡峰会上，一份将 FTAAP 定位于高质量和综合性的自由贸易协定的可行性研究报告得到通过，峰会还要求对 FTAAP 进行进一步研究。不过，就在同一会议上，上任不久的美国总统奥巴马高调宣布加入 TPP，说明美国已经从支持 FTAAP 转向更为实际的 TPP。

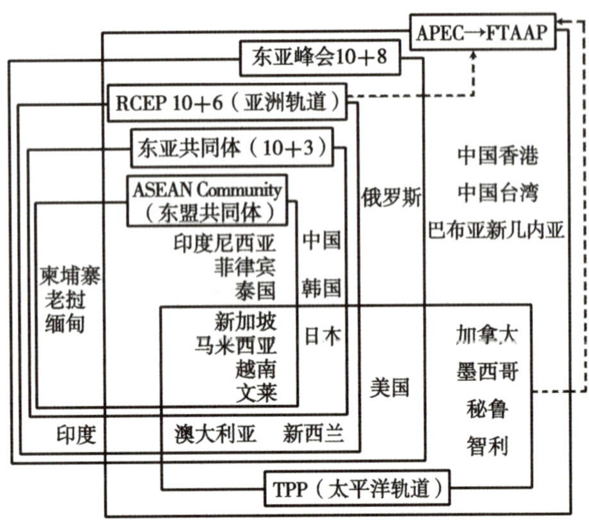

图 3　通向亚太自贸区路径的双轨格局

2010 年，APEC 横滨峰会首次提出将“实现 FTAAP 作为推动亚太区域经济一体化的主要载体”，并通过《建立亚太自由贸易区的途径》文件，列出了 10 +3、10 +6 和 TPP 三条可能的路径。之后，在 2011 年的檀香山峰会上，东道国美国将亚太一体化的关注重点放到了 TPP 所主张的“下一代贸易和投资问题”上，没有再提出 FTAAP 的问题，弱化了 FTAAP 的发展势头。但是，在俄罗斯主持的 2012 年 APEC 峰会上，FTAAP 再次受到重视，领导人声明指出“FTAAP 是深化亚太区域经济一体化的主要工具”，并认为“本地区多个自由贸易安排可以成为实现 FTAAP 的途径”。2013 年，APEC 领导人在印尼巴厘峰会发表的声明中重申对“实现 FTAAP 的承诺”。2014 年，APEC 北京峰会在中国的倡议下，批准了《亚太经合组织推动实现亚太自由贸易区路线图》，并决定启动 FTAAP 进程。至此，把建立 FTAAP 作为 APEC 的目标已经从成员们的共识开始走向实践。

那么，究竟通过什么途径，才能实现 FTAAP? 根据上述横滨峰会文件，TPP 是其中之一。在 TPP 强势登台后，APEC 已有超过一半的成员（12 个）成为 TPP 成员，在事实上已经形成通往 FTAAP 过程中的“太平洋轨道”，由美国主导。另一方面，2012 年 11 月启动的 RCEP 谈判已经覆盖了“10 +3”和“10 +6”，所以横滨峰会提出的三条途径就变成了 TPP 和 RCEP 两条路径了，后者由东盟主导，主要为亚洲成员，故被称为“亚洲轨道”。总之，当前亚太区域经济一体化已经形成 TPP 和 RCEP 两大机制，并且出现了这两条轨道竞争的格局（参见图 3）。

（三）亚太自贸区不同路径及对东盟不同成员国的影响

为了研究亚太自贸区启动对东盟国家带来的影响，本文将东盟 10 国分为三组，第一组为既参与 TPP 谈判又参与 RCEP 谈判，同时又属于 APEC 的成员，包括新加坡、马来西亚、越南和文莱；第二组是只参与 RCEP 谈判，同时也属于 APEC 的成员，包括印度尼西亚、菲律宾、泰国；第三组是只参与 RCEP 谈判但非 APEC 成员，包括缅甸、老挝和柬埔寨。以下根据 Peter A. Petri 和 Michael G. Plummer (2013) 的研究，按 TPP 包括 12 国，RCEP 包括 16 国，FTAAP 按东盟各国是否参与 TPP 和是否属于 APEC 等情况，探讨亚太自贸区不同路径对东盟不同类别国家经济福利和出口的影响。

1. 亚太自贸区双轨路径对东盟各国 GDP 的影响。表 1 模拟显示了 2025 年东盟各国基于不同自由贸易区方案下总收益的变化情况。其中第一组国家由于既是 TPP 成员，也是 RCEP 成员，更是 FTAAP 成员，因此在三种方案下，这组成员总收益均增加。并且在 TPP12 国的情境下，越南和马来西亚收益增加最多，分别为 10.52% 和 5.61%，而新加坡和文莱则分别增加 1.9% 和 0.95%。由此可见，在仅有 TPP 的情况下，越南、马来西亚受益最大；此外，在仅有 RCEP 的情况下，各国收益也增加，但增加幅度小于 TPP 下的增幅，只有文莱例外，文莱增幅为 5.85%，且越南居四国增幅之首；最后，在 FTAAP 的情况下，四国收益均有所增加，而且与前两种情况相比其增幅最大，越南和马来西亚的增幅位于前两位。

第二组国家是 RCEP 成员和 FTAAP 成员，但不是 TPP 成员，因此，当仅有 TPP 达成而其他协定没有达成时，这些成员收益均减少。具体分别为：泰国 -0.44%、菲律宾 -0.24%、印度尼西亚 -0.14%。相反，在 RCEP 和 FTAAP 情境下，三国的收益均有所增加，且在 FTAAP 下增幅更大。

表 1　亚太自贸区双轨路径对东盟各国 GDP 的影响　单位：10 亿美元

经济体	2025 年 GDP	总收益（以 2007 年美元价格计算）			收益增加百分比（%）		
		TPP12	RCEP	FTAAP	TPP12	RCEP	FTAAP
新加坡	415	7.9	2.4	18.1	1.9	0.58	4.37
马来西亚	431	24.2	14.2	43.5	5.61	3.29	10.09
越南	340	35.7	17.3	75.3	10.52	5.10	22.15
文莱	20	0.2	1.2	1.6	0.95	5.85	7.64
泰国	558	-2.4	15.5	30	-0.44	2.79	5.38
菲律宾	322	-0.8	7.6	17.4	-0.24	2.35	5.42
印度尼西亚	1549	-2.2	17.7	41.3	-0.14	1.14	2.67
其他 ASEAN	83	-0.4	1.6	3.5	-0.42	1.85	4.19

资料来源：参见 Petri，Peter A. & Plummer，Michael G.，“ASEAN Centrality and the ASEAN - US Economic Relationship”，November 15，2013. Available at SSRN：http：//ssrn. com /abstract =2319426 or http：//dx. doi. org /10.2139 /ssrn. 2319426；模拟数据基本来自上述研究报告，但本文对国别重新做了分类，分析方法也有所不同

第三组国家是 RCEP 成员，但不是 TPP 和 APEC 成员，因此，当仅有 TPP 达成而其他协定没有达成时，这些成员的收益减少 0.42%。相反，在 RCEP 和 FTAAP 情境下，三国的收益均有所增加，且在 FTAAP 下增幅更大。

2. 亚太自贸区双轨路径对东盟各国出口的影响。表 2 模拟显示了 2025 年东盟各国基于不同自由贸易区方案下总出口的变化情况。其中第一组国家由于既是 TPP 成员，也是 RCEP 成员，更是 FTAAP 成员，因此在三种方案下，这组成员除了新加坡以外总出口均增加。其中 TPP12 国的情境下，越南和马来西亚出口增加最多，分别为 28.4% 和 11.9%，文莱增加 2.6%，而新加坡出口负增长 -0.6%。由此可见，在仅有 TPP 的情况下，越南、马来西亚出口增加最大；在仅有 RCEP 的情况下，除新加坡以外，这组成员的出口均增加，但增加幅度小于 TPP 下的增幅，只有文莱例外，文莱增幅为 10.5%，高于 TPP 下增幅 7.9 个百分点；最后，在 FTAAP 的情况下，除新加坡外，三国出口均大幅增长，远高于前两种情况，且越南的增幅达到 58.3%。

第二组国家是 RCEP 成员和 FTAAP 成员，但不是 TPP 成员，因此，当仅有 TPP 达成而其他协定没有达成时，除泰国外，菲律宾和印度尼西亚出口均减少，减幅分别为 -0.9% 和 -0.8%，而泰国出口增加 4.3%；在 RCEP 情境下，除泰国外，菲律宾和印度尼西亚出口均增加，增幅分别为 6.6% 和 10.5%，而泰国出口将减少 2.2%；在 FTAAP 情境下，三国的出口均大幅增加，菲律宾、印度尼西亚、泰国出口增幅分别为 16.8%、23.8% 和 15.7%。

第三组国家是 RCEP 成员，但不是 TPP 和 APEC 成员，因此，当仅有 TPP 达成而其他协定没有达成时，这些成员出口均减少 2.7%。相反，在 RCEP 和 FTAAP 情境下，三国的出口均有所增加，且在后者的情况下增幅更大。

上述情况表明，亚太自贸区不同路径对不同类别的东盟国家的经济收益和出口的影响有所不同。四个加入 TPP 的东盟国家与没有加入的国家对区域经济一体化有不同的偏好。目前，TPP 已经先于 RCEP 达成，这些 TPP 成员可能在 RCEP 谈判中提出更高的要求；而非 TPP 成员则坚持降低目标。如果某个东盟成员不同意过高的要求，东盟本身可能延迟 RCEP 谈判过程。这将影响东盟在 RCEP 主导作用的公信力。

（四）东盟对亚太自贸区的态度和举措

FTAAP 进程虽然已经启动，但毕竟是一个漫长的过程。TPP 谈判花费了近 6 年时间，FTAAP 成员要达成一致，时间也许会更长。有关 FTAAP 未来的框架尚有许多不确定性，例如，是否只限于 APEC 成员才能加入？其自由化的程度有多高？包括哪些领域？何时开始正式谈判？等等。东盟现在的首要任务是完成自身共同体的建设，尤其是最基本的东盟经济共同体，现在已经到了所设定的期限（2015 年年底前）。另外，同样紧迫的是东盟还必须主导好 RCEP 进程，力求按时结束谈判，而现在已经到了最后的截止时刻。在这种情况下，要来论述东盟对 FTAAP 的态度有些不合时宜，东盟可能还顾不上考虑此事。不过，有一些情况可以帮助我们了解和分析东盟的态度。

首先，东盟作为整体从来没有公开反对过建立 FTAAP，这一点与东盟对 TPP 的态度不同。但是，同样，东盟作为整体也没有发表任何公开支持建立 FTAAP 的声明或此类文件。东盟有 7 个成员在 APEC 之内，在 APEC 通过上述支持建立 FTAAP 的有关文件时，没有东盟国家表示异议。这就说明了东盟对 FTAAP 倡议至少是默认的，但缺乏具体、明晰的立场。

第二，在对待 FTAAP 的态度上，东盟主要考虑的有两点，一是东盟的参与是有利于还是不利于维护自己在区域一体化中的中心地位；二是尚未加入 APEC 的三个东盟成员能否进入 FTAAP。毫无疑问，东盟不愿再次经历 TPP 那样的遭遇，任凭他人来分割自己。

第三，未来东盟是以一个整体加入 FTAAP，还是以各个成员加入？须知东盟在构筑东亚轴辐式 FTA 网络时是以整体为单位的，这是维持其中心地位的保障。

尽管东盟官方没有对 FTAAP 表达过明确的支持或反对立场，但是东盟一些官员型学者倒是表过态。印尼太平洋经济合作全国委员会（INCPEC）主席 DjismanSimandjuntak 表示："东盟似乎不赞成 FTAAP，因为在这样的协定下，东盟会丧失其中心地位。"他最近还表示，东盟必须考虑是以整体加入 FTAAP，还是以各成员个体加入？若是前者，那么东盟就需要制订一个"共同的对外政策"，若是后者，那么必须让柬埔寨、老挝和缅甸获得 APEC 会员资格。

另外，我们也可以从东盟对 TPP 的态度来反证其对 FTAAP 的态度。随着 TPP 影响的扩大，东盟国家对它的态度也发生了转变。除已经加入的四国外，泰国、菲律宾早就表态要求加入，而一向不愿加入的东盟最大国家印尼，在佐科就任总统后，态度也逐渐发生了变化。2015 年 10 月佐科访美

表 2　亚太自贸区双轨路径对东盟各国出口的影响　　单位：10 亿美元

经济体	2025 年出口收益	收入收益（以 2007 年美元价格计算）			收益增加百分比（%）		
		TPP12	RCEP	FTAAP	TPP12	RCEP	FTAAP
新加坡	712	-4.0	-40.3	-5.0	-0.6	-5.7	-1.9
马来西亚	336	40.0	20.2	56.1	11.9	6.0	16.7
越南	239	67.9	29.9	139.3	28.4	12.5	58.3
文莱	9	0.2	0.9	1.2	2.6	10.5	13.3
泰国	263	11.3	-5.7	74.6	4.3	-2.2	15.7
菲律宾	163	-1.4	10.8	27.5	-0.9	6.6	16.8
印度尼西亚	501	-3.9	52.6	119.3	-0.8	10.5	23.8
其他 ASEAN	34	-0.9	2.1	7.3	-2.7	6.2	21.6

资料来源：参见 Petri，Peter A. & Plummer，Michael G.，"ASEAN Centrality and the ASEAN - US Economic Relationship"，November 15，2013. Available at SSRN：http：//ssrn. com /abstract =2319426 or http：//dx. doi. org /10.2139 /ssrn. 2319426；模拟数据基本来自上述研究报告，但本文对国别重新做了分类，分析方法也有所不同

时公开宣布印尼将加入 TPP，这对东盟是一个举足轻重的信号，它表明东盟在 APEC 中的全部 7 个成员都已要求加入 TPP，这将会对亚太区域一体化产生深刻影响。显然，东盟主要成员已经在 FTAAP 和 TPP 两者中选择了 TPP。其实，这也不难理解，因为 FTAAP 至今仍是一个较远的目标，有很多不确定性，而东盟对 TPP 这样的现实问题更加重视。

由于东盟对 FTAAP 缺乏明确的立场，很难推断它今后会采取哪些举措来应对 FTAAP 进程。不过，东盟也有自知之明，即它知道自己并没有领导 FTAAP 这样的整个亚太区域一体化的能力，迄今为止，它的影响仍局限在东亚（包括澳新和印度）。例如，东盟很难对 APEC 中的南美成员产生影响。换言之，到了太平洋彼岸，东盟就没有影响力了。东盟仍将继续推动 RCEP 进程，以巩固自己在区域一体化进程中的主导地位。RCEP 倡议的提出及谈判的开启是东盟继“10＋3”“10＋6”后构建以其为中心的东亚合作机制的再次尝试，这对东盟是一举两得：对内可以借助区域内其他大国如印度、澳大利亚来平衡日本和中国的影响力；对外则可以借助 RCEP 的整体实力来平衡美国借助 TPP 主导亚太经济一体化的态势。同时，东盟也明白，TPP 不可能接纳东盟全体成员加入。因此，东盟会力求将 RCEP 而非 TPP 作为进入 FTAAP 的主渠道，这样可以保持东盟整体的竞争力，而这将得到中国和 APEC 发展中成员的支持。另一方面，东盟也很清楚，在亚太大国林立的情况下，只有不断提升自身的一体化水平，才有能力继续主导 RCEP 进程。有鉴于此，预计东盟在 2015 年年底宣布建成东盟共同体之后，将继续推进内部的一体化，完善共同体的建设。另外将加强内部团结和凝聚力，维护东盟的整体性。为此，东盟可能会要求 APEC 接受其剩下的三个成员的入会申请。总之，东盟仍将在亚太区域一体化进程中发挥积极作用。

（作者陆建人系广西大学中国—东盟研究院研究员、孙玉红系东北财经大学副教授，原载《东南亚研究》2016 年第 1 期）

变动中的亚太格局与应对之策

张蕴岭

亚太地区是世界上经济发展最具活力的地区，其在世界经济中的权重很大。与此同时，亚太地区又是中美利益及矛盾的交汇点，亚太地区的局势发展是各国的关注点。因此，如何理解当前的亚太格局是十分重要的。

一、亚太地区经济新格局

从经济上看，亚太地区形成了北美消费、东亚生产这样一种大结构。在这个架构下，东亚地区生产的扩张高度依赖于北美的消费增长，形成一种“危险的平衡”。在这种平衡架构之下，美国制造业向东亚转移，经济逐步服务业化，制造业在经济中的比重降低到 10% 左右。东亚则正好相反，大量吸收来自美国的投资以及与之有关的产业链投资，经济的主体结构制造业化，服务业所占的比重在下降。在东亚生产，北美消费这样的结构下，资金流动却出现了逆向性，即东亚积攒了大量的美元，这些资金以非直接投资的形式向北美流动，逆向流动让美国成为借贷国，东亚地区成为投资者，由此，东亚需要的直接投资资金又从美国流出，这是另一种“危险的平衡”。

2008 年的次贷危机打破了这两种危险的平衡，出现了消费和制造的结构性分离，以及资金流动回转链条的断裂。首先，由于信贷危机，美国消费的扩张力消失了，甚至可以说是萎缩了，反馈到东亚的制造业上就是东亚的制造业开始遇到冲击，失去了外部支撑的基础，也没有扩张的动力。我们看到，这就是为什么 2008 年金融危机以后，几乎绝大部分制造业都没有想到这次金融危机的调整需要这么长的时间。已经 8 年了，今后还需要多少年，现在还看不清楚。为什么这么慢呢？重要的原因就是新的平衡没有形成。那么，未来可能形成新的平衡吗？未来新的平衡的结构方向还不明确，到底是建立在一种什么样的结构上？

首先是如何重建平衡？是不是需要重建内部结构，来寻求新的突破？比如美国下大工夫，要重建制造业。迹象表明，美国正试图这么做，通过提供优惠措施，让制造业回归，让制造业比重大幅度提高。要让制造业重回美国，困难不少，但看来美国下决心要做。就美国来说，重建内部结构的重点在哪里？恐怕优势不在传统的产业，而是在创新产业。这个方面会如何发展，还要看。就东亚而言，也不会回到只为自己生产的道路上，还是要参与分工，但是，要提高内部消费的能力，提高服务业比重。未来，东亚重构服务业的潜力相当大。当然，东亚在制造方面有优势，不能丢。除了日本，还有韩国、中国、马来西亚等，因此，要大力发展制造业。如果东亚区域内部消费能力提高了，又有结构调整，发展服务业，应该可以重建经济增长活力。不过，重建的动力有多大，需要通过什么样的途径，还值得研究。

再则是如何创建新的增长机制？新的增长机制在哪里？我觉得，亚太地区发展的潜力还是在东亚地区。现在，我们有一个新的思路：发挥东亚的增长潜力主要在于改善东亚发展中国家的综合发展环境。“一带一路”倡议旨在推进新型发展合作，重在通过改善发展环境，发挥经济综合发展的潜能。现实的情况是，“一带一路”沿线的东南亚国家的经济主要是外部依赖型的，其内部的基础环境差，综合发展潜力发挥不出来。东盟提出互联互通建设，但是它缺乏资金，因此，进展很慢。东盟建成了自贸区，内部关税基本为零，但要增加内部的贸易和投资很难，为什么？其中一个重要原因就是综合的发展环境差，特别是基础设施不完善，往外走容易，往内部拓展反而难。“一带一路”建设从基础设施入手，改善东南亚的基础发展环境，这样，东盟内部的发展潜能就可以更好地发挥出来。几年前，我就提出，不要光把努力的重点放在开放上，还要注重开展合作，改善综合发展环境，来激发经济的内在发展动力。通过“一带一路”建设，改善互联互通，可以激发东亚的发展潜力，形成新的增长区域，拉动亚太地区整体的经济关系结构的重构，这是个大思路。

第三是如何创建东亚新的活力？东亚的制造业中心过去是中国，经过调整扩展，现在接替的是越南，从未来的发展看，印度加入的潜力很大，也就是说印度会加入东亚行列。当然，这也有争论，因为印度是一个以服务业为主体经济的国家，制造业不强。但是印度现在制订了制造业发展的蓝图，莫迪上台之后对过去的发展规划有很大的调整。这样的话，在东亚地区，中国的潜力还在，越南、印度等新的制造业聚集地正在崛起。所以，东亚很可能形成一个新的制造业中心。这个新的制造业中心不仅仅是地区的，而且是世界的。

第四是如何推动亚太地区的合作？亚太地区经济链接

紧密,需要建立开放合作的大框架。1989 年,亚太地区建立亚太经合组织(APEC),目的是想构造一个单一的、高度一体化的、开放的、合作的亚太区域市场和区域经济。但是,后来由于 1997 年的金融危机以及其他的一些原因,出现了多向发展,APEC 失去了对亚太地区一体化构建的主导影响力。2010 年 APEC 通过领导人声明推动亚太自贸区(FTAAP)建设。2014 年中国借 APEC 领导人会议在北京召开让 FTAAP 进入建设进程,中美牵头进行战略性研究。2016 年战略性研究报告完成,领导人同意继续推动 FTAAP 建设。但是,现实地看,其建设进程会很长。英国退出欧盟让人们对区域合作进行反思。过去谈区域合作,一般认为,路径是先建自贸区(FTA),然后一步一步提升,建立共同市场,然后成为共同体,这似乎是一个从低到高的发展定势。从现在看来,这个路径难有普遍适用性。东亚的情况很复杂,要建成一个统一的地区组织很难。当年东亚区域合作红火的时候,希望推动东亚峰会机制建设,以替代"东盟 +"的对话结构,但后来没有成功。也有人提出来在东亚推动统一货币建设,当时日本很积极,但后来也没有进展。东亚地区将来可能永远也不会有一个统一的区域货币和统一的区域合作组织。东亚地区需要合作,但是合作的形式多样,东盟成功了,把 10 个国家聚拢起来,建设共同体,但要把东盟扩大到东亚也难。面对新的形势,有关区域合作的问题也值得反思。美国抛开中国搞高标准的跨太平洋伙伴关系(TPP),TPP 不能解决美国的问题,也会使亚太地区分裂,让 TPP 成为亚太地区的主导模式行不通。东盟主导东亚 16 个国家谈判地区紧密经济伙伴关系(RCEP),没有美国参加,如果模式定的好,会谈得成。原来想,就亚太地区而言,将来,理想的办法是把两个合起来,或者直接推动亚太自贸区(FTAAP)的建设,但是这两个办法都不容易实行。美国大选增添了变数,TPP 夭折,RCEP 继续进行谈判,美国退回孤立主义和双边主义,在此情况下,如何继续推动亚太的合作,需要新的方法和新的动力。这需要做深入的研究。

二、亚太力量对比新格局

亚太地区力量对比的转变是一个值得重视的问题,因为它影响很大,既影响经济,也影响政治。在亚太地区力量转变中,最突出的就是中国经济力的提升带动了综合实力的提高。中国经济力提升,成为世界第二大经济体。同时,中国成为亚太地区拉动经济的主体因素。在经济的新增贡献中,无论是从地区,还是从世界来看,中国的贡献占比都比美国多得多,成为对亚太和全球经济增长的主要拉动因素。特别是中国综合实力提升,对亚太地区的国家间关系产生了巨大的影响。就国家间关系而言,综合力量很有意义。鉴于国家的主体力量主要体现在总量指标,即便中国的人均 GDP 到 2050 年以后仍将居全球中位,但总体实力会居前位。一个国家的总量指标代表着一个国家的动员力,这也就是为什么美国会如此重视中国综合力量的快速提升。

亚太地区力量以往发生过大的变化。日本曾经提升为第二大经济体,但是日本缺乏像中国这种综合的实力提升。日本是一个"不完整的国家",它没有独立的安全构建能力,依托在美日同盟之上,所以它没有形成综合力量的提升。日本的崛起主要在经济,这就是当年为何美日之间会发生那么激烈的贸易摩擦。中国的崛起则不一样,它是综合力量的提升,因此,摩擦不仅发生在经贸领域,还涉及政治安全领域。

在力量转换中,还有一个因素是预测影响力。现在几乎所有的预测都认为,2050 年之前中国会成为世界第一大经济体。一旦预测被接受,就是力量,各国就要按这个趋势做准备。像马丁·雅克,他就写了"当中国统治世界的时候"的文章,这样一个预测定论对于亚太地区的影响很大,这就是为什么虽然我们自己不接受 G2,实际上却在亚太形成了中美两大力量对决的一个架势。从现在来看,大家都认为中国离美国还差一大截,但是加上预测这个因素,大家就都相信了。这个预测对于力量的对比分析,制定政策的影响非常大。还有,中国作为一个后起者,被认定对霸权美国形成全面的冲击和挑战。特别是中国这样一个曾经强大,后来衰落,现在又复兴的大国,更令人敬畏。从认识上,很多人认为,一个新复兴的国家会从新起点上去重构,而像中国这样一个曾经的世界强国则不同,会把失去的东西要回来,这两个因素就使得外界对中国的预测认识变得更为复杂。我们看到,现在的许多矛盾,都受这两个因素的综合影响。

尽管中国崛起是在现行国际和地区体系上的崛起,但中国崛起带来的影响还是多方面的。从经济上看,中国要扩大新增的竞争力,复兴就是重建辉煌,把曾经失去的重建起来。"一带一路"建设是推进新型发展合作,但重提丝绸之路,也有"唤回逝去的记忆"的含义。中国曾经是世界强国,这个"唤回"也会让人们担心,担心中国想重新构建主导地位。就安全领域而言,冷战结束后,这个领域主要是美国主导,未来保持原样是不行的。中国提出要建设新型大国关系,构建更加公平合理的秩序。美国对构建这种新型关系和秩序显示出了担忧。中国反对强权,声明不会称霸,但我们一直都在提大国、小国这样的概念,所以,怎么才能让人相信中国推动建设的新体系是平等的、合作的、和平的呢?中国的崛起让很多国家感到焦虑,其中有大国,也有小国,这些就形成了一种抱团的趋势,要对中国进行制约,很多国家在各种力量之间脚踩两只船,权衡各种利益。因此,亚太地区的关系和合作面临中国崛起和美国战略重构的复杂挑战。

三、亚太地区热点问题的新特征

在力量转换之中出现了热点搅局问题,许多大局方面的事情因此被搅乱了。热点问题过去也有,但是没有现在这么热。像东北亚,朝鲜半岛,似乎又回到了对抗的老路上。在相当长的一段时间,东北亚的主导趋势是推动协商、合作,但美国搞重返亚洲,朝鲜搞核武器试验,韩国搞萨德部署,使得合作让位于对立和对抗。这种热点升温和对抗升级能不能降下来?会不会继续升级呢?大家都非常担心。朝鲜半岛危机重重,各方不仅不让步,还在升级,一是南北对抗,无解,二是大国参与无共识。美国大选后会出现什么样的政策变化,还要观察。韩国国内政局不稳,会出现什么样的变化,也有待观察。不过,有一条可能是共识,就是打起仗来太危险,也难有全胜者,这可能是一条红线,制约对抗升级。过去,东北亚曾分享过六方会谈取得的积极成果,但是,现在似乎又回到老路上。看来,对抗一时难以降温,对话合作难以启动,将来能不能?什么时候重新回到协商对话的状态?还值得观察。在这种情况下,中国要发挥大作用?要有有影响力的战略,到底应该怎么选择?如何发挥大作用?值得研究。

南海问题因菲律宾单方提起诉讼和单方仲裁以及美国加强介入而变得紧张。面对复杂的形势,南海问题如何解决?出路到底在哪里?我看,恐怕不能太急,太躁,要冷静观察，等待时机。领土争端最难解决，需要时间，静观求变可能会是一个好的战略。我认为，在争端升温的情况下，需要推动"公共产品"的建构。当然，公共产品，无论从概念上，还是从实践上都比较复杂，关键是要有理念，要有行动，让大家接受。比如，当年，我国提出"主权归我，搁置争议，联合开发"，就是在坚持主权不放弃的情况下，寻求和平、合作的目标，推动联合开发。尽管效果不理想，但缓和了形势，推动了合作意识和行动。如今，争端具体化了，有了联合国海洋法，有了岛屿建设，还有了所谓仲裁，如何办？公共产品是一家提供，还是共同提供？公共产品能有哪些？特别是，中国的战略怎么样来定位？这些都是值得研究的问题。随着菲律宾国内政局的变化，黄岩岛局势发生转变，合作代替对抗，这很好。关于南海领土和领海、专属经济区争端，有些学者建议共享主权的概念。共享主权接受起来挺难，比如，中国和菲律宾在黄岩岛共享主权，可能双方都很难接受。菲律宾提出，先把岛屿放一边，把海域变成共同捕鱼区，把潟湖变成保护区，这可能是一个好的思路，这比搁置争议又进了一步。

南海出现新的变局，中国的战略在变，中国有越来越大的能力来掌控这个地区，但其他的势力也在干预，所以南海就变成一个地区力量的博弈场所。南海最重要的是稳住大局，中国要打发展合作这张牌，求最大公约数。美国炫耀武力解决不了问题，中国扩大军力也不能解决问题。

东海也在升温。东海问题的实质就是中日力量的转化，近代日本崛起，掌控东海。二战日本战败，美日成为亲密的盟国，钓鱼岛的问题就是在这样一个环境下形成的问题。现在，中国的综合实力上升，2010 年，中国的 GDP 超过日本，现在已经是日本的两倍多了。中日之间的竞争是利益之争，会持续很长的时间。日本以应对中国崛起为目标打造新日本，在这个情况下，如何稳住中日关系非常重要。同时，东海地区不仅是中日之争，还有美国在这个地区构建的秩序，因此，秩序转变需要时间，理想的状态是平滑进行，这既需要力量，也需要时间。

实现中华民族复兴是大局。既要靠自身不断提升实力和能力，也要靠能把握外部环境的大局。亚太地区正在，并将继续发生重要的变化。在诸多变化中，中国本身是一个越来越重要的变量，这是认识亚太地区发展的一个重要基点，需要我们的研究工作者以新的思维方式，新的视角和新的方法进行观察和分析。

（作者系中国社会科学院研究员，原载《东南亚南亚研究》2016 年第 4 期）

东南亚微区域合作与跨境安全

郑先武　李　峰

一、问题的提出

二战后，区域主义在全球兴起并迅速发展，迄今大致形成以 20 世纪 80 年代中期为界的"两波"区域主义，即作为"第一波"的"旧区域主义"和"第二波"的"新区域主义"。在新区域主义浪潮中，一种涉及国家、非国家行为体和正式、非正式合作以及政治、安全、经济、战略、社会、生态等多个领域互动的、多样的和综合的区域化进程逐渐显现。由此，区域概念超越地理接近性与联系性，发展为一种基于地理又超越地理的政治、社会与文化建构。同时，如同区域从封闭到开放一样，主权国家间的边界也经历着从边界到边境的嬗变，即从囿于地理属性，作为框定、约束一种（国家）身份认同的主权界限，到成为一种政治性想象的社会结构，开放地汇聚边境周边形成一种新的兼具地理、政治及社会等多重属性的跨越边境的身份认同。在区域性与开放性所带来的区域化纵深发展与国家间日益紧密的跨境联系的影响下，一种以次国家层次为基本单元、建立在跨境联系基础上的"微观区域"（下称"微区域"）逐渐成形，并发展成区域互动的一种新层次。这也是亚洲的新区域主义和微区域产生和发展的大背景。

在区域主义语境下，区域经济合作是包括微区域在内的区域发展的主要驱动力。一方面，区域内国家在形成具有普遍认同的集体身份中开展域内双边及多边的经济与贸易联系。这种区域的"向下扩散"构筑涉及区域部分或全部成员的伙伴关系，由此形成区域、次区域及微区域等域内联系。另一方面，区域国家同时经由上述集体身份，"向上延伸"与域外展开经济与贸易联系，由此形成"区域与国家""区域与集团"及"区域与区域"等形式的区域间联系。区域安全合作同样遵循这种区域性与开放性相结合的原则，主要表现为：一方面，国际安全的相互关联性促使体系中所有行为体形成"安全相互依存"。鉴于安全威胁的来源普遍与地理接近性紧密联系，这种"安全相互依存"的集合因而常以区域为基础，形成安全区域化，并将区域塑造为管理安全事务的积极的主体。在安全区域化趋势下，亚洲安全机制正在形成以亚洲大国协调为"一轴"、以"中亚中心"安全机制与"东盟中心"安全机制为"两翼"、以各种次区域与微区域合作机制为"多节点"的"一轴、两翼、多节点"制度架构。另一方面，这些亚洲安全机制在应对安全议题时安全与经济相分离的"二元结构"日益凸显，安全与经济机制的联系性、经济机制对安全机制的外溢性亟待加强。

在微区域层次，上述经济与安全互动同样存在；并且，经济与安全的跨境联系赋予了微区域层次此类互动以特殊性。一方面，边境往往位于国家权力的边缘，成为治理的难处甚至"死角"，走私、环境污染、恐怖活动、分离主义、非法毒品交易、有组织犯罪、移民、贫穷与疾病等众多问题的凸显使得边境成为区域主义中安全与经济冲突、风险及威胁的主要来源之一；在安全研究与区域主义日臻融合催生的安全区域主义研究中，非传统安全议题成为跨境安全合作的核心议题。另一方面，因边境而凸显的共同威胁与共同议题也为相关行为体提供区域合作机遇，无边界的经济与安全合作应运而生，从而催生"增长三角""跨境经济合作区"等有鲜明地域性特征的经济合作现象，触发经济学、地理学及国际关系学等学科对相关现象的关注，开始关涉地缘经济、地缘政治、环境科学及非传统安全等研究视角。

就既有国际关系区域研究而言，由于其中对国家间区域的关注显著强于对超越国家、跨越国家的区域的关注，对正式国际组织的关注显著强于对非正式国际组织的关注，微区域主义研究因而显得尤为不足，微区域主义、微区域一体化、微区域化、次区域主义及次区域合作等概念纷纷指向微区域现象。此外，对微区域主义内经济与安全合作的分析往往指向将微区域安全合作视为经济合作的结果或者"副产品"，对跨境经济与跨境安全间关联的分析因而也显得不足。本文以下部分即通过对微区域主义的理论梳理，对东南亚的案例分析,重点从综合安全视角分析微区域主义与跨境安全合作之间的关联,并探讨跨境安全合作与跨境经济合作之间的联系。

二、微区域主义概念辨析

微区域主义是全球化、区域主义及其跨境联系等多重趋势交汇的产物,微区域主义实践的显著特征是其基本单元不再是国家行为体,代之以非国家行为体,其聚合方式主要是跨越国家间边境,因而其对区域概念的重构具有关键作用。也正因此,区域的重构是理解微区域主义的前提与关键,当前对微区域主义认知的混乱也主要表现为对区域、次区域与微区域3个层次界定的矛盾。就区域重构而言,其在行为体层次表现为:水平方向的全球与区域、国家与国家、国家行为体与非国家行为体、国家政府不同部门间关系的重置;垂直方向的中央与地方关系的发展等。在议题层次表现为:区域经济一体化、安全区域化、跨境经济与安全关联的强化等。

(一)次区域主义

已有研究在描述“增长三角”“跨境经济合作区”等现象时,除微区域合作以外,使用最多的概念是次区域合作及跨境次区域经济合作。该语境下,次区域首先被定位为一种次国家层次的跨境组合方式。吴世韶指出,作为特定概念使用的“次区域”和“次区域合作”是随“增长三角”“次区域经济合作”发展而来的,且是先有“次区域经济合作”而后才有特定的“次区域”和“次区域合作”,这是次区域经济合作研究中至关重要的一个理论前提。据此,他认为“次区域”概念也应该从“次区域经济合作”角度来加以界定,因而将东盟增长三角、“大湄公河次区域经济合作”“图们江次区域合作”等界定为次区域经济合作。

柳思思指出,20世纪90年代,地缘区位理论基于边境地区的区位特征与演化规律,提出次区域合作的理论模型,她将若干国家接壤地区之间跨国界的经济人或法人,基于平等互利的原则通过各种生产要素的流动而实施的较长时期的经济协作活动称为跨境次区域经济合作,并认为跨境次区域经济合作的本质是使生产要素在跨境次区域这一地域范围内达到自由流通,从而带来生产资源的有效配置与生产效率的提升。可见,次区域主义在此基本等同于跨境次区域经济合作,其主要载体是跨境经济合作区,即相邻两国按照达成的合作协议,在彼此接壤的边境地区各划出一定数量的领土,并将其整合成一个封闭的空间,在其中实行特殊的产业发展、仓储物流、财政税收等方面的优惠政策,以改变边疆地区的落后状态,或实现该区域和周边地区的快速发展。

然而,即使是次区域概念,其在使用时还存在着微区域现象以外的指向。正如吴世韶指出的,“次区域”是相对于“区域”的概念,由于区域这一参照系的变动,最后导致几乎任何一个地区都可以在不同的语境中被定义为“次区域”。已有研究中对次区域的另一种主要指向即将次区域定位为一种主要存在于民族国家间的,同时包含非国家行为体的国家间层次组合形式,但主要指向国家间特定的合作层次,如相对于“亚太”的“东亚”、相对于“东亚”的“东南亚”“东北亚”等即为此种次区域的典型。而该语境下的次区域合作概念仍主要指向次区域经济合作,即指通过区域内各国贸易的互补性,实现包括投资、贸易、生产、技术、能源、交通、物流、信息、文化、教育及旅游等多领域的跨国合作。但是,鉴于次区域合作中次国家行为体的作用与影响力越来越大,其体现出的相对于国家行为体的独立性越来越强,次区域因而也逐渐指向坐落于跨越国家间边界的土地,与前述第一种次区域使用方式产生了交叉。

上述两种主要使用方法表明,定位微区域并厘清其与区域、次区域等层次间关系的关键在于对区域有系统的层次剖解。对此,本文综合国家行为体、非国家行为体,尤其是次国家行为体等的角色,基于互动的领域综合性,将新区域主义框架内的区域细分为“宏区域”“次区域”与“微区域”三大类。其中,“宏区域”是指由国家间、政府间和跨边界合作行为构成的介于全球和民族国家层次之间的各种国际、跨国和超国家的“世界区域”形态,它主要是一种庞大的基于领土性的集合或次体系,又因参与行为体集中于某一特定区域还是跨越不同区域而区分为跨区域与区域两种具体形式,亚太范围内代表性的“宏区域”有亚太、东亚、“东盟+”等区域形式。“次区域”同样存在于全球和国家层次之间,具有较之“宏区域”的相对性,但层次较低,亚太范围内代表性的“次区域”有东南亚、东北亚、东盟等。“微区域”则是指由一个或几个民族国家边界中的集体、社会和个人行为单元构成、介于民族国家和地方权威之间的次国家或跨境形态;它是3种区域中出现最晚的,主要受益于20世纪90年代经济区域化的纵深发展;主要兴起于国家的边境,并跨越国家间边境。亚太范围内代表性的“微区域”有东北亚次区域下的图们江开发区、中蒙俄经济走廊,东南亚次区域下的东盟增长三角,等等。

(二)微区域主义

承上所述,用次区域主义剖析微区域现象的研究主要是从跨境与经济合作的视角展开。与此同时,微区域概念亦是已有研究中描述微区域现象的另一种常见表述,弗雷德里克·索德尔伯姆认为,微区域至少可划分为5种基本类型:其一是“地理的”微区域,主要包括赞比西河、湄公河、黑海、亚马逊等;其二是“文化的”微区域,主要包括加拿大的法语区魁北克、比利时的弗兰德斯等;其三是“经济的”微区域,这是分布范围最广、数量最多的微区域,主要是指众多的区域生产体系与经济发展区,“增长三角”即为此种微区域;其四是“行政的”“规划的”微区域,如意大利的城邦、瑞典的郡县等;其五是“政治的”微区域,主要是具有自身政府的联邦各州。微区域主义既有研究还指出,微区域现象并非从一开始便具有跨境的特征,传统的微区域主义通常是次国家的,主要发生于民族国家内部,是中央-地方垂直型的,如19世纪后期现代德国的形成即为这种微区域发展的结果。而新型的微区域主义通常始于民主的或经济的动机,通常由中央政府与微区域行政或微区域政治力量之间的互动关系所塑造,具有跨境的特征,因而是兼具国家内部垂直与国家间水平交互的网状结构,冷战后兴起的各类跨境微区域即为典型。随着微区域合作的发展,新型微区域业已成为微区域合作的主要载体。对于此类微区域的学术界定主要从经济视角切入,肖恩·布思林与格伦·霍克指出,微区域的实质是次国家层次经济的互联互通,经济层面在微区域一体化的决定性因素中具有对政治层面、人的安全及市民社会等因素的基础性地位。也正因此,已有研究主要从区域内部及区域之间的企业性关系,以及企业与地方政府之间关系的角度剖析跨界生产网络的运行。

上述微区域主义已有研究中虽不否认微区域主义进程中的政治、安全与文化动机,但是它们几乎都是从经济的视角解析微区域现象，相关认知倾向于将微区域主义下的安全合作视作经济发展的结果或“副产品”。事实上，安全不仅是微区域下跨境经济合作的结果，亦是其原因；跨境安全是微区域主义的初衷与关键。

首先，国际关系学界之所以重视区域主义、次区域主义及微区域主义，其主要原因即在于探究上述进程对于谋求国际和平、安全与发展具有基础性推动作用。其次，如上所述，新型的跨境微区域面临着严峻的非传统安全威胁，这种威胁形成于区域内部，亦可能跨境蔓延至微区域以外，跨境安全应是微区域的基本议题。再次，安全综合化是冷战后国际安全发展的新趋势，安全业已超越传统的军事安全与国家安全，延伸至了经济、文化、社会及个人等领域。随着亚洲经济区域化的纵深化发展及区域安全日益综合化，以经济发展为导向的微区域经济合作已成长为一种跨越各国边界的新的区域互动层次，并日益承担起主要的安全角色：它们既有助于实现跨境安全合作与治理，又对促进经济/发展与安全紧密联系发挥着独特的作用。最后，在行为体及其活动领域和互动层次的综合影响下，微区域合作机制本身往往与上一层次的次区域合作机制乃至区域合作机制存在联系，多层次机制的结合促使微区域机制在解决特定地域和特定安全问题中发挥着无可替代的作用，并从整体上塑造了微区域机制在区域安全机制中的“网络簇”支点地位。

因此，跨境安全是微区域主义中不可忽视的层面。就现实情况而言，跨境安全对微区域发展的影响在东南亚表现得尤为明显，阿布扎·扎卡里指出，在20世纪80年代和90年代东南亚“增长三角”的起步阶段，东盟内部合作的意愿较之之前尤为强烈，安全合作受区域经济快速发展的外溢效应也十分明显。然而，在“增长三角”方兴未艾之际，国家间边境的不安全却阻碍了“增长三角”及东盟其他经济区的发展，各种恐怖组织纷纷活跃于边境地带，如印度尼西亚的自由亚齐运动、拉斯卡尔圣战军、伊斯兰祈祷团、泰国北大年分离组织、菲律宾的莫洛伊斯兰解放阵线，等等。如今，边境恐怖主义与分离主义依然是东南亚国家面临的主要威胁。此外，就微区域合作本身的功能定位而言，以亚洲微区域合作起步最早、发展最成熟、成效最显著的大湄公河次区域合作（GMS）而言，安全公共产品供给不足成为制约其当前发展的主要瓶颈，如何实现从相对较为单纯的经济合作向更为全面综合和深入的区域合作或一体化进行转型升级是其当前面临的一个核心问题，其中，如何从宽度上将经济合作拓展到政治及安全领域以及社会领域的深化合作的问题，打造以维护地区稳定为核心的安全公共产品是关键。

综上所述，微区域是认知新区域主义下区域层次构成的关键结点，它具有向上连接次区域层次与区域层次、向下连接次国家层次，推动区域合作联动协调发展的作用；领域综合分析同样适用于微区域层次，鉴于微区域层次互动的跨境特征，本文拟从跨境经济与跨境安全两大维度探究微区域合作。以下部分通过选取微区域现象起步较早、分布最广、延续性强、成效突出、示范效应明显的东南亚区域，借由对“增长三角”的案例分析，揭示了跨境安全合作与微区域合作之间的关系以及微区域主义下跨境经济合作与安全合作之间的联系，以期深化并弥补已有研究中的一些不足，即就微区域层次本身而言，已有研究呈现出的重跨境经济合作、轻跨境安全合作的现状会致使经济合作面临的安全风险及经济合作所引发的安全问题得不到有效解决；进而会导致跨境经济合作与跨境安全的负相关，即经济合作的深化导致更多安全问题的出现，后者反过来造成经济合作的安全风险扩大，形成跨境经济与安全之间的困境。此外，模糊的微区域经济与安全关系认知还会进一步导致理论上对不同层次的区域主义之间关系的认知混乱，即宏区域与微区域之间何者为因、何者为果？两者是竞争性关系还是互补性关系，等等。由此，微区域主义合作与跨境安全、微区域主义下跨境经济合作与跨境安全合作之间的关联构成了本文研究的中心。

三、东南亚“增长三角”与跨境安全

东南亚是微区域合作起步较早、分布最广、延续性强、成效突出、示范效应明显的典型，其微区域合作主要形式是“增长三角”，又称“自然经济区”。主要有：始于1989年并涵盖新加坡、马来西亚、印度尼西亚3国部分省份的“新加坡—柔佛—廖内增长三角”（下称“新—柔—廖三角”），后发展为，即“东盟南增长三角”；成立于1993年并涵盖印度尼西亚北部两省、马来西亚北部4省和泰国南部5省的“印度尼西亚—马来西亚—泰国增长三角”，即“东盟北增长三角”；成立于1994年并涵盖马来西亚的沙巴、沙捞越、拉布安，印度尼西亚的苏拉威西北部、加里曼丹岛东部及西部，菲律宾的棉老岛、巴拉望和文莱等的“东盟东增长三角”；成立于1992年并涵盖老挝、柬埔寨、越南、泰国、缅甸及中国云南省等的“大湄公河次区域”等。这些“增长三角”代表着一种“市场驱动的”、自发的、跨边界的“微区域主义”，已被认为是东南亚宏观的区域主义的重要表现和实现区域一体化的一种途径。1992年1月，在新加坡召开的东盟第4届首脑会议认定：“成员国之间或东盟成员国与非东盟国家之间的微区域经济合作安排，能够作为东盟总的经济合作的补充。”

然而，与微区域总体研究一样，“增长三角”的安全角色并未得到有效挖掘。本部分即通过对东南亚区域成立最早、最为成功的“东盟南增长三角”的典型案例分析，梳理其发展的经济与安全逻辑，探究两者间的紧密联系。

（一）“东盟南增长三角”发展的经济逻辑

任何特定区域的产生首先需要特定理念的形成，东南亚“增长三角”的理念最早源于新加坡经济转型触发的经济发展模式变迁及其对东南亚区域经济领导的追求。在出口导向型战略及与美国等西方国家维持友好的经贸联系下，至20世纪80年代初，新加坡逐渐发展为东南亚的商业中心。然而，过度依赖外部资金加剧了新加坡经济的易损性，至80年代中期，新加坡经济衰退的趋势愈发明显。与此同时，过度依赖外部投资并非仅仅存在于新加坡经济发展之中，它是印度尼西亚、马来西亚、泰国等国的通病。进入80年代后，东南亚的区域经济合作搭上了区域政治和解的“顺风车”。在此背景下，谋求对区域的投资并强化区域经济合作被新加坡视为潜在增长动力与发展空间。为推动区域战略性经济伙伴关系的形成，1989年12月，新加坡总理吴作栋提出“新加坡—柔佛—巴淡岛（廖内群岛的一个岛屿）”增长三角构想，该构想突破了传统的双边或多边国家间经济合作模式，转而强调主体上经由国家间相邻地方之间的合作，目的上推动东盟区域合作，途径上通过投资而非贸易推动区域经济发展。

对于新加坡的倡议，马来西亚与印度尼西亚两国官方起初反应均谨慎，尤其是印度尼西亚，其态度还直接影响着马来西亚参与的积极性。实际上，新加坡早在1979年便向印度尼西亚政府建议合作开发巴淡岛，但一直没有得到印度尼西亚方面的答复。对于“新加坡—柔佛—巴淡岛”增长三角倡议，印度尼西亚在“短暂犹豫”后给予了积极回应。曹云华指出，其中原因主要在于：20 世纪 80 年代的几次石油危机使得印度尼西亚痛感单一经济的害处，决心加速发展制造业，实现工业化、现代化和经济多元化，然而却又面临严重缺乏资金、技术与管理经验的现实困境。与新加坡合作开发廖内群岛因而符合印度尼西亚的需求，印度尼西亚对此积极响应。随后，在 1990 年 8 月，新加坡与印度尼西亚签署了“廖内省发展架构合作协议”，联合组成一个开发廖内省的部长级委员会；1991 年，两国又制定“民丹联合发展计划”，决定共同开发印度尼西亚的民丹岛。“新—柔—巴三角”由此扩展至印度尼西亚廖内群岛的其他岛屿，发展为“新—柔—廖三角”。此后，马来西亚与印度尼西亚分别在各自管辖区内出台刺激性的税收与财政措施，用以减轻新加坡的投资成本，“新—柔—廖三角”在成立的最初 5 年内共计吸引约 100 亿美元的投资，区域合作成效显著。作为最主要的倡议者，新加坡则成功通过该三角成为柔佛州与巴淡岛最大的投资方，分别超越了两地此前最大的投资方台湾与美日。

受“东盟南增长三角”的影响，1992 年新加坡东盟首脑会议提出了“东盟北增长三角”构想，1993 年 7 月，印度尼西亚、马来西亚与泰国 3 国召开了首次部长会议，决定成立两个委员会负责制定开发计划，次年“东盟北增长三角”规划便初步成型，进入实施阶段。北增长区发展的经济基础同样是优势互补，该三角内马来西亚的地区工业较发达，而泰国和印度尼西亚地区则以农业为主，自然资源丰富，因此经济上有很强的互补性。1993 年，涵盖范围进一步扩大的东盟东增长区也付诸实践。此外，东南亚“增长三角”的示范效应还进一步扩展至其他次区域与区域，东南亚陆上、东亚、东北亚三角区纷纷兴起。

当前对东南亚增长三角的分析揭示了其发展的经济逻辑，即相关国家基于推动本国经济发展与区域合作的目标，在存在经济水平发展差异与潜在比较优势与经济互补的邻近地区推动跨境合作，此类合作以市场为导向，鼓励私人部门广泛参与；私人部门是其发展的主要推动力，发挥出口与对外投资的作用，通过共同开发自然资源与基础设施推动各方发展，而政府的作用是为私人部门提供指导，起着政策协调与制度建设作用，因而，增长三角实际上是一种跨境互联互通进程。

（二）“东盟南增长三角”发展的安全逻辑

在“增长三角”产生之初，学者们便已观察到：“增长三角”在实施过程中可能面临来自诸多方面的矛盾，可能包括政治、经济方面，也可能包括社会、民族、文化等方面，这些矛盾背后既有历史原因，也有现实原因。正因此，“增长三角”要想成功推行，“只有经济上的互补性是不够的”，政治、安全与文化因素在其中的作用不容忽视。本文认为，安全贯穿“增长三角”产生、发展与深化的始终。具体而言，区域自主与国家安全是“增长三角”产生的安全诱因；综合安全与伙伴关系是“增长三角”发展的主要安全推力；而开放治理与“搭便车”可能成为“增长三角”深化的潜在安全阻力。

首先，东南亚微区域的发展与冷战的结束、域外大国实力的衰退及区域政治关系的深化这 3 个紧密相连的要素有着直接关联，“增长三角”的产生因而是全球与区域安全格局质变的结果。苏哈托政府执政下的印度尼西亚在东南亚政治及安全格局中扮演着重要的作用，一方面，在区域经济合作中规范域外大国的角色，将其限定于区域经济合作领域，并削弱其对东南亚区域安全的直接干涉是印度尼西亚苏哈托政府的一贯追求；这种规范与约束不仅限于通过印度尼西亚与域外大国的直接交互，还存在于通过区域关系改善，防范域内其他国家因安全需要将域外大国引入区域安全事务之中。另一方面，强大的军事实力所塑造的霸权形象使得印度尼西亚被东南亚其他国家视为主要安全威胁。因此，对于新加坡的倡议，印度尼西亚的积极回应不仅是苏哈托政府“开发外岛”强化国家经济以贯彻“新秩序政策”的结果，还是域外大国干预区域安全能力降低、东南亚国家间政治与安全关系因冷战结束而趋于缓和的结果。此外，“增长三角”的提出直接包含着新加坡对国家安全的谋求。冷战的结束给新加坡带来的并非全是“安全感”，随着美国控制区域安全事务能力因两极对抗终结而衰弱的是，其对新加坡等国保护力的降低，此消彼长的是“区域霸权”印度尼西亚对新加坡的安全威胁，加之马来西亚—新加坡—印度尼西亚三边关系一直是冷战后东南亚海上安全关系的决定因素，因而新加坡提出“增长三角”的首要国家安全动因是借由经济合作改善与邻国的安全关系。

其次，如前所述，特定区域的产生需以特定理念为前提，此外还需要特定的情境生成，主要是在交互中形成伙伴关系；实践导向下的情境构筑不仅涉及经济维度，还涉及政治、安全、社会等综合性维度。而冷战的结束带来的不仅是区域主义的纵深发展，还有安全的综合化。安全综合化的主要表现是超越传统安全，实现新安全，即安全的主体不再局限于国家行为体，非国家行为体亦是安全的主体；安全的维度不再局限于军事安全，政治安全、经济安全、社会安全与环境安全也是安全的应有之义；安全的层次不再拘泥于国家层次，次国家层次、超国家层次亦享有自己的安全。并且，不同行为主体之间的安全是相互联系与影响的，不同维度之间的安全、不同层次之间的安全亦是如此；而行为主体及其活动领域和互动层次的复合联系则综合化于特定的安全复合体之下，微区域本身足以构成一个安全复合体，其中，国内安全议题会外溢至相邻国家，国内安全威胁亦会扩散至周边国家，安全将由国家层次上升至次区域、区域层次，而这种溢出、扩散的主要中介是跨境的邻里效应，跨境互动成为此类溢出与扩散的现实中介。

就“增长三角”的产生与发展而言，它涉及政治安全、经济安全、社会安全、环境安全等诸多方面。第一，资源安全是新加坡提出“增长三角”的主要原因之一，由于本身是一个资源贫乏的城市岛国，新加坡的各种资源供给长期以来主要是依靠马来西亚，尤其是马来西亚的柔佛州，通过跨境微区域合作维持与马来西亚的友好关系，并将柔佛塑造为安全的供给者是“增长三角”的资源安全追求。第二，政治安全与经济安全则是印度尼西亚态度由犹豫转为积极响应的主要原因。苏哈托政府“外岛开发”政策的着眼点不止于开发印度尼西亚外岛经济，该政策在冷战期间的首要作用是构筑国家外部安保屏障，鉴于印度尼西亚的群岛国家地理构成，“新秩序政策”下苏哈托奉行保守的本土防卫策略，主张陆地防卫以抵御越南及中国的潜在安全威胁。为此，苏哈托政府推行积极的外岛开发，通过开发外岛农业、吸引内地移民以巩固国家外围屏障。与冷战相伴随的是中国与印度尼西亚关系的缓和,由此,印度尼西亚"外岛开发"政策的政治安全内涵也逐级由防御外部威胁以保卫政权安全转变为改善落后地区发展状况以抗御分离势力的抬升,维护国家统一与政权安全。就经济安全而言,避免重蹈石油危机的覆辙本身即为经济安全的体现。此外,20 世纪 80 年代末开始,苏哈托政府逐渐改变"新秩序政策"下片面强调发展出口导向吸引域外大国投资以发展经济的方针,转而强调区域经济合作的重要性,通过展现印度尼西亚的区域公共产品供给以强化自身区域经济领导力,因而对区域经济合作的态度由疏远向积极融入转变。加之,这一时期虽然印度尼西亚在军事上对东南亚其他国家占据优势,但是其区域经济领导力却受到了新加坡、马来西亚与泰国等国的有力竞争,积极响应"增长三角"是印度尼西亚建设区域经济领导力的契机。

最后,"增长三角"所带来的并非完全是经济的发展及其对安全合作的积极外溢,相反,经济合作深化带来的负面影响也外溢至了安全领域,经济与安全的负相关趋势是既定事实。这种负相关目前主要表现在两大方面,一是发展不均所致的国家间不信任,前述"增长三角"产生与发展的过程分析表明,"增长三角"经济发展产生的主要区域安全效用之一是"增长三角"效果化为一种信任建立措施,虽然私人部门是其中的主要参与者,但政府部门也发挥了积极的协调作用,相比于其他区域的微区域合作,建立协调机构并发挥政府部门的协调作用是"增长三角"的特色,这为相关国家缓和边境冲突做出了贡献。但实际上,"增长三角"也带来了国家间的不信任,主要表现为因利益分配不均所导致的国家间关系紧张。以"新—柔—廖三角"为例,马来西亚和印度尼西亚内部的一些派别就曾担心,认为新加坡是该"增长三角"的主要受益人,因为新加坡在该"增长三角"内部只占有 3% 的地域,却涵盖了新加坡大约 1/2 的人口和 90% 的收入。经济与安全负相关的第二种主要表现是"搭便车"所致的治理缺位。"增长三角"产生与运行体现出的共同发起、共同运作、共负盈亏的特点凸显了其作为一种微区域公共产品的属性,但是,由于微区域的跨境特征所带来的治理开放性,以及私人部门起主导、政府部门主协调的角色表明,"增长三角"的安全治理效用亦会因"搭便车"行为而大打折扣。

四、结语

文章通过对区域层次构成的梳理,将微区域定位为继跨区域、区域与次区域之下的一种新的区域形式,它以次国家行为体为单元,以跨境联系为基本互动方式。微区域主义包含跨境安全与跨境经济两大维度,跨境安全是贯穿微区域主义始终的不可忽视的因素,并且跨境经济与跨境安全这两大维度间是相互联系、相互影响的,两者在微区域主义进程中是互构、互为因果的,它们不仅具有正向推动作用,还体现出负相关效应,"增长三角"的案例分析即体现了这种相互联系与影响。

跨境安全为微区域合作与微区域主义注入了新的内涵,综合跨境经济与跨境安全以及安全与经济间联系的分析表明,微区域与次区域、区域乃至跨区域的发展具有共同的逻辑。居于次国家层次,非国家行为体通过主导跨境联系所生成的微区域主义与次区域、区域具有平行的一面,3 者间具有共通性。此外,安全的跨境传播、跨境安全的综合化、跨境安全治理的跨层次特性则为 3 个层次的通联提供了纽带,本文"增长三角"的案例表明,微区域可以居于次区域之中,联系并影响特定次区域的发展。此外,其他微区域合作的案例表明,微区域还可以跨越不同的次区域甚至区域,如大湄公河次区域合作与"一带一路"建设,其中微区域合作具有连接整合不同次区域与区域的"网络簇"支点地位,融入了微区域合作的区域合作,因而是以区域层次为中轴、以微区域与跨区域为两端的整体。

总之,在新区域主义不断发展和区域安全日益综合化的今天,以经济发展为导向的东南亚微区域合作所产生的效应是双重的,亦即它既通过增进经济相互依存便利了一些安全问题的跨边界扩散,又通过经济合作所创造的"安全红利"有助于一些跨边界安全问题的解决,由此成为东南亚区域安全合作的重要补充和东南亚国家跨境安全治理的一种新途径。

(作者郑先武系南京大学教授、李峰系南京大学博士研究生,原载《南洋问题研究》2016 年第 3 期)

东盟网络安全合作现状与展望

孙 伟 朱启超

随着信息技术的飞速发展与应用,世界范围内的互联网用户迅速增加,黑客攻击、网络犯罪和网络恐怖主义等问题也日益突出。东盟国家近年来日益重视网络安全合作,但由于人口众多,各国发展水平不均等因素,东盟网络安全合作面临许多挑战。同时,因东盟各国重要的地缘位置,域外大国纷纷借助网络安全合作对该地区施加影响力。已有文献中,学者王勤通过对 2010 年东盟推出的《东盟互联互通总体规划》的内容分析,从基础设施、互通机制和民间互通三个层面总结该规划实施几年来的成效。邹露霞对新加坡的信息通信技术发展进行研究,论述了新加坡网络基础设施建设方面的发展进程。许利平提出战略伙伴关系框架下的中国和印尼应加强非传统安全方面的合作。曹筱阳分析了中国和泰国在传统安全和非传统安全合作方面的基础、现状和发展趋势。学者刘杨城则从网络安全合作机制的角度,认为东亚地区正在积极借助已有平台开展网络安全合作交流和对话。王孔祥从国际会议机制、国际组织机制、国际条约机制三方面剖析了网络安全国际合作机制发展现状。周琦则从网络安全困境的角度出发,探讨网络安全国际合作机制建立的困难与解决思路。新加坡学者 Caitriona H · Heinl 归纳了东盟地区网络基础设施建设面临的问题,分析了东盟国家正在实施的网络互联互通措施,并从地区内部合作的角度提出一些建设性建议。综上所述,笔者发现已有研究多侧重于东盟共同体建设、互联互通规划实施以及网络安全对话平台等方面,缺乏东盟网络安全合作现状挑战与协调机制等方面的研究,尤其缺乏东盟同域外国家或与国际组织开展网络合作问题的研究。深入投入探讨东盟网络安全合作现状、挑战与未来趋势,对于总体上把握未来东盟网络安全合作走向,更好地实施我国近来与东盟达成的"网络空间共同体""中国—东盟信息港"等合作倡议有着重要的现实意义。

一、东盟网络安全合作现状

面对日益严峻的网络安全形势,东盟成员国之间的合作日益活跃。东盟一方面推动地区内网络互联互通的进程,另一方面,积极开展与技术先进国家及国际组织的交流与合作,不断取得新的进展。

（一）东盟地区各成员国之间合作日益增多

2008 年以来，东盟先后制定《东盟经济共同体蓝图》《东盟社会文化共同体蓝图》《东盟政治安全共同体蓝图》，旨在 2015 年前建成多层次、全方位的东盟共同体，主要包括经济、社会文化、政治安全三个方面。东盟希望建立一个独立的市场和产品基地，从而成为全球经济体系中具有重要竞争力的地区，以增强该地区吸引外商投资和东盟内部投资的竞争力。为此，《东盟经济共同体蓝图》提出构建安全、互联的信息基础设施对于东盟经济共同体建设具有重要作用，要帮助各成员国建设、升级、完善信息通信基础设施。《东盟社会文化共同体蓝图》指出既要加强东盟地区信息和通信技术的普及，尤其是提高公众对网络的使用，也要保证整个地区信息通信基础设施的安全。《东盟政治安全共同体蓝图》则从国家、地区安全的角度提出加强应对非传统安全问题，尤其是要加强应对来自跨国犯罪和跨领域安全的挑战，而互联网的开放性使得跨国和跨领域网络犯罪呈上升趋势，加强立法和抑制网络犯罪活动的合作就变得日益重要。

作为非传统安全的重要组成部分，网络安全正在成为东盟成员国各方对话的重要议题，甚至一些对话交流机制专门为网络安全而设置，各层级的网络安全论坛不断增多。例如东盟地区论坛是该地区重要的多边安全合作机制，非传统安全目前成为该论坛的重要主题，2004 年至 2007 年连续几年举办关于网络恐怖主义的年度研讨会，随后又陆续开展其他相关议题的会议交流活动，比如 2008 年在巴厘岛召开的“恐怖主义与互联网”会议。2012 年，东盟成员国外长在第 19 届东盟地区论坛会议上通过了《合作确保网络空间安全的声明》，就实际的网络安全合作提出了共同的行动规划。

东盟早在 2005 年就颁布《互联网安全合作框架》，并开展一些早期合作。近几年，在东盟各国努力下，东盟秘书处和东盟峰会主要围绕网络互联互通和网络安全维护出台了一系列官方文件。东盟共同体的建设离不开信息通信设施互联互通，2010 年的《东盟互联互通总体规划》提出通过物理联系、制度联系和人际联系增强东盟一体化合作，消弭网络技术鸿沟的目标，大力发展东盟信息和通信技术基础设施，改善东盟公众生活状况，增强地区竞争力。发展东盟信息和通信技术基础设施面临许多挑战，最重要的挑战就在于与发达国家之间的巨大的技术鸿沟，这需要各成员国加强自身的网络技术竞争力。2012 年，东盟第 12 届电信信息技术部长会议在《麦克坦岛—宿务岛声明》中，针对网络安全达成一些共识，包括：(1)加强地区和国际合作，增强信息基础设施安全；(2)提供安全、有保障的固定网络和移动网络；(3)在东盟成员国之间，合作提升网络安全，消除网络安全威胁；(4)通过发展和制定国家框架协议，促进信息基础设施建设；(5)推进信息基础设施保护，加强经验共享，保障各成员国之间的网络安全；(6)加强东盟各成员国计算机安全应急响应机构的合作，协调支持东盟网络安全行动委员会开展的活动；(7)继续研究建立东盟互联网交换机的可行性，以提高东盟网络互通互联效率，降低互通互联成本。2013 年第 22 届东盟峰会上，与会领导人讨论加快落实《东盟互联互通总体规划》各项目标，倡导网络互联互通以及网络安全维护。《东盟信息和通信技术规划 2015》则指出东盟发展信息和通信技术要符合东盟共同体共同利益，各成员国应通力合作，以获得最大的竞争力。该文件号召制定网络安全框架协议与标准，推行网络安全审查，建立东盟网络安全行动委员会，促进东盟各成员国之间网络信息安全技术共享和各国计算机安全应急响应机构。此外，该规划还提倡增强公众的网络安全意识。但是到目前为止，东盟却并未采取相应措施来提高公众网络安全意识。此外，东盟地区论坛多次举办网络安全研讨会，推动东盟成员国应对网络安全事件的能力互信建设。总的来看，东盟成员国内部积极开展网络互联互通，致力于网络安全的协商与合作，并制订一系列纲领性文件，但针对整个地区的网络安全合作仍旧缺乏有效的具体实施方案，一些框架性协议难以发挥应有效力。

（二）加强与域外大国合作

东盟成员国之间发展虽然不均衡，但这也为东盟国家带来一定潜在发展优势。一方面，东盟各国正努力通过推动信息和通信技术应用来弥补自身发展的不均衡。例如，1976 年 2 月 24 日，印度尼西亚、菲律宾、马来西亚、泰国、新加坡五国在巴厘岛举行的东盟第一次首脑会议上签订《东南亚友好合作条约》，吸引了中国、印度、日本、韩国、俄罗斯、美国等国的相继加入，在推动网络安全合作方面发挥了重要作用。另一方面，东盟地区借助东亚峰会、亚太经济合作组织论坛、东盟—中日韩外长会议、东盟—中国对话会、东盟与对话伙伴国会议等平台积极寻求信息和通信技术交流与合作。由东盟倡议的促进东亚与欧盟政治、经济交流的亚欧会议也成为东盟积极消弭信息技术鸿沟的重要途径。2014 年在缅甸首都内比都举办的第十七次中国—东盟领导人会议上发表的东盟《主席声明》称：东盟国家领导人欢迎中方对落实《东盟共同体路线图》(2009 ~ 2015)和《在全球国家共同体中的东盟共同体巴厘宣言》的支持，东盟将进一步致力于中国—东盟在信息和通信技术领域的合作。

与此同时，域外大国也在积极发展同东盟成员国的合作关系。美国积极推动东盟一体化发展，改善该国同东盟成员国之间的双边或多边关系，如美缅、美越关系；开展同东盟成员国的经济贸易往来，援助成员国建设信息和通信技术基础设施。美国在“重返亚太”战略的驱动下，积极参加东盟部长扩大会议、东盟地区论坛和东亚峰会外长会议，推动东盟地区网络安全框架协议的制定。

中国—东盟自贸区 2010 年正式启动，双方经济贸易往来连年攀升。2014 年 9 月 18 日，中国国家互联网信息办公室主任鲁炜在首届中国—东盟网络空间论坛上提出，打造中国—东盟信息港，携手共建网络空间共同体。中国与东盟成员国同属发展中国家，网络基础设施均较为落后，网络的互联互通面临着来自多方面的困难和挑战。中国提出“一带一路”和建立亚洲基础设施投资银行的倡议，也为东盟信息和通信技术的发展带来重要契机，中国与东盟的网络安全合作正面临新的历史机遇。

俄罗斯 1991 年 7 月开始与东盟发展全面战略伙伴关系，俄罗斯以越南为桥梁，积极开展与东盟发展合作。2014 年 9 月 15 至 16 日，在胡志明国家政治学院举行的题为“推动越南—东盟—俄罗斯合作发展：实况与展望”国际研讨会上，越南国家副主席阮氏缘强调，东盟和俄罗斯早已建立了密切合作关系，双方已成立贸易促进机构，并签署了许多合作协议，但是双方之间的合作潜力并未得到充分发挥。

2011 年澳大利亚和印度尼西亚在雅加达共同建立网络犯罪研究中心，2013 年 5 月又共同建立第二个网络犯罪办公室，目的是印度尼西亚共享信息，协调处理网络犯罪活动。

此外，日本、韩国、印度等国家也在网络安全合作上同东盟国家积极开展对话。

（三）尝试与国际组织合作

东盟积极开展多方外交，由一个或数个成员国与国际组织或团体进行双边或者多边合作，寻求技术援助、信息共享、人员培训等，目的是建立较为完善的网络安全体系。国际组织是网络空间安全维护的重要力量，其在消除技术鸿沟、打击网络犯罪和解决国际网络安全难题等方面发挥着重要作用。这些组织包括政府间、非政府间国际组织，私营企业或团体。

2011 年国际电信联盟—国际网络反恐多边合作组织（简称 ITU - IMPACT）在东盟四国（柬埔寨、老挝、缅甸、越南）开展一次针对计算机安全应急响应机构（简称 CERT）的快速评估和网络仿真训练，以加强这些国家应对网络攻击及网络恐怖主义的能力。2012 年，欧洲议会要求欧洲委员会帮助非欧洲国家建设网络安全和网络防护能力。欧盟通过亚欧会议与东盟积极开展对话，向东盟提供网络安全集体防御的经验。

2014 年，国际刑警组织在新加坡设立国际刑警全球总部，成为打击网络犯罪的支持中心，专门从事防止网络服务器犯罪的研究开发、培训以及搜查支援活动。新加坡是东盟地区中最为发达的国家，通过在该国设立该组织，对于整个东盟地区乃至全球的网络安全维护都有重要的示范意义。

亚太经济合作组织（APEC）在东亚地区经济合作方面发挥着重要作用，近年来，APEC 逐渐成为网络安全合作交流的一大平台，东盟正积极借助 APEC 开展对外交流合作，尤其是在网络恐怖主义和网络经济犯罪方面，这一发展趋势在未来将会更加明显。

由上看出，在东盟委员会和东盟秘书处的推动下，东盟成员国不断加强网络基础设施建设和网络安全合作，制订了一系列指导性框架协议，但成员国之间在操作性层面的合作仍需加强。东盟成员国借助各项对话平台，积极开展同非成员国及国际组织的合作，取得了各项重要成果，但由于该地区成员国的参与热情不一致，导致该地区网络安全水平差距有进一步拉大的趋势；同时，受各种因素制约，东盟网络安全合作还面临诸多问题与挑战。

二、东盟网络安全合作面临的问题与挑战

总的来说，东盟一系列框架协议的制定并未推动具体实施方案的颁布，该地区网络安全合作面临着以下诸多挑战。

（一）网络基础设施发展不均衡

据统计，东盟国家总人口超过 6 亿，大部分东盟国家人口增长率在2010 ~ 2015 年期间超过了亚洲平均水平。但从互联网应用水平看，东盟国家网民接近 2 亿，网络普及率不足 30%，且成员国之间差异较大，仍然存在普及率低、发展不均衡等问题。从东盟各国互联网用户数据来看（图 1），每百人中，新加坡互联网用户达 73 人，文莱、马来西亚也都超过 60 人；但缅甸只有 1.2 人，柬埔寨 6 人。东盟以移动互联网网民为主，固定宽带互联网用户（图 2）在网民中所占比例较小，以文莱为例，互联网用户每百人中有 64.5 人，而固定宽带互联网用户每百人中只有 5.71 人，不足 10%；即使在较为发达的新加坡，固定宽带用户所占比例也仅为 1/30。

安全互联网服务器是指在互联网交易过程中使用加密技术的服务器，某种程度上其应用体现了一个国家网络信息的安全防护程度。东盟各国每百万人拥有的安全互联网服务器数目（图 3、图 4）十年来逐年攀升，但相差悬殊，新加坡为 600，缅甸只有 0.13（见下页表 1），而同一时期的美国拥有 1305 个，瑞士 2212 个。CERT 专门处理计算机网络安全问

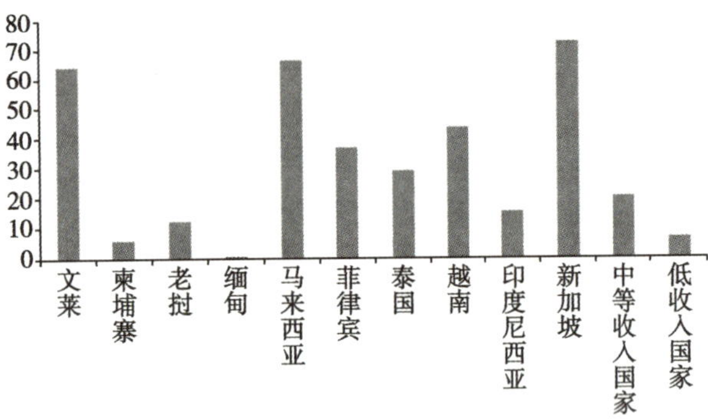

图 1 东盟各国每百万人互联网用户

图 1 数据来源：Worldbank，http:// data. worldbank. org. cn/ indicator/ IT. NET. USER. P2/ countries，2015 - 04 - 02

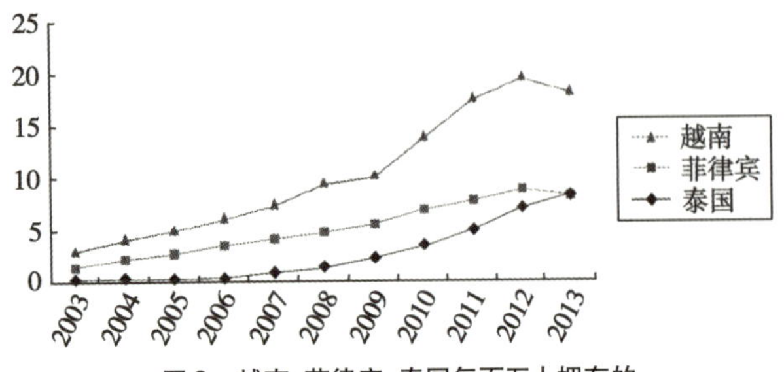

图 3 越南、菲律宾、泰国每百万人拥有的安全互联网服务器数量（2003 ~2013 年）

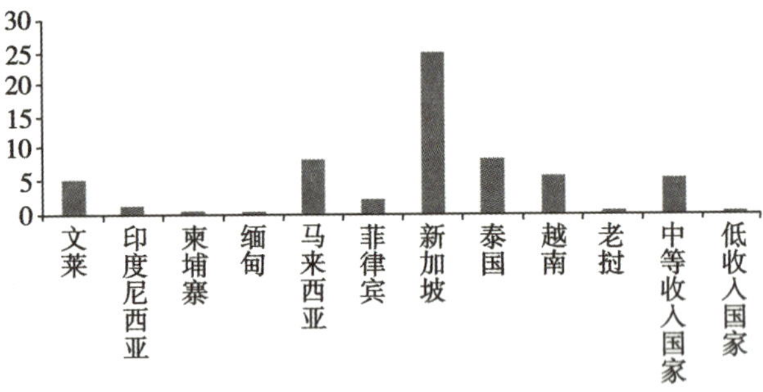

图 2 东盟各国每百人固定宽带互联网用户人数

图 2 数据来源：Worldbank，http:// data. worldbank. org. cn/ indicator/ IT. NET. BBND. P2/ countries，2015 - 04 - 02

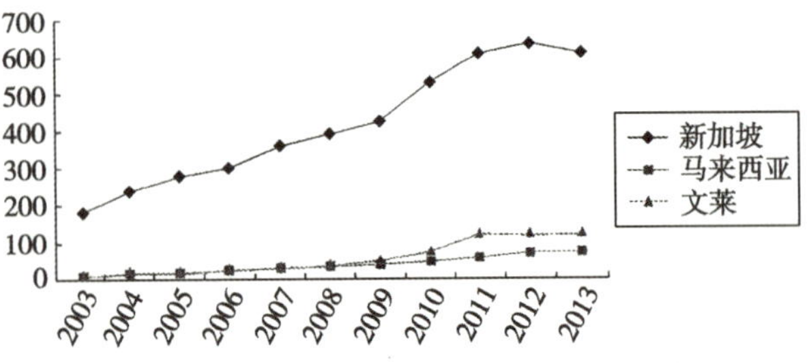

图 4 新加坡、马来西亚、文莱每百万人拥有的安全互联网服务器数量（2003 ~2013 年）

图 3、图 4 数据来源：Worldbank，http:// data. worldbank. org. cn/ indicator/ IT. NET. SECR. P6/ countries，2015 - 04 - 02

题,老挝2012年2月建立了自己的CERT,也是最后一个建立CERT机构的东盟国家。近几年,东盟为促进信息和通信技术的快速发展,成员国纷纷加快基础设施建设和人才培养,目前东盟正在评估建立东盟网络交换机的可行性,以便提供更为便利、可靠的互联网络。

表1　东盟各国每百万人拥有的安全互联网服务器数量(2013年)　单位:个

国家	数量	国家	数量	国家	数量
文莱	117.29	印度尼西亚	4.12	老挝	1.03
泰国	18.10	越南	8.16	新加坡	609.35
菲律宾	8.06	缅甸	0.13	柬埔寨	2.05
马来西亚	66.83				

数据来源:世界银行2013年数据

(二)网络安全威胁日益严重

近年来,东盟面临着极为严峻的网络安全问题,政府网站多次受到入侵、攻击,网络犯罪也逐年攀升。例如,2012年8月缅甸信息部网站受到攻击警告,要求停止屠杀穆斯林;趋势科技的主动式云端截毒技术报告称2013年第一季度,新加坡就有超过900人成为网上银行欺诈的受害者。另外,手机勒索软件、移动恶意软件的激增使得手机威胁成为网络安全威胁的重要组织部分。据迈克菲实验室威胁分析报告,2014年第三季度,移动恶意软件样本总数超过500万个,本季度增长16%,相较于去年同比增长112%。因此,网络防护水平不高的东盟更是成为移动恶意软件爆发的重灾区。

网络攻击不仅仅针对各成员国,东盟秘书处网站也成为攻击对象。2006年,新加坡东盟峰会前一个月,东盟秘书处网站被“暗鼠行动”入侵,峰会结束后,该入侵行动又持续了十个月。赛门铁克2013年互联网安全威胁报告指出:应当使东盟担忧的新兴趋势是“水坑”的使用。这样的一种攻击手段利用连接在一起的防护较弱的网站攻击防护较强的网站,2012年12月美国外交协会就受到该种方式攻击。东盟成员国之间发展严重失衡,国家之间存在着明显的技术鸿沟。因此,东盟成员国在提高东盟秘书处、东盟论坛和各成员国互联网安全防护方面还有很长的一段路要走。

另外,东盟成员国网络安全技术整体的落后水平,薄弱的网络安全基础设施,匮乏的人才培养和落后的经济实力,都是东盟发展网络安全维护所面临的巨大挑战。毫不夸张地讲,在当今的全球网络空间中,发展中国家主要提供使用者,而发达国家主要提供基础设施与关键应用。因此,关键技术的缺乏,使得该地区容易陷入网络安全的被动局面。

(三)网络安全机制不健全

东盟网络安全行动委员会的建立难以推动一系列框架协议实施的原因在于东盟互联互通倡议缺乏一个行之有效的统筹协调机制。框架性协议仅仅能够作为东盟成员国网络安全合作的纲领性文件,迫切需要较为弹性的网络安全配套制度和具体实施方案。第一,该地区缺乏统一的CERT,当某一成员国网站或基础设施遭受网络入侵或攻击,只能依靠本国响应机构进行快速应对,无法在整个地区形成联动机制,缺少成员国之间联动应对突发网络事件和情况的指导性或统筹性文件。该地区也从未进行过整体性的网络应急演练和技术培训。伴随着东盟互联互通工程的推进,相互独立的各国CERT机构还不能够及时进行信息共享,这不利于地区网络安全的维护。因此,东盟急需建立跨国CERT机构,以便增强各国CERT之间的信息共享和合作。

第二,作为政治、经济和社会文化共同体的东盟,在网络空间上局限在一般政治领域的安全合作,即打击恶意程序、网络入侵、网络犯罪层面的合作属于该地区合作重点,欠缺高政治领域例如涉及成员国军事与战略的核心利益合作的安全合作。但是,即使在网络安全合作的一般领域,该地区也仍然存在着较大问题。据世界银行统计,东盟成员国2012年ICT产品进口占本国进口货物总量比例中,菲律宾为24%,马来西亚和新加坡均为23%左右,泰国为11%,其他国家则在10%以下。一般来说,东盟网络安全层面的国际合作以吸收借鉴为主,如何确保网络基础设施供应链安全,即保证进口的硬件和软件安全成为重要问题。一般来说,私营部门是关键基础设施的应用和操作者,而私营部门如何将检测到的硬件和软件安全隐患上报国家,这方面也缺乏有效机制,需要完善和改进。

第三,东盟各国网络基础设施发展的不均衡导致各成员国对网络的依赖程度存在差别,因此,东盟各国对网络安全合作的投入就大不相同,各国国内政策的差异直接导致东盟难以形成网络安全合作合力。这方面,东盟可以借鉴欧盟的经验。2013年2月,在欧洲委员会推动下,欧盟发布《网络安全战略》,确立了五项优先工作:提升网络抗打击能力、大幅度减少网络犯罪、在欧盟共同防务的框架之下制定网络防御政策和防御能力、发展网络安全工业和技术、为欧盟制定国际网络空间政策。而东盟网络安全面临的最大威胁来源于脆弱的网络防御能力和突发事件应对机制,而且该地区网络安全产业的薄弱使之成为国际网络安全威胁的“温床”。为此,东盟可借鉴欧盟经验,建立一个从属于东盟秘书处或者独立发挥作用的统筹协调部门,积极推动地区整体性防御能力建设,积极扶植网络安全产业,引进西方先进技术与经验,减少技术鸿沟。2012年5月,马来西亚国防部部长艾哈迈德·扎希德·哈米迪在第六届“东盟国防部长会议”上提到:“伴随着网络威胁不断增加的复杂性,国家在保护网络安全上的努力是不充分的,国防部部长们应当合作共同应对网络威胁。”总而言之,建立一个权威性的统筹协调部门,可以极大缓解东盟各成员国对网络安全合作的“搭便车”现象,保障整个地区的网络安全合作,提高东盟网络安全的整体水平。

(四)国际合作存在利益冲突

网络空间被称为继“陆、海、空、天”之后的第五空间,各国纷纷谋求网络空间更大的话语权,网络军备愈演愈烈。以美国为首的发达国家纷纷建立网络部队,越南、菲律宾等国也建立了“网军”,具备一定网络攻击能力。

网络空间威胁是实体空间国家政治博弈的体现。东盟不仅在亚洲,而且在全球具有重要的战略意义,它逐渐成为美国、日本、印度等国的政治角力场,各国积极寻求与东盟政治、经济、文化等方面的交流合作。发达国家的技术支持可能会以某种政治或者经济利益作为交换,以谋取支持国在东盟的地位和话语权。东盟主导的东盟论坛、东盟峰会、亚欧会议等逐渐成为大国介入亚洲、东盟事务的平台。域外各国在东盟的角力也给中国和东盟的网络安全合作带来不少挑战,例如,2011年6月2日,一个自称Mr. N－Cubill的黑客,攻击中国地方政府网站,并留言"越南黑客第一""越南人民愿意牺牲来保护海洋、天空和国家",这是由中越南海岛屿争端所引起的网络攻击,此举引发中国民间黑客组织的反击,并引发为期数天的网络攻击与反击行为。此外,菲律宾与中国的岛屿争端也引发网络的相互攻击。由此可见,网络空间成为国家实体争端的延续场所,网络安全合作也必当受到影响。如何摆脱各项束缚,推动中国—东盟网络共同体的构建成为摆在我们面前的难题。

三、东盟网络安全合作展望

展望未来,随着互联网的日益普及以及互联经济的兴起,东盟网络安全合作将受到越来越广泛的重视,一方面,东盟各成员国之间以及东盟与域外大国和国际组织之间的合作,将成为东盟政治经济格局发展新的风向标;另一方面,东盟成员国内部的合作机制将会逐步完善。首先,一个地区内的计算机安全应急响应组的建立不可或缺,这样一个地区性的协调组织可为东盟各成员国构建起更加畅通、高效的信息共享、经验交流、危机应对及人才培训机制。其次,针对不同发展水平的网络基础设施建设和网络安全技术,该地区将形成一个行之有效的合作"帮带"体制,加强信息技术和专业人才的交流,弥合技术鸿沟,带动落后国家的信息通信技术和网络安全技术发展。

作为亚太深具发展活力和发展潜力的地区,东盟在网络安全维护方面始终坚持独立自主、吸收借鉴的原则,始终坚持以积极的姿态同周边国家开展网络安全对话。在未来,东盟同域外国家或者国际组织的网络安全合作将不断拓展,合作机制更加完善,有可能在东盟组织框架下成立网络安全协调事务的专门委员会,统筹对外网络安全合作工作。此外,东盟占据亚太地区十分重要的地缘位置,域外大国纷纷争夺东盟的合作利益,美国、俄罗斯、欧盟、日本、韩国等国家分别主动寻求与东盟建立有实际意义的网络安全合作机制。东盟巨大的网络应用市场潜力是吸引域外大国同该地区开展合作的另一因素,东盟国家网络普及率正快速提高。面对网络全球一体化的趋势,东盟的网络安全关系着全球网络安全,其信息的快速传播性使得国际不得不加强对该地区网络应用的关注,国际电信联盟等组织也将会在该地区开展更多的活动,例如帮助东盟开展应对网络安全威胁的训练、人才培养、网民安全意识教育等。

最后,作为东盟的全面战略合作伙伴,中国与东盟的网络安全合作将会全面展开,中国的"一带一路"倡议与"中国—东盟信息港"主张为双方在网络安全的具体实践层面奠定了可靠基础。2015 年 9 月 13 日,中国—东盟信息港论坛在广西南宁开幕,论坛以"互联网 + 海上丝绸之路——合作·互利·共赢"为主题,其中就包含共同打击网络犯罪的主张。中国—东盟计算机安全应急响应组有望近期建立,为各国提供一个经验交流、信息共享和技术合作的平台。总之,伴随着东盟同中国政治、经济、文化等方面交流的日益深入,双方在网络安全的实践层面合作也日益增加,一个更细化的合作框架、更畅通的信息交流机制、更完善的人才培养流动体系以及更一致的网络安全执法力度也将应运而生,不过,这还有一段很长的路要走。

(作者孙伟系国防科学技术大学硕士研究生、朱启超系国防科学技术大学国家安全与军事战略研究中心研究员,原载《东南亚研究》2016 年第 1 期)

南海问题引发的东盟对华关系新变化

陆建人

一、东盟对华关系的三个变化

自从 2012 年 4 月黄岩岛事件发生后,随着南海争端的加剧,东盟对华关系发生了一些值得注意的新变化。首先是东盟整体在南海问题上立场的显著变化:从沉默到发声,对中国的态度日趋强硬。其次,东盟和中国的政治互信出现倒退:东盟对中国的疑虑明显增强,在安全上进一步借重美国。第三,东盟在经济上也力图减少对中国的依赖,中国和东盟双边经贸关系的发展面临一定的困难。

东盟对华关系的这三个变化,已经影响到 2013 年中国和东盟建立战略伙伴关系 10 周年时中国提出的将双方关系从过去的"黄金十年"提升至"钻石十年"目标的实现,也会影响"一带一路"倡议在东盟的实施,值得我们警惕和重视。

(一)南海问题全面国际化,东盟的立场日趋强硬

2012 年起,南海热点接连不断。黄岩岛事件后,菲律宾拒绝和中国双边谈判解决问题,不断推动南海问题国际化。2014 年 3 月底,在经过一年多时间的充分准备后,菲律宾单方面向海牙国际仲裁庭提起对中国所主张的南海断续线等三大类共 15 项内容的诉讼。中国根据《联合国海洋法公约》相关条款严正拒绝应诉,并在南沙开展维权活动,包括开展扩礁为岛的建设工程。之后,美国、日本直接插手南海问题。2015 年 4 月,在日、美的竭力活动下,七国集团(G7)外长会通过《关于海洋安全的声明》,其中有几段指责中国要对改变南海现状负责。据称这在 G7 近 40 年历史上尚属首次。之后不久的七国集团峰会也在其宣言中提到南海问题。2015 年 7 月,国际仲裁庭宣布受理南海仲裁案,10 月裁定对菲律宾提出的部分请求具有管辖权;不久,美国军舰开始公然巡航南海海域。2016 年 5 月,七国集团在日本伊势志摩峰会上通过的首脑宣言再次提出"对东海和南海的情况表示关切,强调和平解决的重要性"。南沙争端已经出现全面国际化、法律化、军事化、准军事结盟化动向。

在此背景下,东盟作为东南亚次区域国际组织,在南海问题的立场上出现了明显的变化:

第一,东盟从沉默到发声,并对中国不断提出要求,态度日趋强硬。东盟外长会议公报通常能反映出东盟整体对国际问题的看法。2012 年前,东盟外长会议公报对南海问题长期持谨慎态度,从未提及南沙争端。2012 年黄岩岛事件发生后,菲律宾强烈要求东盟外长会议在公报中表态批评中国,但被东道国柬埔寨拒绝,东盟各国出现分歧,最终没有发表公报。这在东盟历史上是首次。

但从 2013 年起,东盟外长会议不顾我方的劝阻,开始在公报中载入南海问题内容,并逐年增加。2013 年公报中有两节(第90 ~ 91 节),2014 年增加到 6 节(第149 ~ 155 节),2015 年为 7 节(第150 ~ 156 节)。而且针对中国的措辞日益严厉,态度也越来越强硬。2013 年只提出建设性的看法;2014 年提出"对南海航行自由表示关切"和用"国际法准则解决争端";2015 年直接批评中国"在南海的填海造陆行为损害相互信任,加剧地区紧张、破坏地区和平安全稳定","重申南海航行自由的重要性",并专门提及菲律宾对诉讼案的介绍。2016 年 2 月的外长会议公报中仍有 5 节关于南海问题

的内容，重申“在南海的填海造陆和其他升级活动，损害相互信任，加剧地区紧张，破坏地区的和平、安全与稳定”、“航行与飞行自由的重要性”以及“按照国际法公认的原则，包括1982年联合国海洋法公约和平解决问题”。这些公报均只字不提中国关于通过双边磋商和谈判方式解决南海争端的主张。（见表1）

另外，作为东盟最高决策机构的东盟首脑会议也在2015年两次峰会的公报中都加入了南海问题的内容，除重申“航行自由”外，还对所谓的“南海军事化”表示“关切”。这些公报无疑代表的是东盟整体的立场。（见下页表2）值得注意的是，随着2015年年底东盟共同体的建立，东盟各国在南海问题上的立场可能会更趋一致，用“同一个声音说话”。一些曾有过不同看法的成员，如老挝、柬埔寨会逐渐受到东盟内部的压力而避免与大多数成员的立场相背离。例如，在2016年4月25日中国宣布与文莱、老挝、柬埔寨就解决南海问题达成共识后两天，据称柬埔寨政府发言人帕西潘就出来做了否认。

南海争端本来并不是中国与东盟组织之间的问题，而是中国与东盟中几个相关国家之间的双边问题。但自2012年之后，东盟作为地区组织对南海问题越来越关切，不断发声。针对东盟在南海问题上立场的变化，2014年8月中国外交部部长王毅提出了解决南沙争端的“双轨思路”，即“有关争议由直接当事国通过友好协商谈判寻求和平解决，而南海的和平与稳定则由中国与东盟国家共同维护”。“双轨思路”厘清了南海争端的定位，即它是中国与东盟中直接当事国的双边问题，不是中国与东盟组织之间的问题。但是，出于尊重东盟组织和维护中国与东盟友好关系的考虑，中国在坚持与当事国进行双边谈判一贯立场的同时，也同意让东盟组织在解决南海问题上发挥积极作用。这充分体现了中国方面和平解决南海争端、不使其破坏中国和东盟关系的善意。东盟本应当把握好分寸，促进其相关成员与中国进行双边谈判，但遗憾的是，在个别成员的无理取闹下，南海问题变成了东盟

表1　**东盟外长公报对南海问题的表述**

会议时间	与南海问题相关的内容
2012年 柬埔寨金边 东盟外长会议	未发表公报
2013年 文莱 斯里巴加湾 东盟外长会议	第90条：通过加强互信与对话解决南海问题；建议设置电话沟通热线，加强海上搜救合作，确保地区海上安全、和平、稳定；强调《南海各方行为宣言》（DOC）的重要性，通过《联合国海洋公约》等国际法准则，采取和平手段解决南海问题，加强自我约束 第91条：希望中国—东盟在《南海各方行为宣言》（DOC）的框架下加强合作，早日解决南海问题，强调中国—东盟高官磋商和东盟—中国联合工作组对话磋商的重要意义，期待南海行为准则（COC）谈判早日取得成果
2014年 缅甸内比都 东盟外长会议	第149条：注意到南海紧张局势升级，强调维持南海和平稳定的重要性，对南海飞行、航行自由表示关切 第150条：重申2012年东盟外长公报关于南海问题的6项准则、第15届中国—东盟会议关于南海问题的声明、2014年5月10日发布的关于当前南海问题的东盟外长声明 第151条：敦促有关各方保持克制，避免使局势复杂化的行为，通过友好对话、协商和谈判等和平手段和包括《联合国海洋公约》等国际法准则解决争端，不诉诸武力威胁或使用武力。强调东盟成员国和中国维护地区和平、稳定，保障海上安全和相互信任，创造有利于争端的和平解决条件的集体承诺的重要性 第152条～第154条：加强与中国就相关措施和机制进行磋商，确保进一步全面和有效地实施DOC，特别是第4和第5条款，早日完成南海行为准则（COC）的谈判，责成东盟高级官员跟进 第155条：注意到菲律宾和其他东盟国家外长提出的关于DOC第5条款的三方计划
2015年 马来西亚 吉隆坡 东盟外长会议	第150条：对目前南海的事态表示严重关切，注意南海的填海造陆行为，该种行为可能损害相互信任，加剧地区紧张、破坏地区和平安全稳定，对此表示严重关切 第151条：重申南海和平、安全、稳定和航行自由的重要性，强调所有各方应确保充分和有效地实施南海各方行为宣言，增进相互信任，实行自我克制，不使事态复杂化、扩大化，不诉诸武力威胁或使用武力，有关各方通过和平手段、根据包括1982年联合国海洋法公约在内的公认的国际法原则解决分歧与争端 第152条：希望通过《早期收获计划》增进各方相互信任和信心，维护地区和平、安全、稳定的有利环境，责成东盟高官们继续跟进此事，进一步探索其他手段解决南海问题 第153条～第154条：注意到在南海行为准则（COC）的磋商已取得进展，重申快速建立有效的南海行为准则的重要性，责成东盟高级官员跟进此事，与中国开展密切合作；采取预防性措施解决南海问题 第155条：注意到印尼的建议，建立东盟和中国政府间沟通热线，紧急情况下实行立即干预，降低地面紧张 第156条：菲律宾在会议上介绍了南海问题的发展情况，特别是与联合国海洋法公约（UNCLOS）相关的事项
2016年2月 老挝万象 东盟外长会议	第12条：对南海当前的局势和未来的发展表示严重关切，并注意到一些部长表达的担忧：在南海的填海造陆和其他升级活动，损害相互信任，加剧地区紧张，破坏地区的和平、安全与稳定 第13条：重申维护南海和平、安全、稳定和航行与飞行自由的重要性 第14条：进一步重申加强相互信任的必要性。保持自我克制，避免使局势进一步复杂化的行动，寻求以国际法的方式和平解决争端 第15条：重申维护和促进和平，安全与稳定该地区的共同承诺，包括法律和外交过程充分尊重，不诉诸或威胁使用武力，按照国际法公认的原则，包括1982年联合国海洋法公约和平解决问题。强调南海活动非军事化和自我约束的重要性 第16条：强调充分和有效地执行DOC的重要性，加快COC磋商，尽早在DOC和COC中取得实质性进展

资料来源：根据东盟秘书处网站发布的历次公报内容摘编

外长会议和东盟峰会的一个常设性议题，逢会必言，伤害了中国—东盟友好合作大局。

第二，东盟中的声索国联合对付中国，并得到东盟其他国家的暗中支持。2014 年 2 月 18 日，菲律宾、马来西亚和越南的官员在马尼拉举行了会晤，协调在海上争议以及行为准则问题上共同对付中国的政策。2014 年 12 月，越南就菲律宾提出的南海仲裁案上交本国立场，支持菲律宾。7 月海牙仲裁法庭开庭时，除当事国菲律宾外，越南、马来西亚、印尼和泰国均派代表列席听证会。2014 年 12 月 26 日，越南军舰首访菲律宾，两国计划举行联合军演。2015 年 5 月 21 日，菲律宾总统阿基诺和越南总理阮晋勇在马尼拉会谈，阮晋勇在会后声明中批评中国，两国协议加强安保合作。2015 年 11 月 17 日，菲律宾与越南签署战略伙伴关系协议，越南成为菲律宾第二个战略伙伴。2015 年 3 月，印尼总统佐科访问日本时说，中国对南中国海大多数海域所主张的“九段线”论，在任何国际法中都缺乏依据。印尼海洋渔业部长公开要求中国变更“九段线”。因担心中国会就纳土纳群岛附近油气田归属与印尼发生争议，“中国威胁迟早会发生”，佐科总统于 2015 年底批准军方建造纳土纳海空军基地。2016 年 3 月，马来西亚国防部长希沙姆丁声称要同澳大利亚、越南、菲律宾一起调查中国在南海的“军事化”活动，并称“如果属实，马来西亚可能会采取措施，对中国进行反击”。迄今为止，中国扩礁建岛的维权活动没有得到任何东盟国家的支持，而对此进行指责、歪解和攻击的声音颇多。

第三，菲律宾的“诉讼”效应发酵，越南、印尼先后表示要仿效菲起诉中国。越南已经做了充分的准备，聘请好了律师，一旦再次发生类似“981”钻井平台这样的事件，必定起诉中国。印度尼西亚首席安全部长卢胡特表示，如果中国对南海的领土主张无法通过对话解决，可能将中国告上国际法院。

（二）东盟对中国的疑虑增强，政治互信出现倒退

增强政治互信一直是中国和东盟双边关系中的一个重要任务。在过去的“黄金十年”中，中国在和东盟加强政治互信上一度取得了显著进步。但是，近几年随着南沙争端的加剧，政治互信出现了倒退。中国提出愿意同东盟签署《中国东盟睦邻友好条约》的倡议已经多年，东盟并未积极回应。在东盟智库界，对“中国梦”“中国—东盟命运共同体”“一带一路”等中国提出的倡议和理念持怀疑态度的也大有人在。马来西亚国家智库 ISIS（战略与国际问题研究所）曾公开发文称“不要将‘中国梦’变成东盟的噩梦”。在东盟学术圈里，几乎没有研讨“中国—东盟命运共同体”的会议，而在中方发起的这类研讨会上，东盟学者的反应也大都冷淡。在 2015 年 10 月 16 日举行的第 6 次东盟互联互通部长级会议上，新加坡高官公然宣称不知道什么是“一带一路”倡议。这次会议东盟邀请了日本、韩国、印度、加拿大、欧盟等多个对话伙伴在会上发言，却听不到中国代表的声音。东盟国家对中国在南海部署军力普遍持警惕态度，对中国军费持续增长、国防现代化快速发展表示担忧。

在民间层面，据调研所知，缅甸、老挝、柬埔寨等东盟国家对中国企业在当地的表现有较多的不满，而对日本企业好感颇多。越南、菲律宾等民众对中国的怨气颇重。

总之，南沙争端加剧，已经引发东盟对中国政治信任的倒退，会对未来双方关系产生伤害，必须充分认清这一事实。

（三）东盟在安全上和经济上都在加重对美国的依赖，以平衡中国

“经济上依赖中国，安全上依赖美国”是东盟多年来的方针，但近来也发生了变化。东盟学者说：我们在安全上将继续依赖美国，但在经济上，要减少对中国的依赖。

第一，东盟与美国的关系进一步加强。东盟是美国“亚太再平衡”战略实施的重要地区，而对美国的这一政策，东盟普遍表示欢迎。奥巴马在 2015 年东亚峰会上关于南海问题的表态，受到东盟国家的认同和支持。美国国防部 2015 年 8 月公布的《亚太海上安全战略》报告，其中列举了中国在南海的军力、岛礁建设规模、持续“扩张”的具体数据，已成为东南亚多个国家媒体引证的主要来源。2016 年 2 月 15～16 日，奥巴马邀请东盟 10 国领导人去美国安纳伯格庄园举行非正式峰会，会议讨论了南海的紧张局势，涉及岛礁建设等问题。越南总理阮晋勇在会上呼吁“美国发出更加强烈的声音和采取更加切实有效的措施”，制止“改变南海原状的一切行为，特别是开展大规模填海造岛活动，立即停止南海军事化行动”。在会后发表的《联合声明》中，有两节内容涉及南海问

表 2　东盟峰会公报中关于南海问题的表述（2015 年）

会议时间	与南海问题相关的内容
2015 年 4 月 27 日 东盟第 26 届领导人峰会	第 59 条：对部分领导人表达的南海填海造陆活动已经损害共同信任和相互信心，并可能破坏南海和平、安全与稳定的情况表示严重关切。第 60 条：责成外长在东盟框架下（如东盟与中国的关系及和平共处的原则）紧急解决这一问题 第 61 条：重申维护南海和平、稳定、安全和航行飞行自由的重要性。强调各方需要确保全面有效执行 DOC 的承诺：构建，维护和增进相互信任和彼此信心，行为中进行自我约束，不诉诸武力威胁或使用武力，当事各国按照包括 1982 年联合国海洋法公约在内的国际法准则，通过和平手段解决分歧与争端 第 62 条：虽然注意到 COC 磋商已取得进展，但敦促各方加快协商，确保迅速建立有效的 COC
2015 年 11 月 21 日 东盟第 27 届领导人会议	第 106 条：重申维护南海和平、稳定、安全和航行飞行自由的重要性 第 107 条：对部分国家领导人提出的南海军事设施增加和未来可能进一步军事化的情况表示关切，敦促所有各方确保南海的和平，安全与稳定 第 108 条：敦促各方增加互信，南海活动中保持自我克制，避免加剧紧张局势的行为，不诉诸或威胁使用武力 第 109 条：强调所有各方确保全面坚持和执行 DOC 的承诺，加快 COC 的磋商 第 110 条：强调当事各国按照包括 1982 年联合国海洋法公约在内的国际法准则通过和平手段解决分歧与争端的重要性

资料来源：根据东盟秘书处网站发布的公报内容摘编

题,除重提所谓的"自由航行和飞行的权利"外,还强调南海的"非军事化"。这说明东盟与美国在南海问题上的立场是一致的。国际舆论大多认为,这次峰会是做给中国看的。奥巴马要在他任期的最后阶段,强化与东盟国家的关系,以深入推进"亚太再平衡"战略。2016 年 5 月 22 日,奥巴马访问越南,宣布全面解除对越南 30 多年的武器销售禁令,此举意在"让越南加强海空作战能力",其目标针对谁不言自明。2016 年 9 月奥巴马还将访问老挝。另外,2016 年 3 月底在昂山素季领导的民盟掌权后,美国调整了对缅甸政策,放松部分对缅经济制裁,缅美关系大幅改善。至此,东盟和美国的关系将不再有任何障碍。

第二,东盟对 TPP("跨太平洋伙伴关系")立场发生重要改变。越南、文莱、新加坡、马来西亚已经是 TPP 成员,泰国、菲律宾则多次表示要加入 TPP。2015 年 APEC 峰会期间,菲律宾再次表示要加入 TPP,美国对此持积极态度。其实,美国最希望东盟最大国家印尼加入 TPP,但在过去 7 年 TPP 谈判的时间里,印尼多次明确表示不加入。然而,2015 年 10 月佐科访问美国时却突然宣布印尼要加入 TPP。另外,柬埔寨经济财政部高官近期透露,在美国—东盟非正式峰会之后,柬埔寨已受邀加入 TPP,并已成立了一个专门的 TPP 研究工作组。这样,迄今东盟 10 国中除老挝和缅甸两国外,其余八个均与 TPP 结了缘。这是东盟在经济上转向依靠美国的一个重要信号。

第三,中国—东盟经贸关系的发展面临困难。随着中国对东盟贸易顺差的不断扩大,一些东盟成员对中国—东盟自由贸易区(CAFTA)升级版的谈判兴趣下降,担心今后与中国的贸易逆差会更大。CAFTA 升级《协定书》是在中国的屡屡催促下才签署的。东盟是否执行仍属疑问。一些东盟成员(如菲律宾)对中国的投资已经实行一些限制。鉴于世界经济仍在遭受金融危机的后续影响,2014 年以来中国与东盟的贸易增长明显放缓。据中国海关数据,2015 年全年双边贸易额仅为4722 亿美元,比2014 年的4804 亿美元下降1.7%,这是2009 年世界金融危机以来的首次下降。2016 年1 ~4月,中国—东盟双边贸易额为 1357.83 亿美元,同比大幅下降7%。除与柬埔寨和菲律宾的贸易为正增长外,与其余八国的贸易均为负增长,其中与马来西亚(中国在东盟中的最大贸易伙伴)的贸易额下降 17.8%。如此看来,要完成 2020 年双边贸易额达到 1 万亿美元的目标有相当难度,甚至实现不了,对此应有所准备。

二、东盟对华关系变化背后的经济原因

东盟对华关系出现的上述变化,显然与近年来南沙争端加剧以及美国、日本利用南海问题对东盟的拉拢和挑拨有直接关系,另外也与菲律宾、越南等声索国在内部不断要挟东盟组织、施加影响有关,这里不作具体分析。需要指出的是,东盟和中国双方关系变化的背后,还有一个不可忽视的经济因素,即:近 10 多年来,随着中国经济的崛起,东盟整体和中国的经济实力的差距在加速扩大,身为中小国家集团的东盟对强大邻国中国崛起的担忧也随之加深,"中国威胁"始终是悬在东盟头上的一把达摩克利斯之剑,南海争端的加剧使这把剑变得越来越沉重。

据统计资料,2002 年,中国的 GDP 为 1.45 万亿美元,东盟整体(下同)的 GDP 为6500 亿美元,中国经济总量是东盟的 2.24 倍;但从 2006 年起到 2015 年,中国 GDP 增长速度惊人,从 2.71 万亿美元增长到 10.40 万亿美元,增长了 3.84 倍,而东盟经济增长相对缓慢,同期只从 1.11 万亿美元增长到 2.44 万亿美元,增长 2.20 倍。到 2015 年年底,中国经济总量已经是东盟的 4.26 倍,双方的差距越来越大。(参见表 3和图 1)

表 3　　中国和东盟 GDP 对比

年份	中国 GDP(亿美元)	东盟 GDP(亿美元)	中国与东盟GDP 差额(亿美元)	中国 GDP/东盟 GDP
2002	14538.28	6500.883	8037.393	2.24
2003	16409.59	7297.564	9112.023	2.25
2004	19316.44	8168.333	11148.11	2.36
2005	22569.03	9120.565	13448.46	2.47
2006	27129.51	11096.62	16032.89	2.44
2007	34940.56	13279.03	21661.53	2.63
2008	45584.31	15439.15	30145.16	2.95
2009	50594.2	15373.37	35220.83	3.29
2010	60396.59	19539.01	40857.58	3.09
2011	74924.32	22569.94	52354.38	3.32
2012	84616.23	23809.2	60807.03	3.55
2013	94906.03	24557.12	70348.91	3.86
2014	103601.1	24764.74	78836.31	4.18
2015	104000	24421.62	79578.38	4.26

数据来源:2002 ~ 2014 年数据来源 WIND 数据库,2015 年中国 GDP 来源于 http://finance.sina.com.cn/review/jcgc/2016 ~ 01 ~ 19/doc - ifxnrahr8514024.shtml,东盟 GDP 中老挝、柬埔寨、文莱三国按 2014 年 GDP 当年增长率计算而得,其余来源于 WIND 数据库

从东盟角度来看,中国这个巨大的邻国变得越来越强大,在心理上会产生恐惧感。这也不奇怪,其中因素很复杂,不在此细述。

东盟国家认为,随着中国经济实力的增强,中国的军事实力也在不断增强,最近 5 年军费连续快速增长。2015 年,中国的军费已达 1450 亿美元,名列世界第二,仅次于美国。东盟认为,中国军备现代化的迅速发展,使得东南亚地区原有的力量均势被打破,出现了军备竞赛,"领头的是中国",令东盟担忧。东盟还认为,黄岩岛事件发生后,中国的南海政策发生了明显的转变,态度趋强硬,中国在南沙填土造岛的

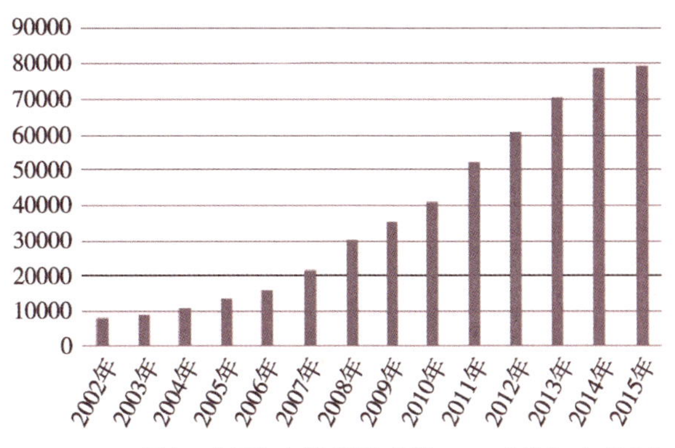

图 1　中国和东盟 GDP 差额　　(单位:亿美元)

数据来源:2002 ~ 2014 年数据来源 WIND 数据库,2015 年中国 GDP 来源于 http://finance.sina.com.cn/review/jcgc/2016 - 01 - 19/doc - ifxnrahr8514024.shtml,东盟 GDP 中老挝、柬埔寨、文莱三国按 2014 年 GDP 当年增长率计算而得,其余来源于 WIND 数据库

行动含有军事目的。特别是2016年2月中国在南海永兴岛部署导弹，引起东盟的不安。为此，2016年2月27日的东盟外长会议公报特别提到“南海活动非军事化和自我约束的重要性”(参见表1)。东盟的对策一是购买武器，加强防备；二是引进美、日势力，平衡中国。菲律宾、越南、马来西亚、印尼都在加强和更新武器装备，菲律宾正在协商扩大美国军舰和人员在菲律宾基地的规模，更新《部队到访协议》，以允许美国海军向苏比克湾派遣更多军舰。最近，菲律宾最高法院已经裁定菲美两国《加强防务合作协议》符合宪法。2016年3月18日，美菲同时宣布，菲向美开放五个军事基地，其中一些位于存在主权争议的南海的战略位置。越南则大量购买俄罗斯武器，并与美国和日本加强合作，在美国解除武器禁运后，欲购买F16战斗机等军火。东盟对中国加强戒备的心理和行动日后可能有增无减。

导致东盟对华关系变化的另一个经济原因是近年来中国对东盟的贸易顺差在逐渐扩大，挤压了东盟商品的国际竞争力，引起东盟的抱怨。

2002年，中国和东盟整体贸易总额为547.7亿美元，中方逆差76.3亿美元，之后一直到2011年，中国对东盟的贸易始终保持较大规模逆差，2011年达到227亿美元。但之后格局反转，中方从逆差变为顺差，而且迅速扩大，到2015年底，在双边贸易总额下降的情况下，中方顺差仍在扩大，已达832亿多美元。(见表4，中国海关数据)

从国别来看，作为中国在东盟中第二大贸易伙伴的越南，从2012年至今一直是逆差，而且是最大逆差国；菲律宾从2002年到2011年间对华贸易基本保持顺差(仅2004年和2009年为逆差)，但自2012年至今一直是逆差。截至2016年4月底，中国与东盟10国的贸易除马来西亚和老挝仍保持逆差外，其余都为顺差(参见表5)。越南就逆差问题已屡屡向中国表示不满。菲律宾在阿罗约执政时期，曾就贸易顺差向中国领导人表示过感谢，因为这有助于菲律宾的就业，而从2012年起，该国对华贸易已转为逆差。东盟国家认为，《中国—东盟自由贸易区》实施初期对它们有利，但到后期，中国商品的强大竞争力优势得到充分发挥，东盟难以与之竞争，逆差随之扩大。因此，东盟对《中国—东盟自由贸易区》升级版谈判缺乏动力。这在一定程度上也影响了《区域全面经济伙伴关系协定》(RCEP)的谈判进度。

表4　　中国和东盟贸易总额、贸易差额

单位：万美元

年份	中国和东盟贸易总额	中国和东盟贸易差额
2002	5476590.80	-762900.30
2003	7825235.90	-1640142.50
2004	10587977.30	-2007551.7
2005	13037006.90	-1962782.10
2006	16083969.00	-1821222.40
2007	20254827.70	-1419043.50
2008	23111671.00	-283173.40
2009	21301093.70	-41682.90
2010	29277568.90	-1636228.30
2011	36285382.00	-2268780.80
2012	40009287.60	845092.80
2013	44361083.10	4452991.60
2014	48039314.20	6374975.68
2015	47216023.50	8323164.10

数据来源：国家统计局

综上所述，2012年以来东盟对华关系产生的三大不利变化最直接的原因是南沙争端加剧导致东盟对华疑虑加重。另外，从经济层面来看，近10多年来中国与东盟经济发展差距的急剧扩大导致东盟心理上产生恐惧也是重要原因之一。而最近几年中国对东盟大部分国家贸易从逆差转为顺差也

表5　　中国和东盟各国贸易逆差/顺差情况(2002～2015年)

(单位：万美元)

年份	中国和越南顺差/逆差	中国和印度尼西亚顺差/逆差	中国和新加坡顺差/逆差	中国和泰国顺差/逆差	中国和缅甸顺差/逆差	中国和马来西亚顺差/逆差	中国和老挝顺差/逆差	中国和柬埔寨顺差/逆差	中国和文莱顺差/逆差	中国和菲律宾顺差/逆差
2002	103249	-108190	-6234	-264225	58786	-432209	4466	22701	-22079	-9500
2003	172603	-126508	-162108	-499893	74070	-784552	8704	26865	-27848	-33000
2004	177804	-95925	-130687	-573893	73150	-1008868	8823	42184	-20317	600
2005	309106	-8659	11766	-617259	66045	-948686	7783	50872	-15459	-110400
2006	497728	-15603	551267	-819837	95477	-1003536	11907	66267	-11568	-98100
2007	866502	20625	1209662	-1069126	132156	-1100778	9202	83186	-13340	-174900
2008	1078581	287018	1213455	-1002039	133022	-1064623	13385	105671	4166	-122300
2009	1155012	105230	1224801	-1161980	160786	-1270414	254	87037	-14155	87300
2010	1611700	115685	761848	-1345486	250897	-2664476	-11787	125371	-29672	-109600
2011	1797244	-212014	743021	-1334435	314160	-3425073	-34834	213051	17757	-15200
2012	1797682	233268	1221109	-735846	437548	-2178149	14751	249279	87934	51100
2013	3169441	550623	1576735	-580475	448182	-1422220	71250	304587	161398	104700
2014	4382361	1457436	1808244	-404270	-623363	-929885	6160	279183	155709	248945
2015	3628200	1445400	2445200	112400	428700	-931000	-32700	309800	131200	769700
2016年1～4月	789800	425000	788000	165100	147700	-290400	-11900	102800	22400	426600

数据来源：2002～2014年数据来源国家统计局，2015、2016年数据来源商务部亚洲司

是引起东盟不满的一个因素。因此,在政治上如何真正做到增信释疑,经济上如何落实合作共赢,将是改善双方关系总的出发点。

三、改善中国—东盟关系的建议

2016年是中国和东盟建立对话关系25周年,中国将积极推动双方关系向前迈进。但必须看到,南海问题正在成为双方关系中最大的挑战。2016年6月或7月,国际仲裁庭将对南海仲裁案做出裁决。中国外交部早已声明:“菲律宾仲裁案从一开始就缺乏合法性和正当性,是披着法律外衣对中国的政治挑衅。”中国政府的立场是“不接受,不参与”。目前,国际上已有约40个国家支持中国的南海立场。但是,届时仲裁案的裁决仍然会迷惑一部分国际舆论,东盟中的部分声索国也可能会利用仲裁结果对中国施加压力,伸张权利,加剧争端,从而损害中国和东盟的关系。

东盟是中国的近邻和战略伙伴,在中国的周边外交中占有十分重要的地位。不能让南海问题继续损坏双方的关系。中国应当努力缓解与有关国家的主权争端,促进双方关系的改善,推动中国—东盟关系向前发展。在此,提出以下一些建议:

(一)处理方法要有张有弛,慎重考虑决策

近一年来,受南海仲裁案的影响,加上美、日不断在南海挑衅中国主权,南海问题一度充塞国际媒体,中国政府不得不连连表态,声明立场,回应国际社会。预计仲裁案裁决后的一段时间里,舆论会更加喧嚣,美、日可能会进一步在南海寻事生非。中国当然不能任凭仲裁案的影响持久发酵,但在反击过程中,要把握好分寸,有硬有软,有张有弛。除“不接受,不参与”和“不执行”(裁决)外,也要讲“搁置争议,共同开发”。这一方针并没有过时。习近平最近指出,“中国主张同东盟国家一道努力,将南海建设成为和平之海、友谊之海、合作之海。”显而易见,如果不坚持“搁置争议,共同开发”方针,何来这“三海”?另外,有报道说,中国政府拟设立南海防空识别区,在这个问题上不能操之过急,要慎之又慎,要顾及东盟国家的反应,仔细权衡利弊。第三,应进一步发挥东盟在解决南海问题上的作用。要按照2015年11月李克强在第十届东亚峰会上提出的维护南海和平稳定的五点倡议,加快“南海行为准则”磋商,尽早与东盟达成“准则”,并采取措施不断完善地区互信合作机制建设。

(二)抓住机遇,改善中菲关系

当前,菲律宾政坛已发生巨变,阿基诺三世任期将满,新总统杜特尔特即将上任。杜特尔特在竞选总统时说过,如果当选总统,只要中国同意,他也愿意搁置争议,同时希望中国能够像帮助非洲那样,帮菲律宾修建铁路。他不认为南海仲裁案能够解决南海争端。

他当选总统后又说,将与中国谈南海问题,而不依赖美国。菲律宾选定外长雅赛也说,要解决南中国海争议,除了彼此之间展开谈判,别无他法。2016年5月30日,习近平致电杜特尔特,祝贺他当选总统,杜随即称习近平为“伟大的主席”。双方关系已经出现改善迹象。另外,2017年菲律宾将担任东盟轮值主席国,这也是一个很好的机会。中国应择机释放善意,以经济、政治、外交、民间等各种手段,改善双方关系,为南海局势降温。

(三)扼制南海问题外溢

南海争端本来是中国与东盟中几个国家之间的争端,但是在美日的鼓动下,南海问题不仅成为东盟组织的议题,也成为东南亚和亚太地区的热点问题,外溢到其他问题上,成为中美关系当前的面临的一个迫切问题,牵制了外交精力。我们应当在坚持原则立场的同时,扼制南海问题外溢,控制它对中国与东盟关系、中美关系的冲击和干扰。发展中美关系仍然是中国外交的大局,要尽量减少南海问题对中美关系的影响。对于其他国家,也不要简单地视其在南海问题上的立场论敌友而弱化与其在各个领域的合作。

(四)推进中国—东盟产能合作,让东盟国家得到实惠

东盟国家是实施“一带一路”倡议的重点地区,尤其是“21世纪海上丝绸之路”涉及南海争端相关的所有东盟国家,不能让南海争端干扰“一带一路”倡议的实施。印尼、菲律宾和越南是东盟10国中人口最多的三个国家,占东盟总人口72%以上。这三国与中国都有领土或海域争端,但都是“21世纪海上丝绸之路”中的主要节点国家,也是对基础设施需求巨大的国家。这三国劳动力丰富,内需市场大,是中国转移产能和扩展贸易的合适地方。我们应当抓住当前的机遇,通过产能合作,使其得到实惠,进一步改善和发展与这三国的关系。

(五)加强民间交流,化解对立情绪

领土争端很容易掀起强烈的民族主义情绪,2014年5月,因中国“海洋石油981”钻井平台在中国西沙海域展开作业而引发越南暴力反华事件就是例证。越南国内一直存在针对中国的极端民族主义情绪,同样,中国民间也有强烈的反越民族主义情绪存在。近年来,中菲之间因南海领土争端造成的民间对立情绪也伤害了两国关系。国际媒体在南海问题上的煽风点火是刺激争端各国民族主义情绪的因素之一。中国一些小网站在南海问题上刊发不负责任、夸大其词的文章和帖子,也对民族主义情绪高涨起了推波助澜的作用,只能误导群众,无益于问题的解决。要化解民间的对立情绪,最好的办法是加强民间交流。现在,东盟不少国家都放宽了对中国公民的签证条件,为促进民间交流提供了便利。随着交流的扩大,相互了解的加深,因南海问题造成的民间对立情绪将会得到控制。

(六)落实6点建议,促进政治互信

2015年11月,李克强在中国—东盟领导人会议上就双方关系未来5年发展提出了6点建议,即加强合作发展机制化建设、加快经贸合作升级、推动“一带一路”倡议同区域国家发展战略对接、探索开展国际产能合作、共同提升安全合作水平、努力促进地区可持续发展。这些建议的实施将有利于加强中国和东盟的政治互信,我们一定要努力去落实。

(作者系广西大学中国—东盟研究院研究员,原载《亚太安全与海洋研究》2016年第4期)

东盟国家及组织对南海仲裁案的反应及政策走向

杨光海

2016年7月12日,“常设仲裁法庭”宣布南海仲裁案的结果后,在国际上引起轩然大波。由于这是一场由菲律宾违反国际法和有关协议单方面提起、受到个别大国操纵的“政治闹剧”,理应遭到中国政府的坚决抵制和国际正义舆论的反对,由此做出的裁决只能是“一张废纸”。中国在南海的领土主权和海洋权益不会因此而有任何改变,中国在南海的维

权努力也不会因此而止步。但由于它涉及的毕竟是备受关注的南海问题,由此引发的国际反响非常强烈。有关各方围绕裁决正掀起一场舆论战和外交战,其走向势必会对南海争端产生新的影响,中国在南海的维权也将面临新的局面。特别是,由于利益和立场的不同,有关各方对仲裁结果势必会有不同的态度和解读,也不乏少数国家企图利用仲裁结果大做文章,将其作为向中国施压的新筹码。对此我们必须有足够清醒的认识,未雨绸缪,争取主动,将其负面影响降至最低。而要做到这一点,首先有必要对有关各方针对仲裁结果所采取的态度及政策反应做一考察,对其背后的原因和动机进行分析,以便找到具有针对性的应对之策。

在研究有关各方的反应及政策走向方面,东盟国家及东盟组织应该是首要关注对象,因为与中国存在争议的 4 个国家都是东盟成员,东盟的其他成员虽然不是声索方,但都位于南海周边,与争端有着远比区外国家更为密切的利害联系,它们对于争端和仲裁持何种立场不仅影响东盟争议国,也影响东盟组织的决策。另外,东盟组织作为东盟地区的代言人和成员国集体利益的代表,也在积极介入争端管理,不可能不对仲裁有所反应。基于这样的考虑,本文把考察对象按照东盟争议国、东盟非争议国和东盟组织三个类别来分析。

一、东盟争议国的反应及政策走向

南海争端涉及五国六方,东盟方面包括菲律宾、越南、马来西亚和文莱。此次仲裁案虽由菲律宾单方面提起,但由于涉及各方领土主权和海域管辖权声索问题,因此也引起其他争议国的高度关注。就菲律宾而言,其目的在于假借国际仲裁之名,为其非法声索披上合法外衣,通过占领"法律和道德制高点",给中国制造国际压力。为使仲裁案得到受理,菲律宾绕过《联合国海洋法公约》(以下简称《公约》)对领土主权和海洋划界没有管辖权的限制,把原本属于领土争端性质的问题包装成为对《公约》的解释或适用问题。为取得有利的裁决结果,菲政府又利用日本籍法官担任国际海洋法庭庭长和有权挑选仲裁员的便利,并组成由 54 名本国和外籍律师及专家组成的法律团队,另外还邀请美国大牌律师保尔·赖可勒担任首席法律顾问,并为此不惜花费 3000 万美元。5 名所谓的"仲裁员"组成的临时仲裁庭,无视大量客观事实,甚至违背基本常识,在未经多方取证和实地调查的情况下,对菲律宾提出的要求几乎全盘照收,全部满足,制造了彻底否定中国的南海领土主权和管辖权的恶劣先例。

对于这样的裁决,菲律宾自然是喜出望外。其外交部在仲裁结果公布数分钟后就召开记者会,声明"欢迎裁决结果",并称此为"里程碑式的决定,对解决南中国海争端的努力做出重要贡献"。但是,由于裁决结果公布时菲律宾政府已经换届,新任总统杜特尔特改变了前任一味对抗的姿态,表示尽管赢得仲裁,但要保持"冷静和克制",避免刺激中国和两国关系进一步恶化。他还一再强调,要通过与中国直接谈判解决争端,提出愿同中国探讨共同开发和利用渔业和油气资源。他为此还任命前总统拉莫斯为谈判特使,后者已于 8 月上旬在香港与中方有关人员进行非正式接触。目前,杜特尔特政府内部已就修复与中国政治关系的必要性达成共识,杜特尔特本人也已开通了与习近平的沟通渠道。

菲律宾新政府之所以改行对华和解政策,主要原因是:其一,杜特尔特是一位务实的政治领导人,认识到前任的强硬政策无助于解决争端和打破对华关系僵局;同时也认识到,菲律宾虽然赢得仲裁,但在中国的强烈反对下,这只是"纸面上的胜利",只有进行对话谈判,才有望使问题得到解决。其二,最近几年来,菲律宾经济虽然实现较快增长,但道路交通等基础设施严重不足,贫富差距悬殊,就业率低下、穷困人口缺乏获得感。为扭转这种状况,杜特尔特政府视中国为不可或缺的经济伙伴,希望中国更多地向菲投资,帮助其加快基础设施建设,提升经济发展水平。菲商界更是希望通过缓和对华关系来寻求商机。如菲出口商联合会理事长奥蒂斯·路易斯就表示,无论如何,菲都应当与中国进行谈判磋商,包括如何共同开发;如果能够与中国谈判并且谈出"好的安排",菲就有望重新夺回过去几年里丢掉的市场。其三,菲严重依赖进口油气支撑其经济运转,开发利用南海资源是其减少进口的主要途径。但由于作为国内天然气主要供应地的马拉帕雅气田(位于巴拉望岛东面 80 千米处)即将耗尽,而比该气田储量多 3 倍的礼乐滩油气田因等待仲裁庭裁决而已在 2014 年 12 月暂停作业,因此,菲急于在南海开辟新的油气产地,特别是期望能够与拥有雄厚资本和成熟技术的中国就共同开发礼乐滩能源达成协议。另外,菲也认识到,由于与中国的主权和管辖权纠纷未决,许多外国公司即使拥有开发油气的资本和技术,也不愿意承受因此而带来的政治和安全风险。有菲官员和专家就坦言,只要裁决后续问题悬而不决,即使菲有裁决为"后盾",也难以找到愿意冒得罪中国之风险的外国公司帮助其进行开发。另外,对于杜特尔特新政府来说,在南海地区还有一个紧迫的问题需要解决,这就是,争取中国政府同意菲渔民到黄岩岛海域捕鱼。因为 2012 年中菲黄岩岛对峙事件发生后,中国夺回了对该海域的实际控制权。为了兑现其竞选时的承诺,杜特尔特急于同中国就此问题进行磋商,并寻求达成谅解。

尽管菲新政府急于通过谈判缓和与中国的紧张关系并在南海开展合作,但从目前看,它却企图把仲裁结果作为谈判解决南海争议的筹码。7 月 25 日,杜特尔特在国会发表执政后的首次《国情咨文》,在讲到南海(他称之为"西菲律宾海")问题时指出:"我们强烈维护和尊重常设仲裁庭就本案所达成的结果,这是对解决和管理争端做出的一个重要贡献。"8 月 27 日,杜特尔特还表示,菲与中国今后举行的任何一场双边谈判都必须在遵守仲裁庭裁决结果的基础上进行。他称,若双方谈判失败,菲将为可能发生的各种局面做准备,并强调将增加国防预算,提高菲军队实力。

实现对中国的访问是杜特尔特谋求改善对华关系的一个重大步骤。但就在他开始访华之前的 10 月 16 日,他在达沃市接受记者采访时表示,在同中国领导人会谈时会提出南海仲裁案,并会依据该仲裁结果来谈,只是不会采取强硬的立场。他还表示同意本国最高法院法官卡皮奥的说法,那就是,如果他放弃本国对黄岩岛的主权,就将会遭到弹劾,被免除总统职权。不过,从18 ~21 日访问期间所达成的共识和取得的成果来看,南海问题并没有成为障碍。在发表的联合声明中,双方重申南海争议不是中菲关系的全部,承诺在此问题上保持自我克制,同意由直接有关的争议方通过友好磋商和谈判寻求解决,并且为此而建立一个定期性的双边磋商机制。此外,双方还签署涉及领域广泛的 13 项合作文件,协议总额高达 135 亿美元。一度被禁止的菲对华热带水果出口也得以恢复,有关中国公民赴菲旅游的警告提醒也被解除。

这些成果令杜特尔特感到非常满意。他在结束访问回国后发表讲话时称赞中国"非常友善",认为"中国确实想大力帮助我们"。在讲到南海问题时,他一方面表示"绝不会出卖领土",也"不会背离仲裁结果",另一方面又表示,就目前而言,他不会强行推进本国的领土主张,不会强迫中国接受这一立场,不会采取对抗和战争的方式;鉴于菲不可能赢得胜利,也不会触及黄岩岛争议,而是会继续对话,通过和平谈判来解决,而当务之急是让本国渔民重返黄岩岛海域捕鱼。由此可见,与前任相比较,菲新政府在对华和南海问题上的态度已经出现巨大转变,务实性和合作性将成为其政策的主导面,但是若要使其彻底放弃把仲裁结果作为谈判筹码的幻想,则需要做出进一步的努力,因为根据菲方的解释,杜特尔特此次访华主要是谈经济。另外,菲国内政治的复杂性和派别性也使得人们难以对其政策能否保持连续不变抱有太多的乐观。

越南作为另一个激进声索国,从一开始就对菲提起的南海仲裁案表示支持,并且不时地发出要效仿菲的声音。2014年5月中建南事件发生后,越南国内要求以国际司法手段向中国施压的声音高涨。对华强硬派代表人物、时任总理阮晋勇更是多次强硬地称越南政府及相关部门正在准备法律文件,向国际仲裁机构寻求解决,一旦时机成熟就会正式提诉。他在同年5月21日访菲时,还就仲裁一事同阿基诺三世进行磋商。2014年5月中旬召开的越共中央委员会第九次全体会议也要求在南海问题上"采取包括向国际司法机构起诉和行使武力在内的一切必要手段"。菲仲裁案被受理后,越南政府于2014年12月5日向仲裁庭提交声明表示:(1)越南对于仲裁庭有权管辖菲提起的仲裁案"不持怀疑立场";(2)越南保留本国在南海的"法律权利和利益",促请仲裁庭对这些权利和利益给予"应有考虑";(3)越南拒绝接受中国以"九段线"为基础的任何主张,认为这"不具有法律依据"。此外,声明还要求仲裁庭向其及时传达有关仲裁的所有文件文本。12月7日,中国政府发表《关于菲律宾所提南海仲裁案管辖权问题的立场文件》后,越南外交部发言人于12日召开记者会表示,越南拒绝接受该文件所表达的立场。

越南还高度关注仲裁进展,并为此向仲裁庭派出5名观察员。裁决宣布前10天,越南外交部发言人再次表示,希望仲裁庭做出"客观公正"的裁决。与此同时,有关仲裁的讨论成为越南各大媒体的主导性话题。裁决结果出台后,越南外交部发言人立即发表讲话,对裁决表示"欢迎",并称越南"强烈支持"通过包括"法律和外交程序"在内的方式解决争端,还表示将就裁决单独发表详细声明。越南各大媒体也纷纷报道宣传,其中不乏鼓吹利用国际仲裁向中国发难的言论。例如,越南边界事务委员会前任主任陈公轴撰文指出:裁决为越南向国际法庭起诉中国提供了充分的法律依据。既然裁决削弱了中国在南沙群岛的专属经济区主张,那么越南也可以利用其对"岛屿"的法律定义来挑战中国对于西沙群岛专属经济区的要求,还可以就其在争议海域"侵害越南渔民的行为"采取法律行动。

越南之所以支持仲裁结果,是因为近几年来越南在为其非法侵占南海岛礁和海洋权益寻找法理依据方面出现淡化历史因素、强调以《公约》为主要依据的策略改变。其主要标志就是2009年5月越南分别单独和联合马来西亚向联合国大陆架界限委员会提交南海外大陆架划界声明,以及2012年6月越南国会通过《越南海洋法》。这些文件的共同点是把对南海专属经济区和大陆架的声索建立在从本国陆地领土基线量起这一法律依据之上,容易给人造成一种与《公约》精神相符合的印象,其目的就是为了掩盖其在历史依据方面"囊中羞涩"的窘境,同时也是为了与东盟其他声索国以及欧美立场保持一致,以便"孤立"中国,为其非法声索寻求舆论支持。

具体来说,按照越南学者黎洪和的解释,裁决将给越南至少带来三大利好:一是认定中国以"九段线"为依据的主张不具有法律效力;二是认定南沙群岛中没有任何地物能够符合《公约》所定义的"岛屿"条件。这两点"大大缩小越南与中国海洋划界争端的范围:在中国的'九段线'与越南的专属经济区之间,以及在南沙群岛中某些虚构的专属经济区,与越南从其陆地领土基线量起的专属经济区之间,也不会再有重叠区域";三是"裁决也为越南解决同中国在西沙群岛海域的争端提供一个先例,因为从面积和性质上看,该群岛的地物与南沙群岛相似,不大可能产生专属经济区","仲裁庭关于南沙群岛不能作为一个整体产生专属经济区的裁决也应该适用于西沙群岛",这样一来,"中国于1996年宣布的(西沙群岛)直线基线以及以此基线为准提出专属经济区的主张就会进一步失效"。因此,只要越南就西沙群岛提起仲裁,有理由预期越南会胜诉。

总之,在越南学界看来,有了裁决做后盾,"越南在南海问题上与中国讨价还价的能力将会提高,因为越南已经有另一个应对中国的选择"。将来,在与中国围绕南海问题进行的博弈中,越南会把公开战线上的斗争重点转向以仲裁结果为砝码的法律战,因为出于"维护在东海的合法权益"和"保持同中国良好关系"的双重考虑,"支持裁决……可以使越南在避免与其强大的北方邻国直接对抗的情况下削弱其在东海的主张"。

不过,越南媒体和学界在为裁决"喝彩"的同时,也关注其对本国可能造成的不利影响。例如,仲裁庭关于南沙群岛中无一地物有权拥有专属经济区的裁决也会大大削弱甚至剥夺越南渔民进入该海域捕鱼的权利。按照裁决结果,该海域相当一部分应属于菲律宾的专属经济区。越南可能会被要求放弃对美济礁和仁爱礁的主权声索,还有可能被要求从已经占领并驻有军队的六门礁和南华礁等岛礁上撤出。总之,在越南学界看来,裁决一方面会增强本国针对中国的讨价还价能力,另一方面也会削弱其在菲律宾面前的法律地位。不过,鉴于从裁决中所获收益会大于可能遭受的损失,越南很有可能会支持裁决。

相对于社会舆论而言,越南政府的反应迄今为止还算是比较节制的,除了表明原则立场和针对中国近期加强维权提出"抗议"之外,并没有采取过激行动。越南官方的这一姿态是有原因的:首先,中国政府和军方在裁决宣布前后所采取的各种坚决表态以及一系列密集的反制举措,具有强大的威慑作用。其次,中越两国是邻居的事实无法改变。经过最近几年的反复较量,特别是2014年的钻井平台冲撞事件,越南领导层意识到,公开对抗只会激起中国更大的反弹,并使双边关系陷入动荡,而无助于缓和局势和化解争端。再次,中国已连续10年成为越南的最大贸易伙伴。2014年,越南对华贸易占其外贸总额的20.4%,其中,从中国进口占越南进口总额的30.3%(位居第一);对中国出口占越南出口总额的

10.4%(位居第二)。由于越南对中国经济的依赖度更高,尤其是用于制造出口产品的生产资料大多依靠从中国进口,因此,越南更容易受到双边关系恶化的影响。这些因素决定越南不得不仔细权衡,谨慎对待中越关系。

马来西亚和文莱虽然也是南海岛礁主权的声索国,但对仲裁的反应与菲越有着较大区别。裁决宣布后,马外交部也发表了一项声明,但除表示"注意到"裁决之外,并没有明确表达对裁决本身持何种立场,也未做出任何评价,而是强调应落实《南海各方行为宣言》,早日达成《南海行为准则》,根据包括《公约》在内的国际法和平解决争端,自我克制、避免威胁和实际使用武力,通过对话谈判解决争端,维护法治的至高无上地位,确保地区和平、安全与稳定等。另外,马高层领导人,包括总理、副总理、外长等在内,至今未就裁决公开发表过任何具有刺激意味的言论,这说明马政府的反应还是比较温和的。

马来西亚的这种姿态与其在如何处理同中国在南海问题上的关系方面所采取的政策密切相关。一方面,作为声索国,马不仅把南沙群岛南部大片海域纳入其管辖范围并实际侵占了5个岛礁,还不断加强对其管控和开发,提高安全警戒和防范力度;但另一方面,和菲越两国不同,马避免采取高调声张和公开对抗的方式,一再强调通过协商对话的方式处理争端。具体到对中国的政策,马虽然在南海岛礁的主权和管辖权问题上坚持不退让立场,但倾向于通过"私下外交"或称"后门外交"的方式,向中国传达马方立场并寻求相互谅解,不愿过分刺激中国,更不愿与中国发生对抗。针对中国近年来所采取的一些新的维权举措,如执法巡逻常态化、巡航及远海训练、扩建岛礁等,马政府的反应也比较低调。

马来西亚之所以采取温和、低调和非对抗的南海政策,包括针对裁决避免发表刺激性观点,在很大程度上是由其对于中马关系的定位所决定的。马来西亚是第一个和中国建交的老东盟国家,也是与中国"全面战略合作伙伴关系"发展最为顺利、成果最为显著的东盟国家之一。以经济关系为例,中国已连续7年成为马最大贸易伙伴、最大出口目的地、最大进口来源地和最大的海外游客市场;2015年又首次成为马最大的直接投资来源国,在马实现发达国家目标进程中扮演着非常重要的角色。因此,马领导人一直把保持与中国的良好关系置于优先位置,并努力确保这种关系免受南海争端等不利因素的影响。纳吉布总理在2014年5月访问日本时指出:南海日益紧张的领土争端不会破坏马中关系,"我们必须眼观大局,不要把对华关系建立在某一个问题上,而要看整体,并且承认与中国的双边关系具有重要战略意义"。他还特别强调:"我们不希望(领土)问题成为马中关系发展的绊脚石。"其次,马来西亚的温和姿态也与中国一贯坚持的处理领土争端的原则主张有着必然的因果联系。面对南海争端,中国历来主张通过直接对话和协商谈判的方式寻求解决办法,反对采取单方面激化矛盾、加剧紧张的对抗行为,中国的反制行动只针对蓄意挑衅和加剧对抗者。出于这一考虑,中国在强化维权的同时,也尽量保持克制,如对于马吸引外国公司在争议海域开发油气资源的行为采取容忍态度,尽量减少到与马声索重叠的海域执法巡逻等。中国的这一做法受到马的欢迎,并对中国的善意予以积极"回报"。最后,马的非强硬姿态也和其维护自身在南海声索的策略有一定关联。由于国力弱小,财力有限,马难以投入大量资源进行军力建设。在此情况下,马把东盟视为"对外政策的基石",试图在"保持东盟团结"的名义下,推动各成员国在南海问题上形成统一立场,以东盟组织之力介入争端管理,通过以集体名义发声和尽早签署具有法律约束力的《南海行为准则》,达到用制度手段约束中国的目的。至于国际法手段,尽管马也会适时利用(如2009年马联合越南提交外大陆架划界声明),但由于知道中国早在1996年就发表过排除性声明,而面对菲单方面提起仲裁,中国又一再表明不承认、不接受、不参与的坚定立场,因此并不倾向于采纳,担心这样做只会给马中"特殊关系"带来负面后果。尤其是菲提起仲裁案后,曾鼓动马也加入或单独起诉,美国也反复敦促,但马不为所动,也没有表态支持。正如马前任外长阿尔巴所言:"仲裁庭做出的任何裁决都不可能解决该争端,因为各争议方都有自己的主张和理由。单边办法只会引发对方敌对,进一步危及冲突管理进程。因此有必要建立一个善意机制,以使紧张局势降温,防止南海成为国际热点。我认为,马来西亚将继续同中国保持一种良好关系,而从地区角度看,它将继续推动有约束力的《南海行为准则》谈判取得重大进展。"

但另一方面,也必须看到,马实际上对于仲裁结果还是非常在意的。从2015年6月25日起,它派了一个由6人组成的观察员团队跟踪仲裁进程。裁决宣布前夕,即2016年6月23日,马政府向仲裁庭提交一份声明,其中写道:"仲裁庭必须确保,在裁定南中国海的某些海上地物是否有权拥有1982年《联合国海洋法公约》所规定的海洋区域时,所表达的任何立场不会对马来西亚的权利和利益造成直接或间接影响。仲裁庭不能擅作主张,援引该公约第13和121条,对马来西亚于1979年出版的地图上所标注的本国专属经济区和大陆架内的任何地物的海洋权利做出裁决。"另外,裁决出台后,虽然马未明确表达立场,但由于马是以其陆地领土基线作为声索专属经济区和大陆架的法律依据,并且不认同中国的"九段线",而仲裁结果又以否定"九段线"和南沙群岛法律地位的名义变相地为此类主张张目,因此可以想见,马还是乐见这一结果的。马外交部在针对裁决发表的声明中写道:"注意到仲裁庭依据1982年《联合国海洋法公约》附件七所做出的裁决";"相信有关各方能够充分尊重外交和法律程序"。这似乎暗示着马对裁决合法性的认可。马来西亚籍学者、新加坡东南亚—尤索夫·伊萨研究院东盟研究中心主任邓秀珉称:"裁决为马来西亚应对中国的强势提供了法律依据。"这或许道出马对于裁决的真实心态。当然,这并不是说马政府的南海政策会发生改变,而是说马在坚持其声索时可能会多一份自信和坚决。

文莱的反应更为平和。早在2016年4月王毅外长访问文莱期间,文莱外长就表达了支持中国以直接谈判方式处理南海争端的主张。裁决公布后,文莱政府并没有就此发表声明,只是到了第3天,文莱外交与贸易部副部长尤素夫在接受本国媒体采访时才表达相关立场,但除重申维护南海和平、安全与稳定,呼吁各方保持克制,依据国际法和平解决争端,反对使用武力和武力威胁,敦促尽早缔结《行为准则》等主张之外,没有提及仲裁案及其结果。

二、东盟非争议国的反应及政策走向

和争议国一样,东盟的6个非争议国对待仲裁案的立场也存在很大差异。首先是印尼。印尼不是争议国,但作为南海沿岸国家和东盟核心成员，对南海问题给予高度关注，并通过东盟介入争端管理。裁决宣布后，印尼外交部也发表一项声明，但也没有提到仲裁结果，而是表达以下四点原则主张：“（1）印尼政府再次呼吁有关各方自我克制，避免采取任何可能加剧紧张局势的行为，以保护东南亚区域免受任何可能威胁和平稳定的军事活动的影响，同时遵守包括《联合国海洋法公约》在内的国际法。（2）印尼政府也呼吁有关各方继续共同致力于维护和平，彰显长期培养起来的友好与合作。为达此目的，南中国海各方应根据一致达成的共同原则行事。（3）印尼将继续推动东南亚和平、自由和中立区的建立，以加强东盟政治与安全共同体。（4）印尼鼓励所有声索方依据国际法，就南中国海相互重叠的主权声索继续开展和平谈判。”从这几点可以看出，印尼政府是在有意回避仲裁案，表明它不愿意在此问题上选边站。

印尼之所以发表中立声明，主要有这样几个考虑：首先，印尼不是南沙岛礁的声索国，也一直坚持不在声索国之间选边站，因此发表中立声明符合其作为非争议国的定位。其次，印尼是东盟的核心成员，也是该组织实际上的领头羊，因此希望该组织能够保持团结统一，不愿意看到其因南海争端而陷入分裂。面对这一争端，印尼一直力图扮演“公正的中间人”角色。这就决定其他必须在各方之间采取“不偏不倚”的立场。再次，印尼虽然十分强调东盟在地区事务中核心作用，但也希望与区外各大国都保持良好关系，并且把后者视为前者的必要条件。因此，面对作为东盟伙伴的菲律宾以及作为东盟重要对话伙伴的中国，印尼不愿意在二者之间做出选择，尤其是考虑到中国对仲裁案的坚决反对，印尼也无意在此问题上与中国唱反调。最后，也是最重要的一点，中国是印尼十分看中的全面战略合作伙伴。尤其是在经济领域，中国已成为印尼的最大贸易伙伴、最大进口来源地和第二大出口市场。中国对印尼的直接投资虽然仍排在其接收外资的第五位，但增幅却是最快的。中国的“新丝路”倡议和“亚投行”机制，对于把经济增长、基础设施建设和改善民生列为优先任务的佐科政府来说具有巨大的吸引力。所有这些使得印尼政府在介入南海问题时不得不顾及与中国的友好合作关系，将此大局置于更优先位置。

不过，印尼政府的中立声明在国内并未获得广泛支持，印尼主流媒体都表示，雅加达应该公开表明支持仲裁庭的裁决。声明发表的第二天，印尼政治法律与安全统筹部长卢胡特在接受采访时，一方面表示印尼将继续努力与中国保持友好关系，另一方面又称有关各方应该尊重包括《联合国海洋法公约》在内的国际法。此言被印尼媒体解读为印尼接受仲裁庭的裁决。印尼大学国际法专家尤瓦纳教授也声称，印尼应公开支持仲裁庭的决定，并领导东盟各国，发布共同声明。

印尼国内之所以存在上述声音，与印尼对于纳土纳群岛主权及海洋权益的关切有着直接关系。纳土纳群岛位于南海西南部，不在南沙群岛海域之列，但其附近水域和中国的“九段线”存在一定重叠。印尼一直担心中国对该群岛提出领土要求。2009 年 5 月，中国政府在向联合国秘书长提交抗议越马划界声明的照会时，首次将标有“九段线”的地图附在其中，旨在提请有关方面在对待中国在南海的主权和权益时要充分尊重历史事实，况且中国政府从未宣布要以此线作为国界线，更没有表示过要对整个南海提出要求。但是印尼方面却任意曲解，对中国的莫须有担心和无端指责有增无减。次年 7 月，印尼向联合国秘书长发出外交照会，称中国的“九段线”地图缺乏国际法依据，此外，还极力贬低南海岛礁的法律地位，称这些不能产生专属经济区和大陆架。此后，印尼政府官员、媒体和学界对“九段线”的质疑持续不断，而中国在南海采取的维权和防御举措也被无限制地歪曲放大。

为消除印尼方面的担心，中国外交部发言人于 2015 年 11 月 12 日郑重表示，中国与印尼之间不存在领土争端，纳土纳群岛属于印尼，中方对此不持异议。2016 年3～6月，印尼先后 3 次抓扣在中国传统渔场正常作业的中国渔船的事件发生后，中国政府继续重申上述立场，但印尼却以“中国渔船侵犯印尼水域”和“‘传统渔场’主张不符合《联合国海洋法公约》”为由，不仅拒绝协商，还以炸沉被扣渔船作为回应（尽管此举并非只针对中国一国）。6 月 23 日，佐科总统率领军政要员乘坐军舰视察纳土纳海域，并在舰艇上召开内阁会议。裁决公布第二天，印尼国防部长里亚米扎尔德宣布，将大幅加强纳土纳群岛海域的军事部署，包括 F－16 型战斗机、地对空导弹、雷达和无人机，增派海空军特遣部队和一个营的陆军，新建码头和扩建飞机跑道等。同日，印尼海事统筹部长里扎尔宣布，将在 10 月底之前把 400 余艘 30 吨以上木制渔船从爪哇岛迁移至纳土纳群岛，并向愿意搬迁的渔民提供建房补贴，还计划对群岛上的港口、供电和互联网等设施进行升级改造，并建立冷藏设施，以便把该群岛建设成为东南亚的最大渔业市场。另外，印尼还考虑把该群岛 200 海里以内海域更名为“纳土纳海”，并准备向联合国提出申请。

由此可见，对纳土纳群岛海域的关切已成为影响印尼在南海问题上政策走向的关键变量。而由于印尼拒绝承认中国的“九段线”，仲裁庭在此方面又做出了有利于印尼的裁定，因此，印尼对于裁决所发表的中立声明并不意味着它的立场将来就不会改变。如果两国围绕这片海域权益的分歧能够得到解决或控制，印尼的中立立场会继续维持，反之，就难以排除改变立场的可能性。实际上，自从 2016 年上半年双方摩擦接连发生以来，印尼的一些政府官员私下敦促佐科总统放弃中立立场，与其他声索国抱团对华，或是给予其他声索国更多支持。印尼海事与渔业部长苏西甚至恫言要将此事件提交国际仲裁。

新加坡也不是南海争端的当事国，但和印尼一样，也主张积极介入，按照东盟意愿处理争端，并强调东盟的核心角色。对于仲裁结果，新加坡外交部发言人在当天发表的四点声明中的表态还算比较温和，除了第一点表示“注意到”之外，其他几点都没有直接提及，而是重申本国的一贯立场。不过，从第三点中所采用的“敦促各方充分尊重法律和外交程序”这一表述可以看出，新加坡对于裁决还是持支持态度的，尽管表达得比较隐晦。但 8 月初该国总理李显龙访美期间所发表的言论就非常直接。他在出席美国商会举办的一个招待会时表示：中国作为南中国海主权声索国之一，未针对“九段线”等权利提出明确的法律依据，因此从国际法角度来看，海牙仲裁庭的裁决更加明确，对各国的主权声索做出“强而有力的定义”，希望各国尊重国际法，接受仲裁结果。这是继美、日、澳、欧盟之后，第一个明确要求各方接受裁决的国家，比英国、韩国等美国盟友的表态还积极，成为公开同中国唱反调的国家之一。

那么,在中国反复声明裁决“非法、无效”、一再表态“坚决反对”的情况下,新加坡领导人为什么还要如此表态呢?这需要从新加坡的外交理念中来理解。首先,作为小国,新加坡是奉行“大国平衡外交”战略的典型代表,也是东盟中对此外交最为倚重的国家之一,保持中美力量和影响力大体平衡是新加坡地区战略的核心。鉴于中国迅速崛起导致本地区权力结构发生变化,新加坡开始把平衡的砝码更多地押在中国一边。就南海问题而言,由于新加坡对中国的政策意图和做法存有一定疑虑,也不愿意看到中国在该地区的势力过分增长,因此便把制衡的希望寄托在了唯一超级大国美国身上。此次李显龙利用访美之际发表迎合美国的言论,在很大程度上就是为了向美国“表忠心”,显示新加坡是和美国站在同一条阵线上,目的在于“拉住”美国,防止其“亚太再平衡”战略的势头减弱。其次,新加坡是一个以华人为主体民族的国家,虽然在人种、历史和文化上与中国有着千丝万缕的联系,但早已形成独立的国家认同,加之作为弹丸小国身处异族包围的环境之中,又有着冷战时期容易被邻国怀疑为“中国的代理人”的历史记忆,因此对于同中国交往持复杂心态,既希望发展同中国的全面友好合作,又不愿意给外界造成过分亲中的印象。在此情况下,新加坡时而会发出一些与中国不同的声音,以凸显自己独立的国格和身份。但无论是出于何种考虑,李显龙发表上述不负责任言论所产生的效果却是非常消极的。另外,李显龙的表态也背离了其“不在领土声索上选边站”的立场,是对其作为中国与东盟之间协调员国身份的歪曲和亵渎,若不对此言论做出更正,只会导致南海争端的和平解决进程更加复杂化,造成其原本希望与中国保持的“平衡”关系陷入失衡。

泰、缅、柬、老四国也是非争议国,但并没有表现出偏离其一贯秉持的中立立场的趋向,包括在对待仲裁案的态度上。例如,泰国外交部选择在裁决结果公布之前几小时发表声明,旨在回避对裁决发表意见。泰国政府在声明中强调,南海问题应该在“相互信任和对等获益的基础上,通过协调一致的共同努力寻求解决,以便反映东盟与中国悠久关系的性质”,最终目标应该是“使南中国海成为和平、稳定与可持续发展之海”。针对有人提问泰国是否会在即将召开的东盟外长会议上敦促各成员国就裁决达成共同意见,泰国总理巴育给予否定回答,并且表示泰国应该保留自己的立场,让争议各方自行会谈解决。

缅甸外交部发表的声明除了表示“注意到”裁决之外,也没有做出任何倾向性的表态,而是强调“支持根据普遍公认的国际法原则,包括1982年《联合国海洋法公约》,通过友好协商和谈判的方式和平解决争端的一切努力”。声明还重申,“缅甸将继续与东盟成员国和中国共同努力,在协商一致的基础上,充分有效落实《南海各方行为宣言》,早日达成《南海行为准则》”。

老挝和柬埔寨除了呼吁争议各方和平解决争端之外,更加强调协商对话和直接谈判的必要性,尤其是强调要保持对华友好,南海争端的处理不能以损害它们与中国业已建立起来的友好合作关系为代价。它们也因此而更加同情和支持中国的主张,不仅避免发表任何对中国不利的言论,还反对利用仲裁向中国施压。2016年5月老挝新任国家主席本扬·沃拉吉访问北京期间,两国领导人发表联合声明,“呼吁有关当事国通过协商谈判和平解决争议”,“反对单方面采取任何加剧矛盾、恶化局势的行动”。裁决公布后,老挝国内的反应也很平淡,也不乏为中国辩护的声音。如老中友谊协会秘书长西昆·本伟莱指出,“南海仲裁案不符合国际法,只能让南海地区局势更加混乱和紧张”。

柬埔寨政府更是旗帜鲜明地反对仲裁案,强烈支持中国通过双边谈判解决争议的主张。首相洪森在2016年6月20日就指出:南海仲裁案是“出于政治动机”,是某些国家和仲裁庭之间的一场“政治阴谋”,“这一阴谋将导致东盟成员国之间以及东盟与中国之间的分裂”,这些域外国家纠集力量反对中国,“将给东盟和地区和平带来负面影响”,柬埔寨不会支持仲裁结果,也不会支持东盟发表这样的联合声明。7月9日,柬埔寨外交部还专门发表声明,再次重申不支持仲裁庭即将就南海问题做出裁决的立场。声明表示:“柬埔寨认为,菲律宾的诉求是请求仲裁庭解决其与中国之间的争议,这一程序并非关乎全体东盟成员”,柬将不参与表达任何有关仲裁庭就菲中南海争议所做裁决的共同立场。在7月24~25日举行的第49届东盟外长会议上,柬埔寨外长布拉·索昆指出:“我重申柬埔寨希望不选边站的立场,并且呼吁有关的当事国直接通过协商谈判和平解决争端”,“我们认为,东盟就裁决发表声明不仅危及多年来东盟从与中国的战略关系中得来的巨大收益,也会使局势更加恶化。在我们看来,这是菲律宾与中国之间的双边争端,而不是东盟与中国的争端。因此,不应该让这个问题给东盟与中国的整体关系蒙上阴影。仲裁庭的裁决已经引发很大紧张,我们(柬埔寨)想要做的不是火上浇油,而是避免更大紧张,避免使局势更加危险”。

三、东盟组织的反应及政策走向

东盟作为地区国际组织,不是南海争端的当事方,但在部分成员国的推动下对争端采取介入立场,从1990年首次发表《南中国海问题宣言》,到最近几年来每逢召开系列峰会,都会把南海问题列为议题并发表相关立场文件,反映出东盟对于该问题的持续关注。不过,由于东盟是一个典型的政府间国际组织,采取的是“协商一致”的决策方式,即只有当某个动议得到10个成员国全体一致同意时,该动议才能够作为东盟的集体意志表达出来,而由于东盟成员国之间在内政外交等方面的差异性和多样性非常明显,东盟若想就某个问题达成一致意见是非常困难的。这就决定东盟在许多问题上所形成的共同立场只能是最低意义上的。

以仲裁案为例。在7月24~25日举行的东盟外长会议上,是否提及仲裁案再次成为争论焦点。菲越等国继续要求把仲裁结果写入联合公报,但遭到柬坚决反对。为了防止2012年东盟外长会议首次未能发表联合公报的结局重演,老挝努力协调,成员国之间也进行了一定妥协,据称整个过程“非常困难”。菲方看到自己的要求无望实现,不得不承认仲裁案是它与中国之间的双边纠纷,也不再要求直接提及仲裁。最后发表的《联合公报》采取折中办法,没有提到仲裁案,但在有关“地区安全问题”一节中,用了8个段落表达东盟对南海局势的“严重关切”和立场主张,包括维护和促进和平、安全与稳定,航行和飞越自由以及商业活动不受阻碍,建立信任和信心,自我克制,非军事化,依据国际法包括《公约》和平解决争端,充分和有效落实《南海各方行为宣言》,尽早达成《南海行为准则》,建立外交部之间热线,就遵守《海上意外相遇规则》发表联合声明等。并在第一节“东盟共同体建设”中写入“重申……全面尊重法律和外交程序”。这显然是成员国之间相互妥协的结果。

四、结论与启示

通过上述分析，可以得出如下几点结论和思考：

第一，东盟各国对于仲裁结果的反应存在着很大差异。这些差异归根结底是由它们不同的国家利益所决定的，其中包括：它们与南海争端的关系、它们与南海地缘关系的亲疏、它们与中国总体关系的强弱以及由此导致的南海问题在它们的对华关系中的位置、它们对中国在各方面尤其是经济方面的依赖程度等。而且，这些因素不是孤立发挥作用的，而是相互渗透、相互牵制，共同作用于它们的反应和政策走向。其中，南海问题被赋予的位置和对中国经济的依赖程度尤为重要。无论争议国，还是非争议国，无论激进争议国，还是非激进争议国，在处理包括仲裁案在内的南海问题时都非常注重与中国的总体友好合作关系，都不愿意使这种关系被南海问题所绑架，这是抑制激进争议国的反应过于强烈、促使非激进争议国的态度谨慎温和，以及支撑非争议国保守中立乃至给予中国立场以理解和支持的最重要动因。

第二，东盟各成员国的差异决定东盟在形成统一立场方面面临较大困难，东盟因此也面临保持内部团结的挑战。但不能因此而认为东盟不会有统一的声音，更不能认为东盟会甘愿在南海问题上靠边站。出于实现共同体目标以及树立在本地区事务中核心地位的战略考虑，东盟会继续寻求在照顾各成员国特殊利益的基础上，就共同关心的问题加强协商，达成集体立场。就南海问题表达关切、敦促各方保持克制和依据包括《公约》在内的国际法和平解决争端、推动全面有效落实《南海各方行为宣言》和尽早制订《南海行为准则》等，是东盟所有成员国的普遍共识，也是东盟的集体利益所在和继续追求的目标。

第三，在阻止东盟成员国和东盟就仲裁案做出不当反应方面，中国的不承认、不接受、不执行立场以及为此而采取的各种预防和反制措施起到了非常重要的作用，其积极效果已开始显现，使那些企图利用裁决向中国施压或将其作为讨价还价筹码的国家不得不三思而行。

第四，在认识到上述对中国比较有利的因素和趋势的同时，也不能过于乐观，更不能松懈努力。必须看到，目前在部分东盟国家当中为裁决“叫好”的声音还是较高的，也存在个别国家改变立场或是利用裁决牟利的可能性。前文提到的越南和印尼国内的一些最新动向值得警惕。还有马来西亚，在2016年6月于云南玉溪举行的中国—东盟外长特别会议期间，马在不是东盟轮值主席和中国—东盟协调员的情况下，以东盟名义向与会各国散发一份措辞比以往强烈的联合声明草案，只是后来在柬老等国的反对下才被迫收回。其背景可能与2016年3月中国渔船进入属于中国领土范围的南康暗沙海域捕鱼引起马方不满有关。由此可见，有关国家对待仲裁结果的态度是与南海局势的发展变化以及它们的整个南海政策直接相连的。鉴此，有必要从总体的南海政策角度出发思考应对之策。就此而言，应该继续贯彻“刚柔相济”的策略方针，在积极稳妥推进维权目标的同时，有侧重、有区别地对待不同角色，借鉴我党统一战线这一法宝，团结绝大多数、争取中间力量、孤立顽固势力，使所谓的裁决成为彻头彻尾的“废纸一张”。

最后需要指出的是，鉴于南海问题的高度敏感性和对中国与东盟战略—安全关系的消极影响，还有必要采取切实措施，促使争端降温，并在此基础上启动与有关争议国和非争议国在建立信任、渔业合作、共同开发、海事安全等方面的协商谈判，在确保核心利益不受损害的前提下，争取达成互利安排。这不仅有助于降低甚至消除它们对仲裁结果的依赖心理，也有助于修复受到冲击的双边关系，从更高层次看，还有助于化困难为机遇，带动中国与整个东盟全面战略伙伴关系的提升。在此方面，杜特尔特刚刚结束的成功访华以及随之而来的中菲关系的破冰回暖不失为一个难得的契机。

（作者系解放军国际关系学院教授，原载《和平与发展》2016年第5期）

南海局势与东盟

韩　锋

一

涉中国主权的“南海问题”是历史遗留下来的难题，其基本现状就是中国的固有岛、礁被邻国长期占据。随着中国的快速崛起，南海问题除本身的主权争议之外，又兼具牵制中国的地区作用和国际角色的“天然”抓手。两者互相联系，又有区别，造成南海问题的复杂性。

20世纪80年代，中国提出“16字方针”，从地区稳定的大局出发，在坚持原则的同时，为地区的发展与合作提供了良好的条件。应该说符合当时中国和东盟双方的利益。冷战之后的90年代，中国东盟之间还就南海问题进行非官方的对话。2002年，中国和东盟达成有关南海问题的《南海各方行为宣言》。2011年中国与东盟签署《南海各方行为宣言》后续行动指针，在进一步具体落实《南海各方行为宣言》的同时，以开放的态度推动相关的地区合作。2012年，东盟外长会议宣布了《关于南海问题6条原则》，进一步重申了东盟《南海各方行为宣言》中的各项原则立场。2014年，东盟外长会议又发表《东盟外长有关南海局势新发展的声明》，简要重申和强调了《南海各方行为宣言》和《关于南海问题6条原则》。此外，在双边和多边场合，南海问题作为地区的问题之一被不断和反复提及。菲律宾则率先采取了国际仲裁的方式。近些年来，我国在维护南海地区稳定和主权权益方面都取得了很大的成就，并得到了更广泛的国际理解和支持。同时也应该看到，在南海与中国有领土争议的声索国更加焦虑、敏感和担心。区域内，特别是东盟国家希望主导南海事务，以提高自身地位和国际影响力；声索国则根据各自利益需要，采取各种手段，尽量有效控制争议地区，并使其合法化；国际上一些大国，特别是区外大国的介入，利用传统的关系和资源，以及地区形势的新变化，通过将南海问题的国际化来“平衡”地区力量格局，制衡中国，形成有利于自身的国际和地区格局。这种背景之下，东盟在当前南海问题上的作用和态度特别值得关注。

二

1967年，新独立、相互利益难以协调的东南亚5国成立了“东南亚国家联盟（ASEAN）”，简称东盟。到1999年，东盟逐步发展扩容至东南亚10国。东盟的发展将传统的地区矛盾转变为“家庭问题”，保持地区的稳定，并通过各种合作和持续发展，于2015年年底宣布成立“东盟共同体”。这一过程使东盟作为集体力量的聚合体，在地区与区内、外大国周旋,成为地区不可或缺的重要角色。

东盟的特点:

1. 利用地区身份和成员多样性的优势,协调或者平衡大国关系。东盟成员与所有大国保持各种各样的关系;东盟成员覆盖几乎整个传统的东南亚地区;位于印度洋和太平洋、大洋洲与亚洲的结合部;各种文化、政治制度、经济发展水平同时具备。

2. 以东盟为主的合作机制形成地区网络。东盟地区论坛(ARF);东亚峰会实际是东盟国家与8个大国(中、美、俄、日、韩、印度、澳、新西兰)的对话;10+3和各种10+1,以及10+6(RCEP)。更重要的是东盟的一些理念已经成功地成为地区的合作特色。

3. 东南亚的地区问题事实上成为东盟的"内政",大国对东南亚的干预已经不能像过去那样随心所欲。东盟虽然还不具备彻底解决内部冲突的能力和机制,但东盟的经验可以有效防止冲突的升级和爆发。地区和东盟身份的认同已经得到所有成员的认可。

4. 东盟作为一种地区力量还有明显的弱点:第一,成员国的独立性和东盟地区机制的制度性建设相互脱节,导致东盟的整体性脆弱。第二,各成员国的多样性导致利益的多元性,影响东盟形成统一、明确的政策。第三,东盟内部主席国、当事国、成员国利益博弈复杂多样。

三

在南海问题上,东盟的优点和缺点表现的都十分突出。东盟在南海问题上始终希望东盟能够成为处理与中国关系,以及与其他大国关系的协调人。从上述东盟有关南海的文件可以看出,作为整体,东盟不想南海问题失控,导致地区的不稳定,甚至冲突。那样不仅会影响东盟各国的发展,而且还会因为大国的直接插手而削弱或者打散东盟。但是,东盟的地区考虑的前提是声索国的利益协调。然而,东盟从劝说中国签署《南海各方行为宣言》开始声索国就矛盾不断,直至菲律宾提出国际仲裁,引起东盟成员的普遍不满。其中既有声索国与非声索国之间的矛盾,也有声索国之间的不同。突出的例子是,2012年东盟外长会议由于分歧严重,没能形成最后的决议。印尼出面调停,才补充宣布《关于南海问题6条原则》。美国提出"重返亚洲"之后,东盟内部的矛盾协调更加困难。美国的地区安全平衡(以盟国为主)和经济合作(TPP)都没有将东盟作为一个整体对待,实际过程是在撕裂东盟。

在这种情况下,东盟的战略考虑基本可以归结为3点:

1. 中国是地区和世界经济发展的新动力,东盟的未来显然离不开中国。因此,继续加强与中国的各种合作,维护地区的稳定符合东盟的基本利益。

2. 美国的"重返"可以防止中国由于迅速崛起而在地区威胁到东盟的地区领导地位。同时由于"两虎相争",东盟的相对地位也会有所提高,从中渔利。

3. 南海问题广义上也包括东盟成员国内部的领土和海权的传统争议。东盟目前无心也无力解决这样的问题。所以,东盟也不想南海问题扩大化。

四

国际仲裁在东盟成员国之间有过先例。其中海上主权争端比较著名的是在印尼与马来西亚之间、新加坡和马来西亚之间。

在南海与中国有领土纠纷的声索国都是东盟的成员国(菲律宾、越南、马来西亚、文莱)。东盟对于地区国际仲裁的态度在开始阶段反对力量比较明显,因为国际仲裁并没有平息国内政治的领土诉求,反而成为政治隐患。印尼、马来西亚之间仲裁后甚至出现了动用武力的情况。同时,国际仲裁对于东盟的国际形象和能力也有负面影响。但是近年来,东盟内部对国际仲裁的接受程度有所提高。明显的例子是菲律宾提出国际诉讼时,东盟内部不以为然。甚至东盟对菲律宾没有通报东盟就独自向国际仲裁庭起诉中国颇有微词。而现在,东盟在南海问题上同中国有纠纷的国家对菲律宾的做法逐渐认可,甚至认为这是一条可行的道路。这两年一直有消息说越南考虑学菲律宾走国际仲裁之路,马来西亚也有学者认为马来西亚也有可能,至少可以作为备选方案。东盟正在由原来在南海问题上多样化的立场走向更加能够接受国际仲裁。

此外,因为南海问题严重影响东盟的团结和整体性,使得东盟在南海问题上的作用发挥不出来。因此,东盟可能的选择是东盟相关国家利用东盟"多数先行"和"当事国优先"等原则,组成由涉及南海问题的主要东盟成员:越南、菲律宾、马来西亚,加上印尼和新加坡等国为主,通过他们之间的内部协调,推动南海问题协调一致的磋商。之后,五国会再邀请其他东盟成员参与。也就是说,东盟要在南海问题上提高调门,在形成和维护成员国共同利益的基础上,提高它们在南海问题上的发言权。还可以通过集体的力量扩大东盟利益相关方在南海问题上与中国讨价还价的权重。最终结果很可能是,在南海问题上实际形成可以集体制衡中国的东盟。中国外长王毅最近出访东盟,争取文莱、老挝和柬埔寨的支持,但这不影响上述5国的联合。

五

东盟对南海问题的态度对我周边战略的实施至关重要,针对可能出现的变化,以下对策可供参考:

第一,严格区分南海问题的概念。所谓南海问题是涉及争议岛礁归属引发的主权问题,以及依附于主权争端派生出来的一些地区问题,例如,资源能源的开发、航运通道安全、海洋管理、环境保护、海上安全、地区国际关系等等。面对如此庞杂的问题,简单用南海问题是很难概括的。中国相关的立场和政策也往往因此被曲解和误读。因此,中国应该细化有关南海的政策。在坚持主权原则的基础上,将由主权派生出来的各种问题分门别类地进行专业、具体、技术的处理。降低它们的敏感性,避免将由这些问题导致的冲突直接与主权问题画等号。美国"重返亚洲"战略使用的手段恰恰就是将南海的所有问题混为一谈,达到牵制中国的目的。因此,中国应该在不影响主权和不破坏现状的前提下,鼓励多边探讨合作的途径和形式。

第二,加强海洋综合开发的管理。海洋综合开发的管理是我国推进海洋战略的重要环节,也一直是维护海洋主权的有效手段。应该根据中国海洋战略和未来发展规划,加强对地区各种海洋管理,以及争端的研究,利用中国综合管理方面的资源、技术和规模优势,找出符合中国未来海洋综合管理的套路,既能为地区多数国家提供其所认同的海洋综合管理经验、合作模式、共同发展的途径,还将为中国深化对外开放、落实海丝战略、建设海洋强国提供帮助。

第三,全面理解东盟。东盟是东南亚地区10国协商体,目的是通过集体的力量来寻求单个成员国不能得到的利益和地位。虽然在2015年其实现了所谓“东盟共同体”,但东盟要成为地区真正的实体性组织尚需时日。这正好与我国的战略机遇期相向而行。因此,中国一方面支持东盟的一体化进程,同时要清醒地认识到所谓东盟是动态形成的过程。强化中国—东盟关系一定要在两个层次同时发力:东盟和东盟成员国。很多时候,与东盟成员国的双边关系更重要,一是中国与东盟的具体合作可以落到实处,二是反过来可推动中国—东盟关系。东盟目前很难在所有重大问题上形成一致的立场,协调立场的时间和成本相对较高且不可靠。因此,中国应该利用东盟“多数原则”和当事国“优先原则”,具体问题具体分析,更加灵活适时地运用中国与东盟和其成员国业已形成的良好基础和各种资源,因势利导。

第四,中国可以在南海行为准则(COC)谈判上积极一些,一轨二轨并进,可以实现在南海问题所涉地区问题的中国—东盟磋商,冲淡东盟成员国寻求国际仲裁的诉求热情,甚至可以冲淡仲裁结果的影响。还可以开展各种层次的智库对话。例如,中国与东盟、中国与各声索国,以及各领域的专业对话论坛。

总之,东盟整体侧重地区政治与东盟的地位,而声索国则更注重主权归属。中国在南海问题上有历史、政治、人文、法律等诸多传统优势。南海问题本身又有广泛的辐射面。在坚持原则的基础上,中国可以通过扩大合作内容和对话范围来破解或淡化孤立和制约中国的恶意,进而答疑解惑、增信释疑。不断寻求具体和微观层面的小胜汇聚,从而避免时时事事涉主权,不断冲击中国的主权权益,压缩中国的战略空间。

(作者系中国社会科学院研究员,原载《太平洋学报》第24卷)

论东盟惩治跨国有组织犯罪机制

张 屹

一、东南亚跨国有组织犯罪现状

由于在历史上东南亚国家先后受到过英、美、法、西班牙、葡萄牙等西方老牌资本主义国家的殖民统治,在文化、宗教方面遗留的历史问题比较集中且矛盾复杂,在这一方面可以与今天其他发展中国家和地区相对照。然而又由于东南亚的独特地理位置和海洋资源优势,使得该地区的跨国有组织犯罪集中表现在毒品走私、贩运人口、海上犯罪等方面。而东南亚地区的恐怖主义犯罪也更多地与其他形式的有组织犯罪相结合,以经济利益的榨取和物质资源的掠夺作为重要的犯罪动机和行为模式。

在2004年中日韩与东盟10+3合作机制关于打击跨国犯罪第一次部长级会议上,东南亚地区的跨国有组织犯罪被归纳为以下八个类别,即:贩运武器、贩卖人口、贩毒、海盗、网络电信犯罪、洗钱与其他经济犯罪,以及恐怖主义犯罪等。

东南亚是一个极为特殊的地区,该地区囊括了从最富有的新加坡到最贫穷的老挝、缅甸。贫富差距与区域内边境管制的松懈导致跨国有组织犯罪频率长期以来处于不断攀升的状态。如果我们以《巴勒莫公约》(即《联合国打击跨国有组织犯罪公约》)的定义作为认定标准,即“三个人以上作为犯罪主体实施的,作案范围涉及两个以上国家的,则为跨国有组织犯罪”,那么东南亚地区的跨国有组织犯罪无论从规模和地域来讲,都远远超出这一标准。

(一)主要案例与次区域合作机制

东南亚贩毒集团实施的湄公河惨案:在2011年年底,为调查处理湄公河惨案而设立了由中国、泰国、缅甸、老挝共同组成的湄公河联合执法行动机制。然而这一机制如何形成真正的常态化机制,并且通过机制的功能性溢出而增强地区间的司法合作深度,则应当引起各参与方的认真思考。

中国与东盟开展次区域经济贸易合作,湄公河流域不仅是重要的合作平台,也是必要的贸易通道。在将近大约二十年的发展过程中,澜湄地区性合作机制逐渐分化为包括澜沧江—湄公河次区域经济合作以及东盟—湄公河流域开发合作在内的多元机制,前者由于中国的积极参与推动而显得更具有国际影响力。

有些学者进而提出“那些不具有政治目的不是以胁迫国家机关或国际组织为目的而采取的暴力破坏或其他手段,造成一定范围恐慌的行为也应属于恐怖主义。”如果按照张杰的这一种定义,发生在泰国的湄公河惨案以残忍的方式杀害13名船员,其暴行震惊中国民众甚至国际社会,也当属恐怖主义犯罪之列,这样,恐怖主义犯罪与跨国有组织的犯罪无论在内涵还是外延上,都已经不存在明确的划分界限。

以伊斯兰祈祷团为代表的东南亚恐怖组织犯罪:2002年在印尼巴厘岛发生震惊世界的恐怖主义爆炸案,其幕后策划者就是广泛活跃在东南亚地区的恐怖组织“伊斯兰祈祷团”,美国情报部门认为该组织与基地恐怖组织有着密切联系,将其定性为美国在亚太地区最具有威胁性的恐怖组织之一。“伊斯兰祈祷团”主要分布在新加坡、马来西亚、泰国、印度尼西亚以及菲律宾、文莱等国家,其政治诉求是要在这些国家建立一个泛伊斯兰政权,称为“大伊斯兰国”。该组织不仅从事以爆炸袭击为主要手段的恐怖主义犯罪行为,还在上述国家从事武器走私和贩运。因此,“伊斯兰祈祷团”所带来的不仅仅是政治意识形态方面的尖锐冲突,同时也在触犯着传统意义上的法律底线。在从政治视角来判定其恐怖主义的属性的同时,也必须思考如何从跨国有组织犯罪的法律属性上来进行惩治。

全球范围内的恐怖主义犯罪都与武器贩运、军火走私密不可分,后者为前者提供必要的手段和利益链条,而东南亚的恐怖主义犯罪更是有过之而无不及。以菲律宾为例,其境内的恐怖组织多从事武器贩运,甚至与位于巴基斯坦境内的本·拉登的嫡系哈拉克拉特—乌尔—穆加希丁长期进行军火交易,相互勾连。

作为跨国有组织犯罪新形式的电信诈骗:2016年4月13日,包括32名中国大陆人与45名中国台湾籍在内的第二批67名犯罪嫌疑人被以电信诈骗罪名从国外押解回中国大陆。台湾方面认为台湾的电信诈骗集团已经发展成为跨国有组织犯罪,是所有国家应该严厉打击的对象。甚至提到“我们治不了的骗子,让想治又能治的大陆惩治”。从中我们可以看到,在跨国有组织犯罪日益猖獗的东南亚地区,很多当地政府都存在着治理能力偏低,对待跨国犯罪捉襟见肘的状况,这必然需要借助于多种形式的合作,包括国际合作或境外区际合作。台湾电信诈骗犯罪集团不仅前往非洲、澳洲等地区作案,而且经调查发现在东南亚一些国家特别是在马来西亚较为集中地从事电信诈骗。自从中国大陆与中国台湾地区在2009年共同订立《海峡两岸共同打击犯罪及司法互助协议》并提升了合作打击电信诈骗的力度之后,电信诈骗集团大量转移到东南亚地区或者全球各地。

贩运人口:以菲律宾作为最典型案例,该国全国范围内都存在以大规模有组织形式从事非法移民的行为,据统计,每年有数以百万计的非法移民以人口买卖的方式输送至别国。菲律宾全国范围内的犯罪集团因从事贩卖人口而获取的利润接近200亿美元,已经成为仅次于武器贩运和毒品走私之后的第三大跨国有组织犯罪。

毒品犯罪:菲律宾国家毒品执法预防协调中心有一项数据显示,菲律宾人口总数在2002年为7530万,在这样小国寡民的情况下,竟然有占5%的人口即大约370万人从事吸毒。菲律宾全国有将近300个贩毒集团,每年约有50亿美元的毒品地下交易额度。甚至有数据显示菲律宾每年的犯罪统计中有70%属于毒品犯罪的上游犯罪或者相关犯罪。有需要必然有供给,这一切使得东南亚地区的贩毒行为屡禁不止。菲律宾与东南亚臭名昭著的"金三角"地区临近,成为金三角的毒品中转站。

(二)恐怖主义犯罪与跨国有组织犯罪

恐怖组织如同其他跨国犯罪组织一样,具有一定的隐蔽性,往往借助于参与其他的社会活动或市场经营活动而获得表面上的合法性。也可能为了获取资金而参与其他性质的犯罪活动,比如贩毒、洗钱、邪教活动等。当然,在这其中,宗教的标签成为恐怖主义最青睐的隐蔽途径。

如同恐怖主义犯罪与各种上游犯罪之间的关联性不断增强导致国内各部门之间的协同合作客观上的要求也更加强烈一样,恐怖主义犯罪行为的日益国际化在客观上也要求反恐工作的国际化,后者是前者的必然反映和必然要求。然而后者不恰当的反应行为就可能被前者所利用。这种抽象的归纳很难理解,我们试以媒体作为案例,媒体对恐怖主义犯罪事件的过分渲染和没有尺寸地一味跟踪报道,很容易成为恐怖分子借以传播极端思想和制造社会恐慌的工具,被其加以利用。

安理会1373号决议中的第四条明确指出:关切地注意到国际恐怖主义与跨国有组织犯罪、非法药物、洗钱、非法贩运武器、非法运送核、化学、生物和其他潜在致命材料之间的密切联系,在这方面强调必须加紧协调国家、分区域、区域和国际各级的努力,以加强对国际安全所受到的这一严重挑战和威胁的全球反应。

(三)洗钱犯罪与跨国有组织犯罪

由于各类有组织犯罪行为都需要一定的资金基础作为支撑,尤其是大规模的跨国有组织犯罪,从而使得金融犯罪,特别是洗钱行为成为其他相关犯罪行为的上游犯罪和关联性犯罪行为。而作为非传统安全领域最为令人棘手的当代恐怖主义犯罪行为,其与洗钱犯罪行为的关联则尤为密切。今天各国展开的针对恐怖活动的区域性司法合作必然要以打击洗钱犯罪作为重要手段和前提。

从"犯罪主体"到"犯罪行为"再到犯罪所得即金钱这整个链条中,金钱是一个薄弱环节,也是一个警务执法的突破口,通过这一个突破口,可以最终获得犯罪主体的线索。

当前针对跨国有组织犯罪展开的国际执法行动,最为有效的往往都是针对洗钱犯罪展开的追查,即便是国际反恐行动,也往往以恐怖组织的融资行为作为侦查的突破口。因为,全球化时代的今天,恐怖组织以及其他犯罪组织借助多种手段使自身组织规模与实力迅速增加,单纯地针对其组织本身展开追踪颇为棘手,而犯罪资金作为犯罪行为的薄弱环节很容易遗留下追踪痕迹。联合国安理会第1373号决议中就明确指出各国"有必要在其领土内通过一切合法手段,采取更多措施,防止和制止资助和筹备任何恐怖主义行为"。并且"禁止本国国民或本国领土内任何个人和实体直接间接为犯下或企图犯下或协助或参与犯下恐怖主义行为的个人、这种人拥有或直接间接控制的实体以及代表这种人或按其指示行事的个人和实体提供任何资金、金融资产或经济资源或金融或其他有关服务"。"毫不拖延地冻结犯下或企图犯下恐怖主义行为或参与或协助犯下恐怖主义行为的个人、这种人拥有或直接间接控制的实体以及代表这种人和实体或按其指示行事的个人和实体的资金和其他金融资产或经济资源,包括由这种人及有关个人和实体拥有或直接间接控制的财产所衍生或产生的资金。"安理会为了防止和惩治恐怖主义犯罪,专门对作为恐怖主义犯罪手段的金融犯罪做出明确规定。1373号决议还指出:"将下述行为定为犯罪:本国国民或在本国领土内,以任何手段直接间接和故意提供或筹集资金,意图将这些资金用于恐怖主义行为或知晓资金将用于此种行为"。

二、东盟惩治跨国有组织犯罪机制问题及其与中国的合作

东盟地区性公约立法解读。历史上的东南亚条约组织于1977年解散,有学者认为这一组织与东盟的历史发展有着某种关联,以反对中国、越南、苏联等共产主义意识形态为核心使命的《东南亚集体防务条约》消亡的十年前,也就是1967年,东盟就酝酿成立了。而后演变为今天与中国密不可分的东盟10+1机制的重要国际平台,根本原因在于彼此在全球化格局之下,经济贸易相互依赖程度的日益加深。

到2008年年底,中国已经与印尼、菲律宾、越南、泰国、老挝等东盟国家订立了刑事司法协助条约或者含有刑事司法协助性质的条款。与除了印尼之外上述四个国家订立了双边引渡条约。这些成果,为中国全面展开与东盟国家合作打击跨国有组织犯罪奠定了坚实的法律基础。不仅如此,东盟国家司法部长会议与中国—东盟总检察长会议也逐步形成稳定合作机制,为各种形式的司法协助提供推动力和平台。

(一)东南亚国家打击跨国犯罪合作现状

中国与越老缅三国边境线有四千千米之长。云南省深受"金三角"毒品走私之危害,因此在1996年,云南与越老缅三国相邻的地方省份共同确立了缉毒警务联络官合作机制,各国地方政府通过禁毒教育、警务信息交流等合作方式对该地区内的毒品犯罪进行严厉打击。在随后的5年内,该地区内的毒品加工窝点有10个被捣毁,包括海洛因、冰毒、鸦片等在内的近五百千克的毒品被缴获。当然同时也发现了贩毒者携带的大量武器军火。

至2001年间,中国已经分别与东盟陆上五国签署有关禁毒合作《联合声明》及《禁毒合作谅解备忘录》,湄公河次区域内的双边禁毒合作得到有效开展。国家禁毒委员会还委托云南省政府与老挝、缅甸两国合作培训大批专业缉毒官员。

此外,中国在20世纪90年代以来就与印度尼西亚、马来

西亚、菲律宾三国签署关于禁毒合作以及打击跨国犯罪的谅解备忘录,分别于上述三国开展了有效的双边合作。中国与菲律宾在2004年年初成功破获"九二"跨国毒品走私案,在菲律宾首都马尼拉缴获将近300公斤冰毒,约合人民币1亿元。

1991年联合国禁毒署与中缅泰三国关于多边禁毒合作的高级禁毒官员会议在北京召开。1992年联合国禁毒署与中缅泰三国在第四十八届联合国大会上签署《东亚次区域禁毒合作谅解备忘录》,标志着次区域内打击毒品合作的框架形成。1995年中老缅泰柬五国与联合国禁毒署《北京宣言》标志着次区域内打击毒品合作的框架完全确立。2003年10月8日《中国与东盟面向和平与稳定的战略伙伴关系联合宣言》在印尼的巴厘岛签署。2004年《中国与东盟非传统安全领域合作谅解备忘录》在曼谷签署,2004年1月的东盟—中日韩第一次"打击跨国犯罪部长级会议",都体现了中国在东盟框架内惩治跨国有组织犯罪的重要作用和话语权。

中国公安部从2014年开始展开"猎狐行动",主要针对跨境金融诈骗犯罪进行追查行动,从境外追查遣返了将近百名金融诈骗犯罪嫌疑人。此次国际警务执法合作涉及东南亚、北美、澳洲等地区的将近50个国家。堪称一次成功的打击跨国有组织犯罪案例。在2016年的台湾电信诈骗案的追捕中,中国司法部门成功将中国台湾电信诈骗犯罪嫌疑人引渡回中国大陆,这符合中国在国际法基本准则下的管辖责任和管辖权,也符合大陆与台湾在2009年共同订立的《海峡两岸共同打击犯罪及司法互助协议》中所体现的双边司法协助精神。

以目前的中国与东南亚国家合作机制来看,次区域合作已经取得一定程度的进展。应该说次区域合作是全面推进东南亚区域合作的重要途径和平台,这其中尤以澜沧江—湄公河流域国家间所开展的执法合作最为显著。以澜湄执法合作的发展历程作为纵坐标,可以发现,让公众记忆犹新的糯康事件促成了澜湄综合执法安全合作中心的最终设立。

2011年10月31日中老缅泰湄公河流域执法安全合作会议在北京钓鱼台国宾馆芳菲苑举行;2011年12月10日中老缅泰举行湄公河联合巡逻执法首航仪式;2012年1月14日中老缅泰四国开展第2次湄公河联合巡逻执法行动;2012年3月25日第3次湄公河联合巡逻执法行动展开,从而实现湄公河联合执法行动趋于常态化。上述历程见证作为次区域司法合作机制的"澜湄"成长经历。

澜湄合作机制在其任职周期内有两个主席国,即中国加上一个湄公河国家。澜湄合作以三个支柱"政治安全、经济可持续发展、社会人文"全面、综合性地为合作机制做了铺垫,共同推动澜湄国家合作打击跨国有组织犯罪的法律机制的快速发展。亚行出资大湄公河次区域合作机制GMS也从作为上述三大支柱的经济可持续发展方面强有力地为澜湄合作的全面展开提供了动力。

(二)东盟框架内惩治跨国有组织犯罪合作机制面临的主要问题

1. 东南亚国家普遍存在的政府治理能力弱。在伊斯兰世界中,东南亚的伊斯兰国家可以说是世俗化程度比较高的,对多元文化也表现得相对包容,而东南亚国家间人员的流动性也是非常高的,这些特征都是互为因果、相互促进的,然而正是较高程度的人员流动性使得东南亚地区呈现高犯罪率与政府的低治理能力并存。不仅东南亚很多国家的边境治理是滞后的,即使作为该区域内的重要国际组织东盟对此问题也是捉襟见肘。近年来大批来自中国新疆地区的"东伊运""世维会"恐怖分子取道东南亚尤其是通过马来西亚中转至中东地区例如土耳其、叙利亚等国家参加国际恐怖主义活动。2015年共有一百余名"东突"恐怖分子在泰国被捕,并被遣返回中国,这个案例从另一个侧面说明东南亚地区的边境管理松散与人员流动复杂给整个亚太地区的全球治理所带来的顽疾。

以印度尼西亚为例,印尼作为一个地形支离破碎的岛国,却划分33个行政省份。而印度尼西亚西部省份亚齐省则是地方政府瘫痪的典型案例了。地震、海啸、绑架、暗杀、战争、恐怖袭击、武装分离运动……如果说世界上真有一块如此悲剧之地,那就一定非亚齐莫属。印度尼西亚的亚齐省地理位置特殊,位于苏门答腊岛的最北端,马六甲海峡的入口,有着丰富的油气资源,战略位置极为重要,同时这里又是活跃的火山地震带,所以无论是文化发展还是战争侵略或是自然灾难,亚齐都是首当其冲,财富的争夺、宗教的纷争和自然的灾难构成一部沉重纠结的亚齐史。由于亚齐省地方分裂主义势力长期威胁着雅加达中央政府的权威,因此在雅加达与亚齐之间长期展开的拉锯战过程中,整个国家权威陷入恶性循环的衰微之中。

2. 跨国有组织犯罪与恐怖主义犯罪的外延界定问题。从近几年中国贯彻实施《联合国打击跨国有组织犯罪公约》的司法实践过程来看,由于跨国有组织犯罪以其犯罪动机具有明显的物质利益作为犯罪构成要件,因此,传统意义上的恐怖主义犯罪由于其政治意识形态诉求甚或宗教、民族、文化权利诉求而不在此列,从而使得长期以来以基地组织和塔利班为代表的恐怖主义犯罪与跨国有组织犯罪被多数国际政治学者误以为是两个外延不相重合的犯罪概念。

然而,国内学界的大部分学者已经将恐怖主义犯罪明确列入跨国有组织犯罪的范畴中。此外,在2004年中日韩与东盟10+3合作机制关于打击跨国犯罪第一次部长级会议上,也明确地将恐怖主义犯罪划分到8个跨国有组织犯罪的类别中去。

而在东南亚地区,恐怖主义犯罪与各类刑事犯罪在现实中更是相互勾连,呈现出鲜明的地区性犯罪学特征。由于东南亚地区长久以来存在着贩卖人口、贩卖毒品、金融犯罪甚至海上犯罪等现象,这些犯罪团伙在实际运作中往往采取点对点,化整为零的行为模式,因此将大规模的犯罪行动转化为更具有隐蔽性的零零散散的"个体"犯罪行为,使侦查和惩治都增加了难度,同时也使实质上的恐怖主义犯罪行为在形式上转化为传统意义上的个体刑事犯罪。从这个角度来看,在东南亚地区,恐怖主义犯罪与跨国有组织犯罪,无论在内涵上还是外延上都是相互重合的。

执法合作由于上述原因(在中国,执法机构与行政机构的紧密结合)使之与政治外交层面的合作难以区分;同时,在世界范围内,执法合作与司法协助体系(即司法合作)又有着诸多不同之处:(1)合作主体不同。对于司法合作的主体《中国和罗马尼亚民刑事司法协助条约》第一条第二款规定:"'主管机关'系指法院、检察院和其他主管民事和刑事案件的机关。"而执法合作的主体则包括各个具有行政执法职能的政府机关;(2)合作针对的客体不同。司法合作一般是在确立管辖范围其间和其后进行;执法合作则可以是在前期预防、侦查到后期实施、执行等各阶段进行开展;(3)合作的程序不同。司法合作必须在尊重和符合合作各方即当事国的国内司法体制的基础上开展,须当事国的主动配合或至少消极默许;而执法合作往往是在情况紧急时运作,在治理突发事件的时候,只要不违法国际法律一般准则,即使没有确切法律依据,亦可开展。(4)合作所依据条约的生效机制不同。司法合作所要依据的国际条约必须经过各当事国的议会(中国的人大常委会)批准方可生效;而执法合作因其实质上具有政府部门间的行政合作性质,所以其依据的国际法律文件不是严格意义上的国际条约,而是政府间的联合声明、共同宣言、互助协定等形式。对于此类文件,只要经当事国政府主管部门签字批准即可生效,无须经过议会。

从以上几个方面的区别可以看出,执法合作较之司法合作具有更加灵活、更高效率、实施范围更广等特点。然而也正是由于这些特点,使之容易蜕变为不受司法规则约束的傲慢的公权力。从而,我们不禁感慨安全问题考验着国际社会法律体系的健全与否,考验着全球治理过程中的民主与法治;正如安全问题如何考验着任何一国国内社会民主与法治那样。

集体安全合作是国际安全合作机制的一种形式,然而由于其带有军事同盟的色彩,往往侧重于军事战争手段解决问题,而且容易被非成员国攻击其带有军事扩张之嫌。例如上合组织的集体安全属性往往被西方国家指责为"东方北约"。以此为鉴,只有当东南亚国家在东盟组织框架内进行协商、立法、司法等方面的务实合作时,东南亚地区的打击跨国有组织犯罪和反恐合作才能够取得一些实质性进展。军事同盟容易受到国际社会利益冲突方的指摘,这一事实恰恰说明,军事同盟的敏感性和很多国家对军事同盟的神经过敏,以及军事同盟难以达成国际社会更大的一致性,难以吸引更多的国家参与普遍性国际合作。东盟区域内展开打击跨国有组织犯罪合作应当以保护本地经济发展和区域贸易稳定为核心理念。

3. 恐怖组织融资渠道与反恐怖主义融资。如果将恐怖主义犯罪认定为跨国有组织犯罪的一种特殊形式,那么恐怖主义融资行为也必然与跨国有组织犯罪的融资行为密不可分,或者说,两种表面上不同的融资形式本质上是同一种犯罪属性。正如赵秉志所主张的那样,恐怖主义犯罪与其他跨国有组织犯罪最为重要的区别就是不以金钱利益为直接犯罪动机,当然,不能因此而认为恐怖主义与其他跨国有组织犯罪具有本质区别,然而恐怖主义融资的确不以金钱的获得作为其犯罪目的,所以也就不能说恐怖分子所掌握的资金是犯罪资金。

恐怖分子的核心人物往往受过良好的教育,具有高智商犯罪的特征,恐怖组织也往往具有出色的理财投资能力。有报道称,ISIS 极端组织就将其从叙利亚地方银行劫掠的资金投向欧洲金融市场,从事各种金融活动,将"黑金"漂白。

首先,通过犯罪行为本身所获取的财产是恐怖组织以及其他形式的跨国有组织犯罪的主要资金来源,也是其大部分资金来源。在"金新月"地带,中东地区一些恐怖组织从这里的毒品交易中获取经济利益,在欧洲,历史上的民族分离型恐怖组织往往运用黑社会性质的犯罪手段,如绑架、诈骗等方式获取钱财。而在我们所要关注的东南亚地区,则是囊括了以上两种"融资"形式,可见东南亚的跨国有组织犯罪更为复杂。

冷战时期,由个别国家出资支持的非政府组织或者当地政府反对派往往以"代理人"的身份从事恐怖主义行为,虽然在表现形式上没有今天的恐怖主义手段极端,但是仍然在一定程度上与今天的恐怖组织运作方式别无二致。只不过把今天的恐怖主义从法律意义上视为犯罪行为,是由于其去除了意识形态的修饰,特别是东南亚恐怖主义犯罪,表现出"碎片化"的趋势,其恐怖组织的架构体系已经超出了当今国际政治的传统行为主体范畴。从一个侧面来看,也正是因为今天的恐怖主义较少地带有意识形态特征,从而也就从"依靠政府"转型为"依靠市场",更多地与跨国有组织犯罪融为一体、密不可分。当然,今天仍然有一些伊斯兰极端组织仍然具有官方背景,并且有某些极端色彩的政府出资支持其从事恐怖活动。

一个庞大的恐怖组织需要一个带有理想主义色彩的体制架构和号召力,从而对其全部成员进行思想控制,一个有吸引力的谎言甚至可以让超越时空之外的非成员甘愿为其效忠,例如 ISIS 极端组织在欧洲近年来实施的恐怖袭击,实施者很多都是生长在欧洲当地的受到极端思想影响的居民。而同理,这些在全世界范围内受到极端思想"感召"的无知青年也会通过向恐怖组织捐赠财产来表现其认同。东南亚的恐怖组织,特别是带有伊斯兰极端主义色彩的东南亚恐怖组织也莫不如此。

固然国内很多学者强调经济利益的获取是跨国有组织犯罪的唯一目标,而恐怖组织则不然,但是不可忽视的是,恐怖组织的犯罪动机更为复杂,经济利益的获取虽然不是其唯一目标,但依然是其多种犯罪动机之一,或者是单一犯罪动机的间接动机。所以,我们才在司法实践中将洗钱犯罪和恐怖主义融资犯罪进行类比,并且在国际警务执法合作中把反洗钱斗争与反恐怖主义融资斗争二轨并为一轨。

4. 东盟框架内反恐立法进程。马来西亚、印尼、菲律宾 3 个国家于 2002 年 5 月在吉隆坡共同签订条约以应对本地区内部的跨国有组织犯罪和恐怖主义活动,尤其是加强三国在领海边境和陆地边境的治理,以利于遏制越境犯罪。

从 2015 年澜湄地区首次执法安全部长会议伊始,由地区内的各参与方组织实施的联合巡逻执法已经连续开展,并且日趋常态化。也只有依靠澜湄区域的相关国家联合起来惩治跨国有组织犯罪,才能够实现边境地区的稳定,维护一个法治的次区域环境。以《东盟联合反恐行动宣言》为标志,东盟框架内的反恐立法不断取得实质性成效。

2009 年,国家禁毒委员会办公室组团参加联合国第 52 届麻醉品委员会高级别会议,再次重申中国与国际社会共同努力应对世界毒品问题的政治承诺。为减少"金三角"毒品危害,国家禁毒委员会副主任、公安部副部长张新枫率团赴泰国参加第 8 届 MOU 签约国部长级会议,签署《MOU 伙伴关系补充文件修订版》,推进东亚次区域禁毒谅解备忘录(MOU)机制发展。参加在泰国、印尼举行的第 32 届和第 33 届亚太禁毒执法机构负责人会议等区域禁毒执法合作会议,广泛参与区域禁毒合作交流。

东盟框架内惩治跨国有组织犯罪以及恐怖主义犯罪的相关条约立法以及机构设置在近十年来取得了很多阶段性的成果。如 2001 年 11 月 29 日在马来西亚吉隆坡签署的《东盟刑事司法协助条约》。以及2002年东盟第八次峰会反恐联合声明,随后于2003年7月在马来西亚吉隆坡成立东盟反恐中心。2007年1月13日菲律宾宿务第十二届东盟峰会签署《东盟反恐公约》。"协助条约"不具有普遍性效力,近似于任择强制管辖权,而《东盟反恐公约》由东盟各国首脑签署通过,在东盟成员国之间具有普遍效力。随着这些区域内立法机制的不断完善,近两年来,东南亚跨国有组织犯罪的数量在总体上有所下降,甚至有西方媒体通过数据指出这一数字在2016年已经下降至上年同期的50%。

三、结语:中国与东盟联合打击跨国有组织犯罪面临的机制问题及反思

如何对待一种法律机制,尤其是作为一个实体性国际组织所承载的区域性司法机制,归根到底,必然要面临着如何在确立一个高效独立而且坚实有力的司法体系之内依然保障各成员国家彼此之间的主权平等问题,特别在对于跨国犯罪的严重罪行进行起诉和执法的过程中,主权平等原则面临着考验。

对于国际上的跨国有组织犯罪,学者往往对不同的特定地区采用不同的关注点。例如在美洲各国,贩毒活动长期成为该地区内跨国有组织犯罪的代名词。而近年来西非的海盗、东欧的枪支犯罪、人口贩运、中亚的贩毒和恐怖主义犯罪、东南亚的贩卖人口和贩毒、恐怖主义犯罪都成为本地区跨国有组织犯罪的代名词。在整个地缘政治板块中,中国成为各地区有组织犯罪的交汇点。从而使得中国的对外政策和参与引起相关各界的高度关注。

近10年来,中国与东盟开展国际刑事司法合作已经在立法实践与司法实践方面逐步进入机制化、常态化。2002年中国—东盟《关于非传统安全领域合作宣言》中谈到"为打击贩毒、偷运非法移民包括贩卖妇女儿童、海盗、恐怖主义、武器走私、洗钱、国际经济犯罪和网络犯罪等",实际上涵盖东南亚地区对于打击跨国有组织犯罪的主要目标和范围。

长期的合作实践证明,从外交领域、安全领域以及经济贸易领域而开展的双边关系合作是东盟与中国国际刑事司法合作的主要推动力。既有的双边政治磋商机制以及在司法层面开展的合作机制是中国—东盟成功打击跨国有组织犯罪(包括恐怖主义犯罪)的稳固基石。然而我们依然可以看到,中国与东盟各国既有的双边引渡条约还存在着种种法律缺陷,例如在政治犯不予引渡和本国国民不予引渡这样的传统国际刑事法律问题方面都不能够取得更大的突破,严重滞后于东南亚地区日益猖獗的跨国有组织犯罪现状,从而有很大的必要进行强有力的改进。目前国际社会所公认的国际刑事司法协助六种主要形式中,中国与东盟各国的双边条约中大多都不具备,且条约内容单一,缺少执法可行性,而且还有一些东盟国家还没有与中国订立双边引渡条约,也无法援引国际条约进行有效的惩治,往往通过政治、外交手段进行协调、斡旋,今后中国与东盟开展惩治跨国有组织犯罪的共同行动过程中,还需要一个机制化、常态化的办事机构,如秘书处这样的组织形式,并完善区域内的统一执法机制,共享区域内情报信息,以及建立区域内情报网络等等。

在中国与东南亚国家开展全面合作的过程中,文化、宗教上的差异也会带来一些阻碍。例如中国在与澜湄流域国家开展合作过程中提出过"Shared destiny"(共同命运)的理念,而处在该地区的一些小乘佛教国家认为这个概念在其宗教信仰中是不能接受的,为此中方采用灵活的方式将这一说法改为"shared future"(共同的未来),从而得到地区内各国一致接受。

(作者系中国外交部中国国际问题研究院助理研究员,原载《学术探索》2016年第12期)

"伊斯兰国"与东南亚恐怖主义的发展

靳晓哲　李　捷

2001年9·11事件发生之后,2002年东南亚又发生了举世震惊的巴厘岛恐怖袭击事件,这种时间上的相继性可能并非偶然。究其原因,笔者认为:一方面,9·11后美国加紧了对"基地"组织等恐怖组织的打击,这客观上加速了恐怖分子向世界其他地区的流动,东南亚亦是其重要的目的地之一;另一方面,东南亚本就存在诸多本土恐怖组织,这为不同区域间恐怖势力的融合提供条件。这两个方面的叠加效应,既加速了东南亚恐怖组织的发展,也造成21世纪前10年东南亚恐怖活动频发。由此可见,寻找东南亚本区域恐怖组织与其他恐怖势力之间的关联与相互影响,是分析地区恐怖主义形势发展的重要视角。

2014年6月29日,"伊斯兰国"(简称"IS")在伊拉克境内宣布建立"哈里发帝国",随着IS势力的崛起与发展,其活动范围逐渐跨出了伊拉克、叙利亚等中东地区。在中东之外,IS的扩张速度明显加快,北非、欧洲、东南亚等地的恐怖活动与其交相呼应。在此背景下,国际恐怖主义逐渐进入新一轮的快速发展期,恐怖主义的新生态势正在逐渐形成,国际反恐形势面临严峻挑战。东南亚尽管并非恐怖主义的重灾区,但由于其地缘、宗教、历史等原因,极易受国际恐怖势力的影响,尤其是伊斯兰极端主义。而且,IS在全球范围内公开招募、渗透等行为可能会对东南亚伊斯兰极端势力的复兴产生催化作用,甚至注入新的"动力"。

一、东南亚恐怖主义活动与研究现状

作为伊斯兰世界的重要组成部分,东南亚穆斯林人数众多,易成为IS扩张、渗透的目标。据悉,早在2014年IS就在叙利亚组建了以马来西亚、印度尼西亚(下称"印尼")武装分子为核心的"马来群岛单位";而且,IS还曾向东南亚的伊斯兰国家发出过"紧急征兵令"。2015年8月,IS在社交媒体上用一张带有婴儿、AK-47步枪和榴弹的附有文字"叔叔、阿姨们,无论你们在哪,来叙利亚参加圣战吧"的照片,来鼓动印尼的穆斯林民众加入IS。对此,兰德公司的反恐专家科林·克拉克(Colin Clarke)分析:在中东站稳脚跟之后,IS在北非也有一定的发展,其逻辑上的下一个目标地点可能是东南亚。

(一)东南亚恐怖主义活动现状

2016年1月14日,印尼首都雅加达发生多起爆炸、枪击事件,造成7死19伤,爆炸地点位于市中心的一间星巴克和一家商场附近的警察亭。14日晚,IS承认策划了此次袭击,并表示,袭击的目标是外国人和保安部队。雅加达警察局长蒂托·卡尔那维安在记者会上表示,印尼男子巴伦·纳伊姆组织策划了此次袭击。自2009年7月17日雅加达南区的万豪酒店和丽思·卡尔顿酒店恐怖袭击事件至今,印尼政府一直致力于打击本土化的伊斯兰极端势力网络,但此次恐怖事件的发生打破了印尼6年来的平静。同时,此次事件也证实

了东南亚各国政府此前的担忧:一些从中东返回的IS成员已经开始在本国组织、实施恐怖袭击活动,就像之前在欧洲所发生的那样。恐怖事件发生后,印尼总统佐科强烈谴责了恐怖分子破坏社会安定的行为,并表示:印尼人民永远不会被恐怖袭击吓到,希望印尼民众保持冷静。此外,2015年年底就有消息称,IS将印尼作为圣诞节、新年期间恐怖袭击的对象,对此印尼执法部门加强了对公共场所的安保等级。2015年圣诞节前,印尼警方在爪哇岛逮捕了10多名试图在圣诞节、新年期间实施袭击的疑似恐怖分子。据这些恐怖分子交代,他们得到了巴伦·纳伊姆的资助与支持。由此可见,随着IS的扩张与崛起,印尼安全形势越来越受到威胁与挑战。

除印尼之外,泰国、新加坡、马来西亚、菲律宾、缅甸等国也或多或少受到了恐怖主义的威胁与影响。与东南亚其他国家不同,泰国南部的冲突并不带有明显的宗教性质,而是受到激进思想、社会经济等问题的驱动而产生的分裂行为或独立运动。2015年8月17日,泰国曼谷市著名旅游区四面佛附近发生爆炸,造成20余人遇难。尽管9月28日泰国警察总署宣布曼谷爆炸案告破,称犯罪分子来自人口走私集团,爆炸案是对泰政府打击人口走私后实施的报复行为,但在IS向全球穆斯林发起“圣战”号召的背景下,泰国南部暴力冲突的突发还是增强了民众对暴力恐怖活动的恐惧与担忧。

在新加坡,2016年1月20日安全部门依照国内安全法案逮捕27名孟加拉籍的疑似圣战恐怖分子。据调查,该团体从2013年起,便不断集会并支持宣扬武装圣战的恐怖组织,如基地组织或IS等;尽管它们并未试图在新加坡发动恐怖袭击,但其存在对新加坡国内的安全造成了较大威胁。此外,警方还在被捕人员的住处发现了诸多激进的、与圣战相关的材料,如书籍、视频等,其中包含恐怖分子在训练营接受训练的场景。目前,这27人中的26人已经被遣返回孟加拉国,1人因在被遣返前试图通过非法方式逃离新加坡而被判处了相关的刑罚,其将在服从完相关刑罚之后被遣返。需要注意的是,这是新加坡国内首次发现外籍圣战人员,同时也证明了即使是文化包容性较强的新加坡,也难逃国际恐怖主义势力扩张带来的影响。

在马来西亚,2015年4月警方破获了一起试图在吉隆坡制造恐怖袭击的案件,逮捕了与恐怖组织相关的12名嫌疑人,并且查获20千克硝铵、20千克硝酸钾、2升煤油、2个控制器、电池等制造爆炸物的物品。过去两年,马来西亚官方已经拘留超过150名与IS有关的疑似恐怖分子,其中部分人员涉嫌在吉隆坡策划实施恐怖行动。此外,IS还曾经通过社交媒体分享过一个视频,视频中两名马来西亚青年正在接受武器训练,且二人都承认他们都已在叙利亚实施过单独的斩首行动。经过马来西亚反恐警察的甄别,确认了二人的身份:一名是20岁的穆德·法里斯·安努亚,一名是25岁的穆罕默德·杰蒂。这个视频不仅表明马来西亚的部分穆斯林群体已经开始接受IS的极端思想,也证明马来西亚国内受到IS扩张带来的影响。

在菲律宾,2015年5月臭名昭著的阿布沙耶夫组织在南部苏禄省杀害一名来自马来西亚沙巴州的工程师,原因是收到的赎金比之前宣称的少。2013年7~8月间,菲律宾的黑色旗帜运动在南部先后制造了多起汽车爆炸案,造成多人伤亡。该组织已经宣布支持并效忠IS。而在缅甸,一个名为“罗新亚”的穆斯林社区也遭受到了恐怖主义袭击的威胁与影响。据悉,IS正在为这个社区的穆斯林提供训练机会,以在此制造恐怖袭击,很多民众正在试图逃离这个区域。由此可见:当前,东南亚各国普遍受到了国际恐怖主义扩张的威胁与影响,新一轮恐怖组织的复兴与恐怖威胁的增强正在发生。

(二)各国反应与研究现状

通过上文对东南亚各国恐怖活动现状的分析可知,随着IS在中东的做大做强,东南亚的恐怖主义活动呈现出了新的特征:首先,恐怖活动再次进入多发期,IS与东南亚本土恐怖组织之间的呼应逐渐增多,彼此互为影响、互为支持;其次,近期东南亚恐怖活动呈现出微型化、团伙化的特征,各国发生恐怖活动多以此类为主;再次,IS的渗透与东南亚的区域化、本土化恐怖主义基础密切相关,是东南亚恐怖主义复兴的催化剂或动力。基于新一轮恐怖主义的复兴趋势,面对日益恶化的安全威胁与挑战,东南亚各国普遍表达了深切的担忧。

毫无疑问,发生在东南亚的未遂或既遂恐怖袭击事件,加剧了本地区安全形势的恶化,同时也为东南亚政府的反恐认知敲响了警钟。2015年4月,新加坡一名19岁青年准备加入IS,曾策划以“独狼式”(指单独进行)手段在新加坡发动袭击,刺杀总理李显龙和总统陈庆炎,但事前暴露被捕。之后,新加坡总理李显龙明确表达了对东南亚安全局势的担忧:东南亚已经成为IS招募成员的重要地区,逾500名印尼人及数十名马来西亚人已加入IS。2015年8月,菲律宾总理古纳拉特纳在一次采访中也承认,IS在东南亚的势力被远远低估了:目前,东南亚的IS势力增长迅速,已经有至少22个团体宣誓效忠巴格达迪或表示支持IS在东南亚的行动。正如兰德公司学者乔纳·布兰克对东南亚恐怖组织的评论:2011年以后,东南亚最大的恐怖组织伊斯兰祈祷团逐渐归于沉寂,而现在IS正在试图接管伊斯兰祈祷团在东南亚的恐怖网络。

尽管东南亚反恐形势再度出现恶化的趋势,且各国政府也表达了深切的担忧,但学术界对IS兴起后东南亚恐怖主义的研究还略显不足。目前,国内关于IS在东南亚活动的学术研究并不多,更多的仍集中于新闻报道、时事评论等,或零星地散落于对IS组织的系统研究之中,研究的系统化与理论化程度并不高。相对于国内,国外对东南亚恐怖主义发展的研究较多,但主要集中于IS对亚洲恐怖活动的影响、IS对单个国家的影响及其反恐应对、东南亚伊斯兰激进主义的新发展等问题上,对IS与东南亚本土恐怖主义的关系与发展现状研究较少;尽管有些学者也对东南亚恐怖主义未来的发展前景做出了一定判断,但缺少对东南亚恐怖势力与IS为代表的国际恐怖主义之间关系较为翔实的研究。基于此,在对东南亚恐怖活动进行归纳阐述的基础之上,本文试图厘清IS(国际恐怖主义的代表)与东南亚(区域化、本土化恐怖主义)之间相互渗透与影响的关系,进而分析东南亚恐怖主义未来可能呈现的发展趋势与特征。

二、IS在东南亚的渗透与影响

2014年是有记录以来,世界恐怖主义活动最为积极、造成伤亡最为惨重的一年。2015年国际社会也发生了很多重大的恐怖事件,如巴黎恐怖袭击案等;但总体来看,世界恐怖主义形势相对2014年稍有缓和。尽管如此,这并不代表恐怖主义威胁程度的降低。相反,随着恐怖主义发展的国际化趋势逐渐增强,尽管2015年美国、俄罗斯、法国等国相继加入国际反恐阵营,但也促使IS等恐怖势力开始向其他地区外扩散,回流的圣战分子等也加快恐怖主义的国际化进程。

(一)恐怖主义的国际化、区域化、本土化及其关系

随着区域化、本土化恐怖组织的不断出现,经过一段时间的发酵,当前恐怖主义的发展已经越来越多地展现出了国际化趋势;在认识恐怖主义发展的进程时,需要更多的将三者结合起来,任何单一的、片面的理解都可能造成对恐怖主义错误的认知,从而影响反恐政策的制定与效果。目前,关于恐怖主义理论的研究,主要集中于恐怖主义的概念、类型、产生原因等方面,而关于恐怖主义发展方向的研究较少且未成体系。厘清地区性恐怖主义与国际恐怖主义之间的联系,需要恐怖主义国际化、区域化、本土化及其相互关系的理论视角。在此背景下,对恐怖主义的国际化、区域化和本土化进行相对清晰的概念界定,无疑是十分必要的。

笔者借鉴陈衍德关于东南亚民族问题的分析思路,试图对恐怖主义的国际化、区域化、本土化概念进行初步的界定,以为后文对IS在东南亚的渗透与影响提供基本的分析视角。关于东南亚的民族问题,厦门大学陈衍德教授对此理解颇深,他认为:第一,东南亚的民族主义可以分为外来的民族主义、国家层次上的民族主义和部族的民族主义三种,而且从两两之间的关系入手,可以分为四种不同的作用和影响模式;第二,受民族文化的历史进程和民族间互动的社会环境的影响,东南亚的民族问题开始从国际化向全球化转型,即超越国家范围的民族问题,在全球化时代到来之前,一般被定义为民族问题的国际化,而全球化是国际化的最终结果;第三;当代东南亚穆斯林具有双重的性格,印尼穆斯林因其世俗性与宗教性共生的文化,形成了聚合型和离散型并存的民族主义,而马来西亚穆斯林则表现出独尊本族与兼容他族的双重性格。

基于此,借鉴其分析问题的思路与逻辑,笔者认为以恐怖主义的发展方向为视角,恐怖主义的发展具有以下三个显著特征:国际化、区域化、本土化。恐怖主义的国际化侧重于恐怖分子的国际流动、外来(指除该恐怖组织所在地区的其他地区)恐怖分子与具有国际影响力的恐怖组织(如"基地"组织、IS)之间的相互渗透与支持,是全球层次上的恐怖势力或恐怖分子之间的流动;恐怖主义的区域化侧重于某地区恐怖势力之间的整合与具有区域影响力的恐怖组织(如伊斯兰祈祷团、博科圣地等)在该区域内的活动,是超越一国范围的、但又难以形成全球影响的地区性恐怖势力或恐怖组织之间的整合与活动;恐怖主义的本土化主要指受国际恐怖主义思潮与先进的通讯、网络的影响,在本国社会、经济、政治等因素的综合作用下,成长于"本土"的、带有恐怖主义倾向或分裂主义倾向的极端化、激进化活动或势力(如阿布沙耶夫组织等),是一国范围之内的恐怖活动或恐怖思潮,但其存在并非是孤立的,往往与其他恐怖主义势力之间有千丝万缕的联系。

此外,恐怖主义的国际化、区域化、本土化之间的发展并非孤立存在的,三者之间关系十分复杂,既相互联系又相互影响。简单来看,一方面,恐怖主义的区域化、本土化是国际化的基础,而恐怖主义的国际化发展反过来又会促进趋于沉寂的区域化、本土化恐怖势力的复兴与活跃;另一方面,区域化、本土化恐怖势力的议题与局限性一定程度上又将限制了恐怖主义的国际化发展,因为并不是每个区域或国家都具备建立"哈里发国"条件。因此,在应对三者带来的影响时,并不能以国际化、区域化、本土化的地理范围来界定反恐的责任与义务,因为就某一特定的恐怖组织而言,其制造的恐怖活动与反恐责任的归属往往并非一一对应,需要具体问题具体分析。例如,博科圣地位于尼日利亚,从其活动范围上看,其属于区域性(中非地区)的恐怖组织,但其影响已经远远超越了区域的范围。根据全球恐怖主义2014年度的报告,2013年全球造成伤亡最严重的20起恐怖事件中,博科圣地组织实施了3起,伤亡人数与残暴程度都列全球恐怖组织前列。因此,打击博科圣地并不能单纯依靠尼日利亚政府的力量,而应号召全球力量共同应对,如此才能有效打击其嚣张气焰。然而,现实情况并非如此。目前,以美国为首的世界反恐联盟只关注威胁其利益或对其造成直接影响的IS,而对博科圣地则并未给予过多关注、帮助与支持,这与西方世界在反恐问题上的双重标准密切相关,也是造成全球反恐领域"越反越恐"不利境地的重要缘由之一。因此,在分析东南亚的恐怖形势时,需要摒弃区域性偏见与利益性偏见,将国际视角与地区视角相结合,才能得出更加全面、正确的认知,为各国政府反恐政策的制定提供有益参考。

(二)IS在东南亚进行渗透与影响的先天条件

2015年上半年,尽管IS遭受到了以美国为首的国际联军的空袭,但仍以较快的速度不断发展壮大着:不仅在伊拉克、叙利亚等中东国家进行扩张,还加紧在北非、中亚、南亚、东南亚等地区建立分支或结交同盟。IS主张并已宣布建立一个"哈里发国",即伊斯兰帝国,这一主张在伊斯兰教基本教义中具有正当性。此外,IS信奉瓦哈比主义或萨拉菲主义,对于逊尼派穆斯林有着异乎寻常的号召力。作为伊斯兰世界的重要组成部分,东南亚成为IS渗透与影响的目标,有着得天独厚的优势。

首先,东南亚是伊斯兰教流传的重要区域之一,穆斯林人数众多,且较为集中。总体而言,东南亚的穆斯林相对集中:印尼、马来西亚、文莱人口的多数,菲律宾、泰国、新加坡、缅甸人口的少数(但占一定比例)都是穆斯林,其他国家(柬埔寨、老挝、越南)的穆斯林人口较少。就单个国家来看:印尼穆斯林总数超过2亿,是世界上穆斯林人口最多的国家,占总人口的近90%;马来西亚穆斯林总人数尽管不如印尼,但仍占总人口的60%以上;菲律宾、泰国等国南部也有大量的穆斯林存在,占各国人口的10%左右。有些学者指出:由于独特的地理环境和本土文化,印尼的伊斯兰教呈现出的是一种十分独特的面相,称之为"群岛伊斯兰"或"印尼式的伊斯兰教",并不会成为IS的"第二战场"。尽管如此,东南亚数量庞大的穆斯林群体无疑是一种客观存在。从这个角度看,IS对东南亚进行渗透与影响是具有信仰基础与前提的。此外,IS的萨拉菲主义主张也对东南亚恐怖主义有着极强的吸引力。圣战派萨拉菲主义是IS最显著的标签之一,主张通过"圣战"方式建立以伊斯兰教法为基础的伊斯兰政权。在理念上,圣战派萨拉菲主义主张发动"圣战"打击那些没有按照真主的意志进行统治的异端统治体制,恢复伊斯兰的纯洁性。IS的这些主张或理念与东南亚本土恐怖组织的主张十分相近,而且在叙事结构上更为完整与系统,再加上东南亚的恐怖组织本身就是受到伊斯兰极端主义思想的影响而不

断发展起来的。因此,东南亚成为IS选择扩张的目的地之一。

其次,东南亚本身具有浓厚的恐怖主义基础,区域化、本土化的恐怖活动一度十分猖獗。自2002年巴厘岛恐怖袭击案至今,东南亚出现了一大批恐怖主义组织,如印尼的“伊斯兰祈祷团”和“自由亚齐运动”、菲律宾“阿布沙耶夫组织”和“新人民军”、马来西亚的“马来西亚圣战组织”、柬埔寨的“柬埔寨自由战士”、泰国的“北大年联合解放组织”等。大量恐怖组织的存在一度对东南亚的安全局势形成了严重困扰,威胁着各国国内安全与地区安全。据统计,2001~2009年东南亚恐怖主义活动造成的死亡人数呈现出波浪式上升趋势,2005~2009年致伤人数均在1100人以上。此后,东南亚各国普遍加强了打击恐怖主义的强度,制定了更多的反恐政策与措施,一定程度上限制与打压了恐怖组织的活动空间,维护了区域与本国的安全和稳定。然而,随着IS在全球范围内的崛起,东南亚原有的恐怖主义基础为IS进行渗透提供了“沃土”,一旦时机成熟,此前沉寂的恐怖组织有可能在IS的鼓励与支持下得到再度发展。

再次,东南亚社交媒体的普及率不断提升,为极端思想的宣传与传播创造空间。据估计,2016年印尼、马来西亚、新加坡、泰国、越南等国的社交媒体使用人数总和将超过美国。毫无疑问,社交媒体的开放性为IS在东南亚的渗透提供了便利,也将为IS与东南亚本土恐怖组织之间的交流提供空间与机会。这是东南亚得天独厚的舆论宣传优势,也是很多其他地区所不具备的。

基于此,IS自成立之初便持续不断地对东南亚进行渗透与影响,尤其是对东南亚穆斯林相对聚集的国家或地区,这种渗透和影响与恐怖主义国际化、区域化、本土化三者之间的联动发展密切相关。首先,世界进入全球化时代后,恐怖主义国际化将成为恐怖主义发展的显著特征,单纯的本土化、区域化恐怖主义的存在与影响都十分有限,恐怖主义将更多的呈现出国际化、区域化、本土化共同发展的新特征;其次,三者中任何一方的强大或崛起都可能成为其他两者复兴与发展的催化剂或动力;再次,本土化、区域化的恐怖主义基础是恐怖主义国际化发展的重要方面与组成部分,三者相互支持、互为支撑、共同发展。

(三)IS对东南亚渗透与影响的体现

结合东南亚恐怖活动的既有实践,IS在东南亚的渗透与影响主要体现在以下三个方面:第一,东南亚是IS成员招募、中转与回流的重要基地;第二,东南亚恐怖活动的暴恐对象与手法逐渐向IS靠拢,同时微型化、团伙化的暴恐特征显著;第三,东南亚本土恐怖组织出现了新一轮的复兴,新生的恐怖组织不断增多。

1. 招募、中转与回流——恐怖主义国际化对东南亚地区安全的影响

在过去一年,IS在全球的招募人数增加了两倍,达到了3万人之多,其中印尼至少有500人已经加入了叙利亚、伊拉克的战斗之中,这一数字已经超过了基地组织在阿富汗战争之后的招募人数。由此可见,东南亚已经成为IS在全球招募圣战分子的重要地区之一。早在2014年9月,东南亚就出现了一个地下的极端分子网络“努桑塔拉”。据反恐专家推测,这一网络形成的初衷是为在叙利亚和伊拉克的IS招募与输送圣战分子。而且,IS的招募策略十分清晰,即鼓励整个家庭追求神圣的伊斯兰文化,这与基地组织的招募有着本质的区别。此外,东南亚还有很多人是通过IS的社交媒体宣传或其他途径的宣传而加入IS的。如马来西亚就有超过200人是通过IS社交媒体的宣传或本土穆斯林领袖的呼吁而加入的。据统计,IS在东南亚的招募主要集中于印尼和马来西亚两国,印尼已经加入IS的人数约500~700人,马来西亚大约有200人,其中还有约120人在前往IS前就被捕了。

印尼、马来西亚不仅是IS在东南亚进行招募的重点国家,还是其他国家民众前往中东“效忠”IS的重要中转地。例如,中国部分维吾尔族圣战分子就经过东南亚国家(缅甸、泰国等),辗转到达印尼、马来西亚,再伺机前往中东。究其原因,印尼的反恐专家托德·艾略特认为,“很多维吾尔族人将印尼视为比土耳其、叙利亚更易进入的地区,因此,他们会千方百计地通过各种走私渠道或当地的人员输送网络前往这些地区,以伺机前往中东。”然而,随着IS威胁的增加,东南亚国家逐渐加强了对人口走私的打击,这导致了很多试图前往中东的人员长期滞留在东南亚,有些人甚至开始在当地制造恐怖袭击。2015年12月24日,印尼警方破获了一起针对政府部门的自杀式爆炸案,其嫌犯就是来自中国的维吾尔族男子阿力。美国堪萨斯州的国外军事研究办公室的一份研究报告也显示:印尼已经成为招募国内人员和外国圣战分子前往叙利亚的双重根源地。

此外,IS中的东南亚籍圣战分子已经开始向母国回流。很多在中东参加过IS训练、战斗的人员选择重回母国,以期完成IS建立全球性“伊斯兰帝国”的目标。据美国的搜返组织统计,约500~700印尼人通过旅游等方式加入IS,且有相当数量的人员已经返回。这些回流的圣战分子数量并不庞大,且他们不是大批次返回的,而是以个体的形式返回,尽管其力量有限,但他们头脑中的极端思想足以在回国后制造恐怖袭击。正如皮特·查尔克所言,“数据显示,21世纪以来很小一部分的激进武装人员就能造成巨大的破坏力。”这些回流的圣战分子,一方面能吸引更多的狂热穆斯林加入IS,是IS在东南亚扩大招募的重要资源;另一方面,他们还能在母国制造恐怖袭击,而且这种情况在东南亚是有先例的。20世纪80年代,东南亚很多年轻的穆斯林前往巴基斯坦,以支持阿富汗所谓的对抗苏联的圣战;很多年之后,这些被招募而去的人,在接受了基地组织的暴力意识形态后,又重新回到了东南亚,开始建立了自己的恐怖组织、实施恐怖袭击,如伊斯兰祈祷团等。

由此可见,IS崛起带来的威胁并非只在中东,其影响已经超出区域、外溢至全球。而且,东南亚圣战分子积极前往中东,参与叙利亚、伊拉克的IS圣战,其影响也超出东南亚区域化或本土化的恐怖主义范畴,成为恐怖主义国际化发展的重要组成部分。

2. 暴恐对象、手法的变化及微型化、团伙化的特征——恐怖主义国际化、区域化、本土化的相互影响在暴恐对象上,东南亚的恐怖活动由之前对旅游景区、酒店、广场等人员聚集区实施暴恐行动逐渐转向对政府部门(尤其是警察系统)、西方文化的代表等实施暴恐行动。2010年之前,东南亚发生的几起重大暴恐事件,主要由本土恐怖组织“伊斯兰祈祷团”策划实施的,目标针对的多为人流聚集区的旅游景区、酒店等,尽管这类袭击也包含对西方世界的不满,但更多的仍是宣泄对本国政府的不满。2010年之后,随着IS的兴起,东南亚的恐怖袭击对象逐渐转向了政府系统以及西方文明的代

表。如2016年1月,雅加达市中心的爆炸、枪击案中,两处爆炸地点分别是商场附近的一处警察亭和一家星巴克咖啡店。对警察亭实施袭击表明,恐怖组织意在对近些年政府严厉打击恐怖主义实施报复;对星巴克咖啡店实施袭击一是表达东南亚恐怖组织对IS被空袭的声援,二是为了分散国际反恐联盟的注意力。因此,正如亚当·芬东等的分析:过去五年,印尼的圣战组织在袭击对象上由对大使馆、酒店、旅游景点的袭击逐渐转变为对警察系统的袭击,主要原因可能是对印尼政府反恐政策的回击与复仇,而且对西方文化代表的袭击也从侧面证明了东南亚区域化、本土化的恐怖组织与国际化恐怖组织IS之间关联的密切性。

表　印尼重大恐怖活动一览表(2002~2016年)

时　间	地点	伤亡人数	袭击目标
2002年10月	巴厘岛	202人死亡	两家夜间俱乐部
2005年5月、10月	苏拉威西省	22人死亡	丁直那镇闹市
	巴厘岛	20人死亡	3个旅游广场
2009年7月	雅加达	7人死亡,40人受伤	丽思卡尔顿酒店与万豪酒店
2016年1月	雅加达	7人死亡,19人受伤	警察亭、星巴克咖啡馆

此外,受IS的影响,东南亚的恐怖袭击手法也出现了新的变化,恐怖袭击活动也逐渐呈现出了微型化、团伙化的特征。2015年11月13日,法国巴黎发生恐怖袭击事件,造成至少132人死亡,其中巴塔克兰音乐厅至少120人死亡,为本次袭击伤亡最惨重的地点。次日,IS宣布对此次袭击事件负责,并叫嚣“伦敦将是下一个目标,罗马与华盛顿也在劫难逃。”与此相似,2016年1月14日发生在雅加达的恐怖事件,事件的袭击手法“异曲同工”:首先,恐怖分子会在人群聚集区制造恐慌;然后,在人流集中的出口处对人群进行扫射,造成大面积的人员伤亡,手法十分凶残。尽管手法凶残,但通过对近些年印尼恐怖活动伤亡人数的分析,可以发现,恐怖活动正在逐渐向微型化方向发展,且团伙性作案特征较为显著。手法上的转变,一方面能缓解IS在中东面临的压力,达到分化、分散国际反恐联盟注意力的目的;另一方面还具有易于招募、组织、操作、实施且不易被发现、被防范等优点。

由此可见,在恐怖主义国际化的影响下,东南亚的区域化、本土化恐怖活动呈现出与国际恐怖主义势力“合流”的趋势。几次恐怖事件在暴恐手法与对象上的接近并非偶然,而是恐怖主义国际化、区域化、本土化三者相互影响、形成联动的重要体现。而且,雅加达恐怖事件发生的时间节点也具有重要意义,一方面此次事件转移了国际社会对中东的注意力,缓解了IS面临的巨大压力,另一方面在声势、宣传等方面影响,也为IS在东南亚的进一步渗透与扩张奠定了基础。

3. 东南亚恐怖组织的复兴与发展——恐怖主义本土化、区域化、国际化的共同发展

在各国严厉的打击政策之下,东南亚最大的恐怖组织伊斯兰祈祷团一度陷于沉寂,2009年后一直处于休眠状态。2008年,伊斯兰祈祷团的分支JAT(Jemaah Anshorut Tauhid)出现,2014年JAT又分裂为JAS(Jamaah Ansharusy Syariah),目前该组织已宣布效忠IS。此外,伊斯兰祈祷团的领袖阿布·巴希尔和精神导师阿曼尽管都身处监狱,但仍宣布效忠巴格达迪与IS,并号召东南亚的穆斯林加入圣战,这对于东南亚恐怖组织的复兴意义重大。在菲律宾,邦萨摩洛伊斯兰自由战士和阿布沙耶夫组织等在政府的打击下,也一度归于销声匿迹;但在IS的影响之下,近期这两个组织又开始活跃起来。2016年1月4日,一个伊斯兰圣战论坛传出一段视频,视频中阿布沙耶夫组织首领之一的伊斯尼龙·哈皮龙,与其他三位来自菲律宾苏禄群岛和巴西兰岛的极端组织头目一起,在菲律宾野外“行军”,并用阿拉伯语高喊极端主义口号,宣称要联合起来。在马来西亚,大马圣战组织、沙巴州的伊斯兰之乡等恐怖组织也渐趋活跃,后者与菲律宾的阿布沙耶夫组织联系密切,而且这三个组织在形式上已经开始接受IS的领导。对此,新加坡南洋理工大学安全研究所专家罗翰·古纳拉特纳认为,“尽管东南亚的一些恐怖组织遭受到了打击,但它们仍然在各国有限制地存在着。而且,与其他地区一样,东南亚的恐怖组织多是IS的同情者或支持者。其中,最令人担忧的就是马来西亚、菲律宾与印尼的恐怖组织,这3个国家中已有大大小小30多个恐怖组织宣布效忠IS领袖巴格达迪了。”

除了原有的恐怖组织出现复兴的趋势,在IS的渗透与影响下,东南亚还新建立了一批新的恐怖组织,如FAKSI(the Forum of Islamic Law Activist)、FPDI(the Forum Pendukung Daulah Islamiyah)等。FAKSI成立于2013年年初,是印尼境内新成立的恐怖组织,以阿曼为精神领袖,它们宣称IS不仅仅是一个组织,还是一个有领土控制权的国家。另一个新成立的恐怖组织是FPDI。它成立于2014年7月15日,与FAKSI一样,曾组织了多次的公共集会,以表达对巴格达迪与其事业的支持。据报道,有超过500人参加了FP-DI在印尼梭罗附近的一个名为Baitu Makmur清真寺的集会,在此期间,该组织公开宣称支持IS在中东建立哈里发国家。此外,印尼还有两个新建立的、与IS联系紧密的恐怖组织。一个是Anshar ulKhilafah,成立于2014年8月,主要活动的区域是中爪哇岛;很多当地的媒体报道称,当地很多穆斯林就是通过该组织宣誓效忠IS的。另一个是Tasikmalaya组织,乌斯塔·丹妮和阿敏·穆德是该组织的领导人。据称,该组织中含有一个审查委员会,专门负责审查那些前往伊拉克、叙利亚参加圣战的印尼人。值得注意的是,除了印尼,菲律宾、马来西亚等国亦存在诸多类似组织。

由此可见,在IS扩张的催化之下,不仅东南亚既有的区域化、本土化恐怖组织得到了复兴,而且出现了一批新生的恐怖组织。IS逐渐加大在东南亚招募、宣传力度,招募与本土化、区域化恐怖组织有关的激进分子,实施暴恐活动,一方面可能造成了东南亚安全形势的再度恶化,另一方面也体现了国际化、区域化、本土化恐怖主义三者联动带来的巨大影响。

三、东南亚恐怖主义的发展趋势

当前,IS肆虐全球导致国际恐怖主义泛滥,对国际社会的稳定、安全等造成了严重的冲击与破坏。尽管美国等国家组建了反恐联盟,联合应对IS的挑战,但因其力量分散,效果不佳。受此影响,近期东南亚的恐怖主义的发展也出现了复苏迹象,未来东南亚恐怖主义的发展趋势可能会呈现以下特征:

首先,国际恐怖势力与东南亚本土恐怖势力之间的联动性增强,双方互为支持。过去,东南亚的恐怖组织主要依靠

自身的力量制造恐怖袭击，但雅加达恐怖事件表明，他们现在得到了来自IS的支持。据悉，在印尼苏拉威西岛的一个名为波索的村庄，已经出现了IS的训练基地；同时，菲律宾南部的棉兰老岛地区也出现了类似情况。对此，南洋理工大学国际政治暴力与恐怖主义研究中心的专家分析：IS可能已经向东南亚派遣了招募、爆破、战术指导等人员，因为这不仅能支持东南亚本土的恐怖组织实施恐怖活动，还能吸引来自其他国家的圣战者，如中国的维吾尔族人、澳大利亚人等。此外，马来西亚、印尼、菲律宾等国的本土恐怖组织等都试图建立IS在东南亚的分支机构。其中，马来西亚人马哈茂德就是其中的一分子。他曾是阿布沙耶夫组织的成员，但现在他已经不满足于此，而是试图整合东南亚的恐怖组织，建立IS在东南亚的分支。究其原因：一旦他获得了IS在东南亚分支的领导地位，不仅将获得资金、人员、技术等方面的支持，还能在东南亚产生巨大的号召力，凝聚更多的圣战者。基于此东南亚本土的恐怖组织大都极力向IS靠拢，以图再掀“波澜”、提升声望。然而，需要说明的是，并不是所有的东南亚恐怖组织都对IS表示认同，也存在因身份认同等原因而反对IS的恐怖组织，但数量并不多。

东南亚籍圣战分子是IS外籍圣战分子的重要组成部分。据报道，在IS的外籍圣战分子中，已经形成了一个马来语的作战单位。究其原因，很多分析人士认为，由于语言等不利因素，很多东南亚籍圣战分子很难融入阿拉伯语或英语的作战单位，由此便产生了马来语作战单位。根据雅加达的冲突政策分析研究所的估计，该单位至少包含22名成员。这些参与中东圣战的外籍人员与此前接受基地组织训练的圣战人员有着实质区别。西德尼·琼斯就认为，与之前在巴基斯坦或阿富汗接受基地组织训练的伊斯兰祈祷团成员不同，在IS的外籍圣战分子直接接受了战争的洗礼。除了独立的作战单位外，东南亚籍圣战分子还在中东的自杀式爆炸袭击中扮演了重要角色。据路透社2016年1月16日报道：2015年12月29日，马来西亚籍男子拉希姆在叙利亚境内实施了汽车炸弹爆炸袭击事件，造成21名库尔德战士丧生。由此可见，尽管东南亚籍圣战分子的数量和力量并不强大，但仍在中东战场上为IS提供了一定的支持。

其次，与中东相比，在各国政府严厉打击恐怖主义的政策之下，东南亚可能并不会成为恐怖主义的重灾区，但仍是IS分散国际反恐力量的重要区域，也是IS进行宣传、招募的重要阵地之一。自2002年10月巴厘岛恐怖袭击案之后，东南亚各国逐渐开始重视恐怖主义与反恐问题，纷纷制定措施、建立反恐单位等，以图遏制恐怖主义的发展。面对IS在东南亚的威胁与渗透，东南亚各国表达了担忧，基于前期反恐经验、情报搜集等的积累，各国在破获恐怖袭击、侦破恐怖案件方面取得了一定的成效，如破获一些尚未发生的恐怖袭击事件等，并未造成IS在东南亚大范围的渗透与活动。而且，从地缘政治视角看，东南亚并不是IS的核心区，不大可能成为恐怖主义的重灾区：一方面，东南亚地缘位置较远，IS很难直接向东南亚的本土恐怖组织提供军事、后勤等方面的支持，发动恐怖袭击只能依靠本土恐怖组织的力量；另一方面，与欧洲相比，地缘距离上的“远”可能也会成为IS在全球发动袭击的次优选择，而不是优先选择。因此，正如悉尼大学贾斯汀·海斯廷斯所言，尽管随着IS的崛起，大量的穆斯林可能会使东南亚处于巨大的风险之中，但由于地缘位置、军事与后勤保障等方面的原因，东南亚很难成为恐怖主义大规模滋生的温床。

尽管不是恐怖主义的重灾区，但东南亚仍是IS进行招募、宣传的重要阵地之一，也是分散国际反恐联盟力量的重要地区。大量穆斯林群体的存在是IS对东南亚进行招募、宣传的基础。也正因如此，东南亚成了IS招募圣战人员的重要地区。据一个地区情报机构的统计：到2015年中期，大约有超过500名的印尼人和超过50人的马来西亚人已经加入IS，其中还包括妇女与儿童，大多数人员是通过极端组织“努桑塔拉”被输送到中东。除部分激进、极端分子之外，东南亚还存在大量对IS持同情、支持态度的温和穆斯林，这些都是IS进行宣传、传播的温床与恐怖组织滋生的土壤。此外，东南亚社交媒体的开放性以及监狱管理方面的混乱等也给IS的宣传、招募提供了便利。据报道，IS中包含大量的社交媒体高手，他们在IS的宣传、招募工作中发挥重要作用。2015年IS就曾发布过一个宣传、招募视频：视频中展示的是正在IS领土上接受武器训练的、讲马来西亚语的儿童。2015年9月美国国际开发署的一份报告也显示，尽管印尼的监狱系统努力将恐怖分子与一般罪犯隔离关押，但是由于过度的拥挤和资源的有限……许多罪犯还是受到了在押恐怖分子的影响，而且在被释放后转变成了伊斯兰圣战分子。监狱监管问题的持久存在成了IS思想传播的土壤，监狱也成了东南亚恐怖分子滋生的重要来源地。

再次，东南亚恐怖主义的区域化趋势增强，恐怖主义威胁超出了一国范围，成了本区域面临的重要安全课题之一。之前，东南亚各恐怖组织之间往往各自为战，彼此之间的联系与交流很少，安全威胁也主要存在于恐怖组织所在国，各国的反恐政策往往也更倾向于国内的安全与稳定，区域安全问题或政策很少被重视与涉及。然而，在IS的影响下，随着各恐怖组织纷纷向IS宣誓效忠，东南亚的恐怖主义威胁区域化逐步增强，而且越来越成了整个地区的重要安全课题。如新加坡国防部长黄永宏就曾表示，过去3年IS在东南亚的吸引力已经超过了基地组织过去10年的吸引力，而且随着阿布沙耶夫、伊斯兰祈祷团等向IS宣誓效忠，东南亚的区域安全的威胁正在增强。此外，在2015年11月16日APEC马尼拉峰会前夕，IS曾在Facebook上公布视频，宣称将对此次峰会进行袭击。此后，菲律宾国家反恐部门发言人帕蒂利亚多次在公开场合表示：菲律宾是安全的，希望大家不要相信视频，也不要进行传播。最终，尽管APEC峰会顺利进行，但此次事件却证明了：受到了恐怖主义国际化和本土恐怖组织复兴的影响，东南亚恐怖主义的区域化程度正在不断增强。

因此，在IS的宣传、招募攻势下，应对恐怖主义需要东南亚各国在更大范围内加强交流与合作，建立地区反恐机制，如此才能有效遏制恐怖主义在东南亚的进一步发展，同时也为国际反恐斗争做出贡献。2014年10月，马来西亚国防部部长就曾指出，目前，美国主导之下的国际反恐联盟在中东的行动是无效的，应该考虑新的应对措施；并且呼吁东南亚国家应该在应对IS的渗透与影响上进行合作，不能彼此孤立应对。南洋理工大学反恐专家辛格也认为：现在，IS在东南亚的问题已经变得比较清晰了，那些回流圣战分子的威胁是现实存在的，破除IS在东南亚的威胁必须依靠东盟国家之间的广泛合作。由此可见，打击恐怖主义是一场长期的战争，需要在恐怖主义国际化、区域化、本土化的视角之下，在更广泛的范围内加强国际社会在政治、经济、安全、情报等方面的合作,以期建立更加长期、覆盖更大范围的反恐有效机制,标本兼治、共同合作,才能最终铲除恐怖主义发展的土壤。

(作者新晓哲系兰州大学硕士研究生、李捷系兰州大学副教授,原载《东南亚南亚研究》2016 年第 3 期)

水资源治理与澜湄命运共同体建设

邢　伟

跨境水资源治理问题已经日益影响到中国与周边国家关系的发展。工农业水资源利用、生活用水、水力发电、航运等方面的矛盾在澜沧江—湄公河流域国家之间逐渐凸显,对中国同湄公河下游国家间关系的发展形成消极影响。本文通过分析水资源治理与澜湄命运共同体建设的关系,探寻中国参与澜湄水资源治理的发展路径。

一、跨境水资源治理的研究现状和理论发展

水资源治理相比一般的水资源管理,其涉及的主体多元,包括国家、国际组织、社会力量等方面,治理对象不仅仅是水资源,还包括使用水资源的行为体;水资源治理通常运用可持续发展理念,并且需要适当的制度安排和治理机构的主导。经合组织将水资源治理定义为一套行政系统,由正式制度(法律和官方政策)、非正式制度(权力关系和实践)、组织结构及其效率构成。

澜湄水资源治理的研究受到了国内外诸多学者的关注。国内研究中,比较有代表性的有三种观点。

第一,“合作管理论”。合作管理已经成为多数国际河流流经国的理性选择,流域国家可以从河流本身与河流合作中获得溢出收益,合作范围包括信息交流与共享,条约、机制、行为规则的建立,以及协商设立共同的常设管理机构组织,通过国际水资源合作协议,流域各国共同参与到流域治理中。

流域各国共享一条河流,就存在着相互依赖的关系。水资源相互依赖最终呈现出使用的连带效应,表现为有限水资源的竞争、水质的影响、水流的时机三个方面。水资源具有流动性,流域内各国共享同一水道,利益交织,各国需要协调彼此之间的利益,在保证本国利益的基础上,认可流域其他国家的合理利益,并为整个流域系统的未来发展考虑,因此流域治理的合作安排就显得非常重要。

第二,“多层治理论”。多层治理可确保具有不同关注点的行为体在进入政策制定过程时,其总体目标是通过可持续的自然资源管理避免资源冲突。多层治理包含三个层次,一是区域性水资源合作机制;二是区域内国家与域外国家的协调机制;三是非政府组织的参与机制。

上游国家如果在河流使用过程中造成污染或对水资源总量进行调节,会影响到下游国家的用水安全。跨境水资源治理的理想方式就是开展水资源合作。水资源合作,主要是指在国际流域内,相关流域国公平、合理、有效地使用水资源,以保证未来的可持续发展作为重要的战略考虑,在必要而合理的范围内,流域国联合对公平利用水资源法则进行政策、法律与机制上的规定。联合国在其《国际水道非航行使用法公约》第 5 条中也对水资源合作义务进行详尽阐述,提出“公平合理地参与国际水道的使用、开发和保护的义务”以及“包括利用水道的权利与合作保护及开发水道的义务”。

第三,“综合管理论”。综合管理的内容包括:国际河流系统的特点与存在的问题,流域各国的利益诉求,政治环境,国际涉水制度,区域相关的合作制度与机制,第三方参与,观念文化等。这些因素直接影响到国际河流各种区域合作模式的条约和法规政策建设、组织结构及能力发展、合作路径与方法等问题。在综合管理中要加强各问题领域之间合作性的联系,国际水关系行为体应具有广泛性,重视发挥第三方机制和第二轨道的作用。

跨境水资源治理强调共同制定和遵守国际规则,治理机构的运用也是必要的。1997 年联合国大会通过的《国际水道非航行使用法公约》是首个较为权威的跨界水道开发和管理的世界性公约,公约已在签约国生效,中国没有加入。在区域性管理机构方面,由全体流域国家参与的管理机制会对流域水资源的管理带来益处。在湄公河流域,比较成熟的管理机构是湄公河合作委员会,但中缅两国仅仅是对话伙伴国,而且该委员会只是咨询机构。中国新近提出的“澜湄合作机制”将由流域各国共同主导,其强调水资源治理的可持续性,是一种创新型尝试。

国外学者对于澜湄流域治理的分析,则主要有以下几种代表性观点。

第一,水资源综合管理。在治理方式上,国外学者普遍关注国际通行的水资源综合管理理念,在学术研究中引入较为成熟的治理理念,联合国、世界银行等国际组织将水资源综合管理视为指导性的原则。美国国际开发署将水资源综合管理定义为参与式的规划和实施过程,它是基于将利益相关者聚集在一起以确定如何满足社会对水和沿海资源的长远需求,同时保持必要的生态服务和经济收益。其有助于保护世界环境,促进经济增长和农业的可持续发展,促进参与性民主管理,改善人类健康。

第二,在安全层面加强治理合作。一些学者认为湄公河水资源发展项目会对环境安全和国家间关系造成影响,因而需要加强该流域的水资源治理,还有学者认为,应加强在澜湄流域的治理合作,以应对在澜沧江、湄公河修建水坝、电站时对下游地区的生态影响。

第三,通过提供地区公共产品促进水资源治理。一些学者从治理模式比较分析参与性治理对减少争端、水资源的合理利用以及公共产品提供的积极作用之间的联系,认为应该通过合作机制加强水电等经济领域的建设,进而在水资源合作治理方面有所作为。

国内外学者从合作管理、多层治理和综合管理等方面对澜湄水资源治理进行分析,并提出水资源综合管理,以及在安全和公共产品提供层面进行水资源治理。水资源治理概念已经提出,但尚未在国际关系领域得到有效运用,从合作治理的角度观察、分析澜湄水资源治理是一个新的研究方向,已有研究未能在水资源治理层面对澜湄共同体建设进行深入分析。澜湄水资源治理的机制作用对于命运共同体建设十分重要。本文尝试从澜湄流域各国水开发政策取向、推进澜湄水资源治理的原因、水资源治理对澜湄共同体建设重要性和必要性等方面进行分析阐述,进而对中国参与澜湄水资源治理提出建议。

二、澜湄命运共同体建设中的水资源治理

澜沧江—湄公河全长约 4880 千米,流域面积约 79.5 万平方千米,流域次区域人口达 3.26 亿,作为东南亚第一长河,流经中、缅、老、泰、柬、越 6 国,是沿岸各国人民的母亲河。

（一）澜湄各国对水资源开发的政策取向

澜湄流域水资源的使用关系到流域国家的国计民生，各国对于境内水资源的利用较为积极，制订相关的水资源利用计划，并颁布实施水资源方面的法律规章。目前，各国在澜湄流域跨境水资源治理上接受可持续发展、水资源合作等理念，流域各国都存在着因水源保护、生态保护、防止旱涝灾害等方面的困扰，因此各国意识到水资源治理的必要性和重要性，并愿意进行水资源方面的合作。

1. 中国。中国2002年修订通过新的《中华人民共和国水法》（以下简称"《水法》"），在此基础上，2010年通过首个《全国水资源总体规划》，规定了开发利用水资源要兼顾上下游的利益。《水法》明确指出：在水能丰富的河流，应当有计划地进行多目标梯级开发；建设水力发电站，应当保护生态环境，兼顾防洪、供水、灌溉、航运、竹木流放和渔业等方面的需要；在水生生物洄游通道、通航或者竹木流放的河流上修建永久性拦河闸坝，建设单位应当同时修建过鱼、过船、过木设施，或者经国务院授权的部门批准采取其他补救措施，并妥善安排施工和蓄水期间的水生生物保护、航运和竹木流放。2015年《中共中央关于制定国民经济和社会发展第十三个五年规划的建议》中明确提出，"实行最严格的水资源管理制度，以水定产、以水定城，建设节水型社会。"中国政府近年来一直对水资源的治理十分关切，对于水资源开发、治理的力度逐年增强。

另外，在澜湄流域的合作治理方面，2015年11月，中国倡导的澜湄合作进程启动，即中、泰、老、柬、越、缅共同参与的澜湄合作机制正式建立。澜湄合作包括互联互通、产能合作、跨境经济合作、水资源合作、农业和减贫合作五个优先推进方向。澜湄合作机制以中国和相关国家共同利益为出发点，强调可持续发展，关注跨境水资源合作。

2. 越南。2012年12月，越南通过了新的《水资源法》，其中规定水资源战略必须符合其经济社会的可持续发展原则，要管控和防止因水产生的灾害，加强水务方面的国际合作，以及重视气候变化对水资源影响的预测等。越南还关注湄公河水量的问题，湄公河从越南入海，水量除了对航运、工农业用水有影响外，湄公河充足的水量对防止海水倒灌侵袭地下水，以及防止临海地区土地盐碱化也有着重要作用。

3. 缅甸。缅甸在流域治理方面加强互联互通、航运、水生态治理、环境、卫生保护等方面的工作。早在1994年，缅甸水力资源江河发展署就制订江河维修发展计划的八项工作大纲，包括：促进城市水道改善工作，使市立码头一年四季都能使用。预防城镇堤岸被洪水冲垮。尽力保护位于边界地区的江河。检验跨江大桥，使其长久稳固。在各江河段树立危险水位告示牌。使江水成为四季可饮用水和灌溉水源。制定监督江河污染的规划。深化江河航道，增加载重量。缅甸2000年加入了《澜沧江—湄公河商船通航协定》，参与湄公河航运。

4. 老挝。老挝《水与水资源法》对管理和发展水资源做出了规定：水开发活动必须遵循经济社会和环境发展规划和项目本身的规划，要保持好水资源、环境和自然景观，必须防止水资源开发导致的负面影响，水资源开发要受相关部门的监管。在水电开发过程中，需对水源地、林地、环境、供水、灌溉、水运、渔业和水生物进行保护，防止洪涝灾害。鼓励公共资源以适当的方式参与建设水利工程，水利工程建设中人员搬迁安置的成本需要计入。

5. 泰国。泰国在发展过程中也遇到了电力不足、水资源短缺、水质污染等问题，因此泰国通过《第十一个国家经济社会发展规划》，提出建设集成的水资源管理方式，以应对食品、能源安全的挑战，并减少水灾的发生；要修改水资源管理方面的立法，使当地行政组织和流域内团体有权力进行流域管理；政府应当以同样的方法管理不同流域；对旱灾和水灾高危地区进行重点管理；发展水电体系；建立水安全数据体系；预测水量的分配；政府机构、社区和学术界都应参与监督、促进水质达标。

6. 柬埔寨。柬埔寨2007年实施的《水资源管理法》引入水资源综合管理方式（IWRM），强调水资源管理必须遵循以下基本原则：第一，水资源管理是柬政府的重要义务；第二，根据有关信息和数据实施水资源项目，根据国家水资源规划、经济发展规划、本国和地区环保规划等确保当前和将来的均衡用水；第三，每位国民都有权用水，个人和家庭的用水需求应得到满足；第四，水资源开发和利用必须有效、可持续且不危害环境。由上述分析可知，流域各国都意识到了水资源治理的重要作用，重视可持续发展对于地区发展的积极影响，并对合作治理持支持态度。而现有的地区其他水资源合作机制没有做到完全自主，大湄公河次区域经济合作没有将水资源治理作为中心任务，湄公河委员会的执行力度又不够。澜湄水资源治理需要地区国家自主的合作机制，如澜湄合作机制这样更能体现各国参与度的治理机制。

（二）推进澜湄水资源治理的原因

第一，现有的跨境水资源治理机制不能适应新形势的发展。

现有治理机制没有涉及解决多国跨境河流问题的实质性内容，在资金来源和治理思路等方面难免会受到域外大国的影响。澜湄机制的提出可以有效地补充现有治理的不足。

澜湄区域的治理模式，除了流域各国对本国河段的治理外，主要在区域合作机制下进行，例如，亚洲开发银行倡议建立的大湄公河次区域经济合作（GMS），东盟—湄公河流域开发合作（AMBDC）、湄公河委员会（MRC）。GMS侧重流域各国经济一体化；AMBDC主要涉及基础设施等领域的合作；MRC强调对湄公河全流域的水和相关资源以及全流域的综合开发制定计划并实施管理，泰、老、柬、越四国是其成员国，中国和缅甸是其观察员国。MRC没有将所有沿岸国家涵盖在其机制内，而且仅是咨询机构，其经费来源基本是外界资助。而澜湄合作机制并非排斥其他合作机制，而是要与其他机制一道，互为补充，共同参与地区治理。

第二，澜湄跨境水资源治理符合绿色、可持续发展的方向。

澜湄跨境水资源治理关乎湄公河地区的可持续发展。流域各国在与水资源开发相关的政策和法规中都提出了生态保护、防止污染等原则，这与中国倡导的绿色发展理念相一致。中共十八届五中全会公报明确提出：坚持绿色发展，必须坚持节约资源和保护环境的基本国策，坚持可持续发展，坚定走生产发展、生活富裕、生态良好的文明发展道路，加快建设资源节约型、环境友好型社会，形成人与自然和谐发展的现代化建设新格局，推进美丽中国建设，为全球生态安全做出新贡献。绿色发展是实现可持续发展的一种方式，它以理性的方式优化资源利用，引导选择可持续的生产与消费模式。跨境水资源治理要在水资源开发过程中实施绿色发展和生态环境保护。

（三）水资源治理对澜湄命运共同体建设的重要性

“命运共同体”理念包含三个方面，一是谋求共同发展，寻求利益共享与合作共赢；二是重视共同安全，共同解决公共问题和威胁；三是强调共同价值，使“命运共同体”意识真正在周边国家落地生根。其中，共同发展是共同安全的基础，而共同发展与共同安全二者又合力作用于价值的实现。

第一，水资源治理符合澜湄命运共同体建设需求。

寻求、扩大中国与湄公河国家共同利益是建立命运共同体的关键。澜湄水资源治理可以促进中国与下游国家的共同利益，从而积极推动澜湄命运共同体建设。各国人民沿江生活，对水资源保护、防污治污、合理利用水资源、防灾减灾等方面的利益拥有契合点。从共同利益出发，中国同下游国家可在澜湄合作机制中寻求共同发展、利益共享、合作共赢。

“澜湄合作机制”是应李克强总理2014年在中国—东盟领导人会议上的号召，在流域各国得到广泛响应并且在协商一致的背景下于2015年11月提出的。澜湄合作机制符合流域各国人民的共同利益，作为中国的国家战略，同样顺应亚洲区域一体化形势的发展，尤其是在东盟共同体成立的大时代背景下。该机制的跨境水资源合作内容突出体现各国相互依赖的关键点，湄公河是各国联系的纽带，沿岸人民“同饮一江水，命运紧相连”。

第二，澜湄水资源治理与中国周边外交新理念一脉相承。

跨境水资源治理可以使沿岸国家共同应对水威胁，向着水资源安全利用的方向发展。在存在共同利益的同时，各国对澜湄水资源利用的侧重点不一，也会在水资源使用过程中产生一些分歧，如中国、老挝关注水力发电，老挝发电是为出口电力支持经济增长；泰国、越南更关注水资源对农业生产的影响；柬埔寨对渔业的关注更多一些。另外，中、缅、老、泰有湄公河航运的需求。澜湄水资源合作可以将流域六国都涵盖进来，在共同的平台内协调各国的利益诉求。中国周边外交覆盖湄公河国家所在的中南半岛地区，澜湄命运共同体也是中国在本地区对外关系发展的方向。我国周边外交的基本方针坚持“与邻为善、以邻为伴”，坚持“睦邻、安邻、富邻”，突出体现“亲、诚、惠、容”。澜湄水资源治理需要秉持和平发展、合作共赢的发展理念，流域各国一道建设澜湄命运共同体。

第三，澜湄水资源合作治理机制将增强中国的区域影响力。

湄公河五国都是东盟成员国，占去东盟成员国数量的一半。中国与东南亚各个国家间的关系形成了“双轨机制”，即一方面是各组双边关系，另一方面又是与东盟的整体关系。整体区域框架增加中国与该地区关系的稳定性，扩大了利益的地缘空间。中国通过东盟—湄公河流域开发合作（AMBDC）机制直接与东盟就水资源问题开展联系，该机制目前有东盟10国和中日韩3国参与，类似10+3合作机制。由于该机制大国参与主体较多，不利于中国与相关国家就具体问题领域展开深层次协商与合作。澜湄水资源合作的参与主体是澜湄流域6国，中国可在该机制中通过巩固共同利益，增强共同安全，推进流域国家对命运共同体的归属感。在东盟共同体成立的背景下，从易到难，以点带面，澜湄水合作机制将对中国—东盟共同体的建设起到积极促进作用。

（四）水资源治理对澜湄命运共同体建设的必要性

澜湄命运共同体建设的重要内容之一是水资源治理。现有主要的水资源使用方式包括航运、水力发电、农业灌溉、渔业等。如果没有合理的水资源治理机制，湄公河在使用过程中出现的问题就容易激化流域国家间的矛盾，相关国家间的关系就可能受到负面影响，再加之域外因素的介入，地区间关系就会更加复杂，如果缺少适当的机制化治理模式，澜湄命运共同体建设就会遇到阻碍。

第一，因水资源产生的地区内部矛盾影响流域治理和共同体建设。

以水力发电为例，由于中国等上游国家在澜沧江—湄公河修筑堤坝，或者实施分水方案进行引流，从而引起下游国家对于水资源分配问题的担忧，下游国家和一些NGO会认为这些做法会对湄公河水量、泥沙沉积和生态环境造成不利的影响。关于上游国家水坝对下游国家生态平衡、下游水量影响的问题，中国政府、湄公河委员会还有环保组织的看法存在一定争议。2010年，湄公河流域发生罕见旱灾，泰、老、柬、越出现严重旱情。美、泰、越等媒体纷纷指责中国在澜沧江修建的水坝影响下游的水量，认为中国蓄水造成下游流量减少、水质降低，农业、渔业和生活用水等受到重大影响。而事实恰好相反。澜沧江出境处年均径流量仅占湄公河出海口年均径流量的13.5%，湄公河水量主要来自于中国境外的湄公河流域（占86.5%）。中国在澜沧江水电开发过程中积极落实可持续发展战略，充分照顾到下游国家关切。湄公河委员会秘书处首席执行官杰里·伯德2010年3月25日发表声明表示：“根据水量记录，没有证据表明上游的这些水坝导致河流水量减少。事实上，如果没有这些水坝，湄公河很可能在2010年1月就会出现缺水问题。”中国不是湄公河委员会的成员，仅仅是观察员国，在湄公河委员会机制内协调中国与下游国家的分歧显然力不从心。在流域治理机制中，流域国家能够自行协商解决问题就显得十分必要。

老挝在开发湄公河水电过程中也招致微词。老挝2013年准备建设湄公河第二座水电站栋沙宏水电站，在境外NGO和越南、泰国的压力下，老挝于2014年宣布暂停该项工程。但2015年，老挝又宣布继续建设该工程，同样引起下游国家和NGO对流域可能受到生态威胁的担忧。老挝水力发电资源丰富，如果充分发挥这项资源优势，其将成为名副其实的“亚洲蓄电池”。但该工程在湄公河委员会没有达成共识，按照委员会争端解决机制，应当由各国政府协商解决分歧。在没有共识的情况下，相关各方对生态安全问题的担忧并没有得到机制化解决，湄公河委员会对此类分歧没有强制解决的措施，也没有规定解决分歧的机制，这是导致出现类似状况的原因。

澜湄水资源分配等议题没有得到机制化解决，因此，中国同中南半岛国家就湄公河流域水资源关系总体呈现低冲突—低合作的态势。

第二，相关国家间传统安全关系也是流域治理的影响因素。

在流域内各国关系层面，中国与流域各国的关系均定位于全面战略合作伙伴关系。近年来，缅甸由于其北部的军事行动，时有伤及中国境内平民的事件发生，缅甸难民也有在中国滞留的情况。类似情况容易引发外交争端。中越曾经发生过战争。这些都是不利于双边关系发展的政治因素。

由于历史等原因，流域内各国对中国的快速发展存在担忧，中国同相关国家建立真正的安全互信关系仍需不懈的努力。

在因水资源产生的矛盾没有妥善解决的情况下，传统安全领域的问题会给域外势力介入提供更多的可能。

第三，西方国家纷纷介入澜湄水资源治理，提升了其参与度和影响力。一方面，通过水资源治理的“软实力”介入，西方国家一定程度上改善了当地资源与环境的关系，赢得当地国家的好感，在军事影响之外加深了对该地区的政治、经济和文化影响力。另一方面，西方国家也通过加强各自倡导的湄公河流域治理模式，增强本国的影响，以对冲中国在湄公河流域国家的影响力。

2009 年，美国在湄公河流域开展“湄公河下游行动计划”。美国密西西比河委员会与湄公河委员会进行了基础设施方面的交流。美国通过介入湄公河流域国家的水资源治理，推动了其“重返亚太”战略的进程，增强了美国同湄公河国家的双边关系，也加深了美国对湄公河委员会等区域机构的合作程度。美国意图限制中国同相关流域国家关系的发展，抵消中国在周边国家的影响力。美国参与推行符合其国家利益的流域治理模式也是依据其发展思路设计的，中国很难参与其中。

日本对湄公河流域影响主要表现在官方援助层面。2015 年 7 月，“日本与湄公河流域国家峰会”后，首相安倍表示今后三年将向缅、泰、老、柬、越提供 7500 亿日元政府官方援助，该峰会还通过《新东京战略 2015》，其中包括水资源管理、防灾和气候变化等议题。近年来，日本对东南亚的关注更多地转向加强同湄公河流域国家的合作，“日本与湄公河流域国家峰会”作为日本同流域各国联系的重要纽带，加强了日本在流域内的投资和影响力，其借助这种软实力的推广，牵制中国在中南半岛的影响，增强其亲和力。

欧盟一方面直接向澜湄流域治理机构施加影响，如 2013 年 1 月，欧盟宣布向湄公河委员会提供 495 万欧元的资金，以应对气候变化带来的洪水和干旱的挑战；另一方面，其还通过亚欧会议在湄公河区域投射自身的影响力。欧盟及其成员是对湄公河下游国家最大的发展援助提供方，并且提供了超过 65% 的湄公河委员会2011 ~ 2015 年预算计划份额。欧盟认为，保护莱茵河国际委员会、保护多瑙河国际委员会、多瑙河委员会等可以在与湄公河国家合作方面起到至关重要的作用。欧盟在水资源治理方面具有技术优势，其在流域内推广欧洲水资源治理模式的态势不容忽视。

在域外国家介入治理时，湄公河国家往往会在经济等方面获得利益，因湄公河国家经济社会发展水平总体偏低，它们对各种经济支持基本都会采取接纳的态度，地区大国关系博弈因此也会变得更加复杂。

第四，在国际和地区层面，相关国际组织和研究机构对湄公河流域水资源治理开展了调研和分析研究，并得到一些国家的扶持。

2008 ~ 2013 年，世界自然保护联盟组织实施了湄公河水资源对话项目，其由芬兰外交部资助。该项目所涉国家为湄公河下游四国，通过国家主导的地区对话，政府代表、NGO、学术界和私人部门等都参与到流域治理活动中。2010 年以来，澳大利亚国际开发署（AUSAID）和澳大利亚科学与工业研究组织（CSIRO）资助的泰国东北部湄公河未来项目，主要在涉及政府间和地区机构间的湄公河跨境水资源、食品、能源等相关政策，以及投资方面提供政策建议。

各国政府资助的研究项目在调研和分析中会反映出资国的立场，但又往往以报告的形式从“第三方”立场阐释对澜湄水资源治理的理解。同时，其研究对象主要集中在湄公河下游国家，对流域国家的研究范围不甚全面，其与中国的治理方式不尽相同，反映的基本是西方的理念。

第五，NGO 等社会力量的影响也会存在。

澜湄流域 NGO 较多，例如：东南亚河流网络和湄公河水资源、环境与协调项目组织等。而境外 NGO 以所在国或国际、地区组织的角度出发，在流域内进行调研，结合当地民众的意见，进行分析并得出符合其宣传战略的结论。NGO 不同于政府，如果运用得当，可以表达政府不易表达的声音，如果没有针对 NGO 作用的预判，那么 NGO 就可能对流域的开发和治理起到制约作用。例如 2014 年 3 月 31 日，已经达成协议的柴阿润水电站遭到柬埔寨民众示威抗议。在抗议游行队伍中，部分民间组织人员参与其中，支持当地民众抗议的力量包括西班牙环保活动人士亚历克斯。亚历克斯是“自然母亲”的联合创始人，该组织公开反对柴阿润水电站的建设。2015 年 2 月 24 日，柬埔寨首相洪森迫于压力公开承诺，到 2018 年，柴阿润水电站都不会开工。

如前文所述，上述情况会对澜湄水资源治理的合作、可持续发展及其机制作用造成影响，地区形势也会更加复杂。如果澜湄流域缺乏机制化治理，因水而起的矛盾和负面影响会持续增加，其外溢效应就会影响到澜湄命运共同体的建设。

三、中国参与澜湄水资源治理的建议

按照中国政府规划，对于澜湄机制中的水资源合作问题，流域内各国应共同保护和利用，通过合作促发展、惠民生。澜湄机制的建立，彰显了中国所坚持的“自治”原则，即澜湄地区的事务，应该通过区内国家合作解决。中方愿与湄公河国家加强经验技术交流，建设澜湄水资源合作中心，帮助相关国家制定水资源利用和防洪减灾规划，加强水资源开发管理能力建设，将水资源合作打造成澜湄合作的旗舰领域。另外，中国在参与建设澜湄合作治理机制的同时，要以负责任地区大国为己任，以领导者的姿态引领机制发展，以澜湄命运共同体建设为目标，着眼长远。

第一，澜湄跨境水资源治理需要总体设计，树立合作意识。

中国需要充分重视并对跨境水资源治理加大投入，制定统一的跨境水资源治理战略规划及具体的规则、规范。澜湄治理应该在中国跨境水资源治理的总体框架下进行。统一、规范的跨境水资源法律体系和谈判机制将增强中国进行跨境河流治理的合法性、权威性和话语权，有助于澜湄治理朝着更加科学、有序的方向发展。

与此同时，澜湄水资源合作机制应当与现有的区内其他合作机制互为补充，要协调好与湄公河委员会等已有机构的工作关系，通过东盟等区域合作机制助推澜湄水资源治理，共同做好流域治理。中国要充分利用现有地区合作机制，将中国主导的澜湄合作机制融入其中。在双边和多边领域内与流域国家进行充分沟通与协调，以开放、积极的姿态处理合作中遇到的困难，为合作铺平道路。同时，应当优先考虑设立澜湄合作机制内跨境水资源治理的工作机构，工作机构的设置需要各方达成权威性共识。

第二，澜湄合作机制中应当尽早成立专家委员会，并重

视国际合作和智库对于澜湄水资源治理的作用。澜湄机制可以仿效GMS的湄公河研究所，引入跨学科的专家智库委员会和研究机构，充分运用高端人才专家的智力优势，解决水资源合作中遇到的问题。水资源综合管理(IWRM)是国际上较为通行的做法，中国在澜湄合作机制中，应当引入IWRM，并加强与国际知名水资源评估和研究机构的联系与合作，中国在政府层面需要与欧洲和美国的流域治理委员会加强沟通，学习外方的先进经验；同时，还要与国际组织或研究机构进行接触，充分发挥智库交流的作用，在“二轨层面”为国家的政策制定和学术研究做出贡献。

第三，以绿色、可持续发展理念推进水资源合作。中国要正确运用好其处于澜湄流域上游的地位特点，要特别重视流域治理。澜沧江发源于青藏高原，流经云南西部，在中国境内流域人口相对较少，易于涵养水源。水体流入湄公河区域前要保证水质达到国际标准，不对下游国家产生危害，减少外界对中国进行责难的可能性。

中国要在水文等信息公开的前提下开展治理。中国在澜沧江修建水坝、发电站等项目前，可以邀请下游国家相关部门和相关流域治理机构共同见证和评估工作，在保证国家安全的前提下，邀请国际上较有公信力的第三方机构参与环境评估，保证评估符合国际规范，公正有效。中国在水坝、发电站等修筑过程中也要注重环境保护，特别要防止砂石对水体的污染和河床的阻塞。在水坝蓄水和发电方面，澜沧江的治理也要继续对相关流域国家通报水文数据，在政府信息公开方面做到高透明度。

第四，加强危机预警和危机管理，理性解决冲突与争端。

在灾害发生前的危机防范、预警机制的建立与执行，以及在灾害发生后的危机管控和减灾方面，需要流域国家在澜湄水资源治理合作机制中有所作为。

澜湄流域地形复杂，气候条件各异。气候变化会导致季风、降水不规律，流域整体降水也分布不均，旱灾和洪涝风险并存，给流域各国的国家安全和人民生命财产造成很大的损失。中国需要制定好防灾预案，如果出现灾害还要有补救预案和措施，以使下游国家相信中国的诚意和能力。同时，各国可以联合行动，在澜湄机制的水资源合作范畴内，根据各国的经济发展情况，合理分摊成本，加大预防性投入的力度。

流域各国需要理性解决可能发生的争端与冲突。国际法和国际组织是世界政治中管理冲突与促进合作的两个主要手段。中国应在澜湄水资源治理机制中首要选择通过双边谈判的方式解决分歧，在必要时也要使用法律手段捍卫自身利益。

第五，中国应同湄公河国家进行合理的利益分享，并使其机制化，降低海外投资的安全风险，提升流域整体的治理水平。中国与周边国家构建命运共同体所体现的是一种共生理念，一种共利的关系。构建命运共同体需要中国加大投入，也需要邻国的理解与合作，需要大家努力，需要共同经营。

中国在海外进行投资开发水利基础设施建设的同时，需要正确看待与相关国家的利益分配问题。中国需要对湄公河流域国家的经济社会发展情况进行深入调研，湄公河流域国家治理结构各异，特别应对地方政府和中央政府的关系把握好，运用好“早期收获”方式，对当地的公共事业、人民健康、疫病防治、环境保护等工作给予充分考虑，适当吸收当地员工就业，且与当地国家一道对修建堤坝造成的搬迁、移民问题妥善应对，切实照顾好当地人民的福祉。中国需要重视防控湄公河地区的犯罪活动，继续加强联合执法机制的落实。作为地区大国，中国在参与海外建设的同时，要更多地提供公共产品，促进中国与湄公河国家互信关系向着积极的方向发展，以实际行动“讲好中国故事”。

第六，加强对民间力量的引导，积极推动中国国内的NGO国际化。

中国要重视并运用好NGO、媒体和其他社会力量的作用。中国要对NGO等非官方机构在澜湄水资源议题中的作用认真评估，充分发挥其在对外宣传方面的积极作用，要培育中国主导的国际NGO，使之“走出去”，做政府有力的民间“援手”，推动中国NGO的国际化，促进其在国际舞台上发挥更加积极的作用，同时加强公共外交力度，宣传中国的绿色发展理念，扩大自身水资源治理的话语权。NGO和媒体在宣传方面有自身优势，如能配合好政府进行正面宣传，往往会收到良好的效果。

四、结语

水是生命赖以生存的资源，也是各国发展极为重要的战略资源。在澜湄合作的背景下，澜湄国家命运共同体建设特别要重视跨境河流治理的作用。湄公河作为本地区最为重要的跨境河流，是一条联结着澜湄国家未来发展的命运纽带。在创新、协调、绿色、开放、共享的发展理念指导下，中国需要运用好澜湄合作机制，在国际和区域规则内，与相关国家进行互动合作，真正使澜湄流域成为地区合作治理的典范。在澜湄合作机制中，中国要以水资源治理为契机，秉持和平发展、合作共赢的发展理念，同流域各国一道共商、共建、共享澜湄命运共同体。

（作者系中国社会科学院助理研究员，原载《太平洋学报》2016年第6期）

澜湄水资源合作：矛盾与解决路径

屠酥 胡德坤

2016年3月23日，澜沧江—湄公河合作（下文简称澜湄合作）首次领导人会议在三亚举行，会议发表《三亚宣言》，将澜湄合作机制固定下来。澜湄合作确定了5个优先领域，即互联互通、产能合作、跨境经济合作、水资源合作、农业和减贫合作。在这5个领域中，由于水是人类生存之本，也是国家的战略资源，水资源合作具有突出重要性。因此，《三亚宣言》特别强调“通过各种活动加强澜湄国家水资源可持续管理及利用方面的合作”，并决定建立澜湄流域水资源合作中心。澜湄合作机制因“水”而生，中国与湄公河国家在澜湄跨境水资源管理方面的合作若能顺利开展，对于彼此之间的经济合作和政治互信有着重要意义。本文将在分析流域国家水资源管理合作的矛盾与可能性基础上，提出澜湄合作治理需要解决的关键问题以及中国的努力方向。

一、开展澜湄水资源管理合作的矛盾与可能性

全球有267条国际河流，由148个主权国家共享，逾27亿人依赖这些河流提供的水资源生活。几乎没有人会质疑流域国家之间就水资源管理进行合作的必要性，然而，流域国家之间的文化和历史冲突、目标和利益分歧、国家主权与共享资源一体化管理的矛盾，以及公民社会、开发商、域外捐

助国等众多利益攸关者各自有着不同的价值观和利益诉求，都使跨境河流水资源合作治理机制的建立和有效执行成为一件极其复杂的事情。

在澜沧江—湄公河的合作开发和管理过程中，由于沿岸各国所处的地理位置不同，社会经济发展水平不一，水资源开发目标和关注点存在差异。上游国家（如中国、老挝）地势陡峭，水电开发潜力大，而下游国家（如柬埔寨、越南）地势平坦，注重灌溉和渔业。由于国际河流常常造就不对称的上下游关系，下游国家面对上游国家的选择往往显得较为脆弱。下游国家担心上游的水质污染、调水蓄水、水电开发和航道清理会破坏河流的自然生态系统，影响下游水质水量以及作为国民经济重要组成部分的渔业和农业产量。

上下游国家的不同关切导致它们对水权持有不同的理论和主张。总的来说，上游国家往往主张“绝对领土主权理论”，即上游国家具有利用本国境内水资源的无限权利；下游国家主张“绝对领土完整理论”（又称自然水流论），即下游国家可以要求上游来水的不可改变性。下游国家还支持“在先占用主义理论”，即按照历史产生的使用权优先原则，在现代分水谈判中优先照顾中下游国家利益。因为一般来说，下游的水利建设和对水的使用历史更悠久，而上游往往在很长时期内是没有开发的，例如越南湄公河三角洲在历史上成为粮仓的时候，澜沧江还鲜有利用。

上述三种理论都有局限性，只考虑了水资源开发中的单方利益或当地利益。目前，国际上被广泛接受的理论是“有限领土主权理论”，它主张上游国家在享有权利的同时，必须承担相应的义务，即上游国家有权开发利用流经其领土的国际河流，但不应以损害其他国家利益为代价。该理论为现代水法公平合理和不对他国造成重大损害原则的形成奠定了重要基础，是当今有关国际河流流域国家采用的主要规则。1995 年泰国、老挝、柬埔寨和越南 4 国签署的湄公河协定，正是采用了这一理论。但在现实生活中，“有限领土主权理论”难免会以牺牲流域国家目前最看重的经济发展速度为代价，所以难以被流域国家真正采用。

流域各国不同的利益需求，使澜湄水资源合作开发与管理面临困境，水分配和水资源开发项目产生的环境影响是导致跨境争端的两大原因。目前，流域开发涌现出四个主要矛盾：一是中国在上游澜沧江的梯级水电开发计划，引发下游国家的焦虑；二是泰国一直计划实施大型干流引水项目，将位于泰国廊开和老挝万象之间的湄公河干流水沿一条 200 千米长的水渠调至泰国乌汶府附近的湄公河支流栖河和蒙河，解决其受干旱困扰的东北部土地在干季的灌溉问题，这引发下游国家越南和柬埔寨的不安；三是老挝近年来开始实施湄公河干流开发计划，正在建造的沙耶武里水电站和栋沙宏水电站引起越南和柬埔寨的强烈反对；四是越南和柬埔寨纷纷在共享的湄公河支流桑河、斯雷伯克河和公河上兴建系列水电站，引发彼此之间关于水电开发跨境影响的争端。

事实证明，通过政治上的相互妥协，辅以科技开发、制度创新等办法，流域国家间是能够建立良好的水关系的。第一，虽然澜湄流域国家之间在水资源开发中会产生各种矛盾，但合作是大势所趋。因为在后冷战时代，流域国家都有和平发展的愿望，而和平发展离不开良好的地缘政治环境，流域国家之间过去的敌意开始让位于就一些共同关心的问题进行的谨慎合作。第二，在澜湄流域 6 个国家中，“经济发展都被放在首要地位”，出于推动经济发展和现代化的目的，流域国家政府总体视流域的资源是可开发的。通过合作，或者简单地克制对另一国的干涉，每个国家都能从水资源开发中获得一些经济利益。例如，越南在桑河上建设的亚利瀑布水电站自 2001 年完工以来，对下游柬埔寨沿岸居民存在严重影响，但柬埔寨政府对于是否问责越南政府一直持犹豫态度，“因为它自己也希望在湄公河干流上修建上丁和松博两个大坝”。第三，历史数据表明，只有在一些特定的环境和条件下，国际水资源争端才会引发国际冲突，如跨境流域相关国家和地区缺水严重。这一因素在澜湄流域不存在。第四，流域管理机构（如湄公河委员会）具有相当大的弹性，其存在会大幅减少流域国家间关于水及相关资源的争端。

尤为重要的是，澜湄流域国家间存在现实经济利益的交织。在湄公河流域，尽管柬埔寨和老挝需要增加国内的电力供应，但促使它们开发干流水电项目的真正驱动力是泰国和越南的市场。通过电力出口或引进外资兴建水电站，柬埔寨和老挝将获得外汇和税收，同时促进国内工业的发展。这些相互交织的共同利益与每个国家的经济发展需求密切相连，“这就解释了为什么尽管水电开发对成千上万流域居民的生活造成影响，流域国家对彼此开发计划的相互批评和反对相对有限”。中国和下游国家也存在密切的经济联系和利益关系。尽管下游国家对中国在澜沧江干流建设梯级水电站表示担忧，但政府方面的措辞一直比较谨慎，“泰国和越南这两个中南半岛的大国实际上准备在云南梯级大坝建成后的地区电力贸易中获利”。除流域国家间的电力进出口协议数量增加外，流域国家间对彼此电力工业的投资也普遍增长。这些投资计划是多向的，如中国公司投资老挝、越南和柬埔寨的水电开发，越南和泰国公司投资中国的水电开发。特别是老挝和柬埔寨这两个东南亚最贫穷国家严重依赖中国的外资投入、援助和贸易合作，“不愿意在水电站问题上破坏与中国的良好经济和政治关系”。而在水资源利用的另一个领域——航道开发上，中、泰、老、缅更是有疏浚湄公河上游航道、维护和改善航道通航条件、促进贸易和旅游的一致需求。

二、澜湄合作治理需要解决的关键问题

尽管流域国家的水资源合作是大势所趋，但如何建立有效的合作机制却是摆在所有流域国家面前的难题。2009 年，联合国环境规划署和亚洲理工学院联合发布《东南亚淡水危机：环境改变下的淡水资源脆弱性评估（湄公河流域）》。报告称：“湄公河流域水资源属于中等脆弱……湄公河流域丰富的可用水资源和水资源管理缺失形成了鲜明的对比，这种对比要求在资源开发和维护生态健康之间取得一种平衡。目前迫切需要通过加强流域国家之间正在进行的合作，就水资源公平利用和管理达成一致。”澜湄合作治理需要解决的关键问题包括以下几个方面：

（一）建立水资源及其开发利益分配机制

有效管理体系的一个重要部分是就参与（谁应该参与、在多大程度上参与）、决策（怎样使决策透明）、分配（水资源及其开发利益的分配）原则达成一致。因此，建立相关的原则和标准是实现地区公共利益的重要一步。湄公河流域国家虽在湄委会的框架下合作数十年，但一直未能建立起水资源及其开发利益分配机制。“在没有制度约束的情况下，干流水电站建成后，国家之间、社会之间的成本和收益难以实现公平分配或将成为湄公河水资源治理的最大挑战。”根据

舒克瑞和诺斯的“侧向压力理论”，当国家对资源的需求不能在一国境内通过一种合理的成本获得时，国家会向外诉求，而分配机制的缺乏和薄弱容易扩大冲突的可能性。但与此同时，建立合适的联盟可以增加资源获取能力，这种联盟、条约或其他国际契约的形式经常可以用来结束或缓解利益冲突。中国与湄委会在水问题上虽对话多年，但缺乏常规的合作与协商机制。未来，双方应逐步推动建立有效的全流域治理架构。

当前，上下游国家制定一项统一、具有广泛约束力的政策框架的条件仍不成熟。合作应遵循渐进的原则，先在技术层面上实现信息共享，再在政府层面开展定期磋商，最后制定强有力的政策和法律框架，建立有效的流域治理架构，实现流域国家间公平合理的水资源分配，使包括受影响民众在内的各利益攸关方在水电开发中得到合理的利益分配或利益补偿，并将水资源开发对环境、社会和文化的影响降至最低。

（二）避免低效的过度投资

2012 年 1 月，湄公河地区的非政府组织和学者在泰国朱拉隆功大学召开主题为“Know Your Power”的会议。很多与会人士呼吁政府给予民众足够的信息：国家发展到底在多大程度上需要水电？有无替代选择？正确估算未来电力需求量（尤其是越南和泰国，因为湄公河地区大规模的水电开发正是建立在这两国电量需求高增长的预测之上）、提高能源利用率、避免低效的过度投资，成为决策者们不能回避的重要问题。

目前，关于越南和泰国的能源需求预测存在巨大争议。亚洲开发银行的《2025 年大湄公河次区域能源期货基本研究》估计的越南国家能源需求，只有越南政府估计的 54%。在泰国，国家电力发展规划由国家电力局基于对未来需求的预期而定期提出，而对电力需求的预期，是建立在对该国未来 15 年 GDP 预测的基础之上。然而，预计需求与实际需求相比，经常过于乐观。此外，能耗强度是衡量能源效率的综合评价指标，指的是每单位经济产出的能源消费量，计算方法通常把一个国家当年的能源总消费除以 GDP。世界整体的能源强度呈下降趋势，而泰国和越南则是呈上升趋势。

一个国家对电力领域过度投资将产生两个不良结果：一是造成对环境和当地社区不必要的影响；二是资产的无效率使用，降低了该国在全球市场的竞争力。因此，流域水资源合理开发需要正确估算地区未来电力需求量，通过实施需求侧管理、减少电力传输损耗等办法提高能源使用效率，并且因地制宜积极开发多种新能源。比如老挝大部分是山地，电力远程运输损耗大，电价昂贵，可以就地开发农村多种新能源，如小水电、太阳能和生物能等。

（三）提升合理开发利用水资源的技术手段和科学方法

科学合理的水坝建设，是调控澜湄流域水资源时空分布不均及其供需矛盾的关键。流域国家利用水资源的渴望日益强烈，但对开发造成的实际影响的理解却很模糊。在学界和公民社会中，关于当前澜湄水资源开发计划影响的研究和讨论开始增多，作为湄公河流域管理机构的湄委会也相继出台了基于水资源一体化管理的流域发展战略和干流建坝影响评估。大流域间调水是否会导致严重的生态失调？森林对水资源的作用到底有多大？全球气候变化对未来水资源将带来怎样的影响？对这些问题的认识还有较大程度的不确定性。各国应积极联手开展关于大坝建设的环境影响评估，“把开发与保护环境和资源联系起来，从一个大区的角度进行设计和开发”，这对合理开发利用水资源具有深远的意义。未来制定水资源政策所面临的挑战应为减少水资源脆弱性，达到资源开发与维护生态健康的平衡。

（四）引入公众参与治理机制

目前，虽然澜湄流域公民社会比较活跃，但非政府行为者真正参与河流水资源管理的机会有限，涉及水基础设施开发的决策过程并未按照世界大坝委员会 2000 年建议的那样进行根本改革。流域发展战略由精英制订，公众很少参与。所谓的“公众参与治理”，局限于社区会议或一些利益攸关者论坛上，而且是在项目已经被政府列入日程之后，连参与者名单也是经过仔细审查的。正因为缺乏合理有效的参与机制，受影响群体一般倾向于通过抵制和抗议来参与水资源开发项目。

从一些反坝案例可以看出，很多时候，当地社团反对的并非水坝本身，而是建坝决策过程的不透明，以及弱势移民被排斥在外的利益分配机制——能源效益被输送外流，而移民得到的补偿不成比例，原有生计遭到破坏，无法分享水电带来的利益。例如，泰国帕穆水电站兴建时，随着工程人员不断通过爆破将岩石从河中运出，当地居民才清楚工程地址的所在地。水电站的建成并未使当地经济发展受益，农民们因为失去赖以生存的生态系统，一如既往的贫困甚至更为严重。而老挝南屯 2 号水电站获批时，42 个国家的 153 个公民组织曾致信世界银行行长，抗议在水电站项目规划阶段公众参与未能真正实现。它们表示，尽管南屯 2 号比起老挝其他项目重视了公众参与，但不是在是否应开发南屯 2 号这一关键问题上征求公民意见，只是在项目获批后召集公众协商如何缓解开发导致的影响。

澜湄开发利用的目的不是使一部分人受益，而是实现公共利益。所谓公共利益，是指非排他性的利益，也就是没有一个人会被排挤。公共利益还具有非竞争性的特点，即一方利益的增加并不会使其他方的利益减少。公共利益的实现方式是“参与治理”，即在政治决策过程中考虑所有利益攸关者的关切。从广义上讲，公众参与应包括从信息传播到决策参与的全部过程。

三、中国参与澜湄水资源管理合作的政策思考

澜湄流域 6 国虽毗邻而居，但仍有一些矛盾和疑虑，彼此之间的互信水平并不是很高，关于跨境水问题的争端和利益分歧依旧存在。澜湄合作机制将加强 6 国之间的互信，创造水资源合作的稳固基础；反过来，跨境水资源管理合作的成功也会加强 6 国之间的互信、深化理解及促进合作关系。将水资源合作纳入澜湄合作机制，正是流域国家出于推动次区域政治互信、地区安全和经济一体化发展的战略考虑。对于中国而言，澜湄水资源问题不仅仅是水权益的问题，还关系到中国周边和平发展的大局。在澜湄水资源开发问题上，中国应更加主动地扮演负责任的上游国家角色，与下游国家一道参考国际通行的最佳做法，综合、全面地考虑各种因素，将澜湄流域生态环境视为一个整体，对其水资源开发与保护进行通盘战略性规划，在开发的同时兼顾环境和民生，并构建合理的利益分配机制。

具体而言，中国与下游国家在澜湄水资源开发与管理问题上的合作，可从以下方面着力。

（一）通过澜湄合作机制提升与下游国家水资源合作的层次和成效

第一，在澜湄合作框架下，建立一个澜沧江—湄公河水资源合作专门机制，把水资源问题摆到台面上。对于中国境内澜沧江水坝建设问题，为减少误解，在不损害国家利益的前提下，可向下游国家政府提供相关技术数据；召开专题学术研讨会，讨论、交流水坝建设与生态环境的关系；在调节水库库容过程中，适当照顾下游国家诉求，或提前进行沟通协商，并及时就上游水情、水文情况向下游国家通报，邀请下游国家代表实地参观考察。

第二，积极开展与湄委会的对话与合作，加强与湄委会的战略对接和统筹谋划，妥善解决好上下游关系中的生态环境保护等敏感问题，在应对气候变化、保证能源和粮食安全、防灾减灾、环境保护、水电开发和能力建设等领域加强与湄委会的友好合作，推动实现澜湄流域的可持续发展。

第三，对环境可持续发展和民生领域给予更多关注。目前，美国和日本均把环境、健康、教育等民生领域作为与流域国家合作的重点领域，通过一揽子的援助项目，使湄公河国家民众得到了实实在在的利益，这对于提高援助国的软实力和国家形象十分有帮助。中国在次区域的投入主要用于互联互通等大型基础设施项目建设，对民生及环境领域的投入仍相对有限。未来，中国投资应更注重民生与环保，使经济发展及合作成果更多地惠及大湄公河次区域各国人民，真正实现本地区的共同发展和繁荣。

（二）与下游国家建立一揽子利益关系

中国可与澜湄流域下游国家在防洪控洪、灌溉、航运和水电等水资源开发领域建立一揽子利益关系，用广泛深入的合作来消除下游国家的疑虑，在对利益的权衡取舍中实现各自需求。首先，中国作为上游国家，可将澜湄水分配问题与湄公河全段通航问题联系起来。可承诺干季月份排放给下游适当水量，在给下游国家吃定心丸的同时，用充足的水量保证下游河段稳定通航。发挥澜湄国际航运的作用，可使中国全面加强与大湄公河次区域其他国家的经济合作，促进和推动云南经济社会的发展。其次，中国在澜沧江的梯级水电站工程，也要考虑能否给下游国家带来一定的经济利益。第三，建立双向投资合作关系。中国应进一步强化与下游国家在水资源开发领域的双向投资与合作，使双方结成利益共同体。当利益紧密交织在一起时，各方才会想办法解决争端，而不是激化矛盾。

目前，尽管中国开发澜沧江使下游国家感到某种程度的担忧，但只要中国的水资源开发能给下游国家带来切实的利益，它们就会基于“利益权衡”的考虑倾向于接受中国在上游的开发。例如，中国宣布从2016年3月15日到4月10日通过云南景洪水电站对下游实施应急补水帮助缓解旱情，获得下游国家的一致感谢。

（三）建立科学联动机制回应下游国家生态环境保护关切

中国应从环境保护的角度，将澜湄水资源看作一个不可分割的整体，无论是对上游澜沧江的开发，还是中国企业参与下游湄公河的开发，都需实行开发与保护相平衡的政策，提高科学决策水平，加强对务实合作的统筹规划。

近年来，在澜沧江开发问题上，中国开始认识到扮演一个负责任上游邻国的必要性，对下游国家迈出合作和建设性的步伐。2002年，中国水利部与湄委会签署报汛信息协议，中国在每年的洪水季节6月15日至10月15日期间，每天上午将位于中国境内的景洪、漫湾两个水文站前一日的水位和雨量报送给湄委会秘书处。中国还应生态环境保护之需调整开发规划：澜沧江中下游装机容量最大的糯扎渡水电站建设了进水口“分层取水”叠梁门，提高春夏季节下泄水流的水温，改善鱼类生存环境，保护河道中鱼类的生长繁殖；为防止下游鱼类洄游澜沧江的通道受阻，有效保护下游洄游鱼类的生存和繁衍，华能澜沧江公司放弃了对澜沧江中下游“两库八级”水电规划中的最后一级电站——勐松水电站的开发。

中国除对澜沧江开发继续进行科学规划外，还应依托澜湄合作机制下建立的澜湄流域水资源合作中心，加强与下游国家的水文信息交流、技术交流和旱涝灾害管理合作，通过联合研究帮助下游国家应对上游开发可能导致的负面影响，以增加彼此互信。比如，可以借鉴美国与墨西哥决定联手恢复科罗拉多河三角洲生态系统的做法，帮助越南解决其最为关切的湄公河三角洲盐碱化威胁。

（四）推动以项目为主导的合作模式，构建合理利益分享机制

上下游国家在短期内制定具有广泛约束力的水资源管理合作机制的条件仍不成熟。“当前阶段比较现实的做法应是推动以项目为主导的合作模式，在项目规划和运行中，开展流域联合环境及社会影响评估，充分考虑和照顾各种利益攸关方的关切，构建合理的利益补偿和利益分享机制。”李克强总理在澜湄合作首次领导人会议上发表讲话，指出澜湄合作应坚持四个导向，其中就包括“依托项目推进”。

在澜湄合作机制建立之前，大湄公河次区域经济合作是唯一包含全流域国家参与的合作机制。在其以项目为主导的合作模式中，亚洲开发银行长期以来发挥着牵头人和协调者的作用。然而，亚洲开发银行的决策是以股金多少决定投票权，日本（15.7%）和美国（15.6%）为第一、第二股权国，中国排第三，为6.5%，大湄公河次区域其他国家投票权很少，次区域6国投票权总共只有8%。大湄公河次区域合作的开展与推动相当程度上需要日本和美国的支持，“区内其他国家缺少投票权和主动性”，规划制订和项目落实并非由流域国家掌握和主导，与其实际需求和期待存在差距。澜湄合作机制建立后，无论制定规划还是设置项目，全都由6国通过平等协商、讨论决定，直接反映各国的实际利益和需求。中国可依托亚洲基础设施投资银行等平台，在包括水资源在内的大湄公河次区域的项目开发中进一步发挥建设性作用。

四、结语

水资源开发对大湄公河次区域发展经济、改善民生、消减贫困具有巨大的促进作用。但是，区域开发合作进入快速发展期的同时，也进入了矛盾多发期。下游国家担心中国在上游澜沧江的开发会对下游生态和环境产生影响，更担心中国凭借上游国家的地理优势地位，对下游实施“水遏制”。就短期而言，中国在上游的开发要兼顾下游国家的利益，尽可能地减少负面影响，同时通过区域电力合作、航运开发等，使下游国家享受到中国水资源开发带来的红利；从长远来看，中国作为地区大国，应在澜湄合作机制下积极倡导推动澜湄水资源合作机制的建立，为上下游国家的跨境水资源合作提供制度保障，并在水资源开发中与下游国家建立一揽子利益关系，用广泛深入的合作来消除下游国家的疑虑，夯实共同

利益的基础。

（作者屠酥系武汉大学博士研究生、胡德坤系武汉大学中国边界与海洋研究院院长，原载《国际问题研究》2016 年第 3 期）　　（何战搜集整理）

论 文 摘 要

《2009 ~2012 年期间越南南海油气资源勘探开发解析》　康霖、陈相秒、万秋波（中国南海研究院）撰，载《太平洋学报》2016 年第 1 期。指出南海是全球公认的资源富集之地，蕴藏有丰富的油气资源，也被称为第二个“波斯湾”。自 20 世纪 70 年代以来，周边国家就开始在南海进行油气资源勘探与开发。越南的海洋石油工业起步虽然较晚，但发展势头却很快，呈现出由浅水区到深水区、由近岸到远海、由断续线外延伸到断续线内的趋势，并企图通过拉拢第三方国际油气公司共同开发的方式，推动南海争议扩大化、复杂化。对于中国而言，应当根据南海局势的变化，主动调整油气资源开发重点区域，逐步向南海中南部地区挺进，适当提高第三方国际油气公司股权收益分配比例，并以此带动共同开发，逐步扭转南沙油气开发的被动局面。

《从越共十二大看越南革新的走向》　潘金娥（中国社会科学院）撰，载《当代世界与社会主义》（双月刊）2016 年第 1 期。指出越共十二大在越南革新 30 周年之际召开，越南为大会文件做了充分准备。会上，越共对革新 30 年的成就给予充分肯定，并总结了经验和不足，提出今后继续坚持社会主义革新的目标、方向、任务和主要指标。大会采用新的选举办法选出具有过渡性质的越共新一届领导班子。今后越南将继续加强国防和安全，并将之与外交路线相结合，主动积极地融入国际，走和平合作发展道路。尽管越共政权暂且得以平稳过渡，但面临的问题和困难并未消除。

《东盟基础设施发展与 FDI 流入的区位选择：机理与实证》　姜巍、陈万灵（广东外语外贸大学）撰，载《经济问题探索》2016 年第 1 期。指出基础设施在 FDI 流入的区位选择中扮演着重要角色。基于东盟 7 个发展中国家2000 ~2013 年数据建立固定效应回归模型，实证检验了基础设施发展对 FDI 流入区位选择的影响效应。结果表明，东盟 7 国基础设施的有效供给、市场规模或潜力、宏观经济的稳定性是 FDI 流入区位选择的主要影响因素，特别是基础设施的有效供给对 FDI 流入的影响效应最大；尽管基础设施的投资需求或潜在发展对 FDI 流入的短期影响效应不显著，但却是基础设施有效供给的前提保障。“一带一路”战略背景下，东盟加大基础设施的投资力度与基础设施投资的对外开放，将为中国企业“走出去”扩大 FDI 带来难得机遇。

《东盟在南海问题上的中立政策评析》　周士新（上海国际问题研究院）撰，载《当代亚太》2016 年第 1 期。指出东盟中立政策是其在发展历程中逐渐形成的，是东盟处理成员国间关系和国际与地区问题的政策基础，对东盟建立东南亚和平自由中立区，维持地区安全与稳定做出了重要贡献。东盟在南海问题上的中立政策，反映在东盟各层级会议形成的各项文件和东盟秘书长的发言中，彰显了东盟作为南海问题非相关方的超脱精神和道义责任。然而，目前东盟在南海问题上的中立政策正受到严峻的挑战。东盟在南海问题上中立政策的走向，未来主要取决于东盟内部与对外互动和博弈的结果。现任东盟秘书长在南海问题上多次不负责任地发出偏离东盟中立政策的言论，中国和东盟大多数成员国在内的所有国家都需要警惕，并要采取果断措施促其改正，以避免对磋商南海行为准则和维护地区安全与稳定造成负面影响。

《官方发展援助（ODA）：越南的现状与趋势（1993 ~2012 年）》　〔越南〕阮垂蓉（南京农业大学）撰，载《东南亚纵横》2016 年第 1 期。指出在越南的革新开放过程中，有利于经济社会发展目标的官方发展援助（ODA）被看成是推动国家经济社会发展的重要资金来源之一。该资金部分满足了越南工业化以及现代化进程中对资本的迫切需求，并促进了经济增长和减少贫困。但官方发展援助不只是贷款问题，也是约束条件下的经济和政治问题，如何有效地管理越南政府获得的官方发展援助，并使其符合国家发展的战略目标和方向成为一项重要的政治任务。1993 年至 2012 年的 10 年间，越南政府对官方发展援助资金的使用形成了自己的特色，但也存在不少问题。从政府管理的角度而言，未来官方发展援助项目及其资金的使用策略应侧重于制度规制、国家战略、监督管理以及公众认知等四个层面。

《国家建构视域下缅甸民族问题根源探究》　鲍志鹏（辽宁大学）撰，载《世界民族》2016 年第 1 期。指出缅甸 1948 年建国以来，其民族问题一直没有得到很好的解决。缅甸国家建构的困境在垂直向度上，主要体现为加强中央权力与少数民族维护本民族、本地区自治权之间的矛盾。这一矛盾具体表现在三个方面：即国家结构形式选择的困境、实现各民族政治权利平等的困境和国家经济统一的困境。如何处理这三方面的矛盾，将直接影响缅甸国家建构的进程。寻找妥善解决缅甸民族问题的方案，将考验未来缅甸当局的执政能力。

《澜沧江—湄公河合作：机遇、挑战与对策》　李晨阳（云南大学）撰，载《学术探索》2016 年第 1 期。指出 2014 年中泰合作推出的澜湄合作是中国与周边国家共同推动“一带一路”倡议快速发展的有机组成部分，其发展走势具有十分重要的示范意义。目前澜湄合作面临着重要的历史机遇，也面临着前所未有的挑战。澜湄合作要真正取得突破性进展，中国在观念、心态、方法和切入点方面必须有所变革，并且加大投入，否则澜湄合作的实际效果会大打折扣。

《历史承续、战略互构与南海政策——印尼佐科政府海洋强国战略探析》　李峰、郑先武（南京大学）撰，载《太平洋学报》2016 年第 1 期。指出区域大国、中等强国及海洋强国是印尼外交中三种主要的自我身份认知。当前海洋强国的战略化是这三种身份历史承续使然，也是佐科政府权衡前两者实践不足，旨在平衡印尼区域经济与安全能力，协调国内、区域与全球实践，以谋求战略互构的结果。海洋强国是一个综合化概念，具有补充性、通联性的目的与特征，其中，经济与安全内涵是战略核心，各自具有跨层次的特征，彼此间形成领域间联动。海洋强国战略下印尼的南海政策将有所强化，中国有必要统筹印尼的多重角色，重点通过政策沟通来运筹两国海洋强国战略间的耦合。

《论“伊斯兰国”对东南亚地区的影响、原因及对策》 王文俊（云南大学）撰，载《云南社会科学》2016 年第 1 期。指出中东地区的新型恐怖组织“伊斯兰国”势力不断向区域外渗透，对穆斯林人口聚居的东南亚地区的安全和反恐形势构成巨大威胁。“伊斯兰国”为东南亚伊斯兰极端势力提供了强大的支持，产生了不良影响，成为东南亚穆斯林社会的不稳定因素。为保证地区安全，东南亚国家除了必须加强区域反恐合作，共同抵御“伊斯兰国”可能对该地区带来的不利影响，还应加强对东南亚穆斯林群体回归社会主流的有效引导，大力发展各国经济，才能真正抵御“伊斯兰国”对东南亚地区的侵蚀和影响。

《论东盟对南海问题的利益要求和政策选择》 陈相秒（中国南海研究院）、马超（上海师范大学）撰，载《国际观察》2016 年第 1 期。指出东盟是南海问题发展不可忽视的重要影响因素，尤其是伴随着南海形势的持续升温，东盟南海政策的选择事关中国在南海维权、维稳及经略其周边整体布局。作为地区性组织，东盟南海决策的根本动力在于成员国内部共同利益与“个利”的交换。同时，东盟南海政策选择还受到以美国为主的域外因素的干扰。然而，中国兼为南海争议当事方和地区大国，其对东盟南海政策发展的影响最为关键。中国对东盟南海政策具有强大的潜在塑造能力，中国应当从大战略、大布局的角度出发，尽快落实“双轨思路”，统筹兼顾周边与大国外交。

《南海“981”钻井平台冲突折射的越南南海政策》 曾勇（西南大学）撰，载《当代亚太》2016 年第 1 期。指出南海“981”钻井平台冲突是越南南海政策的必然结果。在该冲突中，越南注重运用基于民意基础的综合性手段，如舆论战、推进南海问题的国际化策略以及加强对美日的依赖。越南之所以能够维持长时期的强硬应对，其原因在于：南海诸岛是其宣称的“固有领土”；事发海域是越南海洋强国战略的核心区域所在；有美日的援助；吸取了菲律宾在“黄岩岛事件”中的教训。据此，文章推断，今后越南的南海政策将会继续采用系统性举措维护其非法所得，并极有可能在平衡美日与中国的关系中倾向前者。有鉴于此，在增强与美日等国博弈力度的基础上，中国需积极回应菲越稳定关系的举措。另外，中国还有必要推进战略和战术并举的南海维权举措，同时强化社会力量的作用。

《西哈努克“佛教社会主义”政治特点探析》 李轩志（北京外国语大学）撰，载《东南亚纵横》2016 年第 1 期。指出 19 世纪 50 年代柬埔寨摆脱法属殖民统治后，西哈努克领导的“人民社会同盟”掌控了柬埔寨的政局。而这一时期的“社会主义思潮”在国家建设方面所表现出来的巨大活力促使西哈努克进行了一次大胆的尝试，推出他自己称之为“佛教社会主义”的理论，试图在不改变君主立宪政体的前提下，效仿社会主义国家建设的有益做法，以改变柬埔寨纷乱复杂的政治局面和落后的经济状况。尽管这种尝试最终在柬埔寨国内右翼势力和美帝国主义的联合夹击下退出历史舞台，但它确实曾一度给柬埔寨的国家建设和经济发展注入了活力，也使得这一时期的柬埔寨政治呈现出一些新的特点。

《新加坡人民行动党的群众工作经验与启示》 熊辉（杭州电子科技大学）、谭诗杰（湘潭大学）、吴晓（杭州电子科技大学）撰，载《当代世界与社会主义》2016 年第 1 期。指出新加坡人民行动党自成立以来，十分重视党的群众工作，将群众路线视为党的生命线，在执政过程中不断加强和改进群众工作。人民行动党以务实的民本理念保证服务人民的坚定性、以独特的制度设计保持党群联系的紧密性、以全面的基层组织建设保障群众工作的有效性、以高效的廉政建设维护政党形象的廉洁性，成为一个密切联系群众、拥有巩固的群众基础的执政党。尽管国情、历史、社会历史发展阶段不同，但新加坡人民行动党在群众工作方面的经验对我国仍颇有启发和借鉴意义。

《元明清时期中缅关系与中国西南开放的历史经验与教训》 贺圣达（云南省社会科学院）撰，载《云南师范大学学报（哲学社会科学版）》2016 年第 1 期。指出古代中缅关系与中国西南对外开放经历了 2000 多年的历史发展，具有相当复杂的特点，仅仅从“友好关系”角度和做短时段的考察，难以反映出其历史变迁、复杂性及成败得失。文章以元代以来的中缅关系为重点，对这一问题做一个宏观的考察，这是因为从中国元代起，中缅关系的发展及其对中国西南对外开放的影响真正具有全面性和比较强的连续性。元代建立云南行省、建设驿站制度并在今缅甸北部地区设立土司后，从地域、制度、交通三个方面奠定此后中国对缅关系更为密切和更大规模发展的基础。明代前期在今缅甸大部分地区委任了多个土司，形成朝贡关系网，有利于更大范围内的开放和经济社会发展，但由于不谙缅情，中后期应对缅甸东吁王朝崛起后的北侵乏力，转向被动，趋于退守，导致西南边境对外开放一线后退、内撤。清代对缅关系和在西南方向的对外开放并没有取得具有超越元明两代的新的进展。前期对缅关系持消极保守的政策，打击滇缅边境地区的民间经营的矿业开发，中期乾隆年间的缅清战争（1766 ~ 1770）后双方也只是恢复了朝贡关系，滇缅贸易得以稳定发展，清末逐渐形成近代意义上的对外开放，但深受英国殖民侵略的影响和制约。文章文末从 6 个方面总结古代中国对缅关系与西南对外开放的成败得失。

《中越两国边境旅游开发合作研究》 何战、张磊（广西社会科学院）撰，载《东南亚南亚研究》2016 年第 1 期。指出边境旅游合作是跨境经济合作的重要组成部分，也是比较容易开展合作的领域。中越两国山水相连、传统友谊深厚，具有开展边境旅游合作的基础和条件，开展边境旅游开发合作不仅能服务于中国的开放战略，而且有利于促进沿边地区的开发开放，实现富民兴边的战略目标。但两国边境旅游开发合作存在旅游产品单一、旅游投入不足，基础设施落后、旅游安全问题日益突出等问题，文章在深入分析问题的基础上，提出两国可以通过增大边境旅游开发投入、建立和完善边境旅游制度、大力加强边境地区旅游人才的培养等措施提升边境合作。

《中国—东盟命运共同体的共同体诠释》 赵铁、林昆勇、何玉珍(广西大学)撰,载《广西民族研究》2016 年第 1 期。指出通过探讨各学者从不同的学科视角对"共同体"内涵的阐释,总结出"共同体"公共性的固有之意及其表现形式。深化对"共同体"逻辑构成的认知,揭示"命运共同体"国家间具有依存性的应有之意,阐明"命运共同体"构建的四个基本层次。在"命运共同体"共性基础上提炼"中国—东盟命运共同体"的特有之义——交融性,赋予了中国—东盟战略伙伴关系新的内涵。通过坚持和平发展原则、奉行"亲诚惠容"的近邻外交理念以及构建"一带一路"合作新格局,促进中国与东盟形成命运相连、休戚与共的好邻居、好伙伴、好朋友。

《中国在澜沧江—湄公河跨界水资源合作中的信任危机与互信建设》 张励、卢光盛(云南大学),伊恩·乔治·贝尔德(美国威斯康星大学麦迪逊分校)撰,载《印度洋经济体研究》2016 年第 2 期。指出随着中国与下湄公河国家对澜沧江—湄公河开发力度的逐渐增强,双方在跨界水资源合作中的信任危机日益严重,并成为阻碍跨界水资源合作水平提升的关键障碍因素。文章提出国际信任的分析框架,并以其为分析和解决工具,探析中国在湄公河跨界水资源合作中的信任危机与根源,提出下湄公河国家对信任信息获取的偏差,对合作机制中信任维护的忽视,以及在合作基础选择上国家利益大于国际信任的行为,是造成跨界水资源合作信任危机的主要原因。文章提出对应策略,包括缓解跨界水资源合作中的国家利益与国际信任根本性矛盾,树立跨界水资源合作关系的"水命运共同体"意识,拓展下湄公河国家了解中国合作意愿渠道等。

《中缅、中老、中越少数民族跨境婚姻行为的经济学思考》 戴波(云南大学)、赵德光(中共云南省保山市市委)撰,载《世界民族》2016 年第 2 期。指出跨境婚姻选择有历史和地理的因素,也服从于经济理性,婚姻市场同样存在供求平衡和婚姻成本。经济学的相关理论揭示了跨境婚姻的本质性推动因素,结合调研数据与访谈资料表明,少数民族跨境婚姻行为是边民的理性选择,是社会经济、家庭、个人因素的综合推动结果,政府相关部门应该重视和正视少数民族跨境婚姻的激增现象,采取经济方式促使边境少数民族青年提升文化、技能、生存和发展能力,让跨境婚姻的"低成本登记备案"成为一种常态,并逐步过渡到规范管理,实现边疆稳定和谐的目的。

《东盟新四国经济转型的市场化改革评析》 黄信(广西日报社)撰,载《广西社会科学》2016 年第 2 期。指出 20 多年来,东盟新四国市场化改革取得一定成效,但经济发展滞后、体制不健全、竞争力弱等仍然是其需要面对的共同问题。要加快向市场经济转型步伐,推进东盟共同体建设,东盟新四国可利用东盟经济一体化机制加快国内改革,借鉴东盟老成员经验,正确处理政府与市场的关系,以中国—东盟自由贸易区建设新进展为契机加快与区域经济接轨步伐。

《越共"十二大"与越南的战略走向》 何胜(中国现代国际关系研究院)撰,载《现代国际关系》2016 年第 2 期。指出广受关注的越南共产党第十二次全国代表大会已于 2016 年 1 月 28 日闭幕。这是在十分复杂严峻的历史背景下召开的一次承前启后、继往开来的重要会议,不仅对越共中央领导集体进行幅度空前的"大换血",还对今后一段时期越南的内政外交工作进行总体规划和部署,体现历史传承与延续,也展示创新与发展,开启越南革新"2.0"版本的新时代,折射出越共本身及越南国家的未来战略走向。越共能否带领全党和全国人民朝着既定目标与方向稳步、快速前进,将取决于其如何统筹内外大局,妥善处理各种复杂关系,抓住机遇,化解挑战,攻坚克难。

《"后李光耀时代"新加坡政策发展展望》 刘胜(广东外语外贸大学)、胡安琪(暨南大学)撰,载《东南亚研究》2016 年第 2 期。指出 2015 年,建国之父李光耀病逝,新加坡正式进入"后李光耀时代"。随着李光耀之子李显龙的再次组阁成功,人们开始思考面对新的政治、安全和经济形势,以及日益关注的民生问题,新加坡未来政策的走向将会如何?从国家安全政策来看,李显龙仍会延续之前的做法,通过外交手段来争取国际生存空间的同时,加强自身的国防力量和国内安保措施。李显龙政府更多的变化将会出现在经济政策上。本届政府将会大力进行改革以推动经济转型,加速向创值型和投资型经济发展。在民生问题上,新一届政府也将会花更多的精力发展"智慧国家"计划,加快医疗、交通、港口等基础设施建设。

《本土化与跨国性——新加坡华人新移民企业家的双重嵌入》 任娜(暨南大学)、刘宏(新加坡南洋理工大学)撰,载《世界民族》2016 年第 2 期。指出学界对移民的本土化和跨国性的论述大多把二者视为对立的两个方面。文章在田野调查基础上,从背景、特征以及运作机制三个角度分析新加坡华人新移民企业家在祖籍国和移居国的双重嵌入性,并指出本土化与跨国性并非"零和游戏",而是企业家在移居国和祖籍国积累经济和社会资本的生存和发展战略,二者相互促进,彼此推动。

《边界维持理论视野下印尼华人族群性的变迁分析》 罗发龙(暨南大学)撰,载《华人华侨历史研究》2016 年第 2 期。文章利用巴斯的族群边界维持理论分析了华人族群性的多个层面,并从原生性华人族群性、宗教信仰与价值观念、语言和风俗习惯、民族主义等方面,考察印尼华人不同层面族群性的历史变迁。在此基础上,对影响印尼华人族群性的行为体进行分析探讨。认为 21 世纪后,印尼华人族群性的复苏,不仅是华人被压抑的族群认同的外在表现,更是华人追求享有与其他族群平等权利的重要体现。这种"再华化",与 20 世纪初以中国为中心、视中国为自己归属的"再华化"有本质区别。现在大多数印尼华人都已加入印尼国籍或出生于当地,在政治上认同印尼。华人文化的复苏和华人意识的觉醒,是为了凸显华人与其他族群的边界,表明华人族群在政治、经济、社会等领域的诉求。其出发点是为了更好地在印尼生存发展,而不是以中国为中心的"再华化"。

《从华人政党到全民政党？——“安华事件”后马来西亚民主行动党的政策转变》 辉明(深圳大学)撰,载《当代世界与社会主义》(双月刊)2016年第2期。指出1998年“安华事件”打破了马来西亚族群政治的格局,从族群政治转向超族群的公民政治渐成潮流,并形成“两线制”新格局。为应对新形势,民主行动党突破华人政党的范围,及时做出重大政策调整,提出“世俗民主”的“第三条道路”政治路线,政策重点转向促进政治民主、社会开放、扩大公民自由和改善民生等方面,号召建立一个民主、公平与福利的国家。因此,它不仅获得大多数华人的支持,而且得到相当部分马印等族群的支持。然而,马来西亚族群政治根深蒂固,民主行动党从华人政党向全民政党的转型将是一个曲折的过程。

《柬埔寨移民劳工问题研究——以泰国、韩国的柬埔寨移民劳工为例》 李红蕾(暨南大学)撰,载《东南亚纵横》2016年第2期。文章以2014年6月发生在泰国境内的柬埔寨移民劳工外逃事件为切入点,对泰国、韩国的柬埔寨移民劳工情况进行对比,分析两国柬埔寨移民劳工的异同,认为泰国的柬埔寨移民劳工问题比韩国的更为严重,同时指出无技术或低技术的“3D”工作问题在当前的柬埔寨移民劳工问题中比较突出。文章探讨了目前柬埔寨移民劳工法律存在的问题,并提出解决这些问题的对策和措施。

《孟中印缅经济走廊非传统安全合作的现状、困难及对策》 黄德凯、瞿可(云南大学)撰,载《印度洋经济体研究》2016年第2期。指出2013年中国国务院总理李克强在访问印度时,与印度总理辛格共同倡导建设孟中印缅经济走廊。孟中印缅经济走廊非传统安全的严峻形势,成为孟中印缅经济走廊建设和发展的拦路虎。因此,须积极加强孟中印缅经济走廊的非传统安全合作,应对孟中印缅经济走廊非传统安全问题。孟中印缅经济走廊的非传统安全合作尚未起步,安全合作也面临巨大的困难,只有解决好这些问题,孟中印缅经济走廊的非传统安全合作方能顺利进行。

《明清以降中越边境墟市的发展演变》 刘晓聪(中山大学)、陈劲波(云南大学)撰,载《广西民族大学学报(哲学社会科学版)》2016年第2期。指出明清以来,中越边境墟市的发展历程,显示了王朝国家权力扩张与地方社会发展的互动关系。明初,中央政府先后对东兴及江平地区的土官进行改制、收回印信,设置汛防,进一步防止民番私贸;在这一过程中,江平地区逐步转变为贼寇和边民重要的货物聚集地和分销地。清代,随着中央政府对沿海地区控制力加强,海贼的问题一度得以缓解,江平商业地位逐渐被“东兴街”所取代;清末至今,原本的荒野墟市逐渐转变为边贸商镇。概言之,国家权力机构的措置,包括明清政府对于“东南海贼”的围剿,对货物集散地的关注和建设,以及投入军力保障稳定,直至建立现代民族国家后发展、规范中越边境的边民互市和贸易往来等,是导致边陲小墟发展变化的重要因素。

《南海问题与中国21世纪海上丝绸之路建设》 刘文波(华侨大学)撰,载《东南学术》2016年第3期。指出南海在中国地缘政治中占据重要地位,它是连接太平洋与印度洋的重要海上通道,是中国与东盟共同建设21世纪海上丝绸之路的重要纽带。南海问题关系地区的和平与稳定,是中国21世纪海上丝绸之路建设所面临的严峻挑战。我们将坚持维护南海领土主权和海洋权益的政策底线,积极维护南海航行自由与安全;在充分尊重历史与国际法基础上,按照“双轨思路”妥善解决南海问题;加强中国与东盟战略互信,深化在政治、经济、安全、文化各领域合作;积极打造中国—东盟命运共同体,共同推动21世纪海上丝绸之路建设。

《缅甸教育概况及其教育特色研究》 孙文桂(广西团校)撰,载《广西青年干部学院学报》2016年第3期。指出在东南亚各国中,缅甸的教育事业较为落后,发展缓慢。缅甸的教育发展史包括古代教育、近代教育和现代教育。缅甸现代教育的三个阶段为学前教育、基础教育(初等教育和中等教育)以及高等教育,同时实行职业教育和成人教育制度,也鼓励扩大非正式教育。尽管缅甸的教育事业落后,但具有重视英语教育、充分发挥寺庙教育功能、注重保护本国宗教信仰、弘扬传统文化以及成立后援会作为学校的坚强后盾等特色之处。

《从中国边民缅北伐木案看缅甸的法治》 付文佚(昆明理工大学)撰,载《东南亚研究》2016年第3期。指出2015年年初缅甸政府军以非法伐木为由抓获中国公民150余人并对之处以重刑,随后通过总统令进行赦免。通过对该案所涉实体与程序法律规定和法律适用的分析,发现该案审理随意性大,政治因素影响痕迹明显。根据联合国对法治的界定,文章深入研究缅甸法律的透明度、司法独立、程序公正和对基本人权的保护等因素,得出的结论是缅甸远远未达到法治国家的标准。缅甸国内局势异常复杂,边境地区的多个民族地方武装与缅甸政府军长期存在冲突。中国边民如非法跨越边境地区,人身和财产安全可能处于极大的不确定性中,并难以获得法律救济或公正司法,边民应以此案为鉴。

《20世纪50年代以来东南亚闽籍华人数量的估算》 康晓丽(中共厦门市委党校)撰,载《华人华侨历史研究》2016年第3期。指出海外华侨华人数量的不确定一直是学术研究中的难题,东南亚地区由于各国复杂的情况这一问题更为明显。多种因素导致东南亚闽籍华侨华人规模估算的困难。文章在参考国内统计数据的基础上,汇总东南亚各国的人口普查数据、年鉴、统计公报和华社会刊等一手资料,并在此基础上参考相关机构和学者研究的二手资料,梳理和分析了东南亚闽籍华人数量的历史变迁与地区分布,并对东南亚地区的新加坡、马来西亚、菲律宾、印度尼西亚、泰国、柬埔寨、越南、缅甸,以及老挝、文莱、东帝汶等国家的闽籍华人数量分别进行了统计和估算。据保守估计,东南亚闽籍华人的总体规模超过1200万。

《GMS经济走廊建设的经验教训及其对孟中印缅经济走廊的启示》 卢光盛、邓涵(云南大学)、金珍(云南师范大学)撰,载《东南亚研究》2016年第3期。指出孟中印缅经济走廊是“一带一路”建设的重要组成部分,也是联通南亚、东南亚的重要通道和桥梁。GMS经济走廊与孟中印缅经济走廊在地域上相互毗邻,在经济结构和发展路径上彼此相似,在参与主体上部分重叠。GMS经济走廊在实践中积累了大量宝贵的建设经验和教训,可以为孟中印缅经济走廊提供启示和借鉴。文章提出孟中印缅四国应进一步深化经济走廊的互联互通建设,加强经济走廊利益共享,密切产业合作,尝试建立"4－X"的合作机制,积极应对非经济因素对经济走廊建设的影响,加强与周边其他经济走廊的竞合发展等对策。

《非盟与东盟干预规范演进比较分析》 陈拯(上海交通大学)撰,载《世界经济与政治》2016年第3期。指出尽管非盟与东盟起点类似且同为战后新兴民族国家的区域一体化组织,二者在区域干预问题上的表现却大相径庭:非盟实现了从"不干预"到"不漠视"的规范转变,而东盟则依旧是"不干预"原则的坚定支持者。对于二者的差异,既有理论提供了地缘政治、社会压力、区域结构、历史情感等解释思路,但仍然存在漏洞,特别是未能将二者的分化置于历史进程中加以考察。冷战时代非盟与东盟对于南非与中南半岛问题的处置所沉淀的背景知识在后续卢旺达危机及对缅甸制裁中的应用,循环交互作用,推动了非洲和东南亚在区域合作实践中出现分化。同样基于维护国内政权安全的基本考虑,非盟更新和发展了传统原则,而东盟的非正式传统则保持了不干预及不制裁的原则。

《菲律宾不拥有黄岩岛主权:基于17～19世纪西文古地图的分析》 曹树基(上海交通大学)、许盘清(三江学院)撰,载《上海交通大学学报(哲学社会科学版)》2016年第3期。指出借助古地图与现代地图的套叠技术,证明在1690年荷兰人绘制的地图中,就已有了黄岩岛。只是由于技术限制,黄岩岛没能标注在正确的经度位置上。这一错误,为1728年英国人及1734年西班牙人所继承。1748年英国海船Scarborough号在黄岩岛触礁,促使英国人重新认识黄岩岛。由于解决了经度测量的技术难题,1778年,黄岩岛第一次准确地标注于图。在1690年荷兰人的地图中,黄岩岛与其南北两个并不存在的"幽灵岛礁"同时存在,成为一个半真半假且相当固定的搭配,1778年以后,错标经度的"黄岩岛"与真实的黄岩岛并存,使其彻底成为"幽灵岛礁",直到19世纪初被西方地图学界完全抛弃。在目前已经发现的地图中,黄岩岛曾一度与西太平洋诸岛一道划入西班牙殖民地,却从未纳入菲律宾主权范围。

《老挝人民革命党第十次全国代表大会述评》 方文(云南农业大学)撰,载《学术探索》2016年第3期。指出2016年1月18～22日,老挝人民革命党第十次全国代表大会在首都万象胜利召开。十大对30年革新开放事业的历史经验进行了理论总结,坚定了社会主义发展方向的信心和决心。十大在分析九大取得成绩的基础上,描绘了老挝未来经济社会发展的宏伟蓝图,并从政治、经济、文化、外交等方面提出具体的奋斗目标。十大选举新一届党的中央领导机构,提出加强党的建设的新举措,丰富和发展了马克思主义建党学说。十大是老挝人民革命党强劲发展的新的里程碑。

《新加坡入境旅游客源市场时序变化与特征研究——基于2005～2015年数据分析》 李能斌、陈金华(华侨大学)撰,载《东南亚纵横》2016年第3期。指出新加坡作为东南亚地区的旅游发达国家,旅游业是其国民经济支柱产业,是典型的入境旅游国家,吸引着世界各地的旅游者。文章基于新加坡入境旅游2005～2015年数据分析,运用地理集中指数、季节集中指数和年际集中指数分析入境旅游客源市场的时间和空间的特征,并根据旅游者的行为特征,研究入境市场中旅游者消费行为选择。结果表明:新加坡入境旅游市场客源地地理集中指数位于31%～35%区间,且变化较为稳定,旅游客源市场较广;入境旅游季节集中指数R值位于0.5～1区间,客源地年际集中指数位于0～4区间,表明旅游客流的季节变动强度较小,客源地游客年际变化较小,入境旅游市场客源量较为稳定;旅游者的旅游消费行为具有多样性,旅游购物和奢侈品消费的支出有所下降,而景点的开支呈现上升的趋势,旅游消费回归理性。

《印度尼西亚能源矿产政策的调整及中国的应对》 韦红、卫季(华中师范大学)撰,载《东南亚纵横》2016年第3期。指出进入21世纪以来,印度尼西亚的能源矿业发展面临着发展的困境。能源储备的不断减少,能源产品较为单一,环境破坏严重,随着这些问题的不断凸显,印度尼西亚政府开始调整其国内的能源矿产政策。一方面,加强对外资的监管;另一方面,严格控制矿产品的出口。与此同时,还大力开发和利用清洁能源。这一系列能源矿产政策的调整使得印度尼西亚在生产生活上都发生相应的改变。当然,印度尼西亚能源矿产政策的调整也给中国带来机遇和挑战。文章主要阐述印度尼西亚能源矿产政策的调整背景以及新的能源矿产政策的主要内容,并分析调整能源矿产政策所带来的多方面影响,对中国政府该如何应对做了可行性的叙述。

《越南产业资本配置效率及其对经济走廊基础设施投资的影响》 黄荣哲(广西财经学院)撰,载《亚太经济》2016年第4期。指出实证分析表明,国际金融危机之后越南产业的投资结构、产值结构与资本配置效率等发生比较明显的变化。投资比重与产值比重之间存在着显著的非线性关系。社会资本(包括海外资本)参与那些与"中国—中南半岛经济走廊"基础设施互联互通密切相关的建筑业、运输仓储业、信息通信业等产业,既有机遇,也有风险。虽然一部分产业的资本投资效率不高,但是产业未来的发展空间较大,需要引入更加先进的生产技术和标准。中越两国可以在"一带一路"倡议、亚洲基础设施投资银行框架下深化这些领域的合作。

《马卡帕加尔政府时期菲律宾外交的亚洲转向研究》 苏太华(赣南师范大学)撰,载《东南亚纵横》2016年第4期。指出独立后初期,菲律宾依然与美国保持着特殊关系,始终奉行"美国第一"的外交战略。马卡帕加尔总统上台后开启了菲律宾外交寻求回归亚洲的政策,迅速调整菲美关系,并大力发展与亚洲邻国的关系。追本溯源,民族主义的崛起是菲律宾外交转向亚洲的最主要动因。同时,寻求自身安全、经济社会发展的综合考量也成为影响菲律宾外交转向的重要因素之一。马卡帕加尔政府给其后的菲律宾外交留下了深刻的印记和丰富的遗产。

《柬埔寨的分权化及其文化挑战》 钟楠(解放军外国语学院)撰,载《学术探索》2016 年第 4 期。指出在柬埔寨,分权化已经成为地方政府在促进多元参与、民主管理和减贫开发等方面加大作为的重要手段之一。但是,分权化的进程正面临着诸多的文化挑战,其根源在于柬埔寨庇护制社会结构关系的存在。在这一关系的影响下,权力差距过大,民众对政治体系缺乏信任,集体主义价值观被过分看重,这些因素都对分权化改革的继续推进构成挑战。

《21 世纪初泰国军人集团政治回归的路径、动因与前景》 周方冶(中国社会科学院)撰,载《东南亚研究》2016 年第 4 期。指出 21 世纪初,泰国军方在国家发展模式变革过程中先后两次发动政变,重返权力核心。文章认为,促成泰国军人集团政治回归的主要动因在于既得利益集团的“反他信”共识,保守阵营复兴传统政治秩序的需要,以及社会民众对安定、和谐与发展的诉求。军人集团掌权后,通过创新制度安排、重塑传统意识形态、压制反对力量等方式,试图恢复传统政治秩序下的寡头权力结构。从目前看,泰国政治前景将在很大程度上取决于经济复苏进程。除非巴育政府能利用外部资源有效破解存量改革难题,否则新一轮的政治冲突与权力博弈很可能再次发生。

《菲律宾社会对中国“一带一路”倡议的反应》 吴杰伟(北京大学)撰,载《南洋问题研究》2016 年第 4 期。指出中国与菲律宾之间由于南海的领土争端,在双边关系上呈现紧张和对抗的局面。中菲关系紧张的时期,正是中国政府大力推行“一带一路”倡议的阶段,菲律宾社会对于“一带一路”倡议的关注与反应,就成为一个独特的观察视角。文章认为,菲律宾社会对于“一带一路”的总体了解相对较少,但是对于倡议的具体态度,如亚投行,关注度较高;虽然中菲的政治关系比较紧张,但是在具体的合作领域,双方都以实际行动积极参与。

《东南亚国家宗教事务治理研究——以政教关系为视角》 黎敏菁(广东省民族宗教研究院)撰,载《广东省社会主义学院学报》2016 年第 4 期。指出东南亚地处东西方交汇的十字路口,文化多元,宗教多样性特点突出,不同类型的宗教信仰与东南亚各国文化碰撞融合后,逐渐形成了各国现有的宗教信仰结构。在不同宗教对东南亚各国社会发展和人民生活的影响下,各国政府与各宗教间的互动构成了具有本国特色的政教关系。

《缅甸民地武新联盟的形成、发展与未来走向》 戴永红、刘金卫(四川大学)撰,载《国际论坛》2016 年第 4 期。指出缅甸虽然建国已经 60 多年,但是至今仍未实现真正的政令军令统一。由于主体民族与少数民族长期处于对抗状态,缅甸政府难以对少数民族山区实施有效控制或管理,各少数民族武装势力割据一方。为了避免被动挨打、被各个击破,巩固自身地位和利益,2011 年民族武装在西方的资助下开启新一轮的整合,形成以民族联合联邦委员会(UNFC)为核心的民地武新联盟。文章在介绍民地武结盟的背景以及回顾相关文献的基础上,系统阐述了民地武新联盟的形成与发展以及特征与成效,并以缅军是否真正配合民盟新政府推动和平进程为切入点,对民地武新联盟在新政府上台后的大致走向进行了预测。

《浅论越南使臣与花山岩画》 张惠鲜、王晓军(广西民族师范学院),张冬梅(龙州县高级中学)撰,载《广西民族研究》2016 年第 4 期。指出在中越宗藩关系存续期间,越南派往中国的使臣,在途经广西左江流域时,面对谜一般的花山岩画,留下了较多的考察和描述文献。现存 32 份越南使臣留下的花山岩画文献,总体而论,文体类型多样,形成时间跨度大,描述层次深浅不一,反映出越南使臣不同的花山岩画形成观。越南使臣对花山岩画的较高关注度,其原因既有对异邦好奇的因素,也有对广西边境地区特殊关注的考量,更有可能受越南历代相沿的花山观的影响。

《试论印尼佐科政府的“全球海洋支点”构想》 刘雨辰(济南大学)撰,载《世界经济与政治论坛》2016 年第 4 期。指出“全球海洋支点”构想是印尼佐科总统就治国理政而提出的一个总体规划,战略意涵是以建设海洋强国为核心目标,利用印尼的独特地缘战略地位,发展海洋经济,维护海洋安全,开展海洋外交,重塑地区海洋秩序,全面提升印尼的中等强国影响力。受不确定性因素限制,新构想实施过程中将面临建设资金短缺、海洋安全能力不足以及海洋认同薄弱的挑战。“全球海洋支点”构想具有地缘政治的高敏感性,引发了区内外大国的高度关注和回应,对东亚海权博弈产生重要影响。中国应该重视与印尼“全球海洋支点”构想的战略对接,以推进“21 世纪海上丝绸之路”倡议的进程。

《中缅老柬区域三角合作机制构建研究》 李捷(中国社会科学院)撰,载《世界经济与政治论坛》2016 年第 4 期。指出当前的中国正处于快速崛起阶段,东南亚地区对中国立足周边、成为有所作为的地区大国具有重要的战略价值。但受美国亚太再平衡战略的影响,东南亚地区的政治波动状态不断增强,影响中国周边环境的稳定。如果中国要获取区域大国地位、赢得区域主动并化解美国亚太再平衡的压力,就需要主动寻求与东南亚国家进行深入合作,建立稳定的国家关系,因此,中国应当推动有利于周边国家发展的区域合作机制。三角合作机制是区域建设的最优选择,其具有建构成本小、效率高的特点,中国若能以湄公河次区域经济开发为平台加强三角合作机制,推动中南半岛区域国家间合作、实现中国在该区域的主导,可以为中国经略周边提供一个安全、稳定的环境,同时使三角区域合作机制发挥最大效用,推动中国与周边国家的发展。

《马来西亚在“海上丝绸之路”建设中的角色》 许培源、陈乘风(华侨大学)撰,载《亚太经济》2016 年第 5 期。指出与一些东南亚国家普遍的“谨慎和观望”的模糊态度相比,马来西亚政商各界对“海上丝绸之路”倡议给予了更多的正面回应和支持,但其参与“海上丝绸之路”建设以实现本国经济目标为诉求,坚持东盟是外交第一方向,且不希望本国和东南亚成为大国博弈的场所。中国可以将马来西亚定位为“海上丝绸之路”的重要门户、多方共建的重要平台及合作共赢的良好示范。通过和马来西亚签订共建“海上丝绸之路”的框架性协议,加强与东盟互联互通规划对接,创新伊斯兰金融合作,以及依托马中关丹产业园、巴生港自由贸易园区、依斯干达经济特区等强化国际产能合作,可以推动丝路共建、实现互利共赢。

《地区风险与东盟国家对冲战略》 史田一(复旦大学)撰,载《世界经济与政治》2016 年第 5 期。指出今天的东亚地区正在进入一个风险时代,风险来源具有多样性,风险认知具有主观性,风险本身具有危险与收益的不确定性。后冷战时代塑造东亚地区秩序的传统因素与新兴因素彼此相互制约,造就了东亚地区战略的不确定性。如何解读及应对东亚地区风险成为东盟国家重要的战略难题。在风险驱动的视角下,东盟国家最为关切的地区挑战包括中国崛起,大国竞争以及东盟地位的弱化、分化与边缘化。为了应对这些挑战,东盟逐渐形成了风险对冲的战略框架。风险对冲的手段包含风险抵消和风险转化两种逻辑。风险抵消是指东盟国家通过双边或多边方式进行的军事、外交、经济和价值观等维度的有限制衡,旨在降低地区风险演化成地区威胁之时的破坏能力。风险转化是指东盟国家借助地区多边机制网络、规范地区行为体尤其是地区大国,旨在降低地区风险演化成地区威胁的可能性,提升自身的抗御能力,并借此提升自身在地区架构中的吸引性权力,其发挥作用包括桥梁性路径、功能性路径与社会化路径。东盟的对冲战略取得了一系列成效,同时该战略也面临着不断上升的挑战。

《21 世纪以来越南对美“伙伴关系”政策评析:内涵、起源、特征及影响》 杨耀源(中国人民大学)、杨超(广西社会科学院)撰,载《当代亚太》2016 年第 5 期。指出近年来,越美两国关系呈现迅速发展的态势。通过对两国关系发展的背景、动因、表现、制约因素、合作领域、发展阶段以及发展动向等方面的梳理,作者发现,学界对 21 世纪以来越南对美“伙伴关系”政策这一影响双边关系的关键变量并没有表现出足够的重视。文章通过对该政策的内涵、起源及特征进行总结分析认为,该政策产生了重要影响:一是实现了越美两国关系的全方位互动的深入,推进双方全面伙伴关系进入实质深化阶段;二是通过与越南加强经济联系,美国始终对越南开展和平演变,客观上成为美国干预越南国内政治,力促其国内进行西方式改革的抓手;三是越美在南海问题上相互利用,联手制衡中国的趋势得以强化,给南海周边安全环境带来了消极影响;四是对越中全面战略合作伙伴关系产生了消极影响,越中关系将可能演变成长期的“经热政冷”格局。

《大湄公河水资源“安全化”的形成及影响》 王庆忠(中国石油大学)撰,载《东南亚纵横》2016 年第 5 期。指出随着水资源的日益紧张和中国的持续发展,下游国家在利用湄公河水资源的过程中,通过社会化和政治化两个步骤逐渐把水资源“安全化”了,水资源进而由公共问题转变为安全问题。水资源的“安全化”让大湄公河的水资源合作更加举步维艰;使域外大国不断介入到次区域的合作中,为遏制中国的发展提供借口;严重影响中国的周边形象。要想共同维护大湄公河次区域的和谐发展,下游国家必须在水资源开发中去“安全化”,使水资源真正回归到社会性问题的范畴中来,才能解决沿岸各国在水资源开发中出现的分歧。

《淡化“南海仲裁案”与缓解中菲关系》 张明亮(暨南大学)撰,载《东南亚研究》2016 年第 5 期。指出南海问题早在中菲建交之前,就已存在于中菲关系之中,但并未影响中菲 1975 年建交。2013 年年初菲律宾提起“南海仲裁案”之前,尽管南海问题也曾多次使中菲关系遭遇麻烦,但中菲关系都能有惊无险地稳健发展。2013 年年初启动的“南海仲裁案”事实上最大化了南海问题对中菲关系的负面影响。“南海仲裁案”期间,中菲关系因南海问题而陷入建交之后的最低谷。2016 年 7 月仲裁结果公布后,中菲关系就会在“南海仲裁案”的正式结果下运行。菲律宾新总统有意于发展异于前任的对华关系,但“南海仲裁案”已是最大的障碍。淡化“南海仲裁案”可能是 2016 年 7 月之后中菲关系的务实选择;淡化并不意味着放弃,仅是为了双边关系考虑,刻意对“南海仲裁案”“视而不见”而已。淡化“南海仲裁案”应该是中菲南海“新共识”的首要内容。菲律宾坚持“南海仲裁案”与中国坚定地批评“南海仲裁案”都无助于双边关系,要求阿基诺之后的菲律宾政府明确放弃或者反对“南海仲裁案”也不现实。为了巩固“淡化”的效果,也为了避免类似“南海仲裁案”的事件再度出现,中菲双边应该努力推动南海实质性合作。淡化“南海仲裁案”不仅有助于菲律宾在中美之间都能发展起稳健的关系,还有助于缓解南海困局,并可能降低中美对抗的烈度。

《东盟 FTA 原产地规则比较研究》 徐世腾、周金燕(华东师范大学)撰,载《亚太经济》2016 年第 5 期。指出东盟已与中国、日本、韩国等 6 国签订自贸区(FTA)协议,构建起 FTA 网络。东盟签署的诸多 FTA 中,原产地规则内容总体具有相似性,但相关证书的签发、格式等程序性方面差异较大。根据东盟原产地标准的具体运用情况,计算得出东盟 FTA 及日本与东盟成员双边 FTA 原产地规则的限制性指数。结果表明印尼—日本、文莱—日本、新加坡—日本、东盟自由贸易区及升级后的中国—东盟等 FTA 原产地规则限制程度较低,东盟—日本、泰国—日本、越南—日本及东盟—印度等 FTA 原产地规则限制程度偏高。

《试析东盟秘书处的权力限度》 周士新(上海国际问题研究院)撰,载《东南亚纵横》2016 年第 5 期。指出东盟是一个政府间的地区组织,东盟方式决定了成员国之间的关系及其行动规范。东盟的权力资源来源于其组织结构的效率和各成员国赋予的基本权利。作为东盟的代表机构,近年来,东盟秘书处的规模不断增加,活动日益增多,与各成员国之间的联系也在加强,在地区合作中的地位与影响也在提高。另一方面,尽管东盟秘书处被赋予了更多的功能,但往往并没有得到实施。东盟秘书处运转预算由各成员国平均分摊的政策限制了东盟发挥作用的能力,也体现东盟各成员国对是否建立一个强大秘书处的基本态度,决定东盟秘书处与各成员国之间的权力和利益关系。

《浅论中国台湾地区与泰国的经贸关系》 张磊(广西社会科学院)撰,载《东南亚纵横》2016 年第 5 期。指出泰国是中国台湾地区在东南亚的重要经贸伙伴之一,双方通过签署经贸合作协议、搭建合作平台，实现贸易与投资合作的稳定发展。近年来，双方投资和劳务合作呈现出下降态势，相关贸易问题也逐渐凸显。在多种因素的影响下，未来中国台湾地区与泰国的经济关系面临的挑战将日益显现，但其仍会继续加强与泰国的经贸及投资合作。

《推进孟中印缅经济走廊贸易投资的战略意义与可行性分析》 李艳芳（云南财经大学）撰，载《太平洋学报》2016 年第 5 期。指出 1999 年，中印学者发起了“中印缅孟地区经济合作论坛”，旨在探讨孟加拉国、中国西南地区、印度东北部和缅甸的次区域经济合作问题。迄今为止，该合作机制的建设进展并不大，主要原因是贸易投资主导的次区域合作动力不足。基于这样的判断，文章认为应该推进孟中印缅经济走廊贸易投资的发展。理由是：推进孟中印缅经济走廊的贸易投资，不仅有利于次区域建设，也能在次区域合作框架下，对域内各国与地区的经济增长和社会发展、次区域地缘经济和地缘政治结构重塑，以及亚洲生产网络重构等发挥重要作用。同时，该次区域既有旺盛的贸易投资需求潜力，也有不断增强的贸易发展能力、投资供给能力，以及良好的贸易投资环境，因而也具备推进贸易投资发展的可行性。

《越南代表机关选举改革的历史进程、基本经验与主要问题》 刘旭东（济南大学）撰，载《当代世界与社会主义》2016 年第 5 期。指出革新开放以来，越南共产党主动开启了包括国会选举和人民议会选举在内的越南代表机关选举改革。经过 30 年的不懈实践，越南代表机关选举改革取得了较大成绩，积累了比较丰富的经验，但也暴露了不少问题。越南代表机关选举改革大致经历了三个阶段：酝酿阶段（1986～1990 年）；整体推进、重点攻关，以建立代表机关选举制度的基本架构为中心的全面改革阶段（1991～1996 年）；以完善竞选活动、专职代表和选举培训为基本内容的制度深化阶段（1997 年至今）。越南代表机关选举改革的基本经验是：坚持立足国情与借鉴世界成功经验相结合的改革原则、实行循序渐进的改革策略和遵循自上而下且持续推进的改革方式。越南代表机关选举改革也暴露出不少问题：候选人确定程序过于严格；政府对自己推荐的候选人给予特殊照顾；专职、女性代表比例仍然偏低等。回顾越南代表机关选举改革的历程、总结其经验、反思其问题，对推进中国人大选举改革有着重要的参考价值和现实意义。

《越南共产党管党治党的经验与挑战》 古小松（广西社会科学院）撰，载《当代世界与社会主义》2016 年第 5 期。指出越南共产党 30 年来坚定不移地推进革新开放，取得成功，牢固地确立了在越南的领导地位。与此同时，越共坚持马列主义指导思想和走社会主义道路的信仰，防止“和平演变”；加强制度化建设；坚持民主集中制原则，坚持党在法律框架内活动，扩大党内外监督；坚持不懈地开展整党建党，要求党员领导干部发挥模范表率作用，密切联系群众，开展批评和自我批评；大力惩治贪污腐败，改革党的领导，加强干部队伍建设。越共管党治党取得成效，但也面临严峻的挑战，反腐败依然是当务之急，道路选择斗争异常激烈。越共能否走出一条自己的发展道路，很值得关注。

《中国—东盟安全治理：模式、困境与出路》 金新（西安交通大学）撰，载《当代世界与社会主义》2016 年第 5 期。指出中国与东盟在安全互动进程中初步形成了自身的安全治理模式。该模式的主要特征一是治理主体层面国家中心性强，二是治理机制层面制度化程度弱。当前由于中国—东盟关系中的阻碍因素以及治理体系自身的缺陷，安全治理模式的有效运行面临着双重困境：治理主体间利益的冲突和互信的缺失，导致安全治理的行动困境；治理体系的低制度化，导致了安全治理的效能困境。南海安全治理便是这种双重治理困境的一个典型案例。在今后的中国—东盟安全治理实践中，化解治理行动困境的出路在于通过中国—东盟命运共同体的构建，实现治理主体间关系的良性发展；化解治理效能困境的出路在于通过地区安全架构的建设，提升制度化程度，实现治理体系的结构性变革。

《“南海仲裁案”裁决的法律缺陷》 薛力（中国社会科学院）撰，载《东南亚研究》2016 年第 6 期。指出门萨仲裁庭在实现仲裁过程与裁决的公正方面做了一些努力，但依然存在明显的法律缺陷：在中菲之间没有穷尽谈判解决南海争端手段的情况下，轻易地接受菲律宾的仲裁请求；没有执行审慎原则与公平原则，在较短的时间内做出了一边倒的裁决，明显带有惩罚中国的味道；对南沙主要岛屿法律地位的裁决违反了全球沿海国与海岛国的普遍意愿，对太平岛法律地位的裁决缺乏说服力；就中国在南海的历史性权利进行裁决时把《公约》等同于海洋法，违背了国际法的基本逻辑；裁决还限制了国际法发展的可能性。这些重大缺陷凸显了一点：仲裁结果不能体现国际法学界与南海研究界的主流认知，因而其裁决难以被各国接受。

《“一带一路”背景下中越两国骆越文化旅游产业合作发展研究》 梁福兴、罗丹（桂林理工大学）撰，载《广西社会科学》2016 年第 6 期。指出中越两国骆越文化同源异流发展，有着较好的旅游合作基础和现实条件。中越两国可通过两国骆越文化非物质文化遗产的申报、两国骆越文化旅游创新发展学术论坛、跨国边境旅游景区和线路的互动联合、双方骆越文化旅游产业项目投资合作等途径来实现骆越文化旅游产业合作，同时以边境旅游安全互信和旅游免签保障机制、中越两国骆越文化学术交流常态机制、中越两国骆越文化信息资源共享机制、中越两国骆越文化旅游项目融投机制等机制加以保障。

《马来西亚“伊斯兰国”与民族国家：争论、影响与趋势》 齐顺利（广东工业大学）撰，载《东南亚研究》2016 年第 6 期。指出伊斯兰党在 20 世纪 80 年代转型后，致力在马来西亚建立“伊斯兰国”。“伊斯兰国”与巫统主导下的民族国家建构是完全不同的建国方向，两者在最高权力的来源、统治阶层、意识形态三方面有着显著的差异。伊斯兰党现阶段重提伊斯兰刑法后，引起马来西亚两线制的重新分化与组合。由于政党之间的建国理念相异，马来西亚未来的建国方向大体上有三种：马来人主导下的民族国家、伊斯兰国和多族群国家。另外，伊拉克与大叙利亚伊斯兰国组织在中东的崛起，令身处伊斯兰世界的马来西亚民族国家体制也面临着来自外部的强烈冲击。

《澜沧江—湄公河合作机制的推进路径探析》 邵建平(红河学院)撰,载《广西社会科学》2016 年第 7 期。指出澜沧江—湄公河合作机制是澜沧江—湄公河流域各国对深化合作的新尝试,能够进一步深化中国与湄公河流域五国间的关系,有助于中国—东盟命运共同体建设和“一带一路”倡议在湄公河流域国家的落实。澜沧江—湄公河合作机制的推进要重视“早期收获”项目的培育,重视与其他合作机制间的沟通协调,重视次国家行为主体云南和广西的作用,同时中越两国要加强对海上争端的管控。

《“一带一路”与公共外交在东南亚地区的互动发展分析》 付瑞红(燕山大学)撰,载《广西社会科学》2016 年第 9 期。指出“一带一路”和公共外交具备互动发展的内在要求和动力。东南亚地区以教育交流活动为主的公共外交实践在政策认知、公共外交发展、中国区域经济影响力方面产生一定的积极效果。“一带一路”和公共外交深入互动发展需要在空间、主体和方式上有所推进,从政策理解和支持拓展为价值和理念的认同,实现公共外交的立体化和网络化,拓宽参与主体,增强发展的互动性,提升中国—东盟关系。

《俄罗斯与东盟关系前景——基于合作博弈视角的分析》 肖斌(中国社会科学院)撰,载《太平洋学报》2016 年第 9 期。指出在当前的国际政治中,关注及重视国际政治行为体之间相互关系的变化,是大国在复杂多变的国际政治中赢得先机的前提条件。因此,分析俄罗斯与东盟关系的前景,对于中国了解东盟地区大国关系的变化是非常必要的。本文在引入合作博弈论的基础上,以实际收益和预期收益作为合作剩余的基本考察指标,讨论了俄罗斯发展与东盟关系的前景。分析结果显示,尽管俄罗斯与东盟都有较强的发展双边关系的意愿,但因合作剩余生成的有利条件不足且上升趋势不明显,俄罗斯与东盟关系在中短期内将不会有显著的提升。当然,如果国际政治出现影响俄罗斯和东盟关系发生较大调整的新诱因时,那么俄罗斯与东盟关系有可能趋向紧密或疏离。

《佐科时期“一带一路”在印尼推进面临的挑战与对策分析》 周玉渊(上海国际问题研究院)撰,载《太平洋学报》2016 年第 10 期。指出印尼是中国“一带一路”建设的重点国家,中国则是佐科政府推动经济改革发展议程的重要外部国家。这一现实构成了中国和印尼两国战略对接的重要基础。当前中国给予佐科政府高度的重视,然而从一年多的执政实践来看,佐科政府仍面临着相对严峻的国内政治环境。佐科推动的经济改革进程面临着传统寡头政治、反对党控制的国会、地方自治导致的政令不畅等结构性难题。因此,从承诺和设想到真正得执行是当前佐科最大的问题。在这一背景下,中国“一带一路”的推进必须清晰地认识到这一问题,在重视双方合作机遇的同时,更应认识和仔细研判其所带来的挑战。

《泰国宪政特殊性:泰王的巨大影响力——基于传统政治文化视角》 钟冬生、张恂(浙江理工大学)撰,载《学术探索》2016 年第 11 期。指出泰王相较其他立宪君主对政治具有巨大影响,凸显泰国宪政特殊性。传统政治文化是透视泰式宪政特殊性的重要视角。泰国传统政治文化是以王权认同为核心,涉及王权、佛教认同和民族主义的民族政治文化,正是这种传统政治文化对泰国宪政产生特殊而深远的影响,也为走出泰式民主困局预示了路径。

《中国—东盟贸易中人民币跨境贸易结算研究》 许心怡、杨永华(云南师范大学)撰,载《区域金融研究》2016 年第 11 期。指出在中国—东盟自由贸易区全面启动的背景下,中国—东盟之间贸易、金融和投资的不断发展,跨境贸易人民币结算业务结算额和结算范围不断扩大。文章通过分析中国—东盟贸易密切度和贸易结构,研究中国—东盟贸易中人民币跨境结算份额较低现状及影响因素,对增加中国—东盟跨境贸易人民币结算份额提出对策。 (张磊搜集整理)

重要研究成果题录

东盟国家形势回顾与展望

“2015～2016 年东盟经济的回顾与展望”,王勤撰,载《东南亚纵横》2016 年第 2 期。

“2015 年东南亚地区政治与安全形势”,赵姝岚、孔建勋撰,载《东南亚南亚研究》2016 年第 1 期。

“2015 年东南亚地区经济形势:表现及展望”,程心、尼文撰,载《东南亚南亚研究》2016 年第 1 期。

“东盟 2015 年回顾与 2016 年展望”,李玮莉、陈文撰,载《东南亚纵横》2016 年第 2 期。

“2015～2016 年中国—东盟货物贸易数量分析与预测”,李美莲、李红撰,载《东南亚纵横》2016 年第 2 期。

“2015 年南海国际舆论、外交与安全形势回顾”,鞠海龙、葛红亮撰,载《东南亚研究》2016 年第 2 期。

“2015 年泰国发展回顾”,陈红升、黄幼霞撰,载《东南亚纵横》2016 年第 3 期。

“菲律宾:2015 年回顾与 2016 年展望”,黄耀东、黄韬撰,载《东南亚纵横》2016 年第 2 期。

“柬埔寨:2015 年回顾与 2016 年展望”,梁薇撰,载《东南亚纵横》2016 年第 2 期。

“老挝:2015 年回顾与 2016 年展望”,陈定辉撰,载《东南亚纵横》2016 年第 1 期。

“马来西亚:2015 年回顾与 2016 年展望”,韦朝晖撰,载《东南亚纵横》2016 年第 3 期。

“缅甸:2015 年回顾与 2016 年展望”,钟梅、秦羽撰,载《东南亚纵横》2016 年第 1 期。

“文莱:2015 年回顾与 2016 年展望”,马静、马金案撰,载《东南亚纵横》2016 年第 2 期。

“新加坡:2015 年回顾与 2016 年展望”,罗梅撰,载《东南亚纵横》2016 年第 2 期。

“印度尼西亚:2015 年回顾与 2016 年展望”杨晓强、杨君楚撰,载《东南亚纵横》2016 年第 2 期。

“越南:2015 年回顾与 2016 年展望”,农立夫撰,载《东南亚纵横》2016 年第 2 期。

"中越关系:2014～2015年V字形发展",古小松撰,载《党政研究》2016年第1期。

"2015年缅甸大选及大选后的政治、社会、经济发展",熊丽英撰,载《东南亚南亚研究》2016年第1期。

东盟国家政治

"东南亚恐怖主义的层累构造与演化逻辑",阎德学、孙超撰,载《东南亚研究》2016年第5期。

"'伊斯兰国'与东南亚恐怖主义的发展",靳晓哲、李捷撰,载《东南亚南亚研究》2016年第3期。

"2015年国会大选与新加坡政治发展",孙景峰、刘佳宝撰,载《中共浙江省委党校学报》2016年第3期。

"从对抗性要素联盟看泰国政治怪圈的形成机制",刘倩、翟崑撰,载《东南亚研究》2016年第4期。

"菲律宾南海政策激进化的内外动因探析——以多重制衡理论为视角的研究",陈忠荣撰,载《当代亚太》2016年第5期。

"革新开放30年:越南社会主义建设的成就与经验",马勇撰,载《学术探索》2016年第2期。

"革新开放以来越南共产党的适应性研究",王东、宋辰熙撰,载《当代世界与社会主义》2016年第1期。

"胡志明的民主治理观",阮重平撰,载《东南亚纵横》2016年第5期。

"老挝人民革命党管党治党的经验教训",方文撰,载《当代世界与社会主义》2016年第5期。

"论新加坡的国家特性及其维持政策",李一平、匡荣韬撰,载《东南亚研究》2016年第2期。

"论族群认同缺失下的国家一体化——以缅北事件为例",黄光健撰,载《贵州民族研究》2016年第1期。

"马来西亚'分而治之'民族政策的内在逻辑",蒋炳庆撰,载《贵州民族研究》2016年第6期。

"马来西亚净选盟运动及其影响",刘勇撰,载《东南亚研究》2016年第4期。

"缅甸包容性政治的建构:协和民主的适用性",项皓、张晨撰,载《东南亚研究》2016年第1期。

"缅甸独立后的族际宗教冲突和治理困境",章远撰,载《东南亚研究》2016年第1期。

"'罗兴伽人'问题与缅甸政府的治理困境",熊丽英、张林撰,载《东南亚南亚研究》2016年第3期。

"缅甸军人与政治关系的现状与趋势",宋清润撰,载《东南亚研究》2016年第5期。

"缅甸民盟的胜选及其执政难题",王子昌撰,载《东南亚研究》2016年第2期。

"缅甸新政府面临的挑战与政策趋向分析",吉香伊撰,载《亚太经济》2016年第2期。

"如何提升政府的透明度:新加坡的做法和启示",邓剑伟、张琰撰,载《东南亚研究》2016年第2期。

"泰国佛教介入政治冲突的表现形式及其原因探析",李宇晴撰,载《东南亚研究》2016年第4期。

"文武关系与民主转型——印度尼西亚个案研究(1998～2014)",陈波撰,载《东南亚研究》2016年第4期。

"新加坡人民行动党管党治党的经验教训",吕元礼、黄锐波撰,载《当代世界与社会主义》2016年第5期。

"新加坡人民行动党长期执政的合法性建构研究——基于2011～2015年新加坡大选的跟踪调查",陈文、袁进业、黄卫平撰,载《中共浙江省委党校学报》2016年第3期。

"新加坡威权政治转型背景下的反对党发展研究——以新加坡工人党为例",王元撰,载《当代世界与社会主义》2016年第3期。

"新加坡依法治国建设的基本经验及启示",赵景芳撰,载《当代世界与社会主义》2016年第4期。

"以制度平衡为导向的新加坡政治改革——基于合法性三重意蕴的分析",吕元礼、谷志军撰,载《中共浙江省委党校学报》2016年第3期。

"印尼佐科维政府执政绩效初评",李皖南、刘呈祥撰,载《东南亚研究》2016年第2期。

"越南代表机关选举制度改革的背景与举措",刘旭东撰,载《当代世界社会主义问题》2016年第1期。

"越南的行政改革及其启示",陈明凡撰,载《当代世界与社会主义》2016年第1期。

"越南革新30年来党建工作的创新发展",陈元中、李琳撰,《当代世界与社会主义》2016年第6期。

"越南共产党党内民主决策探析",陈元中、李光平撰,载《学术论坛》2016年第6期。

"越南共产党价值观的生成及演进",闫杰花撰,载《当代世界与社会主义》2016年第1期。

"越南修订1992年宪法引发的争论及思考",陈新明、杨耀源撰,载《当代世界与社会主义》2016年第1期。

"佛教与民族主义——缅甸如何走出民族主义的泥淖",钦佐温撰,载《南洋问题研究》2016年第1期。

东盟国家外交

"东盟—俄罗斯对话伙伴关系20年述评(1994～2014)",吕雪峰撰,载《东北亚论坛》2016年第1期。

"东盟与美国的经贸关系及其对中国的影响",陆建人、文樟梅撰,载《亚太经济》2016年第3期。

"东南亚反美主义的背景和特征研究",朴成观、王克撰,载《南洋问题研究》2016年第2期。

"印尼外交战略演进及其南海利益诉求",刘艳峰、邢瑞利撰,载《南洋问题研究》2016年第2期。

"中日美与东盟经济周期同步性的趋势及影响因素变化",李南撰,载《广西社会科学》2016年第10期。

"'9·11'事件后美国与印度尼西亚安全合作探析",凌胜利、梁玄凌撰,载《东南亚纵横》2016年第4期。

"《美菲共同防御条约》签订的原因及其历史影响",张晶撰,载《学术探索》2016年第5期。

"'21世纪海上丝绸之路'背景下的南海周边国家应对气候变化合作探讨",张蕾撰,载《东南亚研究》2016年第6期。

"安静的合作:美马军事关系的演进及前景",李益波撰,载《太平洋学报》2016年第5期。

"近年来日本对缅甸政策析评",施爱国撰,载《国际论坛》2016年第1期。

"冷战背景下美国对印度尼西亚政策(1945～1991年)分析",杨建国撰,载《东南亚纵横》2016年第4期。

"马科斯政府时期美国政府与菲律宾基督教组织关系探讨",冯雷撰,载《东南亚研究》2016 年第 6 期。

"美国对缅甸公共外交评析",唐小松、景丽娜撰,载《现代国际关系》2016 年第 10 期。

"缅甸中立政策的起源",杨芳芳撰,载《学术探索》2016 年第 9 期。

"吴努政府时期美国对缅援助探析",李雪华撰,载《东南亚南亚研究》2016 年第 1 期。

"21 世纪孟缅经济关系的转型:前景与挑战",苏塔娜·娅思敏、孙喜勤撰,载《东南亚南亚研究》2016 年第 1 期。

"南海仲裁案:美菲联手打舆论战",李金明撰,载《太平洋学报》2016 年第 3 期。

"'东盟化'南海议题——进程、动力与前景",张明亮撰,载《南洋问题研究》2016 年第 1 期。

"从地缘政治视角看美菲军事同盟关系及其新动向",侯典芹撰,载《东南亚南亚研究》2016 年第 3 期。

"浅析东南亚国家和平解决海洋争端的主要路径选择",胡二杰撰,载《东南亚纵横》2016 年第 4 期。

"日本对缅甸的'价值观外交'及其与民盟政府关系初探",毕世鸿、田庆立撰,载《东南亚研究》2016 年第 4 期。

"试析安倍政府的湄公河次区域开发援助战略",张继业、钮菊生撰,载《现代国际关系》2016 年第 3 期。

"新世纪以来越南对美'伙伴关系'政策评析",杨耀源撰,载《东南亚研究》2016 年第 5 期。

"以马来西亚与菲律宾沙巴争端为视角透视'东盟方式'在解决领土争端中的作用",韦祎撰,载《东南亚纵横》2016 年第 5 期。

"印度—东盟贸易合作潜力分析",陈利君、刘紫娟撰,载《南亚研究》2016 年第 4 期。

"印度对缅甸公共外交评析及对我国的启示",彭念、谢静撰,载《学术探索》2016 年第 7 期。

"印度和菲律宾海外移民政策比较及启示",路阳撰,载《东南亚纵横》2016 年第 1 期。

"越美双边贸易合作发展的特征、问题及前景展望——对越南加入 TPP 的分析",郑国富撰,载《经济论坛》2016 年第 3 期。

"越南对美国政策的演变及走向",李春霞撰,载《国际论坛》2016 年第 4 期。

"佐科政府南海政策初探",龚晓辉撰,载《东南亚研究》2016 年第 1 期。

"近年来印尼南海政策的新变化及影响",张会叶、韦健锋撰,载《东南亚南亚研究》2016 年第 2 期。

"日本早期在东南亚的扩张先驱:妓女'南洋姐'",朱忆天撰,载《南洋问题研究》2016 年第 1 期。

"冷战前期美国对东南亚的援助政策变化——以湄公河大坝建设为视角",孙建党撰,载《南洋问题研究》2016 年第 1 期。

"美国缅甸政策的调整方向",普里希拉·A·克拉普、林达丰撰,载《南洋问题研究》2016 年第 3 期。

东盟国家经济

"东盟六国上市公司股权结构与公司治理模式研究",范祚军、唐菁菁、赵慧撰,载《亚太经济》2016 年第 5 期。

"东盟区域海洋经济发展与合作的新格局",王勤撰,载《亚太经济》2016 年第 2 期。

"东盟非关税壁垒:现实及其影响",王守贞撰,载《东南亚纵横》2016 年第 5 期。

"东盟区域经济一体化的经济增长效应分析:1996 ~ 2014 年",袁群华、周少芳、李庆宇撰,载《东南亚南亚研究》2016 年第 2 期。

"基于技术视角的东盟国家全要素生产力分析:1980 ~ 2011",赵慧、范祚军撰,载《南洋问题研究》2016 年第 1 期。

"TPP 对越南产业和企业影响探析",金丹撰,载《学术探索》2016 年第 8 期。

"越南加入 TPP 后的机遇与挑战",杨耀源撰,载《南洋问题研究》2016 年第 1 期。

"浅析越南加入 TPP 的利益考量",李飞撰,载《东南亚南亚研究》2016 年第 2 期。

"老挝农业发展的现实困境与农业经济可持续发展战略",江丽撰,载《世界农业》2016 年第 2 期。

"老挝外国投资法律制度问题分析",潘塔米撰,载《法制与社会》2016 年第 5 期。

"马来西亚有机农业发展的路径、问题与挑战",马来西亚农业发展研究所撰,李耀辉译,载《世界农业》2016 年第 7 期。

"儒家文化在新加坡经济发展中的作用",朱婷婷、李明珠撰,载《东南亚纵横》2016 年第 1 期。

"印尼制造业振兴计划及其成效与困境分析",吴崇伯撰,载《东南亚研究》2016 年第 3 期。

"越南参与国际经济合作的成效及路径分析",张磊撰,载《红河学院学报》2016 年第 3 期。

"越南海洋鱼类捕捞量演变特征及对中国的启示",任航、杨钿、张振克撰,载《东南亚研究》2016 年第 6 期。

"越南咖啡在中国市场竞争力分析",黄素心、曾钦婴撰,载《世界农业》2016 年第 1 期。

"越南农业支持政策效应分析",袁祥州、徐媛媛、NguyenCongBinh 撰,载《亚太经济》2016 年第 2 期。

东盟国家社会

"东盟国家政府债务现状及风险研究",莫亚琳、徐鹏程撰,载《亚太经济》2016 年第 3 期。

"澳大利亚越南移民社会融入现状探究",王丹阳、张秋生撰,载《八桂侨刊》2016 年第 1 期。

"地区性公民社会与东盟社会文化共同体建设",冯兆波撰,载《东南亚纵横》2016 年第 4 期。

"国家与社会关系视野下的新加坡民间组织的变迁",傅琼花撰,载《中共浙江省委党校学报》2016 年第 3 期。

"婚姻的困境与突围——基于缅甸抱村婚姻变迁的人类学考察",钟小鑫撰,载《东南亚研究》2016 年第 2 期。

"柬埔寨艾滋病治理成效及其原因评析",周龙撰,载《东南亚研究》2016 年第 5 期。

"缅甸罗兴伽人问题的起源、形成和发展",陈春艳撰,载《云南社会科学》2016 年第 3 期。

"缅甸吴努政府时期的族际关系治理析论",钟贵峰撰,载《云南行政学院学报》2016 年第 2 期。

"探析新加坡儿童权益保护法律体系",李珊、李小艺、杨健羽撰,载《广西青年干部学院学报》2016 年第 3 期。

"新加坡妇女权利与国家父权制关系试析",范若兰撰,载《东南亚研究》2016 年第 1 期。

"越南的岱、侬族研究现状及亟待解决的若干问题",王全著,黄可兴、阮小姝译,载《广西民族大学学报(哲学社会科学版)》2016 年第 2 期。

"越南对境内外国 NGO 的管理经验及其启示",叶大凤、黄思棉撰,载《东南亚纵横》2016 年第 5 期。

"泰国的老挝苗族难民问题",宋宏梅撰,载《东南亚南亚研究》2016 年第 3 期。

"缅甸独立以来的罗兴伽人政策解析",陈春艳撰,载《东南亚南亚研究》2016 年第 2 期。

东盟国家文化、教育

"从阿迎舞的兴衰看缅甸传统舞蹈艺术保护的必要性",邹怀强、高辉撰,载《东南亚纵横》2016 年第 3 期。

"论越南华文诗人刘为安的乡愁诗",耿孟姣撰,载《广西民族师范学院学报》2016 年第 1 期。

"马来西亚教育概况及其教育特色研究",王胤丹撰,载《广西青年干部学院学报》2016 年第 2 期。

"马华现代诗曲创作与陈徽崇的音乐教育",安焕然撰,载《八桂侨刊》2016 年第 2 期。

"东南亚国家文字的拉丁化改革",钱伟撰,载《东南亚南亚研究》2016 年第 1 期。

"西班牙殖民时期骑士文学在菲律宾的传播",郑友洋撰,载《东南亚南亚研究》2016 年第 1 期。

"越南古代的汉字认同及其变迁",左荣全撰,载《东南亚南亚研究》2016 年第 3 期。

"从职业化到专业化——印尼本土华语师资培育路径",汪敏锋撰,载《福建师范大学学报(哲学社会科学版)》2016 年第 1 期。

"大数据背景下东盟边境民族地区商务英语人才培养改革研究",李树娟撰,载《广西师范学院学报(哲学社会科学版)》2016 年第 1 期。

"东南亚华文教育发展问题的表象、本质、措施与机遇",吴应辉撰,载《浙江师范大学学报(社会科学版)》2016 年第 1 期。

"老挝克木仂话四音格词的结构特征",刘岩、博乔、刘希瑞撰,载《中央民族大学学报(哲学社会科学版)》2016 年第 3 期。

"论马哈西拉·维拉冯在老挝语言学和文学史上的地位和贡献",李小元撰,载《东南亚纵横》2016 年第 5 期。

"马来西亚民间华文历史文献的类别及其对方志研究的作用",廖文辉撰,载《华人华侨历史研究》2016 年第 3 期。

"独立后马来西亚语言教育政策的演变",钱伟撰,载《东南亚南亚研究》2016 年第 3 期。

"后苏哈托时期印尼地方性华文报纸的困境与出路——以印尼《千岛日报》为例",潘玥撰,载《东南亚南亚研究》2016 年第 3 期。

"缅甸百年中小学华文教育发展及特点分析",李春风、莫海文撰,载《八桂侨刊》2016 年第 2 期。

"缅甸语言教育政策的发展特征及趋势",刘泽海撰,载《学术探索》2016 年第 11 期。

"缅汉借词的类型与文化成因",寸雪涛撰,载《广西民族大学学报(哲学社会科学版)》2016 年第 6 期。

"那伽信仰的形成与发展探析——以泰国为视角",郭莲撰,载《红河学院学报》2016 年第 4 期。

"清末佛山坊刻越南喃字小说戏曲考述",严艳撰,载《东南亚研究》2016 年第 1 期。

"泰国高等教育国际化的经验与实践——以高校国际合作学位项目调查为例",张成霞、胡彦如撰,载《东南亚纵横》2016 年第 4 期。

"吴哥窟石雕壁画中的舞蹈图像研究",杨民康撰,载《云南艺术学院学报》2016 年第 1 期。

"新加坡的共同价值观教育及其启示",王晓青撰,载《广西青年干部学院学报》2016 年第 3 期。

"新加坡儿童文学中的文化心态",梁卿撰,载《广西社会科学》2016 年第 8 期。

"越南《大越史记全书》版本源流述略",左荣全撰,载《东南亚研究》2016 年第 5 期。

"越南词学研究述评",陈柏桥撰,载《红河学院学报》2016 年第 4 期。

"越南河内街名的文化内涵探析",覃小桐撰,《钦州学院学报》2016 年第 3 期。

"越南谅山瑶族开山祭祀及其功能意义",谢小玲、方晨明撰,载《红河学院学报》2016 年第 5 期。

"越语缩略语的读音特点及翻译策略",陈海丽撰,载《钦州学院学报》2016 年第 3 期。

"中国科举制度的南植和在地化——《越南科举制度研究》书评",韩周敬撰,载《东南亚纵横》2016 年第 4 期。

东盟国家历史

"骆越国与南越国关系探析",蓝韶昱撰,载《广西民族研究》2016 年第 5 期,

"越南古代史的分期问题新论",左荣全撰,载《东南亚南亚研究》2016 年第 2 期。

"'一带一路'时空秩序下的文化地理景观——中老边境商队及茶路变迁",何明、郭静伟撰,载《云南社会科学》2016 年第 3 期。

"'越南问题'与 19 世纪中后期清廷的处变策略",章扬定、倪腊松撰,载《广东社会科学》2016 年第 4 期。

"20 世纪 70 年代以来菲律宾人移民澳大利亚原因探析",朱凯、张秋生撰,载《八桂侨刊》2016 年第 2 期。

"1288 年元朝、安南战争中白藤江桩阵与下游河道考",韩周敬撰,载《红河学院学报》2016 年第 3 期。

"关于越南历史发展轨迹与特征的几点思考",梁志明、刘志强撰,载《东南亚研究》2015 年第 5 期。

"马帮、商铺与移民:贡榜王朝时期缅甸阿摩罗补罗的华商群体",李新铭撰,载《东南亚研究》2016 年第 3 期。

"缅甸历史上缅族王朝民族关系治理困境探析",李贵梅撰,载《东南亚纵横》2016 年第 1 期。

"缅甸缅族王朝民族政策评析",李贵梅、蒋丽云撰,载《红河学院学报》2016 年第 3 期。

"缅甸土司制度的兴衰(1287~1959 年)",赵永胜撰,载《世界民族》2016 年第 1 期。

"年鉴学派与世界体系理论视角下东南亚的'贸易时代'",庄礼伟撰,载《东南亚研究》2016 年第 6 期。

"浅析孙中山在越南华侨中宣传和践行的革命理念",向大有撰,载《八桂侨刊》2016 年第 2 期。

"试论骆越族群及其在东南亚的后裔",赵明龙撰,载《百色学院学报》2016 年第 4 期。

"鲜为人知的战时桂越国际交通运输线",韩继伟撰,载《广西社会科学》2016 年第 8 期。

"越南阮朝土司制度探析",王柏中撰,载《广西师范学院学报(哲学社会科学版)》2016 年第 1 期。

东南亚华人华侨

"'以店为家'与'多处为家'一个印尼非核心区域华人群体家庭策略与商业经营的考察",童莹撰,载《华人华侨历史研究》2016 年第 3 期。

"再论冷战初期美国对东南亚华人的宣传战(1949~1964)",张焕萍撰,载《南洋问题研究》2016 年第 1 期。

"《越南游历记》中所见的越南北圻华侨华人探析",滕兰花、何哲撰,载《八桂侨刊》2016 年第 1 期。

"家国之间:抗战时期的'南侨机工'与南洋华侨社会",夏玉清撰,载《南洋问题研究》2016 年第 2 期。

"'亚洲的地中海':前近代华人东南亚贸易组织研究评述",陈博翼撰,载《南洋问题研究》2016 年第 2 期。

"16~17 世纪望加锡的发展与华人活动",赵璐撰,载《东南亚纵横》2016 年第 1 期。

"比较视野下的海外华人基督教——以北美和东南亚为例的分析",密素敏撰,载《华人华侨历史研究》2016 年第 1 期。

"二十一世纪以来印尼华人'再华化'现象研究",张小倩撰,载《世界民族》2016 年第 1 期。

"二战后泰国华人的海外移民:数量估算、原因和影响分析",康晓丽撰,载《八桂侨刊》2016 年第 1 期。

"二战后归国华侨复员菲律宾的交涉",凌彦撰,载《广东社会科学》2016 年第 4 期。

"菲律宾恩庇主义与华侨华人群体研究现状及思考",彭慧、孙莹撰,载《八桂侨刊》2016 年第 1 期。

"公共外交视阈下的东南亚华人基督教社团",张鹏撰,载《东南亚研究》2016 年第 3 期。

"海外华人政治参与模式初探——以美国、马来西亚及英国为例",金正昆、朱凌峰撰,载《东南亚研究》2016 年第 6 期。

"海外移民与宗教仪式回传——甲午年新加坡修德善堂养心社宋大峰祖师金像百年回銮",王惠撰,载《华人华侨历史研究》2016 年第 3 期。

"华侨华人在中国与印度尼西亚经贸关系中的作用",王勇辉、胡翊撰,载《东南亚纵横》2016 年第 5 期。

"近两个世纪华社演化发展的历史图像——评《新加坡华人通史》",曾玲撰,载《华人华侨历史研究》2016 年第 1 期。

"马来西亚华人婚宴菜名结构和寓意",洪丽芬、黄曼凌、林凯祺撰,载《八桂侨刊》2016 年第 2 期。

"马来西亚五条港华人渔村族群及其关系",周建新、陆赏铭撰,载《黑龙江民族丛刊》2016 年第 3 期。

"民国南洋华侨文献出版热及'南洋'观辨析",易淑琼撰,载《华人华侨历史研究》2016 年第 2 期。

"民族主义抑或生存策略:20 世纪 30 年代东南亚华侨的认同——以 1930 年《南洋杂志》创刊为例的分析",温建钦、舒习龙撰,载《华人华侨历史研究》2016 年第 1 期。

"浅析 20 世纪以来泰国华泰族群关系",潘艳贤撰,载《八桂侨刊》2016 年第 1 期。

"融合与坚守:全球化背景下缅甸客家人的文化调适",钟贵峰、宋少军撰,载《东南亚研究》2016 年第 4 期。

"试析菲律宾'戒严政府'时期华侨社会的演化",姜兴山撰,载《世界民族》2016 年第 2 期。

"试析马来西亚华巫亲善之事例——以马六甲马接新村为例",廖文辉、庄国民撰,载《八桂侨刊》2016 年第 2 期。

"西属菲律宾天主教与华人社会关系的延展与重构",吕俊昌撰,载《东南亚研究》2016 年第 1 期。

"新加坡侨寓文人邱菽园南洋汉诗主题研究",金进撰,载《东南亚研究》2016 年第 5 期。

"印度尼西亚华裔新生代的族群认同、族群关系及对华认知",胡安琪、代帆撰,载《东南亚纵横》2016 年第 4 期。

"佐科维执政初期印尼华人社会状况初探",潘玥撰,载《东南亚研究》2016 年第 3 期。

中国与东盟关系

"论中国—东盟命运共同体的建构",刘军、柯玉萍撰,载《学术探索》2016 年第 1 期。

"中国—东盟关系与东盟地区主义近期互动解析——以南海问题为例",李东屹撰,载《太平洋学报》2016 年第 8 期。

"中国—东盟关系中的政治经济互动机制",梁颖、黄立群撰,载《亚太经济》2016 年第 3 期。

"周边外交视角下构建中国—东盟命运共同体",陈邦瑜、韦红撰,载《社会科学家》2016 年第 4 期。

"'一带一路'与东盟经济共同体",赵洪撰,载《南洋问题研究》2016 年第 4 期。

"支持、参与和协调:新加坡在实施'一带一路'倡议中的作用",王虎、李明江撰,载《南洋问题研究》2016 年第 4 期。

"经济高于地缘政治:马来西亚对 21 世纪海上丝绸之路的观点",饶兆斌撰,载《南洋问题研究》2016 年第 4 期。

"'一带一路'建设与中泰战略合作:机遇、挑战与建议",周方冶撰,载《南洋问题研究》2016 年第 4 期。

"印尼对中国'一带一路'倡议的认知和反应述评",米拉、施雪琴撰,载《南洋问题研究》2016 年第 4 期。

"21 世纪海上丝绸之路倡议下的中柬关系:对外援助关系下的风险分析",陈世伦撰,载《南洋问题研究》2016 年第 4 期。

"论美国新亚太政策对中国—东盟关系的影响",谭畅撰,载《广西社会科学》2016 年第 3 期。

"论中国—东盟自由贸易区食品贸易争端解决机制的构建",谭洁撰,载《广西社会科学》2016 年第 1 期。

"WTO 框架下印尼对华反倾销及中国的对策",宋利芳撰,载《东南亚研究》2016 年第 6 期。

"从雅万高铁看中国印尼战略对接",李皖南、王亚琴撰,载《亚太经济》2016 年第 4 期。

"南海岛屿争端中中国对越政策研究——物质、制度与规范的视角(2010～2015年)”,齐为群撰,载《世界经济与政治论坛》2016年第4期。

“广西边境地区越南边民偷越国境问题探析”,张嘉川、马长泉撰,载《广西警官高等专科学校学报》2016年第1期。

“旅居瑞丽的缅甸罗兴伽人生存策略探析”,陈春艳撰,载《广西民族大学学报(哲学社会科学版)》2016年第2期。

“我国边民跨境婚姻家庭的困境与思考——以云南、广西边境地区为例”,雷明光、王保同撰,载《中央民族大学学报(哲学社会科学版)》2016年第2期。

“香港族裔经济中的印尼华侨与华人”,郭俭撰,载《东南亚研究》2016年第3期。

“新加坡:建设21世纪海上丝绸之路的重要支点”,覃辉银撰,载《东南亚纵横》2016年第2期。

“越南‘两廊一圈’的政策规划建设与中越共建‘一带一路’”,李碧华撰,载《东南亚纵横》2016年第5期。

“中缅边境地区跨境婚姻家庭关系调研”,梅英撰,载《云南行政学院学报》2016年第1期。

“中缅边境地区外籍劳务人员与边疆安全”,黄彩文、和光翰撰,载《学术探索》2016年第8期。

“中缅跨境婚姻移民人口阶段性剧增现象研究”,陈雪、杨国才撰,载《云南社会科学》2016年第3期。

“中印尼雅万高铁面临的困境及其解决路径”,施张兵、蔡梅华撰,载《学术探索》2016年第6期。

“中越边境地区跨国婚姻治理模式分析”,谢尚果、罗家珩撰,载《广西民族研究》2016年第2期。

中国与东盟经济合作

“中国与东盟的贸易关系研究”,叶刘刚撰,载《经济论坛》2016年第4期。

“中国—东盟自贸区升级版的经济效应——基于GTAP模型分析”,刘斌、刘欣撰,载《亚太经济》2016年第4期。

“中国与东盟文化创意产品产业内贸易的实证研究”,倪晓靦撰,载《浙江外国语学院学报》2016年第4期。

“中国—东盟跨境电子商务生态圈构建研究”,计春阳、李耀萍撰,载《广西社会科学》2016年第9期。

“中国与东盟投资便利化的进展与合作研究”,李轩撰,载《东南亚纵横》2016年第5期。

“中国—东盟贸易开放与金融发展的互动关系——基于面板门限模型的实证分析”,刘方、胡小丽撰,载《东南亚纵横》2016年第4期。

“中国—东盟自由贸易区贸易便利化对中国出口贸易的影响”,刘主光、黄丽娜撰,载《东南亚纵横》2016年第3期。

“中国对东盟ODI的外汇风险及应对”,尤宏兵、刘小梅撰,载《国际经济合作》2016年第5期。

“中国对东盟农产品物流优化研究”,林洁、王平春撰,载《世界农业》2016年第7期。

“‘一带一路’建设背景下中国与文莱双边贸易合作发展的提升路径”,郑国富撰,载《东南亚纵横》2016年第4期。

“新形势条件下中越经贸合作:对接与发展”,潘金娥、覃丽芳撰,载《党政研究》2016年第1期。

“‘一带一路’战略下中国对印尼投资高铁产业风险分析与规避”,梁晓蓓撰,载《沿海企业与科技》2016年第2期。

“‘一带一路’战略中中国—东盟贸易发展的机遇及挑战”,黄智铭、杨月元撰,载《沿海企业与科技》2016年第2期。

“基于欧盟经验的中国—东盟旅游一体化建设研究”,李志勇、徐红宇撰,载《广西社会科学》2016年第7期。

“中国与马来西亚产业内贸易研究”,李湘君撰,载《东南亚纵横》2016年第5期。

“中国与印尼发展战略的对接与经济合作”,金英姬撰,载《太平洋学报》2016年第11期。

“缅甸经济发展问题简析及滇缅区域合作展望”,董莅撰,载《东南亚纵横》2016年第5期。

“缅甸政府何以说‘不’:中国企业投资缅甸安全风险的个案分析——以密松水电站搁置事件为例”,张根撰,载《红河学院学报》2016年第4期。

“印尼‘海洋强国战略’与对华海洋合作”,薛松、许利平撰,载《国际问题研究》2016年第3期。

“印尼汽车产业发展及中国汽车企业投资印尼的策略”,林梅撰,载《亚太经济》2016年第4期。

“云南中小企业到越南直接投资的政治风险及其防范”,宗佶撰,载《学术探索》2016年第11期。

“‘一带一路’框架下福建与东盟的经贸合作”,王勤撰,载《东南学术》2016年第3期。

“中国对泰国直接投资行业分布研究”,周雪春撰,载《东南亚纵横》2016年第5期。

“中国对印度尼西亚农产品出口增长的影响因素分析——以‘21世纪海上丝绸之路’为视角的研究”,金缀桥、杨逢珉撰,载《世界农业》2016年第4期。

“中国与东盟国家天然橡胶产业竞争与合作分析”,何勇撰,载《世界农业》2016年第5期。

“中泰不同类别农产品贸易竞争性与互补性比较研究——基于2005～2014年HS分类数据的实证分析”,柴晓卓撰,载《世界农业》2016年第6期。

“中越边境地区跨国旅游开发合作的政策取向探讨”,孟维娜撰,载《广西民族大学学报(哲学社会科学版)》2016年第6期。

“自由贸易区贸易洗钱模式及防范策略——以中国—东盟自由贸易区为例”,黎宜春、张荣晖撰,载《广西社会科学》2016年第1期。

“泰国产业竞争力现状及中泰产业合作展望”,邓洲撰,载《东南亚南亚研究》2016年第3期。

中国与东盟政治、外交合作

“中国与东盟开展海洋协调的主要机制及未来展望”,樊兢撰,载《广西社会科学》2016年第9期。

“中国—东盟承认与执行域外民商事裁决机制研究”,杨海涛撰,载《广西社会科学》2016年第4期。

“中国—东盟区域合作司法服务保障机制构建的困境与路径”,曹平、杨鹏撰,载《广西社会科学》2016年第4期。

“地缘政治视角下的中国伙伴关系维护——以中缅关系为例”,徐希才撰,载《领导科学论坛》2016年第1期。

“21世纪以来中国与老挝关系的发展”,李进、杨艳明撰,载《东南亚纵横》2016年第4期。

“新形势下昆明深化南亚东南亚国际友城发展研究”,李美婷撰，载《云南民族大学学报（哲学社会科学版）》2016 年第 3 期。

“战后东南亚排华运动再探析：基于种族支配的视角”，王九龙撰，载《东南亚研究》2016 年第 1 期。

“中国与东盟区域经贸合作风险防范法律机制创新研究——以广西与东盟国家经贸合作风险防范为研究视角”，曹平撰，载《改革与战略》2016 年第 9 期。

“中泰关系近况与泰国社会厌华情绪”，张锡镇撰，载《东南亚研究》2016 年第 3 期。

“中越关系的困境与重构：一个方法论的思考”，潘金娥撰，载《党政研究》2016 年第 1 期。

中国与东盟文化、教育交流合作

“‘一带一路’背景下中国和东盟知识产权保护与合作的法律协调研究”，吕娜撰，载《云南行政学院学报》2016 年第 2 期。

“海上丝绸之路与中国的对外文化交流——以中国与东南亚的文化交流为例”，贺圣达撰，载《东南亚南亚研究》2016 年第 2 期。

“当前中国与泰国加强文化交流的前景分析”，李进、何英撰，载《东南亚纵横》2016 年第 1 期。

“中越古典诗歌互译技巧初探”，莫子祺撰，载《百色学院学报》2016 年第 2 期。

“东南亚来华留学生的社会交往状况分析——基于 15 所院校的问卷数据与访谈资料”，梁茂春、陈文撰，载《世界民族》2016 年第 2 期。

“东盟来华留学生的汉语课堂学习焦虑及其疏导”，梁泽鸿、全克林撰，载《广西师范大学学报：哲学社会科学版》2016 年第 3 期。

“妈祖信仰在东亚传播的特点——以新加坡天福宫和长崎福济寺为个案的研究”，陈衍德撰，载《东南亚研究》2016 年第 5 期。

“泰国华侨报德善堂与中华文化海外传播”，肖潇撰，载《福建省社会主义学院学报》2016 年第 2 期。

“泰国留学生在华学习适应调查——以华侨大学泰国留学生为研究对象”，钟慧、沈玲撰，载《东南亚纵横》2016 年第 5 期。

“印度尼西亚的中国观探究——以《雅加达邮报》的涉华报道为例”，黄里云撰，载《学术论坛》2016 年第 3 期。

“‘一带一路’背景下广西对接东盟文化产业发展研究”，谢卓华撰，载《广西社会科学》2016 年第 3 期。

“‘一带一路’背景下优化广西面向东盟国际传播策略研究”，庄严撰，载《广西经济干部管理学院学报》2016 年第 1 期。

中国与东盟区域、次区域合作

“‘21 世纪海上丝绸之路’东南亚战略支点国家的构建”，王勇辉撰，载《世界经济与政治论坛》2016 年第 3 期。

“‘一带一路’建设在中南半岛面临的挑战与中国地缘战略重构”，熊琛然撰，载《东南亚纵横》2016 年第 4 期。

“东盟‘N－X’机制及其对‘孟中印缅经济走廊’建设的启示”，邹春萌、杨祥章撰，载《南亚研究》2016 年第 3 期。

“海上丝绸之路研究综述”，戚文闯撰，载《福建省社会主义学院学报》2016 年第 2 期。

“环（泛）北部湾—东盟海上旅游合作开发策略——基于‘21 世纪海丝路’合作倡议之探索”，陈邦瑜、麻名佳撰，载《广西经济管理干部学院学报》2016 年第 2 期。

“跨境民族与次区域经济合作发展研究——以大湄公河次区域合作为例”，吴世韶、钟瑞添撰，载《广西社会科学》2016 年第 4 期。

“澜沧江—湄公河国际水运通道建设研究”，阮思阳、李宇薇撰，载《广西社会科学》2016 年第 6 期。

“澜湄合作机制视角下的水资源安全治理”，邢伟撰，载《东南亚研究》2016 年第 6 期。

“孟中印缅经济走廊的线路研究”，殷永林撰，载《云南社会科学》2016 年第 1 期。

“信任积累、务实合作与孟中印缅经济走廊的推进”，杨先明撰，载《学术探索》2016 年第 2 期。

“澜沧江—湄公河合作机制与跨境安全治理”，卢光盛、张励撰，载《南洋问题研究》2016 年第 3 期。

“缅甸对‘一带一路’的认知和反应”，李晨阳、宋少军撰，载《南洋问题研究》2016 年第 4 期。

中国与东盟国家比较研究

“中国与菲律宾税制比较研究”，缪慧星撰，载《东南亚纵横》2016 年第 1 期。

“中越合同履行抗辩权体系比较研究”，邱俞捷撰，载《广西社会科学》2016 年第 1 期。

“中越合同效力法律规制比较研究”，邱俞捷撰，载《广西社会科学》2016 年第 5 期。

“中越跨境民族文学比较、融合与传承研究”，陈萍撰，载《贵州民族研究》2016 年第 2 期。

“古代中国与近代老、越山地泰族土地神祭祀的比较研究”，马伯乐著，胡锐译注，载《广西民族研究》2016 年第 5 期。

“试论中越语言文字政策的相似点——兼论中国语言政策对越南语言政策的启示”，裴辉强、张先亮撰，载《浙江师范大学学报（社会科学版）》2016 年第 4 期。

“菲律宾语言政策及其对中国外语教育政策的启示”，邹长虹、尹少君撰，载《社会科学家》2016 年第 4 期。

“越汉成语俗语的同涵异构文化探析”，岑新明撰，载《广西民族大学学报（哲学社会科学版）》2016 年第 3 期。

“越南汉文小说对中国文学文化的‘化’与‘借’”，庞希云、李志峰撰，载《广西社会科学》2016 年第 2 期。

“越中跨境民族族称解读”，陈智睿撰，梁敢译，载《百色学院学报》2016 年第 1 期。

“中国南海周边国家和地区海洋捕捞渔业发展趋势与政策——基于中国与印度尼西亚、菲律宾、越南、马来西亚、文莱、中国台湾地区的比较”，韩杨、张玉强、刘维、刘聪撰，载《世界农业》2016 年第 1 期。

“中越两国骆越文化研究的流变与分异”，杨健、周智生、熊世平撰，载《云南师范大学学报（哲学社会科学版）》2016 年第 1 期。

“中越两国市场转轨过程中福利体制之比较研究”，乔纳森·伦敦、杨海兰、段茹撰，载《广西社会科学》2016 年第 2 期。

（张　磊）

投资贸易指南

中国投资贸易指南

中国商务部　海关总署公告
（2016 年第 45 号）

根据《国务院关于促进加工贸易创新发展的若干意见》（国发〔2016〕4 号）、《国务院关于促进外贸回稳向好的若干意见》（国发〔2016〕27 号）要求和国务院行政审批改革总体部署，在全国范围内取消加工贸易业务审批，建立健全事中事后监管机制。现就有关事项公告如下：

一、取消商务主管部门对加工贸易合同审批和加工贸易保税进口料件或制成品转内销审批。各级商务主管部门不再签发《加工贸易业务批准证》《联网监管企业加工贸易业务批准证》和《加工贸易保税进口料件内销批准证》《加工贸易不作价设备批准证》。海关特殊监管区域管委会不再签发《出口加工区加工贸易业务批准证》和《出口加工区深加工结转业务批准证》。

二、开展加工贸易业务的企业，凭商务主管部门或海关特殊监管区域管委会出具的有效期内的《加工贸易企业经营状况和生产能力证明》（打印表样式见附件）到海关办理加工贸易手（账）册设立（变更）手续，海关不再验核相关许可证件，并按《加工贸易企业经营状况和生产能力证明》中列名的税目范围（即商品编码前 4 位）进行手册设立（变更）。涉及禁止或限制开展加工贸易商品的，企业应在取得商务部批准文件后到海关办理有关业务。

三、海关特殊监管区域外加工贸易保税进口料件或者制成品如需转内销的，海关依法征收税款和缓税利息。进口料件涉及许可证件管理的，企业还应当向海关提交相关许可证件。

加工贸易项下关税配额农产品办理内销手续时，海关验核贸易方式为“一般贸易”的关税配额证原件或关税配额外优惠关税税率配额证原件（以下简称“一般贸易配额证”），按关税配额税率或关税配额外暂定优惠关税税率计征税款和缓税利息。无一般贸易配额证的，按关税配额外税率计征税款和缓税利息。

四、严格加工贸易企业经营状况和生产能力核查机制。各级商务主管部门、海关特殊监管区域管委会要严格执行加工贸易企业经营状况和生产能力核查制度，为企业出具《加工贸易企业经营状况和生产能力证明》。

五、各级商务主管部门和海关要加强衔接，密切配合，制订加工贸易管理操作流程或办事指引，规范服务，便利企业，为加工贸易发展营造良好环境。

六、本公告自 2016 年 9 月 1 日起实施。

附件：《加工贸易企业经营状况和生产能力证明》打印表

中国商务部　海关总署
2016 年 8 月 25 日

中国国家发展改革委、商务部公告
（2016 年第 22 号）

2016 年 9 月 3 日，中国第十二届全国人民代表大会常务委员会第 22 次会议审议通过《关于修改〈中华人民共和国外资企业法〉等四部法律的决定》，将不涉及国家规定实施准入特别管理措施的外商投资企业设立及变更，由审批改为备案管理。经中国国务院批准，外商投资准入特别管理措施范围按《外商投资产业指导目录（2015 年修订）》中限制类和禁止类以及鼓励类中有股权要求、高管要求的有关规定执行。涉及外资并购设立企业积变更，按现行有关规定执行。

中国国家发展改革委　商务部
2016 年 10 月 8 日

中华人民共和国商务部令
（2016 年第 3 号）

《外商投资企业设立及变更备案管理暂行办法》已经中国商务部第 83 次部务会议审议通过，现予发布，自公布之日起施行。

中国商务部部长　高虎城
2016 年 10 月 8 日

外商投资企业设立及变更备案管理暂行办法

第一章　总则

第一条

为进一步扩大对外开放，推进外商投资管理体制改革，完善法治化、国际化、便利化的营商环境，根据《中华人民共和国中外合资经营企业法》《中华人民共和国中外合作经营企业法》《中华人民共和国外资企业法》《中华人民共和国公司法》及相关法律、行政法规及国务院决定，制定本办法。

第二条　外商投资企业的设立及变更，不涉及国家规定实施准入特别管理措施的，适用本办法。

第三条　国务院商务主管部门负责统筹和指导全国范围内外商投资企业设立及变更的备案管理工作。

各省、自治区、直辖市、计划单列市、新疆生产建设兵团、副省级城市的商务主管部门，以及自由贸易试验区、国家级经济技术开发区的相关机构是外商投资企业设立及变更的备案机构，负责本区域内外商投资企业设立及变更的备案管理工作。

备案机构通过外商投资综合管理信息系统（以下简称综合管理系统）开展备案工作。

第四条

外商投资企业或其投资者应当依照本办法真实、准确、完整地提供备案信息，填写备案申报承诺书，不得有虚假记载、误导性陈述或重大遗漏。外商投资企业或其投资者应妥善保存与已提交备案信息相关的证明材料。

第二章　备案程序

第五条

设立外商投资企业，属于本办法规定的备案范围的，在取得企业名称预核准后，应由全体投资者（或外商投资股份有限公司的全体发起人，以下简称全体发起人）指定的代表或共同委托的代理人在营业执照签发前，或由外商投资企业指定的代表或委托的代理人在营业执照签发后 30 日内，通过综合管理系统，在线填报和提交《外商投资企业设立备案申报表》（以下简称《设立申报表》）及相关文件，办理设立备案手续。

第六条

属于本办法规定的备案范围的外商投资企业，发生以下变更事项的，应由外商投资企业指定的代表或委托的代理人在变更事项发生后 30 日内通过综合管理系统在线填报和提交《外商投资企业变更备案申报表》（以下简称《变更申报表》）及相关文件，办理变更备案手续：

（一）外商投资企业基本信息变更，包括名称、注册地址、企业类型、经营期限、投资行业、业务类型、经营范围、是否属于国家规定的进口设备减免税范围、注册资本、投资总额、组织机构构成、法定代表人、外商投资企业最终实际控制人信息、联系人及联系方式变更；

（二）外商投资企业投资者基本信息变更，包括姓名（名称）、国籍/地区或地址（注册地或注册地址）、证照类型及号码、认缴出资额、出资方式、出资期限、资金来源地、投资者类型变更；

（三）股权（股份）、合作权益变更；

（四）合并、分立、终止；

（五）外资企业财产权益对外抵押转让；

（六）中外合作企业外国合作者先行回收投资；

（七）中外合作企业委托经营管理。

其中，合并、分立、减资等事项依照相关法律法规规定应当公告的，应当在办理变更备案时说明依法办理公告手续情况。

前述变更事项涉及最高权力机构做出决议的，以外商投资企业最高权力机构做出决议的时间为变更事项的发生时间；法律法规对外商投资企业变更事项的生效条件另有要求的，以满足相应要求的时间为变更事项的发生时间。

外商投资的上市公司及在全国中小企业股份转让系统挂牌的公司，可仅在外国投资者持股比例变化累计超过 5% 以及控股或相对控股地位发生变化时，就投资者基本信息或股份变更事项办理备案手续。

第七条　外商投资企业或其投资者办理外商投资企业设立或变更备案手续，需通过综合管理系统上传提交以下文件：

（一）外商投资企业名称预先核准材料或外商投资企业营业执照；

（二）外商投资企业全体投资者（或全体发起人）或其授权代表签署的《外商投资企业设立备案申报承诺书》，或外商投资企业法定代表人或其授权代表签署的《外商投资企业变更备案申报承诺书》；

（三）全体投资者（或全体发起人）或外商投资企业指定代表或者共同委托代理人的证明，包括授权委托书及被委托人的身份证明；

（四）外商投资企业投资者或法定代表人委托他人签署相关文件的证明，包括授权委托书及被委托人的身份证明（未委托他人签署相关文件的，无须提供）；

（五）投资者主体资格证明或自然人身份证明（变更事项不涉及投资者基本信息变更的，无须提供）；

（六）法定代表人自然人身份证明（变更事项不涉及法定代表人变更的，无须提供）。

前述文件原件为外文的，应同时上传提交中文翻译件，外商投资企业或其投资者应确保中文翻译件内容与外文原件内容保持一致。

第八条　外商投资企业的投资者在营业执照签发前已提交备案信息的，如投资的实际情况发生变化，应在营业执照签发后 30 日内向备案机构就变化情况履行变更备案手续。

第九条

经审批设立的外商投资企业发生变更，且变更后的外商投资企业不涉及国家规定实施准入特别管理措施的，应办理备案手续；完成备案的，其《外商投资企业批准证书》同时失效。

第十条　备案管理的外商投资企业发生的变更事项涉及国家规定实施准入特别管理措施的，应按照外商投资相关法律法规办理审批手续。

第十一条

外商投资企业或其投资者在线提交《设立申报表》或《变更申报表》及相关文件后，备案机构对填报信息形式上的完整性和准确性进行核对，并对申报事项是否属于备案范围进行甄别。属于本办法规定的备案范围的，备案机构应在 3 个工作日内完成备案。不属于备案范围的，备案机构应在 3 个工作日内在线通知外商投资企业或其投资者按有关规定办理，并通知相关部门依法处理。

备案机构发现外商投资企业或其投资者填报的信息形式上不完整、不准确，或需要其对经营范围作出进一步说明的，应一次性在线告知其在 15 个工作日内在线补充提交相关信息。提交补充信息的时间不计入备案机构的备案时限。如外商投资企业或其投资者未能在 15 个工作日内补齐相关信息，备案机构将在线告知外商投资企业或其投资者未完成备案。外商投资企业或其投资者可就同一设立或变更事项另行提出备案申请，已实施该设立或变更事项的，应于 5 个工作日内另行提出。

备案机构应通过综合管理系统发布备案结果，外商投资企业或其投资者可在综合管理系统中查询备案结果信息。

第十二条

备案完成后，外商投资企业或其投资者可凭外商投资企业名称预核准材料（复印件）或外商投资企业营业执照（复印件）向备案机构领取《外商投资企业设立备案回执》或《外商投资企业变更备案回执》（以下简称《备案回执》）。

第十三条　备案机构出具的《备案回执》载明如下内容：

（一）外商投资企业或其投资者已提交设立或变更备案申报材料，且符合形式要求；

（二）备案的外商投资企业设立或变更事项；

（三）该外商投资企业设立或变更事项属于备案范围；

（四）是否属于国家规定的进口设备减免税范围。

第三章　监督管理

第十四条　商务主管部门对外商投资企业及其投资者遵守本办法情况实施监督检查。

商务主管部门可采取抽查、根据举报进行检查、根据有关部门或司法机关的建议和反映的情况进行检查，以及依职权启动检查等方式开展监督检查。

商务主管部门与公安、国有资产、海关、税务、工商、证券、外汇等有关行政管理部门应密切协同配合，加强信息共享。商务主管部门在监督检查的过程中发现外商投资企业或其投资者有不属于本部门管理职责的违法违规行为，应及时通报有关部门。

第十五条

商务主管部门应当按照公平规范的要求，根据外商投资企业的备案编号等随机抽取确定检查对象，随机选派检查人员，对外商投资企业及其投资者进行监督检查。抽查结果由商务主管部门通过商务部外商投资信息公示平台予以公示。

第十六条

公民、法人或其他组织发现外商投资企业或其投资者存在违反本办法的行为的，可以向商务主管部门举报。举报采取书面形式，有明确的被举报人，并提供相关事实和证据的，商务主管部门接到举报后应当进行必要的检查。

第十七条

其他有关部门或司法机关在履行其职责的过程中，发现外商投资企业或其投资者有违反本办法的行为的，可以向商务主管部门提出监督检查的建议，商务主管部门接到相关建议后应当及时进行检查。

第十八条

对于未按本办法的规定进行备案，或曾有备案不实、对监督检查不予配合、拒不履行商务主管部门作出的行政处罚决定记录的外商投资企业或其投资者，商务主管部门可依职权对其启动检查。

第十九条　商务主管部门对外商投资企业及其投资者进行监督检查的内容包括：

（一）是否按照本办法规定履行备案手续；

（二）外商投资企业或其投资者所填报的备案信息是否真实、准确、完整；

（三）是否在国家规定实施准入特别管理措施中所列的禁止投资领域开展投资经营活动；

（四）是否未经审批在国家规定实施准入特别管理措施中所列的限制投资领域开展投资经营活动；

（五）是否存在触发国家安全审查的情形；

（六）是否伪造、变造、出租、出借、转让《备案回执》；

（七）是否履行商务主管部门作出的行政处罚决定。

第二十条　检查时，商务主管部门可以依法查阅或者要求被检查人提供有关材料，被检查人应当如实提供。

第二十一条　商务主管部门实施检查不得妨碍被检查人正常的生产经营活动，不得接受被检查人提供的财物或者服务，不得谋取其他非法利益。

第二十二条

商务主管部门和其他主管部门在监督检查中掌握的反映外商投资企业或其投资者诚信状况的信息，应记入商务部外商投资诚信档案系统。其中，对于未按本办法规定进行备案，备案不实，伪造、变造、出租、出借、转让《备案回执》，对监督检查不予配合或拒不履行商务主管部门作出的行政处罚决定的，商务主管部门应将相关诚信信息通过商务部外商投资信息公示平台予以公示。

商务部与相关部门共享外商投资企业及其投资者的诚信信息。

商务主管部门依据前二款公示或者共享的诚信信息不得含有外商投资企业或其投资者的个人隐私、商业秘密，或国家秘密。

第二十三条

外商投资企业及其投资者可以查询商务部外商投资诚信档案系统中的自身诚信信息，如认为有关信息记录不完整或者有错误的，可以提供相关证明材料并向商务主管部门申请修正。经核查属实的，予以修正。

对于违反本办法而产生的不诚信记录，在外商投资企业或其投资者改正违法行为、履行相关义务后3年内未再发生违反本办法行为的，商务主管部门应移除该不诚信记录。

第四章　法律责任

第二十四条

外商投资企业或其投资者违反本办法的规定，未能按期履行备案义务，或在进行备案时存在重大遗漏的，商务主管部门应责令限期改正；逾期不改正，或情节严重的，处3万元以下罚款。

外商投资企业或其投资者违反本办法的规定，逃避履行备案义务，在进行备案时隐瞒真实情况、提供误导性或虚假信息，或伪造、变造、出租、出借、转让《备案回执》的，商务主管部门应责令限期改正，并处3万元以下罚款。违反其他法律法规的，由有关部门追究相应法律责任。

第二十五条

外商投资企业或其投资者未经审批在国家规定实施准入特别管理措施所列的限制投资领域开展投资经营活动的，商务主管部门应责令限期改正，并处3万元以下罚款。违反其他法律法规的，由有关部门追究相应法律责任。

第二十六条

外商投资企业或其投资者在国家规定实施准入特别管理措施所列的禁止投资领域开展投资经营活动的，商务主管部门应责令限期改正，并处3万元以下罚款。违反其他法律法规的，由有关部门追究相应法律责任。

第二十七条　外商投资企业或其投资者逃避、拒绝或以其他方式阻挠商务主管部门监督检查的，由商务主管部门责令改正，可处1万元以下的罚款。

第二十八条　有关工作人员在备案或监督管理的过程中滥用职权、玩忽职守、徇私舞弊、索贿受贿的，依法给予行政处分;构成犯罪的,依法追究刑事责任。

第五章　附则

第二十九条

本办法实施前商务主管部门已受理的外商投资企业设立及变更事项,未完成审批且属于备案范围的,审批程序终止,外商投资企业或其投资者应按照本办法办理备案手续。

第三十条　外商投资事项涉及反垄断审查的,按相关规定办理。

第三十一条

外商投资事项涉及国家安全审查的,按相关规定办理。备案机构在办理备案手续或监督检查时认为该外商投资事项可能属于国家安全审查范围,而外商投资企业的投资者未向商务部提出国家安全审查申请的,备案机构应及时告知投资者向商务部提出安全审查申请,并暂停办理相关手续,同时将有关情况报商务部。

第三十二条　投资类外商投资企业(包括投资性公司、创业投资企业)视同外国投资者,适用本办法。

第三十三条　香港特别行政区、澳门特别行政区、台湾地区投资者投资不涉及国家规定实施准入特别管理措施的,参照本办法办理。

第三十四条

香港服务提供者在内地仅投资《〈内地与香港关于建立更紧密经贸关系的安排〉服务贸易协议》对香港开放的服务贸易领域,澳门服务提供者在内地仅投资《〈内地与澳门关于建立更紧密经贸关系的安排〉服务贸易协议》对澳门开放的服务贸易领域,其公司设立及变更的备案按照《港澳服务提供者在内地投资备案管理办法(试行)》办理。

第三十五条　商务部于本办法生效前发布的部门规章及相关文件与本办法不一致的,适用本办法。

第三十六条　自由贸易试验区、国家级经济技术开发区的相关机构依据本办法第三章和第四章,对本区域内的外商投资企业及其投资者遵守本办法情况实施监督检查。

第三十七条　本办法自公布之日起施行。《自由贸易试验区外商投资备案管理办法(试行)》(商务部公告2015年第12号)同时废止。

外商投资企业设立及变更备案监督检查指引

一、为加强对不涉及国家规定实施准入特别管理措施的外商投资企业设立及变更事中事后监管,规范对外商投资企业及其投资者的监督检查工作,依据《外商投资企业设立及变更备案管理暂行办法》(以下简称《备案办法》)及相关法律、行政法规及国务院文件,制定本指引。

二、本指引所称外商投资企业设立及变更备案监督检查(以下简称监督检查),是指商务主管部门和依据《备案办法》第三十六条行使监督检查职能的自由贸易试验区、国家级经济技术开发区的相关机构(以下统称检查机构)对本区域内外商投资企业及其投资者(以下简称检查对象)遵守《备案办法》的情况进行检查,并对违反《备案办法》的行为实施行政处罚的活动。其中,商务部负责指导全国范围内监督检查工作,其他检查机构负责在本区域内组织、开展监督检查工作。

检查机构进行监督检查应以随机抽查为主。此外,可应举报、根据有关部门或司法机关建议和反映情况,或依职权启动检查。

三、监督检查应坚持以下原则:

依法监管原则。严格执行有关法律法规,规范监管行为,落实监管责任,确保事中事后监管依法有序进行。

公正透明原则。坚持检查事项公开、程序公开、结果公开,保障检查对象权利平等和机会平等。

协同高效原则。建立健全协同监管与信息共享机制,形成监管合力,提高监管效率。

谁检查谁反馈原则。检查机构负责向被检查对象反馈各自实施的检查结果。

四、检查机构应在外商投资综合管理信息系统(以下简称综合管理系统)中建立监督检查人员名录库,监督检查人员应具有行政执法资格。

采取随机抽查方式进行监督检查的,检查机构应根据本区域外商投资企业设立及变更备案的具体情况制定年度抽查计划,确定抽查频率和抽查比例。原则上抽查频率应不少于每年度两次。检查机构应通过综合管理系统随机抽取监督检查人员和检查对象。执行每次检查任务的工作人员应不少于2人。随机抽取的检查人员中,与检查对象有利害关系的,应依法回避。检查人员现场监督检查应佩戴执法标识,出示“行政执法证”。

抽查分为不定向抽查和定向抽查。不定向抽查指检查机构按照公平、规范的要求,根据外商投资企业的备案编号,按照不少于3%的比例随机抽取本区域内的企业,生成抽查名单,对名单内检查对象遵守《备案办法》的情况进行检查。定向抽查指检查机构按照外商投资企业投资规模、所属行业、地理区域等特征,以适当比例随机抽取本区域内企业,生成抽查名单,对名单内检查对象遵守《备案办法》的情况进行检查。

随机抽取的检查对象中,在最近一次检查中未发现违法违规及违反《备案办法》行为,且两次检查期间内未发生需办理备案手续的变更事项的,可不列入本次抽查名单。对于投诉举报多、列入经营异常名录或有严重违法记录等情况的检查对象,以及涉及群众生命财产安全的特殊行业、重点区域的检查对象,不受限制。

五、公民、法人或其他组织发现外商投资企业或其投资者存在违反《备案办法》行为的,可以向检查机构举报。检查机构应公布举报受理方式(电话号码、电子邮件及邮寄地址等)。采取书面形式并实名举报,并提供相关事实和证据的,检查机构接到举报后应及时进行必要的检查,并将检查结果书面反馈举报人。

六、有关部门或司法机关在履行其职责的过程中,发现外商投资企业或其投资者有违反《备案办法》行为的,可以向检查机构提出监督检查建议。检查机构接到相关建议后应当及时进行检查,并将检查结果反馈有关部门或司法机关。

七、对于未按《备案办法》规定进行备案,或曾有备案不实、对监督检查不予配合、拒不履行检查机构作出的行政处罚决定记录的外商投资企业或其投资者,检查机构可依职权对其启动检查。

其中应备案而未按《备案办法》规定进行备案的,检查机构应通过信息共享机制定期比对工商市场主体登记注册信息与外商投资企业备案信息,发现问题后可对相关企业启动检查。

八、检查机构依照《备案办法》第十九条规定的监督检查内容进行现场查验或书面检查,应至少提前3个工作日向检查对象下达《外商投资企业设立及变更备案检查通知》,并告知检查时需查阅或要求提交的文件材料。

九、检查机构应在现场查验或收到检查对象提交的全部备查材料后20个工作日内将检查结果书面告知检查对象。

十、检查机构应制作检查工作记录表,如实记载检查情况,并将有关内容记入商务部外商投资诚信档案系统。

十一、检查对象存在《备案办法》第四章第二十四条、二十五条、二十六条、二十七条中所列行为的,检查机构应根据具体情况责令其在1~30个工作日内予以改正;符合罚款条件的,可依据相关规定对其作出罚款处罚。实施罚款应符合《行政处罚法》的有关规定。相关处罚情况将通过商务部外商投资信息公示平台予以公示。

十二、检查机构应发挥协同监管作用,对于监督检查过程中发现的检查对象可能存在不属于本部门管理职责的违法违规行为和监督检查结果,应及时通报公安、国有资产、海关、税务、工商、证券、外汇等相关监管部门,并按照国家社会信用信息平台建设的总体要求,通过商务部外商投资诚信档案系统与相关监管部门共享相关信息。

十三、对于因违反《备案办法》而公示的不诚信记录,检查对象改正违法违规行为,且在履行相关义务后3年内未再发生违反《备案办法》行为的,检查机构应在公示平台中移除该不诚信记录。

十四、各省、自治区、直辖市、计划单列市、新疆生产建设兵团、副省级城市的商务主管部门,以及各自由贸易试验区、国家级经济技术开发区的相关机构可依据本指引制定本区域监督检查实施细则,并抄报国务院商务主管部门。

十五、《外商投资企业设立及变更备案检查通知》》样式由国务院商务主管部门统一制定。

十六、《港澳服务提供者在内地投资备案管理办法(试行)》的监督检查工作参照本指引执行。

中国2017年出口许可证管理货物目录和进口许可证管理货物目录

依据《中华人民共和国对外贸易法》《中华人民共和国货物进出口管理条例》《消耗臭氧层物质管理条例》和有关规章,中国商务部、海关总署于2016年12月30日公布《2017年出口许可证管理货物目录》(以下简称为目录),自2017年1月1日起执行。中国商务部、海关总署2015年12月29日发布的《2016年出口许可证管理货物目录》同时废止。

依据《中华人民共和国对外贸易法》《中华人民共和国货物进出口管理条例》《消耗臭氧层物质管理条例》和《重点旧机电产品进口管理办法》,中国商务部、海关总署、质检总局于2016年12月30日公布《2017年进口许可证管理货物目录》,自2017年1月1日起执行。中国商务部、海关总署、质检总局2015年12月30日公布的《2016年进口许可证管理货物目录》同时废止。

有关事项公告如下:

一、列入目录的货物有44种,分别属于出口配额或出口许可证管理。

(一)属于出口配额管理的货物为:活牛(对港澳出口)、活猪(对港澳出口)、活鸡(对港澳出口)、小麦、玉米、大米、小麦粉、玉米粉、大米粉、甘草及甘草制品、蔺草及蔺草制品、磷矿石、煤炭、原油、成品油(不含润滑油、润滑脂、润滑油基础油)、锯材、棉花、白银。

出口本款所列上述货物的,需按规定申请取得配额(全球配额或国别、地区配额),凭配额证明文件申领出口许可证。其中,出口甘草及甘草制品、蔺草及蔺草制品的,需凭配额招标中标证明文件申领出口许可证。

(二)属于出口许可证管理的货物为:活牛(对港澳以外市场)、活猪(对港澳以外市场)、活鸡(对港澳以外市场)、牛肉、猪肉、鸡肉、天然砂(含标准砂)、矾土、镁砂、滑石块(粉)、氟石(萤石)、稀土、锡及锡制品、钨及钨制品、钼及钼制品、锑及锑制品、焦炭、成品油(润滑油、润滑脂、润滑油基础油)、石蜡、部分金属及制品、硫酸二钠、碳化硅、消耗臭氧层物质、柠檬酸、维生素C、青霉素工业盐、铂金(以加工贸易方式出口)、铟及铟制品、摩托车(含全地形车)及其发动机和车架、汽车(包括成套散件)及其底盘等。其中,对向港、澳、台地区出口的天然砂实行出口许可证管理,对标准砂实行全球出口许可证管理。

消耗臭氧层物质的货样广告品需凭出口许可证出口。企业以一般贸易、加工贸易、边境贸易和捐赠贸易方式出口汽车、摩托车产品,需申领出口许可证,并符合申领许可证的条件;企业以工程承包方式出口汽车、摩托车产品,需凭中标文件等相关证明材料申领出口许可证;企业以上述贸易方式出口非原产于中国的汽车、摩托车产品,需凭进口海关单据和货物出口合同申领出口许可证;其他贸易方式出口汽车、摩托车产品免予申领出口许可证。

(三)以边境小额贸易方式出口以招标方式分配出口配额的货物和属于出口许可证管理的消耗臭氧层物质、摩托车(含全地形车)及其发动机和车架、汽车(包括成套散件)及其底盘等货物的,需按规定申领出口许可证。以边境小额贸易方式出口属于出口配额管理的货物的,由有关地方商务主管部门(省级)根据商务部下达的边境小额贸易配额和要求签发出口许可证。以边境小额贸易方式出口本款上述以外的列入目录的货物,免于申领出口许可证。

(四)铈及铈合金(颗粒<500μm)、钨及钨合金(颗粒<500μm)、锆、铍的出口免于申领出口许可证,但需按规定申领两用物项和技术出口许可证。

(五)我国政府对外援助项下提供的目录内货物不纳入出口配额和出口许可证管理。

二、对玉米、大米、钨及钨制品、锑及锑制品、煤炭、原油、成品油、棉花、白银等货物实行出口国营贸易管理。

继续暂停对润滑油(27101991)、润滑脂(27101992)和润滑油基础油(27101993)一般贸易出口的国有贸易管理,实行出口许可证管理。企业凭货物出口合同申领出口许可证,海关凭出口许可证验放。其他贸易方式下出口管理仍按商务部、发展改革委、海关总署2008年第30号公告执行。

三、加工贸易项下出口目录内货物的,按以下规定执行:

(一)以加工贸易方式出口属于配额管理的货物,凭配额证明文件、有效期内的《加工贸易企业经营状况及生产能力证明》和货物出口合同申领出口许可证。其中,出口以招标方式分配配额的货物,凭有效期内的《加工贸易企业经营状况及生产能力证明》、配额招标中标证明文件、海关加工贸易进口报关单和货物出口合同申领出口许可证。

(二)以加工贸易方式出口属于出口许可证管理的货物,

凭有效期内的《加工贸易企业经营状况及生产能力证明》、有关批准文件、海关加工贸易进口报关单和货物出口合同申领出口许可证。其中，申领白银出口许可证需加验商务部批件；加工贸易项下出口成品油（润滑油、润滑脂和润滑油基础油）需凭有效期内的《加工贸易企业经营状况及生产能力证明》、海关加工贸易进口报关单和省级商务主管部门申请函申领出口许可证。加工贸易项下出口成品油（不含润滑油、润滑脂、润滑油基础油）免于申领出口许可证。

四、为实施出口许可证联网核销，对不属于“一批一证”制的货物，出口许可证签发时应在备注栏内填注“非一批一证”。在出口许可证有效期内，“非一批一证”制货物可以多次报关使用，但最多不超过12次。12次报关后，出口许可证即使尚存余额，海关也停止接受报关。属于“非一批一证”制的货物为：

1. 外商投资企业出口货物；

2. 加工贸易方式出口货物；

3. 补偿贸易项下出口货物；

4. 小麦、玉米、大米、小麦粉、玉米粉、大米粉、活牛、活猪、活鸡、牛肉、猪肉、鸡肉、原油、成品油、煤炭、摩托车（含全地形车）及其发动机和车架、汽车（包括成套散件）及其底盘。

消耗臭氧层物质的出口许可证管理实行“一批一证”制，出口许可证在有效期内一次报关使用。

五、为维护对外贸易秩序，对目录内部分货物实行指定口岸报关出口。

（一）甘草出口的报关口岸指定为天津海关、上海海关、大连海关；甘草制品出口的报关口岸指定为天津海关、上海海关。

（二）镁砂项下产品“按重量计含氧化镁70%以上的混合物”（海关商品编码为3824909200）的出口不再指定报关口岸，镁砂项下其他产品的出口指定大连（大窑湾、营口、鲅鱼圈、丹东、大东港、庄河）、青岛（莱州海关）、天津（东港、新港）、长春（图们）、满洲里为报关口岸。

（三）稀土出口的报关口岸指定为天津海关、上海海关、青岛海关、黄埔海关、呼和浩特海关、南昌海关、宁波海关、南京海关和厦门海关。

（四）锑及锑制品出口的报关口岸指定为黄埔海关、北海海关、天津海关。

（五）对台港澳地区出口天然砂的报关口岸限定于企业所在省的海关。

具体2017年出口许可证管理货物目录见中国商务部网站：http://www. mofcom. gov. cn /article /b /c /201701 /20170102462050. shtml.

2017年进口许可证管理货物目录见中国商务部网站：http://www. mofcom. gov. cn /article /b /c /201612 /20161202454765. shtml.

文莱投资贸易指南

一、对外贸易法规和政策规定

（一）贸易主管部门

文莱对外贸易主管部门为文莱外交与贸易部，其主要职责是：参与对外贸易谈判、商签自由贸易区协定、对外贸易促进等。文莱营商环境的改善由文莱首相府能源与工业局负责。

（二）贸易法规体系

文莱与贸易相关的主要法律包括海关法、消费法以及一系列涉及食品安全和清真要求的法规。2001年和2006年分别颁布证券法和银行法。2010年出台清真药品、保健品生产认证标准。2015年颁布《竞争法》，2016年颁布《破产法》《公司法修正案》。

（三）贸易管理相关规定

文莱实行自由贸易政策，除少数商品受许可证、配额等限制外，其余商品均放开经营。

1. 进口管理。出于环境、健康、安全和宗教方面的考虑，文莱海关对少数商品实行进口许可管理。植物、农作物和牲畜、蔬菜、水果、蛋须由农业局签发进口许可证（植物不能带土），军火、爆炸物、鞭炮、废金属等由皇家警察局发证，印刷品、出版物、电影、宗教书籍等由皇家警察局、伊斯兰宣教中心和内安局发证，木材由林业局发证，大米、食糖、盐由信息技术和国家储备局发证，二手车及非机动车由皇家海关、陆路交通局发证，电话装置、无线电设备由通讯局发证，药品由卫生部发证，清真食品以及新鲜、冷藏、冷冻的肉类由清真进口许可证理事会、卫生部、农业局、皇家海关发证，广播设备由首相府发证，鱼、虾、贝类、水生物及捕鱼设备由海业局发证，文莱制造或发掘的文物，由文莱博物局发证。

没有商业价值的样品可免税进口，有商业价值的样品进口，需交抵押金，如果样品在3个月内出境，可退还抵押金。

禁止进口商品包括：鸦片、海洛因、吗啡、淫秽品、印有钞

文莱与贸易相关的主要法规

法规名称	主要内容
海关法及相关规定（2006）	有关海关规定。包括特别关税、关税返还、对违反规定的处罚等
进口商品估价规定（2001）	根据世贸规则明确海关估价
（1）东盟通用特别关税条例（2005） （2）中国—东盟全面经济合作框架协议下东盟—中国早期收获计划商品关税条例（2005） （3）中国—东盟全面经济合作框架协议下海关货物贸易协议（2006）	实施有关东盟贸易协议
公司法（1957）	公司注册法规等
证券法（2001）	政府间金融往来、为经营商及有关个人在管理和交易证券方面提供建议
银行法（2006）	银行执照
投资促进法（2001）	投资领域
清真肉类法	规范清真肉类产品的进口和市场供应
商标法（2000）	商品
公共卫生（食品）条例（2001）及公共卫生（食品）2002）	食品安全
破产法（2016）	企业破产保护及相关处理规定
竞争法（2015）	企业市场竞争相关规定
清真医药制品、传统药品及保健品生产与处理指引（2010）	清真药品、保健品的生产、认证标准

资料来源：文莱检查总署

票式样的印刷品等。

酒精饮料进口受到严格限制。

2. 出口限制。除了对石油、天然气出口控制，对动物、植物、木材、大米、食糖、食盐、文物、军火等少数物品实行出口许可证管理，其他商品出口管制很少。

(四)进出口商品检验检疫

文莱公共卫生(食品)条例规定所有食品，无论是进口产品还是本地产品，都要安全可靠，具有良好品质，符合伊斯兰教清真食品的要求，尤其对肉类的进口实行严格的清真检验。对于某些动植物产品，如牛肉、家禽，需提交卫生检疫证书，进口食用油不能有异味、不含任何矿物油，动物脂肪须来自在屠宰时身体健康的牲畜并适合人类食用，动物脂肪和食用油须是单一形式，不能将两种或多种脂肪和食用油混合。脂肪和食用油的包装标签上不得有“多不饱和的”字眼或相似字眼。非食用的动物脂肪须出具消毒证明。进口活动物必须有兽医证明。

大豆奶应是从优质大豆中提取的液体食品，可包括糖、无害的植物物质，除了允许的稳定剂、氧化剂和化学防腐剂外，不得含有其他的物质，并且其蛋白质含量不少于2%等。

此外，该条例对食品添加剂、包装以及肉类产品、鱼类产品、调味品、动物脂肪和油、奶产品、冰淇淋、糖与干果、水果、茶、咖啡、无酒饮料、香料、粮食等，都规定了相应的技术标准、对食品的生产日期、保质期、食品容器及农药最大残留量、稳定剂、氧化剂、防腐剂等都有明确的规定。

(五)海关管理规章制度

1. 管理制度。2006年新《海关条例》对特别关税、关税返还、处罚方式等做了规定。

2. 关税税率。对东盟成员国产品的关税税率大部分在0~5%之间。对食品类及大部分建筑材料和工业机械免征进口税，电器类商品及香水、化妆品、地毯、珠宝、水晶灯、丝绸、运动器材等征收5%的进口税，汽车征收20%的进口税，烟和酒精饮料有特别税率。

自2010年中国—东盟自由贸易区正式建成以来，文莱对中国商品关税逐年下降，部分非敏感产品关税在2012年已降至0，一般敏感产品关税已降至20%以下。文莱总体关税税率很低，对极少商品如香烟等商品的进口关税略高于对东盟成员国的关税。

二、对外国投资的市场准入

(一)投资主管部门

文莱外资项目审批及协调落实工作由利用外资及下游产业投资指导委员会及其常设办事机构外资行动与支持中心负责。外资项目用地及落地后的管理服务工作由达鲁萨企业负责。对外招商引资由文莱经济发展局负责。

(二)投资行业的规定

1. 禁止的行业。包括武器、毒品及与伊斯兰教义相悖的行业等。

2. 限制的行业。林业不对外资开放。

3. 鼓励的行业。包括化工、制药、制铝、建筑材料及金融业等行业。2001年投资促进法将部分产业纳入先锋行业，投资享受税收优惠，以吸引外来投资。

(三)投资方式的规定

文莱对大部分行业外资企业投资没有明确的本地股份占比规定，对外国自然人投资也没有特殊限制，仅要求公司董事至少1人为当地居民。外资在文莱投资可成立有限公司、公众公司或办事处，但文莱本地工程一般仅向本地私人公司发放。文莱经济以油气资源产业为支柱，其他产业尚不发达，因此，外国直接投资以绿地投资为主。

外资并购文莱企业的案例极少，具体操作时应向有关主管部门充分咨询过户手续及审批期限，必要时可寻求中国驻文莱使馆经商处协助。

(四)特殊经济区域的规定

文莱政府在国内共划出8个工业区以吸引外国投资。其中双溪岭工业区(Sungai Liang Industrial Site)是最主要的工业区，规划面积283公顷，主要用于油、气下游和高科技产业。在该区最大的外来投资项目是日本投资的甲醇厂项目，总投资6亿美元，设计产能85万吨，2010年5月第一批产品出口中国。

文莱8个工业区

工业区名称	规划面积(公顷)	主要用途
PMBIS/and(大摩拉岛)	955	化工产业园区、大型造船维修厂、综合海洋供给基地
Salam bigar(萨兰碧加)	137.2	轻工业、水产养殖加工
Rimba(林巴)	15	高新电子产业
Bukit Panagal(蓬加山)	50	高能耗产业
Telisai(特里塞)	3000	种养殖业
BIC(生物创新走廊)	500	清真食品药品加工
Sungai Liang(双溪岭工业区)	283	石化产业中心
Anggerek Desa(安格列克)	50	科技园，计算机产业

资料来源：文莱经济发展局

三、对外国投资的优惠

(一)优惠政策框架

文莱政府于1975年颁布投资促进法，2001年在该法基础上颁布新的投资促进法令，延长了对部分鼓励投资产业的税收优惠期。

(二)行业鼓励政策

根据投资促进法，在以下产业投资享受税收优惠：

1. 先锋产业。即有限责任公司达到以下要求：(1)符合公众利益；(2)该产业文莱未达到饱和程度；(3)具有良好发展前景，产品应具有该产业的领先性，可以获得先锋产业资格证书，并享受以下优惠：免收所得税；免30%的公司税；免公司进口机器、设备、零部件、配件及建筑构件的进口税；免原材料进口税；为生产先锋产品而进口的原材料免征进口税；可以结转亏损和津贴。先锋产品包括：航空食品、搅拌混

先锋产业的免税期(从生产日开始计算)

注册资本金额	免税期
50万~250万文元	5年
250万文元以上	8年
高科技园区内	11年
免税期延长	每次3年，总共不超过11年
(高新区)免税期延长	每次5年，总共不超过20年

凝土、制药、铝材板、轧钢设备、化工、造船、纸巾、纺织品、听装、瓶装和其他包装食品、家具、玻璃、陶瓷、胶合板、塑料及合成材料、肥料和杀虫剂、玩具、工业用气体、金属板材、工业电气设备、供水设备、宰杀、加工清真食品、废品处理工业、非金属矿产品制造。

2. 先锋服务公司。即符合公众利益,并从事以下经营活动的公司:涉及实验、顾问和研发的工程技术服务、计算机信息服务和其他相关服务、工业设计的开发和生产、休闲和娱乐的服务、出版、教育产业、医疗服务、有关农业技术的服务、有关提供仓储设备的服务、组织展览和会议的服务、金融服务、商业顾问、管理和职业服务、风险资本基金业务、物流运作和管理、运作管理私人博物馆、部长指定的其他服务和业务,可享受免所得税以及可结转亏损和补贴待遇。免税期 8 年,可延长,但不超过 11 年。

3. 出口型生产企业。即从事农业、林业或渔业的企业,若产品出口不低于其销售总额的 20%,且年出口额不低于两万文元,文莱工业与初级资源部可认定其为出口型生产企业并颁发证书。出口型企业申请续期每次不超过 5 年,最长不超过 20 年。

出口型生产企业中,非先锋企业可免税 8 年;先锋企业可免税 6 年;续期总共不超过 11 年。出口型生产企业如果满足下列条件之一,可获 15 年免税期:一经或者将要发生不低于 5000 万文元的固定资产开支;固定资产开支在 50 万文元以上、5000 万文元以下,本地公民或持居留证许可人士占股 40% 以上,且该企业已经或将要促进文莱经济或科技发展。

出口型生产企业免税范围包括:所得税;机器设备、零部件、配件或建筑结构的进口税;原材料进口税。

4. 服务出口企业。企业出口下列服务,自服务提供日起最长可获得 11 年的免除所得税及抵扣补贴与亏损的待遇:建筑、分销、设计及工程服务;顾问、管理监督、咨询服务;机械设备装配以及原材料、零部件和设备采购;数据处理、编程、计算机软件开发、电信及其他信息通讯技术服务;会计、法律、医疗、建筑等专业服务;教育、培训;文莱工业与初级资源部认可的其他服务。

5. 国际贸易企业。即从事国际贸易的行业,只要符合下列条件之一,自开始进出口业务之日起可获得 8 年的免税期。(1)从事合格制成品或文莱本地产品国际贸易的年出口额超过或有望超过 300 万文元;(2)从事合格商品转口贸易的年出口额超过或有望超过 500 万文元。

(三)地区鼓励政策

文莱暂无地区鼓励政策。

四、外国企业在文莱获得土地的规定

(一)文莱土地法的主要内容

按照文莱《土地法》,土地归国王所有,国民可以购买使用。但是土地使用需要经过土地规划管理部门的规划,经过规划的土地方可使用。土地规划的有效期满后,使用者是否可以继续使用该土地,须由法院裁定。

(二)外资企业获得土地的规定

文莱法律规定,外国人在文莱不能获得土地所有权和买卖权,外国人和侨民只能租用土地。外国直接投资者可以购买分层产权房产。2014 年 5 月,文莱经济发展局与中国葫芦岛市钢管工业有限公司签署土地租赁协议。2016 年年初,文莱推出网上土地交易系统,可在网上平台办理土地所有权过户、土地租赁、延长土地租期等业务。

五、环境保护的法律规定

(一)环保管理部门

文莱政府主管环境保护的部门是环境、园林及公共娱乐局(Jabatab Alam Sekitar Taman Rekreasi),又称 JASTRE,隶属发展部。主要职责是:开展环境管理和保护,以提高民众生活质量,推动国家经济发展和繁荣。主要职能包括:环境保护,风景区、公园及公共娱乐设施建设与管理,垃圾管理以及国际环境领域合作等。

(二)文莱主要环保法律法规名称

文莱《环境保护与管理法 2016》已进入刊登政府公报前的最后审核阶段。《有害废弃物(出口与转运控制)法 2013》正在刊登政府公报《文莱工业发展污染控制准则》已于 2002 年颁布实施。

(三)环保法律法规基本要点

1. 投资商应在项目计划初期对环境因素予以考虑。包括项目位置、采用清洁技术、污染控制措施、废物监管等。

2. 项目发展商需提供的说明材料。(1)将在项目场地上开展的贸易及加工;(2)申请人将为控制土地、空气、水及噪音污染采取的措施;(3)废料的管理和处理等;(4)全面的环境影响评估报告。

(四)环保评估相关规定

自 2010 年起,文莱新建工程项目必须通过环境评估。企业需要聘请专门机构进行环境评估,并向文莱发展部环境与公园司提交环境评估报告,评估费用根据项目规模而定。文莱正在考虑针对能源行业实施更高的环保标准。

六、保护知识产权规定

(一)有关知识产权保护的法律规定

文莱知识产权法正在草拟中。文莱的新商标法律《1999 年紧急(商标)条规》于 2000 年 6 月 1 日生效。文莱目前是世界贸易组织(WTO)的成员,已加入世界知识产权组织(WIPO),但尚未加入《商标国际注册马德里协定》等有关商标保护的国际条约。

有关知识产权保护的具体规定可与文莱高等法院和总检察署联系。

(二)知识产权侵权的相关处罚规定

文莱法律规定,违反知识产权保护规章的行为,受法律制裁,具体可向文莱总检察长署咨询及购买相关文件。

(三)与投资合作相关的主要法律

与投资相关的法律包括《合同法》《土地法》以及《投资促进法》。各项法规可通过文莱检察总署网站查询。

七、对中国企业投资合作的保护政策

(一)中国与文莱签署双边投资保护协定

2000 年中国与文莱签订《鼓励和相互保护投资协定》,并于 2004 年签署《促进贸易、投资和经济合作谅解备忘录》。

(二)中国与文莱签署避免双重征税协定

2004 年中国与文莱签订《避免双重征税和防止偷漏税的协定》。

(三)中国与文莱签署的其他协定

包括:《民用航空运输协定》(1993 年)、《卫生合作谅解备忘录》(1996 年)、《文化合作谅解备忘录》(1999 年)、《中国公民自费赴文旅游实施方案的谅解备忘录》(2000 年)、《最高人民检察院和文莱达鲁萨兰国总检察署合作协议》

(2002年)、《高等教育合作谅解备忘录》(2004年)、《最高法院合作谅解备忘录》(2004年)、《旅游合作谅解备忘录》(2006年)。

(四)其他相关保护政策

文莱是《区域全面经济关系协议(RCEP)》成员之一,《区域全面经济关系协议(RCEP)》的成员国之一,该协议完成谈判后将为成员间的投资提供更多便利和保护。

柬埔寨投资贸易指南

一、对外贸易法规和政策规定

(一)贸易主管部门

柬埔寨商业部为柬埔寨贸易主管部门。

(二)贸易法规体系

柬埔寨与贸易相关的法律法规主要包括《进出口商品关税管理法》《关于制衣行业原产地证书、商业发票、出口许可证核发的规定》《关于商业公司贸易行为的规定》《关于实施装运前检验服务的规定》《加入世界贸易组织法》《关于风险管理的次法令》《关于成立海关与税收署风险管理办公室的规定》等。

(三)贸易管理的相关规定

柬埔寨商业部负责出口审批和免税进口核准手续。在多数情况下,进口货物无须许可证。但部分产品需要获得相关政府部门特别出口授权或许可后方可出口。

1. 出口优惠。2016年,柬埔寨上升为中等偏下收入国家,目前欧盟在"除军火外所有商品倡议"下,给予柬埔寨除军火外几乎所有产品零关税的待遇,美国给予柬埔寨普惠制待遇。

2. 出口商品当地含量及原产地原则。柬埔寨目前无当地含量要求,即不限制使用进口原材料、零部件(对健康、环境或社会有害的原材料、零部件除外)。在柬埔寨,出口商应重视普惠制的原产地规则要求。普惠制下出口至美国的产品,原产地规则对当地含量的最低要求为35%(符合条件的东盟成员国,即柬埔寨、泰国、印尼和菲律宾,在原产地规则要求中视为同一国家)。在"除军火外所有商品倡议"下,原产地规则要求出口产品至少有40%的含量出自出口国。

3. 出口优惠、限制。根据投资法修正法,由柬埔寨投资委员会批准的出口型合格投资项目可享受免税期或特别折旧。其出口产品增值税享受退税或贷记出口产品的原材料。禁止或严格限制出口的产品包括文物、麻醉品和有毒物质、原木、贵重金属和宝石、武器等。半成品或成品木材制品、橡胶、生皮或熟皮、鱼类(生鲜、冷冻或切片)及动物活体需交纳10%的出口税。服装出口需向商业部缴纳管理费普惠制下服装出口至美国或欧盟的,需获得出口许可证。2013年年初,柬埔寨政府明令禁止红木的贸易和流通。

4. 免税进口。根据投资法修正法,由柬埔寨投资委员会批准的出口型合格投资项目可免税进口生产设备、建筑材料、原材料和生产设备附件。为取得生产用原材料免税进口批件,进口公司应每年向柬埔寨投资委员会申报拟进口材料的数量和价值。

(四)进出口商品检验检疫

柬埔寨财经部海关与关税署、商业部进出口检验与反欺诈局联合负责进出口商品检验。检验地点为工厂或进出口港口。柬埔寨全部进出口货物均接受检验,政府正计划逐年降低检验比率。价值5000美元或以上的进口货物,在出口国进行装运前检验。检验报告和其他装船前检验文件将被递交柬埔寨海关,货物抵达柬埔寨后,货主凭检验单据到海关交纳税款并提出货物。

(五)海关管理规章制度

1. 管理制度。柬埔寨政府近年来不断改进海关管理制度,致力于实现简洁、高效、透明和可预测的海关管理。

2006年,柬埔寨起草完成并通过《关于通过风险管理实施贸易便利化的次法令》,准备实施基于贸易商档案数据的风险管理系统,即通过利用电脑系统分析贸易商档案数据、商品和/或原产地进行海关监管。为此,柬埔寨政府还采用计算机化海关清关综合系统——自动海关数据系统。

此外,为简化海关程序,政府决定推行使用"海关一站式服务系统",并计划在西哈努克港安装自动海关数据系统终端。柬埔寨政府希望借此减轻贸易活动的行政负担,并减少腐败滋生的机会。

2. 关税税率。除天然橡胶、宝石、半成品或成品木材、海产品、沙石等5类产品外,一般出口货物不需缴纳关税。所有货物在进入柬埔寨时均应缴纳进口税,投资法或其他特殊法规规定享受免税待遇的除外。进口关税主要由四种汇率组成:7%、15%、35%和50%。

在东盟自由贸易协定的共同有效关税体制下,从东盟其他成员国进口、满足原产地规则规定的产品可享受较低的关税税率。按照整体关税减让时间表规定,到2010年,除少数特例商品外,柬埔寨关税税率降至0~5%。

二、外国投资市场准入规定

(一)投资主管部门

柬埔寨发展理事会是唯一负责重建、发展和投资监管事务的一站式服务机构,由柬埔寨重建和发展委员会和柬埔寨投资委员会组成。该机构负责对全部重建、发展工作和投资项目活动进行评估和决策,批准投资人注册申请的合格投资项目,并颁发最终注册证书。

但对于下列条件的投资项目,需提交内阁办公厅批准:(1)投资额超过5000万美元;(2)涉及政治敏感问题;(3)矿产及自然资源的勘探与开发;(4)可能对环境产生不利影响;(5)基础设施项目,包括BOT、BOOT、BOO和BLT项目;(6)长期开发战略。

(二)投资行业的规定

柬埔寨政府视外国直接投资为经济发展的主要动力。柬埔寨无专门的外商投资法,对外资与内资基本给予同等待遇,其政策主要体现在《投资法》(本法于1994年8月4日柬埔寨王国第一届国会特别会议通过,1997年、1999年两度修订)及其《修正法》(2003年2月3日柬埔寨王国第二届国会通过)等相关法律规定中。

1. 鼓励投资的领域。《投资法》十二条规定,柬埔寨政府鼓励投资的重点领域包括:创新和高科技产业、创造就业机会、出口导向型、旅游业、农工业及加工业、基础设施及能源、各省及农村发展、环境保护等,在依法设立的特别开发区投资。投资优惠包括免征全部或部分关税和赋税。

2. 限制投资领域。《投资法修正法实施细则》(2005年9月27日颁布)列出禁止柬埔寨和外籍实体从事的投资活动,包括:神经及麻醉物质生产及加工;使用国际规则或世界卫生组织禁止使用、影响公众健康及环境的化学物质生产有毒化学品、农药、杀虫剂及其他产品;使用外国进口废料加工发电;《森林法》禁止森林开发业务;法律禁止的其他投资活动。

此外,该细则还列出了“不享受投资优惠的投资活动”和“可享受免缴关税,但不享受免缴利润税的特定投资活动”。

3. 对外国公民的限制。《投资法》对土地所有权和使用做出规定:(1)用于投资活动的土地,其所有权须由柬埔寨籍自然人,或柬埔寨籍自然人或法人直接持有51%以上股份的法人所有。(2)允许投资人以特许、无限期长期租赁和可续期短期租赁等方式使用土地投资人有权拥有地上不动产和私人财产,并以之作为抵押品。

4. 矿产投资。2016年6月,柬埔寨政府出台《矿产勘探和工业开采执照管理条例》。根据条例,面积小于200平方千米的矿产勘探与开采执照,由柬埔寨矿产能源部批准;大于200平方千米的矿区勘探开采执照,由柬埔寨政府批准。任何自然人和法人都有权在规定的条件内提出超过一个矿区的勘探申请。执照有效期为三年,到期之后可申请延期两次,每次为期两年。已获政府授予矿产勘探和开采权的企业须在180天内提出新的勘探和开采申请,否则其执照将被没收。据统计,目前有70多家外资公司在柬埔寨从事矿业,中国公司占据大份额,其他企业来自澳大利亚、美国、法国、马来西亚、越南等国家。

(三)投资方式的规定

1. 外国直接投资。在柬埔寨进行投资活动比较宽松,不受国籍限制(土地法有关土地产权的规定除外)。除禁止或限制外国人介入的领域外,外国投资人可以个人、合伙、公司等商业组织形式在商业部注册并取得相关营业许可,即可自由实施投资项目。但拟享受投资优惠的项目,需向柬埔寨发展理事会申请投资注册并获得最终注册证书后方可实施。获投资许可的投资项目称为“合格投资项目”。

2. 合资企业。合格投资项目可以合资企业形式设立。合资企业可由柬埔寨实体、柬埔寨及外籍实体或外籍实体组成。柬埔寨王国政府机构亦可作为合资方。股东国籍或持股比例不受限制,但合资企业拥有或拟拥有柬埔寨王国土地或土地权益的除外。在此情况下,非柬埔寨籍实体的自然人或法人合计最高持股比例不得超过49%。

3. 合格投资项目合并。两个或以上投资人,或投资人与其他自然人或法人约定合并组成新实体,且新实体拟实施投资人合格投资项目,并享受合格投资项目最终注册证书规定投资优惠及投资保障的,新实体需向投资委员会书面申请注册为投资人,并申请将合格投资项目最终注册证书转让新实体。

4. 收购合格投资项目。投资人或其他自然人或法人收购合格投资项目所有权,且拟享受合格投资项目最终注册证书规定投资优惠及投资保障的,应向投资委员会提出收购申请,将合格投资项目最终注册证书转让新实体。收购人为未注册自然人或法人的,需先申请注册为投资人。投资人股份转让造成受让方取得投资人控制权的,投资人须向投资委员会提出转让申请,并提供受让人名称和地址。

(四)特殊经济区域的规定

2005年12月,《关于特别经济区设立和管理的148号次法令》颁布,特别经济区体制在柬埔寨开始施行。柬埔寨发展理事会下设的柬埔寨特别经济区委员会是负责特别经济区开发、管理和监督的一站式服务机构,特别经济区管委会是在特别经济区现场执行一站式服务机制的国家行政管理单位,由柬埔寨特别经济区委员会设立,并在各特别经济区常驻。至2008年底,斯登豪、曼哈顿、柴柴、欧宁、金边和西哈努克等6个特别经济区已获政府正式批准,另有5个也已取得特别经济区委员会许可。

特别经济区法令规定特别经济区委员会应向全部特别经济区提供优惠政策;《投资法修正法》规定,位于特别经济区的合格投资项目有权享受与其他合格投资项目相同的法定优惠政策和待遇。

特别经济区享受的优惠政策

受益人	优惠政策
经济区开发商	(1)利润税免税期最长可达9年 (2)经济区内基础设施建设使用设备和建材进口免征进口税和其他赋税 (3)经济区开发商可根据《土地法》取得国家土地特许,在边境地区或独立区域设立特别经济区,并将土地租赁给投资企业
区内投资企业	(1)与其他合格投资项目同等享受关税和税收优惠 (2)产品出口国外市场的,免征增值税。产品进入国内市场的,应根据数量缴纳相应增值税
全体	(1)经济区开发商、投资人或外籍雇员有权将税后投资收入和工资转账至境外银行 (2)外国人非歧视性待遇、不实行国有化政策、不设定价格

柬埔寨政府正式批准25个经济特区。获批的经济特区主要分布在国公省、西哈努克省、柴帧省、卜迭棉芷省、茶胶省、干拉省、贡布省、磅湛省和金边市。其中,西哈努克省经济特区数量最多,包括中国江苏红豆集团与柬埔寨国际投资开发集团合资建立的西哈努克港经济特区。

西哈努克港经济特区(以下简称特区)是中国商务部首批中标的境外经贸合作区之一,也是首批获中国商务部、财政部验收确认的6个境外合作区之一,该合作区建设进展顺利,已吸引服装、摩托车等类入区企业80多家。

据柬埔寨发展理事会统计,2014年,柬埔寨各类经济特区共吸引外资项目47个,吸纳就业2.15万人次,吸引投资20亿美元。在柬经济特区投资,可享受税收、设备和原材料进口、产品出口等方面的优惠政策。近年来,柬埔寨经济特区吸引外资呈增长趋势。在柬经济特区投资的外商主要来自日本、中国、中国台湾、马来西亚和新加坡,行业涉及服装、制鞋、电子、农产品加工等。

三、外国投资优惠政策

(一)优惠政策框架

柬埔寨政府给予外资与内资基本同等的待遇,《投资法》(1994年8月4日柬埔寨王国第一届国会特别会议通过)及其修正法(1997年、1999年两度修订)为外国投资提供了保障和相对优惠的税收、土地租赁政策。此外,外国投资同样可享受美、欧、日等28个国家/地区给予柬埔寨的普惠制待遇。

1. 投资保障。柬埔寨政府对投资者提供的投资保障包括:(1)对外资与内资基本给予同等待遇,所有的投资者,不分国籍和种族,在法律面前一律平等。(2)柬埔寨政府不实行损害投资者财产的国有化政策。(3)已获批准的投资项目,柬埔寨政府不对其产品价格和服务价格进行管制。(4)不实行外汇管制,允许投资者从银行系统购买外汇转往国外,用以清算其与投资活动有关的财政债务。

2. 投资优惠。经柬埔寨发展理事会批准的合格投资项目可取得的投资优惠包括:(1)免征投资生产企业的生产设备、建筑材料、零配件和原材料等的进口关税。(2)企业投资后可享受3~8年的免税期(经济特区最长可达9年),免税期后按税法交纳税率为9%的利润税。(3)利润用于再投资,免征利润税;分配红利不征税。(4)产品出口,免征出口税。

(二)行业鼓励政策

柬埔寨行业鼓励政策主要体现在农业和旅游业。

1. 农业。在吸引外商投资农业产业上,柬埔寨政府依据《投资法》对开发种植1000公顷以上的稻谷、500公顷以上的经济作物、50公顷以上的蔬菜种植项目;对畜牧业存栏在1000头以上、饲养100头以上的乳牛项目、饲养家禽10000只以上项目以及占地5公顷以上的淡水养殖、占地10公顷以上的海水养殖项目均给予支持和优惠待遇。主要鼓励措施:(1)项目在实施后,从第一次获得盈利的年份算起,可免征盈利税的时间最长为8年。如连续亏损则被准许免征税。如果投资者将其盈利用于再投资,可免征其盈利税。(2)政府只征收纯盈利税,税率为9%。(3)分配投资盈利,不管是转移到国外,还是在柬国内分配,均不征税。(4)对投资项目需进口的建筑材料、生产资料、各种物资、半成品、原材料及所需零配件,均可获得100%免征其关税及其他赋税,但该项目必须是产品的80%供出口的投资项目。

2. 旅游业。自第一届王国政府提出优先发展旅游业的战略以来,柬埔寨旅游业的经济功能受到了充分重视,为旅游业的产业化发展奠定了良好基础。十多年来,旅游业成为柬埔寨国民经济的主要增长点和支柱产业。全国大多数省市都把发展旅游业作为首要工作之一,将旅游产业定位于“优先发展行业”“支柱产业”“特色产业”来加快发展。

四、外国企业在柬埔寨获得土地的规定

(一)土地法的主要内容

柬埔寨《土地法》于1992年颁布,并于2001年8月修正。2001年土地法修正案主要目的是明确不动产所有权体制,以保障不动产所有权及相关权益。该法还旨在建立现代化土地注册体系,以保障人民拥有土地的权利。

《土地法》指定土地管理城市规划和建设部作为不动产权属证明文件的核发部门,并负责国有不动产的地籍管理工作。在所有权规定方面,严禁外籍自然人和法人拥有土地。《宪法》规定:全部自然人或法人均可单独或集体拥有所有权。仅限于柬埔寨籍自然人或法人有权拥有土地(第四十四条)。2001年《土地法》还规定仅限于柬埔寨自然人或法人可拥有土地所有权,外籍人士伪造身份证件已在柬埔寨拥有土地的,应受到惩罚(第八条)。柬埔寨籍法人是指柬埔寨公民或公司持有51%或以上股份的公司。此外,《土地法》规定:除为公共利益外,不得剥夺所有权。需剥夺所有权的,应按法律法规规定的形式和程序进行,并应提前予以公平、公正的补偿。

土地特许　柬埔寨土地特许分为三类:社会特许、经济特许及适用开发或开采特许。社会特许受益人可在国有土地上修建住宅或开垦国有土地谋生。经济特许受益人可整理土地进行工业或农业开发。使用、开发或开采特许包括矿产开采特许、港口特许、机场特许、工业开发特许、渔业特许,不受2001年《土地法》管辖(第四十九条、五十条)。

土地特许仅在特许合同规定的时间内设定权利(第五十二条)。土地特许面积不超过1万公顷,特许期限不超过99年(第五十九、六十一条)。

土地租赁　土地租赁分为两种:无限期租赁和固定期限租赁。固定期限租赁包括短期可续租租赁和15年或以上长期租赁。长期租赁构成对不动产的诉权,该权利可用于等值回报或继承转让。(第一百〇六条、一百〇八条)。

抵押　不动产所有人可以其不动产作为抵押品,通过抵押或质押方式保证支付债务(第一百九十一条)。

土地使用限制　1994年颁布的《土地使用规划、城市化与建设法》管辖柬埔寨全境范围内的土地使用。本法和很多土地使用规划均极其笼统,投资者在实施投资项目之前应认真核对实际的规划规则。2010年12月,柬埔寨内阁通过法律草案,允许外国人购买柬埔寨业主房屋一楼以上的房产。

(二)外资企业获得土地的规定

根据柬埔寨《土地法》(2001年)规定,禁止任何外国人(包括自然人和外商控制的法人)拥有土地,但合资企业可以拥有土地,其中外方合计持股比例最高不得超过49%。由于近30年的战乱,柬埔寨土地体系遭到严重破坏,许多土地所有权权属证明文件及地块登记资料丢失,造成目前仍有大量与土地所有权相关的纠纷。因此,很重要的一点是投资者在与柬埔寨公司订立土地使用、租赁或按土地所有权分配利益的合同之前,应核实土地所有人的所有权。

柬埔寨政府暂停批准经济特许地。2012年5月7日,柬埔寨首相洪森签发《提高经济特许地管理效率》的政府令,宣布自即日起暂停批准新的经济特许地。该法令要求政府各部门、各有关单位必须认真执行政府关于提供经济特许地的合同规定,不影响社区和当地居民的生活环境;对于已经获得经济特许地,但未按法律原则和合同规定进行开发,或者利用特许地经营权开拓更大土地,转售空闲土地,违背合同,侵犯社区人民土地的公司,政府将收回其经济特许地;对于之前已获政府批准的经济特许地,政府将继续依照法律原则和合同执行。2014年,柬埔寨政府开始对现有经济特许地开发情况进行清查,对不按计划开发的公司,政府将收回经济特许地。

五、环境保护法律规定

(一)柬埔寨环保部门

柬埔寨环境保护主管部门是环境保护部,其主要职责是:通过防止、减少及控制污染,保护并提升环境质量和公共卫生水平;在柬埔寨王国政府决策前,评估项目对环境造成的影响;保障合理及有序的保护、开发、管理及使用柬埔寨王国自然资源;鼓励并为公众提供机会参与环境和自然资源保护;制止影响环境的行为。

(二)主要环保法律法规

柬埔寨国民议会于1996年11月18日通过了柬埔寨第一部《环境保护法》。环境保护部与柬埔寨其他有关部门制定了一系列环保规章,就柬埔寨领空、领水、领地内或地表上进口、生成、运输、再生、处理、储存、处置、排放的污染物、废物和有毒有害物质的来源、类型和数量;噪音、震动的来源、类型和影响范围都进行了明确规定。

（三）环保法律法规基本要点

根据柬埔寨《环境保护法》，任何私人或公共项目均需要进行环境影响评估；在项目提交柬埔寨王国政府审定前，由环境保护部予以检查评估；未经环境影响评估的现有项目及待办项目均需进行评估。环境保护部与有关部门有权要求任何工厂、污染源、工业区或自然资源开发项目所在区域的所有人或负责人安装或使用监测设备，提供样品，编制档案，并提交记录及报告供审核。环境保护部应依据公众建议，提供其相关作为信息，并鼓励公众参与环境保护和自然资源管理。企业不得拒绝或阻止检查人员进入有关场所进行检查，否则将处以罚款，有关责任人还可能被处以监禁。

（四）环保评估的相关规定

柬埔寨日益重视环境问题，并正在努力建立其环评体系。柬埔寨于1999年颁布了有关环境影响评价的法令，规定项目须在其环评报告经柬埔寨发展署（CDC）批准后方可实施。柬埔寨环境保护和资源管理法（EPNRM）中规定了环境影响评价的具体适用范围，主要集中在工业、农业、旅游业以及基础设施建设4个领域内。环境保护部是环境影响评价的主要管理部门，其他各部门如水利、能源、交通等，为其所负责领域内的项目环境影响评价提供相关意见。同时，各级环境部门须负责同级政府部门之间的协调合作，保证环评的顺利施行。

在环评初期，申请人须将项目方案递交至环境影响管理机构，并公布项目方案中的详细计划。法令还对其公示方式进行了严格规定，公众有权在公示期30天内对项目方案提出书面异议并提交环境影响管理机构，同时抄送项目申请人。收到公众的书面异议后，项目申请人须在确定环境影响评价的具体范围时进行公众咨询，并将咨询结果和相关文件连同环评职责书一并交由EIA（环境影响评价）专门委员会审查。在专委会正式确定职责范围之前，公众还可以通过在专委会中的代表对项目方案提出二次异议。

柬埔寨虽然1999年就颁布实施了环评法令，但由于条件所限，直到2004年才有部分建设项目开展环评工作。柬埔寨环评人员和法律法规尚处于起步阶段，柬埔寨国家环评法令规定，项目在获得审批和动工之前，必须完成环境影响评估工作，并向环保部送交环评报告书。

六、保护知识产权规定

（一）当地有关知识产权保护的法律法规

柬埔寨已于1995年成为世界知识产权组织成员，并于1999年加入《巴黎公约》。进入新世纪以来，柬埔寨政府已通过一系列保护知识产权的法律法规，取得长足进步。最新颁布的法律法规包括：《商标、商号与反不正当竞争法》（2002年）、《版权与相关权利法》（2003年）、《专利、实用新型与工业设计法》（2003年）、《育种者权利和植物品种保护法》（2008年）。此外，柬埔寨政府还准备颁布下列法律：《未披露信息与商业秘密保护法》《集成电路版图设计保护法》《地理标志保护法》。

1. 商标商号。2002年颁布的《商标、商号与反不正当竞争法》（下文简称《商标法》）是柬埔寨第一部知识产权保护法，该法规定应通过注册取得商标专有权。如申请人在申请材料中能够证明其已在《巴黎公约》任一成员国提交该商标全境或区域注册申请的，可取得商标注册的优先权。该法还对注册程序、失效、集体商标、商标许可、商号、侵权和赔偿、边境保护措施、所有权转让或变更等均做出规定。

柬埔寨《商标法》仅认可“一国用尽原则”，因此，权利所有人对分销和进口享有专有权，并可通过委托或分销协议方式转让给独家分销商。

2. 版权。2003年颁布的《版权与相关权利法》（简称《版权法》）旨在为作家、表演者提供与其作品相关的权利，保护文学作品、文化表演、表演者、唱片制作人、广播机构节目，以保证这些文化产品能够得到公正合法的使用。作品作者对该作品享有可针对任何人行使的专有权，包括精神权利和经济权利——作者的精神权利永久有效，不可剥夺，且不得扣押或设定追溯期限。作者的经济权利是指通过授权复制、公开发表或创作衍生作品等，实现其作品价值的专有权，经济权利保护自作品创作完成之日起开始，至作者去世后50年止。

3. 专利、实用新型和工业设计。2003年颁布的《专利、实用新型与工业设计法》，主要目的为保护在柬埔寨授予的专利、实用新型和注册的工业设计。专利是指为保护发明所授予的权利，有效期为20年。实用新型证书主要是为保护具备新颖性及可实现产业化的实用新型，有效期为7年，不可延期。具备新颖性的工业设计可申请注册，有效期为5年，注册后可连续延期两次，每次5年。

（二）知识产权侵权的相关处罚规定

柬埔寨关于知识产权的保护工作尚待进一步完善，主要是商业部负责打击假冒伪劣商品的部门对盗版光碟进行没收和销毁，尚无明确的处罚细则。

七、投资合作相关法律及对中国企业投资合作保护政策

（一）投资合作相关法律

《投资法》制约所有柬埔寨人和外国人在柬埔寨境内的投资活动，对投资主管部门、投资程序、投资保障、鼓励政策、土地所有权及其使用、劳动力使用、纠纷解决等作出明确的规定。

《投资法修正法》是对《投资法》的补充和修正。在投资申请、投资项目购进与合并、合资经营、税收、土地所有权及其使用、劳动力、惩罚等方面给出相关定义，并作出明确规定。

《关于柬埔寨发展理事会组织与运作法令》规定柬埔寨投资主管部门——柬埔寨发展理事会的组织结构、职权任务和运作方式。

《关于特别经济区设立和管理的第148号法令》（2005年12月颁布）规定了建立经济特区的法律程序、经济特区的管理框架与任务、对经济特区的鼓励措施、对出口加工生产区的特别措施、劳动力管理与使用、职业培训、侵权与纠纷的解决。

《商业管理与商业注册法》对商业公司的成立、组织、运作、解散、转让和变更做出规定，对公司的类型进行划分。

《商业合同法》规定所有类型合同的成立、履行、解释和执行。它也进一步详细地描述了某些类型的合同，比如销售合同、租赁合同、借贷合同、个人财产抵押和担保。

（二）柬埔寨对中国企业投资合作的保护政策

1. 中国与柬埔寨签署双边投资保护协定。1996年7月，中国与柬埔寨签署《中华人民共和国政府和柬埔等政府关于促进和保护投资协定》。

2010 年 1 月 1 日,中国—东盟自由贸易区的全面建成,进一步为中柬合作开辟更加宽广和畅通的渠道,提供更多的机会。2010 年,中柬双方签署 16 项协议,涉及基础设施建设、水利资源开发通信技术、能源开发等领域。

2. 中国尚未与柬埔寨签署避免双重征税协定。

3. 中国与柬埔寨签署的其他协定。包括:《中柬贸易协定》(1996 年 7 月)、《中柬文化协定》(1999 年 2 月)、《中柬旅游合作协定》(1999 年 2 月)、《中柬关于成立经济贸易合作委员会协定》(2000 年 11 月)、《中柬农业合作谅解备忘录》(2000 年 11 月)、《中柬关于旅游规划合作的谅解备忘录》(2004 年 4 月)、《中柬领事条约》(2010 年 2 月)、《关于柬埔寨精米输华的植物卫生要求议定书》(2011 年)、《关于柬埔寨木薯干输华的植物检验检疫要求议定书》等。

根据中国—东盟自由贸易区协议,中柬双方于 2009 年 10 月 1 日起正式启动降税程序。中国于 2010 年 1 月 1 日率先对柬埔寨绝大部分产品实现零关税,柬埔寨 2011 年实行降税,并于 2013 年、2015 年进一步实施降税安排,最终于 2015 年对中国 90% 以上产品实现零关税。

印度尼西亚投资贸易指南

一、对外贸易法规和政策规定

(一)贸易主管部门

印尼主管贸易的政府部门是贸易部,其职能包括制定外贸政策,参与外贸法规的制定,划分进出口产品管理类别,进口许可证的申请管理,指定进口商和分派配额等事务。

(二)贸易法规体系

主要包括《贸易法》《海关法》《建立世界贸易组织法》《产业法》等。与贸易相关的其他法律还涉及《国库法》《禁止垄断行为》和《不正当贸易竞争法》等。

(三)贸易管理的相关规定

除少数商品受许可证、配额等限制外,大部分商品均放开经营。2007 年年底,印尼贸易部实行进出口单一窗口制度,大大简化了管理程序。

1. 进口管理。印尼政府在实施进口管理时,主要采用配额和许可证两种形式。适用配额管理的主要是酒精饮料及包含酒精的直接原材料,其进口配额只发放给经批准的国内企业。适用许可证管理的产品包括工业用盐、乙烯和丙烯、爆炸物、机动车、废物废品、危险物品,获得上述产品进口许可的企业只能将其用于自己的生产。其中,氟氯化碳、澳化甲烷、危险物品、酒精饮料及包含酒精的直接原材料、工业用盐、乙烯和丙烯、爆炸物及其直接原材料、废物废品、旧衣服等九类进口产品主要适用自动许可管理;丁香、纺织品、钢铁、合成润滑油、糖类、农用手工工具等六类产品主要适用非自动许可管理。为方便进口,印尼贸易部 2009 年大力推行网上办理进口许可证,目前大部分工作已经完成,办理进口许可证过程更加简便,原本手工办理许可证需要 5~10 天时间,利用网上全国一站式服务只需 8 小时。2015 年 7 月,印尼贸易部颁布 2015 年第 48 号贸易部长条例,对原进口条例进行修订,要求进口商在产品抵港前办理进口许可证。该条例已于 2016 年 1 月 1 日正式实施。

2010 年,印尼开始实施新的进口许可制度,将许可证分为两种:即一般进口许可证和制造商进口许可证。印尼关税税目中约 20% 的产品涉及进口许可证要求,涉及对其国内产业的保护,如大米、糖、盐、部分纺织品和服装产品、丁香、动物和动物产品以及园艺产品。印尼的进口许可证要求极其复杂,且缺乏透明度,许多世贸组织成员已对此表示严重关切。印尼政府采用进口数量控制的产品如下:大米、糖、动物及动物产品、盐、酒精饮料和部分臭氧消耗物资。上述产品的进口数量是每年在印尼政府部长级会议上根据国内产量和消费量来决定,并通过印尼进口许可证制度来实施。2010 年 8 月,印尼财政部颁布《有关汽车在自由贸易区和自由港口进口和出口规则的财政部长条例》。

2. 出口限制。出口货物必须持有商业企业注册号/商业企业准字或由技术部根据有关法律签发的商业许可以及企业注册证。出口货物分为四类:受管制的出口货物、受监视的出口货物、严禁出口的货物和免检出口货物。受管制的出口货物包括咖啡、藤、林业产品、钻石和棒状铅。受监视的出口货物包括奶牛与水牛、鳄鱼皮(蓝湿皮)、野生动植物、拿破仑幼鱼、拿破仑鱼、棕榈仁、石油与天然气、纯金银、钢铁废料(特指源自巴淡岛的)、不锈钢、铜、黄铜和铝废料。严禁出口的货物包括幼鱼与金龙鱼等,未加工藤以及原料来自天然森林未加工藤的半成品,圆木头,列车铁轨或木轨以及锯木,天然砂、海砂,水泥土、上层土(包括表面土),白铅矿石及其化合物、粉,含有砷、金属或其化合物以及主要含有白铅的残留物,宝石(除钻石),未加工符合质量标准的橡胶,原皮,受国家保护野生动植物,铁制品废料(源自巴淡岛的除外)和古董。除以上受管制、监视和严禁的出口货物外,其余均属免检的出口货物。

从 2014 年 1 月 12 日起,印尼政府禁止矿产公司出口矿物矿石产品。矿产公司只能在境内从事精炼加工活动。禁止出口货物受 2012 年贸易部长条例第 44 条规制。

(四)进出口商品检验检疫

1. 卫生与植物卫生措施。印尼所有进口食品必须注册,进口商必须向印尼药品食品管理局申请注册号,并由其进行检测。检测过程繁琐且费用昂贵,每项检测费用从 5 万印尼盾(约合 6 美元)到 250 万印尼盾(约合 300 美元)不等,每一件产品的检测费用在 100 万印尼盾(约合 120 美元)到 1000 万印尼盾(约合 1200 美元)之间。此外,印尼药品食品管理局在测试过程中要求提供详细的产品配料和加工工艺情况说明,这可能侵害商业秘密。这些规定加重了出口商的负担。

2007 年 11 月,印尼针对新鲜球茎蔬菜采取更为严格的检验检疫措施和技术要求,以提高印尼新鲜植物产品的国际竞争力。此次颁布的植物产品进口检验检疫要求是印尼政府自 2007 年第二次针对进口植物产品的修改规定,重点对以球茎形式进口的新鲜蔬菜的检验检疫和技术两方面提出要求。在检验检疫方面,该规定扩大证书要求范围,除须具备与 2005 年法规相同的原产国权威机构签发的证书外,经转运的产品还须提供被转运国授权的证书。在技术要求方面,该规定加严原产国无虫害地区的调查及对植物性检疫虫害进行风险分析。上述规定在一定程度上提高了中国植物产品的出口门槛。

2. 国家标准。2009 年以来,印尼政府开始在食品、饮料、渔业等诸多行业强制推行国家标准。印尼贸易部出台新规定,要求包括进口产品在内的所有产品必须附有印尼文说明。印尼海洋渔业部规定要求81种渔业产品必须符合印尼国家标准，甚至将捕鱼工具、渔产加工程序及微生物学测试程序等也列入印尼国家标准。印尼工业部等政府部门在2011年对电线、电子、汽车零部件、家电、五金建材、玩具等几十种产品强制推行国家标准。

印尼贸易部出台新规，要求包括进口产品在内的所有产品必须附有印尼文说明。

（五）海关管理规章制度

1. 管理制度。印尼关税制度的基本法律是1973年颁布的《海关法》。现行的进口关税税率由印尼财政部于1988年制定。自1988年起，财政部每年以部长令的方式发布一揽子“放松工业和经济管制”计划，其中包括对进口关税税率的调整。印尼进口产品的关税分为一般关税和优惠关税两种。印尼关税制度的执行机构是财政部下属的关税总局。为促进进出口贸易，改善投资环境，印尼财政部关税局2009年宣布，决定在部分港口推行和提供每周7日每日24小时的海关和港口服务。

2. 关税税率。根据世贸组织统计，印尼2012年简单平均约束关税为37.1%，简单平均最惠国适用关税税率为7.8%，其中农产品为9.5%，非农产品为7.5%。印尼对汽车、钢铁以及部分化学产品不征收关税，并将大多数关税约束在40%左右。

根据《中国—东盟全面经济合作框架协议货物贸易协议》，中国和印尼逐步削减货物贸易关税水平。中国—东盟自由贸易区在2010年初建成后，中国和印尼90%以上的进出口产品实现零关税。

二、外国投资市场准入规定

（一）投资主管部门

印尼主管国内投资和外国投资的政府部门分别是：投资协调委员会、财政部、能矿部。他们的职责分工是：印尼投资协调委员会负责促进外商投资，管理工业及服务部门的投资活动，但不包括金融服务部门；财政部负责管理包括银行和保险部门在内的金融服务投资活动；能矿部负责批准能源项目，而与矿业有关的项目则由能矿部的下属机构负责。

（二）投资行业的规定

1. 鼓励、限制、禁止投资的领域。根据2007年第25号《投资法》，国内外投资者可自由投资任何营业部门，除非已为法令所限制与禁止。法令限制与禁止投资的部门包括生产武器、火药、爆炸工具与战争设备的部门。另外，根据该法规定，基于健康、道德、文化、环境、国家安全和其他国家利益的标准，政府可依据总统令对国内与国外投资者规定禁止行业。相关禁止行业或有条件开放行业的标准及必要条件，均由总统令确定。

2007年7月4日，印尼颁布第25号《投资法》的衍生规定，即《2007年关于有条件的封闭式和开放式投资行业的标准与条件的第76号总统决定》和《2007年关于有条件的封闭式和开放式行业名单的第77号总统决定》。根据这两个决定，25个行业被宣布为禁止投资行业，仅能由政府从事经营，禁止外商投资的行业主要包括无线电广播与电视广播、公路设备、经营机动车辆定期检验、含酒精饮料工业、糖精工业和黑锡金属工业等。另外，有43个行业鼓励中小型企业投资，36个行业为有条件开放的投资行业。

此外，外国投资者可以投资绝大部分营业部门。依照印尼《投资法》的规定，外国直接投资可以设立独资企业，但必须参照《禁止类、限制类投资产业目录》规定，属于没有被该目录禁止或限制外资持股比例的企业。2016年5月，印尼调整了该目录，对外资开放了更多行业。

2. 2009年调整的外资政策。2009年初，印尼颁布新的《矿产和煤炭法》。根据该法，外国公司不再被禁止申请和持有矿业许可权，这是印尼矿业领域利用外资政策的重大突破。但新法规定，已在印尼获得矿产经营准字（IUP）和矿产经营协议（PUP）的已生产的企业，需建设矿产冶炼加工厂，而按照原有工作合同生产的企业，最迟在新法实施后5年内建立上述冶炼厂。按照新法规定，企业面临采矿期被缩短，采矿面积也被缩小的局面。在企业缴纳正常的所得税和矿产税之外，新法还增加了一项税率为10%的附加税，中央和地方政府分别得到4%和6%。印尼能矿部颁布的相关实施细则规定，对优先使用本土公司提供的矿业服务、外资公司向当地政府或企业转让股权等问题做出具体规定。

2009年以来，印尼的外资政策调整还包括：根据2009年通过的新电力法，印尼向私营企业开放电力投资领域。政府拟修改《非鼓励投资目录》，放宽医疗、教育、物流、电信等行业的外资准入。与此同时，印尼对外资进入某些领域做出限制：（1）限制外企在基建工程投资。印尼国家计委称，将限制外国企业在政府基础设施工程的投资，以保护国内企业市场份额。外资企业只被允许参加基础设施部门建筑价值在1000亿印尼盾以上，其他部门采购和服务价值在200亿印尼盾以上的投标。此外，外资企业只许参加合同价值在10印尼盾以上的服务咨询投标。（2）限制外国投资者拥有农用地股权。印尼农业部表示，将限制外国投资者对与食品有关的土地如稻田的所有权，其拥有的股份比例不得超过49%。

3. 2010年调整的外资政策。（1）2010年，印尼政府采购须使用国货。为更好地扶植国内工业发展，印尼政府拟修改有关条件，规定今后凡政府单位采购价值超过50亿印尼盾（约合56万美元），必须使用本国的物资与服务。（2）出台绿色建筑法令。印尼于2010年实施首个绿色建筑标准法令，该法令以大城市的酒店、办公楼和公寓等碳排放量较大的建筑为对象，设定符合绿色建筑标准的9项条件，包括环保材料、低碳燃料、水和废物管理以及室内空气质量等。法令要求，绿色建筑所使用的材料应来源于当地且具有绿色证书，该证书由印尼环境部指定的独立机构出具。（3）强力推行投资审批一站式服务制度。（4）促使商业银行合理增加信贷以支持实体经济发展。（5）印尼政府2010年取消大宗商品出口信用证限制，允许外国游客在印尼购物可获10%的退税，并与巴新、香港签订避免双重征税协定。

4. 2011年调整的外资政策。（1）加大政策扶持力度，通过资金奖励和提供辅助设备，吸引投资者发展经济特区基础设施建设。根据147号政府条例，对经济特区投资可享受5年内减免所得税30%的优惠。（2）出台税收的鼓励措施，主要有：①外企自用机械设备、零配件及辅助设备等资本物资免征进口关税和费用；②外企两年自用生产原材料免征进口关税和费用；③生产出口产品的原材料可退还进口关税；④位于印尼东部的外企，65%产品出口，雇用外籍人员不受限制；⑤外企用于研究开发、奖学金、教育和培训以及废物处理的开支可列入成本并从毛收入中提扣;⑥对政府鼓励的重点领域,可提供8~10年亏损结转或提高设备及建筑物折旧率;⑦在印尼东部地区投资,土地和建筑物税在8年内减半征收;⑧在开创性行业的投资,企业所得税可由政府承担10~12年;⑨政府对保税区和设在全国15个地区的综合开发区的外国投资还给予一些优惠待遇。(3)印尼政府暂停颁发矿业经营许可证。(4)印尼国会通过新《园艺业法》。新《园艺业法》规定外国投资最多只能占到30%,并且必须把资金存放在印尼国内的银行。

5. 2012年调整的外资政策。(1)自2011年12月1日起,印尼的投资者可以申请免税优惠,相关的执行准则已经出台。(2)2012年9月出台新的投资批准制度,以提高投资便利化水平和进一步改善投资服务。

6. 2013年调整的外资政策。(1)印尼政府于2013年推出供工程用途的外国贷款限额。在2013~2015年间的最高贷款限额介于60~61亿美元之间。(2)从2014年起,营业执照办理时间从17天缩短为10天。(3)印尼央行颁布新规,要求印尼国内银行贷款总额的20%以上必须贷给中小微型企业。

7. 2014年调整的外资政策。印尼官方投资统筹机构2013年12月24日公布了最新修订的投资负面清单。(1)第一类为对外资更加开始领域,陆路交通客站和车辆常规检验部门的外资可持股比例从零放宽到49%,为此次放宽幅度最大的两个行业。其他两个行业为制药业和金融风险投资业,外资可持股比例分别从原来的75%和80%调整至85%。广告业外资可持股比例亦从零放宽至49%,但仅限东盟国家。(2)第二类为新设定的外资可持股领域,固定通讯、多媒体综合网络电信、多媒体服务供应商的外资可持股比例分别为65%,65%和49%。(3)第三类为公私合营的基础设施项目领域,其中机场、港口和陆路交通客站(含铁路)的经营管理外资可持股权分别为49%、95%和49%,供水95%,收费公路95%,10兆瓦以下发电厂49%,10兆瓦以上的100%,输电和配电分别为100%。此外,此次修订负责清单还收紧了几个外资可持股比例领域,如货物分销业和仓储业从100%缩减至33%。农业领域外资可持股比例因须与2010年颁布的园艺法规定相配套,从95%缩减至30%。(4)负面清单中完全禁止类的产业有部分化学品、特殊交通设施和博彩业等,部分禁止类的产业有制糖、矿业和医药等。

8. 2016年调整的外资政策。将之前禁止外资涉及的35个行业从投资负面清单中移除,外资可拥有100%持股比例,包括冷藏、旅游(餐馆、咖啡馆、酒吧和体育馆等)、仓储、电影、电子商务、高速公路运营、电信设备检测、垃圾处理及药物原料等,其中电子商务投资额需达到1000亿印尼盾,电影发行放映60%应为印尼影片。此外,政府也有比例限制开放投资负面清单中20个行业予外国投资者,如火车运输业外资最高持股49%,保健服务外资持股比例则从之前的49%上调至67%。

(三)投资方式的规定

1. 合资企业。根据2007年第25号《投资法》及相关规定,在规定范围内,外国投资者可与印尼的个人、公司成立合资企业。

2. 独资企业。依照印尼《投资法》的规定,外国直接投资可以设立独资企业,但须参照《非鼓励投资目录》规定,属于没有被该《目录》禁止或限制外资持股比例的行业。

3. 外资并购。外国投资者可以通过公开市场操作,购买上市公司的股票,但受到投资法律关于对外资开放行业相关规定的限制。印尼市场中多数律师所和咨询公司提供此项服务。

三、外国投资优惠政策

(一)优惠政策框架

东盟旅游部长会议(东盟旅游论坛)于1999年1月在新加坡举行,各国一致同意对外资投资旅游业提供以下优惠措施:兴建观光旅馆、休闲中心、高尔夫球场可免税,外资可持有100%股权;旅游设施进口手续简化并免征关税。印尼考虑将旅游土地使用年限延长为70年(目前为30年),使旅游业成为吸引外资的火车头。印尼投资部考虑像泰国一样成立投资单一窗口,帮助外商办理各项繁杂事务;投资部还将授权印尼驻外使领馆办理外商投资申请前的协调、咨询事务,以使外商能在入境10天内完成所有行政手续。

1998年12月,东盟各国首脑峰会在越南河内召开,这次会议发表了包括《河内宣言》《河内行动计划》《东南亚自由贸易区》及《共同优惠税率计划》在内的《大胆措施方案》。在该方案中,印尼对外商的优惠措施有:所有制造业均允许外资拥有100%股权(包括经审核的批发零售业)。外商可拥有已登记注册的新银行的100%股权。1亿美元以下的投资案,审核时间将在10天内完成。

1999年1月,印尼政府第7号总统令,公布了恢复鼓励投资的"免税期"政策。对纺织、化工、钢铁、机床、汽车零件等22个行业的新设企业给予3~5年的所得税免征。如投资项目雇用工人超过2000人,或有合作社20%以上的股份,或投资额不少于2亿美元,则增加1年优惠。对于已超过30%的规模进行扩大再生产的项目,减免其资本货物以及两年生产所需材料的进口关税。对于某些行业或一些被视为国家优先出口项目和有利于边远地区开发的项目,政府将提供一些税收优惠。上述行业及项目将由总统令具体决定。对出口加工企业减免其进口原料的关税和增值税及奢侈品销售税。对位于保税区的工业企业,政府还有其他的鼓励措施。

2013年,印尼政府进一步简化企业获得税收优惠手续,降低获得免税期和免税津贴的标准。根据印尼政府现行规定,在基础金属、炼油、天然气、有机基础化学、可再生能源和电信设备等5个工业部门,投资额超过1万亿印尼盾(约合1亿美元)的企业,可获得5~10年的所得税免税期。同时,对在印尼偏远落后地区投资的129个劳动密集型行业的企业,最低投资额500亿印尼盾(约合500万美元)且投资期限超过6年的,可最多按总投资的30%降低应纳税所得。

(二)行业鼓励政策

1. 行业优惠。自2007年1月1日起,印尼政府对6种战略物资豁免增值税,即原装或拆散属机器和工厂工具的资本物资(不包括零部件),禽畜鱼饲料或制造饲料的原材料,农产品,农业、林业、畜牧业和渔业的苗或种子,通过水管疏导的饮用水,以及电力(供家庭用户6600瓦以上者例外)。

2007年2月,为吸引外商进入印尼,与当地企业合作从事鱼类加工业,印尼政府采取多项税收措施,具体包括免除国内加工鱼产品的出口税,减轻渔业加工机械进口税,减免收入税及增值税，在综合经济开发区和东部地区投资的企业还可获得土地建设税减免优惠。2009 年，印尼政府进一步明确对工业发展用机器、货物和原料免征进口税。2010 年，对部分行业的投资给予财政奖励或税收优惠。印尼政府对至少 10 个营业部门提供财政奖励以支持其发展，即食品饮料业、纺织业、电子行业、交通运输业、通讯信息产业、基础金属与机器工业、石化工业、农畜产品加工业、林业和海洋产品加工业、创意产业。此外，印尼政府还拟对环保型企业、大型投资项目、在落后地区投资的基建项目，以及具有较多附加值、提供广泛就业机会和运用先进科技的工业部门提供税收减免等优惠。

2011 年以来，推出财政奖励政策，大力支持资本和劳动力密集型产业的发展。针对包括原金属、炼油、天然气、有机基础化学、可再生能源和电信设备等 5 个工业部门，投资规模在 1 万亿盾（约合 1.17 亿美元）以上的，免除其开始商业运行后 5 ~ 10 年的税款，对已投资印尼但经营尚不足一年的企业也可以享受到此项优惠税收政策。同时对符合印尼产业导向和优先发展领域的 120 个产业和地区提供相应的税收优惠。为了提高本国钢铁产能，印尼政府一直鼓励钢铁工业和炼油厂的投资建设，包括给予长达 15 年的免税期，并给予两年期的减税 50% 优惠。

2. 税收优惠。根据 2007 年印尼《有关所规定的企业或所规定的地区之投资方面所得税优惠的第 1 号政府条例》，印尼政府对有限公司和合作社形式的新投资或扩充投资提供所得税优惠。提供的所得税优惠包括：（1）企业所得税税率为 30%（根据新《所得税法》，2010 年后为 25%），可以在 6 年之内付清，即每年支付 5%。（2）加速偿还和折旧。（3）在分红利时，外资企业所缴纳的所得税税率是 10%，或者根据现行的有关避免双重征税协议，采用较低的税率缴税。（4）给予 5 年以上的亏损补偿期，但最多不超过 10 年。上述所得税优惠，由财政部长颁发，并且每年给予评估。

3. 投资便利。2007 年 8 月，印尼中央与地方政府实行投资审批一站式服务。实行一站式服务之后，每个部门都派代表到投资统筹机构办事处，以便加快办理审批手续。依据 2007 年第 25 号《投资法》第 30 条第 7 款，需要中央政府审批的投资领域包括对环保有高破坏风险的天然资源投资，跨省级地区的投资，与国防战略和国家安全有关的投资。

2013 年 10 月，印尼采取的配套政策重点是为在印尼的投资和经商提供便利。政策主要适用于雅京首都专区。为提高经营便利，该经济政策配套由八个部分组成，涉及经营业务、电力安装、纳税和缴纳保险费、解决合约中的民事诉讼、解决破产案件、土地注册和建筑所有权、房屋建造许可证和贷款便利化。

4. 地区鼓励政策。2009 年，印尼通过了经济特区新法律。根据该法，印尼在 2010 年成立 2 ~ 3 个特别经济区。在特别经济区开展业务的公司，可以享受税收（包括增值税、销售税及进口税等）、土地使用等方面的优惠政策。政府将简化投资人申请设立公司或申办其他事项的手续。

印尼的特殊经济区是《2011 ~ 2025 年经济发展中长期规划》的重点发展项目，作为印尼“六大经济走廊”战略的重要支撑点，并成为连接印尼主要岛屿的重要经济纽带。2014 年以来，印尼政府已批准 10 个特殊经济区，大力推进经济建设。

四、外国企业在印尼获得土地的规定

（一）土地法的主要变动

2011 年，印尼政府拟修订征地法令，通过给被征地人更合理的补偿，来获取基础设施建设用地；对拒绝出让土地的，政府有权强制征地。一直以来，因实行土地私有制、征地补偿不合理等，印尼政府很难从私人手中征取基建用地，这严重制约了该国基础设施建设和投资环境改善。

（二）外资企业获得土地的规定

印尼实行土地私有，外国人或外国公司在印尼都不能拥有土地，但外商直接投资企业可以拥有以下三种受限制的权利：建筑权，允许在土地上建筑并拥有该建筑物 30 年，并可再延期 20 年；使用权，允许为特定目的使用土地 25 年，可以再延期 20 年；开发权，允许为多种目的开发土地，如农业、渔业和畜牧业等，使用期 35 年，可再延长 25 年。

五、环境保护法律法规

印尼主管环境保护的部门是环境国务部，基础环保法律法规是 1997 年的《环境保护法》。《环境保护法》主要规定了环境保护目标、公民权利与义务、环境保护机构、环境功能维持、环境管理、环境纠纷、调查及惩罚违反该法的行为。

1997 年的《环境保护法》是印尼环境保护的基本法，是制定和执行其他单项法律法规的依据，其他环境单项法律法规不得与本法相冲突和抵触。

本法较注重对生态和环境的保护，明确规定：“环境可持续发展是指在经济发展中充分考虑到环境的有限容量和资源，使发展既满足现代人又满足后代人生存需要的发展模式。”这表明，印尼在发展经济的同时，对自然资源的利用采取优化合理的方式，关注到环境的承载能力，力求使人民获得最大利益，形成人与环境之间的平衡和谐关系。

六、保护知识产权规定

（一）印尼当地有关知识产权保护的法律规定

印尼现行的知识产权法主要有 2001 年《专利法》、2001 年《商标法》、2002 年《著作权法》、2000 年《商业秘密法》、2000 年《工业设计法》、2000 年《集成电路布图设计法》和 2000 年《植物品种保护法》。

印尼加入的国际条约包括：《保护工业产权巴黎公约》《专利合作条约》《商标法条约》《伯尔尼公约》以及《WIPO 版权条约》和《WIPO 表演和录音制品条约》《与贸易有关的知识产权协议》，也是世界知识产权组织的成员国。

《专利法》规定，专利保护期为 20 年，期满后不得续展。《商标法》规定，商标保护期为 10 年，保护期可以续展。《著作权法》规定，有效期分别不同情况为作者生前及其死后 50 年和首次发表后 50 年。

（二）知识产权侵权的相关处罚规定

印尼法律规定，违反知识产权保护法规的行为，将受到法律制裁，包括经济处罚和刑事处罚。

七、投资合作相关法律及对中国企业投资合作保护政策

（一）印尼与投资合作相关的主要法律

主要法律有：《投资法》《公司法》《所得税法》《劳动法》《知识产权法》《破产法》《贸易法》《海关法》等。

（二）印尼对中国企业投资合作的保护政策

1. 中国与印度尼西亚签署双边投资保护协定。中国与印尼政府在 1994 年签署《促进和保护投资协定》。

2. 中国与印度尼西亚签署避免双重征税协定。中国与印尼政府在2001年签署《避免双重征税和防止偷漏税协定》。

老挝投资贸易指南

一、对外贸易法规和政策规定

（一）贸易主管部门

老挝贸易主管部门为老挝工业与贸易部（下设省市工业与贸易厅、县工业与贸易办公室），主要职责是制订、实施有关法律法规，发展与各国、地区及世界的经济贸易联系与合作，管理进出口、边贸及过境贸易，管理市场、商品及价格，对商会或经济咨询机构进行指导以及企业与产品原产地证明管理等。

（二）贸易法规体系

老挝与贸易相关的主要法律有《投资促进管理法》《关税法》《企业法》《进出口管理令》《进口关税统一与税率制度商品目录条例》等。

（三）贸易管理的相关规定

老挝所有经济实体享有经营对外经济贸易的同等权利，除少数商品受禁止和许可证限制外，其余商品均可进出口。

1. 禁止进口商品。枪支、弹药、战争用武器及车辆；鸦片、大麻；危险性杀虫剂；不良性游戏；淫秽刊物等5类商品禁止进口。

2. 禁止出口商品。枪支、弹药、战争用武器及车辆；鸦片、大麻；法律禁止出口的动物及其制品；原木、锯材、自然林出产的沉香木；自然采摘的石斛花和龙血树；藤条；硝石；古董、佛像、古代圣物等9类商品禁止出口。

3. 进口许可证管理商品。活动物、鱼、水生物；食用肉及其制品；奶制品；稻谷、大米；食用粮食、蔬菜及其制品；饮料、酒、醋；养殖饲料；水泥及其制品；燃油；天然气；损害臭氧层的化学物品及其制品；生物化学制品；药品及医疗器械；化肥；部分化妆品；杀虫剂、毒鼠药、细菌；锯材；原木及树苗；书籍、课本；未加工宝石；银块、金条；钢材；车辆及其配件（自行车及手扶犁田机除外）；游戏机；爆炸物等25类商品进口需许可证。

4. 出口许可证管理商品。活动物（含鱼及水生物）；稻谷、大米；虫胶、树脂、林产品；矿产品；木材及其制品；未加工宝石；金条、银块等7类商品出口需许可证。

（四）进出口商品检验检疫

老挝对各类动植物产品的进口有检疫要求，要求对进口产品的特征及进口商的相关信息进行检查。

1. 动物检疫。根据老挝动物检疫规定，活动物、鲜冻肉及肉罐头等进口商须向农林部动物检疫司申请动物检疫许可证。商品入境时由驻口岸的动物检疫员查验产地国签发的动物检疫证和老挝农林部签发的检疫许可证。

2. 植物检疫。老挝农林部负责植物检疫工作，进口植物及其产品须在老挝的边境口岸接受驻口岸检查员检查，并出示产品原产国有关机构签发的植物检疫证。

（五）海关管理规章制度

1. 管理制度。老挝政府于1994年12月颁布实施《统一制度和进口关税商品目录条令》，2005年5月颁布实施《关税法》及2001年10月颁布实施《商品进出口管理法令》等法律法规，对海关管理作了系列规定。其中《关税法》对进出口商品限制、禁止种类、报关、纳税、仓储、提货、出关、关税文件管理及报关复核等做了相关规定。

2. 关税税率。老挝关税分自主关税、协定关税、优惠关税、减让关税和零关税等5种不同的税率。详情可参看《统一制度和进口关税商品目录条令》及有关关税调整通知等文件。

3. 报关流程。货物进入仓库—过磅—做仓库临时报关单—打货物临时报关单、报海关审核、报海关领导签字、打税单上税、海关检验货物、付仓库费—海关做记录、进关。

4. 报关所需材料。老挝计划投资部批文、企业投资许可证、企业申请报告、企业营业执照（复印件）、企业税务登记（复印件）和货物老文清单（含数量、价格、重量、规格等）。

二、外国投资市场准入规定

（一）投资主管部门

工贸部、计划投资部、政府办公厅分别对老挝投资的一般投资、特许经营投资和经济特区投资负责。

（二）投资行业的规定

除了危及国家稳定，严重影响环境、人民身体健康和民族文化的行业和领域，老挝政府鼓励外国公司及个人对各行业各领域投资。

2014年7月8日，老挝六届国会七次会议表决通过《老挝鼓励外国投资法》。新投资促进法对老挝政府禁止投资的行业、政府专控的行业和专为老挝公民保留的职业做出具体规定。

1. 禁止投资的行业。各种武器的生产和销售；各种毒品的种植、加工及销售；兴奋剂的生产及销售（由卫生部专门规定）；生产及销售腐蚀、破坏良好民族风俗习惯的文化用品；生产及销售对人类和环境有危害的化学品和工业废料；色情服务；为外国人提供导游。

2. 政府专控的行业。石油、能源、自来水、邮电和交通、原木及木材制品、矿藏及矿产、化学品、粮食、药品、食用酒、烟草、建材、交通工具、文化制品、贵重金属、教育。

3. 专为老挝公民保留的职业。(1)工业手工业部门：制陶；金、银、铜及其制品的打制；手工织布和编纺刺绣；工厂的织布、缝纫工作；竹篾、藤凉席的制作；佛像、木雕制作；玩具的制作；棉或木棉服装和被褥的制作；铁匠；电焊工。(2)金融部门：金、银、铜及其有价物品的销售。(3)商业部门：流动和固定零售；成品油零售。(4)财政部门：财务监督或提供财务服务工作。(5)教育部门：为外国人教授老挝语。(6)文化部门：老挝传统乐器制作；手工字母排版；各种广告牌的设计和制作；各种场所的装修。(7)旅游部门：导游和导游的分配。(8)交通、运输、邮电和建设部门：各种运输车辆的驾驶；建筑行业的各种载重车（推土机、自卸车等）的驾驶；铲土机、平地机、打夯机、挖土机的操作；各种信件、报纸、文件的发送；密码工作；汽车美容。(9)劳动和社会服务部门：普通工人、清洁工、保安；为外国人提供家政服务；美容、烫发和理发；文书和秘书工作。(10)食品部门：米线制品的生产。

老挝对国产水泥、钢筋、洗洁精、PVC管、镀锌瓦、水泥瓦实行保护政策。

（三）投资方式的规定

外国投资者可以按照“协议联合经营”、与老挝投资者成立“混合企业”和“外国独资企业”等3种方式到老挝投资。

“协议联合经营”是指老挝投资法人与外方在不成立新

法人的基础上联合经营。

“混合企业”是指由外国投资者和老挝投资者依照老挝法律成立、注册并共同经营、共同拥有所有权的企业。外国投资者所持股份不得低于注册资金的30%。

“外国独资企业”是指由外国投资者独立在老挝成立的企业,形式可以是新法人或者分公司。

矿产、水电行业为老挝外资投资的主要领域。中国、越南、泰国分别是老挝前三大投资国。

(四)特殊经济区域的规定

2011年年底,老挝政府颁布《2011年至2020年在老挝开发经济特区和专业经济区战略规划》,规划到2015年建立14个经济特区和专业经济区。即:万象市的东坡喜专区、会山专区、塔蛮湖专区、赛萨坛专区;占巴色省的西潘敦专区、巴松菠萝芬高原专区、万道专区;甘蒙省的甘蒙黄金城专区;沙耶武里省的南横口岸专区;波里坎赛省的万坎开发区;华潘省的浓康专区;沙湾拿吉省的老堡边境贸易区;川扩省的石缸平原专区和波乔省的泥公河大桥桥头专区等。

目前,老挝政府批准设立10个经济特区和专业经济区,占地13564公顷,其中2个经济特区、8个专业经济区。即:沙湾一色诺经济特区、金三角经济特区、磨丁丽城专业经济区、万象嫩通工业贸易园、赛色塔综合开发区、东坡西专业经济区、万象隆天专业经济区、普乔专业经济区、塔銮湖专业经济区、他曲专业经济区。

三、老挝对外国投资的政策

(一)优惠政策框架

老挝对外国投资给予税收、制度、措施、提供信息服务及便利方面的优惠政策。

(二)行业鼓励政策

老挝鼓励外国投资的行业有:(1)出口商品生产;(2)农林、农林加工和手工业;(3)加工、使用先进工艺和技术、研究科学和发展、生态环境和生物保护;(4)人力资源开发、劳动者素质提高、医疗保健;(5)基础设施建设;(6)重要工业用原料及设备生产;(7)旅游及过境服务。

(三)税收优惠政策

进口用于在老挝国内销售的原材料、半成品和成品可享受减征或免征进口关税、消费税和营业税。即:进口经有关部门证明并批准的原材料可免征进口关税和营业税;进口老挝国内有但数量不足的半成品5年内可按最高正常税率减半征收进口关税和营业税;进口经有关部门证明并批准的老挝国内有但数量不足或质量不达标的配件可按照东盟统一关税目录中的税率征收配件关税及消费税。

进口的原材料、半成品和成品在加工后销往国外的,可享受免征进口和出口的关税、消费税和营业税。

经老挝计划投资部批准进口的设备、机器配件可免征进口关税、消费税和营业税。

经老挝计划投资部或相关部门批准进口的老挝国内没有或有但不达标的固定资产可免征第一次进口关税、消费税和营业税。

经老挝计划投资部或相关部门批准进口的车辆(如载重车、推土机、货车、35座以上客车及某些专业车辆等)可免征进口关税、消费税和营业税。

(四)地区鼓励政策

老挝政府根据不同地区的实际情况给予投资优惠政策:(1)一类地区,指没有经济基础设施的山区、高原和平原。免征7年利润税,7年后按10%征收利润税。(2)二类地区,指有部分经济基础设施的山区、高原和平原。免征5年利润税,之后3年按7.5%征收利润税,再之后按15%征收利润税。(3)三类地区,指有经济基础设施的山区、高原和平原。免征两年利润税,之后两年按10%征收利润税,再之后按20%征收利润税。免征利润税时间按企业开始投资经营之日起算;如果是林木种植项目,从企业获得利润之日起算。

此外,企业还可以获得如下4项优惠:(1)在免征或减征利润税期间,企业还可以获得免征最低税的优惠。(2)利润用于拓展获批业务者,将获得免征年度利润税。(3)对直接用于生产车辆配件、设备,老挝国内没有或不足的原材料,用于加工出口的半成品等进口可免征进口关税和赋税。(4)出口产品免征关税。

对用来进口替代的加工或组装的进口原料及半成品可以获得减征关税和赋税的优惠;经济特区、工业区、边境贸易区以及某些特殊经济区等按照各区的专门法律法规执行。

四、外国企业在老挝获得土地的规定

(一)土地法的主要内容

老挝实行土地公有制,土地所有权禁止交易。地产市场的交易仅为土地使用权交易。老挝土地法根据老挝宪法的规定将土地国家所有权制度确立为国家唯一的土地所有权制度,即作为土地唯一所有者的国家对于自己所有的土地依法享有的占有、使用、收益和处分的权利。国家按照法律和规划统一管理全部土地,保证有目的和有成效地使用土地。

老挝《土地法》(1997年颁布)规定,全国范围内的土地划分为以下八个类型:农业用地、林业用地、建筑用地、工业用地、交通用地、文化用地、国防、治安用地和水域用地。关于各类土地范围划分权和程序方面,中央一级政府在全国范围内分配和划分各类土地,然后向国会提议以便审议通过。地方政府在自己负责的范围内规定各类土地的范围,使之符合政府制定的土地类型范围的规定,然后向自己的上级政府提议以便审议通过。

老挝《土地法》规定,一旦认为有必要,可以把一种土地类型转向另一种类型,但在用作其他目标前,必须事先征得有关部门的许可并不得对自然环境和社会造成不良影响。

(二)外资企业获得土地的规定

老挝《土地法》对本国人与外国人在土地使用形式上做了区分。本国个人、家庭及组织享有土地使用权和土地租赁权,而外国人、无国籍人仅仅享有土地租赁权。两者区别在于:土地租赁是从土地使用权中分离出来的一项独立财产权利。老挝《土地法》没有对土地使用权的期限做出规定;土地使用权一般要求支付地租,但也可无偿。土地租赁为有偿形式,租金是必要条件:土地使用权具有流通性,可让与作为抵押权的标的,设定权利抵押权。而土地租赁权一般不得让与,转租也受到限制或禁止。

外国人以及其他组织没有土地的使用权,只享有土地租赁权。其如果需要从老挝公民手中租赁已开发的土地,则应由土地所在地的省、市或特区政府向财政部建议审批。至于外国人及上述个人的组织,是由土地所在地的省、市或特区政府向财政部建议决定。根据外国人投资的项目、产业、规模、特性,其租期最高不得超过50年,但可按政府的决定视情形续租。

(三)老挝目前实行土地特许经营的项目

1. 农业项目。老挝实行土地特许经营的农业项目有360个,按项目数量排序主要有:咖啡(59个)、牲畜(58个)、麻风树(49个)、木薯(34个)、水果蔬菜(31个)、大米(12个)、甘蔗(10个);按占地面积排序居前者有:甘蔗(3.4969万公顷)、畜牧(3.1494万公顷)、麻风树(2.5179万公顷)。咖啡种植项目95%位于老挝南部占巴色省,种植总面积1.9105万公顷。甘蔗项目几乎全是泰国投资,多位于老挝南部靠近泰国的地方。中国投资老挝的农业项目占地1.3万公顷,其中5个木薯种植项目覆盖1万公顷土地。

2. 林业项目。老挝实行土地特许经营的林业项目有367个,最常见的是橡胶种植园,共有225个项目,覆盖13万公顷土地。其次是49个桉树项目,覆盖9.5万公顷土地。中国以86个项目占地8.6万公顷名列林业项目第一位,其后是越南和印度。中国企业投资的橡胶园主要在老挝北部,便于采购商运输到云南西双版纳加工。越南主要投资的项目也是橡胶,相较中国每个项目平均只有341公顷土地,越南投资橡胶项目平均占地面积为1477公顷。

3. 采矿项目。采矿业564个项目占地接近55万公顷,即老挝土地特许经营项目总面积的一半。3个最主要的产品类别分别是:锌矿(18.9万公顷),铜矿(8.6万公顷),铁矿(5.7万公顷)。项目数量最大类别是沙和碎石开采项目,共165个项目,但总面积仅为2987公顷。就采矿业投资项目数量而言,中国有69个项目,越南32个项目,泰国9个项目。但是从项目面积看,越南在采矿业投资的土地面积为23.2万公顷,中国则仅有9.7万公顷。

4. 其他项目。电力、制造、加工业特许经营项目共829个项目占地2.2万公顷。通信、服务、旅游、运输、贸易特许经营项目共520个项目占地7.7万公顷。

由于老挝土地投资及特许经营项目的规模急剧扩大,无论政府还是民间都对其影响予以关注。2012年6月老挝政府停止橡胶及桉树的特许经营许可,进行全国范围内的土地特许经营情况审查复核,对项目影响进行重新评估,土地特许经营权的审批程序趋于严格。

五、环境保护法律规定

(一)环保管理部门

老挝环保管理部门包括自然资源环境部、部派驻处、省/直辖市自然资源环境厅、县和村委会等5级机构。主要职责有:(1)制定和实施环保法律法规;(2)研究、分析和处理项目环保问题;(3)颁发或没收环保许可证;(4)指导环评工作;(5)开展环保国际合作等。

(二)主要环保法律法规

老挝主要环保法律法规有《环境保护法》(1999年4月颁布实施)、《环境保护法实施令》《水和水资源法》《水和水资源法实施令》等。2013年3月,老挝颁布新修订的《环境保护法》。

(三)环保法律法规基本要点

老挝环保法规定,个人或组织在实施项目中必须负责预防和控制水、土地、空气、垃圾、有毒化学物品、辐射性物品、振动、声音、光线、颜色和气味等污染;禁止随意向沟渠、水源等倾倒、排放超标污水和废水;禁止排放超出空气质量指标的烟雾、气体、气味、有毒性化学品和尘土;生产、进口、使用、运输、储藏和处理有毒化学物品或辐射性物品必须按照相关规定执行;禁止随意倒放垃圾,必须在扔弃、燃烧、埋藏或销毁前行划定或区分垃圾倒放区域;禁止进口、运输、移动危险物品通过老挝水源区、境内或领空。个人或组织违反环保法的,情节较轻者处以教育、罚金;情节重者可按相关民事法律和刑事法律进行处罚。

(四)环保评估的相关规定

2010年2月16日,老挝对《环境评价条例》进行修订。此次修订严格了环评程序,进一步完善公众参与制度。新修订的《环境评价条例》将所有项目分成两大类,一类包括小规模投资项目和对环境与社会影响小的项目,这类只要求IEE;一类是大规模投资的项目,包括复杂的和显著影响环境与社会的项目,要求EIA环评机构:自然资源和环境部、费用根据项目类型、规模收取,没有统一收费标准,需要双方洽谈;环评报告上交自然资源和环境部环境监察中心后在半年内给予答复,如未通过则需重新评估。

六、保护知识产权规定

(一)老挝当地有关知识产权保护的法律规定

老挝政府于1995年颁布实施《商标令》,2008年1月颁布实施《知识产权法》。

《商标令》规定,在老挝的个人或法人可以向老挝科技部提出商标注册申请。商标保护期为10年,可延长10年/次。连续5年不用或者商标注册批准证书过期,则失去效力。

《知识产权法》规定,知识产权包括工业产权、物种和专利3大类。工业产权保护期限一般为10~20年,期间支付费用;物种保护期乔木类为25年、灌木类为15年,期间支付费用;专利保护期为创作者终生及死后50年。

(二)知识产权侵权的相关处罚规定

老挝《知识产权法》规定,违反知识产权保护规章的行为,受法律制裁。

七、投资合作相关法律及对中国企业投资合作保护政策

(一)老挝与投资合作相关的主要法律

1.《投资促进法》。2010年3月,老挝国家主席签署第75号主席令,正式颁布实施老挝新版《投资促进法》。新版《投资促进法》由原来的《国内投资促进管理法》和《外国投资股促进管理法》合并而成,并对其中8处作了修订和完善,如:投资方式、投资类型、审批程序、一站式投资服务、投资指导目录、优惠政策、专门经济区开发投资以及中央与地方管理职能划分等内容。

2.《民法》。规定老挝的自然人之间、法人之间以及自然人与法人之间的财产关系,为私有财产提供保护。

3.《企业法》。规定企业成立、组织、运作、解散、转让和变更,划分企业类型,规范企业章程。

4.《矿产法》。1997年5月实施,后进行修订。对矿产资源的所有权、保护和开发、环境保护、矿山经营者权益和当地居民权益和保护等做出规定。

(二)老挝对中国企业投资合作的保护政策

1. 中国与老挝签署双边贸易保护协定。中国与老挝于1988年12月签署了《中老贸易协定》《中老边境贸易的换文》。

2. 中国与老挝签署避免双重征税协定。中国与老挝于1999年1月签署了《中老避免双重征税协定》。

3. 中国与老挝签署的其他协定。中国与老挝还签署了《中老关于鼓励和相互保护投资协定》(1993年1月)、《中老汽车运输协定》(1993 年 12 月)、《中老澜沧江—湄公河客货运输协定》(1994 年 11 月)、《中老旅游合作协定》(1996 年 10 月)、《中老关于成立两国经贸技术合作委员会协定》(1997 年 5 月)、《中国、老挝、缅甸和泰国四国澜沧江—湄公河商船通航协定》(2000 年 4 月)等协定,在投资、旅游、运输等方面规定了相关保护政策。

4. 其他相关保护政策。中国与老挝签署《中老领事条约》(1989 年 10 月)、《中老民事刑事司法协助条约》(1999 年 1 月)、《中华人民共和国和老挝人民民主共和国引渡条约》(2002 年 2 月)等协定,在司法方面规定相关保护政策。2002 年 11 月,中国与东盟国家签署《中国—东盟全面经济合作框架协议》。2004 年 11 月 29 日,在老挝万象召开的第 8 次中国—东盟领导人会议上,中老签署《货物贸易协议》和《争端解决机制协议》。

马来西亚投资贸易指南

一、对外贸易法规和政策规定

(一)贸易主管部门

马来西亚主管对外贸易的政府部门是国际贸易和工业部,主要职责是负责制订投资、工业发展及外贸等有关政策,拟定工业发展战略,促进多双边贸易合作,规划和协调中小企业发展,促进和提升私人企业界和土著的管理和经营能力。

(二)贸易法规体系

主要对外贸易法律有《海关法》《海关进口管制条例》《海关出口管制条例》《海关估价规定》《植物检疫法》《保护植物新品种法》《反补贴和反倾销法》《反补贴和反倾销实施条例》《2006 年保障措施法》《外汇管理法令》等。

(三)贸易管理的相关规定

马来西亚实行自由开放的对外贸易政策,部分商品的进出口会受到许可证或其他限制。

1. 进口管理。1998 年马来西亚海关禁止进口令规定了四类不同级别的限制进口。第一类是 14 种禁止进口品,包括含有冰片、附子成分的中成药,45 种植物药以及 13 种动物及矿物质药。第二类是需要许可证的进口产品,主要涉及卫生、检验检疫、安全、环境保护等领域。包括禽类和牛肉(还必须符合清真认证)、蛋、大米、糖、水泥熟料、烟花、录音录像带、爆炸物、木材、安全头盔、钻石、碾米机、彩色复印机、一些电信设备、武器、军火以及糖精。目前大约有 27% 的税目产品需要进口许可证。第三类是临时进口限制品,包括牛奶、咖啡、谷类粉、部分电线电缆以及部分钢铁产品。第四类是符合一定特别条件后方可进口的产品,包括动物、动物产品、植物及植物产品、香烟、土壤、动物肥料、防弹背心、电子设备、安全带及仿制武器。

为了保护敏感产业或战略产业,马来西亚对部分商品实施非自动进口许可管理,主要涉及建筑设备、农业、矿业和机动车辆部门。如所有重型建筑设备进口须经国际贸易和工业部批准,且只有在马来西亚当地企业无法生产的情况下方可进口。马来西亚海关负责发放进口许可证,国际贸易及工业部及其他部门负责进口许可证的日常管理工作。

2. 出口管理。马来西亚规定,除以色列外,大部分商品可以自由出口至任何国家。但是,部分商品需获得政府部门出口许可,其中包括:短缺物品、敏感或战略性或危险性产品,以及受国家公约控制或禁止进出口的野生保护物种。此外,马来西亚《1988 年海关令(禁止出口)》规定对三类商品的出口管理措施:第一类为绝对禁止出口,包括禁止出口海龟蛋和藤条;禁止向海地出口石油、石油产品和武器及相关产品。第二类为需要出口许可证方可出口;第三类为需要视情况出口。大多数第二和第三类商品为初级产品,如牲畜及其产品、谷类、矿物/有害废弃物;第三类还包括武器、军火及古董等。

国际贸易与工业部及国内贸易与消费者事务部负责大部分商品出口许可证的管理。

3. 进出口商品检验检疫。马来西亚要求所有肉类、加工肉制品、禽肉、蛋和蛋制品必须来自经农业部兽医服务局检验和批准的工厂,所有进口产品必须获得兽医服务局颁发的进口许可证。

所有向穆斯林供应的肉类、加工肉制品、禽肉、蛋和蛋制品必须通过清真认证,牛、羊、家禽的屠宰场以及肉蛋加工设备必须获得伊斯兰发展署的检验和批准。

4. 海关管理规章制度。(1)管理制度。马来西亚关税有两种归类系统:一种用于东盟内部贸易,税则号为 6 位数字;另一种用于与其他国家贸易。国际贸易及工业部下属关税特别顾问委员会负责对关税进行评审,每年在政府预算中公布。(2)关税水平。马来西亚关税 99.3% 是从价税,0.7% 是从量税、混合税和选择关税。世界贸易组织《2014 世界关税研究》公布数据显示,2013 年,马来西亚最惠国关税简单平均关税税率约 6%,农产品最惠国平均简单关税为 8.9%,非农产品该税率为 5.5%。

二、外国投资市场准入规定

(一)投资主管部门

马来西亚主管工业领域投资的政府部门是贸工部下属的马来西亚投资发展局(www.mida.gov.my),主要职责是:制定工业发展规划;促进制造业和服务业领域的国内外投资;审批工业执照、外籍员工职位以及企业税务优惠;协助企业落实和执行投资项目。

马来西亚其他行业投资由马来西亚总理府经济计划署(EPU)及有关政府部门负责,EPU 负责审批涉及外资与土著(Bumiputra)持股比例变化的投资申请,而政府部门则负责其他业务有关事宜的审批。

(二)投资行业规定

1. 限制的行业。外商投资下述行业会在股权方面受到严格限制:金融、保险、法律服务、电信、直销及分销等。一般外资持股比例不能超过 50% 或 30%。

2. 新开放领域。2009 年 4 月,马来西亚政府为了进一步吸引外资,刺激本国经济发展,开放了 8 个服务业领域的 27 个分支行业,允许外商独资,不设股权限制,包括:(1)计算机相关服务领域。包括电脑硬件咨询服务,软件应用服务(包括软件系统咨询服务、系统分析服务、系统设计服务、电脑程序服务、系统维护服务),资料处理服务(包括资料输入服务、资料处理与制表服务、共享服务等),数据库服务,电脑维修服务,其他(包括资料准备、训练、资料修复、内容开发等服务)。(2)保健与社会服务领域。包括兽医服务,老人院及残疾中心提供的服务,孤儿院服务,育儿服务(包括残疾儿童中心提供的服务),为残疾人士提供的职业培训服务。(3)旅游服务领域。包括主题公园,旅行社(仅限国内旅游部分),酒店与餐馆(仅限四星级及五星级酒店),食品服务(仅限四星级及五星级酒店),饮品服务(仅限四星级及五星级酒店)。(4)运输服务领域。(5)体育及休闲服务领域。(6)商业服务领域。包括区域分销中心,国际采购中心,科学检验与分析服务(包括成分与纯度化验分析服务、固体物检验分析服务、机械与电子系统检验分析服务、科技监督服务等),管理咨询服务(包括常规服务、金融、人力资源、产品与公关服务等)。(7)租赁服务领域。包括船只租赁(不包括沿海及岸外贸易)、国际货轮租赁(光船租赁)。(8)运输救援服务领域。包括海事机构服务、船只救护服务。

为进一步刺激外资流入,马来西亚政府在2012年逐步开放17个服务业分支行业的外资股权限制,包括:电讯领域的服务供应商执照申请、电讯领域的网络设备供应与网络服务供应商执照申请、快递服务、私立大学、国际学校、技工及职业学校、特殊技术与职业教育、技能培训、私立医院、独立医疗门诊、独立牙医门诊、百货商场与专卖店、焚化服务、会计与税务服务、建筑业、工程服务以及法律服务。

马来西亚服务业发展理事会(MSDC)是分支领域开放的监管单位,负责审查服务业限制领域发展的有关规定,监督和协调各部门相关工作。

3. 鼓励的行业。马来西亚政府鼓励外国投资进入其出口导向型的生产企业和高科技领域。

马来西亚比较适合外国投资的产业包括:农业生产、农产品加工、林业、橡胶制品、棕油产品、石油化工、医药、木材、纸浆制品、纺织、非金属矿物制品、钢铁业、有色金属、机械设备及零部件、交通设备及部件、电子电器、专业医学、科学测量仪器制造、相机及光学产品、塑料制品、酒店与旅游业、影视制作以及一些制造业相关的服务业等。2003年6月开始,外商投资制造业的新项目可以100%持股。

(三)投资方式的规定

1. 直接投资。外商可直接在马来西亚投资设立各类企业,开展业务。直接投资包括现金投入、设备入股、技术合作以及特许权等。

2. 跨国并购。马来西亚允许外资收购本地注册企业股份,并购当地企业。一般而言,在制造业、采矿业、超级多媒体地位公司、伊斯兰银行等领域或鼓励外商投资的五大经济发展走廊,外资可获得100%股份;马来西亚政府还先后撤销了27个服务业分支领域和上市公司30%的股权配额限制,进一步开放了服务业和金融业。

3. 股权收购。马来西亚股票市场向外国投资者开放,允许外国企业或投资者收购本地企业上市,2009年,马来西亚首相纳吉布宣布取消外资公司在马来西亚上市必须分配30%土著股权的限制,变为规定的25%公众认购的股份中,要求有50%分配给土著,即强制分配给土著的股份实际只有12.5%;此外,拥有多媒体超级地位、生物科技公司地位以及主要在海外运营的公司可不受土著股权需占公众股份50%的限制。纳吉布同时废除外资委员会(FIC)的审批权,拟在马上市的外资公司直接将申请递交给马来西亚证券委员会。

(四)特殊经济区域的规定

1. 五大经济特区。近年来,马来西亚政府鼓励外资政策力度逐步加大,为平衡区域发展,陆续推出五大经济发展走廊,基本涵盖了西马半岛大部分区域以及东马的两个州,凡投资该地区的公司,均可申请5~10年免缴所得税,或5年内合格资本支出全额补贴。根据具体区域实际情况,联邦政府制定了不同的重点发展行业。(1)伊斯干达开发区(Iskandar Malaysia)。位于马来半岛南端柔佛州,占地面积约2200平方千米,重点推动服务业成为经济发展的关键动力。鼓励投资行业包括:旅游服务、教育服务、医疗保健、物流运输、创意产业及金融咨询服务等。(2)北部经济走廊(Northern Corridor Economic Region, NCER)。涵盖马来半岛北部玻璃市州、吉打州、槟州及霹雳州北部区域,占地面积约1.8万平方千米,重点鼓励投资行业包括农业、制造业、旅游及保健、教育及人力资本和社会发展等。(3)东海岸经济区(East Coast Economic Region, ECER)。包括东海岸吉兰丹州、登加楼州、彭亨州及柔佛州的丰盛港地区,占地面积约6.7万平方千米,重点鼓励投资行业包括旅游业、油气及石化产业、制造业、农业和教育等。(4)沙巴发展走廊(Sabah Development Corridor, SDC)。涵盖东马沙巴州大部分地区,占地面积约7.4万平方千米,重点鼓励投资行业包括旅游业、物流业、农业及制造业等。(5)沙捞越再生能源走廊(Sarawak Corridor of Renewable Energy, SCORE)。位于东马沙捞越州西北部,占地面积约7.1万平方千米,沙州拥有丰富的能源资源,重点鼓励投资行业包括油气产品、铝业、玻璃、旅游业、棕油、木材、畜牧业、水产养殖、船舶工程和钢铁业等。

自2006年推行经济走廊计划以来,五大经济走廊已吸引投资264.5亿马币,创造13.2万个工作机会。其中伊斯干达发展区吸引投资额最高,达83.4亿马币,创造5.6万个工作机会;北部经济走廊(NCER)吸引投资68.9亿马币,创造2.6万个工作机会;东海岸经济区(ECER)吸引投资51.4亿马币,创造2.7万个工作机会;沙巴发展走廊(SDC)吸引投资54.2亿马币,创造1万个工作机会;砂捞越再生能源走廊(SCORE)吸引投资额8.3亿马币,创造1.3万个工作机会。

2. "大吉隆坡"计划。马来西亚"大吉隆坡"计划全线启动。大吉隆坡地区:经济转型计划中提出的国家关键经济领域之一,位于吉隆坡—巴生河谷流域,涵盖了吉隆坡附近10个城市,占地面积约2800平方千米。概念参考了大伦敦和大多伦多地区,计划从基础设施、人民收入和居住环境三方面着手,将吉隆坡打造成为位居世界前20名的适合居住的国际大都市。

3. 马中关丹产业园(MCKIP)。(1)基本规划。产业园位于彭亨州关丹市格宾(GEBENG)工业区内,面积6.07平方千米,距离关丹港5千米。(2)开发模式。由中国和马来西亚双方牵头企业在马成立合资公司作为产业园开发主体,由马方占股51%,中方占股49%,共同从事土地开发和基础设施建设以及后期招商工作。(3)产业指引。十大重点产业包括:塑料及金属行业设备、汽车零部件、纤维水泥板、不锈钢产品、食品加工、碳纤维、电子电器、信息通讯、消费类商品以及可再生能源。(4)优惠政策。马方对产业园提出的优惠政策主要分为财政优惠和非财政优惠两类。其中,财政优惠包括:自第一笔合法收入起10年内100%免缴所得税,或享受5年合格资本支出全额补贴;工业园开发、农业及旅游项目免缴印花税;机械设备免缴进口税及销售税。

马来西亚鼓励外国投资政策的主要内容是:特区鼓励创意、教育服务、金融咨询、保健、物流和旅游这6个领域,特区首个中心点主要发展休闲、住宅、金融和高端工业园等。

4. 财务优惠措施。对于具有特区地位的公司而言，在2015年前开业的特区地位公司，可免税10年；非国民预扣的服务税和权利金可获10年豁免。对于发展商而言，2015估税年前，在区内第一中心出售土地所获得的法定收入可免税；2020估税年前，商业建筑物租赁或买卖收入免税；非国民的服务税、利息及权利金豁免预扣税直至2015年12月31日。对于产业发展管理人而言，提供管理、监督或行销服务的产业发展管理人，法定收入可免税直至2020年估税年；提供相关服务的非国民，可免预扣税直至2015年12月31日。

5. 非财务优惠措施。豁免遵守外国投资委员会条例。享有宽松的外汇管理，其中包括：向国民支付或收取外币；向境内银行及非国民借贷任何数额的外币；可用外币在境内及境外投资；可将出口收入保留在境内；聘请外国专门人才无限制，境外专业人才可进口或购买免税汽车自用。

三、外国投资优惠政策

（一）优惠政策框架

马来西亚投资政策以《1986年促进投资法》《1967年所得税法》《1967年关税法》《1972年销售税法》《1976年国内税法》以及《1990年自由区法》等为法律基础，这些法律涵盖了对制造业、农业、旅游业等领域投资活动的批准程序和各种鼓励与促进措施。

2010年，马来西亚联邦政府出台一系列新的举措，以促进投资增长。包括设立国家投资委员会，由马贸工部长和首相府绩效管理实施署长作为联席主席，委员由马财政部、首相府经济计划署、央行、绩效管理实施署、贸工部、投资发展局、统计局的官员组成，负责实时审批投资项目；将投资主管机构马投资发展局（原名工业发展局）企业化，授予更多权限，以提高该机构施政灵活性，吸引更多投资；修订了《促进行动及产品列表》（即鼓励外商投资产业目录）；关注五大经济发展走廊吸引投资情况，强化各走廊发展局的职能。

鼓励政策和优惠措施主要是以税务减免的形式出现的，分为直接税激励和间接税激励两种。直接税激励是指对一定时期内的所得税进行部分或全部减免；间接税激励则以免除进口税、销售税或国内税的形式出现：

1. 投资税务补贴（Investment Tax Allowance，ITA）。获得新兴工业地位（Pioneer Status，PS）称号的企业可享受为期5年的所得税部分减免，仅需就其法定收入的30%征收所得税。即：获得投资税务补贴的企业，可享受为期5年合格资本支出60%的投资税务补贴。该补贴可用于冲抵其纳税年法定收入的70%，其余30%按规定纳税，未用完的补贴可转至下一年使用，直至用完为止。

享受新兴工业地位或投资税务补贴的资格是以企业具备的某方面优势为基础的，包括较高的产品附加值、先进的技术水平以及产业关联等。符合这些条件的投资被称为“促进行动”（promoted activities）或“促进产品”（promoted products）。马政府专门制订了有关制造业的《促进行动及产品列表》。除制造业外，两项鼓励政策均可适用于其他行业申请，如农业、旅游业及制造业相关的服务业等。

2. 再投资补贴（Reinvestment Allowance，RA）。再投资补贴主要适用于制造业与农业。运营12个月以上的制造类企业因扩充产能需要，进行生产设备现代化或产品多样化升级改造的开销，可申请再投资补贴。合格资本支出额60%的补贴可用于冲抵其纳税年法定收入的70%，其余30%按规定纳税。

3. 加速资本补贴（Accelerated Capital Allowance，ACA）。使用15年的再投资补贴后，再投资在“促进产品”的企业可申请加速资本补贴，为期3年，第一年享受合格资本支出40%的初期补贴，之后两年均为20%。除制造业外，加速资本补贴还适用于其他行业申请，如农业、环境管理及信息通信技术等。

4. 农业补贴。马来西亚的农业企业与合作社/社团除了农业《促进行动及产品列表》，也可申请新兴工业地位或投资税务补贴的优惠。《1967年所得税法》规定，投资者在土地开垦、农作物种植、农用道路开辟及农用建筑等项目的支出均可申请资本补贴和建筑补贴。考虑到农业投资计划开始到农产品加工的自然时间间隔，大型综合农业投资项目在农产品加工或制造过程中的资本支出还可单独享受为期5年的投资税务补贴。

5. 多媒体超级走廊地位。马政府于1996年推出信息通信技术计划，即多媒体超级走廊，简称MSC，目标是成为全球信息通讯产业中心。经多媒体发展机构核准的信息通讯企业可在新兴工业地位的基础上，享受免缴全额所得税或合格资本支出全额补贴（首轮有效期为5年），同时在外资股权比例及聘请外籍技术员工上不受限制。

6. 运营总部地位。国际采购中心地位和区域分销中心地位。为进一步加强马来西亚在国际上的区域地位，经核准的运营总部、区域分销中心和国际采购中心除了100%外资股权不受限制以外，还可享受为期10年的免缴全额所得税等其他优惠。

7. 新兴工业地位。获得新兴工业地位称号的企业可享受为期5年的所得税部分减税，仅需就其法定收入的30%征收所得税。

（二）行业鼓励政策

1. 清真食品加工及认证。包括：凡生产清真食品的公司，自符合规定的第一笔资本支出之日起5年内所发生符合规定资本支出的100%可享受投资税赋抵减。

2. 多媒体超级走廊公司。为了成为全球信息与通信技术产业的中心，马来西亚政府于1996年创建了信息与通信技术计划，即多媒体超级走廊。所有取得多媒体超级走廊地位的公司都可享受马来西亚政府提供的一系列财税、金融鼓励政策及保障，主要包括：提供世界级的硬体及资讯基础设施；无限制地聘请国内外知识型雇员；公司所有权自由化；长达10年的税收豁免政策或五年的财税津贴等。

3. 鼓励发展生物科技。马来西亚2007年财政预算报告宣布一系列新举措，鼓励在生物科技领域的投资，推动生物科技的发展。投资鼓励政策包括：（1）生物科技公司从首年盈利开始，免交10年所得税；（2）从第11年开始缴纳20%的所得税，优惠期仍为10年；（3）在生物科技领域进行投资的个人和公司，将减去与其原始资本投资相等的税收，并获得前期的融资支持；（4）生物科技公司在进行兼并或收购时，可免征印花税，并免交5年的不动产收益税；（5）用于生物科技研究的建筑物可获得有关的工业建筑物津贴。

4. 在马来西亚2011年政府预算案项下，特别提出几个行业领域的鼓励政策。（1）可再生能源领域：部分企业税务优惠申请期延至2015年底。①以可再生资源为原料产能或提供节能服务的企业;②生产可再生能源以自用或节能以自用产生的资本支出的企业。(2)混合动力车辆生产领域:混合动力汽车、摩托车免缴进口税及国内税的申请期限延长至2011年年底。(3)石油天然气产业。①投资税务补贴,合格资本支出的60%~100%的补贴可冲抵其纳税年法定收入,以鼓励资本密集型项目的开发,具体包括提高原油采收率、高含量二氧化碳天然气田、深水和基础设施的石油作业项目等;②为改善开发商的经济收益,边际油田开发项目所得税从38%降至25%;③增强项目可行性,边际油田开发企业可享受的加速资本补贴期增至5~10年;④为改善开发商项目收益,免除边际油田开采及输出的产品出口税。(4)旅游业。酒店的翻新、装修、扩建可获得第三轮投资税务补贴,额度为合格资本支出的60%,为期5年;同时可享受所得税部分减免,最低可仅就其法定收入的30%纳税。(5)其他行业。①联邦政府将为从事电子电器领域高附加值生产经营的本地公司提供8.6亿马币的资金支持;②为内资油脂衍生物公司提供1.3亿马币支持,为棕榈油下游产业拨款2300万;③贷款购买价值35万马币以内首套房的购房者,印花税减半;④为政府与私营领域合作项目提供125亿马币资金支持;⑤取消相机、手表、香水等旅游商品的进口税;⑥投资“最后一英里”(Last Mile)宽带设施项目优惠申请期延长至2012年底。

四、外国企业在马来西亚获得土地的规定

马来西亚宪法规定土地事务属于州务管辖范畴,各州均设有土地局,各州在联邦政府监督下,可制定本州的土地政策。宪法和国家土地法均规定,马来西亚土地可以作为私有财产受法律的保护,可自由买卖。获得土地的方式主要分两种,一种是永久拥有权(Freehold),可以获得永久地契(目前此权限已很难获得),另一种是租赁性拥有权(Leasehold),可获有效期为99年的租契。日前,联邦政府公布了新的修订政策,允许业主在99年地契到期之前支付一定费用,便可再延续新的99年所有权。

(一)土地法的主要内容

1966年1月1日起生效的《1965年国家土地法》是马来西亚最主要的土地法律框架,此外,马来西亚现行的主要土地法律还包括:《1976年地方政府法》(171号法令)、《1960年土地征用法》和《1976年城镇与乡村规划法》(172号法令)及其1995年修正案(993法案)。之后各州又颁布了自己的“马来人保留地法”等法律法规。

《1965年国家土地法》确定了联邦政府与州政府的权限、土地用途的分类、土地所有权转移、土地的买卖、没收、划分及抵押等内容。同时,无论何种用途的土地,必须在地契注明的规定时间内开发,如果违反,将无条件收回土地。《1976年城镇与乡村规划法》及其1995年修正案规定,申请取得土地以及更改土地用途的方案必须呈报审批,只有在不违反地方政府规划原则与目标的情况下,方可获得批准。《1960年土地征用法》规定政府部门、企业或个人不得随意征用土地,只有州政府有权征用州内土地及改变土地使用性质,联邦政府征用土地也要通过州政府进行,并向后者支付费用。凡征用土地,必须公布征用理由和确定补偿标准。“马来人保留地法”将土地总面积约1/4划为“马来人保留地”,并规定除非获得州政府批准,否则不能出售、出租或抵押给非马来人。

(二)外资企业获得土地的规定

马来西亚总理府经济计划署(EPU)公布的2010年1月1日生效的《产业购置指南》是马来西亚对外资最主要的产业规定,明确了各机构在外资购置产业申请事宜的审批权限。

需要报EPU审批的产业购置包括:(1)直接购置价值超过2000万马币的非住宅产业,降低当地土著企业或政府机构的股份比例;(2)通过并购控股方式,间接购置土著企业或政府机构的价值超过2000万马币的非住宅产业。这两种购置申请,均有强制的30%土著股权限制,且外资企业缴纳的资本不得低于25万马币。

无须EPU批准,但要报相关部门审核的产业购置包括:(1)购置价值超过50万马币的商业房屋,2014年财政预算案将此金额提高至100万马币;(2)价值超过50万马币或购置面积为5英亩以上的农业用地,用于农业投资、高新技术的商业投资、农业旅游项目开发或开展出口型农产品加工;(3)购置价值超过50万马币的工业用地;(4)购置价值超过50万马币住宅。

禁止外资购置的产业有:(1)价值50万马币以下的产业;(2)州政府划分的中/低成本住宅;(3)“马来人保留地”上的产业;(4)州政府分给土著企业开发项目的产业。

无须EPU批准的产业购置包括:购置马来西亚“第二家园计划”的住宅;多媒体超级走廊(MSC)区域内具MSC地位的公司,为了企业运营或员工住宿所购置的产业、在马来西亚任一发展走廊由政府相关机构批准的公司购置的产业;获得马来西亚国际伊斯兰金融中心(MIFC)秘书处颁发执照的公司购置的产业;公司的员工宿舍(外资控股的公司需购置10万马币以上的住宅),该业务由州政府批准;遗嘱或法院判决书要求转移给外资的产权;制造业公司购置的产业;联邦州政府、州务大臣/首席部长公司及其他政府关联公司(GLCS)购置的产业;私有化转型机制下的产业;获得财政部、贸工部等相关部门颁发的国际采购中心、运营总部、代表处、区域办事处、纳闽离岸公司以及生物科技公司等特殊地位公司所购置的产业。

五、环境保护法律规定

(一)环保管理部门

马来西亚政府环保主管部门是天然资源和环境部下属的环境局,主要负责环境政策的制定及环境保护措施的监督和执行。环境局下设负责处理空气、河流、水利以及工业废物的部门。

(二)主要环保法律法规名称

马来西亚基础环保法律法规包括《1974年环境素质法》和《1987年环境素质法令》(指定活动的环境影响评估)。涉及投资环境影响评估的法规包括《1990年马来西亚环境影响评估程序》《1994年环境影响评估指南》(海边酒店、石化工业、地产发展、高尔夫球项目发展)。

(三)环保法律法规基本要点

根据《马来西亚环境素质法》,投资者必须在提交投资方案时关注到环境因素,进行投资环境评估,在生产过程中控制污染,尽量减少废物的排放,把预防污染作为生产的一部分。根据《1987年环境素质法令》(指定活动环境影响评估),以下投资须进行环境影响评估:将森林地改为农业生产地,土地面积达500公顷或以上;水库、人工造湖的建造,水

面面积达200公顷或以上;涉及面积50公顷以上住宅地开发;石化及钢铁项目;电站项目等。

根据《1974年环境素质法》,马来西亚污染事故处理或赔偿的标准主要根据污染事故的性质、影响以及造成的后果来加以判定。空气污染、噪音污染、土壤污染、内陆水污染,视情况处以不超过10万马币的罚款或5年以下的监禁,或二者兼施;污水排放、油污排放、公开焚烧、使用有毒物质或特定设备进行生产,处以不超过50万马币的罚款或5年以下的监禁,或二者兼施。

(四)环保评估的相关规定

马来西亚环境评估主管机构为环境局。

马来西亚环境评估程序分两种:

1. 初步环境评估。要求初步环境评估的项目主要包括农业、机场、水库及灌溉、土地开垦、渔业、林业、住宅开发、石化、钢铁、纸浆,基础设施、港口、矿产、油气行业、电站、铁路、交通、垃圾废物处理、供水等。

具体申请程序:将符合政府整体规划的初步环评报告提交给环境局(12份报告提交州环境局,3份报告和电子版的摘要提交国家环境局总部)→州环境局召开初期环境评估技术委员会审核、若要求另行提供有关材料,需在两周内提交→若符合《1974年环境素质法》,则批准该项目。

初步环境评估由州环境局牵头审核,审批时间为5周。

2. 详细环境评估。要求详细环境评估的项目主要包括钢铁厂、纸浆厂、水泥厂、煤电站、水坝、土地开垦、垃圾废物处理、伐木、化工产业、炼油、辐射危害行业等。

具体申请程序:将详细环评报告提交给环境局(50份报告和电子版的摘要提交国家环境局总部)→国家环境局将报告公示,征求公众意见→国家环境局召开临时委员会审核→若要求另行提供有关材料,需在两周内提交、若符合《1974年环境素质法》,则批准该项目。

详细环境评估由国家环境局总部牵头审核,审批时间为12周。

六、保护知识产权规定

(一)马来西亚当地有关知识产权保护的法律法规

马来西亚涉及保护知识产权和工业产权的法律法规包括《专利法》《商标法》《工业设计法》《版权法》和《集成电路设计布局法》。

《专利法》规定,专利保护期限为20年,工业创新证书保护期限为10年。保护期间应按规定缴纳年费,否则将导致专利失效。

《商标法》规定,商标保护期限为10年,之后每次申请可再延长10年。

《工业设计法》规定,工业设计最初保护期限为5年,之后可申请延长两次,每次5年,总保护期限为15年。

《版权法》规定,文学、音乐或艺术著作保护期是作者有生之年,加上逝世后的50年;录音、广播及电影保护期为作品出版或制作后的50年。

《集成电路设计布局法》规定,商业开发的保护期是开发之日起10年,未进行商业开发的保护期是从创作完成之日算起15年。

(二)知识产权侵权的相关处罚规定

马来西亚法律规定,违反知识产权保护法律法规,将受到法律制裁。

七、投资合作相关法律及对中国企业投资合作保护政策

(一)马来西亚与投资合作相关的主要法律

《合同法》规定了合同的订立、撤销、履行、代理等内容,是马来西亚民商法律的基础。

《公司法》对公司登记成立、股份债券、抵押登记、公司管理、股份公司、公司账目与审计以及公司清盘做出了详细规定,还明确了投资公司、外国公司的概念。

《工业协调法》规定了从事制造业的公司,如果投资超过250万马币,或其全职雇员超过75人,必须向贸工部(MITT)申请工业执照;工业执照需每年申请更新。

《投资促进法》是马来西亚工业投资促进方面最重要的法律,投资优惠措施以直接或间接税赋减免形式出现,直接税激励指对一定时期内所得税进行部分或全部减免,间接税激励则以免除进口税、销售税或消费税的形式出现。

《劳资关系法》调整资方、劳工和工会之间的关系,预防与解决劳资争端。

(二)马来西亚对中国企业投资合作保护政策

1. 中国与马来西亚签署双边投资保护协定。1988年11月21日,中国和马来西亚签署了《中华人民共和国政府和马来西亚政府关于相互鼓励和保护投资的协定》。

2. 中国与马来西亚签署避免双重征税协定。1985年11月23日,中马双方签署了《中华人民共和国政府和马来西亚政府关于对所得避免双重征税和防止偷漏税的协定》,协定于1987年1月1日起正式生效。

3. 中国与马来西亚签署的其他协定。中马两国经贸关系由来已久。除上述投资保护和避免双重征税协定外,近年来,两国政府先后签署《海运协定》《贸易协定》《民用航空运输协定》《资讯谅解备忘录》《科学工艺合作协定》《体育协定》《教育谅解备忘录》等10余项合作协议。1999年5月31日,中马双方签署《中华人民共和国政府和马来西亚政府关于迈向21世纪全方位合作的框架文件》。2000年4月12日,中马双方签署《中华人民共和国政府和马来西亚政府就中国加入WTO的双边协议》。2009年2月8日,中马双方签署《中马双边本币互换协议》。2012年2月8日,中国人民银行与马来西亚国家银行续签该协议,有效期3年。2009年6月3日,中马双方签署《中华人民共和国政府和马来西亚政府关于部分互免持外交、公务(官员)护照人员签证的协定》。2011年4月28日,中马双方签署了《中华人民共和国政府和马来西亚政府关于扩大和深化经济贸易合作的协定》。2012年6月15日,中马双方签署《中华人民共和国和马来西亚政府关于扩大和深化经济贸易合作的协定》。2013年10月4日,中马双方签署《中华人民共和国与马来西亚政府经贸合作五年规划(2013~2017年)》。2015年11月23日,中马签署《关于进一步推进中马经贸投资发展的合作计划》《关于加强产能与投资合作的规定》《关于政府市场主体准入和商标领域合作谅解备忘录》《马来西亚输华棕榈油质量安全的谅解备忘录》。

4. 其他相关保护政策。2005年7月《中国—东盟全面经济合作框架协议货物贸易协议》正式施行,至2007年1月,中国和东盟6个成员国(泰国、马来西亚、印度尼西亚、菲律宾、新加坡、文莱)的60%的商品关税降至5%以下;2010年中国—东盟自由贸易区全面建成,绝大多数产品正常关税降为零。

缅甸投资贸易指南

一、对外贸易法规和政策规定

(一)贸易主管部门

缅甸贸易主管部门为缅甸商务部,负责办理批准颁发进出口营业执照、签发进出口许可证,管理举办国内外展览会、办理边境贸易许可、研究缅甸对外经济贸易问题、制订和颁布各种法令法规等。下设贸易司和边贸司,边贸司在各边境口岸设有边境贸易办公室负责办理边境贸易各种事务。缅甸私商从事对外贸易须向进出口贸易注册办公室领取营业执照,申领进出口许可证,在国家政策许可范围内自由从事对外贸易活动。

2014 年 5 月,投资委员会进行改组,由能源部长泽亚昂任投资委主席,饭店与旅游部长特昂任副主席,投资与公司局局长昂乃乌和国家计划与经济发展部部长,甘佐博士任秘书长,环保林业部长、计划发展部副部长等为投资委员会成员。

为提高外商在缅投资注册效率,缅甸 2013 年在仰光、2014 年在曼德勒开设国内外投资注册等业务的一站式窗口,窗口单位有计划发展部、商务部、税收部门、缅甸央行、海关、移民局、劳工部、工业部、投资与公司管理局、投资委等,为获准的国内外企业提供注册、延期及其他服务。

(二)贸易法规体系

与贸易管理相关的法律和规定有:《缅甸联邦进出口贸易(临时)管理法》(1947 年),《缅甸联邦贸易部关于进出口商必须遵守和了解的有关规定》(1989 年),《缅甸联邦关于边境贸易的规定》(1991 年),《缅甸联邦进出口贸易实施细则》(1992 年),《缅甸联邦进出口贸易修正法》(1992 年)等。

(三)贸易管理相关规定

1988 年以来,缅甸政府实行市场经济,允许私人从事对外贸易,对外贸易实行许可证管理制度。1989 年 3 月 31 日,政府颁布《国营企业法》,宣布实行市场经济,并逐步对外开放,军政府放宽对外贸的限制,允许外商投资,农民可自由经营农产品,私人可经营进出口贸易,并开放边境贸易。

自 2006 年以来,在中缅边境地区出口的木材及矿产品贸易,需获得缅甸商务部、林业部木材公司出具的证明及中国驻缅使馆经商参处的证明。

2014 年 4 月 1 日,缅甸停止原木出口,木材必须经加工后方可出口。2012 ~2016 年,缅甸将逐年递减 15% 的柚木和 20% 的硬木采伐量,并分别减少 75% 和 22% 勃固山脉的柚木和硬木采伐量。

2014 年 4 月,缅甸商务部宣布废除出口许可证取消罚金。

2015 年 1 月 1 日起,所有汽车进口商须在车辆发运前申请进口许可。2015 年 3 月 23 日,缅甸商务部通知缅甸工商联,随着外国人进入缅甸增多及根据市场需要,各经营商可以从国外合法进口各类红酒。经营商在申请进口许可证时,需事先与国外供货商签订合同及向相关部门申办酒类销售执照,红酒销售时需每瓶粘贴完税标志。2015 年 7 月,缅甸商务部宣布对鲜花、豆类、水果、咖啡豆、胡椒、玉米、药品、畜牧水产与农村发展部允许出口的鱼类、服装、高价值水产品以及传统食品的出口无须再申请出口许可证。同时还取消化工产业及其相关物资、医用手术器械(需持卫生部证明)教学用具、油墨、相关化妆品的物资、轮胎配件、丝绸等商品的进口许可申请。

(四)进出口商品检验检疫

缅甸进出口检验检疫工作由农业部主管。

《缅甸植物检疫法》(1993 年)规定禁止有害生物通过各种方法进入缅甸;切实有效抵制有害生物;对准备运往国外的植物、植物产品,必要时给予消毒、灭菌处理,并发给植物检疫证书。无论是从国外进口的货物,还是旅客自己携带的物品入境时,都必须接受缅甸农业服务公司的检查、检疫。

《缅甸植物细菌防疫法》(1993 年)规定不论任何人未取得进口许可证,不准从国外进口植物、植物产品、细菌、有益生物和土壤。必要时对即将运往国外的植物或植物产品进行杀虫和灭菌工作,发给无菌证书。根据接收国的需要,规定进行检验的方法。

《缅甸联邦对从事进出口贸易的最新规定》对进出口需要申报进行植物检疫的商品做了详细规定。

(五)海关管理规章制度

《缅甸海关进出口程序》(1991 年)对禁止进出口的物品做了详细规定,《缅甸海关计征制度及通关程序》对进出口关税、通关程序做了详细规定。

与海关管理相关的法规还有:《海洋关税法》(1978 年)、《陆地海关法》(1924 年)、《关税法》(1953 年)、《国家治安建设委员会 1989 年第 4 号令》《商业税法》(1990 年)、《进出口管制暂行条例》(1947 年)、《外汇管制法》(1974 年)。中国海关与缅甸海关正在推动输华产品零关税事宜。若协议达成,缅甸 95% 出口中国的产品将适用零关税。

二、外国投资市场准入规定

(一)投资主管部门

缅甸投资委员会是主管投资的部门。其主要职能是根据《缅甸联邦外国投资法》《缅甸联邦公民投资法》的规定,投资委对申报项目的资信情况、项目核算、工业技术等进行审批、核准并颁发项目许可证,在项目实施过程中提供必要帮助、监督和指导,同时也受理许可证协定时限的延长、缩短或变更的申请等。

缅甸投资委员会由相关经济部门领导组成,畜牧水产部、国家计划与经济发展部、商务部、交通部、建设部的部长或副部长为投资委员会成员。国家计划与经济发展部下属的投资和公司管理局主管公司设立及变更登记、投资建议分析及报批、对投资项目的监督等日常事务。

新《外国投资法》规定:外国公司向外国人或国民全部转让出售股份,需事先征得委员会许可并交回原有许可并按规定对股权转让注册。外国公司向外国人或国民出让部分股份,需重新获得委员会许可并对股份转让登记。

因缅甸金融市场并不完善,尚无正规的证券交易市场,外商无法通过并购上市的方式进行外商投资。

(二)投资行业的规定

1. 缅甸新《外国投资法》明确依据以下原则审批外商投资项目:(1)弥补国家发展规划不足及因国家及国民财力、技术无力实施的项目。(2)增加就业机会。(3)扩大出口。(4)替代进口物资的制造业。(5)需要大量投资的制造业。(6)获取高技术及发展技术型产业。(7)需要巨额投资的制造业及服务业。(8)低能耗项目。(9)发展地方经济。

(10)开发新能源及生物能源项目。(11)发展现代工业。(12)保护环境。(13)有助于信息技术产业。(14)不影响国家主权及人民安全。(15)培养国民知识技能。(16)发展国际水准的银行及金融业。(17)国家及国民需要的现代服务业项目。(18)保障能源及资源的短期和长期内需。

2. 限制或禁止的项目。以下项目为限制或禁止外商在缅投资的项目:(1)影响民族传统及习俗的项目。(2)影响民众健康的项目。(3)影响破坏自然环境及生态链的项目。(4)输入有害有毒废弃物的项目。(5)国际公约限制的、生产或使用有害化学品的项目。(6)投资法细则规定的仅国民从事的制造业及服务业。(7)输入国外不成熟或未经授权使用的技术、药品及用具的项目。(8)细则规定的仅国民从事的农业及种植业项目。(9)细则规定的仅国民从事的畜牧业项目。(10)细则规定的仅国民从事的海洋捕鱼项目。(11)除联邦政府批准的经济区外,国界线缅一侧10英里内的外国投资项目。

此外,缅甸政府不允许外国企业从事玉石、宝石相关矿业开采项目。

投资项目需获联邦政府同意,并经投资管理委员会批准。

(三)投资方式的规定

1. 投资方式。根据新《外国投资法》规定,外商投资活动可以通过外商独资形式来实现,也可以与缅甸的个人、私有企业、合作社或者国有企业组成合资公司来完成。在所有的合资公司里,外商至少要占到本公司35%以上的股份。酒店以及房地产项目可以采取BOT(建造、运营和转让体系)方式,而自然资源开发和开采则可以采用PSC(产品分成合同)方式。新《外国投资法》规定:外国公司向外国人或缅甸国民全部转让出售股份,需事先征得缅甸投资委员会许可并交回原有许可证并按规定对股权转让注册。

2. 外商投资的最低标准。1988年外商投资法规定的外商投资的最低金额是:生产制造业为50万美元,服务业为30万美元,投资可以是货物也可以是现金的形式。由投资委根据投资数额来决定投资时间的长短。新《外国投资法》对此并未予以具体规定,但仍参照此标准,具体由投资委根据投资项目行业和规模来确定。

3. 土地利用。根据现行的缅甸土地法,任何外国的个人和公司不得拥有土地,但可以长期租用土地用于其投资活动。新投资法规定,土地使用期限为50年并视情况延长两个10年。

(四)特殊经济区域的规定

缅甸规划建设的经济特区主要有缅甸南部德林达依省的土瓦经济特区、缅甸西部若开邦的皎漂经济开发区以及仰光南部迪洛瓦工业区。但目前上述经济开发区仅处于规划阶段,尚未开工建设实施。现尚无保税区。

缅甸政府于2011年1月27日颁布了《经济特区法》,于2011年3月颁布了《土瓦经济特区法》。2012年3月1日,缅甸投资委主席兼工业部长梭登对国内媒体表示,由于上届政府颁布的经济特区法在操作过程中存在缺陷并备受非议,目前正聘请日本专家协助起草新的经济特区法。

土瓦经济特区内划分为9个区域,分别是:高技术工业区、信息通讯区、出口产品生产区、港口区、后勤运输区、科技研发区、服务区、二级贸易区、政府临时指定的区域。缅甸国家和平与发展委员会颁布第2011/17号法律《土瓦经济特区法》。该法共分12章58条。投资人在该特区内可从事的行业有:(1)原料加工、机械化深加工、仓储、运输、服务;(2)投资项目所需的原材料、包装材料、机器零配件、机械用油可以从国内外进口;(3)进出口贸易;(4)生产的产品除药品和食品以外,其他未达到质量标准但还可以使用的产品,如果符合特区管委会的规定的可以在国内市场销售;(5)经特区管委会批准,投资人和国外服务商可以在特区内设办事处。

此外,在特区可以开展的行业还有:建深水港、钢铁厂、化肥厂、原油炼油厂、油气厂、火电厂、天然气发电厂等工业项目;在特区还可以开展服务业、修建从项目所在地通往边境地区的公路、铁路,修建输变电线路、铺设油气管道,建立包括住宅、旅游景点和度假设施在内的基础设施以及经管委会批准的不违反现行法律的其他经济项目。

该专项特区法比《缅甸经济特区法》的个别规定更加明确,如第36条规定在特区内开展的项目要向政府或指定组织缴纳土地租赁费、土地使用保险费等。

(五)外国公司承包当地工程的规定

1. 许可制度。缅甸政府对于在缅甸承包工程项目的外国公司资质资格没有成文规定,欢迎有实力、讲信誉的外国企业来缅甸承揽工程项目。

2. 禁止领域。虽无明文规定,但一般来讲,涉及缅甸国防的敏感项目、贵重矿产资源(如金矿、玉矿)的开发、少数民族地区政府的项目一般不允许外国公司介入。

3. 招标方式。工程建设项目一般实行公开招标制度,对于部分工期紧张、前期项目的延续性项目、国家高层领导有明确指示的项目,也可能会采取有限邀标或者议标的方式。由企业带资参与的卖方信贷项目,则一般只采取议标方式。

三、外国投资优惠政策

(一)优惠政策框架

《外国投资法》提供了很多激励和担保措施。如:按照《外国投资法》批准的企业将享受5年免税期,其中包括企业开始商业运营的当年。如果企业申请,而且投资委认为项目符合国家利益,也可将免税期延长。此外,投资委也可能批准以下一项或几项减免措施:(1)制造业及服务业开始经济运行1年起连续5年免所得税。并视项目情况延长减免期限。(2)项目利润作为专项资金在1年内用于追加该项目投资的,减免所得税。(3)项目设备、建筑物及其他资本的折旧,按规定折旧率计算后从利润中扣除。(4)对出口产品减免50%所得税。(5)外国人缴纳所得税税率享受国民待遇。(6)在境内从事项目有关的研发费用,从利润中扣除。(7)项目享受5年减免所得税后,如果连续2年出现亏损,则从亏损年起连续后3年减免所得税。(8)项目建设期间必要的进口设备、配件及其他物资减免关税、国内税或两项并减。(9)项目竣工后头3年进口的生产用原材料减免关税或国内税或两项并减。(10)经投资委员会同意,对投资期限内扩大投资规模所必需的进口设备、零配件及其他物资减免关税或国内税或两项并减。(11)对出口产品减免贸易税。

缅甸联邦政府保证在项目合同期限内包括延期期限内,不会对依法成立的企业实施国有化。如果没有充足的理由,保证不会在许可期限内搁置项目。保证外资投资人在合同期满后,可以用投资时的币种提取收益。

（二）行业鼓励政策

缅甸政府鼓励外商企业投资能够促进当地就业、增加出口、无污染的加工制造型企业。对于符合外商投资领域的加工制造，外商企业可向政府或缅甸私营企业、个人租赁土地，在签订土地租赁协议后，直接去缅甸投资管理委员会（MIC）申请注册外资公司。一般情况下，在填报资料提交后两周，MIC可给外商企业颁发外资企业注册执照。外商投资鼓励政策需根据《外国投资法》中相关规定。

（三）地区鼓励政策

缅甸政府于2011年1月27日颁布《经济特区法》，于2011年3月颁布了《土瓦经济特区法》。《土瓦经济特区法》第12条对投资人应享有的特殊待遇作了明确表述：如投资人在该特区内可从事的行业有：(1)原料加工、机械化深加工、仓储、运输、服务；(2)投资项目所需的原材料、包装材料、机器零配件、机械用油可以从国内外进口；(3)进出口贸易；(4)生产的产品除药品和食品以外，其他未达到质量标准但还可以使用的产品，如果符合特区管委会的规定的可以在国内市场销售；(5)经特区管委会批准，投资人和国外服务商可以在特区内设办事处。

2014年1月23日，缅甸修订出台新的《缅甸经济特区法》。

四、外国企业在缅甸获得土地的规定

（一）土地法的主要内容

缅甸土地为国家所有，1991年11月13日缅甸政府颁布《缅甸关于中央空地、闲地、荒地管理委员会的职责与权力的命令》，同年12月12日，颁布《缅甸空地、闲地、荒地管理实施细则》。细则规定：

1. 土地使用权申请。空地、闲地、荒地中央管理委员会有权为拟从事种植、养殖业的公民审批种植业、养殖业的土地使用权。使用空地、闲地和荒地从事种植业和养殖业投资的申请者必须是缅甸联邦公民，申请的组织，其成员必须全是缅甸联邦公民，该组织必须是依现行法律成立的组织；提出申请的个人或组织，必须出具为拟申请从事的种植/养殖业拥有足够资金的证明；提出申请的个人或组织，必须出具拟申请从事的种植养殖业实施细则。

2. 地税和利润的减免。对投资使用的土地将按以下规定免收地税：(1)种植业。①种植长年果树地，从开始种植之年起，8年内免收地税。②种植园林作物，从开始使用之年起，6年内免收地税。(2)养殖业。①用于养鱼业的土地，从开始使用之年起，3年内免收地税。②用于家禽牲畜饲养业的土地。如用于饲养水牛、黄牛和马，从开始使用之年起，8年内免收地税。饲养绵羊和山羊，从开始使用之年起，4年内免收地税。饲养猪，从开始使用之年起，3年内免收地税。饲养鸡、鸭，从开始使用之年起，4年内免收地税。已投资用于种植业和养殖的土地，其生产或服务性行业的利润税，自生产或服务业创造利润之年起至少3年内免征利润税。

3. 土地使用期限规定。已投资使用土地期限规定：(1)用于长年果树种植和园林作物种植的土地，主要不违犯规定，从批准使用之年起，30年内有效；(2)季节性作物，只要不违犯规定，使用期无限；(3)用于饲养鱼的土地，只要不违犯规定，从批准使用之年起，30年内有效；(4)用于饲养家禽及牲畜的土地，只要不违犯规定，从批准使用之年起，30年内有效。

（二）外资企业获得土地的规定

外资企业在缅投资项目一般以BOT的形式运营，缅甸政府将批给外资企业一定规模项目建设开发用地进行项目建设和经营，经营期满之后，缅甸政府将项目收归国有。1998年9月28日，缅甸荒地空闲地中央管理委员会颁布1998年1号法令，宣布农业部有权批准由本国公民或外国人参与的组织提出的在规定非发展区内进行农业开发的申请，在对批准的农业用地上，只能进行与农业有关的经济发展项目，不得进行地上和地下资源的开采。

根据缅甸最新外国投资法，外资企业可向农业部申请租用缅甸闲置土地进行农作物种植和开发利用项目投资，租用年限一般为50年，可根据项目情况进行协商延长土地租用期。

五、缅甸环境保护法律规定

（一）环保管理部门

缅甸环境保护部隶属于缅甸林业部。根据职能分工，涉及保护环境的相关政府部门还有家畜饲养和渔业部、野生动物保护委员会、林业部、农业服务局等。

（二）主要环保法律法规名称

缅甸关于环境保护方面的法律主要有：《缅甸植物检验检疫法》《缅甸肥料法》《缅甸动物健康和发展法》《缅甸空地、闲地、荒地管理实施细则》《缅甸森林法》和《缅甸野生动植物和自然区域保护法》和《环境保护法》。

缅甸《环境保护法》由联邦议会通过并于2012年3月30日正式颁布。

（三）环保法律法规基本要点

1.《缅甸环境保护法》。该法规定环保部职责，并要求对涉及自然资源开发、工业等领域的项目需提前办理项目许可，在工业区、经济特区企业或环保部指定的企业需履行相应的责任。环保部具体职责如下：(1)落实环保政策。(2)制定全国及地方环境管理工作计划。(3)制定、实施和监管环境保护及改善，防止、控制和减少污染的相关工作措施。(4)为维护和提高环境质量，规定烟雾排放、污水排放、废弃固体、生产环节及产品等环境质量标准。(5)向委员会提出与环境相关的法律法规建议，为实现可持续发展，提出最佳的经济活动环保方案及制约方案等意见。(6)协助调解环境纠纷，并视情成立工作组。(7)负责规定工业、农业、矿业、排污等领域的化学废弃危险品的分级分类。(8)规定对环境具有现实及中长期影响的物品种类。(9)进一步加强包括有毒物质在内的废弃固体、污水、烟雾等处理设施建设。(10)规定工业区、建筑物等地的污水处理工作要求及机器、车辆等排放指标。(11)开展与环境事务相关的国际、地区及国家间协议方案的讨论、合作和落实工作。(12)按照联邦政府及委员会的工作意见，落实被缅甸认可的国际、地区及国家间协议。(13)针对政府部门、组织或个体从事的生产经营活动，制定环境监测制度和社会影响评估规范。(14)为保护臭氧层、生物多样性、海滩环境，减缓全球变暖、气候异常，治理沙漠化及管理持续污染物，制定环境管理、维护工作要求。(15)管理处理环境污染赔付，环境服务机构赢利缴纳及自然资源开采经营企业的部分利润的归口缴纳工作。(16)完成联邦政府交办的其他环保工作。

2.《缅甸动物健康和发展法》。该法规定在单独规范动物健康和发展工作的同时，就促进家畜发展、防止和控制动物传染性疾病、规范兽医行医资格、规范动物及动物产品和饲料的国际贸易、对动物及动物产品和饲料进行进出境检验检疫,以及防止虐待动物等作了综合性规定。

3.《缅甸植物检验检疫法》。该法规定进出境植物检验检疫主要针对植物及植物产品等货物进出口进行检验检疫,同时对进出境旅客携带的物品如水果、花卉等植物进行检验检疫。该法规定,植物及植物产品进口需要获得缅甸农业服务局批准发放的进口许可证和检疫证书,并规定了申领许可和申请检疫的程序。

4.《缅甸空地、闲地、荒地管理实施细则》。该法规定任何组织和个人只要符合条件并履行必要的程序,均可申请投资空地、闲地和荒地,从事种植业和养殖业,并根据相关规定享受一定的地税和利润税减免。

5.《缅甸森林法》。该法规定为了环境保护的需要,保证林产品的产量,经政府批准,林业部可以建立以下类型的储备林:(1)商业采伐储备林;(2)供应当地储备林;(3)分水或集水储备林;(4)保护环境和生物差异储备林;(5)其他类型储备林。同时,为保护水资源和森林资源,保护旱地森林和红树森林,运输林产品应当持有有效的运输通行证,并接受林业局设立的税务站的检查和收费。违反森林法相关规定者,将会受到一定金额的罚款和6~36个月的监禁。

6.《缅甸野生动植物和自然区域保护法》。该法规定,自然区域是指为保护野生动植物、生态系统或者重要的自然风景区以及有代表性的地理、地貌特征而划定并加以保护的专门区域。分为科学研究保护区、自然保护区、国家森林公园、国家海洋公园、鸟兽禁猎区、意义重大的地球物理保护区等。该法律规定:(1)除了科学研究、环境调查和环境改造外,禁止在自然区域开展其他活动;(2)科学研究在自然区得到保护;(3)在不对自然生态造成损害的前提下,允许公众以休闲娱乐为目的参观国家公园;(4)保护区内野生动植物资源及其可持续发展;(5)与国际组织开展交流合作,保障禁猎区内野生动植物的生存和繁衍,保护候鸟栖息地和湿地;(6)在地球物理保护区内,保护并保存独特地理地貌特征和传统风俗习惯;(7)受保护的濒危野生动物分为三类:即完全受保护的野生动物物种、正常受保护的野生动物物种、季节性受保护的野生动物物种,未经林业部长批准和相关部门核准,捕猎、杀死、饲养、保管、销售、运输、转让、出口野生动物,将处以一定金额的罚款和相应时间的监禁。

(四)环保评估的相关规定

2012年3月,缅甸颁布《环境保护法》。缅甸环境保护主管部门为缅甸环保部,其隶属于缅甸林业部。目前,外资企业在缅甸开展投资项目,在报投资管理委员会前,需向缅甸环保部提交《环境评估报告》和《拆迁移民安置方案》,缅环保部根据项目情况进行审核。2012年前,外商投资项目并不需要向环保部门提交环评报告,只需向主管部门提交即可。目前,缅甸新政府和缅甸民众要求外商投资项目必须满足环保要求,环保部的成立和《环境保护法》的颁布对中国企业在缅投资合作提出了更高的要求。因缅甸政府过去并没有开展环评的具体经验,因此对环评涉及的相关内容也并没有明确要求,环评费用、时间也没有明确规定。企业需与环保部加强联系,根据环保部要求提供相关材料,完成具体审批手续。

六、保护知识产权规定

(一)当地有关知识产权保护的法律法规

缅甸知识经济发展落后,知识产权立法和管理还处于较低的水平,颁布的专门法律法规很少,没有专门主管知识产权的机构,如果权益受到侵犯,权利人主要依据民事和刑事的相关规定来保护自己的权益。

作为世界贸易组织(WTO)、世界知识产权组织(WIPO)和东盟的成员之一,缅甸政府正由司法部抓紧起草颁布知识产权方面的法律法规,以符合《与贸易有关的知识产权协议》和《东盟知识产权合作框架协定》的相关规定。

1. 商标。截至2008年年底,缅甸没有商标方面的特别法,有关商标的法律规定散见于《刑法》《商品市场法》《注册法》《特定救济法》等法律中。

2. 专利。缅甸在专利方面仅有《缅甸专利设计法》,该法颁布生效于1945年,尽管目前仍然有效,但它颁布的目的在于应用《印度专利设计法》,而《印度专利设计法》从未在缅甸施行,因此,《缅甸专利设计法》在实际生活中也没有被使用。

3. 著作权。《缅甸著作权法》颁布生效于1914年,目前仍在施行。该法适用于原创文学、戏剧、音乐和艺术作品,对出版物的保护年限为作者终生及死亡后50年。如果著作权受到侵犯,作者可以依据《特定救济法》等其他民事、刑事法律来保护自己的权益。

除了《缅甸著作权法》外,近年来,缅甸先后颁布《电视广播法》(1996年)、《计算机科学发展法》(1996年)、《电子交易法》(2004年)等涉及著作权的相关法律,对新出现的著作权问题做出规定。

(二)知识产权侵权的相关处罚规定

商标保护方面,缅甸《刑法》规定,非法使用他人商标的,将被处以一年监禁,同时处以罚款,或者单独处以罚款;伪造他人商标的,处以两年监禁,同时处以罚款,或者单独处以罚款;伪造公务员使用的、用于表示特定品质物品的标识(商标)的,处以三年监禁,同时处以罚款,或者单独处以罚款。

专利保护方面,由于《缅甸专利设计法》没有真正施行,因此在专利法方面也没有相关处罚规定。

著作权保护方面,1914年颁布的《缅甸著作权法》年代久远,处罚部分的规定已失去意义。例如,制作侵犯他人著作权的复制品的,依据法律规定应当被处以每件20缅币的罚款,但总额不超过500缅币。根据2008年12月的市场汇率,仅分别相当于0.017美元和0.45美元,无法发挥法律的威慑力——在缅甸司法实践中,没有适用《缅甸著作权法》的案例,缅甸的民事法庭也缺乏在著作权案件方面的审判经验。如果发生文学、艺术、音乐等方面的著作权纠纷,通常都通过友好协商的方式解决。作为著作权人,当事人也可以依据《特定救济法》等其他民事、刑事法律来保护自己的权益。

七、投资合作相关法律及对中国企业投资合作保护政策

(一)缅甸与投资合作相关的主要法律

缅甸与投资合作相关的主要法律有:《缅甸联邦外国投资法》《缅甸联邦外国投资法实施细则》《缅甸联邦外国投资委员会1989年第一号令》《缅甸联邦贸易部关于国内外合资企业的规定》《外国对缅甸联邦投资程序及优惠政策》《缅甸联邦公民投资法》《缅甸联邦公民投资法实施细则》《缅甸允许私人投资的经济项目》等。

2012 年 11 月 2 日缅甸联邦共和国总统登盛签署新的《缅甸外国投资法》。

2013 年 1 月 31 日,缅甸国家计划和经济发展部颁布《缅甸外国投资法实施细则》。

（二）对中国企业投资合作的保护政策

主要有 2001 年 12 月 12 日,中国和缅甸签订《投资促进和保护协定》和《避免双重征税协定》;1971 年,中缅签署贸易协定,双方给予最惠国待遇;1994 年,《关于边境贸易的谅解备忘录》;1995 年 6 月 29 日,《中华人民共和国政府和缅甸联邦政府关于农业合作的协定》;1997 年 5 月 28 日《中华人民共和国政府和缅甸联邦政府关于成立经济贸易和技术合作联合工作委员会的协定》;2000 年 2 月 3 日,《中华人民共和国政府和缅甸联邦政府农业合作谅解备忘录》;2001 年 12 月 12 日,《中华人民共和国政府和缅甸联邦政府渔业合作协定》;2001 年 7 月,《中缅两国关于开展地质矿产合作的谅解备忘录》;2004 年 3 月 24 日,《中华人民共和国政府和缅甸联邦政府关于促进贸易、投资和经济合作的谅解备忘录》;2004 年 7 月 12 日,《关于信息通讯领域合作的谅解备忘录》;2006 年 2 月,《中缅航空运输协议》等。

菲律宾投资贸易指南

一、对外贸易的法规和政策规定

（一）菲律宾贸易主管部门

贸工部(DTI)是菲律宾外贸政策的制定及管理部门,成立于 1898 年 6 月,其前身为菲律宾商务部。其主要职责为制定综合的工业发展战略和进出口政策,创造有利于产业发展和投资的环境,负责双边和多重、投资贸易合作谈判,支持中小企业发展,审批外资企业在菲律宾设厂,颁发进出口许可证等。贸工部下设的进口服务署主要负责特定产品进口法规的实施以及发起和指导反倾销、反补贴及保障措施的初步调查。下设的产品标准化局主要负责产品技术标准的法规的管理和实施。

贸易管理机关还有:海关总署、国家经济发展署、中央银行、环境管理署、卫生部、技术转让署、食品和医药品局、危险药品局、渔业和水产资源局、国家肉类检疫委员会、计划工业局、能源管理署和服装纺织品出口局等。

（二）菲律宾贸易法规体系

菲律宾是世界贸易组织(WTO)和亚太经合组织(APEC)成员,也是东南亚国家联盟(ASEAN)的成员国,实行多边的、自由的、外向型的贸易政策,同时对国内幼稚产业进行适当保护菲政府对其贸易政策不断进行调整,并出台了一系列出口鼓励措施。

菲律宾管理进出口贸易相关法律主要包括:《海关法》《出口发展法》《反倾销法》《反补贴法》《保障措施法》等。

1. 贸易管理的相关规定

(1)进口商品管理。菲律宾对进口商品分为三类:自由进口商品、限制进口商品、禁止进口商品。

禁止进口商品包括:枪支弹药;不道德的印刷品、底片、电影、相片、艺术品;用于违法堕胎的物品及宣传广告;用于赌博的装备及用具;含金、银或其他贵重金属或合金制成的物品;假冒劣质的食品或药品;鸦片或其他麻醉品及其合成品;合成盐或成品盐;鸦片吸管及配件;有关菲律宾法律禁止进口的物品及配件。

限制进口产品必须经过菲律宾政府机构如农业部、食品药品局核发的进口许可证才能进口,主要涉及汽车、拖拉机、小汽车、柴油机、汽油机、摩托车、耐用消费品、新闻出版和印刷设备、水泥、与健康及公共安全有关的产品等 130 多种,约占进口商品的 4%。

自由进口商品是指除了上述禁止和限制进口商品以外的商品。

菲律宾政府对出口贸易采取鼓励政策,主要包括简化进口手续并免征出口附加税,进口商品再出口可享受增值税退税、外汇资助和使用出口加工区的低成本设施等。

部分矿产品、动植物产品、海产品、农产品需获批准后方可出口。

(2)进出口商品检验检疫。菲律宾是《关税与贸易总协定》东京回合中《技术贸易壁垒协议》的签约国。该技术协议要求在采用标准程序和建立争端解决审议程序时公开,目的是确保政府机构遵守这些规定。菲律宾产品质量局是负责产品质量标准的机构,它通过质量管理认证的手段来促进产品质量的提高,对进口商品粘贴合格标志来管理进口商品。适用的标准是 ISO9000 和 ISO14000。

工业品　有 28 种产品要在当地进行产品标准检验,包括:照明用品、电线电缆、卫生洁具、家用电器、轮胎和水泥等。至于其他产品,海关通常接受产品质量证明或原产国标准证明。产品生产者应依据本国或普遍国际标准进行生产,其产品上要附有产品标准质量标志。

民生、健康、安全和财产的商品　菲贸工部要求出具产品标准许可和产品标准局的证明。这些产品包括:医用氧气、消费品、电器和防火设备、建筑材料等。非公制的度量衡用品、仪器、仪表的进口由产品标准局事先发放许可。

(3)环保要求和规定。菲律宾环境和自然资源部主要负责实施政府的环境保护政策。进口商要符合环保要求和规定。

(4)食品健康和安全规定。食品方面,如成分、添加剂、非酒精饮料及混合物、糖果类、咖啡、茶、点心、乳制品、蔬菜、水果、肉类等必须符合食品法典委员会和世界动物卫生组织(OIE)制定的标准;新鲜、冷冻鱼类产品必须取得菲律宾农业部 1999 年颁布的《195 号行政法规》中规定的国际健康证和卫生植物检疫证;如果进口来自有害虫区的蔬菜和水果,则应具有消毒证明;化妆品、医药在生产时必须取得生产许可证,并提供国际认证机构的临床试验报告。对于危险品的进口,必须依照菲卫生部标准进行标签、销售和扩散。规定中的危险品包括刺激物和腐蚀性、易燃和放射性物质。

植物及植物产品　植物及植物产品进入菲市场须办理如下检疫手续:出口商将发票和箱单传给菲律宾进口商,进口商凭出口商的发票和箱单向菲农业部农作物局植物检疫处(BPI)申请进口许可证,该证会注明每种产品离岸前的要求。进口商将该证交给出口商,出口商提请出口国检疫部门对产品进行离岸检疫并出具检疫证明。出口商将检疫证明和其他运输单据一起以适当渠道转交菲律宾进口商。在货物到达菲律宾港口后,进口商提供给菲检疫部门进口许可证和出口国的检疫证明。菲检疫部门根据进口许可证和检疫证明进行复验,合格后方可入关。

动物、动物产品及其副产品　菲律宾农业部动物产业局是负责动物、动物产品及其副产品进出口检疫的政府部门。动物产业局对不同动物的进出口有不同的进出口程序和检疫规定。

2. 海关管理规章制度。菲律宾进出口关税的主要法律是《菲律宾关税与海关法》,进口关税税率由菲律宾关税委员会确定公布,出口关税的税率由海关总署确定,并由海关通过有授权的菲律宾中央银行征收。

菲律宾对大部分进口产品征收从价关税,但对酒精饮料、烟花爆竹、烟草制品、手表、矿物燃料、卡通、糖精、扑克等产品征收从量关税。根据《税收法》,海关对汽车、烟草、汽油、酒精以及其他非必要商品征收进口消费税。进口产品还应向菲律宾海关当局缴纳12%的增值税,征税基础为海关估价价值加上所征关税和消费税。

菲律宾还对进口货物征收印花税,该税一般用于提货单、接货单、汇票,其他交易单、保险单、抵押契据、委托书及其他文件。从2010年1月1日起,中国与包括菲律宾在内的东盟6个老成员国之间,共有7000多种,即超过90%的产品实行零关税。中国对东盟平均关税将从目前的9.8%降到0.1%,东盟6个老成员国对中国的平均关税将从目前的12.8%降到0.6%。2012年1月1日起,中国与菲律宾在内的6个东盟老成员国对二轨正常产品实施零关税,2012年5月起,菲律宾对一般敏感产品调整关税至20%以下。除了货物贸易,双方服务部门的开放水平也有进一步的提升,投资政策和环境得到法律制度的保障,更加稳定和透明。随着中国与东盟之间基本实现自由贸易,资金、资源、技术和人才的生产要素的流动效率会显著提高,双方之间经济一体化程度将会达到前所未有的水平。

进口关税　菲律宾关税与海关法将应税进口商品分为21类,进口关税税率一般为3%～30%。另外,菲律宾对部分农产品实行关税与配额并用措施,对配额内产品征收正常关税,对配额外商品则征收高关税。如活动物及其产品、新鲜蔬菜等。菲律宾对东盟成员国全部产品进口实行零关税。

菲律宾进口关税表

税率	项　目
3%	国内缺乏或不能生产的原材料,如天然石墨、黏土、金属矿砂、精矿、煤炭等矿产品及无机化学品等
10%	国内生产的原材料,如大理石、石油、棉花及制品等
20%	零配件如小五金工具、各种方式切割的木材、汽车、摩托车零配件等
30%	制成品如部分农产品、各类服装、烟酒、汽车、摩托车整车等

资料来源:菲律宾海关署

出口关税　菲律宾对以下出口商品征收关税,且关税税率均为20%。圆木、木材、饰面用薄板和胶合板、金属矿砂及其精矿、金、矿渣水泥硅酸盐水泥;船用燃料油、石油沥青、银、香蕉、椰子及椰子产品、菠萝及其成品、糖及糖制品、烟草、小虾和对虾。

出口退税　《菲律宾关税和海关法》规定,用于从事对外贸易或沿海贸易的船舶推进器燃料油,可退还不超过99%已征关税或给予税收折免;用进口原材料生产或制造的产品(包括包装、标签等)出口时,对所用原材料进口时征收的关税将予以退还或给予税收抵免;财政部根据海关总署的建议可发布允许对本法规定的商品实行部分退税的法规规章。退税将由海关总署在收到一套正确、完整的文件后60天内支付。

二、外国投资的市场准入规定

(一)投资主管部门

贸工部是负责投资政策实施和协调、促进投资便利化的主要职能部门。贸工部下设的投资署(BOI)、经济特区管理委员会(PEZA)负责投资政策包括外资政策的实施和管理。此外,菲律宾在苏比克、克拉克等地设立了自由港区或经济特区,并成立了相应的政府机构进行管理。

(二)投资行业的规定

菲律宾政府将所有投资领域分为三类,即优先投资领域、限制投资领域和禁止投资领域。

对于优先投资领域,菲律宾政府每年制定一个《投资优先计划》,列出政府鼓励投资的领域和可以享受的优惠条件,引导内外资向国家指定行业投资。优惠条件包括减免所得税、免除进口设备及零部件的进口关税、免除进口码头税、免除出口税费等财政优惠,以及无限制使用托运设备、简化进出口通关程序等非财政优惠。

2013年,"投资优先计划"中鼓励投资的领域包括:出口产业、农业、农业企业、渔业、创意产业、知识型服务产业、造船业、住宅建设、钢铁产业、能源行业、基础设施、研发中心、绿色产业、汽车行业、医疗卫生行业、抗灾、安置和灾后重建项目与研发活动等。此外,菲律宾林业法、矿业法、书籍或教材印刷出版法、解除对石油下游产业管制法、生态固体废物管理法、清洁水法、残疾人权利宪章、可再生能源法与旅游法等法律也规定了对有关投资的优惠措施。对于在棉兰老岛穆斯林自治区投资的企业,"投资优先计划"中专门规定了可享受优惠措施的投资领域。

2014年10月28日,菲律宾投资署发布《2014～2016年投资优先计划》,将制造业、农业和渔业、服务业(集成电路设计、创意产业和知识型服务、船舶修理、电动车、保养维修和飞机大修、工业废物处理)、经济低价房、医疗卫生业、能源、公共基础设施和物流业、公私伙伴合作项目等8大领域列入首选项目。"投资优先计划"规定投资者可能获得的补助政策将根据该企业对经济发展的实际贡献而决定。企业的所得税免税期限基于以下因素:投资项目的净附加收益、创造工作机会、乘数递增效应、实际能力等。鼓励政策中还包括部分特例,如:矿业设备投资,石油产品的精炼、储存和分销、可再生能源和旅游等。此外,菲律宾林业法、矿业法、书籍或教材印刷出版法、解除对石油下游产业管制法、生态固体废物管理法、清洁水法、残疾人权利宪章、可再生能源法与旅游法等法律也规定了对可再生能源、旅游等领域有关投资的优惠措施。对于在棉兰老岛穆斯林自治区投资的企业,"投资优先计划"中专门规定了可享受优惠措施的投资领域。

2015年4月6日,菲律宾投资署发布《2014～2016年投资优先计划(IPP)实施指南》,规定政府鼓励投资政策的具体准则。指南提出,2014～2016IPP计划系3年滚动计划,以确保国内和外国投资者的连续性、一致性和可预测性。

银行业开放。2014年7月,菲律宾国会通过新的外资银行法修正案,对外资银行准入和经营范围实行全面开放。

菲律宾政府每两年更新一次限制外资项目清单。迄今仍沿用2012年由前总统阿基诺三世签署的第九版限制外资项目清单,详见菲律宾投资署网站:www. boi. gov. ph/files/laws.

1. 投资方式的规定。对于绝大多数公司,菲律宾公民须拥有至少60%的股份以及表决权,不少于60%的董事会成员是菲律宾公民。如果公司不能满足上述关于菲律宾公民所占比例的要求,则必须满足以下条件:(1)经投资署批准,属于先进项目,菲律宾公民无法承担,且至少70%的产品用于出口。(2)从注册之日起30年内,必须成为菲律宾本国企业,但是产品100%出口的公司无须满足该要求。(3)公司涉及的先进项目领域不属于宪法或其他法律规定应由菲律宾公民所有或控制的领域。

2. 特殊经济区域的规定。菲律宾目前共有各类经济区239个,分为以下几类:(1)工业园区。指为工业发展所设立的专门区域,拥有一定的基础设施,如道路、供水、排水系统、厂房和住宅。(2)出口加工区。区域内企业主要为出口导向型的工业园区。出口加工区的优惠政策包括进口设备、原材料和零部件的税收和关税减免等。(3)自由贸易区。设在交通枢纽附近,如海港或空港周边。进口的货物可以免交进口关税,并在此进行卸货、分类、重新包装等。但如果这些货物进入非自由贸易区,仍需缴纳关税。(4)旅游经济区。指专门为旅游业发展而设立的经济特区,区域适合建立旅游休闲设施,比如体育休闲中心、宾馆、文化和会议设施、餐饮中心等以及相应的基础设施。(5)IT园区或建筑。指专门为IT项目或服务设立的区域。IT园区可以是一片区域或一栋建筑,其整体或部分将具备为IT企业提供相应设施和服务的条件。根据经济特区内的企业从事不同性质的活动,可享受的优惠政策有:①进口固定设备、原材料、零部件、良种牲畜和基因材料等免除关税;②传统项目4年免所得税,先锋项目6年免所得税;③免所得税后的收入,仅需根据5%的税率纳税,以此替代其他各项国家和地方税收;④扣除进口替代品课税;⑤免除码头费用、出口税和进口费;⑥减免国内固定设备、良种牲畜和基因材料的课税;⑦可征税收入中额外减去人工费用;⑧托运设备的非限制使用;⑨外国投资者和家庭的永久居留权;⑩雇用外国公民;⑪可不经菲律宾央行审批汇出收入;⑫免除地方营业税;⑬如果已交纳5%综合所得税,外企在菲分支机构免纳利润汇回。

三、外国投资优惠政策

(一)财政优惠政策

1. 免所得税。新注册的优先项目企业将免除6年的所得税,传统企业免交4年所得税。扩建和升级改造项目免税期为3年,如项目位于欠发达地区,免税期为6年。

新注册企业如满足下列其中一个条件,还将多享有1年免税奖励:(1)本地生产的原材料至少占总原材料的50%;(2)进口和本地生产的固定设备价值与工人的比例不超过每人1万美元;(3)营业前3年,年外汇存款或收入达到50万美元以上。

2. 可征税收入中减去人工费用。

3. 减免用于制造、加工或生产出口商品的原材料的赋税。

4. 可征税收入中减去必要和主要的基建费用。

5. 进口设备的相关材料和零部件减免关税。

6. 减免码头费用以及出口关税。

7. 自投资署注册起免除4~6年地方营业税。

(二)非财政优惠措施

菲律宾制定了以下优惠措施:(1)简化海关手续;(2)托运设备的非限制使用:托运到菲的设备贴上可出口的标签;(3)进入保税工厂系统;(4)雇用外国公民:外国公民可在注册企业从事管理、技术和咨询岗位5年时间,经投资署批准,期限还可延长。总裁、总经理、财务主管或者与之相当的职位可居留更长时间。

(三)行业鼓励政策

菲律宾投资署每年制定一部“投资优先计划”,规定政府优先发展的项目领域,该计划经总统批准后发布,计划详情可以查询菲律宾投资署网站:www. boi. gov. ph,需要注意的是,这些领域中有一些是限制或禁止外国投资的领域。

(四)经济特区鼓励政策

菲律宾经济区主要由PEZA所辖的96个各类经济区和独立经营的菲弗德克工业区、苏比克、卡加延、三宝颜、克拉克自由港等组成。这些经济特区的优惠政策包括:(1)企业可获得4年所得税免缴期,最长可延至8年。所得税免缴期结束后,可选择缴纳5%的“毛收入税”(GROSS INCOME TAX),以代替所有国家(中央)和地方税,其中3%上缴中央政府,2%上缴地方财政。(2)进口资本货物(设备)、散件、配件、原材料、种畜或繁殖用基因物质,免征进口关税及其他税费。同类物品如在菲国内采购,可享受税收信贷(TAX CREDIT),即先按规定缴纳各项税费,待产品出口后再返还(包括进口关税部分的折算征收、返还)。(3)经批准,允许企业生产产品的30%在菲律宾国内销售,但须根据国内税法纳税。(4)免缴码头税费和出口税费。(5)给予初始投资在15万美元以上的投资者及其配偶和未成年子女(21岁以下)在经济区内永久居留的身份,他们可以自由出入经济区,而不需向其他部门另行申请。(6)简化进出口程序。(7)允许聘用外籍雇员,为外国经理人员和技术人员办理两年的可延期工作签证,但外籍雇员数量不能超过企业总雇员人数的5%。(8)企业用于员工技术培训和提高管理能力的费用的一半可以从上缴中央政府的3%税收中扣除。此外,是否给予E. O. 226规定的其他优惠待遇,由PEZA自行决定。

(五)地区鼓励政策

菲律宾将棉兰老岛地区专门列入投资优先投资计划。2013年投资优先计划专列《棉兰老岛自治区特别清单》规定该地区以下产业享受优惠政策:出口行业(包括出口商和供应商)、农业、农业企业、渔业、基础工业(包括药业、纺织业、无机和有机肥、矿业勘探和开发以及水泥制造业等)、消费品生产、基础设施及水电供给、工业服务业、工程工业、物流、东盟东部增长区贸易和投资企业、旅游业、卫生和教育行业、穆斯林产业等。

此外,根据2011年投资优先计划,菲律宾对在阿布拉省、阿巴耀省、伊富高省、卡林噶省和高山省等19个欠发达省的郊区从事主要必需基础设施建设的企业,以及在高山省、朗布隆省、保和省、东内格罗斯省和北三宝颜省等30个极贫困省的乡村经营的企业给予鼓励。

四、外国企业在菲律宾获得土地的规定

(一)土地法的主要内容

菲律宾土地归私人所有。菲律宾禁止外国人拥有土地,但可以购买高层住宅,不能购买别墅。具有双重国籍的菲律宾人可以100%拥有地产权,但必须在菲律宾出生后移民到

其他国家并取得他国身份的。

土地管理部门除环境与自然资源部、土地管理局外，还有其他部门如房产与城市发展协调委员会和国家经济发展署等直接或间接地控制土地的使用、甚至法院都有权利颁发土地所有权证明。

土地交易法律程序：(1)买卖双方通过律师签订并得到公证的合同；(2)向城市资产评估办公室递交国内收入局出具的土地税申报；(3)买方向市财政局交付地产税；(4)市资产评估员对资产进行评估；(5)买方向市资产评估办公室支付交易税；(6)向国内收入局缴纳资产收益税及印花税；(7)交易资产注册：更换产权所有者名称；(8)新产权所有人获得新产权证的影印件以及向资产评估办公室索取税收申报表。

(二)外资企业获得土地的规定

菲律宾宪法规定，外国人不得在菲律宾购买土地，但外国公民或公司可以先成立一家菲律宾公司。公司的股权外方占40%以下(含40%)，菲方占60%以上(含60%)，并且公司至少有5人，公司成立后，必须在菲开立主要的公司银行账户。账户的户头可以单独为外国公民，可以由外国公民控制房产收入所获得的资金。该公司在购买菲律宾土地前，须得到菲律宾投资委员会(BOI)的许可，才可进行土地买卖的交易。

投资者租赁法案(第7652号共和国法案)允许外国投资者在菲律宾租用商业用地最长不超过75年(过去规定为50年)。根据该法，任何到菲律宾投资的外国投资者在遵守菲律宾法律和下列条件的情况下，可租赁私人土地：(1)土地租赁合同期限为50年，仅可一次性延长25年；(2)租赁的土地仅做投资用途；(3)租赁合同应符合《综合土地改革法》和《地方政府法案》。

五、外资公司参与当地证券交易的规定

菲律宾允许外国公司参与菲律宾证券交易所的证券投资交易，但所持公司股份会有上限，通常为40%。菲律宾证券交易所每月都会发布外国持有股票情况报告。

六、环境保护法律规定

(一)环保管理部门

菲律宾环保管理部门为菲律宾环境与自然资源部内设的环境管理局，该局在全国13个行政区均设有分局。

(二)主要环保法律法规

主要有：(1)菲律宾宪法关于保护环境的有关条款；(2)984号总统令《污染控制法》；(3)1152号总统令《菲律宾环境法典》，主要内容包括：空气质量管理、水质量管理、土地利用管理、自然资源管理及保护、废弃物管理等；(4)8794号共和国法案《洁净空气法》；(5)9275号共和国法案《洁净水法》；(6)705号总统令《森林法修订案》。

(三)环保法律法规基本要点

如果投资项目或其执行有可能影响到环境质量，菲律宾1586号总统令要求项目内容中要包含“环境影响评估”，以确保项目可能带来的环境影响问题得以解决，使其与国家可持续发展目标协调一致。根据项目地点和性质的不同，项目执行单位要准备一份“环境影响声明”或“初始环境检测报告”。最终报告将递交至菲律宾环境与自然资源部，附带文件还包括其他政府部门的批准文件和地方政府对项目的批准文件。复核后，菲律宾环境与自然资源部决定发放或拒发“环境合格证”。如无此证，项目就不能合法执行。

“环境合格证”包括了所有项目实施应该遵守的环境法律、法规和规章，确保项目连续执行。如果被拒发“环境合格证”，项目方应该递交一份新的“环境影响声明”，选择另外的项目地点或变更设计及执行。

1586号总统令同时列出了项目可能对环境产生影响的领域：一是自然环境，包括土地、水、空气、地上生命、水中生命和生态平衡；二是社会经济，包括人口、生活方式、建筑、少数民族文化、名胜古迹、健康和当地经济。该总统令还举例说明有能对环境造成的负面影响：(1)水和空气污染；(2)历史和考古遗迹的破坏；(3)野生动物栖息地的破坏；(4)城市拥挤程度上升；(5)对健康的威胁；(6)土地的不当使用。

(四)环保评估相关规定

菲律宾负责环保评估的机构为环境管理局。

投资者须向环境管理局提出要求取得“环境合格证”的申请，并随申请附上项目介绍。项目介绍应包括项目将使用的基础材料、项目建设的程序和应用的科技、项目完工后的产量和(废水、废气等)排放量、投资人资产证明、项目所在区域地图、人力资源要求等内容。

环境管理局委员会每月召开两次会议接受申请，并进行讨论。如申请满足所有程序要求，且项目对周边环境无严重影响，将于会上批准申请，并由环境与自然资源部发放“环境合格证”。根据项目不同，整个周期在2~6个月之间。

七、外国公司承包当地工程的规定

菲律宾没有专门适用于国际工程承包的法律规则，其对国际工程承包法律关系的调整，主要是由国内一些相关法律来进行，而且对国际工程承包中的执照、承包商的登记、监督和管理都有专门的部门负责。

(一)许可制度

1. 国际工程承包法律法规。主要有：《合同法》《外国投资法》(共和国第7042号法令)、《承包执照法》(共和国第4566号法令)、《BOT法》(共和国第6957号法令，后经修改为第7718号法令)、《政府采购法》(共和国第9184号法令)、《建筑行业仲裁法》(第1008号行政命令)、《建筑业职业安全与卫生指导方针》(菲律宾劳工部1998年第13号令)，菲律宾承包商认证协会的相关规定。

2. 国际工程承包管理机构。菲律宾管理特别事务的专门机构非常多，外国承包商在菲律宾从事工程承包主要由以下机构进行管理和调整：(1)菲律宾证券交易委员会。根据菲律宾法律，外国承包商若要在菲律宾承包建筑工程，从事建筑业活动，首先必须到菲律宾证券交易委员会注册登记。(2)菲律宾有关政府部门。菲律宾政府项目通常需要经过国家经济发展署立项审批，预算部、财政部为出资方或贷款担保人，公造部、农业部等部门作为业主单位负责招标、监督执行等具体实施工作。目前，中国公司在菲律宾承包工程仍以政府项目为主。(3)菲律宾承包商认证协会。该协会负责审查外国承包商的资格，外国承包商在菲律宾承包建筑工程，从事建筑业活动，必须持有菲律宾承包商认证协会颁发的特别执照，否则不能开展业务。(4)菲律宾建筑行业仲裁委员会。该仲裁委员会专门管辖建筑行业因争议和纠纷而提起的调解或仲裁。(5)菲律宾建筑工业局。该工程局有权对工程承包商进行监督和管理，当承包商不遵守相关的建筑行业法律法规时，可以将其列入“黑名单”，限制其经营政府工程承包业务。(6)菲律宾劳动就业部。该部门负责制订建筑行业职业安全与卫生方面的法规,规范建筑行业的职业安全与卫生。(7)菲律宾劳动条件局。该部门负责审核工程承包商递交的建筑施工安全与卫生制度。

(二)禁止领域

菲律宾对外国承包商进入的承包工程领域无限制,但对于菲律宾本国政府出资的项目,外国承包商承揽部分不能超过项目金额的25%。

(三)招投标方式

根据菲律宾承包商认证协会的规定,外国承包商在菲律宾承包工程,必须遵守菲律宾第1594号总统令关于政府工程招投标的规定。

1. 招标。无论国内或国外投资的工程项目,都适用相同的公开招标程序:(1)工程成本超过500万比索的项目,招标广告应在一段合理的期间至少在全国范围内定期发行的两家报纸上公告至少3次,公告期间根据招标项目的规模和复杂性决定,但不能少于两周。(2)工程成本为500万比索或500万比索以下的项目,招标广告必须在两周内在工程所在地区公开发行的一家报纸上至少公告两次。(3)若招标项目需要专业技术,发包方可直接对掌握该专业技能的承包商发出投标邀请。

2. 投标人资格预审。投标人参加资格预审必须提交法定的各种文件,这些文件必须经过投标人宣誓和公证。

法律方面:(1)菲律宾承包商认证协会发放的有效承包商执照。(2)合营企业须提交有效的合营企业协议。(3)授权政府部门、代理机构或公司的领导或其授权代表的与资格审查相关的文件和信件。(4)投标人陈述其没被列入菲律宾建筑行业局"黑名单"的声明。

技术方面:(1)按照资格预审通知里的详细规定填写的、投标人最近3年承包并已完工的、与招标项目性质和复杂性相类似的所有政府或私营工程项目的报表。针对每一个工程,投标人的报表都应包括:工程项目的名称、业主的名称与地址、工程性质、承包商的地位(总承包、分包,或合营企业的一方)、完工的总承包价、决标工期、完工日期和工程期限。报表应由相应的承包商业绩评价等级表,和(或)竣工及业主验收证书加以证实。(2)所有正在进行的政府或私营工程项目的报表,包括已经中标的还未开始建设的项目。报表应列明:工程项目的名称、业主的名称与地址、工程性质、承包商的地位、中标时的总承包价、中标日期、计划和实际完成的比例、未完成的工程的价值、预计的完工时间。报表应由中标通知书和(或)业主的施工通知加以证实。(3)参与建筑施工的主要工作人员的报表,如项目经理、项目工程师、材料工程师和工头等。(4)投标人拥有的,或租用的,或正在购买过程中的可用于建筑施工的设备的清单。财务方面要有投标人最近3个年度的财务审计报表。

3. 投标保证金。需按规定交纳投标保证金。

4. 投标书及其附件。除投标书外,还需提交一系列附件。根据菲律宾法律规定,投标人应把投标书及其附件分装在两个密封的信封里呈给招标人。投标人应在信封上用大写字母写上招标项目和投标人的名字,并写上"在开标时间前请勿启封"。第一个信封里装与工程安排、进度、投标保证有关的各种文件,第二个信封里装投标报价单与财务文件。

5. 承包形式。根据《BOT法》,外国承包商在菲律宾从事工程承包,可选择适用菲律宾BOT法规定的所有承包形式。菲律宾BOT法规定了9种承包形式,即BOT、BT、BOO、BLT、BTO、CAO(承包—增加—经营)、DOT(开发—经营—转让)、ROT(修缮—经营—转让)和ROO(修缮—拥有—经营)。

(四)承揽工程项目的程序

1. 获取信息。在菲律宾可以通过以下几个途径获取工程招标信息:(1)菲政府部门或企业业主在当地媒体上发布招标邀请信息;(2)业主直接邀请;(3)业主通过中国驻菲使馆经商参处、中资企业(菲律宾)协会承包分会发布信息。

2. 招标投标。菲律宾政府工程承包项目根据业务性质分属不同部门管理,如公共工程与公路部负责公路及桥梁等项目,交通部负责铁路、机场、港口等项目,农业部灌溉局主管水利灌溉项目等。使用菲政府财政资金的政府项目,只能由本地企业或外资比例不超过25%的合资企业承揽。通讯、电力、房地产等行业多为私企经营,对外资承包商一般没有限制。

工程项目招投标一般需要经历以下程序,业主或融资方还会有各自具体的要求:(1)招标信息发布;(2)企业报名,递交意向书;(3)资格预审;(4)编制发售招标文件;(5)投标预备会;(6)投标;(7)开标、评标、决授标。

3. 许可手续。外资企业在菲承揽工程项目,均需向菲承包商资格评审委员会(PCAB,隶属菲贸工部)申请特别执照。具体步骤根据企业是否在菲注册略有不同。以在证券委员会注册的中资企业为例,需向PCAB递交外国承包商特殊许可申请表、综合信息表、菲证券委员会出具的公司注册证明、公司章程、公司对授权代表的董事会决议、中国政府部门出具的并由所在地的菲律宾使领馆认可的公司资质证明原件及复印件、菲招标企业出具的工程项目是由外国融资的证明、投标邀请函、母公司出具的背对背保证书、自述书、近6个月财务审计报告、资产负债表、银行账户、用于运输及建设的机动车注册证及发票、国内收入局出具的证明、工程技术人员有关证明、历史记录(有关完工的大型工程合同、证明文件以及菲律宾使领馆认证文件)等PCAB要求一个项目一个执照,承包商需每年更新特别执照。

不同行业的项目业主对承包商的资质要求有所不同,有关程序和手续也有差异,但核心是审查承包商(或设备供应商)在财务、技术等各方面的履约能力(或交付能力)。另一方面,公共项目业主和私营项目业主的资质要求也不相同。公共项目业主要求承包商履行的资格认证手续往往比较复杂,私营项目业主则相对简单。以菲律宾公造部主管的路桥项目为例,承包商须先通过公造部资格审查并注册,审核过程中需提供营业执照、税务登记证、SEC登记证、公司章程、财务审计报告、公司业绩等材料。项目招标时,公造部将在投标邀请函中就具体项目提出资质要求。

八、知识产权保护法律法规

菲律宾全面保护外国投资者的知识产权。在亚太地区的其他国家,对于知识产权的保护,有的国家缺少相应法律,有的国家刚刚起步,而菲律宾在未独立的1946年前就有知识产权保护方面的法律措施,这些措施与美国的法律法规相一致。1997年,菲律宾颁布了《知识产权法典》(RA8293),并成立了知识产权办公室。菲律宾是下列国家知识产权条约的签字国:《伯尔尼保护文学和艺术作品公约》(1948年布鲁塞尔版本)、《保护工业产权巴黎公约(里斯本修正案)》《保护表演者、录音制品制作者和广播组织罗马公约》。

菲律宾知识产权的核心法规是《菲律宾知识产权法典》(RA8293),其主要内容包括:第一章知识产权办公室,第二章专利法,第三章商标、商品名、服务商标法,第四章版权法,第五章总则。知识产权的执法单位有菲律宾贸工部、知识产权办公室和音像法规委员会。

在菲律宾侵权处罚规定分两种情况:情节较轻时,可由上述执法单位责令停止侵权行为、罚款(6000~10万比索)、吊销执照等。情节较重时(指损失超过20万比索,约合4166美元),可由当事人提起司法诉讼,由上诉法院或高级法院裁决,给予刑事处罚。菲律宾贸工部负责受理侵权投诉,知识产权办公室负责纠纷调解。

九、投资合作相关法律及菲律宾对中国企业投资合作的保护政策

(一)菲律宾与投资合作相关的主要法律

菲律宾有数个涉及投资的重要法律,目前有关方面正在推动将所有促进投资的法律合并成一部法律,进一步规范各部门出台财政或非财政激励政策。

1.《1987年综合投资法典》共和国第226号法令,共和国第7918号法令进行修正。该法典为国内外企业提供一系列国家优先发展领域的综合激励措施。企业需参与“投资优先计划”所列的领域以享受这些优惠措施。如果企业未参与列入“投资优先计划”的领域,在满足以下任一条件后也能享受这些优惠措施:(1)50%以上的产品出口(菲律宾公民所有的企业);(2)70%以上的产品出口(外商持股40%以上的企业)。

2.《1991年外国投资法》共和国第7042号法令,共和国第8179号法令进行了修正。外国公司被允许在菲律宾从事未列入《外国投资限制清单》的行业。在《外国投资限制清单》中列举了禁止和限制外国投资的领域,主要包括两部分:(1)清单A为宪法或其他法律规定禁止和限制外国投资的领域;(2)清单B为外商所有权受法律限制的领域,包括与国防、执法、公众卫生、道德、保护中小企业等相关的领域。

3.《1995年经济特区法案》共和国第7916号法令,共和国第8748号法令进行了修正。该法案于1995年通过,旨在通过发展经济特区促进经济增长菲律宾经济特区署(PEZA)负责该法的实施和给予经济特区内的合格企业优惠政策。经济特区分为工业园区,出口加工区、自由贸易区、旅游经济区、IT园区、农业经济区等各类经济园区。

每个经济特区都朝着政府干预最小化、独立自由区域的目标发展。经济特区不需政府提供特别帮助,自我管理经济、金融、工业及旅游发展,同时与周边区域建立起相应的联系。

4.《1992年基地转型及发展法案》共和国第7227号法令。根据该法案成立了基地转型发展委员会、苏比克湾管理署(SBMA)以及苏比克经济特区和自由港区(SSEFZ)。在苏比克经济特区和自由港区注册的企业将享受各种投资优惠,包括一流的商业、居住和旅游设施。

5.《地区总部、地区生产总部和地区仓储中心相关法案》共和国第8756号法令。该法案明确了关于在菲律宾设立跨国公司地区总部(RHQS)、地区生产总部(ROHQS)和地区仓储中心(RWS)的规定和指南。地区总部是指跨国公司在菲律宾设立、但并不从菲律宾获取收入的分支机构。地区生产总部指跨国公司在菲律宾设立、可以通过提供服务而获取收入的分支机构。

6.《投资者租赁法案》共和国第7652号法令。该法案允许外国投资者在菲律宾租用商业用地最长不超过75年(过去规定为50年)。根据该法,任何到菲律宾投资的外国投资者在遵守菲律宾法律和下列条件的情况下,可租赁私人土地:(1)土地租赁合同期限为50年,仅可一次性延长25年;(2)租赁的土地仅做投资用途;(3)租赁合同应符合《综合土地改革法》和《地方政府法案》。

7.《1994年出口发展法案》共和第7844号法令。该法案向出口商提供优惠政策,鼓励增加在出口方面的投入,包括:(1)设立出口发展委员会;(2)鼓励私营部门参与出口推介活动,包括建立世界水准的菲律宾贸易中心;(3)设立私营部门为主导的融资中心,直接为促进出口服务;(4)为出口商提供财政激励政策。

8.《BOT法》共和国第7718号法令。明确私营企业参与一般由政府负责的基础设施建设和有关服务的政策和规定。

(二)中国与菲律宾签署双边投资保护协定

1992年7月,中菲两国签署《中华人民共和国政府和菲律宾共和国政府关于鼓励和相互保护投资协定》。

1999年11月,中菲两国签署《中华人民共和国政府和菲律宾共和国政府关于对所得避免双重征税和防止偷漏税的协定》,该协议自2002年1月1日生效。

2007年1月,中菲两国签署《中华人民共和国政府和菲律宾共和国政府关于扩大和深化双边经济贸易合作的框架协定》。

2011年8月,中菲两国签署《中菲经贸合作五年发展规划》。

新加坡投资贸易指南

一、对外贸易法规和政策规定

(一)贸易主管部门

新加坡贸易工业部是制定该国整体贸易政策的部门。新加坡国际企业发展局(International Enterprise Singapore,简称企发局或IE Singapore),是隶属于新加坡贸易工业部的法定机构,是新加坡对外贸易主管部门,其前身是成立于1983年的新加坡贸易发展局(贸发局)。企发局下设贸易促进部,并分设商务合作伙伴策划署和出口促进署,主要职责是宣传新加坡作为国际企业都会的形象以及提升以新加坡为基地公司的出口能力。

(二)贸易法规体系

新加坡与贸易相关的主要法律有《商品对外贸易法》《进出口管理办法》《商品服务税法》《竞争法》《海关法》《商务争端法》《自由贸易区法》《商船运输法》《禁止化学武器法》《战略物资管制法》等。

(三)贸易管理的相关规定

1. 开展进出口和转运业务的基本条件。(1)必须在新加坡组建一家公司并向会计与企业管理局注册。(2)注册公司后,需向新加坡关税局免费申请中央注册号码。中央注册号码将允许您通过贸易网系统提交进出口和转运准证申请。

贸易交换网系统是新加坡全国范围内的贸易电子信息

交换系统,能让公共和私营部门在此平台上交换电子贸易数据和信息。一般情况下,在新加坡开展进出口或转运业务必须在贸易交换网上获得相关业务准证。

2. 货物进口。货物进口到新加坡前,进口商需通过贸易交换网向新加坡关税局提交准证申请。如符合有关规定,新加坡关税局将签发新加坡进口证书和交货确认书给进口商,以保证货物真正进口到新加坡,没有被转移或出口到被禁止的目的地。一般情况下,所有进口货物都要缴纳消费税。如果进口货物是受管制的货物,必须向相关主管部门提交准证申请并获得批准。

3. 货物出口。非受管制货物通过海运或空运出口,必须在出口之后3天内,通过贸易交换网提交准证申请。受管制货物,或非受管制货物通过公路和铁路出口的,需要在出口之前通过贸易交换网提交准证申请。出口受管制货物还必须事先取得相关主管机构的批准或许可。

4. 货物转运。所有从一个自由贸易区转运至另一个自由贸易区的货物,或在同一个自由贸易区内转运受主管部门管制的货物,必须事先通过贸易交换网取得有效的转运准证才能将货物装载到运输工具上。

(四)进出口商品检验检疫

新加坡对进口商品检验检疫的标准和程序十分严格。负责进口食品、动植物检验检疫的部门是农粮兽医局(简称农粮局或AVA),负责进口药品、化妆品等商品检验的部门是卫生科学局(简称HSA)。

1. 农产品和食品检验。农产品和食品的进口商须向AVA申请执照,只有获得AVA进口执照的贸易商才能在新加坡从事农产品和食品进口业务。AVA有完整的一套食品安全计划,对肉、鱼、新鲜水果和蔬菜、蛋、加工食品等商品的进口来源、包装运输、检验程序、检验标准有不同的要求和详尽的规定。

2. 动物检疫。只有获得AVA执照的进口商才可以在新加坡从事商业用途的动物进口。每次进口动物须向AVA申请许可,并提前获得海关清关许可。所有进口动物需符合AVA的兽医标准。

3. 植物检疫。进口植物及植物产品需出示原产国有关机构签发的植物检疫证书并获得AVA的进口许可。所有进口植物及植物产品必须符合AVA规定的健康标准,除另有规定外,植物及植物产品进口后必须接受AVA检查。受华盛顿公约保护的濒临绝种植物,必须备有CITES许可证方可进口。

4. 药品、化妆品检验。根据《药品法》《有毒物质法》《滥用药物法令》,新加坡所有从事药品进口、批发、零售以及出口的经营者需向HSA取得相关许可方可开展业务。进口药品和化妆品前,需向HSA如实申报其成分、疗效等相关信息,获得批准后方可进口。HSA对进口相关产品进行抽检,一旦与申报不符,即取消其经营相关产品的资格。

(五)海关管理规章制度

新加坡海关管理的主要法律法规有:《海关法》《货物和服务税的条例》《进出口管理条例》《自由贸易区条例》《战略物品管制法》《禁止化学物品》等。

新加坡《海关法》规定,进口商品分为应税货物和非应税货物,应税货物包括石油、酒类、烟类和机动车辆等4大类商品,非应税货物为上述4大类商品之外的所有商品。应税货物和非应税货物进口到新加坡都要征收7%消费税,应税货物除征收消费税外,还需征收国内货物税和关税。

2008年10月中新签署自由贸易协议。根据协议,2009年1月1日起新加坡取消全部自中国进口商品的关税;中国于2010年1月1日对97.1%的自新加坡进口产品实施零关税。

新加坡应纳税商品及关税和国内货物税

商品名称	国内货物税
酒类商品	S$48~70/公升
烟草类商品	S$181~352/千克
石油类商品	S$3.7~7.1/十升
机动车	20%
带引擎的摩托车、自行车	12%

资料来源:新加坡海关

二、外国投资市场准入规定

(一)投资主管部门

新加坡负责投资的主管部门是经济发展局(EDB简称经发局),成立于1961年,是隶属新加坡贸工部的法定机构,也是专门负责吸引外资的机构,具体制订和实施各种吸引外资的优惠政策并提供高效的行政服务。其远景目标是将新加坡打造成为具有强烈吸引力的全球商业与投资枢纽。

(二)投资行业的规定

新加坡对外资准入政策宽松,除了国防相关行业及个别特殊行业,对外资的运作基本没有限制。此外,新加坡政府还制定了特许国际贸易计划、区域总部奖励、跨国营业总部奖励、金融与资金管理中心奖励等多项计划以鼓励外资进入。同时,经发局还推出了一些优惠政策和发展计划来推动企业拓展业务,如创新发展计划、企业研究奖励计划、新技能资助计划等。

根据新加坡政府公布的2010年长期战略发展计划,电子、石油化工、生命科学、工程、物流等9个行业被列为奖励投资领域。

(三)投资方式的规定

外资进入新加坡的方式总体上无特殊限制。除了银行、金融、保险、证券等特殊领域需向主管部门报备,绝大多数产业领域对外资的股权比例等无限制性措施。

(四)特殊经济区域的规定

1. 商业园和特殊工业园。新加坡境内的商业园和特殊工业园有:(1)商业园。国际商业园、樟宜商业园、资讯园。(2)特殊工业园。①石油化学工业园:裕廊岛;②晶圆厂房:淡滨尼、巴西立、兀兰;③先进显示器工业园:淡滨尼;④生物医学园区:大士生物医药园、生物科技园;⑤物流园区:樟宜机场物流园、裕廊岛化工物流园;⑥食品工业园:麦波申大士。(3)科技企业家园。裕廊东的企业家园、新加坡科学园的iAxil、红山—新达城科技企业家中心、莱市科技园。新加坡是城市国家,实行全国统一的税收制度,对外资也实行国民待遇,上述园区内无特殊税收优惠政策,各个园区主要根据区内产业发展的特点而建,区内相关产业的配套基础设施比较完备,可发挥产业集群效应。

2. 海外工业区。新加坡临近的主要海外工业区有:(1)巴淡岛工业区。该园区距新加坡20千米,仅1小时船程。土地面积1570平方千米,总人口99.1万。现有外资企业 894 家。(2)民丹岛工业区。该园区距新加坡 50 千米,70 分钟船程。土地面积 1866 平方千米,总人口约 50 万。现有外资企业 23 家。巴淡岛和民丹岛工业园区都具有完备的基础设施和较低的制造成本,工人最低月工资约 118 美元。主要适合电子加工业、服装鞋帽、玩具等轻工业以及钢铁、钻油等重工业,还可发展贸易、旅游和转运。属于自由贸易区,无进口税,无销售税与奢侈品税,免增值税;可享有东盟特惠关税,享有与 52 个国家签署的避免双重征税协议优惠,与 33 个国家达成普惠制协议,允许 100% 海外控股,无外汇管制。(3)马来西亚伊斯干达开发区。马来西亚政府于 2006 年 11 月推出伊斯干达开发区(Iskandar Development Region,简称 IDR),它是马来西亚目前着力打造的境内最庞大的发展计划。马来西亚政府计划将 IDR 打造成马来西亚半岛南部最发达的地区以及居住、娱乐、环境和商业完美融合的国际化大都市。IDR 位于马来半岛南部的柔佛州,包括南柔佛的新山、哥打丁宜和笨珍等数个地区,占地 2217 平方千米。陆海空交通方便,与新加坡隔柔佛海峡相望,距离亚洲的主要大城市(如班加罗尔、迪拜、香港、首尔、上海、台北、东京)仅 6~8小时飞行航程。从 IDR 通过公路到吉隆坡仅 3 个小时车程,距新加坡樟宜国际机场仅 55 分钟车程,IDR 人口约 135 万,人均 GDP 约 1.48 万美元。目前新加坡是该地区最大的外资来源地,一些经济学家将 IDR 与新加坡的关系喻为深圳之于香港。依斯干达开发区的经济支柱为制造业和服务业。根据马来西亚国库有限公司拟订的全面发展计划,除继续加强电子电器、石油化工与油脂化工、食品与农业加工、物流及相关服务业和旅游业 5 大领域外,依斯干达开发区还将把医疗保健、教育、金融以及信息产业定为新的增长领域。依斯干达开发区的重点规划项目包括物流枢纽、国际教育中心、医疗中心、金融中心等。

由于新加坡土地资源有限,生产成本较高,新加坡政府鼓励企业赴巴淡岛工业区、民丹岛工业区、马来西亚伊斯干达开发区等海外工业区投资。企业如在上述园区投资设厂,可将区域总部、管理中心、研发中心、营销中心等设立在新加坡,既可降低生产成本,也可充分利用新加坡在物流、金融、税收、知识产权保护等各方面的优势条件。

三、外国投资的优惠政策

(一)优惠政策框架

新加坡优惠政策主要依据是《公司所得税法案》和《经济扩展法案》以及每年政府财政预算案中涉及的一些优惠政策。

新加坡采取的优惠政策主要是为了鼓励投资、出口、增加就业机会、鼓励研发和高新技术产品的生产以及使整个经济更具有活力的生产经营活动。如对涉及特殊产业和服务(如高技术、高附加值企业)、大型跨国公司、研发机构、区域总部、国际船运以及出口企业等给予一定期限的减、免税优惠或资金扶持等。政府推出的各项优惠政策,外资企业基本上可以和本土企业一样享受。

新加坡经济发展局为鼓励、引导企业投资先进制造业和高端服务业、提升企业劳动生产力,推出先锋计划、投资加计扣除计划、业务扩展奖励计划、金融与资金管理中心税收优惠、特许权使用费奖励计划、批准的外国贷款计划、收购知识产权的资产减值税计划、研发费用分摊的资产减值税计划等税收优惠措施,以及企业研究奖励计划和新技能资助计划等财政补贴措施。

新加坡国际企业发展局为支持企业开展国际贸易活动、打造环球都市,推出环球贸易商计划。

新加坡标新局为扶持中小企业发展、鼓励创新、提升企业劳动生产力,推出天使投资者税收减免计划、天使基金、孵化器开发计划、标新局起步公司发展计划、技术企业商业化计划、企业家创业行动计划、企业实习计划、管理人才奖学金、高级管理计划、业务咨询计划、人力资源套餐、知识产权管理计划、创意代金券计划、技术创新计划、品牌套餐、企业标准化计划、生产力综合管理计划、本地企业融资计划、微型贷款计划等财税优惠措施。

为了实施新加坡经济战略委员会 2010 年提出的未来 10 年——七大经济发展战略,围绕提高劳动生产率、提升企业能力和打造环球都市这三大战略目标,新加坡政府出台一系列优惠措施,比如,推出生产力及创新优惠计划、培训资助计划和特别红利计划,设立了国家生产力基金,通过税收减免鼓励企业并购重组和土地集约化经营,并组建项目融资机构支持企业国际化经营。

特别值得一提的是生产力及创新优惠计划一年共计 5.2 亿新元。该计划于 2010 年推出,有效期为2011~2018 年。根据该计划,企业在规定的 6 项经营活动中,符合规定可以享受 400% 的税额抵扣或每年最高 40 万新元的补贴。这 6 项费用包括:研究与开发费用、认可的设计费用、收购知识产权费用、知识产权注册费用、购买/租赁自动化设备、员工培训费用。

(二)行业鼓励政策

1. 先锋企业奖励。享有先锋企业(包括制造业和服务业)称号的公司,自生产之日起,其从事先锋活动取得的所得可享受免征不超过 15 年所得税的优惠待遇。先锋企业由新加坡政府部门界定。通常情况下,从事新加坡目前还未大规模开展而且经济发展需要的生产或服务的企业,或从事良好发展前景的生产或服务的企业可以申请"先锋企业"资格。

2. 发展和扩展奖励。从政府规定之日起,一定基数以上的公司所得可享受5%~15% 的公司所得税率,为期 10 年,最长可延长到 20 年。此项政策主要是为鼓励企业不断增加在高新技术和高附加值领域的投资并提升设备和营运水平。曾享受过先锋企业奖励的企业以及其他符合条件的企业均可申请享受此项优惠。

3. 服务出口企业奖励。从政府规定之日起,向非新加坡居民或在新加坡没有常设机构的公司或个人提供与海外项目有关的符合条件的服务的公司,其符合条件的服务收入的 90% 可享受 10 年的免征所得税待遇,最长可延长到 20 年。

4. 区域/国际总部计划。将区域总部(RHO)或国际总部(IHO)设在新加坡的跨国公司,可适用较低的企业所得税税率。区域总部为 15%,期限为 3~5 年;国际总部为 10% 或更低,期限为 5~20 年。此项政策主要是为鼓励跨国公司将区域或国际总部设立在新加坡。具体优惠企业可与新加坡企业发展局(EBD)进行商谈,企业发展局可根据公司规模和对新加坡贡献为企业量身定做优惠配套。

5. 国际船运企业优惠。拥有或运营新加坡船只或外国船只的国际航运公司,可以申请 10 年免征企业所得税的优惠,最长期限可延长到 30 年。申请企业应具备以下条件:是新加坡居民公司;拥有并运营一定规模的船队;在新加坡的运营成本每年超过400万新元;至少10%的船队(或最少一只船)在新加坡注册。此类优惠项目由新加坡海运管理局(MPA)负责评估。

6. 金融和财务中心奖励。此项政策是为鼓励跨国企业在新加坡设立金融和财务中心(FTC),从事财务、融资和其他金融服务业务。金融和财务中心从事符合条件的活动取得的收入可申请享受10%的企业所得税优惠税率,为期5~10年。

7. 研发业务优惠。为鼓励企业加大研发力度,新加坡政府规定,自2009估税年度起,企业在新加坡发生的研发费用可享受150%的扣除,并对从事研发业务的企业每年给予一定金额的研发资金补助。

8. 国际贸易商优惠。为鼓励全球贸易商在新加坡开展国际贸易业务,对政府批准的"全球贸易商"给予3~5年的企业所得税优惠,税率减低为5%~10%。此项优惠项目由新加坡国际企业发展局(IES)负责评估。

此外,新加坡还对部分金融业务、海外保险业务、风险投资、海事企业等行业给予一定的所得税优惠或资金扶持。

四、外国企业在新加坡获得土地的政策

(一)新加坡土地法的主要内容

新加坡土地主要有国有和私有两种形式,其中国有土地又分为国有土地和公有土地两种。目前国有土地约占53%,公有土地约占27%,私有土地约占20%。

根据《土地征用法》规定,凡为公共目的所需的土地,政府都可强制性征用。为防止该权力被滥用,政府规定了详细的征地程序、操作流程和土地补偿标准。

土地的交易采用拍卖、招标、有价划拨和临时出租等方式,将一定年限的土地使用权出售给使用者。出让后的土地可以自由转让、买卖和租赁,但年限不变。使用期结束后,政府无偿收回土地及其地上附着物;若要继续使用,须经政府批准,再获得一个规定年限的使用期,但须按当时的市价重估地价,第二次买地。

(二)外资企业获得土地的规定

在经新加坡土地管理局批准后,外资企业可以在新加坡参与土地交易,具体程序参考新加坡土地管理局网站(www.sla.gov.sg)。

五、环境保护法律规定

(一)环保管理部门

新加坡环保管理部门是环境与水资源部,主要职责是构建和保障清洁、健康的环境以及水源供应。环境和水资源部下设国家环境局和公共事业局(PUB)两个法定机构,分别负责落实环保政策和水务管理。

(二)主要环保法律法规名称

新加坡环保法律法规包括:《环境保护和管理法》《能源节约法案2012》《跨境烟霾污染法案2014》《公共环境卫生法》《水源污化管理及排水法令》《制造业排放污染水条例》《公共事业条例》《污染物控制条例》《媒介和农药防治法》《危险废物(控制出口、进口和传播)法》《辐射防护法》《禁烟法案》等。

(三)环保法律法规基本要点

根据新加坡《环境保护和管理法》,所有企业和个人都有责任和义务维护大气、水体、土地以及动植物的洁净和安全。任何企业和个人违反《环境保护和管理法》等法规和规定,都视为犯罪。环保部门有权根据违法的严重程度对责任人处以2万至10万新元的罚款,逮捕责任人并处以1年以内监禁,或逮捕责任人并提起诉讼。2012年8月24日起,新加坡每天3次公布PM2.5浓度,成为东南亚首个每天公布PM2.5的国家。

(四)环保评估的相关规定

根据新加坡政府的要求,企业在新开展投资项目,业主需委托有资质的第三方咨询公司进行污染控制研究分析(Polution Control Studies,PCS),相当于国内的环评。PCS主要是对工厂产生的三废、噪声、危险化学品等情况,识别可能存在的风险以及采取的控制措施。

开展PCS前期,业主需向咨询公司提供相关资料;咨询公司完成分析报告后,由业主提交新加坡国家环境局(NEA)审批,审批周期约为2~3个月,审批过程中,NEA可能提出问题要求进行解释和澄清;评估费用通常为两万新币。

六、保护知识产权规定

(一)新加坡当地有关知识产权保护的法律法规

新加坡政府一直致力于把新加坡建成重要的区域知识产权中枢,因此十分重视知识产权的保护和鼓励,制定了一系列保护知识产权的法律法规,同时通过资金支持等手段积极营造鼓励创新、方便智力成果产业化的科研、政策和商业环境。

新加坡还是众多与知识产权有关的公约和国际组织的成员,包括《巴黎公约》《伯尔尼公约》《马德里协议》《专利合作条约》《布达佩斯条约》《与贸易有关的知识产权协议》和世界知识产权组织等。

在新加坡国内受到保护的知识产权有专利、商标、注册外观设计、版权(著作权)、集成电路设计、地理标识、商业秘密和机密信息以及植物品种。新加坡分别制定了单项法规对这些知识产权进行保护。

1. 专利。在新加坡规范专利权保护的法律是《专利法》(Patents Act)。要获得专利法保护必须向专利登记处(Registry of Patents)提交专利申请,申请中要包含专利的相关信息,包括发明以及操作说明和相关披露。专利法没有明确列出哪些发明是受法律保护的,但规定了不能取得专利的发明,如具有攻击性、不道德以及反社会的行为。而可以获得专利的发明要具有新颖性、创造性和工业应用性。专利有效期是自申请之日起20年。

2. 商标。新加坡保护商标的主要法律是《商标法》(Trademarks Act)。商标注册可以通过新加坡知识产权局的网站或到该局注册。知识产权局会对商标特性进行审查,整个注册过程通常需要1~2年。商标注册后保护期一般为10年,在支付更新费用后可以不断延续。

3. 版权。新加坡规范版权的主要法律是《版权法》(Copyright Act),它的保护范围包括小说、软件程序、剧本、活页乐谱、绘画作品等。在新加坡取得版权需要满足的条件是作品的作者或创作人是新加坡公民或居民,该作品首次在新加坡出版。在新加坡以外的地方取得版权的作品也可以在新加坡得到保护,条件是作品的作者或创作人是加入WTO或《伯尔尼公约》的成员国的国民或居民,该作品首次在WTO或《伯尔尼公约》的成员国出版。版权期限根据受保护对象不同而有所区别,如文学、戏剧、音乐或非摄影艺术作品的版权期限为作者的终生以及之后的70年,录音作品和电

影作品的版权期限为作品首次发表后的70年，电视广播、电台广播或有线电视节目的版权期限为节目发表后的50年。有关新加坡知识产权保护的法律法规以及各项优惠政策可查询新加坡知识产权局网站。

（二）知识产权侵权的相关处罚规定

新加坡法律将知识产权侵权行为区分不同情形，可提起民事诉讼，构成犯罪的须承担刑事责任。刑事责任包括罚款和监禁，也可两者并罚。罚款从1000～10万新元不等，监禁根据情形从12个月到5年不等。

七、投资合作相关法律及对中国企业投资合作保护政策

（一）新加坡与投资合作相关的主要法律

与在新加坡投资合作相关的法律主要有：企业注册法、公司法、合伙企业法、合同法、国内货物买卖法、进出口管理法、竞争法等。

（二）新加坡对中国企业投资合作的保护政策

1. 中国与新加坡签署双边投资保护协定。1985年11月，中国与新加坡签署了《关于促进和保护投资协定》。

2. 中国与新加坡签署避免双重征税协定。1986年4月，中国与新加坡签署了《避免双重征税和防止漏税协定》。

3. 中国与新加坡签署的其他协定。1992年，两国签署《科技合作协定》。1999年10月，中国与新加坡签署《经济合作和促进贸易与投资的谅解备忘录》，建立两国经贸磋商机制。双方还签署《海运协定》《邮电和电信合作协议》《成立中新双方投资促进委员会协议》等多项经济合作协议。2006年，两国签署《文化合作协定》。

2008年10月23日，中国与新加坡签署了《中华人民共和国政府和新加坡共和国政府自由贸易协定》。同时，双方还签署了《中华人民共和国政府和新加坡共和国政府关于双边劳务合作的谅解备忘录》。

2015年5月18日，中国与新加坡签订促进两国商标注册合作的备忘录。根据备忘录，两国将交换商标注册信息以及探讨人员培训事宜。

泰国投资贸易指南

一、对外贸易法规和政策

（一）贸易主管部门

泰国主管贸易的政府部门是商业部，其主要职责分为两部分，对内负责促进企业发展、推动国内商品贸易和服务贸易发展、监管商品价格、维护消费者权益和保护知识产权等；对外负责参与WTO和各类多双边贸易谈判、推动国际贸易良性发展等。泰国商业部主管对外业务的部门有贸易谈判厅、国际贸易促进厅和对外贸易厅等，主管国内业务的部门有商业发展厅、国内贸易厅、知识产权厅等。

（二）贸易法规体系

主要法律有1960年《出口商品促进法》、1979年《出口和进口商品法》、1973年《部分商品出口管理条例》、1979年《出口商品标准法》、1999年《反倾销和反补贴法》、2000年《海关法》和2007年《进口激增保障措施法》等。

（三）贸易管理的相关规定

1. 进口管理。泰国对多数商品实行自由进口政策，任何开具信用证的进口商均可从事进口业务。泰国仅对部分产品实施禁止进口、关税配额和进口许可证等管理措施。禁止进口产品主要是涉及公共安全和健康、国家安全等的产品，如摩托车旧发动机、博彩设备等；关税配额产品包括桂圆等24种农产品，如大米、糖、椰肉、大蒜、饲料用玉米、棕榈油、椰子油、龙眼、茶叶、大豆和豆饼等，但关税配额措施不适用于从东盟成员国的进口；进口许可分为自动进口许可和非自动进口许可，非自动进口许可产品包括关税配额产品和加工品，如鱼肉、生丝、旧柴油发动机等。自动进口许可产品包括部分服装、凹版打印机和彩色复印机。泰国商业部负责制定受进口许可管理的产品清单。

2. 出口管理。泰国除通过出口登记、许可证、配额、出口税、出口禁令或其他限制措施加以控制的产品外，大部分产品可以自由出口，受出口管制的产品目前有45种，其中征收出口税的有大米、皮毛皮革、柚木与其他木材、橡胶、钢渣或铁渣、动物皮革等。

3. 贸易壁垒。泰国对WTO成员方的平均实施关税是11.2%。

关税高峰　泰国现对大量的进口产品征收超过30%的关税，包括农产品、汽车和汽车零部件、酒精饮料、纤维和一些电子产品。如丝织品、羊毛织物、棉纺织品及其他一些纤维织物的进口关税多为60%，摩托车及一些特殊用途车的进口关税达到或超过80%、大米52%、奶制品216%。

关税升级　泰国对绝大多数工业原材料和必需品，如医疗设备征收零关税；对有选择的一些原材料、电子零配件以及用于国际运输的交通工具征收1%的关税；一些化工原料，如氯化钙、氯化镁等氯化物的关税也仅为1%；对初级产品和资本货物大部分征收5%的关税；对中间产品一般征收10%的关税；对成品一般征收20%的关税；对需要保护的特殊产品征收30%的关税。

关税配额　根据WTO《农业协定》，泰国对24种农产品实行关税配额管理，分别是桂圆、椰肉、牛奶、土豆、洋葱、大蒜、椰子、咖啡、茶、干辣椒、玉米、大米、大豆、洋葱籽、豆油、椰子油、速溶咖啡、土烟丝、生丝等。这些产品在配额内实行低关税，在配额外实行高关税，如大蒜进口配额仅64.6吨，配额内关税为27%，配额外关税高达57%。

进口限制　泰国规定42种产品需要进口许可，包括原材料、石油、工业原料、纺织品、医药品及农产品。泰国禁止进口二手摩托车及其零件和游戏机。产品进口必须满足规定的要求，如缴纳特别费用、需要原产地证明等。进口食品、医药产品、矿产品、武器弹药、艺术品，需要相关部长的特别许可。泰国要求在食品进口登记中提供关于食品生产工艺及组成成分的详细产品经营信息。泰国卫生部食品药品管理局规定所有食品、药品及部分医疗设备的进口均须符合进口许可证的管理。食品进口许可证每三年换一次，每次均需要重新认证，文件送达食品药品管理局后还需重新收费、药品进口许可证每年更换一次，同样需要缴纳有关费用。

技术性贸易壁垒　泰国对10个领域的60种产品实行强制性认证，包括农产品、建筑原料、消费品、电子设备及附件、PVC管、医疗设备、LPG气体容器、表层涂料及交通工具等。泰国卫生部食品药品管理局规定，所有进口食品、药品及部分医疗设备要符合标准、检测、标签和认证要求。进口上述产品必须附有泰文说明产品名称、重量或容量、生产和失效日期的标签，并经泰国卫生部食品药品管理局批准。

政府采购　泰国不是 WTO《政府采购协定》的签署国。在政府采购招标中，泰国对外国投标企业设置一系列限制，使外国企业无法投标或难以中标。如泰国常在招标文件中规定非泰国产品不得参与投标；政府采购部门对投标资格的规定不确定，有权在任何时候接受或拒绝部分或所有投标，甚至可以在招标过程中修改技术要求；投标者对招标结论没有申诉权利等。根据 2000 年 5 月泰国颁布的《对销贸易法》，对金额超过 3 亿泰铢的政府采购合同，外国中标企业须易货回购价值不低于合同金额 50% 的泰国产品，该规定大大提高了外国中标企业的经营成本。

（四）进出口商品检验检疫

泰国负责商品质量监督、检验和标准认证的管理部门主要是卫生部下属的食品与药品监督管理局（简称 FDA）及农业合作部下属的国家农业食品和食品标准局（简称 ACFS）。

FDA 行使职责依据的国内法规和国际协议主要有：泰国 1967 年《药品法》、1975 年《精神类物质法》、1979 年《食品法》、1979 年《麻醉品法》、1988 年《医疗器械法》、1990 年《防止滥用挥发性物质法》、1992 年《化妆品法》、1992 年《危险物质法》和 1971 年《关于精神类物质的国际公约》、1988 年联合国《关于反对非法买卖麻醉品和精神类物质的协定》等。FDA 根据相关法律法规对商品的市场准入进行控制，审核发放各类商品相应的卫生证明、GMP 证明、HACCP 证明和自由销售证明等。进口商必须申请进口许可证后才能进口食品，指定的食品储藏室必须经 FDA 检验后才能使用，进口许可证要每三年更新一次；对于特别控制的食品，进口商必须到 FDA 注册，获得批准才能进口。

泰国主要进口商品的关税税率统计

商品名称	HS 编码	一般关税税率
原油	2709	25%
集成电路	8542	35%
打字机等办公机器的零部件	8473	40%
摩托车零部件	8708	60%
光盘、磁带、记忆卡等未录制内容的固定媒体存储介质（交卷除外）	8523	60%
成品油	2710	税号 27101211 －20 税率为 2.91 铢/升，其余部分以 30% 的税率按价计税
天然气和其他气体燃料	2711	采用特定单位税率 0.001 铢/千克
未加工的精铜和铜合金	7403	6%
自动数据处理设备	8471	40%
未加工的金、金粉	7108	35%

ACFS 的主要职责是制定初级农产品、食品和加工农产品的标准，发放许可证明，对有关产品的认证机构及企业进行认证等，此外，还协助和参与技术问题、非关税措施及国际标准等方面的对外谈判，其主要工作目标是发展泰国农产品和食品标准体系使其适应国际标准，以扩大泰国农产品和食品的出口额。ACFS 自成立以来，共制定公布了 22 项植物食品标准、10 项动物产品标准、3 项鱼类食品标准和 20 项其他标准。

（五）海关管理规章制度

《海关法》是泰国实施海关管理的根本法律制度。目前，泰国海关进出口商品代码和关税管理体系是根据 1987 年修订的海关关税法令制定的。泰国政府根据管理需要会对商品代码分类和海关关税进行不定期调整，有关法令和公告可在泰国海关厅网站上查询。

在泰国，大部分进口商品都需要缴纳两部分税，一是海关关税，二是增值税（VAT）。关税计税方法一般为按价计税，也有部分商品按照特定单位税率的方式征税。一般情况下，进口商品关税额计算公式为商品到岸价（CIF）乘以该项商品的进口税率，绝大部分商品的进口关税在 0 ~ 80% 之间；增值税的计算公式为进口商品缴纳关税和消费税（部分商品需缴纳）后的总价值乘以 7%。

泰国给予东盟成员国和与其签订多双边贸易协定的国家地区不同程度的关税减让，具体商品的关税税率和减让情况均可以通过 HS 税号或商名称在海关网站上查询，网址为：www. Igtf. customs. go. th.

二、外国投资市场准入的规定

（一）投资主管部门

泰国主管投资促进的部门是泰国投资促进委员会（简称 BOI），负责根据 1977 年颁布的《投资促进法》及 1991 年第二次修正和 2001 年第三次修正的版本制定投资政策。投资促进委员会办公室负责审核和批准享受泰国投资优惠政策的项目、提供投资咨询和服务等。

（二）投资行业的规定

根据《外籍人经商法》，（Alien Business Act，1999 年）有关规定，泰国限制外国人投资的行业有以下三类：

1. 因特殊理由禁止外国人投资的业务。包括（1）报业、广播电台、电视台；（2）水稻种植、旱地种植、果园种植、牧业、林业、原木加工；（3）在泰国领海、经济特区的捕鱼；（4）泰药材炮制；（5）涉及泰国古董或具有历史价值之文物的经营和拍卖；（6）佛像、钵盂制作或铸造；（7）土地交易等。

2. 涉及国家安全稳定或对艺术文化、风俗习惯、民间手工业、自然资源、生态环境造成不良影响的投资业务，须经商业部长根据内阁的决定批准后外国投资者方可从事的行业：（1）涉及国家安全稳定的投资业务，包括生产、销售、修理枪械、子弹、火药、爆炸物及其有关配件，武器、军用船、飞机、车辆，一切占用设备的机件设备或有关配件；国内陆上、水上、空中等运输业，包括国内航空业。（2）对艺术文化、风俗习惯、民间手工业、自然资料、生态环境造成不良影响的投资业务，包括泰国传统工艺品的古董、艺术品买卖，木雕制造，养蚕、泰丝生产、泰绸织造、泰绸花纹印制，泰国民族乐器制造，金器、银器、乌银镶嵌器、镶石金器、漆器制造，涉及泰国传统工艺的盘器、碗器、陶器制造。（3）对自然资源、生态环境造成不良影响的投资业务，包括蔗糖生产，海盐、矿盐生产，石盐生产，采矿业、石头爆破或碎石加工，家具、木材加工等。

3. 本国人对外国人未具竞争能力的投资业务，须经商业部商业注册厅厅长根据外籍人经商营业委员会决定批准后可以从事的行业。包括（1）碾米业、米粉和其他植物粉加工。（2）水产养殖业。（3）营造林木的开发与经营。（4）胶合板、饰面板、刨木板、硬木板制造。（5）石灰生产。（6）会计、法律、建筑、工程服务业。（7）工程建设，但不包含：①外国人投入的最低资本在 5 亿铢以上的公共基本设施建设、运用新型机械设备、特种技术和专业管理的公共设施、交通设施建设;②部级法规规定的其他工程建设。(8)中介或代理业务,但不包含:①证券交易中介或代理、农产品期货交易、有价证券买卖业务;②为联营企业的生产、服务需要提供买卖、采购、寻求服务的中介或代理业务;③为外国人投入最低资本1亿铢以上的、行销国内产品或进口产品的国际贸易企业提供买卖、采购、推销、寻求国内外市场的中介或代理业务。(9)拍卖业,但不包含:①国际性拍卖业,其拍卖标的物不涉及具有泰国传统工艺、考古或历史价值的古董、古物、艺术品之拍卖;②部级法规规定的其他拍卖。(10)法律未有明文禁止涉及地方特产或农产品的国际贸易。(11)最低资本总额低于1亿铢的百货零售业、最低资本少于2500万铢的商店。(12)最低资本少于100万的商品批发业。(13)宣传广告业。(14)旅店业,不含旅店管理、旅游业、餐饮业。(15)植物新品种开发和品种改良。(16)除部级法规规定的服务业以外的其他服务业等。

外国人除需经商业部长根据内阁决议批准外,还需满足以下两个条件方可从事上述第二类规定的行业:一是泰籍人或按照本法规规定的非外国法人所持的股份不少于外国法人公司资本的40%(除非有适当原因,商业部长根据内阁的批准可以放宽上述持股比例,但最低不得低于25%)。二是泰国人所占的董事职位不少于2/5。

对上述属于外商经营企业法所规定的需得到允许方可进行投资的二、三类行业,外国人在泰国开始商业经营的最低投资额不得少于300万泰铢,其他行业最低不少于200万泰铢。最低投资额对在泰国注册的法人来说是指注册资本,对未在泰国注册的外国投资者或法人来说是指来泰经商所汇入的外汇。如果外国人属于《投资促进法》《工业园管理条例》或其他有关法律规定可享受投资优惠或得到经营许可的投资者,则可以从事第二、三类中规定的某些行业。

根据泰国投资促进法的有关规定,在泰国获得投资优惠的企业,投资额在1000泰铢以上(不包括土地费和流动资金),须获得ISO9000国际质量标准或其他相等的国际标准的认证。具体审批标准如下:(1)投资额不超过5亿铢(不包括土地费和流动资金)的项目,产品增加值必须不低于销售收入的20%,但电子产品及其配件、农产品加工和投资促进委员会特别批准的项目除外;新投资项目的负债与注册资本之比不得超过3:1;投资项目必须使用先进生产技术和新机械设备,若需使用旧机器,其效率必须获得权威机构的验证,并获得投资促进委员会的准许;必须有足够的环境保护措施,对环境有不良影响的项目,投资促进委员会将着重审核其工厂设立地点及其污染处理方法。(2)投资额在5亿铢以上(不包括土地费和流动资金)的项目,除按上述规定执行,尚需按投资促进委员会的规定提交项目可行性报告。

以下行业的泰国籍投资者的持股比例不得低于21%:农业、畜牧业、渔业、勘探与采矿业和1999年颁布的《外籍人经商法》附录第一类行业中的服务行业。

(三)投资方式规定

1. 股权投资。外籍人对泰开展投资经营活动的方式可分为以下两类:一是按照泰国法律在泰国注册为某种法人实体,具体形式有合伙企业、有限公司和大众有限公司等;二是成立合资公司,通常指一些自然人或法人根据协议为从事某项商业活动而组建的实体。根据泰国《民商法典》,合资公司不是法人实体,但是根据《税法典》,合资公司在缴纳企业所得税时被视为单一实体。

2. 上市。泰国法律规定,只有大众有限公司才有资格申请登记加入证券交易市场。根据1992年颁布的《大众有限公司法》的有关规定,有限公司可以转为大众有限公司。泰国没有关于外资公司在泰上市的特殊限制,在泰国注册成立的大众有限公司,符合泰国证券交易委员会(简称SEC)和股票交易所(简称SET)的有关规定,即可申请上市。

3. 收购。泰国没有关于跨国并购的专门法律法规,规范收购行为的法律法规是《大众有限公司法》和1992年颁布的《证券交易法》。收购行为通常有股票收购、兼并和资产收购——收购上市公司,必须符合《证券交易法》和泰国证券交易委员会的有关规定,当收购量达到上市公司股份的25%,收购者必须正式提出股权收购。

(四)特殊经济区域的规定

泰国工业部下设有工业园管理局(简称IEA),负责发展工业园区和科技园区等工业地产。2007年,IEA第四次修改《工业园机构条例》,以提高工业园内投资者的竞争能力。

根据《工业园机构条例》,泰国的工业园分为两类:一般工业区和自由经营区(原出口加工区)。在一般工业区投资的外国投资者,不必向BOI提交申请,就可以获得工业园内的土地所有权和引进外国技术人员、专家来泰国工作的权利。此外,IEA还向工业园内的投资者提供便利设施和一条龙服务,如运输服务、仓库、培训中心和医疗服务等。在自由经营区的投资者,还可以享有更多的优惠政策,如无条件向国外出口产品,享受更大的进口物件和原材料便利,除BOI鼓励投资政策提供的优惠条件外,还可以享受更多的税务优惠。

根据IEA统计,目前泰国共在146个府建立各类工业园41个,其中IEA下独立开发的工业园11个,IEAT与合作者联合开发的工业园35个。泰国各工业园的优惠政策与BOI的地区鼓励政策基本保持一致,根据所处的府别分别享受当地最高的投资优惠(包括税收、土地、人员引进及进口机械设备或原材料免税等诸多方面优惠),各入园企业无须特别申请即可享受BOI的投资优惠政策。

泰国目前实施的是1992年修订后的《工厂法》,该法明确规定工厂建设、运行、扩建和安全的有关要求。由工业部工业建设厅根据该法负责管理,对于工厂建设项目的管理控制程度通常取决于环境保护的需要,例如对排放造成污染的产业控制就更加严格。根据该法,工厂被分为三类:第一类,不需要政府许可就可以建设运行;第二类,开始建设运行前需要事先告知政府有关部门,业主在收到工业部确认的回执后即可开始建设;第三类,工厂建设前需要向工业部工业建设厅申请许可证。在工厂试运行前和正式开工生产之前,业主要至少提前15天告知有关政府部门。许可证的有效期为自项目运营起至第5年年底结束,如果工厂转让、出租或者停产,则在新业主取得许可证之日原许可证作废,或者在停产之日原许可证作废。业主在许可证到期前可以申请延期。2015年9月,泰国内阁通过了产业集群经济特区政策。

三、外国投资优惠政策

(一)优惠政策框架

根据BOI最新7年投资促进战略(2015~2021),泰国按照行业的重要性给予不同程度的优惠政策,也按项目所在地区及价值不同给予额外优惠。BOI向投资者提供两种形式的优惠政策：一是税务上的优惠权益，主要包括免缴或减免法人所得税及红利税、免缴或减免机器进口税、减免必需的原材料进口税、免缴出口产品所需要的原材料进口税等；二是非税务上的优惠权益，主要包括允许引进专家技术人员、允许获得土地所有权、允许汇出外汇以及其他保障和保护措施等。

非税务优惠适用于所有获BOI批准的项目，税务优惠则根据项目所在地和所属行业等不同情况享受相应的优惠。一般来说，位于受到特别鼓励投资区域的项目、生产出口型的项目或者属于泰国政府鼓励支持产业范畴内的项目均可以获得更大程度的优惠。

此外，为鼓励外商投资，BOI还放宽了对外商持股比例的限制，对于工业企业投资，无论工厂设在何处，允许外商持大部分或全部股份，如果有适当理由，BOI可规定外商在某些受鼓励的行业持股比例的限额。

（二）行业鼓励政策

BOI将鼓励投资的行业分为七大类：农业及农产品加工业，矿业、陶瓷及基础金属工业，轻工业，金属产品，机械设备和运输设备制造业，电子与电器工业，化工产品，造纸及塑胶，服务业及公用事业。

每个大类下还细分为许多小类，BOI对一些重点鼓励投资的行业都规定了特别的优惠条件，其中，农产品加工业、人才及科技发展业、公共事业、基础设施、环境保护等属于特别重视的项目。

2015年11月，泰国通过工业部提交的未来十大重点产业建议，并要求投资促进委员会制定配套优惠政策。十大重点产业为：新一代汽车制造、智能电子、高端旅游与医疗旅游、农业和生物技术、食品深加工、工业机器人、航空和物流、生物能源与生物化工、数字经济、医疗中心。

（三）地区鼓励政策

BOI对鼓励投资的地区在行业优惠政策基础上给予不同程度的额外优惠政策。泰国重点促进南部边境地区和经济特区的投资。南部边境地区包括南部边境3个府以及宋卡府的4个县。泰国政府经济特区发展委员会首期已确定5个经济特区，分别位于达府、莫拉限府、萨缴府、宋卡府和哒叻府境内。此外，在人均收入较低的20个府投资也可享受到一些额外优惠。这20个府是：胶拉信、猜也奔、那空帕农、南、汝干、武里喃、帕、马哈沙拉堪、莫拉限、夜丰颂、缴、素可泰、素辇、廊磨南蒲、益梭通、黎逸、四色菊、沙功那空、乌汶以及庵纳乍能。

BOI对各级投资区域分别给予不同的投资优惠政策。

（四）外国公司承包当地工程的规定

1. 许可制度。根据《外商经营企业法》的有关规定，建筑业和工程服务业为限制外籍人从事的行业，外籍人只有与泰籍人组成合资公司或联合体才能承揽泰国的工程项目，且合资公司或联合体必须由泰籍人控股，外籍人投资所占比例不得超过49%。

2. 禁止领域。从法律方面看，除关于合资公司或联合体外籍人不得持大股的要求外，泰国未针对外国承包商在工程承包领域做出任何限制规定。但在实际操作层面，泰国几家大的本土工程承包商在一些项目招标中（尤其是政府公共项目）占有天然优势地位。

3. 招标方式。泰国的承包工程项目可分为两类：一是国家投资的公共项目，通常采取国际招标的方式，仅有少数采取邀标的形式；二是私人投资的工程项目，目前通行的国际招标、邀标和议标等招标形式均有采用。

四、外国企业在泰国获得土地的规定

（一）土地法的主要内容

泰国关于土地和房产法律主要基于大陆法系的法律体系而制订，主要内容都参照大陆法系国家的相关法律。《泰国土地法》由泰国内务部颁布，自1954年12月10日起实施。土地法包括土地分配、土地所有权的授予和界定、相关文件的发布等内容，明确对于宗教用地、外国人用地、部分行业法人用地的限制条件、并对土地调查、土地交易和费用及处罚条例都作出明确规定。

内务部又于1999年和2008年颁布对《土地法》的3条的修订案，分别对外国人用地、土地相关费用及处罚条款进行调整。除1954年《土地法》之外，《泰国工商不动产租赁法》《泰国工业区法》等法律都有涉及外国人在泰用地的规定。

（二）外资企业获得土地的规定

1954年《土地法》对外国人拥有土地做出规定："外国人可根据双边条约关于允许拥有房地产权的规定，并在本土地法管辖下拥有土地。"根据该法，外国人及外籍法人根据内务部法规，经内务部部长批准可拥有土地，以作为居住和从事商业、工业、农业、坟场、慈善、宗教等活动需要之用。并针对不同用途对外国人最多可持有的土地面积做了规定。

为了适应经济与社会发展的需要，内务部于1999年5月19日又颁布《土地法》修订案《Land Code Amendment Act No. 8》，对《土地法》中有关外国人及外籍法人产业问题做了修改，允许外国人及外籍法人在符合某种规定条件下可以拥有土地产业。其规定主要内容包括："凡需在泰持有土地的外国人，必须按内务部规定从国外携人不少于4000万株，并经内务部长批准，可以拥有不超过1莱（泰面积单位，1莱=1600平方米）的土地，作为其居住用地。""上述外国人还必须满足以下条件：(1)其在泰投资必须是有益于泰本国经济社会发展或满足泰投资促进委员会（BOI）规定可予以投资促进的项目；(2)投资持续时间不少于3年；(3)持有的土地应在曼谷市区、芭提雅或其他《城市规划法》规定的居住用地范围内。"

对于在泰投资可观并使泰经济受益的外国企业，其在泰经营期间若适用《泰国投资促进法》第27条、《泰国工业园管理局法》第44条或《泰国石油法》第65条规定，在持有泰国土地方面可享受一定特权和豁免。(1)《泰国投资促进法》第27条：在获得董事会批准的情况下，投资人可拥有超出其他法律规定范围的土地用于进行投资活动；在投资人是外籍人的情况，若其在泰投资活动停止或将土地转让给他人，土地局有权收回土地。(2)《泰国工业园管理局法》第44条：在获得董事会批准的情况，工业经营者可在工业园区内拥有超出其他法律规定范围的土地用于工业活动。在投资人是外籍人的情况，若其在泰商业活动停止或转让给他人，须将所有用土地退还给泰工业园管理局或转让给其企业受让者。(3)《泰国石油法》第65条：委员会有权批准特许权获得者拥有超出其他法律规定范围的土地用于石油经营。

按照泰国法律规定，只允许外国人在符合上述条件情况下拥有用于居住的土地，或满足条件的外国企业有限制的拥有用于企业经营之用的土地。外国企业不得自由开展对泰土地的投资业务。此外，即便泰国人占多数（按股权人和股权计算）的合资企业，泰国政府也出台有关条例防范以此为名义从事土地经营的行为。

五、环境保护法律规定

（一）环保管理部门

泰国负责环境保护的政府部门是自然资源和环境部（简称 MNRE），其主要职责是制定政策和规划，提出自然资源和环境管理的措施并协调实施，下设有自然资源和环境政策规划办公室、污染控制厅、环境质量促进厅等部门。

（二）主要环保法律法规名称

泰国关于环保的基本法律是 1992 年颁布的《国家环境质量促进和保护法》，此外泰国自然资源和环境部还发布了一系列关于大气和噪音、水、土壤等方面的一系列公告。

（三）环保法律法规基本要点

泰国有关环保法律法规对于空气和噪音污染、水污染、土壤污染、废弃物和危险物质排放等标准都有明确的规定，对于违法违规行为有相应的处罚。此外，泰国 1975 年第一次提出关于环境影响评估（简称 EIA）的强制要求，目前，相关规定详见 1992 年国家环境质量促进和保护法第 46 条。在泰国自然环境委员会的批准下，泰国自然资源和环境部有权规定必须进行 EIA 的项目规模和类型。可能对自然环境造成影响的大型项目，必须向自然资源和环境政策规划办公室提交 EIAS 报告，接受审核和修改。EIAS 报告必须由在自然资源和环境政策规划办公室注册认可的咨询公司出具。

（四）环保评估的相关规定

根据泰国《国家环境质量促进和保护法》（1992 年）有关规定，为保护和提高环境质量，经自然环境委员会批准，自然资源和环境保护部应对自然环境可能产生影响并需提交环评报告的由政府部门、国有企业和个人进行的投资或工程项目的类型和规模进行分类，并由部长签发后在政府报刊上进行公布。公布的内容还应包括所需提交的其他相关材料。针对特定投资或工程项目的环评报告如具有普遍性，经自然环境委员会批准，自然资源和环境保护部部长可将之作为范本在政府报刊上予以公示，其他类似的投资或工程项目在同意此范本内容基础上，可免除提交环评报告。

根据上述法律规定，需提交环评报告的投资或工程项目，如由政府部门、国有企业实施或者前两者与民营企业联合实施并需报内阁最终批准的，政府部门或国有企业需在项目可研阶段准备环评报告，并征得国家环境委员会同意后报内阁审批。如有必要，内阁可请有关专家或专业机构参与项目评审。

如投资或工程项目根据有关法律规定需于建设或实施前准备环评报告的，负责人需将该报告同时提交给相关的项目审批机构和环境政策和计划办公室。提交的报告可以采用标准范本的形式，项目审批机构需待环境政策和计划办公室审批同意后方可发放投资或项目实施许可。如环境政策和计划办公室发现提交的环评报告不符合相关要求或材料有缺失，需于收到报告 15 日内反馈提交人。如各方面材料齐备并符合有关要求，应于收到报告 30 日内出具初步意见并转专家委员会进行进一步审核。专家委员会应自收到报告起 45 日内出具审核结果，如规定时间内未能出具审核意见，则视为审核通过。

经国家环境委员会批准，自然资源和环境保护部部长可就环评报告编制人的资格条件提出具体要求，根据此项要求，编制人应为该项领域的专家并获得相关的资质认证。资质证书的申请及发放、成为专家的资格条件和证书换发、暂停、吊销以及有关费用标准等，均需按自然资源和环境保护部制定的有关规章执行。

目前，泰国设有很多从事环评咨询和服务工作的专业事务所，可为企业提供有关服务。

六、保护知识产权的规定

（一）泰国有关知识产权保护的法律法规

泰国有关知识产权保护的法律主要涉及三部：《专利法》（1979 年）、《商标法》（1991 年）和《著作权法》（1994 年），三部法律分别针对专利、商标和著作权的定义、类型、申请、使用和保护等有关内容做出了明确规定。

（二）知识产权侵权的相关处罚规定

根据泰国《专利法》（1979 年）有关规定，未具备本法规定的权利者，不得在产品容器、产品包装上或在发明、外观设计的宣传上使用"泰国专利权""泰国实用新型专利权"，或其他意思、相同的外国文字，或其他意思相同的词语，任何人不得在产品容器、产品包装或发明、外观设计的宣传上使用"正在办理专利"或"正在办理实用新型专利"或其他意思相同的词语（但正在审批中的专利申请或实用新型专利申请不在此限），如有违犯可处 1 年以下监禁或罚以 20 万泰铢以下罚金，或两罪并罚；未经专利权人许可擅自使用属于专利权人所有的产品、技术或外观设计（但为教学和研究需要使用该外观设计专利的不在此限）专利的，可处两年以下监禁，或罚以 40 万泰铢以下罚金，或两者并罚；任何人未经实用新型专利权人许可，侵犯使用实用新型专利权人各项权利的，可处 1 年以下监禁，或罚以 20 万泰铢罚金，或两罪并罚；任何人在申请发明专利、外观设计专利或实用新型专利时向执行工作人员提供虚假材料，以期获得专利证书或实用新型证书的，可处 6 个月以下监禁，或罚以 5000 泰铢以下罚金，或两者并罚；因触犯本法受罚者为法人的，其法人执行人或法人代表须受到法律相应规定的处罚，除非该法人行为能被证实与本人无关，或并未得到本人认可。

泰国《商标法》（1991 年）和《著作权法》（1994 年）未规定有关违法处罚的内容。

七、投资合作相关法律及对中国企业投资合作保护政策

（一）泰国与投资合作相关的主要法律

《民商法典（Civil and Commercial Code）》，明确了自然人、团体和法人之间的民事关系，对法人的设立、组织、经营、变更等行为做出了规定。

《外籍人经商法（Alien Business Act）》，规定外籍人在泰经商行为的根本法律。

《税法典（Revenue Code）》，规定泰国税种、税率和计算方式等税务相关问题的根本法律。

《投资促进法门（nvestment Promotion Act）》（以及历次修改公告），明确了外商在泰投资可以享受的各项优惠权益。

《劳动保护法（Labour Protection Act）》，明确了雇主和雇员的权利及义务。

《外籍人工作法（Alien Employment Act）》，规定外籍人在泰工作的根本法律。

《海关法(Customs Acts)》,规定了商品进出泰国关境的原则和方式,明确了进出口经营者和海关管理机构的权益义务等。

(二)泰国对中国企业投资合作的保护政策

1. 中国与泰国签署双边投资保护协定。1985 年 3 月 12 日,中泰两国政府在曼谷签署了《中华人民共和国政府和泰王国关于促进和保护投资的协定》。

2. 中国与泰国签署避免双重征税协定。1986 年 10 月 27 日,中泰两国政府签署了《关于避免双重征税和防止偷漏税的协定》。

3. 中国与泰国签署的其他协定。1994 年 3 月 16 日,中泰两国政府签署了《关于民商事司法协助和仲裁合作的协定》。2000 年 3 月 10 日,中泰两国政府在北京签署了《中华人民共和国政府和泰王国关于中国加入世界贸易组织的双边协议》,协议附件中列出了中国给予泰国的货物贸易和服务贸易减让表。

2012 年 4 月,中泰两国政府在北京签署《中华人民共和国和泰国经贸合作五年发展规划》。

2013 年 10 月,中泰两国政府签署《中泰关系发展远景规划》,涉及政治、经贸和投资、防务和安全、交通和互联互通等多个领域的合作。其中涉及经贸和投资合作的内容包括:双方同意加强交流与合作,通过中泰贸易、投资与经济合作联委会等机制,推动双边贸易便利化,促进双边贸易与投资的增长;双方同意继续以中泰贸易合作五年发展规划指导两国经贸关系发展,加强经贸联系,实现两国经济可持续发展;双方同意通过加强投资信息交流,创造便利条件,改善双边投资环境;双方同意密切在橡胶产业、生物塑料业和绿色产业的投资合作;双方同意通过在相关机制框架内加强合作社发展、农产品加工与贸易、农业企业投资和粮农政策协调方面的合作,提升两国农业合作水平;双方同意深化金融和银行业合作,推动更多使用两国本币作为两国贸易和投资结算货币,完善相关合作机制,为双方贸易、投资和经济合作提供便利。双方将共同探讨提供更便利的人民币清算服务。

越南投资贸易指南

一、对外贸易法规和政策

(一)贸易主管部门

越南主管贸易的部门是工贸部,设有 36 个司局和研究院,负责全国工业生产(包括机械、冶金、电力、能源、油气、矿产及食品、日用消费品等行业生产)、国内贸易、对外贸易、WTO 事务、自由贸易区谈判等。

(二)贸易法规体系

越南主要贸易法律法规包括:《投资法》(2014)、《海关法》(2014)、《民法》(2005 年)、《贸易法》《电子交易法》(2005 年)、《进出口税法》《知识产权法》(2005 年)、《信息技术法》《反倾销法》(2004 年)、《反补贴法》(2005 年)、《企业法》(2005 年)、《会计法》《统计法》等。外商在越南投资建立独资、合资和合作经营企业,建立贸易公司和分销机构等都有明确法律规定。

(三)贸易管理的相关规定

1. 进口管理。根据加入 WTO 的承诺,越南逐步取消进口配额限制,基本按照市场原则管理。禁止进口的商品主要包括:武器、弹药、毒品、除工业用以外的易燃易爆物、有毒化学品、军事技术设备、麻醉剂、部分儿童玩具、颓废和反动的文化品、爆竹(交通运输部批准用于安全航海用途的除外)、烟草制品、二手消费品、右舵驾驶机动车、二手物资、低于 30 马力的二手内燃机、含有石棉的产品和材料、各类专用密码及各种密码软件等。越南工贸部在讨论《贸易法实施细则决议草案》,拟禁止进口二手纺织品和电子商品等。2015 年,越南科技部公布第 23/2015 号通知,自 2016 年 7 月 1 日起,越南允许进口使用年限不超过 10 的二手设备。

2. 出口管理。关于出口,越南主要采取出口禁令、出口关税、数量限制等措施进行管理。禁止出口的商品主要包括:武器、弹药、爆炸物和军事装备器材、毒品、有毒化学品、古玩、伐自国内天然林的圆木、锯材、来源为国内天然林的木材、木炭、野生动物和珍稀动物、用于保护国家秘密的专用密码和密码软件等。2012 年 9 月 15 日起,越南海关总局只允许经由科学技术部确认不属于暂停进口范围的中国生产的二手设备通关。

(四)进出口商品检验检疫

越南进出口商品检验检疫工作根据不同商品种类由不同部门负责,食品和药品检验由卫生部负责,动植物和其他农产品检验由农业与农村发展部负责,具体规定可在网上查询。

(五)海关管理规章制度

1. 管理制度。越南现行关税制度包括 4 种税率:普通税率、最惠国税率、东盟自由贸易区税率及中国—东盟自由贸易区优惠税率。普通税率比最惠国税率高 50%,适用于未与越南建立正常贸易关系国家的进口产品。原产于中国的商品享受中国—东盟自由贸易区优惠税率。根据中国—东盟自由贸易区货物贸易协议,从 2011 年始,越南将对从中国进口的商品每两年削减一次进口关税。到 2015 年,除了少量敏感产品,将对 95% 以上的商品征收零关税。到 2018 年,越南与东盟成员国所有商品均实现零关税。

2. 关税税率。2016 年,越南部分商品进口税率(非中国—东盟自由贸易区优惠税率)见下表:

2016 年越南部分商品进口税率

商品名称	关税税率	商品名称	关税税率
香烟原料	30%	棉花	0
棉质织布	12%	成衣	5% ~20%
皮革制品	0 ~28%	鞋	5% ~32%
木材原料	0 ~5%	玻璃	0 ~40%
面粉	15%	钢材	0 ~32%
纸张	5% ~25%	内燃机	3% ~25%
煤炭	0 ~3%	汽车(5 座)	70%

资料来源:越南财政部

二、外国投资市场准入规定

(一)投资主管部门

越南主管投资的政府部门是计划投资部,设 31 个司局和研究院,主要负责全国"计划和投资"管理,为制定全国经济社会发展规划和经济管理政策提供综合参考,负责管理国内外投资,负责管理工业区和出口加工区建设,牵头管理对官方发展援助(ODA)的使用,负责管理部分项目的招投标等。

（二）投资行业规定

1. 禁止投资项目。(1)危害国防、国家安全和公共利益的项目;(2)危害越南文化历史遗迹、道德和风俗的项目;(3)危害人民身体健康、破坏资源和环境的项目;(4)处理从国外输入越南的有毒废弃物、生产有毒化学品或使用国际条约禁用毒素的项目。

2. 限制投资项目。(1)对国防、国家安全、社会秩序有影响的项目;(2)财政、金融项目;(3)影响大众健康的项目;(4)文化、通信、报纸、出版等项目;(5)娱乐项目;(6)房地产项目;(7)自然资源的考察、寻找、勘探、开采及生态环境项目;(8)教育和培训项目;(9)法律规定的其他项目。

3. 特别鼓励投资项目。(1)新材料、新能源的生产,高科技产品的生产,生物技术,信息技术,机械制造,配套工业;(2)种植、养殖,农林水产品加工,制盐,培育新的植物和畜禽种子;(3)应用高科技、现代技术,保护生态环境,研究、发展、创造高技术;(4)使用5000人以上的劳动密集型产业;(5)工业区、出口加工区、高新技术区、经济区及由政府总理批准重要项目的基础设施建设;(6)发展教育、培训、医疗、体育和民族文化事业的项目;(7)其他需鼓励的生产和服务项目:25%以上的纯利润用于研究与发展。

（三）投资方式的规定

根据越南《投资法》,外国投资者可选择投资领域、投资形式、融资渠道、投资地点和规模、投资伙伴及投资项目活动期限。外国投资者可登记注册经营一个或多个行业,根据法律规定成立企业,自主决定已登记注册的投资经营活动。

1. 直接投资。包括外商独资企业,成立与当地投资商合资的企业,按BOO、BOT、BTO和BT合同方式进行投资,通过购买股份或融资方式参与投资活动管理,通过合并、并购当地企业的方式投资,其他直接投资方式。

2. 间接投资。包括购买股份、股票、债券和其他有价证券,通过证券投资基金进行投资,通过其他中介金融机构进行投资,通过对当地企业和个人的股份、股票、债券和其他有价证券进行买卖的方式投资。间接投资的手续根据证券法和其他相关法律的规定办理。2015年9月开始,外资可在越南持股100%,但银行业除外。

3. 外资并购。越南正在对隶属于70多家集团和总公司的1600多家国企进行改革,包括银行、航空、通信、造船、汽车、电力、水泥、交通等重要行业,鼓励外商参与,允许外商购买股份和参与管理,仅保留554家与国防、安全等有关的国有全资企业。外商可通过购买上市企业的股票,或购买股份制企业的股权等方式进行并购。

（四）特殊经济区域的规定

越南的工业区、出口加工区对外资企业实行优惠税收政策。2009年,越南新的所得税政策实施以来,园区内企业所得税与园区外一致,优惠政策均以2006年颁布的鼓励与特别鼓励项目以及艰苦和特别艰苦地区为优惠依据,对工业区吸收外资产生很大影响。

1. 工业区。工业区内的外资企业按以下规定缴税:(1)进出口税。①生产性企业和服务性企业均免征出口税。②鼓励投资的生产性企业进口构成企业固定资产的各种机械设备、专用运输车免征进口税;对用于生产出口商品的物资、原料、零配件和其他原料可暂不缴进口税,企业出口成品时,再按进出口税法补缴进口税。③服务性企业按进口税法缴税。(2)企业所得税。①产品出口80%以上的生产性企业从盈利之年起免税4年,接着4年按纯利润的5%缴税,以后每年按纯利润的10%缴税。②出口50%~80%的生产性企业从盈利之年起免税两年,接着3年按纯利润的7.5%缴税,以后每年按纯利润的15%缴税。③50%以下的生产性企业从盈利之年起免税1年,随后两年按纯利润的10%缴税,以后每年按纯利润的20%缴税。④服务性企业从盈利之年起免税1年,随后两年按纯利润的10%缴税,以后每年按纯利润的20%缴税。(3)土地优惠。工业区基础设施项目免15年土地租金,公共设施土地面积全免土地租金。

2. 出口加工区。出口加工区内的外资企业按以下规定缴税:(1)进出口税。①生产性企业和服务性企业均免征出口税。②生产性企业和服务性企业进口构成企业固定资产的各种机械设备、专用运输车辆和各类物资,原料免征进口税。(2)企业所得税。与工业区享受同等优惠政策。

中资企业在越南共投资建设4个工业园区,即铃中出口加工区(约600公顷)、龙江工业园(600公顷)、深圳—海防经贸合作区(800公顷)、仁会工业区B区(450公顷),都取得不同进展。其中,铃中出口加工区已实施三期项目,效果较好,成为越南工业区建设典范。龙江工业园和深圳—海防经贸合作区成为中国国家级境外经贸合作区,有利于推动中国企业"集群式"走出去,扩大对越投资合作规模。

3. 口岸经济区。越南鼓励在边境地区建设口岸经济区,目的是促进地方经济社会发展,维护边疆稳定和安全。中央和地方政府在口岸经济区建设过程中提供土地、税收和资金方面的支持。1996年,越南试点在广宁省芒街市建立口岸经济区,随后分别在谅山省同登市和老街省老街市建立口岸经济区。迄今为止,越南25个边境省份(分别与中国、老挝和柬埔寨接壤)中已有21个省份建立口岸经济区。

口岸经济区享受以下优惠政策:政府优先考虑利用外国政府和国际组织提供的官方发展援助促进口岸经济区基础设施建设,同时鼓励外商以BOT、BT和BTO等方式参与基础设施建设;在口岸经济区投资的项目,可享受所得税4免9减半、之后连续10年减10%的优惠;在口岸经济区工作的外国人,可免50%的个人所得税;接壤国家公民持因私护照(按规定应办理签证)可免签进入口岸经济区并停留15天;接壤国家的货车可进入口岸经济区,在区内交接货物。

三、外国投资优惠政策

（一）优惠政策框架

2006年7月1日,越南出台新的《投资法》,对国内和外商投资实行统一管理,取消之前《外国投资法》的诸多限制,进一步开放市场。取消的限制包括:要求优先购买、使用国内商品和服务,或必须购买国内某一生产厂家的产品和服务;要求商品或服务出口必须达到一定比例;限制出口商品和服务的种类、数量和价值;要求商品进口数量和价值与商品出口数量和价值相当或必须通过自身出口来平衡进口所需外汇;要求商品生产要达到一定的国产化比例;要求研发工作要达到一定水平或价值;要求在国内外某一具体地点提供商品及服务;要求总部设在某一具体地点等。

（二）行业鼓励政策

越南鼓励外商直接投资发展高新技术产业,尤其是鼓励到高新技术开发区投资建厂。根据规定,入驻高新技术园区的企业应符合以下条件：高科技产品的销售额占营业收入的70%以上；生产技术需达到先进程度；产品可以出口或替代同类进口产品；产品质量达到ISO9000标准；人均产值达4万美元以上等。为加快人才培养，越南还规定：至少40%的企业员工拥有高等学历，并在国外研究机构或现代化生产一线受过业务培训；100%的中层干部和工人应得到业务和技术培训，其中至少5%的员工需经过国外现代生产线操作培训；科研经费的支出不得低于年营业收入的2%；对于法定资超过1000万美元的项目，科研和培训经费至少每年20万美元，人均营业收入需达到7万美元（法定资金超过3000万美元，员工超过1000人的企业除外）等。

越南对此类投资项目提供以下政策优惠：(1)外商投资高新技术产业，可长期适用10%的企业所得税税率（园区外高科技项目为15%，一般性生产项目为20%～25%），并从盈利之时起，享受4年免税和随后9年减半征税优惠政策。(2)在高新技术企业工作的越南籍员工与外籍员工在缴纳个人所得税方面适用同等纳税标准。(3)外国投资者和越国内投资者适用统一租地价格；投资者可以土地使用权价值及与该土地使用面积相关联的财产作抵押，依法向在越南经营的金融机构贷款；对高新技术研发和高科技人才培训项目，可根据政府规定免缴土地使用租金。(4)外籍员工及其家属可申请签发与其工作期限相等的多次入境签证；越政府依据有关法律规定为外籍员工在居留、租房购房等方面提供便利条件。(5)高新技术项目：投资者根据其他投资优惠政策法规文件的规定享受最高的优惠政策待遇。

四、外国企业在越南获得土地的政策规定

（一）土地法的主要内容

越南1987年出台首部《土地法》，1993年出台第二部《土地法》，1998年对第二部《土地法》进行修改和补充，2001年继续进行修改和补充，2003年颁布第三部《土地法》。

越南现行土地法规定，土地所有权属于国家，不承认私人拥有土地所有权，但集体和个人可对国有的土地享有使用权。国家统一管理土地，制定土地使用规章制度，规定土地使用者的权利和义务。土地使用期限分为长期稳定使用和有期限使用两种情况。对于有期限使用的土地，其使用期限分为5年、20年、50年、70年、90年不等。

土地使用者的基本权利：获得土地使用权证明；享有土地上的劳动成果、投资结果；享有国家对农用地采取保护、改造措施带来的利益；国家指导帮助改造农用地，增加地力；当合法的土地使用权受侵犯时，国家予以保护；对侵犯合法使用权的行为可进行起诉、控告；在土地出让、转让、出租、再出租、继承、赠送、抵押、担保、投资以及国家收回土地时，享有获得补偿的权利；享有土地分配、租用形式上的选择权。

公民、家庭户的土地使用权是一项重要财产权利，可以和其他财产权利一样进行交换、转让、抵押、租赁和继承等转移。土地使用权的转移必须在国家主管部门办理相关手续。土地使用权的转让主要通过交换、买卖、租赁或抵押等方式进行，按规定须交纳土地使用权转让税。

（二）外资企业获得土地的规定

按照越南现行法律规定，外国投资者不能在越南购买土地，可租赁土地并获得土地使用权，使用期限一般为50年，特殊情况可申请延期，但最长不超过70年。

外国投资者需要租赁土地进行投资时，可与项目所在地的土地管理部门联系，办理土地交接和租用手续。土地交接和租用手续根据土地法的相关规定办理。投资者租用土地，当地政府部门可协助进行征地拆迁，但补偿费用由投资者负责。投资者获得土地使用权后，如在规定期限内未实施项目，或土地使用情况与批准内容不符，国家有权收回土地，并撤销其投资许可证。

五、环境保护法律规定

（一）环保管理部门

越南政府主管环境保护的部门是资源环境部，其主要职责是管理全国土地、环境保护、地质矿产、地图测绘、水资源、水文气象等工作。

（二）主要环保法律法规名称

越南基础环保法规为《环境保护法》（1999年4月颁布，2005年12月修订）、《土地法》等。2015年1月1日，越南国会批准出台的《环境保护法》正式生效。

（三）环保法律法规基本要点

越南现行《环境保护法》规定，禁止开发和毁坏水源林；禁止采用毁灭性的工具和方式开发生物资源；禁止将有毒物质、放射性物质和废弃物品掩埋在不符合规定的地方；禁止排放未经处理并达标的废弃物品、有毒物质和放射性物质；禁止进口不符合环保标准的机械设备；禁止进口或过境运输废弃物品；禁止进口未经检疫的动植物。

越南政府对环境保护日益重视，其国内工程开工前，都必须经过严格的环保核查，环保部门定期对企业的环保情况进行检查，不达标的企业须马上进行停工整顿并接受处罚。所有生产企业须安装污染控制和处理设备，以确保符合相关的环境标准。此外，越南对部分行业征收环保税，如原油开采需缴纳环保费10万越南盾（约合40元人民币）/吨；天然气开采需缴纳20万越南盾（约合80元人民币）/吨，环保费上缴中央财政，用于环保工作支出。2016年2月，越南政府颁布关于矿产资源开发环境保护费的第12号决定（12/2016/ND-CP）。

（四）环保评估的相关规定

越南国家环境标准体系主要包括周边环境质量和废弃物质排放环保标准。周边环境质量标准包括：各种用途的土地环保标准；各种用途的地表水和地下水环保标准；服务于水产养殖和娱乐项目的沿海水域环保标准；城市和农村居民区空气标准；居民区噪音环保标准。废弃物质排放环保标准包括：工农业生产废水排放、工业气体和固定排放及有毒物质排放环保标准。

负责环境评估的机构：对于国家级或跨省的投资和工程项目，环境评估委员会成员由项目审批部门、政府相关部委、有关省份人民委员会的代表以及相关行业的专家组成；对于省级投资和工程项目，环境评估委员会成员由所有省或直辖市人民委员会和环保部门代表及相关行业专家组成。环境评估结果将作为项目审批的依据之一。

越南资源环境部负责组织对国会、政府和政府总理审批的项目进行环境评估；政府相关部委负责组织对本部门审批的项目进行环境评估；省人民委员会负责对本省审批的项目进行环境评估。

需要提供环境报告的投资或工程项目：国家级重点建设

项目；使用自然保护区、国家公园、历史文化遗迹和旅游胜地部分土地的项目；有可能对内河流域、沿海地区和生态保护区造成不良影响的项目；工业区、经济区、高新技术区和出口加工区建设项目；新都市和居民聚集区建设项目；地下水和自然资源大规模开发和利用项目；对环境有较大潜在不良影响的项目。

环境报告主要内容包括：列明项目具体建设细节、对项目所在地环境状况总体评价、项目建成后可能对环境造成的影响及具体应对方案，承诺在项目建设和运营过程中采取环保措施，当地乡一级人民委员会和居民代表的意见等。主管部门对环境报告的审批时间为 15 个工作日。

六、知识产权保护规定

（一）越南当地有关知识产权保护的法律法规

越南主管知识产权的行政部门为隶属于越南科学技术部的知识产权局。目前，越南知识产权立法主要是 2005 年 11 月颁布的《知识产权法》和同年颁布的《民法》中关于知识产权的条款。越南是多项知识产权条约和公约的成员国，目前正在完善其国内知识产权保护体系。关于专利保护，越南共有 3 种专利保护类型，即发明专利、实用专利、外观设计专利。

（二）知识产权侵权的相关处罚规定

在专利侵权诉讼中，专利权人可申请执行初步禁令立即制止专利侵权行为。一旦侵权行为被认定成立，专利权人可获得下列任一救济措施：永久性禁令、损害赔偿、侵权所得利益。目前，越南尚未设立不侵权宣告诉讼和针对无理威胁诉讼的救济措施。

七、投资合作相关法律及对中国企业投资合作保护政策

（一）越南与投资合作相关的主要法律

《民法》规定越南的自然人之间、法人之间以及自然人与法人之间的财产关系，为私有财产提供保护。《投资法》规定外商在越南投资的项目审批、权利、义务、税收、政策优惠等。《海关法》规定商品进出越南的原则和方式，以及海关机构和进行商品外贸活动的人的权利和义务等。

（二）越南对中国企业投资合作的保护政策

1. 中国与越南签署双边投资保护协定。1992 年 12 月，中国与越南签署了《关于鼓励和相互保护投资协定》。

2. 中越签署避免双重征税协定。1995 年 5 月，中国与越南签署《关于对所得避免双重征税和防止偷漏税的协定》。

3. 中国与越南签署的其他协定。1991 年中越关系正常化以来，两国政府签署的其他经贸合作协定包括：《贸易协定》（1991 年 11 月）、《经济合作协定》（1992 年 2 月）、《中国人民银行与越南国家银行关于结算与合作协定》（1993 年 5 月）、《关于货物过境的协定》（1994 年 4 月）、《关于保证进出口商品质量和相互认证的合作协定》（1994 年 11 月）、《关于成立经济贸易合作委员会的协定》（1995 年 11 月）、《边贸协定》（1998 年 10 月）、《北部湾渔业合作协定》（2000 年 12 月）、《关于扩大和深化双边经贸合作的协定》（2006 年 11 月）、《中越经贸合作五年发展规划》（2011 年 12 月）、《中越经贸合作五年发展规划重点合作项目清单》（2013 年5 月）。

（资料来源：中国商务部、外交部、中国驻东盟各国大使馆经济商务参赞处等网站） （张磊搜集整理）

经贸投资组图：① 9月 12 日，老挝—中国商贸投资论坛在中国南宁举行；② 5月 27 日，中国—东盟航线及航线服务项目启用仪式在中国广西钦州港举行；③ 9月 12 日，第 1 届中国—柬埔寨投资合作高峰论坛在中国南宁举行；④ 9月 11 日，第 13 届中国—东盟博览会采购对接会（国际买家专场）在中国南宁举行。来自东盟、欧美、中东和非洲等 51 个国家和地区的 200 个境外国际买家参加 （百度网）

统　计　资　料

中国国民经济主要指标

指　　标	单　位	2015 年	2016 年	2016 年比 2015 年增减(%)
一、年末总人口	万人	137462	138271	0.59
二、国内生产总值	亿元	676708	744127	6.7
第一产业增加值	亿元	60863	63671	3.3
第二产业增加值	亿元	274278	296236	6.1
工业增加值	亿元	228974	247860	6.0
第三产业增加值	亿元	341567	384221	7.8
三、人民币对美元汇价	元人民币/1 美元	6.2284	6.6423	-6.2
四、城镇登记失业率	%	4.05	4.02	-0.03
五、工业				
原煤产量	亿吨	37.5	34.1	-9
原油产量	亿吨	2.15	1.997	-6.9
发电量	亿千瓦时	58105.8	61424.9	5.6
钢产量	万吨	80382.5	80836.6	0.6
十种有色金属产量	万吨	5155.8	5310.3	3.0
六、农业				
粮食产量	万吨	62144	61624	-0.8
油料产量	万吨	3547	3613	2.2
糖料产量	万吨	12529	12299	-1.6
茶叶产量	万吨	224	241	7.4
棉花产量	万吨	561	534	-4.6
七、交通运输业				
货物周转量	亿吨千米	177401	185295	4
旅客周转量	亿人千米	30047	31306	4.1
港口完成货物吞吐量	亿吨	—	118.3	3.2
八、旅游业				
国内旅游总收入	亿元	34195	39390	15.2
国际旅游外汇收入	亿美元	1137	1200	5.6
入境人数	万人次	13382	13844	3.5
入境过夜人数	万人次	5689	5927	4.2
出境人数	万人次	12786	13513	5.7
因私出境人数	万人次	12172	12850	5.6
十、财政、金融				
财政收入	亿元	152217	159552	4.5
年末各项存款余额	亿元	1397752	1555247	11.3
年末各项贷款余额	亿元	993460	1120552	12.8
十一、对外贸易				
年末国家外汇储备	亿美元	33304	30105	-13.34
进出口总额	亿元	245741	243386	-0.9
出口额	亿元	141255	138455	-1.9
进口额	亿元	104485	104932	0.6
十二、外资直接投资				
实际利用金额	亿美元	1263	1260	4.1
十三、全社会固定资产投资	亿元	562000	606466	7.9

资料来源：中国国家统计局《中国 2016 年国民经济和社会发展统计公报》

文莱国民经济主要指标

指　　标	单　位	2015 年	2016 年	2016 年比 2015 年增减(%)
一、年末总人口	万人	42.32	42.6	0.66
二、国内生产总值	亿美元	129.1	114	-2.5
人均国内生产总值	美元	30967.9	26938.5	-3.8
三、文莱元对美元汇价	文莱元/1 美元	1.4	1.4	持平
四、通货膨胀率	%	0.52	0.1	-0.42
五、失业率	%	2.7	2.7	持平
六、工业				
工业总产值	亿美元			1
石油日产量	万桶	12.7	13.4	5.51
天然气日产量	亿立方米	127		—
油气收入	亿文莱元			-6.1
油气出口总量	亿美元			
原油出口	亿文莱元			
天然气出口	亿文莱元			
七、农业				
农业总产值	百万美元	98.39	101.62	3.28
木材产量	万立方米	26.88	22.66	-15.70
肉类产量	万吨	1759.6	1678.13	-4.63
谷物产量	万吨	0.2	0.2	持平
八、旅游业				
旅游入境人数	万人次	21.82	21.83	0.3
旅游收入	亿美元	1.4		
九、财政、金融				
财政收入	亿文莱元	41.17		
财政支出	亿文莱元	57		
外汇储备	亿美元	28.9	29.8	3.11
十、对外贸易				
进出口总额	亿美元	96	81	-15.63
出口总额	亿美元	76.79	50	-21.9
进口总额	亿美元	34	31	-4.6
十一、外商直接投资总额	亿美元	1.7	-1.5	-187.8

资料来源：文莱首相署经济计划发展局网站，文莱统计公报，中国驻文莱经济商务参赞处网站，中国商务部网站，《中国—东盟国家统计年鉴 2017》，世界贸易组织数据库

柬埔寨国民经济主要指标

指　　标	单　位	2015 年	2016 年	2016 年比 2015 年增减(%)
一、年末总人口	万人	1519.17	1545.39	1.73
二、国内生产总值	亿美元	184.6	200.2	7
人均国内生产总值	美元	1163.2	1269.9	5.2
三、柬埔寨瑞尔对美元汇价	瑞尔/1 美元	4067.8	4058.7	-9.1
四、通货膨胀率	%	3	2	-1
五、失业率	%	0.7		
六、工业				
工业总产值	亿美元	88.73	98.85	11.4
服装业出口额	亿美元	71.7	73	1.81
批准建筑项目量	个	2305	2636	14.36
七、农业				
农业总产值	百万美元	4848.7	4987.94	2.87
胡椒产量	万吨		1.182	
肉类产量	万吨	15.57	19.26	23.70
谷物产量	万吨	933.5	1000	7.12
天然橡胶产量	万吨	12.68	14.8	16.72
渔业产量	万吨	14.3		
家禽类饲养	万只	3450.1		
木材产量	万立方米	1.73	0.28	-83.82
八、旅游业				
旅游入境人数	万人	477.52	500	4.71
旅游收入	亿美元	34.1		
九、财政、金融				
财政收入	亿美元	29.16	14.79	-49
财政支出	亿美元	38.76		
外汇储备	亿美元	67.6	82.5	22.04
外债	亿美元		83.1	
十、对外贸易				
进出口总额	亿美元	197	226	9.53
出口总额	亿美元	88	100	13.6
进口总额	亿美元	108	126	16.3
十一、外商直接投资总额	亿美元	17	22.8	34.12

资料来源:柬埔寨发展理事会,中国驻柬埔寨王国大使馆经济商务参赞处网站,柬埔寨商业部网站,柬华时报,《中国—东盟国家统计年鉴·2017》,世界贸易组织数据库

印度尼西亚国民经济主要指标

指　　标	单　位	2015 年	2016 年	2016 年比 2015 年增减(%)
一、年末总人口	万人	25546	25870.5	1.3
二、国内生产总值	亿美元	8576	9322.6	5.02
人均国内生产总值	美元	3377	3570.3	3.8
三、印尼盾对美元汇价	盾/1 美元	13389.4	13308.3	-81.1
四、通货膨胀率	%	3.1	3.53	0.43
五、公开失业率	%	6.18	5.6	-0.58
六、工业				
工业总产值	万亿印尼盾	436.22	451.49	3.5
七、农业				
农业总产值	万亿印尼盾	460.59		
稻谷产量	万吨	7490	7914	11
玉米产量	万吨	1300		
大豆产量	万吨	98		
橡胶产量	万吨	320	311.2	1.2
棕榈油产量	万吨	3250	3210	-1.2
咖啡产量	万吨	68.5		
卷烟产量	亿支	3480	3420	-1.7
肉类产量	万吨	3056.8	3175.2	3.87
八、旅游业				
旅游入境人数	万人次	1041	1151.9	10.69
旅游收入	亿美元	120.5		
九、财政、金融				
财政收入	万亿盾	1104.8		
财政支出	万亿盾	1340.7		
外汇储备	亿美元	1006.3	1109.3	10.24
十、对外贸易				
进出口总额	亿美元	2929.91	2800.8	-4.41
出口总额	亿美元	1504	1444.3	-3.87
进口总额	亿美元	1427.39	1356.5	-4.97
十一、引进外资				
外商直接投资额	亿美元	166.4	36.5	-78.06

资料来源：印尼中央统计局、印尼中央银行、印尼财政部、中国驻棉兰总领馆经商室等网站，印尼《雅加达日报》，《中国—东盟国家统计年鉴·2017》

老挝国民经济主要指标

指　　标	单　位	2015 年	2016 年	2016 年比 2015 年增减(%)
一、年末总人口	万人	649.2	649.2	持平
二、国内生产总值	亿美元	126.4	159	6.8
人均国内生产总值	美元	2159.4	2353.2	5.5
三、老挝基普对美元汇价	基普/1 美元	8147.9	8129.1	-18.8
四、通货膨胀率	%	1.28	1.6	0.32
五、工业				
工业总产值	亿美元	33.77	37.82	12
纺织成衣出口额	亿美元		1.4	-10
六、农业				
农林业总产值	百万美元	2542	2740	7.79
耕地面积	万公顷			
茶叶产量	万吨	0.63	0.73	15.87
水稻产量	万吨	387.2		
甜玉米产量	万吨			
薯类产量	万吨			
蔬菜产量	万吨			
水果产量	万吨			
七、服务业产值	亿美元	48.78	51.02	4.6
八、旅游业				
旅游入境人数	万人次	354.3	423	-10
旅游收入	亿美元	6.72	20	
九、财政、金融				
财政收入	万亿基普	25.82		
财政支出	万亿基普	31.00		
外汇储备	亿美元	9.7	7.8	-19.59
外债	亿美元		119.8	
十、对外贸易				
进出口贸易总额	亿美元	68	77	
出口总额	亿美元	38	30	-18.7
进口总额	亿美元	30	47	54.8
十一、外商直接投资总额	亿美元	10.8	10.8	持平

资料来源:《东南亚纵横》,新加坡东南亚研究所《东南亚 2015~2016》,中国商务部网站,世界贸易组织数据库,《中国—东盟国家统计年鉴·2017》

马来西亚国民经济主要指标

指　　标	单　位	2015 年	2016 年	2016 年比 2015 年增减(%)
一、年末总人口	万人	3049	3118.73	2.29
二、国内生产总值	亿美元	2943.9	2963.59	4.24
人均国内生产总值	美元	9643.7	9502.6	2.7
三、马来西亚林吉特对美元汇价	林吉特/1 美元	3.9	4.079	-0.179
四、通货膨胀率	%	2.1	2.13	0.03
五、失业率	%	3.2	3.15	-0.05
六、工业				
工业总产值	亿林吉特			4.2
建筑业产值	亿林吉特		5009.9	7.4
制造业产值	亿林吉特		2549.5	4.4
采矿业产值	亿林吉特		976.7	2.7
七、农业				
农业总产值	亿林吉特		893	-5.1
水稻产量	万吨			
橡胶产量	万吨	72		
棕榈油产量	万吨	1996	3180	59.32
渔业产量	万吨			
八、服务业产值	亿林吉特		6008	5.6
九、旅游业				
旅游入境人数	万人次	2572.1		
旅游收入	亿美元	176.1		
十、财政、金融				
财政收入	亿林吉特	1654		
财政支出	亿美元	638.46		
外汇储备	亿美元	914.3	911.9	-0.26
外债	亿林吉特	8337	1875 亿美元	
十一、对外贸易				
进出口总额	亿美元	3752	3578	-4.64
进口总额	亿美元	1758	1684	-4.2
出口总额	亿美元	1993	1894	-5.0
十二、外商直接投资总额	亿美元	112.9	98.8	-12.49

资料来源:马来西亚财政部、马来西亚统计局、国际货币基金组织网站,世界贸易组织数据库

缅甸国民经济主要指标

指　　标	单　位	2015 年	2016 年	2016 年比 2015 年增减(%)
一、年末总人口	万人	5245	5292	0.90
二、国内生产总值	亿美元	653.9	674.3	6.5
人均国内生产总值	美元	1194.6	1275	5.53
三、缅甸元对美元汇价			1160	
市场汇价	缅元/1 美元	1162.6	1234.9	72.3
四、通货膨胀率	%	7.5	6.92	-0.58
五、工业				
工业总产值	亿美元			8.2
从业人数	万人			
六、农业				
农业总产值	百万缅元	13417668	13957298	4.02
从业人数	万人			
茶叶产量	万吨	9.97	10.24	2.71
稻谷产量	万吨	1220		
木材产量	千平方英尺	42.05	4.66	-88.92
肉类产量	万吨	294.38	301.81	2.52
七、交通运输业				
公路总长	千米	34177.6		
铁路总长	千米	5762.2		
内河航道	千米	14842.6		
空运货物周转量	万吨千米	337		
八、旅游业				
旅游入境人数	万人次	468.1	290	-35
旅游收入	亿美元	22.7		
九、财政金融				
财政收入	万亿缅元			
财政支出	万亿缅元			
外汇储备	亿美元	38	46.2	21.58
十、对外贸易				
进出口总额	亿美元	291	276	-5.15
出口总额	亿美元	122	110	-9.8
进口总额	亿美元	169	166	-1.8
十一、吸引外资总额	亿美元	28.2	29.9	6.03

资料来源：缅甸农业与灌溉部网站，缅甸政府统计网站，《经济学家国别报告——缅甸》，中国驻缅甸经济参赞处网站，缅甸《新闻周刊》，《中国—东盟国家统计年鉴·2017》

菲律宾国民经济主要指标

指　　标	单　位	2015 年	2016 年	2016 年比 2015 年增减(%)
一、年末总人口	万人	10156	10330	1.42
二、国内生产总值	亿美元	2895	3049.05	6.8
人均国内生产总值	美元	2878	2951.1	5.3
三、菲律宾比索对美元汇价	比索/1 美元	45.5	47.5	2
四、通货膨胀率	%	1.4	1.8	0.4
五、失业率	%	6.3	5.5	-0.8
六、工业				
工业总产值	亿比索	41038	44228	8
采矿业产值	亿比索	1038	1121	3.7
制造业产值	亿美元	586.24	599	6.5
建筑业产值	亿美元	201.12	214	14.6
七、农业				
农林渔业总产值	亿美元	299.7	295.47	-1.41
稻谷产量	万吨	1815		
玉米产量	万吨	752		
林业产值	亿比索	28.4	23	-19
渔业产值	亿比索	2374.02	2274.79	-4.18
家禽肉类产值	亿比索	1983.99	2011.57	1.39
牲畜肉类产值	亿比索	1799	1881.57	4.59
八、服务业				
服务业总产值	亿美元	1718	1818	7.5
九、旅游业				
旅游入境人数	万人次	536	596.7	11.3
旅游总收入	亿比索	64.2 亿美元	2301.3	
十、财政、金融				
财政收入	亿美元	463	462	4.1
财政支出	亿美元	490	537	14.3
外债总额	亿美元	766	748	-2.35
外汇储备	亿美元	723.5	718.5	-0.69
十一、对外贸易				
进出口贸易总额	亿美元	1289	1426	5.8
进口总额	亿美元	703	863	22.8
出口总额	亿美元	586.48	562.32	-4.4
十二、外商直接投资总额	亿美元	56.4	79.33	40.66

资料来源：菲律宾国家统计局网站，《2016 年菲律宾统计数字》，中国驻菲律宾大使馆经济商务参赞处网站，《中国—东盟国家统计年鉴·2017》

新加坡国民经济主要指标

指　　标	单　位	2015年	2016年	2016年比2015年增减(%)
一、年末总人口	万人	553.5	560.73	1.31
非居民	万人	163.23		
新加坡公民	万人	337.5		
永久居民	万人	52.7		
二、国内生产总值	亿美元	2919.4	2969.7	2
人均国内生产总值	美元	53629.7	52960.7	0.7
三、新加坡元对美元汇价	新元/1美元	1.42	1.4	持平
四、通货膨胀率	%	0.5	0.7	0.2
五、失业率	%	2.8	3	0.2
六、工业总产值	亿新元			1
制造业产值	亿新元			3.6
建筑业产值	亿新元	272	272.54	0.2
七、农业总产值	亿新元			
八、服务业总产值	亿新元	3121.49	3152.7	1
九、旅游业				
旅客入境人数(不含从陆地入境的马来公民)	万人次	1523.1	1640.4	7.7
旅游收入	亿新元	220	248	13.9
十、交通运输业				
公路总长	千米	3452		
港口集装箱吞吐量	万标准集装箱	3483.2		
空运客运量	万人次	3329		
空运货物量	万吨千米	615437		
十一、财政金融				
财政收入	亿新元	636		
财政支出	亿美元	610		
外汇储备	亿美元	2457.2	2443.7	-0.55
十二、对外贸易				
进出口总额	亿美元	6631	6127	-4.7
出口总额	亿美元	3663	3298	-10.0
进口总额	亿美元	2968	2829	-4.7
十三、外商直接投资额	亿美元	624.5	539.1	-13.67

资料来源：新加坡统计局网站，《新加坡2016年统计年鉴》《星报》、中新经贸合作网，《中国—东盟国家统计年鉴·2017》，世界银行WDI数据库

泰国国民经济主要指标

指　　标	单　位	2015年	2016年	2016年比2015年增减(%)
一、年末总人口	万人	6572.91	6593.16	0.31
二、国内生产总值	亿美元	3957.3	4068.4	3.23
人均国内生产总值	美元	5814.9	5907.9	2.9
三、泰铢对美元汇价	铢/1美元	34.2	35.3	1.1
四、通货膨胀率	%	0.9	0.2	-0.7
五、失业率	%	0.65	0.9	
六、工业总产值	亿美元	1611.79		3.1
七、农业				
农业总产值	亿美元			-0.5
木薯产量	万吨	3181		
棕榈油产量	万吨			
橡胶产量	万吨			
木材产量	万立方米	21.27	32.40	52.33
荔枝产量	万吨			
茶叶产量	万吨	8.11	7.34	-9.49
榴莲产量	万吨	65.16		
红毛丹产量	万吨	32.63		
蔗糖产量	万吨	1660		
八、交通运输业				
公路总长	万千米			
铁路总长	千米			
九、旅游业				
旅游入境人数	万人次	2992.3	3257	8.86
旅游收入	亿铢	485.3亿美元	16378	12.4
十、财政、金融				
财政收入	亿铢			
财政支出	亿铢	25750		
外汇储备	亿美元	1492.9	1641.5	9.95
十一、对外贸易				
对外贸易总额	亿美元	4170.29	4094.4	-1.82
出口总额	亿美元	2143.75	2136.6	0.45
进口总额	亿美元	2026.54	1957.8	-3.9
十二、外商直接投资额	亿美元	80.3	25.5	-68.24

资料来源：泰国央行、泰国投资局、亚洲开发银行等网站，《中国—东盟国家统计年鉴·2017》，世界银行WDI数据库

越南国民经济主要指标

指　标	单　位	2015 年	2016 年	2016 年比 2015 年增减(%)
一、年末总人口	万人	9171	9270.11	1.08
二、国内生产总值	亿美元	1934.1	2026.2	6.21
人均国内生产总值	美元	2107	218.75	5.1
三、越南盾对美元汇价	越盾/1 美元	21697.6	21935	237.4
四、通货膨胀率	%	0.63	0.63	持平
五、失业率	%	2.45	2.3	-0.15
六、工业				
工业总产值	万亿越盾	772.41	826.94	7.06
原油产量	万吨			
发电量	亿千瓦时	1584.67		
七、农业				
农业渔业总产值	万亿越盾		870.7	1.36
林业产值	万亿越盾	—	28.2	6.17
渔业产值	万亿越盾	—	200	2.91
稻谷产量	万吨	4520	4360	-3.54
玉米产量	万吨	—	520	—
家禽产量	亿只	3.419	3.617	5.8
咖啡产量	万吨	—	146.79	1
橡胶产量	万吨	—	103.21	1.9
生肉产量	万吨	—	505.68	—
甘蔗产量	万吨	1840	1720	-6.52
水产产量	万吨	654.97	672.86	2.7
八、商业和服务业总收入	万亿越盾	32429	34692.5	6.98
九、交通运输业				
公路客运量	亿人次			
铁路总里程	千米			
航空客运量	万人次			
十、旅游业				
旅游入境人数	万人次	794.37	1001	26
旅游收入	万亿越盾	279.28		
十一、财政、金融				
财政收入	万亿越盾	884.8	943.3	6.61
财政支出	万亿越盾	1064.5	1135.5	6.67
外汇储备	亿美元	278.8	361.7	29.73
十二、对外贸易				
进出口总额	亿美元	3277	3510	7.11
出口总额	亿美元	1620	1768	9.1
进口总额	亿美元	1657	1742	5.1
十二、外商直接投资额	亿美元	118	126	6.78

资料来源:越南国家统计总局、越南海关总局、越南外国投资局、越南之声等网站,《中国—东盟国家统计年鉴·2017》,世界贸易组织数据库

文莱部分经济指标（2012～2016年）

指　标	单　位	2012年	2013年	2014年	2015年	2016年
GDP(不变价格)	百万美元	15233.0	14466.0	13489.0	9406.0	8269.0
GDP(增长率)	%	1.5	-1.8	9.1	-0.4	-2.5
对美元汇率	1美元/文莱元	1.3	1.3	1.3	1.4	1.4
人均GDP(不变价格)	文莱元	22748.03	24026.25	—	30967.9美元	26938.5美元
农业总产值	百万美元	111.97	104.93	125.08	98.39	101.62
通货膨胀率(平均消费价格)	%	0.5	1.419	1.229	0.52	0.1
失业率	%	—	3.7	—	2.7	2.7
人口	百万	0.4	0.42	0.41	0.42	0.426
财政收入	亿文莱元	—	144.45	65.91	41.17	
财政支出	10亿文莱元	—	75.54	59.8	57.0	
外商直接投资	百万美元	864.84	775.56	568.16	173.28	
外汇储备	亿美元	29.3	30.4	31.4	28.9	29.8

资料来源：新加坡东南亚研究所《东南亚2015～2016》，《经济学家国别报告——文莱》，东盟秘书处网站

注：E表示估计数据，F表示预测数据（下同）

柬埔寨部分经济指标（2012～2016年）

指　标	单　位	2012年	2013年	2014年	2015年	2016年
GDP增长率(IMF)	%	7.3	7.6	7.1	6.9	7
农业部门增长率	%	4.3	4.2	2.58	1	0.5
工业部门增长率	%	9.2	—	9.56	8.7	11.4
服务部门增长率	%	8.1	—	7.48	9	
出口额	百万美元	5490	6900	7690	8990	10000
进口额	百万美元	8140	8980	10430	11544	12300
贸易差额	百万美元	-2650	-2080	-2740	-2554	-2300
财政收支差额占GDP比重	%	-3.0	—	—	5.19	
通货膨胀率(IMF)	%	2.9	2.94	3.86	3	2
债务总额	百万美元	—	—	—	1063.3	8310
外汇储备	亿美元	41.6	44.1	55.3	67.6	82.50
汇率	瑞尔/美元	4033	4027	4037.5	4067.8	4058.7

资料来源：新加坡东南亚研究所《东南亚2015～2016》，《经济学家国别报告——柬埔寨》，东盟秘书处网站

印度尼西亚部分经济指标（2012～2016年）

指　标	单　位	2012年	2013年	2014年	2015年	2016年
GDP(现价)	10亿卢比	8615705	9546134	10569705	11531717	12406810
出口额	10亿美元	190.04	182.6	176.29	150.25	144.43
进口额	10亿美元	191.67	186.6	178.18	142.74	135.65
总人口	万人	24199.1	24542.5	24881.8	25546.2	25870.5
家庭消费年增长率	%	6.02	3.63	6.48	4.1	5.7
通货膨胀率	%	4.3	8.38	8.36	3.1	3.53
财政收支差额占GDP比重	%	-2.2	—	—	2.8	
人均GDP增长率	%	4.91	4.51	3.71	3.53	3.83
外汇储备	亿美元	1059.1	934.3	1060.7	1006.3	1109.3
汇率	印尼盾/1美元	9387	10461.2	11865.2	13389.4	13308.3
国内总储蓄	亿美元	2967.78	2747.97	3012.00	3000.24	3269.2

资料来源：新加坡东南亚研究所《东南亚2015～2016》，《经济学家国别报告——印度尼西亚》，东盟秘书处网站

老挝部分经济指标（2012～2016年）

指　标	单　位	2012年	2013年	2014年	2015年	2016年
国土总面积	万平方千米	23.68	23.68	23.68	23.68	23.68
年末总人口	万人	651.44	664.4	680.9	649.2	649.2
GDP增长率	%	8.3	8	7.6	7.5	7.02
人均国内生产总值	美元	1569	1806	1949	2226	2408
对美元汇价	基普/1美元	8007.8	7860.1	8049	8147.9	8129.1
通货膨胀率	%	6.74	5.64	5.16	1.28	1.6
工业总产值	万亿基普	31.21	—	31.01	33.77	37.82
农业总产值	万亿基普	29.08	—	26.42	27.21	27.945
旅游入境人数	万人次	310	378	400	430	423
旅游收入	亿美元	5.14	5.96	—	6.72	20
外汇储备	亿美元	7.2	6.4	8.0	9.7	7.8
进出口总额	亿美元	42.63	47.12	81.3	68	77
出口总额	亿美元	16.96	18.98	35.8	38	30
进口总额	亿美元	25.67	28.14	45.5	30	47
引进外资总额	亿美元	30.21	17	33.83	12.6	

资料来源：新加坡东南亚研究所《东南亚2015～2016》，《经济学家国别报告——老挝》，东盟秘书处网站

马来西亚部分经济指标(2012～2016年)

指　标	单　位	2012年	2013年	2014年	2015年	2016年
国土总面积	万平方千米	33.0252	33.0252	33.080	33.080	33.080
年末总人口	万人	2951	2992	3026	3049	3118.73
国内生产总值	亿美元	3148.95	3222.25	3374.97	2943.9	2963.59
人均国内生产总值	美元	32287林吉特	10432	10802.9	11581	9850
对美元汇价	林吉特	3.09	3.15	3.3	3.9	4.1
通货膨胀率	%	1.7	2.4	3.2	2.1	2.13
失业率	%	3.0	3.2	2.9	3.2	
工业总产值	亿林吉特	—	364.25	382.82	—	
农业总产值	亿林吉特	—	2820.38	2893.71	—	893
旅游入境人数	万人次	2503	2572	2743.73	2570	
旅游收入	亿林吉特	—	654.4	720	695	
财政收入	亿林吉特	1507.37(1～9月)	245.86亿美元	2151	1654	
外汇储备	亿美元	1349.4	1304.9	1117.1	914.3	911.9
进出口总额	亿美元	12040亿林吉特	4345.2	14491.5亿林吉特	3416	3578
出口总额	亿林吉特	6454.6	2284.0亿美元	7661.3	1818.0亿美元	1894.0亿美元
进口总额	亿林吉特	5583.4	4345.2亿美元	6830.2	1598.0亿美元	1684.0亿美元
引进外资总额	亿林吉特	100.1亿美元	387.7	353	361	

资料来源:新加坡东南亚研究所《东南亚2015～2016》,《经济学家国别报告——马来西亚》,东盟秘书处网站

缅甸部分经济指标(2012～2016年)

指　标	单　位	2010/2011财年	2012/2013财年	2013/2014财年	2014/2015财年	2015/2016财年
国土总面积	万平方千米	67.65	67.65	67.659	67.659	67.659
年末总人口	万人	6120	6495.2	5199	5245	5292
GDP增长率	%	6.3	7.5	7.8	8.3	6.5
人均国内生产总值	美元	934	1113	1269	1194.6	1275
对美元汇价	缅元	—	—	—	1162.6	1234.9
通货膨胀率	%	1.5	6.3	6.6	7.5	6.92
失业率	%	3.7	3.5	—	4.0	
农业总产值	百万缅元	11349615	123116082	12780581	13417668	13957298
旅游入境人数	万人次	100	204	350	468	290
财政赤字占GDP比重	%	-4.8	—	—	2.9	
外汇储备	亿美元	—	—	66	38	46.2
进出口总额	亿美元	182.42	229	224.55	291	276
出口总额	亿美元	89.22	110.5	92.42	122	110
进口总额	亿美元	93.2	118.5	132.12	169	166
引进外资总额	亿美元	13.96	41	81	94.82	70.35

资料来源:新加坡东南亚研究所《东南亚2015～2016》,《经济学家国别报告——缅甸》,东盟秘书处网站

菲律宾部分经济指标（2012～2016 年）

指　标	单　位	2012 年	2013 年	2014 年	2015 年	2016 年
国土总面积	万平方千米	43	29.97	30.00	30.00	29.82
年末总人口	万人	9651	9820	9988	10156	10300
GDP 增长率	%	6.6	7.3	6.1	5.8	6.8
人均 GDP	美元	2470	2794	2849	2919.7	3580
汇率	比索/1 美元	42.2	42.41	44.4	45.5	47.5
通货膨胀率	%	—	2.8	4.1	1.4	1.77
失业率	%	7.0	7.3	6	6.3	
工业总产值	亿比索	—	34976	37599.2	909.1 亿美元	
农业总产值	亿美元	—	14446.4	16000	299.7	295.47
旅游入境人数	万人次	427	470	483	536	596.7
旅游收入	亿比索	—	1861.5	5330	50 亿美元	2301.3
财政收支差额占 GDP 比重	%	—	—	0.6	1.6	
外汇储备	亿美元	7166	737.9	702.6	723.5	718.5
进出口总额	亿美元	1136.6	1157	1257	1253.34	1373.91
出口总额	亿美元	519.94	540	618	586.48	562.32
进口总额	亿美元	616.6	617	639	666.86	811.59
引进外资总额	亿美元	32	38.6	62.01	56.6	79.33

资料来源：新加坡东南亚研究所《东南亚 2015～2016》，《经济学家国别报告——菲律宾》，东盟秘书处网站

新加坡部分经济指标（2012～2016 年）

指　标	单　位	2012 年	2013 年	2014 年	2015 年	2016 年
国土总面积	万平方千米	0.07102	0.0716	0.07183	0.072	0.072
年末总人口	万人	531.24	539.92	547	553.5	560.73
GDP 增长率	%	1.3	4.1	2.9	2.1	2
人均国内生产总值	美元	54431	56029	56337	53630	52962
汇率	新元/美元	1.3	1.3	1.3	1.42	1.4
通货膨胀率	%	3.6	—	1	0.5	0.7
失业率	%	1.8	3.1	1.9	2.8	3
工业总产值	亿新元	3007.03	—	900	—	
服务业增长率	%	—	—	3.1	3.4	1
旅游入境人数	万人次	1449.6	1556.78	1508.6	1523.1	1604.4
旅游收入	亿新元	—	235	235	220	248
财政收入	亿新元	542.8	570.5	606	—	
外汇储备	亿美元	2568.4	2704.8	2545.6	2457.2	2443.7
进出口总额	亿新元	9849	7834.9 亿美元	9827	6631 亿美元	6127 亿美元
出口总额	亿新元	5103.29	4103.7 亿美元	5189	3663 亿美元	3298 亿美元
进口总额	亿新元	4745.71	3731.2 亿美元	4638	2968 亿美元	2829 亿美元
外资净流入	亿美元	141.703	637.7	675.2	7149.9 亿新元	800

资料来源：新加坡东南亚研究所《东南亚 2015～2016》，《经济学家国别报告——新加坡》，新加坡统计局网站、东盟秘书处网站

泰国部分经济指标（2012～2016年）

指　标	单　位	2012年	2013年	2014年	2015年	2016年
国土总面积	万平方千米	51.3115	51.31	51.312	51.312	51.09
年末总人口	万人	6445.67	6478.59	6512.47	6572.91	6593.16
GDP增长率	%	6.4	2.9	0.8	2.8	3.23
人均国内生产总值	美元	5383	5676	5379	5814.9	5907.9
对美元汇价	铢	31.1	30.73	32.48	34.2	35.3
通货膨胀率	%	3.02	2.18	1.9	0.9	0.2
失业率	%	0.7	0.8	0.7	0.65	
旅游入境人数	万人次	2230	2673.56	2477	2990	3257
旅游收入	亿铢	9650	9380.56	9867	22300	16378
财政收入	亿铢	19770	25151.7	23060	—	
外汇储备	亿美元	1711.1	1590.2	1490.6	1492.9	1641.5
进出口总额	亿美元	4473.19	4734.2	4555.26	4170.29	4094.4
出口总额	亿美元	2295.19	2251.8	2275.74	2143.75	2136.6
进口总额	亿美元	2178	2481.40	2279.74	2026.54	1957.8

资料来源：新加坡东南亚研究所《东南亚2015～2016》，《经济学家国别报告——泰国》，东盟秘书处网站

越南部分经济指标（2012～2016年）

指　标	单　位	2012年	2013年	2014年	2015年	2016年
国土总面积	万平方千米	32.9	33.12	33.095	33.095	33.095
年末总人口	万人	8881	8976	9073	9171	9270.11
国内生产总值	亿美元	1417	1711.97	1840	1988.05	2111.51
GDP增长率	%	5.03	5.42	5.98	6.68	6.21
人均国内生产总值	美元	1400	1902	2063	2109	2215
对美元汇价	越盾	26828	20933.4	21148	21697.6	21935
通货膨胀率	%	6.8	—	—	0.63	0.63
失业率	%	—	1.9	—	2.45	2.3
工业总产值	万亿越盾	—	653.78	703.47	772.41	826.94
农业总产值	万亿越盾	255	313.8	324.75	—	870.7
旅游入境人数	万人次	644.77	757.24	787.4	794.37	1001
旅游收入	万亿越盾	—	—	230	279.28	
财政收入	万亿越盾	658.6	790	814.1	884.8	943.3
外汇储备	亿美元	251.6	254.8	338	278.8	361.7
进出口总额	亿美元	2289	2642.26	2982.4	3280	3491
出口总额	亿美元	1146.31	1321.35	1501.9	1624	1759
进口总额	亿美元	1143.47	1321.25	1480.5	1656	1732
引进外资总额	亿美元	163	115	126.38	155.8	158

资料来源：新加坡东南亚研究所《东南亚2015～2016》，《经济学家国别报告——越南》，东盟秘书处网站

广西与东盟国家贸易统计（2014～2016年）

国家	双边进出口总额			广西出口额			广西进口额		
	2014年（万美元）	2015年（万美元）	2016年（万元人民币）	2014年（万美元）	2015年（万美元）	2016年（万元人民币）	2014年（万美元）	2015年（万美元）	2016年（万元人民币）
文莱	193653			174681			18972		
缅甸	2496893			936765			1560128		
柬埔寨	375765			327474			48291		
印度尼西亚	6354485	51527	302534	3905961	14757	108376	2448525	36770	194158
马来西亚	10200563	67231	312767	4635339	13887	115249	5565224	53344	197518
老挝	361736			183948			177788		
菲律宾	4445771	57934	210579	2347358	21468	96379	2098413	36466	114199
新加坡	7973991	82282	322112	4891117	70921	245047	3082873	11361	77065
泰国	7262116	159315	1212949	3428923	25326	145854	3833193	133989	1067096
越南	8363641	2464000	15892364	6373001	1792032	9161600	1990640	671968	6730764
合计	48028560		18354355	27204567		9919316	20824011		8435039

数据来源：《广西统计年鉴》2015卷、2016卷、2017卷　（张　磊）

印度尼西亚与主要贸易伙伴进出口情况（2016年）

出口				进口			
国家和地区	金额（百万美元）	比上年增减（%）	占比重（%）	国家和地区	金额（百万美元）	比上年增减（%）	占比重（%）
总值	144490	-3.9	100.0	总值	135653	-4.9	100.0
中国	16786	11.6	11.6	中国	30800	4.7	22.7
美国	16141	-0.6	11.2	新加坡	14548	-19.3	10.7
日本	16102	-10.6	11.1	日本	12985	-2.1	9.6
新加坡	11246	-11.1	7.8	泰国	8667	7.2	6.4
印度	10094	-13.8	7.0	美国	7298	-3.9	5.4
马来西亚	7112	-7.2	4.9	马来西亚	7201	-15.6	5.3
韩国	7008	-8.4	4.9	韩国	6675	-20.8	4.9
泰国	5392	-2.5	3.7	澳大利亚	5261	9.2	3.9
菲律宾	5271	34.4	3.7	越南	3228	2.1	2.4
台湾	3653	-27.5	2.5	德国	3159	-9.0	2.3
荷兰	3255	-5.4	2.3	台湾	2890	-8.9	2.1
澳大利亚	3199	-13.9	2.2	印度	2873	4.8	2.1
越南	3045	11.1	2.1	沙特	2725	-20.4	2.0
德国	2639	-0.9	1.8	巴西	2402	-1.0	1.8
瑞士	2200	105.3	1.5	香港	1774	-2.4	1.3

马来西亚与主要贸易伙伴进出口情况(2016 年)

出口				进口			
国家和地区	金额(百万美元)	比上年增减(%)	占比重(%)	国家和地区	金额(百万美元)	比上年增减(%)	占比重(%)
总值	189743	-4.8	100.0	总值	168684	-4.2	100.0
新加坡	27639	-0.5	14.6	中国	34351	3.7	20.4
中国	23760	-8.6	12.5	新加坡	17490	-17.0	10.4
美国	19397	2.8	10.2	日本	13770	-0.1	8.2
日本	15259	-18.4	8.0	美国	13444	-5.3	8.0
泰国	10640	-6.6	5.6	泰国	10228	-4.1	6.1
香港	9094	-4.1	4.8	台湾	10107	7.2	6.0
印度	7735	-4.8	4.1	韩国	8884	10.8	5.3
印度尼西亚	6680	-10.6	3.5	印度尼西亚	7097	-10.8	4.2
澳大利亚	6451	-10.6	3.4	德国	5749	-4.3	3.4
越南	5757	29.3	3.0	越南	4531	-6.1	2.7
韩国	5487	-13.2	2.9	印度	4010	2.9	2.4
德国	5382	7.2	2.8	澳大利亚	3766	-17.0	2.2
荷兰	5284	-12.1	2.8	香港	3060	3.2	1.8
台湾	5117	-12.9	2.7	沙特	2565	32.3	1.5
菲律宾	3298	-2.1	1.7	阿联酋	2332	-24.8	1.4

新加坡与主要贸易伙伴进出口情况(2016 年)

出口				进口			
国家和地区	金额(百万美元)	比上年增减(%)	占比重(%)	国家和地区	金额(百万美元)	比上年增减(%)	占比重(%)
总值	346701	-15.4	100.0	总值	296799	-19.0	100.0
中国	47709	-7.3	13.8	中国	42112	-5.1	14.2
香港	39666	-12.0	11.4	美国	33198	-12.0	11.2
马来西亚	37770	-23.0	10.9	马来西亚	33062	-15.3	11.1
印度尼西亚	28367	-26.1	8.2	台湾省	24673	-17.8	8.3
美国	21708	-4.8	6.3	日本	18593	-7.5	6.3
日本	15219	-9.1	4.4	韩国	18192	-15.8	6.1
韩国	14499	-13.2	4.2	印度尼西亚	14379	-23.5	4.9
台湾省	14446	-10.5	4.2	德国	8950	-15.9	3.0
泰国	13764	-8.5	4.0	阿联酋	8175	-46.9	2.8
越南	12127	-6.0	3.5	沙特阿拉伯	7941	-45.8	2.7
澳大利亚	11486	-25.9	3.3	泰国	7784	-11.2	2.6
印度	10619	-4.6	3.1	法国	7294	-10.0	2.5
菲律宾	6411	-6.7	1.9	印度	5784	-30.1	2.0
荷兰	6187	-15.2	1.8	英国	5578	-9.8	1.9
德国	5546	3.0	1.6	俄罗斯	5175	-34.7	1.7

泰国与主要贸易伙伴进出口情况(2016 年)

出口				进口			
国家和地区	金额（百万美元）	比上年增减（%）	占比重（%）	国家和地区	金额（百万美元）	比上年增减（%）	占比重（%）
总值	213660	1.3	100.0	总值	195783	-3.1	100.0
美国	24335	2.8	11.4	中国	42262	3.3	21.6
中国	23582	1.2	11.0	日本	30864	-0.9	15.8
日本	20424	3.5	9.6	美国	12128	-12.2	6.2
香港	11395	-2.1	5.3	马来西亚	10956	-7.7	5.6
澳大利亚	10238	6.5	4.8	韩国	7317	4.3	3.7
马来西亚	9543	-4.8	4.5	台湾省	7173	-4.4	3.7
越南	9340	6.7	4.4	新加坡	6550	-8.3	3.4
新加坡	8040	-6.4	3.8	印度尼西亚	6414	-1.9	3.3
印度尼西亚	8029	4.2	3.8	阿联酋	6199	-23.8	3.2
菲律宾	6353	7.7	3.0	德国	5902	6.8	3.0
印度	5119	-1.8	2.4	沙特阿拉伯	4888	-0.6	2.5
瑞士	4840	104.6	2.3	越南	4451	10.3	2.3
柬埔寨	4609	-5.6	2.2	瑞士	4147	-10.6	2.1
德国	4461	5.7	2.1	澳大利亚	3452	-17.8	1.8
荷兰	4201	-0.1	2.0	泰国	2913	13.1	1.5

印度尼西亚对中国出口主要商品构成(2015～2016 年)

商品类别	2015 年（百万美元）	2016 年（百万美元）	2016 年比上年增减(%)	2016 年占比重(%)
总值	15045	16786	11.6	100.0
矿物燃料、矿物油及其产品;沥青等	4505	5401	19.9	32.2
动、植物油、脂、蜡;精制食用油脂	2938	2738	-6.8	16.3
木浆等纤维状纤维素浆;废纸及纸板	1087	969	-10.9	5.8
钢铁	301	929	208.6	5.5
木及木制品;木炭	859	826	-3.8	4.9
杂项化学产品	567	724	27.6	4.3
矿砂、矿渣及矿灰	462	607	31.4	3.6
橡胶及其制品	507	530	4.5	3.2
鞋靴、护腿和类似品及其零件	311	392	25.9	2.3
有机化学品	346	379	9.7	2.3
电机、电气、音像设备及其零附件	337	316	-6.1	1.9
棉花	312	302	-3.4	1.8
铜及其制品	267	283	6.3	1.7
鱼及其他水生无脊椎动物	223	274	23.0	1.6
塑料及其制品	218	250	14.7	1.5
谷物粉、淀粉等或乳的制品;糕饼	146	182	25.0	1.1
无机化学品;贵金属等的化合物	113	176	56.1	1.1
纸及纸板;纸浆、纸或纸板制品	159	164	2.9	1.0
核反应堆、锅炉、机械器具及零件	111	120	8.4	0.7

续表

商品类别	2015年（百万美元）	2016年（百万美元）	2016年比上年增减(%)	2016年占比重(%)
油籽;子仁;工业或药用植物;饲料	119	106	-10.8	0.6
非针织或非钩编的服装及衣着附件	96	100	3.8	0.6
洗涤剂、润滑剂、人造蜡、塑型膏等	90	90	-0.3	0.5
乐器及其零件、附件	73	76	3.9	0.5
针织或钩编的服装及衣着附件	76	75	-0.9	0.5
车辆及其零附件,但铁道车辆除外	56	74	33.3	0.4
可可及可可制品	81	68	-15.3	0.4
化学纤维短纤	96	66	-31.2	0.4
食用水果及坚果;甜瓜等水果的果皮	58	57	-1.2	0.3
家具;寝具等;灯具;活动房	32	37	13.4	0.2
鞣料;着色料;涂料;油灰;墨水等	35	36	3.9	0.2
以上合计	14579	16347	-12.1	97.4

印度尼西亚自中国进口主要商品构成(2015~2016年)

商品类别	2015年（百万美元）	2016年（百万美元）	2016年比上年增减(%)	2016年占比重(%)
总值	29411	30800	4.7	100.0
核反应堆、锅炉、机械器具及零件	7193	7298	1.5	23.7
电机、电气、音像设备及其零附件	6318	6403	1.3	20.8
钢铁	1984	2099	5.8	6.8
塑料及其制品	993	1158	16.6	3.8
有机化学品	1021	1089	6.7	3.5
钢铁制品	1105	820	-25.8	2.7
化学纤维长丝	545	686	25.9	2.2
无机化学品;贵金属等的化合物	537	554	3.2	1.8
肥料	606	518	-14.5	1.7
车辆及其零附件,但铁道车辆除外	460	518	12.5	1.7
食用蔬菜、根及块茎	426	511	20.0	1.7
化学纤维短纤	402	499	24.3	1.6
棉花	527	485	-7.9	1.6
家具;寝具等;灯具;活动房	369	457	23.7	1.5
杂项化学产品	424	451	6.2	1.5
针织物及钩编织物	426	431	1.2	1.4
鞣料;着色料;涂料;油灰;墨水等	383	402	4.9	1.3
铝及其制品	411	389	-5.3	1.3
光学、照相、医疗等设备及零附件	290	383	31.9	1.2
食用水果及坚果;甜瓜等水果的果皮	279	342	22.4	1.1
陶瓷产品	249	285	14.4	0.9
贱金属杂项制品	231	258	11.7	0.8
纸及纸板;纸浆、纸或纸板制品	209	250	19.8	0.8
橡胶及其制品	214	242	12.9	0.8
烟草、烟草及烟草代用品的制品	199	239	19.8	0.8
鞋靴、护腿和类似品及其零件	187	227	21.3	0.7
矿物燃料、矿物油及其产品;沥青等	247	215	-13.0	0.7
杂项制品	169	206	22.5	0.7
玻璃及其制品	166	200	20.2	0.7
船舶及浮动结构体	182	197	7.9	0.6
以上合计	26754	27810	3.9	90.3

马来西亚对中国出口主要商品构成(2015～2016 年)

商品类别	2015 年(百万美元)	2016 年(百万美元)	2016 年比上年增减(%)	2016 年占比重(%)
总值	25988	23760	-8.6	100.0
电机、电气、音像设备及其零附件	9404	8737	-7.1	36.8
矿物燃料、矿物油及其产品;沥青等	3744	2661	-28.9	11.2
核反应堆、锅炉、机械器具及零件	2373	2340	-1.4	9.9
动、植物油、脂、蜡;精制食用油脂	1616	1463	-9.5	6.2
矿砂、矿渣及矿灰	1301	1165	-10.4	4.9
橡胶及其制品	1345	1148	-14.7	4.8
塑料及其制品	1227	1134	-7.5	4.8
有机化学品	825	969	17.5	4.1
光学、照相、医疗等设备及零附件	630	731	16.1	3.1
杂项化学产品	466	529	13.7	2.2
铜及其制品	525	389	-25.9	1.6
镍及其制品	383	266	-30.5	1.1
无机化学品;贵金属等的化合物	177	207	17.0	0.9
车辆及其零附件,但铁道车辆除外	211	194	-8.4	0.8
铝及其制品	98	184	88.2	0.8
木及木制品;木炭	194	175	-9.8	0.7
杂项食品	140	132	-5.9	0.6
谷物粉、淀粉等或乳的制品;糕饼	94	100	5.7	0.4
可可及可可制品	109	95	-12.8	0.4
玻璃及其制品	99	94	-4.5	0.4
棉花	75	85	13.4	0.4
洗涤剂、润滑剂、人造蜡、塑型膏等	63	70	10.2	0.3
航空器、航天器及其零件	38	64	71.3	0.3
家具;寝具等;灯具;活动房	43	57	34.1	0.2
食品工业的残渣及废料;配制的饲料	34	49	43.2	0.2
鞣料;着色料;涂料;油灰;墨水等	43	49	12.8	0.2
钢铁制品	49	48	-1.2	0.2
鱼及其他水生无脊椎动物	39	44	12.2	0.2
特殊产品	48	42	-12.3	0.2
饮料、酒及醋	25	42	67.3	0.2
以上合计	25418	23263	-8.5	97.9

马来西亚自中国进口主要商品构成(2015～2016 年)

商品类别	2015 年(百万美元)	2016 年(百万美元)	2016 年比上年增减(%)	2016 年占比重(%)
总值	33136	34351	3.7	100.0
电机、电气、音像设备及其零附件	10693	10481	-2.0	30.5
核反应堆、锅炉、机械器具及零件	5496	5669	3.1	16.5
钢铁	1647	1502	-8.8	4.4
塑料及其制品	1098	1278	16.5	3.7
矿物燃料、矿物油及其产品;沥青等	608	1254	106.2	3.7
钢铁制品	937	1057	12.9	3.1
铝及其制品	1005	859	-14.5	2.5
光学、照相、医疗等设备及零附件	970	857	-11.7	2.5
车辆及其零附件,但铁道车辆除外	684	678	-0.9	2.0
杂项化学产品	388	659	69.9	1.9
针织或钩编的服装及衣着附件	580	618	6.6	1.8
家具;寝具等;灯具;活动房	501	614	22.6	1.8
有机化学品	555	551	-0.7	1.6
食用蔬菜、根及块茎	470	546	16.1	1.6
纸及纸板;纸浆、纸或纸板制品	349	469	34.4	1.4

续表

商 品 类 别	2015 年（百万美元）	2016 年（百万美元）	2016 年比上年增减（%）	2016 年占比重（%）
非针织或非钩编的服装及衣着附件	397	422	6.5	1.2
无机化学品；贵金属等的化合物	440	407	-7.4	1.2
铜及其制品	431	403	-6.3	1.2
玻璃及其制品	273	346	26.7	1.0
鞋靴、护腿和类似品及其零件	280	330	18.0	1.0
皮革制品；旅行箱包；动物肠线制品	259	284	9.6	0.8
贱金属杂项制品	196	252	28.4	0.7
化学纤维长丝	193	246	27.8	0.7
陶瓷产品	211	246	16.9	0.7
玩具、游戏或运动用品及其零附件	218	231	5.9	0.7
肥料	252	217	-14.0	0.6
其他纺织制品；成套物品；旧纺织品	157	187	19.4	0.6
鱼及其他水生无脊椎动物	188	183	-2.5	0.5
铁道车辆；轨道装置；信号设备	289	182	-37.1	0.5
橡胶及其制品	184	180	-2.6	0.5
以上合计	29948	31209	4.2	90.9

新加坡对中国出口主要商品构成（2015～2016 年）

商 品 类 别	2015 年（百万美元）	2016 年（百万美元）	2016 年比上年增减（%）	2016 年占比重（%）
总值	47709	42839	-10.2	100.0
电机、电气、音像设备及其零附件	22009	18935	-14.0	44.2
核反应堆、锅炉、机械器具及零件	5578	4812	-13.7	11.2
塑料及其制品	4248	4131	-2.8	9.6
矿物燃料、矿物油及其产品；沥青等	3760	3241	-13.8	7.6
光学、照相、医疗等设备及零附件	2468	2405	-2.6	5.6
有机化学品	2239	2026	-9.5	4.7
杂项化学产品	1126	1158	2.9	2.7
航空器、航天器及其零件	883	884	0.1	2.1
铜及其制品	231	595	157.3	1.4
精油及香膏；香料制品及化妆盥洗品	528	578	9.4	1.4
橡胶及其制品	429	491	14.3	1.2
车辆及其零附件，但铁道车辆除外	416	356	-14.5	0.8
珠宝、贵金属及制品；仿首饰；硬币	196	298	51.9	0.7
药品	354	238	-32.8	0.6
谷物粉、淀粉等或乳的制品；糕饼	262	212	-19.2	0.5
饮料、酒及醋	186	199	7.1	0.5
木浆等纤维状纤维素浆；废纸及纸板	132	194	47.1	0.5
印刷品；手稿、打字稿及设计图纸	133	171	28.2	0.4
镍及其制品	708	159	-77.6	0.4
洗涤剂、润滑剂、人造蜡、塑型膏等	114	140	22.3	0.3
钢铁	129	140	8.2	0.3
鞣料；着色料；涂料；油灰；墨水等	143	95	-33.7	0.2
贱金属器具、利口器、餐具及零件	80	80	0.1	0.2
钢铁制品	108	77	-28.6	0.2
可可及可可制品	50	76	52.9	0.2
纸及纸板；纸浆、纸或纸板制品	24	53	117.8	0.1
钟表及其零件	42	48	14.2	0.1
铝及其制品	41	39	-6.6	0.1
化学纤维长丝	37	35	-5.3	0.1
无机化学品；贵金属等的化合物	34	34	-0.8	0.1
以上合计	46689	41895	-10.3	97.8

新加坡自中国进口主要商品构成(2015～2016年)

商品类别	2015年(百万美元)	2016年(百万美元)	2016年比上年增减(%)	2016年占比重(%)
总值	42112	40386	-4.1	100.0
电机、电气、音像设备及其零附件	16277	15767	-3.1	39.0
核反应堆、锅炉、机械器具及零件	9560	8651	-9.5	21.4
矿物燃料、矿物油及其产品;沥青等	3505	3713	5.9	9.2
光学、照相、医疗等设备及零附件	1031	1408	36.5	3.5
钢铁	1357	935	-31.1	2.3
钢铁制品	970	774	-20.3	1.9
有机化学品	706	639	-9.4	1.6
塑料及其制品	578	589	1.9	1.5
铜及其制品	85	435	409.2	1.1
家具;寝具等;灯具;活动房	459	434	-5.4	1.1
铝及其制品	431	395	-8.4	1.0
非针织或非钩编的服装及衣着附件	368	361	-1.9	0.9
针织或钩编的服装及衣着附件	316	313	-0.9	0.8
杂项化学产品	280	313	11.8	0.8
皮革制品;旅行箱包;动物肠线制品	308	280	-9.0	0.7
玩具、游戏或运动用品及其零附件	271	254	-6.1	0.6
烟草、烟草及烟草代用品的制品	215	242	12.5	0.6
鞋靴、护腿和类似品及其零件	259	229	-11.3	0.6
纸及纸板;纸浆、纸或纸板制品	228	222	-2.4	0.6
珠宝、贵金属及制品;仿首饰;硬币	322	222	-31.2	0.6
航空器、航天器及其零件	215	198	-8.2	0.5
车辆及其零附件,但铁道车辆除外	196	175	-10.6	0.4
食用蔬菜、根及块茎	153	160	4.4	0.4
玻璃及其制品	170	158	-7.1	0.4
精油及香膏;香料制品及化妆盥洗品	149	150	0.8	0.4
陶瓷产品	142	126	-11.0	0.3
鞣料;着色料;涂料;油灰;墨水等	95	125	30.9	0.3
铁道车辆;轨道装置;信号设备	169	122	-28.1	0.3
钟表及其零件	140	119	-15.4	0.3
贱金属器具、利口器、餐具及零件	132	118	-10.1	0.3
以上合计	39087	37626	-3.7	93.2

泰国对中国出口主要商品构成(2015～2016年)

商品类别	2015年(百万美元)	2016年(百万美元)	2016年比上年增减(%)	2016年占比重(%)
总值	23311	23582	1.2	100.0
橡胶及其制品	3766	3691	-2.0	15.7
电机、电气、音像设备及其零附件	3001	2887	-3.8	12.2
核反应堆、锅炉、机械器具及零件	2717	2822	3.9	12.0
塑料及其制品	2875	2628	-8.6	11.1
光学、照相、医疗等设备及零附件	1248	1654	32.5	7.0
木及木制品;木炭	1015	1356	33.6	5.8
有机化学品	1412	1212	-14.2	5.1
食用蔬菜、根及块茎	1549	1109	-28.4	4.7
矿物燃料、矿物油及其产品;沥青等	913	903	-1.1	3.8
车辆及其零附件,但铁道车辆除外	363	783	115.9	3.3
制粉工业产品;麦芽;淀粉等;面筋	561	545	-2.9	2.3
食用水果及坚果;甜瓜等水果的果皮	470	525	11.7	2.2
谷物	472	476	0.9	2.0
钢铁制品	226	317	40.5	1.4
杂项食品	132	184	39.1	0.8
糖及糖食	341	155	-54.6	0.7
珠宝、贵金属及制品;仿首饰;硬币	147	152	3.8	0.7

续表

商品类别	2015年（百万美元）	2016年（百万美元）	2016年比上年增减（%）	2016年占比重（%）
鱼及其他水生无脊椎动物	122	135	10.7	0.6
蛋白类物质；改性淀粉；胶；酶	136	126	-7.2	0.5
食品工业的残渣及废料；配制的饲料	116	118	1.2	0.5
化学纤维长丝	108	100	-7.6	0.4
杂项化学产品	100	98	-2.2	0.4
化学纤维短纤	88	94	7.9	0.4
木浆等纤维状纤维素浆；废纸及纸板	97	92	-4.8	0.4
铜及其制品	95	79	-17.6	0.3
生皮（毛皮除外）及皮革	101	77	-24.6	0.3
鞣料；着色料；涂料；油灰；墨水等	68	73	6.2	0.3
家具；寝具等；灯具；活动房	63	71	12.7	0.3
纸及纸板；纸浆、纸或纸板制品	64	66	2.3	0.3
蔬菜、水果等或植物其他部分的制品	54	64	17.1	0.3
以上合计	22423	22591	0.8	95.8

泰国自中国进口主要商品构成（2015～2016年）

商品类别	2015年（百万美元）	2016年（百万美元）	2016年比上年增减（%）	2016年占比重（%）
总值	40912	42262	3.3	100.0
电机、电气、音像设备及其零附件	12665	12755	0.7	30.2
核反应堆、锅炉、机械器具及零件	7561	7322	-3.2	17.3
钢铁制品	2703	2734	1.2	6.5
钢铁	2079	2602	25.2	6.2
塑料及其制品	1754	1872	6.7	4.4
车辆及其零附件，但铁道车辆除外	1035	1123	8.5	2.7
光学、照相、医疗等设备及零附件	993	1017	2.4	2.4
有机化学品	941	889	-5.5	2.1
杂项化学产品	641	824	28.5	2.0
铝及其制品	719	771	7.3	1.8
无机化学品；贵金属等的化合物	660	694	5.0	1.6
家具；寝具等；灯具；活动房	562	599	6.4	1.4
食用水果及坚果；甜瓜等水果的果皮	436	500	14.7	1.2
铜及其制品	464	390	-15.9	0.9
纸及纸板；纸浆、纸或纸板制品	332	361	8.6	0.9
玻璃及其制品	302	359	19.0	0.9
鱼及其他水生无脊椎动物	297	349	17.8	0.8
非针织或非钩编的服装及衣着附件	234	303	29.8	0.7
珠宝、贵金属及制品；仿首饰；硬币	477	295	-38.2	0.7
陶瓷产品	314	291	-7.3	0.7
橡胶及其制品	253	281	11.3	0.7
食用蔬菜、根及块茎	263	281	6.8	0.7
鞣料；着色料；涂料；油灰；墨水等	276	278	0.8	0.7
肥料	310	266	-14.3	0.6
皮革制品；旅行箱包；动物肠线制品	241	265	9.8	0.6
贱金属杂项制品	233	260	11.9	0.6
浸、包或层压织物；工业用纺织制品	229	239	4.2	0.6
化学纤维长丝	226	236	4.3	0.6
针织或钩编的服装及衣着附件	217	224	3.4	0.5
贱金属器具、利口器、餐具及零件	197	206	4.7	0.5
以上合计	37614	38587	2.6	91.3

中国与东盟国家贸易统计

单位:亿美元

国家和地区	货物进出口总额		货物出口总额		货物进口总额	
	2015 年	2016 年	2015 年	2016 年	2015 年	2016 年
中国	39530.3	36855.9	22734.7	20981.6	16795.7	15874.3
文莱	95.8	80.5	63.5	49.6	32.3	30.9
柬埔寨	211.6	226.4	85.4	100.4	126.2	126.0
印度尼西亚	2930.6	2801.4	1503.7	1444.9	1427.0	1356.5
老挝	80.0	77.4	27.7	30.2	52.3	47.2
马来西亚	3751.7	3578.1	1991.6	1894.1	1760.1	1683.9
缅甸	283.1	276.0	114.3	110.0	168.9	166.0
菲律宾	1289.8	1426.0	588.3	563.1	701.5	862.9
新加坡	6433.8	6127.0	3466.4	3297.7	2967.5	2829.3
泰国	4170.1	4100.0	2143.5	2153.3	2026.5	1946.7
越南	3282.1	3510.2	1621.1	1767.9	1661.0	1742.3
东盟总计	22528.6	22202.9	11605.4	11411.2	10923.2	10791.7

资料来源:世界贸易组织数据库

中国与东盟国家双边投资情况

单位:亿美元

国家	截至2015年年底累计		2015 年当年	
	中国对东盟国家投资存量	东盟国家对中国投资存量	中国对东盟国家非金融类直接投资流量	东盟国家对中国非金融类直接投资流量
文莱	0.79	26.9	0.96	0.72
柬埔寨	38.1	1.8	4.3	0.1
印度尼西亚	81.2	24.8	13.3	1.1
老挝	58.48	14.1	0.45	0
马来西亚	21.9	72.5	4.08	4.8
缅甸	41.3	1.15	2.06	0
菲律宾	7.8	32.3	0.23	0.39
新加坡	256	792.2	49.6	69
泰国	32.8	40.6	4.4	0.4
越南	31.9	1.24	3.2	0
合计	570.27	1007.59	82.58	76.51

资料来源:中国国家发展和改革委员会

东盟国家的 FDI 净流入(2015 年)

国家/地区	金额(百万美元)			各国占比(%)			总净流入占比(%)		
	东盟内	东盟外	总净流入	东盟内	东盟外	总净流入	东盟内	东盟外	总净流入
文莱	86.7	84.7	171.3	0.4	0.1	0.1	50.6	49.4	100.0
柬埔寨	425.4	1275.6	1701.0	1.9	1.3	1.4	25.0	75.0	100.0
印度尼西亚	9317.6	6755.2	16072.8	42.1	6.9	13.4	58.0	42.0	100.0
老挝	221.8	857.3	1079.2	1.0	0.9	0.9	20.6	79.4	100.0
马来西亚	2719.0	8570.6	11289.6	12.3	8.8	9.4	24.1	75.9	100.0
缅甸	2230.6	593.8	2824.5	10.1	0.6	2.4	79.0	21.0	100.0
菲律宾	164.4	5559.8	5724.2	0.7	5.7	4.8	2.9	97.1	100.0
新加坡	3416.3	57868.5	61284.8	15.4	59.2	51.1	5.6	94.4	100.0
泰国	1413.7	6613.8	8027.5	6.4	6.8	6.7	17.6	82.4	100.0
越南	2153.5	9646.5	11800.0	9.7	9.9	9.8	18.2	81.8	100.0
总计	22149.0	97825.8	119974.8	100.0	100.0	100.0	18.5	81.5	100.0
东盟6国总计	17117.7	85452.6	102570.2	77.3	87.4	85.5	16.7	83.3	100.0
CLMV	5031.3	12373.3	17404.6	22.7	12.6	14.5	28.9	71.1	100.0

资料来源:东盟外国直接投资数据库(东盟秘书处),2016 年 10 月(http://www.asean.org)

注:所有数据为初步数据。东盟6国包括文莱、印度尼西亚、马来西亚、菲律宾、新加坡和泰国,CLMV 包括柬埔寨、老挝、缅甸和越南

东盟分国家和地区 FDI 净流入

国家/地区	总额(百万美元)			净流入份额(%)			年增长率(%)	
	2013 年	2014 年	2015 年	2013 年	2014 年	2015 年	2013～2014年	2014～2015年
东盟	19562.2	22134.5	22149.0	15.7	17.0	18.5	13.1	0.1
澳大利亚	2587.7	6281.5	5193.0	2.1	4.8	4.3	142.7	-17.3
加拿大	816.8	1679.0	892.8	0.7	1.3	0.7	105.6	-46.8
中国	6426.2	6990.1	8155.3	5.1	5.4	6.8	8.8	16.7
欧盟	24511.3	24989.9	19666.5	19.6	19.2	16.4	2.0	-21.3
印度	2100.9	605.9	1254.4	1.7	0.5	1.0	-71.2	107.0
日本	24750.2	15705.4	17395.2	19.8	12.1	14.5	-36.5	10.8
新西兰	335.9	550.0	2241.1	0.3	0.4	1.9	63.7	307.5
巴基斯坦	-2.1	6.2	-10.5	0.0	0.0	0.0	-393.1	269.6
韩国	4303.3	5750.7	5680.2	3.4	4.4	4.7	33.6	-1.2
俄罗斯	607.9	-113.2	-28.9	0.5	-0.1	0.0	-118.6	-74.5
美国	7157.2	14748.5	12191.5	5.7	11.3	10.2	106.1	-17.3
选定的合作伙伴国家/地区总数	93157.6	99328.4	94779.6	74.6	76.4	79.0	6.6	-4.6
东盟 FDI 净流入总额	124864.5	129995.1	119974.8	100.0	100.0	100.0	4.1	-7.7

资料来源:东盟外国直接投资数据库(东盟秘书处),2016 年 10 月(http://www.asean.org)

注:2015 年数据为初步数据。老挝 2013 年外国直接投资来源国数据不可得,东盟区内和区外分类来自东盟秘书处估计

东盟国家在华留学生与获奖学金人数

单位:人

国家	1991 年		1997 年		2003 年		2015 年	
	留学生总数	获奖学金学生数	留学生总数	获奖学金学生数	留学生总数	获奖学金学生数	留学生总数	获奖学金学生数
文莱	0	0	0	0	4	0	62	3
柬埔寨	5	5	82	2	139	50	1829	586
印度尼西亚	5	0	921	1	2563	7	12694	521
老挝	15	15	68	39	405	284	6918	1156
马来西亚	11	0	502	0	841	26	6650	264
缅甸	5	5	6	0	232	25	4733	249
菲律宾	39	9	232	0	602	8	3343	63
新加坡	41	0	303	3	551	26	4865	104
泰国	60	7	367	4	1554	41	19976	1555
越南	2	0	253	42	3487	196	10031	2146
合计	183	41	2734	91	10378	663	71101	6647

资料来源:中国教育部

中国与东盟各国互派学生总数(2015 年)

(按互派学生人数从高到低排序)

单位:人

东盟国家	在华留学生数	接收中国学生数	互派学生总数
新加坡	4865	80850	85715
泰国	19976	30526	50502
马来西亚	6650	10775	17425
印度尼西亚	12694	750 *	13444
越南	10031	919	10950
老挝	6918	325	7243
缅甸	4733	4	4737
菲律宾	3343	6	3349
柬埔寨	1829	23	1852
文莱	62	0	62
合计	71101	124178	195279

资料来源:中国教育部。* 数据来自印度尼西亚驻华使馆(700～800 人)

(何 战)

附　　录

中国驻东盟各国大使馆

（名称/大使/地址/电话/电子邮箱）

驻文莱达鲁萨兰国大使馆/杨健（女）（Yang Jian）/NO. 1,3,5 Simpang 462, Kampung Sungai Hanching Baru, Jalan Muara, BC2115, Bandar Seri Begawan, Brunei Darussalam/（00673）8960711（领事保护手机），2334163，2335710（传真）/consulate_brn@ mfa. gov. cn

驻柬埔寨王国大使馆/熊波（Xiong Bo）/金边毛泽东大道156号（No. 156, Blvd Mao Tsetung, Phnom Penh, Cambodia）/（00855）12901923（领事保护手机），12810928，00855－23－720922（传真）/chinaemb_kh@ mfa. gov. cn

驻印度尼西亚共和国大使馆/谢锋（Xie Feng）/JL. Mega Kuningan No. 2 Jakarta Selatan 12950 Indonesia/8179838410（领事保护手机），（0062－21）5761037,5761038（传真）/administrative@ chnemb. or. id

驻老挝人民民主共和国大使馆/关华兵（Guan Huabing）/Wat Nak Road, Sisattanak, Vientiane, Lao P. D. R./（00856－21）315100,315104（传真）/chinaemb_la@ mfa. gov. cn

驻马来西亚大使馆/黄惠康（Huang Huikang）/229, Jalan Ampang, 50450 Kuala Lumpur, Malaysia/0086－10－59913991（领事保护电话）（00603）21428495,21416732,21414552（传真）/CHINAEMBMY@ MFA. GOV. CN

驻缅甸联邦大使馆/洪亮（Hong Liang）/No. 1 Pyidaungsu Yeiktha Road, Yangon, Union of Myanmar/（0095）943209657（领事保护手机），（0095－1）221280,221281,227019（传真）/chinaemb_mm@ mfa. gov. cn

驻菲律宾共和国大使馆/赵鉴华（Zhao Jianhua）/4896 Pasay Road, Dasmarinas Village, Makati, Metro Manila, the Philippines/0063－9178972695（领事保护手机），（0063－2）8443148,8452465（传真）/chinaemb_ph@ mfa. gov. cn

驻新加坡共和国大使馆/陈晓东（Chen Xiaodong）/东陵路150号新加坡247969邮区（Embassy of the P. R. China in Singapore 150 Tanglin Road Singapore 247969）/（0065）92971517（领事保护电话），64180252,67344737,64793250（传真）/chinaemb_sg@ mfa. gov. cn

驻泰王国大使馆/宁赋魁（Ning Fukui）/57 Rachadapisake Road Huay Kwang, Bangkok 10310, Thailand/（0066－2）2457044，2468247（传真）/chinaemb_th@ mfa. gov. cn

驻越南社会主义共和国大使馆/洪小勇（Hong Xiaoyong）/46 Hoang Dieu Road, Hanoi, Vietnam/（0084－4）38453736，38232826（传真）/chinaemb_vn@ mfa. gov. cn

东盟各国驻中国外交机构

（名称/大使/地址/电话/电子邮箱）

文莱达鲁萨兰国大使馆/张慈祥（H. E Mr. Magdalene Teo）/北京市朝阳区亮马桥北街1号/（010）65329773，65329776，65324093,65324097（传真）

柬埔寨王国大使馆/凯·西索达（Khek Sysoda）/北京市朝阳区东直门外大街9号/（010）65321889，65323507（传真）/cambassy@ public2. bta. net. cn

印度尼西亚共和国大使馆/易慕龙（Imron Cotan）/北京市朝阳区东直门外大街4号/（010）65325485－88，65325368（传真）/set. indonesia. kbri@ deplu. go. id

老挝人民民主共和国大使馆/宋迪·本库（Somdy Bounkhoum）/北京市朝阳区三里屯东四街11号/（010）65321224，65326748（传真）

马来西亚大使馆/伊斯甘达·萨鲁丁（Iskandar Sarndin）/北京市朝阳区亮马桥北街2号/（010）65322531，65325032（传

真)/mwbjing@ 95777. com

缅甸联邦大使馆/吴丁乌(Tin Oo)/北京市朝阳区东直门外大街 6 号/(010)65320359,65320408(传真)/info@ myanmarembassy. com

菲律宾共和国大使馆/艾尔琳达·巴西里奥(Erlinda F.Basilio)/北京市朝阳区建国门外秀水北街 23 号/(010)65321872,65323761(传真)/Philemb_beijing@ yahoo. com

新加坡共和国大使馆/罗家良(Loh Ka Lanng)/北京市朝阳区建国门外秀水北街 1 号/(010)65321115,65329405(传真)

泰王国大使馆/伟文 · 丘氏君(Wiboon Khusakul)/北京市朝阳区光华路 40 号/(010)65321749,65321748(传真)/thaibej@ eastnet. com. cn

越南社会主义共和国大使馆/洪小勇(Hong Xiaoyong)/北京市朝阳区建国门外光华路 32 号/(010)65321125,65321155,65326521(传真)/Banbientap@ mofa. gov. vn

中国驻东盟各国总领事馆

(名称/总领事/地址/电话/电子邮箱)

驻棉兰总领事馆(印度尼西亚)/朱洪海(Zhu Honghai)/Jalan Walikota No. 9, Medan 20152/0062 - 82165631079(值班电话),(0062 -61)4571232,4571261(传真)/chinaconsul_mdn_id@ mfa. gov. cn

驻泗水总领事馆(印度尼西亚)/顾景奇(Gu Jingqi)/Jalan Mayjend. Sungkono Kav. B1/105, Surabaya,Jalan Paris Argosari V D -3, Surabaya(签证厅)/(0062 -31)5687225,5674667(传真)/chinaconsul_sur@ mfa. gov. cn

驻登巴萨总领事馆(印度尼西亚)/胡银全(Hu Yinquan)/No. 9, Block C, Perumahan Sunset Garden, Kuta, Bali 80361/(0062 -361)8477295,8477280(传真)/chinaconsul_dps_id@ mfa. gov. cn

驻琅勃拉邦总领事馆(老挝)/黎宝光(Li Baoguang)/琅勃拉邦省琅勃拉邦县邦康村(PhongKham Village, Luang Prabang District, Luang Prabang Provice, Lao PDR)/(00856 - 71)252437,213330(传真)/consulate_lp@ mfa. gov. cn

驻古晋总领事馆(马来西亚)/付吉军(Fu Jijun)/马来西亚沙捞越州古晋市王长水路 10 段 276 号/(0060 - 82)240344,232344(传真)/consulate_kuching@ mfa. gov. cn

驻哥拉基纳巴卢总领事馆(马来西亚)/陈佩洁(Chen Peijie)/马来西亚沙巴州哥打基纳巴卢/Palm Court, Lot 7, No 3, VIP Lot, Lorong Pokok Palma Rajah, Jalan Lintas, 88000 Kota Kinabalu, Sabah, Malaysia/(0060)88385481,88385491(传真)/chinaconsul_kk_my@ mfa. gov. cn, chinese_consulate_kk@ yahoo. com

驻槟城总领事馆(马来西亚)/吴骏(Wu Jun)/马来西亚玻璃池滑区的东姑阿都拉曼路 28 号 B&C(28 B&C, Jalan Tunku Abdul Rahman, 10350 George Town, Penang, Malaysia)/(0060)42189795,(0060)42189798(传真)/consulate_penang@ mfa. gov. cn

驻曼德勒总领事馆(缅甸)/王宗颖(Wang Zongying)/Yadanar Lnae, Yangyi Aung Road/(00952)34457,34458,35937,35944(传真)/ chinaconsul_man_mm@ mfa. gov. cn

驻宿务总领事馆(菲律宾)/施泳(Shi Yong)/7th Floor, Mandarin Plaza Hotel, Archbishop Reyes Avenue Corner Escario Street, Cebu City, Philippines(0063 - 32)5051035、5051038(传真)/consulate_cebu@ mfa. gov. cn

驻拉瓦格总领事馆(菲律宾)/王建群(Wang Jianqun)/菲律宾北伊罗戈省圣尼古拉斯县三藩镇一区国道216 号(No. 216 National Highway, Brgy. 1, San Francisco San Nicolas, Ilocos Norte 2901, Republic of the Philippines)/(0063 - 77)6706600,6706338(传真)/Chinaconsul_lg_ph@ mfa. gov. cn

驻清迈总领事馆(泰国)/任义生(Ren Yisheng)/泰国清迈昌罗路111号(111 Changloh Road, Haiya District, Chiang Mai, Thailand 50100)/(6653) 280380,276125,274614(传真)/http://chiangmai. chineseconsulate. org/chn

驻宋卡总领事馆(泰国)/周海成(Zhou Haicheng)/No. 9, Sadao Road, Ampur Muang, Songkhla/(0066 - 74)322034,323772(传真)/chinaconsul_skh_th@ mfa. gov. cn

驻孔敬总领事馆(泰国)/李名刚(Li Minggang)/孔敬府直辖县环湖路 2 组 142/44 号(142/44 Moo 2,Rob - Bueng Rd., Nai - Muang, Muang, Khon Kaen, Thailand 40000) /(043)226873,227037(传真)/http://khonkaen. china - consulate. org

驻胡志明市总领事馆(越南)/陈德海(Chen Dehai)/胡志明市第三郡二征夫人路 175 号(175 Hai Ba Trung Road, District 3, Ho Chi Minh City)/(00848)38292457,38295009(传真)/chinaconsul_hcm_vn@ mfa. gov. cn

驻岘港总领事馆(越南)/郗慧(Xi Hui)/岘港市/0084 - 905580010(领事保护与协助服务)

(据中华人民共和国外交部网站)

东盟各国驻中国总领事馆

（名称/总领事/地址/电话/领区）

柬埔寨王国驻重庆总领事馆/凯达拉（Khel Dara）/重庆市渝中区筷子街2号中国人寿大厦第10层/(023)63113666(传真)/重庆、湖北、湖南

柬埔寨王国驻昆明总领事馆/淮立恒（KruyLimheng）/云南省昆明市白云路258号官房大厦14楼/(0871)63317320，63316220(传真)/云南、四川、贵州

柬埔寨王国驻广州总领事馆/兴波（HENGPoeu）/广东省广州市环市东路368号花园酒店东楼804－808室/(020)83338999－808，83879006(传真)/广东、福建、海南

柬埔寨王国驻南宁总领事馆/努西瓦塔（Nguon Syvatha）/广西壮族自治区南宁市中国—东盟商务区桂花路16－6号/(0771)5672358，5672352，5672358(传真)/广西

柬埔寨王国驻上海总领事馆/丁萨南（Tean Samnang）/上海市闸北区天目中路267号蓝宝石大厦12楼A座/(021)51015850，51015866(传真)/上海、浙江、江苏、安徽

柬埔寨王国驻西安总领事馆/辉比威/陕西省西安市曲江新区雁南路292号曲江文化大厦6层/(029)89667287，89667289(传真)/陕西、甘肃、宁夏

印度尼西亚共和国驻广州总领事馆/琇翡（女）（Ratu Silvy Gayatri）/广东省广州市越秀区流花路120号东方宾馆西座2楼1201－1223室/510016(邮编)/(020)86018772，86018773(传真)/广东、广西、福建、海南

印度尼西亚共和国驻上海总领事馆/古纳万（Arif Gunawan）/上海市长宁区延安西路2299号上海世贸商城1607－1608室/(021)52402321，32565627(传真)/上海、浙江、江苏、安徽、江西

老挝人民民主共和国驻上海总领事馆/西莎美·銮珍达翁（女）（Sisamay Luangchandavong）/上海市静安区江宁路356弄，静安紫苑行政9楼/(021)58987855，62188225(传真)/上海、浙江、江苏、安徽

老挝人民民主共和国驻南宁总领事馆/万希·维丽雅彭（女）（Vansy Vilignaphone）/广西壮族自治区南宁市中国—东盟商务区桂花路16－1号/(0771)5672544，5672502，5672503(传真)/广西、广东

老挝人民民主共和国驻昆明总领事馆/康潘·翁桑迪（Khamphone Vongsanty）/云南省昆明市彩云北路6800/(0871)67334522，67334511，67335489，67334533(传真)/云南

老挝人民民主共和国驻昆明总领事馆驻景洪办公室/鸿萨·因提腊（Hongsa INTHILATH）/云南省西双版纳州景洪市沧江新区宣慰大道江北段，告庄西双景公建区综合楼210号/(0691)2219355，2219955(传真)/西双版纳州、普洱市

老挝人民民主共和国驻广州总领事馆/本班·巩银赛亚星（Bounpan Kongnhinsayaseng）广东省广州市越秀区环市东路339号广东国际大厦主楼9楼905－906室/(020)83340710/广东、海南、江西、福建

马来西亚驻昆明总领事馆/拿督萧进平（Dato Siow Chen Pin）/云南省昆明市西山区滇池路南亚风情第一城B座写字楼4楼403/(0871)63165088，63113503(传真)/云南、广西、贵州、四川、重庆

马来西亚驻广州总领事馆/木山利（Muzambli Bin Markam）/广东省广州市天河区天河北路233号中信广场商业大楼19楼15－18室/(020)87395660，87395661，38772320(传真)/广东、江西、福建、海南、湖南

马来西亚驻上海总领事馆/陈扬泰（Tan Yang Thai）/上海市红宝石路500号东银大厦B栋9层01、04室/(021)60900360，60900371(传真)/上海、浙江、江苏、安徽

马来西亚驻南宁总领事馆/黄奕瑞（Bong Yik Jui）/广西壮族自治区南宁市青秀区民族大道131号南宁鑫伟万豪酒店2008室/(0771)5593289，5593916(传真)/广西、贵州

缅甸联邦共和国驻南宁总领事馆/杜丁埃凯（Tin Aye Khine）/广西壮族自治区南宁市中国—东盟商务区桂花路16－7号/(0771)5672845，5672391，5672192(传真)/广西、广东、湖南

缅甸联邦共和国驻昆明总领事馆/梭柏（SoePaing）/云南省昆明市官渡区迎宾路99号/(0871)68162804，68162808(传真)/云南、四川、贵州、重庆

菲律宾共和国驻重庆总领事馆/莲丽（女）（Olivia V. Palala）/重庆市渝中区邹容路68号大都会商厦29楼2903－2905单位/(023)63810832，63729809(传真)/重庆、云南、贵州

菲律宾共和国驻广州总领事馆/唐芷林（女）（Marie Charlotte G. Tang）/广东省广州市越秀区环市东路339号广东国际大厦主楼706－712室/(020)83311461，83310996，83330573(传真)/广东、广西、海南、湖南

菲律宾共和国驻厦门总领事馆/付昕伟（Julius Caesar Aragon Flores）/福建省厦门市思明区莲花新村凌香里2号/(0592)5130355，5130366，5530803(传真)/福建、江西

菲律宾共和国驻上海总领事馆/库玉甘(Wilfredo Ramon Cuyugan)/上海市长宁区延安西路1168号首信银都广场301室/(021)62818020,62818023(传真)/上海、浙江、江苏、安徽、湖北

新加坡共和国驻成都总领事馆/颜呈吉(Gan Teng Kiat)/四川省成都市锦江区人民南路二段1号仁恒置地广场写字楼3001号/(028)86527222,86528005(传真)/四川,陕西,重庆

新加坡共和国驻广州总领事馆/蔡鐙合(Chua Teng Hoe)/广东省广州市天河区天河北路233号中信广场办公楼2418室/(020)38912345,38912933(传真)/广东、海南、广西、湖南、贵州、云南

新加坡共和国驻上海总领事馆/罗德伟(Loh Tuck Wai)/上海市万山路89号/(021)62785566,62086544(传真)/上海、浙江、江苏、安徽

新加坡共和国驻厦门总领事馆/池兆森(Chi Chiew Sum)/福建省厦门市厦禾路189号银行中心5楼07、08单元/(0592)2684691,2684694(传真)/福建、江西

泰王国驻成都总领事馆/潘媞葩(女)(Phantipha Iamsudha Ekarohit)/四川省成都市武侯区航空路6号丰德国际广场C座12楼/(028)66897861,66897863(传真)/四川、重庆

泰王国驻昆明总领事馆/鹏普·汪披塔亚(Pornpop Uampidhaya)/云南省五华区昆明市东风西路11号顺城东塔18楼/(0871)63168916, 63166891(传真)/云南、贵州、湖南

泰王国驻广州总领事馆/瓦信·兰巴替盛(Vasin Ruangprateepsaeng)/广东省广州市海珠区友和路36号/(020)83858988,83889567(传真)/广东、海南

泰王国驻上海总领事馆/巴丽彩(女)(Parichat Luepaiboolphan)/上海市长宁区万山路18号/(021)52609899,52609898(传真)/上海、浙江、江苏、安徽

泰王国驻厦门总领事馆/邱塔泰(Tajtai Tmangraksat)/福建省厦门市思明区虎园路16号厦门宾馆3号楼/(0592)2027980,2027982,2058816(传真)/福建、江西

泰王国驻南宁总领事馆/蔡乐·蓬蒂窝拉卫(Chairat Porntipwarawet)/广西壮族自治区南宁市青秀区金湖北路52-1号东方曼哈顿大厦一层/(0771)5526945-46,5526949(传真)/广西

泰王国驻西安总领事馆/苏提瓦(Methee Suthiwartnarueput)/陕西省西安市曲江新区雁南三路钻石半岛11号楼1-2层/(029)89312831,89312863,89312935(传真)/陕西,甘肃,宁夏

泰王国驻青岛总领事馆/副总领事万贺怡(女)(Waraphannee Damrongmanee)/山东省青岛市市南区香港中路9号香格里拉中心1504-1505单元/(0532)68877038, 68877039, 68877036(传真)/山东

越南社会主义共和国驻昆明总领事馆/阮士洪(Nguyen Si Hong)/云南省昆明市北京路155号附1号红塔大厦507室/(0871)63522669,63516667(传真)/云南

越南社会主义共和国驻广州总领事馆/阮进洪(Nguyen Tien Hong)/广东省广州市海珠区侨光路华厦大酒店A座6楼/510115(邮编)/(020)83305911,83305915(传真)/广东

越南社会主义共和国驻上海总领事馆/阮青梅(女)(Nguyen Thanh Mai)/上海市浦东新区浦东大道900号华辰金融大厦304室/(021)68555871,68555872,68555873(传真)/上海

越南社会主义共和国驻南宁总领事馆/范清平(Pham Sao Mai)/广西壮族自治区南宁市青秀区金湖路55号亚航财富中心27楼/(0771)5510560,5510562,5534738(传真)/广西

中国和东盟各国简况

国 家	国名全称	首 都	主要语言	主要宗教	货币	省级行政区(个)	人口(万人)	民族(个)
中国	中华人民共和国	北京	汉语	佛教	人民币	34	137462	56
文莱	文莱达鲁萨兰国	斯里巴加湾	马来语	伊斯兰教	文莱元	4	41.72(2015年)	20
柬埔寨	柬埔寨王国	金边	高棉语	佛教	瑞尔	24	1550(2014年)	20多
印度尼西亚	印度尼西亚共和国	雅加达	印尼语	伊斯兰教	卢比(印尼盾)	30	25550	100多
老挝	老挝人民民主共和国	万象	老挝语	佛教	基普	18	680(2015年)	49
马来西亚	马来西亚联邦	吉隆坡	马来语	伊斯兰教	林吉特	16	3065	30多
缅甸	缅甸联邦共和国	内比都	缅甸语	佛教	缅元	15	5390(2015年)	135
菲律宾	菲律宾共和国	大马尼拉	菲律宾语	天主教	比索	17	19800(2015年)	约90
新加坡	新加坡共和国	新加坡	马来语		新加坡元	6	553.5(2015年)	
泰国	泰王国	曼谷	泰语	佛教	铢	76	6796	30多
越南	越南社会主义共和国	河内	越南语		越南盾	64	9170	54

注:根据《中国—东盟自由贸易区与广西》(广西社会科学院编)有关资料编制

中国和东盟各国自然状况简表

国　家	陆地国土总面积（万平方千米）	气　候	年平均气温（℃）	海岸线长度（千米）	主　要　资　源
中国	960	热带、亚热带、温带季风		32000	石油、天然气、煤炭、铁矿、锰矿、铬矿、铜矿、铅锌矿、铝矿、镍矿、钨矿、锡矿、金矿、银矿、森林、水力、动植物等
文莱	0.5765	热带雨林	28	约 161	石油、天然气、金矿、煤炭、锑矿、铝矿、矾土等
柬埔寨	18.1035	热带季风	27	460	金矿、磷酸盐、宝石、石油、铁矿、煤炭、森林、渔业等
印度尼西亚	190.44	热带雨林	25～27	54716	石油、天然气、煤炭、锡矿、铝矾土、镍矿、金矿、银矿、森林等
老挝	23.6800	热带、亚热带季风	20～30		锡矿、铅矿、钾矿、铜矿、铁矿、金矿、石膏、煤炭、盐、森林等
马来西亚	33.0257	热带海洋	25～30	4192	石油、天然气、锡矿、铁矿、金矿、钨矿、铝土、锰矿、森林等
缅甸	67.6578	热带季风	27	3200	石油、天然气、锡矿、钨矿、锌矿、铝矿、锑矿、锰矿、金矿、银矿、宝石、玉石、森林、水力等
菲律宾	29.9700	热带海洋	26.6	18533	铜矿、金矿、银矿、铁矿、铬矿、镍矿、地热、石油、渔业等
新加坡	0.07143	热带海洋	24～27	193	植物
泰国	51.3115	热带季风	27	2616.4	钾盐、锡矿、褐煤、油页岩、天然气、锌矿、铅矿、钨矿、铁矿、铬矿、重晶石、宝石、石油、森林等
越南	32.9556	热带季风	23～25	3260	煤炭、铁矿、锰矿、铬矿、铝矿、锡矿、磷矿、水产、森林等

注：根据《中国—东盟自由贸易区与广西》（广西社会科学院编），外交部网站等有关资料编制

中国与东盟各国货币名称

国家、地区	货币名称		货币符号		辅币进位制
	中文	英文	原有旧符号	标准符号	
中国	人民币	Renminbi	RMB ¥	CNY	1CNY＝10 jiao（角）　1jiao＝10 fen（分）
文莱	文莱元	Brunei Dollar	B $	BND	1BND＝100cents（分）
柬埔寨	瑞尔	Cambodian Riel	CR.；J Ri.	KHR	1KHR＝100 sen（仙）
印度尼西亚	印尼盾	Indonesian Rupiah	Rps.	IDR	1IDR＝100 cents（分）
老挝	基普	Laotian Kip	K.	LAK	1LAK 1LAK＝100 ats（阿特）
马来西亚	林吉特	Malaysian Dollar	M. $；Mal. $	MYR	1MYR＝100 cents（分）
缅甸	缅元	Burmese Kyat	K.	BUK	1BUK＝100 pyas
菲律宾	比索	Philippine Peso	Ph. Pes.；Phil. P.	PHP	1PHP＝100 centavos（分）
新加坡	新加坡元	Singapore Dollar	S. $	SGD	1SGD＝100 cents（分）
泰国	铢	Thai Baht （Thai Tical）	BT.；Tc.	THP	1THP＝100 satang（萨当）
越南	越南盾	Vietnamese Dong	D.	VND	1VND＝10 角＝100 分

中国—东盟领导人特别会议

会议名称	时　间	地　点	出席会议的中国领导人
中国—东盟领导人非典问题特别会议	2003 年 4 月 29 日	泰国曼谷	温家宝
东盟地震和海啸灾后问题领导人特别会议	2005 年 1 月 6 日	印尼雅加达	温家宝

注：资料来自中华人民共和国外交部

中国和东盟各国首都简况

国　家	首　都	面　积（平方千米）	人口（万）	年平均气温（°C）	行政区划	主　要　景　点
中国	北京	16412	2172.9	13	辖16个区	天安门广场、故宫、天坛、北海公园、颐和园、长城、圆明园、恭王府、什刹海、景山公园、香山公园、明十三陵、雍和宫、南锣鼓巷
文莱	斯里巴加湾	15.8	约14	28		努鲁尔·阿里·赛义夫汀清真寺、水上村落——艾尔村、丘吉尔纪念馆、腾云殿、文莱博物馆等
柬埔寨	金边	290	约150	27	辖7个区和76个社区	皇宫、银寺、国家博物馆、塔山、杀人场等
印度尼西亚	雅加达	650.4	996.9（2015年）	27		独立广场公园、印度尼西亚缩影公园、安佐尔梦幻公园、千岛群岛、伊斯蒂赫拉尔清真寺、中央博物馆等
老挝	万象	3920	85（2015年）	22.6～31.7		塔銮、瓦帕娇寺、瓦细刹吉寺、瓦翁第寺、凯旋门、塔当塔、尤鲁纪念碑等
马来西亚	吉隆坡	243.65	172.25	27.5	辖13个州	王宫、国会大厦、国立博物馆、国家回教堂、黑风洞、云顶高原等
缅甸	内比都	725	92.36	26.9	3个镇区	彬马那、累韦、德光
菲律宾	大马尼拉	626.58	1288（2015年）	28	辖4个市和13个自治市	千岛缩影、黎刹公园、国立博物馆、西班牙古城、唐人街、马拉坎阑宫、柯里基多岛、美军纪念公墓等
新加坡	新加坡	714.3（2013年）	547（2014年）	24～27	辖6个地区	圣淘沙、鱼尾狮公园、知新馆、苏丹回教堂、裕廊飞禽公园等
泰国	曼谷	1568	800	24～30	24个县、150个区	大皇宫、金佛寺、云石寺、四面佛、玉佛寺、郑皇庙、水上市场等
越南	河内	3340	756（2015年）	23.4	7个郡5个县	巴亭广场、胡志明陵墓、独柱寺、文庙、还剑湖、西湖等

中国与东盟国家或地区通信代码与区号

Countries and Regions	国家或地区	国际域名缩写	电话代码	与中国北京时间时差
China	中　国	CN	86	0
Brunei	文　莱	BN	673	0
Burma	缅　甸	MM	95	-1.3
Philippines	菲律宾	PH	63	0
Malaysia	马来西亚	MY	60	-0.5
Singapore	新加坡	SG	65	+0.3
Thailand	泰　国	TH	66	-1
Laos	老　挝	LA	856	-1
Vietnam	越　南	VN	84	-1
Kampuchea (Cambodia)	柬埔寨	KH	855	-1
Indonesia	印度尼西亚	ID	62	-0.3
Hongkong	中国香港	HK	852	0
Taiwan	中国台湾	TW	886	0

东盟国家独立时间及与中国建立外交关系时间

国　家	独立前的宗主国	独立时间	与中国建交时间
文莱	英国	1984 年 1 月 1 日	1991 年 9 月 30 日
柬埔寨	法国	1953 年 11 月 9 日	1958 年 7 月 19 日
印度尼西亚	荷兰	1945 年 8 月 17 日	1950 年 4 月 13 日
老挝	法国	1945 年10月 12 日	1961 年 4 月 25 日
马来西亚	英国	1957 年 8 月 31 日	1974 年 5 月 31 日
缅甸	英国	1948 年 1 月 4 日	1950 年 6 月 8 日
菲律宾	美国	1946 年 7 月 4 日	1975 年 6 月 9 日
新加坡	英国	1965 年 8 月 9 日	1990 年 10 月 3 日
泰国			1975 年 7 月 1 日
越南	法国	1945 年 9 月 2 日	1950 年 1 月 18 日

注：根据《中国—东盟自由贸易区与广西》（广西社会科学院编）有关资料编制

历次中国—东盟领导人会议简况

会议名称	时　间	地　点	出席会议的中国领导人
第 1 次领导人非正式会晤	1997 年 12 月 16 日	马来西亚吉隆坡	江泽民主席
第 2 次领导人非正式会晤	1998 年 12 月 16 日	越南河内	胡锦涛副主席
第 3 次领导人非正式会晤	1999 年 11 月 28 日	菲律宾马尼拉	朱镕基总理
第 4 次领导人会议	2000 年 11 月 25 日	新加坡	朱镕基总理
第 5 次领导人会议	2001 年 11 月 5 日	文莱斯里巴加湾	朱镕基总理
第 6 次领导人会议	2002 年 11 月 4 日	柬埔寨金边	朱镕基总理
第 7 次领导人会议	2003 年 10 月 8 日	印尼巴厘岛	温家宝总理
第 8 次领导人会议	2004 年 11 月 29 日	老挝万象	温家宝总理
第 9 次领导人会议	2005 年 12 月 12 日	马来西亚吉隆坡	温家宝总理
第 10 次领导人会议	2007 年 1 月 14 日	菲律宾宿务	温家宝总理
第 11 次领导人会议	2007 年 11 月 20 日	新加坡	温家宝总理
第 12 次领导人会议	2009 年 10 月 24 日	泰国华欣	温家宝总理
第 13 次领导人会议	2010 年 10 月 29 日	越南河内	温家宝总理
第 14 次领导人会议	2011 年 11 月 18 日	印尼巴厘岛	温家宝总理
第 15 次领导人会议	2012 年 11 月 19 日	柬埔寨金边	温家宝总理
第 16 次领导人会议	2013 年 10 月 9 日	文莱斯里巴加湾	李克强总理
第 17 次领导人会议	2014 年 11 月 13 日	缅甸内比都	李克强总理
第 18 次领导人会议	2015 年 11 月 21 日	马来西亚吉隆坡	李克强总理
第 19 次领导人会议	2016 年 9 月 7 日	老挝万象	李克强总理

中国—东盟自由贸易区部分关税削减时间表

起始时间	关　税　税　率	覆盖关税条目	参与的国家
2000 年	对所有东盟成员国 0～5%	85% 的 CEPT 条目	原东盟 6 国
2002 年 1 月 1 日	对所有东盟成员国 0～5%	全部 CEPT 条目	原东盟 6 国
2003 年 7 月 1 日	WTO 最惠国关税税率	全部	中国与东盟 10 国
2003 年 10 月 1 日	中国与泰国果蔬关税降至 0	中泰水果蔬菜	中国、泰国
2004 年 1 月 1 日	农产品关税开始下调	农产品	中国与东盟 10 国
2005 年 1 月	对所有成员开始削减关税	全部	中国与东盟 10 国
2006 年	农产品关税降至 0	农产品	中国与东盟 10 国
2010 年	对所有东盟成员国 0	全部减税产品	原东盟 6 国
2010 年	关税降至 0	全部产品（部分敏感产品除外）	中国与原东盟 6 国
2015 年	对所有东盟成员国 0	全部产品（部分敏感产品除外）	东盟新成员国
2015 年	对中国—东盟自由贸易区成员国关税降至 0	全部产品（部分敏感产品除外）	东盟新成员国
2018 年	对东盟自由贸易区和中国—东盟自由贸易区所有成员国 0	剩余的部分敏感产品	东盟新成员国

注：资料来自 2002 年 11 月签署的《中国与东盟全面经济合作框架协议》

东盟、欧盟、非盟、阿盟、北美自由贸易区简况

名称	成立时间	成立文件	成员国	人口和面积	生产总值和贸易额	宗旨和特点	组织机构
东盟(东南亚国家联盟)	1967年8月8日	《东南亚国家联盟成立宣言》(也称《曼谷宣言》)	印度尼西亚、马来西亚、菲律宾、泰国、新加坡、文莱、越南、老挝、缅甸、柬埔寨	人口6.18亿,面积450万平方千米	国民生产总值2万亿美元(2013年),对外贸易总额达到近1万亿美元(2008年)	宗旨是以平等协作精神,共同努力促进本地区的经济增长、社会进步和文化发展;遵循正义、国家关系准则和《联合国宪章》,促进本地区的和平与稳定;同国际和地区组织进行紧密和互利的合作。特点是以经济合作作为基础的政治、经济、安全一体化合作组织	首脑会议、东盟协调理事会、东盟共同体理事会、东盟领域部长机制、东盟秘书长和东盟秘书处常驻东盟代表委员会、东盟国家秘书处、东盟人权机构、东盟基金会、与东盟相关的实体。现任东盟秘书长黎良明
欧盟(欧洲联盟)	1993年11月1日	《欧洲联盟条约》(又称《马斯特里赫特条约》)	德国、法国、意大利、荷兰、比利时、卢森堡、英国、丹麦、爱尔兰、希腊、西班牙、葡萄牙、奥地利、芬兰、瑞典、波兰、匈牙利、捷克、斯洛伐克、斯洛文尼亚、马耳他、塞浦路斯、爱沙尼亚、拉脱维亚、立陶宛、罗马尼亚、保加利亚、克罗地亚	人口5亿(2011年),面积437多万平方千米	国民生产总值18.49万亿美元(2014年)	促进和平,追求公民富裕生活,实现社会经济可持续发展,确保基本价值观,加强国际合作	理事会、委员会、欧洲议会、欧洲法院、外围组织、欧洲统计局、欧洲审计院、欧洲中央银行、欧洲投资银行等。现任欧盟委员会主席容克
非盟(非洲联盟)	1963年5月22日	《苏尔特宣言》	阿尔及利亚民主人民共和国、利比亚国、苏丹共和国、突尼斯共和国、西撒哈拉民主共和国(西撒哈拉)、贝宁共和国、布基纳法索、乍得共和国、科特迪瓦共和国、冈比亚共和国、加纳共和国、几内亚共和国、利比里亚共和国、马里共和国、尼日尔共和国、毛里塔尼亚伊斯兰共和国、尼日利亚联邦共和国、塞内加尔共和国、塞拉利昂共和国、多哥共和国、佛得角共和国、喀麦隆共和国、中非共和国、赤道几内亚共和国、加蓬共和国、刚果共和国、刚果民主共和国(前扎伊尔)、圣多美及普林西比民主共和国、安哥拉共和国、博茨瓦纳共和国、科摩罗联盟、莱索托王国、马拉维共和国、毛里求斯共和国、莫桑比克共和国、纳米比亚共和国、斯威士兰王国、南非共和国、坦桑尼亚联合共和国、赞比亚共和国、津巴布韦共和国、布隆迪共和国、吉布提共和国、厄立特里亚国、埃塞俄比亚联邦民主共和国、肯尼亚共和国、卢旺达共和国、塞舌尔共和国、索马里共和国、乌干达共和国、南苏丹共和国、埃及①中非共和国②几内亚比绍共和国③马达加斯加民主共和国④摩洛哥⑤	人口11亿,面积3000万平方千米	国民生产总值2.4万亿美元(2013年)	主要任务是维护和促进非洲大陆的和平与稳定,推行改革和减贫战略,实现非洲的发展与复兴。非盟致力于建设一个团结合作的非洲,力争各成员国在重大国际事务中能够用一个声音说话。该组织还积极落实2001年发起的非洲发展新伙伴计划,推动各成员国加强基础设施建设、吸引和争取外资及援助,以促进非洲大陆经济一体化。 非盟在维护地区安全、调解地区战乱和冲突方面采取积极行动。非盟参与调解布隆迪、刚果(金)、利比里亚、索马里、科特迪瓦和苏丹等国的冲突,有效地避免这些国家安全局势进一步恶化	首脑会议是非盟最高权力机构,每年举行国家元首和政府首脑级会议。在成员国提出要求并经2/3成员国同意,可召开特别首脑会议。非盟的官方机构有9个:首脑会议,行政当局,执行理事会,泛非议会,非洲法院,和平与安全理事会,常驻代表委员会,特别技术委员会,经济、社会和文化理事会(经社文理事会)
阿盟(阿拉伯国家联盟)	1945年3月22日	《阿拉伯联盟宪章》	(2008年)阿尔及利亚、阿联酋、阿曼、埃及、巴勒斯坦、巴林、吉布提、卡塔尔、科威特、黎巴嫩、利比亚、毛里塔尼亚、摩洛哥、沙特、苏丹、索马里、突尼斯、叙利亚、也门、伊拉克、约旦、科摩罗	人口约3.39亿,面积1300多万平方千米	国民生产总值2.86万亿美元(2014年)	密切成员国间的合作关系,协调彼此间的政治活动,捍卫阿拉伯国家的独立和主权,全面考虑阿拉伯国家的事务和利益,各成员国在经济、财政、交通、文化、卫生、社会福利、国籍、护照、签证、判决的执行以及引渡等方面进行密切合作。成员国相互尊重国家的政治制度,彼此之间的争端不得诉诸武力解决,成员国与其他国家缔结的条约和协定对其他国无约束力	首脑级理事会、部长级(外长)理事会、联合防御理事会、经社理事会、秘书处
北美自由贸易区	1994年1月1日	《北美自由贸易协定》	美国、墨西哥、加拿大	人口4.2亿,面积2130多万平方千米	国民生产总值11.4万亿美元(2006年),年贸易总额1.37亿美元	宗旨是取消贸易壁垒,创造公平竞争的条件,增加投资机会,对知识产权提供适当的保护,建立执行协定和解决争端的有效程序,促进三边的、地区的以及多边的合作。特点是大国主导型、经济互补型、战略过渡型	贸易委员会(秘书处、辅助组织等)、环境合作委员会(理事会、秘书处、联合咨询委员会)、劳工委员会(理事会、秘书处、国别行政办公室)

暂停资格/退出成员国:①、②2013年被暂停成员国资格;③2012年被暂停成员国资格;④2009年被暂停成员国资格;⑤1986年退出

中国和东盟各国主要港口及国际航空港名录

国　家	主　要　港　口	国际航空港(机场)
中国	海港:大连、营口、秦皇岛、天津、烟台、青岛、日照、连云港、上海、宁波、厦门、汕头、广州、湛江、北海、钦州、防城港、海口、香港、澳门、基隆、高雄 河港:重庆、万州、武汉、芜湖、南京、扬州、常州、张家港、南通、广州、梧州、贵港	北京首都、广州白云、上海浦东、上海虹桥、深圳宝安、昆明巫家坝、成都双流、西安咸阳、厦门高崎、重庆江北、天津滨海、大连周水子、杭州萧山、福州长乐、南京禄口、沈阳桃仙、桂林两江、南宁吴圩、哈尔滨阎家岗、台北桃园、高雄、香港、澳门
文莱	海港:穆阿拉、斯里巴加湾、马来亦、卢穆	斯里巴加湾
柬埔寨	海港:西哈努克	金边、暹粒
印度尼西亚	海港:丹戎不碌、泗水(丹戎佩拉)、三宝垄、勿拉湾	巴厘岛登帕萨、雅加达苏加诺—哈达、诗都阿佐、朱安达
老挝	河港:沙湾拿吉	琅勃拉邦、万象瓦岱、巴色
马来西亚	海港:巴生港、槟城、关丹、新山、纳闽(拉布安)、哥打基纳巴卢。河港:古晋	吉隆坡、槟城、兰卡威、哥打基纳巴卢、古晋
缅甸	海港:仰光。河港:勃生	仰光敏加拉洞、曼德勒、内比都
菲律宾	海港:宿务、马尼拉、怡朗、三宝颜	马尼拉阿基诺、宿务马克丹、达沃、苏比克、克拉克、拉瓦格
新加坡	海港:新加坡	新加坡樟宜
泰国	海港:宋卡、普吉。河港:曼谷	曼谷素旺那普、清迈、普吉、合艾
越南	海港:海防、岘港、金兰湾、广宁、炉门、归仁、义安、芽庄、西贡	河内内排、岘港、胡志明市新山一

注:根据《中国—东盟自由贸易区与广西》(广西社会科学院编)、新华网、凤凰网有关资料编制

中国和东盟各国重点风景名胜区名录

国　家	景　区　名　称
中国	八达岭—十三陵、承德避暑山庄、外八庙、秦皇岛北戴河、五台山、恒山、鞍山千山、镜泊湖、五大连池、太湖、南京钟山、杭州西湖、富春江—新安江、雁荡山、普陀山、黄山、九华山、天柱山、武夷山、庐山、井冈山、泰山、青岛崂山、鸡公山、洛阳龙门、嵩山、武汉东湖、武当山、衡山、肇庆星湖、桂林漓江、峨眉山、长江三峡、黄龙寺、九寨沟、重庆缙云山、青城山—都江堰、剑门蜀道、黄果树瀑布、云南石林、大理、西双版纳、华山、临潼骊山、麦积山、天山天池、野三坡、苍岩山、黄河壶口瀑布、鸭绿江、金石滩、兴城海滨、大连海滨—旅顺口、松花湖、八大部—净月潭、云台山、蜀岗瘦西湖、楠溪江、琅邪山、清源山、鼓浪屿—万石山、太姥山、三清山、龙虎山、胶东半岛海滨、大洪山、武陵源、岳阳楼—洞庭湖、西樵山、丹霞山、桂平西山、花山、贡嘎山、金佛山、蜀南竹海、织金洞、红枫湖、龙宫、三江并流、昆明滇池、丽江玉龙雪山、雅隆江、西夏王陵等
文莱	水村、王室陈列馆、赛福鼎清真寺、杰鲁东公园等
柬埔寨	吴哥古迹、金边、西哈努克港、马德望、荔枝山等
印度尼西亚	巴厘岛、婆罗浮屠佛塔、普兰班南寺庙群、"美丽的印度尼西亚"缩影公园、日惹苏丹王宫、多巴湖等
老挝	琅勃拉邦古城、巴色瓦普寺、万象塔銮、玉佛寺、占巴色孔埠瀑布、琅勃拉邦光西瀑布、万荣、石缸平原、沙湾拿吉的伊准塔等
马来西亚	吉隆坡、云顶、槟城、马六甲、兰卡威岛、刁曼岛、乐浪岛、邦咯岛、国家清真寺、大汉山国家公园等
缅甸	仰光大金塔、文化古都曼德勒、万塔之城蒲甘、额不里海滩等
菲律宾	百胜滩、蓝色港湾、碧瑶市、马荣火山、伊富高省巴纳韦高山梯田等
新加坡	圣淘沙岛、植物园、夜间动物园、天福宫、虎豹别墅等
泰国	曼谷、普吉、清迈、巴堤雅、清莱、华欣、苏梅岛等
越南	还剑湖、胡志明陵墓、文庙、巴亭广场、统一宫、古芝地道、下龙湾、芽庄等

注:中国的重点风景名胜区为 1982 年 11 月 8 日和 1988 年 8 月 1 日公布的第一、第二批名单

中国和东盟国家世界文化遗产、世界自然遗产、世界文化和自然双重遗产名录

国 家	世 界 文 化 遗 产	世界自然遗产、世界文化和自然双重遗产
中国	北京故宫(1987),长城(1987),周口店北京猿人遗址(1987),陕西秦始皇陵及兵马俑(1987),甘肃敦煌莫高窟(1987),西藏布达拉宫(1994),河北承德避暑山庄及周围寺庙(1994),山东曲阜孔庙、孔府、孔林(1994),湖北武当山古建筑群(1994),江西庐山风景名胜区(1996),山西平遥古城(1997),江苏苏州古典园林(1997),云南丽江古城(1997),北京天坛(1998),北京颐和园(1998),重庆大足石刻(1999),皖南古村落—西递、宏村(2000),明清皇室陵寝(2000),河南龙门石窟(2000),四川青城山—都江堰(2000),山西云冈石窟(2000),中国高句丽王城、王陵及贵族墓葬(2004),沈阳故宫、盛京二陵(2004),澳门历史城区(2005),安阳殷墟(2006),广东开平碉楼与村落(2007),福建土楼(2008),登封"天地之中"历史建筑群(2010),元上都遗址(2012),大运河(2014),丝绸之路(2014)、中国土司遗址[湖南永顺老司城遗址、湖北唐崖土司城遗址、贵州播州海龙屯遗址](2015),广西左江花山岩画(2016)	世界自然遗产:四川九寨沟风景名胜区(1992),四川黄龙风景名胜区(1992),湖南武陵源风景名胜区(1992),云南三江并流保护区(2003),四川大熊猫栖息地(2006),中国南方喀斯特(2007),江西三清山(2008),中国丹霞[贵州赤水、福建泰宁、湖南崀山、广东丹霞山、江西龙虎山(包含龟峰)、浙江江郎山](2010),云南澄江化石地(2012),新疆天山(2013) 世界文化和自然双重遗产:山东泰山风景名胜区(1987),安徽黄山风景名胜区(1990),四川峨眉山—乐山风景名胜区(1996),福建武夷山风景名胜区(1999) 文化景观:庐山(1996),山西五台山(2009),杭州西湖(2011),云南红河哈尼梯田(2013)
柬埔寨	吴哥窟区(1992),柏威夏古庙(2007)	
印度尼西亚	婆罗浮屠寺庙群(1991),普兰班南寺庙群(1991),桑义兰早期人类遗址(1996),巴厘文化景观:体现"幸福三要素"哲学的苏巴克灌溉系统	世界自然遗产:乌绒库伦国家公园(1991),科莫多国家公园(1991),洛伦茨国家公园(1999),苏门答腊热带雨林(2004年,2011年列为《世界濒危遗产名录》)
老挝	琅勃拉邦古城(1995),占巴塞文化风景区(2001)	
马来西亚	马六甲市,槟城乔治市(2008),玲珑谷地考古遗址	世界自然遗产:基纳巴卢山公园(2000),穆鲁山国家公园(2000)
缅甸	骠国古城(2014)	
菲律宾	菲律宾巴洛克教堂(1993),菲律宾巴纳韦高山梯田(1995),维甘历史古城(1999)	世界自然遗产:图巴塔哈礁群公园(1993),普林塞萨港地下河国家公园(1999),延伸扩充 Tubbataha Reef National Park(2009),汉密吉伊坦山野生动物保护区(2014)
泰国	素可泰历史城镇及相关历史城镇(1991),阿育他亚(大城)历史城镇及相关城镇(1991),班清阿考古遗址(1992)	世界自然遗产:童·艾·纳雷松野生生物保护区(1991)
越南	顺化历史建筑群(1993),美山遗址(1999),会安古镇(1999),升龙皇城中心区(2010),胡朝时期的城堡(2011)	世界自然遗产:下龙湾(1994),丰芽格邦国家公园(2003), 世界文化和自然双重遗产:长安名胜群(2014)

注:括号中数字为列入《世界遗产名录》的年份

东盟10国全球竞争力指数排行

国家	2016～2017年全球竞争力指数排行	2013～2014年全球竞争力指数排行	2014～2015年十二项竞争力因素排行											
			制度	基础设施	宏观经济环境	健康与初等教育	高等教育与培训	商品市场效率	劳动市场效率	金融市场成熟性	技术设备	市场规模	商务成熟性	创新
文莱	—	—	—	—	—	—	—	—	—	—	—	—	—	—
印度尼西亚	41	38	53	56	34	74	61	48	110	42	77	15	34	31
柬埔寨	89	88	119	107	80	91	123	90	29	84	102	87	111	116
老挝	93	81	63	94	124	90	110	59	34	101	115	121	79	84
缅甸	134	139	136	137	116	117	135	130	172	139	144	70	140	138
马来西亚	25	24	20	25	44	33	46	7	19	4	60	26	15	21
菲律宾	57	59	67	91	26	92	64	70	91	49	69	35	46	52
新加坡	2	2	3	2	15	3	2	1	2	2	7	31	19	9
泰国	34	37	84	48	19	66	59	30	66	34	65	22	41	67
越南	60	70	92	81	75	61	96	78	49	90	99	34	106	87

注:来源于《2016～2017年全球竞争力报告》

东盟各国家主要报纸

国家	本国文报纸	华文报纸	英文(其他语文)报纸
文莱	《婆罗洲公报》、《文莱灯塔》	《文莱美里日报》、《文莱诗华日报》	《婆罗洲公报》
柬埔寨	《柬埔寨之光报》、《人民报》、《和平岛报》、《柬埔寨日报》、《柬埔寨时报》	《华商日报》、《柬华日报》、《星洲日报》、《大众日报》、《新时代日报》	《柬埔寨日报》、《金边邮报》、《柬埔寨时报》
印度尼西亚	《罗盘报》、《专业之声报》、《印尼媒体报》、《共和国日报》、《革新之声报》、《印尼商报》、《华文邮报》	《印度尼西亚日报》、《华文邮报》、《国际日报》、《世界日报》、《商报》、《新生日报》、《和平日报》、《龙阳日报》、《广告日报》、《千岛日报》	《雅加达邮报》、《印尼观察家报》
老挝	《人民报》、《新万象报》、《人民军报》、《青年报》		《VINTIANETIMES》(英文报)、《LE RENOVATEUR》(法文报)
马来西亚	《马来西亚使者报》、《每日新闻》、《祖国报》	《南洋商报》、《星洲日报》、《中国报》等	《新海峡时报》、《星报》、《马来邮报》
缅甸	《缅甸之光》、《镜报》、《首都报》、《曼德勒报》、《雅德那崩报》	《缅甸华报》	《缅甸新光》
菲律宾	《消息报》、《菲律宾快报》	《世界日报》、《商报》、《菲华时报》、《联合日报》、《环球日报》	《马尼拉公报》、《菲律宾星报》、《菲律宾每日询问日报》、《自由报》、《马尼拉时报》、《马尼拉纪事报》
新加坡	《每日新闻》、《泰米尔日报》	《联合早报》、《联合晚报》、《新明日报》	《海峡时报》、《商业时报》、《新报》
泰国	《泰叻报》、《民意报》、《每日新闻》、《国家报》、《沙炎叻报》、《经理报》等	《新中原报》、《中华日报》、《星暹日报》、《亚洲日报》、《京华中原日报》、《世界日报》等	《曼谷邮报》、《民族报》等
越南	《人民报》、《人民军队报》、《大团结报》、《西贡解放日报》	《西贡解放日报》	《西贡时报》

中国和东盟各国主要通讯社、电台、电视台

国家	通讯社	电台	电视台
中国	新华通讯社、中国新闻社	中央人民广播电台、中国国家广播电台(1949年12月5日正式开播)、中国国际广播电台(中国唯一以外国语言向全世界广播的电台)	中国中央电视台(1958年9月2日正式开播)
文莱	文莱新闻社	文莱广播电视台(创建于1957年5月)	文莱广播电视台(从1975年起开设彩色电视频道)
柬埔寨	柬新社(成立于1980年)	FM96(国家台)	国家电视台(以柬语广播为主)、仙女11台(人民党资产)、第9台(私人台)、第5台(军队台)、首都第3台(官方台)、巴戎台(私人台)
印度尼西亚	安塔拉通讯社(官方)、印尼民族通讯社(私营)、武装部队新闻社(国防安全部)	印尼共和国广播电台(成立于1945年9月)	印尼共和国电视台、印尼鹰记电视台、太阳电视台、教育电视台、美都电视台等11家电视台
老挝	巴特寮通讯社(1968年1月成立,国营)	老挝国家广播电台、老挝人民军广播电台	老挝国家电视台(建于1983年12月)
马来西亚	马来西亚国家新闻社(简称马新社,半官方)	马来西亚广播电台(建于1946年)、马来西亚之声电台(建于1963年)	马来西亚电视台(建于1963年)、第三电视台(TV3)、城市电视台(Metro Vision)、国民电视台(NTV)、Astro卫星有线电视频道
缅甸	缅甸通讯社	缅甸之声(建于1937年)	缅甸电视台(建于1980年)、妙瓦底电视台(创办于1995年3月27日)
菲律宾	菲律宾通讯社(成立于1973年)	菲律宾广播台	人民电视台
新加坡		新加坡广播电台(于1936年开播)	新加坡电视台
泰国	泰国通讯社	泰国国家广播电台	泰国国家电视台
越南	越南通讯社(1945年成立,1976年越南南方解放通讯社与之合并)	越南之声广播电台(成立于1954年)	越南中央电视台(成立于1971年)

注:根据中国网、新华网有关资料编制

东盟各国贸促机构与商协会通讯录

国家	机构名称	地址	电话、传真
文莱	文莱国际工会	Post Box 2246,1922 Bandar Seri Beganoan	Tel:00673 -2 -2236601
	中华商会	Dowan Pernigaan Tionghua,P. O. 1. Box 281,B. S. Begawan 1902,Negara	
柬埔寨	商业部	20A,borlevard Norodom	Tel:00855-23-210365 Fax:00855-23-217353
	柬埔寨总商会 金边总商会	Building No. 7B, the corner of Road No. 81&109, Sangkat Boeung Raing, Khan Daun Penh, Phnom Penh,Kingdom of Cambodia	Tel:00855 -23 -212265 Fax:00855 -23 -212270
印度尼西亚	工贸部国家出口发展局	8,JI. Gajah Mada,P. O. Box 443/JKT	Tel:0062-21-6341082 Fax:0062-21-6338360
	中华工业委员会	20,M. H. Thamrin,Jakarta	
	印度尼西亚商工会	Chandra Builoling,20 Jalan M. N. Thamrin, Jakarta 10350	
老挝	老挝商工会	Rue Ponexay Post Box 4596 Vieentiane	Tel:00856-21-414383 Fax:00856-21-414383
马来西亚	国际贸易工业部	Blick 10, Gov. Building Complex, Jalan Data 50622	Tel:0060 -3 -6200033 Fax:0060 -3 -62031303
	马来西亚中华商工会	Office Tower, 8th floor,Plaza Berjaya - 12, Jalan Imb, 55100 Kuala Lumpur	Tel:0060 -3 -2452503 Fax:0060 -3 -2452562
	马来西亚商会	Plaza Pekeliling, 17th Floor 2, Jalan Tun Razak, 50400 Kuala Lumpar	Tel:0060 -3 -4427664 Fax:0060 -3 -4414502
缅甸	缅甸工商联合会	No.29, Min Ye Kyawswa Road, Lanmadaw Township, Yangon, Myanmar.	Tel:0095 -1 -214344/214345 Fax:0095 -1 -214484
菲律宾	菲律宾商工会	14th floor, 6805 Ayala Avenue Makati City	Tel:0063-2-8433374 Fax:0063-2-8434102
	菲华商联总会	6th Floor, Federation Center, Muelle De Binondo St. Manila, Philippines.	Tel:0063 -2 -2419201 Fax:0063 -2 -2422361
新加坡	贸易工业部	Znfo Centre 100, High Street No. 04 - 01 The Treasary	Tel 0065 -3327258 Fax:0065 -3327634
	中小企业协会	Information and Doc. Centre 141, Market Street, Internat. Factor Buliding 04 -03/04	Tel:0065 -2240868 Fax:0065 -2241507
	太平洋经济合作委员会	4,Nassim Road	Tel:0065 -7379823 Fax:0065 -7379824
	新加坡工业联合会	20,Orchard Rock 23883 Singapore	Tel:0065 -3388787 Fax:0065 -3383358
	新加坡商业工业联合会	47 Hill Street # 03 -1,Chimese Chamber of Commerce Bulidtng 179365 Singapore	Tel:0065 -3389761 Fax:0065 -3395630
	新加坡中华机械进出口商协会	6001 Beach Road, No. 1101, Golden Mile Tower, Songapore 0719	
	新加坡中华总商会	47 Hill Street #09 -00, Singapore 179365	Tel:(65)63378381 Fax:(65)63390605
	新加坡工商联合总会	19 Tanglin Shopping Centre, Singapore 247909	Tel:(65)68276828 Fax:(65)68276807
泰国	泰国贸易局	150, Rajorpit Road, 10200 Bang KoK Thailand	Tel:0066 -22211827 Fax:0066 -22219350
	泰国商会	150 Rajopit Road, BangKoK 10200	Tel:0066 -26221860 Fax:0066 -22253372
	国际贸易经济合作处	1.22 Ac. Pilyuain St. ,2,2 Vnited Natians Building, Rajadnmnern Avenue, Bangkok 10i	
	泰国中华总商会	No. 889 Thai C. C. Tower, 9th Floor, Sathorn Road. Bangkok 10120, Thailand	Tel:0066 -26758574 -84 Fax:0066 -22123917
	泰国投资促进委员会	555 Vibhavadi - Rangsit RD,Chatuchak, Bangkok, 10900, Thailand	Tel:0066 -25378111 Fax:0066 -25378177
越南	越南商工会	9 Dao Duy Anh Street 10000 Dong Da Hanoi	Tel:0084-4-5742162 Fax:0084-4-5742020
	越南计划投资部外国投资局	河内市(Hoang Van Thu - Ha Noi)	Tel:0084 -4 -7343759 Fax:0084 -4 -7343769
	越南计划投资部南方外国投资中心	胡志明市(178, Nguyen Dinh Trieu, Tp. Ho Chi Minh)	Tel:0084 -8 -9303287 Fax:0084 -4 -9305413
	胡志明市企业家协会	胡志明市第一郡边章阳路51号(51 Ben Chuong Duong st. ,Dist. 1, Ho Chi Minh City,Vietnam)	Tel:0084 -8 -8293389 Fax:0084 -8 -8215448

（何 战）

索　　引

说　明

一、本索引是《中国—东盟年鉴·2017》的内容分析索引。正文(包括条目、文献、资料、图片和表格)中凡具有独立检索意义的完整资料,都可以通过本索引检索。

二、索引按汉语拼音字母(同音字声调)顺序排列。类目、分目作索引款目的,用黑体字排印,其余款目用宋体字排印。表格、图片、论文摘要款目后,分别注明“图”“表”或“摘要”。

三、索引款目后的数字表示内容所在的页码,数字后的拉丁字母(a、b)表示栏别(即版面的1、2栏),数字前后的“附图”“图”,分别表示款目在访该页的资料形式(即附有图片或是图片资料)。

四、空两字超排的款目为上一主题的“附见”。同一主题的“参见”,只标页码。内容有交叉的款目,为便于读者检索,在本索引中重复出现。

五、阿拉伯数字起头或英文字母起头的款目,放置在拼音检索索引之后。

18 国反恐演习　46a
20 国集团　45b
20 国集团领导峰会　45a,48b
20 世纪 50 年代以来东南亚闽籍华人数量的估算　378b
21 世纪初泰国军人集团政治回归的路径、动因与前景　380a
21 世纪海上丝绸之路建设下中国—东盟金融合作法律机制的完善　279b
21 世纪海上丝绸之路建设与共建地区和谐海洋秩序　285a
21 世纪海上丝绸之路与推进国际产能和装备制造合作论坛　210a
21 世纪以来越南对美伙伴关系政策评析:内涵、起源、特征及影响　381a
BOT 项目建设　167a
FDI 净流入情况(表)　460
　　东盟国家　460
　　国家与地区　461
G20 峰会　45a
GMS 经济走廊建设的经验教训及其对孟中印缅经济走廊的启示　378b
M. 苏普诺玛尼　277b
QS 亚洲大学排名　67b

A

阿里巴巴(附图)　64a
阿盟自由贸易区简况(表)　469
艾滋病毒感染(老挝)　74b
昂山季素　图 106,224a(附图)
　　访问美国　52a
　　访问日本　52a
　　访问印度　52a
　　访问中国　51b
奥巴马　45a
　　访问老挝　49a
　　访问越南　56a
奥运会男子 100 米蝶泳金牌　71b
奥运会男子 10 米气手枪金牌　72b
奥运会女排冠军　66a

B

巴黎气候协定　49b
巴妮·雅陶都　223a
巴育　31b
　　出席联合国大会　55a
　　访问俄罗斯　54b
　　访问印度　55a
百日计划　41b
百色市重点产业投资推介会暨项目签约　212a
班汉·西巴阿差　225b
保家安民计划　42b
保险合作与发展论坛　209a
报纸(表)　472
北部湾港集装箱直航班线　143b
北部湾联合巡逻　199b
北根绿色工艺园　61b
北仑河公路二桥建设　163b
北美自由贸易区简况(表)　469
本土化与跨国性—新加坡华人新移民企业家的双重嵌入　377b
本扬·沃拉吉　222b
　　访问中国　49a
边关旅游节　166b

边界划界 47a
边界维持理论视野下印尼华人族群性的变迁分析 377b
边境管理与谈判 200a
边境经贸交易会 166a
边境开放合作 200b
便利运输委员会会议 161a
变动中的亚太格局与应对之策 334a
彬龙大会(附图) 41b
博鳌亚洲论坛年会 45a
博彩业 59a
部长会议
　东盟部长会议 135b
　东盟财长系列会议 134a
　东盟电信和信息技术部长会议 149b
　东盟—俄罗斯交通运输部长会议 140b
　东盟国防部长会议 135b
　东盟交通部长会议及系列会议 140b
　东盟经济部长非正式会议 134a
　东盟经济部长会议 136b
　东盟科学技术部长非正式会议 140a
　东盟劳工部长会议 135a
　东盟旅游部长会议 133a
　东盟能源部长会议 138b
　东盟农林部长会议 139a
　东盟欧盟经贸部长磋商会议 134a
　东盟社会福利与发展部长会议 138b
　东盟外长非正式会议 133b
　东盟外长及系列会议 136a
　东盟文化艺术部长会议 137b
　东盟与中日韩教育部长会议 135b
　东盟与中日韩农林部长会议 139b
　东盟与中日韩文化部长会议 137b
　东亚峰会经贸部长会议 137a
　中国—东盟电信部长会议 148a
　中国—东盟交通部长会议 148a
　中国—东盟教育部长圆桌会议 145a,175a 附图
　中国—东盟经贸部长会议 145b
　中国—东盟质检部长会议(附图) 207a
部长级会议
　大湄公河次区域经济合作部长级会议 160b
　东盟毒品问题部长级会议 130b
　东盟—欧盟部长级会议 139b
　东盟与中日韩社会福利与发展部长级会议 139a
　湄公河流域执法安全合作机制部长级会议 161a
　全面经济伙伴关系协定部长级会议 137b

C

财政
　菲律宾财政 26a
　柬埔寨财政 10a
　老挝财政 16b
　马来西亚财政 19b
　文莱财政 58b
　文莱财政 7a
　新加坡财政 28b
　印度尼西亚财政 13b
　越南财政 34a
　中国财政 3b
财政部长会议
　东盟财政部长会议 134a
　东盟与中日韩财政部长会议 134b
采矿业 60a
蔡沙烈 222a
残奥会男子 49KG 级举重金牌 72b
曹云华 303a
草药协调论坛(附图) 148b
产能合作妥乐论坛 147b
产能合作高层论坛 144a 附图,145a
产能合作系列会议 146b
产业
　菲律宾产业 26a
　柬埔寨产业 10a
　老挝产业 16b
　马来西亚产业 19b
　缅甸产业 22b
　泰国产业 31b
　文莱产业 7a
　新加坡产业 28b
　印度尼西亚产业 13a
　越南产业 34a
　中国产业 3b
产业结构优化 80a
产业经济形势 108b
产业投资推介会 212a
产业园招商大会(附图) 213b
陈大光 226a
　访问柬埔寨 56a
　访问文莱 56b
陈冬(附图) 219a
陈红升 277b
陈新明 314a
陈祝全(附图) 225a
城市
　菲律宾主要城市 25b
　柬埔寨主要城市 10a
　老挝主要城市 16b
　马来西亚主要城市 19b
　缅甸主要城市 22b
　泰国主要城市 31b
　文莱主要城市 7a
　印度尼西亚主要城市 13a
　越南主要城市 34a
　中国主要城市 3b
城市轻轨运营(附图) 76b
城市生活质量 73b
出国政令解除 43a
出租车转型计划 75b
传媒
　菲律宾主要传媒 26b
　柬埔寨主要传媒 11a
　老挝主要传媒 17b
　马来西亚主要传媒 20b
　缅甸主要传媒 23b
　泰国主要传媒 32a
　文莱主要传媒 8a
　新加坡主要传媒 29b
　印度尼西亚主要传媒 14a
　越南主要传媒 35a
　中国主要传媒 4b
传统文化保护 72b
创新机构推出 63a
创新激励政策出台 69a
创新驱动发展战略 80a
慈善法 36a
次区域合作 174b
从华人政党到全民政党—后马来西亚民主行动党的政策转变 378a

从越共十二大看越南革新的走向 375a
从中国边民缅北伐木案看缅甸的法治 378b

D

打击贩卖人口 131b
打击跨国犯罪和恐怖主义合作 129b
大地飞歌晚会研讨会 215a
大湄公河次经济合作历程 158a
大湄公河次区域电力调度运行与控制专业培训 160a
大湄公河次区域国家便利运输委员会会议 161a
大湄公河次区域交通论坛会议 159b
大湄公河次区域禁毒合作机制边会 159a
大湄公河次区域经济合作 158a
大湄公河次区域经济合作部长级会议 160b
大湄公河次区域经济走廊论坛 160a
大湄公河次区域经济走廊省长论坛(附图) 159a
大湄公河水资源安全化的形成及影响 381a
大事记 227
　2016 年中国—东盟大事记 227a
　2017 年上半年中国—东盟大事记 238b
大数据报告 156b
大学智库联盟 147a
单一窗口办事处 74a
掸历史研究论坛 70b
掸手书文稿论坛 70b
淡化南海仲裁案与缓解中菲关系 381b
党建理论交流 182a
党派
　菲律宾党派 25b
　柬埔寨党派 10b
　文莱党派 7a
　印度尼西亚党派 13a
德国邮政敦豪多式联运线路 155b
德天板约瀑布合作开发 166a
地方条例废除 38a
地理位置
　菲律宾地理位置 24b
　柬埔寨地理位置 9a
　老挝地理位置 15a
　马来西亚地理位置 18b
　缅甸地理位置 21b
　泰国地理位置 30b
　文莱地理位置 6a
　新加坡地理位置 27b
　印度尼西亚地理位置 12b
　越南地理位置 32b
　中国地理位置 1a
地区风险与东盟国家对冲战略 381a
地区关系研究成果 387b
地形地貌
　菲律宾地形地貌 24b
　柬埔寨地形地貌 9a
　老挝地形地貌 15a
　马来西亚地形地貌 18b
　缅甸地形地貌 21b
　泰国地形地貌 30b
　文莱地形地貌 6a
　新加坡地形地貌 27b
　印度尼西亚地形地貌 12a
　越南地形地貌 33a
　中国地形地貌 1b
地震 76b
电动车走进东盟商机说明会 213b
电力调度运行与控制专业培训 160a
电力购售合同签署 167a
电力合作 140b
电力合作与发展论坛(附图) 208a
电力建设 60b
电力能源展 217a
电力展 217b
电视台(表) 473
电台(表) 473
电网投资合作谅解备忘录 156a
电信部长会议 148a
电信和信息技术部长会议 140b
电子旅游系统运作 59a
电子商务峰会 209b
电子业 115a
东盟 +3 毒品监控网络工作组会议 133b
东盟 FDI 主要来源地(表) 297
东盟 TFT 原产地规则比较研究 381b
东盟财长和央行行长系列会议 134a
东盟产业园招商大会(附图) 213b
东盟的亚太一体化战略评析 328a
东盟电信和信息技术部长会议 140b
东盟毒品问题部长级会议 139b
东盟—俄罗斯建立对话关系 20 周年纪念峰会 135a
东盟—俄罗斯交通运输部长会议 140b
东盟分国家和地区 FDI 净流入(表) 461
东盟峰会 49a,145b
东盟共同体统计系统委员会会议 140a
东盟国防部长会议 135b
东盟国家 FDI 净流入情况(表) 460
东盟国家及南海仲裁案的反应及政策走向 349b
东盟国家教育文化研究成果 386a
东盟国家警察首长会议 136b
东盟国家历史研究成果 386b
东盟国家社会研究成果 385b
东盟国家外交研究成果 384b
东盟国家形势回顾与展望研究成果 383b
东盟国家在华留学生与获奖学金人数(表) 461
东盟国家在全球竞争力指数排行(表) 472
东盟国家政治研究成果 384a
东盟国家重要展会 217a
东盟国家专业旅游互认条例国际会议 137a
东盟海上互联互通及其与中国的合作 288a
东盟互联互通研讨会 139b
东盟华商会 144b
东盟华商“一带一路”建设座谈会 145b
东盟基础设施发展与 FDI 流入的区位选择 375a
东盟交通部长会议及系列会议 140b
东盟交通高官会 134b
东盟教育部长会议 135b
东盟经济部长非正式会议 134a
东盟经济部长会议 136b
东盟经济部长系列会议(图) 97
东盟经济共同体建设 130a
东盟崛起背景下中国—东盟关系 295a
东盟科学技术部长非正式会议 140a
东盟劳工部长会议 135a

东盟领导人会议(附图) 138a
东盟旅游部长会议 133a
东盟—美国领导人特别峰会 133b
东盟能源部长会议 138b
东盟农林部长会议 139a
东盟欧盟部长级会议 139b
东盟欧盟共同合作委员会会议 133b
东盟欧盟经贸部长磋商会议 134a
东盟社会福利与发展部长会议 138b
东盟社会文化共同体理事会会议 136a,137b
东盟生态旅游论坛 136a
东盟泰国国际机械展会 218a
东盟外长非正式会议 133b
东盟外长及系列会议 136b
东盟网络安全合作现状与展望 340b
东盟文化艺术部长会议 137b
东盟新四国经济转型的市场化改革评析 377a
东盟议会联盟大会 139a
东盟与东亚国家合作 132b
东盟与美国关系 132b
东盟与欧盟关系 133a
东盟与中日韩财长与央行会议 134b
东盟与中日韩教育部长会议 135b
东盟与中日韩领导人会议 138b
东盟与中日韩旅游部长会议 133a
东盟与中日韩农林部长会议 139b
东盟与中日韩社会福利与发展部长级会议 139a
东盟与中日韩文化部长会议 137b
东盟在南海问题上的中立政策评析 375a
东盟在区域合作中的中心地位评析 325a
东盟政治安全共同体建设 129b
东盟中国领导人历次会议简况(表) 468
东盟自由贸易区简况(表) 469
东南亚各国驻中国总领事馆 464a
东南亚国家报纸(表) 472
东南亚国家联盟 128a
　　简况 128a
东南亚国家与中国建立外交关系时间(表) 468
东南亚国家驻中国外交机构 462b
东南亚国家宗教事务治理研究 380a
东南亚华人华侨研究成果 387a
东南亚微区域合作与跨境安全 336a
东兴国家重点开发开放试验区专卖推介会 210b
东亚地区和平维护 173b
东亚峰会 138b
东亚峰会经贸部长会议 137a
东亚合作领导人系列会议 145b
东亚论坛(图) 244
东亚文化之都 66a
动态 36
峒中至横模口岸桥建设 163a
毒品监控网络工作组会议 133b
毒品问题部长级会议 139b
杜特尔特 42a,189b,224b
　　访问日本 53a
　　访问文莱 52b
　　访问中国 52b
端姑·穆罕默德·法里斯·佩特拉(附图) 223b
对话关系建立纪念
　　东盟—俄罗斯建立对话关系 20 周年纪念峰会 135a
　　中国—东盟建立对话关系国际研讨会 143a
对外关系
　　东盟对外关系 131b
　　文莱对外关系 84b
对外交流 82
对外贸易
　　菲律宾对外贸易 111b
　　菲律宾对外贸易 26a
　　泰国对外贸易 121b
　　新加坡对外贸易 115b
　　新加坡对外贸易 28b
　　中国对外贸易 81b
对外投资
　　文莱对外投资 7b
　　新加坡对外投资 28b
多领域合作 156b

E

俄罗斯东盟建立对话伙伴关系 20 周年纪念峰会 46b
俄罗斯与东盟关系前景 383a
俄罗斯与新加坡高层跨政府委员会会议 54a
二孩政策 72b
二十四节气 67a

F

发展报告 79a
　　菲律宾发展报告 110b
　　柬埔寨发展报告 87a
　　老挝发展报告 95a
　　马来西亚发展报告 100a
　　缅甸发展报告 105a
　　泰国发展报告 119b
　　文莱发展报告 83b
　　新加坡发展报告 113b
　　印度尼西亚发展报告 90b
　　越南发展报告 123b
　　中国发展报告 79a
发展差距缩小 130b
发展战略对接 156a
发展中国家药品监管领域部级研讨班 154b
反腐
　　老挝反腐 96a
　　马来西亚反腐 100a
　　越南反腐 44b
反恐法令草案修订特别委员会 38a
反恐合作 167b
反恐演习 46a
泛北部湾经济合作论坛 171a
泛北部湾区域经济合作 170a
　　合作发展概况 170a
防城东兴铁路 163a
防灾减灾与可持续 207b
防止核武器扩散 130a
访问
　　洪森访问越南 47b
　　昂山素季访问美国 52a
　　昂山素季访问日本 52a
　　昂山素季访问印度 52a
　　昂山素季访问中国 51b
　　奥巴马访问老挝 49a
　　奥巴马访问越南 56a
　　巴育访问俄罗斯 54b
　　巴育访问印度 55a
　　本扬访问中国 49a
　　陈大光访问柬埔寨 56a
　　陈大光访问文莱 56b
　　杜特尔特访问日本 53a

杜特尔特访问文莱 52b
杜特尔特访问中国 52b
李克强访问老挝 45b
李显龙访问缅甸 53b
莫迪访问越南(附图) 56b
纳吉布访问美国 49b
纳吉布访问日本 51a
纳吉布访问泰国 50b
纳吉布访问中国 50b
日本天皇访问菲律宾 52a
阮春福访问俄罗斯 55b
阮春福访问中国 56b
阮氏金银访问印度 57a
诗琳通访问柬埔寨 54a
通伦访问中国 49b
西哈莫尼访问中国 46b
习近平访问柬埔寨 45b
伊朗总统访问马来西亚 50b
张德江访问越南 46a
佐科访问东帝汶 48a
佐科访问韩国 48b
佐科访问印度 48b
非传统安全合作
大湄公河次区域国家 159a
中国与东盟国家 173b
非盟与东盟干预规范演进比较分析 379a
非盟自由贸易区简况(表) 469
非德尔·瓦尔德斯·拉莫斯 224b
非律宾不拥有黄岩岛主权:基于17~19世纪西文古地图的分析 379a
菲律宾发展回顾 110b
菲律宾概况 24b
菲律宾国际电力展览会 217b
菲律宾国际食品展会 218a
菲律宾国民经济主要指标(表) 443,450
菲律宾社会对中国“一带一路”倡议的反应 380a
菲律宾投资贸易指南 418a
菲律宾投资推广研讨会与商务配对 213a
菲律宾与美国关系 111b
菲律宾与中国关系 112b
风电合作项目签署 167a
风景名胜(表) 470
菲律宾风景名胜 25b
柬埔寨风景名胜 9b
老挝风景名胜 15b
马来西亚风景名胜 18b
缅甸风景名胜 21b
泰国风景名胜 30b
文莱风景名胜 6a
新加坡风景名胜 27b
印度尼西亚风景名胜 12a
越南风景名胜 33a
中国风景名胜 2a
风情东南亚晚会 216b
服务业
马来西亚服务业 102b
新加坡服务业 115b
服装展 218b
妇女儿童权益保护 131b
附录 462

G

改革开放
柬埔寨改革 88b
中国改革开放 80b
概况 1
钢铁产业发展峰会 212b
钢铁高峰论坛 212b
港口(表) 470
港口城市合作网络工作会议 171b
港口物流信息中心 144a
高层跨政府委员会会议 54a
高官会
中国—东盟高官磋商会 143b
东盟交通高官会 134b
澜沧江湄公河第三次高官会(附图) 168a
落实南海各方行为宣言高官会 134b
高速铁路建设 151b
高铁合作项目
吉隆坡至新加坡高铁项目 51a
中泰铁路合作项目 193a
高温 77b
哥尼 42a
工农业产品产量(表) 81b
工商论坛(附图) 210b
工业
马来西亚工业 102a
印度尼西亚工业 92b
工业博览会 218b
工业自动化展 217b
公共交通系统改善 76a
公路建设
柬埔寨机场高速公路项目 74a
玉溪临沧高速公路建设 162B
中越两廊一圈公路建设 162b
公路交通 10b
公私合营住房和供水服务 58b
公投监督中心 43a
供水项目贷款 76b
购售电协议 167a
关税削减时间表 468
官东 221a
官方发展援助 ODA:越南的现状与趋势 375b
光伏电站项目 150a
广西与东盟国家贸易统计(表) 452
规划编制谅解备忘录 155b
轨道交通(图) 26
桂商发展大会 214a
国防部长会议
东盟国防部长会议 135b
菲马印尼国防部长会议 52b
国会议员选举 39a
越南 44a
国会选举 39a
越南 124b
国会议席补选 39b
国际产能和装备制造合作论坛 210a
国际货币基金组织董事会改革修正案 58a
国际贸易博览会 218b
国际消费电子展创新奖项目 67b
国际友好城市缔结 54b
国际中医药创新发展论坛 69b
国际足球锦标赛(附图) 68b
国家高层交往
中国和缅甸 187a
中国和新加坡 191a
中国和越南 196b
中国与柬埔寨 178b
中国与马来西亚 184a
中国与泰国 193a
中国与印尼 180b
国家级农业经贸合作特区 59b
国家建构视域下缅甸民族问题根源探究 375b
国家建屋计划 73b
国家警察首长会议 136b

国家领导人
菲律宾国家领导人 25b
柬埔寨国家领导人 10a
老挝国家领导人 16a
马来西亚国家领导人 19b
缅甸国家领导人 22a
泰国国家领导人 312b
文莱国家领导人 7a
新加坡国家领导人 28a
印度尼西亚国家领导人 13a
越南国家领导人 33b
中国国家领导人 3a
国家森林城市 73a
国家通信代码 467
国家专业旅游互认条例国际会议 137a
国民
菲律宾国民 25a
柬埔寨国民 9b
老挝国民 15b
马来西亚国民 18b
缅甸国民 21b
泰国国民 30b
文莱国民 6a
新加坡国民 27b
印度尼西亚国民 12b
越南国民 33a
中国国民 2b
国民经济主要指标(表)
菲律宾 443,450
柬埔寨 438,447
老挝 440,448
马来西亚 441,449
缅甸 442,449
泰国 445,451
文莱 437,447
新加坡 444,450
印度尼西亚 439,448
越南 446,451
中国 436
国内生产总值
菲律宾 25b,111a
柬埔寨 10a
老挝 16b
马来西亚 19b
缅甸 22b
泰国 31b
文莱 7a
新加坡 28b
印度尼西亚 13a
越南 34a
中国 3b
国旗
菲律宾 24b
柬埔寨 9a
老挝 15a
马来西亚 18a
缅甸 21a
泰国 30a
文莱 5b
新加坡 27a
印度尼西亚 12b
越南 32b
中国 1a
国庆(图) 85
国体政体
菲律宾 25a
柬埔寨 9b
老挝 16a
马来西亚 19a
缅甸 22a
泰国 31a
文莱 6b
新加坡 28a
印度尼西亚 12b
越南 33b
中国 3a
国土面积
菲律宾 24b
柬埔寨 9a
老挝 15a
马来西亚 18b
缅甸 21b
泰国 30b
文莱 6a
新加坡 27b
印度尼西亚 12b
越南 33a
中国 1a

H

海岸海岛
柬埔寨 9b
缅甸 21b
泰国 30b
文莱 6a
印度尼西亚 12a
越南 33a
中国 2a
海岸侵蚀应对 76a
海产品铁路专列 142b
海军联合军事训练 54b
海上安全合作
中国和越南海上低敏感领域合作 200a
中国与印尼海上安全合作 181a
海上合作开发 199b
海上丝绸之路座谈会(附图) 146b
海丝天籁音乐会 146a
海鲜货物列车(图) 142
海洋合作论坛 172b
海洋环境污染事故 78b
海洋领域合作文件签署 172b
韩锋 355b
汉语比赛 68b
旱灾 77b
航空城计划 61b
航线服务项目 172a
航线开通 152a
和平解决南海争端主张 129b
河口—老街跨境经济合作区 165a
河南省情说明会暨项目签约 212a
红衫军被禁止成立公投监督中心 43a
宏观经济形势 108a
宏愿谷计划 157a
洪森 10a
访问越南 47b
会见俄罗斯代表团 46b
洪秀柱 36a
后东盟共同体时代的中国——东盟经贸关系 303a
后李光耀时代新加坡政策发展展望 377b
呼叫中心设立 62b
湖泊
泰国 30b
中国 2a
互联互通 174a
互联网发展 58a,71b
互派留学生总数(表) 461
花山岩画入选世界文化遗产(附图) 65b
华人华侨研究成果 387a
华商“一带一路”建设座谈会 145b

华文教育基金会汉语比赛 68b
划船旅游项目(图) 88
环境保护与可持续发展合作 175b
大湄公河次区域国家 158b
中越两廊一圈 167a
环境合作论坛 206a
黄春荣 226b
回顾与展望研究成果 383b
货币贬值 62a
货币名称 466
霍比特人石器发现 68a

J

机场高速公路项目暂停 74a
机床展 217a
机器人品牌认证 58a
机械展 218a
基础设施建设
菲律宾 190b
泰国“一带一路”基础设施建设 153b
亚投行促进缅甸基础设施建设 156b
印度尼西亚基础设施建设 92a
吉隆坡国际机场航空城计划 61b
极地科研合作 71b
集会条例修改 43a
集装箱直航班线 143b
计划生育政策调整 72b
技术与创新合作大会 207b
家具展 218a
家庭日 73b
甲万那端10兆瓦光伏电站项目 150a
柬老缅越首脑合作峰会 140a
柬老越发展三角区第九届峰会联合声明 272b
柬老越发展三角地区峰会 47a(附图),160b
柬埔寨发展回顾 87a
柬埔寨概况 9a
柬埔寨国际电力能源展 217a
柬埔寨国民经济主要指标(表) 438,447
柬埔寨商机与投资论坛 213a
柬埔寨投资贸易指南 398a
柬埔寨移民劳工问题研究——以泰国韩国的柬埔寨移民劳工为例 378a
柬埔寨与中国关系 89b
柬埔寨—中国企业家论坛 157a
柬埔寨—中国企业家论坛 47b
建党理论交流与合作 199a
建交纪念活动(附图) 176b
建设东盟共同体与中国—东盟合作和发展 277b
建筑业合作高峰论坛 144a
江河湖泊
菲律宾 25a
柬埔寨 9a
老挝 15b
马来西亚 18b
缅甸 21b
泰国 30b
文莱 6a
印度尼西亚 12a
越南 33a
中国 2a
奖学金计划协议签署 67a
奖学金设立 71b
交通部长会议 148a
交通部长会议系列会议 140b
交通高官会 134b
交通领域合作
大湄公河次区域国家 158b
中越两廊一圈交通合作 162a
交通论坛会议 159b
交通通信
菲律宾 26a
柬埔寨 10b
老挝 17a
马来西亚 20a
缅甸 23a
泰国 32a
文莱 7b
新加坡 29a
印度尼西亚 13b
越南 34b
中国 4a
交通运输部长会议 140b
交通运输业 93a
交通战略合作合同 59b
交往与合作 173
中国和柬埔寨交往与合作 178b
中国和老挝交往与合作 182a
中国和马来西亚交往与合作 184a
中国和缅甸交往与合作 186b
中国和文莱交往与合作 176b
中国和新加坡交往与合作 191a
中国和印尼交往与合作 180a
中国和越南交往与合作 196b
中国与菲律宾交往与合作 189b
中国与泰国交往与合作 193a
教育
菲律宾教育 26a
柬埔寨教育 10b
老挝教育 17a
马来西亚教育 20a
缅甸教育 23b
泰国教育 32a
文莱教育 7b
新加坡教育 29a
印度尼西亚教育 14a
越南教育 35a
中国教育 4a
教育部长会议 135b
东盟教育部长圆桌会议 145a,175b 附图
东盟与中日韩教育部长会议 135b
教育共同发展 175a
教育交流与合作
中国江苏东盟教育合作对话会(附图) 147b
中国与马来西亚教育文化合作 186a
中国与印尼教育交流与合作 185a
教育交流周 145a
教育研究成果 386a
教育转型计划 71b
戒毒中心落成 77a
金立群(附图) 219b
金融
菲律宾金融 26a
柬埔寨金融 10a
老挝金融 16b
马来西亚金融 20ab,102b
缅甸金融 22b,107b
泰国金融 31b
文莱金融 7b
新加坡金融 28b
印度尼西亚金融 93a,13b
越南金融 34a
中国金融 3b
金融发展论坛 157a

金融合作
　中国—东盟　150a
　中国与东盟　174b
　中国与马来西亚　186a
金融合作洽谈会　211a
金融合作与发展领袖论坛　211b
金属加工工业展　217a
进出口贸易
　柬埔寨进出口贸易　10a
　老挝进出口贸易　16b
　马来西亚进出口贸易　20a
　缅甸进出口贸易　23a
　泰国进出口贸易　31b
　文莱进出口贸易　7b
　印度尼西亚进出口贸易　13b
　越南进出口贸易　34a
　中国进出口贸易　4a
进出口商品交易会　154a
禁毒合作机制边会　159a
靳晓哲　361b
经济　57b
　菲律宾经济　25b,63a
　柬埔寨经济　10a
　老挝经济　16b
　马来西亚经济　19b
　缅甸经济　22b,107a
　泰国经济　31b
　文莱经济　7a
　新加坡经济　28b,63b
　印度尼西亚经济　13a
　越南经济　34a,55b
　中国经济　3b
经济部长会议
　东盟经济部长非正式会议　134a
　东盟经济部长系列会议　136b
经济发展
　菲律宾　111a
　柬埔寨　89a
　老挝　96b
　马来西亚　101a
　泰国　121b
　文莱　84a
　新加坡　114b
　印度尼西亚　91b
　越南　125a
　中国　79a
经济共同体建设　130a
经济合作论坛　171a
经济合作研究成果　388a
经济合作战略框架峰会　160b
经济技术合作论坛　145a
经济贸易合作　132a
　中国和越南　198b
　中国与东盟国家　174a
　中国与菲律宾　190a
　中国与老挝　183a
　中国与马来西亚　184b
　中国与缅甸　188a
　中国与泰国　193b
　中国与文莱　178a
　中国与新加坡　191b
　中国与印尼　180b
　中越两廊一圈　162a
经济文化合作　179a
经济振兴计划　91b
经济走廊发展论坛
　大湄公河次区域经济走廊国家　160a
　中国中南半岛经济走廊发展论坛　171a
经贸部长会议
　东盟—欧盟经贸部长磋商会议　134a
　东亚峰会经贸部长会议　137a
　中国—东盟经贸部长会议　145b
经贸合作区　165a
景海鹏(附图)　219a
警察首长会议　136b
酒店用品展　218b
就业　77b,116b
军事交流合作
　中国与马来西亚　184b
　中国与泰国　196a
　中国与新加坡　53b
　中国与越南　197b
军用飞机坠机事故　78b

K

考古发掘　68b
科技
　老挝　17b
　马来西亚　20b
　缅甸　24a
　文莱　8a
　新加坡　29b
　印度尼西亚　14a
　越南　35b
　中国　4b
科技创新合作
　中国与东盟国家科技创新合作　175b
　中越两廊一圈科技创新合作　162a
科学技术部长非正式会议　140a
科学家创新创业对话　214a
可持续发展合作　175b
客家围龙屋(图)　2
肯雷　37b
空间实验室成功发射　66a
空中对接　66b
孔子学院“一带一路”图片展　70b
恐怖袭击事件　40a
　缅甸若开邦　42a
　印度尼西亚　74a
恐怖组织　44b
口岸管理交流合作　200a
口岸建设　163a
跨境电商平台　148b
跨境经济合作论坛　210b
跨境经济合作区
　东兴—芒街经济合作区　165a
　龙邦—茶岭经济合作区　165b
　凭祥—同登经济合作区　165b
　中国河口—越南老街经济合作区　165a
　中国深圳—越南海防　165a
跨境经济合作区建设与管理研讨班　165a
跨境自驾游　166b
跨区域公共问题与合作治理学术研讨会　147a
矿产资源　2b
矿业展　217b

L

垃圾分类制度实施　75b
拉差诺·因达农　72a
拉玛九世　43b
拉莫斯　224b
莱州水电站工程竣工　65a
蓝海战略企业家新城镇建设　69b

蓝色突击海军陆战队联合训练 54b
澜沧江湄公河国家产能合作联合声明 246b
澜沧江湄公河合作:机遇挑战与对策 375b
澜沧江湄公河合作第三次高官会(附图) 168a
澜沧江湄公河合作机制的推进路径探析 383a
澜沧江湄公河合作领导人会议 168b
澜沧江湄公河合作首次领导人会议三亚宣言 245a
澜沧江湄公河合作首次外长会议联合新闻公报 273a
澜沧江湄公河合作外长会议 169b
澜沧江湄公河区域合作 167b
澜沧江湄公河区域合作概况 167b
澜湄次区域国家商品博览会 169a
澜湄国家旅游城市(三亚)合作论坛 169a
澜湄航空(柬埔寨)股份有限公司 168b
澜湄旅游城市合作联盟工作推进会 169a
澜湄水资源合作:矛盾与解决路径 371b
劳工部长会议 135a
劳工经济 111b
老街至河内至海防铁路 163a
老挝发展回顾 95a
老挝概况 15a
加入巴黎气候协定 49b
老挝国会选举 39a
老挝国民经济主要指标(表) 440,448
老挝南欧江六级电站建设 149b
老挝人民革命党第十次全国代表大会述评 379a
老挝人民革命党全国代表大会(附图) 38b
老挝商贸投资论坛 213a
老挝投资贸易指南 406a
老挝万象输变电项目 149b
老挝一号通信卫星投人运营 60a,96b
老挝与中国关系 97b
老挝中国商贸投资论坛(图) 435
老中铁路开工 96b
李峰 336a
李捷 361b
李克强
出席东亚系列峰会 45b
出席亚欧首脑会议 45a
李显龙访问缅甸 53b
李莹莹 221b
历史
菲律宾历史 26b
柬埔寨历史 11a
老挝历史 17b
马来西亚历史 21a
缅甸历史 24a
泰国历史 32b
文莱历史 8a
新加坡历史 29b
印度尼西亚历史 145a
越南历史 35b
中国历史 5a
历史承续、战略互构与南海政策—印尼佐科政府海洋强国战略探析 375b
历史沿革 141a
历史研究成果 386b
立法议会解散 37a
立法议会解散休会 84a
利用外资
柬埔寨利用外资 10a
老挝利用外资 16b
马来西亚利用外资 184b
缅甸利用外资 23a,108a
文莱利用外资 7b
新加坡利用外资 63b,116b
新加坡利用外资 28b
印度尼西亚利用外资 13b
越南利用外资 34b
中泰利用外资 194a
连环爆炸案 78a
联合海洋科考(图) 179
联合军事训练 54b
联合声明
柬老越发展三角区第九届峰会联合声明 272b
澜沧江湄公河国家产能合作联合声明 246b
越菲联合声明 272a
中菲联合声明 269a
中国—东盟产能合作联合声明 265b
中国—东盟领导人会议暨中国—东盟建立对话关系25周年纪念峰会联合声明 264b
中国和东盟国家外交部长关于全面有效落实《南海各方行为宣言》的联合声明 264a
中国老挝联合声明 252b
中柬联合声明 268a
中马联合新闻声明 270b
梁放 224a
两国双园建设 185b
两廊一圈区域合作概况 161a
林业合作论坛 207a
零售债券发售 59b
领导人会晤 197a
领导人会议
东盟与中日韩领导人会议 138b
东亚合作领导人系列会议 145b
澜沧江湄公河合作领导人会议 168b
中国与东盟领导人 173a
领导人就职 44a
领导人特别峰会 133b
领航计划高级工商管理人才项目 154a
留学生与获奖学金人数(表) 461
留学投资马来西亚论坛 153b
龙邦—茶岭跨境经济合作区 165b
鲁哈尼访问马来西亚 50b
陆地边界法律文件执行情况总结 162b
陆地边界划界 47a
陆地边界联合委员会会议 162a
陆建人 328a,344b
陆军速应部队成立 42b
旅游部长会议
东盟旅游部长会议 133a
东盟与中日韩旅游部长会议 133a
旅游部门会议 146b
中国—东盟旅游部门会议 146a
旅游城市合作联盟工作推进会 169a
旅游城市合作论坛 169a
旅游合作
大湄公河次区域国家 158b
中国与新加坡旅游合作 191b
中越两廊一圈旅游合作 162a,166a
旅游互认条例国际会议 137a
旅游业
菲律宾旅游业 63a,111b
老挝旅游业 61a

泰国旅游业 122a
新加坡旅游业 63b,115b
印度尼西亚旅游业 68a
越南旅游业 65a
铝土矿出口禁止 61a
绿城歌台群众文化活动 215a
论“伊斯兰国”对东南亚地区的影响、原因及对策 376a
论东盟惩治跨国有组织犯罪机制 357a
论文摘要 375a
罗传钰 279b
罗德里戈·杜特尔特 224b
落实中国—东盟面向和平与繁荣的战略伙伴联合宣言的行动计划 247a

M

马卡帕加尔政府时期菲律宾外交的亚洲转向研究 379b
马来民族统一机构党代会 40b
马来文学习推广 67b
马来西亚对外贸易情况(表) 453
马来西亚对中国进出口主要商品构成(表) 456,456
马来西亚发展回顾 100a
马来西亚概况 18a
马来西亚国民经济主要指标(表) 441,449
马来西亚吉隆坡国际机床金属加工工业自动化展 217a
马来西亚特别行动部队成立 40b
马来西亚投资贸易指南 409a
马来西亚土著团结党 40a
马来西亚伊斯兰国与民族国家:争论、影响与趋势 382b
马来西亚与东盟国家关系 103a
马来西亚与印尼联合贸易与投资委员会会议 50a
马来西亚与中国关系 103b
马来西亚在海上丝绸之路建设中的角色 380b
马尼拉城市轻轨运营(附图) 76b
马中国际科技园 150b
玛哈·哇集拉隆功 43b,225b
蚂蚁金服战略合作(附图) 64a
曼德勒大学科技展 70b
贸促机构与商协会(表) 474
贸易和投资合作 165b
贸易配对会 212b
贸易情况(表)
广西与东盟国家贸易统计 452
马来西亚与主要贸易伙伴 453
泰国与主要贸易伙伴 454
新加坡与主要贸易伙伴 453
印度尼西亚与主要贸易伙伴 452
贸易消费展 217a
贸易与投资领域合作 159a
媒体传播联盟 153a
媒体合作论坛(附图) 154b
媒体交流与合作 188b
湄公河流域执法安全合作机制部长级会议 161a
湄公论坛 160b
魅力之城 203b
孟中印缅经济走廊非传统安全合作的现状、困难及对策 378a
免费教育 72a
缅北冲突 106b
缅甸发展回顾 105a
缅甸概况 21a
缅甸国际矿业展览会 217b
缅甸国家推介会 213a
缅甸国民经济主要指标(表) 442,449
缅甸韩国平面设计交流展 70b
缅甸教育概况及其教育特色研究 378b
缅甸民地武新联盟的形成、发展与未来走向 380a
《缅甸投资法》通过 41b
缅甸投资贸易指南 414a
缅甸与中国关系 109a
民航机场(表) 470
柬埔寨 10b
民族
菲律宾 25a
柬埔寨 9b
老挝 15b
马来西亚 18b
缅甸 21b
泰国 31a
文莱 6a
新加坡 27b
印度尼西亚 12b
越南 33a
中国 2b
民族地方武装与政府武装冲突 42a
民族文化论坛 144b
敏瑞 224b
明清以降中越边境城市的发展 378a
摩托车销售 63a
莫迪访问越南(附图) 56b
穆罕默德五世(附图) 224a

N

内阁改组
马来西亚 40a
印度尼西亚 38a
柬埔寨 37b
纳丹 225a
访问美国 49b
访问日本 51a
访问泰国 50b
访问中国 50b
南海 981 钻井平台冲突折射的越南南海政策 376a
南海各方行为宣言落实高官会 134b
南海局势与东盟 355b
南海问题引发的东盟对华关系新变化 344b
南海问题与中国 21 世纪海上丝绸之路建设 378a
南海仲裁案裁决的法律缺陷 382b
南宁国际民歌艺术节 214a
开幕晚会(附图) 214a
南仁东(附图) 220a
南洋理工大学三维打印中心 71a
能源部长会议 138b
能源合作 130b
中越两廊一圈 162a,167a
年度汉字 70a
宁顺核电站项目建设 64b
农林部长会议
东盟农林部长会议 139a
东盟与中日韩 139b
农业
菲律宾农业 63a
柬埔寨农业 89b
马来西亚农业 101b
印度尼西亚农业 92b

　　文莱农业　58b
农业领域合作　158b
农业展
　　印度尼西亚国际农业展　217a
　　中国—东盟博览会农业展　203b
诺昌卡河水电项目　150a
诺罗敦·西哈莫尼　46b

欧盟暂缓援助柬埔寨　46b
欧盟自由贸易区简况(表)　469

帕敢矿区塌方险情　76b
帕灵洞穴考古　68b
彭荣新　225a
贫民窟改造工程　59b
平面设计交流展　70b
凭祥河内铁路　163a
凭祥同登跨境经济合作区　165b
凭祥中越边关旅游节暨中越商品交易会　166b
凭祥重点开发开放试验区推介会　213b
普京　51b
普密蓬·阿杜德　225b

祈祷大会　74b
企业家峰会　59b
企业家合作高端对话会　210b
企业家论坛　47b,149a
　　中国—东盟企业家论坛　157a
企业界友好合作倡议　142b
气候
　　菲律宾气候　25a
　　柬埔寨气候　9b
　　老挝气候　15b
　　马来西亚气候　18b
　　缅甸气候　21b
　　泰国气候　30b
　　文莱气候　6a
　　新加坡气候　27b
　　印度尼西亚气候　12a
　　越南气候　33a
　　中国气候　2a
气候行动计划　42b
气象合作论坛　208a
气象信息服务　155b
气象与气候领域创新经验　207b
汽车销售　63a
浅论越南使臣与花山岩画　380b
浅论中国台湾地区与泰国的经贸关系　381b
羌达风电项目　150a,152a
青年科学家创新创业对话　214a
青年文化交流节　70b
轻轨(图)　26
清洁能源发电项目开发　152b
区域合作　151a
　　大湄公河次区域经济合作　158a
　　泛北部湾区域经济合作　170a
　　中越两廊一圈合作　161b
区域全面经济伙伴关系协定部长级会议　137a
区域一体化推进　130a
全国家庭日　73b
全国民主阵线签署停火协议　42b
全国运动会　74b
全面二孩政策　72b
全面经济伙伴关系协定部长级会议　137b
全球竞争力指数排行(表)　472
全球最大互联网市场　58a
全球最健康国家　74a
群众文化活动(附图)　215a

R

人口
　　菲律宾人口　25a
　　柬埔寨人口　9b
　　马来西亚人口　18b
　　缅甸人口　21b
　　泰国人口　30b
　　文莱人口　6a
　　新加坡人口　27b
　　印度尼西亚人口　12
　　越南人口　33a
　　中国人口　2b,72b
人类非物质文化遗产代表作名录　66b
人民生活　89a
人文交流
　　夏令营　154a
　　中国与东盟国家　175a
　　中国与老挝人文交流　183b
　　中国与新加坡人文交流　191a
日本产业技术大学　67b
日本天皇访问菲律宾　52a
乳制品厂　59a,226b 附图
阮春福　212a
　　访问俄罗斯　55b
　　访问中国　56b
阮富仲　226a
阮氏金银　226a
　　访问印度　57a
若开邦和平发展委员会　41b
若开邦恐怖袭击事件　107a
若开邦中央工作委员会　41b

S

三角地区峰会　160b
桑兰西　37b,222a
扫毒　74b,75a
森林执法管理与贸易许可　60a
山茶半岛(图)　34
商品交易会
　　澜湄区域国家商品博览会　169a
　　中国南亚博览会昆明进出口商品交易会　154a
　　中越凭祥商品交易会　166b
商事仲裁合作论坛　145b
商务参赞企业家交流会　211a
商协会(表)　474
上海国际电影节金爵奖艺术贡献奖　71a
社会　72b
社会福利与发展部长会议　138b
社会福利与发展部长级会议　139a
社会文化共同体建设　131a
社会文化共同体理事会会议　136a,137b
社会研究成果研究成果　385b

社会援助　189a
社会治理高层论坛(附图)　53a
射电望远镜　66b,80图
深圳福田专场投资推介会　213b
深圳—海防经贸合作区　165a
神舟十一号载人飞船发射成功　66b
生胶价格　59a
生态环境保护　80b
生态旅游论坛　136a
生态农业工程项目签约　64a
生物资源　2b
胜珐·厚拉努帕　223b
省长论坛(附图)　159a
省市长对话共同声明　143a
省市人民议会恢复设立　39a
诗琳通　54a
狮城债券发行　155a
石缸平原考古发掘　68b
食品展　218a
史前石器发现　68a
世界佛教和平大会　70a
世界桂商发展大会　214a
世界经济论坛湄公河会议　160b
世界旅游日活动　72a
世界土地日　72a
世界文化遗产名录(表)　471
世界文化自然双遗产名录(表)　471
世界自然遗产名录(表)　471
试论印尼佐科政府的全球海洋支点构思　380b
试析东盟秘书处的权力调度　381b
首都简况(表)　467
首脑合作峰会　140a
双边贸易
　中国和缅甸双边贸易　187b
　中国与东盟国家双边贸易　150b,174a
　中国与泰国双边贸易　193b,194b
双边投资情况　460
水口至驮隆界河二桥建设　163b
水上训练基地建设　172a
水运　10b
水资源　2b
水资源治理与澜湄命运共同体建设　367a
硕龙口岸建设　163a
司法
　菲律宾司法　25b
　柬埔寨司法 9b
　老挝司法　16a
　文莱司法　6b
　印度尼西亚司法　13a
斯库林　225b
斯里巴加湾市易名46周年纪念　37a
斯里兰卡投资推介会　211b
斯伦河EPC项目　150a
宋文驄(附图)　220a
孙伟　340b
孙玉红　328a
孙中山诞辰150周年纪念　77b
孙中山诞辰150周年纪念大会(附图)　36b
缩小东盟内部发展差距　322a

T

台湾精品展　207a
太平洋伙伴关系联合军演　48b
泰国登基70周年　78a
泰国对外贸易情况(表)　454
泰国对中国进出口主要商品构成(表)　458,459
泰国发展回顾　119b
泰国概况　30a
泰国国民经济主要指标(表)　445,451
泰国商品展示福州分中心　153b
泰国商团访问俄罗斯与白俄罗斯　54a
泰国投资贸易指南　427a
泰南经济三角建设　63b
特别行动部队成立　40b
体育　69b
天宫二号空间实验室成功发射　66a
天合光能科技泰国有限公司　152b
天然气公交车运行　78a
天睿农业经贸合作特区　50b
天眼(图)　80
跳岛机场(图)　14
铁路建设
　老中铁路建设　96b
　中国—东盟铁路建设　149a
　中国至老挝铁路建设(附图)　60b
　中老铁路建设　157b
　中越两廊一圈铁路建设　163a
廷觉　224a
停火协议签署　42b
通伦·西苏里(附图)　223a
　访问中国　49b
通信代码(表)　467
通信卫星投入运营　60a
通讯社(表)　473
统计论坛　208b
统计系统委员会会议　140a
统计资料　436
投资促进法修订　39b
投资马六甲论坛　211b
投资贸易指南　390
　菲律宾投资贸易指南　418a
　柬埔寨投资贸易指南　398a
　老挝投资贸易指南　406a
　马来西亚投资贸易指南　409a
　缅甸投资贸易指南　414a
　泰国投资贸易指南　427a
　文莱投资贸易指南　395
　新加坡投资贸易指南　423b
　印度尼西亚投资贸易指南　402a
　越南投资贸易指南　432a
　中国投资贸易指南　390a
投资推介
　菲律宾投资推介　213a
　柬埔寨投资推介　213a
　老挝投资推介　213a
　马六甲投资推介　211b
　缅甸投资推介　213a
　凭祥重点开发开放试验区投资推介　213b
　斯里兰卡投资推介　211b
　文莱投资推介　212b
　越南投资推介　212b
　中国百色市投资推介　212a
　中国河南省投资推介　212a
　中国深圳福田投资推介　213b
图片展　70b
屠华事件调研会　38a
屠酥　371b
土地资源　2b
推进孟中印缅经济走廊贸易投资的战略意义与可靠性分析　382a
脱贫攻坚
　老挝脱贫攻坚　74b
　中国脱贫攻坚　73a

外国政要巡视博览会展馆　202a

外籍劳工人头税 75a
外籍员工准证制度 73b
外交 44b
菲律宾外交 111b,190a
柬埔寨外交 89b
老挝外交 97a
马来西亚外交 103a
缅甸外交 109a
泰国外交 122b
新加坡外交 117b
印度尼西亚外交 93b
越南外交 126a
外交部长会议
东盟外长及系列会议 136a
澜湄合作外长会议 169b
外交关系建立时间(表) 468
外交合作研究成果 388b
外交研究成果 384b
外资限制 62b
晚会
大地飞歌晚会 214a
风情东南亚晚会 216b
晚会研讨会 215a
万那瑞斯·常 322a
万象塔銮修缮 68b
王勤 317a
王玉主 295a
网络安全合作 130a
网络工作会议 171b
网络媒体责任论坛 153b
网约车管理规定 77a
韦红 285a
围龙屋(图) 2
卫星导航合作论坛 210a
慰侨演出 71a
文化 65ba
文化部长会议 137b
文化创新激励政策出台 69a
文化共同体建设 131a
文化交流与合作
中国与东盟国家文化交流与合作 176a
中国与马来西亚文化交流与合作 186a
中国与泰国文化交流与合作 195b
中国与新加坡文化交流与合作 191a
中越两廊一圈文化交流与合作 167b
文化教育合作
中国与菲律宾文化教育合作 190b
中国与文莱文化教育合作 178b
中国与印尼文化教育合作 181b
文化教育交流合作研究 389a
文化体育 4b
文化体育交往和交流 188b
文化研究成果 386a
文化艺术部长会议 137b
文莱 32 周年国庆(图) 85
文莱大学这(图) 8
文莱发展回顾 83b
文莱概况 5b
文莱国际贸易消费展 217a
文莱国际学校启用 67a
文莱国家推介会 212b
文莱国民经济主要指标(表) 437,447
文莱苏丹诞辰 70 周年庆祝大会(附图) 37a
文莱苏丹主持学校文莱国际学校启用仪式 67a
文莱投资贸易指南 395a
文莱与东盟各国关系 85b
文莱与中国关系 86b
文山国际商贸旅游交易会(附图) 166b
文献 245
污染事故 78b
巫统党代会 40b
吴崇伯 308a
武装冲突 42a
物产
柬埔寨物产 9b
文莱物产 6b
中国物产 3a
物价 75b
物流合作论坛 208b

X

西安"一带一路"节点城市人文交流夏令营 154a
西太平洋地区草药协调论坛(附图) 148b
西方化 东盟对南海问题的利益要求和政策选择 376a
西哈努克"佛教社会主义"政治特点探析 376a
西太平洋海军论坛(附图) 48b
西原风电项目合作备忘录签署 167a
希望联盟协议签署 39b
习近平 3a
访问柬埔寨 45b
会见奥巴马 45a
接见中国国民党主席洪秀柱 36a
与佐科举行会谈 48b
厦门大学马来西亚分校 69a
限制外资 62b
宪法草案公制 119b
宪法法案公投 43b
象皮病消除 68a
象牙及制品销毁 77a
橡胶价格 63b
消费电子展创新奖项目 67b
消费税制度改善 61a
心智能力修正法案 42b
新成本企业发展 64b
新春联谊会 142a
新华联"一带一路"奖学金 153b
新加坡对外贸易情况(表) 453
新加坡对中国进出口主要商品构成(表) 457,458
新加坡发展回顾 113b
新加坡概况 27a
新加坡国际家具及酒店用品展会 218a
新加坡国民经济主要指标(表) 444,450
新加坡人民行动党的群众工作经验与启示 376b
新加坡入境旅游客源市场时序变化与特征研究 379a
新加坡投资贸易指南 423b
新加坡与中国关系 118a
新加坡中国社会治理高层论坛(附图) 53a
新加坡中华商会成立 110 周年 77a
新经济政策实施(缅甸) 62b
新闻人物 219
薪金调整 62a
信息港论坛(附图) 209b
信息开发人才培养 67a
刑伟 367a

行政区划
菲律宾行政区域　25b
柬埔寨行政区域　10a
老挝行政区域　16a
马来西亚行政区域　19b
缅甸行政区域　22a
泰国行政区域　31b
文莱行政区域　7a
新加坡行政区域　28b
印度尼西亚行政区域　13a
越南行政区域　33b
中国行政区域　3a
徐步　291b
徐敏　299b

Y

雅加达至万隆高速铁路　92 图,151b
亚欧首脑会议　45a
亚洲大学排名情况　67b
亚洲合作对话领导人会议(附图)　55a
亚洲合作对话外长会议　54a
亚洲基础设施投资银行促进缅甸基础设施建设　156a
亚洲基础设施投资银行开业(附图)　57b
亚洲基础设施投资银行向东盟互联互通建设提供融资的风险与对策　314a
亚洲艺术团慰侨演出　71a
亚洲专业教育网络　67b
烟草修正法案　42b
沿海港口和口岸建设　163a
研究报告　274
颜洁　322a
央行行长会议　134a
东盟与中日韩央行行长会议　134b
杨程玲　288a
杨帆　291b
杨光海　349b
杨耀源　314a
药品合作发展高峰论坛(附图)　148b
药品监管领域部级研讨班　154b
药品监管与发展合作会议　154b
“一带一路”背景下中国—东盟跨域公共问题与合作治理国际学术会议　147a
“一带一路”背景下中越两国骆越文化旅游产业合作发展研究　382b
“一带一路”大数据报告(附图)　156b
“一带一路”国家药品监管与发展合作会议　154b
“一带一路”合作协议　157a
一带一路建设合作　151a
“一带一路”建设合作概况　151a
“一带一路”建设合作规划纲要编制谅解备忘录　155b
“一带一路”建设推动　151b
“一带一路”建设与网络媒体责任论坛　153b
“一带一路”建设座谈会　145b
“一带一路”框架下多领域合作　156b
“一带一路”框架下中国与东盟产能结合研究　308a
“一带一路”媒体传播联盟　153a
“一带一路”媒体合作论坛(附图)　154b
“一带一路”男子国际足球锦标赛冠军(附图)　68a
“一带一路”视野下中国与东盟合作新契机研讨会　146a
“一带一路”图片展　70b
“一带一路”新航线开通　152a
“一带一路”邮政联运新线路　155b
“一带一路”与东盟经济共同体　274a
“一带一路”与公共外交在东南亚地区的互动发展分析　383a
“一带一路”资讯网　152a
一级方程式赛车赛暂停举办　70a
伊洛瓦底江湄南河湄公河经济合作战略框架峰会　160a
伊斯兰党和民族联系党结盟　39b
“伊斯兰国”与东南亚恐怖主义的发展　361b
伊斯兰教核心价值维护　83b
医疗交流与合作　188b
医疗卫生
菲律宾医疗卫生　26b
柬埔寨医疗卫生　11a
老挝医疗卫生　17b
马来西亚医疗卫生　20b
缅甸医疗卫生　23b
文莱医疗卫生　8a
新加坡医疗卫生　29b
印度尼西亚医疗卫生　14a
越南医疗卫生　35a
中国医疗卫生　4b
医药行业合作高峰论坛　146b
依斯干达海滨控股公司　157a
移动通信合作谅解备忘录签署　152b
义务教育　72a
艺术创作获奖作品展　208a
艺术交流与合作(中国与印尼)　181b
议会
柬埔寨议会　9b
文莱议会　6b
议会联盟大会　139a
银联国际印度尼西亚银联卡业务　155a
银行基本利率调整　61a
银行市场准入放宽　50a
银行业放开　62b
印度尼西亚对外贸易情况(表)　452
印度尼西亚对中国进出口主要商品构成(表)　454,455
印度尼西亚发展回顾　90b
印度尼西亚概况　12b
印度尼西亚国际农业展　217a
印度尼西亚国民经济主要指标(表)　439,448
印度尼西亚能源矿产政策的高速及中国的应对　379b
印度尼西亚投资贸易指南　403a
印度尼西亚展商专场贸易配对会　212b
永新燃煤电厂 BOT 项目　167a
邮轮母港使用　58b
友谊歌会　146a
鱼露含砷事件　78b
渔业合作研讨会　148a
羽毛球女单世界排名第一选手　72a
语言
菲律宾语言　25a
柬埔寨语言　9b
老挝语言　15b
马来西亚语言　19a
缅甸语言　21b
泰国语言　31a
文莱语言　6b
新加坡语言　27b
印度尼西亚语言　12b
越南语言　33a
中国语言　2b

玉溪临沧高速公路建设　162b
元明清时期中缅关系与中国西南开放的历史经验与教训　376b
园区建设　165a
园区推介活动　211a
原产地证书签发　145a
援助
　　中国对老挝援助　182b
　　欧盟暂缓援助柬埔寨　46b
越菲联合声明　272a
越共十二大与越南的战略走向　377b
越共中央十二届二中全会(图)　124
越南产业资本配置效率及其对经济走廊基础设施投资的影响　379b
越南代表机关选举改革的历史进程、基本经验与主要问题　382a
越南发展回顾　123b
越南概况　32b
越南更新革命党　44b
越南共产党第十二次全国代表大会　44a
越南共产党管党治党的经验与挑战　382a
越南国际服装展　218b
越南国际工业博览会　218b
越南国民经济主要指标(表)　446，451
越南河内国际贸易博览会　218b
越南南海油气资源勘探开发解析　375a
越南投资贸易指南　432a
越南投资推介　212b
越南与东盟国家关系　126b
越南与美国关系　126b
越南与中国关系　126a
运输便利化合作　163b

Z

灾害管理　131a
载人飞船成功对接空间站　66b
债券发售　59b
　　马来西亚全球伊斯兰债券　61b
债务　65a
展商贸易配对会　212b
战略合作
　　中国建设银行与新加坡国际企业发展局　153b
　　中国与文莱　153a
战略合作伙伴关系
　　中国与老挝　182a
　　菲律宾与越南　52b
　　新加坡与澳大利亚　53b
战略性互联互通项目建设　191b
张宝艳　221b
张德江　46a
张瑞敏　220b
张屹　357a
张应进　303a
张蕴岭　334a
招商招展　201a
赵洪　274
正大集团与中国阿里巴巴及蚂蚁金服战略合作(附图)　64a
郑先武　336a
政党结盟　39b
政党政治合作　41a
政府
　　菲律宾政府　25b
　　柬埔寨政府　9b
　　老挝政府　16a
　　文莱政府　6b
　　印度尼西亚政府　13a
政府部门改组　41a
政府部门交往
　　中国与柬埔寨　182a
　　中国与文莱　177b
政府数字服务　43a
政府债务　65a
政客出国政令解除　43a
政治　36a
　　菲律宾政治　110b
　　柬埔寨政治　87a
　　老挝政治　95a
　　马来西亚政治　100a
　　缅甸政治　105a
　　泰国政治　119b
　　文莱政治　83b
　　新加坡政治　113b
　　印度尼西亚政治　90b
　　越南政治　123b
政治安全共同体建设　129b
政治合作协议　41a
政治交往与合作
　　中国和缅甸政治交往与合作　187a
　　中国与老挝政治交往与合作　182a
　　中国和印尼政治交往与合作　180a
　　中国与东盟国家政治交往与合作　173a
　　中国与文莱政治交往与合作　176b
政治评论家被刺　37b
政治研究成果　384a
　　中国—东盟政治研究成果　388b
支付宝泰国生态伙伴大会　64a
执法安全合作
　　中国与老挝执法安全合作　183b
　　中国与越南执法安全合作　198b
直径象牙及制品销毁　77a
职业技术领域合作谅解备忘录签署　76b
职业教育研究中心　142b
制裁解除　52a
质检部长会议(附图)　207a
智库战略对话论坛(附图)　206a
中菲联合声明　269a
中广核集团东南亚公司　152b
中国电动车走进东盟商机说明会　213b
中国—东盟安全治理:模式、困境与出路　382b
中国—东盟保险合作与发展论坛　209a
中国—东盟博览会　201a
　　采购对接会(图)　435
　　经贸活动　203a
　　开幕大会(附图)　201b
　　开幕晚会(附图)　214a
　　林木展　204a
　　旅游展(附图)　204b
　　农业展　203b
　　轻工展　204a
　　展区设置　203a
　　招商招展　201a
中国—东盟博览会台湾精品展　207a
中国—东盟博览会越南展(附图)　205a
中国—东盟产能合作高层论坛　144a
附图,145a
中国—东盟产能合作联合声明　265b
中国—东盟产能合作系列会议　146b
中国—东盟大学智库联盟　147a

中国—东盟电力合作　149b
中国—东盟电力合作与发展论坛(附图)　208a
中国—东盟电信部长会议　148a
中国—东盟电子商务峰会　209b
中国—东盟防灾减灾专家论坛　207b
中国—东盟钢铁产业发展峰会　212b
中国—东盟港口城市合作网络工作会议　171b
中国—东盟港口物流信息中心　144a
中国—东盟高官磋商会　143b
中国—东盟工商论坛(附图)　210b
中国—东盟共建21世纪海上丝绸之路座谈会(附图)　146b
中国—东盟关系新的启航　291b
中国—东盟广播影视合作圆桌会议　205a
中国—东盟国际产能合作论坛　147b
中国—东盟海洋领域合作联委会会议　172b
中国—东盟航线及服务项目　172a
中国—东盟航线及航线服务项目启用仪式(图)　435
中国—东盟技术转移与创新合作大会　207b
中国—东盟建立对话关系国际研讨会(附图)　143a
中国—东盟建筑行业委员会　144a
中国—东盟建筑业合作高峰论坛　144a
中国—东盟交通部长会议　148a
中国—东盟教育部长圆桌会议(附图)　175a
中国—东盟教育交流周暨教育部长圆桌会议　145a
中国—东盟金融合作　150a
中国—东盟金融合作与发展领袖论坛　211b
中国—东盟经贸部长会议　145b
中国—东盟警学论坛　205b
中国—东盟跨境电商平台　148b
中国—东盟矿业合作论坛　205a
中国—东盟联合合作委员会会议　143a
中国—东盟林业合作论坛　207b
中国—东盟领导人会议暨中国—东盟建立对话关系25周年纪念峰会联合声明　264b
中国—东盟领导人历次会议简况(表)　468
中国—东盟旅游部门会议　146a
中国—东盟贸易中人民币跨境贸易结算研究　383b
中国—东盟民族文化论坛　144b
中国—东盟命运共同体的共同诠释　377a
中国—东盟农资产业高峰论坛　206b
中国—东盟企业家合作高端对话会　210b
中国—东盟企业家论坛　149a
中国—东盟气象合作论坛　208a
中国—东盟气象和气候领域合作联会会议　207b
中国—东盟青年艺术品创作大赛获奖作品展　208a
中国—东盟商会领袖高峰论坛　211a
中国—东盟商事仲裁合作论坛　145b
中国—东盟商务与投资峰会　209a
　峰会概况　209
　开幕大会(附图)　201b
中国—东盟社会工作论坛　206b
中国—东盟省市长对话共同声明　143a
中国—东盟双边贸易　150b
中国—东盟水上训练基地建设　172a
中国—东盟铁路合作　149a
中国—东盟统计论坛　208b
中国—东盟卫星导航合作论坛　210a
中国—东盟文化论坛(附图)　207a
中国—东盟物流合作论坛　208b
中国—东盟新春联谊会　142a
中国—东盟信息港论坛(附图)　209b
中国—东盟药品合作发展高峰论坛(附图)　148b
中国—东盟医药行业合作高峰论坛　146b
中国—东盟医药行业合作委员会　146b
中国—东盟友谊歌会　146a
中国—东盟渔业合作研讨会　148a
中国—东盟质检部长会议(附图)　207a
中国—东盟智库战略对话论坛(附图)　206a
中国—东盟中小企业合作会议　149a
中国—东盟自由贸易区　141a
中国—东盟自由贸易区部分关税削减时间(表)　468
中国—东盟自由贸易区历史沿革　141a
中国—东盟自由贸易区优惠原产地证书签发　145a
中国东南亚国家海洋合作论坛　172b
中国发展回顾　79a
中国概况　1a
中国钢铁高峰论坛　212b
中国共产党成立95周年　36a
中国关于在南海领土主权和海洋权益的声明　255a
中国国民经济主要指标(表)　436
中国航天日确定　65b
中国和东盟国家外交部长关于全面有效落实《南海各方行为宣言》的联合声明　264a
中国和东盟交往与合作　173a
中国和东南亚各国简况(表)　465
中国和东南亚各国世界文化遗产世界自然遗产及双遗产(表)　471
中国和东南亚各国主要港口(表)　470
中国和东南亚各国自然状况(表)　466
中国和东南亚民航机场(表)　470
中国和菲律宾交往与合作　189b
中国和柬埔寨交往与合作　178b
中国和老挝交往与合作　182a
中国和马来西亚交往与合作　184a
中国和缅甸交往与合作　186b
中国和缅甸联合新闻稿　264a
中国和泰国交往与合作　193a
中国和文莱交往与合作　176b
中国和新加坡交往与合作　191a
中国和印度尼西亚交往与合作　180a
中国和越南交往与合作　196b
中国华风集团"一带一路"气象信息服务　155b
中国画展　71a
中国机器人认证标志发布　58a
中国坚持通过谈判解决中国与菲律宾在南海的有关争议　256a
中国柬埔寨投资合作高峰论坛(图)　435
中国建设银行新加坡分行狮城债券　155a
中国江苏东盟教育合作对话会(附图)　147b
中国经济技术合作论坛　145a
中国昆明进出口商品交易会　154a

中国老挝联合声明　252b
中国贸易促进委员会　145a
中国企业“走出去”东盟金融合作洽谈会　211a
中国投资贸易指南　390a
中国外交部关于坚持通过双边谈判解决中国和菲律宾在南海有关争议的声明　254a
中国外交部关于应菲律宾请求建立的南海仲裁案仲裁庭所作裁决的声明　255b
中国文莱战略合作　153a
中国银行(香港)文莱分行　58b
中国银行泰国股份有限公司呵叻分行　157b
中国印尼企业家峰会　59b
中国与东盟关系研究成果　387b
中国与东盟国家比较研究　389b
中国与东盟国家贸易统计(表)　460
中国与东盟国家双边投资情况(表)　460
中国与东盟国家相互投资的现状、特点及展望　299b
中国与东盟互派学生总数(表)　461
中国与东盟经济合作研究成果　388a
中国与东盟区域、次区域合作研究　389a
中国与东盟文化教育交流合作研究　389a
中国与东盟政治、外交合作研究成果　388b
中国与东南亚各国首都简况(表)　467
中国与东南亚各国重点风景名胜区(表)　470
中国与东南亚国家通信代码(表)　467
中国在澜沧江湄公河跨界水资源合作中的信任危机与互信建设　377a
中国中南半岛经济走廊发展论坛　171a
中国驻东盟国家使领馆商务参赞与企业家交流会　211a
中国驻东南亚各国大使馆　462a
中国驻东南亚各国总领事馆　463a
中华人民共和国慈善法　36a
中柬国家级农业经贸合作特区　59b
中柬联合声明　268a
中柬政府间协调委员会第三次会议　44b
中马国际科技园　150b
中马联合新闻声明　270b
中马两国双园联合合作理事会会议(附图)　49
中缅、中老、中越少数民族跨境婚姻行为的经济学思考　377a
中缅老柬区域三角合作机制构建研究　380b
中缅青年文化交流节　70b
中缅铁路建设　157b
中日韩青年科学家创新创业对话　214a
中泰两国四园推介活动　211a
中泰贸易投资和经济合作联合委员会会议　46a
中小企业发展鼓励　130b
中小企业合作会议　149b
中型企业发展计划　62a
中越德天板约瀑布合作开发　166a
中越广宁边境合作会议　166a
中越河口边境经济贸易交易会　166a
中越跨境经济合作论坛　210b
中越联合公报　266b
中越两国边境旅游开发合作研究　376b
中越两廊一圈区域合作　161a
中越两廊一圈反恐合作　167b
中越两廊一圈公路建设　162b
中越两廊一圈环境保护合作　167a
中越两廊一圈旅游合作　166a
中越两廊一圈贸易和投资合作　165b
中越两廊一圈能源合作　167a
中越两廊一圈区域合作　161b
中越两廊一圈铁路建设　163a
中越两廊一圈文化交流合作　167b
中越两廊一圈沿海港口和口岸建设　163a
中越两廊一圈园区建设　165a
中越两廊一圈运输便利化合作　163b
中越陆地边界法律文件执行情况总结　162b
中越陆地边界联合委员会会议　162a
中越文山国际商贸旅游交易会(附图)　166b
钟万学　222b
重庆西部物流园新加坡债券　155a
重要节会展会　201a
重要论文和研究报告　274a
重要文件　245a
重要研究成果题录　383b
周士新　325a
朱启超　340b
住房及供水服务　58b
专题　79
坠机事故　78b
资源税改革　58a
资源物产
　　菲律宾资源物产　25a
　　柬埔寨资源物产　9b
　　老挝资源物产　16a
　　马来西亚资源物产　19a
　　缅甸资源物产　22a
　　泰国资源物产　31a
　　文莱资源物产　6b
　　新加坡资源物产　27b
　　印度尼西亚资源物产　12b
　　越南资源物产　33a
自然保护区发展　73a
自然灾害
　　印度尼西亚自然灾害　74b
　　越南自然灾害　78a
自然状况(表)　466
宗教
　　菲律宾宗教　25a
　　柬埔寨宗教　9b
　　老挝宗教　16a
　　马来西亚宗教　19a
　　缅甸宗教　22a
　　泰国宗教　31a
　　文莱宗教　6b
　　新加坡宗教　27b
　　印度尼西亚宗教　12b
　　越南宗教　33a
　　中国宗教　2b
总理与中国企业 CEO 圆桌对话(附图)　212a
走向 2025 的东盟经济共同体　317a
最低薪金调高　62a
佐科
　　出席民族复兴党全国恳亲会　38b
　　访问东帝汶　48a
　　访问韩国　48b
　　访问印度　48b
　　宣布废除地方条例　38a
　　与习近平举行会谈　48b
佐科时期“一带一路”在印尼推进面临的挑战与对策分析　383a

（叶建维）

广西壮族自治区地图院

审图号：桂S（2017）95号

2017年12月